W0358301

Die Bonus-Seite

Ihr Vorteil als Käufer dieses Buches

Auf der Bonus-Webseite zu diesem Buch finden Sie zusätzliche Informationen und Services. Dazu gehört auch ein kostenloser **Testzugang** zur Online-Fassung Ihres Buches. Und der besondere Vorteil: Wenn Sie Ihr **Online-Buch** auch weiterhin nutzen wollen, erhalten Sie den vollen Zugang zum **Vorzugspreis**.

So nutzen Sie Ihren Vorteil

Halten Sie den unten abgedruckten Zugangscode bereit und gehen Sie auf **www.galileodesign.de**. Dort finden Sie den Kasten **Die Bonus-Seite für Buchkäufer**. Klicken Sie auf **Zur Bonus-Seite / Buch registrieren**, und geben Sie Ihren **Zugangscode** ein. Schon stehen Ihnen die Bonus-Angebote zur Verfügung.

Ihr persönlicher **Zugangscode** tj73-yida-v89n-ze2m

Christian Westphalen

Die große Fotoschule

Digitale Fotopraxis

Galileo Press

Liebe Leserin, lieber Leser,

die Fotografie hat sich mit der Digitalisierung stark gewandelt. Sie ist einerseits einfacher und auch für ambitionierte Amateure erschwinglicher geworden, andererseits sind allerlei technische Neuerungen hinzugekommen, die es zu beherrschen gilt. Die neuen Techniken geben Ihnen aber auch Zugang zu Bereichen, die zu analogen Zeiten rein den Profis vorbehalten waren, wie etwa die Studiofotografie oder auch die Panorama- und die HDR-Technik. Gerade für die letztgenannten erschließt Ihnen hier die digitale Dunkelkammer die Möglichkeiten der Bildnachbearbeitung.

Sie finden in diesem umfassenden Handbuch alles, was Sie wissen müssen, um die digitale Fotografie zu meistern und Ihre Bilder entscheidend zu verbessern: von der Fototechnik bis zur gekonnten Bildgestaltung und Bildnachbearbeitung. Der Fotograf und Fototrainer Christian Westphalen versteht es dabei, auch schwierige Zusammenhänge anschaulich zu vermitteln. Zahlreiche Praxistipps und Schritt-für-Schritt-Anleitungen werden Ihnen helfen, erfolgreich digital zu fotografieren: Setzen Sie Menschen in Szene, fangen Sie Naturmotive ein, oder erstellen Sie stimmungsvolle Available-Light-Aufnahmen. Auf der dem Buch beiliegenden DVD finden Sie noch weitergehende Informationen zu so spannenden Themen wie Fotografieren im Studio oder Farbmanagement.

Sollten Sie Anregungen, Fragen oder Kritik zu diesem Buch haben, so freue ich mich, wenn Sie mir schreiben. Ich wünsche Ihnen jetzt aber erst einmal viel Freude beim Lesen und Stöbern! Vor allem aber wünsche ich Ihnen viel Erfolg beim Entdecken der digitalen Welt und natürlich beim Fotografieren.

Alexandra Rauhut
Lektorat Galileo Design

alexandra.rauhut@galileo-press.de
www.galileodesign.de
Galileo Press • Rheinwerkallee 4 • 53227 Bonn

Auf einen Blick

Inhalt

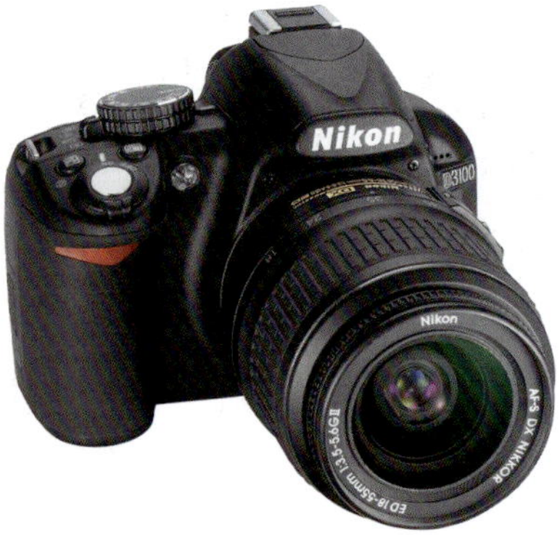

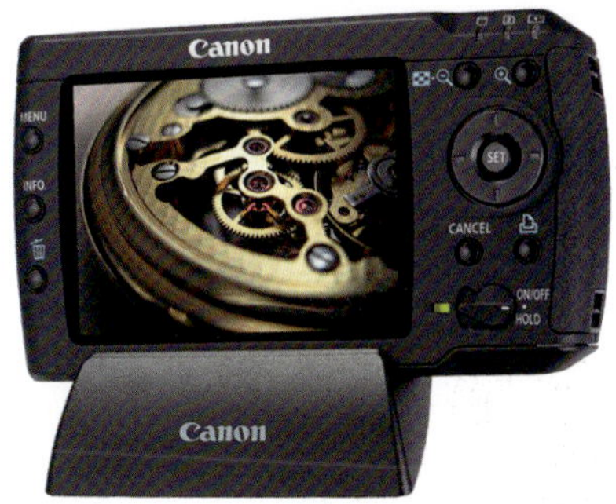
Canon
MENU
INFO
SET
CANCEL
ON/OFF
HOLD
Canon

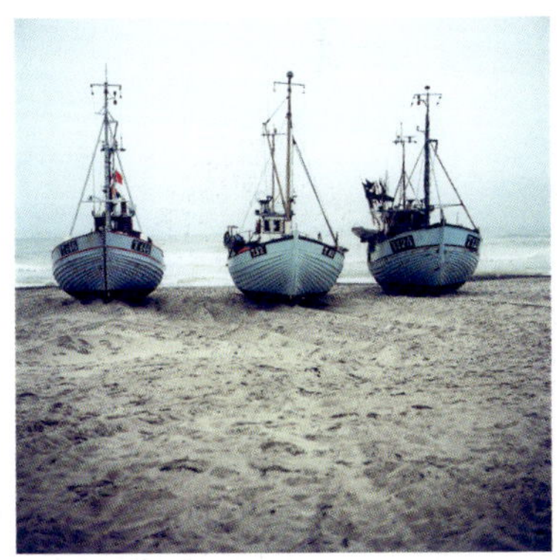

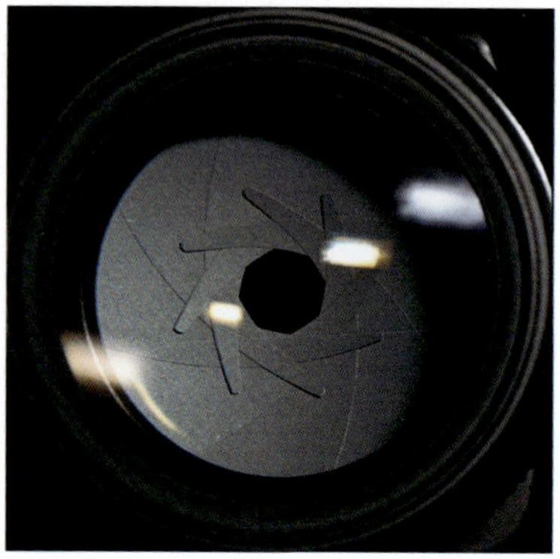

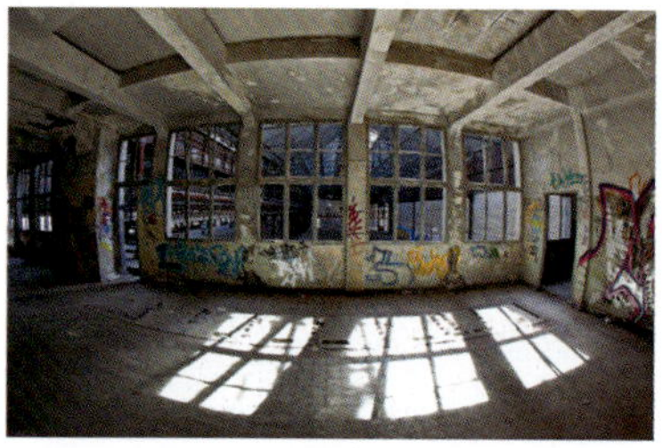

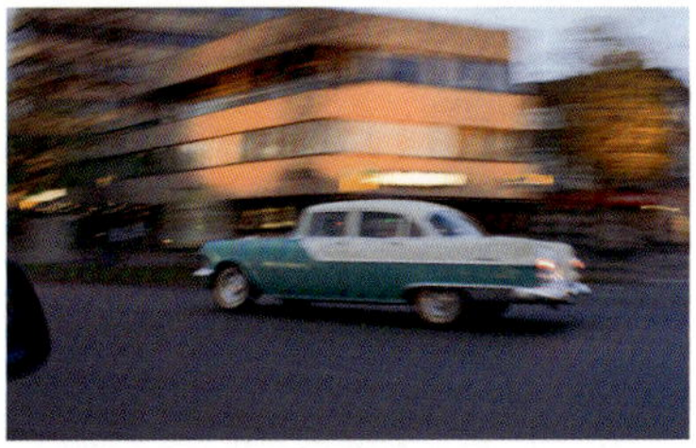

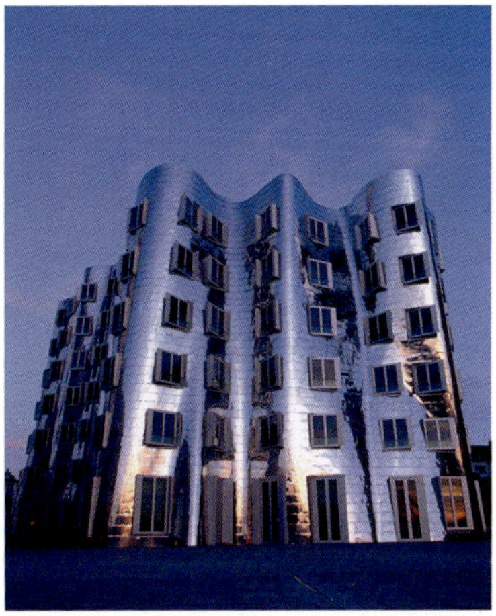

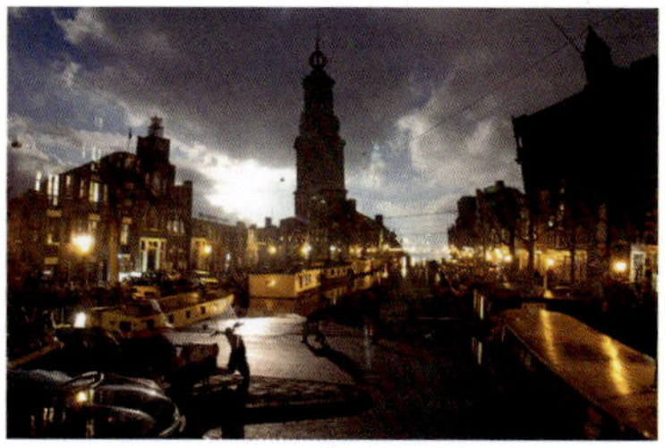

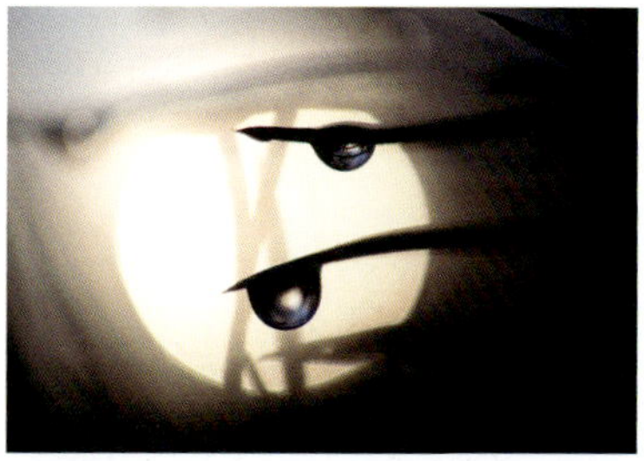

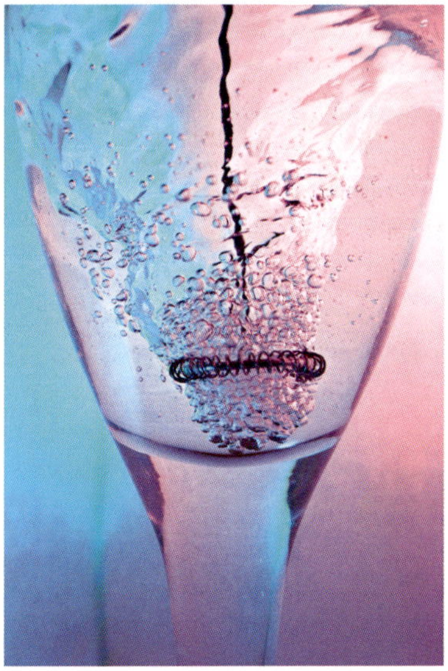

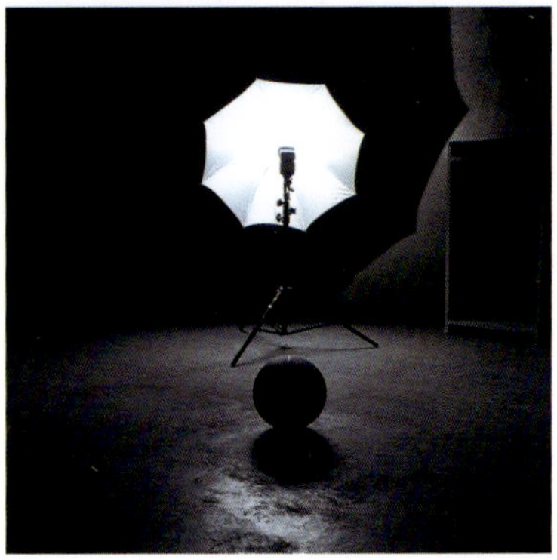

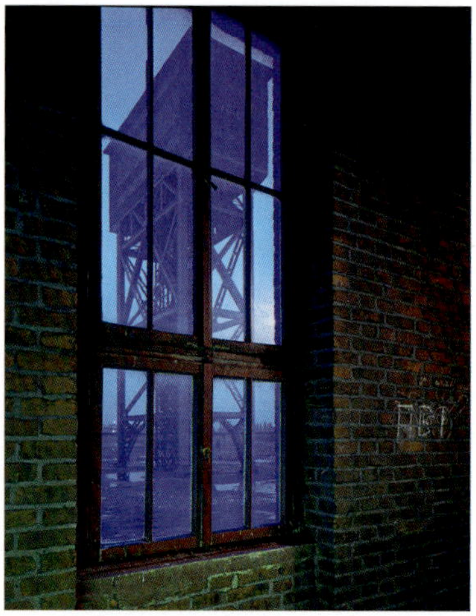

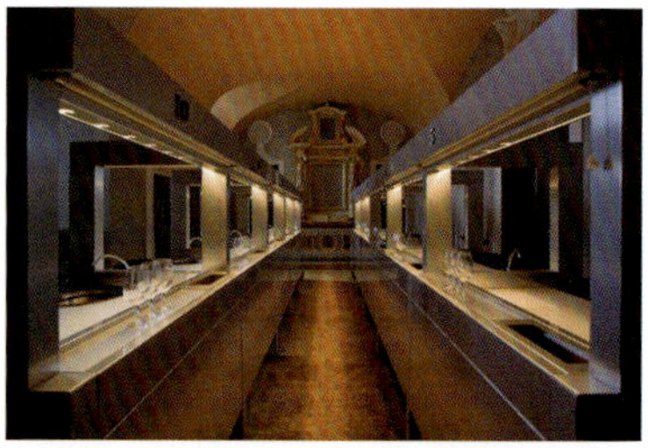

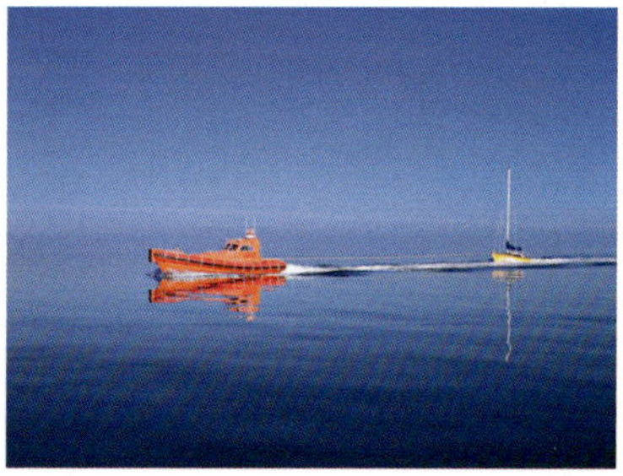

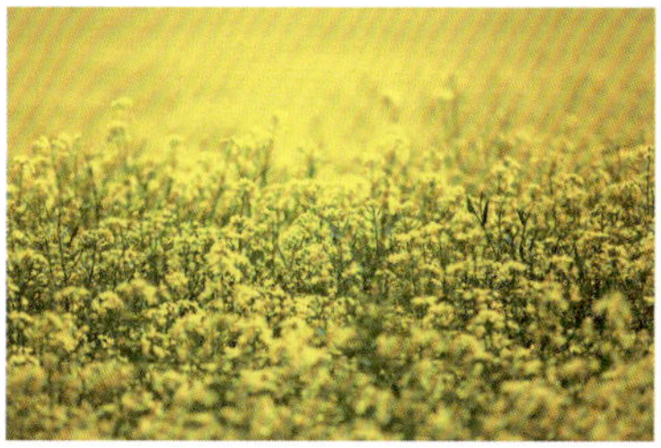

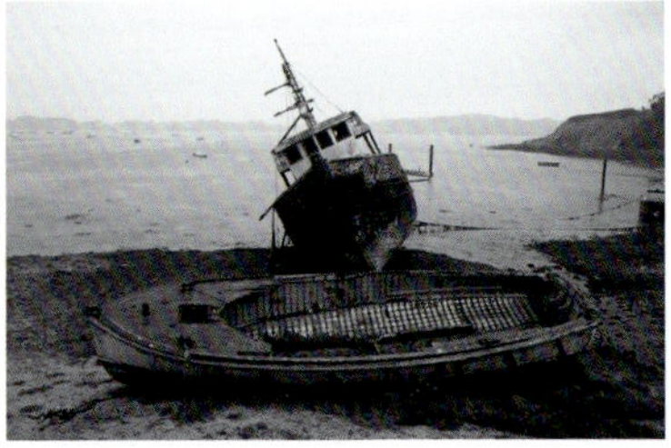

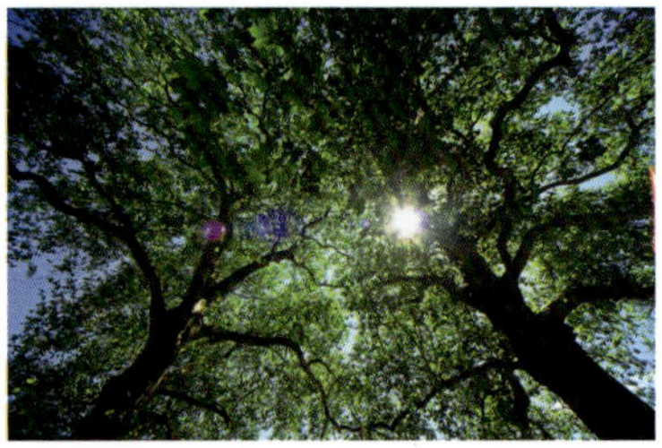

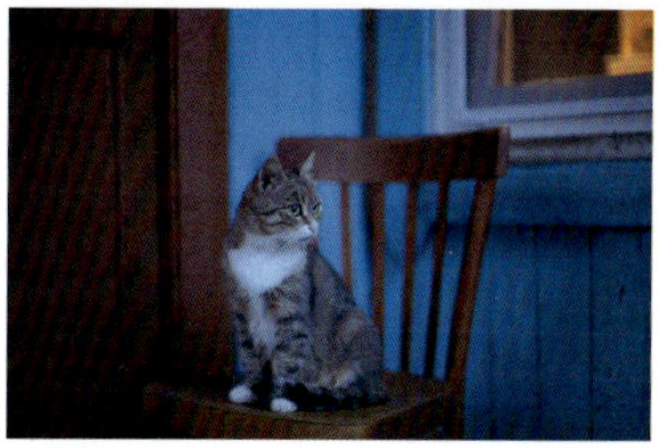

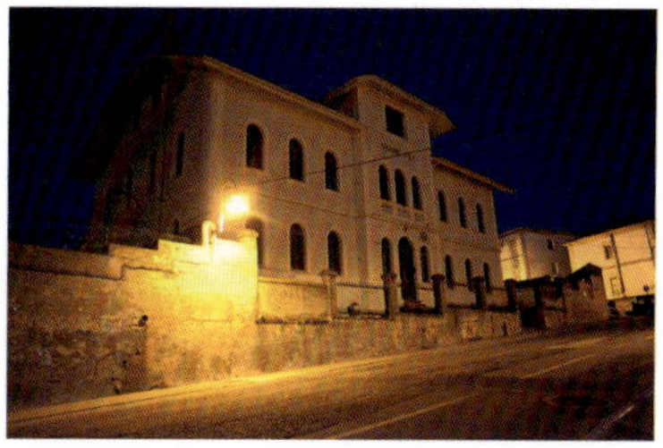

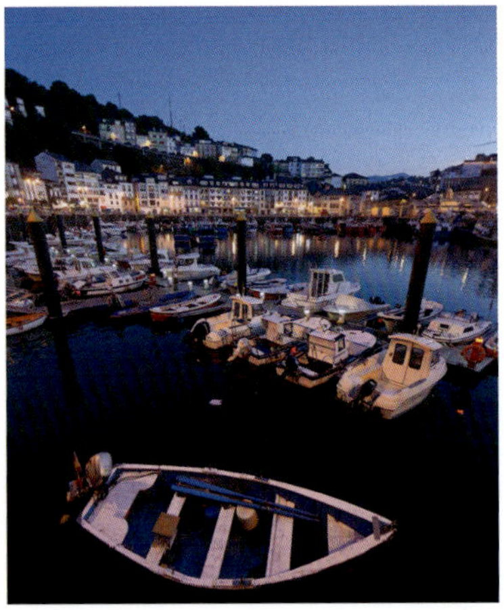

WICHTIG!

Die Aufnahmedaten neben den Abbildungen im ganzen Buch beziehen sich immer auf das Vollformat, ansonsten wird das Sensorformat gesondert aufgeführt.

Vorwort

Als ich vor gut acht Jahren meine erste digitale Spiegelreflexkamera kaufte, hätte ich nicht vermutet, dass die weitere Entwicklung so schnell vorangehen und dass meine analoge Ausrüstung so bald unwichtig werden würde. Ich hätte mich über den Wertverlust der analogen Kameras ärgern können, aber ich freue mich eher, dass ich immer ausgefeiltere Ausrüstung zur Verfügung habe, um bessere Bilder zu machen. Die digitale Revolution hat die Fotografie selbst gar nicht so sehr verändert, und der Großteil der Dinge, die ich während meines Fotodesign-Studiums gelernt habe, blieb unverändert gültig – nur die technische Umsetzung wurde einfacher.

Die Technik sollte ohnehin so weit zurücktreten, dass Sie sich während der Aufnahme mit dem Motiv und nicht mit der Kamera beschäftigen. Gerade deswegen ist es wichtig, sie zu beherrschen, so dass Sie Ihre Kamera fast beiläufig bedienen können. Das gilt genauso für die Gestaltung Ihrer Bilder: Wenn Sie geübt sind, werden Sie auch den Bildaufbau intuitiv umsetzen.

Ich habe versucht, in diesem Buch alle wichtigen Grundlagen zusammenzufassen, die für jemanden, der sich ernsthaft mit der Fotografie beschäftigen möchte, wichtig sind. Das ist trotz 600 Seiten eher kompakt beschrieben.

Da sich Links im Netz schnell ändern können und manche Softwareempfehlungen schon beim Erscheinen des Buchs veraltet sein können, habe ich mich entschlossen, Ihnen diese auf einer eigenen Webseite zur Verfügung zu stellen: *fotoschule.westbild.de*.

Nun bleibt mir nur, Ihnen viel Spaß beim Lesen zu wünschen und zu hoffen, dass das Buch Sie zu Ideen anregen wird und gute Bilder entstehen lässt. Mir selbst hat die intensive Beschäftigung mit dem Thema schon im fotografischen Alltag weitergeholfen, und wenn Ihnen das auch so gehen wird, hat dieses Buch sein Ziel erreicht.

Christian Westphalen

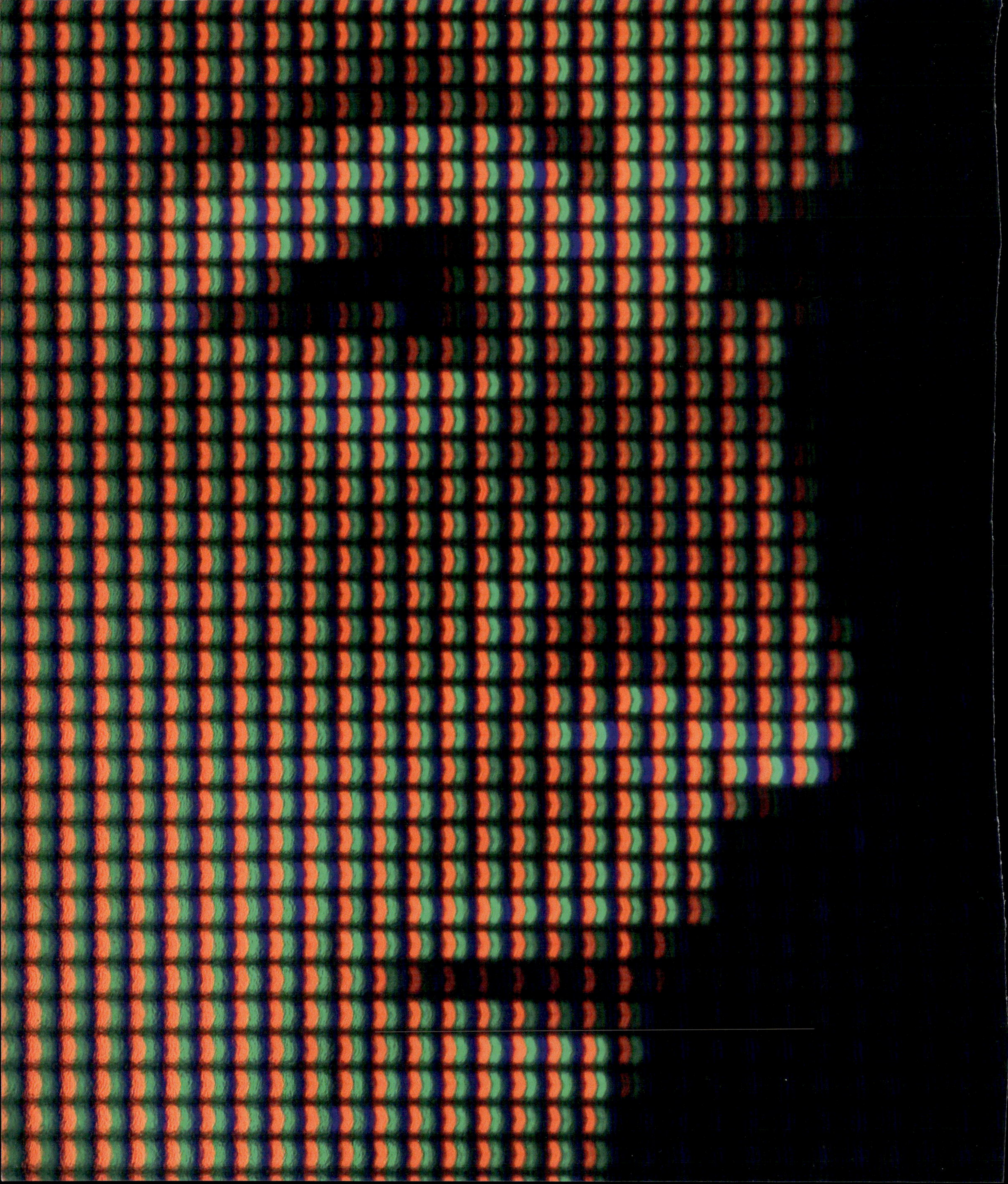

1 Das digitale Bild

Das digitale Bild unterscheidet sich grundlegend vom analogen. Diese Unterschiede sind ganz überwiegend vorteilhaft, sonst hätte sich die digitale Fotografie nicht so schnell durchsetzen können. Es gibt aber auch ein paar negative Punkte, die Sie vermeiden sollten. Dies wird Ihnen leichter fallen, wenn Sie sich mit den Eigenschaften der digitalen Technik vertraut machen. Die Digitaltechnik verschafft Ihnen eine Reihe zusätzlicher Möglichkeiten, die es in der analogen Fotografie nicht gab. So können Sie mit jedem Bild eine Vielzahl zusätzlicher Informationen – die sogenannten Metadaten – speichern. Viele dieser Daten legt die Kamera bereits in der Bilddatei für Sie ab, andere können Sie selbst hinzufügen, um zum Beispiel den Inhalt des Bildes suchbar zu machen.

1.1 Grundlagen

Das Wort »digital« leitet sich von dem Begriff *binary digit* ab, das man mit »Binärziffer« übersetzen kann. In einem binären Zahlensystem kann eine Ziffer nur zwei Werte haben, statt der zehn wie in unserem Dezimalsystem. Statt der Ziffern 0–9 gibt es nur 0 und 1. Technisch kann 0 und 1 eben auch bedeuten, dass Strom fließt oder nicht, aus oder an oder auf Bilder bezogen eben schwarz oder weiß. Die »Ziffer« im Binärsystem wird als **Bit** bezeichnet (ein Kunstwort aus *binary digit*). Wenn Sie mit diesen einzelnen Bits Bilder darstellen wollen, erhalten Sie eine sogenannte **Bitmap**, bei der die Bildpunkte – die sogenannten **Pixel** – entweder schwarz oder weiß sind. Im einfachsten Fall ist für die Helligkeit der einzelnen Bildpunkte ein Schwellenwert festgelegt. Unterhalb des Schwellenwerts werden die Bildpunkte dann schwarz dargestellt und oberhalb davon weiß (siehe Abbildung 1.2 auf der folgenden Seite).

◂◂ Abbildung 1.1
Mit einem starken Makroobjektiv wurde ein Ausschnitt eines TFT-Monitors vergrößert aufgenommen. Sie sehen deutlich die einzelnen Subpixel, die ihrerseits in den drei Farben Rot, Grün und Blau erscheinen. Die verschiedenen Helligkeiten der Pixel erzeugen das Bild.

Ein digitales Bild entsteht | Der Eindruck eines Bildes, das ausschließlich aus schwarzen und weißen Flächen besteht, ist natürlich noch wenig fotografisch, aber auch mit nur einem Bit pro Bildpunkt lässt sich der Bildeindruck schon verbessern. Wenn Sie keine absolute Grenze für die Entscheidung

»schwarzes oder weißes Pixel« festlegen, sondern nur die Wahrscheinlichkeit für einen weißen Bildpunkt mit wachsender Helligkeit steigen lassen, erhalten Sie ein Zufallsraster, das – aus einiger Entfernung betrachtet – Helligkeitsabstufungen darstellen kann ❷. Wenn Sie nah an dieses Bild herangehen ❸, sehen Sie, dass es nur aus schwarzen und weißen Punkten besteht. Die Graustufen ergeben sich nur, weil schwarze und weiße Punkte so dicht beieinanderliegen, dass das Auge sie nicht mehr sauber trennen kann und den Helligkeitseindruck mittelt. Um aber echte Graustufen in einer Datei abzubilden, kann man 8 Bit zur Repräsentation eines Grautons verwenden.

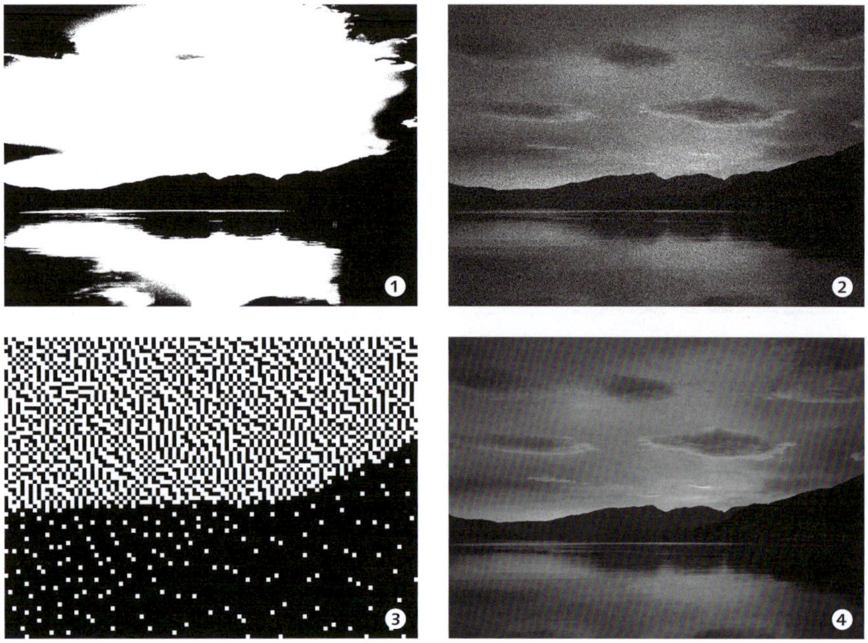

Abbildung 1.2 ▶
❶ Über einen Schwellenwert für die Helligkeit wird das Bild in schwarze und weiße Bereiche aufgeteilt, ein Effekt, den man in der analogen Fotografie mit Lith-Filmen erreichen konnte. Für diese Darstellung reicht eine Datenmenge von 1 Bit pro Pixel aus.
❷ Mit Hilfe eines Streurasters oder dem sogenannten Dithering lassen sich mehr Helligkeitsabstufungen darstellen. Das Bild kommt aber weiterhin mit 1 Bit pro Pixel aus.
❸ In der Vergrößerung sieht man sehr gut, dass das unter ❷ gezeigte Bild tatsächlich nur schwarze und weiße Pixel enthält. Laserdrucker stellen Graustufen auf eine ähnliche Weise dar.
❹ Mit 8 Bit pro Pixel lassen sich 256 Graustufen darstellen. Für das menschliche Auge sind dies schon ausreichend viele, um weiche Verläufe zu ermöglichen.

8 Bit sind ein **Byte**, eine Einheit, mit der ein Computer schon aus historischen und technischen Gründen gut rechnen kann. Statt zweier Werte lassen sich so $2^8=256$ Graustufen darstellen. Aus drucktechnischen Gründen wird dieses Bild hier im Buch auch in Schwarz und Weiß aufgerastert, auf einem Bildschirm ergäben sich allerdings 256 unterschiedliche Helligkeitsabstufungen.

Um Farbbilder darstellen zu können, lassen sich drei dieser Graustufenbilder – je eines für Rot, Grün und Blau – zusammennehmen. So ergeben sich 256^3 oder $2^{24}=16\,777\,216$ Farbabstufungen. Die Zusammenhänge werden im Kapitel »Farbe« ab Seite 399 genauer erklärt, aber wenn Sie sich den stark vergrößerten Ausschnitt eines LCD-Bildschirms ansehen (das Foto zu

Beginn dieses Kapitels), werden Sie ein Gefühl dafür bekommen, wie das Prinzip funktioniert – besonders dann, wenn Sie einige Meter zurückgehen und erneut einen Blick auf das Bild werfen.

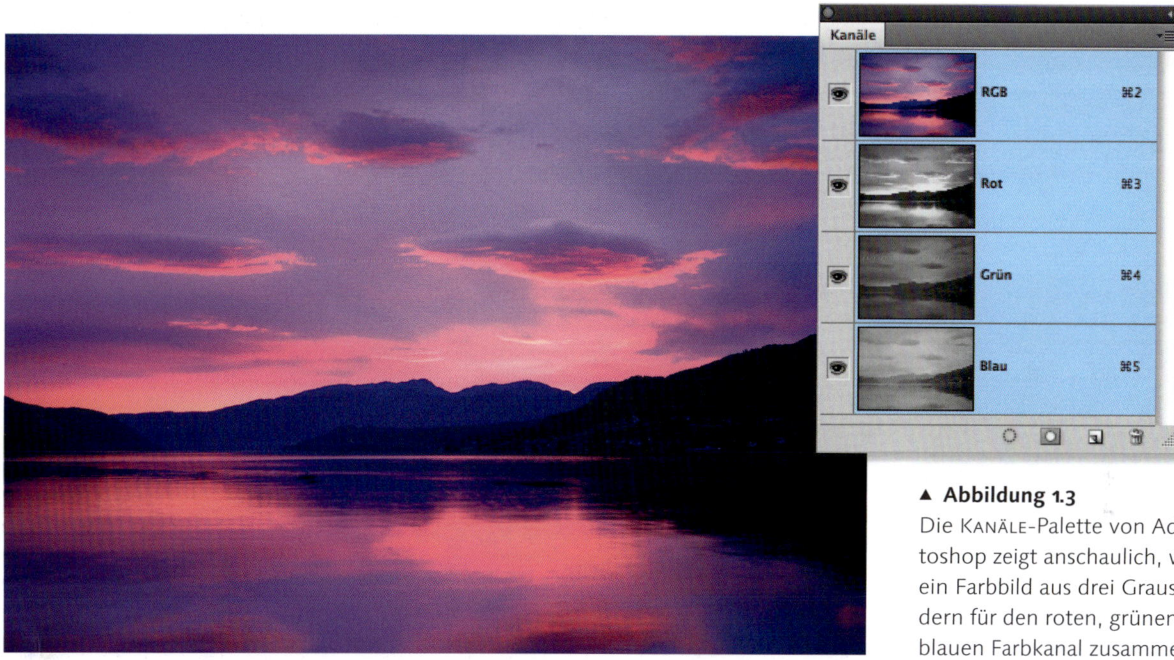

▲ **Abbildung 1.3**
Die Kanäle-Palette von Adobe Photoshop zeigt anschaulich, wie sich ein Farbbild aus drei Graustufenbildern für den roten, grünen und blauen Farbkanal zusammensetzt.

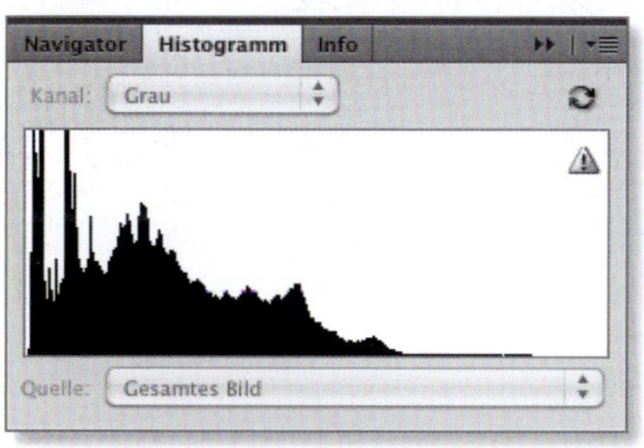

▲ **Abbildung 1.4**
Das Histogramm zeigt die Häufigkeit der Tonwerte von Schwarz (links) bis Weiß (rechts) an. Hier sieht man, dass das Schwarzweißbild des Bildes oben hauptsächlich aus dunkleren Tonwerten besteht.

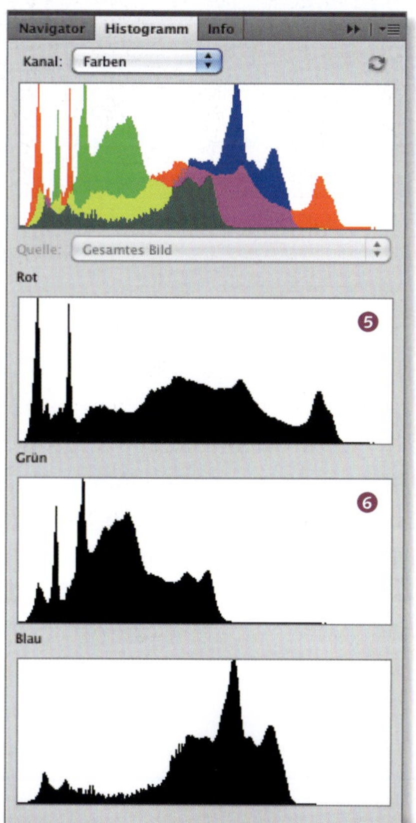

◀ **Abbildung 1.5**
Die Histogramm-Palette des Farbbilds besteht in der erweiterten Ansicht aus drei Histogrammen für die Farbkanäle Rot, Grün und Blau. Oben wird die Überlagerung der drei Farben angezeigt. Da das rote Histogramm ❺ am weitesten in den hellen Bereich ragt und danach das blaue ❻ folgt, lässt sich schon erahnen, dass die Farbstimmung des Bildes in Richtung Rot-Magenta geht.

1.1.1 Pixel

Digitale Bilder sind aus einzelnen quadratischen Bildpunkten zusammengesetzt, die **Pixel** genannt werden. Pixel ist eine Zusammenziehung des englischen Begriffs *picture elements*, auf Deutsch »Bildelemente«. Im Idealfall sind die Pixel in einem Digitalfoto so klein, dass man ihre quadratische Form nicht erkennt. Wenn die Pixel kleiner sind als die Grenzauflösung des Auges (der Bereich, in dem das Auge gerade noch zwei voneinander getrennte Punkte erkennen kann), entsteht ein homogener Bildeindruck, der nichts über die zugrundeliegenden Bestandteile verrät. Das Auge ist dann nicht in der Lage, die Bildpunkte voneinander zu trennen und nimmt einen homogenen unverpixelten Bildeindruck wahr.

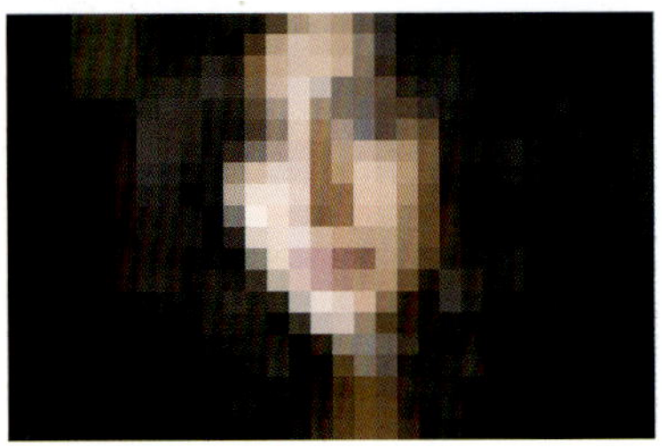

▲ **Abbildung 1.6**
Dieses Bild besteht aus 600 Pixeln. Wenn Sie die Augen bis auf einen Spalt schließen, erkennen Sie mehr vom Bildinhalt.

Weil man für ein hochwertiges Foto so viele Pixel braucht, werden sie sprachlich meist zu Millionen zusammengefasst: eine Million Pixel sind ein Megapixel, kurz MP. In der Anfangszeit der Digitalfotografie gab es ein regelrechtes Wettrennen um immer höhere Pixelzahlen. Bei den Kompaktkameras geht der Trend wieder in die umgekehrte Richtung, weil die physikalisch sinnvollen Werte schon überschritten worden sind.

Im Videobereich haben Sie häufiger mit Pixeln zu tun, die nicht quadratisch sind, sondern ein rechteckiges Seitenverhältnis haben. Eigentlich gab es so etwas auch schon zu analogen Zeiten: Cinemascope wurde in der Breite gestaucht aufgenommen und später in der Breite wieder gestreckt projiziert.

1.1.2 Auflösung

Der Begriff **Auflösung** hat in der Fotografie mehrere Bedeutungen:

- die Gesamtpixelanzahl eines Kamerasensors in Megapixeln
- die Pixel oder Druckpunkte (*dots*) pro Zoll oder pro Zentimeter bei der Ausgabe, abgekürzt **dpi** (*dots per inch*)
- das Leistungsvermögen eines Objektivs in der Abbildung von feinen Strukturen

Sie werden diesen Begriff also in verschiedenen Kapiteln mit leicht unterschiedlicher Bedeutung häufiger antreffen. Wenn das Objektiv an ihrer Kamera zum Beispiel nicht die Auflösung erreicht, die der Sensor unterstützt, können Sie die Auflösung des Sensors nicht voll nutzen. Das ist gerade bei Kompaktkameras mit vielen Megapixeln ein häufiges Problem. Das schwächste Glied bestimmt immer die Gesamtleistung.

An dieser Stelle geht es um den zweiten Punkt der Aufzählung oben, die Auflösung des digitalen Bildes. Je nach gewünschtem Ausgabeformat

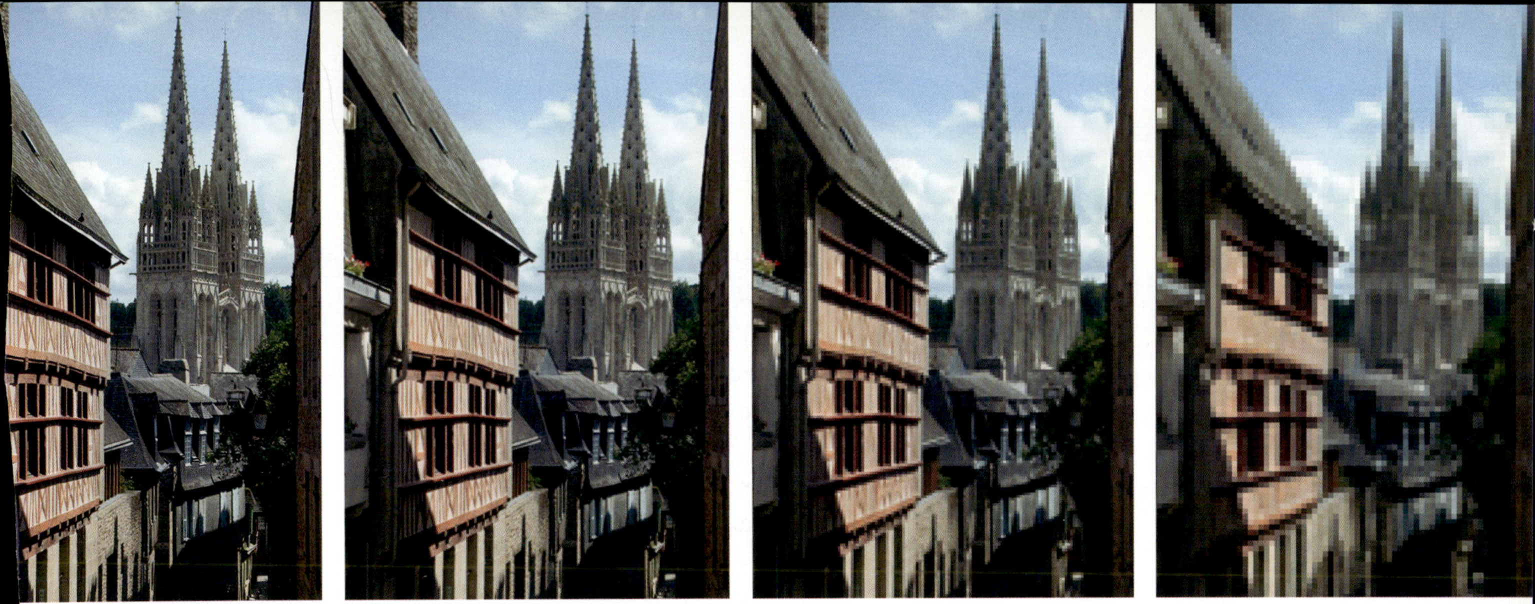

sind hier unterschiedliche Pixelzahlen notwendig: Bei kleinen Bildformaten geht man von 300 Pixeln pro Zoll (1 Zoll = 2,54 cm) aus, die eine optimale Bildqualität im Ausdruck ermöglichen. Das entspricht 118 Pixeln pro Zentimeter. Bei einer Postkarte von 10 x 15 cm kommt man so schon auf gut zwei Millionen Pixel. Eine Million Pixel sind ein Megapixel, 2 Megapixel sind also für eine technisch perfekte Postkarte ausreichend, und 8 Megapixel für einen Ausdruck in 20 x 30 cm. Da die Betrachtungsentfernung bei größeren Bildern steigt, reichen 8 Megapixel im Prinzip für jede Größe. Wenn der Betrachter allerdings näher an die Bilder herangehen kann und sich Details genauer anschauen möchte, dürfen es gerne mehr Pixel sein.

Der Begriff »Megapixel« bezieht sich immer auf die Fläche des Bildes oder Sensors. Punkte pro Zoll (dpi) oder Linienpaare pro Zentimeter (lpcm, wie es bei Objektiven zum Einsatz kommt) sind natürlich nur auf die entsprechende Längeneinheit bezogen.

▲ **Abbildung 1.7**
Eine Aufnahme in verschiedenen Auflösungen: Von links nach rechts: 300 dpi, 150 dpi, 75 dpi, 37,5 dpi. Nach rechts nimmt der Detailreichtum ab, und die Bilder beginnen, pixelig zu werden.

1.1.3 Interpolation

Sobald die Pixelanzahl eines Bildes im Computer verändert wird, mittelt die Software die Farbwerte der Pixel. Dieser Vorgang heißt **Interpolation**. Beim Verkleinern eines Bildes müssen bisher getrennte Pixel zusammengelegt werden. Dabei bekommen die neuen Pixel Farb- und Helligkeitswerte, die Durchschnittswerten aus den zusammengelegten entsprechen. Das ist unkritisch und hat sogar Vorteile, was das Rauschverhalten und die Störungsverminderung betrifft. Manche Digitalkameras können das schon von Haus aus, sie legen zum Beispiel vier Pixel zu einem zusammen, um eine kleinere Variante des RAW-Formats zu erzeugen (**sRAW**, small RAW). Das nennt sich

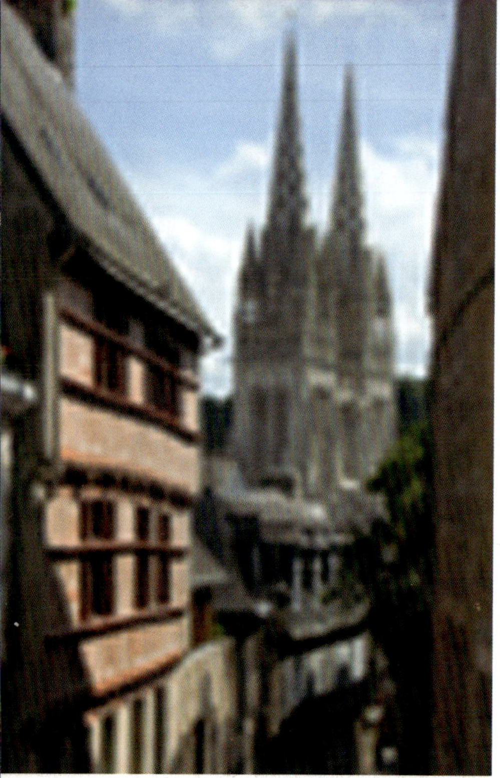

▲ **Abbildung 1.8**
Wird ein niedrig aufgelöstes Bild in eine höhere Auflösung umgerechnet (hochinterpoliert), verschwindet die Pixeligkeit. Das Bild wird aber unscharf, da die Detailauflösung nicht steigen kann, weil die nötige Information im Bild nicht mehr vorhanden ist. Begrenzt eingesetzt, kann die Hochinterpolation die Qualität trotzdem etwas verbessern.

Pixel Binning und liefert gerade bei schwachem Licht, wenn eine geringere Auflösung ausreicht, rauscharme Bilder. Das Rauschen wird dann gemittelt, und das Signal kann sich deutlicher davon absetzen. Andere Kameras lesen nur jeden vierten Bildpunkt aus, gewinnen dadurch aber nicht an Bildqualität. Das Herunterrechnen der Bilder am Computer liefert hingegen immer eine Verbesserung des Rauschens.

Wenn ein Bild vergrößert wird, müssen komplett neue Pixel hinzukommen. Für diese neuen Pixel »erfindet« die Software weich abgestimmte Zwischenwerte in Farbe und Helligkeit, und das Bild wirkt nicht mehr pixelig. Die Detailauflösung steigt aber natürlich auch nicht, und so wirkt das Bild bei stärkeren Vergrößerungen unscharf. Manche Kompaktkameras machen genau das, wenn sie im Telebereich einfach einen Bildausschnitt größer rechnen. Die Marketing-Abteilungen der Kamerahersteller verkaufen das als **Digitalzoom**. Dieser Effekt lässt sich aber mindestens genauso gut am Computer erreichen und ist somit höchstens für diejenigen interessant, die Bilder direkt von der Speicherkarte drucken lassen wollen.

1.1.4 Farbtiefe oder Bittiefe

Die 16,7 Millionen Farben, die sich mit 24 Bit (3x8 Bit für die drei Grundfarben Rot, Grün und Blau) darstellen lassen, sind mehr, als das Auge auseinanderhalten kann. Sobald Sie aber anfangen, ein solches Bild zu bearbeiten, strecken und stauchen Sie die Farb- und Tonwerte, und so kann es schnell vorkommen, dass in eigentlich weichen Verläufen (zum Beispiel im Himmel) die einzelnen Tonwerte unterscheidbar werden und Streifen bilden. Dieser Effekt nennt sich **Banding**, was man aus dem Englischen mit »Streifenbildung» übersetzen kann. Die Tonwertabstufung wird dann gröber als die feinsten Unterscheidungen, die das Auge ausmachen kann. Sie sehen den Effekt meistens auch im Histogramm des Bildes, dieses weist dann sichtbare Lücken auf.

Digitalkameras nutzen deshalb pro Farbe 12–16 Bit zur Aufzeichnung des Bildes. Das entspricht 4096 (2^{12}) bis 65536 (2^{16}) möglichen Tonwerten statt der nur 256 Farben. Je höher die Bittiefe pro Farbe ist, desto feiner kann die Kamera Verläufe abstufen und desto mehr Reserven haben die Dateien in der Bearbeitung. Diese Reserven verlieren Sie allerdings sofort wieder, wenn Sie das Bild im JPEG- statt im RAW-Format speichern, denn JPEG unterstützt nur 8 Bit pro Farbe (zu den Bildformaten siehe auch Seite 24).

Sie können RAW-Aufnahmen im 16-Bit-Modus aus dem RAW-Konverter (zum Beispiel Adobe Camera Raw) übernehmen, so dass Sie mit 48-Bit-

TIFF IN 16 BIT

TIFF-Dateien in 16 Bit Farbtiefe sollten Sie unkomprimiert abspeichern, weil sie sich schlecht komprimieren lassen. Manchmal steigt die Dateigröße sogar an, in jedem Fall ist die Kompression deutlich langsamer.

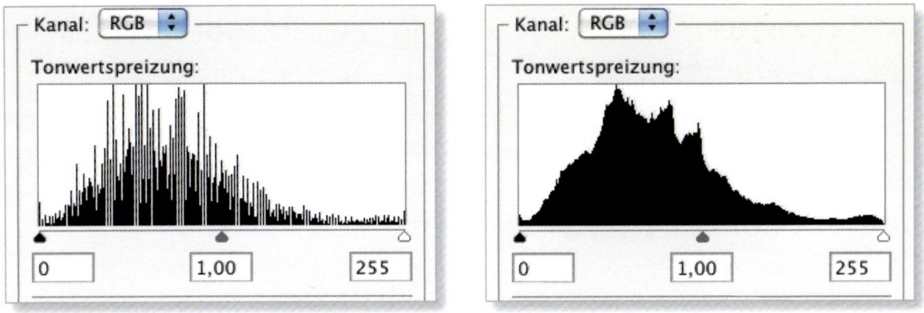

▲ **Abbildung 1.9**
Im linken Histogramm zeigen die Lücken an, dass bestimmte Tonwerte gar nicht vorhanden sind. Sie sollten das Bild dann auf unsaubere Verläufe und Tonwertabrisse überprüfen. Im rechten Histogramm sind alle Tonwerte vertreten, so dass sich eine homogene schwarze Fläche ergibt. So ähnlich sollte ein Histogramm für ein tonwertreiches normales Motiv auch aussehen.

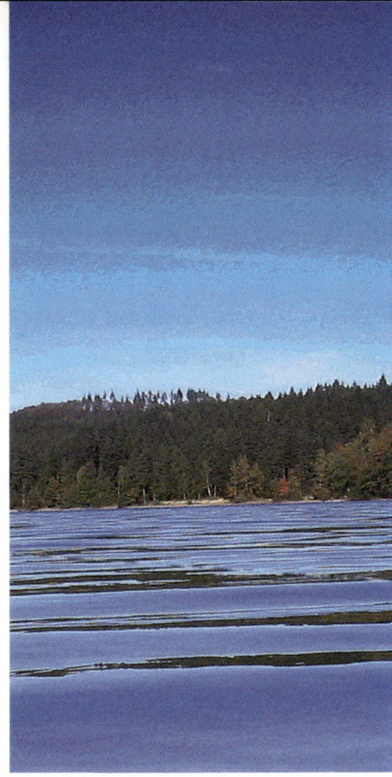

▲ **Abbildung 1.10**
Im Himmel haben sich durch die Bildbearbeitung Streifen ergeben, sogenanntes Banding. Eine Bearbeitung im 16-Bit-Modus hätte das verhindern können.

Dateien (16 Bit x 3 Farben) weiterarbeiten. So verlieren Sie nicht schon bei der ersten Umwandlung den Tonwertreichtum und die Reserven für die Bildbearbeitung. Falls Sie mit dem Bild noch große Veränderungen vorhaben oder höchste Qualität erzielen möchten, sollten Sie mit 16 Bit pro Farbe arbeiten. Der einzige Nachteil ist, dass die Dateien dann doppelt so viel Speicherplatz und Rechenzeit beanspruchen. Das sollte aber auf einem aktuellen Computer kaum noch stören.

1.1.5 Farbräume

Die Aufzeichnung einer Kamera unterscheidet sich nicht nur in der Abstufungsmöglichkeit durch die Bittiefe, sondern auch durch die maximal darstellbare Buntheit der Farben. Meist können Sie zwischen zwei Standardfarbräumen in der Kamera wählen: sRGB und Adobe RGB.

Diese Einstellungen sind allerdings nur für das JPEG-Format von Bedeutung, denn beim RAW-Format ist immer der kameraeigene Farbraum eingebettet. Mit sRGB haben Sie einen Farbraum zur Verfügung, der bei vielen Fotobelichtern als Standard verwendet wird, in Webbrowsern richtig angezeigt wird und generell wenig Probleme in der Verwendung macht. Zudem passt er recht gut zu einem normalen LCD-Monitor. Adobe RGB liefert leuchtendere Ergebnisse im Ausdruck auf Tintenstrahldruckern, lässt sich auf High-End-Monitoren gut darstellen, setzt aber in der Weiterverarbeitung für das Web Grundkenntnisse im Farbmanagement voraus.

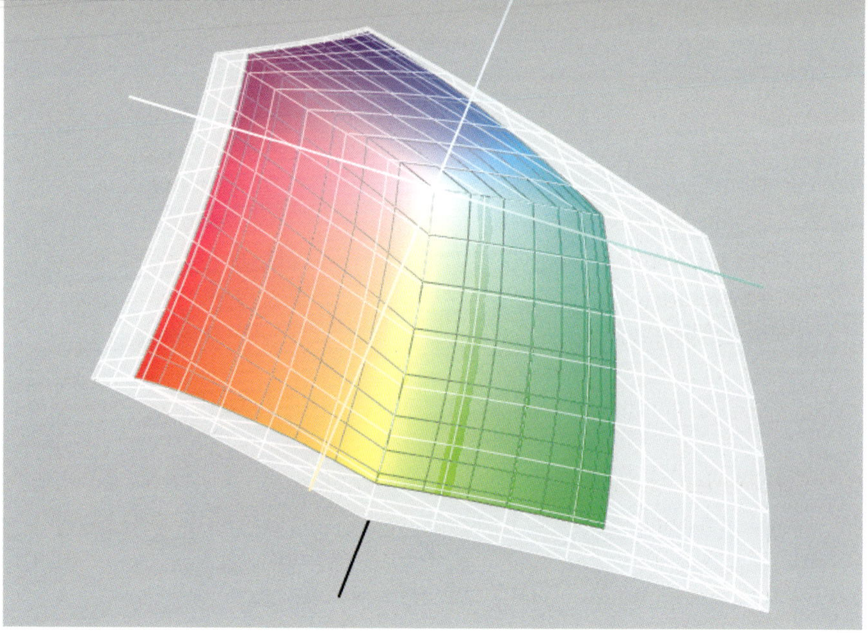

Abbildung 1.11 ▶
Der bunt dargestellte Farbraum repräsentiert sRGB, der graue Bereich den Farbraum Adobe RGB. Adobe RGB kann deutlich mehr Farben darstellen als sRGB. Wenn Sie eine hohe Leuchtkraft der Farben und eine hochwertige Ausgabe benötigen, ist Adobe RGB die bessere Wahl.

Für das Web sollten Sie Ihre Bilder in sRGB umwandeln und bei Fotobelichtern überprüfen, ob diese die eingebetteten Farbprofile in ihren Bilddateien auswerten. Falls das nicht der Fall ist, werden Adobe-RGB-Bilder weniger bunt als sRGB-Bilder, obwohl sie eigentlich mehr Farben darstellen können.

1.2 Bildformate

Während Ihre Bildbearbeitungssoftware etliche Dateiformate unterstützt, die im entsprechenden Kapitel näher erläutert werden sollen (ab Seite 527), kommt Ihre Digitalkamera mit zwei Formaten aus: JPEG und RAW.

1.2.1 JPEG

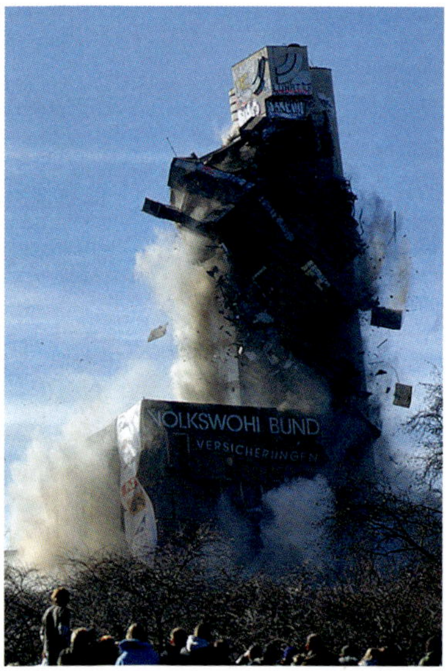

▲ **Abbildung 1.12**
Wenn Sie lange Serien ohne Abbruch in einem ungünstigen Moment fotografieren wollen, ist das JPEG-Format im Moment noch überlegen. Sprengungen sind ein gutes Beispiel dieses Anwendungsfalls.

JPEG ist die Abkürzung von *Joint Photographers Expert Group*, einer Organisation, die sich um standardisierte Dateiformate für den Fotobereich kümmert. Das JPEG-Format ist entworfen worden, um eine kleine Dateigröße bei gleichzeitig geringer Beeinträchtigung der Bildqualität zu erreichen. Hierfür werden die Bilddaten komprimiert.

Vereinfacht gesagt, werden bei der JPEG-Kompression die Bilddaten in Farb- und Helligkeitsinformationen aufgeteilt und so reduziert, dass sich für das menschliche Auge wenig Unterschiede ergeben, die Informationsmenge aber deutlich sinkt. So muss zum Beispiel die Farbinformation weniger scharf sein als die Helligkeitsinformation. Danach wird die Datenmenge weiter komprimiert, indem regelmäßige Strukturen zusammengefasst werden und häufige Datenfolgen kürzer ausgedrückt werden. Im Ergebnis erhält man eine Datenmenge, die bei durchschnittlichen Motiven durchaus 10 bis 15 Mal kleiner sein kann, ohne dass man direkt einen Unterschied bemerkt. Im Web ist mittlerweile fast jedes Bild ein JPEG, und Amateurkameras beherrschen nur dieses eine Format. Selbst in Bilddatenbanken hilft das JPEG-Format, große Bilder schneller verfügbar zu machen.

Nun gibt es allerdings Details, die das Auge in einem JPEG-Bild zunächst nicht wahrnimmt, die nach einer leichten Bildbearbeitung aber plötzlich sichtbar werden, zum Beispiel Details in den Schatten. Auch ein Farbstich, der aus einem Bild entfernt wurde, kann dann etwa Strukturen sichtbar machen, die von der Kompression des Formats herrühren. Und je häufiger Sie ein Bild erneut im JPEG-Format speichern, desto größer werden die Verluste in der Bildqualität.

Die Stärke der Kompression ist auch abhängig vom Detailreichtum und der Schärfe der Ursprungsdaten, je feiner und schärfer das Bild ist, desto größer wird das resultierende JPEG sein. Es gibt sogar Fotografen, die die JPEG-Größe als direktes Qualitätskriterium für eine Kamera oder eine Objektiv-Kamera-Kombination verwenden, aber das ist etwas übertrieben, da auch der Algorithmus oder die Kompressionsparameter einen großen Einfluss auf die Dateigröße haben.

Kurz zusammengefasst: Das JPEG-Format ist schnell verfügbar, einfach, klein und funktioniert überall, es verschenkt aber einen großen Teil der von Ihrer Kamera aufgezeichneten Bildinformation schon bei ersten Speichern.

Ich selbst verwende JPEGs entweder nur zusätzlich zum RAW-Format oder dann, wenn eine große und länger anhaltende Serienbildgeschwindigkeit wichtig ist, wie zum Beispiel bei Hochhaussprengungen. Bei RAW geht einer Kamera häufig schon nach 10–15 Bildern die Puste aus, und das sind bei den üblichen Serienbildgeschwindigkeiten nur 2–3 Sekunden. Die Daten können nicht so schnell auf die Speicherkarte geschrieben werden wie sie anfallen. Manche Kameras können JPEGs so lange auf die Karte schreiben, bis sie voll ist.

▼ **Abbildung 1.13**
Links zerstört eine zu starke JPEG-Kompression die Details, rechts wurde derselbe Ausschnitt im TIFF-Format gespeichert.

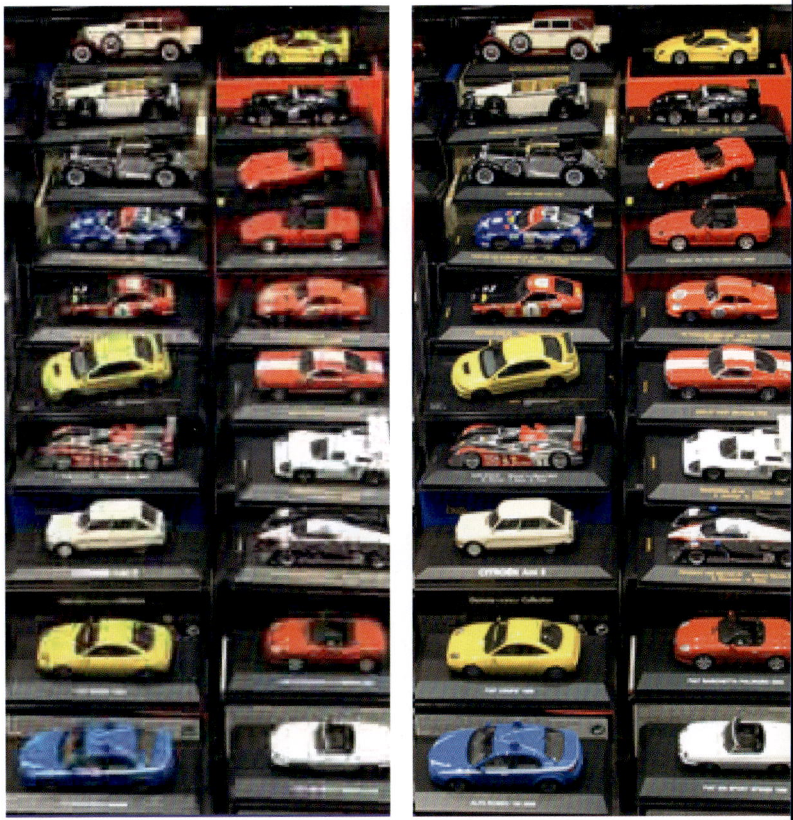

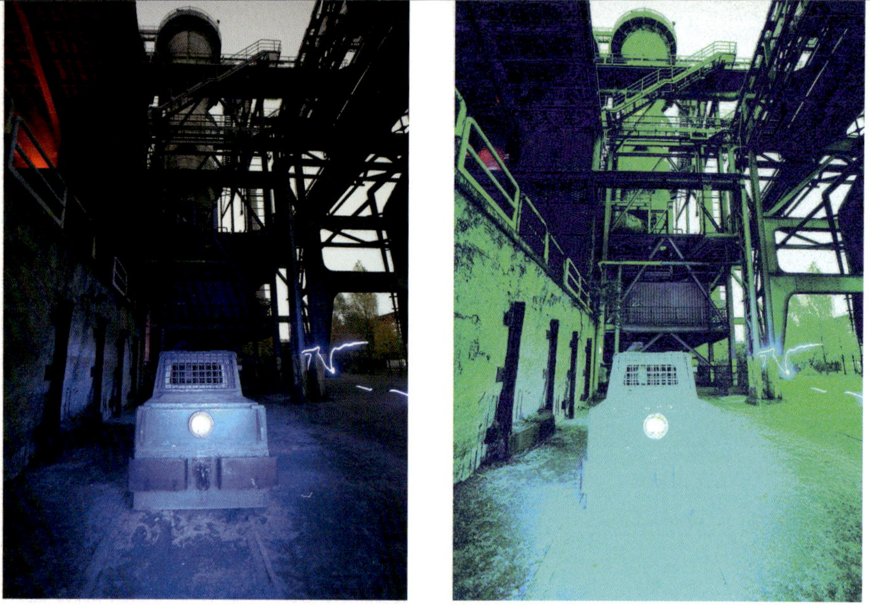

Abbildung 1.14 ▶
In diesem Bild wurde der Himmel als Neutralpunkt gewählt. Während die RAW-Datei links die Farbveränderung im RAW-Konverter klaglos mitmacht, ist das JPEG, mit dem das gleiche in Photoshop versucht wurde (rechts), kaum noch als Foto zu erkennen. RAW-Dateien haben auf jeden Fall das größere Potenzial für die Bildbearbeitung.

1.2.2 RAW

Raw ist das englische Wort für roh. Roh oder weitgehend unbearbeitet sind auch die Daten, die in diesem Format von der Kamera auf die Speicherkarte geschrieben werden. Die Messwerte der einzelnen Pixel des Sensors werden direkt gespeichert und um eine Liste der Einstellungen ergänzt, die in der Kamera während der Auslösung vorlagen. Diese können später zur Ausarbeitung des Bildes herangezogen werden, müssen es aber nicht. Denn das RAW-Format lässt Ihnen auch später alle Möglichkeiten offen, ein Bild mit anderen Einstellungen als zum Zeitpunkt der Aufnahme zu entwickeln.

Die Speichergröße der RAW-Datei ist trotz des vollen Datenumfangs verhältnismäßig moderat. Wenn Sie zum Beispiel eine Kamera mit 20 Megapixeln verwenden, kommen Sie grob gerechnet auf eine Datenmenge von 120 Megabyte pro RAW-Datei: 20 x 3 x 2, 20 Megapixel x 3 Farben (RGB) x 16 Bit (=2 Byte). In Wirklichkeit ist ein RAW-Bild dieser Kamera aber nur gut 20 Megabyte groß. Wie kommt das? Erstens ist ein Pixel Ihrer Kamera tatsächlich nur rot, grün oder blau, die RGB-Pixel werden ja erst durch Inter-

▼ **Abbildung 1.15**
Die Bilder unterscheiden sich nur durch unterschiedliche Einstellungen im RAW-Konverter. Mit einem RAW-Bild ist auch nach der Aufnahme noch alles möglich.

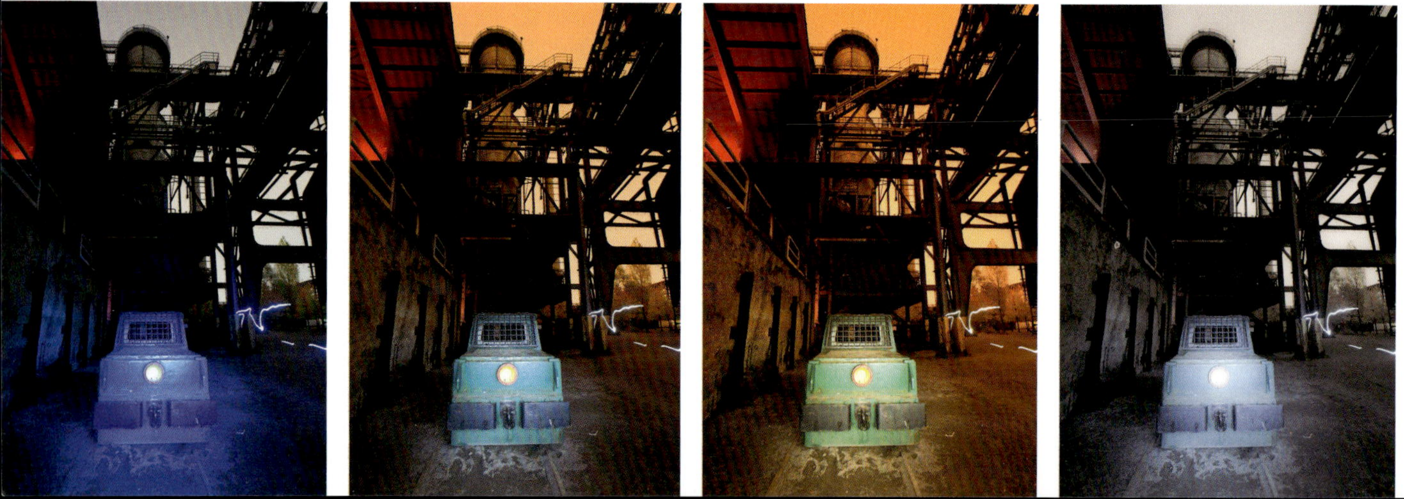

polation erzeugt (siehe auch Seite 43). Das kann später der RAW-Konverter im Computer übernehmen, so dass die Kamera hierfür keinen Speicherplatz aufwenden muss. Zweitens ist auch eine verlustfreie Komprimierung bei durchschnittlichen Bildern in der Lage, fast die Hälfte an Platz einzusparen. So kommen Sie also bei einem RAW-Bild auf der Speicherkarte auf eine fünf- bis sechsmal kleinere Datei, als das Bild in voller Qualität geöffnet auf ihrem Computer im Speicher belegt.

1.3 Metadaten

Die reinen Bildinformationen sind für einen großen Teil der Verwendungsmöglichkeiten von Bildern nicht ausreichend. In der Pressefotografie etwa gehört eine genaue Beschreibung untrennbar zum Bild dazu, und auch in der reinen Amateurfotografie erlangen die Metadaten eine immer größere Bedeutung. Durch sie werden Bilder suchbar, Fehler lassen sich besser analysieren, Bilder direkt auf Karten positionieren oder nach Eigenschaften filtern.

1.3.1 Der EXIF-Standard

Der Begriff **EXIF** steht für *Exchangeable Image File Format* und ist ein Standard, der es den Digitalkameras verschiedener Hersteller erlaubt, die Aufnahmedaten im selben Format abzuspeichern. So schreibt Ihre Kamera mit jeder Aufnahme eine Vielzahl von Kameraeinstellungen in die Bilddatei. Sogar die Einstellungen der angeschlossenen Blitzgeräte, der Wechselobjektive oder GPS-Empfänger werden aufgezeichnet.

Dieser Standard kommt also automatisch zum Einsatz, wenn Sie digital fotografieren, weil dies Ihre Kamera für Sie erledigt. Und da in den EXIF-Daten technische Angaben versammelt sind, die bei der Aufnahme meist korrekt erfasst werden, müssen Sie diese Daten nur selten editieren. Eine große Ausnahme ist eine nicht korrekt gesetzte Kamerazeit oder ein falsches Datum. Das führt dazu, dass Sie Aufnahmen verschiedener Kameras nicht richtig zeitlich sortieren können, die GPS-Informationen nicht zu den Bildern passen oder dass sich die Bilder bei einer Suche nach dem Aufnahmedatum nicht finden lassen. Achten Sie deswegen besonders bei der Umstellung von Sommer- zu Winterzeit darauf, dass Sie auch die Uhr in Ihrer Kamera umstellen. Programme, um EXIF-Daten nachträglich zu ändern – falls Sie zum Beispiel doch einmal das Datum anpassen wollen –, finden Sie zuhauf im Internet. Hier werden Sie zum Beispiel im Software-Verzeichnis von Heise fündig,

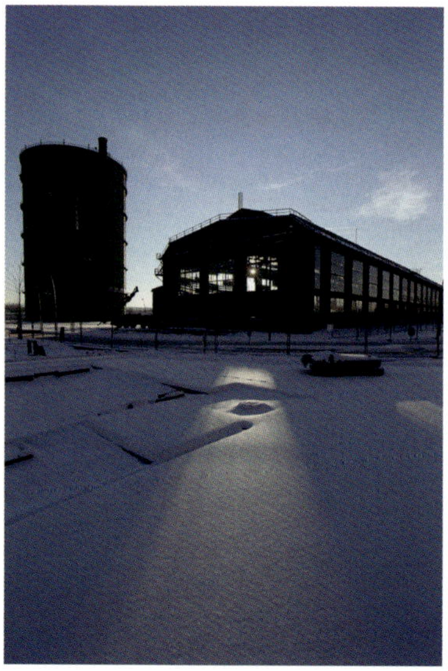

▲ **Abbildung 1.16**
In der Tabelle unten sehen Sie sämtliche EXIF-Daten für das obige Bild, die bei der Aufnahme gespeichert wurden.

das Sie unter *www.heise.de/software* erreichen (eine gute Adresse ohne versteckte Abo-Fallen und andere Internet-Risiken). Unter Windows können Sie die Software GeoSetter verwenden, die Sie auf der Buch-DVD finden.

EXIF-Daten sind gerade bei der Fehlersuche sehr nützlich. So können Sie bei einem unscharfen Bild leicht überprüfen, ob es verwackelt sein kann, indem Sie die Belichtungszeit betrachten. Für das Beispielbild der Abbildung 1.16, dessen Belichtungszeit von 1/400s Sie der Tabelle entnehmen können, ist eine Verwacklung extrem unwahrscheinlich. Bei Testreihen führt die Kamera für Sie Buch, so dass Sie keine Notizen machen müssen. Sogar bei der Bildersuche kann EXIF behilflich sein: Wenn Sie in der Adobe Bridge oder in Photoshop Elements die Bildsuche zum Beispiel auf alle Bilder einschränken, die mit 85mm Brennweite im Hochformat und einer größeren Blendenöffnung als f4,5 aufgenommen wurden, erwischen Sie mit großer Wahrscheinlichkeit Porträtaufnahmen.

Da EXIF viele herstellerabhängige Felder unterstützt und verteilt in der Bilddatei gespeichert wird, ist es leider sehr wahrscheinlich, dass bei einem erneuten Speichern ein Teil der EXIF-Daten verlorengeht. Für den vollen Satz an EXIF-Daten öffnen Sie also am besten immer die unveränderte Originaldatei.

EXIF-Feld	Wert	Kommentar
Hersteller	Canon	Marke
Kamera	Canon EOS 5D Mark II	Kameratyp
Firmware	Firmware Version 1.0.6	Versionsnummer der kameraeigenen Software
Datum	06.01.2009 15:24:22	Tag und Zeitpunkt der Aufnahme
Blende	f9,0	Blendenwert
ISO-Wert	200	eingestellte Lichtempfindlichkeit des Sensors
Belichtungszeit	1/400 s	Belichtungszeit
EV	±0,00 EV	keine Belichtungskorrektur
Programm	Av – Zeitautomatik	eingestelltes Belichtungsprogramm
Messmodus	Mittenmessung	mittenbetonte Belichtungsmessung
Blitz	Aus	Blitz wurde nicht ausgelöst
Weißabgleich	Auto	Art des Weißabgleichs
Zoom	17,0 mm Real	Brennweite, nicht umgerechnet auf Vollformat
Auflösung	4080 x 2720 Pixel (Mittel)	mittlere JPEG-Auflösung (kleiner als volle Pixelzahl der Kamera)
Bilddichte	72 x 72 dpi	Auflösung beim Öffnen des Bildes
Dateilänge	3098583 Bytes	ca. 3 Megabyte Dateigröße
Kamera-Orientierung	270°/Z:Links S:Unten	Hochformat, Bild wird automatisch gedreht

EXIF-Feld	Wert	Kommentar
Datum der letzten Änderung	06.01.2009 15:24:22	Datei wurde noch nicht geändert, daher ist das Datum gleich dem Erstellungsdatum
White Point	313/1000 329/1000	Beschreibung des Farbraums
Primary Chromaticies	64/100 33/100 21/100 71/100 15/100 6/100	Beschreibung des Farbraums
YCbCr-Koeffizient	0,299/0,587/0,114 = YCbCr	Beschreibung des Farbraums
YCbCr-Positionierung	Nullpunkt	Beschreibung des Farbraums
Copyright	Copyright: Christian Westphalen Fotodesign www.westbild.de	Copyright-Informationen (lassen sich bei vielen Kameras automatisch ins Bild schreiben)
EXIF-Version	V 2.21	Version des EXIF-Standards
FlashPix-Version	V 1.00	Softwareversion für das Vorschaubild in der Datei
CCD-Pixelauflösung	2796 x 2839 dpi	physikalische Auflösung des Sensors
Kommentar	Bildverarbeitung: Normaler Prozess	keine Effekte (z. B. Schwarzweiß) gewählt
Belichtungsmodus	Belichtungsreihe	Bild ist Teil einer automatischen Belichtungsreihe
Szenenaufnahme	Standard	kein Motivprogramm gewählt
Künstler	Photographer: Christian Westphalen	kann in der Kamerasoftware voreingestellt werden
Timer in sec	Kein	kein Selbstauslöser verwendet
Bildkompressionsrate	Fein	JPEG, hohe Qualität
Serienbildmodus	Ein	Kamera auf Serie statt Einzelbild gestellt
Fokus-Modus	Einzelbild-AF	Kamera löst nur bei gefundenem Schärfepunkt aus
Bildgröße	Mittel	für JPEGs gibt es meist drei Auflösungsstufen, volle, mittlere und kleine Auflösung
Easy Shooting Mode	Manuell	kein Motivprogramm angewählt
Kontrast II	Normal	Einstellungen für Bildstile
Farbsättigung II	Normal	Einstellungen für Bildstile
Schärfe II	Niedrig	Einstellungen für Bildstile
AF-Punkt gewählt	k.A. (0)	bei manueller Scharfstellung ist kein AF-Punkt gewählt
Max. Brennweite	40,0 mm	längste Brennweite des Zoomobjektivs
Min. Brennweite	17,0 mm	kürzeste Brennweite des Zoomobjektivs
Sequenzbild-Nr.	Blitz EV: ±0,00 EV	keine Blitzbelichtungskorrektur gewählt
Motiv-Distanz II	0,000 m / 0,00 m	Objektiv überträgt keine Entfernungsinformation an die Kamera
Kamera Serien-Nr.	0DB71xxxx / 23011xxxx	Seriennummer der Kamera
Eigentümer	Christian Westphalen	kann in der Kamerasoftware voreingestellt werden
Digitaler Zoom	Aus	kein Hochinterpolieren der Auflösung (bei DSLRs gibt es das ohnehin nicht)

1.3.2 IPTC-Daten

Die Bezeichnung **IPTC** rührt vom *International Press Telecommunications Council* her, dem Weltverband der Nachrichtenagenturen und Zeitungen für die Normierung des Nachrichtenaustauschs. Dieser entwickelte 1991 das *Information Interchange Model* (IIM, in der Praxis und auch im Folgenden nur IPTC genannt), das sicherstellen soll, dass Bildbeschreibungen weltweit standardisiert sind und international verwendet werden können. Die ursprüngliche technische Umsetzung ist inzwischen veraltet, weil sie unter anderem Probleme mit der Verwendung von Umlauten hatte. Der Wichtigkeit dieses Standards tut dies aber keinen Abbruch, weil er in einer aktualisierten Form innerhalb von XMP (siehe folgender Abschnitt) als IPTC-Kern weiterlebt.

Für Sie ist dieser Standard dann wichtig, wenn Sie Bilder verkaufen möchten oder auch nur sicherstellen möchten, dass andere Menschen Ihre Bilder im Internet wiederfinden können. Die Fotoplattform *www.flickr.com* zum Beispiel wandelt IPTC-Verschlagwortungen in direkt suchbare Schlagworte um, so dass die Bilder über die Bildsuche von Google auffindbar sind. Momentan hat IPTC direkt in den Bildern (und nicht über Umwege wie *flickr*) keinen großen Einfluss auf die Auffindbarkeit in Google. Es ist aber wohl nur eine Frage der Zeit, bis sich das ändert.

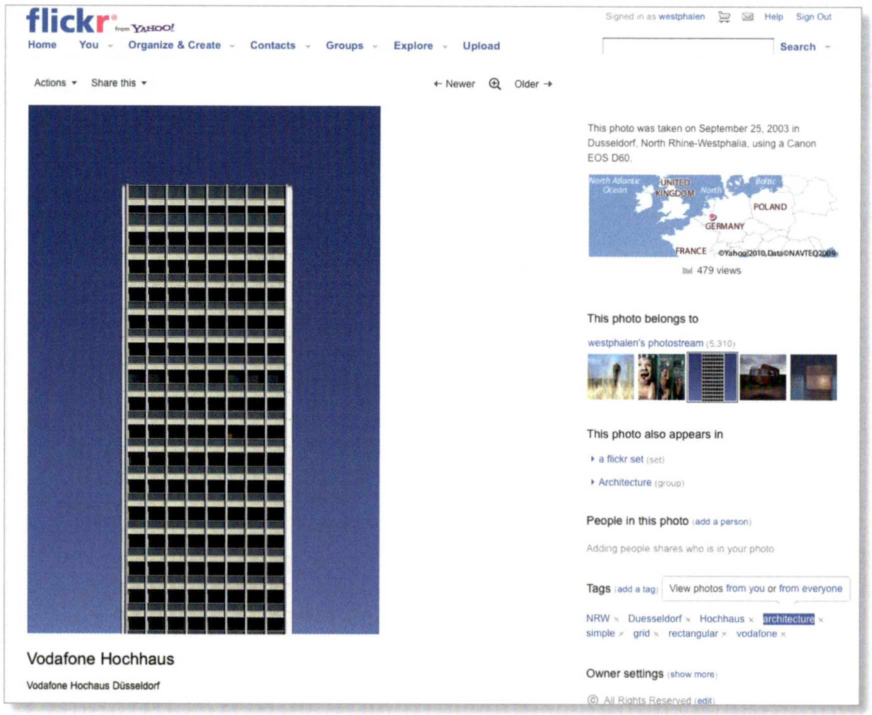

Abbildung 1.17 ►
Die sogenannten Tags zur Bildbeschreibung in flickr werden genau wie die Überschrift und die Bildunterschrift direkt aus den IPTC-Daten ausgelesen.

Abbildung 1.18 ►►
Beispiel für eine komplette IPTC-Verschlagwortung: Für die Standardanwendungen reichen Stichworte, Überschrift und Autor aus.

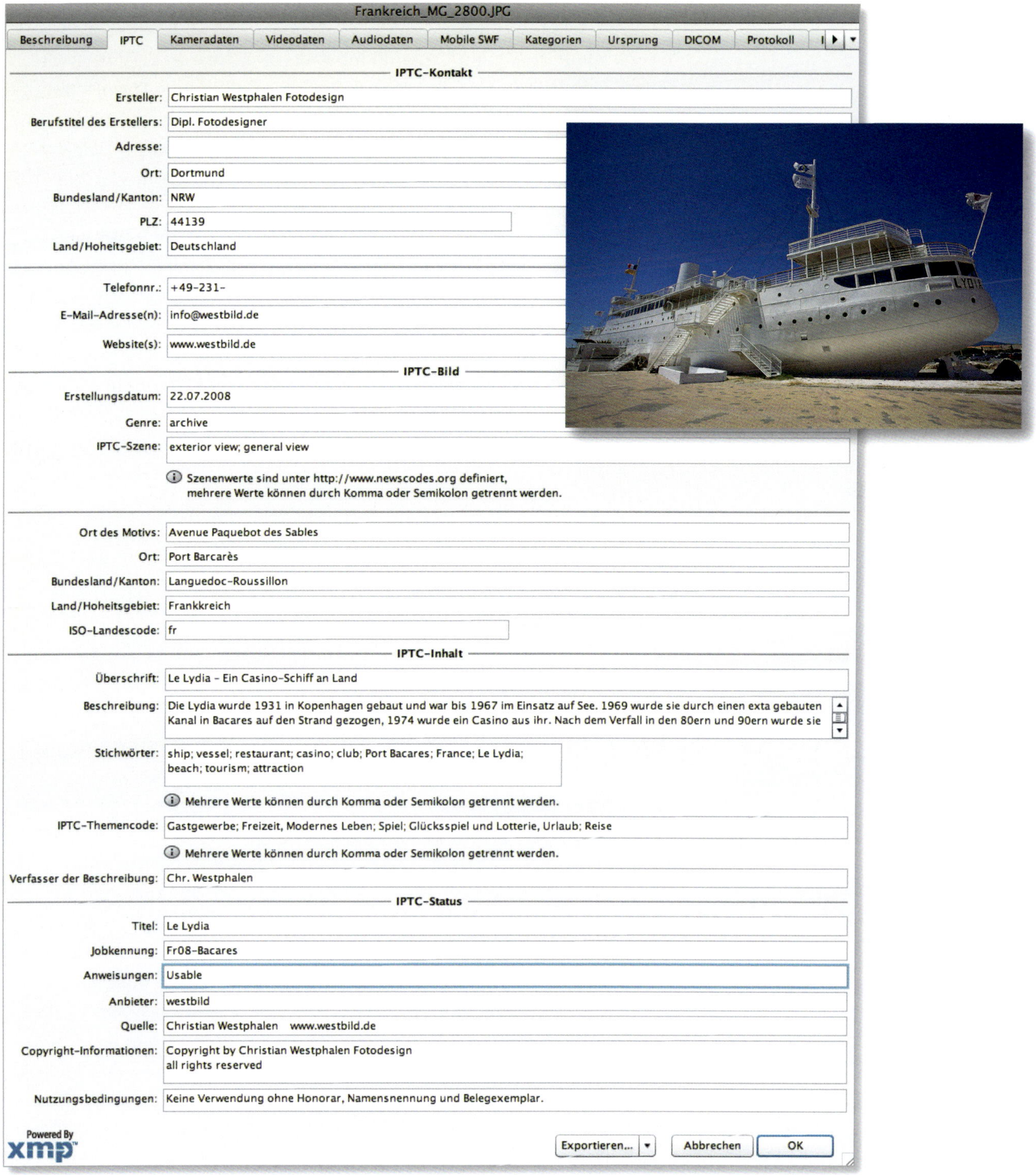
Frankreich_MG_2800.JPG
Beschreibung
IPTC
Kameradaten
Videodaten
Audiodaten
Mobile SWF
Kategorien
Ursprung
DICOM
Protokoll
IPTC-Kontakt
Ersteller: Christian Westphalen Fotodesign
Berufstitel des Erstellers: Dipl. Fotodesigner
Adresse:
Ort: Dortmund
Bundesland/Kanton: NRW
PLZ: 44139
Land/Hoheitsgebiet: Deutschland
Telefonnr.: +49-231-
E-Mail-Adresse(n): info@westbild.de
Website(s): www.westbild.de
IPTC-Bild
Erstellungsdatum: 22.07.2008
Genre: archive
IPTC-Szene: exterior view; general view
Szenenwerte sind unter http://www.newscodes.org definiert, mehrere Werte können durch Komma oder Semikolon getrennt werden.
Ort des Motivs: Avenue Paquebot des Sables
Ort: Port Barcarès
Bundesland/Kanton: Languedoc-Roussillon
Land/Hoheitsgebiet: Frankkreich
ISO-Landescode: fr
IPTC-Inhalt
Überschrift: Le Lydia - Ein Casino-Schiff an Land
Beschreibung: Die Lydia wurde 1931 in Kopenhagen gebaut und war bis 1967 im Einsatz auf See. 1969 wurde sie durch einen exta gebauten Kanal in Bacares auf den Strand gezogen, 1974 wurde ein Casino aus ihr. Nach dem Verfall in den 80ern und 90ern wurde sie
Stichwörter: ship; vessel; restaurant; casino; club; Port Bacares; France; Le Lydia; beach; tourism; attraction
Mehrere Werte können durch Komma oder Semikolon getrennt werden.
IPTC-Themencode: Gastgewerbe; Freizeit, Modernes Leben; Spiel; Glücksspiel und Lotterie, Urlaub; Reise
Mehrere Werte können durch Komma oder Semikolon getrennt werden.
Verfasser der Beschreibung: Chr. Westphalen
IPTC-Status
Titel: Le Lydia
Jobkennung: Fr08-Bacares
Anweisungen: Usable
Anbieter: westbild
Quelle: Christian Westphalen www.westbild.de
Copyright-Informationen: Copyright by Christian Westphalen Fotodesign all rights reserved
Nutzungsbedingungen: Keine Verwendung ohne Honorar, Namensnennung und Belegexemplar.
Powered By xmp
Exportieren...
Abbrechen
OK

Sie selbst wollen Ihre Bilder auch wiederfinden, und so lohnt es sich, auch ohne Veröffentlichung der Bilder im Internet, vernünftig zu verschlagworten. Achten Sie in jedem Fall darauf, dass die Software, mit der Sie das tun, die Verschlagwortung nicht einfach nur in eine eigene, nicht standardkonforme, Datenbank schreibt. Ihre Schlagwörter sollten immer direkt in die Bilddatei geschrieben werden, und zwar am besten im IPTC-Standard, was bei TIFF- und JPEG-Dateien ohne Weiteres möglich ist.

Bei Ihren RAW-Dateien geht das leider nicht so einfach, denn hier muss die Software sogenannte XMP-Dateien anlegen (siehe folgender Abschnitt), die neben die Originaldateien ins Verzeichnis geschrieben werden. Ein guter Test, um zu prüfen, ob standardkonform gearbeitet wurde, ist, ein Bild in einem Programm zu verschlagworten und es dann in einem anderen zu öffnen. Die ausgefüllten Metadaten sollten dann auch hier vollständig und unverändert lesbar sein. Auf der sicheren Seite sind Sie mit Adobe Photoshop, und auch Photoshop Elements ab Version 8 unterstützt den IPTC-Standard gut.

1.3.3 XMP-Daten

Das Kürzel **XMP** steht für *Extensible Metadata Platform*, auf Deutsch »erweiterbare Metadatenplattform«. Der XMP-Standard wurde 2001 von Adobe eingeführt, er ist aber ein offener Standard, der seinerseits wieder auf gut eingeführten Standards wie RDF (*Resource Description Framework*, für die Bereitstellung von Metadaten im Internet) und XML (*eXtensible Markup Language*, ein textbasiertes Austauschformat für hierarchisch strukturierte Daten) basiert.

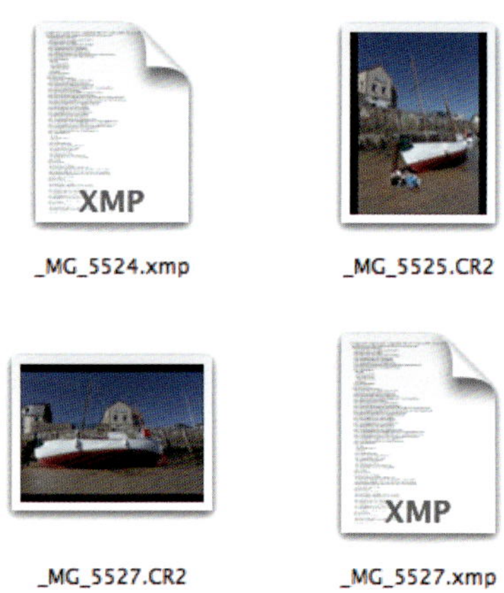

▲ **Abbildung 1.19**
Bei RAW-Dateien werden die XMP-Daten separat gespeichert. In Englischen heißen diese Dateien XMP-sidecar, wie der Beiwagen eines Motorrads.

Bei XMP wurde alles richtig gemacht: Es ist offen, erweiterbar, standardisiert und zukunftssicher. Außerdem bettet XMP auf sinnvolle Weise bestehende Standards wie IPTC ein. Normalerweise wird XMP direkt in die Bilddatei geschrieben. Für TIFF- und JPEG-Bilder ist das kein Problem, bei RAW-Dateien – die je nach Hersteller und Kamerageneration unterschiedliche und zum Teil nicht-offene Standards verwenden – werden die XMP-Dateien in eine zweite Datei mit dem gleichen Namen, aber der Dateiendung ».xmp« geschrieben. Wenn Sie beispielsweise eine RAW-Datei mit dem Namen «IMG_1337.cr2« inklusive Ortsbeschreibung und Stichwörtern verschlagworten oder auch nur die Parameter für Helligkeit und Farbsättigung ändern, schreiben Adobe Photoshop und einige andere Programme sofort eine zweite Datei namens »IMG_1337.xmp« mit in das Verzeichnis. In diese Datei werden dann sämtliche Metadaten ausgelagert.

1.3.4 DPOF

DPOF ist das *Digital Print Order Format*, mit dem Sie bereits in der Kamera festlegen können, welche Bilder Sie gedruckt oder auf Fotopapier ausgegeben haben möchten. Die nötigen Funktionen dafür finden Sie meist im Wiedergabe-Menü Ihrer Kamera. Die Daten werden mit auf die Speicherkarte geschrieben, so dass es ausreicht, die Karte in ein Bildbestellungsterminal eines Fotodienstleisters zu schieben, damit das Gerät die Bestelldaten automatisch übernehmen kann.

Sie können etwas Ähnliches auch zu Hause nutzen, wenn Sie einen Drucker haben, der **PictBridge** unterstützt. Damit lassen sich Bilder direkt aus der Kamera über ein USB-Kabel oder manchmal auch über Bluetooth oder WLAN auf dem Drucker ausgeben. Ein Computer ist dann gar nicht mehr nötig. Die etwas fummelige Bedienung in der Kamera kommt an den Komfort einer Auswahl am Computer aber nicht heran. Und so eignet sich DPOF eher für die gelegentliche Nutzung auf Reisen oder bei spontanem Bedarf.

1.3.5 Geotagging

Die Verschlagwortung des Ortes wird oftmals dann schwierig, wenn man sich nicht in der Nähe einer Landmarke oder in einer Stadt aufhält. Noch schwieriger ist es, wenn man von einer langen Reise mit tausenden Aufnahmen zurückkommt. Mit etwas Glück lassen sich die Bilder anhand der Reihenfolge zwischen zwei gut erkennbaren Orten halbwegs zuordnen, aber das ist sehr viel Arbeit und obendrein ungenau. Allerdings lässt sich diese Arbeit auch vollautomatisch und auf wenige Meter genau erledigen. Dazu

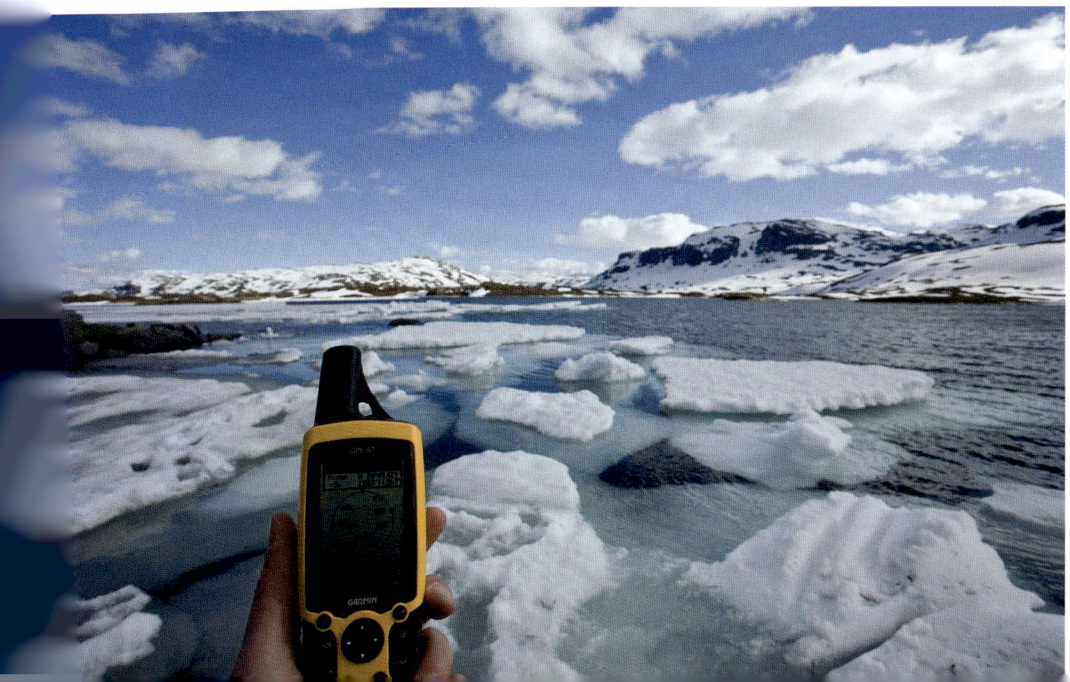

◂ **Abbildung 1.20**
Das GPS sagt: N 59°49,421 / E 007°11,567. Wenn Sie diese Koordinaten in Google Earth eingeben, sehen Sie genau, wo ich zum Zeitpunkt der Aufnahme stand.

brauchen Sie eine Digitalkamera mit korrekt eingestelltem Datum und eingestellter Uhrzeit und einen GPS-Empfänger, der entweder als Fotozubehör mit entsprechender Software geliefert wird oder der seine Daten in Standardformaten, wie zum Beispiel NMEA, GPX, PLT oder IGC, abspeichern kann. Später lässt sich aus den Bildern der Digitalkamera herauslesen, wann sie aufgenommen wurden, und aus der GPS-Datei, wann das GPS-Gerät an welchem Ort war. Die Software schreibt dann die Koordinaten direkt in das EXIF-Feld für die GPS-Information.

1.4 Fazit

Das JPEG-Format ist eine großartige Erfindung und sehr praktisch. Wenn Sie aber eine optimale Qualität erzielen wollen, kommen Sie um das RAW-Format nicht herum. Vergessen Sie nicht, dass die Antwort auf die Frage: »RAW oder JPEG?« auch »Beides!« heißen kann. Sie können Ihre Kamera meist so konfigurieren, dass neben einem RAW- auch ein JPEG-Bild in einstellbarer Größe auf die Speicherkarte geschrieben wird. Persönlich nutze ich diese Option gerne, um eine neue Kamera kennenzulernen. Sie können so die Farbumsetzung in der Kamera gut mit der im RAW-Konverter vergleichen. Nach einigen Wochen fotografiere ich dann ausschließlich im RAW-Format weiter, um die Anzahl der Dateien auf meinem Computer etwas zu begrenzen. Wenn Sie die Einfachheit von JPEG mit der Möglichkeit einer perfekten Umsetzung aus den RAW-Daten verbinden wollen, kann diese Option aber auch dauerhaft sinnvoll für Sie sein.

Die Verschlagwortung der Bilder ist einer der Punkte, der den meisten Fotografen weniger Spaß macht. Trotzdem ist die Verschlagwortung sinnvoll, weil Sie so sicherstellen, dass Ihre Bilder im Internet gefunden und somit vielleicht auch verkauft werden können. Außerdem haben Sie selbst mehr Überblick und können Ihre eigenen Bilder auch nach Jahren noch korrekt zuordnen. Sie sollten in jedem Fall darauf achten, dass sich die Lösung, mit der Sie ihre Bilder verschlagworten, an die Standards hält. Diese Standards sind IPTC und XMP. Wenn Sie feststellen, dass Ihre Verschlagwortungen von anderen Programmen oder Web-Diensten vollständig gelesen werden können, sind Sie auf der sicheren Seite.

Wer viel auf Reisen fotografiert, sollte über die Anschaffung eines GPS-Empfängers nachdenken. Damit können Sie die Verschlagwortung des Ortes automatisiert vornehmen und so auch Orte benennen, die sonst schwer zuzuordnen wären, weil sie sich fern von allen Landmarken befinden.

GEOSETTER

Wer keine fertige Lösung kaufen mag und mit Windows arbeitet, dem sei der GeoSetter von Friedemann Schmidt ans Herz gelegt. Das Programm finden Sie auf der Buch-DVD oder unter *www.geosetter.de*. Es eignet sich nicht nur für die Zuordnung von Geodaten, sondern auch für die schnelle Verschlagwortung vieler Dateien im IPTC-Standard und die Anpassung der EXIF-Informationen.

Bedenken Sie immer, dass diese digitalen Daten auf keinen Fall nur einer einzigen Festplatte anvertraut werden sollten. Bei einem Defekt der Festplatte können alle Ihre Aufnahmen unwiderruflich vernichtet werden. Machen Sie deshalb regelmäßig Kopien auf externen Speichermedien. Sichern Sie vor allem die Originaldateien aus der Kamera und nicht nur die bearbeiteten Versionen. Nur die Originaldateien beinhalten noch sämtliche Informationen, und sie werden am meisten von Verbesserungen in der Software oder Ihrer Bildbearbeitungsfähigkeiten profitieren. Ich ärgere mich heute über jede Aufnahme, die ich nicht im RAW-Format vorliegen habe, aber diese wurden eben zu einer Zeit gemacht, als Speicherkarten mit einer Kapazität von 256 MB noch sehr teuer waren, so dass ich gar nicht den Platz für RAW-Aufnahmen hatte. Heute bekommen Sie für weniger Geld Karten mit 32 GB Speicherkapazität. Fotografieren Sie also im RAW-Format, zumindest dann, wenn es für Sie wichtige Bilder sind.

▼ Abbildung 1.21
Der West Pier in Brighton ist 2003 abgebrannt, das Bild ist also heute schon eine historische Aufnahme. Auch Ihre Fotos bewahren etwas von Ihrer Zeit und Ihrem Leben, das es wert ist, erhalten zu werden. Beugen Sie dem Verlust Ihrer Bilder durch ein Sicherungskonzept vor.

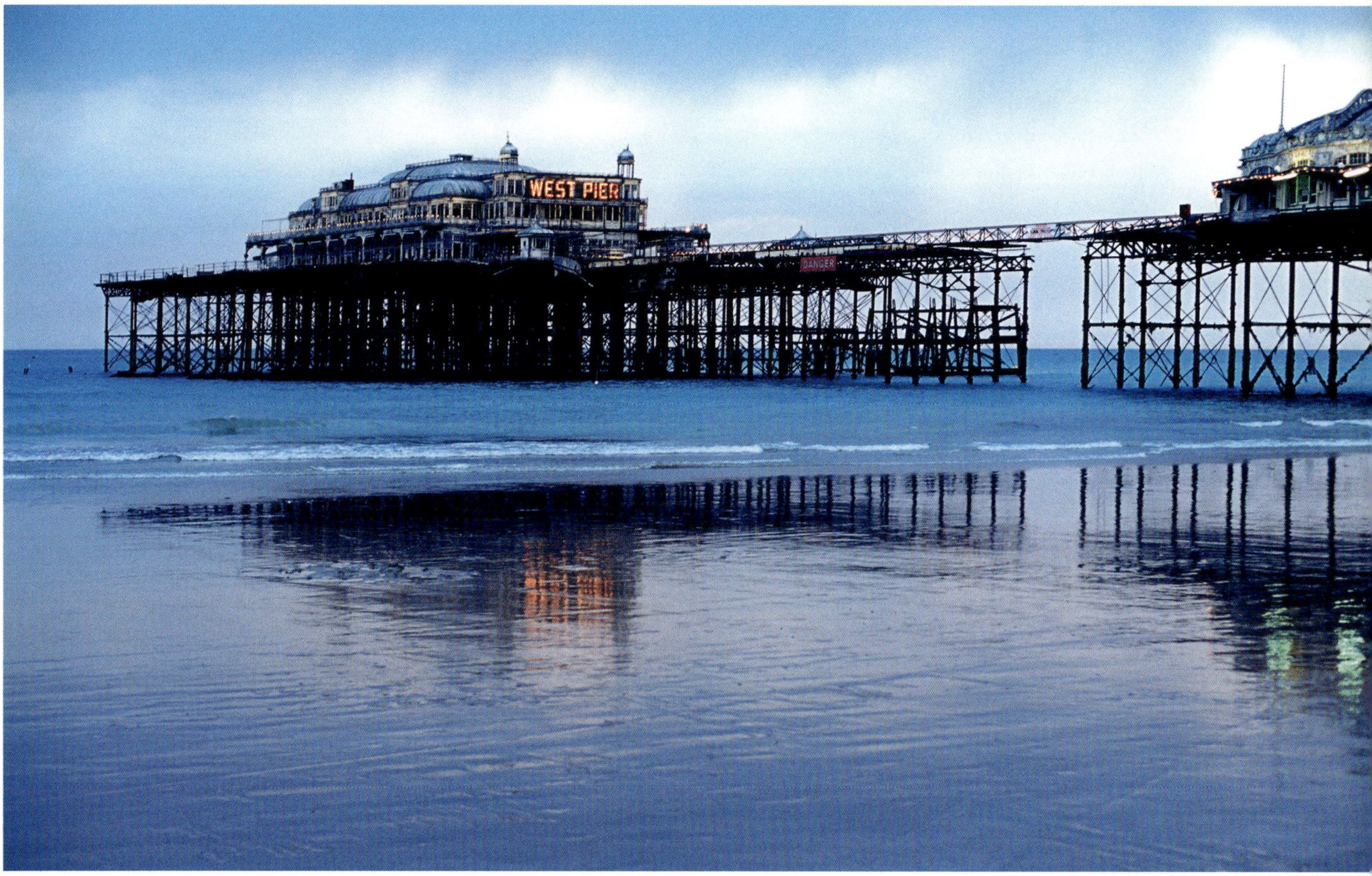

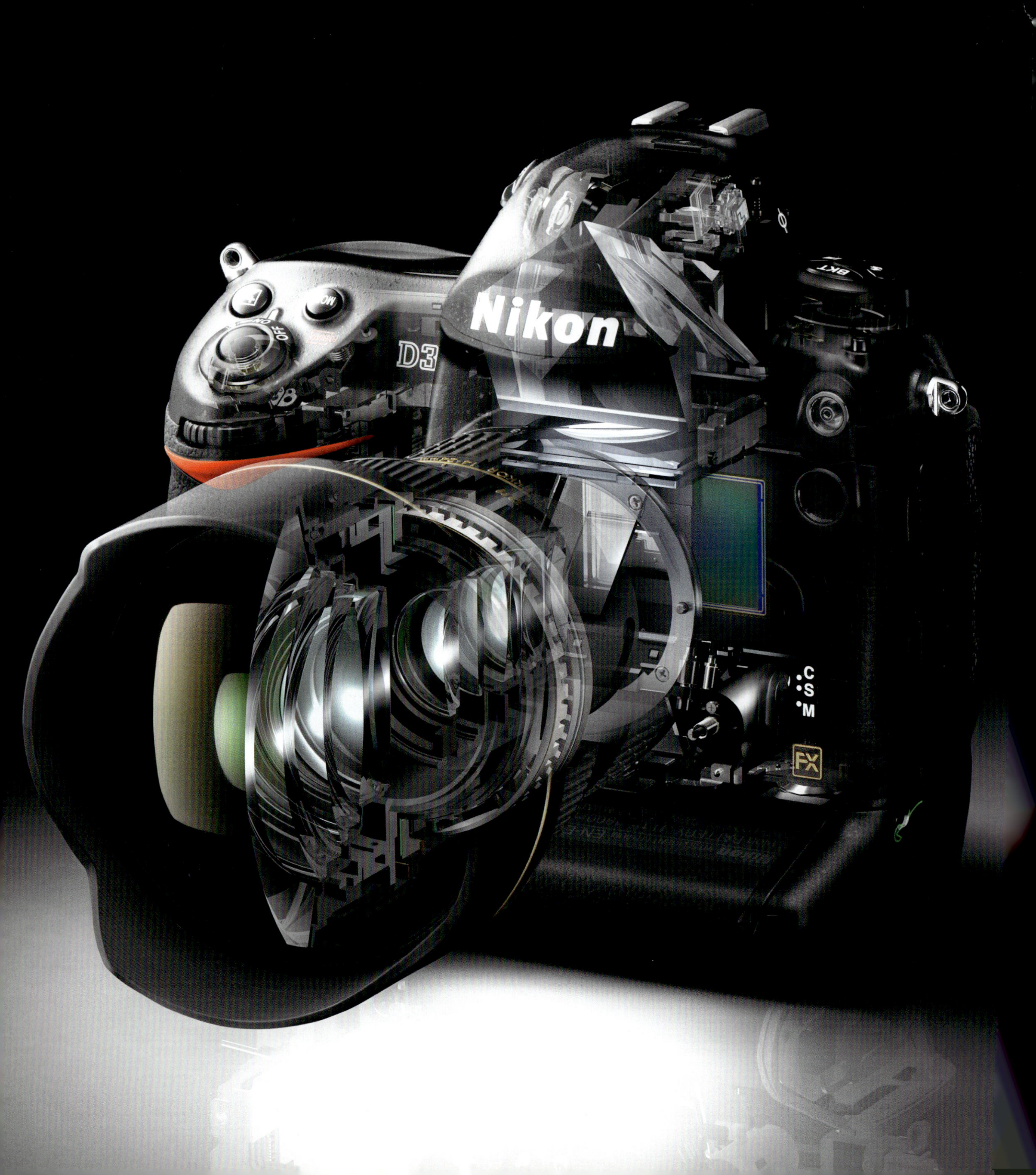
Nikon
D3
BKT
C
S
M
FX

2 Die Kamera

Im Prinzip ist eine Kamera nur ein abgedunkelter Raum mit einer Objektivöffnung auf der einen und einer lichtempfindlichen Schicht auf der anderen Seite. Die technische Entwicklung hat aus ihr ein hochkomplexes Hightech-Produkt gemacht, dessen Eigenheiten und Möglichkeiten Sie weitgehend verstehen sollten, um auch in schwierigen Situationen bestmögliche Bilder zu erzielen. Je besser Sie die Bedienung ihrer Kamera verinnerlicht haben, desto mehr können Sie sich auf das eigentliche Fotografieren und Gestalten konzentrieren.

◂◂ **Abbildung 2.1**
Eine Schnittzeichnung der Spiegelreflexkamera Nikon D3 (Bild: Nikon)

2.1 Der Ursprung: die Lochkamera

Das lateinische Wort »camera obscura«, auf das unser deutsches Wort »Kamera« zurückgeht, bezeichnet einen dunklen Raum oder eine dunkle Kammer. Tatsächlich braucht es nicht viel mehr, um zu fotografieren. Wenn Sie zum Beispiel einen lichtdichten Schuhkarton nehmen, auf der einen Seite ein kleines Loch hineinstechen und im Dunkeln auf der gegenüberliegenden Seite innen ein Stück Film oder Fotopapier ankleben, so können Sie mit dieser Konstruktion fotografieren.

Diese Kamera würde allerdings, sobald das Licht wieder angeht, mit der Aufzeichnung des Bildes beginnen. Wenn Sie aber vor dem Loch ein Stück schwarzes Klebeband anbringen, das Sie erst am Ort des Bildmotivs für ein paar Sekunden abnehmen, dann haben Sie einen Verschluss zur Verfügung, der die Kamera überall einsetzbar macht.

Je kleiner das Loch ist, desto schärfer wird die Abbildung auf der Filmseite. Das gilt übrigens nur eingeschränkt, denn

▾ **Abbildung 2.2**
Eine Lochkamera, die ich aus einer alten Kiste gebaut habe. Sie kann gleichzeitig nach vorn und nach hinten fotografieren, da sie in der Mitte eine Trennwand hat.

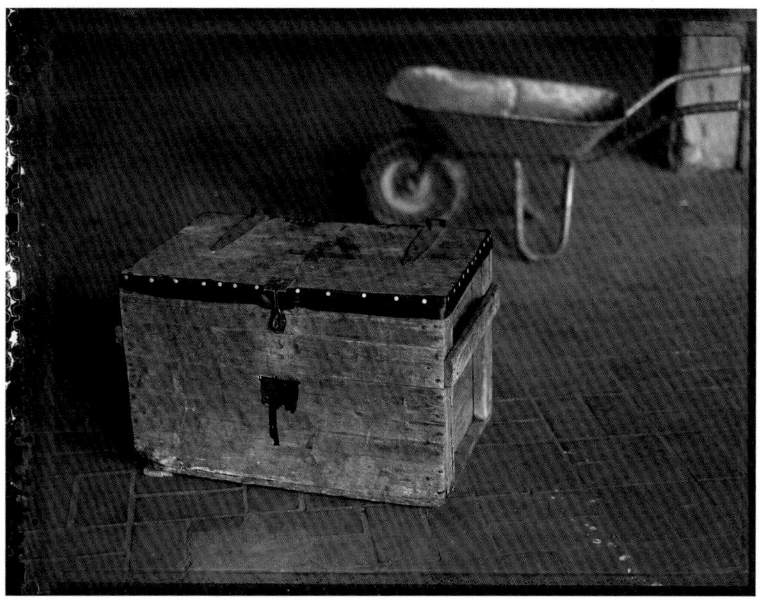

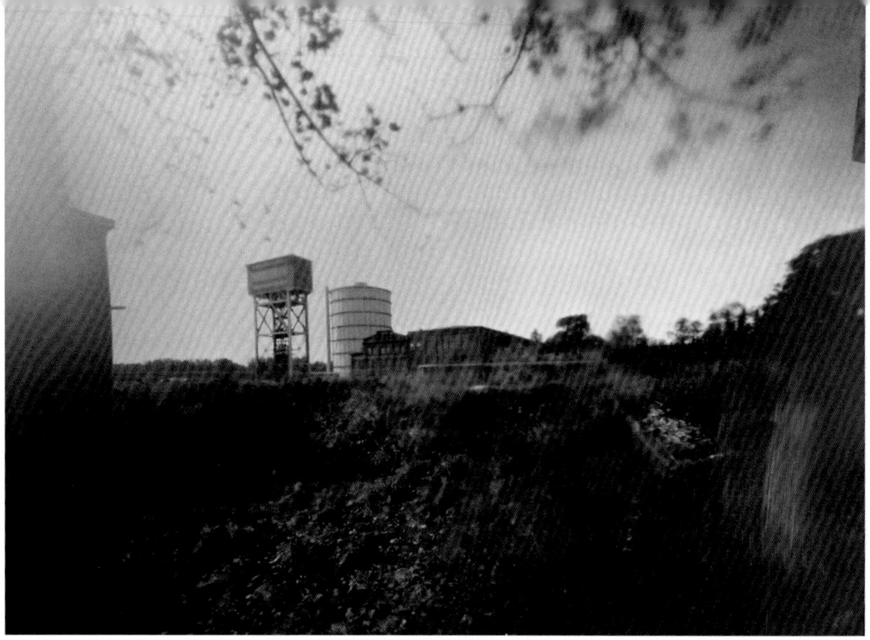

Abbildung 2.3 ▸
Dieses Bild wurde mit der Lochkamera von der vorigen Seite aufgenommen.

bei ganz kleinen »Blenden«-Öffnungen macht die sogenannte **Beugungsunschärfe** den Effekt wieder zunichte.

Die Lochkamera hat ein paar Nachteile, die eine Weiterentwicklung nahelegten:

- Die Kamera kann nur ein einziges Bild aufnehmen. Dies führte zunächst zur Entwicklung lichtdichter Wechselkassetten, dann zu Filmrollen und Filmpatronen, wie Sie sie von der analogen Kleinbildkamera her kennen, und schließlich zum digitalen Bildsensor, der die Bilder in digitalen Speichern ablegt.
- Durch die kleine »Blende« der Lochkamera gelangt nur sehr wenig Licht, deswegen muss das lichtempfindliche Material für ein korrekt belichtetes Bild sehr lange Licht sammeln. Um mit einer größeren Öffnung dennoch ein scharfes Bild zu erhalten, setzt man eine Linse ein beziehungsweise Objektive mit mehreren Linsen für eine bessere Abbildungsleistung.
- Sie sehen vor der Aufnahme das Bild nicht. Anfangs verwendete man auf der Filmebene eine Mattscheibe, auf der das Bild auf dem Kopf stand, später dann einen Spiegel, der das Bild auf eine Mattscheibe warf, das dann in einem Pentaprisma noch zweimal gespiegelt wurde, damit der Fotograf ein seitenrichtiges, aufrechtes Bild im Sucher erhält. Daher kommt der Name Spiegelreflexkamera.

Mit einer Lochkamera zu arbeiten, ist eine fotografische Urerfahrung, die ich Ihnen sehr empfehlen kann. Wenn Sie mit allem digitalen Komfort mit einer Lochkamera experimentieren wollen, können Sie Ihre digitale Spiegelreflexkamera mit einfachsten Mitteln zur Lochkamera umbauen (weitere Tipps gibt es natürlich zuhauf im Internet).

Beugung (Diffraktion)
Bei der Beugung handelt es sich um ein physikalisches Phänomen, das unter anderem darauf beruht, dass sich Licht in Wellenform ausbreitet. Je kleiner ein Loch ist, durch das sich das Licht hindurchzwängen muss, desto unschärfer wird die Abbildung des Lichtpunkts dahinter. Deswegen wird ein Bild manchmal etwas unscharf, wenn Sie die Blende (siehe Seite 105) am Objektiv ganz schließen (etwa auf die Blendenwerte 22 oder 32).

Schritt für Schritt: DSLR als Lochkamera nutzen

1 Nehmen Sie den Kameraschutzdeckel Ihrer Kamera (oder, wenn Ihnen das lieber ist, ein entsprechendes Ersatzteil), und drücken Sie mit einem Nagel o. ä. eine Vertiefung in die Mitte des Deckels.

2 Nehmen Sie einen Bohrer von circa 12 mm Durchmesser, und bohren Sie ein Loch durch den Deckel, dort wo Sie die Vertiefung zu Bohrführung eingedrückt haben. Reinigen Sie das Bohrloch von eventuellen Plastikkrümeln, damit diese später nicht in die Kamera geraten.

3 Nehmen Sie ein Stück Alufolie, und legen Sie sie auf einen Weinkorken oder einen Radiergummi. Drücken Sie mit der dünnsten Nadel, die Sie zur Verfügung haben, ein Loch durch die Alufolie. Der Korken ist dafür da, dass das Loch gleichmäßig wird und die Ränder nicht ausfransen.

4 Kleben Sie die Alufolie mit schwarzem Klebeband von innen in den Deckel, so dass das kleine Loch in der Alufolie der einzige Lichteinlass bleibt.

5 Malen Sie mit einem schwarzen Folienschreiber die noch sichtbare Alufolie an, um Reflexionen zwischen dem Sensor und der Folie zu minimieren.

6 Setzen Sie den Deckel an die Kamera, und lösen Sie im Modus Zeitautomatik aus (Av/A). Achten Sie darauf, dass von hinten durch den Sucher kein Licht einfällt, das die Belichungsmessung verfälscht. Durch das winzige Loch kommt so wenig Licht, dass das von hinten in den Sucher fallende Streulicht die Messung beeinflusst. ■

TIPP

Auf *www.pinhole.org* finden Sie jede Menge Informationen und Bilder zum Thema Lochkamera, allerdings auf Englisch. Unter *www.abelardomorell.net* finden Sie sehr schöne Arbeiten, bei denen ganze Zimmer als Lochkamera dienen. Im Prinzip ist jeder Raum mit einem Fenster eine unscharfe Lochkamera. Achten Sie einmal darauf, wie das Umgebungslicht weich in den Raum abgebildet wird, der Himmel nach unten, der Boden nach oben.

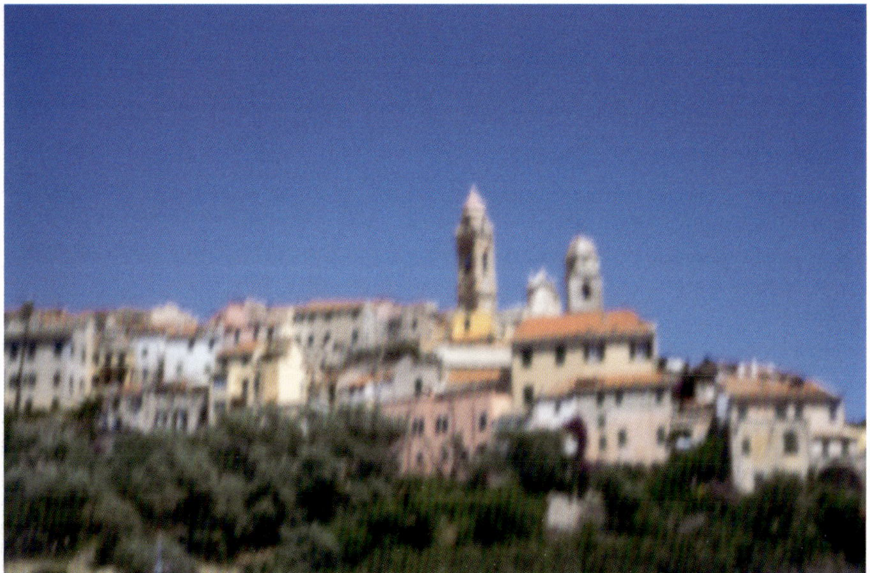

◂ **Abbildung 2.4**
Ein Bild einer digitalen Lochkamera mit Belichtungsautomatik. Wenn Sie ein kleines und exaktes Loch erzeugen, werden Sie eine bessere Schärfe als in diesem Beispiel erreichen.

1/60 s | ISO 2 000

2.2 Die Anfänge der Fotografie

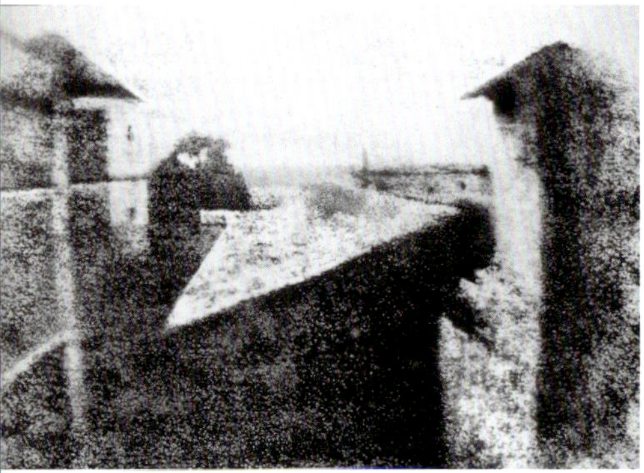

▲ **Abbildung 2.5**
Blick aus dem Fenster in Le Gras, Joseph Nicéphore Niépce, 1826

Bereits 1826 nahm Nicéphore Niépce das erste Foto der Welt auf. Bis zu seinem Tod 1833 entwickelte er die Technik mit Louis Daguerre weiter. 1837 war die Technik so weit ausgereift, das sie kommerziell anwendbar war. Zwei Jahre später kaufte der französische Staat Daguerre seine Erfindung ab und schenkte sie der Welt. Die ab 1860 die Daguerreotypie ablösende Positiv-Negativ-Technik wurde 1835 von dem Engländer William Henry Fox Talbot erfunden.

Die Fotografie war in den Anfangszeiten eine sehr aufwendige Technik, für jede einzelne Aufnahme musste man eine eigene schwere Platte mitnehmen. Manche Verfahren verlangten die direkte Bildentwicklung vor Ort, solange die Platte noch feucht war (Kollodium-Nassplatte). Vergrößerungen gab es noch nicht oder sie waren selten, und so musste man für große Abzüge auch große Kameras verwenden. Manche Fotografen erblindeten durch die Quecksilberdämpfe bei der Laborarbeit mit den Daguerreotypien, andere starben dadurch. Erst gegen Ende des 19. Jahrhunderts wurde die Fotografie eine Beschäftigung für die Massen durch die Verbreitung leichter Rollfilmkameras und durch Labordienstleistungen. Kodak brachte Kameras auf den Markt, die man ins Werk einschicken konnte, sobald der Film voll war, und die man mit neuem Film geladen und mit den Abzügen des letzten

TIPP

Wenn Sie sich von den frühen Meistern der Fotografie inspirieren lassen wollen, dann schauen Sie sich beispielsweise Werke von Julia Margaret Cameron, Nadar, Alfred Stieglitz, W. H. F. Talbot, Timothy H. O'Sullivan, Eadweard Muybridge, Frederick H. Evans und Eugène Atget an. Sie finden einige ihrer Werke im Internet, aber die Fotoabteilung einer guten Bibliothek passt noch besser zum Thema.

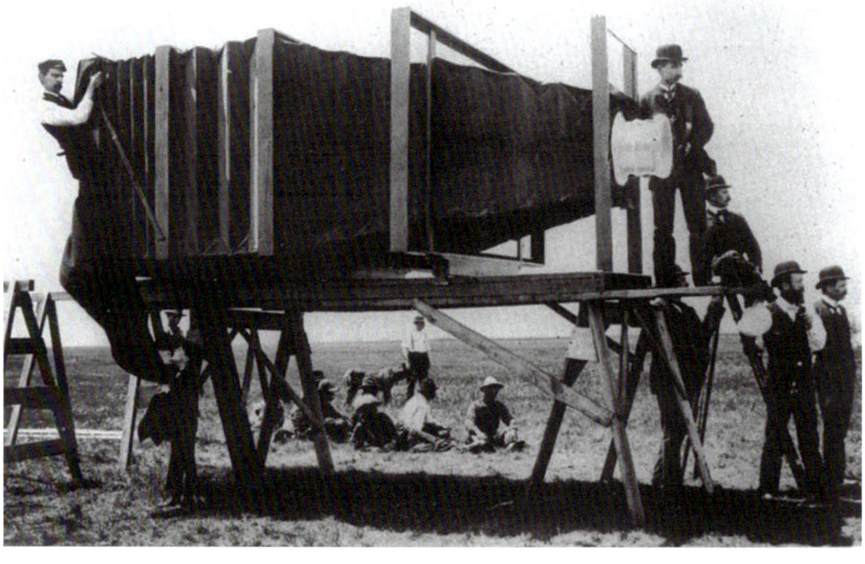

Abbildung 2.6 ▸
Die Mammut-Kamera von George R. Lawrence, 1900

Films zurückgeschickt bekam. »You press the button – we do the rest« war Kodaks Werbespruch.

Eine Welt ohne Fotografie ist für uns heute kaum noch vorstellbar, sie hat unsere Wahrnehmung verändert, die Kunst- und Kulturgeschichte umgeschrieben und ist eine Basistechnologie für eine Vielzahl von Erfindungen. Schon früh gab es Menschen, die mit ihrer Hilfe Bilder schufen, die weit über die reine Abbildung hinausgingen. Wer sich ernsthaft mit der Fotografie auseinandersetzen möchte, sollte sich auch mit ihrer Geschichte und den Werken der bedeutenden Fotografen seit dem 19. Jahrhundert beschäftigen, aber auch mit der Kunstgeschichte im Allgemeinen und der Wahrnehmungspsychologie.

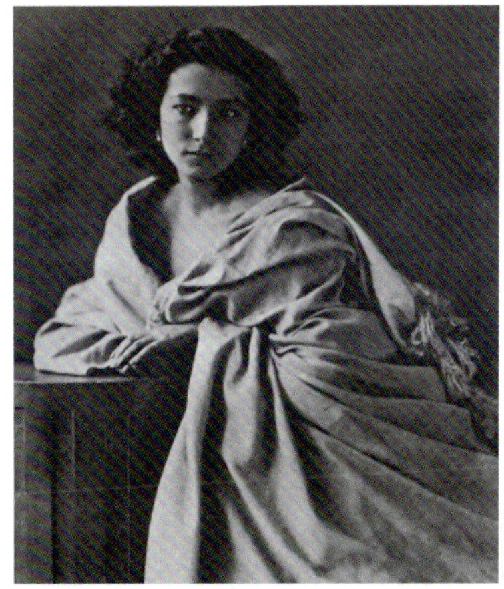

▲ **Abbildung 2.7**
Sarah Bernhardt, fotografiert von Nadar, circa 1860–65

2.3 Grundaufbau der Kamera

Wenn man mal von einer Lochkamera absieht, die eine extrem reduzierte Form der Kamera ist, sind praktisch alle Kameras nach demselben Schema aufgebaut: Eine lichtdichte Box ❸ hat hinten eine lichtempfindliche Schicht (❺, einen Sensor, früher einen Film) und vorne eine Linse ❶ (beziehungsweise ein Objektiv), die die Lichtstrahlen auf den Sensor bündeln kann. Dazwischen befindet sich ein Verschluss ❹, der die Lichtstrahlen nur während der Belichtungszeit auf den Sensor lässt. Im Objektiv gibt es eine Blende ❷, die den Strahlengang beschneiden kann, um weniger Licht hindurchzulassen und die Schärfentiefe zu vergrößern.

Der Sucher wurde in der Darstellung unten weggelassen. Bei Kompaktkameras wird das Bild einfach auf ein Display an der Rückseite übertragen, bei Spiegelreflexkameras ragt ein schwenkbarer Spiegel in den Strahlengang, der das Bild in einen optischen Sucher reflektiert. Das Objektiv und die Blende werden in Kapitel 3, »Objektive«, ab Seite 99 ausführlich behandelt, im Folgenden werden der Sensor und der Verschluss erklärt.

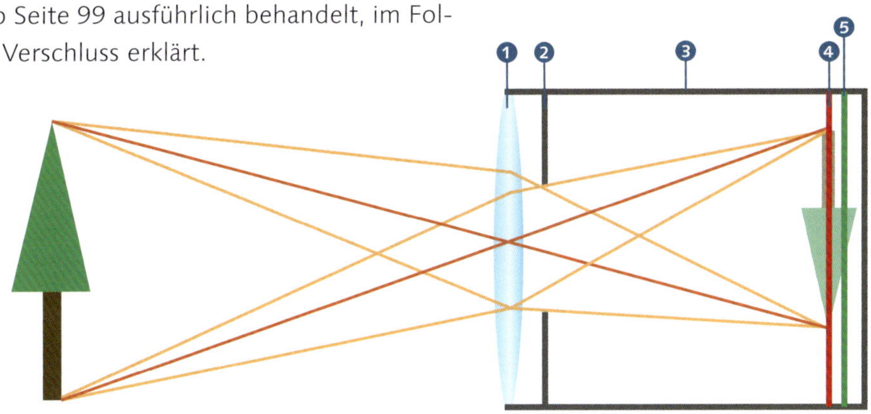

Abbildung 2.8 ▶
Grundaufbau einer Kamera

2.4 Der Sensor

Der Sensor in Ihrer Kamera nutzt den photoelektrischen Effekt, um Licht in Strom umzuwandeln. Vereinfacht können Sie sich das wie eine kleine Solaranlage vorstellen: Licht rein, Strom raus. Der Strom wird gemessen und die Messungen zu digitalen Bilddaten zusammengefasst.

Eine Entscheidung für eine bestimmte Kamera ist immer auch eine Entscheidung für einen bestimmten Sensor. Für eine hohe Bildauflösung in Pixeln ist eine möglichst hohe Zahlen an Fotodioden erforderlich. Für eine hohe Lichtempfindlichkeit des Sensors ist es dagegen gut, wenn die einzelnen Fotodioden (die einzelnen Pixel) möglichst groß sind, damit sie viel Licht einfangen können. Das ist ein Widerspruch, der sich einerseits durch eine Vergrößerung der Sensorfläche, anderseits durch eine Optimierung der Lichtausbeute und des Sensoraufbaus umgehen lässt.

Um das verwendbare Licht pro Pixel zu optimieren, werden winzige Linsen (sogenannte Mikrolinsen) vor jedes einzelne Sensorpixel gesetzt, die das Licht auf den lichtempfindlichen Teil des Pixels lenken. Diese haben auch den Vorteil, dass sie das Licht in den Sensorecken – wo es schräg einfällt und normalerweise nicht so gut genutzt werden könnte – auf den Chip umleiten, so dass die Abdunklung zu den Ecken hin geringer wird.

Die eigentliche lichtempfindliche Schicht wird bei den meisten heute üblichen Sensoren von einem Netz aus Leitungen und elektronischen Bauteilen zum Teil verdeckt. Seit kurzer Zeit ist eine alternative Bauweise auf dem Markt (zum Beispiel Sony Exmor R™), die den Aufbau umdreht, hier liegt die lichtempfindliche Schicht oben und die weitere Elektronik unten (auch als *back-illuminated sensor* bezeichnet, also »rückwärtig belichteter Sensor«). Die Lichtausbeute ist bei einer solchen Konstruktion noch höher, was besonders bei den winzigen Pixeln der Kompaktkameras und Handys wichtig ist, die Technik ist im Moment auch auf kleinere Sensoren beschränkt.

▼ Abbildung 2.9
Schema eines CMOS-Sensors: Ganz oben befindet sich eine Schicht Mikrolinsen, die das Licht bündeln, so dass die Lichtausbeute in der lichtempfindlichen Schicht steigt. Darunter findet sich für jedes Pixel ein Farbfilter in Rot, Grün oder Blau. Bei einem herkömmlichen Sensor (links) befindet sich die signalverarbeitende Schicht oberhalb der lichtempfindlichen Schicht. In der letzten Zeit sind Sensoren auf den Markt gekommen, bei denen die Schichten umgekehrt sind, was eine noch höhere Lichtausbeute und damit geringeres Bildrauschen bei hohen Empfindlichkeiten ermöglicht (rechts).

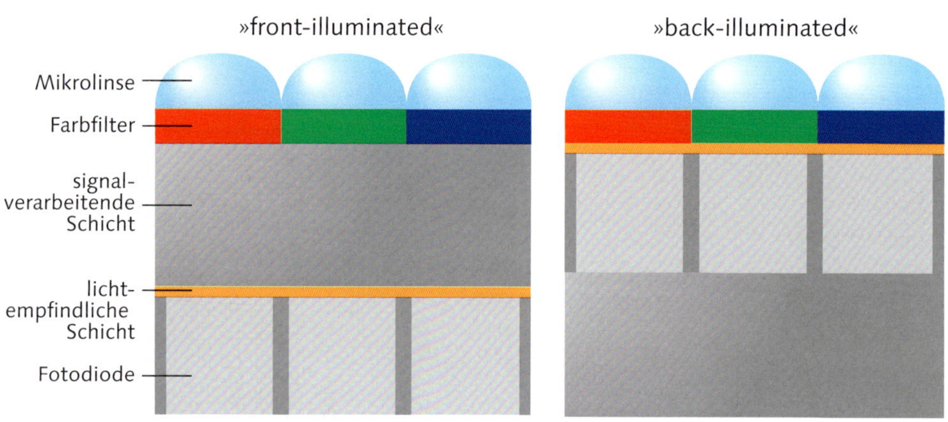

2.4.1 Das Bayer-Muster

Fast alle Sensoren in Digitalkameras arbeiten mit dem sogenannten Bayer-Muster für die Farbaufzeichnung. Die einzelnen Sensorzellen registrieren nur Helligkeit, ein Bild würde also ausschließlich Graustufen enthalten ❶.

Um Farbe aufzeichnen zu können, sind vor den Sensorzellen rote, grüne und blaue Filter angebracht, die jeweils nur ein Pixel groß sind. Grün kommt dabei doppelt so häufig vor wie Rot und Blau, weil das menschliche Auge die Helligkeitsinformation hauptsächlich im Grün wahrnimmt und Grüntöne am besten voneinander unterscheiden kann. Als Seiteneffekt bekommt man eine einfache 2 x 2-Matrix, die sich relativ einfach verarbeiten lässt, es ergibt sich das Bayer-Muster ❷.

Jedes Pixel zeichnet eine Helligkeitsinformation auf. Erst durch die Farbfilter vor den Pixeln ergeben sich Muster, die als Farben interpretierbar sind. Kompliziert wird es in Bereichen, in denen die Pixel keine regelmäßigen Muster ergeben, sondern eng beieinanderliegende unterschiedliche Helligkeitswerte. Hier muss die Software der Kamera praktisch erraten, ob das an unterschiedlichen Farbwerten oder an unterschiedlichen Helligkeiten liegt ❸.

In Bild ❹ wurde das Bayer-Muster mit der dadurch aufgenommen Helligkeitsinformation überlagert. Wenn Sie auf einigen Abstand zu diesem Bild gehen und die Augen leicht schließen, bekommen Sie einen Eindruck von der Farbentstehung durch die Mischung von Rot, Grün und Blau – daher rührt auch die Bezeichnung »RGB-Bilder«.

Wenn Ihre Kamera eine Auflösung von 16 Megapixeln besitzt, dann hat sie in Wirklichkeit 8 Millionen grüne Pixel und jeweils 4 Millionen rote und blaue Pixel. Das fertige Bild hat aber 16 Millionen RGB-Pixel, also die dreifache Informationsmenge. Deswegen kann auch eine RAW-Datei so klein sein, weil sie pro Pixel nur Rot, Grün oder Blau abspeichern muss. Die zusätzliche Information wird mit Hilfe der Umgebungspixel berechnet – man könnte auch sagen, sie wird erraten (**Interpolation**). Das klappt meist so gut, dass Sie davon nichts mitbekommen ❺.

Allerdings werden Sie manchmal bei ganz feinen Strukturen an der Auflösungsgrenze des Sensors feststellen, dass diese als Farbe statt als Helligkeit interpretiert werden. Der umgekehrte Fall kann auch vorkommen, dass also feine Farbstrukturen nicht aufgelöst werden können, weil die Kamerasoftware sie nicht korrekt interpretieren kann. Sollten Sie im RAW-Format fotografieren, können Sie diese Störungen auch nach der Aufnahme am Computer herausrechnen. Im Bild ❻ wurden sie bewusst hervorgehoben, indem bei der RAW-Konvertierung die größtmögliche Detailauflösung gewählt wurde.

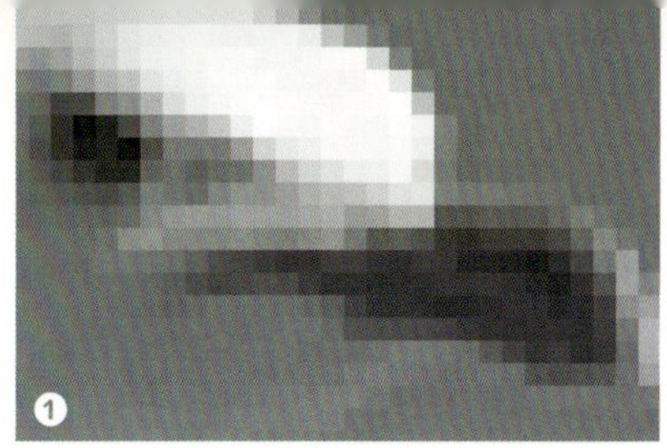

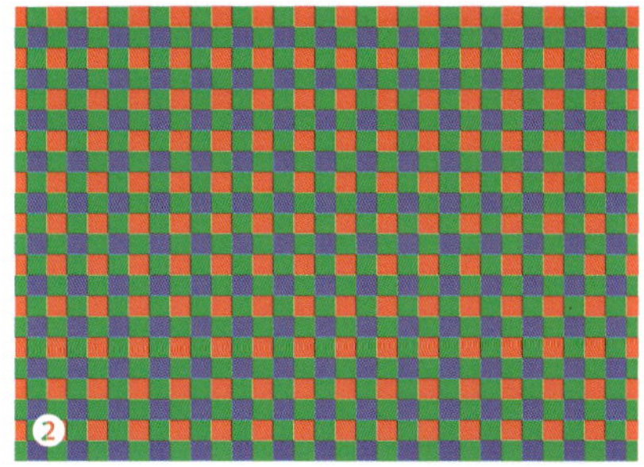

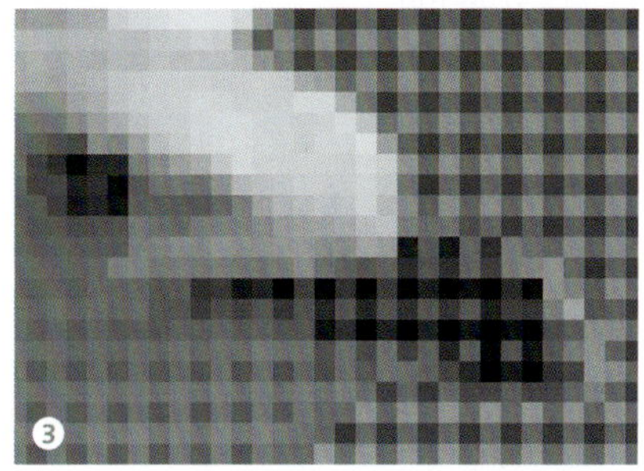

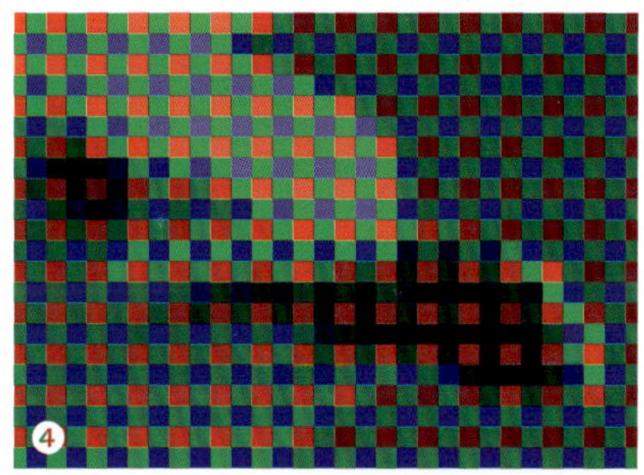

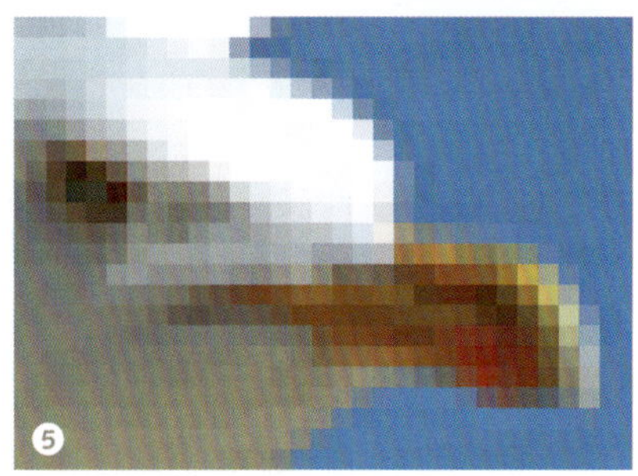

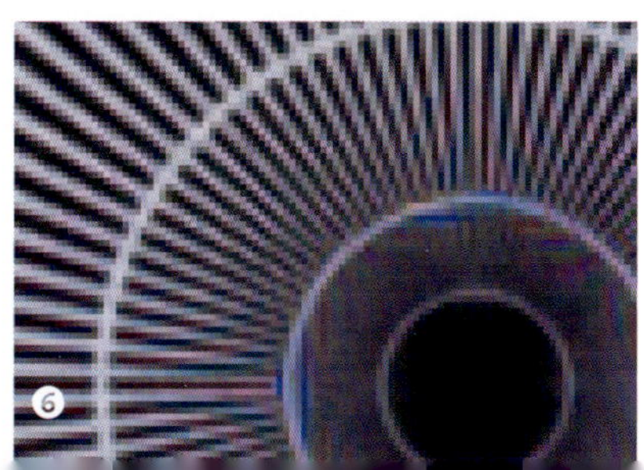

2.4.2 Sensoraufbau

Vor dem eigentlichen Sensor sind Filter angebracht, die die Bildumwandlung verbessern. Zuerst trifft das Licht auf ein Infrarot-Sperrfilter ❶, das Licht abschwächt, das langwelliger ist als das sichtbare Rot, um Unschärfen und Farbverfälschungen zu vermeiden. Es gibt Firmen, die dieses Filter umrüsten, so dass Sie Infrarotfotografie mit einer normalen DSLR betreiben können. Canon hat Spezialversionen von Kameras mit verändertem Infrarot-Sperrfilter für die Astrofotografie auf den Markt gebracht. Sie können aber mit einer normalen DSLR mit Hilfe eines Filters vor dem Objektiv Infrarotaufnahmen machen, mehr dazu auf Seite 485.

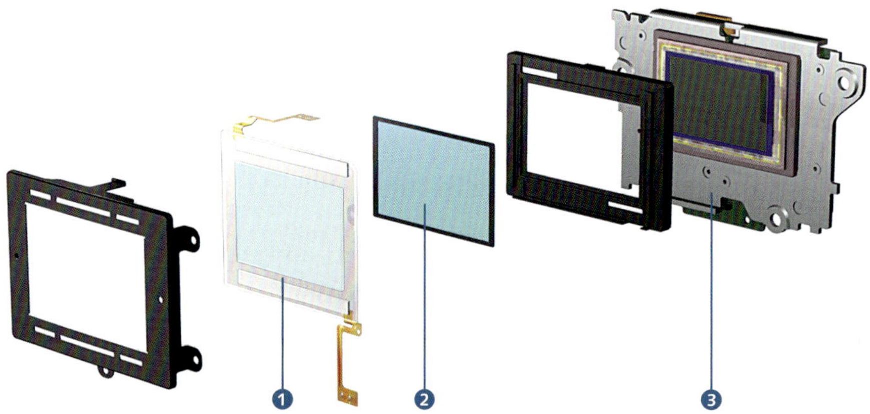

Abbildung 2.10 ▸
Die Sensoreinheit der Nikon D700. Die Filter vor dem Sensor sind beweglich, um Staub abschütteln zu können. Die schwarzen Rahmen dienen der Befestigung in der Kamera (Bild: Nikon).

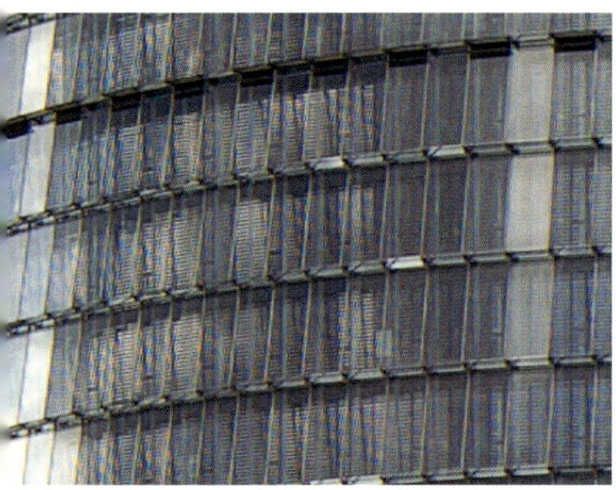

▴ Abbildung 2.11
Bei sehr scharfen Objektiven und einer hohen Detailerhaltung in der RAW-Konvertierung kann man trotz AA-Filter Moiré-Muster erzeugen. Die Jalousien hinter den Fenstern erzeugen schräge Farbstreifen im Bild, weil der Abstand der Lamellen im Bild nahe der Sensorauflösung ist.

Zwischen dem ersten Filter und dem Sensor ❸ liegt ein AA-(Antialiasing-) Filter ❷, das Sie sich wie eine ganz leichte Milchglasscheibe vorstellen müssen. Es streut das Licht minimal, um Moiré- und Farbstörungen zu verringern. Es gibt auch hier Firmen, die dieses Filter ausbauen; die Bilder werden dabei schärfer, aber bei Motiven mit feinen Strukturen in einer ähnlichen Größenordnung wie der Sensorauflösung entstehen extreme Moiré-Muster.

Hasselblad baut erst gar keinen AA-Filter in die Mittelformatkameras ein und entfernt die Moiré-Muster im RAW-Konverter. JPEGs lassen sich nicht direkt mit der Kamera aufnehmen.

2.4.3 Sensortypen

Obwohl der größte Teil der Kameras heute mit CMOS-Sensoren versehen ist, gibt es doch alternative Sensortechniken. Die folgende Aufzählung soll Ihnen einen Überblick geben:

- **CCD** (das steht für *Charge Coupled Device*): Bei CCDs wird Licht in Ladung umgewandelt, die dann gespeichert wird. Diese Ladungen werden beim Auslesevorgang zeilenweise aus dem CCD geschrieben und seriell umgewandelt. Dadurch sind CCDs etwas langsamer als CMOS-Sensoren. Die Umwandlung in digitale Daten geschieht außerhalb des Sensors. CCDs haben einen hohen Dynamikumfang (dieser beschreibt, wie viele Blendenstufen zwischen Schwarz und Weiß liegen, je größer der Dynamikumfang, desto später fressen die Lichter aus und laufen die Schatten zu). CCDs haben außerdem ein geringes Rauschen, die Signale von hellen Spitzlichtern können aber in benachbarte Sensorzellen »überlaufen«, das sogenannte **Blooming**. CCDs verbrauchen relativ viel Strom und werden in manchen Digitalkamerarückteilen gekühlt, um ein rauschärmeres Bild zu erzeugen. CCDs sind heute weniger verbreitet als noch in der Anfangszeit der Digitalfotografie. Das hängt hauptsächlich damit zusammen, dass ihre Produktion teurer ist als die von CMOS-Sensoren. In Mittelformatkameras sind CCD-Sensoren aber noch sehr verbreitet.
- **CMOS** (*Complementary Metal Oxide Semiconductor*): CMOS ist die häufigste Sensorbauweise. Man kann sich einen CMOS-Sensor wie einen Mikroprozessor mit Fotodioden vorstellen. Die Fotodioden laden bei Belichtung Kondensatoren auf, die für jedes Pixel ausgelesen und in ein digitales Signal umgewandelt werden. Das geht schnell, neigt weniger zum Blooming, hat aber den Nachteil, dass sich um jede Fotodiode herum relativ viel nicht lichtempfindliche Verarbeitungselektronik befindet, die die Empfindlichkeit insgesamt einschränkt. Durch Fortschritte in der Chiptechnik sind diese Bereiche immer kleiner geworden, zudem bündeln Mikrolinsen das einfallende Licht auf die Fotodioden, so dass es heute schon CMOS-basierte Kameras gibt, die bis ISO 102 400 einstellbar sind. Bei Canon sind alle DSLRs mit einem CMOS-Sensor ausgerüstet, bei Nikon wurden bis vor kurzem auch CCDs verwendet. Der Trend geht aber deutlich zur CMOS-Technik, weil sie sich besser für Live View und Video eignet, da CMOS-Sensoren schneller ausgelesen werden können.
- **Foveon**: Der Foveon-X3-Sensor ist eine Sonderform der CMOS-Technologie, die sich zunutze macht, dass Licht unterschiedlicher Wellenlänge unterschiedlich tief in das Silizium eindringt. So kann ein einziges Pixel die Grundfarben Rot, Grün und Blau gleichzeitig aufnehmen. Leider leidet dadurch die Farbtrennung in bestimmten Bereichen, und bei Langzeitbelichtungen kommt es verstärkt zu einem grünlichen Rauschen. Es werden allerdings weniger Artefakte erzeugt als bei Verwendung von Bayer-Sensoren, und die Bilder lassen sich besser nachschärfen.

- **SuperCCD**: Fuji hat eine Variante der CCD-Technik entwickelt, die sich zum einen durch eine andere Geometrie auszeichnet, denn die Pixel sind um 45° gedreht. Zum anderen gibt es in den Lücken zwischen den großen Pixeln kleinere Pixel, die durch ihre geringere Lichtempfindlichkeit mehr Zeichnung in den Lichterbereichen ermöglichen. Der Vorteil der Technik ist ein höherer Tonwertumfang, der Nachteil eine schlechtere Auflösungsausnutzung.

2.4.4 Die Auflösung des Auges

Um die Megapixelzahlen von Digitalkameras besser einordnen zu können, vergleicht man sie mit der Auflösungsgrenze des menschlichen Auges: Das Auge eines durchschnittlichen Betrachters kann Punkte auseinanderhalten, die ungefähr eine Bogenminute voneinander entfernt sind, das ist der sechzigste Teil eines Grads.

Wenn also ein Bild an einer Wand hängt, das in der Diagonalen einen Betrachtungswinkel von 50° ergibt, so dass man es noch als Ganzes wahrnehmen kann, ergeben sich $50 \times 60 = 3\,000$ Pixel diagonal, die ausreichen, um die optimale Schärfe zu erhalten. Bei einem 3:2-Format kommt man also auf $2\,496 \times 1\,664$ Pixel, das ergibt etwa 4,2 Megapixel. Wer außergewöhnlich gute Augen hat, kommt unter Idealbedingungen vielleicht auf eine halbe Bogenminute als Auflösungsgrenze und somit auf die vierfache Megapixelzahl.

Diese Auflösung erreicht das Auge nur in der Mitte, die Pupillen müssen sich ständig bewegen, um das ganze Bild scharf wahrnehmen zu können. Bei großen Fotoabzügen gehen die meisten Menschen auch gerne etwas näher heran, um sich die Details besser ansehen zu können. Viele Fotografen verwenden für das endgültige Bild oft nur einen Ausschnitt der Gesamtaufnahme. Es gibt also ausreichend Gründe, eine Kamera zu bauen, die in ihrer Auflösung das menschliche Auge übertrifft. Wer sich einmal einen großen Abzug eines 39-Megapixel-Bildes angesehen hat, kann das bestätigen.

▼ Abbildung 2.12
Die vom Auge erreichbare Auflösung hängt vom Sehwinkel α ab. Ein Bild, das vom Betrachter weiter entfernt ist, muss deswegen keine größere Gesamtauflösung haben als ein näheres. Die Auflösung pro Zentimeter eines solchen Bildes kann deshalb geringer sein als die eines aus der Nähe betrachteten Bildes.

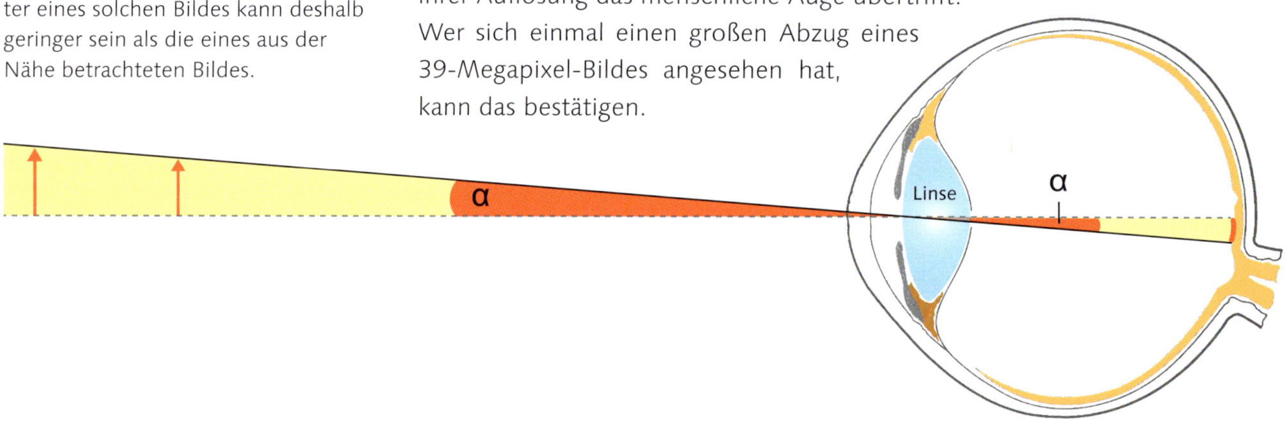

2.4.5 Sensorgrößen

Für die Qualität Ihrer Aufnahmen ist nicht nur die Zahl der Megapixel, die der Sensor zur Verfügung stellen kann, sondern auch die Größe der einzelnen Pixel von entscheidender Bedeutung. Je größer ein Pixel ist, desto mehr Licht kann er auffangen, desto höher ist seine Empfindlichkeit und desto besser ist auch die Abstufung der Helligkeitswerte. Kleinere Sensoren haben nur drei Vorteile:

1. Der Preis: Je kleiner ein Sensor ist, desto billiger lässt er sich produzieren. Objektive für kleine Sensoren können ebenfalls kleiner sein und günstiger produziert werden.
2. Die Schärfentiefe: Durch den kleineren Abbildungsmaßstab steigt die Schärfentiefe. Das ist nützlich, wenn Sie im Makrobereich Objekte von vorne bis hinten scharf bekommen möchten. Bei Porträts stört der Effekt eher, weil der zu scharfe Hintergrund ablenkt.
3. Der Telebereich ist günstiger zu erschließen. Fernaufnahmen sind mit kürzeren Brennweiten möglich, und die Objektive dafür sind leichter.

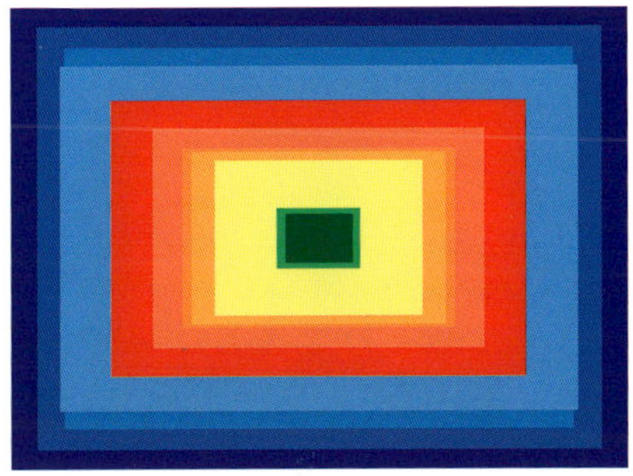

▲ **Abbildung 2.13**
Vergleich der Sensorgrößen verschiedener Kamerasysteme: Die Mittelformate sind blau, Kleinbild rot, APS-Sensoren orange, Four-Thirds-Formate gelb und Kompaktkameras grün dargestellt. Die Aufzählung ist nicht vollständig, in günstigen Kompaktkameras werden zum Beispiel noch kleinere Sensoren verwendet, als im grünen Bereich dargestellt.

Farbe	Größe in mm	Bezeichnung	Beispielkamera
	40,2 × 53,7	–	Hasselblad H4D-60
	36,8 × 49,1	–	Hasselblad H4D-50
	33,1 × 44,2	–	Hasselblad H4D-40; Pentax 645D
	30 × 45	–	Leica S2
	24 × 36	Kleinbild	Nikon D3s,D700, Sony a900, Canon 5D MkII, ...
	28,7 × 19,1	APS-H (1:1,3)	Canon 1D MkIV
	15,6 × 23,6	APS-C (DX) (1:1,5)	Nikon D7000
	14,9 × 22,3	APS-C (1:1,6)	Canon 550D, 7D, ...
	13,5 × 18	(Micro-)Four Thirds	Olympus Pen E-P2, E5, Panasonic
	5,6 × 7,6	1/1,7 Zoll	Nikon Coolpix P7000, Canon Powershot G12, ...
	4,2 × 5,6	1/2,3 Zoll	Canon Ixus, Nikon Coolpix S5100, ...

◄ **Tabelle 2.1**
Sensorformate

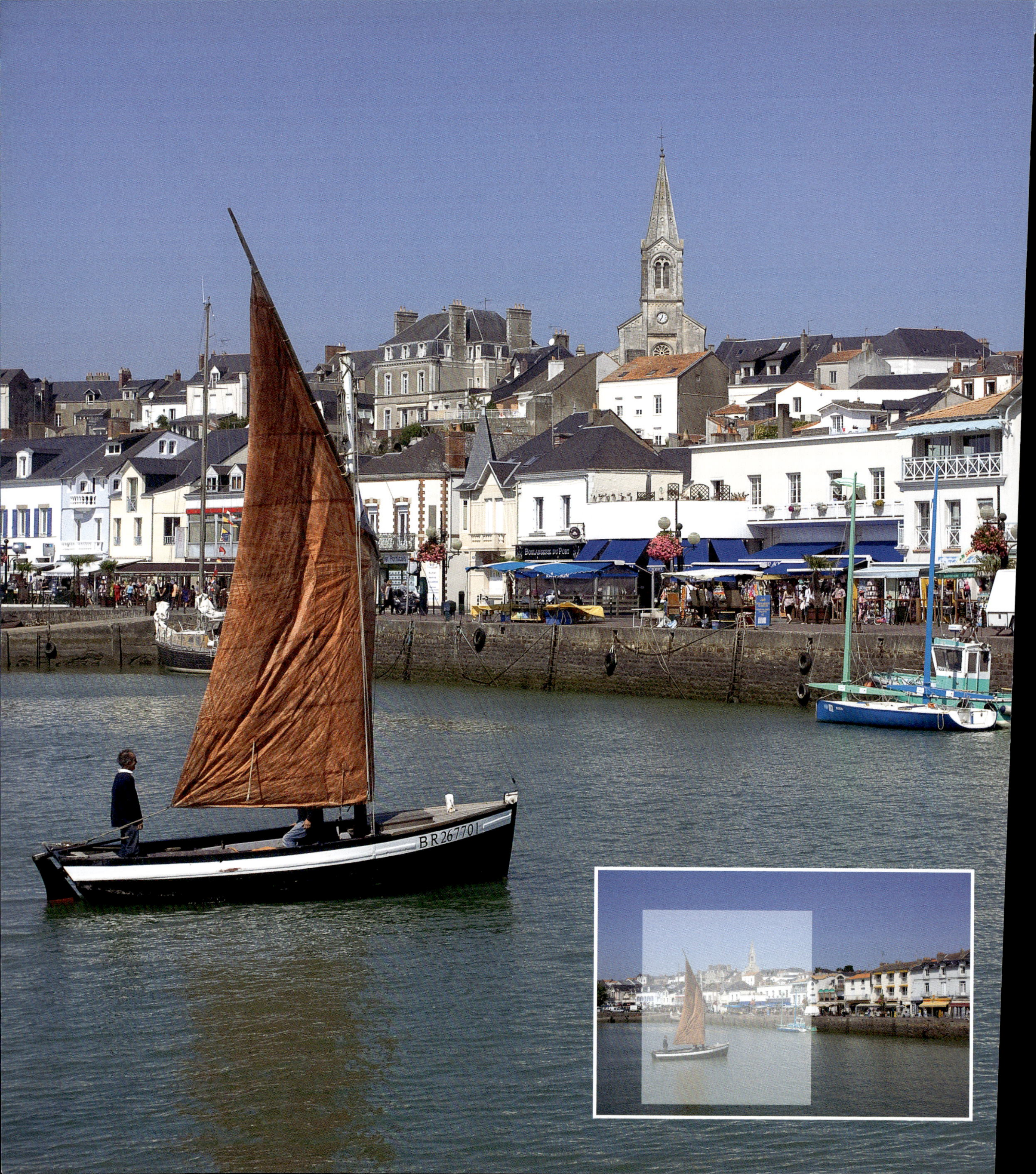
BR 267701

In allen anderen Bereichen gilt: größer ist besser. Die erzielbare Schärfe und die Empfindlichkeit steigen, die Hintergrundunschärfe wird schöner, und ein größerer Sensor ermöglicht einen größeren und helleren Sucher.

Bevor Sie sich aber jetzt eine mehrere Jahre alte Vollformatkamera wie die Canon 1Ds kaufen: neuer ist auch besser. Die technische Entwicklung hat die nutzbare Pixelfläche wachsen lassen. Die Mikrolinsen bündeln das Licht für jeden einzelnen Pixel, so dass die Lichtempfindlichkeit gesteigert wurde. Zudem ist die Sensortechnik fortgeschritten und schnellere Prozessoren mit besseren Algorithmen rechnen das durch hohe Lichempfindlichkeiten bedingte Rauschen effizienter heraus. Wenn Sie sehen würden, wie die Rohdaten wirklich aussehen, die der Sensor Ihrer Kamera produziert, bekämen Sie wohl einen Schreck. Trotzdem ist auch eine alte DSLR einer neuen Bridge-Kamera vorzuziehen, denn die Unterschiede in der Sensorfläche sind so groß, dass neuere Technik das nicht kompensieren kann.

◂◂ **Abbildung 2.14**
21 Megapixel bedeuten, dass Sie aus einem Bild im Querformat ein hochformatiges Bild ausschneiden können, das überdies nur einen Teil der Bildhöhe nutzt. Dieser Ausschnitt hat auf einer ganzen Seite dieses Buches immer noch die Auflösung von 300 dpi, die für den Druck ideal ist.
40 mm | f9,0 | 1/320 s | ISO 100

2.5 Der Verschluss

In DSLRs findet man üblicherweise einen vertikal ablaufenden Metalllamellen-Schlitzverschluss. Bei Belichtungszeiten, die länger als oder gleich lang wie die sogenannte Blitzsynchronzeit (meist um 1/250 s) sind, öffnet sich der erste Vorhang und gibt den Sensor vollständig frei, bis sich der zweite Vorhang schließt und den Sensor wieder komplett abdeckt.

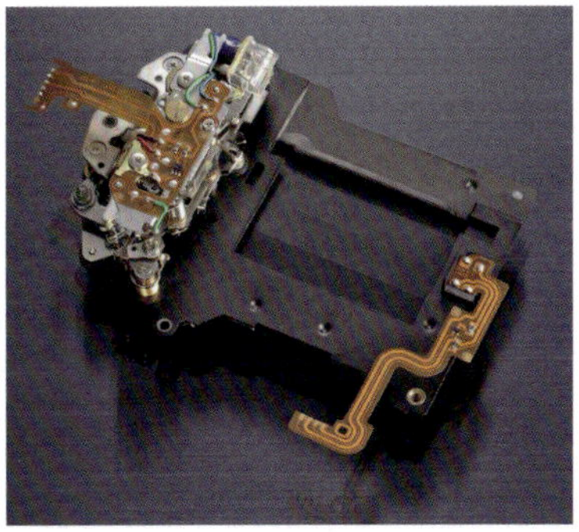

▴ **Abbildung 2.15**
Die Verschlusseinheit einer Nikon D3x

Wenn die Sensorhöhe beispielsweise 24 mm beträgt und die Blitzsynchronzeit 1/200 s, müssen die Verschlussvorhänge innerhalb kürzester Zeit mindestens eine Geschwindigkeit von 17,3 km/h erreichen und ebenso schnell wieder abgebremst werden. Zudem sollen sie diesen Vorgang über 100 000-mal bei gleichbleibender Genauigkeit überstehen. Um diese Genauigkeit auch bei alternder Mechanik sicherzustellen, messen moderne Verschlüsse die tatsächlich erreichten Belichtungszeiten und justieren sich selbst.

Bei kürzeren Verschlusszeiten als der Blitzsynchronzeit wird die effektive Belichtungszeit durch die Schlitzbreite gesteuert. Beträgt die Belichtungszeit also 1/800 s, folgt der zweite Vorhang dem ersten im Abstand eines Viertels der Sensorhöhe nach. Der Vorgang der Belichtung dauert aber trotzdem 1/200 s, weil viermal nacheinander 1/800 s belichtet wird (in kontinuierlicher Bewegung).

Im Extremfall kann das bei einem sehr schnellen Objekt und einer sehr kurzen Verschlusszeit von zum Beispiel 1/4000 s dazu führen, dass das Motiv zwar überall scharf abgebildet wird, aber schräg verzerrt erscheint, weil es sich innerhalb der 1/200s Verschlussablaufzeit sichtbar weiterbewegt hat.

Die Blitzsynchronzeit ist zwar die kürzeste Zeit, mit der man eine Blitzanlage verwenden kann, moderne Systemblitze beherrschen aber die Hochgeschwindigkeitssynchronisation, mit der gleichmäßig kurze Blitze abgegeben werden, so dass sich eine homogene Blitzbelichtung trotz über den Sensor wanderndem Verschlussschlitz ergibt. Die Blitzleistung nimmt dabei ab, weil die Einzelblitze eine geringe Leistung haben müssen, um so schnell hintereinander abgegeben werden zu können, aber Sie können bei kürzeren Verschlusszeiten auch die Blende weiter öffnen und so das Blitzlicht besser nutzen.

▲ **Abbildung 2.16**
Zwei Züge rasen aneinander vorbei, aus dem einen wird der andere fotografiert. Die Fenster des zweiten erscheinen schräg verzerrt, weil sich die Züge der Verschlussablaufzeit von 1/200s deutlich gegeneinander bewegt haben.
50mm | f3,5 | 1/1600s | ISO 200

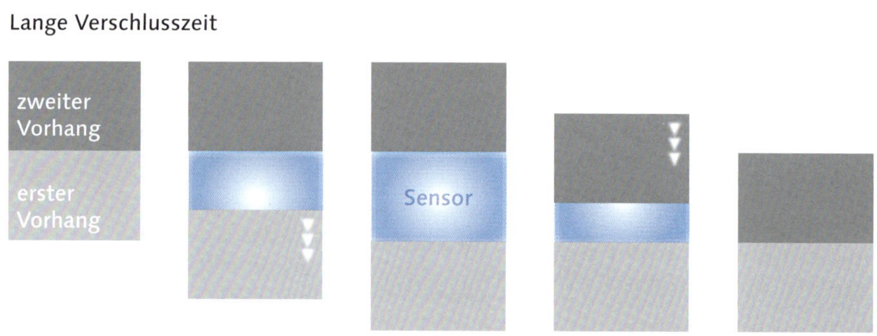

▲ **Abbildung 2.17**
Bei längeren Verschlusszeiten wird der Sensor ganz freigelegt, weil sich der zweite Vorhang erst dann in Bewegung setzt, wenn der erste Vorhang zur Ruhe gekommen ist. Mit einem einzelnen Blitz kann so der ganze Sensor auf einmal belichtet werden. Daher rührt der Begriff Blitzsynchronzeit.

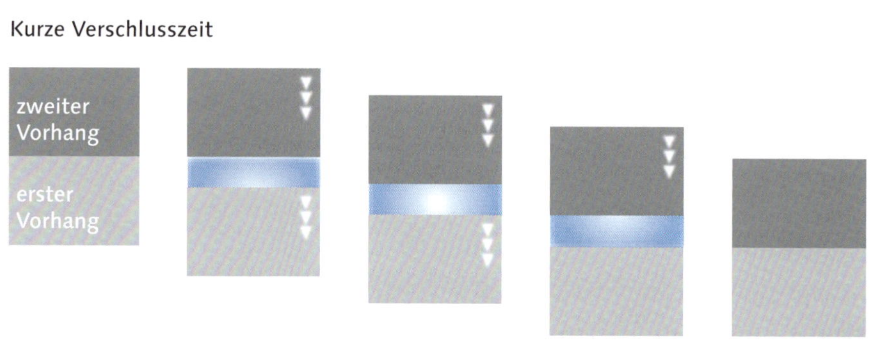

Abbildung 2.18 ▶
Bei kürzeren Verschlusszeiten wird der Sensor durch einen wandernden Schlitz freigelegt. Das heißt, der zweite Vorhang folgt dem ersten rasch nach. Je schmaler der Schlitz ist, desto kürzer ist die effektive Belichtungszeit. Ein einzelner Blitz könnte also den Sensor nicht auf einmal belichten.

2.6 Kameratypen

Von den meisten analogen Kameras gibt es heute eine digitale Entsprechung. Jede Kamera ist für ihren jeweiligen Einsatzzweck und Markt optimiert. Für den ambitionierten Amateur und den Profi ist eine digitale Spiegelreflexkamera die beste Kombination aus Vielseitigkeit, Bildqualität und Preis. Alles darunter ergibt Sinn als Zweitkamera oder für den gelegentlichen Nutzer, alles darüber ist preislich nur für wenige interessant. Im Bereich der analogen Kameras ist sogar Profi-Equipment bezahlbar geworden, weil der Gebrauchtmarkt voll ist mit Mittelformat- und Großbildkameras, die von den Digitalkameras abgelöst wurden.

2.6.1 Eine kurze Geschichte der Kleinbildkamera

Die erste Kleinbildkamera wurde bereits 1914 von Oskar Barnack entwickelt. Sie verwendete 35-mm-Kinofilm zur Aufnahme und war der Vorläufer der Messsucherkameras von Leica. Während das Kinobild quer zwischen der Perforation lag, belichtete die Leica längs auf den Film, so dass sie ein ungefähr doppelt so großes Negativformat auf dem gleichen Filmmaterial erreichte, nämlich genau 24 x 36 mm (genau die Größe, die heute als Vollformat bezeichnet wird). Andere Firmen zogen nach, und bald war das Kleinbildformat zum erfolgreichsten Format überhaupt geworden. 1936 kam mit der Kine-Exakta die erste Kleinbildspiegelreflexkamera auf den Markt. 1937 begann Canon mit der Produktion von Kleinbildkameras, 1947 Minolta (von Sony übernommen und fortgeführt), 1948 folgten Nikon und Olympus und 1952 Pentax gleich mit der Spiegelreflextechnik.

Die großen Hersteller von digitalen Spiegelreflexkameras kommen also nicht aus dem Nichts, sondern können alle auf mindestens ein halbes Jahrhundert Erfahrung zurückblicken. Zwei der Hersteller haben heute noch einen Objektivanschluss – **Bajonett** genannt –, das sie bei Einführung der Autofokus-Technik kompatibel weitergeführt haben. So können Sie an manch eine Nikon-Kamera Objektive anschließen, die ab 1959 gebaut wurden, bei Pentax-Kameras gibt es das K-Bajonett seit 1975. Bei den anderen Herstellern sind die Bajonette seit Einführung des Autofokus zumindest mechanisch kompatibel. An eine Sony-Kamera etwa passen Objektive von Minolta ab 1985, Canon hat sein EF-Bajonett 1987 eingeführt.

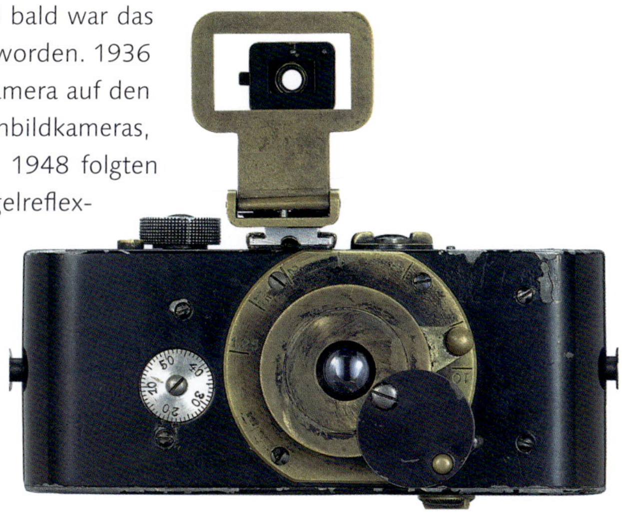

▲ **Abbildung 2.19**
Die Ur-Leica von 1914, die erste Kleinbildkamera der Welt (Bild: Leica)

Das soll nicht bedeuten, dass jede Spiegelreflexkamera mit alle Objektiven – auch von Fremdherstellern – seit Einführung des jeweiligen Bajonetts zurechtkommt. Bei Nikon zum Beispiel ist die Bajonetthistorie im Detail deutlich komplizierter. Bei Canon hat sich im elektronischen Protokoll einiges geändert, so dass alte Fremdherstellerobjektive manchmal nur zu einer Fehlermeldung an der Kamera führen. Einige lassen sich beim Objektiv-Hersteller aber auch upgraden, so dass sie mit den modernen Kameras zurechtkommen.

Über Bajonettadapter können Sie sogar Nikon-Objektive an eine Canon-Kamera anschließen, nur der Autofokus funktioniert dann nicht. Außerdem ist dieses Vorgehen nur bei Objektiven sinnvoll, bei denen man die Blende mechanisch einstellen kann. Es gibt viele weitere Kombinationsmöglichkeiten, die nur in Einzelfällen sinnvoll sind, Ihnen aber neuen Möglichkeiten erschließen können oder teure Neuanschaffungen vermeiden helfen.

2.6.2 Die digitale Spiegelreflexkamera (DSLR)

Die digitale Spiegelreflexkamera ist für den ambitionierten Fotografen sicherlich die interessanteste Kamera, denn eine Spiegelreflexkamera ist eine Systemkamera. Sie lässt sich für praktisch jede fotografische Aufgabe erweitern. Sie können aus einer Vielzahl von Objektiven wählen, es gibt ein fernsteuerbares Blitzsystem, zusätzliche Batteriepacks und Fernauslöser und bei manchen Kameras können Sie die Bilder sogar über eine WLAN-Erweiterung direkt in den Computer funken.

Ihren Namen hat die Spiegelreflexkamera von ihrer besonderen Sucherkonstruktion: Vor dem Auslösen wird das Licht vom Objektiv durch einen halbdurchlässigen Spiegel ❻ in zwei Strahlen aufgeteilt. Der eine führt nach oben auf die Mattscheibe ❶, wird über das Pentaprisma ❷ in das Okular ❸ gespiegelt und geht von dort in das Auge des Fotografen. Dies hat zwei Vorteile: Der Fotograf sieht exakt den Ausschnitt, den die Kamera aufnimmt, und er kann bewegten Motiven schnell folgen, da der optische

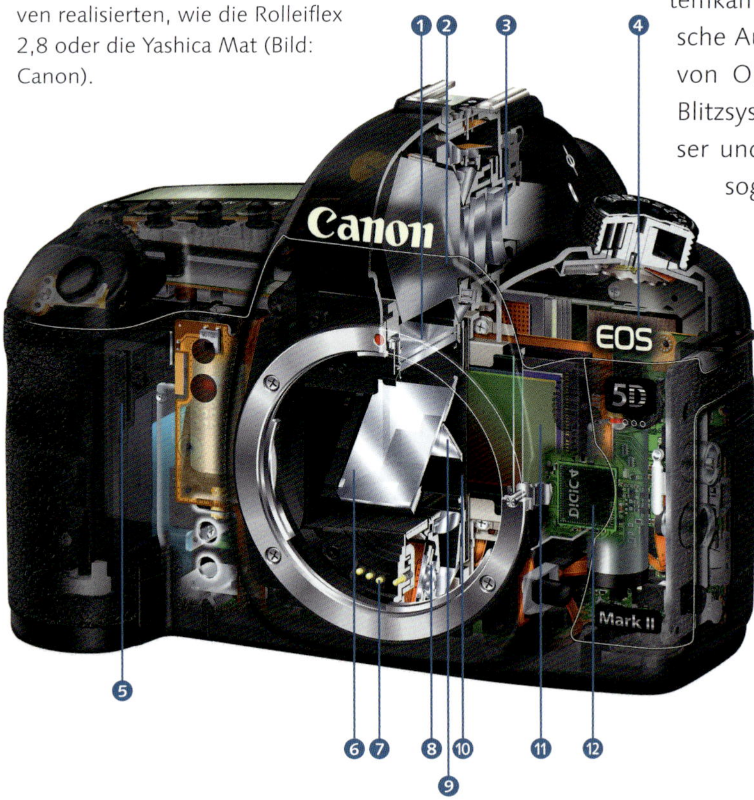

▼ **Abbildung 2.20**
Die Spiegelreflexkamera wird im Englischen als *single lens reflex camera* bezeichnet, abgekürzt **SLR**, in der digitalen Variante als **DSLR**. Das *single* in der Bezeichnung dient auch zur Unterscheidung von den zweiäugigen Kameras, die Sucher und Aufnahme mit zwei getrennten Objektiven realisierten, wie die Rolleiflex 2,8 oder die Yashica Mat (Bild: Canon).

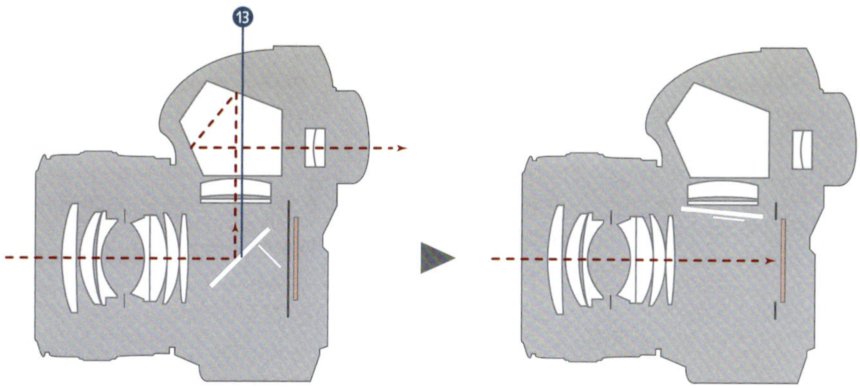

◂ **Abbildung 2.21**
Links: Der Spiegel ⓭ lenkt das Licht durch das aufwendige Suchersystem. Rechts: Bei der Aufnahme oder im Live-View-Modus (siehe Seite 74) fällt das Licht direkt auf den Sensor, der Spiegel ist hochgeklappt (Bild: Canon).

Sucher verzögerungsfrei arbeitet und der Autofokus konstruktionsbedingt schneller sein kann (siehe Seite 186).

Der zweite Strahl geht durch den Spiegel hindurch und trifft einen zweiten Spiegel ❾, der das Bild nach unten in die Messeinheit ❽ wirft. In der Messeinheit werden, sobald der Auslöser halb durchgedrückt wird, die Belichtungswerte, die Farbtemperatur des Lichts und die Schärfe für den Autofokus festgestellt. Der Messwert der Belichtung wird bei eingestellter Belichtungsautomatik für die Einstellung von Verschlusszeit und/oder Blende verwendet (bei Auto-ISO auch für die Lichtempfindlichkeit des Sensors). Der Farbtemperaturwert wird in die Metadaten der RAW-Datei geschrieben oder – beim Bildformat JPEG und Farbtemperatur-Automatik – dazu genutzt, die Sensordaten in ein farbangepasstes JPEG-Bild umzurechnen. Die Schärfedaten dienen dazu, Steuerdaten für das angeschlossene Objektiv zu erzeugen, die über die Kontakte ❼ im Bajonett an den Fokusmotor im Objektiv weitergeben werden (bei manchen Kameras sitzt der Motor auch in der Kamera und die Fokussierung wird von dort angetrieben).

Wenn der Auslöser ganz durchgedrückt wird, legt die Kamera die Werte für Zeit und Blende fest und wartet auf die erfolgreiche Scharfstellung des Objektivs. Dann klappt sie den Spiegel hoch, übermittelt den Blendenwert an das Objektiv, das die Blende daraufhin auf den eingestellten Wert schließt. Nun öffnet sich der Verschluss ❿ und lässt das Licht auf die Sensoreinheit ⓫. Der Verschluss schließt sich nach der eingestellten Belichtungszeit wieder, der Spiegel klappt herunter, und die Blende öffnet sich wieder. Währenddessen werden die Sensordaten in den Pufferspeicher geladen und dort vom Hauptprozessor ⓬ in die Bilddatei umgerechnet. Eine kleine Version des Bildes wird auf dem eingebauten Bildschirm ❹ angezeigt und die fertige Bilddatei auf die Speicherkarte ❺ geschrieben.

Wenn man bedenkt, dass dieser Vorgang je nach Kamera zwischen drei bis zehnmal pro Sekunde ablaufen kann und dabei der Autofokus jedes Mal

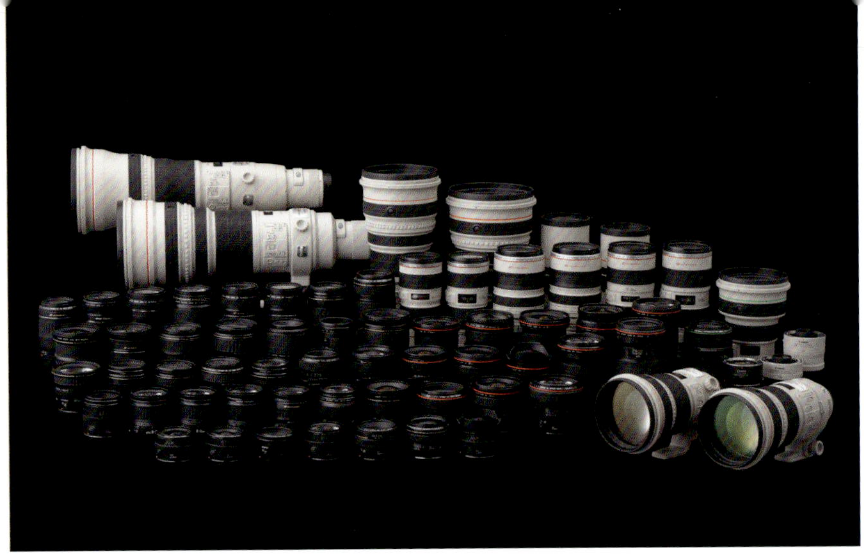

Abbildung 2.22 ▶
Die Erweiterbarkeit ist der große Vorteil der DSLR. Im Bild zu sehen sind alle Objektive, die Canon selbst für sein System anbietet, es kommen also noch etliche Objektive von anderen Herstellern hinzu (Bild: Canon).

neu scharfstellt, dann wird schnell klar, was für ein technisches Wunder eine solche Kamera ist. Vor allem, wenn man die Geschwindigkeit der RAW-Konvertierung mit der im heimischen PC vergleicht: Fünf RAW-Bilder pro Sekunde in JPEGs umzuwandeln schafft dieser nämlich nicht, und schon gar nicht mit einer kleinen Lithium-Ionen-Batterie als Stromquelle.

Digitale Spiegelreflexkameras machen nicht einmal 10 % der Stückzahlen im Fotomarkt aus, trotzdem werden mindestens 90 % der aktuellen Fotos in den Medien mit ihnen aufgenommen. Das liegt daran, dass sie für den Profi-Fotografen das ideale Werkzeug sind. Selbst wer früher mit analogen Mittelformat- oder gar Großbildkameras (siehe Seite 68) gearbeitet hat, nutzt heute häufig eine DSLR. Das hängt mit ihrer Bildqualität zusammen, die die einer analogen Mittelformatkamera oft übertrifft. Zudem lässt sich sehr schnell mit ihr arbeiten und die Sensoren sind lichtempfindlicher als die in digitalen Mittelformat-Rückteilen.

▼ **Abbildung 2.23**
Handlich und günstig, aber eine »richtige« Kamera: eine Einsteiger-DSLR wie die Nikon D3100 (Bild: Nikon)

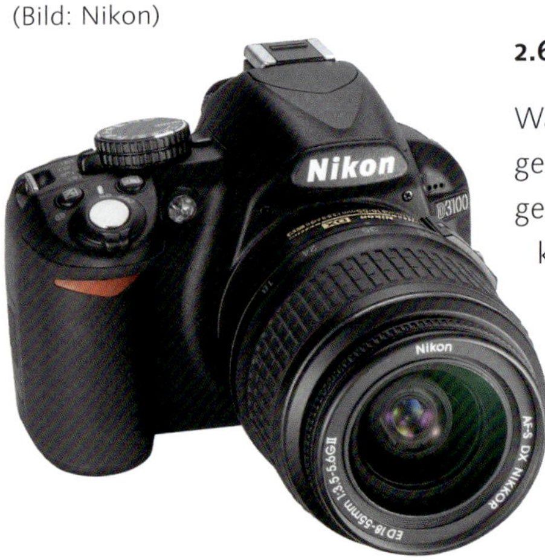

2.6.3 Spiegelreflexkameras für Einsteiger

Während man in dieser Kameraklasse früher mit deutlichen Einschränkungen zu rechnen hatte, hat der starke Konkurrenzdruck auf dem Markt dazu geführt, dass die günstigen Spiegelreflexkameras sich im Funktionsumfang kaum noch von ihren professionelleren Schwestern unterscheiden. In diesem Segment erhalten Sie schon ab circa 400 € Kameras (inklusive eines Standard-Zoomobjektivs), die eine gute Bildqualität und viele gestalterische Möglichkeiten liefern.

Eine Kamera in diesem Segment hat in etwa den folgenden Funktionsumfang:

- Auflösung über 10 Megapixel (Sensor mit APS-C-Größe, circa 15x22 mm)
- ein gutes Autofokus- und Belichtungsmesssystem
- Lichtempfindlichkeit bis ISO 12800 möglich
- Staubentfernungsautomatik
- Unterstützung von Draht- und Fernauslösung
- RAW- und JPEG-Bildformat
- eine Reihe von festen Belichtungsautomatiken (Motivprogramme) für den Anfänger, aber auch die rein manuelle Steuerung wird unterstützt
- ein eingebautes Blitzgerät, aber volle Unterstützung des professionellen Blitzsystems des Herstellers
- zum Lieferumfang gehört in der Regel auch ein Zoomobjektiv im Bereich von circa 17–55 mm (entsprechend 28–90 mm beim Kleinbildformat) mit Bildstabilisator

▼ **Abbildung 2.24**
Bei schwachem Licht detailreiche Fotos aus der Hand schießen: Dafür braucht man einen großen Sensor.
18 mm | f3,5 | 1/15 s | ISO 1 600 | Canon EOS 400D

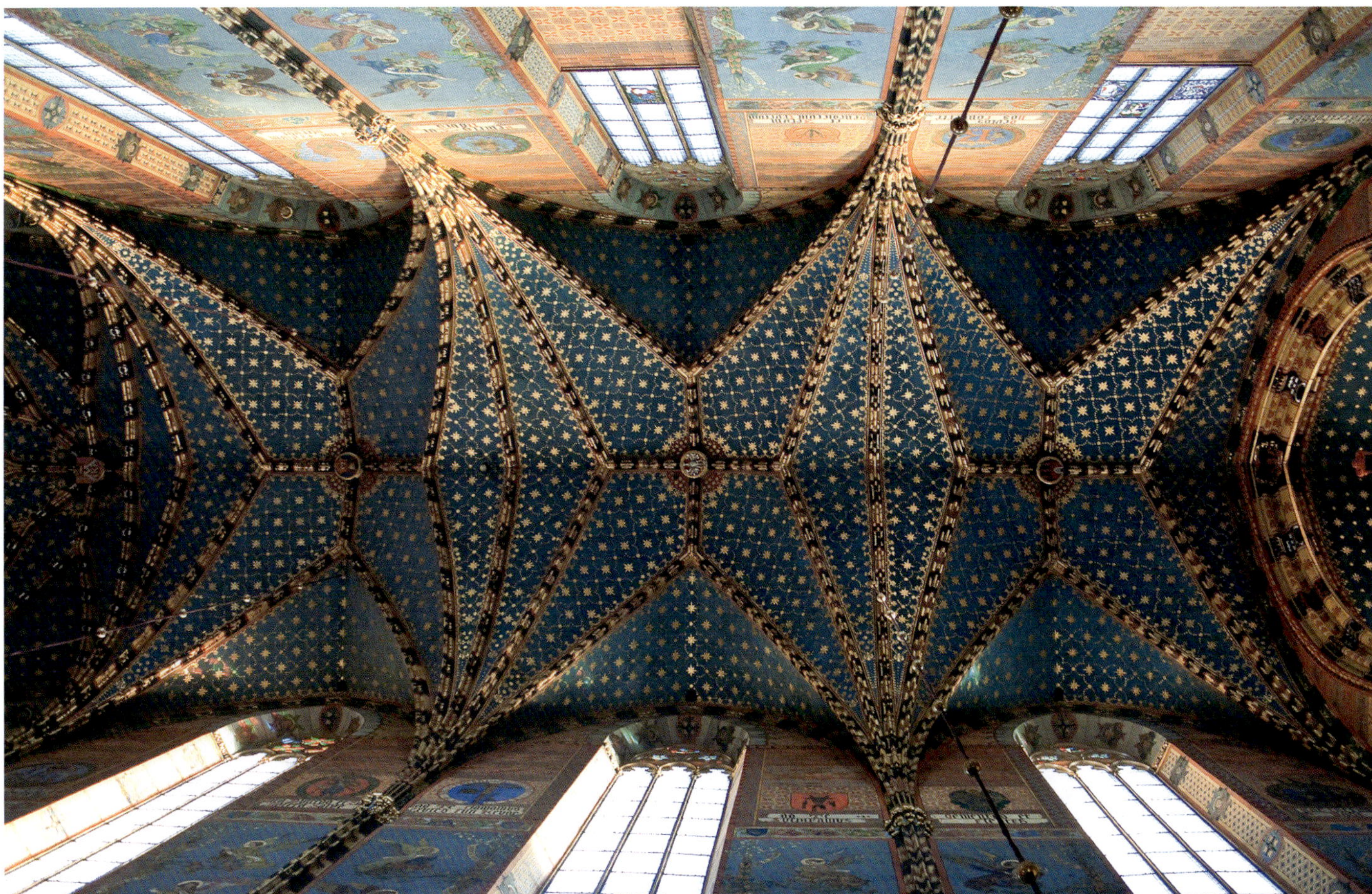

Diese Kameras sind meist klein und leicht gebaut, und es kommt relativ viel Kunststoff zum Einsatz. Trotzdem sind sie alltagstauglich und gut verarbeitet. Bei der Kaufentscheidung sollten Sie sich in jedem Fall auch die Kamera ansehen, die direkt über der absoluten Einsteiger-Kamera positioniert ist, denn diese kostet oft nur ein wenig mehr, ist aber unter Umständen das interessantere Angebot. Nur den Kamera-Body ohne das entsprechende Kit-Objektiv zu erwerben, ergibt oft keinen Sinn, weil das nur unwesentlich günstiger ist oder sogar zum selben Preis angeboten wird.

Eine gute Ergänzung für eine Einsteiger-DSLR ist ein Objektiv mit 50 mm Brennweite und großer Anfangsblende, etwa f1,8, das wegen des Cropfaktors (siehe auch Seite 102) denselben Bildwinkel ausleuchtet wie ein 85-mm-Objektiv an einer Kamera mit Sensor im Kleinbildformat. Ein solches Objektiv eignet sich ideal für Porträts und das Fotografieren bei wenig Licht (Available Light).

2.6.4 Spiegelreflexkameras der Mittelklasse

Dieses Marktsegment unterscheidet sich in den technischen Daten nur in Details von der Einsteigerklasse. Die Kameras sind allerdings schneller, besser verarbeitet und haben ein paar Features mehr. So lässt sich zum Beispiel der Spiegel hochklappen, um bei Langzeitbelichtungen vom Stativ Erschütterungen zu vermeiden, und automatische Belichtungsreihen ermöglichen, schnell und einfach das Ausgangsmaterial für HDR-Aufnahmen zu erstellen.

Viele Fotografen kaufen sich auch deshalb keine Einsteigerkamera, weil diese so kleine Gehäuse haben, dass die Bedienung darunter leiden kann. Eine Mittelklasse-DSLR liegt dagegen gut in der Hand und macht durch das höhere Gewicht einen solideren und vertrauenerweckenderen Eindruck. In

▼ Abbildung 2.25
Mittelklasse-DSLRs sind durch ihre hochwertige Verarbeitung robust genug für schnelle Serienaufnahmen.

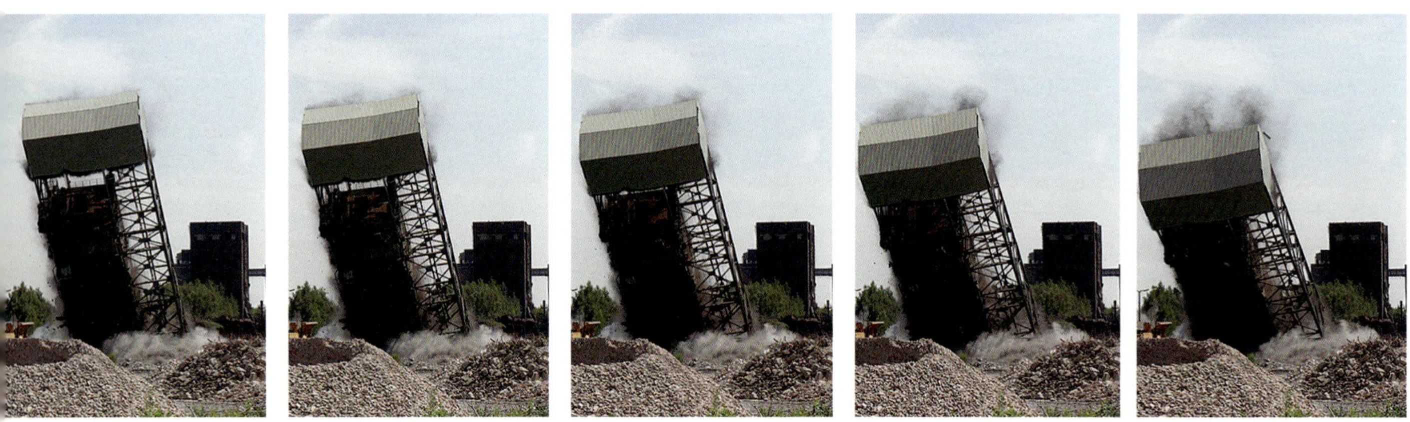

dieser Klasse werden zumeist auch bessere LCD-Bildschirme verbaut, und der Verschluss ist für mindestens 100 000 Auslösungen konzipiert.

In der Mittelklasse finden Sie also ausgereifte und solide Arbeitswerkzeuge, mit denen sich auch viele Profifotografen zufriedengeben. Bei der Objektivauswahl sollten Sie überlegen, ob Sie später auf eine Kamera mit Vollformatsensor (24 x 36 mm) aufsteigen möchten und im Zweifel eher Objektive erwerben, die nicht für den kleineren Sensor der Mittelklasse-DSLRs berechnet wurden, sondern das Kleinbildformat voll ausnutzen. Im Moment ist dies nur für Kunden der Marken Canon, Nikon und Sony relevant, denn alle anderen Kamerahersteller bieten keine DSLRs im Vollformat an.

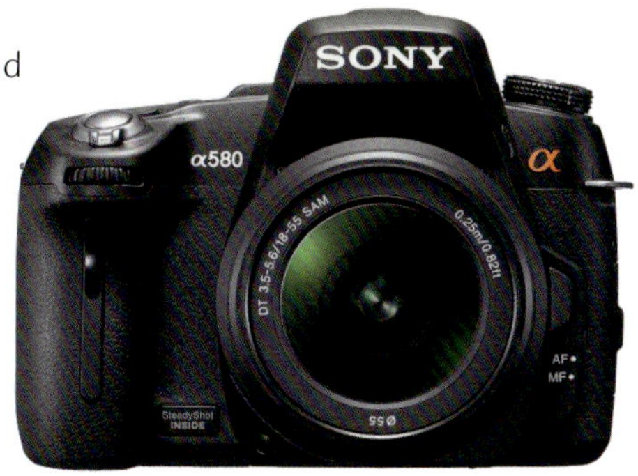

▲ **Abbildung 2.26**
Ein Magnesiumgehäuse macht eine Mittelklasse-DSLR wie die Sony α580 zum soliden Arbeitsgerät, und die Ergonomie ist besser als in der Einsteigerklasse (Bild: Sony).

2.6.5 Vollformat-Spiegelreflexkameras für Semiprofis

Diese Kameras besitzen Sensoren, die mit 24 x 36 mm Größe genau dem ursprünglichen analogen Kleinbildformat entsprechen. Der große Sensor ermöglicht hohe Auflösungen bei gleichzeitig hoher Lichtempfindlichkeit (ISO-Werte, siehe auch Seite 245). Die erreichbare Gesamtschärfe ist höher als bei kleineren Sensoren, und der Sucher ist größer und übersichtlicher. Die Objektive verhalten sich genau wie beim Kleinbildformat, denn der Sensor hat dieselbe Größe wie früher das Kleinbilddia. Es kann eine sehr geringe Schärfentiefe erzielt werden, im Weitwinkelbereich wird der erreichbare

▼ **Abbildung 2.27**
Bei schwachem Licht zeigen Vollformatkameras ihre Stärken, aber auch am Tage gibt es einen Vorsprung in der Bildqualität.
12 mm | f8,0 | 5 s | ISO 1 600 | Korrektur –2/3

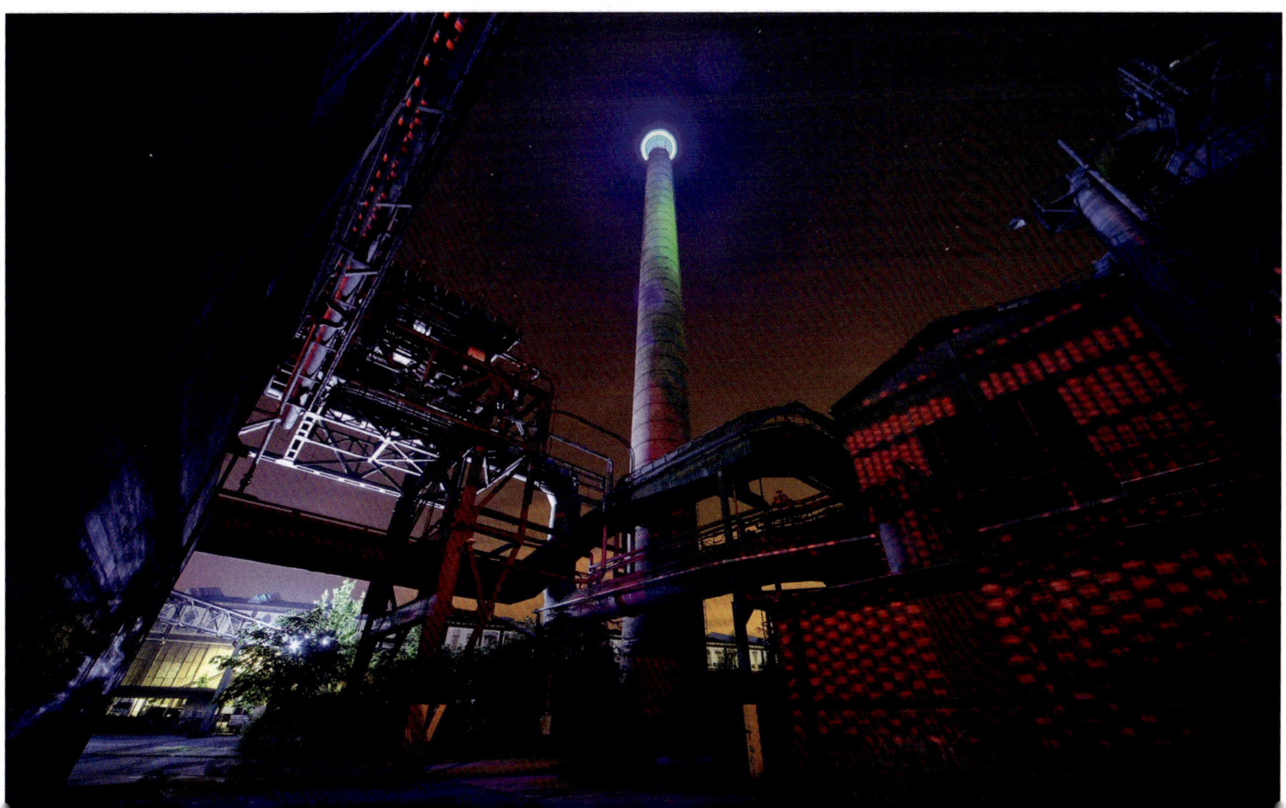

Bildwinkel nicht durch einen Cropfaktor beschränkt. Wenn Sie von einer APS-C-Kamera auf eine Kamera mit Vollformatsensor umsteigen, können Sie die Objektive, die extra für die kleineren Chips entworfen wurden (EF-S bei Canon, DX bei Nikon, DT bei Sony) nicht oder nur sehr eingeschränkt weiterverwenden.

Die Kombination aus Batteriepack und Hochformatauslöser ist in dieser Klasse ein Zubehör, das sich auch wieder von der Kamera abnehmen lässt, wenn man weniger Gewicht dabeihaben möchte. Semiprofi-DSLRs werden für Fotografen gebaut, denen eine sehr hohe Bildqualität wichtig ist und die es schätzen, dass die Objektive in ihren Brennweiten so harmonisch abgestimmt sind wie zu Zeiten der analogen Kleinbildfotografie. Die Kombination 35, 50 und 85 mm als lichtstarke Festbrennweiten entfaltet erst an einem Vollformatsensor ihr Potenzial.

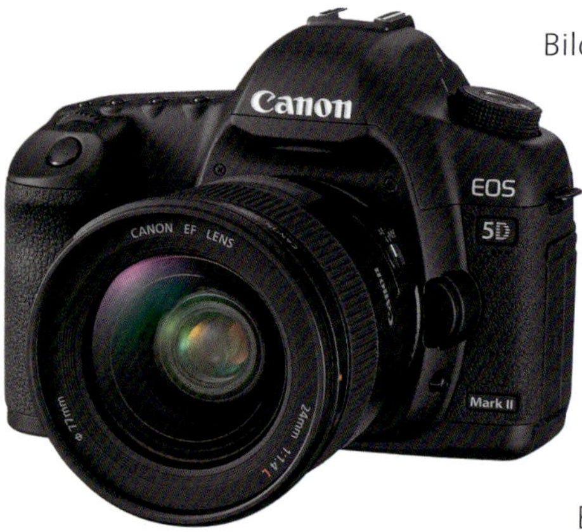

▲ **Abbildung 2.28**
Der Vollformatsensor der Semiprofi-DSLR EOS 5D MkII von Canon macht ISO 25 600 bei 21 Megapixeln Auflösung möglich. Die Bildqualität bei niedrigeren Empfindlichkeiten setzt Maßstäbe (Bild: Canon).

Diese Kameraklasse wird langsam umfangreicher und günstiger, für die meisten Amateure werden aber zumindest die Neupreise jenseits dessen liegen, was sie für ein Kameragehäuse ausgeben möchten. Wenn die Fotografie allerdings Ihre große Leidenschaft werden könnte, sollten Sie schon beim Kauf einer Einsteigerkamera überlegen, ob der Hersteller auch Vollformatkameras im Programm hat.

2.6.6 Spiegelreflexkameras für professionelle Ansprüche

▼ **Abbildung 2.29**
Ein absolutes Profigerät: die Nikon D3x (Bild: Nikon)

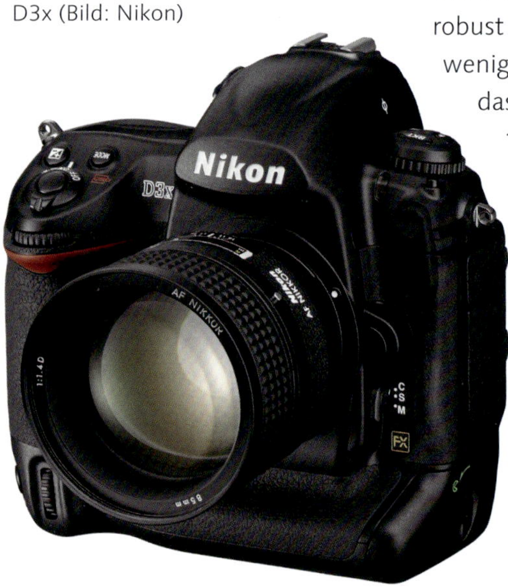

Die Profi-Liga der DSLRs ist für härteste Einsatzbedingungen ausgelegt: Die Kameras sind abgedichtet gegen Feuchtigkeit und Schmutz und extrem robust gebaut. Einen eingebauten Blitz gibt es nicht, weil er die Kamera weniger solide machen würde. Außerdem ist der Spiegelreflex-Hügel, der das Pentaprisma birgt, ohnehin schon groß, weil in dieser Klasse ein 100 %-Sucher Pflicht ist, ein Sucher also, der exakt zeigt, was der Sensor aufnimmt.

Die Verarbeitung der Daten geht sehr schnell, so dass trotz Auflösungen von über 20 Megapixeln 5 Bilder pro Sekunde im RAW-Format möglich sind. Bei den Sport- und Pressekameras mit circa 12 Megapixeln sind es sogar 9–10 Bilder pro Sekunde. Der Autofokus ist extrem schnell, lässt sich vom Benutzer feinjustieren, und die Autofokus-Messfelder decken einen großen Teil des Suchers ab. Der Verschluss ist auf eine Lebensdauer von über 200 000 Auslösungen ausgelegt, ist hoch exakt und schnell. Verschlusszeiten von 1/8000 s und Blitzsynchronzeiten von 1/250 s sind Standard. RAW- und JPEG-Dateien können auf getrennte Speicherkarten geschrieben werden. Der Hochformatauslöser und das Batterieteil sind integriert, um das Gehäuse noch besser abdichten zu können. Daraus ergibt sich ein Gewicht von um 1,3 Kilogramm nur für das Gehäuse.

Die Bedienung ist so ausgelegt, dass sich Einstellungen nicht versehentlich ändern können, und so ist das Programmwahlrad durch eine Kombination von Rad und Knopf ersetzt. Einige weitere Funktionen, wie die Öffnung des CF-Karten-Schachts, sind durch Sicherheitsschalter geschützt. Die Bedienung wird so zwar etwas komplizierter, kommt aber den Bedürfnissen des Profis entgegen, für den es am allerwichtigsten ist, dass bei nicht wiederholbaren Aufnahmen nichts schiefgeht und er sicher mit verwertbaren Aufnahmen vom Job zurückkehrt.

Man könnte auch sagen: Profi-DSLRs sind groß, schwer, kompliziert und teuer. Für den engagierten Fotoamateur sind sie trotzdem ein Traum, weil sie die Grenze des technologisch Machbaren repräsentieren und trotzdem auf absolute Zuverlässigkeit und Langlebigkeit ausgerichtet sind. Für die meisten Amateure werden diese Kameras allerdings ein Traum bleiben, denn bei Preisen von 7000 € und darüber sind sie selbst für viele professionelle Fotografen nicht erschwinglich. Viele Profis benötigen auch die Schnelligkeit und Robustheit im täglichen Einsatz gar nicht und geben die Preisdifferenz zur günstigeren Kamera lieber für hochwertige Objektive aus.

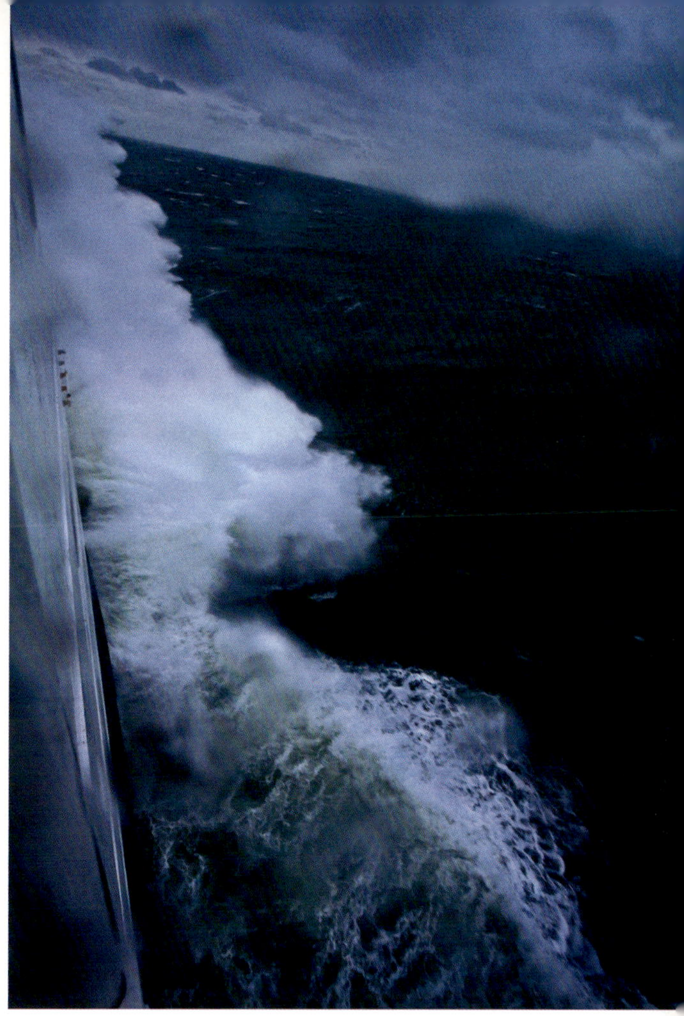

▲ **Abbildung 2.30**
Unter harten Einsatzbedingungen zahlt sich der Preis für eine Profikamera aus.
19 mm | f8,0 | 1/160 s | ISO 640

2.6.7 »Electronic Viewfinder, Interchangeable Lens«: EVIL

Wird die direkte Bildanzeige auf dem LCD-Bildschirm (also die sogenannte Live-View-Funktion) zum alleinigen Sucher, so ist im Vergleich zu einer DSLR eine Menge Technik verzichtbar: Der Spiegel, das Sucherprisma und der optische Sucher können wegfallen. Deswegen kann das Objektivbajonett viel näher an den Sensor heranrücken, und im Weitwinkelbereich lassen sich Objektive ohne die sonst notwendige Retrofokus-Konstruktion herstellen (siehe Seite 124). Das macht sie kürzer, leichter und billiger – aber nicht schlechter! So ergibt sich eine viel kleinere Systemkamera, die aber ähnlich große Sensoren verwendet wie eine DSLR. Dieses Konzept wird mit dem Kürzel **EVIL** bezeichnet, das steht für »Electronic Viewfinder, Interchangeable Lens«, also »elektronischer Sucher und Wechselobjektive«.

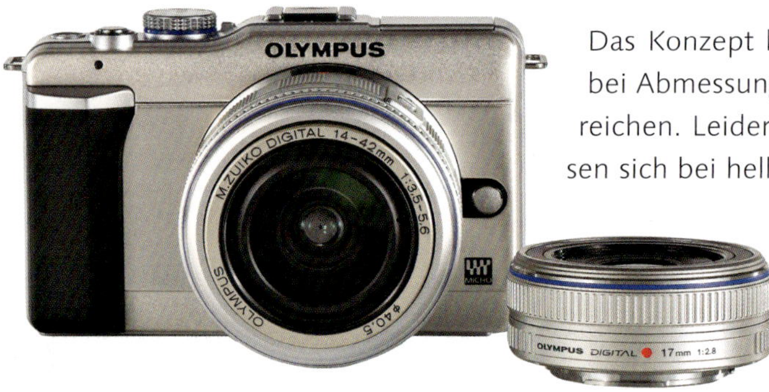

▲ **Abbildung 2.31**
Die Olympus Pen E-PL1 im Micro Four Thirds Standard ist ein schicker Vertreter der EVIL-Klasse, das 17-mm-Weitwinkel ist ein flaches Pancake-Objektiv. Eine nette Reisekamera für Leute, die nicht viel dabeihaben wollen, aber kein Ersatz für eine DSLR (Bild: Olympus)

Das Konzept hat seinen Charme und bietet eine sehr gute Qualität bei Abmessungen, die schon fast an die von Kompaktkameras heranreichen. Leider hat es aber auch ein paar Nachteile: Die Displays lassen sich bei hellem Licht oft nur eingeschränkt zur Bildbeurteilung heranziehen, der Autofokus ist auf die Kontrastmessung auf dem Sensor angewiesen, die immer noch etwas langsamer arbeitet, als Sie es vom Autofokus einer DSLR gewohnt sind. Diese Kameraklasse wird in Zukunft stark von der technologischen Entwicklung profitieren können. Als Alternative zu einer Kompaktkamera ist sie hervorragend, aber eine DSLR kann sie für die allermeisten Fotografen (noch) nicht ersetzen. Für schnell bewegte Motive ist der Autofokus zu langsam und Spiegelreflexsysteme bieten einfach mehr Möglichkeiten. Einen interessanten Sonderweg hat Ricoh mit der GXR beschritten, hier wird der Bildsensor in einer Einheit mit dem Objektiv ausgetauscht, das Kamera-Gehäuse enthält nur noch die Elektronik, den Bildschirm und die Bedienelemente.

2.6.8 Die digitale Kompaktkamera

Digitale Kompaktkameras bilden das größte Segment im Kameramarkt. Sie sind zu Preisen von deutlich unter 100 bis über 500 € zu haben. Über 100 Millionen Stück werden dieses Jahr weltweit ihre Käufer finden. Die meisten Kompaktkameras sind so handlich, dass man sie immer dabeihaben kann. Falls man sich an die Anfänger-Programme hält, sind sie sehr einfach zu bedienen, und sie liefern bei gutem Licht scharfe Fotos mit guten Farben.

Wenn man sich die technischen Daten einer typischen Kompaktkamera ansieht, scheinen diese auf den ersten Blick sehr denen einer digitalen Spiegelreflexkamera zu entsprechen: ein Sensor mit 12 Megapixeln Auflösung, ein Zoomobjektiv von 28–112 mm (entsprechend dem Kleinbildformat), eingebauter Blitz, Autofokus und Bildstabilisator sind an Bord. Dabei passt sie allerdings in die Westentasche und wiegt nur 300 Gramm.

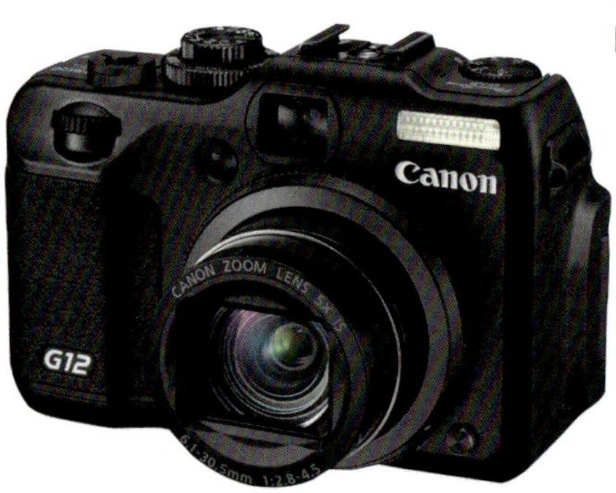

▲ **Abbildung 2.32**
Kompaktkameras sind nicht immer billiger als eine kleine Spiegelreflexkamera. Die teureren haben aufwendige Objektive, ein solides Metallgehäuse und unterstützen das RAW-Format (Bild: Canon)

Kleinere Sensoren | Die Auflösung und der Brennweitenbereich lassen sich allerdings nur erreichen, indem man den Bildsensor stark verkleinert und das Objektiv im gleichen Maßstab mitschrumpft. Diese Miniaturisierung wirkt sich natürlich auch auf die Abbildungsleistungen des Systems aus. Auf der positiven Seite steht, dass man eine große Schärfentiefe zu Verfügung hat und mit vielen Kompaktkameras gut im Nahbereich fotografieren kann, so dass es zum Beispiel möglich ist, eine Hummel auf einer Blüte von vorn bis hinten scharf abzubilden.

Es gibt aber einen Haken: Der Sensor muss auf einer Fläche von etwa 6x4 mm 12 Megapixel unterbringen statt auf 15x22 mm wie bei einer digitalen Spiegelreflexkamera mit APS-C-Sensor. Die Fläche der einzelnen Pixel ist also 14-mal kleiner. Das bedeutetet, dass auch nur ein 1/14 des Lichts auf einen Pixel fällt, was die Kompaktkameras bei schwachem Licht sehr viel unempfindlicher und anfälliger für Bildrauschen macht.

Ein weiterer Nachteil ist, dass durch den geringen Abbildungsmaßstab (er beschreibt das Verhältnis der Abbildungsgröße auf dem Sensor zur Motivgröße) die Schärfentiefe so ausgedehnt ist, dass man bei einem Porträt noch zehn Meter hinter dem Porträtierten jeden einzelnen Ast eines Baumes erkennen kann, was das Bild schnell sehr unruhig wirken lässt. Mit einem größerem Sensor würde der Hintergrund bei derselben Brennweite in der Unschärfe verschwimmen und der Betrachter könnte sich viel besser auf das Gesicht konzentrieren.

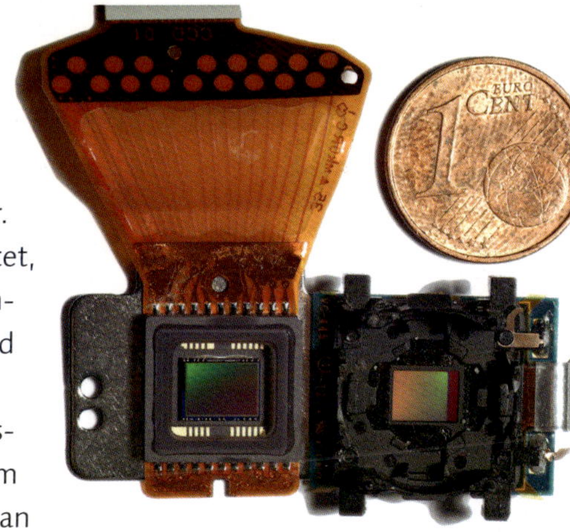

▲ **Abbildung 2.33**
Links ein Sensor aus einer Kompaktkamera, rechts einer aus einem der besseren Fotohandys. Der Unterschied in der Sensorfläche ist nicht groß.

Das Auflösungsvermögen der kleinen Sensoren von Kompaktkameras übersteigt in den meisten Fällen die Auflösungsgrenzen der verwendeten Objektive. Eine Kamera mit 8 Megapixeln Auflösung ist unter Umständen genauso scharf wie eine mit 12, macht aber vielleicht bessere Nachtaufnahmen, weil die größeren Pixel lichtempfindlicher sind. Die reine Auflösung in Megapixeln sollte also kein Kaufkriterium für eine kompakte Digitalkamera sein. Jede Kamera ab 6–8 Megapixeln ist ausreichend für diesen Kameratyp. Bedenken Sie: Die 12 Megapixel einer Kompaktkamera mit einem 6x4mm großen Sensor entsprechen über 400 Megapixeln auf einem Sensor in Vollformatgröße (24x36 mm)! Es gibt natürlich auch Kompaktkameras, die Sensoren mit etwas größerer Fläche verwenden, aber diese sind meist nicht mehr ganz so handlich und auch teurer.

TIPP

Wenn Sie mit einer digitalen Kompaktkamera etwas Kleines groß abbilden möchten, bekommen Sie das meistens besser hin, wenn Sie die kürzeste Brennweite verwenden, denn im Weitwinkelbereich ist die kürzeste Aufnahmeentfernung so viel kleiner, dass das nicht durch den größeren Abbildungsmaßstab beim Tele ausgeglichen werden kann. Bei längeren Brennweiten müssen Sie so viel weiter weg vom Motiv, dass der Vergrößerungsvorteil mehr als aufgebraucht wird.

Auswahlkriterien | Wenn Sie sich eine Kompaktkamera zulegen möchten, gibt es ein paar Kriterien, die Ihnen helfen können, die Auswahl einzuschränken:

- **Brennweitenbereich:** Wenn Sie richtige Weitwinkel-Aufnahmen mit weniger als 28mm Brennweite machen wollen, bleiben nur wenige Kameras übrig. Die untere Grenze ist für die Auswahl wichtiger als die obere, weil Sie den starken Telebereich (also Brennweiten jenseits von etwa 150 mm) mit einer Ausschnittsvergrößerung leichter ersetzen können. Im Telebereich sind die Objektive durch die kleine Bauform auch nicht mehr so lichtstark, so dass Sie – verbunden mit der schlechten Empfindlichkeit des Sensors – schneller Gefahr laufen, ein Bild zu verwackeln.

- **Bildstabilisator:** Gegen das Verwackeln kann ein Bildstabilisator helfen, der entweder mit einem beweglichen Linsenglied im Objektiv oder mit der Position des Sensors den Zitterbewegungen des Fotografen entgegensteuert. Hier müssen Sie etwas aufpassen, denn manchmal werden auch Softwarelösungen, die nicht besonders wirksam sind, als »elektronische Bildstabilisierung« bezeichnet.
- **Erweiterbarkeit:** Es gibt Kameras, die einen externen Blitz verwenden können, und Objektivaufsätze für den starken Weitwinkel- und Telebereich unterstützen. Das können Sie allerdings außer Acht lassen, wenn Sie die Kamera als Zweitkamera einsetzen möchten und für schwierigere Aufnahmesituationen eine digitale Spiegereflexkamera verwenden.
- **Tatsächliche Bildqualität:** Ein guter Anhaltspunkt, um die tatsächliche Qualität und Einsetzbarkeit einer Kamera zu beurteilen, sind die Bilder anderer Fotografen, die mit dem gleichen Kameramodell aufgenommen haben. Unter *www.flickr.com/cameras/* können Sie direkt nach Bildern suchen, die mit einem bestimmten Kameramodell entstanden sind. Diese

▼ Abbildung 2.34
Eine billige und kleine Kompaktkamera nimmt man auch dorthin mit, wo man seine DSLR nicht aufs Spiel setzen möchte: Dieses Bild wurde mit einer alten 4-Megapixel-Kamera vom Kanu aus aufgenommen (im RAW-Format).

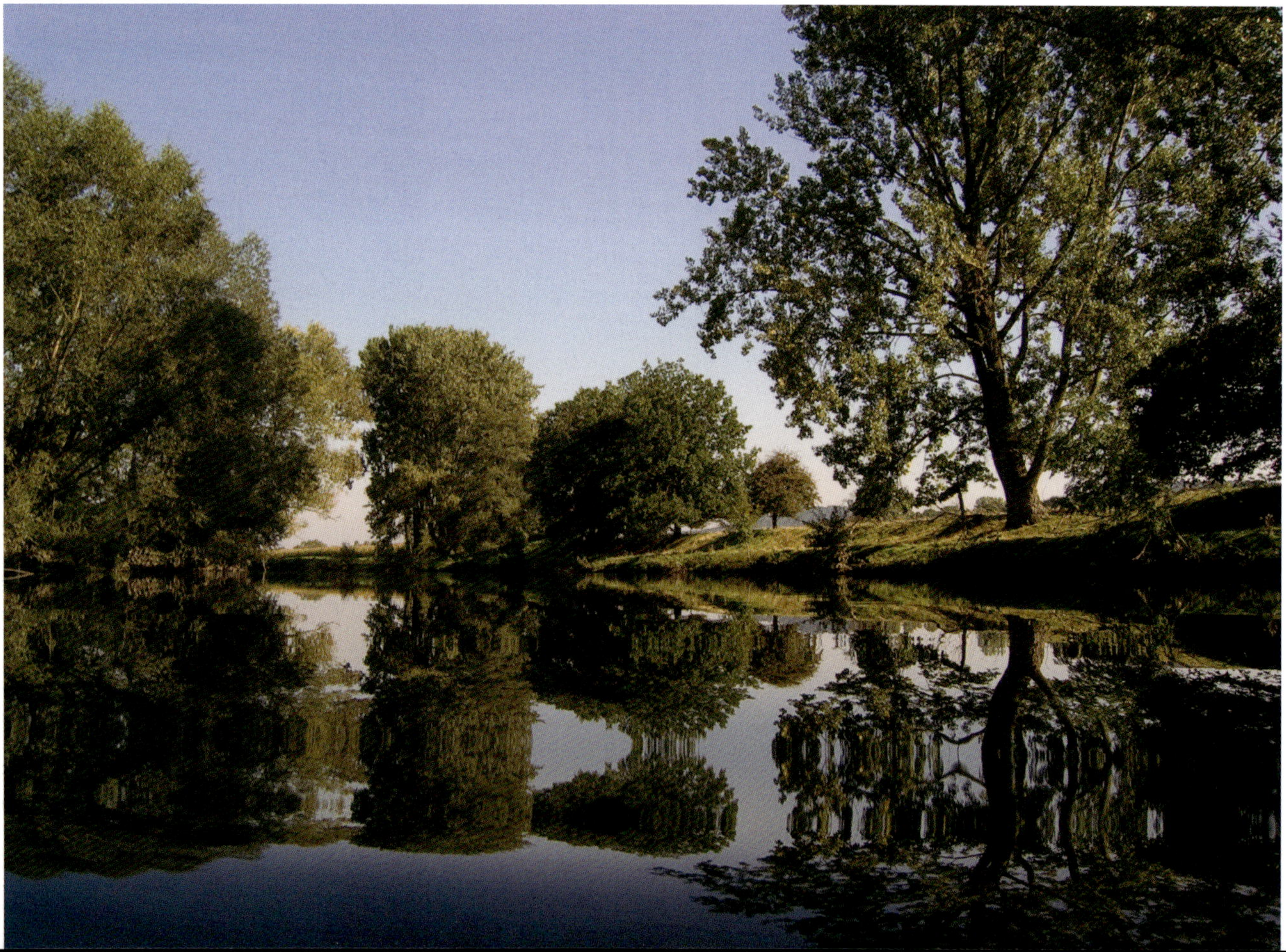

sind zwar manchmal stark nachbearbeitet, aber Sie werden allein durch die Masse der dort gespeicherten Fotos von jeder Kamera, die schon eine kurze Zeit auf dem Markt ist, aussagekräftige Bilder finden.

- **Robustheit:** Vom einfachen Kunststoffgehäuse mit wackelig wirkender Zoom-Mechanik bis zur schlagfesten und bis 10 Meter Wassertiefe dichten Kamera (zum Beispiel aus der Olympus µTough-Serie) finden Sie alles auf dem Markt.

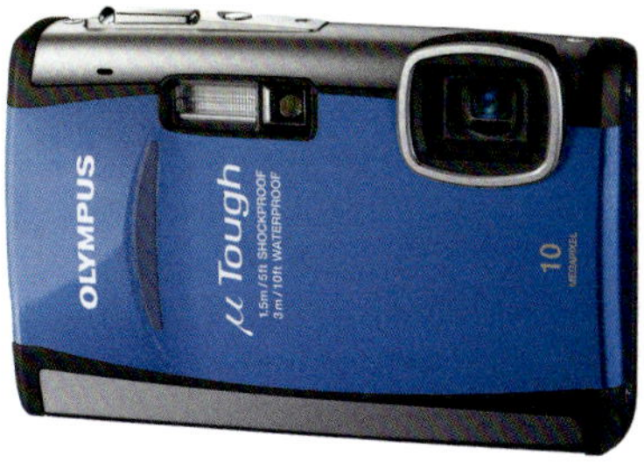

▲ **Abbildung 2.35**
Kompaktkameras gibt es auch in wasserdichter und schlagfester Ausführung. Je nach Einsatzzweck kann das zum wichtigsten Kaufargument werden (Bild: Olympus).

2.6.9 Bridge-Kameras

Eine Bridge-Kamera ist zwischen einer Kompaktkamera und einer Spiegelreflexkamera angesiedelt. Von der Kompaktkamera unterscheidet sich die Bridge-Kamera durch die größere Bauform, einen größeren Zoombereich und einen elektronischen Sucher. Man kann meist ein externes Blitzgerät anschließen und die Bedienung ist der einer Spiegelreflexkamera ähnlich.

Von der Spiegelreflexkamera unterscheidet sie sich durch den kleineren Sensor und das fehlende Bajonett, das heißt, das Objektiv ist fest eingebaut und kann nicht gewechselt werden. Außerdem wird der Sucher nicht über Spiegel, Mattscheibe und Pentaprisma realisiert, sondern ist als elektronischer LCD-Sucher zusätzlich zum LCD-Bildschirm vorhanden.

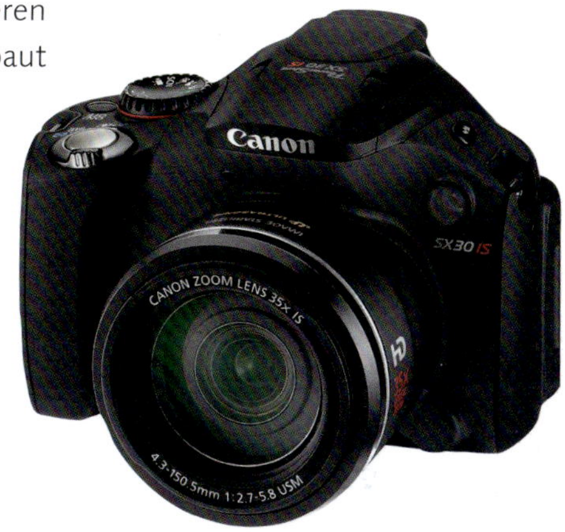

▲ **Abbildung 2.37**
Eine Brigde-Kamera steht zwischen einer Kompaktkamera und einer DSLR. Ein großer Zoombereich tröstet darüber hinweg, dass sich das Objektiv nicht wechseln lässt (Bild: Canon).

▼ **Abbildung 2.36**
Die Brennweite dieser Aufnahme einer Bridge-Kamera entspricht ungefähr 400 mm beim Kleinbild. Trotzdem bleibt der Hintergrund sehr scharf, so dass sich die Ente nicht gut abhebt. Die Lichter fressen schneller aus als bei einer Kamera mit einem größeren Sensor, und die Schärfe ist insgesamt auch weniger gut. Aber die Kamera passt in die Jackentasche und besitzt trotzdem einen starke Telebereich.

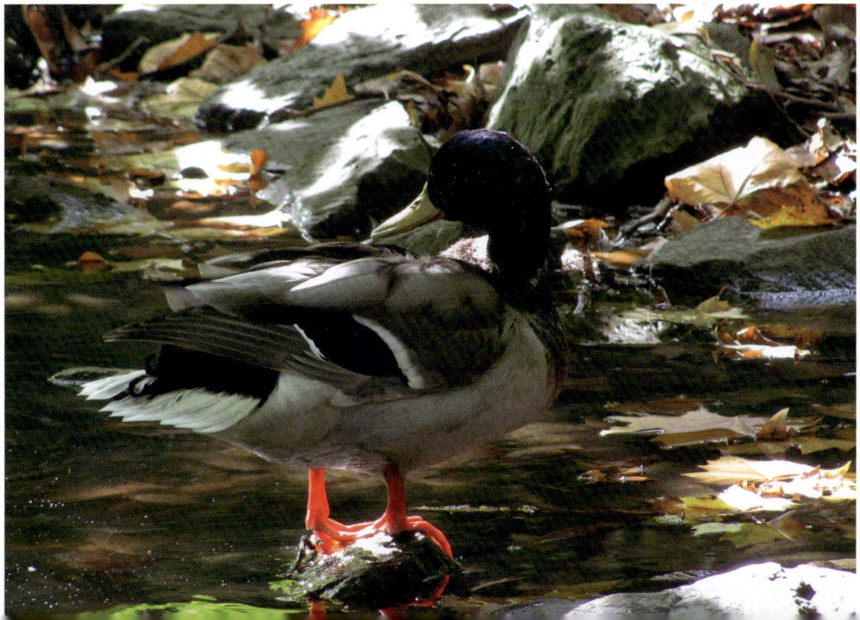

Fixfokus
Man kann die hohe Schärfentiefe eines Objektivs mit kleiner Blendenöffnung dazu nutzen, eine feste und nicht veränderbare Entfernungseinstellung zu verwenden. Das macht die Konstruktion von Objektiven deutlich billiger, ist aber eine qualitativ schlechtere Lösung. Gerade bei kleinen Sensoren, wie sie in Handys zum Einsatz kommen, ist dies verbreitet, man findet aber auch analoge Kleinbildsucherkameras aus dem Billigsegment, die Fixfokus verwenden.

Einige Modelle haben extreme Zoombereiche, bei der Nikon P90 zum Beispiel von 26–624 mm Brennweite (entsprechend dem Kleinbildformat). Andere zeichnen sich durch sehr schnelle Serienbildgeschwindigkeiten aus, wie die Casio EX-F1 mit 60 Bildern pro Sekunde.

2.6.10 Die Handykamera

Mobiltelefone mit Fotofunktion sind die verbreitetsten Kameras überhaupt. Die Mehrkosten für die eingebaute Kamera sind so gering, dass praktisch alle Handys bis auf die billigsten eine Kamera haben (von einigen Business-Handys für Geschäftsleute, die sich nicht in den Verdacht der Industriespionage begeben möchten, weil sie beim Kundentermin eine Minikamera dabei haben, einmal abgesehen).

Sony zum Beispiel positioniert seine Cybershot-Reihe im Mobiltelefonmarkt über die Kameraeigenschaften, und manche Handys haben sogar ein eingebautes Blitzgerät und Bildbearbeitungssoftware an Bord. Interessant ist auch die Kombination von Internet, GPS und Kamera, mit der Sie Bilder direkt vom Aufnahmeort mit genauen Ortsinformationen online stellen können. So hat ein Zeuge der glücklichen Notwasserung eines Flugzeugs in New York ein Bild mit seinem iPhone aufgenommen und es direkt auf seinen Online-Account bei Twitter hochgeladen. Dieses Bild ist trotz seiner nur zwei Megapixel das wahrscheinlich am häufigsten veröffentlichte Foto des Vorfalls geworden.

Wenn Sie Ihr Mobiltelefon nach der Fotoqualität aussuchen möchten, sollten Sie darauf achten, dass das Handy einen eingebauten Autofokus hat und nicht auf die einfachere Fixfokus-Technik setzt. Da die Aufnahmequalität bei schwachem Licht schlecht ist, sollte ein Blitz oder zumindest ein starkes LED-Licht mit eingebaut sein.

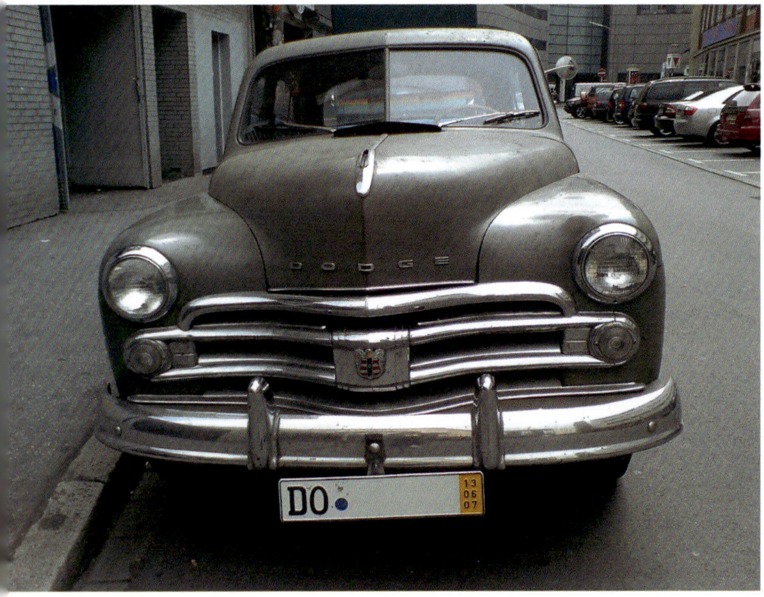

◂ **Abbildung 2.38**
Ob ein Bild mit einer Kompaktkamera oder mit einem Handy aufgenommen wurde, ist manchmal kaum zu unterscheiden. Typisch für die kleinen Sensoren ist die endlose Schärfentiefe. Dieses Foto wurde mit einem 3-Megapixel-Handy von Sony aufgenommen.

2.6.11 Mittelformatkameras

Die analogen Mittelformatkameras besitzen ein größeres Aufnahmeformat als Kleinbildkameras, ihr gemeinsames Merkmal ist die Verwendung von 6cm breitem Rollfilm. Die verbreitetsten Formate sind 6x4,5 (56x42mm), 6x6 (56x56mm) und 6x7 (56x68–72mm), es gibt aber auch spezialisierte Kameras, die den Film auf bis zu 24cm Länge mit einer einzigen Aufnahme belichten. Am gebräuchlichsten ist der Rollfilm-Typ 120, der 12 Aufnahmen à 6x6cm liefert und der komplett auf einem Papierträger aufgeklebt ist. Der seltenere Typ 220 hat den Papierträger nur am Anfang und Ende und bietet Platz für doppelt so viele Aufnahmen. Obwohl beide Filme auf der gleichen Spule geliefert werden, kann man sie normalerweise nicht mit dem gleichen Filmmagazin verwenden.

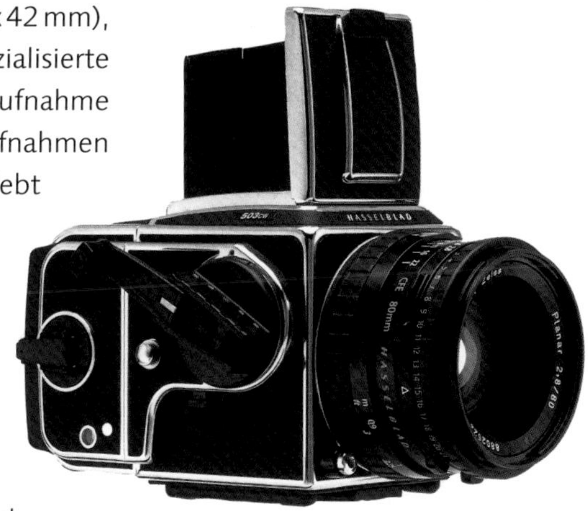

▲ **Abbildung 2.39**
Die Hasselblad 503CW. Sie geht auf eine 1948 vorgestellte Kamera zurück, die zum Vorbild für eine ganze Kameraklasse wurde (Bild: Hasselblad).

Vielseitiges Mittelformat | Obwohl es auch Mittelformatkameras gibt, die wie eine große Kleinbild-Spiegelreflexkamera aussehen, sind die meisten professionellen Kameras ähnlich wie die Hasselblad (siehe Abbildung 2.39) aufgebaut: Das Kameragehäuse ähnelt einem Würfel, der an allen sechs Seiten Anschlussmöglichkeiten bietet. Vorn befindet sich ein Bajonett, das eine große Zahl von Wechselobjektiven aufnehmen kann, wenngleich die Zahl der verfügbaren Objektive kleiner ist als bei den Kleinbildsystemen. Hinten lassen sich Wechselfilmkassetten ansetzen, so dass sich verschiedene Filmsorten parallel verwenden lassen. Viele Systeme unterstützen hier auch digitale Rückteile, die dann einen Sensor statt des Films tragen. Unten lässt sich ein Stativ befestigen, meistens benötigt man dafür aber eine dickere Schraube als bei einer Kleinbildkamera (3/8 statt 1/4 Zoll). Rechts befindet sich die Filmtransportkurbel oder wahlweise ein Motor. Oben lassen sich die Mattscheiben wechseln und verschiedene Sucher ansetzen. Mitgeliefert ist häufig auch ein Faltlichtschacht mit Lupe, der von oben Einblick auf ein spiegelverkehrtes Bild gewährt. Die Anschlüsse für den Blitz wandern auf die linke Seite, weil die Oberseite austauschbar ist. Der Gedanke der Systemkamera ist also bei der Mittelformatkamera noch weiter getrieben worden als bei der Kleinbildkamera – bei der Hasselblad lässt sich selbst das Grundgehäuse noch gegen ein ultrakurzes mit Weitwinkelobjektiv austauschen.

Mit einer Mittelformatkamera arbeiten Sie langsamer und genauer als mit einer Kleinbildkamera. Sie sind auch viel schneller auf ein Stativ angewiesen, weil Sie mit kleineren Blendenöffnungen und weniger lichtempfindlichen Filmmaterialien als bei der Kleinbildkamera arbeiten. Der Aufwand wird aber mit einer höheren Bildqualität belohnt.

Holga
Es gibt auch eine ganz andere Form des Mittelformats in Form von billigen Kameras aus Asien. Das extremste Beispiel ist die Holga 120 S, eine chinesische Kamera komplett aus Plastik, die neu für unter 50 € zu bekommen ist. Sie kann Bilder erschaffen, die eine sehr große Atmosphäre haben, an uralte Fotos erinnern und sie hat einen Fankreis, der sehr viele Profifotografen mit einschließt, gerade weil sie so schlecht ist.

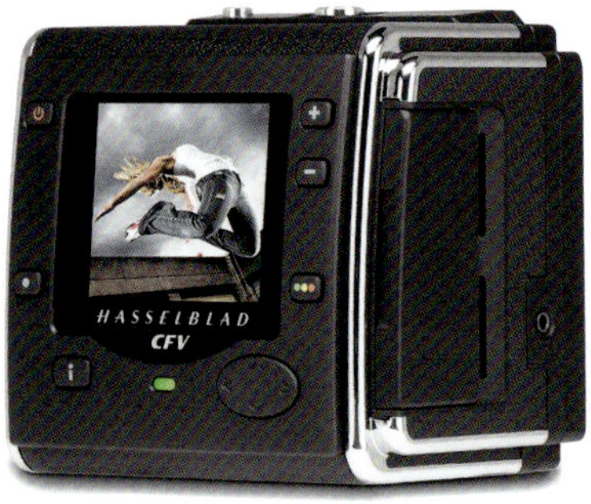

▲ **Abbildung 2.40**
Vorhandene analoge Mittelformatkameras lassen sich oft mit einem Digitalrückteil verwenden (Bild: Hasselblad).

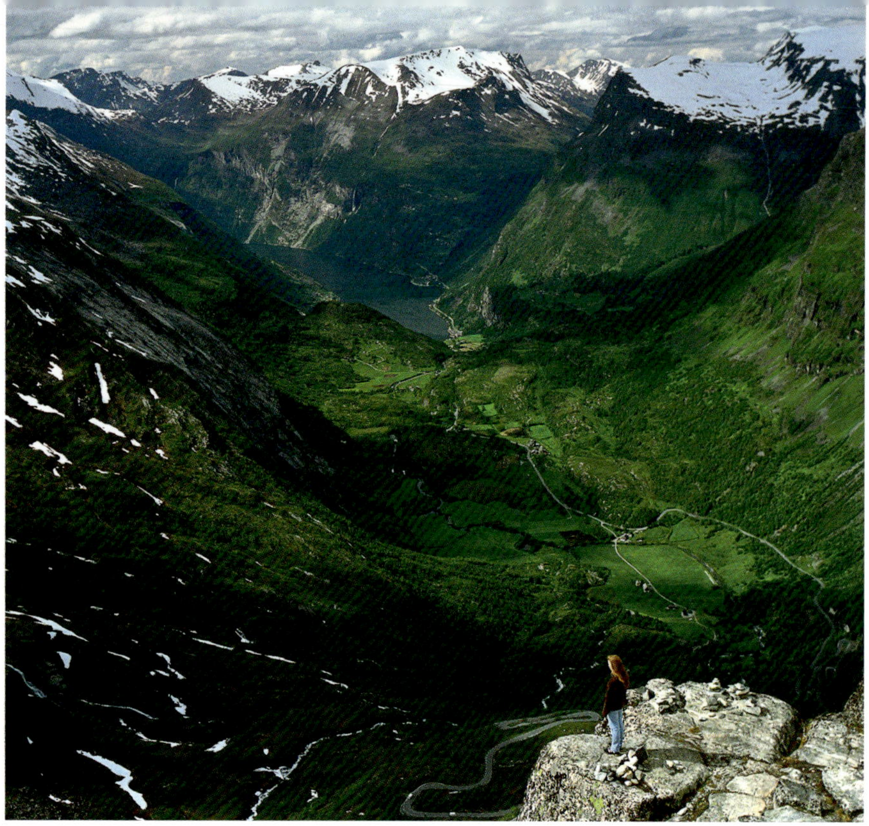

▲ **Abbildung 2.41**
Ich habe meine analoge Hasselblad gerne auf Reisen mitgenommen, denn die Qualität war deutlich höher als bei einer Kleinbildkamera, aber die Kamera kaum weniger handlich. Heute ist meine DSLR der analogen Mittelformatkamera überlegen und der Einstieg ins digitale Mittelformat leider noch sehr teuer.

▼ **Abbildung 2.42**
Noch modularer als eine DSLR: Selbst Sucher und Digitalrückteil lassen sich wechseln (Bild: Hasselblad).

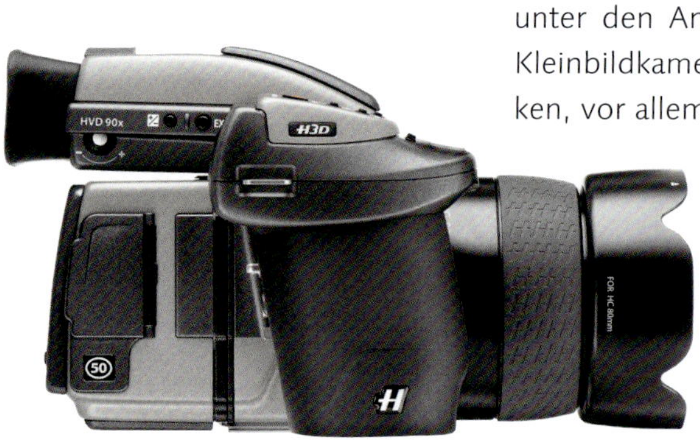

Das digitale Mittelformat | Um die Jahrtausendwende hatten die meisten Profifotografen eine analoge Mittelformatausrüstung, wenn sie in der Industrie- und Architekturfotografie aktiv waren, und manchmal sogar eine Großbildkamera (auch Fachkamera genannt). Beide Kameraarten waren auch unter den Amateurfotografen verbreitet, wenn auch deutlich seltener als Kleinbildkameras. Die Verbreitung ist im digitalen Zeitalter deutlich gesunken, vor allem weil die Einstiegshürden stark erhöht wurden.

Die Sensoren digitaler Mittelformatkameras sind oft deutlich kleiner als die verwendeten Filmgrößen, so dass es mit dem Kauf eines digitalen Kamerarückteils nicht getan ist, es müssen auch neue Objektive mit kürzeren Brennweiten angeschafft werden, um weiterhin die gleichen Bildwinkel fotografisch nutzen zu können. Anfangs lagen die für einen Systemeinstieg notwendigen Investitionen bei circa

30–40 000 €. Ein weiterer Grund für die zurückgehende Verbreitung der Mittelformatkameras ist der enorme Qualitätszuwachs der digitalen Kleinbildkameras, die heute viele Bereiche, die früher dem Mittelformat vorbehalten blieben, souverän meistern. Und die digitale Bildbearbeitung hat es auch für Architekturfotografen möglich gemacht, mit einer DSLR zu arbeiten und den notwendigen Ausgleich der stürzenden Linien erst am Computer vorzunehmen.

Viele Annehmlichkeiten, die man von den DSLRs her kennt, sind beim digitalen Mittelformat nicht vorhanden. So ist die Lichtempfindlichkeit oft auf ISO 400 oder 800 beschränkt und das Bildrauschen bei diesen Empfindlichkeiten bereits hoch. Im Serienbildmodus ist nicht viel mehr als ein Bild pro Sekunde erreichbar, und bei Langzeitbelichtungen ist oft schon mit 30 s Belichtungszeit die Grenze erreicht. Auch die Bildnachbearbeitung ist aufwendiger, da die Kameras auf Detailzeichnung optimiert wurden und es daher häufiger zu leichten Bildstörungen kommt.

Je größer der Sensor ist, desto mehr muss abgeblendet werden, um die gleiche Schärfentiefe zu erhalten. Wenn Sie dann eine Kamera verwenden, die für ISO 100 optimiert wurde, bedeutet dies, dass Sie fast zwingend ein Stativ oder eine Blitzanlage verwenden müssen, um die volle Qualität zu erreichen.

Mittelformatkameras haben häufig statt eines Schlitzverschlusses vor dem Sensor einen Zentralverschluss innerhalb des Objektivs. Dieser ähnelt vom Aufbau her der Blende (zur Blendenkonstruktion siehe Seite 105), mit dem Unterschied, dass er vollständig geschlossen werden kann. Mit einem Zentralverschluss sind Belichtungszeiten bis zu 1/800 s möglich. Der große Vorteil ist, dass die Blitzsynchronzeit der kürzesten Belichtungszeit entspricht, was es sehr viel einfacher macht, das Umgebungslicht zu überblitzen und so auch tagsüber den Blitz als Hauptlicht zu verwenden.

▼ Abbildung 2.43
Eine Blitzsynchronzeit von 1/500 s bei ISO 100 und Blende 16 hat hier das mittägliche Tageslicht so weit zurückgedrängt, dass das Bild wie eine Dämmerungsaufnahme wirkt.

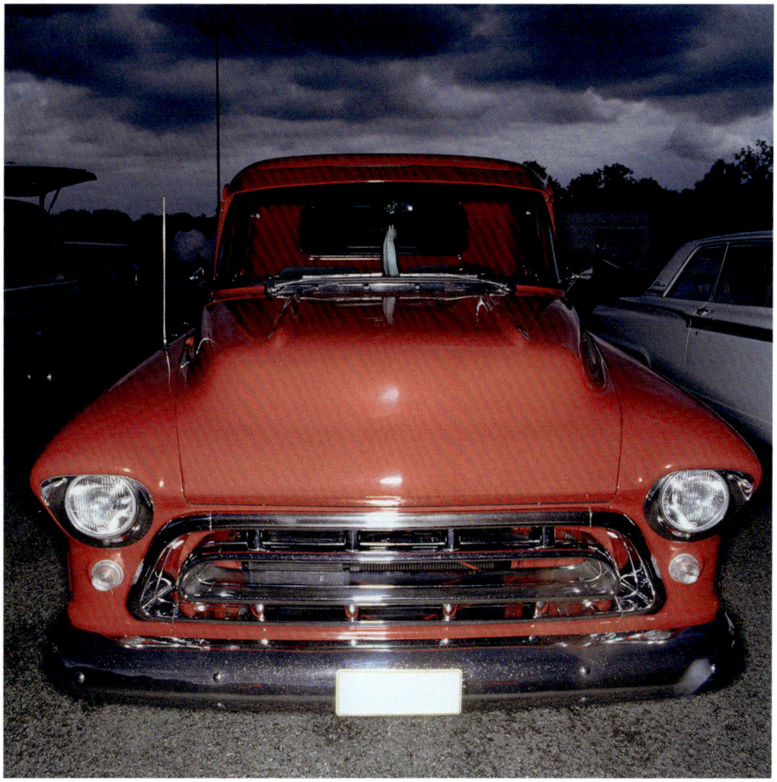

2.6.12 Großbildkameras

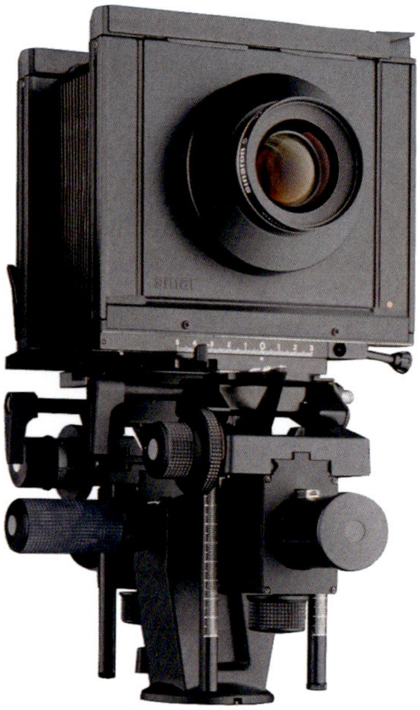

▲ **Abbildung 2.44**
Eine Großbildkamera kommt nicht nur mit Filmmaterialien zurecht, die pro Aufnahme fast die Größe einer Postkarte (oder mehr) haben, sie zeichnet sich auch durch die freie Beweglichkeit von Objektiv- zu Filmebene aus (Bild: SINAR).

Eine Großbildkamera arbeitet mit Filmformaten, die noch größer als die Rollfilmformate der Mittelformatkameras sind. Das kleinste Format ist bereits 9x12cm groß, viel gebräuchlicher ist allerdings 10,2x12,7cm, was 4x5 Zoll (1 Zoll=2,54 cm) entspricht. Es gibt auch Kameras, die sogar 18x24cm beziehungsweise 20x25cm große Negative oder Dias belichten. Die Filme werden als Planfilme geliefert, die in absoluter Dunkelheit in Kassetten eingelegt werden. Ein Film entspricht dabei einer Belichtung, zwei davon passen in eine Kassette. Das ist umständlich und teuer, deswegen arbeiten einige Fotografen lieber mit Rollfilmrückteilen im Format 6x9cm.

Das Wesentliche dieser Kameraform ist aber, dass sie es ermöglicht, das Objektiv und die Filmebene frei gegeneinander zu bewegen. Statt eines festen Kameragehäuses gibt es den sogenannten **Balgen**: Zwischen Objektiv und Film sitzt kein Spiegel sondern nur ein flexibler, zusammenschiebbarer »Schlauch« ähnlich einer Ziehharmonika. Das gibt dem Fotografen weitreichende Möglichkeiten bei der Korrektur der Perspektive und der Steuerung der Schärfe. Diese Kameras werden deswegen hauptsächlich von Studio- und Architekturfotografen verwendet. Aber auch in der Landschaftsfotografie haben sie ihre Stärken.

Wegen der Balgenkonstruktion lassen sich hochwertige Weitwinkelobjektive einfacher aufbauen, weil sie entsprechend ihrer Brennweite nah an den Film herangefahren werden können. Bei Spiegelreflexkameras dagegen sind immer zusätzliche Korrekturelemente im Objektiv notwendig, die den

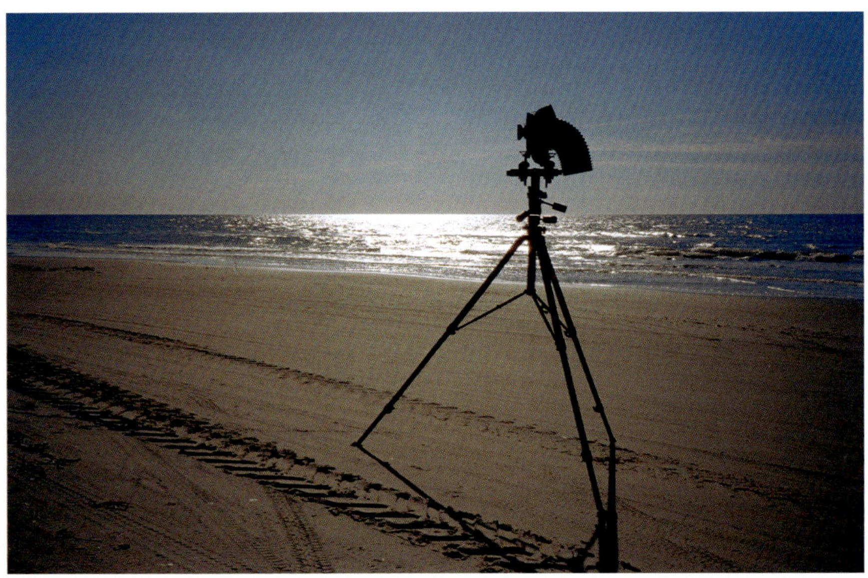

Abbildung 2.45 ▶
Ohne Stativ geht bei einer Großbildkamera nichts. Wenn Sie exakt arbeiten, erreichen Sie mit einem solchen System eine hervorragende Bildqualität.

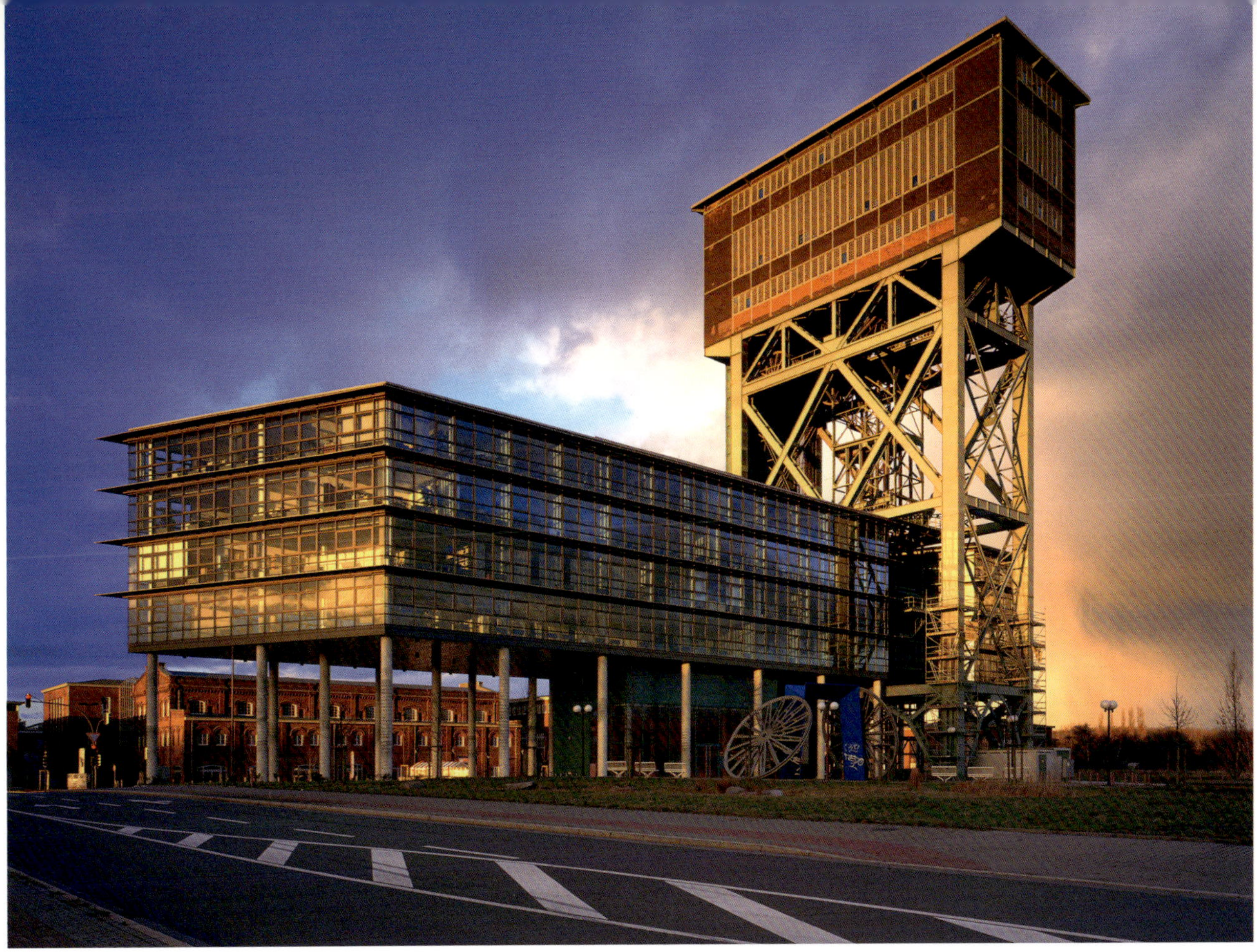

großen Abstand zum Film oder Sensor ausgleichen, dies ist die sogenannte **Retrofokus-Bauweise**.

Das Arbeiten mit einer Großbildkamera erfordert noch sehr viel mehr Genauigkeit als mit einer Mittelformatkamera. Die Möglichkeiten, die Perspektive und Schärfe zu kontrollieren in Verbindung mit den großen Auflösungsreserven des Filmformats eröffnen eine ganz eigene Welt der Fotografie. Der Preise für analoges Profi-Equipment auf dem Gebrauchtmarkt sind günstig, und falls Sie Schwarzweißfilme selbst verarbeiten können, sind auch die laufenden Kosten hobbytauglich. Die großen Filmformate lassen sich auch mit Amateurscannern in guter Qualität verarbeiten.

▲ **Abbildung 2.46**
Hier wurde das Objektiv nach oben verschoben, um die Senkrechten des Gebäudes parallel abzubilden, obwohl schräg nach oben fotografiert wurde, was bei einer normalen Kamera zu stürzendenen Linien geführt hätte.

Das digitale Großbild | Der Begriff »Großbild« ist für Aufnahmeformate oberhalb von circa 9 x 12 cm reserviert. Da in der bildmäßigen Fotografie im Gegensatz zur wissenschaftlichen Fotografie (etwa in der Astronomie) bislang keine Sensoren oberhalb der kleinsten Mittelformatfilmgröße (6 x 4,5 cm) verfügbar sind, gibt es nach dieser Definition gar kein digitales Großbild –

Abbildung 2.47 ▶
Bei dieser Aufnahme blieb die Filmebene parallel zum Hochhaus, so dass sich keine stürzenden Linien ergeben. Die Objektivebene wurde aber so geschwenkt, dass die Schärfeebene schräg durch den Raum läuft. Bei einer DSLR benötigen Sie ein spezielles **Tilt-Shift-Objektiv**, um solche Effekte zu erzielen.

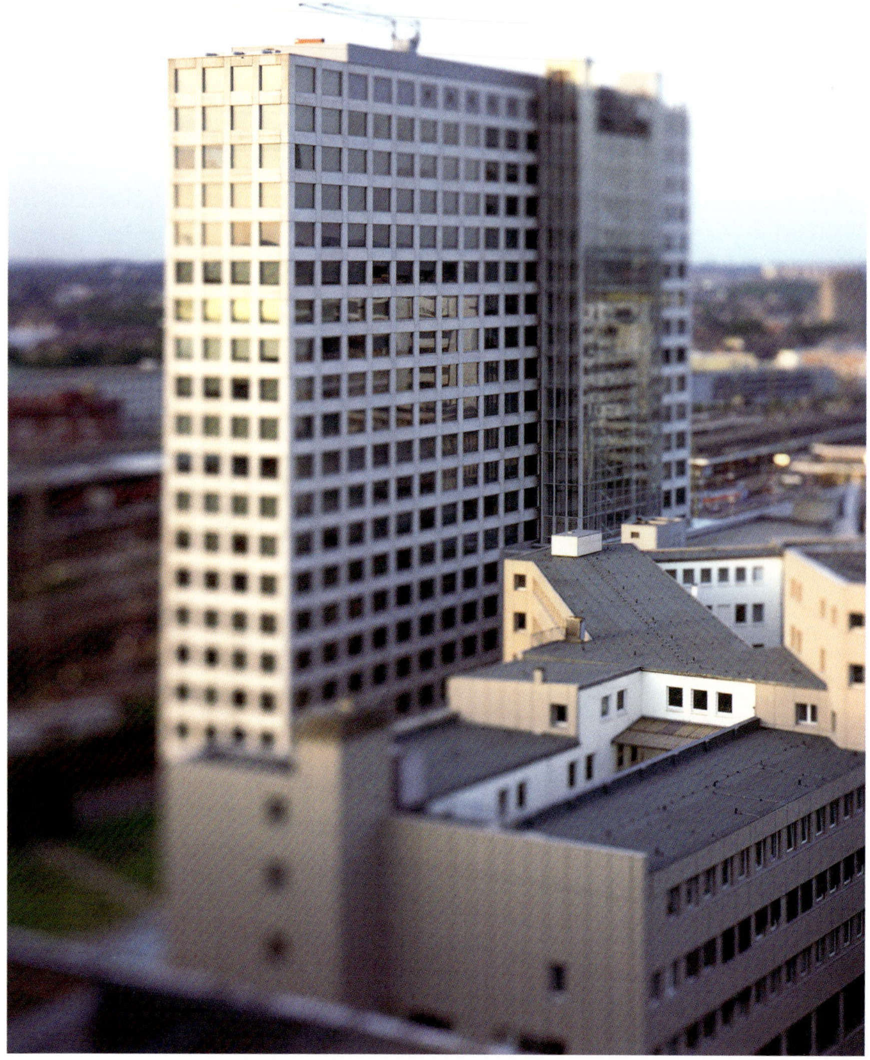

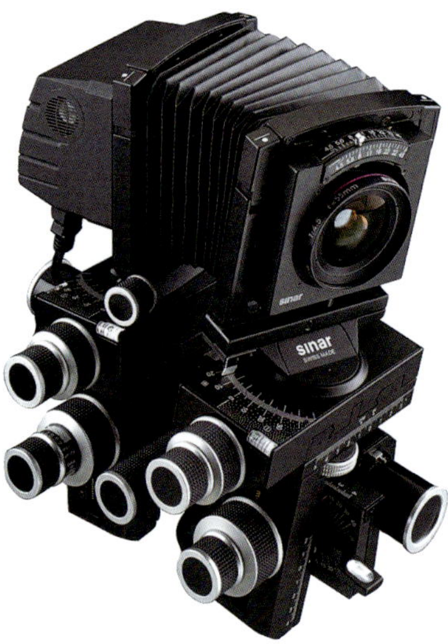

▲ **Abbildung 2.48**
Die Anforderungen an Genauigkeit und Beweglichkeit machen aus der Großbildkamera Sinar P3 ein mechanisches Präzisionsinstrument (Bild: SINAR).

von wenigen Scannerrückteilen, die das Bild zeilenweise abtasten und die nur für Spezialanwendungen genutzt werden, einmal abgesehen.

Kameras nach dem Konstruktionsprinzip einer Großbildkamera findet man allerdings einige. Sie nutzen Sensoren in Mittelformatgröße und stehen in der Verstellbarkeit ihren großen analogen Vorbildern nicht nach. Diese Kameras werden hauptsächlich für die Studio- und Architekturfotografie verwendet. Die Digitalrückteile besitzen zum Teil gar keinen eingebauten Bildschirm, sondern setzen eine externe Speicherung und Bilddarstellung voraus.

Die wesentlichen Vorteile der Perspektivkorrektur und Schärfesteuerung lassen sich auch mit einer DSLR in Verbindung mit Tilt-Shift-Objektiven erreichen. Da Sie sehr wahrscheinlich eher einmal mit einem Tilt-Shift-Objektiv arbeiten werden als mit einer digitalen Großbildkamera, werden die Anwendungsprinzipien der Schärfe- und Perspektivkorrektur in Kapitel 3, »Objektive«, ab Seite 141 erklärt.

2.7 Konfigurationen und Einstellmöglichkeiten

Wenn Sie tiefer in die Fotografie einsteigen möchten, sollten Sie Ihre Ausrüstung bis in die Details kennen. Nehmen Sie sich die Zeit – gerade wenn Sie eine neue Kamera haben –, und gehen Sie sämtliche Einstellmöglichkeiten der Menüs durch. Schlagen Sie alles, was Ihnen nicht unmittelbar einsichtig wird, im Handbuch nach, und probieren Sie alles für Sie Interessante einmal aus. Es wird Situationen geben, in denen Ihnen dieses Wissen hilft, ein besseres Bild zu machen. Außerdem können Sie die Kamera dann nach Ihren persönlichen Arbeitsvorlieben effizienter konfigurieren.

2.7.1 Dateieinstellungen: RAW oder JPEG?

Die erste grundsätzliche Frage ist die, in welchem Format Sie die Bilder aufnehmen wollen, RAW, JPEG oder beides? Das RAW-Format hat den Vorteil, dass Sie die höchstmögliche Qualität erhalten. Außerdem müssen Sie sich bei der Aufnahme um eine korrekte Einstellung der Farbtemperatur, der Scharfzeichnens oder der Bildstile überhaupt keine Gedanken machen. Der Nachteil ist, dass Sie viel Speicherplatz benötigen und die Aufbereitung arbeits- und rechenintensiv ist. JPEG-Dateien dagegen können Sie direkt weiterverwenden, sie sind aber in den Bearbeitungsmöglichkeiten, sowohl was Farbe als auch Helligkeit betrifft, deutlich eingeschränkter. Ich persönlich fotografiere alles im RAW-Format außer Sprengungen, weil ich dort die volle und langanhaltende Serienbildgeschwindigkeit benötige. Von den kleineren JPEG-Dateien passen mehr in den kamerainternen Puffer, und sie werden auch schneller auf die Speicherkarte geschrieben. Sie können auch beide Formate gleichzeitig aufzeichnen lassen und haben so schnell eine JPEG-Datei (gerne auch in kleinerer Auflösung, aber in hoher Qualität) und eine RAW-Datei, die Sie später in Ruhe perfekt ausarbeiten können.

2.7.2 Bildeinstellungen

An einer analogen Kamera gibt es neben der Schärfe nur die Belichtungszeit und die Blende einzustellen. Natürlich lassen sich verschiedene Automatiken und Messmethoden wechseln, aber letztlich bildentscheidend waren nur diese beiden Werte. Bei einer Digitalkamera kommt die Empfindlichkeit (ISO-Wert) hinzu, weil sich diese nicht mehr durch das verwendete Filmmaterial ergibt, sondern von Aufnahme zu Aufnahme frei gewählt werden kann. Diese drei Einstellungen beeinflussen die Aufnahme direkt und bis hinunter auf physikalische Vorgänge. Sie lassen sich später im Bild nicht mehr verändern, sie sind Hardwareeinstellungen.

Es gibt eine Reihe von weiteren Einstellungsmöglichkeiten, die das Bild auf der Softwareseite verändern:

- die Farbtemperatur, die das Bildergebnis farblich an das vorherrschende Licht anpasst (zur Farbtemperatur siehe auch Seite 407)
- die Farbsättigung, die die Buntheit der Endergebnisses bestimmt
- die Scharfzeichnung, die für den Kantenkontrast und den Schärfeeindruck sorgt
- der Kontrast, der die Stärke der Helligkeitsunterschiede festlegt
- der Farbton, der noch genauere Farbanpassungen ermöglicht, als die Farbtemperatur allein
- die Dynamikerweiterung, die hilft, den Lichterbereich besser abzubilden, so dass weniger Bereiche ohne Zeichnung bleiben und »ausfressen«
- der Schwarzweißmodus, der Filtereinstellungen und Tonung von Schwarzweißbildern ermöglicht

Diese Einstellungen sind nur dafür da, die Parameter zur Umrechnung der rohen Bilddaten ins JPEG-Format festzulegen. Solange Sie im RAW-Format fotografieren, können Sie sie völlig ignorieren, weil die Rohdaten davon unberührt bleiben. Es reicht, bei der Einstellung der Farbtemperatur die Automatik einzustellen, um eine brauchbare Vorschau zu erhalten, alles andere können Sie später am Computer einstellen. Zudem erhalten Sie einen höheren Tonwertumfang und können so auch fehlbelichtete Aufnahmen eher retten als im JPEG-Format. Falls Sie lieber im JPEG-Format arbeiten, achten Sie darauf, dass Sie die Bilder nicht schon in der Kamera zu stark scharfzeichnen, weil das die Dateien für eine weitere Veränderung unbrauchbar machen kann.

▼ Abbildung 2.49
Canon liefert den Picture Style Editor mit jeder DSLR aus. In diesem Programm können Sie die Bildstile am Bildschirm verändern und dann auf Ihre Kamera übertragen. Die Möglichkeiten gehen weit über die im Kameramenü hinaus.

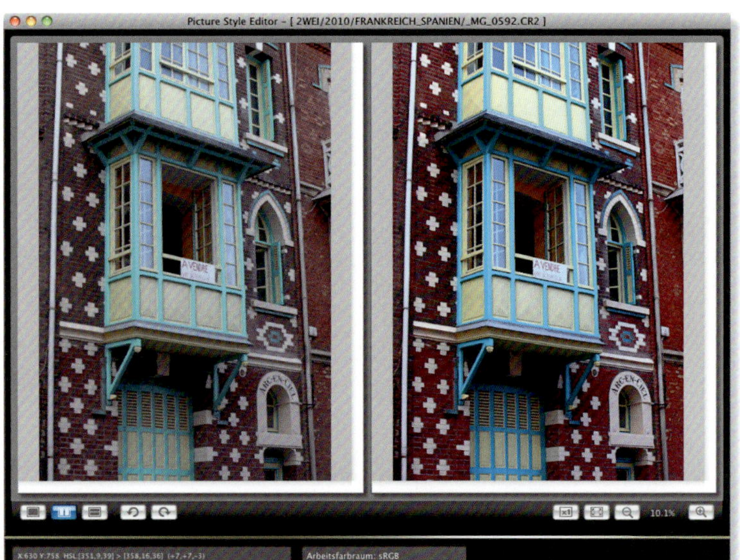

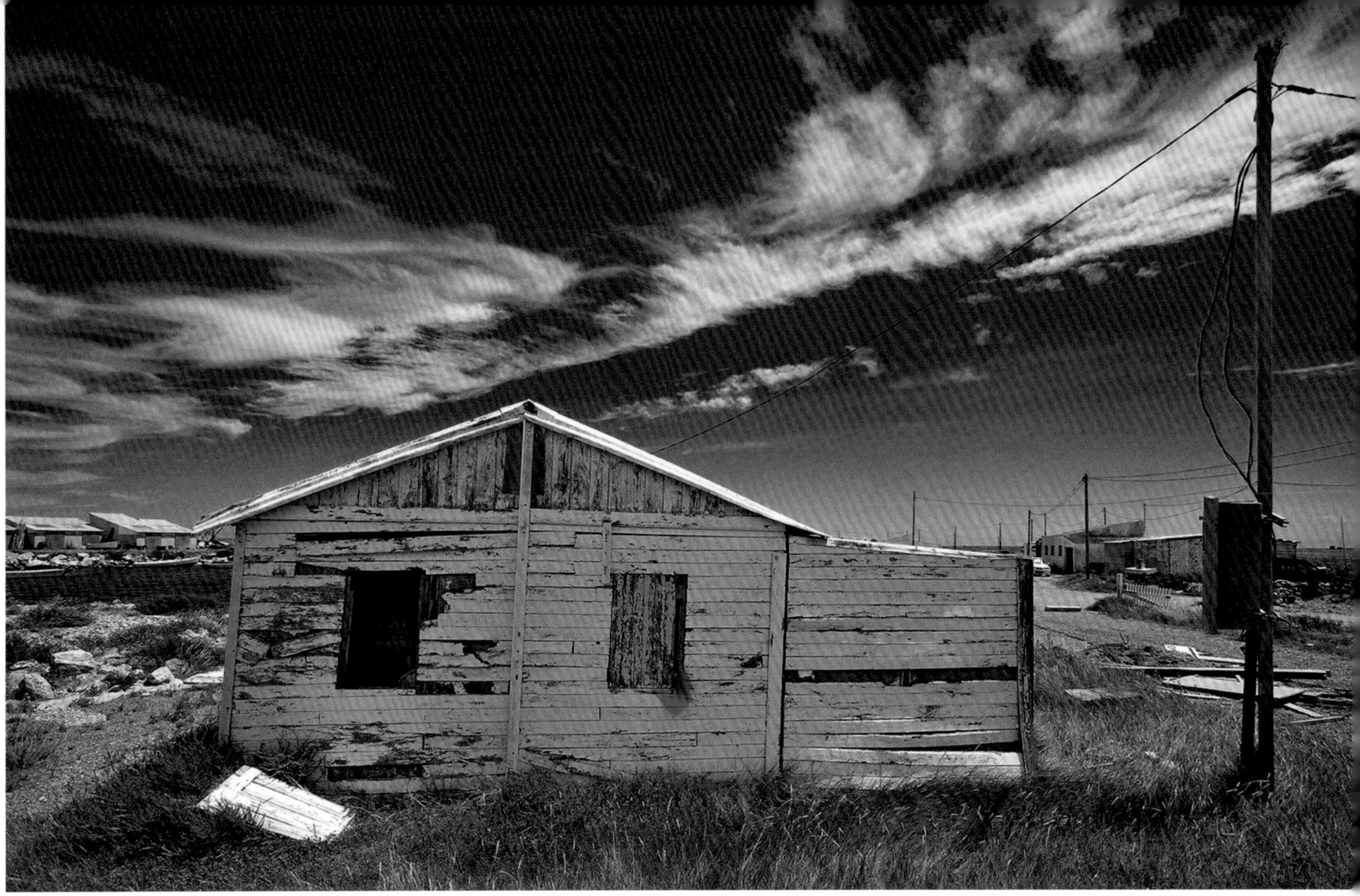

▲ **Abbildung 2.50**
Schwarzweißbilder erzeugt man am besten erst auf dem Rechner und nicht in der Kamera. Eine Farbaufnahme im RAW-Format ist die ideale Vorlage, um ein Schwarzweißbild auszuarbeiten.

2.7.3 Technische Einstellungen

Die Helligkeit des LCD-Bildschirms wird von manchen Kameras automatisch an die Umgebungshelligkeit angepasst. Falls Ihre Kamera das nicht beherrscht, sollten Sie unbedingt daran denken, den Bildschirm bei schwachem Licht dunkler einzustellen, wenn Sie sich nicht ohnehin nur auf das Histogramm verlassen. Bei visueller Kontrolle des Helligkeitseindrucks erhalten Sie ansonsten schnell unterbelichtete Fotos. Die automatische Bildanzeige direkt nach der Aufnahme sollten Sie kurz einstellen, um Strom zu sparen. Zwei Sekunden sind meist genug, denn das Bild lässt sich bei Bedarf über die Wiedergabe-Taste lange betrachten.

Sie können die Kamera auch so einstellen, dass sie ohne Speicherkarte nicht auslöst. So vermeiden Sie, dass Sie erst nach ein paar Auslösungen merken, dass Sie gerade keine Bilder machen, die gespeichert werden können. Die Pieptonrückmeldungen kann man alle auf stumm stellen, so ist die Gefahr geringer, anderen auf die Nerven zu gehen. Das Gepiepse passt auch schlecht zur Konzentration während des Fotografierens.

Die Kamera hat einen Richtungssensor. Normalerweise ist es sinnvoll, die Kamera so zu konfigurieren, dass sie alle Bilder automatisch als Hoch- oder Querformat auszeichnet und sie so auf ihrem Computer sofort richtig dargestellt werden. Auf dem Kamerabildschirm können Sie die Darstellung von Hochformatbildern querformatig belassen, weil Sie so die gesamte Bildschirmfläche für die Bildbetrachtung nutzen können.

2.7.4 Live View

»Live View« bedeutet, dass Sie das Bild des Sensors auf dem eingebauten Bildschirm betrachten können. Das ist von Vorteil, wenn Sie – bedingt durch die Position der Kamera – nicht durch den Sucher sehen können. Mit der Live-View-Funktion haben Sie trotzdem noch Kontrolle über den Bildausschnitt. Außerdem können Sie das Bild vergrößern und sehr exakt, ohne mögliche Abweichungen durch das Autofokusssystem, direkt auf dem Sensor scharfstellen. Im Makrobereich lässt sich so besonders genau arbeiten.

Ein weiterer Vorteil ist, dass Sie leiser fotografieren können, indem der Spiegel während einer Aufnahmereihe oben bleibt. Auf einen schnellen Autofokus müssen Sie dabei aber meist verzichten. Bei manchen Kameras kommt man aber auch im Live-View-Modus nicht um den Spiegelschlag herum.

▼ **Abbildung 2.51**
Diese Aufnahme wäre ohne Live View nicht entstanden, weil ich mich bei einem Grad Außentemperatur nur sehr ungern in den Matsch gekniet hätte. Bei Blende 2,5 benötigte ich aber eine genaue optische Kontrolle.

35 mm | f2,5 | 1/10 s | ISO 3 200 | zwei ferngesteuerte Blitze

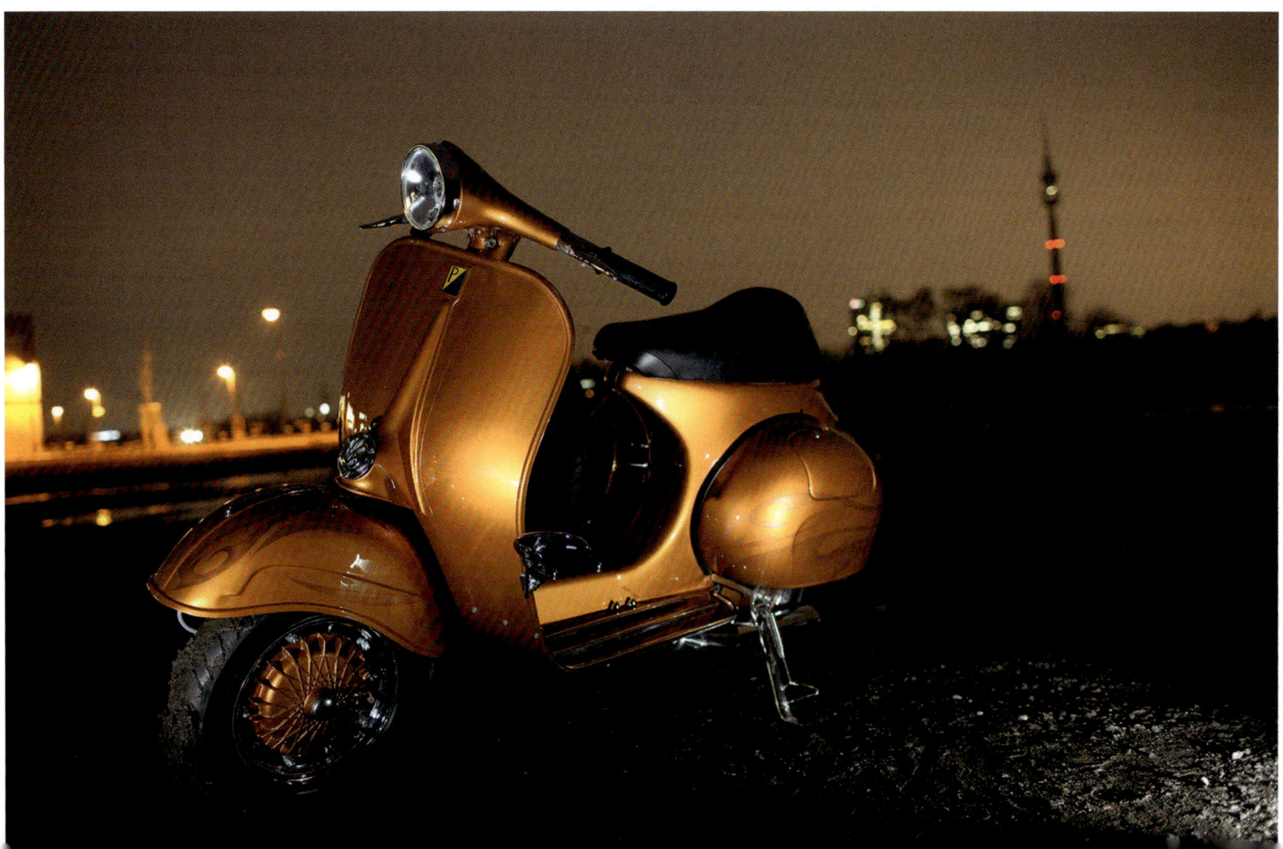

Neben dem langsamen Autofokus sind der erhöhte Stromverbrauch und die mögliche Erhöhung des Bildrauschens durch die Erwärmung des Bildsensors bei Dauerbetrieb Nachteile des Live-View-Modus. Trotzdem ist diese Betriebsart in ihrer Nützlichkeit nicht zu unterschätzen, weil Sie Ihnen ein deutliches Plus in der Bildkontrolle und im Komfort liefert. Ich fotografiere Makroaufnahmen inzwischen fast ausschließlich im Live-View-Modus, weil ich so eine perfekte Schärfekontrolle habe.

Sony hat das Prinzip des feststehenden Spiegels, das zum Beispiel bei der Canon EOS 1RS verwendet wurde, um keine Dunkelpause im Sucher zu haben und noch schnellere Seriengeschwindigkeiten zu realisieren, für ihre α33 SLT und α55 SLT wiederentdeckt. Der Spiegel wird nicht für die Aufnahme hochgeklappt, sondern bleibt fest im Strahlengang stehen. Da er teildurchlässig ist, reflektiert er nur ca. ein Drittel des Lichts in den Sucher und lässt zwei Drittel auf den Sensor durch. So bekommt die separate Autofokusmesseinheit auch während des Live View und der Videoaufnahme Licht und kann ebenso schnell scharfstellen, wie andere Kameras im normalen Fotomodus, wenn der Spiegel vor der Aufnahme heruntergeklappt ist. Die Kamera kennt dann natürlich auch keinen Spiegelschlag mehr, weil der Spiegel sich überhaupt nicht mehr bewegt. Das Prinzip kostest sowohl im Sucher als auch bei der Aufnahme etwas Helligkeit, und es gibt ein zusätzliches Element im Strahlengang, was einen ganz leicht störenden Einfluss haben kann.

2.7.5 Videomodus

Als eine logische Folge von Live View kann man die Video-Möglichkeiten moderner DSLRs sehen: Wenn man schon Bewegtbilder auf einem Display anzeigt, kann man sie auch gleich aufzeichnen. Sie sollten hier nicht sofort »Brauche ich eh nicht!« denken, sondern sich ruhig auf die neuen Möglichkeiten einlassen. Manche Eindrücke lassen sich ohne die Bewegung nicht richtig einfangen. Ob Sie Video nur als erweiterte Fotografie oder aber richtiggehend filmisch einsetzen, mit einer videotauglichen DSLR werden Sie erstaunlich gute Ergebnisse erzielen können. Die Bedienung einer DSLR ist auf das Fotografieren hin optimiert, daher lässt sich eine waschechte Filmkamera natürlich einfacher nutzen als eine DSLR im Videomodus. Es ist aber zu erwarten, dass zukünftige Kamerageneration ihre Videomöglichkeiten ernster nehmen werden.

▼ Abbildung 2.52
Im diesem »Monstergehäuse« verbirgt sich die DSLR Canon EOS 5D MkII, die um Filmzubehör erweitert wurde. Das Einstellrad vorne ermöglicht es, die Schärfe weich und genau von Hand einzustellen. An das Gehäuse können Schulterhalter, externe Displays etc. angeschlossen werden (Bild: Redrock Micro).

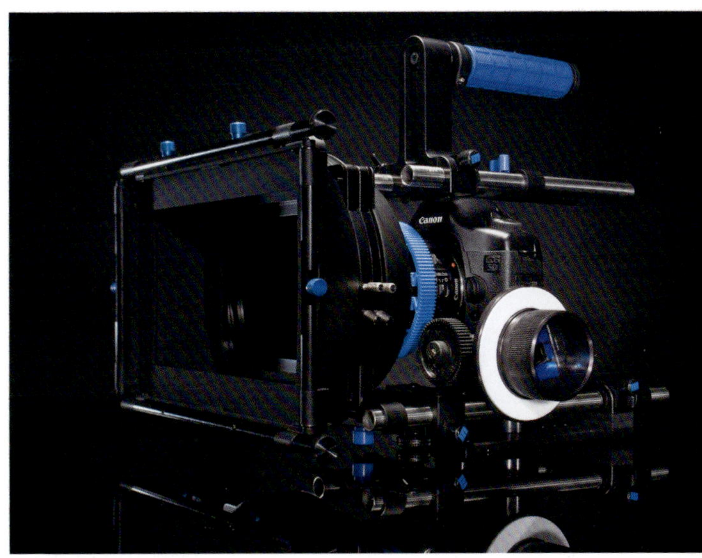

Auch heute bekommen Sie schon jede Menge Zubehör, um mit einer DSLR professionell Videos aufzunehmen.

DSLRs haben gegenüber den meisten Videokameras einen großen Vorteil, der mit der größeren Sensorfläche zusammenhängt: Dank der geringen Schärfentiefe bei offenen Blenden ergeben sich viel bessere Möglichkeiten, um bestimmte Bereiche hervorzuheben und den Rest in Unschärfe verschwimmen zu lassen. Das erinnert an »großes Kino«, das auf 35-mm-Film gedreht wurde.

Es gibt inzwischen High-End-Videokameras, die es in puncto Auflösung mit dem Fotomodus einer DSLR aufnehmen können, und vielleicht werden in Zukunft viele Fotos nur Standbilder einer Videoaufzeichnung sein. Digitalen Magazinen oder Büchern ist es im Prinzip egal, ob Sie ein Foto oder ein Video wiedergeben. Ich erwarte eine sehr starke Entwicklung im Videobereich und eine zunehmende Konvergenz mit der Fotografie. Schon zwei Jahre, nachdem mit der Nikon D90 die allererste DSLR mit Video auf dem Markt kam, hat sich die Technik so weit etabliert, dass eine gesamte Folge der amerikanischen Fernsehserie »Dr. House« mit einer Canon EOS 5D Mk II abgedreht wurde.

In diesem Buch wird das Thema Video allerdings nicht weiter behandelt werden, weil das Thema umfassend genug für ein eigenes Buch dieses Umfangs ist. Wenn Sie sich eine neue DSLR kaufen und das Thema nicht ganz uninteressant für Sie ist, lassen Sie auch die Videofähigkeiten in die Auswahl mit einfließen. Die Fragen, die ich bei heutigem Stand der Technik stellen würde, sind:

- Schafft die Kamera die Full-HD-Auflösung (1920x1080 Pixel)?
- Lässt sich ein externes Mikrofon anschließen?
- Unterstützt die Kamera 24/25 Bilder pro Sekunde?
- Wie ist die Bildqualität bei Schwenks und schwachem Licht?

An den Autofokus im Videomodus sollten Sie noch nicht allzu große Erwartungen stellen. Hier wird sich in den nächsten Jahren sicherlich noch etwas verbessern.

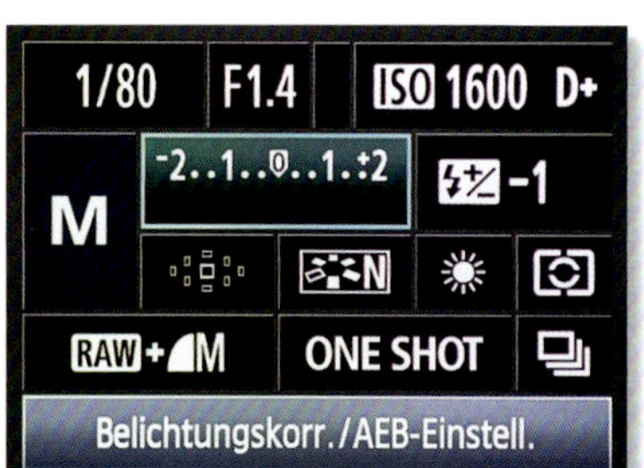

▲ **Abbildung 2.53**
Die Einstellungsübersicht lässt sich bei der Canon EOS 5D Mk II auf die Set-Taste legen. Allerdings muss man sich die Kamera dafür individuell konfigurieren.

2.7.6 Bedienelemente anpassen

Die Einstellelemente der meisten DSLRs lassen sich so anpassen, dass häufig verwendete Funktionen schneller zugänglich sind. Beobachten Sie ihre Arbeit, und überlegen Sie, welche Einstellungen umständlich sind. Vergleichen Sie diese mit den Möglichkeiten der Konfiguration in Ihrem Kamerahandbuch. Die Wahl des Fokuspunkts lässt sich bei Canon-Kameras zum Beispiel auf den Mikro-Controller legen. Mit einer Daumenbewegung können Sie so schnell den Autofokuspunkt auswählen, ohne die Kamera vom Auge zu nehmen. Gehen Sie davon aus, dass Ihre Kamera ab Werk eher so konfiguriert ist, dass der Neuling nichts unbedacht verstellt, und nicht so, dass der erfahrene Nutzer möglichst schnell und effektiv arbeiten kann.

Bei manchen Kameras finden Sie auch ein Favoritenmenü, mit dem Sie alle häufig verwendeten Menüpunkte auf einer einzigen Seite zusammenfassen können.

2.7.7 Histogramm/Überbelichtungswarnung

Der Kontrastumfang einer Digitalkamera kommt an den von Negativfilm noch nicht heran. Gerade in den hellen Bildbereichen – den Lichtern – führt das oft zu ausgefressenen Bereichen, in denen keinerlei Zeichnung mehr vorhanden ist. Sie sollten sich die Bildanzeige so konfigurieren, dass Sie diese Bereich sofort erkennen. Das kann zum Beispiel über eine schwarz-weiß blinkende Überbelichtungswarnung in den betroffenen Bereichen geschehen oder über eine Einblendung des Histogramms, das die Helligkeitsverteilung der einzelnen Tonwerte im Bild als Häufigkeitsverteilung von Schwarz (links) nach Weiß (rechts) anzeigt. Wenn das Histogramm im Weiß ❶ noch Werte anzeigt, spricht das für Lichter ohne Zeichnung.

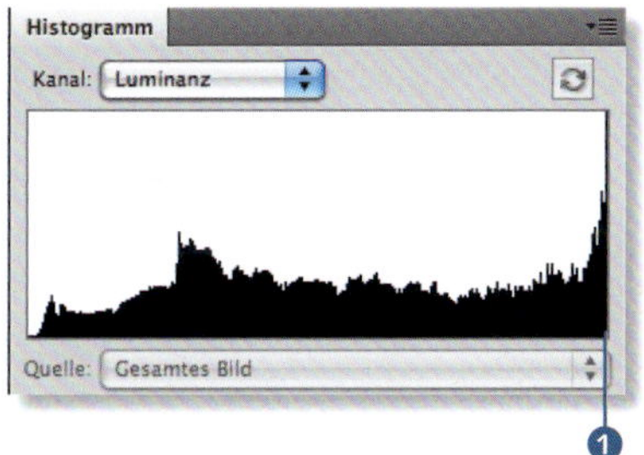

▲ **Abbildung 2.54**
Im Histogramm sind in den Lichtern große Bereiche reinweiß ❶. Das Bild ist überbelichtet und ließe sich auch am Computer nicht mehr retten.

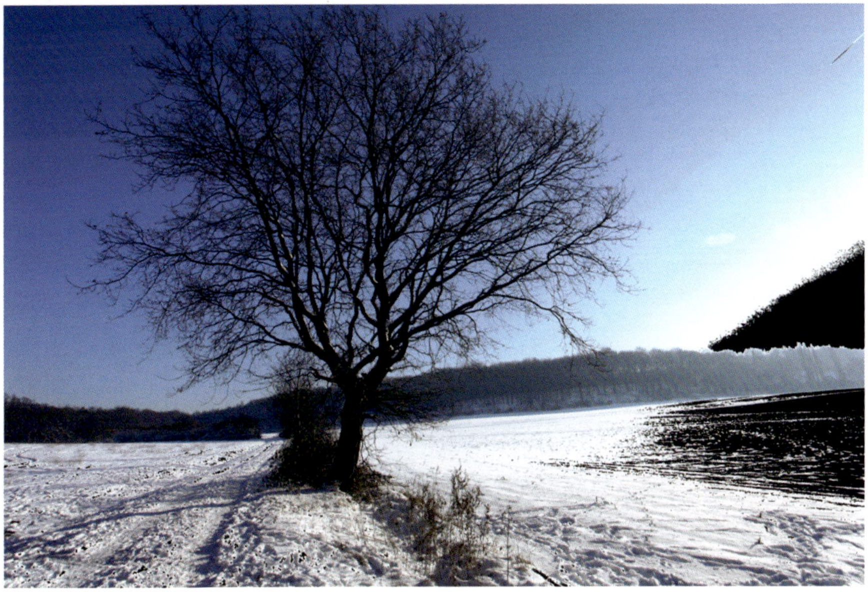

◂ **Abbildung 2.55**
Die ausgefressenen Lichter in Schwarz darstellen zu lassen (wie hier am rechten Bildrand zu sehen), erleichtert die schnelle Begutachtung des Bildes sehr.

2.7.8 Individualfunktionen

Ihre Kamera lässt sich in vielen Details sehr genau an Ihre Arbeitsweise anpassen. Viele dieser Einstellungen sind in Untermenüs mit sogenannten Individualfunktionen versteckt.

Es gibt zum Beispiel umfangreiche Einstellungen, die den Autofokus optimieren. So können Sie etwa die verwendeten Messfelder erweitern, wenn Sie häufig bewegte Motive fotografieren, um die Schärfenachführung zu verbessern. Sie können bei Kameras mit vielen Autofokus-Messfeldern auch die auswählbaren Punkte reduzieren, um so schneller den Fokus in einen bestimmten Bildbereich legen zu können. Der Blitz lässt sich auf den zweiten Verschlussvorhang (siehe Seite 302) legen, oder Sie können die Blitzzündung ganz ausschalten, so dass sie das Autofokus-Hilfslicht des Aufsteckblitzes im Dunkeln verwenden können, ohne dass der Blitz die Lichtstimmung zerstört.

▼ Abbildung 2.56
Eine Möwe im Flug nach Sonnenuntergang. Mit ein wenig Feintuning der Autofokus-Einstellungen ist das deutlich einfacher einzufangen.
300 mm | f2,8 | 1/200 s | ISO 3 200 | EOS 5D, Erweiterung der Fokuspunkte eingeschaltet

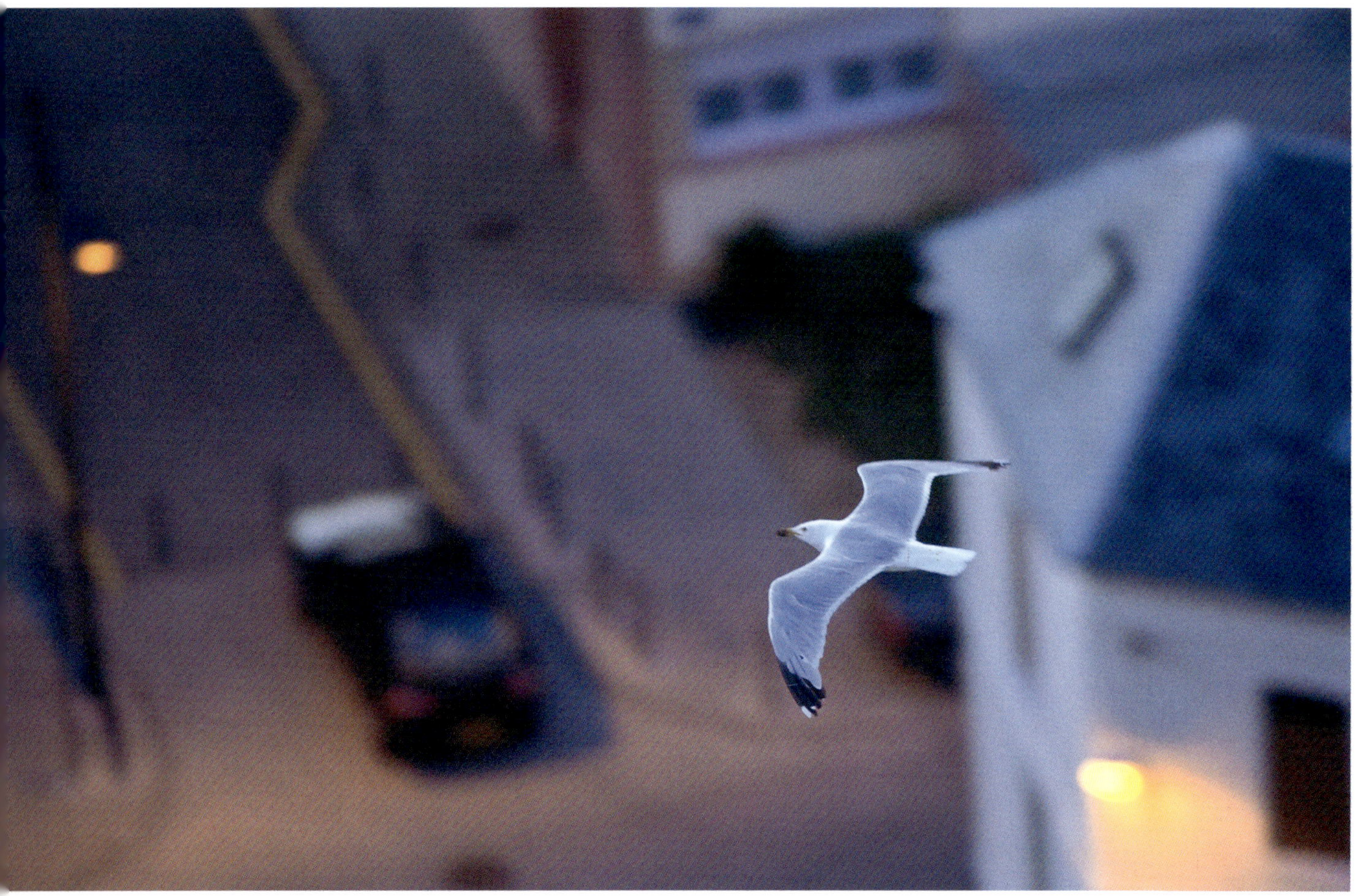

Ob beim Druck auf die Messspeichertaste nur die Belichtung oder auch der Fokus gespeichert wird, können Sie ebenfalls in den Individualfunktionen einstellen.

Nützlich ist auch eine Einstellung namens »Safety Shift«, die Ihre Kameraeinstellungen anpasst, falls bestimmte Werte über die Grenzen hinauslaufen. Wenn zum Beispiel im Belichtungsmodus Zeitautomatik bei Blende 2,0 eine Verschlusszeit nötig würde, die kürzer ist als 1/8000 s und die die Kamera nicht unterstützt, würde sie die Blende so weit schließen, dass sich bei 1/8000 s ein korrekt belichtetes Bild ergibt.

2.7.9 Firmwareupdate/Fremdsoftware

Ihre Digitalkamera besitzt ebenso wie Ihr Computer einen Hauptprozessor. Er koordiniert die einzelnen Systeme wie Autofokus, Belichtungsmessung, Blitzsteuerung, Bildaufbereitung etc. Dieses System ist sehr kompliziert und leistungsfähig, und so ist es nicht auszuschließen, dass es bei der Erstauslieferung der Kamera noch nicht ganz perfekt ist. Oder der Hersteller entwickelt innerhalb der Laufzeit des Kameramodells neue Objektive und Blitze und möchte die Software nachträglich für das exakte Zusammenspiel optimieren.

Zu diesem Zweck lässt sich die Software der Digitalkamera, die sogenannte **Firmware** durch den Benutzer oder den Service austauschen. Firmware-Updates können Fehler beheben, die bei Tests übersehen wurden, die Bildqualität verbessern, neue Menüsprachen hinzufügen oder den Funktionsumfang der Kamera erweitern. Meistens spricht nichts dagegen, die Kamera mit der neuesten Firmware zu betreiben, manchmal werden die Änderungen für Sie allerdings auch keine Auswirkungen haben, etwa weil sie Ausrüstungsgegenstände betreffen, die Sie überhaupt nicht besitzen oder besitzen wollen (zum Beispiel wird die Blitzsteuerung um Informationen erweitert, die die Zusammenarbeit mit einem neuen, 2 000 € teuren Teleobjektiv betreffen).

Wenn Sie die Firmware Ihrer Kamera aktualisieren möchten, finden Sie eine ganz exakte Beschreibung der Vorgehensweise auf der Webseite Ihres Kameraherstellers, auf der Sie auch die neue Firmware herunterladen können. Sie überspielen die Software dazu auf eine formatierte Speicherkarte, stecken sie in die Kamera und rufen den entsprechenden Menüpunkt im Kameramenü auf. Wichtig ist, dass die Akkus der Kamera voll geladen sind, damit der Vorgang ohne Abbruch durchlaufen kann, und dass Sie die Kamera während des Firmware-Updates in Ruhe lassen.

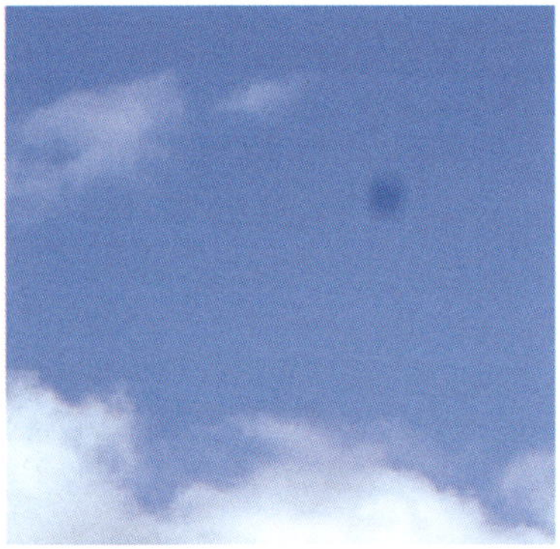

▲ **Abbildung 2.57**
Ein typisches Beispiel für Staub auf dem Sensor. Das lässt sich zwar in der Bildbearbeitung ausbessern, aber besser ist, die Kamera regelmäßig zu überprüfen und gegebenenfalls zu reinigen.

2.7.10 Staub auf dem Sensor

Auch wenn die neuen Kameras mit immer ausgefeilteren Methoden der Staubvermeidung auf den Markt kommen, werden Sie um das Thema Staubbekämpfung auf Dauer nicht herumkommen. Die Anti-Staub-Systeme vermindern das Problem zwar mit speziell beschichtetem Sensordeckglas und indem die Sensoren durch schnelle Schüttelbewegungen vom Staub befreit werden, trotzdem werden Sie manchmal manuell eingreifen müssen.

Schritt für Schritt: auf Staub auf dem Sensor testen

1 Stellen Sie an der Kamera eine Blende zwischen 16 und 22 oder die kleinste verfügbare Blende ein. Je kleiner die Blendenöffnung ist, desto paralleler treffen die Lichtstrahlen auf den Sensor und der Staub wird umso schärfer abgebildet. Das erklärt auch, warum Sie den Staub manchmal nur auf einigen Bildern wahrnehmen, er auf anderen aber unsichtbar bleibt.

2 Stellen Sie die Belichtungskorrektur auf +1, denn ein etwas helleres Bild erleichtert es Ihnen, auf dem Display den dunklen Staub im Bild auszumachen.

3 Stellen Sie den ISO-Wert auf 100 oder 200. Bei niedrigen Empfindlichkeiten liefert der Sensor das klarste Bild, außerdem wird so die Belichtungszeit eventuell so lang, dass Sie gut »verwackeln« können, schließlich wollen Sie auf dem Testbild nur den Staub scharf sehen.

4 Stellen Sie das Objektiv auf manuelle Fokussierung. Meist gibt es dafür einen Schalter, den man von Autofokus AF auf M umschalten kann. Fokussieren Sie dann auf die kürzeste Entfernung, die möglich ist.

5 Richten Sie die Kamera auf dem Himmel oder an die Zimmerdecke oder irgendeinen anderen Bereich, der möglichst gleichmäßig und unstrukturiert ist. Wenn Sie ein Zoomobjektiv verwenden, wählen Sie die längste Brennweite (zum Beispiel 105 mm bei einem 24–105-mm-Objektiv). Lösen Sie aus.

6 Sie sollten jetzt ein helles Bild praktisch ohne störende Bildinformation erhalten haben. Falls Sie das Bild nicht direkt auf den Computer laden können oder wollen, zeigen Sie das Bild auf dem Kameradisplay an, und vergrößern Sie die Ansicht ein wenig. Verschieben Sie den Bildausschnitt im Display so, dass Sie nach und nach das gesamte Bild überprüfen können. ■

Methoden der Staubentfernung | Sollten Sie im Bild Staub festgestellt haben, so gibt es verschiedene Methoden, ihn wieder zu entfernen. Dabei sollten Sie immer die ungefährlichste wählen, denn falls Sie das Sensorglas beschädigen oder verkratzen, kann das leicht zu einem wirtschaftlichen Totalschaden führen. Sie können im Zweifel die Kamera beim Kundendienst professionell reinigen lassen. Wenn das Staubproblem aber andauernd auftritt, sollten Sie es selbst lösen können.

Da für eine Digitalkamera die gleichen Abbildungsgesetze gelten wie bei der Lochkamera, ist das Bild auf dem Sensor auf dem Kopf stehend und seitenverkehrt. Ein Staubkorn, das auf dem Display oben links erscheint, werden Sie also auf dem Sensor unten rechts wiederfinden.

Mit angesetztem Objektiv:

- Aktivieren sie mehrfach die interne Sensorreinigung. Bei vielen Kameras reicht das Ein-und Ausschalten dafür aus.

Mit offenem Sensor, aber berührungsfrei:

- Stellen Sie die Kamera im Menü auf manuelle Sensorreinigung. Der Spiegel klappt daraufhin hoch, und der Verschluss öffnet sich. Nehmen Sie das Objektiv ab, und halten Sie die Kamera mit der Öffnung nach unten. Pusten Sie mit einem kleinen Blasebalg den Staub vom Sensor. Halten Sie genug Abstand, so dass Sie den Sensor keinesfalls berühren. Dies sollte Ihre Standardmethode sein, alle weiteren sollten Sie nur bei hartnäckigerem Schmutz verwenden, weil Sie alle nicht ganz ungefährlich sind.
- Verwenden Sie zur intensiveren Reinigung Druckluft. Am besten geeignet ist dafür ein Kompressor, der zum Beispiel für Airbrush-Anwendungen verkauft wird. Sie sollten sichergehen, dass nur reine Luft herauskommt, die absolut rückstandsfrei ist (richten Sie den Luftstrahl dafür gegen einen kleinen Spiegel oder eine Glasplatte, auch ein altes Filter eignet sich als Testfläche). Halten Sie mindestens 10 cm Abstand zum Sensor, weil sonst der Druck zu groß ist und Sie den Chip oder den Spiegel beschädigen könnten. Früher habe ich Druckluft auf der Dose verwendet, hatte aber Probleme mit Rückständen auf dem Sensor. Außerdem kühlt das Gas aus der Dose bei der Expansion stark ab, das kann bei hoher Luftfeuchtigkeit oder kühleren Temperaturen zu Niederschlag von Eis auf dem Sensor führen. Diese Methode ist wirksamer als der kleine Blasebalg, ist aber nicht ohne Risiken und sollte immer nur mit großer Vorsicht verwendet werden.

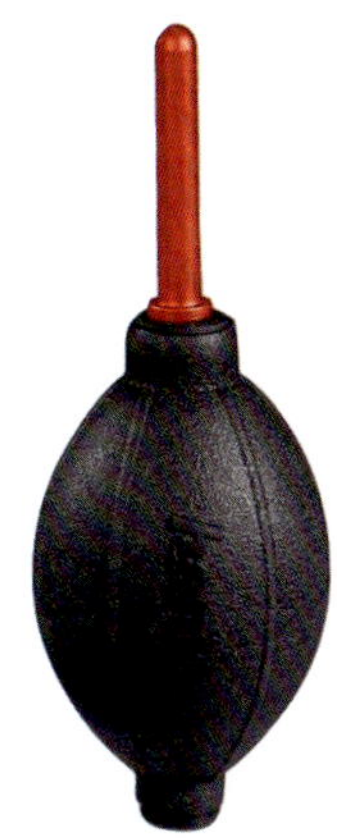

▲ **Abbildung 2.58**
Ein kleiner Blasebalg ist eine schonende Methode der Staubentfernung und passt in jede Fototasche (Foto: Hama).

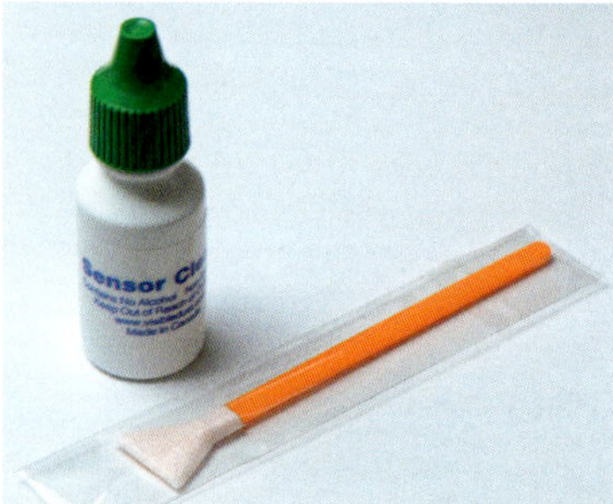

▲ **Abbildung 2.59**
Eine Nass-Trocken-Sensorreinigungslösung in Einmalverpackung lässt sich gut in der Fototasche dabeihaben.

Mit Sensorberührung:
Bevor Sie eine Methode mit Sensorberührung verwenden, sollten Sie immer erst den Sensor mit dem Blasebalg abgeblasen haben, damit ein größeres Staubkorn die Sensoreinheit nicht verkratzen kann.

- Ein elektrostatischer Pinsel wie der »Arctic Butterfly« zieht den Staub an, wenn man mit ihm über den Sensor wischt. Dazu versetzt man ihn vorher mit dem eingebauten Motor in Bewegung, so dass sich der Pinsel statisch auflädt. Passen Sie auf, dass Sie nicht im Spiegelkasten in Kontakt mit Schmiermittel kommen, weil Sie das sonst auf dem Sensor verteilen könnten. Dann hilft nur noch die folgende Methode.
- Sensorreinigung nass/trocken: Sie wischen den Sensor mit einem Kunststoffspatel mit einer speziellen Reinigungsflüssigkeit (Achtung: die kann manchmal giftig sein!) auf einem weichen und fusselfreien Vlies ab. Danach wischen Sie, je nach verwendeter Flüssigkeit, mit einer trockenen Variante nach. Diese Lösung gibt es auch fertig abgepackt, so dass Sie sie in der Fototasche mitführen können. Die Kunststoffspatel sind auf die verschiedenen Sensorgrößen zugeschnitten, aber auch auf einem Vollformatsensor ist es meist einfacher, mit der kleineren Variante für APS-C-Sensoren zu arbeiten. Stellen Sie sicher, dass die Reinigungsflüssigkeit für Ihre spezielle Kamera geeignet ist. Fragen Sie Ihren Fachhändler, oder recherchieren Sie im Internet. Falsche Reinigungsflüssigkeiten können den Sensor beziehungsweise das Filter davor auf Dauer etwas stumpf werden lassen.

Im Zweifel sollten Sie kleine Staubpunkte lieber auf dem Sensor lassen, als eine Beschädigung bei der Reinigung zu riskieren. Ein Blasebalg für Staub und eine Nass-/Trockenlösung (zum Beispiel »Sensor Swabs«) sind eine Kombination, mit der man bei relativ geringen Risiken die meisten Staub- und Schmierprobleme auf dem Sensor bewältigen kann. Denken Sie immer daran, dass Sie am empfindlichen Herzen Ihrer Kamera arbeiten. Bleiben Sie vorsichtig, und benutzen Sie niemals zu starke Kräfte. Bedenken Sie, dass sich vor dem Sensor sehr dünne Glasfilter befinden, die Sie zerdrücken könnten. Achten Sie auch darauf, dass Sie den Kameradeckel oder die Rückseite des Objektivs nicht staubig an die Kamera ansetzen, und saugen Sie auch Ihre Fototasche ab und zu einmal aus.

2.8 Zubehör für Ihre Kamera

Eine Fotoausrüstung besteht nicht nur aus Kamera und Objektiven. Ohne Speicherkarten und Akkus lässt sich überhaupt nicht fotografieren, und ohne weiteres Zubehör werden Ihnen bestimmte fotografische Situationen verschlossen bleiben. Für viele Motive ist zum Beispiel ein Stativ weitaus wichtiger als ein Blitz, und ohne die richtige Fototasche lässt sich eine umfangreichere Ausrüstung überhaupt nicht handhaben.

TIPP

Sie sollten nie »alles auf eine Karte setzen«, weil ein möglicher technischer Defekt der Speicherkarten zum Beispiel Ihre gesamten Urlaubsfotos vernichten kann. Andererseits sollte die Kapazität Ihrer Karten auch nicht so klein sein, dass Sie sie ständig wechseln müssen.

2.8.1 Speichermedien für die Kamera

Bei der Speichergröße, der Schnelligkeit und den Preisen profitiert die Digitalfotografie sehr vom Fortschritt in der Computertechnik. Sie müssen sich eigentlich nur Gedanken machen, wie schnell und wie groß Ihr Speicher sein soll. Der Typ ist meist ohnehin von der Kamera vorgegeben.

Compact Flash | Im professionellen Bereich ist die Compact-Flash-(CF-)Karte am weitesten verbreitet. CF-Karten sind mit 42,8 × 36,4 × 3,3 mm (Typ I) relativ groß und dick, was sie unempfindlich gegen mechanische Belastung macht. Es wird zwar in Typ I und II unterschieden, für Sie relevant ist aber nur Typ I. Typ II unterscheidet sich nur in der Dicke (5 mm) und wurde früher genutzt, um kleine Festplatten wie das IBM-Microdrive als Speichermedium zu verwenden. Flash-Speicher ist inzwischen aber so günstig geworden und kann so große Speicherkapazitäten liefern, dass die Festplatten schon seit ein paar Jahren nicht mehr angeboten werden.

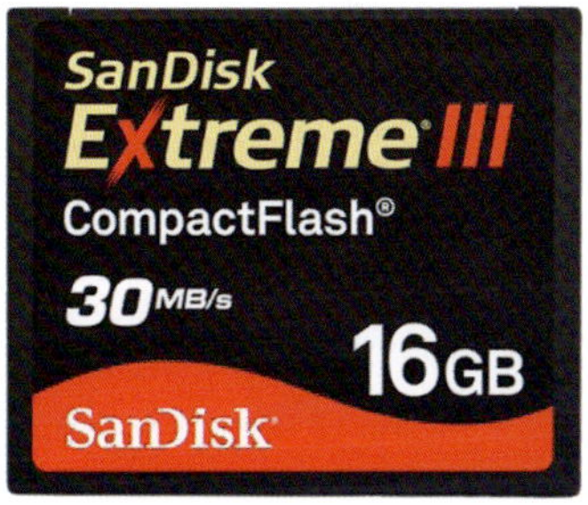

▲ **Abbildung 2.60**
CompactFlash, der Standard in den meisten Profikameras. Versenkte Kontakte und 3,3 mm Dicke machen die Karten robust genug für den Profi-Alltag (Bild: SanDisk).

Die Karten unterscheiden sich in der Praxis nur in ihrer Kapazität und Geschwindigkeit und natürlich im Preis. Die Geschwindigkeit wird entweder in Megabyte pro Sekunde (MB/s) oder in »x-fach« angegeben, wobei »x« ein Vielfaches von 150 Kilobyte pro Sekunde (kb/s, die einfache CD-Lesegeschwindigkeit) beschreibt. »200-fach« würde also 30 MB/s entsprechen.

Die Geschwindigkeit der Karte ist dann wichtig, wenn Sie viele Serienaufnahmen machen. Die Kamera hat zwar einen eingebauten Pufferspeicher, aber sobald dieser voll ist, können Sie erst dann wieder auslösen, wenn die Kamera ein Bild aus dem Pufferspeicher auf die Speicherkarte geschrieben hat. Mit schnellen Karten können Sie die Bilder, einen schnellen Kartenleser vorausgesetzt, auch schneller auf Ihren Computer übertragen. Da die schnellsten Karten doppelt so teuer wie ihre um ein Drittel langsameren Konkurrenten sind, lohnt sich das für die meisten Fotografen nicht, sofern sie nicht Sportfotografie o. ä. betreiben.

Um die für Sie richtige Größe herauszufinden, sollten Sie bedenken, dass Sie für ein Bild im RAW-Format ungefähr 1 MB pro Megapixel benötigen. Auf eine 8-Gigabyte-Karte könnten Sie also mit einer 15-Megapixel-Kamera knapp 500 Aufnahmen speichern.

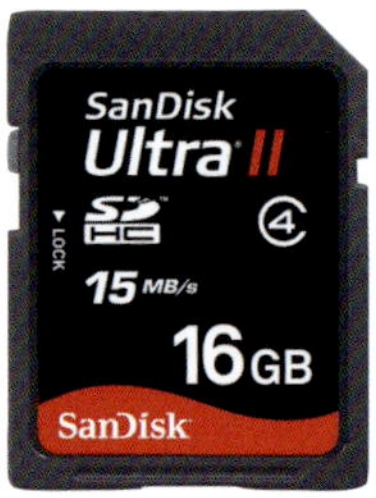

▲ **Abbildung 2.61**
SD-Karte: Der verbreitetste Speicherstandard heute (Bild: SanDisk).

Secure Digital | Das Kürzel SD steht für *Secure Digital*. Der Name der SD-Karten geht darauf zurück, das hier mit Hilfe des internen Controllers eine Verschlüsselung digitaler Daten möglich ist. Für Digitalkameras ist diese Eigenschaft unwesentlich, trotzdem haben sich die SD-Karten zur am weitesten verbreiteten Form überhaupt entwickelt. Der Vorteil des Systems ist, dass die Karten klein (32 x 24 x 2,1 mm) und günstig sind. Zu den Nachteilen gehören die offenliegenden Kontakte und die Inkompatibilität mit älteren Geräten. Ursprünglich wurde nur 1 Gigabyte (GB) Speicherkapazität unterstützt, später 2, und inzwischen 32 GB mit den sogenannten mit SDHC-Karten (HC steht für *High Capacity*). Ein Nachfolgeformat namens SDXC mit einer vorerst theoretischen Grenze von 2 Terabyte (TB) ist gerade auf den Markt gekommen. Wenn Sie eine ältere Kamera mit SD-Slot besitzen und neuen Speicher dafür kaufen wollen, sollten Sie sich kundig machen, ob Speicherkarten unterstützt werden, deren Speicherkapazität größer als 1 GB ist.

In den professionelleren Kameramodellen gibt es häufig die Möglichkeit, zusätzlich Standardspeicher wie Compact Flash einzusetzen. So können Sie Ihren alten herstellerspezifischen Speicher beim Kamerawechsel weiterverwenden, bei einem Neukauf von Speicher aber auf die etwas günstigeren und besser unterstützten Standardspeicher wie CF und SD zurückgreifen. In der letzten Zeit dringen SD-Karten immer weiter in den Profibereich vor, die Pentax 645D verwendet sogar als Mittelformatkamera ausschließlich SD-Karten.

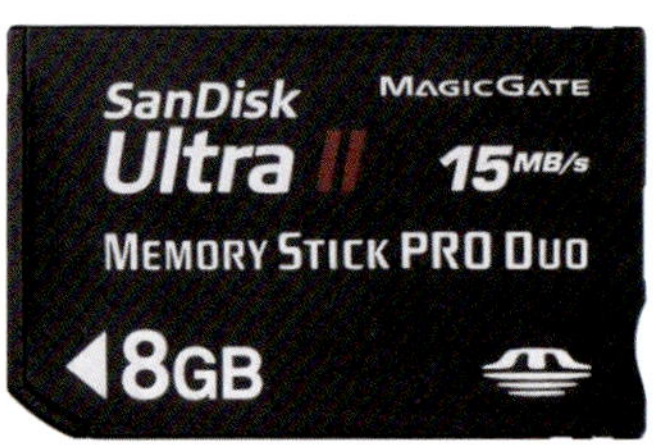

▲ **Abbildung 2.62**
Sonderlösungen: Der Memory-Stick ist ein eigenes Kartenformat von Sony, während die xD-Picture Card von Olympus und Fujifilm auf den Markt gebracht wurde und keine weitere Verbreitung erfahren hat. Auch der Memory-Stick stirbt langsam aus (Bild: SanDisk).

1 KB ≠ 1 KB

Sie haben sich vielleicht schon einmal gewundert, warum eine neue Speicherkarte statt der angegebenen 32 GB nur 29,8 GB Kapazität hat. Das liegt daran, dass es zwei unterschiedliche Normen für das Kilobyte (kb) gibt. Eigentlich veraltet, aber noch häufig verwendet, ist 1 kb = 1 024 Byte. Das passt gut in das Binärsystem, weil es genau 2^{10} entspricht. Normgerecht ist aber 1 kb = 1 000 Byte. Der Unterschied beträgt zwar nur 2,4 %, aber bei einem Gigabyte beträgt der Unterschied zwischen $1\,000^3$ und $1\,024^3$ schon fast 7,4%. Ihre Speicherkarte oder Festplatte ist also in Ordnung, Ihr Betriebssystem rechnet den Speicher aber noch veraltet um.

2.8.2 Die Stromversorgung

Bei einer Digitalkamera geht ohne Strom gar nichts. Aber auch die Wiederaufladezeit Ihres Blitzes hängt wesentlich vom verwendeten Akkutyp ab. Der Einsatz falscher Technik kann zu unnötigen Frusterlebnissen führen oder ist sogar gefährlich. Nicht mehr verwendete Akkus oder leere Batterien nimmt jeder Händler zurück, sie gehören auf keinen Fall in den Hausmüll.

TIPP

Digitalkameras haben meist neben der Stromversorgung noch eine weitere kleine Batterie. Es wird Zeit, diese auszutauschen, falls Ihre Kamera nach Jahren der Benutzung bei einem Akkuwechsel plötzlich Datum, Zeit und Einstellungen »vergisst«.

Lithium-Ionen-Akku | Dieser Akkutyp findet heute bei den meisten hochwertigen Kameras Verwendung. Er ist sehr leistungsfähig und lässt sich meist mehrere Jahre verwenden. Mit einer Akkuladung lassen sich oft 500 Aufnahmen und mehr realisieren. Die Preise für Original-Ersatzakkus sind oft recht hoch, so dass Sie auf Qualität achten sollten, wenn Sie Akkus von Fremdherstellern kaufen wollen. Lithium-Ionen-Akkus sind nicht ungefährlich, falls sie mangelhaft hergestellt oder mechanisch beschädigt wurden. Sie können regelrecht explodieren. Lithium-Ionen-Akkus halten länger, wenn Sie sie nicht immer voll entladen, sie aber auch nicht ständig auf 100 % nachladen.

Netzadapter
Moderne Kameras sind so energieeffizient, dass es sich kaum noch lohnt, die Kamera mittels eines Netzadapters direkt ans Stromnetz anzuschließen. Bei festen Studioaufbauten, Zeitrafferaufnahmen oder Buchseiten-Reproduktion kann er eine sinnvolle Alternative zu Akkus sein.

Mignon-Akkus und Batterien (AA) | Batterien sind praktisch überall verfügbar und verlieren auch über Jahre kaum etwas von Ihrer Leistung bei Nichtbenutzung. Sie sind ideal für Geräte mit geringem Stromverbrauch und nur gelegentlicher Verwendung. Für den regelmäßigen Einsatz in Geräten mit hohem Stromverbrauch sind sie aber eine unwirtschaftliche und wenig umweltfreundliche Lösung.

Nickel-Cadmium-(NiCd-)Akkus repräsentieren eine veraltete und umweltschädliche Technologie, die Sie wegen des Schwermetallanteils nicht mehr erwerben sollten. Sie sind inzwischen sogar verboten und nur für Ausnahmen wie schnurlose Elektrowerkzeuge bis 2010 noch erlaubt. Sollten Sie noch alte Akkus haben, entsorgen Sie diese fachgerecht, sobald Sie sie nicht mehr verwenden.

Nickel-Metallhydrid-(NiMH-)Akkus haben eine höhere Kapazität als NiCd-Akkus und sind langlebiger. Allerdings gehen sie bei falscher Verwendung auch schneller kaputt. Man sollte sie nur mit hochwertigen Ladegeräten verwenden. Bei tiefen Temperaturen liefern Sie nur einen Bruchteil der Leistung, und zudem entladen sie sich relativ schnell von selbst. Schon nach drei Monaten kann ein nicht verwendeter Akku leer sein.

Nickel-Metallhydrit-Akkus mit geringer Selbstentladung (LSD-NiMH) gibt es erst seit 2006. Ihre Kapazität ist etwas geringer als bei NiMH-Akkus, allerdings halten sie die Spannung besser aufrecht, so dass sie sich in der Praxis länger verwenden lassen. Die Selbstentladung beträgt nur circa 15 %

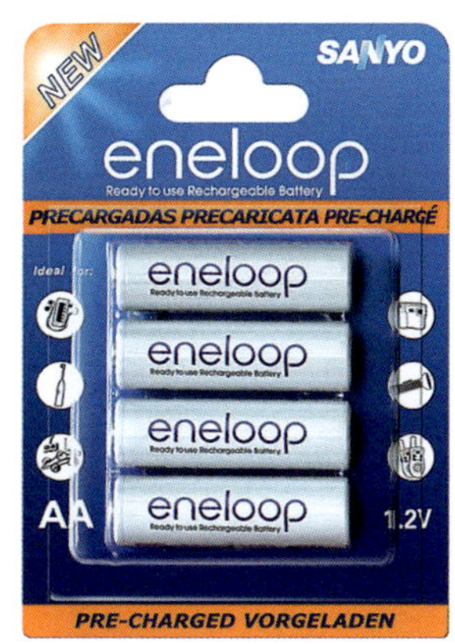

▲ **Abbildung 2.63**
LSD-NiMH- Akkus sind häufig als »pre-charged« ausgezeichnet. Sie halten die Ladung so gut, dass ihnen auch ein Jahr im Regal nicht viel ausmacht (Bild: Sanyo).

TIPP

Wenn Sie Akkus überladen, beginnen diese, sich chemisch zu zerstören und verlieren so an Kapazität. Benutzen Sie deswegen ein digitales Ladegerät, das den Füllstand jedes Akkus einzeln überprüfen kann. So erhalten Sie optimal aufgeladene Akkus mit langer Lebensdauer.

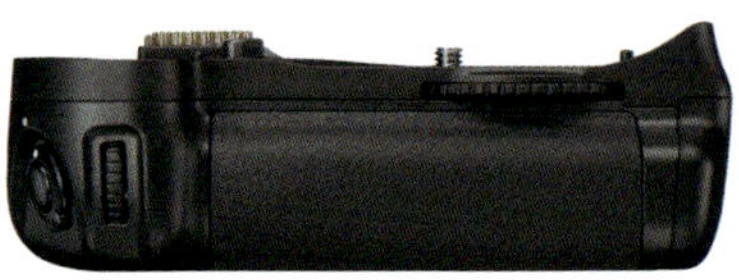

▲ **Abbildung 2.64**
Der Batteriegriff der Nikon D-700 steigert die mögliche Serienbildgeschwindigkeit von 5 auf 8 Bilder pro Sekunde. Dies ist aber eine Ausnahme, bei anderen Kameras verändert sich die Serienbildgeschwindigkeit durch einen Batteriegriff meist nicht (Bild: Nikon).

pro Jahr und deshalb können diese Akkus bereits geladen verkauft werden. Zudem sind sie bei niedrigen Temperaturen sehr gut einzusetzen. Wenn Sie Akkus vom Typ AA oder AAA in Kamera oder Blitzgerät einsetzen möchten, sind LSD-NiMH-Akkus die erste Wahl. Im Handel finden Sie sie zum Beispiel unter den Bezeichnungen Sanyo eneloop, Duracell ActiveCharge, Ansmann MaxE oder Kodak Pre-Charged.

Wenn Sie ein Gerät länger nicht benutzen, nehmen Sie die Batterien heraus, denn auslaufende Batterien können starken Schaden anrichten.

Batteriegriff | In einem Batteriegriff können Sie zwei oder einen zweiten Akku unterbringen, sie steigern also die Energiemenge, die Ihre Kamera zur Verfügung hat. Mit dem Batteriegriff können Sie außerdem die Kamera im Hochformat genauso leicht bedienen wie im Querformat, weil die wesentlichen Bedienelemente dort noch einmal vorhanden sind. Bei manchen Kameras wie der Nikon D700 erhöht sich durch den Batteriegriff auch die erreichbare Serienbildgeschwindigkeit deutlich. Vor allem aber ergibt seine Verwendung dann Sinn, wenn sich Ihre Kamera ohne einen solchen Griff mehr wie ein Spielzeug als wie ein Handwerkszeug anfühlt oder wenn Sie bei der Bedienung den kleinen Finger der rechten Hand »übrig haben«.

Oft lassen sich mit Hilfe eines mitgelieferten Adapters AA-Akkus verwenden. Das ergibt im Normalbetrieb aber wenig Sinn, weil die Lithium-Ionen-Akkus eine deutlich bessere Leistung haben. Als Ersatz im Notfall oder zur Verwendung von LSD-NiMH-Akkus bei großer Kälte ist das aber eine schöne Option.

2.8.3 Stative

Ein Stativ ermöglicht es Ihnen, die Kamera bei langen Belichtungszeiten absolut unbewegt aufzustellen und so perfekt scharfe Bilder von statischen Motiven zu bekommen. Es hilft auch, die Kamera exakt auszurichten wie bei Stillleben oder in der Architekturfotografie. Es stellt ebenfalls die Wiederholbarkeit einer Einstellung sicher, etwa für Reihenaufnahmen für Panoramen oder *High-Dynamic-Range*-Bilder (HDR) mit erhöhtem Dynamikumfang, bei denen es in hohem Maße auf deckungsgleiche Aufnahmen ankommt.

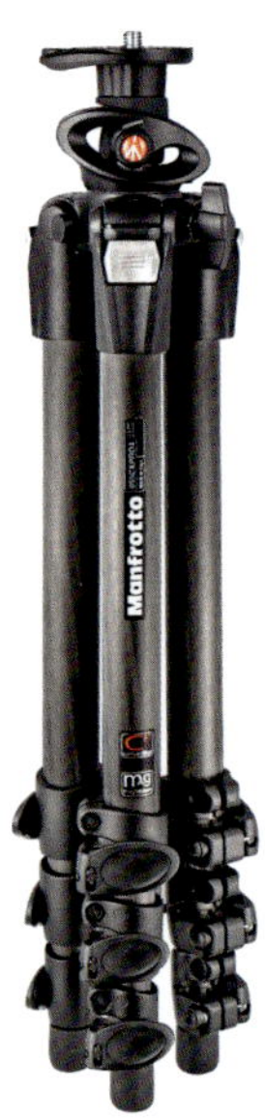

◂ **Abbildung 2.65**
Carbon macht ein Stativ nicht nur leichter, sondern häufig auch stabiler, allerdings auch teurer. Ein gutes Stativ werden Sie meist viel länger benutzen als eine Kamera, so dass sich der Anschaffungspreis relativiert (Bild: Manfrotto).

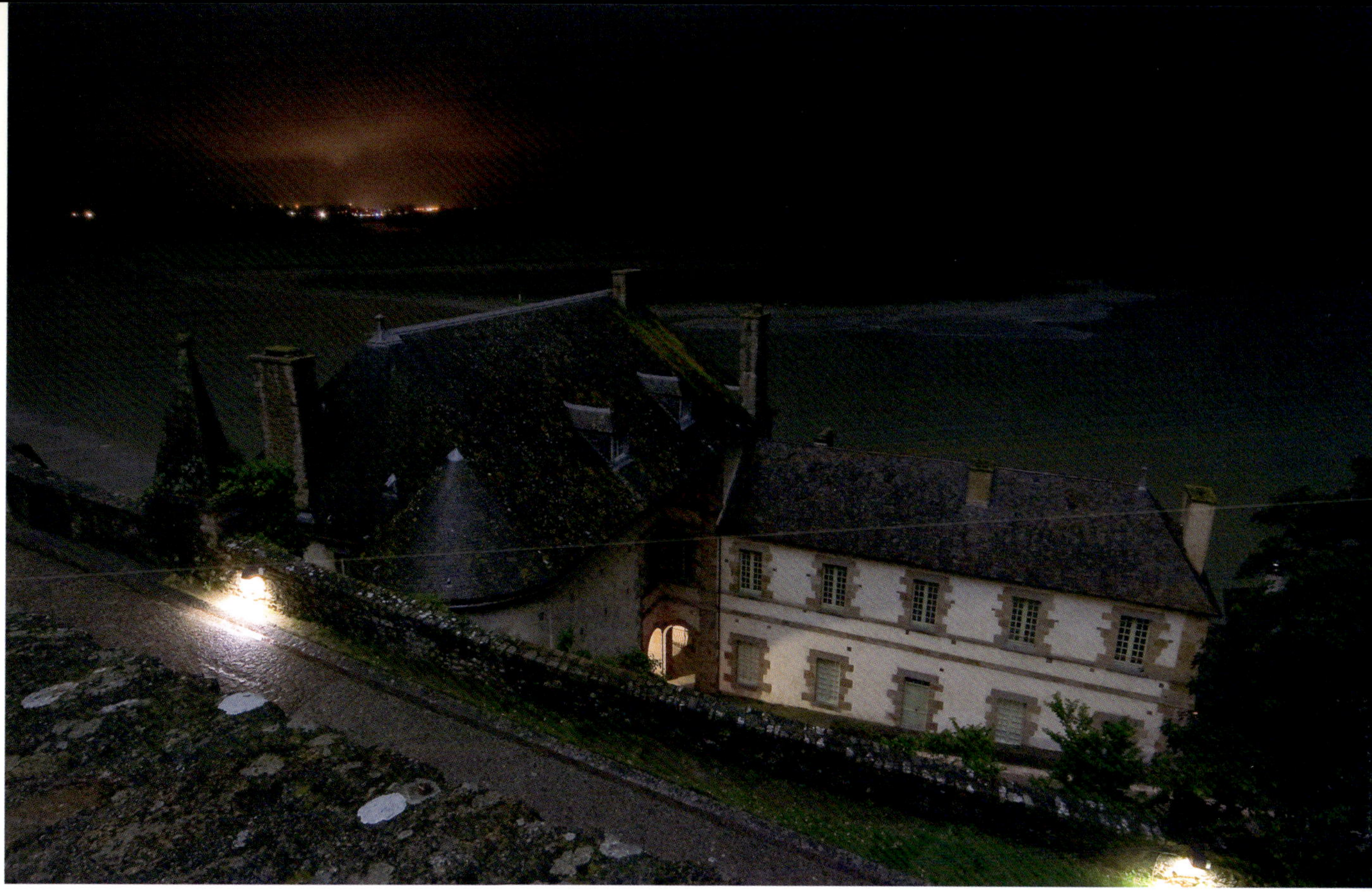

▲ **Abbildung 2.66**
15 s bei Blende 11: Da hilft kein Bildstabilisator mehr, und ein Blitz hätte die Stimmung völlig zerstört. Das Bild wurde vom Stativ aufgenommen.

Ein Stativ wählen | Ein zu leichtes und zu günstiges Stativ zu kaufen, ist ein klassischer Anfängerfehler. Von den drei Eigenschaften »leicht, günstig und stabil« können Sie sich immer nur zwei aussuchen, die sich optimieren lassen. Wenn Sie auf teure Materialien wie Carbon verzichten wollen, sollten Sie davon ausgehen, dass ein sinnvoll nutzbares Stativ mehr als zwei Kilogramm wiegt. Wenn die Kamera auf dem Stativkopf montiert ist, sollte der Suchereinblick eine Höhe erreichen, die Ihrer Augenhöhe entspricht, wenn Sie aufrecht stehen. Falls das Stativ eine noch größere Höhe erlaubt, werden Sie das zu schätzen lernen, wenn Sie Vordergrundelemente wie Büsche oder parkende Autos aus dem Bild bekommen möchten.

Nutzen Sie ihr Stativ nicht nur gelegentlich, dann ist eine Schnellkupplungsplatte Pflicht, die Sie unter die Kamera schrauben können und die Sie mit nur einem Hebelgriff am Stativkopf befestigen und lösen können. So können Sie die Kamera ohne Fummelei vom Stativ nehmen, wenn Sie den Ort wechseln oder die Kamera tauschen wollen.

Die optimale Schärfe erzielen | Falls Ihre Kamera oder das verwendete Objektiv einen Bildstabilisator besitzt, schauen Sie in die Anleitung, ob dieser in der Lage ist, Stativvibrationen auszugleichen. Manchmal müssen Sie dazu auf einen anderen Modus umschalten. Im Zweifel schalten Sie den Bildstabilisator aus, denn die Kamera sollte auf dem Stativ so fest stehen, dass es nicht notwendig ist, Erschütterungen auszugleichen.

Um die Schärfe noch weiter zu verbessern, können Sie die Spiegelvorauslösung verwenden. Diese klappt den Spiegel beim ersten Drücken des Auslösers nach oben. Warten Sie dann ein paar Sekunden, bis die Vibrationen durch den Spiegeschlag vollständig abgeklungen sind, und drücken Sie dann ein zweites Mal den Auslöser, um den Verschluss auszulösen und den Spiegel danach wieder herunterzuklappen. Benutzen Sie einen Drahtauslöser, anstatt den Auslöser am Gehäuse zu drücken, um die Kamera nicht in Bewegung zu versetzen. Alternativ zur Spiegelvorauslösung können Sie oft auch im Live-View-Modus arbeiten, aber nur dann, wenn die Kamera für den Autofokus und die Belichtungsmessung nicht den Spiegel herunterklappen muss!

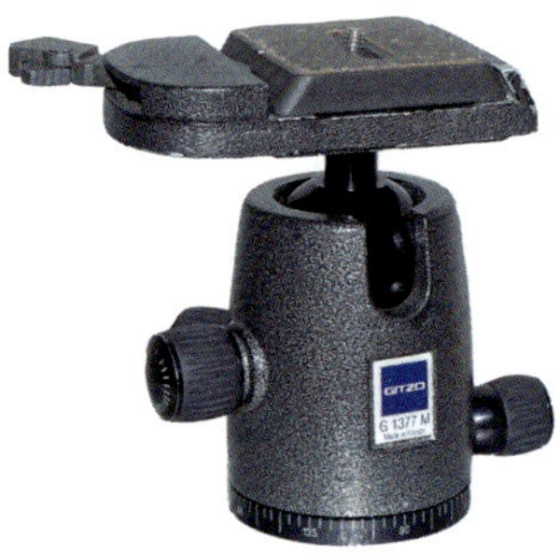

▲ **Abbildung 2.67**
Ein Kugelkopf mit Schnellwechselplatte ermöglich schnelles Arbeiten bei kompakten Ausmaßen.

Einbeinstativ | Eine Sonderform des Stativs ist das Einbeinstativ. Es ist nicht dazu gedacht, lange Belichtungszeiten bei Nacht zu ermöglichen. Es kann aber von großem Nutzen sein, wenn Sie mit schweren Teleobjektiven schnell reagieren wollen. Ein Objektiv von 4 kg zusammen mit einer Kamera von 1,5 kg können Sie nicht lange hochhalten und schon gar nicht lange ruhig halten! Mit einem Einbeinstativ können Sie das Gewicht am Boden abstützen. So schränken Sie die Bewegungs- und damit die Verwacklungsmöglichkeiten stark ein und können trotzdem sehr schnell einen ganz anderen Teil des Motivs anvisieren.

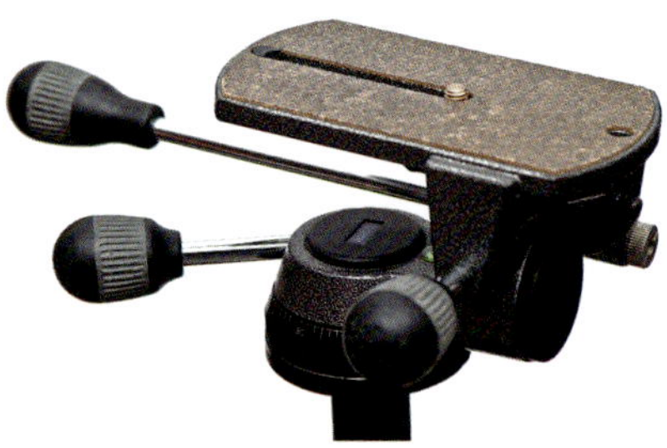

▲ **Abbildung 2.68**
Ein Drei-Wege-Neiger ermöglicht eine genaue Ausrichtung. Die große Grundplatte ermöglicht eine ideale Positionierung der Kamera für Panoramen im Querformat und trägt auch eine Großbildkamera.

Stativköpfe | Im professionellen Bereich werden die Stative und die Stativköpfe einzeln verkauft. Die Köpfe kann man in drei Hauptkategorien einteilen:

- **Kugelkopf:** Eine arretierbare Kugel ermöglicht die freie Bewegung der Kamera und eine schnelle Einstellung. Oft hilft ein Regler, mit dem man die Reibung justieren kann, bei der genaueren Positionierung und verhindert, dass die Kamera wegkippt, wenn die Arretierung gelöst wird.
- **Drei-Wege-Neiger:** Jede Achse lässt sich mit einem eigenen Hebel verstellen. Ein Drei-Wege-Neiger ist etwas umständlicher und weniger kompakt als ein Kugelkopf, ermöglicht aber ein sehr exaktes Arbeiten
- **Fluid-Neiger:** Dieser Stativkopftypus ist darauf spezialisiert, Schwenkbewegungen weich zu dämpfen und ist für Sie nur interessant, wenn Sie vom Stativ aus auch Videos aufnehmen wollen.

2.8.4 Auslöser

Ein Drahtauslöser ist die logische Ergänzung zu einem Stativ. Nur mit ihm können Sie die Auslösung mechanisch entkoppeln und vermeiden Verwacklungen beim Stativeinsatz. Er sollte für Langzeitbelichtungen arretierbar sein, damit Sie ihn bei Verschlusszeiten, die länger sind als 30 Sekunden, nicht die ganze Zeit über gedrückt halten müssen.

Eine erweiterte Variante des Drahtauslösers ist der automatische Intervallauslöser, mit dem Sie zum Beispiel 24-mal alle 60 Minuten ein Bild aufnehmen lassen können. Zahl, Zeitabstand und Dauer der Belichtung sind hier separat einzustellen und laufen selbsttätig ab.

Ihre Kamera lässt sich auch kabellos auslösen, entweder im Nahbereich über eine Infrarot-Fernbedienung und den eingebauten Empfänger in der Kamera, oder per externer Funkfernauslösung, die eine Reichweite bis zu mehreren 100 Metern haben kann. Ob Sie einfach nur selbst mit aufs Bild wollen, die Kamera an einem Ort aufgebaut haben, wo Sie selbst nicht mehr auslösen können oder Ihre Kompaktkamera an Bord Ihres Modellflugzeuges untergebracht haben, die Funkfernauslösung erweitert Ihre fotografischen Möglichkeiten. Mit einem Funkauslöser und zwei Empfängern lassen sich sogar zwei Kameras im selben Moment auslösen. Professionelle Sportfotografen lösen bei sehr schnellen Bewegungsabläufen mehrere Kameras mit jeweils leichter Verzögerung per Funk aus, um eine noch feinere Abdeckung des Zeitablaufs zu erreichen als mit einer Kamera, die 10 Bilder pro Sekunde schafft. Die Grenzen von Fotografie und Film verschwimmen dabei.

2.8.5 Fototasche

Wenn Sie viel fotografieren und eine umfangreichere Ausrüstung besitzen, wird die Fototasche zu einem wesentlichen Ausrüstungsgegenstand werden. Anfänger tendieren oft dazu, eine kleine Fototasche zu kaufen, die die Kamera mit Zoom-Objektiv fast genau umschließt. Eine solche Tasche wird beim Fotografieren schnell lästig und für ambitioniertere Nutzer zu klein.

Möglichst unkompliziert und sicher muss eine Fototasche sein. Sie müssen die Objektive ohne nachzudenken in die Tasche packen können, und die Tasche sollte in der Lage sein, Ihre Kamera vor Umwelteinflüssen zu schützen. Eine Wandstärke von einem Zentimeter bei guter Stoßabsorption ist ein guter Wert. Es ist ein Vorteil, wenn ein Reißverschluss die Tasche zusätzlich abdichten kann. Wenngleich Sie diesen meist offen lassen und nur die Klick-Verschlüsse verwenden werden, hilft er bei Sandsturm oder viel Staub in der Luft. Die Ihnen beim Tragen zugewandte Seite sollte recht glatt sein, sonst können Sie sich die Hüfte oder das Bein aufscheuern, die Gurte breit und gut gepolstert und weit oben an der Tasche angebracht. Wenn Sie zu weit unten befestigt sind, kann die Tasche leicht »durchrollen« und Ihre Ausrüstung auskippen.

Größe | Eine gute Größe für eine Fototasche, die Sie, selbst wenn Sie ein Profi werden sollten, immer wieder brauchen werden, bietet Platz für die Kamera mit Objektiv und Batteriegriff, zwei weitere Objektive und einen Blitz. Sie ist klein genug, dass Sie sich auch in Menschenmengen damit gut bewegen können und bietet doch genug Platz für »das kleine Marschgepäck«. Wenn Sie mehr mitnehmen wollen, bietet es sich häufig an, eine zweite Tasche dieser Größe mitzunehmen. Gerade auf längeren Touren ist man flexibler und kann auch einmal eine Tasche im Auto oder im Hotel lassen.

Im Flugzeug | Wenn Sie mit umfangreicher Ausrüstung fliegen, sollten Sie eine Fototasche benutzen, die die erlaubte Größe für Handgepäck gut ausnutzt (das sind 55 x 40 x 20 cm). Offiziell erlaubt sind meist sechs Kilogramm, ich erinnere mich aber, auch schon mit 10,2 Kilogramm ohne Beanstandung an Bord gekommen zu sein, aber dafür gibt es natürlich keine Garantie. Im Zweifel telefonieren Sie vorher mit Ihrer Fluglinie. Fotoequipment gehört ins Handgepäck, zumal der Verlust eines Koffers ohne Sonderdeklaration normalerweise nur bis 550 € abgesichert ist. Lediglich das Stativ und ab und zu

▼ Abbildung 2.69
Einen Sandsturm können Sie auch in Dänemark erleben. Gut, wenn dann die Fototasche dicht hält!

ein billiges Zoomobjektiv packe ich bei Fernreisen mit in den Koffer.

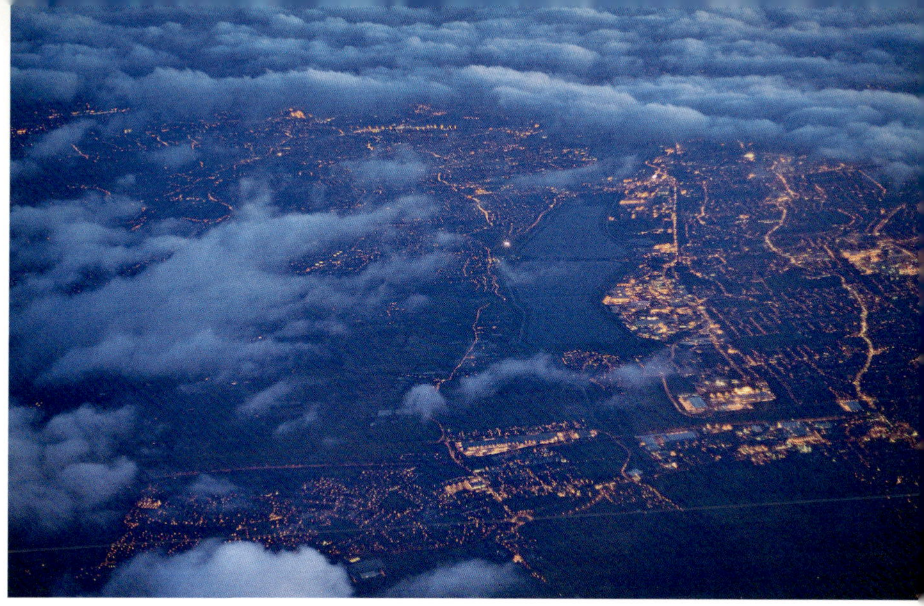

▲ **Abbildung 2.70**
Beim Fliegen gehört die Kamera ins Handgepäck. Nicht nur, dass sich reizvolle Motive bieten, sie ist ansonsten auch schlecht versichert. Wenn Sie umfangreichere Ausrüstung mitnehmen, die nicht mehr ins Handgepäck passt, deklarieren Sie sie gesondert, damit ihr Wert bei einem eventuellen Verlust abgedeckt ist.
50mm | f1,8 | 1/60s | ISO 1000

Fotorucksack | Ein Fotorucksack ist für Fotowanderungen in der Natur eine gute Lösung, weil Sie die Hände frei haben und die Ladung nicht verrutscht. Als Alltagslösung ist er aber nicht so gut geeignet. Sie selbst nämlich kommen nicht leicht an Ihre Ausrüstung heran, ein Dieb hinter Ihnen dafür umso besser. Es gibt inzwischen zwar Rucksäcke, die man schnell nach vorne gleiten lassen kann, um an die Geräte zu kommen, aber eine normale Fototasche ist immer noch schneller. Ich weiß, dass es Fotografen gibt, die mit der Verwendung eines Fotorucksacks sehr zufrieden sind, und so müssen Sie letztlich selbst herausfinden, was am besten zu Ihrer Arbeitsweise passt.

Gewicht beachten | Sobald ihre Ausrüstung etwas schwerer wird und Sie häufiger fotografieren, müssen Sie an Ihren Rücken denken. Eine Fototasche mit Hüftgurt, die Ihren Rücken entlastet, kann helfen. Auch wenn es seltsam klingt, Sie sollten einen Ausgleichssport für die Fotografie betreiben, der Ihre Rückenmuskulatur stärkt. Ich kenne einige Profifotografen, die berufsbedingte Rückenprobleme haben, gerade wenn sie bereits über 50 sind. Auch Hobbyfotografen haben oft eine dem Profi vergleichbare Ausrüstung und sind häufig im Einsatz, so dass sie diese Gefährdung genauso ernst nehmen sollten. Gewöhnen Sie sich an, nach einer Fototour zu überprüfen, welche Teile Ihres Equipments Sie wirklich benutzt haben, um sich so für die Zukunft bei der Auswahl besser einschränken zu können. Der Trick mit den zwei Fototaschen hilft Ihnen, viel dabeizuhaben, aber nicht immer alles mitschleppen zu müssen, weil Sie eine Tasche im Auto lassen können (natürlich nicht offen sichtbar).

Extras | Ein paar Dinge haben sich für viele Fotografen als sinnvolle Extras in der Fototasche erweisen: ein Taschenmesser, eine kleine LED-Taschenlampe (am besten eine, die mit einer AA-Batterie auskommt), eine Rolle Klebeband, ein Kugelschreiber mit ein bisschen Papier und ein Blasebalg, um auch unterwegs den größten Staub loszuwerden. Vergessen Sie aber nicht, vor einer Flugreise das Taschenmesser herauszunehmen.

2.9 Bildübertragung und Backup

Sobald Sie die Fotografie etwas ambitionierter betreiben, werden Sie mit Ihren Speicherkarten nicht mehr zum Ausleseterminal beim Fotohändler gehen, um Abzüge und eine CD zu bestellen. Dann werden Sie die Bildbearbeitung und Speicherung mit Ihrem Computer erledigen.

2.9.1 Per Kabel oder Kartenleser

Im Lieferumfang einer Digitalkamera befindet sich ein USB-Kabel zum direkten Anschluss an den Computer. Manchmal muss nicht einmal die mitgelieferte Software installiert werden, um die Bilder direkt übertragen zu können, denn entweder erkennt das Betriebssystem die Kamera oder die Kamera meldet sich als Laufwerk.

Komfortabler ist es jedoch, die Karten über einen Kartenleser zu überspielen. Dieser ist entweder schon in ihrem Computer eingebaut, oder er lässt sich sehr günstig als USB-Zubehör erwerben.

Die USB 2.0-Schnittstelle kann theoretisch 60 Megabyte pro Sekunde übertragen, in der Praxis sind 40 MB/s ein realistischer Wert. Da die meisten Speicherkarten etwas langsamer sind und auch andere Faktoren die Geschwindigkeit verringern können, ergeben sich in einer normalen Kombination von Speicherkarte und Kartenleser Übertragungsgeschwindigkeiten in der Größenordnung von 1 GB/min. Sollten Sie auf viel geringere Werte kommen, überprüfen Sie, ob Sie das Lesegerät vielleicht an einen USB-1.1-Port angeschlossen haben. Das kann bei älteren Computern der Fall sein oder an manchen USB-Ausgängen, die sich an einer Tastatur oder einem Bildschirm befinden. Dann hätten Sie nämlich nicht mehr als eine Übertragungsgeschwindigkeit von 200 kb/s zur Verfügung, und ein Datenvolumen von 1 GB würde mehr als eine Stunde benötigen. Falls die Übertragung eines Gigabytes aber um die 10 Minuten benötigen sollte, trägt Ihr Kartenleser die Schuld, denn in manchen Kartenlesern ist langsame Elektronik verbaut. Wenn Sie das stört, kaufen Sie einfach einen neuen. Sie können auch mit zwei Lesegeräten an unterschiedlichen USB-Eingängen des Computers gleichzeitig Bilder kopieren, wenn es einmal schnell gehen muss. In Kürze werden die Kartenleser ohnehin auch im USB 3.0-Standard angeboten werden, der in jedem Falle schneller als alle bislang angebotenen Speicherkarten ist.

TIPP

Bei manchen Kameras können Sie den USB-Transfer-Modus konfigurieren. Der Standard ist meist PTP (*Picture Transfer Protocol*), mit dem Sie Bilder von der Kamera direkt zu geeigneten Druckern schicken können. Wenn Sie den Modus auf *Mass Storage* ändern, meldet sich die Kamera als Laufwerk, und die meisten Computer können per USB-Kabel ohne weitere Treiber auf die Kamera zugreifen.

2.9.2 Auf einen mobilen Bildspeicher

Sie können Ihre Bilder auch unterwegs auf eine Festplatte überspielen. Dazu gibt es Kombigeräte aus Kartenleser, Festplatte und Akku, die oft auch einen Bildschirm eingebaut haben. Sie können die Bildspeicher als zusätzliche Sicherung verwenden oder als großen Speicher, um zum Beispiel im Urlaub mit wenigen Speicherkarten auszukommen, die Sie dann mehrfach bespielen können. Es ist aber sehr zu überlegen, ob Sie das Geld nicht lieber in zusätzliche Speicherkarten investieren und sich nicht auf eine Festplattenlösung verlassen – oder Sie nehmen gleich ein Notebook mit. Ich vermute, dass die mobilen Bildspeicher auf Dauer aussterben werden, weil die Speicherkarten so groß und die Notebooks so günstig werden.

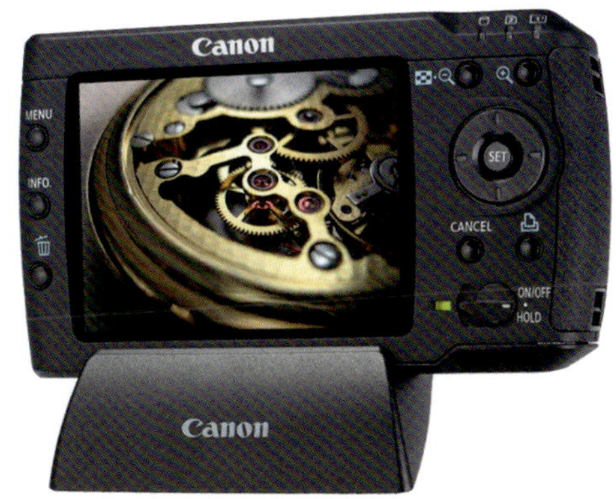

▲ **Abbildung 2.71**
Ein mobiler Bildspeicher sollte auch das RAW-Format ihrer Kamera anzeigen können (Bild: Canon).

2.9.3 Per WLAN

Manche Kompaktkameras haben die Fähigkeit, per drahtloser Netzwerkverbindung die Bilder direkt in den Rechner zu übertragen. Was in diesem Bereich eher ein Gimmick ist, kann in der professionellen Welt schnell Sinn ergeben. So funkt der Sportfotograf über einen WLAN-Adapter seine Bilder direkt an das Laptop seines Kollegen im Stadion, der die Bilder für die Agentur aufbereitet und per Mobilfunk sofort verfügbar macht. Dadurch können Zeitungen schon vor der Pause erste Bilder ins Blatt nehmen. Im Fotostudio kann der Assistent die Schärfe und das Licht und die Visagistin das Make-up des Models überprüfen, während der Fotograf ungestört weiterarbeitet.

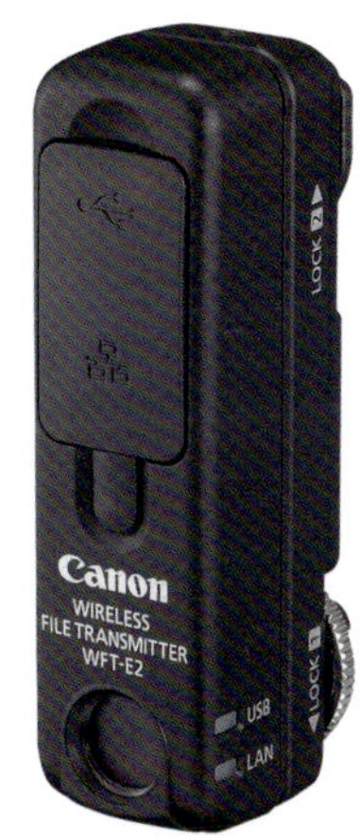

▲ **Abbildung 2.72**
Ein WLAN-Adapter für eine DSLR. Dieser ist auch interessant für die Fernsteuerung der Kamera, wird aber hauptsächlich für die direkte Übertragung zum Rechner eingesetzt (Bild: Canon).

2.9.4 Backup

Wenn Sie Ihre Fotos nur auf die interne Festplatte ihres Rechners übertragen, sind im Falle eines Hardwareschadens alle Bilder verloren. Es gibt zwar Datenrettungsdienste, die auch in anscheinend hoffnungslosen Fällen wie einem Brandschaden noch einen Großteil der Daten wiederherstellen können, aber das kann mehrere tausend Euro kosten. Besser ist es, Sicherungskopien zu erstellen. Hier haben Sie unterschiedliche Möglichkeiten.

CD, DVD, Blu-ray | Das Brennen von externen Speichermedien ist nur für relativ geringe Datenmengen interessant, weil Sie ansonsten sehr schnell sehr viele Datenträger produzieren, viel Zeit mit der Datensicherung verbringen und die Medien auch noch schlecht handhabbar sind. Stellen Sie sich vor, Sie müssen 400 GB von DVDs auf den Rechner zurückspielen, das sind

100 Stück ... Die Haltbarkeit der Medien ist immer typabhängig und schlecht vorherzusagen. Licht, Wärme und Feuchtigkeit sind jedenfalls bei der Lagerung zu vermeiden. Fazit: gut zur gelegentlichen Sicherung und besser als nichts.

Festplatten | Ein interne Festplatte ist für die Datensicherung nahezu wertlos. Im Falle von Überspannung oder einem Virenangriff ist sie genauso gefährdet wie die erste Platte. Sie sollten also eine externe Festplatte verwenden, die Sie nach der Datenübertragung abklemmen können. Diese Lösung ist schnell, günstig und einigermaßen sicher. Besonders, wenn Sie Ihre Daten alle paar Jahre auf eine neue Festplatte überspielen. Die alten Festplatten sollten Sie zur Sicherheit dennoch nicht wegwerfen. Bedenken Sie, dass es Ereignisse geben kann, die zwei Platten innerhalb eines Hauses gleichzeitig unbrauchbar machen können. Wenn Ihnen Ihre Bilder wichtig sind, sollten Sie eine Platte zu einem Freund oder Familienmitglied auslagern. Ein bisschen teurer aber auch sicherer ist ein RAID-System, bei dem mehrere Platten redundant bespielt werden, so dass sich beim Ausfall einer Platte die Daten wiederherstellen lassen.

Netzwerk-Speicher | Die Verwendung von Speicherplatz im Internet ist im Moment noch wenig verbreitet, aber im Zuge schnellerer Internetverbindungen und billigerer Speichermöglichkeiten im Kommen. Die Methode hat den Vorteil, dass die Kopie von vornherein dezentral ist. Hier sollten Sie aber auf große und etablierte Anbieter setzen, bei denen Sie davon ausgehen können, dass Sie nicht in einem Jahr verschwunden sind und mit ihnen Ihre Daten.

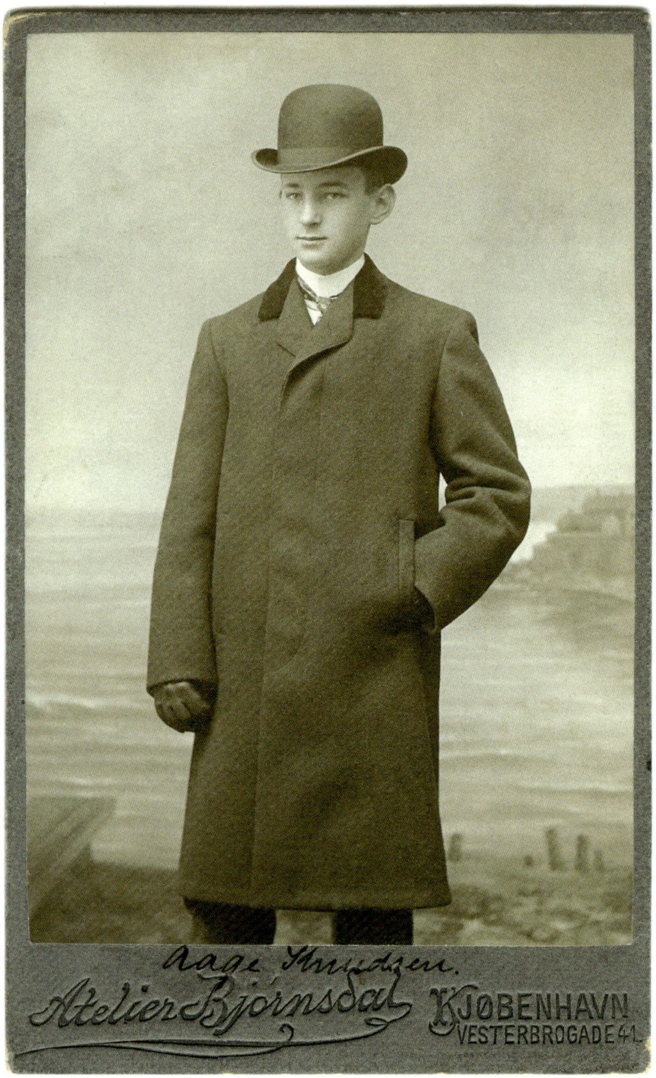

◂ **Abbildung 2.73**
Dieses Bild ist von 1903. Werden Ihre Bilder in 100 Jahren noch zu betrachten sein?

BILDRETTUNG BEI SPEICHERFEHLERN

Sie sollten die Speicherkarten niemals während eines Schreib- oder Lesevorgangs aus dem Kartenleser nehmen. Genauso sind mechanische Belastungen zu vermeiden und statische Elektrizität, die gerade bei offenliegenden Kontakten zur Gefahr werden kann. So werden Ihre Speicherkarten im Normalfall über viele Jahre störungsfrei funktionieren.

Wenn Sie aber doch einmal ernste Probleme haben sollten, eine Karte auszulesen, verzweifeln Sie nicht gleich. Sehr häufig lässt sich der Großteil der Bilder auf der Karte noch retten. Sie müssen dazu eine Software verwenden, die das Inhaltsverzeichnis der Karte ignoriert und die Dateien direkt aus dem Dateisystem lesen kann, zum Beispiel das Programm RescuePro, das SanDisk seinen Speicherkarten oft beilegt. Falls die Karte vom Rechner überhaupt nicht mehr erkannt wird, können Sie sie in der Kamera formatieren. Dabei wird nur das Inhaltsverzeichnis gelöscht, das für die Datenrettungssoftware ohnehin unwichtig und oft der Kern des Problems ist.

Wenn Sie Probleme hatten, sollten Sie versuchen, die möglichen Ursachen einzugrenzen. Manchmal ist ein defekter Kartenleser oder USB-Port Schuld, die Speicherkarte selbst kann defekt sein, oder es liegt ein Bedienfehler zugrunde, weil etwa die Karte aus dem Leser gezogen wurde, während auf ihr noch gearbeitet wurde. Falls die Rettungssoftware defekte Sektoren auf der Karte feststellt, sollten Sie sie nicht weiter verwenden. Wenn Sie einen Totalschaden haben, denken Sie auch daran, dass viele Hersteller eine sehr lange Garantiezeit haben und Sie die Karte kostenfrei umtauschen können. Bei dem Verfall der Speicherpreise ist das natürlich nicht in jedem Fall den Aufwand wert.

Gehen Sie auf Nummer sicher | Bei der Datensicherung sollten Sie drei Regeln befolgen, um ein Grundmaß an Sicherheit zu haben:

1. Alles ist immer mindestens doppelt vorhanden. Falls ein System ausfällt, werden die Daten umgehend von der einen Kopie auf das neue, das ausgefallene System ersetzende, überspielt.
2. Achten Sie auf die technische Entwicklung: Überspielen Sie regelmäßig auf aktuelle Medien, denn ältere Medien werden sich irgendwann aus rein technischen Gründen nicht mehr lesen lassen. Ich selbst habe zum Beispiel nicht einmal zehn Jahre alte Zip-Discs, MO-Discs und SyQuest-Medien, für die ich nur unter allergrößten Mühen funktionierende Laufwerke auftreiben könnte. Haben Sie mit einem exotischen RAW-Format eines kleinen Herstellers gearbeitet, das langsam ausstirbt? Dann konvertieren Sie die Daten in DNG, ein RAW-Standard-Format von Adobe, das sich etwas länger halten wird.
3. Halten Sie Ihr Computer-System sauber: Ein aktueller Virenscanner, eine vernünftige Netzwerkkonfiguration mit Firewall und regelmäßige Sicherheitsupdates sind Pflicht. Wenn Sie sich selbst damit nicht auskennen, dann fragen Sie jemanden. Auf einem Mac wäre ein Virenscanner im Moment noch übertrieben, aber auch hier sollten Sie keine Software aus dem Internet installieren, der Sie nicht begründet vertrauen können.

2.10 Fazit

Eine DSLR wird 90% Ihrer fotografischen Anforderungen gut abdecken. Kompaktkameras sind eine gut Ergänzung nach unten, können aber selbst in ihren hochwertigsten Ausführungen eine DSLR nicht ersetzen, weil die Nachteile des kleineren Sensors bestehen bleiben. Mittelformat- und Großbildkameras sind für die meisten Amateure nur in ihrer analogen Ausführung zu finanzieren, die technische und preisliche Entwicklung wird auch hier weitergehen und ein interessanter Gebrauchtmarkt entstehen.

Kennen Sie Ihre Kamera | Egal, welche Kamera Sie verwenden, machen Sie sich mit ihrer Bedienung komplett vertraut, lesen Sie das Handbuch, und üben Sie die Benutzung, bis sie Ihnen in keiner fotografischen Situation mehr im Wege steht. Der Schönwetterfotograf wird auch mit einem Bruchteil der Möglichkeiten einer DSLR auskommen, und es ist völlig legitim, ein Hobby nicht in Arbeit ausarten zu lassen. Wer aber ambitioniert an die Fotografie herangeht, wird für sein Wissen und seine Übung belohnt werden, der Bereich der Motive, die Sie in gelungene Aufnahmen verwandeln können, wird um einiges größer.

Vergessen Sie im Rausch der technischen Neuvorstellungen nicht, dass die Fotografie bald 200 Jahre alt wird und dass auch unter alten Fotogerätschaften wahre Schätze zu finden sind, die sich für Ihre gestalterische Arbeit im Einzelfall besser eignen können, als die neueste Digitalkamera.

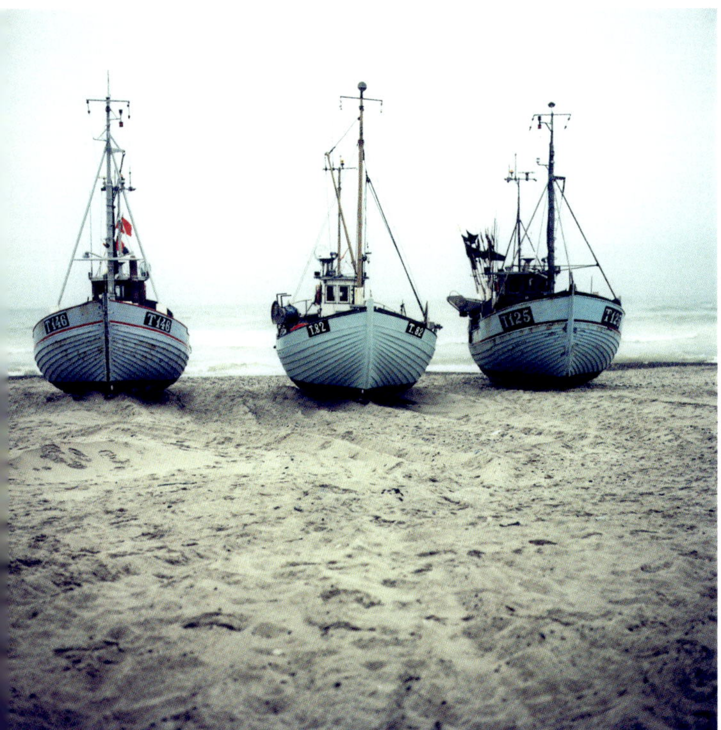

▲ **Abbildung 2.74**
Eine fast 40 Jahre alte Kamera, abgelaufenes Filmmaterial und die falsche Filmentwicklung: Oft ergibt sich gerade aus den Fehlern eine Atmosphäre, die die Stimmung besser trifft, als Perfektion das je könnte.

Vergessen Sie die Technik | Technische Perfektion kann nachteilig sein für die emotionale Bildwirkung. Eine Lochkameraaufnahme aus einer Blechdose löst oft mehr im Betrachter aus, als ein brillantes 24-Megapixel-Foto. Letztlich ist alle Technik nur ein Hilfsmittel, um sich bildlich auszudrücken. Lernen Sie, die Technik zu beherrschen, damit Sie sie vergessen können und nicht von ihr beherrscht werden. Man kann mit jeder Kamera gute Bilder machen, man kann nur nicht mit jeder Kamera alles gleich gut abbilden. Eine hochwertige Kamera zeichnet sich dadurch aus, dass sie möglichst viele Situationen souverän meistert und sich an möglichst viele fotografische Aufgaben technisch anpassen lässt.

Seien Sie sparsam | Geben Sie nicht zu viel Geld für Ihr Kameragehäuse aus. Eine ausgewogene Fotoausrüstung verlangt, dass Sie auch noch etwas Geld für ein paar gute Objektive und vielleicht ein Stativ übrig haben. Gerade als Einsteiger können Sie sich auch eine Einsteigerkamera kaufen. Ein paar Jahre später wissen Sie, was Sie wirklich brauchen, und können sich dann gezielt eine Kamera aussuchen, die auch in der technischen Entwicklung auf dem neuesten Stand ist.

Ein Systemwechsel ist im Übrigen kein Tabu: Wenn Sie merken, dass Ihr Hersteller Ihnen nicht mehr das bietet, was Sie von ihm erwarten, dann überlegen Sie, ob ein Verkauf und eine Neuanschaffung nicht die bessere Wahl ist. Wenn Sie den Aufwand für Ihr Hobby im Rahmen halten wollen, finden Sie heute bei jedem Hersteller digitaler Spiegelreflexkameras eine gute Qualität und gute Erweiterungsmöglichkeiten. Falls Ihre Ansprüche hoch sind und Sie Zeit, Geld und Willen haben, sich eingehend mit der Fotografie zu beschäftigen, dann wird die Auswahl Ihres Kamerasystems sich von der eines Profis kaum unterscheiden.

Letztlich kommt es auf den Fotografen und nicht auf die Kamera an. Ich habe wunderschöne Aufnahmen gesehen, die mit einfachsten Mitteln entstanden sind und völligen Mist aus High-End-Kameras. Das Bild entsteht im Kopf und nicht in der Kamera.

▼ **Abbildung 2.75**
Dieses Motiv hätte sich genauso mit einer Panoramasoftware aus Digitalfotos erstellen lassen. Es wurde aber in einer einzigen Belichtung mit einer Noblex Panoramakamera aufgenommen. Jede Kamera beeinflusst die Art zu sehen, jedes Format öffnet einen für andere Motive.

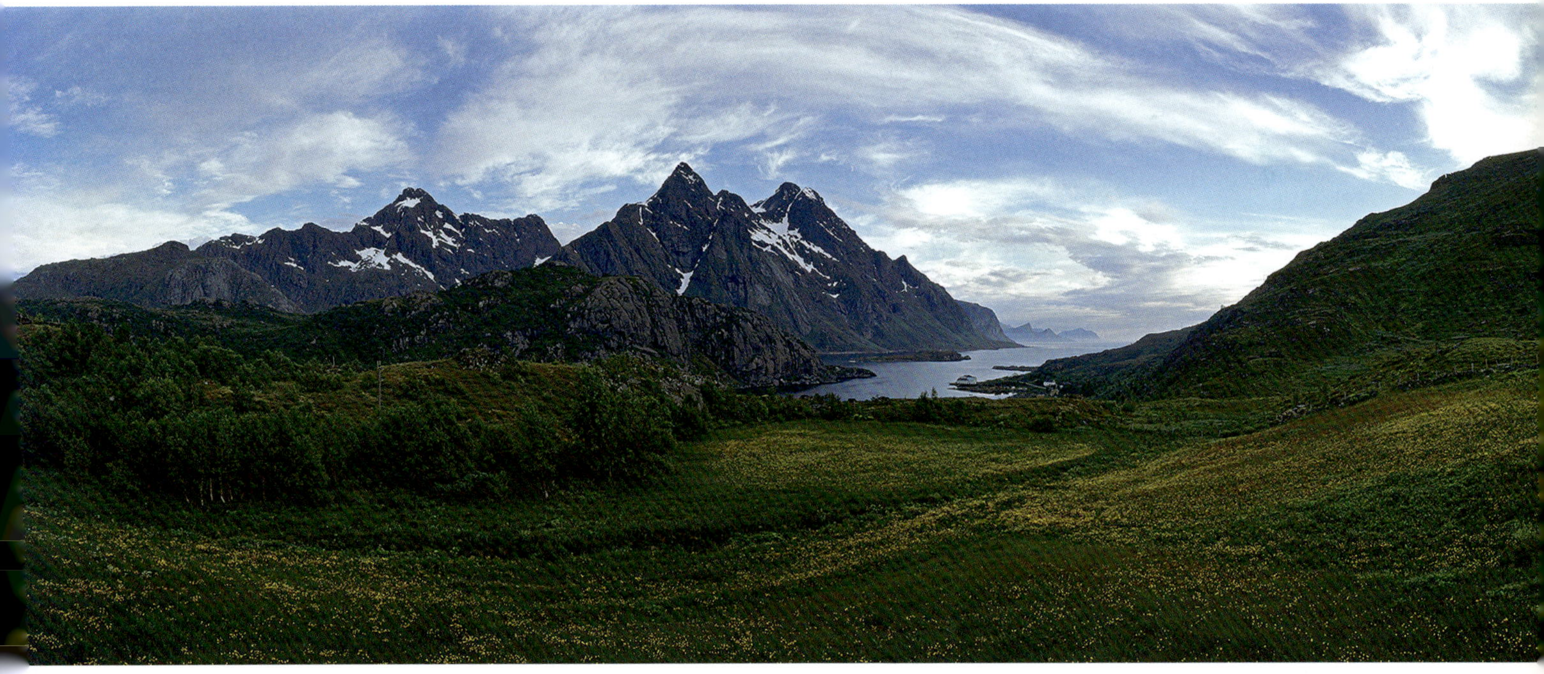

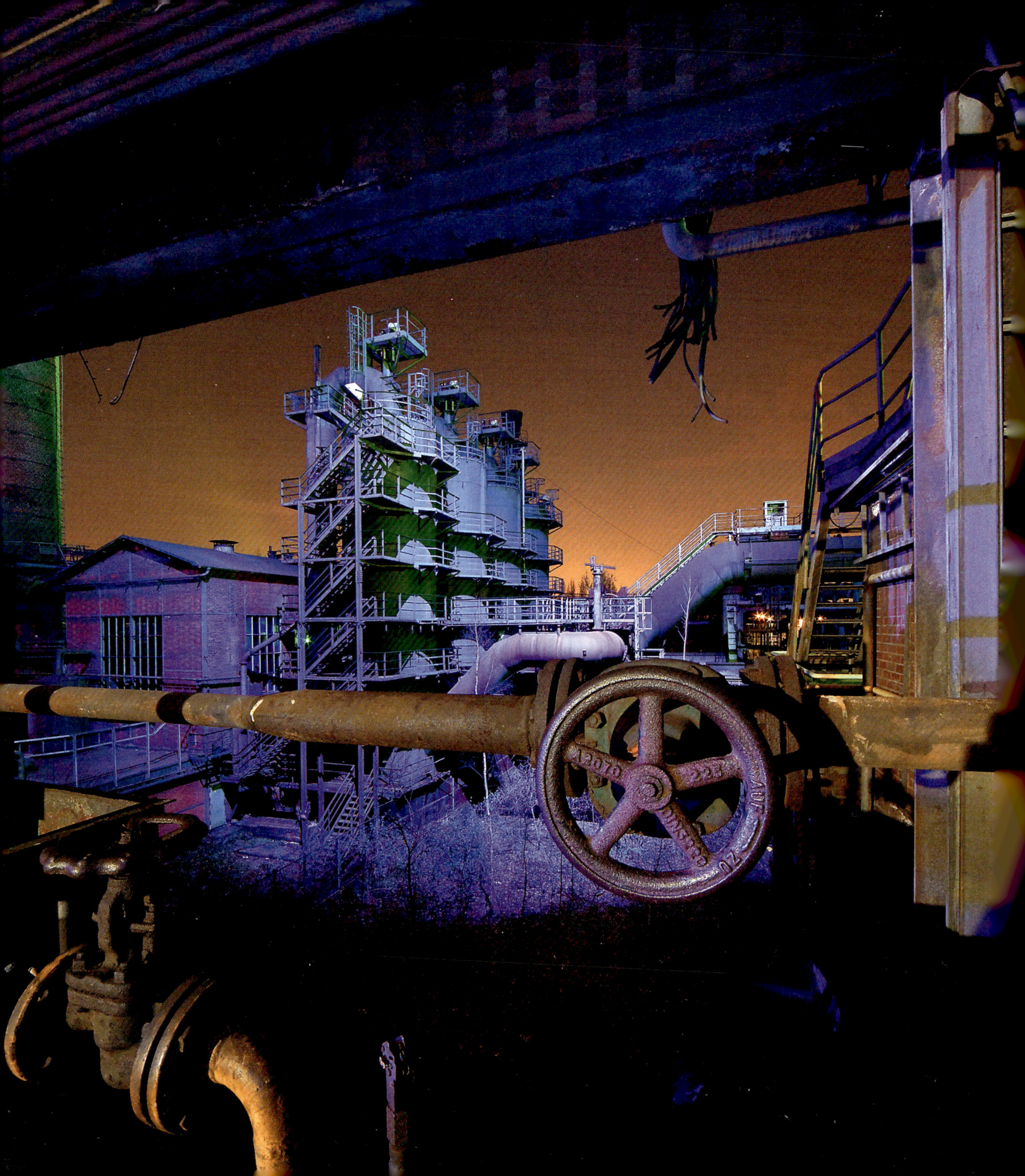
AUF

3 Objektive

3.1 Grundlagen

Früher sagte man: »Das Objektiv macht das Bild«. Damals konnte man aber auch jeden Profifilm in jede Amateurkamera legen und bekam Bilder, denen man den Kameratyp nicht ansehen konnte, wohl aber das verwendete Objektiv. Heute stimmt das nur noch zum Teil, weil die Sensortechnik und die Elektronik einen sehr wichtigen Anteil an der Bilderzeugung haben und ihre Qualität von der verwendeten Kamera abhängen. Das Objektiv ist dadurch aber noch wichtiger geworden, denn die modernen Sensoren übertreffen die Möglichkeiten des Films bei Weitem. Zudem lassen sich die Bilder bis auf 100% der Pixelgröße und darüber vergrößern, so dass selbst kleinste Fehler, die auf einem Diapositiv oder Abzug nie aufgefallen wären, augenfällig werden.

3.1.1 Brennweite und Bildwinkel

Um ein Objekt auf einem Sensor abzubilden, reicht schon ein kleines Loch. Damit würde man aber nur einen winzigen Bruchteil des Lichts ausnutzen können. Um mehr Licht auf den Sensor zu bekommen, kann man eine Sammellinse verwenden, die das einfallende Licht bündelt. Je stärker gewölbt diese Linse ist, desto näher kann man sie am Sensor positionieren und desto größer wird der Bildwinkel. Je flacher die Linse ist, desto weiter weg muss sie sein, um das Licht bündeln zu können, und der Bildwinkel wird entsprechend kleiner. In der Praxis erreicht man mit mehreren Linsen, die gegenseitig ihre Abbildungsschwächen (siehe Seite 110) kompensieren, deutlich bessere Ergebnisse, als sie mit nur einer Linse möglich wären. Objektive bestehen deshalb immer aus einer Vielzahl von hintereinander positionierten Einzellinsen.

Brennweite | Die Brennweite ist der Abstand von der Linsenmitte zu ihrem Brennpunkt, auch Fokuspunkt genannt. Dies ist auch der Punkt, an dem die Abbildung durch die Linse am schärfsten ist. Parallel auf die Linse treffende Lichtstrahlen (= Entfernungseinstellung auf Unendlich) werden, je nach

◄◄ **Abbildung 3.1**
Ein Ultraweitwinkelobjektiv mit 12 mm Brennweite verstärkt den räumlichen Eindruck und sorgt für eine Schärfentiefe von einem halben Meter bis Unendlich.
12 mm | f13 | 25 s | ISO 3200

Linsenwölbung, in kürzerer oder längerer Entfernung von der Linsenmitte hinter der Linse gebündelt. Diesen Abstand bezeichnet man als **Brennweite** der Linse.

Abbildung 3.2 ▸
Der Abstand zwischen der Hauptebene der Linse oder des Objektivs und dem Brennpunkt bei Entfernungseinstellung auf Unendlich

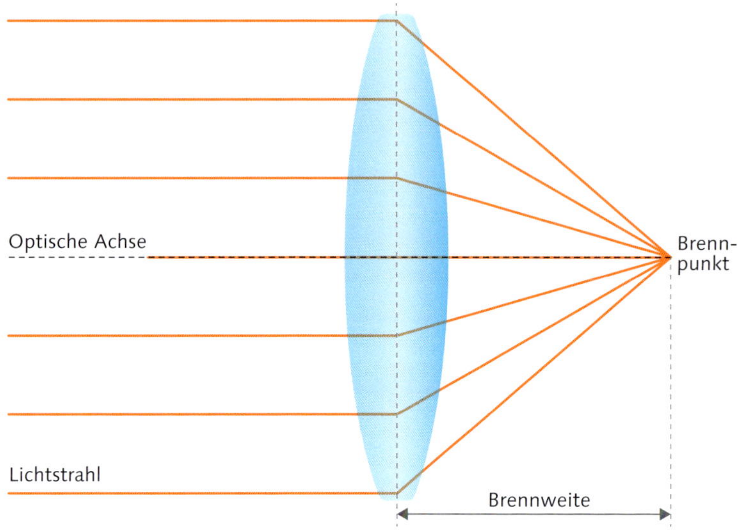

KLEINER EXKURS

Nur für mathematisch Interessierte: So berechnen Sie den Bildwinkel und den Sehwinkel. Die Variablen können Sie der Grafik unten entnehmen.

$$\beta = 2 \times \arctan\left(\frac{l}{2 \times g}\right)$$

$$\alpha = 2 \times \arctan\left(\frac{d}{2 \times f}\right)$$

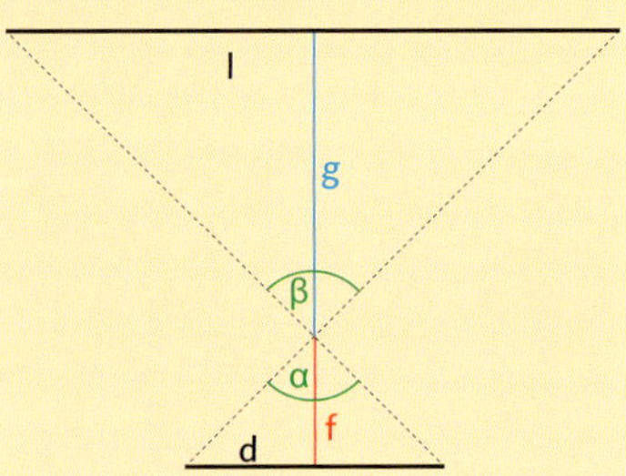

l = Motivbreite
g = Motivabstand
β = Sehwinkel
α = Bildwinkel
f = Brennweite
d = Sensorbreite

Objektive mit mehreren Linsen haben ebenfalls eine einzige Brennweite, nur wird diese von der entsprechenden Hauptebene des Linsensystems aus berechnet, dem optischen Mittelpunkt des Objektivs.

Eine Brennweite, die der Diagonalen des Aufnahmeformats (also der Sensordiagonalen) entspricht, wird als **Normalbrennweite** bezeichnet, die entsprechenden Objektive mit dieser Brennweite als **Normalobjektive**. Bei Sensoren im Kleinbildformat von 24x36 mm beträgt die Diagonale gut 43 mm, gebräuchlich als Normalobjektiv sind dennoch Objektive mit 50 mm Brennweite. Man kann Objektive von 40–55 mm Brennweite als Normalobjektive bezeichnen. Alle Objektive mit Brennweiten kleiner als 40 mm werden **Weitwinkelobjektive** genannt, und alle Objektive mit Brennweiten größer als 55 mm als **Teleobjektive**.

Genau genommen ist die Bezeichnung »Teleobjektiv« nur für die Objektive richtig, die eine spezielle Bauform aufweisen, die der Verkürzung der Gesamtkonstruktion dient. Da dieser Begriff aber für alle Objektive längerer Brennweite allgemein gebräuchlich ist, werde ich die Bezeichnung im Buch entsprechend verwenden. Objektive, die nur eine einzige Brennweiteneinstellung zulassen, nennt man auch **Festbrennweiten**, Objektive mit veränderlicher Brennweite heißen dagegen **Zoomobjektive**.

Bildwinkel | Der Bildwinkel beschreibt, welchen Winkel eine Kamera mit einem Objektiv erfassen kann. Der Bildwinkel hängt direkt von der verwendeten Brennweite und der Sensorgröße ab. Auf der Motivseite entspricht der Bildwinkel dem Sehwinkel. Je kürzer die Brennweite ist, desto größer ist der Bildwinkel, der mit der Linse oder dem Objektiv abgebildet werden kann. Je länger die Brennweite ist, desto enger ist der Bildwinkel und desto mehr erscheinen die abgebildeten Objekte vergrößert wie bei einem Fernglas.

Brennweite in mm	Bildwinkel quer	Bildwinkel hoch	Bildwinkel diagonal
12	112,62	90,00	121,66
14	104,25	81,20	113,86
17	93,27	70,44	103,33
20	83,97	61,93	94,14
24	73,74	53,13	83,71
28	65,47	46,40	75,04
35	54,43	37,85	63,12
50	39,60	26,99	46,54
70	28,84	19,46	34,15
85	23,91	16,07	28,39
100	20,41	13,69	24,27
135	15,19	10,16	18,10
200	10,29	6,87	12,27
300	6,87	4,58	8,20
400	5,15	3,44	6,15
500	4,12	2,75	4,92
600	3,44	2,29	4,10
800	2,58	1,72	3,08
1000	2,06	1,38	2,46

▲ **Tabelle 3.1**
Brennweiten und Bildwinkel

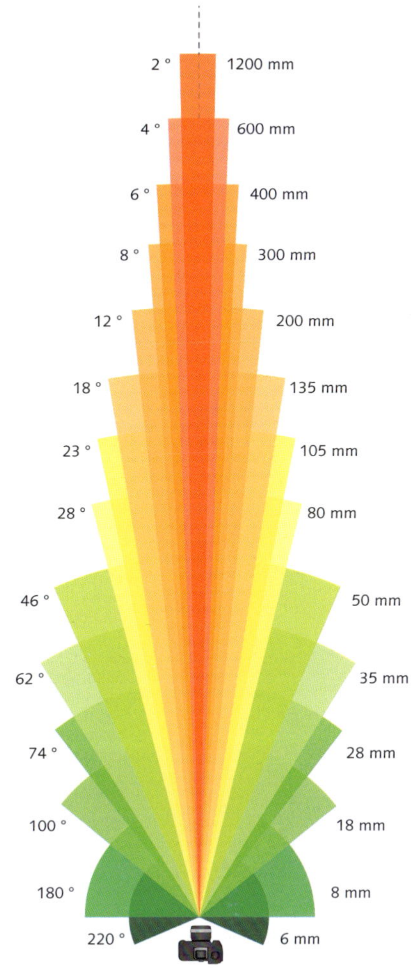

▲ **Abbildung 3.3**
Die Bildwinkel für Objektive von 12–1000 mm Brennweite (bei einem Vollformatsensor). Für kürzere Brennweiten (den Fisheye-Objektiven) stimmen aber die hier vorgestellten Formeln nicht mehr.

Ein Beispiel aus der Praxis: Sie möchten ein flaches Haus fotografieren, das zehn Meter breit ist, können aber nur fünf Meter weit zurücktreten. Ihr Abstand zum Motiv entspricht also der Hälfte seiner Breite. Wenn die verwendete Brennweite etwas kürzer ist als die Hälfte der Sensorbreite, können Sie das Haus formatfüllend erfassen. Bei einer Sensorbreite von 36 mm (einem Vollformatsensor also) sind 18 mm die Hälfte, 17 mm Brennweite müssten also ausreichen, um auch den Rand des Motivs zu erfassen.

Anders gerechnet: In diesem Beispiel ergibt sich ein notwendiger Sehwinkel von 90° horizontal. Wenn Sie in die unten stehende Tabelle schauen, sehen Sie, dass Sie mit 17mm noch ein bisschen Luft an beiden Seiten haben, weil diese Brennweite mit 93,27° horizontal ein wenig mehr an Bildwinkel liefert als die 90°, die notwendig sind, um die Breite formatfüllend abzubilden.

Für einen Sensor in APS-C-Größe ergibt sich eine kürzere Brennweite, denn mit circa 11mm Brennweite erzielen Sie den gleichen Bildwinkel wie mit 17mm Brennweite bei einem Vollformatsensor (siehe auch den Abschnitt »Cropfaktor« unten).

Man würde vermuten, dass der maximale Bildwinkel bei 180° liegt, und auch das natürlich nur bei einem sogenannten **Fisheye-Objektiv** mit extrem kurzer Brennweite. Nikon hatte allerdings früher ein Fisheye mit 6mm Brennweite im Programm, das einen Bildwinkel von 220° auszeichnete, also tatsächlich ein wenig nach hinten fotografieren konnte.

3.1.2 Cropfaktor

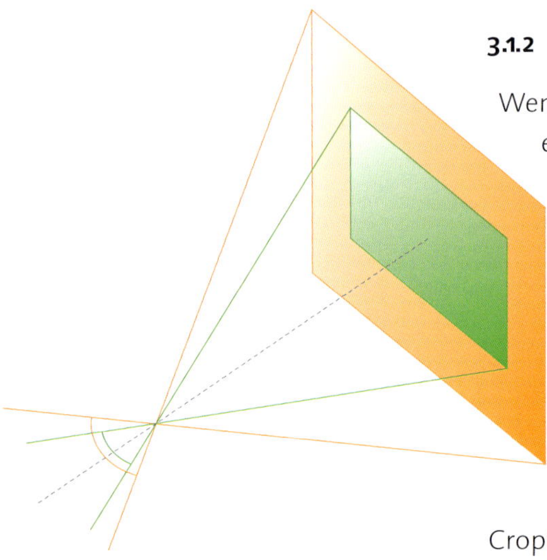

▲ **Abbildung 3.4**
Bei einer Kamera mit Cropfaktor (grün) wird nur ein Teil des Bildwinkels verwendet, den eine Kamera mit Vollformatsensor nutzen würde (orange). Der Bildwinkel entspricht einer um den Cropfaktor längeren Brennweite bei Vollformat. Ein 50-mm-Objektiv hat also bei einem Cropfaktor von 1,6 einen Bildwinkel wie ein 80-mm-Objektiv bei einem Vollformatsensor.

Wenn Sie ein Objektiv einer bestimmten Brennweite an eine Kamera mit einem kleineren Sensor als das Kleinbildformat (24x36 mm) anschließen, verkleinert sich der Bildwinkel um den gleichen Faktor, den der Sensor kleiner ist. Dieser Faktor wird Cropfaktor genannt, abgeleitet vom englischen *to crop*, das man mit »beschneiden« übersetzen kann.

Um nun die Brennweite zu ermitteln, die den gleichen Bildwinkel erzielt wie bei Sensoren in Kleinbildgröße (KB), müssen Sie die Brennweite durch den Cropfaktor teilen. Um die Brennweite zu berechnen, die bei Kleinbild den gleichen Bildwinkel wie ein Objektiv an APS-C erreichen würde, müssen Sie die Brennweite mit dem Cropfaktor multiplizieren. Ein 50-mm-Objektiv zum Beispiel hat also bei einem APS-C-Sensor den gleichen Bildwinkel, den ein 80-mm-Objektiv an einem Vollformatsensor erreicht. Dadurch ändert sich die Brennweite aber nicht von 50mm auf 80mm, sondern bleibt bei 50mm mit einem durch die Sensorgröße verkleinerten Bildausschnitt.

Es gibt also keine »Brennweitenverlängerung« (ein hier und da leider immer noch verwendeter Begriff für den Cropfaktor). Die Brennweite selbst bleibt immer durch den Abstand vom Sensor zur Hauptebene des Objektivs definiert und hat nichts mit der Sensorgröße zu tun. Deswegen trifft der Begriff Cropfaktor den Kern der Sache.

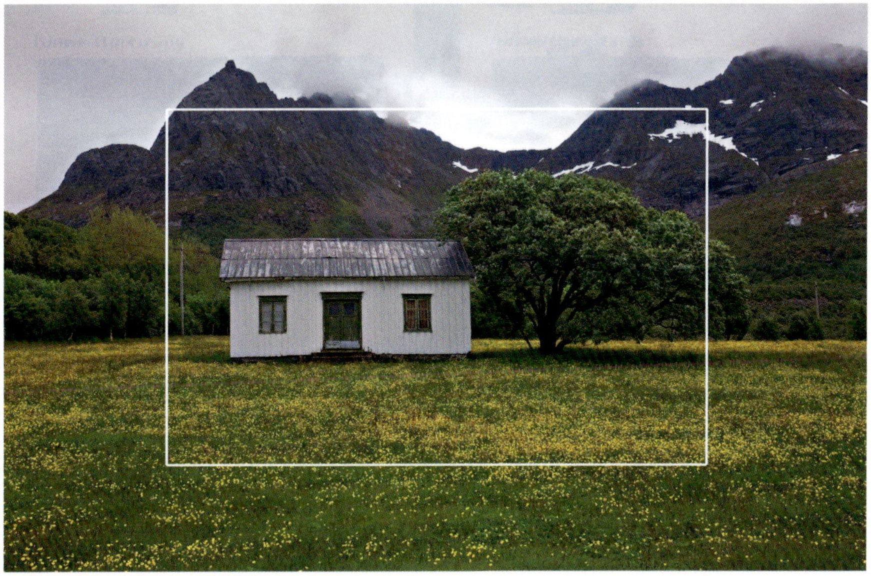

◂ **Abbildung 3.5**
Das Bild wurde mit 40 mm Brennweite an einer Vollformatkamera aufgenommen. Der weiße Rahmen zeigt den Ausschnitt, den eine Kamera mit APS-C-großem Sensor und einem Cropfaktor von 1,6 mit derselben Brennweite aufgenommen hätte.

Kameratyp	Cropfaktor	Normalobjektiv-Brennweite	50 mm wirken wie
Vollformat (KB)	1	50 mm	50 mm
Nikon APS-C	1,5	33 mm	75 mm
Canon APS-C	1,6	31 mm	80 mm
Four Thirds	2	25 mm	100 mm

◂ **Tabelle 3.2**
Cropfaktor und Brennweite

3.1.3 Perspektive

Ein weitverbreiteter Irrtum ist, dass Weitwinkelobjektive mit ihren kurzen Brennweiten eine andere Perspektive erzeugen als längere Brennweiten. Die Perspektive wird aber nur vom Standpunkt der Kamera bestimmt. Da Sie aber mit einem Weitwinkelobjektiv meist näher an das Motiv herangehen, erhalten Sie so auch eine andere Perspektive. Vom selben Standpunkt aus erzeugen ein Weitwinkelobjektiv und ein Normalobjektiv dieselbe Perspektive, das Normalobjektiv erfasst durch seinen geringeren Bildwinkel lediglich einen kleineren Ausschnitt des Motivs.

Das bedeutet aber auch, dass Sie in der Bildmitte dieselbe Perspektive vorfinden, wie vom selben Standpunkt aus mit einer langen Brennweite aufgenommen. Wenn Sie also Personen unverzerrt auf einer Weitwinkelaufnahme abbilden möchten, positionieren Sie sie nahe der Bildmitte. Am Bildrand erscheinen sie in die Breite verzerrt, und in den Ecken bekommen

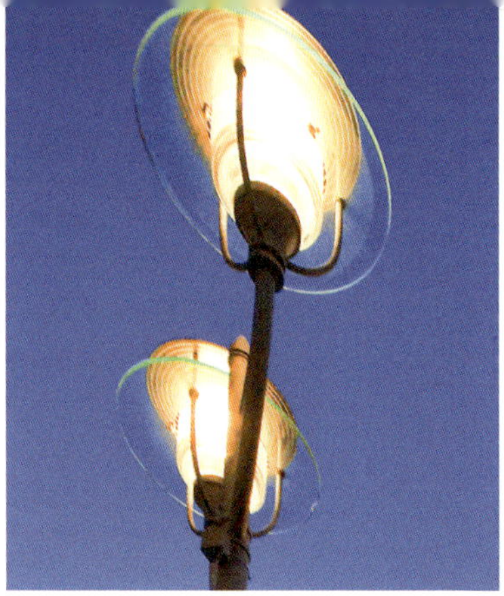

▲ **Abbildung 3.6**
In den Bildecken blickt die Kamera sehr schräg auf das Motiv, die Kreise der Lampen scheinen stark elliptisch verzerrt.

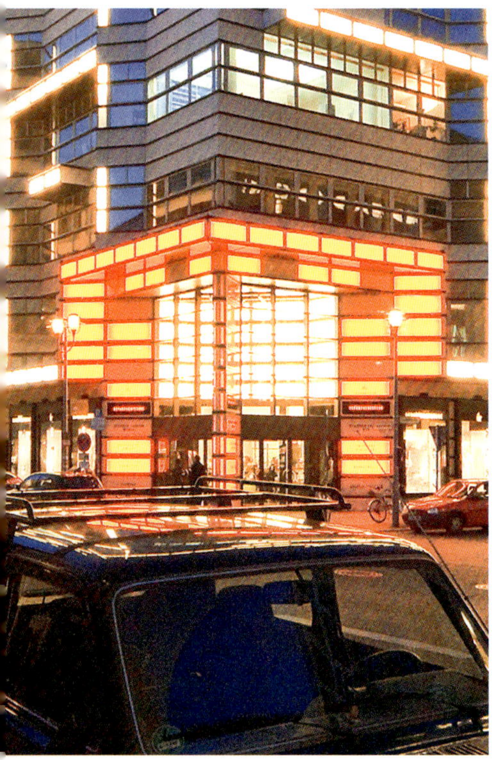

▲ **Abbildung 3.7**
Dieser Bildausschnitt entspricht einer Aufnahme mit 50 mm Brennweite, und die Perspektive wirkt entsprechend natürlich.

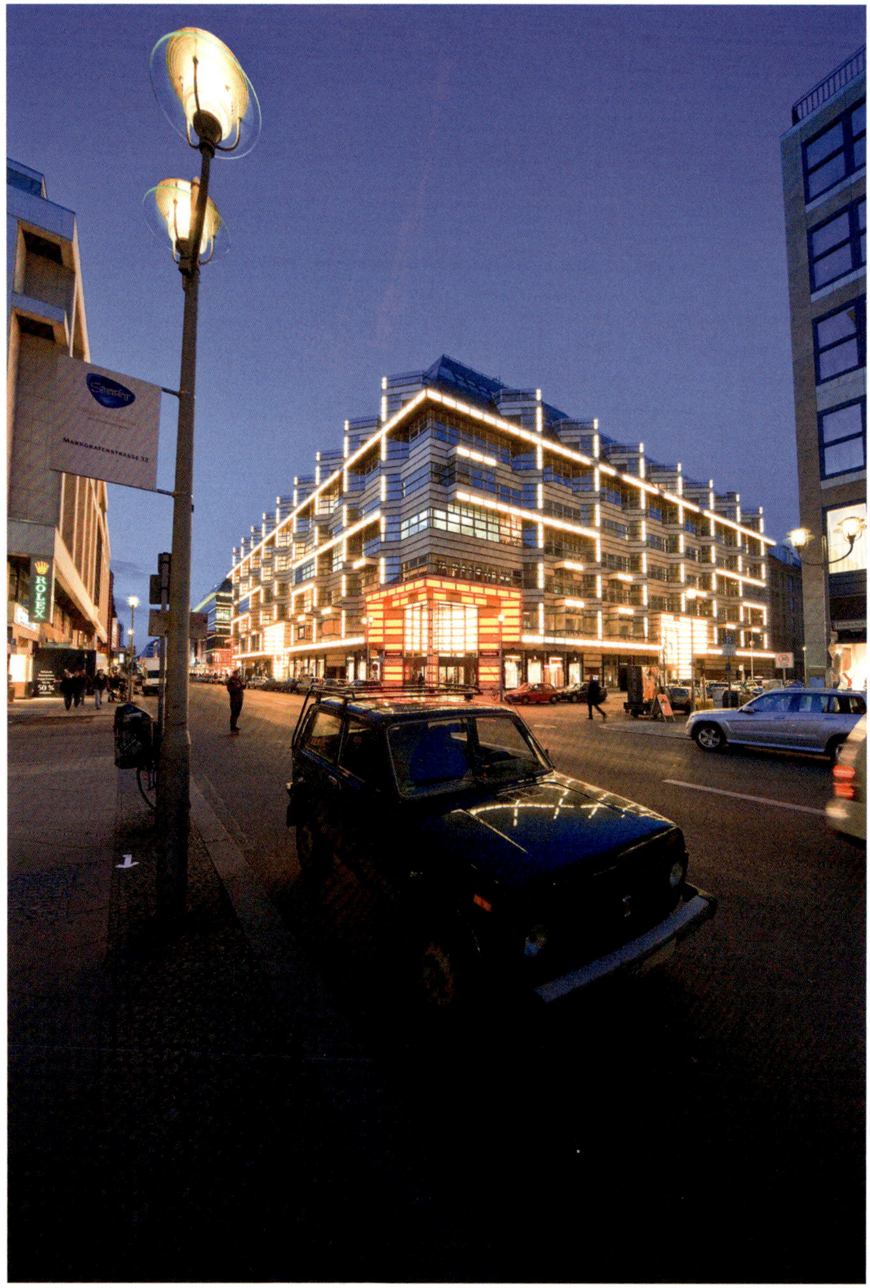

▲ **Abbildung 3.8**
Die Gesamtaufnahme wurde mit 12 mm Brennweite angefertigt. Die Perspektive erscheint übersteigert, auch weil ich durch den großen Bildwinkel sehr nah an das Auto im Vordergrund herangehen konnte.

sie »Eierköpfe«, die elliptisch zu den Bildecken zeigen. Die manchmal vorzufindende Empfehlung, größere Gruppen am besten mit Weitwinkelobjektiven aufzunehmen, ist also völliger Unsinn. Gehen Sie nach Möglichkeit nicht unter 35 mm Brennweite, um Personen an den Bildrändern nicht verzerrt darzustellen.

Anfänger neigen dazu, den Bildausschnitt über die Veränderung der Brennweite ihres Zoomobjektivs festzulegen. Vergessen Sie nie, dass Sie damit keinen Einfluss auf die Perspektive ausüben. Sehr häufig ist eine Veränderung des Standpunktes die bessere Wahl, abgesehen davon, dass Sie dann auch das Verhältnis von Vordergrund zu Hintergrund in der Bildkomposition bewusster wahrnehmen.

Wenn Sie an ein Foto so nah herangehen, dass Ihr Sehwinkel dem Bildwinkel bei der Aufnahme entspricht, wirkt die Perspektive wieder natürlich. Deswegen kann es sinnvoll sein, Weitwinkelaufnahmen größer auszudrucken als mit dem Teleobjektiv geschossene Aufnahmen, weil Sie dann bei gleicher Entfernung einen größeren Sehwinkel erreichen. Je kürzer die Brennweite ist, desto schwieriger ist es, den natürlichen Perspektiveindruck bei der Betrachtung des Bildes wiederherzustellen. Bei 12 mm Brennweite entspräche die natürliche Betrachtungsentfernung nur einem Drittel der langen Bildseite. Bei einen Abzug der Größe 60 x 40 cm müssten Sie also 20 cm nah herangehen, damit die Perspektive wieder stimmt.

3.1.4 Blende

Die Blende arbeitet ähnlich wie die Iris im Auge, um die Menge des einfallenden Lichts im Objektiv zu steuern. Sie ist eine Öffnung, die sich verkleinern kann, um die einfallende Lichtmenge zu begrenzen. Die Blende besteht meist aus Metalllamellen, die sich mechanisch oder elektromagnetisch sehr schnell schließen lassen, so dass sie eine kreisähnliche Form eines bestimmten Durchmessers annehmen kann.

Jeder Öffnungsweite der Blende ist eine bestimmte Blendenzahl zugeordnet, die sich rechnerisch aus der Brennweite geteilt durch den wirksamen Öffnungsdurchmesser des Objektivs ergibt. Mit letzterem ist nicht der tatsächliche Durchmesser der Blendenöffnung gemeint, sondern der Durchmesser, wie er von der Vorderseite des Objektivs erscheint. Das Linsensystem des Objektivs kann die Lichtstrahlen vor dem Eintritt in die Blendenöffnung bündeln, so dass der wirksame Öffnungsdurchmesser größer ist als der tatsächliche. Das Objektiv ist sozusagen die Lupe, durch die die Blende betrachtet wird, und sie kann deswegen größer erscheinen, als sie wirklich ist.

Wie groß dieser Durchmesser von der Motivseite gesehen erscheint, bestimmt also die wirksame Blende. Das hat den Vorteil, dass Sie den Blendendurchmesser auch selbst messen können, denn er ist von außen sichtbar.

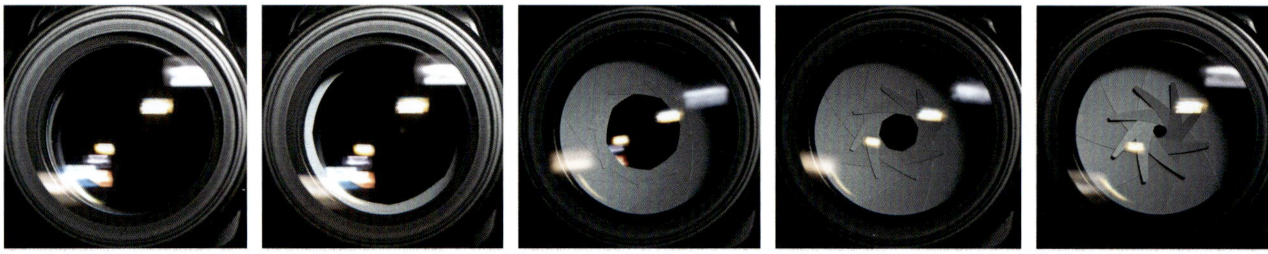

▲ **Abbildung 3.9**
Die Blende eines 85-mm-Objektivs (v. l. n. r.): Blende 1,8 (Offenblende), Blende 2,0, Blende 4,0, Blende 8,0, Blende 22 (maximal geschlossen) Sie sehen in dem voll geöffneten Objektiv sehr viel mehr Lichtreflexionen als im abgeblendeten. Die Blende beschneidet also auch die Spiegelungsmöglichkeiten im Objektiv und verringert so das Streulicht.

Durchmesser und Fläche | Halbiert sich der Durchmesser der Blendenöffnung, so verkleinert sich die Fläche der Öffnung um den Faktor 4. Es wird damit nur noch ein Viertel der Lichtmenge durchgelassen, und Sie müssen die Belichtungszeit um den Faktor 4 länger wählen, damit Sie auf Ihrem Bild die gleiche Helligkeit erhalten. Um den Lichteinfall zu halbieren, müssen Sie die Blende also nur um den Faktor $\sqrt{2}$ (circa 1,4) schließen.

Wenn man nun die Blendenzahl – Fotografen sprechen hier oft auch einfach nur kurz von der Blende – von 2,0 auf 2,8 verringert, halbiert sich die Fläche der Öffnung, und es kommt nur noch die Hälfte des Lichts hindurch. So ergeben sich also die anfangs seltsam erscheinenden Abstufungen der sogenannten **Blendenreihe**.

Ganze Blenden:
1 • 1,4 • 2 • 2,8 • 4 • 5,6 • 8 • 11 • 16 • 22 • (32 • 45 • 64 • 90 • 128)

Halbe Blenden:
1 • 1,2 • 1,4 • 1,8 • 2 • 2,5 • 2,8 • 3,5 • 4 • 4,5 • 5,6 • 6,7 • 8 • 9,5 • 11 • 13 • 16 • 19 • 22

Drittelblenden:
1 • 1,1 • 1,3 • 1,4 • 1,6 • 1,8 • 2 • 2,2 • 2,5 • 2,8 • 3,2 • 3,5 • 4 • 4,5 • 5 • 5,6 • 6,3 • 7,1 • 8 • 9 • 10 • 11 • 13 • 14 • 16 • 18 • 20 • 22

Da die Werte gerundet werden, können die Werte im Kameradisplay etwas abweichen. Canon stellt die Blendenwerte so wie oben gezeigt dar, bei anderen Kameras kann bei den halben Blenden zum Beispiel zwischen 1,4 und 2,0 eher 1,7 angegeben sein.

Blende und Belichtungszeit | In einem Beispiel möchte ich das Zusammenspiel von Blende und Belichtungszeit erläutern. Wenn Ihre Kamera an einem leicht bedeckten Tag bei ISO 100 eine Blende 8 und 1/125 s Belichtungszeit ermittelt, erzielen Sie mit den folgenden Kombinationen aus Blende und Verschlusszeit dieselbe Bildhelligkeit:

Blende	Verschlusszeit	Faktor der Abdunklung durch die Blende
1,0	1/8000 s	1
1,4	1/4000 s	2
2,0	1/2000 s	4
2,8	1/1000 s	8
4,0	1/500 s	16
5,6	1/250 s	32
8,0	1/125 s	64
11	1/60 s	128
16	1/30 s	256
22	1/15 s	512

◂ **Tabelle 3.3**
Zeit-Blenden-Kombination für dieselbe Bildhelligkeit

Sie müssen die Belichtungszeit also um den Abdunklungsfaktor der Blende verlängern, um trotz Abblendung auf dieselbe Helligkeit zu kommen.

Blende und Schärfe | Die Blende steuert aber nicht nur die Bildhelligkeit, sondern auch die Schärfe, und sie ist ein wichtiges Gestaltungselement. Wenn Sie die Blende ein wenig schließen – der Fotograf spricht vom **Abblenden** –, wird nicht nur die Schärfentiefe größer (siehe Seite 173), sondern auch die Schärfe insgesamt, weil die Abbildungsfehler, die jeder Linse von Natur aus zu eigen sind, bei offener Blende am deutlichsten werden. Die Blende beschneidet also auch die Unschärfekreise, die von Fehlern in der Objektivkonstruktion herrühren.

Wenn Sie zu weit abblenden, kommen Sie allerdings in den Bereich der **Beugungsunschärfe** (siehe auch Seite 180). Selbst bei minderwertigen Objektiven ist der Schärfegewinn zwischen Blende 16 und 22 geringer als die Zunahme an Beugungsunschärfe. Blende 22 sollten Sie also nur in Ausnahmefällen verwenden, wenn Sie die maximale Schärfentiefe oder die langen Belichtungszeiten unbedingt benötigen.

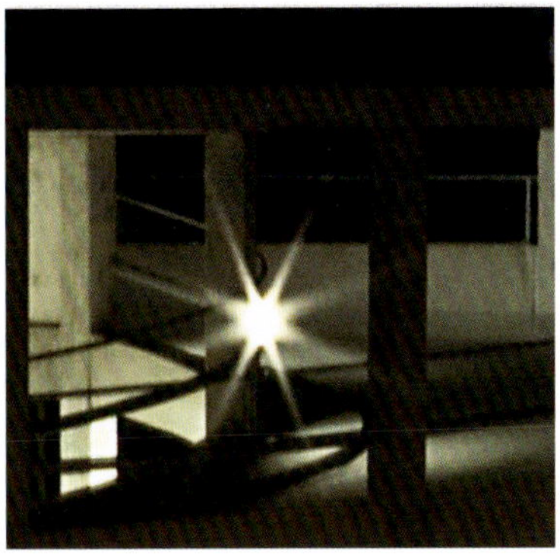

▴ **Abbildung 3.10**
Die Beugungsunschärfe bei starker Abblendung lässt sich am besten an hellen Lichtquellen feststellen. Hier bilden sich sogenannte Blendensterne.

Der Blendenwert, bei dem durch ein weiteres Abblenden die Zunahme der Beugungsunschärfe die Abnahme der Abbildungsfehler übertreffen würde, wird **kritische Blende** genannt. Bei Objektiven, die für Vollformat-

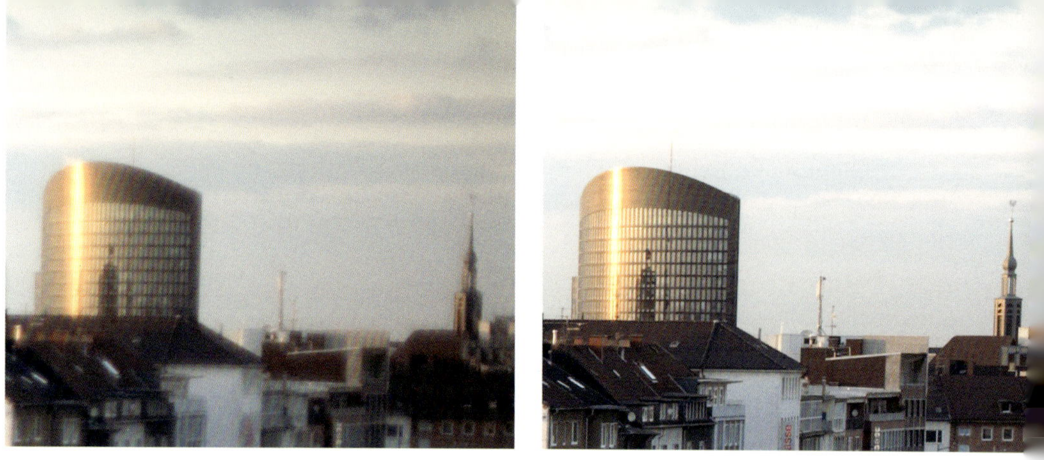

Abbildung 3.11 ▸
Diese beiden Aufnahmen unterscheiden sich nur in der verwendeten Blendenöffnung. Während links bei Offenblende die Fehler des kaputten 50-mm-Objektivs sehr deutlich zu sehen sind, ist der Bildausschnitt rechts bei Blende 16 scharf.

Anfangsblende
Die größtmögliche Blende eines Objektivs finden Sie üblicherweise auf dem Objektiv vermerkt. Ein Objektiv mit einer Anfangsblende von beispielsweise f1,4 ist dementsprechend als 1:1,4 gekennzeichnet.

Effektive Blende
Die effektive Blende ist die Blende, die sich aus der eingestellten Blendenzahl und zusätzlichen Faktoren (etwa einem Verlängerungsfaktor durch starken Objektivauszug oder eine Verdopplung durch einen 2-fach-Konverter) als tatsächlich wirksame Blende ergibt. Zum Beispiel: 100 mm, f2,8 im Maßstab 1:1 ergibt Verlängerungsfaktor 4 (2 Blenden), also eine effektive Blende von 5,6.

sensoren ausgelegt sind, ist das meist zwischen f5,6 und f8,0 der Fall. Je besser das Objektiv ist, desto kleiner ist die kritische Blende, desto weiter lässt sich also die Blende ohne Qualitätsverluste schließen.

In der Praxis sind die Abbildungsfehler in der Mitte und in den Ecken des Bildes unterschiedlich, so dass sich durch Abblenden in den Ecken noch eine Verbesserung ergibt, während das Bild in der Mitte schon wieder unschärfer wird. Wenn Sie ein Weitwinkelobjektiv auf Blende 11 abblenden, werden Sie oft ein besseres Ergebnis erzielen, als wenn Sie eine Blende zwischen f5,6 und f8,0 verwenden. Außerdem blenden Sie das Objektiv auch deswegen ab, weil Sie eine hohe Schärfentiefe erreichen wollen. Irgendwann aber wird die höhere Schärfentiefe von der Beugungsunschärfe wieder »aufgefressen«, deswegen lassen sich moderne Objektive meist nicht weiter als bis f22 abblenden. Beim Fotografieren im Nahbereich und einem Abbildungsmaßstab von 1:1 (das Motiv und seine Abbildung auf dem Sensor sind dann gleich groß), kämen Sie bei einem Makroobjektiv damit aber schon auf eine effektive Blende von f45. Damit sind Sie dann eindeutig hinter der Grenze der Beugungsunschärfe, und Sie erhalten ein insgesamt weiches und leicht unscharfes Bild.

Die Blende hat also vielfältige Einflussmöglichkeiten auf das fertige Bild. Um diese zum besseren Verständnis noch einmal zusammenzufassen, hier ein konkretes Beispiel. Wenn Sie ein 50-mm-Objektiv auf eine Entfernung von zwei Metern fokussieren und dann von Blende 2,0 auf Blende 4,0 abblenden, passiert Folgendes:

- Es wird nur noch ein Viertel des Lichts durchgelassen. Um dieselbe Belichtung zu erhalten, muss die Belichtungszeit viermal länger werden. Alternativ können Sie auch die ISO-Zahl vervierfachen.
- Die Abdunklung in den Bildecken (**Vignettierung**) verringert sich stark.
- Die Abbildungsqualität des Objektivs verbessert sich stark.
- Der Bereich der Schärfentiefe (**Schärfeebene**) reicht bei Blende 2 von 1,91 m bis 2,10 m und vergrößert sich bei Blende 4,0 auf 1,83 m bis 2,21 m.

- Die Unschärfekreise im Vorder- und Hintergrund halbieren ihre Größe. Grobe Details außerhalb der Schärfeebene sind so besser erkennbar.
- Die Beugungsunschärfe nimmt zwar zu, ist aber noch weit davon entfernt, die Bildqualität negativ zu beeinflussen.
- Das Streulicht innerhalb des Objektivs wird verringert.

3.1.5 Lichtstärke

Der Begriff der **Lichtstärke** bezeichnet die maximale Blendenöffnung eines Objektivs. Diese wird auch **Anfangsblende** oder **Offenblende** genannt. Je lichtstärker ein Objektiv ist, desto mehr des einfallenden Lichts wird bei Offenblende auf den Sensor gelangen.

Mit einem Normalobjektiv mit Offenblende von 1:1,4 kommen Sie bei ISO 3200 und Kerzenlicht auf eine Verschlusszeit von circa 1/30s. Das ist eine Zeit, mit der Sie noch Porträts aus der freien Hand schießen können. Wenn Sie stattdessen ein Zoomobjektiv mit einer Anfangsblende von 1:4 verwenden, lässt das Objektiv nur ein Achtel des Lichts durch im Vergleich zu einem Objektiv, das Ihnen eine Blende 1:1,4 erlaubt, so dass Sie für dieselbe Belichtung eine Verschlusszeit von 1/4s benötigen. Damit können Sie zwar mit einem Bildstabilisator noch scharfe Bilder aufnehmen – wenn Ihr Gegenüber stillhält –, aber Ihre Möglichkeiten sind gegenüber der spontanen Arbeitsweise mit einem f1,4-Objektiv enorm eingeschränkt. Eine hohe Lichtstärke hat noch einige weitere Vorteile:

- Das Sucherbild ist heller, weil mehr Licht auf die Mattscheibe fällt, denn beim Blick durch den Sucher sehen Sie das Bild immer bei Offenblende. Erst im Moment der Aufnahme schließt die Kamera die Blende auf den eingestellten Wert (**Arbeitsblende**).
- Der Autofokus hat es leichter, die Schärfe zu bestimmen, die genaueren Kreuzsensoren arbeiten häufig nur bis Blende 2,8 (siehe auch Kapitel 4, »Schärfe«, Seite 186).
- Die Schärfentiefe ist geringer und so lassen sich Motive besser gegen einen unscharfen Hintergrund freistellen.

Allerdings haben Objektive mit hoher Lichtstärke auch Nachteile:

- Der Konstruktionsaufwand steigt, und ein lichtstarkes Objektiv ist schwerer und teurer als eines mit geringerer Lichtstärke.
- Bei Offenblende ist eine hohe Schärfe am Bildrand nur schwer zu erzielen.

▼ **Abbildung 3.12**
Mit einem lichtstarken Objektiv können Sie auch bei schwachem Licht noch gut arbeiten.
50mm | f1,4 | 1/40s | ISO 5000

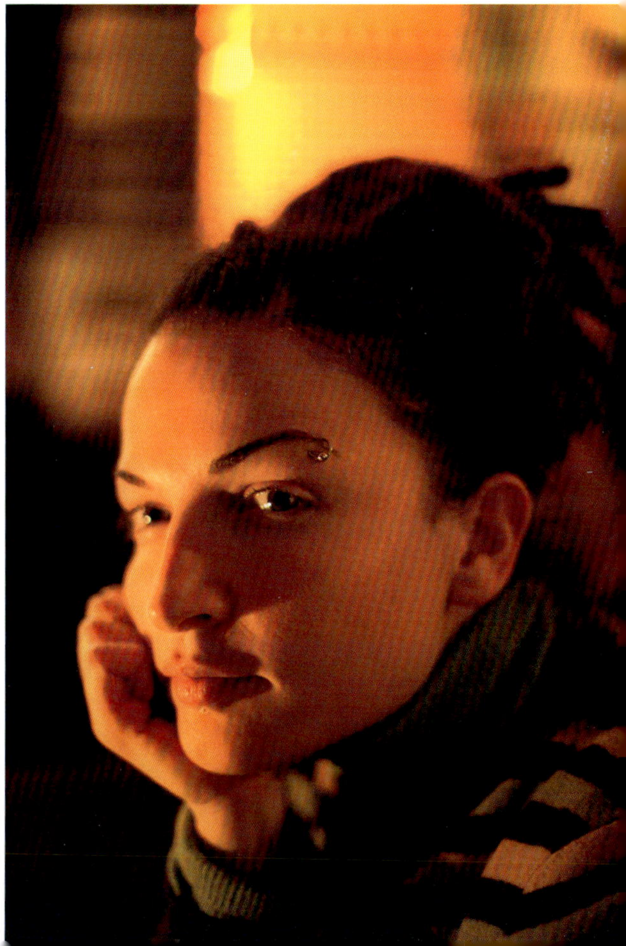

3.1.6 Farbzeichnung

Es ist keinesfalls selbstverständlich, dass eine Reihe unterschiedlicher Glaslinsen mit verschiedenen aufgedampften Metallschichten zur Reflexionsverminderung das Licht immer unverfärbt hindurch lässt. Selbst eine einzige Fensterglasscheibe färbt das Licht meist schon sichtbar grün. Die Hersteller achten sehr genau darauf, dass ihre Objektive das Licht möglichst farbneutral hindurchlassen und zueinander passen. Wenn Sie aber Objektive verschiedener Hersteller verwenden, kann es durchaus sein, dass sich die Bildergebnisse in der Farbe leicht unterscheiden. Ich besitze zum Beispiel ein Weitwinkelzoomobjektiv, das sich von meinen sonstigen Objektiven durch einen sichtbar wärmeren, gelblichen Farbton unterscheidet. In der Digitalfotografie lässt sich das einfach am Computer korrigieren, bei Diapositiven könnte sich der Effekt allerdings etwas störend bemerkbar machen.

3.2 Abbildungsfehler

In einer perfekten Welt würde eine sphärische Linse eine punktscharfe Abbildung erzeugen und jede Farbe würde im gleichen Maße von einer Linse gebrochen. In dieser Welt gäbe es aber auch keine Regenbögen, und das Licht hätte von morgens bis abends die gleiche Farbe. Der Himmel wäre immer grau, und Fotografie würde keinen Spaß machen. Zum Glück sind die Abbildungsgesetze viel komplizierter, und so müssen sich Objektivkonstrukteure mit einer Vielzahl von Fehlern herumschlagen und mehr oder weniger umfänglich Korrekturlinsen verwenden. Wegen der Abbildungsfehler besteht ein Objektiv stets aus mehreren hintereinanderliegenden Linsen.

Die technische Entwicklung hat inzwischen Objektive hervorgebracht, die oft der Grenze des physikalisch Möglichen nahekommen. Viele der verbleibenden Abbildungsfehler lassen sich auch nachträglich in der Kamera oder im Computer korrigieren. Es hilft aber, diese Fehler zu kennen, um schnell zu einer Qualitätseinschätzung eines Objektivs kommen zu können oder diese Fehler am Computer bestmöglich zu korrigieren, falls für eine Großvergrößerung einmal Perfektion gefordert ist.

3.2.1 Schärfefehler: sphärische Aberration und Koma

Eine Linse, die aus zwei Kreisbögen gebildet wird, bündelt das Licht nicht in einem Punkt. Die außen liegenden Strahlen werden dafür zu stark gebrochen und werden vor dem Brennpunkt abgebildet.

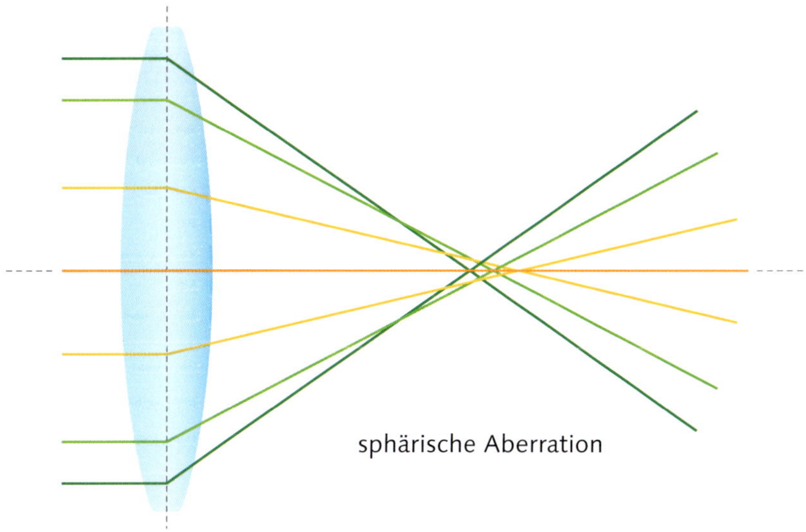

◂ **Abbildung 3.13**
Sphärische Aberration: Mit einer einzelnen sphärischen Linse werden selbst Lichtstrahlen gleicher Farbe nicht in einem gemeinsamen Brennpunkt gebündelt.

Im Ergebnis sind die Punkte im Bild unscharf, weil sich die unterschiedlichen Strahlen zu einem Kreis überlagern, statt einen scharfen Punkt zu erzeugen. Dieser Effekt nennt sich **sphärische Aberration**. Bei Objektiven versucht man diese durch Mehrlinsenkonstruktionen zu vermindern. Bei hochwertigen Konstruktionen werden oft Linsen verbaut, die nach außen flacher geschliffen wurden, sogenannte asphärische Linsen.

Wenn die Strahlen schräg parallel auf eine Linse auftreffen, werden sie je nach Neigung der Linse unterschiedlich stark abgelenkt. Im Ergebnis verformt sich ein Punkt außerhalb der Bildmitte schweifförmig. Dieser Effekt heißt **Koma**.

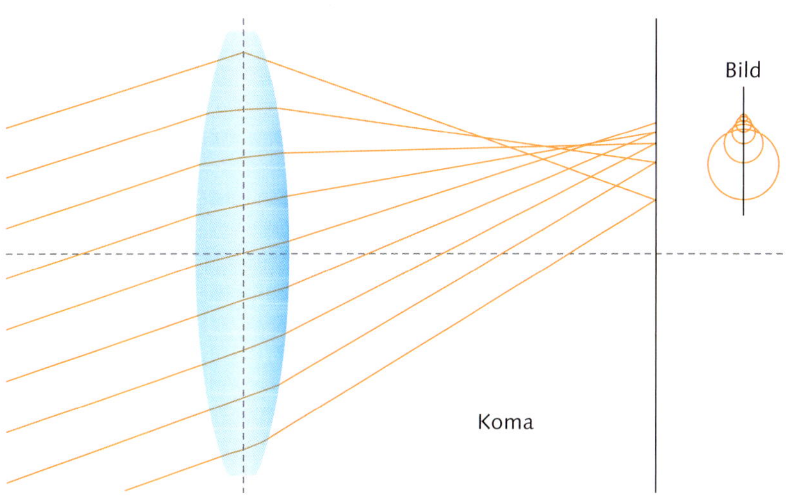

◂ **Abbildung 3.14**
Zum Bildrand hin wird die Koma immer stärker und resultiert in nach außen verwischenden Punkten.

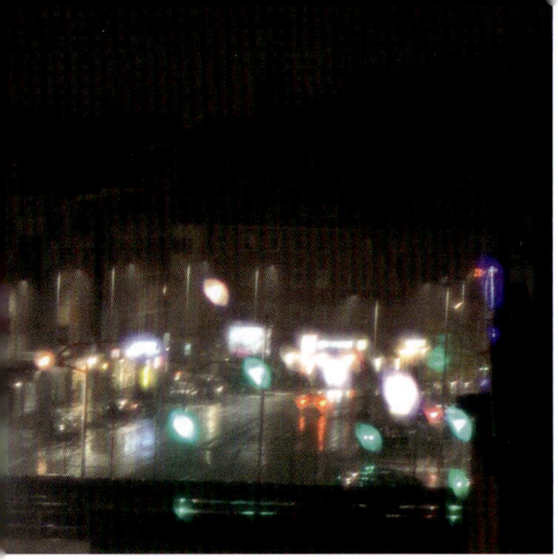

▲ **Abbildung 3.15**
Nach zwölf Jahren hatte sich in einem meiner Normalobjektive ein Linsenglied gelockert – gerade rechtzeitig, um ein Beispielfoto für eine deutliche Koma liefern zu können.

Sowohl die sphärische Aberration als auch die Koma lassen sich durch Abblenden verringern, was auch der Grund ist, dass die Abbildungsleistung jedes Objektivs steigt, wenn man es zwei bis drei Stufen abblendet. Allerdings lassen sich die Effekte durch aufwendigere Objektivkonstruktionen stark minimieren, so das gute Objektive auch bei Offenblende sehr scharf sind.

3.2.2 Bildfeldwölbung

Wenn ein flaches Motiv auf der Sensorseite nicht auf einer Ebene scharf abgebildet wird, sondern die Schärfezone durchgebogen erscheint, spricht man von **Bildfeldwölbung**.

Das hat zur Folge, dass Sie zwar auf jeden Punkt des Motivs scharfstellen können, aber nicht auf alle gleichzeitig. Wenn Sie auf die Ecke scharfstellen, wird die Mitte unscharf und umgekehrt. Das lässt sich in der Objektivkonstruktion natürlich auch korrigieren, es hat allerdings auch schon Labortests mit gekrümmten Sensoren gegeben. Vielleicht werden diese bei Handys oder Kompaktkameras auch in der Praxis irgendwann eingesetzt werden.

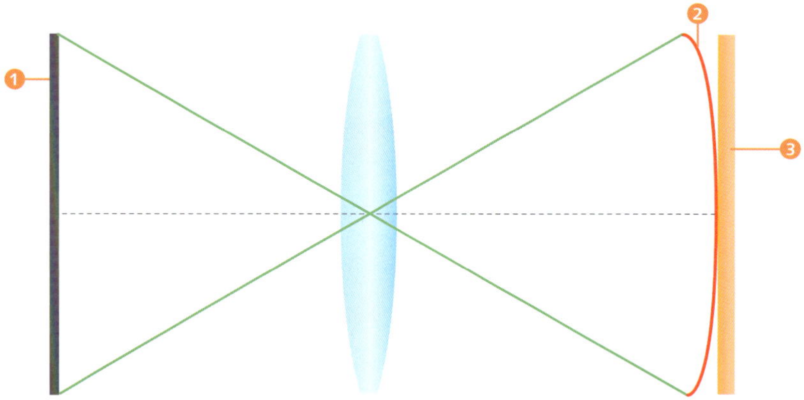

Abbildung 3.16 ▶
Das Motiv 1 wird durch die Bildfeldwölbung nicht auf eine flache Schärfeebene projiziert, sondern auf eine gebogene 2. Deshalb ist hier das Bild auf dem Sensor 3 nur in der Mitte scharf.

3.2.3 Farbfehler: chromatische Aberration

Eine einfache Glaslinse bricht das Licht umso stärker, je kürzer die Wellenlänge des Lichts ist, das heißt, blaues Licht wird weiter abgelenkt als rotes, und so kommen die einzelnen Spektralfarben in der Abbildung nicht auf einem Punkt zusammen.

Beim Objektivbau gibt es Methoden, um dieses Problem zu umgehen: der Einsatz von niedrigbrechenden Glassorten, Fluorit-Linsen oder Linsenkombinationen mit verschiedener Brechkraft, die ihre Abbildungsfehler gegenseitig

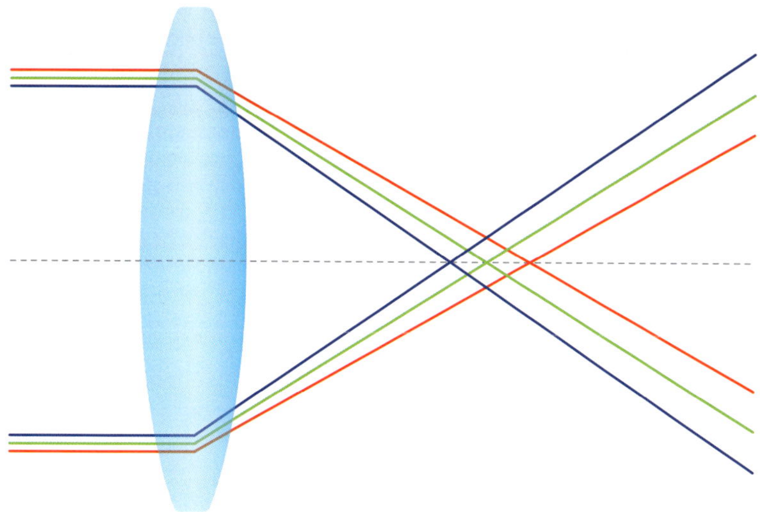

▲ **Abbildung 3.17**
Eine Glaslinse bricht das Licht wie ein Prisma in seine Spektralfarben. Damit daraus im Bild keine Farbsäume entstehen, muss bei der Objektivkonstruktion ein großer Korrekturaufwand betrieben werden. Dennoch bleiben bei manchen Objektiven sichtbare chromatische Aberrationen übrig.

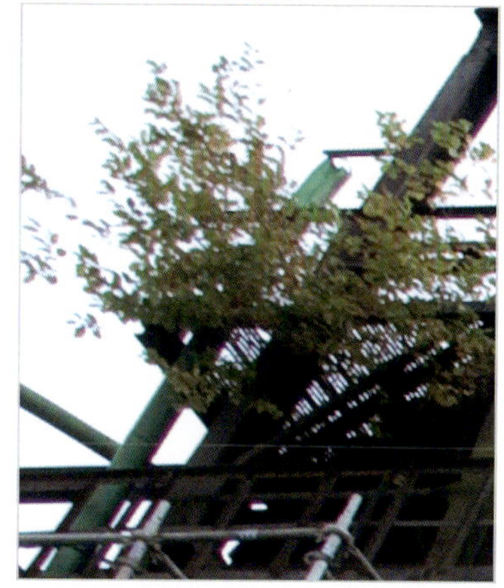

▲ **Abbildung 3.18**
Chromatische Aberrationen zeigen sich besonders in den Bildecken meist als grüne und magentafarbene Farbsäume. Manchmal sind sie auch blau und gelb.

ausgleichen. Objektive, die es schaffen, die drei Grundfarben Rot, Grün und Blau exakt übereinander abzubilden, werden als **Apochromat** bezeichnet.

Chromatische Aberration lässt sich aus einem Digitalbild wieder herausrechnen, denn die Farbanteile für Rot, Grün und Blau werden in einem RGB-Bild getrennt gespeichert, und diese einzelnen Farbkanäle lassen sich korrigieren. Vor allem der Rot-Kanal muss etwas vergrößert werden, damit die Farbsäume nicht mehr sichtbar sind.

Dabei bleibt nur wenig von der Unschärfe übrig. RAW-Konverter, die die Objektiveigenschaften kennen, können das auch automatisiert erledigen. Die Nikon D3 kann die chromatische Aberration sogar selbst ausmessen und auch für unbekannte Objektive bei der Umrechnung vom RAW- ins JPEG-Format korrigieren.

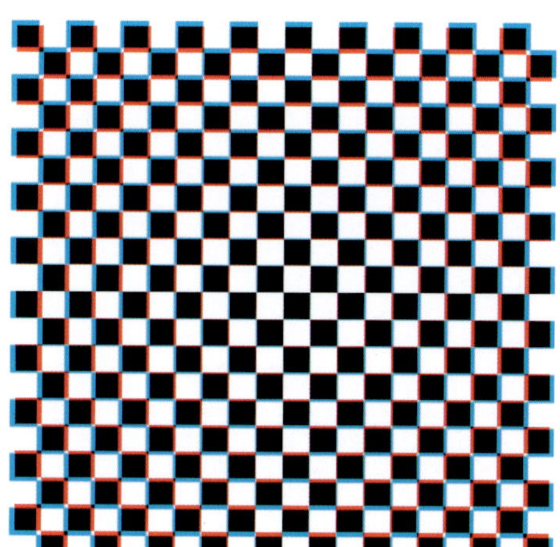

◂ **Abbildung 3.19**
Mit dem Objektivkorrekturfilter von Photoshop wurde eine künstliche, starke chromatische Aberration erzeugt. Man sieht, dass das rote Teilbild zu klein ist. Würde man es so weit vergrößern, dass es über den cyanfarbenen Quadraten zu liegen käme, wäre die chromatische Aberration korrigiert und das Bild schärfer. Chromatische Aberration resultiert aus der unterschiedlichen Vergrößerung der einzelnen Farbbestandteile und lässt sich deswegen auch relativ gut korrigieren.

3.2.4 LoCA

Die chromatische Aberration hat noch einen weniger bekannten Bruder, die **longitudinale chromatische Aberration** (loCA). Sie kennen die magenta-grünen Kanten an kontrastreichen Bildbereichen, wie zum Beispiel bei Ästen gegen den Himmel. Selbst wenn diese gut auskorrigiert sind, heißt das noch nicht, dass sich die Farben in der Unschärfe genauso gut treffen. In der Tiefe außerhalb der Schärfe kann es zu Farbfehlern kommen, gegen die auch Bildbearbeitungssoftware noch nicht viel ausrichten kann.

Die loCA ist ein verhältnismäßig unbekannter Bildfehler, der sich aber mit unscharf gestellten schwarzweißen Mustern sehr leicht überprüfen lässt. Wenn diese nicht neutral bleiben, sondern an den Kanten weich ins Magenta und Grün gehen, ist die loCA überführt.

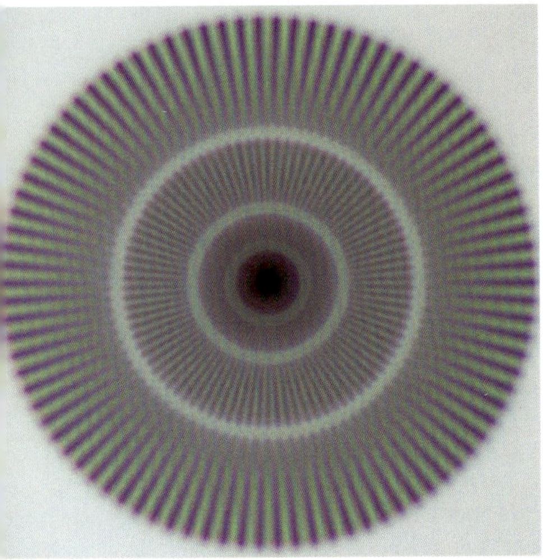

▲ **Abbildung 3.20**
Hier wurde absichtlich fehlfokussiert, um auf loCA zu testen. Die grün-magentafarbenen Abweichungen sind bei diesem Objektiv aus den 1970er Jahren sehr deutlich zu sehen.

3.2.5 Reflexionen

Wenn Licht durch eine Glasscheibe fällt, wird immer ein bestimmter Teil reflektiert. Bei einem Objektiv ist es nicht anders, mit dem Unterschied, dass dort oft über zwanzig Glasflächen Reflexionmöglichkeiten bieten. Ohne Gegenmaßnahmen wäre ein großer Teils des Lichts, das auf dem Sensor ankommt, Streulicht von verschiedenen Reflexionen. Außerdem würde diffuses Licht von den Innenseiten des Objektivs gestreut werden. Das Bild würde weich und matschig, Details in den Schatten wären überlagert.

Die Objektivhersteller bedampfen deswegen die Linsen mit mikroskopisch dünnen Metallschichten, innerhalb derer sich die Reflexionen selbst auslöschen. Dieser Vorgang wird als **Vergütung** bezeichnet. So wird nur noch ein kleiner Teil des Lichts reflektiert, und dieser hat dann eine bestimmte Farbe, weil die Beschichtung einen bestimmten Farbbereich stärker reflektiert. Die Linsen werden aber unterschiedlich bedampft, so dass sich die Farben der

Abbildung 3.21 ▶
Das weiße Blitzlicht wird von den Linsen des Telezoomobjektivs in verschiedenen Farben zurückgespiegelt. Die Gesamtreflexionen sind sehr viel geringer als bei unvergüteten Objektiven, die heute allerdings gar nicht mehr hergestellt werden.

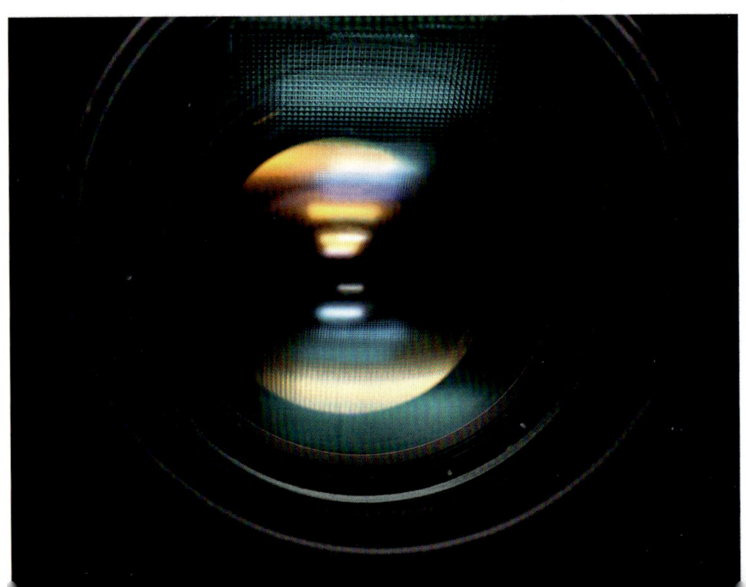

Reflexionen von Linse zu Linse ändern. Das hat den großen Vorteil, dass zum Beispiel eine gelb eingefärbte Reflexion von einer anderen Linse, die eher blaues Licht zurückwirft, gar nicht reflektiert wird. Deswegen sehen die Lichtreflexionen einer weißen Lichtquelle beim Blick in das Objektiv bunt aus. Das Licht wird dabei nicht ausgelöscht, sondern geht durch das Glas hindurch und landet auf dem Sensor. Vergütete Objektive sind also lichtdurchlässiger als unvergütete. Objektivkonstrukteure können mit der Vergütung auch die Farbzeichnung eines Objektivs feinabstimmen.

Heute werden praktisch alle Objektive mehrfach vergütet, so dass dies in der Bezeichnung der Objektive gar nicht mehr gesondert Erwähnung findet. Wenn Sie ein Filter kaufen, sieht das schon anders aus. Hier finden Sie bei den Filtern, die Sie sinnvollerweise verwenden sollten, das Kürzel MC, das für *multi-coated* steht (auf deutsch »mehrfach vergütet«).

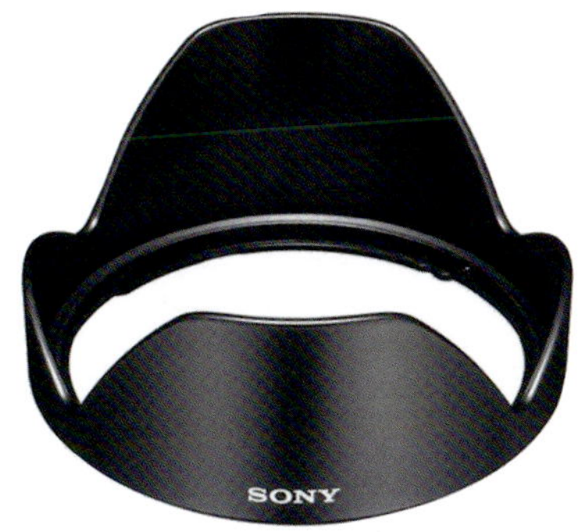

▲ **Abbildung 3.22**
Die Streulichtblende für das 16–105-mm-Zoomobjektiv von Sony. Die unregelmäßige Form ergibt sich daher, dass das Licht, das nicht auf den rechteckigen Sensor fallen würde, abgeschirmt werden soll (Bild: Sony).

3.2.6 Streulicht

Trotz aller Vergütung ist es sinnvoll, in das Objektiv möglichst nur das Licht hineinzulassen, das auch für das Foto gebraucht wird. Dafür steckt man vorne auf das Objektiv eine **Streulichtblende**, die Bereiche außerhalb des Bildwinkels abschattet. So kann von vornherein weniger schräg einfallendes Licht in das Objektiv gelangen, und die Reflexionen und die Gefahr der Kontrastminderung werden minimiert. Im Gegensatz zu einem UV-Filter gehört eine Streulichtblende praktisch vor jedes Objektiv. Ausgenommen sind nur

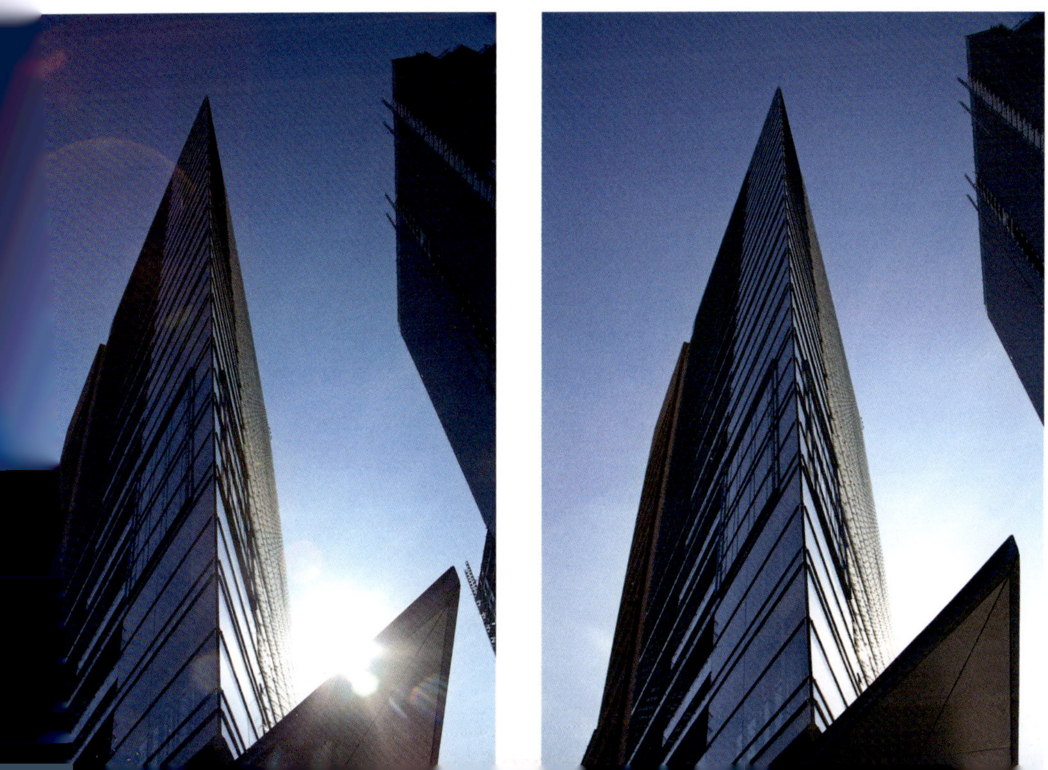

◄ **Abbildung 3.23**
Wenn Sie gegen die Sonne fotografieren, lassen sich Reflexionen im Objektiv kaum vermeiden. Sie können Sie durch Abblenden verringern, aber oft erlaubt auch eine geringe Änderung der Perspektive, die Sonnenscheibe durch einen Baumstamm oder wie hier durch ein Vordach zu verdecken.

Abbildung 3.24 ▸
Mit einem 600-mm-Objektiv wurde hier gegen die untergehende Sonne fotografiert. Das Streulicht färbt die Schatten rotorange und verstärkt die Stimmung des Bildes. Streulicht kann also gestalterisch genutzt werden.
600 mm | f5,6 | 1/125 s | ISO 200 | Stativ

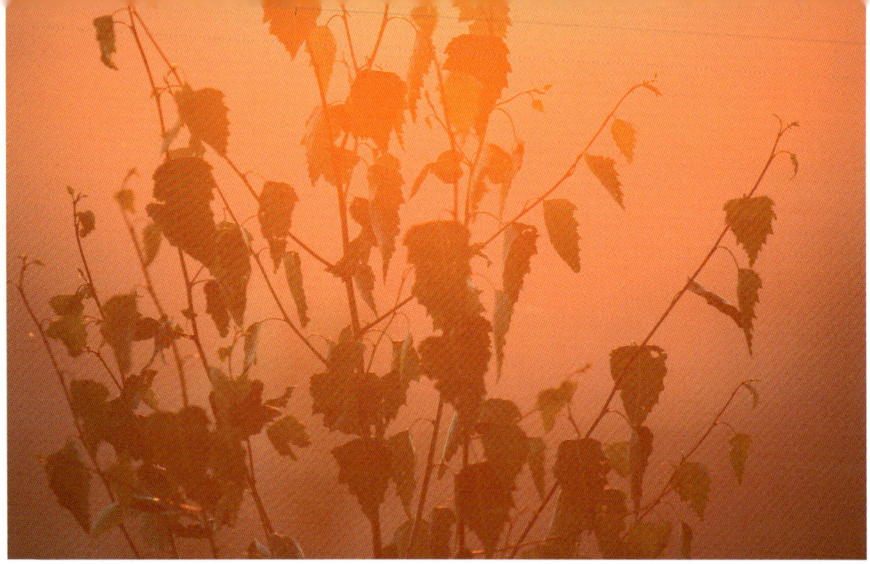

die Objektive, die durch Ihre Konstruktion bereits eine Streulichtblende beinhalten. Ich besitze zum Beispiel ein Makroobjektiv, dessen Frontlinse gegen den Objektivtubus um vier Zentimeter zurückgesetzt ist. Ein Fisheye mit einem Bildwinkel von 180° benötigt natürlich auch keine Streulichtblende, da sämtliches einfallende Licht dafür bestimmt ist, auf den Sensor zu gelangen. Eine Streulichtblende würde hier einen Tunnelblick erzeugen.

3.2.7 Vignettierung

Lichtstrahlen, die schräg ins Objektiv einfallen, werden bei offener Blende weniger gut hindurchgelassen, als solche, die gerade hindurchgehen. Wenn Sie direkt von vorn auf ein Objektiv blicken, sehen Sie einen Kreis als Öffnung. Blicken Sie dagegen schräg darauf, sehen Sie nur eine kleinere Fläche aus zwei Kreisbögen. Das Objektiv schattet sich sozusagen selbst ab.

Aus diesem einfachen geometrischen Grund kommt in den Bildecken weniger Licht an als in der Mitte. Diesen Effekt nennt man **Vignettierung**. Zudem kann ein Sensor – anders als ein Film – schräg einfallende Strahlen schlechter nutzen als gerade einfallende. Die Kamera verstärkt diesen Effekt also noch. Im Extremfall kann der Unterschied gute zwei Blenden betragen, so dass die Bildecken mehr als viermal dunkler sein können als

▾ Abbildung 3.25
In diesem Bild ist die Randabdunklung oder Vignettierung deutlich zu sehen. Abblenden hätte geholfen, aber das Licht war schon schwach.
50 mm | f1,8 | 1/125 s | ISO 1000

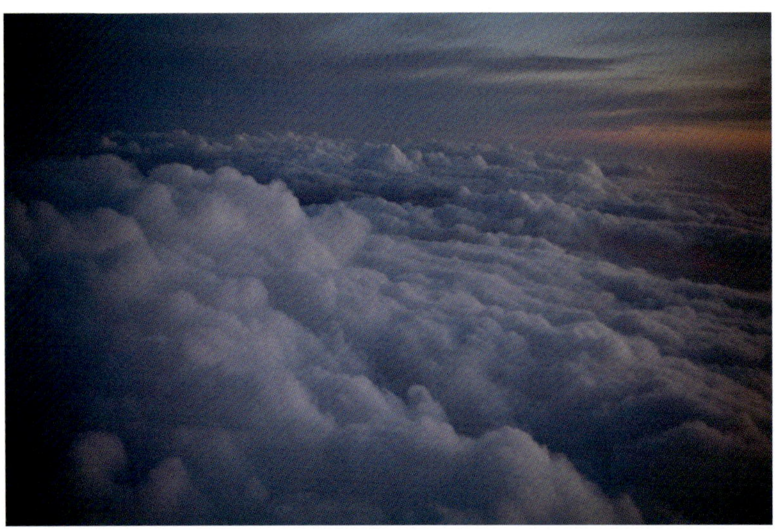

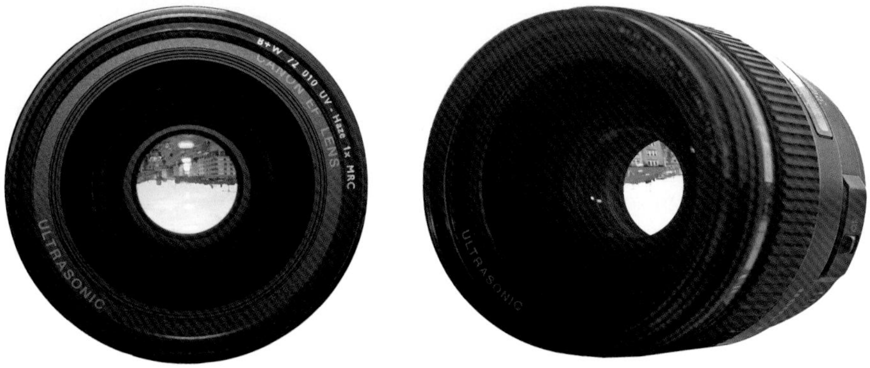

◂ **Abbildung 3.26**
Links: Lichtstrahlen, die gerade durch das Objektiv fallen, nutzen die volle Kreisöffnung.
Rechts: Schräg einfallenden Strahlen bietet das Objektiv weniger Durchlassöffnung, die Bildecken werden somit dunkler als die Bildmitte – das Objektiv vignettiert.

die Mitte. Dieser Effekt lässt sich allerdings deutlich verringern, wenn Sie die Blende um zwei Stufen schließen, also zum Beispiel mit Blende 5,6 statt Blende 2,8 fotografieren. Jetzt müssen die Strahlen nur noch durch die Mitte des Objektivs hindurch, und dieser Bereich ist von der Abschattung nicht oder nur noch sehr wenig betroffen. Eine leichte Randabdunklung bleibt trotzdem erhalten, weil die Lichtstrahlen, die gerade einfallen, durch einen Kreis gehen, die schräg einfallenden aber durch eine kleinere Ellipse (das ist die sogenannte natürliche Vignettierung). Die natürliche Vignettierung ist umso stärker, je weitwinkliger das Objektiv ist.

Im professionellen Bereich wird diese natürliche Vignettierung manchmal mit einem **Centerfilter** ausgeglichen, das in der Mitte dunkler ist als am Rand. Sie müssen dann etwas überbelichten, damit die Vignettierung am Bildrand und die Filterabdunklung in der Bildmitte kompensiert werden. Das Ergebnis ist ein Bild mit annähernd gleichmäßiger Helligkeitsverteilung von der Mitte zum Rand.

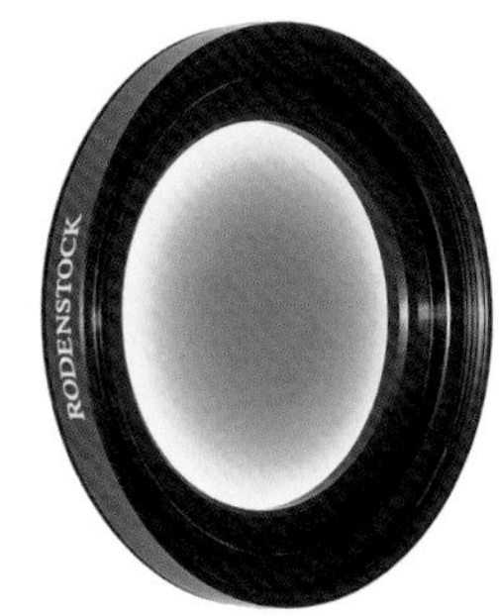

▴ **Abbildung 3.27**
Ein Centerfilter ist in der Mitte dunkler als am Rand und gleicht so die Vignettierung aus. Bei DSLRs ist die Verwendung allerdings unüblich, denn die Vignettierung kann digital recht gut ausgeglichen werden.

Viele Kameras können die Vignettierung bei der JPEG-Erzeugung herausrechnen, wenn Sie das in den Optionen so einstellen. Bedenken Sie aber, dass eine Vignettierung durchaus auch gewollt sein kann, weil sie die Aufmerksamkeit auf die Bildmitte lenkt und die Atmosphäre des Bildes verstärken kann.

Eine letzte Form der Vignettierung soll der Vollständigkeit halber noch erwähnt werden: Wenn die Streulichtblende nämlich nicht gerade auf dem Objektiv sitzt, schattet sie die Bildecken ab. Da dieser Umstand bei Offenblende im Sucher weniger gut zu sehen ist als bei der Arbeitsblende (mit der das Bild letztendlich entstehen soll), kann man das schnell einmal übersehen. Eine kurze Überprüfung schadet also nicht. Es lohnt sich ohnehin, regelmäßig auf das Display zu schauen, um die aufgenommenen Bilder zu überprüfen. Das hilft, einen Großteil der technischen Fehler zu vermeiden.

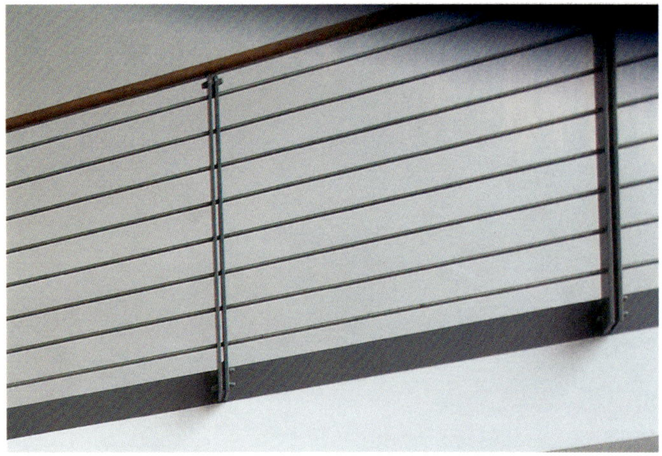

Abbildung 3.28 ▸
In diesem Bildausschnitt der rechten oberen Ecke einer Architekturaufnahme sieht man gut die Vignettierung, die sich durch eine schrägsitzende Streulichtblende ergeben kann. Im Sucher ist das weniger deutlich zu erkennen, da diese Vignettierung bei Offenblende viel unschärfer ist.

3.2.8 Verzeichnung

Von einem Fisheye-Objektiv einmal abgesehen, soll jedes Objektiv gerade Linien natürlich auch gerade abbilden. In der Praxis ist das leider oft nicht der Fall, so dass insbesondere Linien am Bildrand gebogen erscheinen. Der Grund hierfür ist, dass der Vergrößerungsmaßstab abhängig vom Abstand zum Bildmittelpunkt leicht schwankt. Dieser Effekt wird **Verzeichnung** genannt und kommt besonders bei Zoomobjektiven und Weitwinkelobjektiven vor. Man unterscheidet drei Arten der Verzeichnung:

1. Tonnenförmig: Die Linien erscheinen nach außen gewölbt ❶.
2. Kissenförmig: Die Linien erscheinen nach innen gewölbt ❷.
3. Wellenförmig: Die Linien erscheinen abwechselnd nach außen und innen gewölbt ❸.

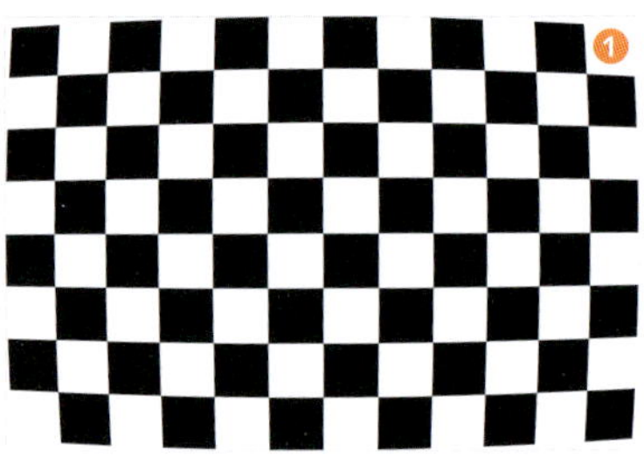

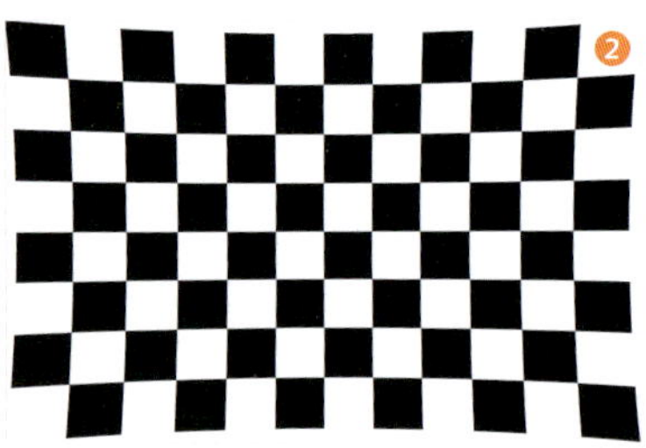

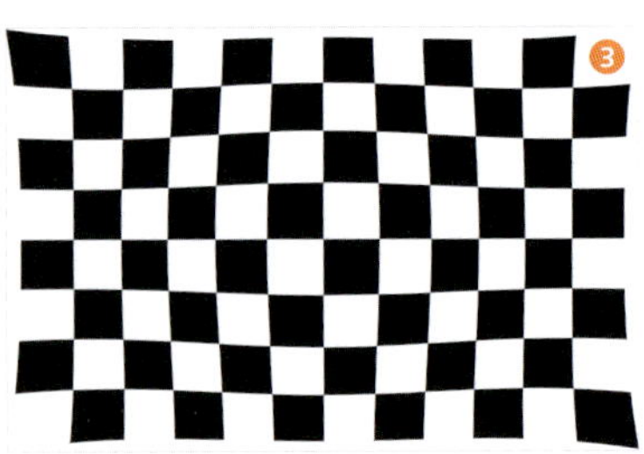

Die tonnenförmige und die kissenförmige Verzeichnung lassen sich in der Bildbearbeitung (zum Beispiel in Adobe Photoshop) leicht korrigieren, die wellenförmige aber nur mit speziellen Objektivprofilen seit CS5, die Sie allerdings mit überschaubarem Aufwand selbst erstellen können (siehe Seite 553).

Viele Motive besitzen gar keine geraden Linien, so dass die Verzeichnung für den Bildeindruck oft unwichtig ist. Bei Architekturaufnahmen oder anderen Aufnahmen mit deutlichen geraden Linien aber ist das anders, und die Verzeichnung sollte korrigiert werden. Dies ist auf Dauer lästig, und es lohnt sich, bereits bei der Objektivauswahl auf die Verzeichnung zu achten. In den technischen Daten jedes Objektivs wird die Verzeichnung in Prozent angegeben. Verzeichnungswerte von unter 0,5 % werden kaum wahrgenommen, 3 % Verzeichnung dagegen sind schon deutlich sichtbar. Die Beispielgrafiken ❶ und ❷ wurden mit 10 % Verzeichnung erstellt.

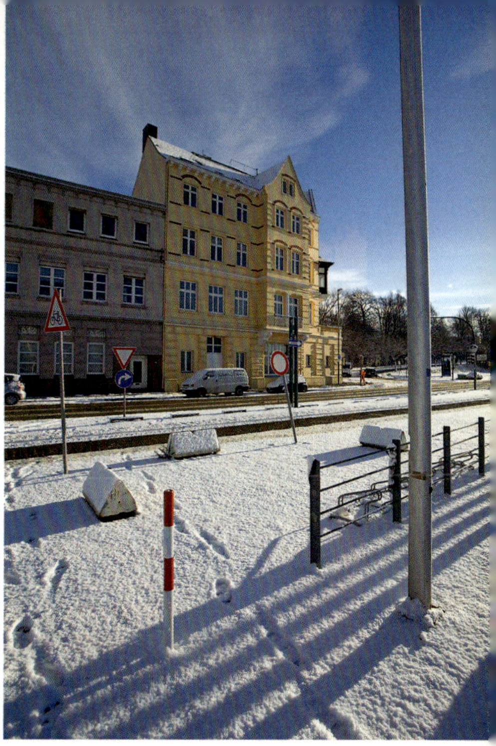

▲ **Abbildung 3.29**
Der Fahnenmast rechts wirkt in dieser Aufnahme verbogen, obwohl er in Wirklichkeit ganz gerade ist. Die tonnenförmige Verzeichnung des Objektivs biegt ihn zur Bildmitte hin nach außen.

OBJEKTIVFEHLER IN DER NACHBEARBEITUNG HERAUSRECHNEN

Bestimmte Objektivfehler, wie die chromatische Aberration oder eine Vignettierung, können heute schon innerhalb der Digitalkamera herausgerechnet werden, wie zum Beispiel bei der Nikon D3. Andere, wie eine Verzeichnung oder ein Randabfall der Schärfe, können weitgehend im RAW-Konverter oder im Bildbearbeitungsprogramm kompensiert werden. Es gibt auch Spezialsoftware, die sich hauptsächlich um die Kompensation von Objektivschwächen kümmern, wie zum Beispiel DXO-Optics oder PT-Lens. Auch Adobe Photoshop kann Verzeichnung, Vignettierung und chromatische Aberration aus einem Bild entfernen.

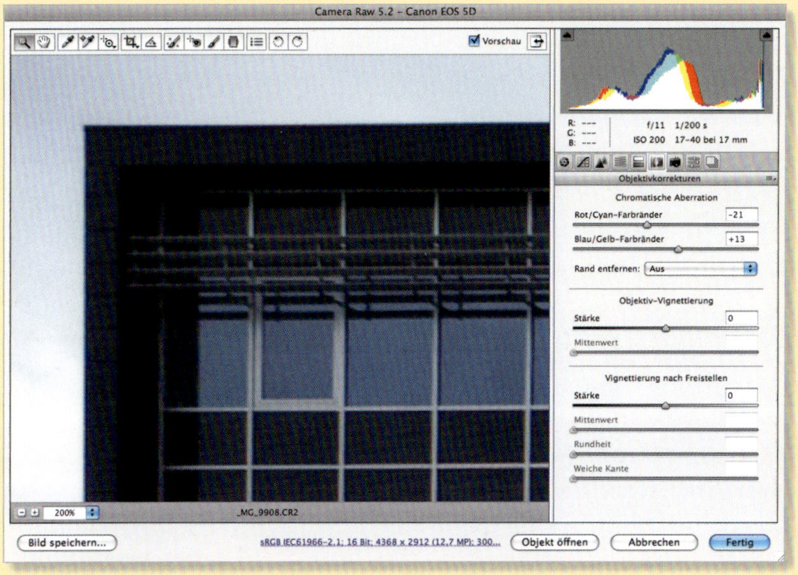

▲ **Abbildung 3.30**
Die chromatische Aberration lässt sich in Adobe Camera Raw meist gut herausrechnen. Dunkle Kanten vor hellem Himmel sind besonders kritische Bereiche.

3.3 Die Objektivgüte einschätzen

Um die optische Qualität eines Objektivs abzubilden, ist es nicht mit einer Zahl getan, denn die Abbildungsqualität variiert mit der eingestellten Blende und über die Sensorfläche. Deswegen haben sich zur Bewertung sogenannte **MTF-Kurven** verbreitet. MTF steht für *Modulation Transfer Function*, was man mit »Kontrast-Übertragungsfunktion« übersetzen kann.

MTF-Kurven fassen die Schärfeleistung eines Objektivs zusammen, so muss man nicht etliche Testbilder pro Blende und Sensorbereich veröffentlichen, sondern erhält eine klare Grafik, die alles Wesentliche enthält. MTF-

Am Rande
Wenn Sie sich mit dem Thema MTF-Kurven detaillierter beschäftigen möchten, finden Sie dazu auf der Buch-DVD eine PDF-Datei von Hubert Nasse von Carl Zeiss.

LP/MM

Ein Linienpaar (LP) besteht aus einer schwarzen und einer weißen Linie nebeneinander. 10 Linienpaare benötigen also mindestens 20 Pixel, um sie abbilden zu können.

Kurven zu erstellen, setzt spezielle Messtechnik voraus, das ist nichts, was Sie normalerweise zu Hause erarbeiten könnten. Sie sollten sie allerdings lesen können, weil Sie zu den besten Informationen gehören, die über die Objektivqualität veröffentlicht werden.

Für die MTF-Kurve misst man den Kontrast, der von einem schwarzweißen Streifenmuster übrig bleibt. Dieses Muster wird einmal zur Bildmitte zeigend angeordnet (sagittal) und einmal quer dazu (tangential) aufgenommen. Die Streifen sind dabei unterschiedlich dicht angeordnet, um die Auflösung zu testen.

Schärfe ist eine Kombination aus Auflösung und Kontrast. Der erzielbare Kontrast sinkt, je feiner die aufzulösenden Strukturen sind. Deswegen wird der Kontrast für unterschiedliche Auflösungsstufen gemessen. Die grobe Auflösung von 10 Linienpaaren pro Millimeter (lp/mm) sagt etwas über die Bildqualität bei verkleinerter Darstellung am Bildschirm aus, die feine Auflösung von 40 lp/mm über die Vergrößerbarkeit und Detailzeichnung feinster Strukturen im Bild.

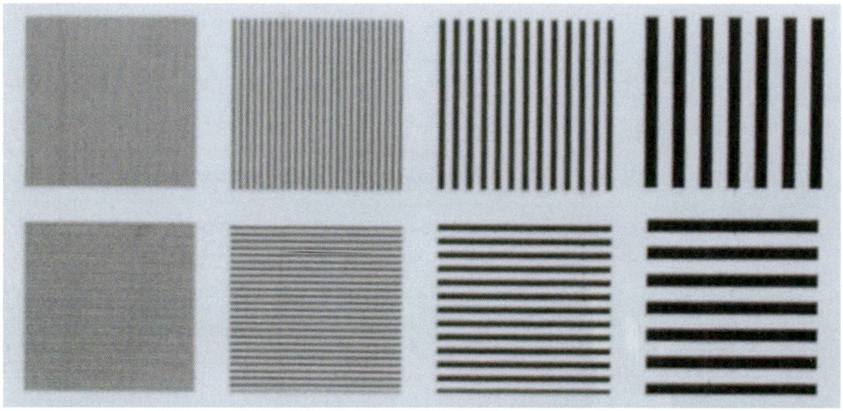

Abbildung 3.31 ▸
Muster für die MTF-Kurven-Erstellung: Von links nach rechts sinkt die Auflösung, und der darstellbare Kontrast nimmt zu. Je besser ein Objektiv abbilden kann, desto kontrastreicher werden auch feine Strukturen dargestellt. Das Testbild ist ein Ausschnitt vom Bildrand bei Offenblende.

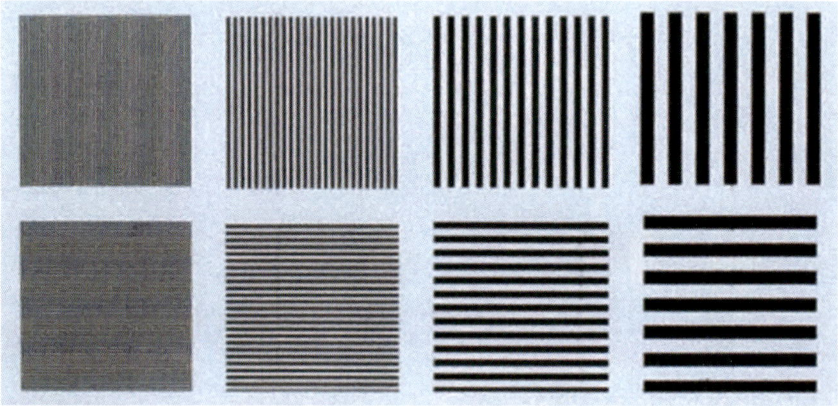

Abbildung 3.32 ▸
Hier wurde das gleiche Testbild in der Bildmitte positioniert, und es wurde 2 Blendenstufen abgeblendet. Bei gleicher Auflösung ist der Kontrast deutlich besser.

MTF-Kurve: Beispiele | Idealerweise liefert ein Objektiv auch bei feinen Auflösungen einen hohen Kontrast, und das von der Bildmitte bis in die Ecke. Solche Objektive gibt es tatsächlich, zum Beispiel das Makro-Planar T* 2/100 ZF von Carl Zeiss. Hier verspricht die MTF-Kurve ein wirklich großartiges Objektiv (siehe Abbildung 3.33). In diesem Beispiel einer typischen MTF-Kurve wird der erreichte Kontrast in Prozent von unten nach oben eingezeichnet. Von links nach rechts ist der Abstand zur Bildmitte in Millimetern angegeben. Bei einem Sensorformat von 24x36mm ist die Bildecke 21,6mm von der Bildmitte entfernt. Bei einer APS-C-Kamera mit einem Cropfaktor von 1,5 braucht Sie die MTF-Kurve eines für Vollformatsensoren gerechneten Objektivs also nur bis zur Marke 14,4mm zu interessieren. Alles andere läge ohnehin außerhalb des Sensors und wäre nur interessant, wenn Sie später einmal auf eine Kamera mit Vollformatsensor umsteigen möchten.

Die insgesamt sechs Kurven ergeben sich aus den drei Auflösungen von 10, 20 und 40 lp/mm und den beiden Messformen mit tangentialem (quer zum Radius) und sagittalem (längs zum Radius) Streifenmuster. Je weiter oben diese Kurven liegen (je höher also der Kontrast ist), desto besser ist das Objektiv.

Aber MTF-Kurven können natürlich auch ganz anders aussehen (siehe Abbildung 3.34 auf Seite 122). In diesem zweiten Beispiel eines Weitwinkelzoomobjektivs kann man einiges über die Abbildungseigenschaften des Objektivs herauslesen:

- In der Mitte ist das Objektiv bereits bei Offenblende recht gut. Zum Rand hin lässt es deutlich nach, was sich aber durch Abblenden stark verbessern lässt.
- Die Unschärfe ist für die tangentialen Muster stärker (gestrichelte Linien). Das heißt, die Schärfe verwischt nach außen hin etwas, und die Koma zeigt vom Mittelpunkt weg.
- Für 40 lp/mm benötigt man mindestens 80 Pixel pro Millimeter. Wenn man diese mit der Sensorgröße von 24x36mm multipliziert, kommt man auf eine Auflösung von 1920x2880 Pixeln. Bei dieser Auflösung wird selbst in der Ecke noch jedes Linienpaar abgebildet, wenn auch etwas weich.
- Abblenden macht die Schärfeleistung deutlich besser, und es ist anzunehmen, dass die Qualität in den Ecken bei stärkerer Abblendung noch steigt.

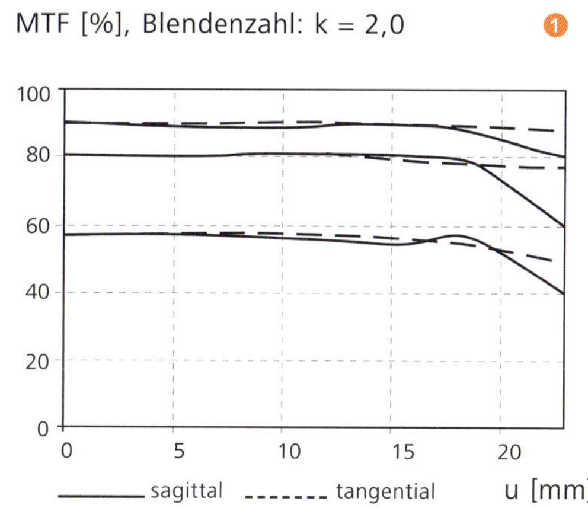

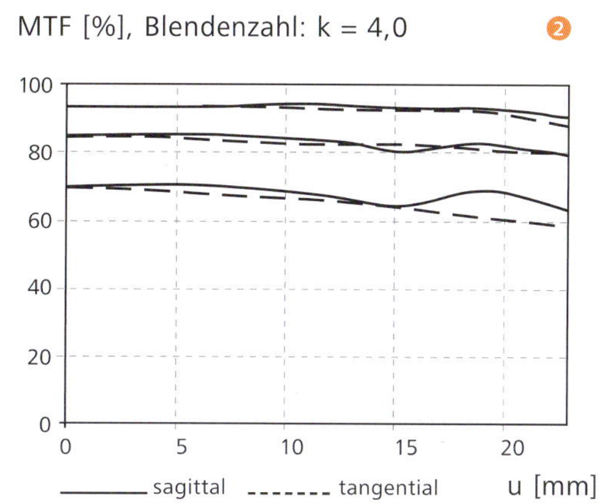

▲ **Abbildung 3.33**
Die MTF-Kurve des Makroobjektivs 2,0/100mm von Carl Zeiss: Die einzelnen Kurven repräsentieren den Kontrast von oben nach unten bei 10 lp/mm, 20 lp/mm und 40 lp/mm. Oben 1 sind die Kurven für die Offenblende, unten 2 die für Blende 4,0 zu sehen. Der Kontrast ist von der Bildmitte (links) bis in die Bildecken (rechts) sehr hoch. Selbst bei Offenblende ist das Ergebnis nahezu perfekt (Bild: Carl Zeiss).

Abbildung 3.34 ▶
Auf den ersten Blick sieht diese MTF-Kurve eines älteren Objektivs 17–35/f2,8 bei 24 mm Brennweite viel schlechter aus als das vorige Beispiel. Genauer betrachtet sieht man aber, dass die Schärfe bei Blende 5,6 bis zu den Bildrändern sehr gut ist und nur in den Ecken sichtbar abfällt.

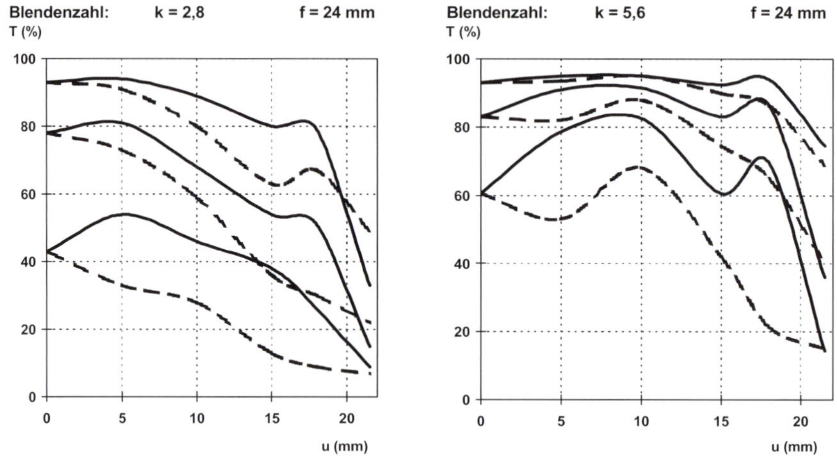

Weitwinkelzoomobjektive bei Offenblende werden typischerweise dafür eingesetzt, eine Person in einem Innenraum aufzunehmen. Die Person ist meist leicht aus der Mitte heraus angeordnet und der Hintergrund liegt nicht mehr in der Schärfeebene. Es ist dann also völlig egal, wie hoch der Kontrast dort wäre, weil die Ecken nicht scharf sein müssen. Bei Architekturaufnahmen sieht das natürlich anders aus, aber hier würde das Objektiv ohnehin eher mit einer Blende 11 vom Stativ aus verwendet werden. Bei Weitwinkelzoomobjektiven kann man mittels Abblenden oft eine deutliche Qualitätssteigerung erzielen.

▼ **Abbildung 3.35**
Bei der Durchsicht zeigt sich, dass sich Teile der Beschichtung im Inneren der Linsen niedergelassen haben. In so einem Fall sollten Sie überprüfen, ob sich diese bei einem Foto mit geschlossener Blende oder bei einem mit einer unscharf gestellten punktförmigen Lichtquelle im Bild sichtbar machen lassen. In diesem Beispiel war das nicht der Fall.

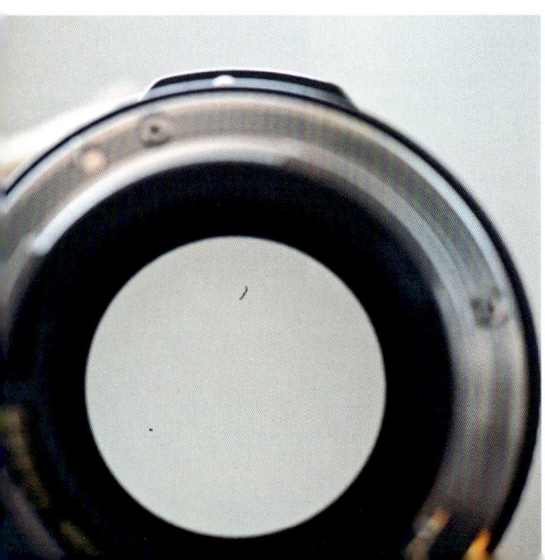

Schritt für Schritt: Objektive selbst testen

Wenn Sie beim Fotohändler ein interessantes Objektiv unter den Gebrauchtgeräten sehen, können Sie mit wenigen Schritten überprüfen, ob sich das Mitnehmen lohnt.

1 Mechanische Überprüfung

Nehmen Sie das Objektiv und schütteln Sie es sanft. Es darf höchstens leise klacken, aber nicht klappern, denn die Linsen müssen fest geführt werden, um eine hohe optische Qualität liefern zu können. Drehen Sie den Entfernungsring und gegebenenfalls den Zoomring. Hier darf nichts knirschen oder haken, der Gang darf aber auch nicht zu locker sein, damit sich später nichts von alleine verstellt.

2 Sichtüberprüfung

Nehmen Sie beide Objektivschutzdeckel ab. Schauen Sie sich die Front- und die Hinterlinse auf Kratzer hin an. Blicken Sie durch das Objektiv auf eine helle Fläche, und überprüfen Sie, ob Staub oder Teile der Beschichtung des Objektivtubus auf den inneren Linsen liegen. Ein kleines bisschen Staub ist dabei nicht kritisch. Halten Sie das Objektiv so, dass das Licht von vorne darauf fällt, und überprüfen Sie, ob Sie milchige Flecken finden oder Flecken, die so aussehen, als wäre eine Flüssigkeit auf einer der inneren Linsen getrocknet. Hierbei kann es sich um einen Pilz auf der Beschichtung handeln. Das Objektiv sollten Sie dann auf keinen Fall kaufen, denn es müsste erst professionell gereinigt werden, und eventuell ist sogar die Linsenbeschichtung schon angefressen. Überprüfen Sie auch, ob das Objektiv Dellen hat, die auf einen Fallschaden hinweisen könnten.

3 An der Kamera

Idealerweise haben Sie Ihre eigene Kamera dabei, ansonsten lassen Sie sich vom Händler ein gleiches oder möglichst ähnliches Modell geben. Kommt es zu Fehlermeldungen? Falls ja, so ist häufig die Software des Objektivs zu alt und nicht kompatibel mit der Kamera. Das ist bei älteren Objektiven von Fremdherstellern manchmal der Fall. Schauen Sie von vorn durch das Objektiv, und betätigen Sie bei verschiedenen Blendeneinstellungen die Abblendtaste. Die Blende muss sich schnell, gleichmäßig und wiederholt genau schließen. Betrachten Sie das Sucherbild, und überprüfen Sie den Autofokus.

4 Im Bild

Nehmen Sie ein Bild (am besten parallel zum Motiv) mit offener Blende auf, und überprüfen Sie es bei maximaler Vergrößerung im Display. Verläuft die Schärfe gleichmäßig oder ist eine Seite schärfer als die andere? Dann ist das Objektiv dezentriert, und Sie geben es am besten gleich wieder zurück. Überprüfen Sie die Bildecken: Sind sie scharf und frei von chromatischer Aberration?

Auch teure Objektive haben hier manchmal Schwächen. Wie viel Sie tolerieren möchten, müssen Sie selbst entscheiden. Liegt der Fokuspunkt im Bild wirklich dort, wo Sie scharfgestellt haben? Es kann ein Front- oder Backfocus-Problem (siehe Seite 191) vorliegen, das sich nur mit manchen Kameras korrigieren ließe und das Vertrauen in die Objektiv-Kamera-Kombination nicht gerade fördert. ■

▼ Abbildung 3.36
Am Bildrand wirken die hellen Bereiche verschmiert und der Kontrast insgesamt weich. Wenn Sie nicht absichtlich ein schlechtes Objektiv für bestimmte Bildeffekte erwerben möchten, können Sie den Test an dieser Stelle abbrechen

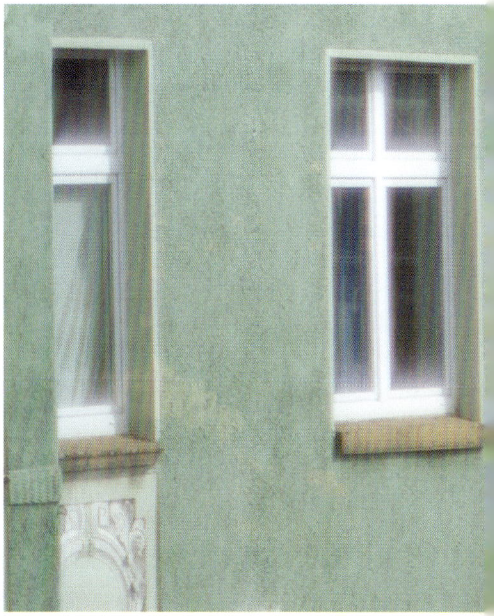

Falls das Objektiv beim ersten Test nicht durchfällt, vereinbaren Sie am besten trotzdem eine Rücknahmegarantie, und testen Sie das Objektiv noch einmal in Ruhe zu Hause inklusive einer Betrachtung der Bilder auf Ihrem Computermonitor.

3.4 Objektivtypen und Anwendungsbeispiele

Bevor die Anwendung der verschiedenen Objektivtypen in der Praxis behandelt wird, sollen hier kurz Begriffe erklärt werden, über die Sie häufiger stolpern werden, wenn Sie sich mit der Auswahl Ihrer Objektive befassen.

Tele | Während man den Begriff **Tele** heute etwas ungenau für jedes Objektiv mit längerer Brennweite verwendet, beschreibt er ursprünglich eine bestimmte Form der Objektivkonstruktion, die es ermöglicht, Objektive zu bauen, die kürzer sind, als ihre Brennweite.

Eine Sammellinsengruppe 1 im vorderen Bereich leitet die Lichtstrahlen auf eine Zeustreuungslinsengruppe 2 hinten im Objektiv. Damit wird der Strahlengang so verkürzt, dass die Hauptebene des Linsensystems vorn außerhalb des Objektivs liegt. Der Vorteil ist eine kürzere und leichtere Bauweise und eine bessere Integrierbarkeit langer Brennweiten in Zoomobjektive. Die Tele-Bauweise ist nur bei etwas längeren Brennweiten sinnvoll umsetzbar, und so ist es kein Wunder, dass der Begriff »Teleobjektiv« inzwischen als Synonym für ein langbrennweitiges Objektiv verwendet wird. Sie wissen nun, dass das nicht ganz richtig ist, dennoch werde ich mich diesem ungenauen Sprachgebrauch anschließen, weil »Tele« ein schönes kurzes Wort ist, und jeder versteht, was gemeint ist.

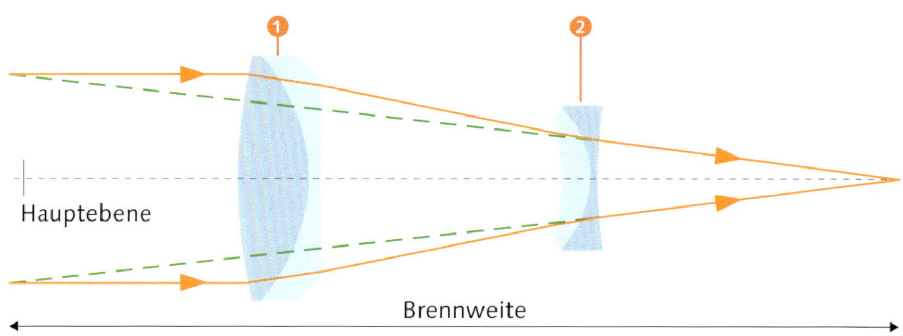

Abbildung 3.37 ▸
Eine Telekonstruktion verkürzt den Strahlengang. Objektive können so kürzer als ihre Brennweite gebaut werden.

Retrofokus | Ein Weitwinkelobjektiv müsste eigentlich viel näher an der Sensorebene stehen, als das bei einer DSLR möglich ist. Durch den Spiegelkasten ergibt sich ein Abstand zwischen Bajonett und Sensor, der **Auflagemaß** genannt wird. Das Auflagemaß beträgt bei Canon-Kameras 44 mm und bei Nikon-Kameras 46,5 mm. Bei Objektiven, die eine Brennweite von weniger als 50 mm haben, muss man sich also einen Trick einfallen lassen, damit man sie nicht so tief in die Kamera hineinbauen muss, dass sie mit dem Spiegel kollidieren.

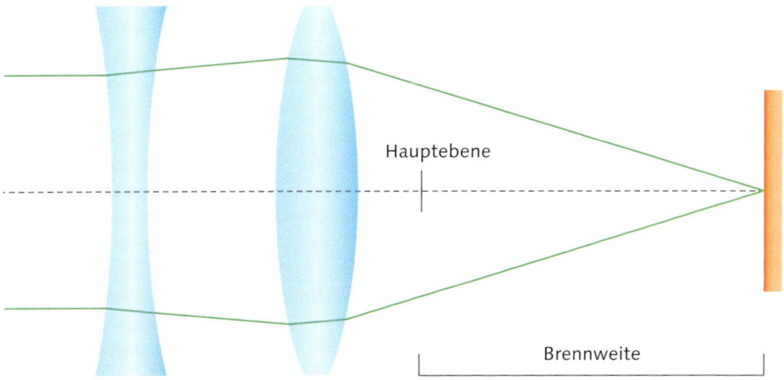

◂ **Abbildung 3.38**
Eine Retrofokuskonstruktion verlängert den Strahlengang. Objektive können auf diese Weise länger sein als ihre Brennweite. Weitwinkelobjektive an Spiegelreflexkameras werden so erst möglich.

Das Prinzip ist exakt umgekehrt zu dem des Teleobjektivs: Eine Streulinse zerstreut das einfallende Licht auf eine Sammellinse, die es dann gebündelt auf den Sensor wirft. In der Praxis sind dies natürlich mehrere Linsen, um die Abbildungsqualität zu verbessern. Damit kann das Objektiv länger werden als seine Brennweite, und die Hauptebene liegt hinter der Hinterlinse. Da die Hauptebene nun in der Luft schwebt und nicht mehr innerhalb des Objektivs ist, stört der Spiegel nicht mehr. Der Nachteil ist, dass die Konstruktion aufwendiger wird und schneller Verzeichnungen auftreten als bei anderen Objektivtypen. Weitwinkelobjekive sind also auch teurer in der Herstellung.

Da Digitalkameras aber stark schräg auf den Sensor fallendes Licht nicht so gut nutzen können, hat diese Konstruktion den Vorteil, dass die Strahlen viel gerader auf dem Sensor auftreffen und so weniger Vignettierung verursachen als bei einem Objektiv ohne Retrofokus-Bauweise. Das wäre allerdings auch nur mit einem sehr kurzen Auflagemaß und ohne Spiegel im Gehäuse möglich. Bei den spiegellosen EVIL-Kameras sind tatsächlich kürzere Brennweiten ohne Retrofokus verfügbar. Im analogen Mittelformat hatte Hasselblad mit der SWC (*Super Wide Angle Camera*) eine solche Kamera im Programm: ein ganz kurzes Gehäuse, kein Spiegel und ein Objektiv ohne Retrofokuskonstruktion.

Zoomobjektiv | Ein Objektiv mit veränderlicher Brennweite bezeichnet mal als **Zoomobjektiv** oder kurz **Zoom**. In der Objektivbezeichnung sind stets die beiden Extreme des Brennweitenbereichs angegeben, zum Beispiel 24–70 mm oder 75–300 mm. Zooms mit besonders großen Brennweitenbereichen wie 28–300 mm werden **Superzooms** genannt (und im Internet oft als »Suppenzooms« verspottet). Es gibt Zooms mit konstanter Anfangsblende (zum Beispiel durchgängig f2,8 oder f4), aber häufiger ist die Anfangsblende am kurzen Ende des Brennweitenbereichs größer als am langen. Ein Objektiv mit der Bezeichnung 28–90 mm f3,5–5,6 erlaubt also bei 28 mm Brennweite eine größte Blendenöffnung von f3,5, während bei 90 mm Brennweite nur noch f5,6 als größte Blendenöffnung möglich ist.

Gerade Fotografen, die schon lange tätig sind, hegen oft Vorurteile gegenüber der Qualität von Zoomobjektiven im Vergleich zu Festbrennweiten. Dabei gibt es heute einige Zooms, die Festbrennweiten im gleichen Brennweitenbereich übertreffen können, so dass man sich jedes Objektiv einzeln anschauen sollte.

Makroobjektiv | Ein Objektiv, das für die Fotografie im Nahbereich entworfen wurde, bezeichnet man als **Makroobjektiv** oder auch kurz als **Makro**. Makroobjektive sind zwar Spezialisten für die Nahfotografie, liefern aber auch im Fernbereich sehr gute Ergebnisse. Makroobjektive können meist bis zu einem Abbildungsmaßstab von 1:1 verwendet werden, das heißt, der Motivausschnitt ist genauso groß wie der Sensor der Kamera. Bei Vollformatsensoren wird ein Bereich von 24 x 36 mm formatfüllend und scharf abgebildet.

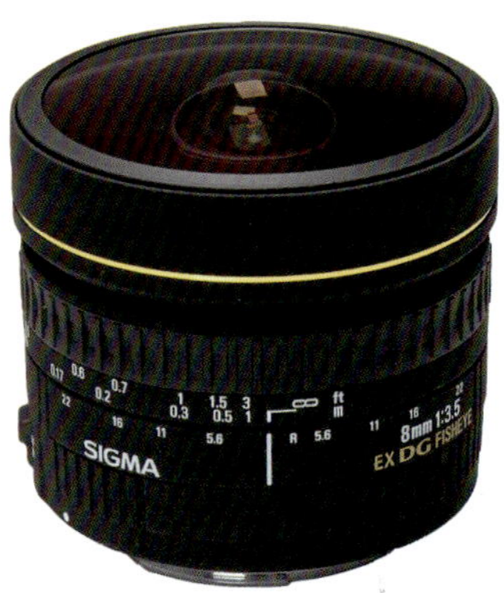

▲ **Abbildung 3.39**
Das 8-mm-Fisheye von Sigma zeichnet einen Kreis mit 180° Bildwinkel auf den Sensor (Bild: Sigma).

Mikroobjektiv | Die sogenannten **Mikroobjektive** sind für den extremen Nahbereich optimiert, können dafür allerdings nicht mehr im Fernbereich eingesetzt werden. Canon hat zum Beispiel ein 65-mm-Objektiv im Programm, das Abbildungsmaßstäbe zwischen 5:1 und 1:1 erreicht. Im Extremfall ist der formatfüllende Motivausschnitt also nur 7,2 x 4,8 mm groß. Damit vergrößert das Objektiv das Motiv bis zum Fünffachen, deswegen werden Mikroobjektive auch manchmal als Lupenobjektive bezeichnet.

3.4.1 Fisheye-Objektive

Wenn man im starken Weitwinkelbereich eine komplette Perspektivkorrektur erreichen möchte, erscheinen die Objekte am Bildrand nach außen verzerrt und vom Mittelpunkt weg zu groß gezogen. Zudem bräuchte man für einen 180°-Bildwinkel mit Perspektivkorrektur (gerade Linien werden also

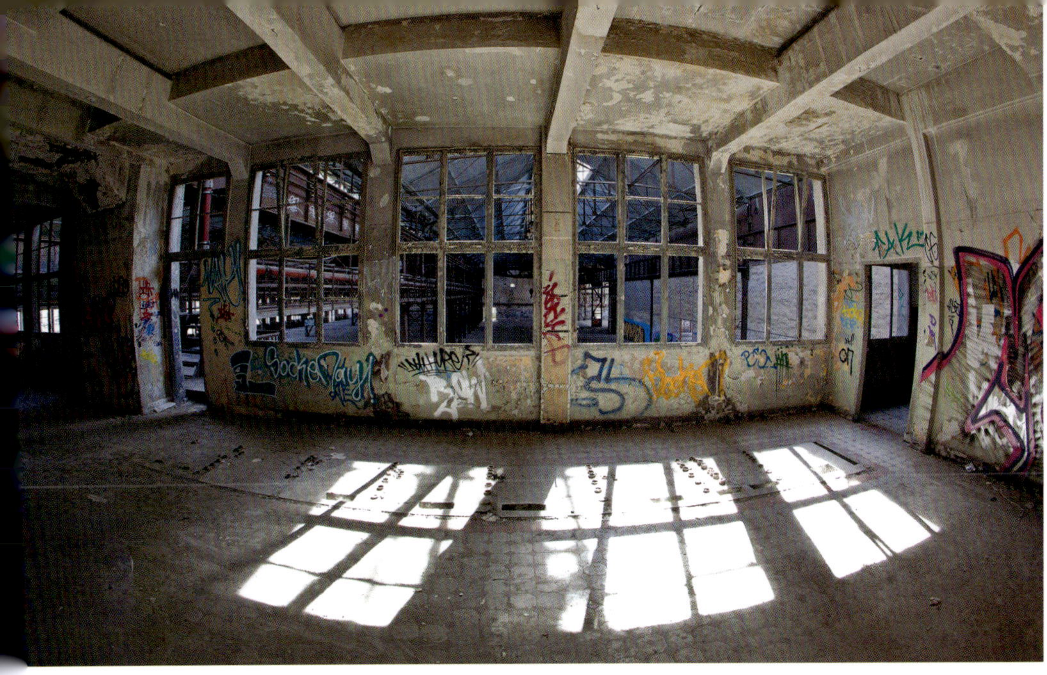

◂ **Abbildung 3.40**
Bei diesem Bild, das mit einem 15-mm-Fisheye aufgenommen wurde, sieht man gut, dass Linien umso stärker gewölbt sind, je weiter Sie am Bildmittelpunkt vorbeiführen

15 mm | f7,1 | 1/50 s | ISO 640

auch gerade abgebildet) einen unendlich großen Sensor – mehr als 180° wären nicht einmal theoretisch machbar. Nun gibt es aber Objektive, die einen Bildwinkel von bis zu 220° abbilden können, die also sogar etwas nach hinten fotografieren. Dies wird dadurch erreicht, dass der Abbildungsmaßstab nach außen hin abnimmt, wie es bei einer sehr starken tonnenförmigen Verzeichnung der Fall ist. Die Perspektive sieht dann in etwa so aus, als hätte man das Bild von einer Spiegelkugel abfotografiert. Diesen Objektivtyp nennt man Fisheye oder Fischaugenobjektiv.

Gerade Linien bleiben nur dann gerade, wenn sie durch den Bildmittelpunkt gehen. Wenn Sie mit einem Fisheye also einen Horizont auf dem Bild haben möchten, der nicht durchgebogenen ist, muss dieser genau in der Bildmitte liegen. Es gibt zwei Haupttypen von Fisheyes:

1. Der komplette Bildkreis, den das Objektiv ausleuchtet, wird auf den Sensor abgebildet. Das Bild ist dementsprechend kreisförmig und knapp so hoch wie die kurze Sensorseite. Bei Vollformatsensoren haben diese Objektive meist einen Bildwinkel von 180° bei einer Brennweite von 8 mm.
2. Der Bildkreis wird so weit vergrößert, dass die volle Sensorfläche ausgenutzt wird. In der Diagonalen ergibt sich so ein Bildwinkel von 180° bei 15 mm Brennweite, über die kurze Seite des Sensors sind das dann aber nur circa 93°.

Die Perspektivabbildung dieser Objektive ist sehr speziell, und es besteht die Gefahr, dass man diesen Effekt bald ermüdend findet. Denn jedes Bild sieht so aus, als hätte man es durch einen Türspion aufgenommen. Fisheyeobjek-

Am Rande
Niemand braucht alle Objektive, die die großen Hersteller in ihrem Programm haben, jedes einzelne ist aber nach bestimmten Vorgaben optimiert worden und für einen bestimmten Einsatzbereich interessant. Wenn man die Eigenschaften »günstig, lichtstark, leicht und scharf« mit einem großen Zoombereich kombinieren könnte, gäbe es sicher weniger Objektive auf dem Markt.

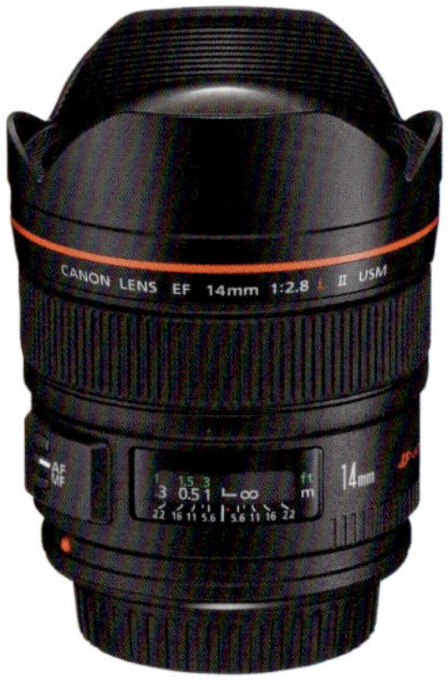

▲ **Abbildung 3.41**
Das 14 mm/f2,8 hat die Streulichtblende gleich im Gehäuse eingebaut. Erstens ist sie dank des weiten Bildwinkels recht kurz und zweitens würde die stark gewölbte Frontlinse ansonsten überstehen (Bild: Canon).

tive ergeben in speziellen Situationen aber trotzdem Sinn, so kann man zum Beispiel mit einem 8-mm-Objektiv mit vier Aufnahmen ein 360°-Kugelpanorama erfassen. Es würden sogar drei reichen, aber die Qualität wird besser, wenn die Randbereiche nicht zu stark vergrößert werden müssen, und es ist intuitiver, einfach in jede Himmelsrichtung zu fotografieren. Der Bildeffekt kann einer Aufnahme auch einen eigenen Reiz geben, aber nur wenn man ihn nicht zu häufig einsetzt. In der wissenschaftlichen Fotografie lässt sich mit einem 8-mm-Objektiv der gesamte Himmel auf einer Aufnahme abbilden. Kurz: Es ist schön, dass es Fisheyes gibt. Die meisten Fotografen werden ein Fisheye aber auch nicht vermissen, wenn sie keines besitzen.

3.4.2 Ultra-Weitwinkelobjektive

Unterhalb von 20 mm Brennweite finden Sie eine große Auswahl an Festbrennweiten und Zooms. Die kürzeste verfügbare Brennweite, die den Vollformatsensor noch auszeichnet und nicht als Fisheyeobjektiv ausgelegt wurde, liegt bei 12 mm, bei APS-C-Kameras bei 8 mm. Der Bildwinkel erreicht über die lange Formatseite 112°. Der Effekt ist so extrem, dass man versucht ist, die Bildgestaltung möglichst symmetrisch und klar aufzubauen, damit das Bild nicht stark verzerrt erscheint. Es ist oft sinnvoll, eher die längste mögliche Weitwinkelbrennweite einzusetzen, damit das Ergebnis natürlich und nicht übertrieben erscheint. Es gibt aber genügend Raumverhältnisse, in denen man einfach einen sehr großen Bildwinkel benötigt, um das Motiv ganz zu erfassen.

Wenn Sie diese Bildwinkel allerdings nur sehr selten benötigen, können Sie sich die Anschaffung eines Ultraweitwinkels sparen und stattdessen mehrere Aufnahmen machen, die Sie später über die Panoramafunktion ihrer Bildbearbeitungssoftware zusammenfügen.

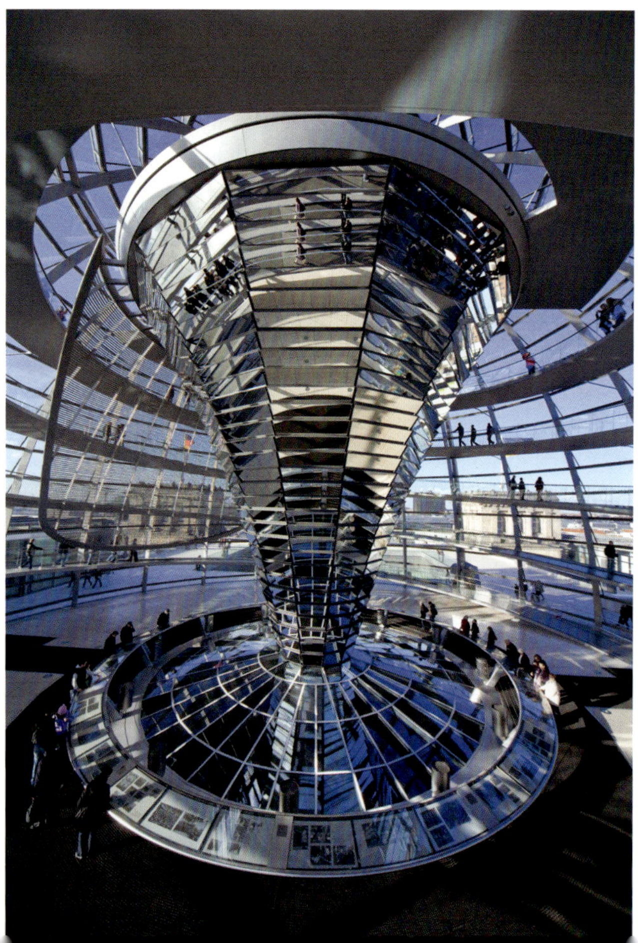

◄ **Abbildung 3.42**
Mit 12 mm Brennweite ließ sich das komplette Lichtumlenkelement in der Reichstagskuppel ins Bild bringen. Die übersteigerte Perspektivwirkung lässt den Raum noch futuristischer erscheinen.
12 mm | f13 | 1/80 s | ISO 250

3.4.3 Weitwinkelobjektive

Ab 20 mm Brennweite finden Sie Objektive, die Sie in Ihrer fotografischen Praxis häufiger einsetzen können. Der Bildwinkel ist nicht mehr so riesig, reicht aber, um Räume zu erfassen oder in beengten Situationen noch ein Gesamtbild einfangen zu können. Die Perspektivabbildung bringt oft eine gewisse Dynamik ins Bild, die gestalterisch aber leichter beherrschbar ist, als bei den ultrakurzen Brennweiten.

Weitwinkelobjektive betonen den Raum und ermöglichen Ihnen, nah an Ihre Motive heranzugehen. Das Verhältnis von Vorder- zu Hintergrund wird dadurch extremer. Die hohe Schärfentiefe ergibt auch bei großen Sensoren Bilder, die von vorne bis hinten scharf sind. Wenn Sie nun vermuten, dass Sie ein Modellauto besser mit einer Weitwinkel- als mit einer längeren Brennweite komplett scharf bekommen, dann liegen Sie falsch, denn die Schärfentiefe hängt nur vom Abbildungsmaßstab und von der Blende ab. Da Weitwinkelobjektive durch den größeren Bildwinkel die einzelnen Bereiche kleiner abbilden, ist die Schärfe höher. Wenn Sie ein Modellauto mit einem Weitwinkelobjektiv genau so groß fotografieren möchten wie mit einem leichten Tele, haben Sie nichts gewonnen.

Weitwinkelobjektive sind überall dort notwendig, wo Sie nicht weiter zurücktreten können, um ein Objekt ins Format zu bekommen. Klassische Beispiele sind Innenräume oder Architekturaufnahmen in beengten Verhältnissen, etwa in einer Straße. Landschaftsfotografen verwenden Weitwinkel gerne, weil sie den Eindruck, den der Betrachter vor Ort hat, gut wiedergeben.

Leichte Weitwinkelobjektive werden auch in der Reportage gerne verwendet, weil sie es dem Fotografen erlauben, näher an das Motiv heranzugehen und es perspektivisch vom Hintergrund zu lösen. Ein Weitwinkel erfasst eben auch die Umgebung und kann so stark

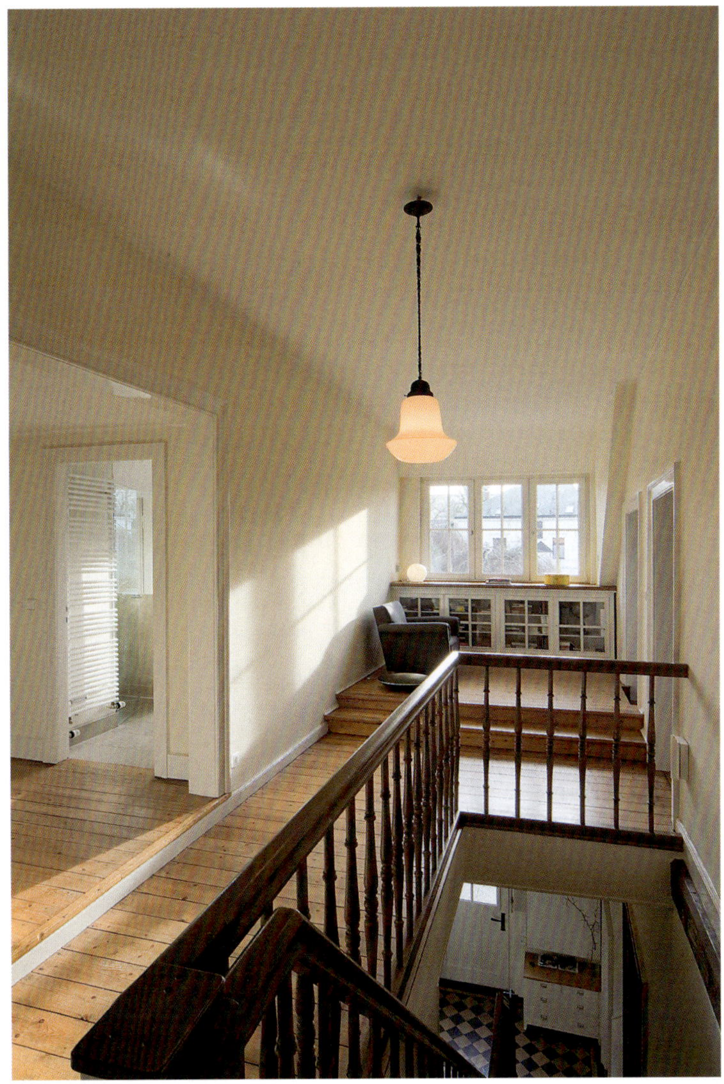

▼ **Abbildung 3.43**
In dieser schön komponierten Architekuraufnahme lässt sich die Raumsituation gut erfassen. Angenehmer Nebeneffekt des Weitwinkels: Der Raum wirkt größer, als er tatsächlich ist (Bild: Michael Rasche).

20 mm | f11 | 0,3 s | ISO 100 | Stativ

zur Lesbarkeit einer fotografierten Situation beitragen. Die Gefahr bei einem weniger erfahrenen Fotografen ist, dass er erstens viel zu viel auf seinen Bildern hat und zweitens unschöne Verzerrungen durch die extreme Perspektive erhält.

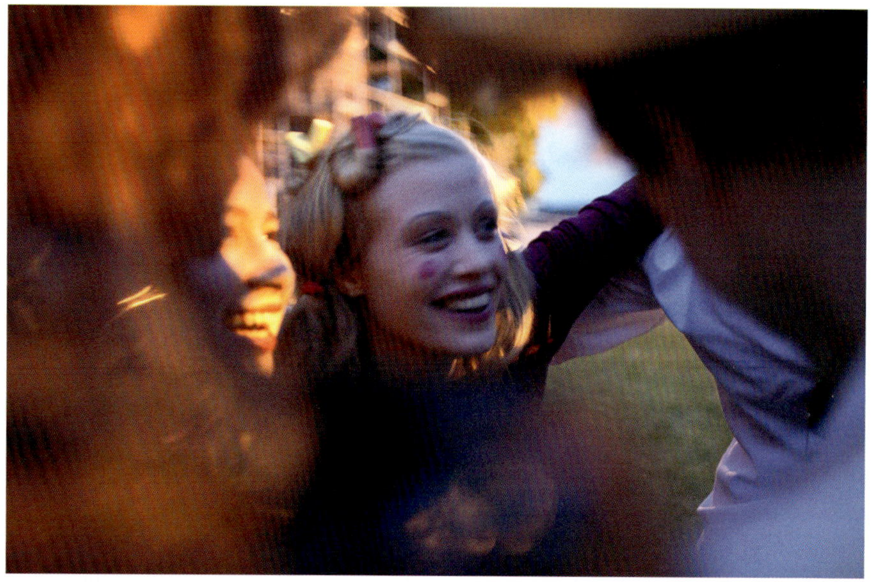

Abbildung 3.44 ▸
Mit einem 35-mm-Weitwinkelobjektiv können Sie nah herangehen und mitten im Geschehen sein – eine wundervolle Brennweite für Reportagen. Hier bereitet sich die Band Leik Eick auf einen Auftritt vor.
35 mm | f2,0 | 1/15 s | ISO 3200

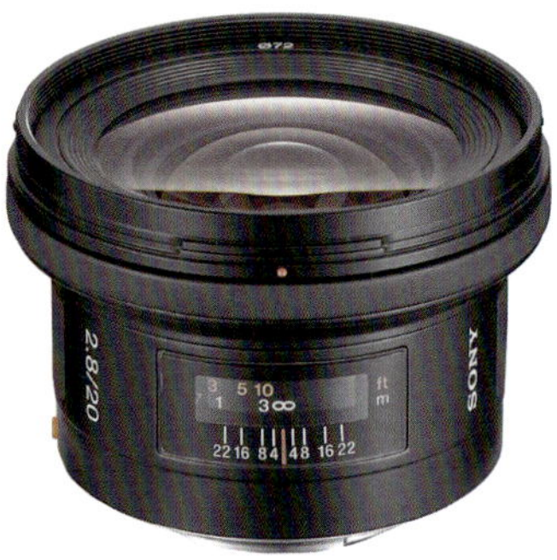

▴ **Abbildung 3.45**
Das 20 mm/f2,8 von Sony erscheint auch rein äußerlich schon gemäßigt, und im Gegensatz zu den Ultraweitwinkeln kann auch ein Filter vor die Linse geschraubt werden (Bild: Sony).

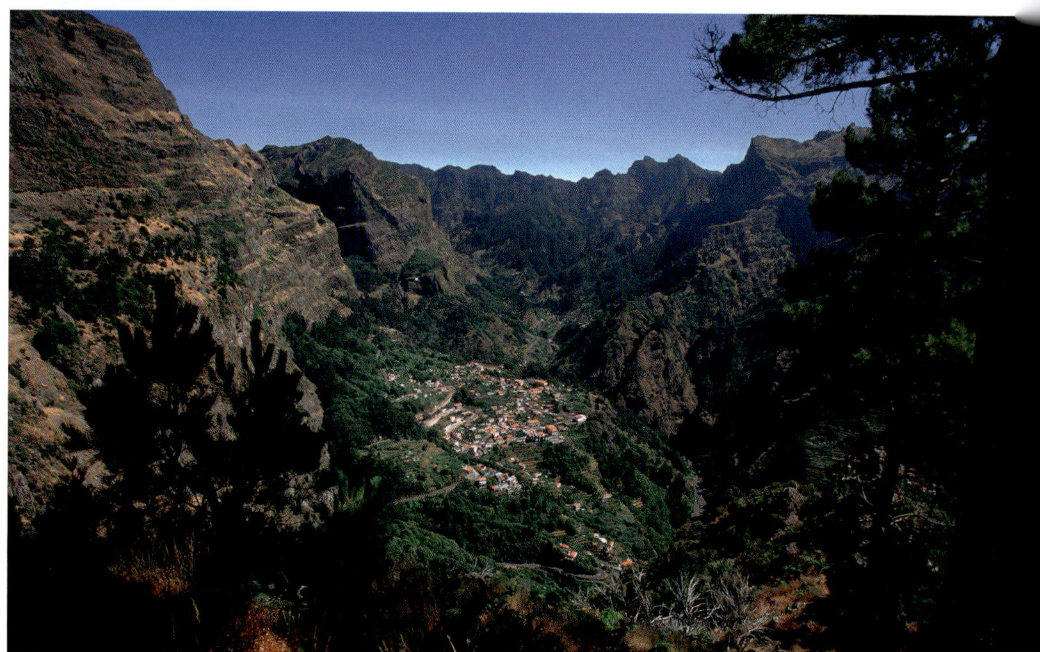

Abbildung 3.46 ▸
Das Tal der Nonnen auf Madeira: Das Weitwinkelobjektiv hilft, den Vordergrund mit in die Komposition einzubeziehen und erfasst die Weite des Blicks trotz des engen Tals. Das Polfilter vermindert den Dunst und sorgt für klare Farben.
24 mm | f11 | 1/100 s | ISO 200

3.4.4 Normal- oder Standardobjektive

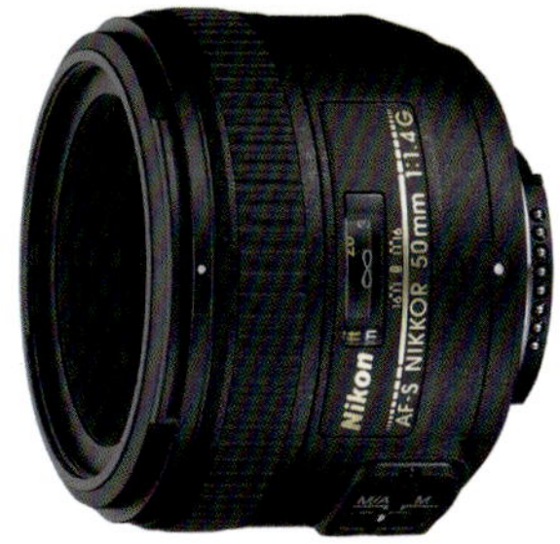

▲ **Abbildung 3.47**
Manche der Normalobjektiv-Konstruktionen sind schon über zwanzig Jahre alt. Die gestiegenen Anforderungen durch die höher auflösenden Sensoren haben Nikon bewogen, eine ganz neue Version des 50 mm/f1,4 auf den Markt zu bringen (Bild: Nikon).

Ein Normalobjektiv hat seinen Namen daher, dass die Perspektive und Größenabbildung ungefähr derjenigen des menschlichen Auges entspricht, das Bild also ganz »normal« wirkt. Das Auge kann zwar einen Bildwinkel von ungefähr 180° erfassen, allerdings werden an den Rändern des Bildfeldes keine Details wahrgenommen. Ganz scharf sehen wir ohnehin nur in einem winzigen Bereich, der Sehgrube (Fovea centralis) auf der Netzhaut. Da sich das Auge allerdings ständig in Bewegungen befindet, sind uns die Einschränkungen nicht bewusst. Unser Gehirn sorgt dafür, dass wir den Eindruck haben, alles gleichzeitig scharf zu sehen, obwohl wir es nacheinander erfasst haben.

Die regelrechte Definition für ein Normalobjektiv ist, dass die Brennweite der Diagonale des Sensorformats entspricht. Bei Vollformatsensoren wären das gute 43 mm, aus geschichtlichen und technischen Gründen hat allerdings die 50-mm-Brennweite diese Rolle übernommen. Ein 35-mm-Weitwinkelobjektiv ist also weniger weit von der Normalbrennweite entfernt, als man meinen könnte.

Ein Normalobjektiv ist für fast jeden Fotografen eine sinnvolle Ergänzung, die hohen Stückzahlen machen die Objektive bei guter Qualität und hoher Lichtstärke auch erschwinglich. Die natürliche Anmutung der Perspektive macht die Bildgestaltung einfach. Dem Anfänger mag die Brennweite vielleicht langweilig erscheinen, aber als erfahrener Fotograf werden Sie sie zu lieben lernen. Viele Kamerahersteller haben sie gleich mehrfach im Programm: eine günstige Variante mit Anfangsblende f1,8, eine etwas bessere mit Blende f1,4, eventuell noch ein Makroobjektiv und eine weitere sehr lichtstarke Variante.

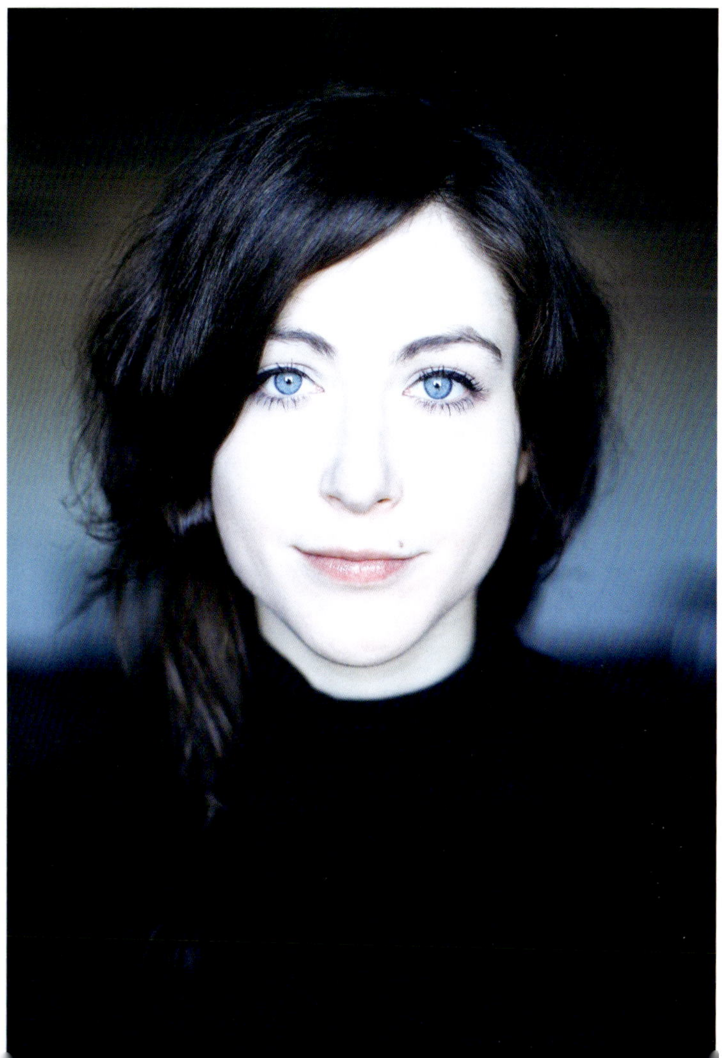

Abbildung 3.48 ▸
Wenn man nicht zu nah an den Porträtierten herangeht, kann man mit einem 50-mm-Objektiv auch schöne Porträts aufnehmen. Das weiche Licht kam hier von einem großen Fenster.

50 mm | f2,0 | 1/160 s | ISO 400

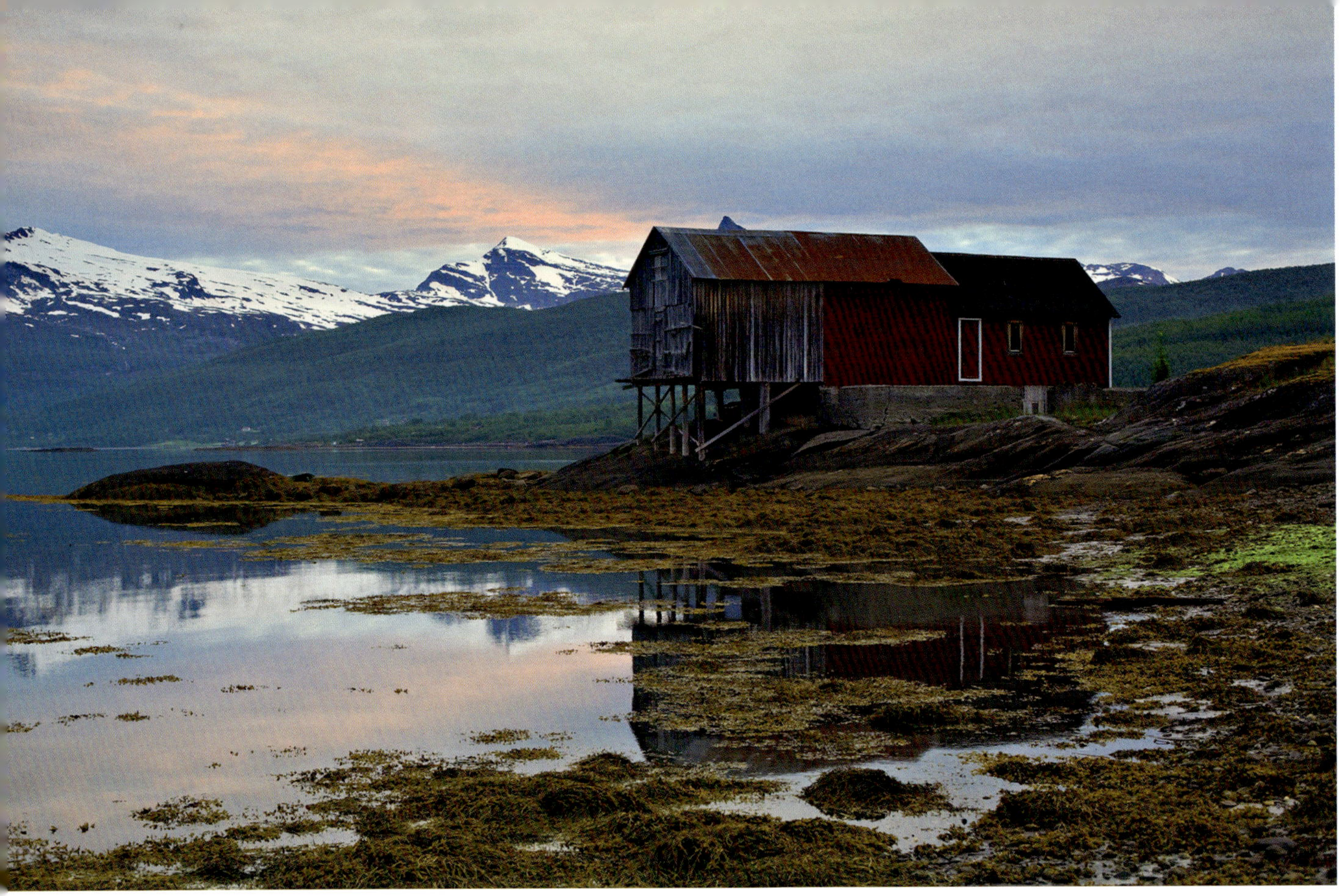

▲ **Abbildung 3.49**
Die natürliche Perspektive eines 50-mm-Objektivs verhilft einem Bild zu mehr Klarheit und Ruhe. Das Bild wurde übrigens um halb eins in der Nacht in der Nähe von Narvik aufgenommen – die Mitternachtssonne machte es möglich.

50 mm | f7,1 | 1/40 s | ISO 400

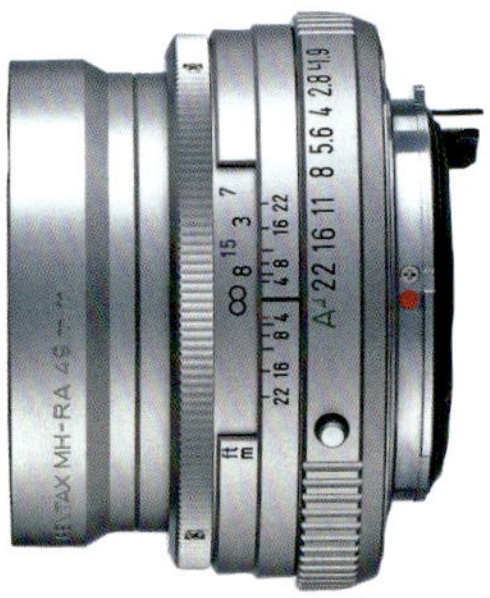

▲ **Abbildung 3.50**
Pentax hat ein Objektiv mit der exakten Normalbrennweite von 43 mm im Programm, das sich obendrein durch eine sehr kompakte Bauform auszeichnet. In den vollen Genuss des Bildwinkels kommen im Moment nur Analog-Fotografen, weil Pentax noch keine Vollformat-DSLR anbietet (Bild: Pentax).

Die Verwendung eines 50-mm-Objektivs birgt kaum fotografische Risiken. In Innenräumen hat es manchmal zu wenig »Luft«, und der Bildwinkel ist etwas eng. Bei Porträts sind 85 mm Brennweite oft die bessere Wahl, denn wenn Sie einen engeren Bildausschnitt wählen, wirken die Proportionen mit dem 85-mm-Objektiv natürlicher.

3.4.5 Leichte Teleobjektive (Porträttele)

Ein leichtes Teleobjektiv im Bereich von 85–135 mm ist ideal für Porträts geeignet. In diesem Brennweitenbereich finden Sie sehr gute Objektive zu vernünftigen Preisen. Diese Brennweiten sind lang genug, um keine Retrofokus-

Bauweise zu benötigen und einen hervorragend korrigierten Linsenaufbau zu ermöglichen. Gleichzeitig sind sie kurz genug, damit Sie bei guter Lichtstärke und kompakter Bauweise noch gut aus der freien Hand fotografieren können.

Leichte Teleobjektive vereinfachen die Konzentration auf das Wesentliche, ihr enger Bildwinkel lädt zu einer genauen Komposition und dem Weglassen unnötiger Details ein.

Auch für Sachaufnahmen und Stillleben ist diese Brennweite ideal geeignet: Die Perspektive tritt zurück, die Abbildung wirkt sachlicher und ruhiger und der größere Aufnahmeabstand lässt im Studio mehr Platz für den Lichtaufbau. Jeder Fotograf sollte diesen Brennweitenbereich abdecken, aber eine lichtstarke Festbrennweite ist vielleicht nicht notwendig, wenn man ein gutes Telezoom oder Makroobjektiv besitzt.

Bei Porträts macht es einen Unterschied, ob man dem Modell ein großes Telezoom oder eher zierliche 85mm vor die Nase hält. Außerdem ist der Nahbereich beim Zoom oft auf anderthalb Meter begrenzt, während das 85-mm-Objektiv eine kürzeste Einstellentfernung von 85cm bietet. Beim Makroobjektiv ist die Einstellentfernung ohnehin kein Problem, damit können Sie sogar ein Auge formatfüllend abbilden.

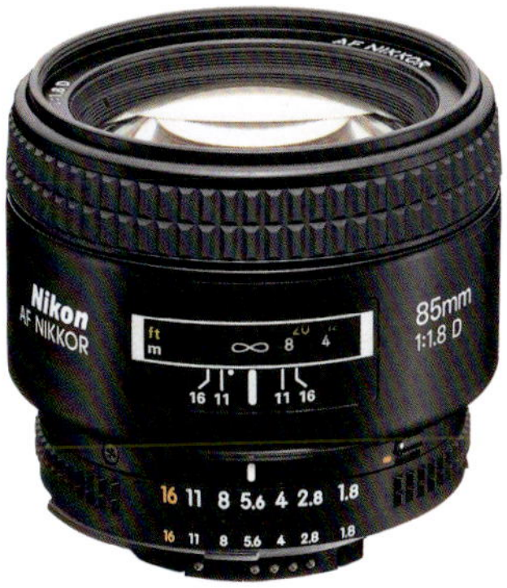

▲ **Abbildung 3.51**
Lichtstark, scharf, handlich und dabei nicht teurer als ein f1,4-Normalobjektiv. Vieles spricht für ein 85-mm-Objektiv, besonders wenn Sie oft Porträts fotografieren (Bild: Nikon).

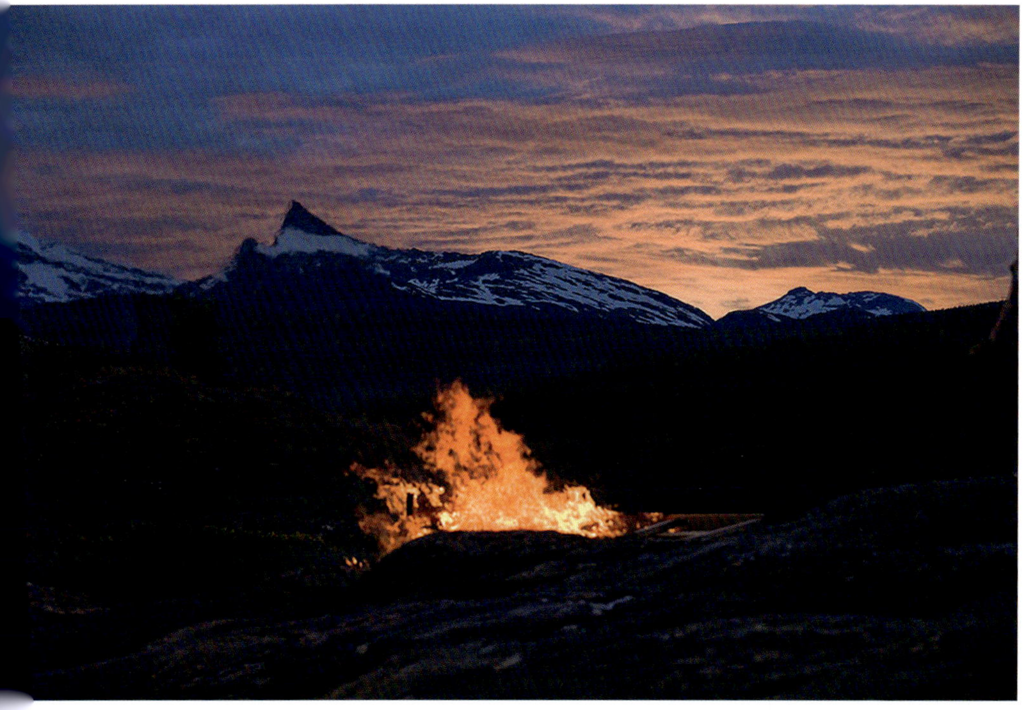

◀ **Abbildung 3.52**
100mm Brennweite verdichten die Landschaft in diesem Bild etwas und lenken die Aufmerksamkeit auf Details. Die Unschärfe im Vordergrund lässt den Blick ins Bild wandern.

100mm | f4,5 | 1/320s | ISO 320

Abbildung 3.53 ▸
Ein 85 mm/f1,8 bei f2,2 ermöglichte es, den Bereich der Schärfe sehr genau zu begrenzen. Die Brennweite bildet das Gesicht unverzerrt und natürlich ab. Ein 85-mm-Objektiv ist ein klassisches Porträtobjektiv.

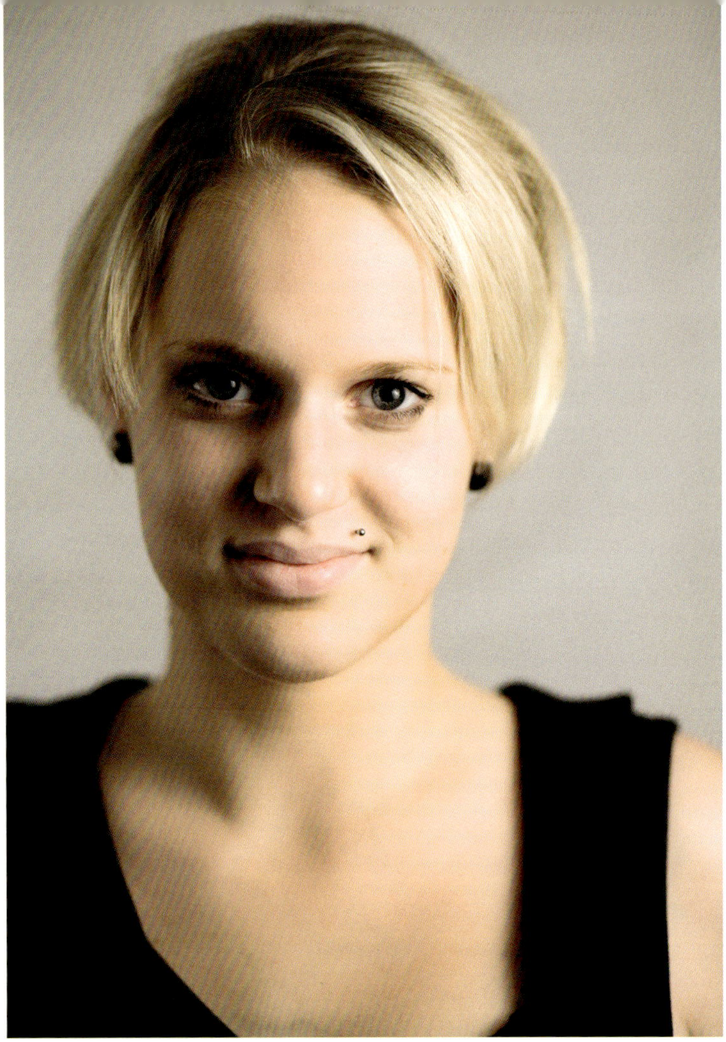

▾ **Abbildung 3.54**
Hier wurde ein 100-mm-Makroobjektiv als Tele eingesetzt. Durch die lange Brennweite und den hohen Standpunkt liegt der Horizont außerhalb des Bildes, und die Komposition wird einfach und klar.
100 mm | f8,0 | 1/500 s | ISO 400

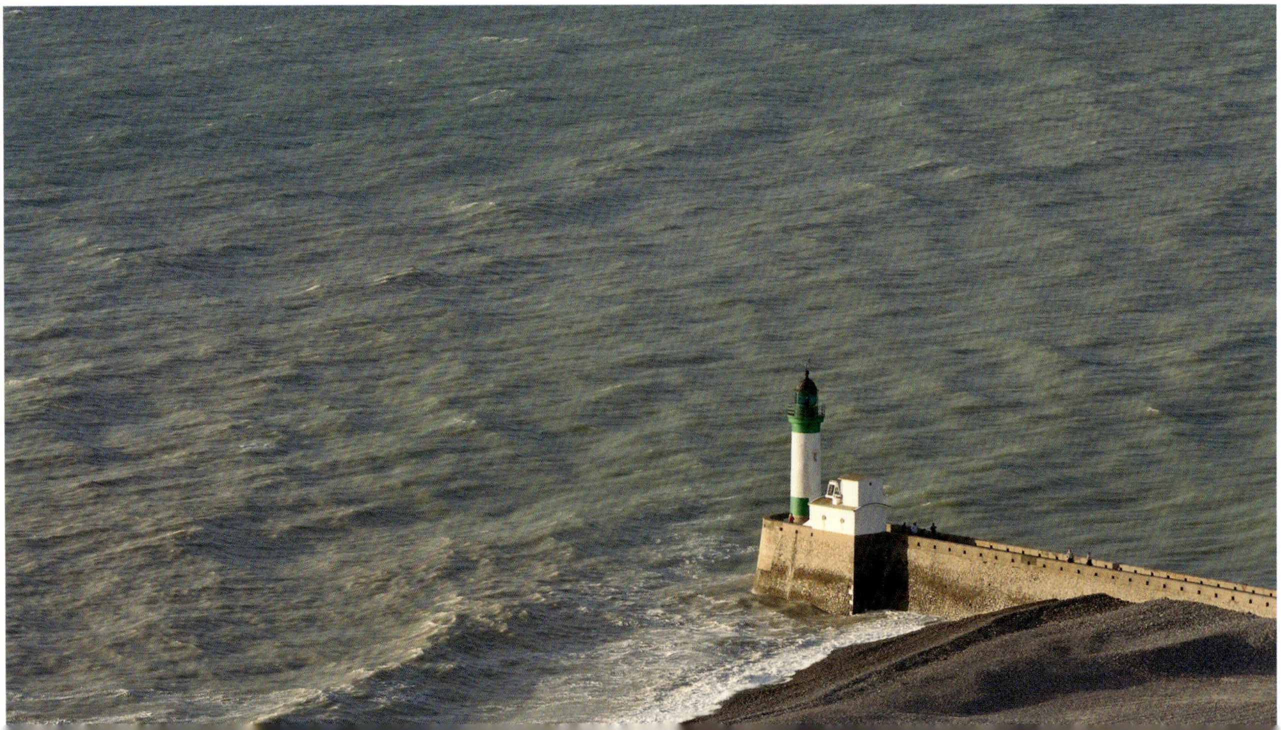

3.4.6 Makroobjektive

Ein Makroobjektiv ist optimiert für den Nahbereich bis zu einem Abbildungsmaßstab von 1:2 oder 1:1. Der Maßstab 1:2 bedeutet, dass bei einem 24x36mm großen Sensor eine Fläche von 48x72mm formatfüllend abgebildet wird, beim Abbildungsmaßstab 1:1 sind es sogar nur 24x36mm. Alles was über 1:1 hinausgeht, wird nicht mehr Makroobjektiv, sondern Mikroobjektiv genannt. Makroobjektive sind fast immer auch für den Fernbereich hervorragend geeignet: Sie haben eine hohe Kontrastleistung und Auflösung, sind praktisch verzeichnungsfrei und einigermaßen lichtstark.

Wenn Sie ohnehin gerne im Nahbereich fotografieren möchten, können Sie sich mit einem Makroobjektiv vielleicht die Anschaffung einer ähnlichen Brennweite sparen, denn ein 100-mm-Makro ist auch ein gutes 100-mm-Teleobjektiv.

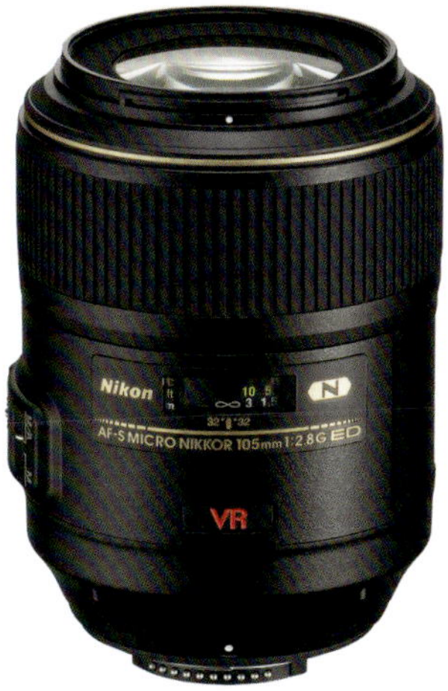

▲ **Abbildung 3.55**
Die hohe Abbildungsleistung eines Makroobjektivs im Nahbereich wird nicht mit Schwächen im Fernbereich erkauft (Bild: Nikon).

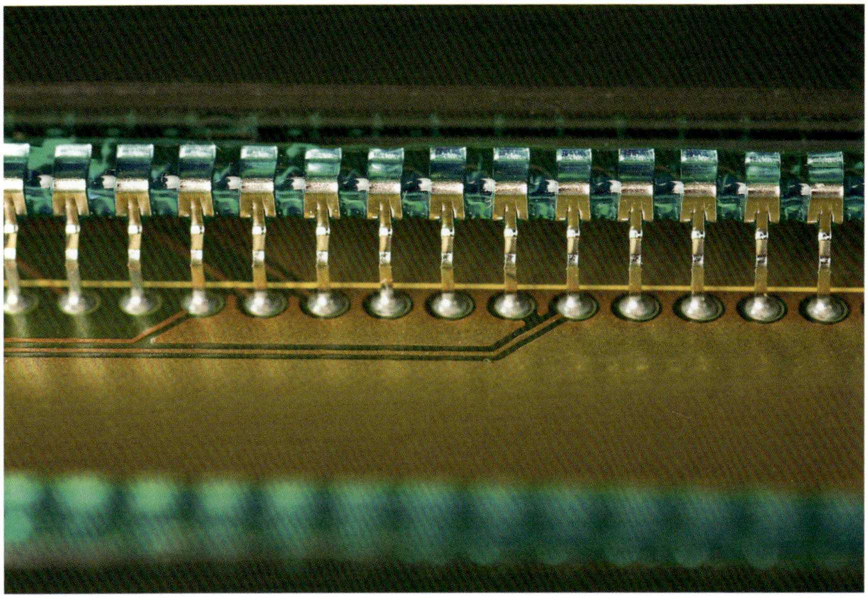

◄ **Abbildung 3.56**
Der Nahbereich ist nicht nur in der Natur interessant: hier ein Detail der Elektronik eines LED-Displays im Maßstab 1:1.

100mm | f6,3 | 1/80s | ISO 100

Bei der Auswahl der Brennweite sollten Sie bedenken, dass der Abstand zwischen Motiv und der Kamera normalerweise von der Sensorebene zum fotografierten Objekt angegeben wird. Dazwischen befindet sich noch fast die ganze Kamera und ein voll ausgefahrenes Objektiv. Mit zu kurzen Brennweiten müssen Sie so nah an Ihr Motiv heran, dass Sie einen Schatten darauf werfen, Probleme mit der Ausleuchtung bekommen und sich sozusagen selbst im Weg stehen. Wenn Ihr Motiv lebt wie etwa ein Insekt, fängt es auch an, sich unwohl zu fühlen und flüchtet, bevor Sie das Bild aufgenommen

Abbildung 3.57 ▸
Je kürzer die Brennweite ist, desto näher müssen Sie beim Abbildungsmaßstab 1:1 an das Motiv herangehen (Bild: Canon).

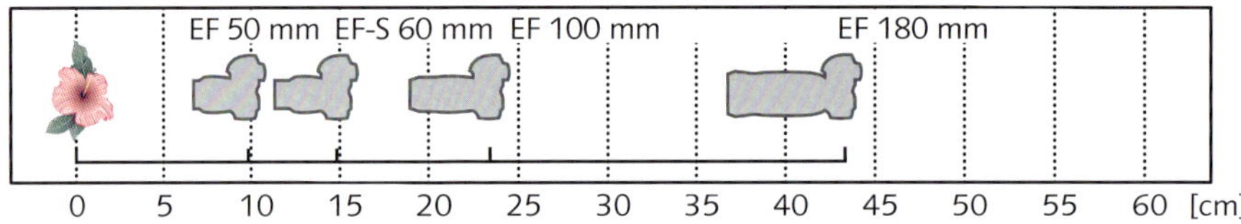

haben. Eine Brennweite von um die 100 mm ist für ein Makroobjektiv eine gute Wahl. Waschechte Tierfotografen mögen auch gerne 150–180 mm, weil sie damit oft außerhalb der Fluchtdistanz ihrer Motive bleiben.

Wenn Sie im Maßstab 1:1 fotografieren, ist ein Objektiv auf das doppelte seiner Brennweite ausgefahren, der Bildwinkel halbiert sich dadurch. Sie nutzen bei 1:1 und einem 100-mm-Objektiv also effektiv einen Bildwinkel, der einem 200-mm-Objektiv bei einer Entfernungseinstellung auf Unendlich entspricht (manche Objektive – gerade Zooms – verkürzen ihre effektive Brennweite im Nahbereich auch). Dadurch ist die effektive Blende zwei Stufen geringer als bei Einstellung auf Unendlich. Aus Blende 2,8 wird so Blende 5,6 und aus Blende 16 Blende 32. Die Belichtungsautomatik Ihrer Kamera gleicht das natürlich aus, wenn Sie manuell blitzen, sollten Sie das allerdings berücksichtigen. Ebenso sollten Sie bedenken, dass Sie schneller in den Bereich der Beugungsunschärfe geraten, weil dafür die effektive Blende ausschlaggebend ist. Wenn Ihre Makrofotos leicht unscharf wirken, kann das daran liegen, dass Sie die Blende zu weit geschlossen haben. Bei Blende 22 (effektiv 45 bei 1:1) sind Sie im Nahbereich definitiv zu weit gegangen, bei Blende 11 (effektiv 22 bei 1:1) verringert sich zwar die Schärfentiefe, die Gesamtschärfe der Aufnahme wird aber deutlich besser.

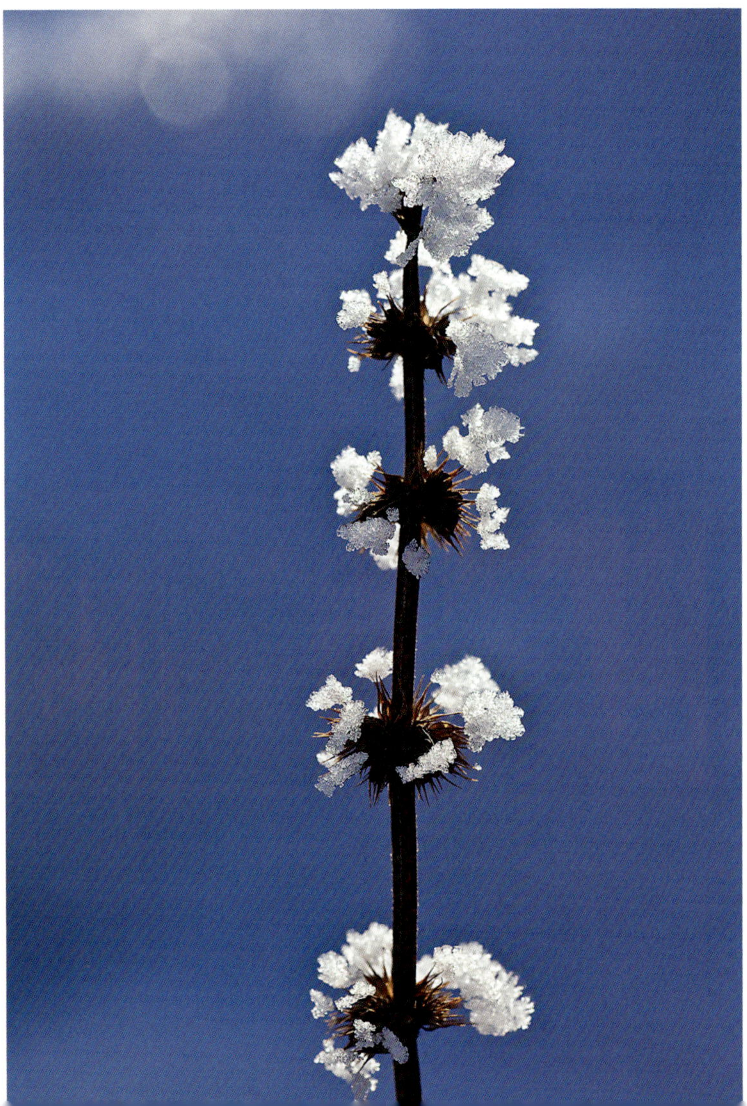

◂ **Abbildung 3.58**
Die geringe Schärfentiefe im Nahbereich hilft, Details herauszulösen. Trotz Blende 11 ist der Hintergrund völlig unscharf.
100 mm | f11 | 1/250 s | ISO 400

Zwischenringe | Ein Zwischenring fügt einen Abstand zwischen Objektiv und Bajonett ein und vergrößert damit den Abbildungsmaßstab. Gleichzeitig verschiebt sich damit die Schärfezone in den Nahbereich. Wenn Sie den Entfernungseinstellring in den Nahbereich drehen, schieben Sie damit – zumindest bei einer Festbrennweite – die Linsenglieder ein wenig von der Kamera weg. Normalerweise beträgt die maximale Verschiebung eines Objektivs circa 1/10 der Brennweite, daraus resultiert dann eine Motiventfernung vom 10-fachen der Brennweiten und ein Abbildungsmaßstab von 10:1. Ein 50-mm-Objektiv lässt sich so auf circa 50 cm Entfernung einstellen, ein 100-mm-Objektiv (kein Makro!) auf einen Meter. Wenn Sie nun aber einen Zwischenring zu dieser eingebauten Verstellung von circa 1/10 der Brennweite hinzufügen, sieht das Verhältnis ganz anders aus: Ein 50-mm-Objektiv mit 5 mm Verstellweg und einem 20-mm-Zwischenring kommt auf eine Verstellung von insgesamt 25 mm – die Hälfte der Brennweite. Damit kann es auf circa 10 cm scharf stellen – dem Doppelten der Brennweite – und kommt damit auf einen Abbildungsmaßstab von 2:1. Bei einem 100-mm-Objektiv würde es nur für einen Abbildungsmaßstab von circa 1:4 reichen. Im Weitwinkelbereich machen Zwischenringe umso mehr aus: Mit einem 12-mm-Zwischenring können Sie bei circa 14 mm Brennweite sogar auf die Oberfläche der Frontlinse scharfstellen.

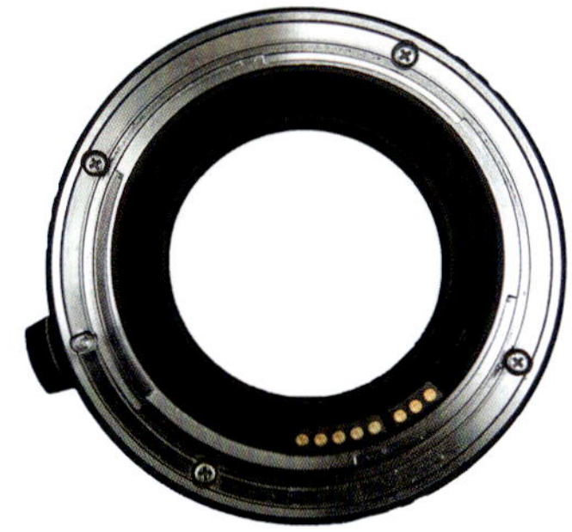

▲ **Abbildung 3.59**
Ein Zwischenring ist praktisch nur ein Loch, das die wichtigen Anschlüsse vom Kameragehäuse an das Objektiv weitergibt. So lässt sich der Auszug des Objektivs vergrößern und auf einfache Art und Weise der Nahbereich erschließen.

TIPP

Mit einen Zwischenring von 12 mm lässt sich bei Canon der 2x-Konverter auch an nicht dafür vorgesehenen Objektiven verwenden. So kommt man mit dem 100-mm-Makro auf Abbildungsmaßstäbe von gut 2:1. Dass dabei die Fokussierung auf Unendlich verloren geht, ist nicht störend, da ohnehin im Nahbereich gearbeitet wird.

Nahlinse | Eine Nah- oder Vorsatzlinse funktioniert genauso wie eine Lesebrille für das Objektiv. Eine konvexe Linse bündelt das Licht und lässt das Objektiv weiter in den Nahbereich fokussieren. Die Linse wird wie ein Filter vor das Objektiv geschraubt. Der Abbildungsmaßstab wird größer, aber das Objektiv lässt sich nicht mehr auf Unendlich scharfstellen. Eine einzelne Linse erzeugt auch zusätzliche chromatische Aberration und verschlechtert die Abbildungsleistung. Deswegen gibt es auch eine zweilinsige Variante, die den Farbfehler sehr viel besser korrigiert, **Achromat** genannt. An die Qualität eines Makroobjektivs kommt man auch mit einem Achromaten nicht heran, allerdings kostet eine Nahlinse auch viel weniger.

3.4.7 Teleobjektive

Eine der ersten Erfahrungen eines Fotoanfängers besteht oft in der Enttäuschung, wenn ein Foto das Motiv nicht so intensiv zeigt, wie er es erlebt hat. Das Auge hat sich so auf das Motiv konzentriert, dass man gar nicht mitbekommen hat, wie viel Überflüssiges noch mit auf dem Bild gelandet ist.

Abbildung 3.60 ▶
Diese Aufnahme wurde zwar nur mit 200 mm Brennweite aufgenommen, durch die Ausschnittsvergrößerung ergibt sich jedoch eine Bildwirkung wie bei 400 mm.
200 mm | f5,6 | 1/2000 s | ISO 320

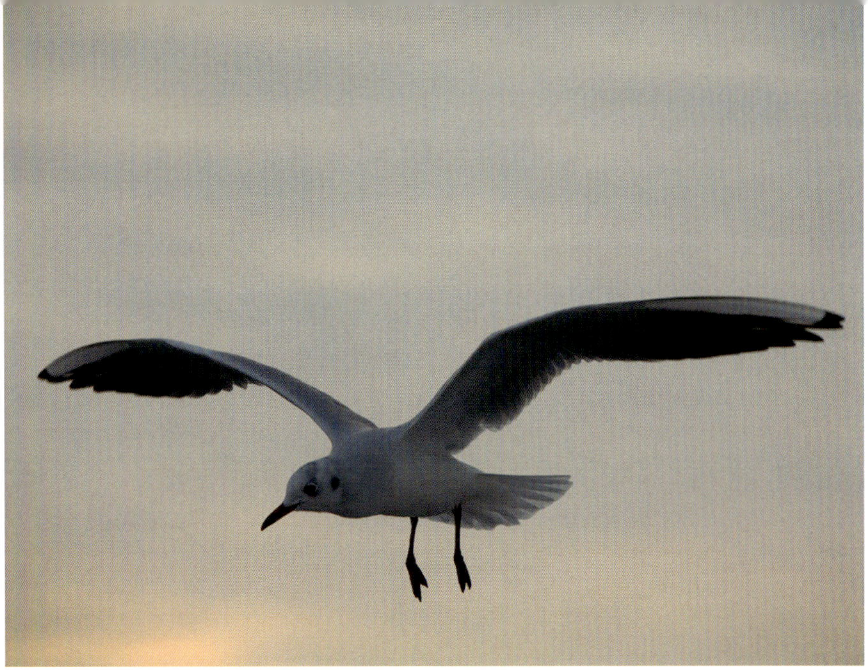

Der enge Bildwinkel eines Teleobjektives macht es etwas leichter, Bilder aufzunehmen, die sich auf das Wesentliche konzentrieren. Er erschließt auch neue Bereiche, die mit kurzen Brennweiten nicht sinnvoll aufzunehmen sind: Tiere mit großer Fluchtdistanz, Fernblicke, bestimmte Sportarten, Details, Bühnenaufnahmen …

▼ **Abbildung 3.61**
Der Mont Saint Michel hat aus der Ferne eine andere Wirkung als aus der Nähe. Ohne Teleobjektiv wäre er hier aber nur ein Fleck am Horizont.
400 mm | 1/1000 s | f7,1 | ISO 200

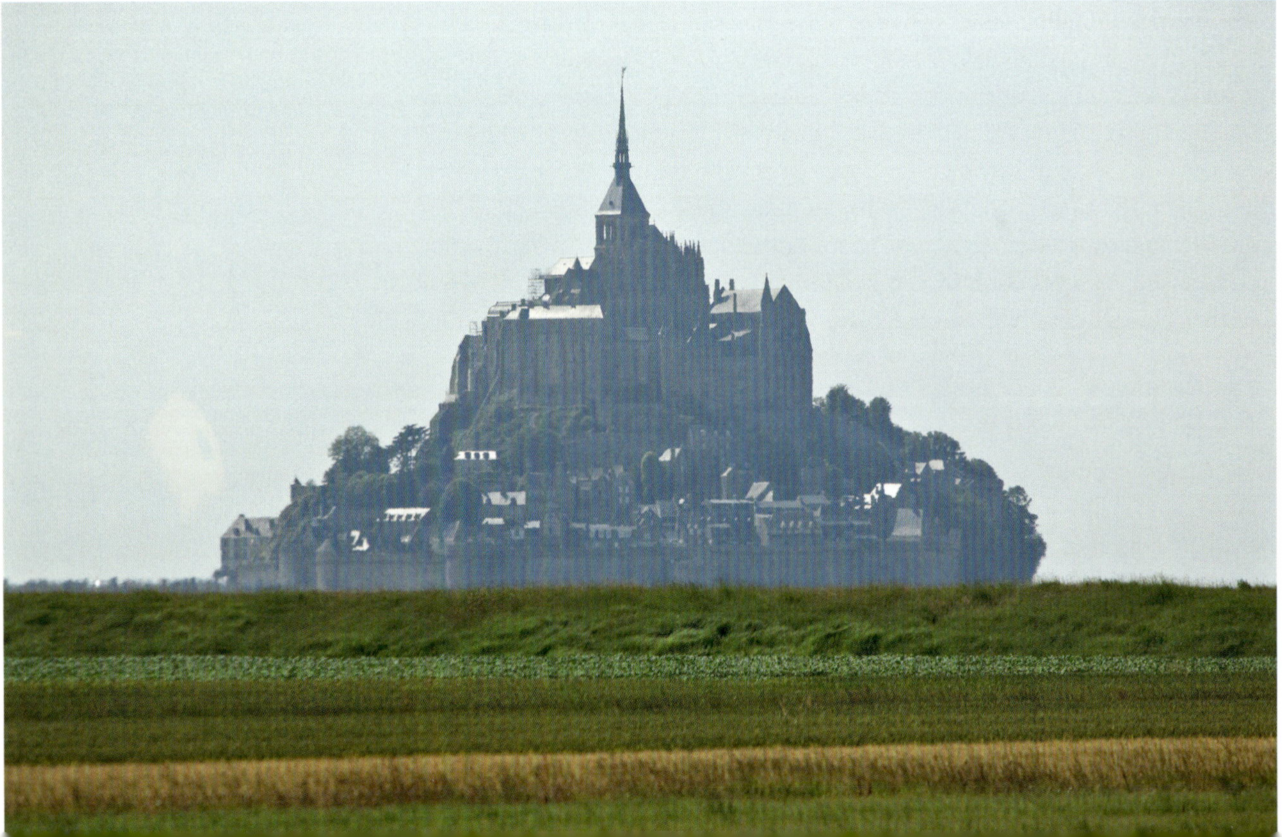

Moderne Kameras haben so hohe Auflösungsreserven, dass eine Hälfte des Bildes oder auch nur ein Viertel zur Vergrößerung ausreicht. Sie müssen also nicht zwangsläufig die längste Brennweite einsetzen, eine halb so lange reicht oft, wenn Sie den Bildausschnitt nachträglich verkleinern.

Teleobjektive geben Ihnen die Möglichkeit, Motive bereits aus der Ferne zu erfassen und dadurch eine besondere Perspektive zu erhalten. Wenn Sie ein Motiv bereits aus der Ferne anspricht, sollten Sie auch in diesem Moment schon ein Bild machen. Denn oft genug ist man enttäuscht, dass der Eindruck verflacht, wenn man näher an das aus der Ferne so beeindruckende Motiv herankommt. Ein Kirchturm überragt aus der Nähe die Stadt nicht mehr so, wie er es aus der Ferne tut, und ein Berg wirkt flacher, wenn er mit einem Weitwinkelobjektiv fotografiert wurde, als mit einem Tele aus größerer Entfernung.

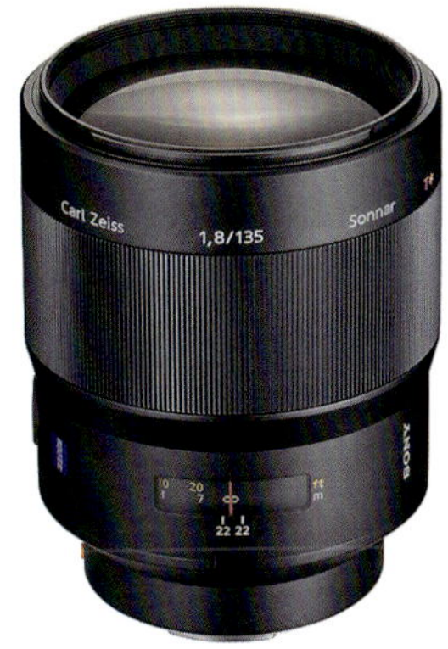

▲ **Abbildung 3.62**
Das Carl Zeiss 135 mm/f1,8 für Sony-Kameras: Die hohe Lichtstärke liefert einen Zusatznutzen gegenüber Telezooms, die diese Brennweite prinzipiell auch hochwertig abdecken können (Bild: Carl Zeiss).

3.4.8 Spiegelteleobjektive

In einem Spiegelteleobjektiv sind die Linsen oder ein Teil der Linsen durch gekrümmte Spiegel ersetzt. Meist wird das Licht durch eine Frontlinse auf einen Spiegel hinten im Objektiv geworfen, der es wiederum auf einen ringförmigen Spiegel im vorderen Bereich reflektiert. Von dort fällt das Licht auf den Sensor. Es gibt auch Konstruktionen ganz ohne Frontlinse. Spiegelteleobjektive können deutlich kürzer und leichter sein als Objektive in reiner Linsenkonstruktion. Allerdings macht diese spezielle Konstruktion eine Blende unmöglich, so dass Sie immer mit der festen Anfangsblende arbeiten müssen. Auf einen Bildstabilisator oder Autofokus müssen Sie ebenfalls verzichten. Der größte Nachteil ist allerdings, dass jeder Lichtpunkt, der nicht in der Schärfeebene liegt, als Ring abgebildet wird. Dadurch ergibt sich ein hässliches und unruhiges Bokeh.

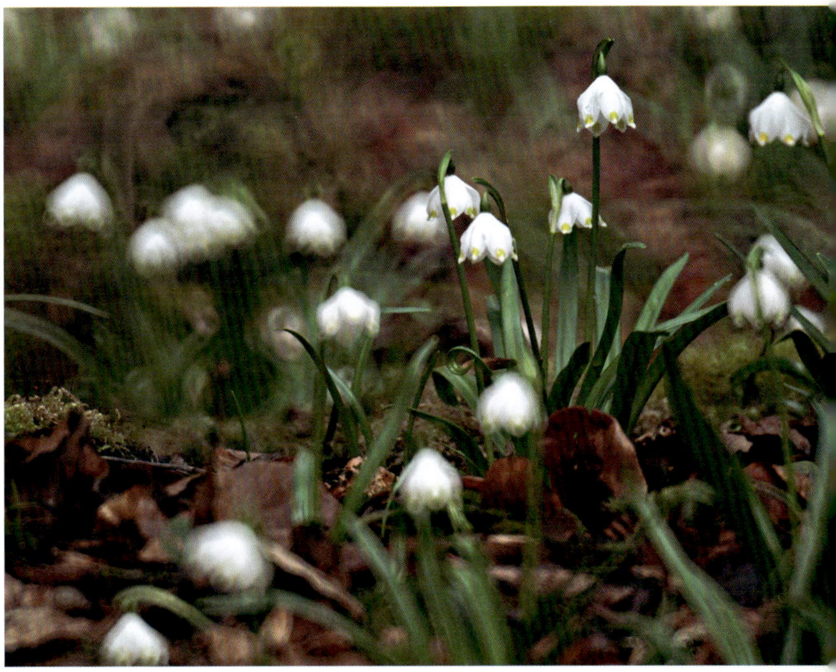

Abbildung 3.63 ▸
Ein Spiegelteleobjektiv erzeugt eine ringförmige Unschärfe, die bei vielen Motiven unruhig wirkt (Bild: Helmut Faugel).

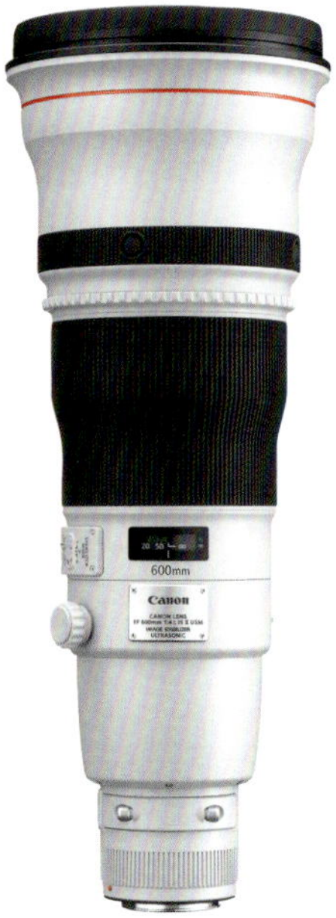

▲ **Abbildung 3.64**
Das EF 600 mm f4 IS von Canon ist beinahe einen halben Meter lang, 5½ Kilo schwer und kostet so viel wie ein Kleinwagen. Für einige Fotografen ist es trotzdem eine perfekte Wahl (Bild: Canon).

Das ist nur dort von Vorteil, wo es einen sehr ruhigen Hintergrund gibt – wenn Sie zum Beispiel Flugzeuge oder Vögel gegen den Himmel fotografieren oder in der Astrofotografie, wo alle Objekte praktisch unendlich weit weg sind. Dementsprechend sind auch viele Teleskope als Spiegelteleobjektive ausgelegt, allein deshalb, weil sich schon die nötigen Brennweiten in Linsentechnik kaum realisieren ließen.

3.4.9 Ultrateleobjektive

Bei Objektiven über 200 mm Brennweite sind sehr gute Abbildungsleistungen und eine hohe Lichtstärke mit einem großem Konstruktionsaufwand verbunden, der die Objektive groß, schwer und teuer macht.

Um die Abbildungsfehler zu kompensieren, werden Spezialgläser und Fluorit-Linsen verwendet, die bei den großen Linsendurchmessern ins Geld gehen. Ein 300 mm/f2,8-Objektiv hat bereits einen Durchmesser von circa 13 cm, so dass man auf Aufschraubfilter verzichtet und im hinteren Objektivbereich Einsteckfilter mit viel geringerem Durchmesser verwendet.

Die Objektive dieser Klasse haben allerdings auch eine hervorragende Qualität, erfordern aber Sorgfalt in der Benutzung. Trotz der hohen Licht-

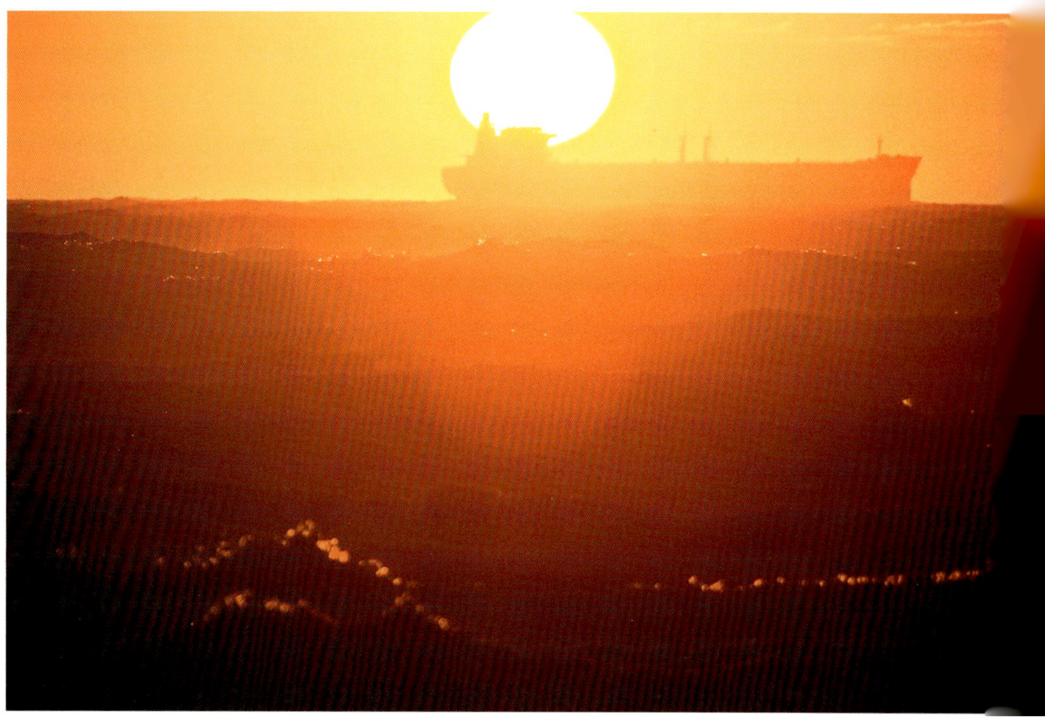

Abbildung 3.65 ▶
Das Ultratele mit 600 mm Brennweite schiebt die Wellen optisch zusammen und lässt den Tanker am Horizont riesig erscheinen. Mit einer kürzeren Brennweite hätte sich das Motiv im Bild verloren.

300 mm mit 2x-Extender | f5,6 | 1/1000 s | ISO 100

stärke ist ein Bildstabilisator mehr als sinnvoll, die engen Bildwinkel führen sonst leicht zum Verwackeln selbst bei kurzen Belichtungszeiten.

Wenn Sie in den Fernbereich fotografieren, werden Sie feststellen, wie stark der Einfluss der Atmosphäre auf die Bildqualität ist. Das Beispielbild in Abbildung 3.66 wurde mit einem fast perfekten Teleobjektiv aufgenommen. Es wurde ein Profistativ verwendet und die Spiegelvorauslösung aktiviert, um Vibrationen zu vermeiden. Die Scharfstellung erfolgte mit zehnfacher Vergrößerung direkt auf dem Sensor. Trotzdem ist das Bild deutlich unscharf, obwohl mit größter Sorgfalt gearbeitet wurde.

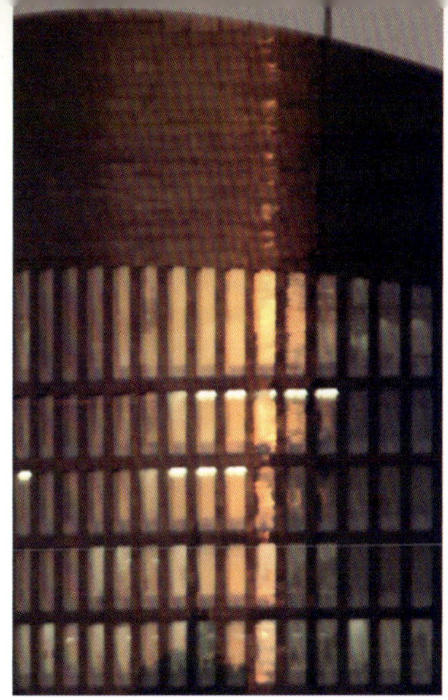

▲ **Abbildung 3.66**
Superteleobjektive sind anspruchsvoll. Hier hat warme Luft für ein unscharfes Foto ausgereicht (Ausschnitt).

600 mm | f5,6 | 1/160 s | ISO 1 250 | Stativ

Der Grund dafür ist, dass der Temperaturunterschied in der Luft zwischen dem Aufnahmestandpunkt und dem Hochhaus so groß war, dass die optische Eigenleistung der Luft dazwischen wie eine zusätzliche, falsche Linse gewirkt hat. Die Aufnahme wurde im Winter bei kaltem Wetter im Kontrast zu Heizungsluft am Aufnahmestandpunkt gemacht. Die Kaminwärme der Häuser dazwischen tat ihr Übriges.

Im Sommer kennen Sie einen ähnlichen Effekt: das Hitzeflimmern. Luftmassen mit unterschiedlicher Temperatur haben unterschiedliche Dichten, und das Licht wird beim Übergang von Luftbereichen mit unterschiedlicher Temperatur leicht gebrochen. Bei Teleobjektiven reichen schon kleinste Abweichungen vor dem Objektiv, um signifikante Unschärfen zu erzeugen. Probieren Sie einmal, mit einem Teleobjektiv durch eine Fensterscheibe Ihrer Wohnung nach draußen ein scharfes Bild zu machen. Das wird nur klappen, wenn Sie sehr moderne und absolut planparallele Scheiben haben.

3.4.10 Tilt-Shift-Objektive

Bei einer Großbildkamera lassen sich die Film- oder Sensorebene und die Objektivebene unabhängig voneinander verschieben und schwenken, weil der Kamerakörper nur aus einem flexiblen Balgen besteht, der von zwei Rahmen – den sogenannten Standarten – gehalten wird. Bei einer DSLR aber ist der Kamerakörper starr. Um also die Vorteile einer Großbildkamera in Bezug auf Perspektivkorrektur und Schärfeebenenverlagerung auch mit einer DSLR nutzen zu können, muss das Objektiv beweglich sein. Diese Objektive, die verschiebbar und schwenkbar sind, nett man **Tilt-Shift-Objektive** (im Englischen ist *Tilt* eine Neigung und *Shift* eine Verschiebung).

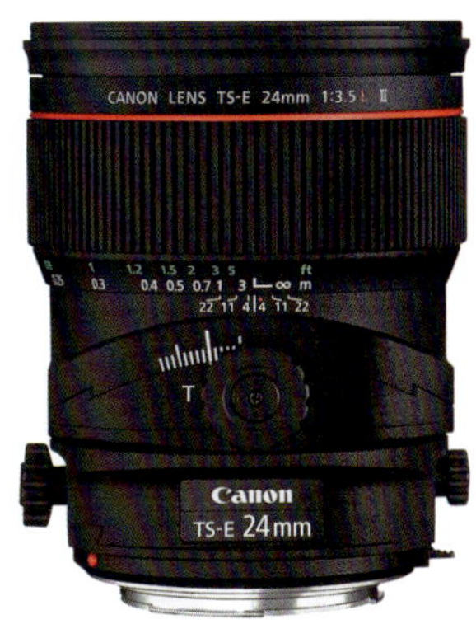

▲ **Abbildung 3.67**
Das Canon TS-E 24 mm II lässt sich in jede Richtung um 12 mm verschieben und um 8,5° neigen – ideal für Architektur- und Landschaftsfotografie (Bild: Canon).

Ein Tilt-Shift-Objektiv ist praktisch nur vom Stativ aus sinnvoll zu verwenden, weil Sie so eine feste Basis haben, um das Objektiv exakt einzustellen. Ebenso sind eine Wasserwaage und eine Gittermattscheibe zu empfehlen, wenn Sie die Perspektivkorrektur in der Architekturfotografie komfortabel

Abbildung 3.68 ▸▸
Ein Tilt-Shift-Objektiv wird vor allem in der Architekturfotografie eingesetzt, um die dort oft unvermeidlichen stürzenden Linien schon bei der Aufnahme zu vermeiden.

24 mm | f11 | 1/400 s | ISO 400

verwenden möchten. Die Weitwinkelbrennweiten sind nur an einer Vollformatkamera wirklich architekturtauglich. Wenn Sie nur die Schärfeverstellung nutzen möchten – zum Beispiel für Stillleben –, kann ein Tilt-Shift-Weitwinkelobjektiv aber auch an einer APS-C-Kamera Sinn ergeben.

Die Verlagerung der Schärfeebene wird für zwei ganz unterschiedliche Einsatzzwecke verwendet: zum einen (und hauptsächlich), um die Schärfeebene der Ausdehnung des Motivs anzupassen – so muss man weniger abblenden und erhält insgesamt schärfere Bilder –, zum anderen, um die Schärfe selbst bei Fernaufnahmen sehr selektiv zu halten. So können Sie bestimmte Elemente hervorheben und den Rest in Unschärfe versinken lassen, was so extrem auch mit den lichtstärksten Objektiven nicht möglich wäre. Es ergibt sich eine Art Miniaturisierungseffekt: Durch die minimale Schärfentiefe sehen reale Landschaften so aus, als wären sie nur ein Modell.

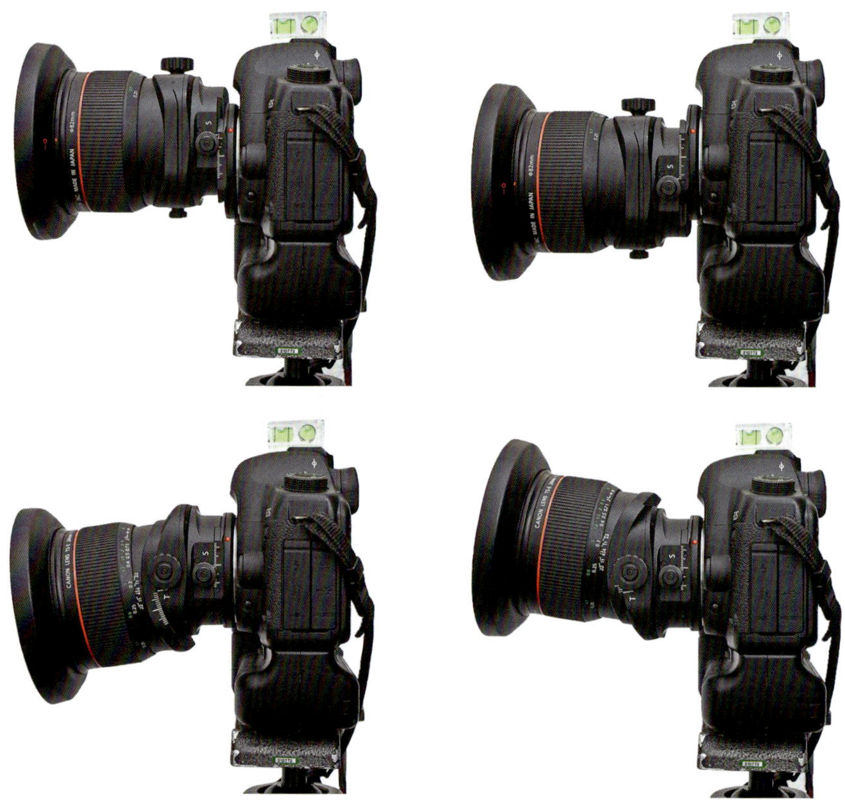

Abbildung 3.69 ▸
Oben ist die maximale Verschiebung des TS-E 24mm/f3,5 II von Canon dargestellt, unten die maximale Verschwenkung. Die Achsen lassen sich dabei gegeneinander verdrehen, so dass praktisch beliebige Kombinationen einstellbar sind. Bei manchen Kombinationen kommt es allerdings zur Abdunklung von Bildteilen, weil die extremen Verstellmöglichkeiten zur mechanischen Abschattung führen.

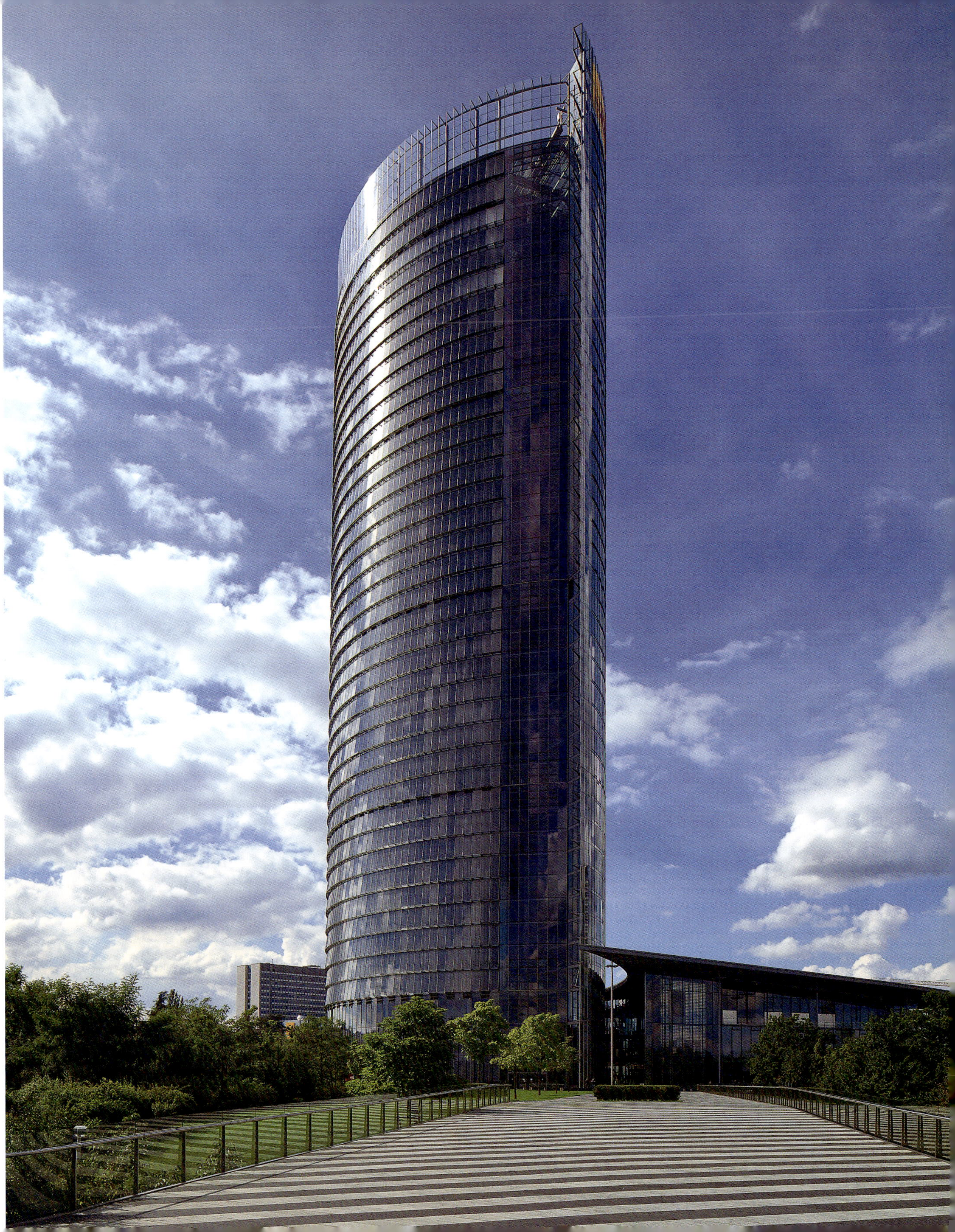

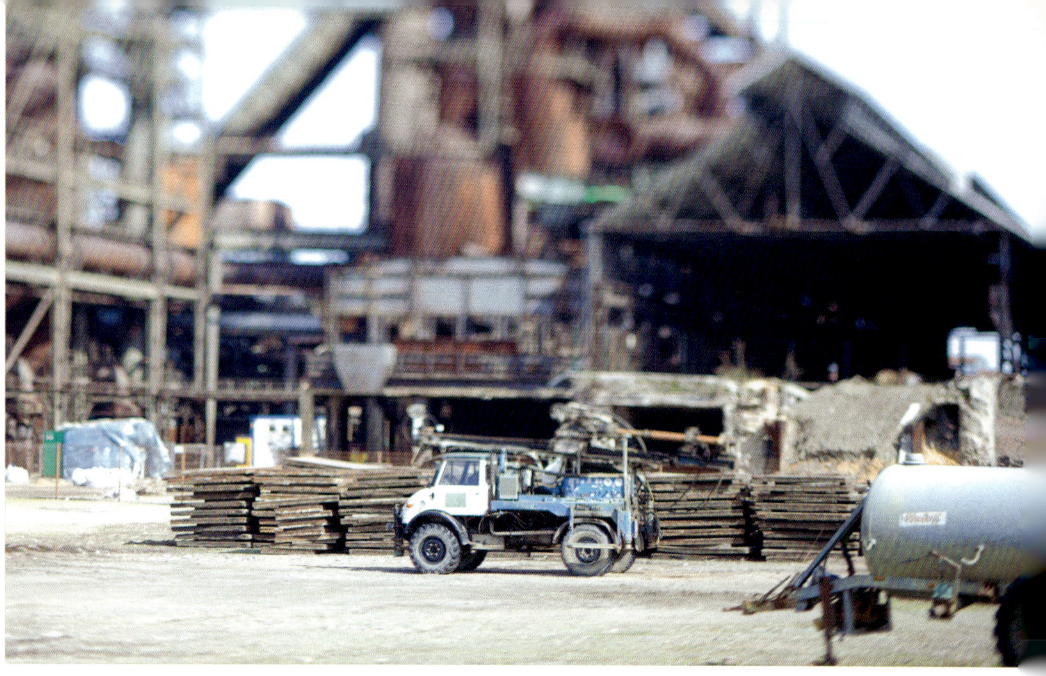

Abbildung 3.70 ▶
Der Unimog wirkt wie ein Modell, die Schärfe verläuft fast parallel zum Boden, weil das Objektiv etwas nach vorne gekippt wurde.

90 mm | f2,8 | 1/400 s | ISO 200 | Tilt-Shift-Objektiv

EXTENDER/KONVERTER

Ein **Extender** oder auch **Konverter** ist ein optisches Element, das zwischen Kamera und Objektiv montiert wird und die Brennweite des Objektivs um einen bestimmten Faktor verlängert. Am gebräuchlichsten sind die Faktoren 1,4 und 2,0. Eine Brennweitenverlängerung um den Faktor 1,4 bedeutet gleichzeitig eine Verkleinerung der Anfangsblende um eine Stufe, beim Verlängerungsfaktor 2,0 um zwei Stufen. So wird aus einem 200 mm/f2,8 ein 280 mm/f4,0 oder ein 400 mm/f5,6. Der eigentliche Blendendurchmesser ändert sich natürlich nicht, aber da sich die Blendenzahl aus der Brennweite geteilt durch den Öffnungsdurchmesser der Blende ergibt, verdoppelt sich bei doppelter Brennweite folgerichtig auch die Blendenzahl. Wenn der Konverter gut auf das Objektiv abgestimmt ist, ist eine Qualitätsverschlechterung kaum spürbar. Zudem ist er oft die günstigste Möglichkeit, um den Brennweitenbereich nach oben hin hochwertig zu erweitern.

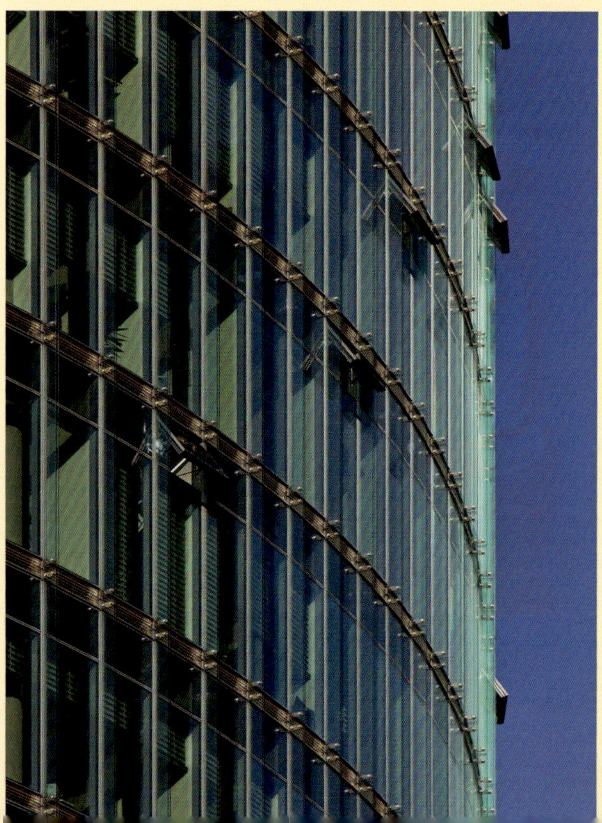

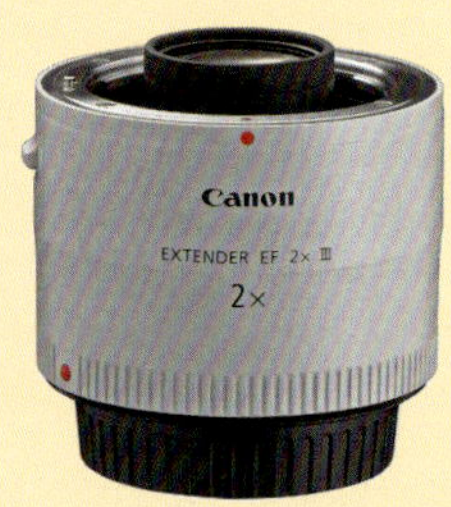

◀ **Abbildung 3.71**
Bei den Canon-Extendern steht das vordere Linsenglied vor, so dass Sie diese nur mit bestimmten Objektiven verwenden können. Dafür sind die Extender auf die Objektive aber auch besonders gut abgestimmt (Bild: Canon).

◀ **Abbildung 3.72**
Ein 70–200/f2,8-Objektiv mit Zweifach-Extender zeigt hier bei 400 mm Brennweite keinerlei optische Schwächen. Es ist eine günstige, gute und leichtgewichtige Lösung, mit einem Extender den Telebereich zu erweitern.

400 mm | f11 | 1/1250 s | ISO 400

3.4.11 Zoomobjektive

Objektive mit veränderlicher Brennweite werden **Zoomobjektive** oder kurz **Zooms** genannt. Während diese Objektive von manchen Festbrennweiten-Anhängern immer noch als Vergehen gegen die reine Lehre angesehen werden, übertreffen manche der neuen Zoomkonstruktionen die entsprechenden älteren Festbrennweiten in der Abbildungsleistung. Es gibt allerdings einen Bereich, in dem man um die Nutzung von Festbrennweiten nicht herumkommt: die Arbeit mit hochlichtstarken Objektiven. Selbst lichtstarke Zooms haben meist nur eine Anfangsblende von f2,8. Festbrennweiten mit Blende 1,4 aber lassen viermal so viel Licht durch, zudem ist das Bokeh häufig schöner.

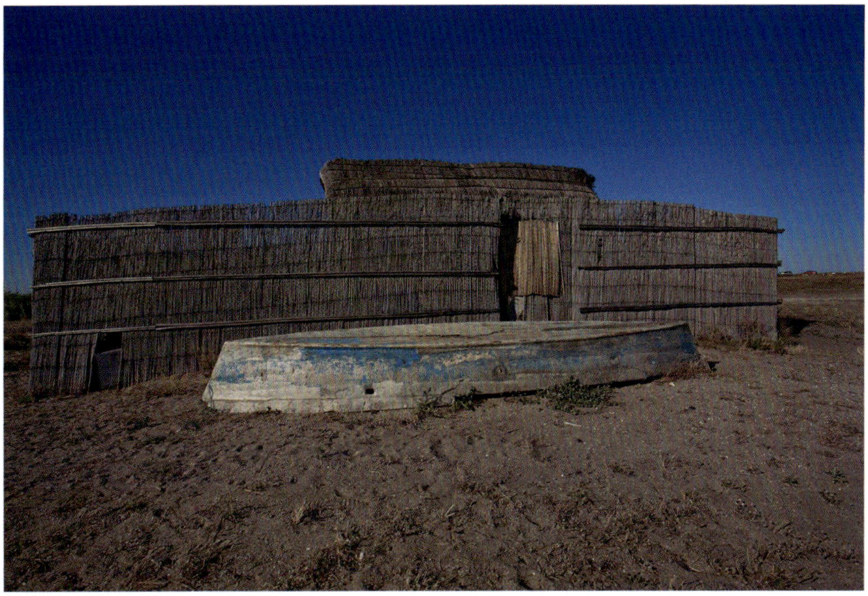

◂ **Abbildung 3.73**
Ein Weitwinkelzoom lässt auch statische Motive etwas dynamischer und luftiger erscheinen.

17 mm | f16 | 1/320 s | ISO 160

Weitwinkelzooms | Im starken Weitwinkelbereich ist die Schärfentiefe so hoch, dass man auch mit lichtstarken Festbrennweiten kaum eine echte Trennung von Vorder- und Hintergrund erhält. Auch die mittlerweile sehr hohe Qualität spricht im Weitwinkelbereich für ein Zoomobjektiv. Manchmal sind die Zoomkonstruktionen den entsprechenden Festbrennweiten sogar überlegen. Beim hervorragenden 14–24 mm/f2,8 von Nikon zum Beispiel ist dies sicher der Fall. Die Hersteller legen aber auch die Festbrennweiten neu auf, um den gestiegenen Ansprüchen der neuen Sensoren Rechnung zu tragen. Ein neu auf den Markt gekommenes Objektiv ist fast immer deutlich besser als die Klassiker, die schon seit 20 Jahren verkauft werden.

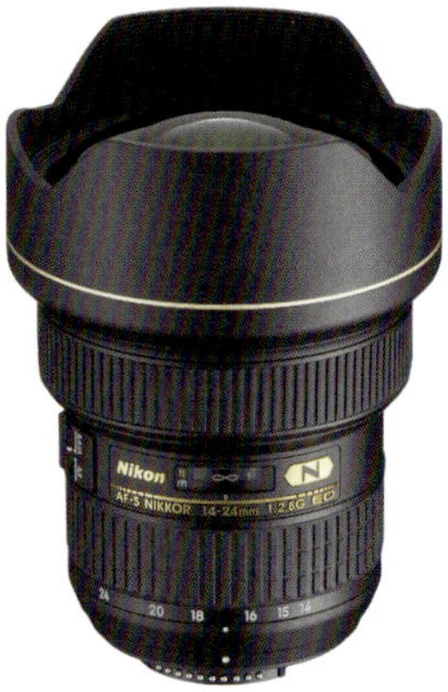

▲ **Abbildung 3.74**
Das Nikon 14–24 mm f2,8 ist ein Beweis dafür, dass die Qualität von Zoomobjektiven heute sogar die von Festbrennweiten übertreffen kann (Bild: Nikon).

Lichtstärke ist im Weitwinkelbereich nicht ganz so wichtig, weil Sie mit längeren Belichtungszeiten als im Telebereich noch aus der freien Hand fotografieren können. Zumal wird ein Weitwinkelobjektiv in der Praxis für eine optimale Abbildungsleistung recht stark abgeblendet. Die Offenblende findet also selten Verwendung, so dass Anfangsblenden von f4,0 oder sogar f5,6 oft völlig ausreichen. Lichtschwache Objektive sind einfacher zu konstruieren und bei gleicher Qualität auch deutlich günstiger.

Die große Schärfentiefe lässt sogar den Autofokus verzichtbar erscheinen, so dass Objektive von Fremdherstellern ohne Autofokus oder über Objektivadapter angeschlossene Zooms fremder Marken, bei denen der AF dann nicht mehr verwendbar ist, durchaus eine Überlegung wert sein können.

Mittlere Zooms | Die Zooms, die einen Brennweitenbereich vom Weitwinkel bis zum leichten Tele abdecken, sind zu den neuen Standardobjektiven geworden. Bei den Einsteiger-DSLRs wird daher meist zum Beispiel ein 18–55-mm-Zoomobjektiv mit angeboten, das entspricht 28–90 mm bei Vollformat. Eine etwas hochwertigere Variante mit größerem Zoombereich ist dann oft als Alternative erhältlich. Aber auch die einfache Version ist ihr Geld mehr als wert, denn die großen Stückzahlen machen eine gute Qualität auch bei geringem Preis möglich.

Selbst wenn Sie diesen Brennweitenbereich mit mehreren hochwertigen Festbrennweiten abdecken, ergibt so ein Zoomobjektiv Sinn. Es gibt immer Situationen, in denen man sehr schnell sein muss oder nicht viel Ausrüstung dabeihaben möchte. Ein Zoom im mittleren Brennweitenbereich mit Bildstabilisator ersetzt dann alle Objektive und sogar das Stativ.

▼ **Abbildung 3.75**
Ein 28–135-mm-Zoom ersetzte bei dieser Wanderung mehrere Objektive und lieferte doch immer den richtigen Bildausschnitt.
95 mm | f9,0 | 1/500 s | ISO 200

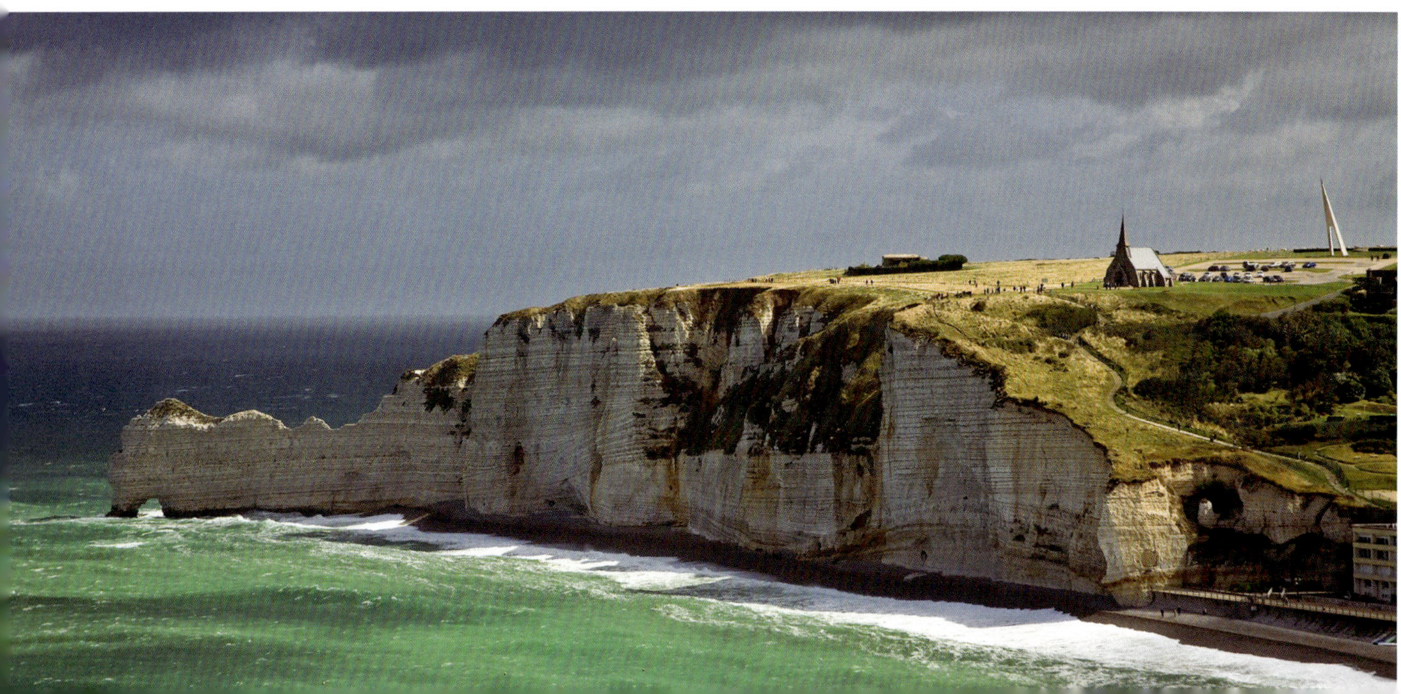

Telezooms | Bedingt durch die lange Brennweite haben Telezooms genug Platz im Objektiv, um Bildfehler hervorragend zu korrigieren. Das kann dazu führen, dass ein 70–200 mm/f2,8 aus über 20 Linsen besteht, dafür aber in der Abbildungsleistung einer Festbrennweite nicht nachsteht. Im Telebereich kann man den Bildausschnitt nicht so leicht durch ein paar Schritte verändern wie im Weitwinkelbereich oder mit einem Normalobjektiv. Bei einer langen Brennweite machen wenige Meter nach vorn oder hinten kaum etwas aus, weil Sie oft in den Fernbereich hinein fotografieren. Ein Zoom kann hier gute Dienste leisten, und wenn Sie ein gutes Objektiv verwenden, haben Sie auch Reserven für eine Ausschnittsvergrößerung. Ein hochwertiges 70–200-mm-Objektiv liefert so in einem Zweidrittel-Ausschnitt oft ein besseres Ergebnis als ein schlechteres 100–300-mm-Objektiv.

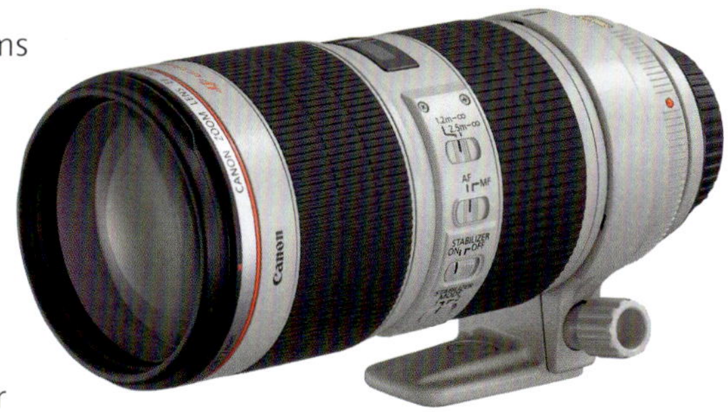

▲ **Abbildung 3.76**
Das EF 70–200 mm f2,8 IS II von Canon: Praktisch jeder Hersteller hat in diesem Bereich hochwertige Telezooms im Angebot, die Festbrennweiten ersetzen können (Bild: Canon).

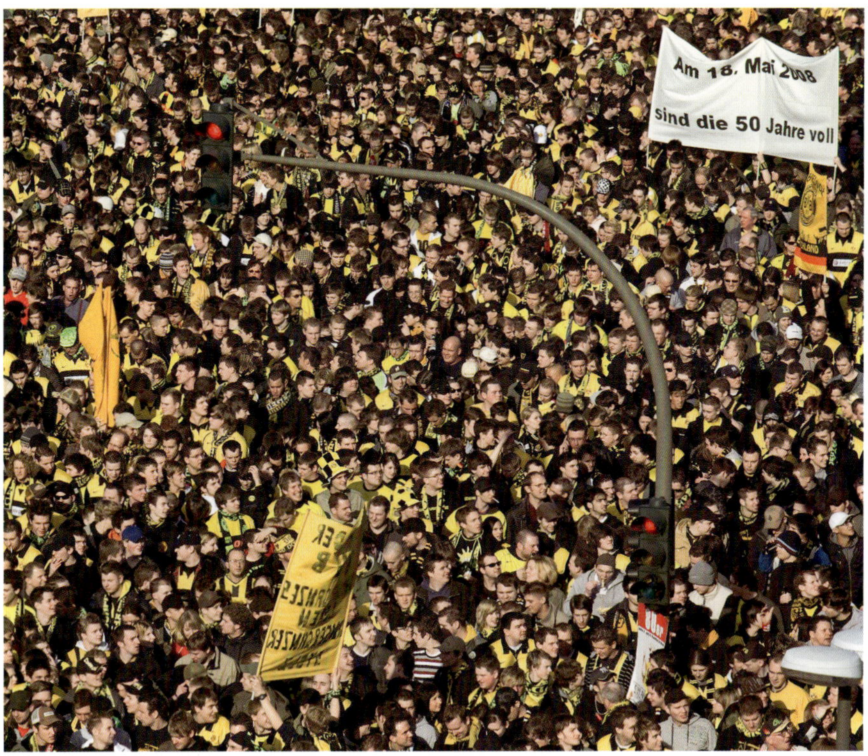

◂ **Abbildung 3.77**
Ein 70–200-mm-Zoom half, das Motiv zu verdichten und einen fast zweidimensionalen Eindruck zu erzeugen.

200 mm | f8,0 | 1/320 s | ISO 125

Ultrazooms | Den gesamten Brennweitenbereich, den man für seine Arbeit benötigt, mit einem einzigen Objektiv abzudecken, erscheint reizvoll, und so findet man auf dem Markt Zooms, die von 28–300 mm Brennweite reichen. Diese Objektive sind in den vergangenen Jahren immer besser geworden, aber die Anforderungen in der Konstruktion (um über einen so großen Brennweitenbereich auch eine gute Qualität zu gewährleisten) sind so schwierig zu erfüllen, dass Sie praktisch immer bessere Ergebnisse erhalten werden, wenn Sie diesen Brennweitenbereich auf zwei oder drei Objektive aufteilen.

Die wechselbaren Objektive sind ein Hauptvorteil des Spiegelreflexsystems, und so ist ein Ultrazoom ein Schritt zurück in Richtung einer Bridge-Kamera, wenngleich auch mit den Vorteilen eines größeren Sensors.

Abbildung 3.78 ▸
Ein 18–200-mm-Objektiv an einer Crop-Kamera ist ein technischer Kompromiss. Trotzdem kann ein guter Fotograf damit hervorragende Aufnahmen erstellen (Bild: Simone Holzberg, Model: Jana Weilert).
50 mm | f5,6 | 1/30 s | ISO 1 600

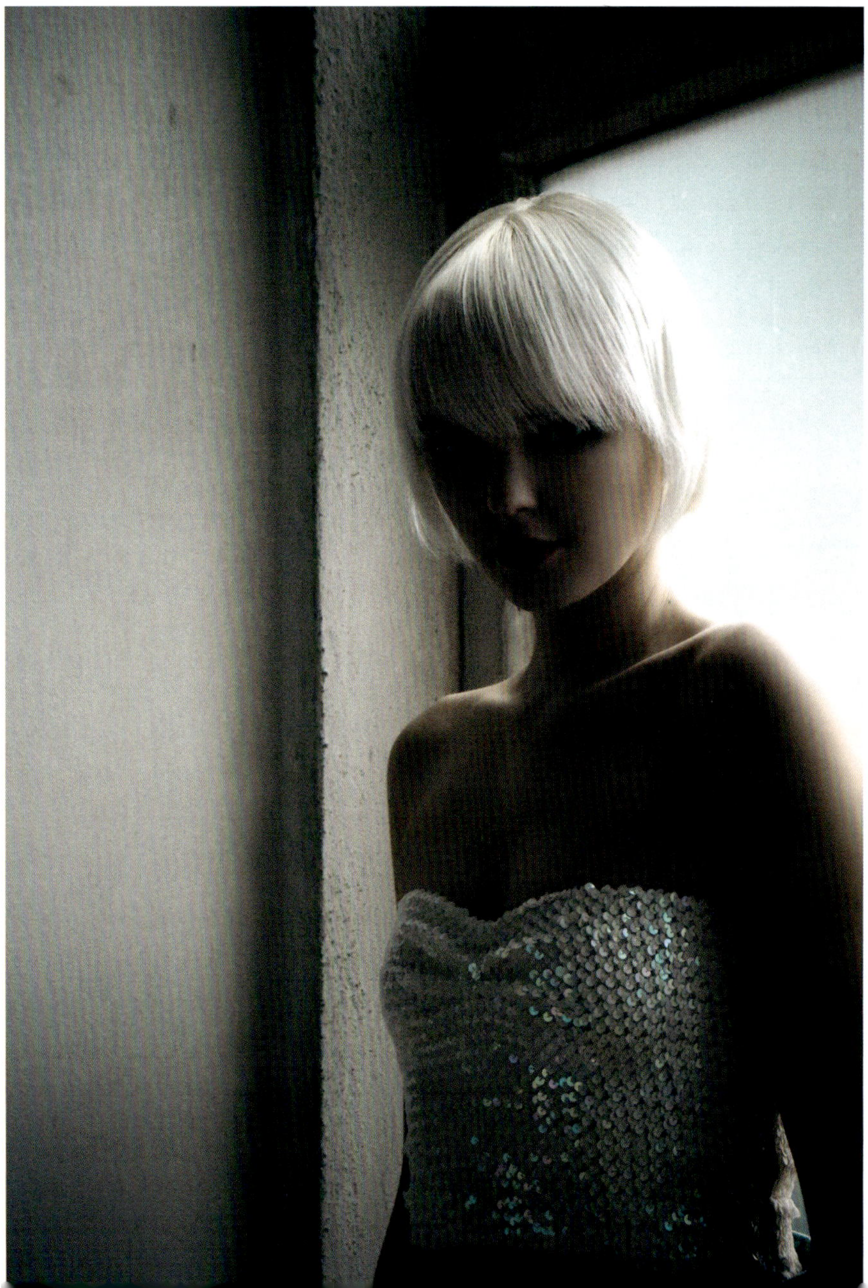

3.5 Objektiv-Features und Zubehör

Wenn Sie heute ein Objektiv neu erwerben möchten, werden Sie oft mit einer verwirrenden Anzahl von Abkürzungen hinter der Brennweitenbezeichnung konfrontiert. Das liegt nicht nur an den Marketingabteilungen der jeweiligen Hersteller, sondern auch daran, dass Objektive heute viel mehr bieten als früher. Als Objektive noch manuell scharfgestellt wurden, waren keine Motoren eingebaut, und sie konnten auch nicht selbstständig das Wackeln Ihrer Hand ausgleichen. Im Folgenden werden diese Objektiv-Features erklärt, und Sie erfahren auch, wie Sie Ihre alten Objektive an der DSLR weiterverwenden können oder welche Filter auch heute noch sinnvoll zu verwenden sind.

3.5.1 Fremdobjektive am Adapterring

Mit einem Adapterring lassen sich Objektive anderer Systeme an die eigene Kamera ansetzen. Der Autofokus und die automatische Blendeneinstellung gehen dabei verloren, aber häufig geht es dabei gerade um alte Objektive, die keinen Autofokus besitzen, sondern manuell scharfgestellt werden.

Dies ist nicht nur für den DSLR-Einsteiger interessant, der die Objektive seines alten Systems an der neuen Digitalkamera weiterverwenden möchte, sondern auch für den Profi, der für bestimmte Objektive der Konkurrenzmarke nicht das System wechseln möchte, oder der mit alten Objektiven eine bestimmte Stimmung im Foto erzeugen möchte.

Adapterringe gibt es mit und ohne Linsen. Wenn das alte System ein größeres Auflagemaß (der Abstand vom Kamerabajonett zum Sensor) hat als das neue, reicht ein mechanischer Adapter, der billig ist und keinerlei Qualitätsverluste mit sich bringt. Wenn das Auflagemaß allerdings beim Originalsystem kleiner war, müsste man das Objektiv eigentlich innerhalb der neuen Kamera anbringen – damit man weiterhin auf Unendlich fokussieren kann –, oder man fügt Linsen ein, die die Differenz ausgleichen. Letzteres Vorgehen ist aber teuer und verschlechtert die Qualität, so dass es in der Praxis weniger Sinn ergibt.

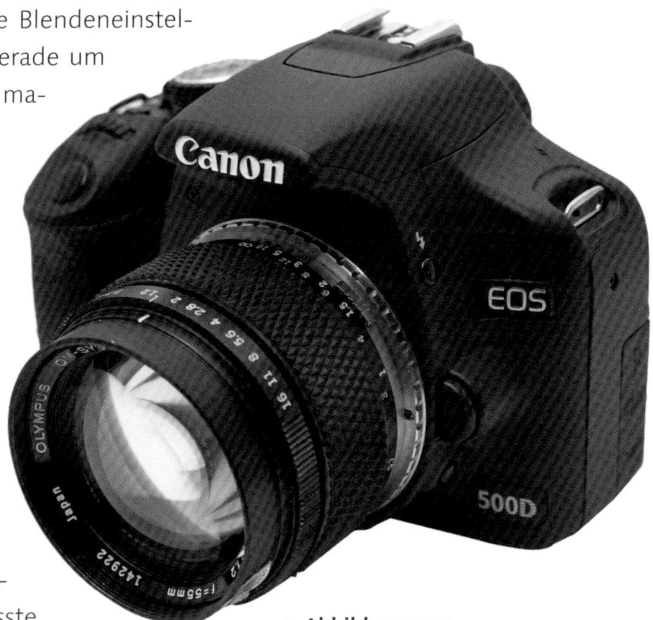

▲ **Abbildung 3.79**
Ein Olympus OM 55 mm f1:1,2 an einer Canon EOS 500D. Das über 30 Jahre alte Objektiv erreicht zwar nicht die Schärfe, die moderne DSLRs benötigen, dennoch liefert es gerade im Porträtbereich großartige Bilder.

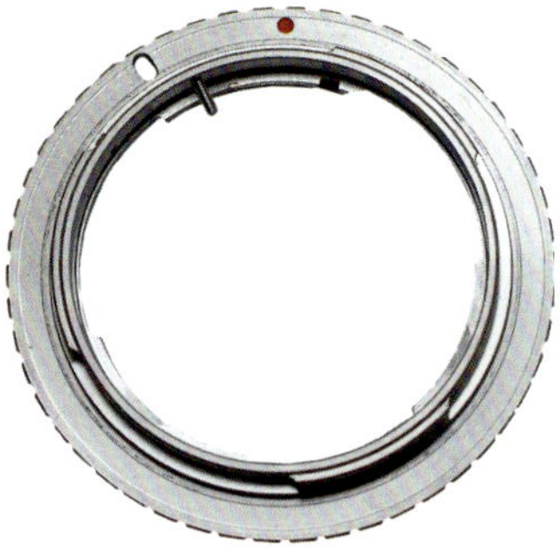

▲ **Abbildung 3.80**
Ein Adapterring vom Olympus-OM-System zum EOS-System von Canon

In der folgenden Tabelle einiger gängiger Systeme können Sie die Auflagemaße vergleichen:

System	Auflagemaß
Contax N	48 mm
Leica R Bajonett	47 mm
Nikon F Bajonett	46,5 mm
Olympus OM-Bajonett	46 mm
M42x1 Schraubgewinde	45,5 mm
Pentax K Bajonett	45,5 mm
Minolta A Bajonett (AF)	44,5 mm
Canon EF Bajonett (EOS)	44 mm
Sigma SA Bajonett	44 mm
Minolta SR Bajonett (MF)	43,5 mm
Canon FD Bajonett (FD/FL)	42 mm
Olympus E Bajonett (Four-Thirds)	38,85 mm
Micro-Four-Thirds	20 mm

▲ **Tabelle 3.4**
Vergleich verschiedener Auflagemaße

Das alte manuelle OM-System von Olympus hat eine Auflagemaß von 46 mm, passt also mit einem 2 mm dicken Adapterring an eine Canon EOS, die ein Auflagemaß von 44 mm besitzt. Die Kombination Canon FD an Canon EOS ohne Linsen ist leider nicht möglich, weil das alte Auflagemaß 2 mm kürzer war. Wer bei Nikon bleibt, braucht für alte Nikon-Objektive ohnehin keinen Adapter, weil Nikon das Bajonett mechanisch beibehalten hat.

Abbildung 3.81 ▶
Das alte lichtstarke Normalobjektiv liefert ein schönes Bokeh und eine extrem geringe Schärfentiefe. Die Abbildungsfehler sind für manche Aufnahmen sogar von Vorteil. Ein Adapterring erschließt Ihnen bei vorhandener Alt-Ausrüstung für sehr wenig Geld sehr viele Möglichkeiten.
55 mm | f1,2 | 1/8000 s | ISO 100

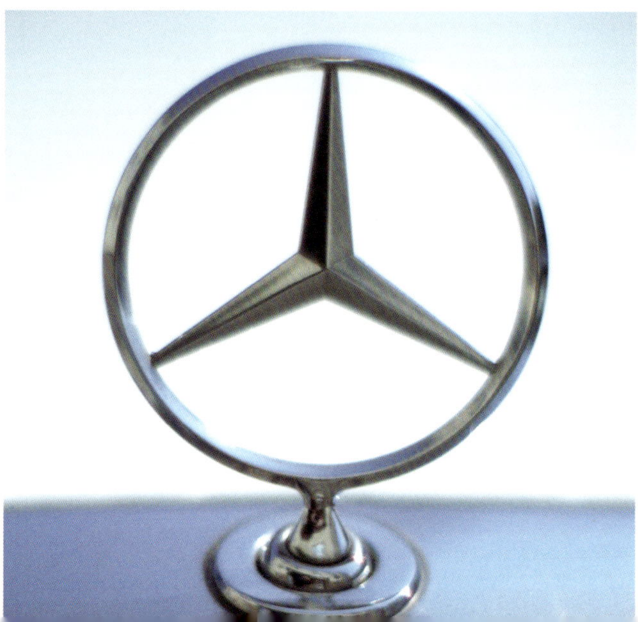

3.5.2 Bildstabilisator

Bildstabilisatoren erlauben es dem Fotografen, auch mit längeren Belichtungszeiten aus der freien Hand scharfe Bilder zu erhalten. Sie werden auf zwei unterschiedliche Weisen realisiert: Bei Sony, Olympus und Pentax zum Beispiel ist der Sensor beweglich gelagert, und sobald das Bild durch die Bewegung der Kamera zu wandern beginnt, wandert der Sensor mit, und die Schärfe bleibt weitgehend erhalten. Bei Canon und Nikon sind bei bestimmten Objektiven (Canon: IS, Nikon: VR) die hinteren Linsenglieder beweglich, und sie gleichen die Verwacklung aus. Auf diese Weise sind bis zu vier Blendenstufen längere Belichtungszeiten möglich, und man erhält immer noch scharfe Bilder. Der Bildstabilisator im Objektiv hat den Vorteil, dass er auch das Sucherbild stabilisieren kann, was das Arbeiten mit langen Brennweiten angenehmer macht.

Bei bewegten Motiven ist ein Bildstabilisator nur eingeschränkt von Nutzen, weil nur die Bewegungen der Kamera ausgeglichen werden können, nicht aber die des fotografierten Objekts. Trotzdem ist ein Bildstabilisator gerade bei längeren Brennweiten eine großartige Erfindung.

Der Mehrpreis für ein Objektiv mit Bildstabilisator ist leider manchmal erheblich, und so lohnt es sich, zu überlegen, ob man für das gesparte Geld nicht lieber ein zusätzliches Objektiv erwirbt. Wenn der preisliche Unterschied gering und die Abbildungsleistung ansonsten vergleichbar ist, ist ein Objektiv mit Bildstabilisator immer vorzuziehen.

▼ **Abbildung 3.82**
Eine sekundenlange Belichtung aus der Hand und aus dem fahrenden Auto ergab dank Bildstabilisator gerade Lichtspuren der Straßenlaternen. Ich saß natürlich auf dem Beifahrersitz.

28 mm | f3,5 | 4 s | ISO 200

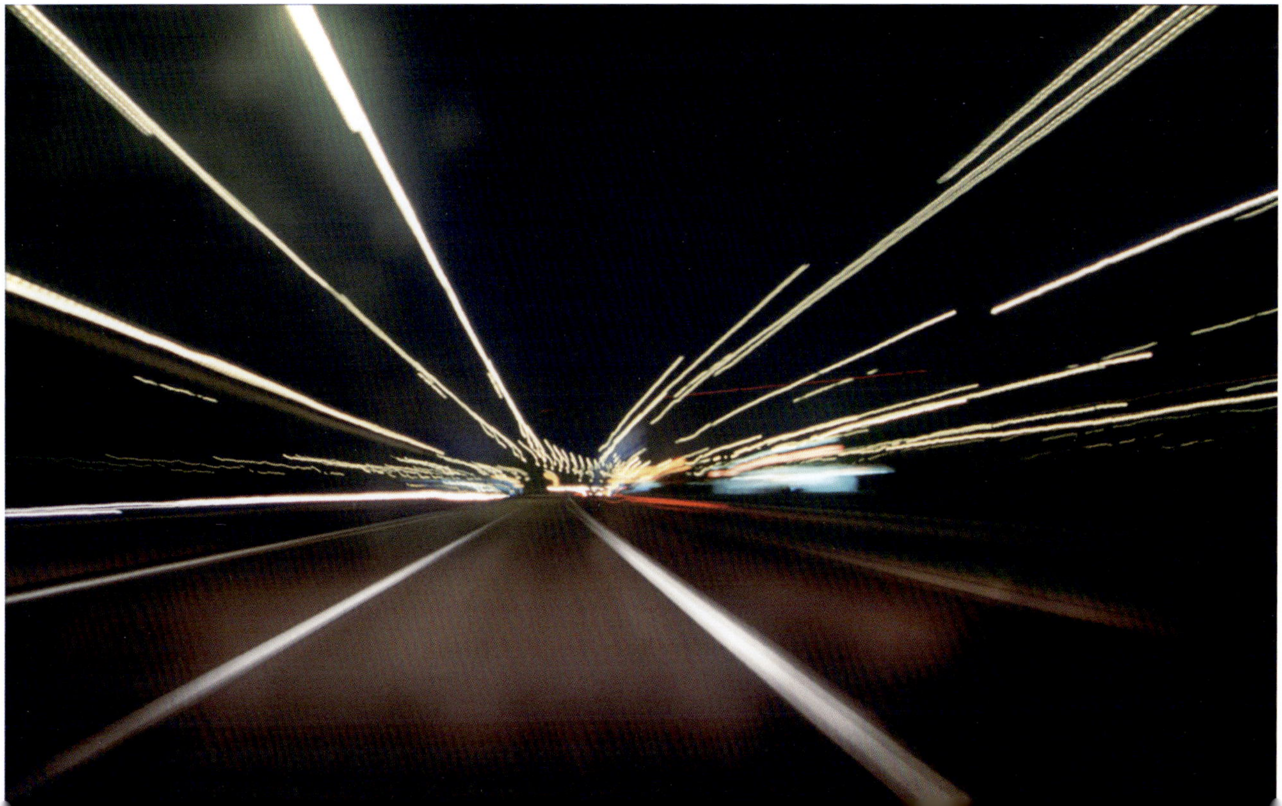

3.5.3 Ultraschall-Autofokusmotor

Die Anforderungen an einen Autofokusmotor sind hoch: Er muss Teile des Objektivs schnell beschleunigen und abbremsen können, sehr exakt arbeiten und soll dabei wenig Geräusch verursachen. Normale Elekromotoren mit Getriebeantrieb stoßen da an Ihre Grenzen. Besser ist es, wenn man einen Ring um das bewegliche Objektivteil direkt antreiben kann. Ultraschallmotoren können dies, indem sie piezoelektronisch erzeugte Schallwellen für den Antrieb verwenden. Diese Schallwellen sind so hochfrequent, dass Sie für den Menschen nicht mehr hörbar sind und das Objektiv insgesamt leise arbeitet.

Ein Ultraschallmotor ist eigentlich immer die beste Wahl, weil er den Autofokus schnell und leise macht. Je schwerer die zu bewegenden Linsenglieder sind, desto mehr ist dieser Motortyp im Vorteil gegenüber herkömmlichen Lösungen. Die einzelnen Hersteller verwenden unterschiedliche Bezeichnungen für diese Technik:

Tabelle 3.5 ▸
Bezeichnungen verschiedener Hersteller für die Ultraschallmotoren ihrer AF-Objektive.

Hersteller	Kürzel	Bedeutung
Canon	USM	*ultrasonic motor*
Nikon	SWM	*silent wave motor*
Olympus	SWD	*supersonic wave drive*
Panasonic	XSM	*extra silent motor*
Pentax	SDM	*sonic direct drive motor*
Sigma	HSM	*hypersonic motor*
Sony	SSM	*supersonic motor*

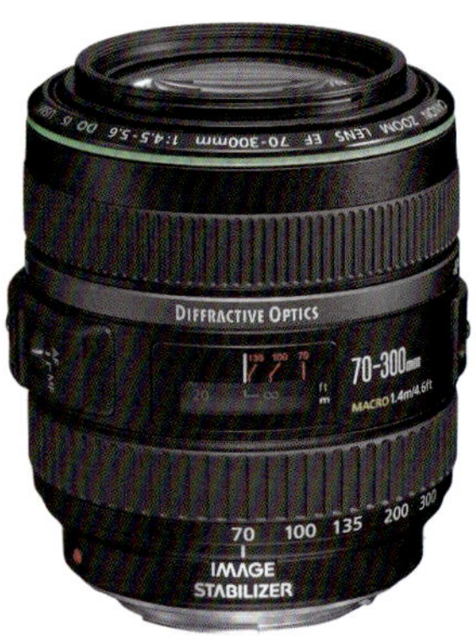

▴ **Abbildung 3.83**
Objektive mit Beugungsoptik (DO) werden bei Canon mit einem grünen Ring gekennzeichnet. Andere Hersteller haben so etwas nicht im Programm.

3.5.4 Beugungsoptik (DO)

Die Beugungsunschärfe ist Ihnen ja mittlerweile ein Begriff: Wenn Sie die Blende Ihres Objektivs zu weit schließen, bekommen Sie eine leichte Unschärfe ins Bild. Je kleiner das Loch oder der Spalt ist, durch den das Licht hindurch muss, desto mehr strebt es dahinter auseinander. Das kennen Sie vielleicht noch unter der Bezeichnung »Beugung am Spalt« aus Ihrer Schulzeit.

Canon hat es durch das Einbringen winzigster Linienraster in die Objektivkonstruktion geschafft, diesen Beugungseffekt für die fotografische Abbildung nutzbar zu machen. Da Effekte wie die chromatische Aberration in der Beugung genau andersherum als bei der Brechung in einer Linse ablaufen, eignen sich diese Elemente hervorragend zur Korrektur von Abbildungsfehlern. So lassen sich kleinere und leichtere Objektive herstellen, die aber trotzdem die gleiche Lichtstärke und Qualität erreichen wie reine Linsenobjektive.

Das Kürzel DO steht für *Diffractive Optics*, also Beugungsoptik. Ich gebe zu, dass ich in meiner Abiturzeit gedacht habe, dass ich die Nutzung der Beugungsoptik für die Fotografie persönlich nicht mehr erleben werde. Die Zukunft der Digitalfotografie wird aber wohl noch etliche Überraschungen dieser Art bereithalten. Um die Beugungsoptik ist es aber wieder still geworden: Bislang hat Canon den beiden ersten Objektiven keine weiteren folgen lassen.

3.6 Objektivfilter

In der analogen Fotografie waren Filter die einzige Möglichkeit, um die Farbstimmung bei Diapositiven oder die Tonwertumsetzung bei Schwarzweißaufnahmen zu steuern. Diese Anwendungen überlässt man heute besser dem Computer. Es gibt aber auch im digitalen Zeitalter noch ein paar Filter, die nach wie vor sinnvoll sind.

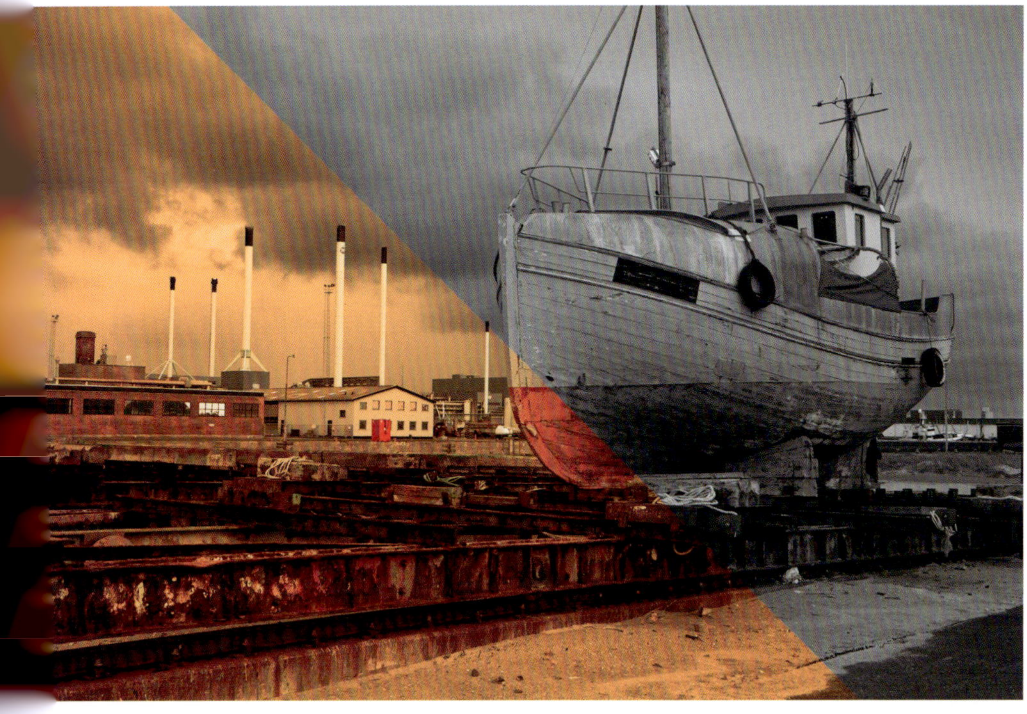

◄ **Abbildung 3.84**
Hier wurde das Orangefilter digital über ein Bild gelegt und das Bild danach in Schwarzweiß umgewandelt. Das Ergebnis ist nicht schlechter als mit einem Glasfilter, die Möglichkeiten der Nachbearbeitung bleiben aber vielfältiger, weil Sie nachträglich jede Filterung über das Bild legen können. Sie sollten dafür im RAW-Format fotografieren.

3.6.1 UV-Filter/Schutzfilter

UV-Filter werden immer noch gern mit dem Argument verkauft, dass man damit den Dunst und einen leichten Blaustich reduzieren könnte, wenn der UV-Anteil des Lichts sehr hoch ist, wie zum Beispiel in den Bergen oder am Meer. Digitalkameras aber kontrollieren den Frequenzbereich des Lichts, den Sie auf den Sensor lassen, ohnehin sehr genau, und ein Objektiv lässt meist kaum UV-Licht hindurch. Dieser Filtertyp hat also keinen Effekt. Genau aus diesem Grund wird er gekauft, weil sich der Fotograf damit einen möglichst neutralen Objektivvorsatz verspricht, der die Frontlinse des Objektivs vor dem Verkratzen schützt.

Ich selbst nutze zwar UV-Filter für meine Objektive, möchte Ihnen aber trotzdem eher von der Verwendung abraten: Ein Filter vor dem Objektiv ist eine zusätzliche Glasfläche, an der Reflexionen auftreten können. Er kann zu Unschärfen führen, wenn er nicht hundertprozentig planparallel ist, weil seine optische Eigenleistung dann die Abbildung verändert. Das ist besonders kritisch, wenn Sie ein Teleobjektiv verwenden. Falls das Filter verkratzt oder verstaubt ist, kann das bei ungünstigen Lichtverhältnissen auf dem Foto sichtbar werden.

Es ist sicher besser, wenn Sie Objektivschutzdeckel verwenden und Ihre Objektive ab und zu schonend reinigen. Mir selbst ist das zu kompliziert und zu langsam; ich will schnell ein Objektiv wechseln und sofort fotografieren können und dabei den Wert meiner Ausrüstung erhalten. Nach ein paar Jahren schmeiße ich das Filter weg, kaufe ein neues und bin froh, dass die Objektivfrontlinse nicht so aussieht, wie das alte Filter. In kritischen Situationen nehme ich das Filter ab, aber bei weit über 90% meiner Aufnahmen ergibt sich kein Unterschied durch die Verwendung des Filters.

OBJEKTIVE REINIGEN

Bevor Sie mit einem Tuch über eine Linse wischen, sollten Sie grobe Schmutzpartikel immer erst mit einem weichen, fettfreien Pinsel oder einem Blasebalg entfernen. Es gibt kaum Schlimmeres, als kleine Sandkörner in die Glasoberfläche zu reiben. Fusselfreie Objektiv- oder Brillenputztücher können hartnäckigere Flecken, etwa Fingerabdrücke oder eingetrocknete Regentropfen, lösen. Arbeiten Sie immer sanft und ohne Druck, und benutzen Sie keine Chemikalien, außer vielleicht spezielle Reinigungsflüssigkeiten für Objektive. Ich hatte in 20 Jahren allerdings keinen Fleck, bei dem nicht auch ein Anhauchen und sanftes Wegwischen gereicht hätte.

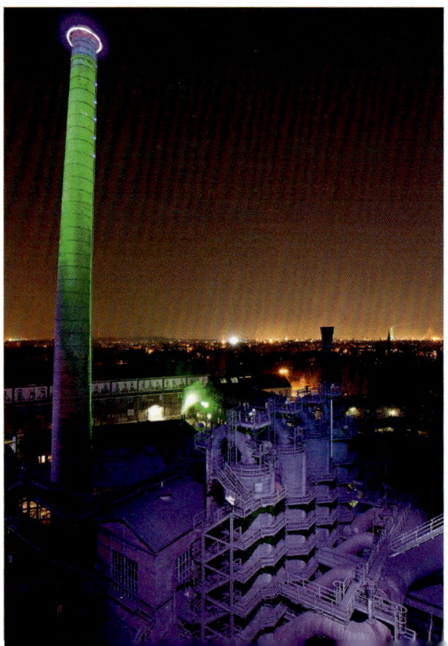
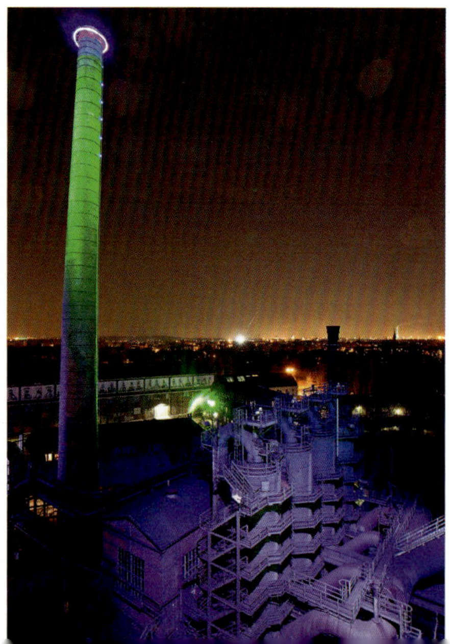

Abbildung 3.85 ▸
Links ohne UV-Filter, rechts mit UV-Filter: Das Bild, das mit dem Filter aufgenommen wurde, hat Lichtflecken, die von kleinen Störungen auf dem Filter herrühren, die im Scheinwerferlicht liegen. Ohne Filter ist die Bildqualität sichtbar besser. Besonders bei hartem Gegen- oder Seitenlicht und starken Kontrasten werden die Nachteile eines Filters sichtbar. Bei 90% der Motive werden Sie allerdings keinen Unterschied feststellen können.

3.6.2 Polarisationsfilter

Ein Polarisationsfilter, oder kurz Polfilter genannt, hat fast magische Auswirkungen. Sie können mit ihm Reflexionen ausfiltern, was wiederum eine ganze Menge von Anwendungsmöglichkeiten erschließt:

- Spiegelungen auf Glasscheiben und Wasserflächen vermindern
- Haut matter erscheinen lassen
- Farben intensivieren, weil die Eigenfarbe gegenüber den Reflexionen verstärkt wird
- blauen Himmel dunkler erscheinen lassen und den Wolkenkontrast erhöhen

▼ Abbildung 3.86
Ein Polfilter in Verbindung mit einem starken Weitwinkelobjektiv dunkelt nur einen Teil des Himmels ab, der Effekt wirkt so schnell unnatürlich.
17 mm | f11 | 1/80 s | ISO 100

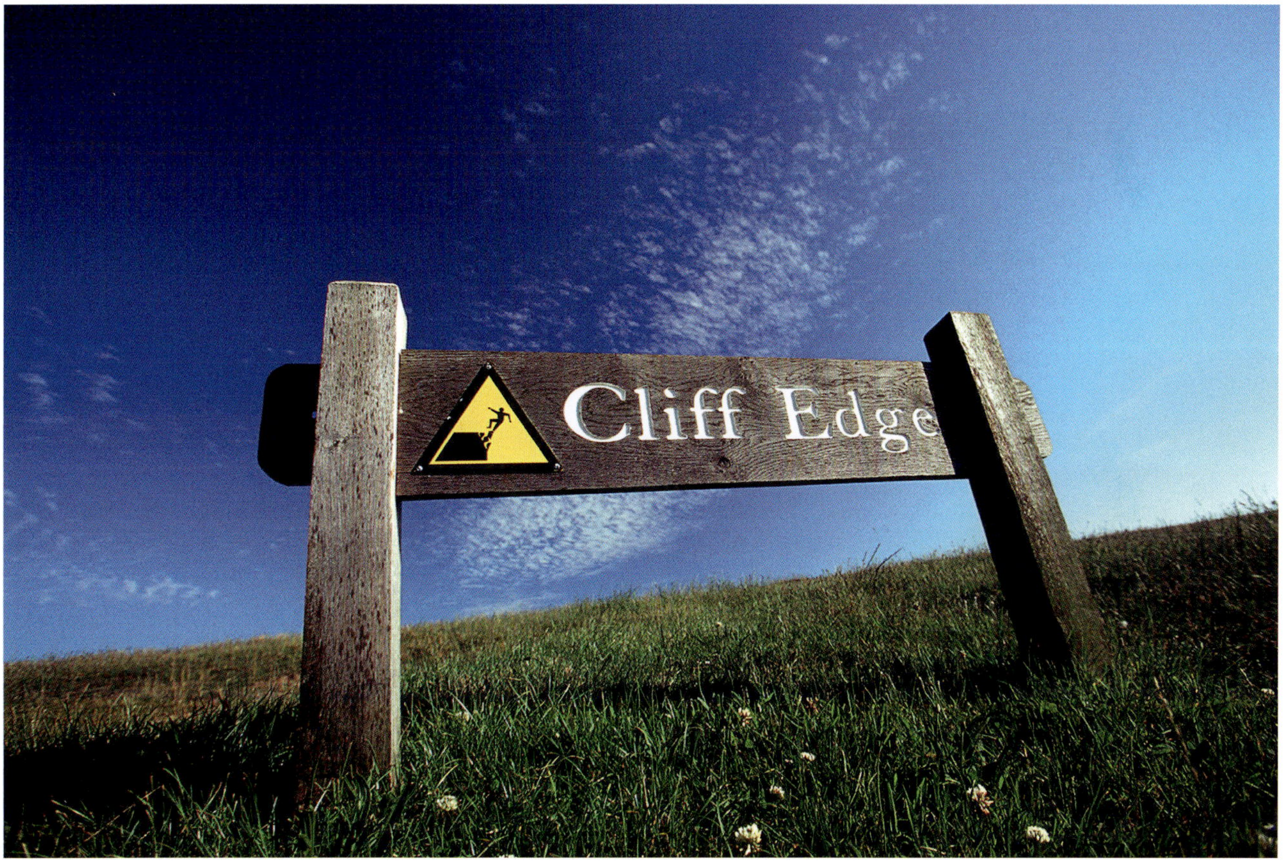

Ein Polarisationsfilter filtert das Licht nach seiner Schwingungsrichtung heraus. Normalerweise schwingt Licht in jede Richtung (senkrecht zur Ausbreitungsrichtung). Nachdem es an nichtmetallischen Oberflächen reflektiert wurde, schwingt es jedoch nur noch in einer einzigen. Ein Polfilter arbeitet

ACHTUNG

Das Polfilter schluckt ungefähr 1,5–2 Blenden Licht. Die Belichtungsautomatik berücksichtigt das, aber an einer manuellen Kamera müssen Sie die Belichtungszeit um den Faktor 3–4 verlängern.

wie ein ganz feines Linienraster, das nur noch Licht der eigenen Richtung durchlässt. Deswegen ist jedes Polfilter drehbar, damit die Richtung einstellbar bleibt.

Nun gibt es aber hinter dem Filter in der Digitalkamera auch noch Spiegelungen am halbdurchlässigen Spiegel. Polarisiertes Licht wäre hier fatal für die Belichtungsmessung, den Autofokus und das Sucherbild. Deswegen hat man bei modernen Polfiltern eine zusätzliche Schicht hinter der Polarisierungsschicht angebracht, die das Licht wieder in »Unordnung« bringt und auf unterschiedliche Schwingungsrichtungen verteilt. Dieser Filtertyp heißt **Zirkularpolfilter**, und Sie benötigen diesen Typ für praktisch jede moderne Kamera, in der Messelektronik steckt.

Die andere Variante heißt **Linearpolfilter**. Mit ihr können Sie nur mit alten Kameras arbeiten, die keine halbdurchlässigen Spiegel verwenden. Zum Ausprobieren können Sie auch einen Linearpolfilter an eine Digitalkamera schrauben, aber dann müssen Sie alles manuell einstellen, weil die Messung nicht mehr funktioniert und in einer Stellung auch das Sucherbild sehr dunkel werden wird.

3.6.3 Verlaufsfilter

Verlaufsfilter eignen sich, um Helligkeitsunterschiede im Bild auszugleichen, und sie kommen häufig in der Landschaftsfotografie zum Einsatz. Sehr oft hat der Himmel kaum noch Zeichnung, während unten im Bild in den Schatten schon echtes Schwarz herrscht. Ein Verlaufsfilter kann hier den Himmel um drei Blenden abdunkeln, während der untere Bereich nicht abgedunkelt wird. So können Sie um 1,5 Blenden heller belichten, öffnen damit die Schatten und dunkeln den Himmel ab. Die Belichtung liegt also besser im Kontrastumfang des Sensors.

Manche Verlaufsfilter sind nicht neutrale, sondern warm eingefärbt, um eine Abendstimmung zu verstärken. In der Digitalfotografie können Sie einen Verlaufsfilter auch durch einer Belichtungsreihe und dem späteren Übereinanderkopieren der verschiedenen Aufnahmen in der Bildbearbeitung ersetzen – oder Sie verwenden HDR-Software.

Es gibt allerdings eine Nische, wo das Verlaufsfilter immer noch unersetzlich ist: zum Beispiel wenn Sie in der Dämmerung mit langen Belichtungszeiten arbeiten, so dass eine zweite Belichtung in der Dämmerungsphase nicht sinnvoll möglich ist.

▲ **Abbildung 3.87**
Ein farbneutrales Verlaufsfilter dunkelt eine Bildhälfte weich ab, der Übergang wird allerdings umso härter, je weiter Sie abblenden (Bild: Hama).

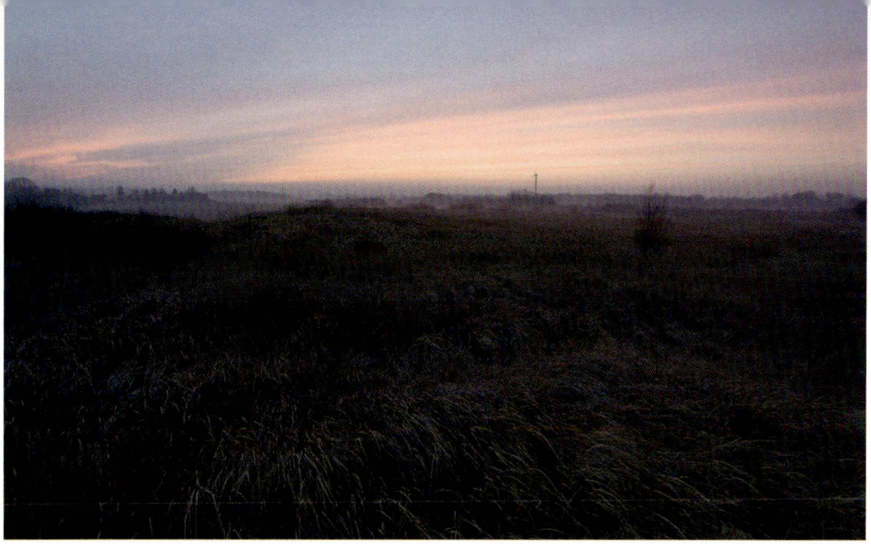

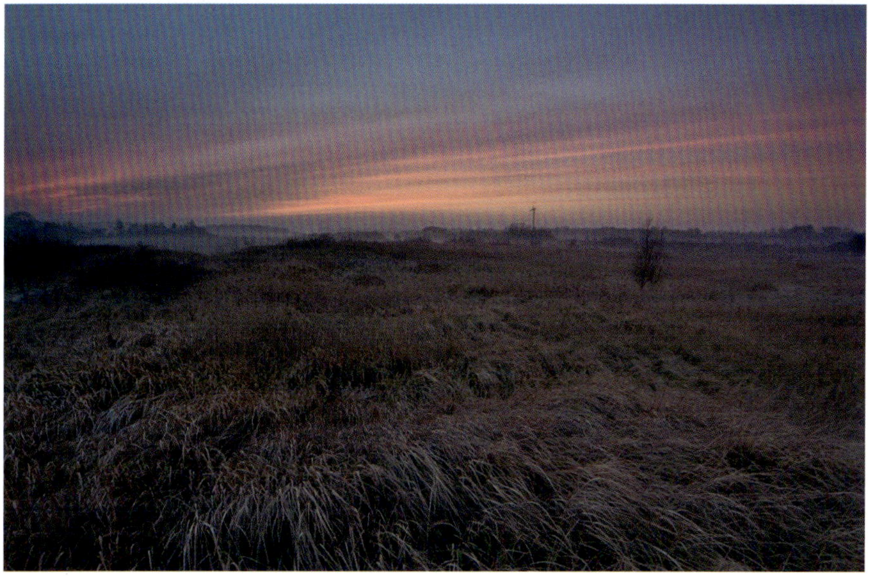

◂ **Abbildung 3.88**
Ohne Verlaufsfilter (oben) ergibt sich oft die Situation, dass der Himmel sehr hell ist, der Vordergrund aber sehr dunkel. Eine Belichtungskorrektur hilft nicht weiter, weil so entweder der Himmel ausfressen würde oder der Vordergrund zulaufen. Hier ist der Kontrast noch weich genug, so dass immerhin überall Zeichnung vorhanden ist. Unten wurde das Bild überbelichtet und der Himmel mit einem Verlaufsfilter abgedunkelt, so dass sich eine gleichmäßigere Helligkeitsverteilung ergibt. Seit Photoshop CS4 lässt sich ein digitaler Verlaufsfilter schon direkt im RAW-Konverter anwenden.

12 mm | f5,6 | 1/15 s | ISO 400 | APS-C-Sensor

3.6.4 Graufilter

Es gibt auch fotografische Situationen, in denen es einfach viel zu hell ist. Dann hilft ein Filter, das nichts weiter tut, als das Licht um einen bestimmten Faktor abzudunkeln. Das kann zum Beispiel dann nützlich sein, wenn Sie tagsüber mit langen Verschlusszeiten arbeiten, weil Sie Verwischungseffekte erzielen wollen, oder wenn sich Ihre Blitzanlage nur so weit herunterregeln lässt, dass Sie die Blende zu weit schließen müssten, oder wenn die kürzeste Belichtungszeit Ihrer Kamera nicht ausreicht, um die Blende so weit zu öffnen, wie Sie es für die Bildgestaltung wünschen.

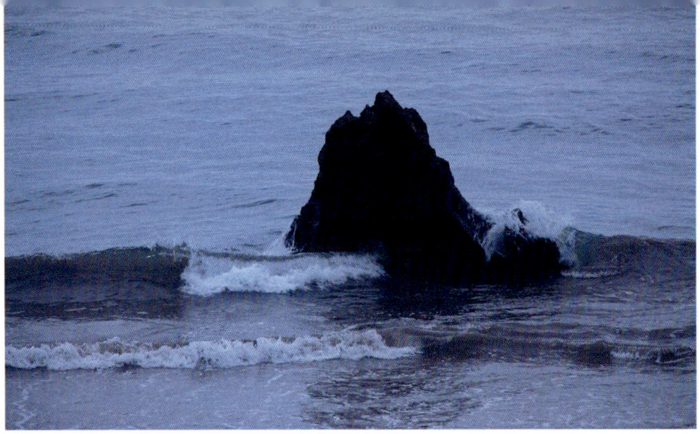

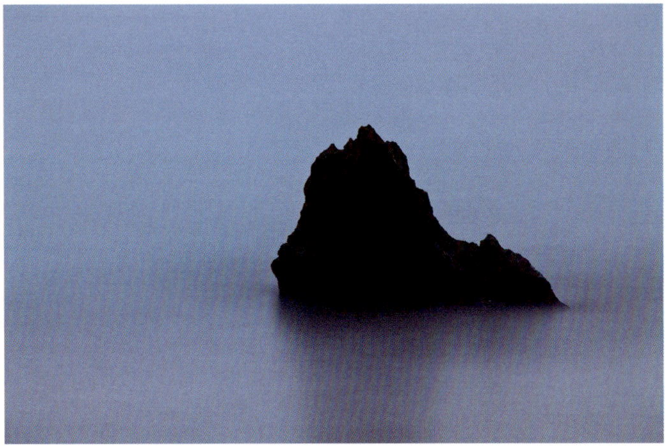

▲ **Abbildung 3.89**
Das obere Bild hat eine Belichtungszeit von 1/80 s, die sich am Felsen brechende Welle ist noch scharf zu sehen. Das untere Bild ist mit 4 min und 20 s Belichtungszeit aufgenommen worden: Das Meer wird zu einer neblig weichen Fläche. Ein ND-Filter hilft, auch in eigentlich zu hellen Situationen echte Langzeitaufnahmen zu erstellen.

Oben: 400 mm | f9,0 | 1/80 s | ISO 2000

Unten: 400 mm | f9,0 | 260 s | ISO 100 | ND 3-Filter

Ein Rechenbeispiel soll das verdeutlichen: Bei ISO 100 und Sonnenschein kommen Sie auf eine Verschlusszeit von circa 1/125 s nei Blende 16. Bei 1/1000 s entspricht das Blende 4,0. Wenn Ihre Kamera keine kürzeren Zeiten unterstützt, benötigten Sie für Blende 2,0 bei weiterhin korrekter Belichtung ein Filter, das zwei Blendenstufen, also um den Faktor 4, abdunkelt. Das benötigte Filter würde ND 0,6 heißen.

Die Bezeichnung verwirrt zunächst, lässt sich aber einfach erklären: ND steht für *neutral density* oder »neutrale Dichte«, also eine farbneutrale Verdunklung. Der Faktor wird logarithmisch angegeben, wobei 0,3 einem Faktor von 2, also genau einer Blende entspricht.

Mit einem ND-3,0-Filter kommen Sie statt auf 1/1000 s also auf eine Sekunde Belichtungszeit – aus den scharf in der Luft stehenden Wassertropfen eines Wasserfalls wird so ein weich fließender Vorhang.

Dichte (ND)	Verlängerungsfaktor	Blendenstufen
0,3	2	1
0,6	4	2
0,9	8	3
1,2	16	4
...		
3	1000	10

▲ **Tabelle 3.6**
Verlängerungsfaktoren verschiedener ND-Filter

3.6.5 Filtertypen

Filter werden in unterschiedlichen Bauformen angeboten:

- **Schraubfilter**: Das Filter ist in eine runde Metallfassung eingelassen, die exakt in das Filtergewinde des Objektivs passt. Dies ist die gebräuchlichste Bauform und sorgt für eine gute plane Lage sowie einen staubdichten Abschluss. Sie müssen auch nicht für jeden unterschiedlichen Fassungs-

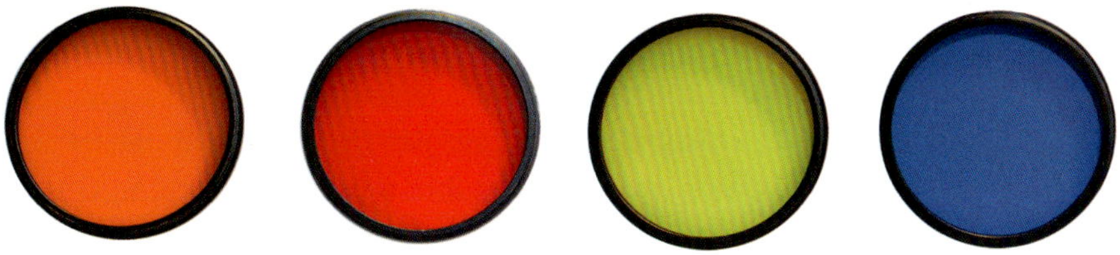

▲ **Abbildung 3.90**
Ein Orange-, Rot-, Gelb- und ein Kunstlichtkonversionsfilter als Schraubfilter. An einer Digitalkamera sind diese Farbfilter überflüssig geworden, wenn man von den ganz seltenen Digitalkameras mit Schwarzweißsensor absieht (wie etwa dem Mittelformat-Digitalrückteil PhaseOne Achromatic+).

TIPP

Bei Weitwinkelobjektiven kann ein normales Schraubfilter zu dick sein und zu Vignettierungen führen. Es gibt eine schlankere Bauform, die meist als *slim* bezeichnet wird.

durchmesser ein eigenes Filter kaufen, sondern können ein größeres Filter mit Gewinde-Reduzierungsringen an kleinere Durchmesser anschießen. Bei Weitwinkelobjektiven sollten Sie dann aber darauf achten, dass der Filtervorbau nicht zu Vignettierung führt.

- **Hinterlinsenfilter**: Bei Ultraweitwinkelobjektiven ist die Frontlinse so stark gewölbt, dass kein Filter mehr davor passt. Hier findet sich oft eine Klemmvorrichtung an der Rückseite, mit der sich ein passend geschnittenes Folienfilter befestigen lässt.
- **Steckfilter**: Große Teleobjektive reagieren empfindlich auf eine Änderung des Strahlengangs. Deswegen wird bei ihnen schon ein Filter mit einer Steckschublade eingebaut, das sich gegen ein anderes Filter gleicher Dicke austauschen lässt.
- **Externer Filterhalter**: Eine Halterung für Folienfilter oder Kunststofffilter wird vor dem Objektiv angebracht. Da die Streulichtblenden dann nicht mehr passen, wird der Filterhalter oft mit einem sogenannten **Kompendium** kombiniert, einer einstellbaren Streulichtblende. Der Filterhalter hat den Vorteil, dass sich die Filter verschieben lassen, was gerade Verlaufsfilter erst sinnvoll einsetzbar macht. Außerdem kann man mit billigeren Filtern arbeiten und kommt mit einer Filtergröße für alle Objektive aus. Allerdings sind die Filter empfindlicher für Kratzer, die Folienfilter sogar für Knicke. Glasfilter sind außerdem besser vergütet. Die Handhabung ist auch etwas fummelig, und da man viele Filter heute digital ersetzen kann, wird ein Filterhalter bei DSLRs selten verwendet. An einer analogen Mittelformatkamera kann er seine Stärken aber voll ausspielen.

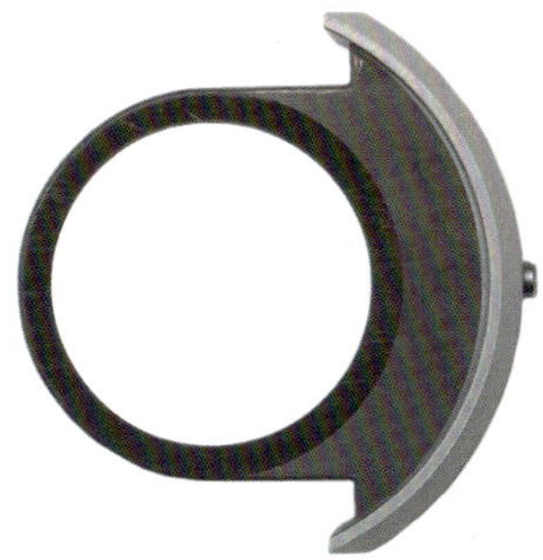

▲ **Abbildung 3.91**
Der Steckfilter in einem 300 mm/f2,8-Objektiv (Canon) kommt mit 52 mm Durchmesser aus. Ein Vorschraubfilter wäre circa 12 cm groß und würde die Qualität verschlechtern.

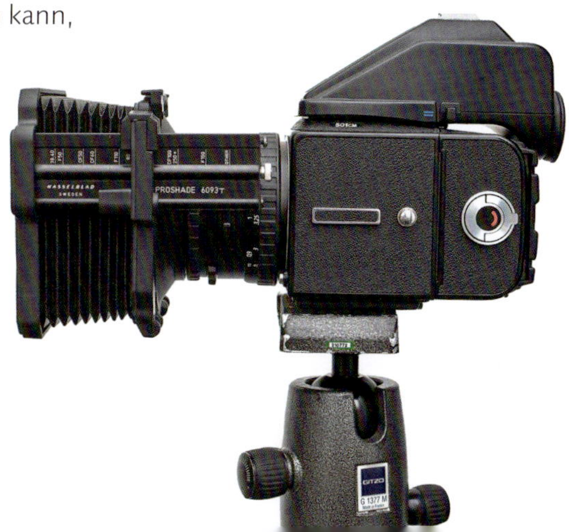

Abbildung 3.92 ▶
Der vordere Teil des Kompendiums lässt sich bei der Hasselblad Proshade wegklappen, um dort Folienfilter einzusetzen. Trotzdem blockiert das Kompendium den Einsatz normaler Glasfilter nicht, weil es die normale Objektiv-Filterbefestigigung freilässt.

3.7 Empfehlungen für Fotografentypen

Niemand benötigt 60 verschiedene Objektive, wie sie manche Hersteller im Angebot haben, aber dennoch ist keines von ihnen ohne einen guten Grund auf dem Markt. Je nach Fotografentyp sind unterschiedliche Eigenschaften wichtig, und der Preis ist als Kriterium auch nicht zu vergessen. Im Folgenden will ich Ihnen anhand einiger typischer Anwendungsbereiche beispielhafte Fotoausrüstungen zusammenstellen.

3.7.1 Einsteigen, Geld sparen und Spaß haben

Eine Einsteiger-DSLR zusammen mit einem 17–55-mm-Objektiv o.ä. wird entweder um ein Einsteiger-Telezoom im Bereich von 55–200 mm erweitert oder um ein 50 mm/f1,8 als lichtstarke Porträtbrennweite. Die Kamera muss dabei nicht aus der neuesten Generation sein. Der eingebaute Blitz reicht aus. So lässt sich in einer Größenordnung von 500 € bereits eine Ausrüstung erwerben, mit der man gut arbeiten kann und die sich später bei Bedarf einfach ausbauen lässt.

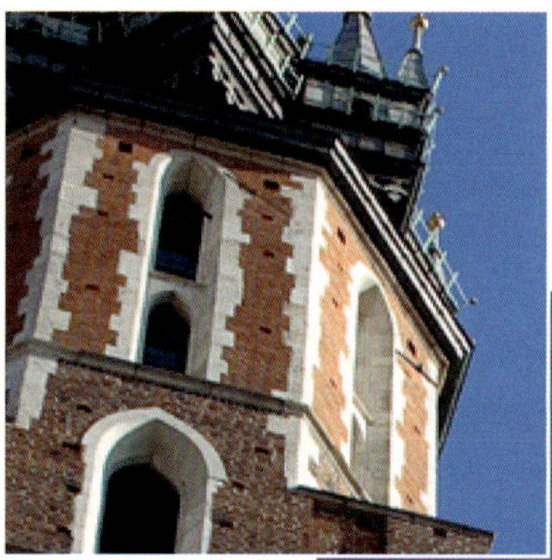

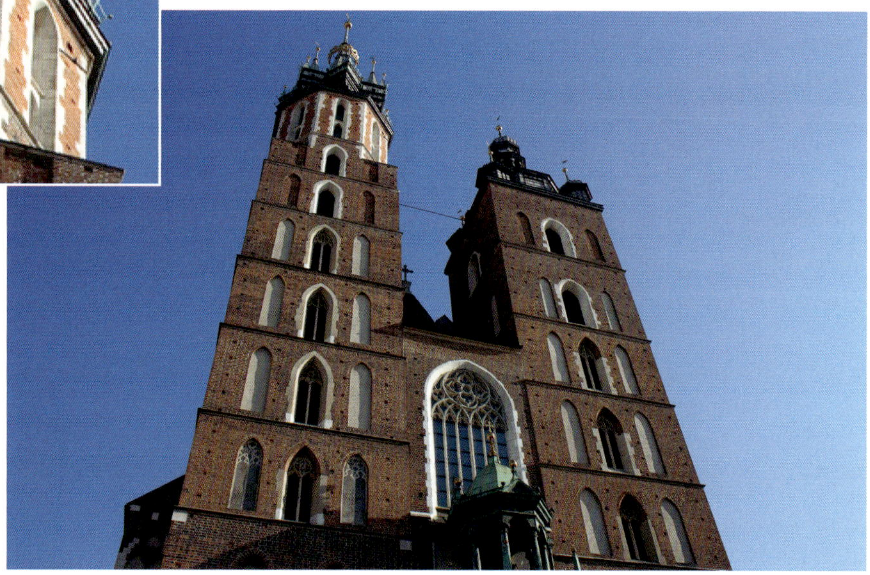

Abbildung 3.93 ▸
Die Kit-Objektive sind meist besser, als man erwartet. Das günstige 18–55-mm-Objektiv ist auch scharf genug, um jeden einzelnen Ziegel zu zeigen, wie man in der Vergrößerung sieht.

18 mm | f7,1 | 1/400 s | ISO 200 | APS-C-Sensor

3.7.2 Der Allrounder

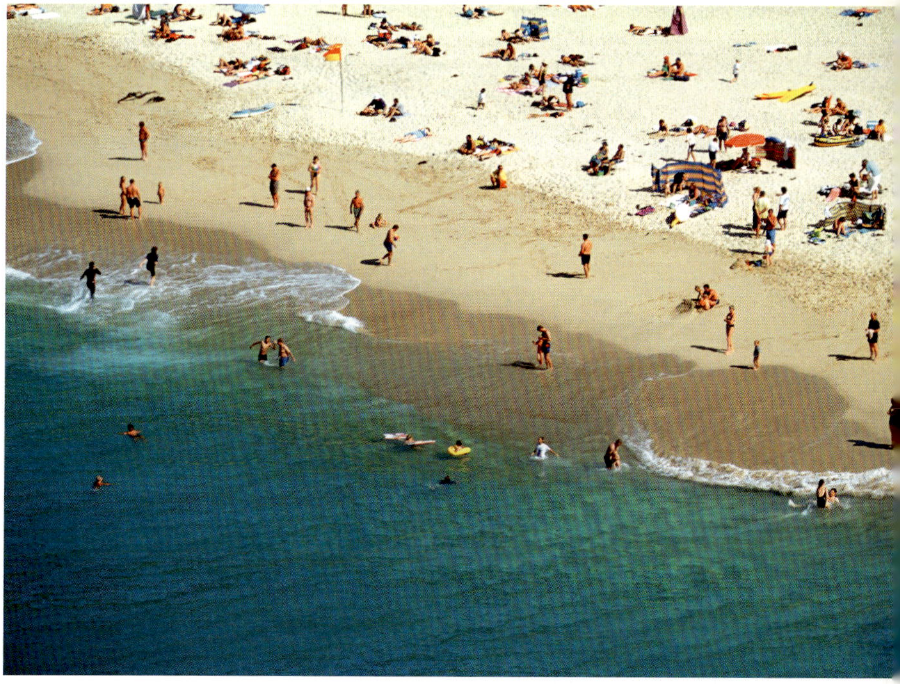

Ein Weitwinkelzoom im Bereich von 17–35 mm, ein 50 mm/f1,4 oder f1,8 und ein 70–200 mm Telezoom decken alle wichtigen Brennweiten in hochwertiger Qualität ab. Falls mehr Brennweite im Telebereich gewünscht wird, sollte das 70–200-mm-Objektiv eine Anfangsblende von 2,8 besitzen und durch einen 2-fachen Telekonverter auf 400 mm/f5,6 erweitert werden. Ein Telezoom der Blende 4 hätte mit dem Konverter schon eine Anfangsblende von 8, und der Autofokus würde nur schlecht oder gar nicht mehr funktionieren. An einer Crop-Kamera kann man auch ein kürzeres Weitwinkelzoom verwenden, das bei 10–12 mm Brennweite beginnt und eine 35-mm-Festbrennweite als Normalobjektiv kaufen.

▲ **Abbildung 3.94**
Manchmal ergibt sich ein Motiv erst aus größerer Entfernung. Ein Zoomobjektiv mit 70–200 mm Brennweite macht sich auch im Reisegepäck gut.
200 mm | f5,6 | 1/640 s | ISO 100

Das 50-mm-Objektiv ist auch an einer Crop-Kamera ein hervorragendes Objektiv. Es entspricht einem sehr lichtstarken 85-mm-Objektiv und eignet sich perfekt für Porträts. Außerdem schließt es die Lücke zwischen Weitwinkelzoom und dem 70–200-mm-Objektiv.

Eine solche Ausrüstung deckt einerseits alle wichtigen Brennweiten in hoher Qualität ab, passt andererseits aber gut in eine Fototasche und ist noch urlaubstauglich.

3.7.3 Wenn es schnell gehen muss

Ein hochwertiges Zoomobjektiv im Bereich von 24–70 mm Blende 2,8 (oder etwas lichtschwächer und mit längerem Telebereich) wird für den Großteil aller benötigten Aufnahmen eingesetzt. Objektivwechsel sind so nur selten nötig, ein Bildstabilisator ersetzt das Stativ, und ein starkes Systemblitzgerät hilft bei bewegten Motiven. Bei Bedarf wird ein 70–200 mm/f2,8 ergänzt. Bei einer Crop-Kamera nimmt man als Standardzoom eher ein Objektiv mit dem Brennweitenbereich 16–85 mm. So ausgerüstet können Sie alle Aufnahmesituationen, die der Pressefotografie ähneln, gut bewältigen.

Gerade bei Großveranstaltungen mit vielen Menschen oder schnell ablaufenden Ereignissen empfiehlt sich eine Ausrüstung, die unkompliziert und

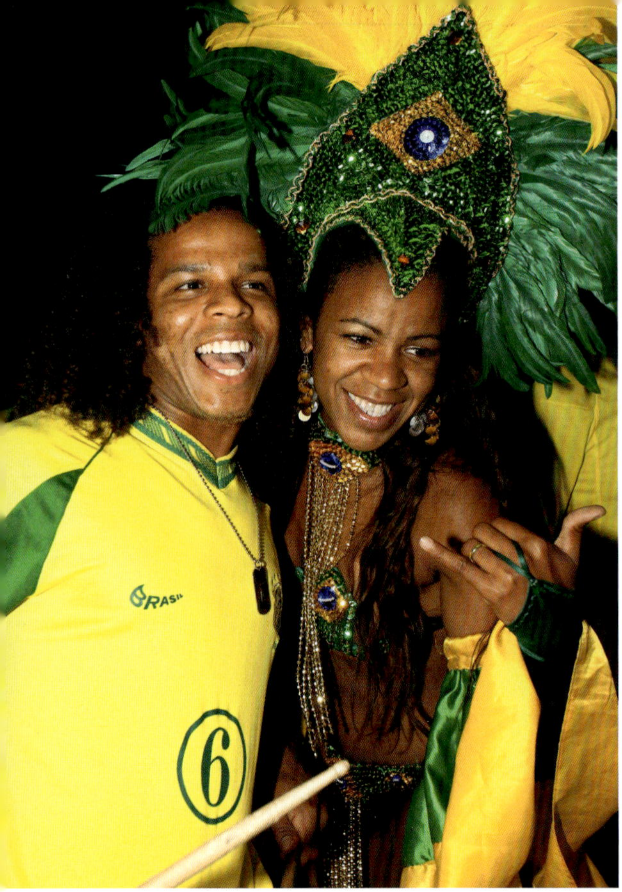

vielseitig ist und mit der man bei nahezu jedem Licht verwertungsfähige Aufnahmen erhält. Bedenken Sie aber auch, dass Sie in vielen Situationen nicht blitzen können oder wollen. Achten Sie deshalb darauf, dass Ihre Kamera auch bei schwachem Licht und hohen ISO-Werten gute Bilder liefert.

◂ **Abbildung 3.95**
Ein Blitz mit AF-Hilfslicht sorgt auch nachts für perfekte Schärfe.
40 mm | f8,0 | ISO 400 | 1/60 s | Blitz

3.7.4 Available Light professionell

Eine Vollformat-DSLR mit sehr hoher Bildqualität bei hohen ISO-Werten (zum Beispiel eine Nikon D700 oder eine Canon EOS 5D Mk II) eignet sich ideal für die Available-Light-Fotografie, bei der ausschließlich mit vorhandenem Licht fotografiert wird. Die Objektivwahl beschränkt sich auf die hochwertigen und lichtstarken Festbrennweiten. Zum Beispiel könnte man aus dem Canon-Objektivprogramm folgende Auswahl treffen: 24 mm/f1,4, 35 mm/f1,4, 50 mm/f1,4 oder 50 mm/f1,2, 85 mm/f1,8 oder 85 mm/f1,2 und 135 mm/f2,0.

Ein Blitz ist zwar nicht notwendig, das Infrarothilfslicht eines Blitzes kann aber den Autofokus in der Dunkelheit deutlich beschleunigen. Entweder konfiguriert man die Kamera so, dass der externe Blitz nicht auslöst, oder

Abbildung 3.96 ▸
Ein lichtstarkes 85-mm-Objektiv liefert hinreichend kurze Verschlusszeiten auch im dunklen Jazzclub.
85 mm | f1,8 | 1/100 s | ISO 3 200

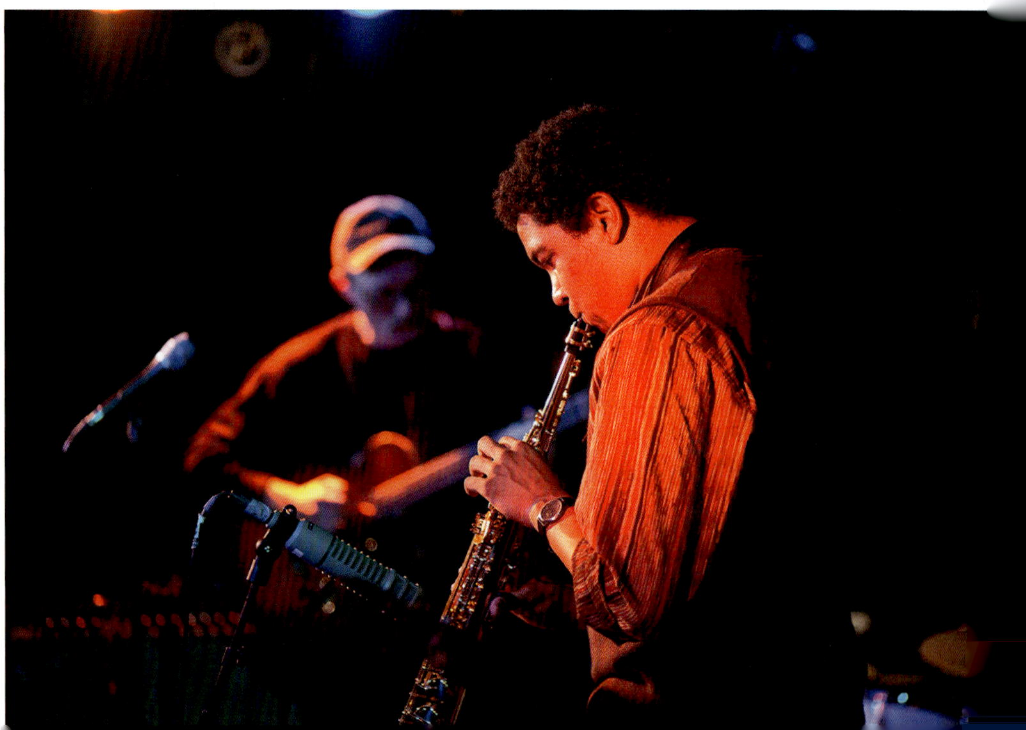

man verwendet ein Gerät wie den Speedlite-Transmitter, der zur Fernsteuerung von Blitzen eingesetzt wird, ohne selbst blitzen zu können. Bei Canon zum Beispiel können Sie dazu im Kameramenü eine Einstellung finden, die die Blitzzündung unterdrückt. Das Infrarot-Hilfslicht leuchtet dann zur Scharfstellung, aber der Blitz selbst bleibt aus, wenn die Kamera ausgelöst wird. Vergessen Sie nicht, die Einstellung wieder zurückzusetzen, denn die Kamera merkt sich, dass sie nicht blitzen soll.

Mit dieser Ausrüstung sind Sie perfekt gerüstet, um etwa eine Hochzeit mit allen atmosphärischen Details einzufangen, großartige Porträts zu schießen oder ruhige Reportagen abzuliefern.

3.7.5 Raus in die Natur

Für den Landschaftsfotografen ist ein Weitwinkelobjektiv mit sehr guter Schärfe oft die Standardbrennweite. Die Lichtstärke ist für ihn eher uninteressant, er will eine hohe Schärfentiefe verbunden mit einer guten Gesamtschärfe und er arbeitet meist mit Blendenwerten zwischen 8 und 16.

Ein 100-mm-Makroobjektiv mit Offenblende 2,8 erschließt den Nahbereich und fungiert gleichzeitig als scharfes Teleobjektiv. Ein Telezoom im Bereich 1000–400 mm oder ein 70–200-mm-Zoom mit 2x-Telekonverter ermöglicht Detailaufnahmen oder Fernsichten.

Wer sich auf Wildtiere und Vögel spezialisieren möchte und die nötigen Mittel hat, kann auch ein Supertele wie ein 600 mm/f4,0 plus einen 1,4x-Telekonverter in Betracht ziehen. Für die meisten angehenden Naturfotografen wird eine Kamera mit Cropfaktor und einem Objektiv mit kürzerer Brennweite eher in Frage kommen, weil sie weder Kleinwagenpreise für ein Objektiv ausgeben möchten, noch ein Gewicht von gut 5 kg in Kauf nehmen wollen.

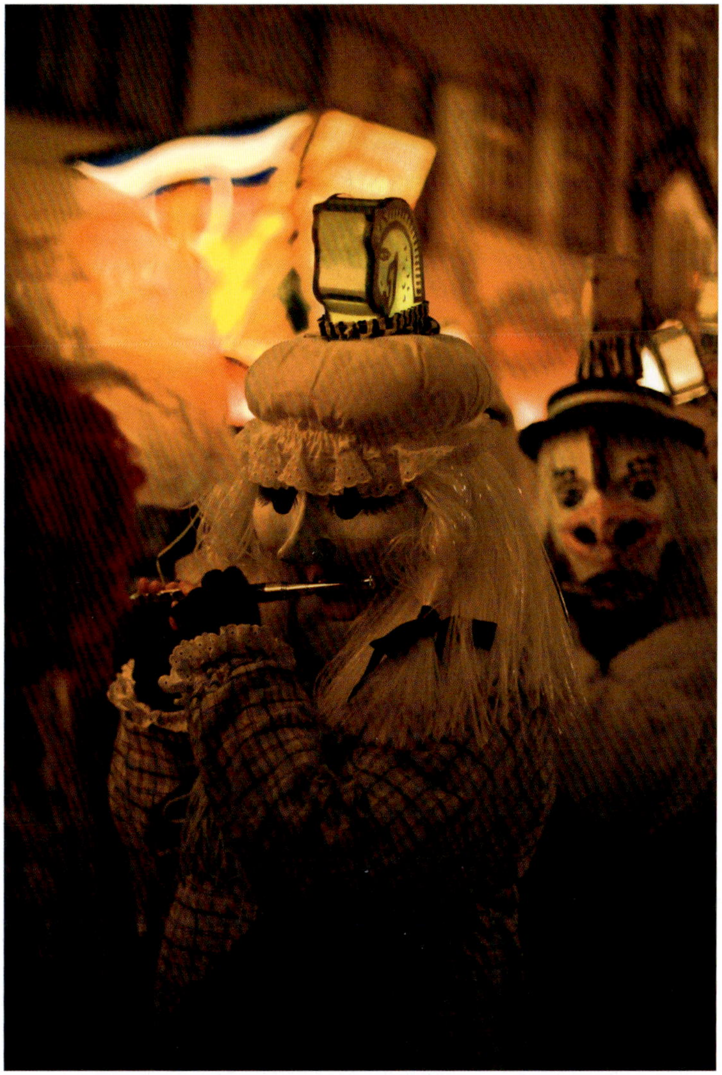

▲ **Abbildung 3.97**
Bei der Basler Fasnacht werden alle Lampen gelöscht, so dass nur die Lichter des Umzugs übrig bleiben. Ein AF-Hilfslicht des Blitzes sorgte für die Schärfe, der Blitz wurde aber nicht gezündet, um die Stimmung nicht zu zerstören.
50 mm | f1,4 | 1/60 s | ISO 3 200

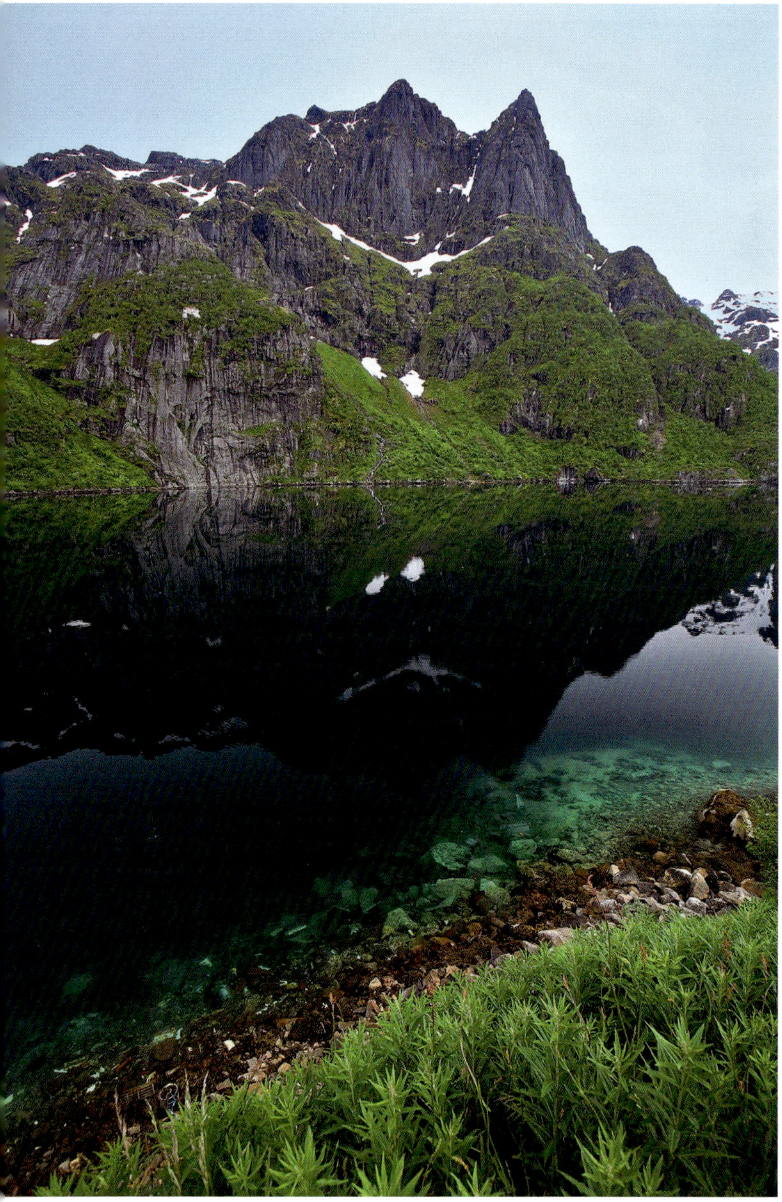

◂ **Abbildung 3.98**
Ein Weitwinkelzoom ermöglichte diese Totale eines norwegischen Fjords. Der Polfilter sorgte dafür, dass man auch ins Wasser blicken kann und brachte an diesem trüben Tag mehr Farbe ins Bild.

17 mm | f9 | 1/40 s | ISO 200 | Polfilter

Abbildung 3.99 ▸
100 mm Brennweite lassen diese Eidechse noch nicht an Flucht denken, wenn man sich entsprechend langsam bewegt.

100 mm | f8,0 | 1/125 s | ISO 125

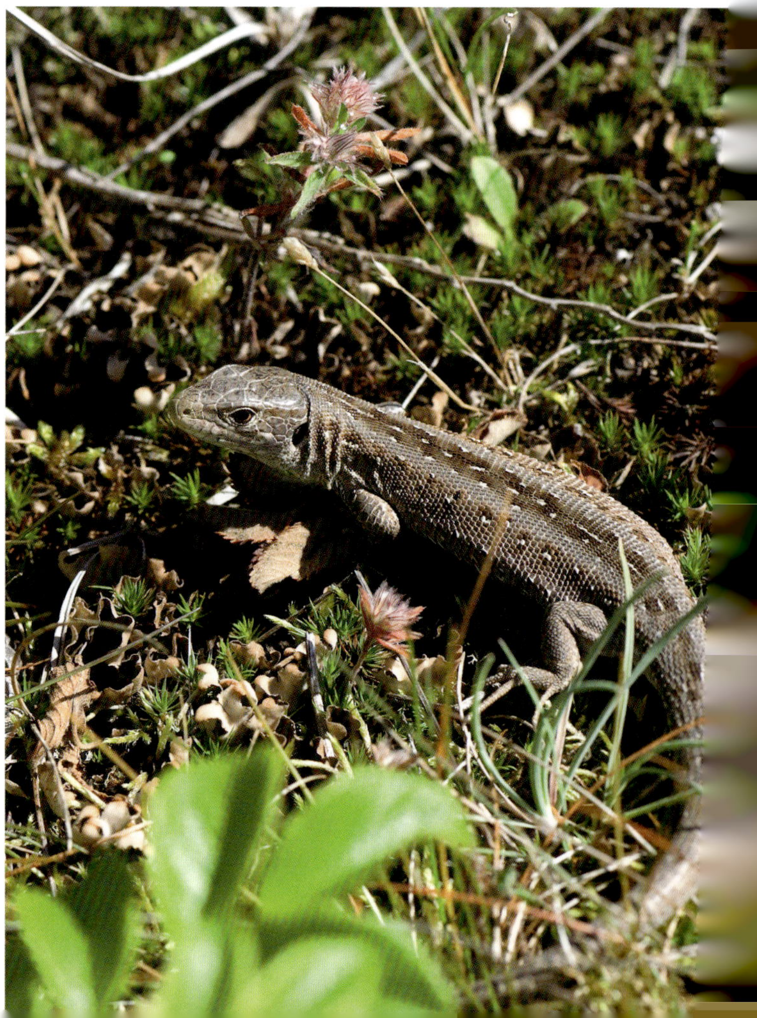

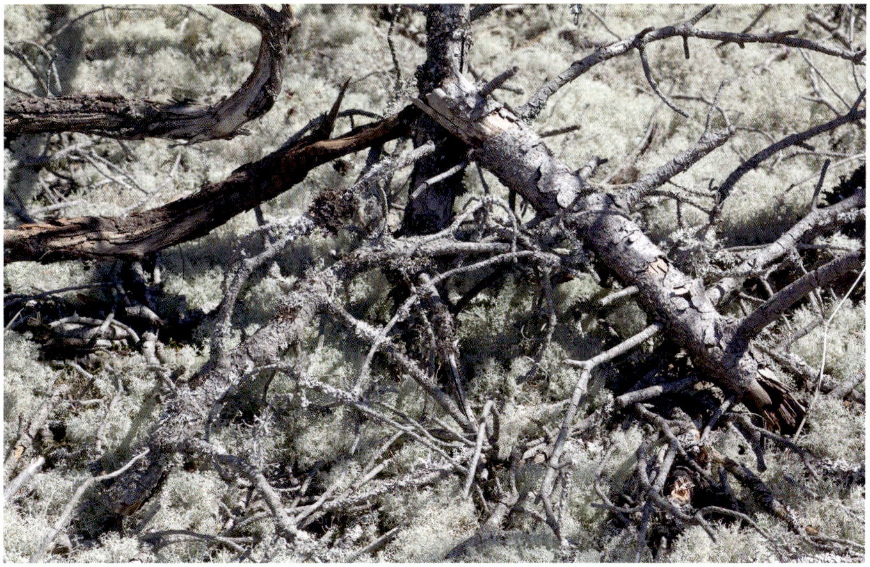

◂ **Abbildung 3.100**
Ein Makroobjektiv liefert auch dann perfekte Schärfe, wenn es nicht im Nahbereich eingesetzt wird.

100 mm | f11 | 1/125 s | ISO 250

Schritt für Schritt: Auflösungsvermögen der Objektive testen

Auf der letzten Seite des Kapitels finden Sie einen Siemensstern, den Sie sich auch von der Buch-DVD als »Siemensstern.pdf« laden und ausdrucken können. Das ist ein gutes Testbild für eigene Versuche zur Objektivqualität und dem Einfluss der Blende auf sie.

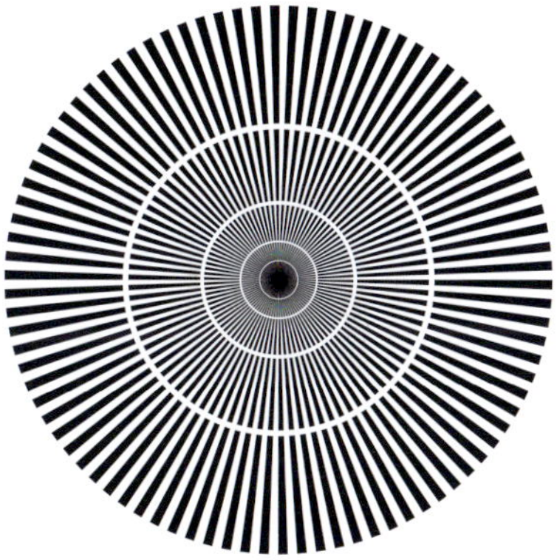

▴ **Abbildung 3.101**
Die verkleinerte Version des Siemenssterns. Das Original finden Sie auf der letzten Seite des Kapitels oder zum Ausdrucken als PDF-Datei auf der Buch-DVD.

1 Drucken Sie das Testbild in möglichst guter Auflösung auf gutem Papier aus. Wenn Sie auch die Ecken in einer einzigen Aufnahme testen möchten, drucken Sie noch zwei oder sogar vier weitere Exemplare.

2 Befestigen Sie ein Exemplar des Siemenssterns an einer Wand oder einem Schrank. Wenn Sie kein Stativ besitzen, machen Sie die Tests am besten draußen bei Tageslicht, ansonsten ist ein Innenraum auch gut geeignet.

3 Stellen Sie die Kamera in der Entfernung der fünfzigfachen Brennweite vor dem Testbild auf – bei 50 mm Brennweite beträgt die Entfernung also 2,5 m. Richten Sie die Kamera senkrecht aus.

4 Stellen Sie die Kamera auf Zeitautomatik/Blendenvorwahl (Av/A), und nehmen Sie eine Blendenreihe von der Anfangsblende bis zur maximal geschlossenen auf. Ganze Stufen (Faktor 1,4) sind dabei völlig ausreichend.

Falls Sie die Scharfstellung in der Live View in 10-facher Vergrößerung vornehmen können, tun Sie das, denn dann schließen Sie Ungenauigkeiten des Autofokus aus.

5 Laden Sie die Bilder auf den Rechner und vergleichen Sie die Aufnahmen in der 100%-Ansicht. Stellen Sie fest, wie Auflösung und Blende miteinander zusammenhängen.

6 Die Ringe im Siemensstern entsprechen bei 50fachem Brennweitenabstand 100, 50, 25 und 12,5 lp/mm. Bei 100fachem Brennweitenabstand (zum Beispiel 3,5 m bei 35 mm) entsprechen sie jeweils der doppelten Auflösung. Das kann nützlich werden, wenn Ihr Drucker das Testbild nicht so fein auflösen kann, wie es das Objektiv benötigen würde, um seine volle Stärke zu zeigen. ■

Es ist überhaupt nicht wichtig, die genauen Auflösungswerte der Objektive zu ermitteln. Viel interessanter ist es, die Ergebnisse visuell zu vergleichen und dabei die EXIF-Daten im Auge zu behalten. Ich habe dabei zum Beispiel festgestellt, dass mein bestes Makroobjektiv bei Blende 22 in der Mitte genau so wenig Auflösung hat, wie mein schlechtestes Zoomobjektiv am Rand bei Offenblende. Bei Blende 32 ist die Abbildungsqualität des Makroobjektivs schlechter als alle Bilder, die ich selbst mit 40 Jahre alten hochlichtstarken Objektiven unter den schlechtesten Bedingungen geschossen habe. Blende 32 ist übrigens auch gar nicht so exotisch: Wenn Sie ein Makroobjektiv im Maßstab 1:1 mit Blende 16 verwenden, benutzen Sie durch den Verlängerungsfaktor des Abbildungsmaßstabs effektiv Blende 32. Beugungsunschärfe ist also fotografisch wirklich relevant.

3.8 Fazit

Moderne Digitalkameras stellen sehr hohe Ansprüche an die Objektivqualität. Eine Reihe von Abbildungsfehlern, die aus den Gesetzen der Optik folgen, machen den Objektivbau zu einer hohen Kunst. Der notwendige Aufwand kann ein Objektiv schnell teurer als die Kamera werden lassen, allerdings kann ein hochwertiges Objektiv auch oft einige Kamerageneration lang eingesetzt werden. Der technische Fortschritt hat auch die Einsteigerobjektive deutlich verbessert, und auch mit einer günstigen Ausrüstung können Sie zu hervorragenden Ergebnissen kommen.

Teurere Objektive machen sich bei Offenblende und in der verfügbaren Lichtstärke bezahlt. Auf Blende 8 abgeblendet liefert nahezu jedes Objektiv eine gute Abildungsqualität (selbst mein defektes 50-mm-Objektiv mit einem lockeren Linsenglied wurde bei Blende 16 scharf).

Der Trend geht dahin, Objektivfehler bereits in der Kamera oder später im RAW-Konverter beziehungsweise in der Bildbearbeitungssoftware aus dem Bild herauszurechnen. Das sollte möglichst automatisiert und abschaltbar erfolgen, denn sonst wird es schnell zu viel Arbeit, oder es verhindert, die Schwächen eines Objektivs bewusst als Gestaltungsmittel einzusetzen.

Manche Objektive haben eine starke longitudinale chromatische Aberration (loCA), die zu kräftigen Farbabweichungen in der Unschärfe führt. Das wird zwar in kaum einem Test berücksichtigt, kann sich in der Praxis aber sehr störend bemerkbar machen und ist in der Bildbearbeitung kaum zu

▼ **Abbildung 3.102**
Schneebeeren in der Dämmerung. Ein Objektiv mit einer schlechten Unschärfedarstellung (mit einem unschönen Bokeh) würde das Motiv zerstören.
35 mm | f1,8 | 1/250 s | ISO 2000

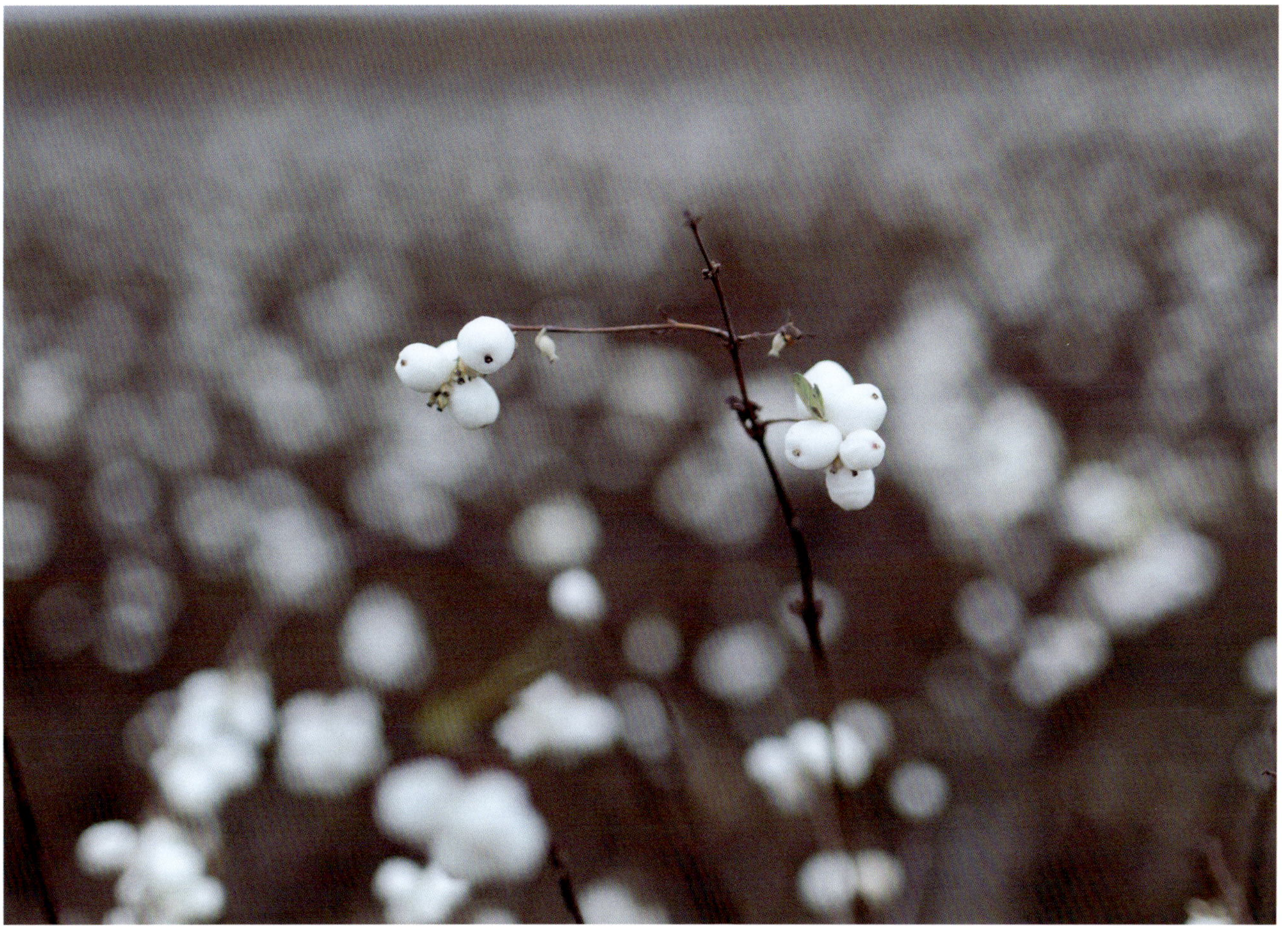

korrigieren. Deswegen ist es immer gut, ein Objektiv selbst auszuprobieren und beim Fachhändler in die Hand zu nehmen. Ein Auto würden Sie ja auch nicht nach Datenblatt kaufen, sondern immer probefahren.

Die Ansprüche eines Fotografen ändern sich mit steigender Erfahrung, deswegen sollten Sie als Anfänger ruhig erst einmal nicht so viel Geld investieren, bis Sie die Grenzen Ihrer Standardausrüstung erreichen. Dann werden Sie auch wissen, für welche Bereiche Sie Ihre Objektive tatsächlich einsetzen. Ich selbst wollte als Anfänger vor allem den Telebereich erweitern, heute erstelle ich den Großteil meiner Aufnahmen mit Weitwinkelobjektiven, benötige selten mehr als 100 mm und das Bokeh ist für mich eine der wichtigsten Objektiveigenschaften überhaupt geworden.

Die Objektive, die Sie verwenden, nehmen einen Einfluss auf Ihre Art zu fotografieren. Anfänger tendieren dazu, zu viel zu zoomen. Gehen Sie ein paar Tage nur mit einer 50-mm-Festbrennweite zum Fotografieren, und Sie werden danach auch mit Ihrem Zoomobjektiv bewusster umgehen. Wenn Sie mit hoher Lichtstärke arbeiten können, wird das einen Einfluss auf Ihre Bildkomposition nehmen, weil Sie die Schärfentiefe viel gezielter zur Blickführung verwenden können.

Irgendwann werden Sie feststellen, dass Objektive eine »Seele« haben, weil die Summe ihrer Abbildungseigenschaften etwas erzeugt, was darüber hinausgeht und das direkt beteiligt ist an der emotionalen Wirkung eines Bildes.

Abbildung 3.103 ▸
Fotografieren Sie den Siemensstern im Abstand der 50-fachen Brennweite. Die einzelnen Kreise markieren die Auflösungen 100, 50, 25 und 12,5 lp/mm (von innen nach außen). Abstandswerte und Auflösungswerte sind proportional zueinander, so dass Sie bei einer Abstandsverdopplung auch die Auflösungswerte verdoppeln können. Sie finden den Siemensstern auch als PDF-Datei zum Ausdrucken auf der Buch-DVD.

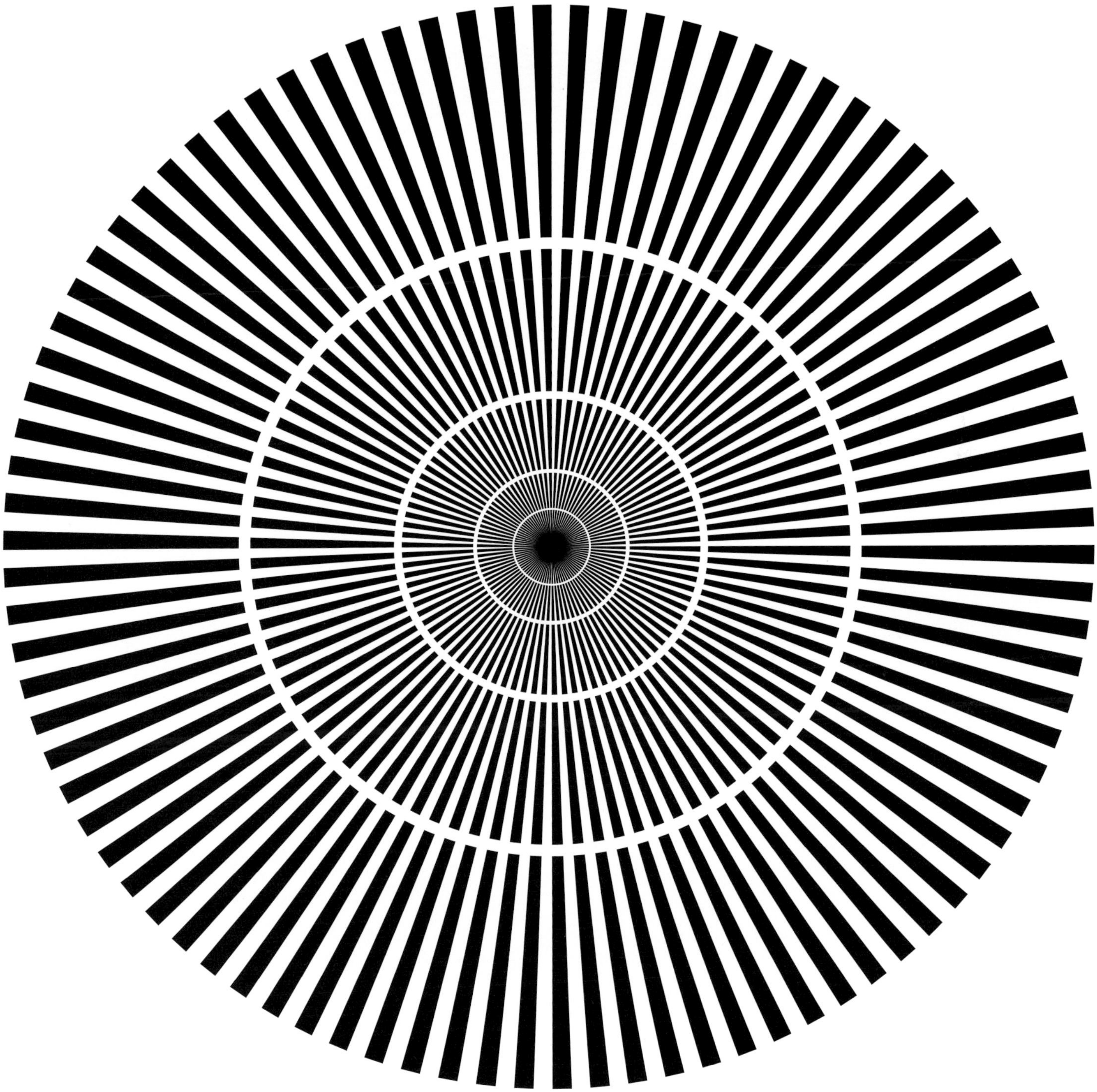

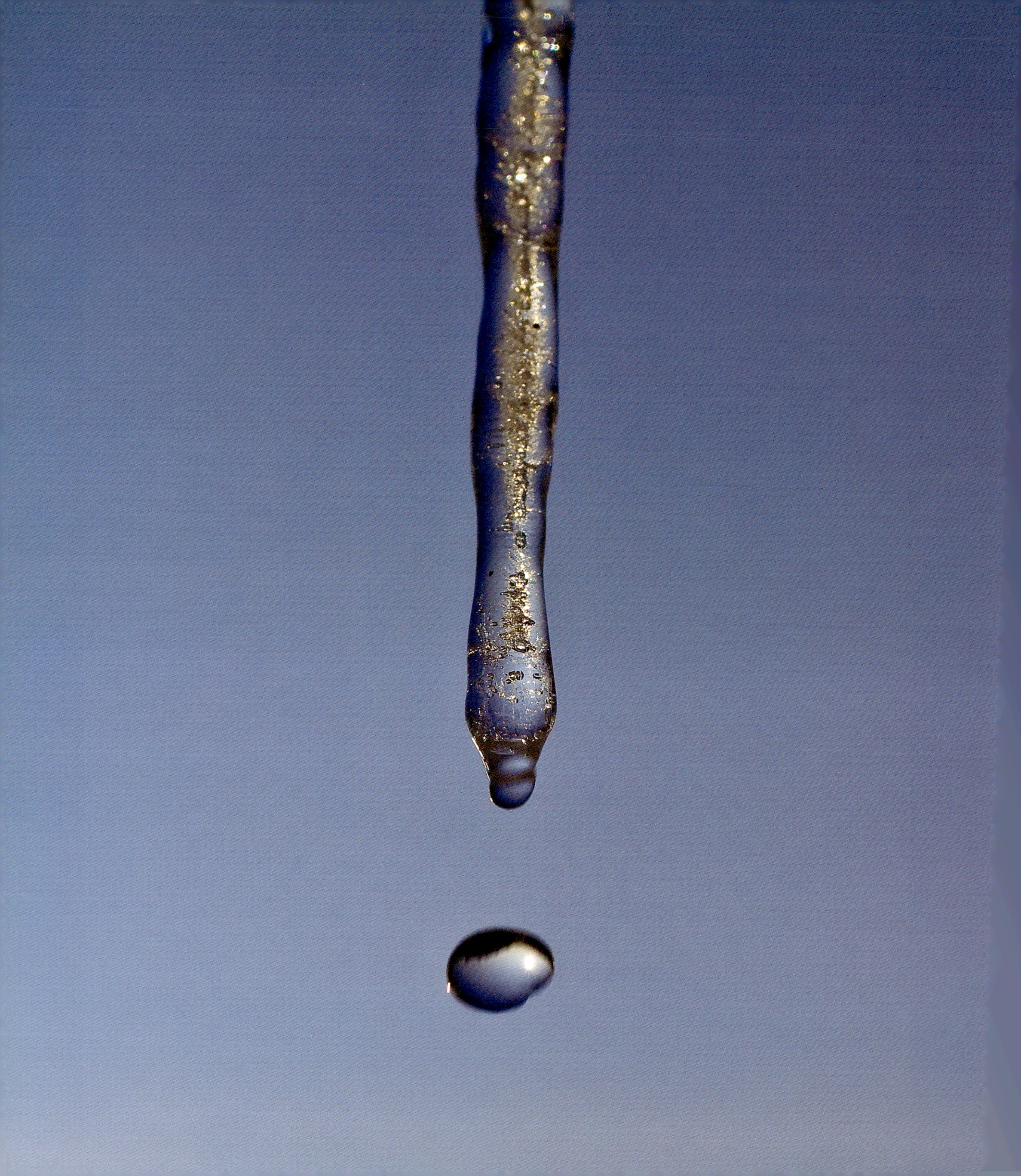

4 Schärfe

Ein großer Teil der technischen Aspekte der Fotografie hat mit dem Erzielen der richtigen Schärfe zu tun. Ob Sie die Belichtungszeit, die Blende oder den Fokus einstellen, immer nehmen Sie damit Einfluss auf die Schärfe. Selbst die Veränderung des ISO-Werts bleibt nicht ohne Folgen.

4.1 Auflösung

Der Begriff **Auflösung** beschreibt die Fähigkeit, sehr kleine Strukturen wiedergeben zu können. In der Digitalfotografie hängt die mögliche Auflösung von vielen Einflussfaktoren ab. Die Eigenschaften des Objektivs und des Sensors sind von zentraler Wichtigkeit, aber die eingestellte Blende oder die Eigenbewegung der Kamera beeinflussen ebenfalls das Auflösungsvermögen.

◂◂ **Abbildung 4.1**
Bei 1/750s zeigt der Wassertropfen bereits eine sichtbare Bewegung, trotz Blende 11 liegt der obere Bereich des Eiszapfens in der Unschärfe.

50mm | f11 | 1/750s | ISO 100 | APS-C-Sensor | Makroobjektiv

4.1.1 Nyquist-Grenze

Das Auflösungsvermögen wird gerne mit einem Muster gemessen, das aus benachbarten schwarzen und weißen Linien mit sich verringernden Abständen besteht. Es gibt eine theoretische Grenze, über die eine Digitalkamera nicht hinauskommt: Für die Abbildung eines Linienpaares braucht man zwei Pixelreihen: eine für die weiße Linie, eine für die schwarze. Diese Grenze nennt sich **Nyquist-Grenze** oder Nyquist-Frequenz und wird in lp/mm (Linienpaaren pro Millimeter, siehe auch Kapitel 3, »Objektive«) ausgedrückt.

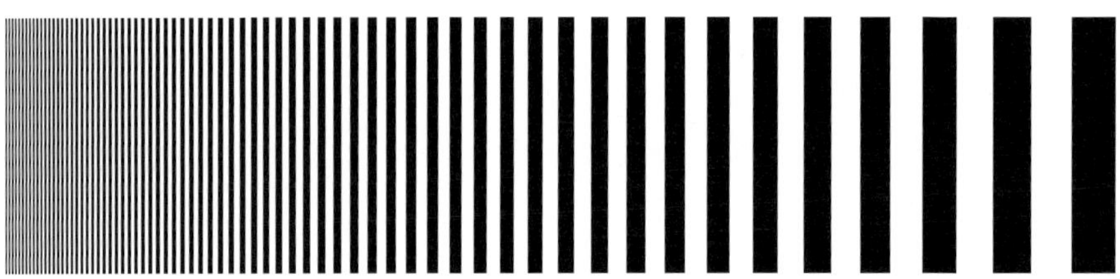

◂ **Abbildung 4.2**
Ein Testmuster von schwarzweißen Linienpaaren mit unterschiedlicher Dicke. In einem Foto wird der Kontrast nach links hin abnehmen, weil Kamera und Objektiv an die Grenzbereiche ihrer Leistung kommen.

Ein Beispiel: Eine Canon EOS 7D hat eine Pixelauflösung von 5184 x 3456 Pixel (18 MP) bei einer Sensorgröße von 22,3x14,9mm, das ergibt eine Auflösung von 232 Pixeln pro Millimeter. Die Nyquist-Grenze der EOS 7D liegt folglich bei 116 lp/mm. Wenn Sie mit einer älteren EOS 5D fotografieren, verwenden Sie eine Auflösung von 4368 x 2912 Pixeln (12 MP) bei 36x24 mm, das ergibt 121 Pixel/mm und eine Nyquist-Frequenz von 60 lp/mm. Das bedeutet, dass ein Objektiv an einer EOS 7D eine fast doppelt so hohe Auflösung erreichen muss wie an einer EOS 5D, um den Sensor voll auszunutzen.

4.1.2 Kontrast

An der Nyquist-Grenze wird keine Kamera mit einem noch so guten Objektiv ein schwarzweißes Linienpaar auch wirklich schwarzweiß abbilden können. Vielmehr wird er der erreichbare Maximalkontrast mit steigender Auflösung immer weiter abnehmen, so dass sich eher ein Kontrast zwischen Dunkelgrau und Hellgrau ergeben wird.

Abbildung 4.3 ▸
Im Foto bleiben in den fein aufgelösten Bereichen nur Graustufen übrig, weil die leichte Unschärfe dem Kontrast schadet.

Um die Leistung eines Objektivs sinnvoll zu beschreiben, reicht also der Auflösungswert aus, es ist auch wichtig, wie hoch der Kontrast bei welcher Auflösung ist. Diese Werte sind davon abhängig, wie weit man sich von der Sensormitte entfernt. Der Grund dafür ist, dass es für ein Objektiv einfacher ist, einen Punkt in der Sensormitte scharf abzubilden als einen am Rand. Das hat mit dem Sensor selbst nichts zu tun, sondern nur mit dem Abstand des Punktes von der optischen Achse des Objektivs. Als Resultat erhält man eine Kurve, die sogenannte Modulations-Transfer-Funktion, kurz MTF-Kurve (siehe auch Seite 119). Hier ist zum Verständnis nur wichtig, dass Schärfe durch das Zusammenspiel von Auflösungsvermögen und Kontrast definiert wird. Und dass Sie für die optimale Schärfe in der Bildmitte und am Bildrand unterschiedlich stark abblenden müssen.

4.1.3 Die Grenzauflösung des Auges

Wenn man von Schärfe spricht, stellt sich schnell die Frage, wo die Grenze zwischen scharf und unscharf liegt. Die Leistungsdaten einer modernen Spiegelreflexkamera als Maßstab zu nehmen und pixelgenaue Schärfe zu fordern, würde einen schnell in den fotografischen Wahnsinn treiben. Die Ergebnisse wären auch eher akademischer Natur, denn Ihre Fotos werden ja für Menschen gemacht und nicht für technische Geräte. In der Fachliteratur findet man Werte für das Auflösungsvermögen des menschlichen Auges, die um 1 mm bei einer Entfernung von 3 Metern liegen. Sie können selbst ausprobieren, bis wohin Sie im Siemensstern von Seite 169 bei 3 Metern Entfernung die Linien noch unterscheiden können. Dann treten Sie heran und messen die Linienbreite an der entsprechenden Stelle. Wir gehen für die weitere Berechnung von 1 mm aus und kommen bei einer Bildentfernung von 3 Metern auch auf eine Bilddiagonale von 3 Metern, da die Betrachtungsentfernung und die Bilddiagonale für den optimalen Eindruck gleich sein sollten. Wir kommen so auf eine Bilddiagonale von 3 000 Pixeln und auf eine zu erreichende Gesamtauflösung von etwas über 4 Megapixeln.

4.2 Schärfentiefe und Blende

Wenn Sie mit einer Kompaktkamera fotografieren, scheint sich die Schärfe meistens von vorne bis hinten durch den gesamten Bildraum zu erstrecken. Sobald Sie aber eine Kamera mit einem größeren Sensor in die Hand nehmen, merken Sie, dass sich die Schärfe immer nur in einem bestimmten Bereich befindet und es, je nach Fokussierung, davor und dahinter wieder unscharf wird. Dieser Bereich heißt **Schärfentiefe**.

▼ Abbildung 4.4
Hier wurde durch einen engen Maschendrahtzaun fotografiert, das Motiv ist davon wegen der offenen Blende nicht beeinträchtigt, der Zaun zeigt sich aber in den unscharfen Lichtpunkten des Hintergrunds.
100 mm | f3,5 | 1/500 s | ISO 400

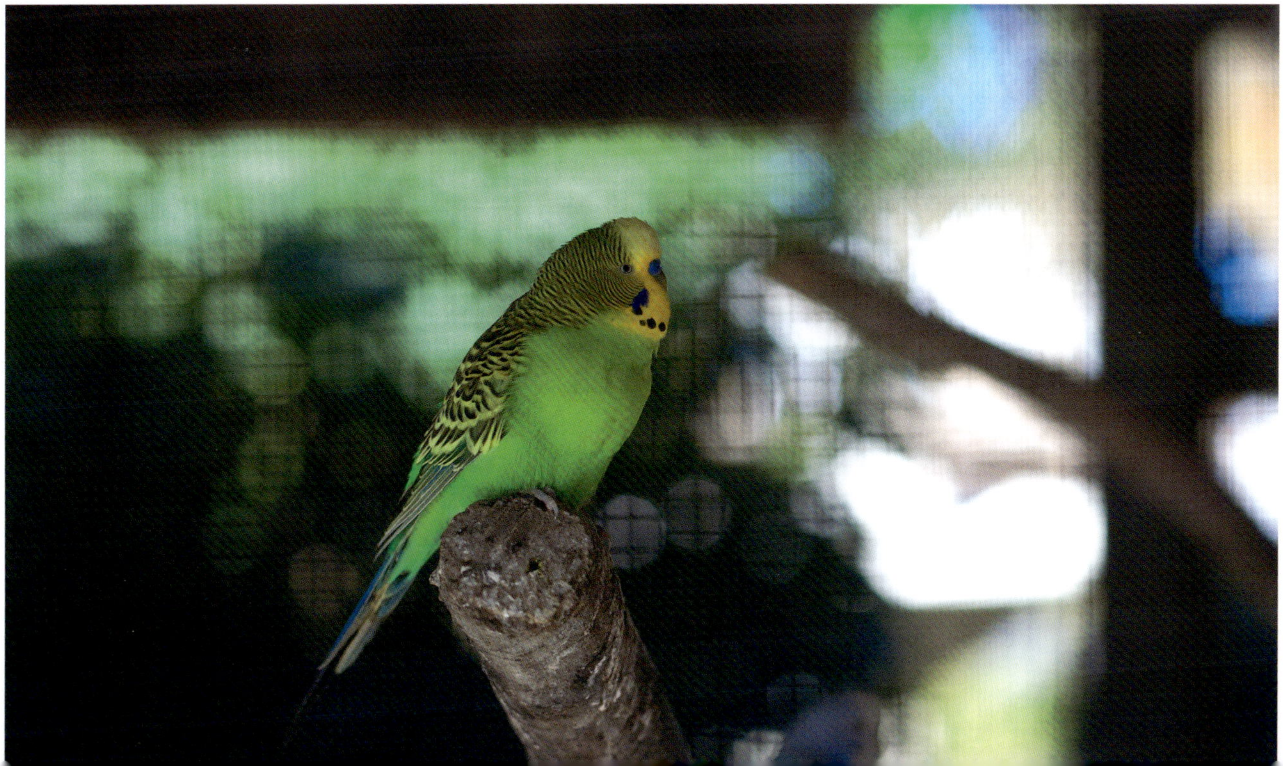

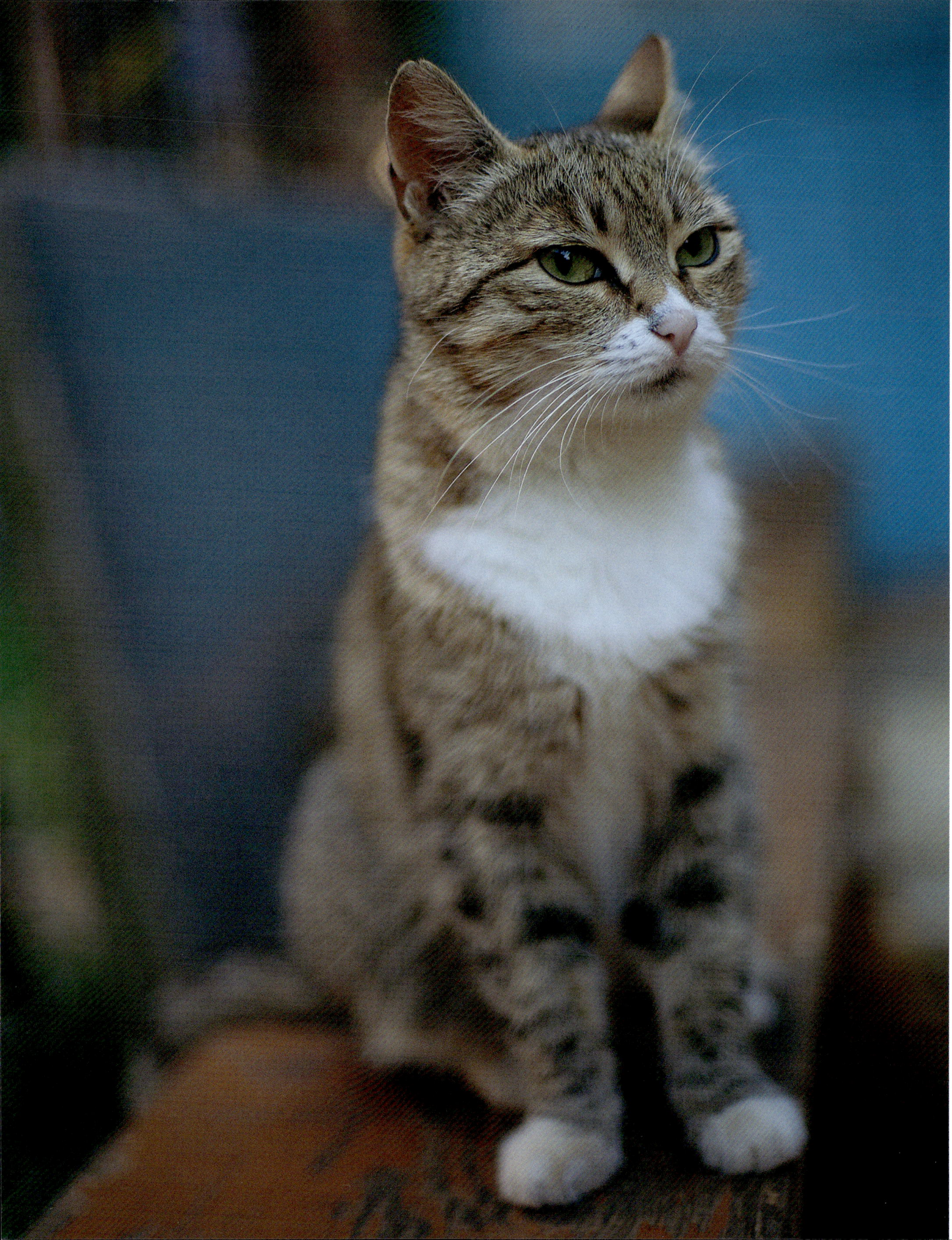

Genauer ausgedrückt, ist die Schärfentiefe der Bereich der Objektentfernung, der auf der Sensorseite innerhalb des zulässigen Zerstreuungskreisdurchmessers abgebildet wird, so dass die Abbildung noch scharf erscheint.

Dieser Bereich wird größer, je weiter Sie das Objektiv abblenden. Dazu schauen wir uns die Bildseite zwischen Blende und Sensor an (Abbildung 4.6). Beim roten Strahlenbündel wurde mit Offenblende fotografiert, das Motiv liegt weiter im Fernbereich als das Objektiv scharfgestellt ist und so trifft sich das Strahlenbündel vor der Sensorebene. Auf der Sensorebene ist das Strahlenbündel bereits größer als der zulässige Zerstreuungskreis, also erscheint dieser Punkt des Motivs unscharf. Anders beim grünen Strahlenbündel: Obwohl der Fokus gleich bleibt, trifft das Strahlenbündel den Sensor, während es noch kleiner als der zulässige Zerstreuungskreis ist. Der Punkt erscheint also scharf. Der einzige Unterschied ist, dass hier abgeblendet wurde, der Strahlenkegel ist so insgesamt schmaler und bleibt über einen größeren Bereich innerhalb des Zerstreungskreisdurchmessers. Auf der Motivseite entspricht dies einem deutlich größeren Entfernungsbereich, innerhalb dessen alles als scharf wahrgenommen wird. Die Schärfentiefe steigt also mit dem Abblenden an.

Aus der Grenzauflösung des Auges (siehe Seite 172) folgt, dass ein Punkt, der einen Durchmesser von 1/3000 der Sensordiagonale hat, auf dem gedruckten Bild noch als scharf wahrgenommen wird. Mit dieser Voraussetzung vergleichen wir die Schärfentiefe einer Vollformatkamera mit der einer APS-C-Kamera, die einen 1,6-mal kleineren Sensor hat. Für die Vollformatkamera ergibt sich ein zulässiger Zerstreuungskreisdurchmesser von 0,014 mm, bei APS-C sind es 0,009 mm. Als Objektiv wählen wir für die Vollformatkamera ein 50 mm/f1,4 und für die APS-C-Kamera das Objektiv, was diesem in Blende und Bildwinkel möglichst gut entspricht: 30 mm/f1,4.

Wenn Sie sich die Tabelle 4.1 auf der folgenden Seite anschauen, sehen Sie, dass man bei einer APS-C-Kamera knapp zwei Blenden weiter aufblenden muss, um eine ebenso geringe Schärfentiefe wie bei einer Vollformatkamera zu erzielen. Oder andersherum ausgedrückt: Die Trennung des Motivs vom Hintergrund durch eine geringe Schärfentiefe gelingt umso besser, je größer das Sensorformat ist.

◂◂ Abbildung 4.5
Die weit geöffnete Blende betont den Eindruck des schwachen Lichts in der Dämmerung. Der geringe Schärfebereich bildet einen reizvollen Kontrast mit den weich verlaufenden Farben des Hintergrunds.
50 mm | f1,4 | 1/320 s | ISO 500

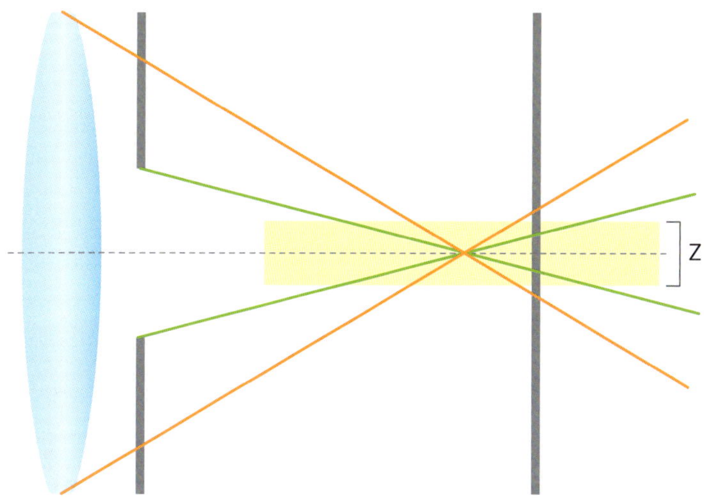

▲ Abbildung 4.6
Beim Abblenden (grün), bleiben die Lichtstrahlen über einen weiteren Bereich innerhalb der Schärfegrenze beziehungsweise innerhalb des zulässigen Zerstreuungskreisdurchmessers (Z), als bei Offenblende (rot). Überschreitet die Abbildung eines Punktes auf dem Sensor einen bestimmten Durchmesser, so erscheint die Abbildung unscharf. In diesem Beispiel ist die Abbildung bei Offenblende auf der Sensorebene leicht unscharf, abgeblendet aber scharf genug.

Blende	Schärfentiefe bei einem Vollformatsensor (42 mm Sensordiagonale)		Schärfentiefe bei einem APS-C-Sensor (27 mm Sensordiagonale)	
	Bereich	Ausdehnung	Bereich	Ausdehnung
1,4	1,97 m–2,03 m	6 cm	1,95 m–2,06 m	11 cm
2,0	1,96 m–2,05 m	9 cm	1,92 m–2,08 m	16 cm
2,8	1,94 m–2,06 m	12 cm	1,90 m–2,12 m	**22 cm**
4,0	1,91 m–2,09 m	18 cm	1,85 m–2,17 m	32 cm
5,6	1,88 m–2,13 m	**25 cm**	1,80 m–2,25 m	45 cm
8,0	1,84 m–2,20 m	36 cm	1,73 m–2,37 m	64 cm
11	1,78 m–2,28 m	50 cm	1,64 m–2,55 m	91 cm
16	1,70 m–2,44 m	74 cm	1,52 m–2,91 m	139 cm
22	1,61 m–2,65 m	104 cm	1,40 m–3,51 m	211 cm

▲ **Tabelle 4.1**
Um eine ähnliche Schärfentiefe zu erreichen, müssen Sie bei einer APS-C-Kamera viel weiter aufblenden, z.B. von f5,6 auf f2,8. Links zu den verwendeten Formeln und einem Online-Schärfentieferechner finden Sie unter *fotoschule.westbild.de.*

Die Brennweite hat übrigens weniger Einfluss auf die Schärfentiefe, als gemeinhin angenommen wird. Wenn Sie ein Motiv in 3 m Entfernung einmal mit einem Weitwinkel- und einmal mit einem Teleobjektiv aufnehmen, dann erhalten Sie mit dem Weitwinkelobjektiv zwar eine viel größere Schärfen-

▼ **Abbildung 4.7**
Bei dieser Aufnahme beträgt die Schärfentiefe nur einen Zentimeter.
50 mm | f3,2 | 1/1000 s | ISO 400 | Entfernung 50 cm

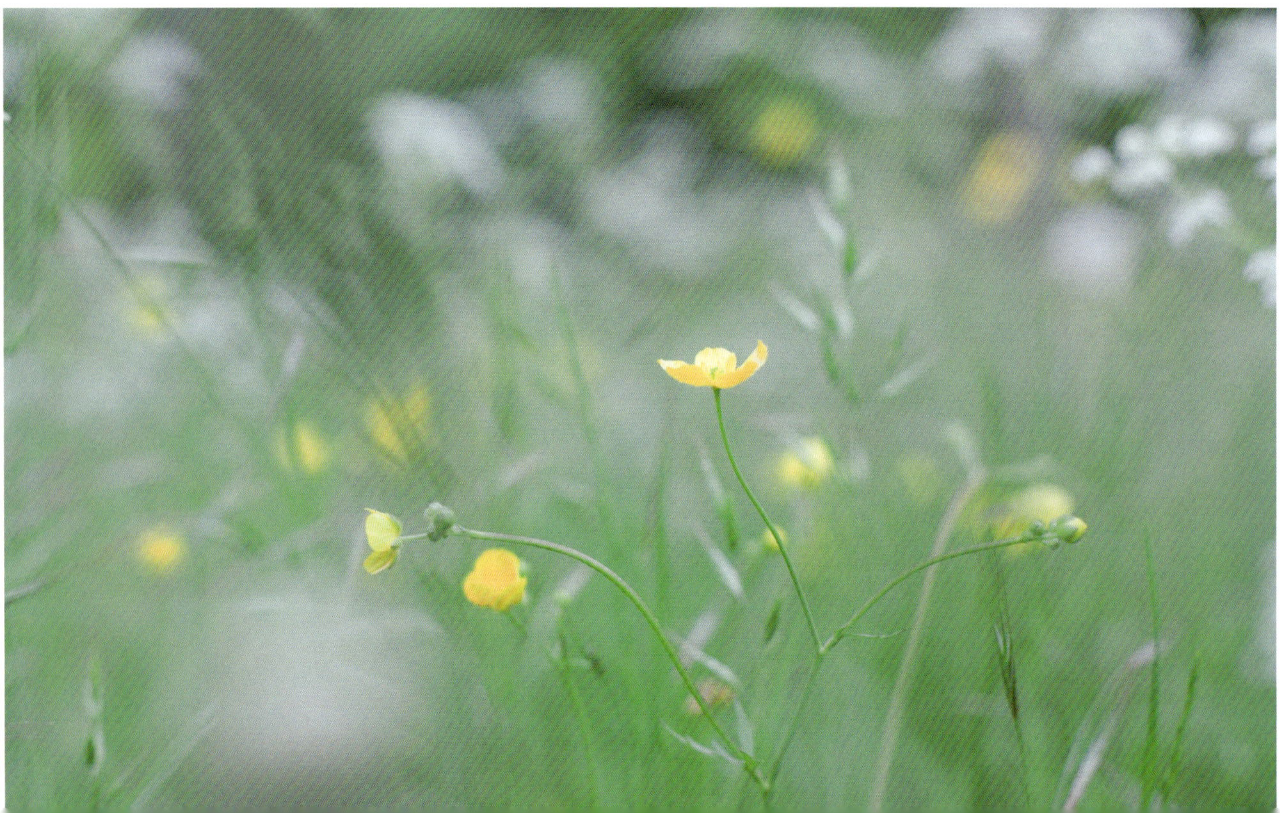

tiefe. Wenn Sie aber mit dem Weitwinkelobjektiv so nah an das Motiv herangehen, dass es genauso groß abgebildet wird, wie auf der Teleaufnahme, dann werden Sie feststellen, dass sich beide Bilder in der Schärfentiefe kaum unterscheiden werden. Die Schärfentiefe ist also abhängig vom Abbildungsmaßstab. Kürzere Brennweiten bilden meist kleiner ab, deswegen wird die Schärfentiefe auch größer. Sobald Sie den Unterschied in der Abbildungsgröße durch eine andere Aufnahmeposition ausgleichen, ist auch der Schärfentiefevorteil dahin.

4.2.1 Hyperfokale Entfernung

Wenn Sie eine möglichst große Schärfentiefe bis in den Unendlichbereich erzielen möchten (zum Beispiel in der Landschaftsfotografie), sollten Sie nach hinten keinen Schärfebereich verschwenden, sondern so fokussieren, dass unendlich gerade noch in der Schärfentiefe liegt. So erhalten Sie nach vorn das Optimum an Schärfentiefe. Die Distanz, auf die Sie dann scharfstellen müssen, nennt sich die **hyperfokale Entfernung**. Das ist der Punkt, ab dem die Schärfe bei gewählter Blende gerade eben in den Unendlichbereich ragt.

Bei einer Vollformatkamera, 50 mm Brennweite und Blende 22 müssen Sie also die Entfernung auf knapp 8 Meter einstellen. So erstreckt sich die Schärfentiefe nach hinten gerade bis Unendlich. Da die Schärfentiefe vom Fokuspunkt natürlich auch nach vorne reicht, erhalten Sie so von knapp 4 m bis Unendlich alles scharf. Bei 30 mm Brennweite an einer Kamera mit APS-C-Sensor bekommen Sie bei einer Einstellung auf 4,5 Meter eine durchgängige Schärfe von 2,3 m bis Unendlich.

Hyperfokaldistanz berechnen
Wenn Sie die hyperfokale Entfernung selbst berechnen wollen, verwenden Sie diese Formel:

$$S_h = \frac{f^2}{N \times d_u} + f$$

S_h: hyperfokale Entfernung
f: Brennweite
N: Blende
d_u: Zerstreuungskreisdurchmesser

Blende	50 mm an Vollformatkamera	30 mm an APS-C-Kamera
1,4	124,06 m	71,46 m
2,0	86,86 m	50,03 m
2,8	62,05 m	35,74 m
4,0	43,45 m	25,03 m
5,6	31,05 m	17,89 m
8,0	21,75 m	12,53 m
11	15,83 m	9,12 m
16	10,90 m	6,28 m
22	7,94 m	4,58 m

▲ **Tabelle 4.2**
Vergleich der hyperfokalen Entfernungen bei Vollformat- und APS-C-Sensoren nach Blende: Es wurde jeweils eine Brennweite mit vergleichbarem Bildwinkel gewählt.

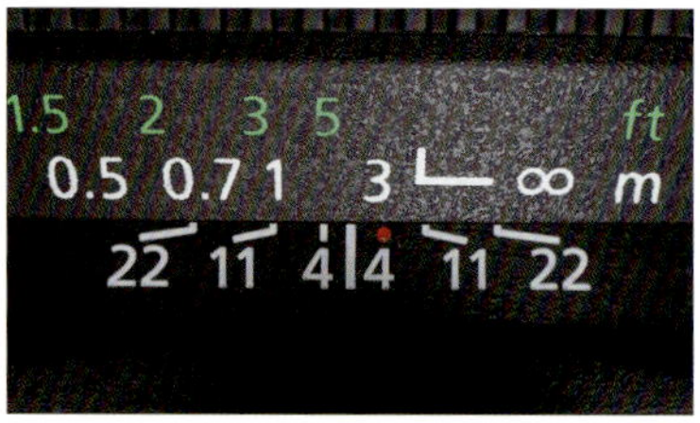

▲ **Abbildung 4.8**
Bei diesem 24-mm-Objektiv wurde die Unendlich-Marke auf den Schärfentiefestrich von Blende 11 gestellt. Die Schärfe reicht dann von circa 1 m bis unendlich. Die verwendete hyperfokale Entfernung, auf der nur der Fokus liegt, ist bei circa 2,5 m.

In der Praxis werden Sie natürlich kein Objektiv auf exakt 86,86 m einstellen können, aber falls Ihr Objektiv eine Entfernungsskala besitzt, können Sie den Nahpunkt einstellen und dann die Entfernung genau auf die Mitte zwischen diesem Punkt und Unendlich stellen. Blenden Sie dann so weit ab, dass die Schärfentiefe ausreicht, was Sie ebenfalls an der Skala sehen können.

Das funktioniert natürlich auch mit einem anderen Fernpunkt als Unendlich, wenn Sie zum Beispiel nur alles zwischen 3 und 4 Metern scharf haben möchten. Falls Ihr Objektiv eine solche Skala nicht besitzt, können Sie eventuell die Schärfentiefeautomatik Ihrer Kamera verwenden (A-DEP bei einigen Canon-DSLRs). In der neueren Variante dieses Belichtungsprogramms misst die Kamera die Schärfe unter jedem Fokuspunkt und stellt die Schärfe so ein, dass alle Fokuspunkte innerhalb der Schärfentiefe liegen. In der älteren Variante müssen Sie selbst den Fern- und den Nahpunkt separat anmessen. Wenn Ihre das Kamera nicht unterstützt, ist das kein großer Makel. Ein vernünftig gesetzter Fokuspunkt und eine Blende um 11 sind meist genauso gut (wenn nicht besser).

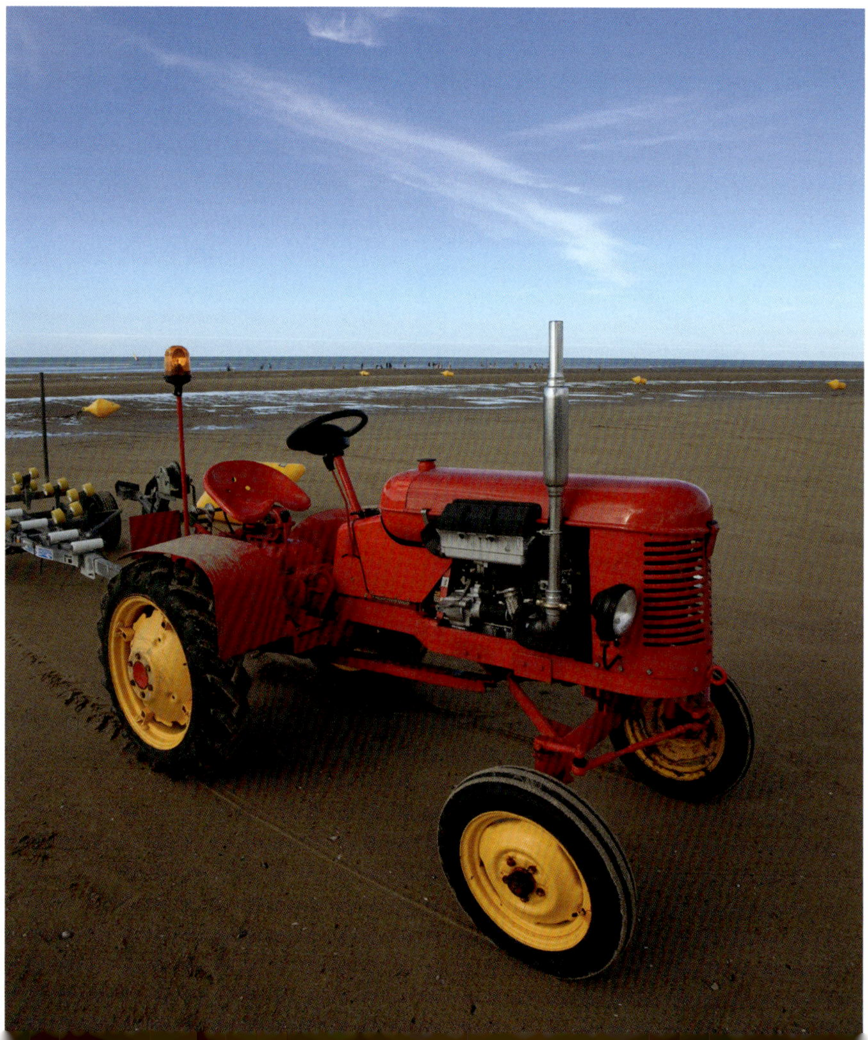

Abbildung 4.9 ▸
Bei 17 mm Brennweite und f13 ist von 77 cm bis Unendlich alles scharf, wenn Sie auf die hyperfokale Entfernung von in diesem Fall 1,5 m scharfstellen.

4.2.2 Unschärfe im Sucherbild

Eine Tatsache, der sich nicht alle Fotografen bewusst sind, ist, dass sie die unscharfen Bereiche im Sucher nicht genau beurteilen können. Machen Sie doch einmal folgenden Test:

- Nehmen Sie ein lichtstarkes Objektiv, und belassen Sie es auf der Offenblende. Heften Sie eine Zeitung an die Wand, oder schreiben Sie einen großen Text auf den Monitor.
- Fokussieren Sie manuell so, dass Sie den Text gerade noch erahnen können und lösen Sie dann aus.
- Schauen Sie sich das Bild an. Sie werden feststellen, dass die Unschärfe der Abbildung stärker ist als im Sucher. Versuchen Sie dann, so weit abzublenden, dass das Sucherbild dem Foto entspricht.

Wie kommt es zu diesen abweichenden Ergebnissen? Eigentlich müsste das Foto dem Sucherbild entsprechen, wenn eine Mattscheibe eingesetzt wird, auf die das Bild genauso wie auf den Sensor projiziert wird. Genau hier liegt die Lösung des Rätsels, denn die Mattscheibe ist gar nicht matt, sondern besteht aus winzigen Linsen, die das Licht zum Sucher leiten. Dadurch wirkt sie extrem hell, weil ein Großteil des einfallenden Lichts im Auge ankommt. Sie erfüllt auch ihren Zweck, die scharfen Bildbereiche sichtbar zu machen. Ihr Auge aber wird so zu einem Teil des optischen Systems: In Ihrer Iris wird ein zweites Mal abgeblendet, und die unscharfen Bildbereiche erscheinen schärfer als sie sind. Wenn Sie also zum Beispiel im Makrobereich das Bild mit der Unschärfe komponieren wollen, bekommen Sie über die Live View eine exaktere Rückmeldung als über den Sucher.

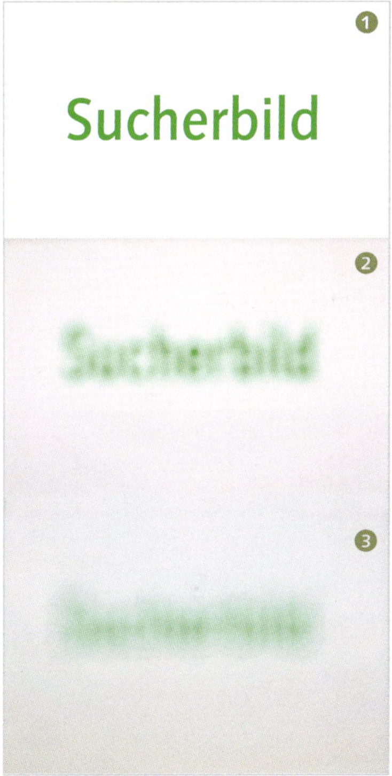

▲ **Abbildung 4.10**
Der Testtext ❶, der Eindruck im Sucher ❷ und das tatsächliche Foto ❸ (35 mm, f1,4), das deutlich unschärfer ist. Um dem Sucherbild zu entsprechen, musste auf Blende 4 abgeblendet werden.

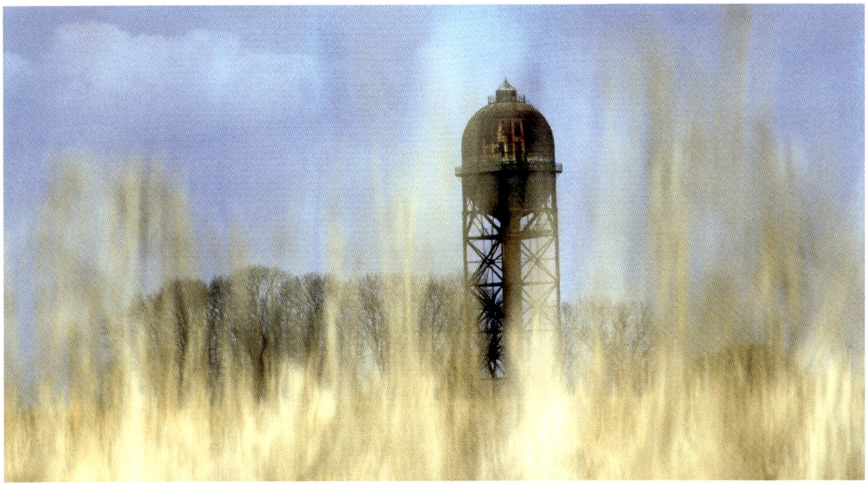

◂ **Abbildung 4.11**
Dieses Bild wirkte im Sucher viel schärfer als in der fertigen Aufnahme. Die riesige Blendenöffnung eines f2,8/300 mm-Objektivs erlaubt sehr große Unschärfekreise, aber das Auge blendet das Sucherbild weiter ab, weil die Mattscheibe das Licht durch Mikrolinsen schickt statt wirklich matt zu sein. Der Vorteil ist ein helleres Sucherbild, der Nachteil eine ungenaue Schärfedarstellung.

300 mm | f2,8 | 1/1000 s | ISO 100

▼ **Abbildung 4.12**
Dieser Bildausschnitt entspricht circa einem Viertel des vollen Bildformats. Ein sehr scharfes 50-mm-Makroobjektiv liefert bei Blende 45 nur noch ein unscharfes Bild, und helle Lichter ergeben starke Beugungssternchen.

50 mm | f45 | 30 s | ISO 6400 | APS-C-Sensor

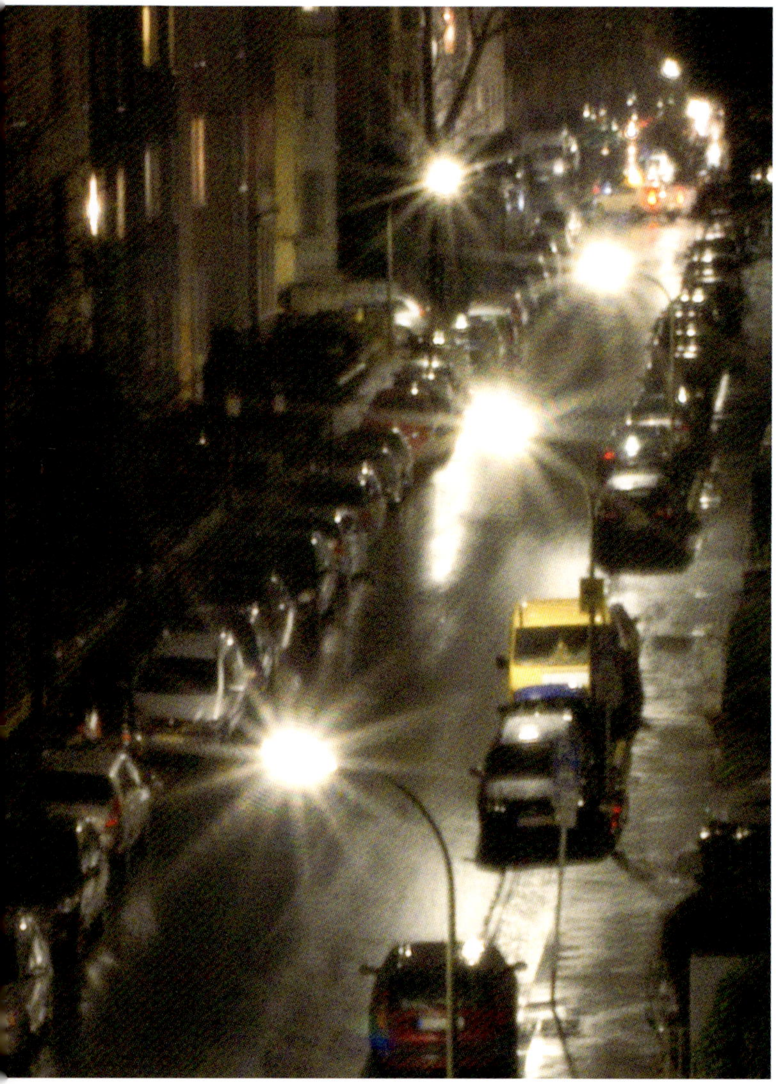

4.3 Beugungsunschärfe

Dass die Abbildungsleistung von Objektiven nicht immer besser wird, je weiter man sie abblendet, liegt an der Beugungsunschärfe, die umso stärker wird, je kleiner das Loch ist, durch das das Licht muss. Leider kann man nicht einfach ein besseres Objektiv bauen, um die Beugungsunschärfe loszuwerden, denn die Beugungsunschärfe ist ein Naturgesetz. Das einzige, was Sie tun können, ist, nicht zu weit abzublenden.

Ungefähr ab Blende 11 kommen Sie bei einer DSLR in den Bereich, ab dem die Beugungsunschärfe eine Rolle zu spielen beginnt. Bei einer Kompaktkamera mit einem sehr kleinen Sensor kann die Beugung schon ab Blende 4,5 sichtbar werden. Blende 22 kann im Einzelfall immer noch einen guten Kompromiss darstellen zwischen Schärfentiefe und Beugungsunschärfe, aber bei noch kleineren Blendenöffnungen werden die Unschärfen stark sichtbar. Das Beispielbild bei Blende 45 ist praktisch nur noch zur Demonstration der Beugungsunschärfe zu gebrauchen.

4.4 Verwackeln

Die Bewegung der Kamera selbst während der Aufnahme kann ein Bild unscharf machen. Selbst der beste Fotograf kann eine Kamera nicht vollkommen ruhig halten, denn der Körper führt immer leichte Bewegungen aus, um im Gleichgewicht zu bleiben. Es gibt eine alte Faustregel, die besagt, dass man eine Belichtungszeit, die dem Kehrwert der Brennweite entspricht, noch ruhig halten kann. Das bedeutet, dass bei einem 35-mm-Objektiv ungefähr 1/30 s Belichtungszeit noch zu scharfen Bildern führt. Bei 300 mm Brennweite sollte es aber mindestens 1/250 s sein.

Diese Werte beruhen auf relativ altmodischen Schärfeanforderungen (eine moderne DSLR zeichnet gut das Vierfache an Details im Vergleich zum Diafilm auf), so dass Sie ruhig 1-2 Stufen kürzer

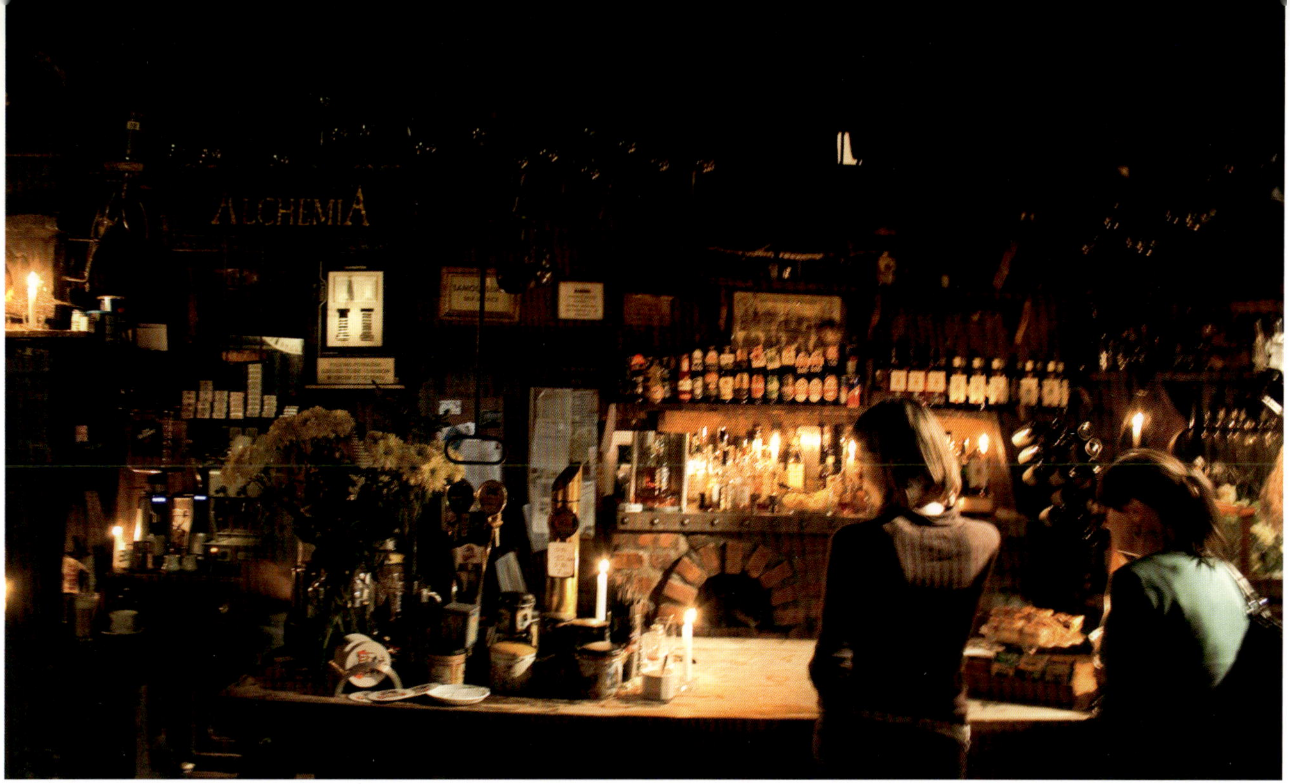

▲ **Abbildung 4.13**
Diese Aufnahme wurde mit einer halben Sekunde Belichtungszeit aus der Hand geschossen. Sie ist nicht ganz scharf, fängt aber trotzdem die Stimmung des Ortes ein.
18 mm | f5,0 | 0,5 s | ISO 1600 | APS-C-Sensor | ohne Bildstabilisator

belichten sollten, wenn Sie die Möglichkeit haben. Wenn Sie keine Wahl haben, sollten Sie auch längere Zeiten aus der Hand halten und mehrere Aufnahmen hintereinander machen, die Wahrscheinlichkeit, dass trotzdem eines brauchbar ist, ist gerade bei kürzeren Brennweiten hoch.

Kameras mit einer Auto-ISO-Funktion wenden die Regel an, indem sie die ISO-Zahl abhängig von Brennweite und Belichtungszeit verändern. Ich würde mir wünschen, dass man das ein wenig verschieben könnte zugunsten etwas kürzerer Verschlusszeiten. Gerade bei APS-C-Kameras müssten Sie die tatsächliche Brennweite ohnehin mit 1,6 multiplizieren, um die Kehrwertregel für das verwacklungsfreie Fotografieren anwenden zu können. Denn erst dann haben Sie den gleichen Bildwinkel und damit auch die gleiche Verwacklungsgefahr wie bei einer Vollformatkamera.

Falls das Objektiv oder die Kamera über einen guten Bildstabilisator verfügt, können Sie bis zu vier Blendenstufen längere Verschlusszeiten riskieren, ohne zu verwackeln (gegen die Bewegung des Motivs hilft der Stabilisator aber natürlich nicht). So sind sogar Bilder mit einem 100-mm-Objektiv mit 1/5 s noch aus der freien Hand möglich.

TIPP

Die richtige Körperhaltung ist ebenfalls wichtig für die Schärfe bei längeren Belichtungszeiten. Halten Sie die Kamera mit beiden Händen, die Ellenbogen bleiben am Körper und die Füße stehen etwas auseinander. Halten Sie die Luft an, nachdem Sie gerade ein- oder ausgeatmet haben und drücken Sie den Auslöser sanft durch. Ich mache gern unmittelbar danach noch eine Belichtung, weil das die Chancen auf ein scharfes Bild verdoppelt und manchmal nach der ersten Aufnahme die Anspannung geringer ist.

4.5 Bewegungsunschärfe

Jedes sich bewegende Motiv legt innerhalb der Belichtungszeit eine bestimmte Strecke zurück. Sie können mit der Wahl der Belichtungszeit entscheiden, ob das im Foto sichtbar ist oder nicht. Ein Auto mit einer Geschwindigkeit von 100 km/h legt in 1/8000 s nur 3,5 mm Wegstrecke zurück. Wenn Sie das Auto ganz abbilden, reicht diese geringe Bewegung nicht aus, um im Foto einen Bewegungseindruck zu erzeugen. Das Auto wirkt eingefroren. Ganz anders bei 1/15 s Belichtungszeit: Der Wagen bewegt sich in dieser Zeit um 1,85 m nach vorne und wirkt völlig verwischt.

Mit der Belichtungszeit steuern Sie also den Eindruck der Bewegung. Eine leichte Unschärfe kann die Dynamik eines bewegten Motivs stark erhöhen. Oft kommt man aber zu einem interessanteren Ergebnis, wenn das Motiv selbst scharf bleibt und der Hintergrund verwischt ist.

Manchmal haben Sie auch die Möglichkeit, die Kamera (mit eingestellter langer Belichtungszeit) am Motiv zu befestigen, wie Sie es zum Beispiel bei einem Segelboot machen können, das dann durch die Wellen schneidet. In der professionellen Autofotografie benutzt man Ausleger, die mit dem Auto verschraubt werden, so dass sich die Kamera synchron zum fotografierten Wagen bewegt.

Eine viel einfachere Technik ist das Mitziehen. Sie schwenken die Kamera mit dem sich vorbeibewegenden Motiv mit und fotografieren mit einer etwas längeren Belichtungszeit. Das geht am einfachsten mit etwas längeren Brennweiten, weil sich dann dass Motiv perspektivisch nicht so stark verändert. Auch ein Bildstabilisator ist von Vorteil, der sich aber vor dem Auslösen erst auf die Bewegung eingestellt haben muss, so dass er nicht mehr versucht, sie auszugleichen. Nehmen Sie das Motiv also mit halb gedrücktem Auslöser ins Visier und bewegen Sie die Kamera etwas mit, bevor Sie auslösen.

▼ Abbildung 4.14
Diese schnell vorbeifahrende Kutsche wurde mit 1/6 s mitgezogen.
22 mm | f22 | 1/6 s | ISO 200 | APS-C-Sensor

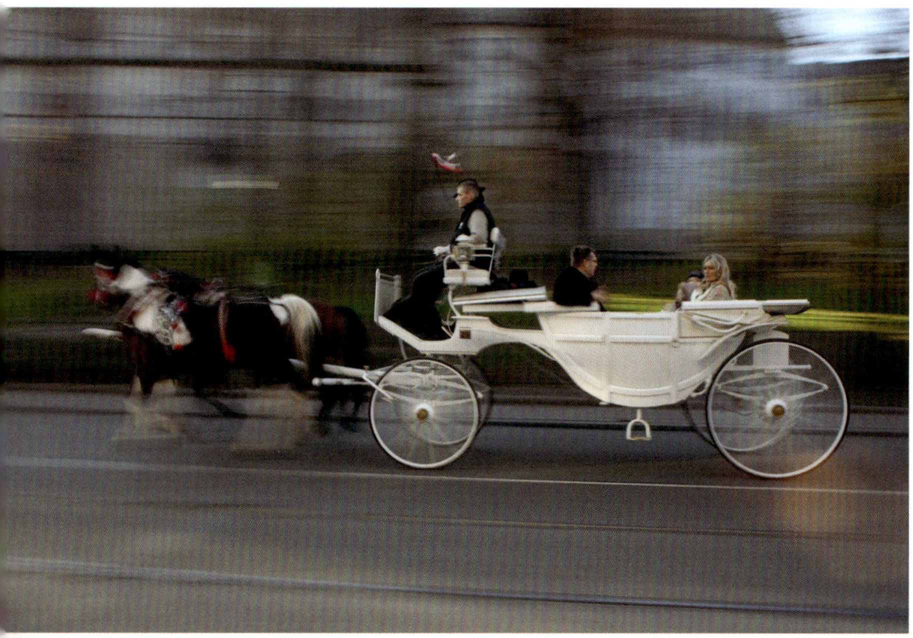

Die richtige Belichtungszeit hängt natürlich von der Geschwindigkeit und dem gewünschten Bildergebnis ab. Fangen Sie mit Verschlusszeiten zwischen 1/8s und 1/30s an, und überprüfen Sie die Ergebnisse.

Wenn die kürzeste Belichtungszeit der Kamera nicht ausreicht, hilft nur noch Blitzlicht. Die Blitzdauer ist allerdings nur bei sehr geringen Blitzleistungen deutlich kürzer als die 1/8000s, die DSLRs heute maximal liefern können. Bei voller Leistung leuchtet ein Kamerablitz wie der Canon 580EX II für circa 1/800s. Bei 1/128 der Leistung liegt die Abbrenndauer aber bei circa 1/30000s.

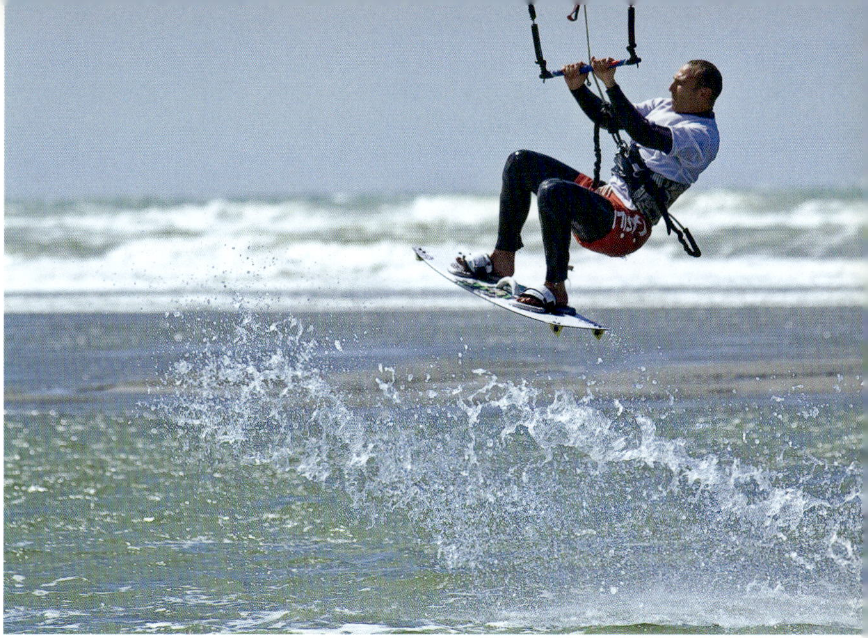

▲ **Abbildung 4.15**
In dieser Aufnahme wirkt jede Bewegung wie eingefroren, die Wassertropfen stehen in der Luft.
300mm | f6,3 | 1/2000s | ISO 250

Wer noch kürzere Zeiten benötigt, muss auf spezielles Equipment zurückgreifen. Wenn Sie das Thema Ultrakurzzeitfotografie interessiert, sollten Sie sich die Arbeiten von Harold Edgerton ansehen, einem Pionier des Highspeed-Blitzens. Das Buch »Stopping Time« ist leider nicht mehr verfügbar, aber über eine Bildsuche im Internet nach »Harold Edgerton« werden Sie einen großen Teil seiner Arbeiten finden.

Mit Blitzlicht können Sie Dinge sichtbar machen, die Sie niemals mit bloßem Auge erfassen könnten, und das auch mit Hausmitteln, die den meisten Amateurfotografen zur Verfügung stehen. Das Schöne an der Digitalfotografie ist, dass Sie mit jedem Bild sofort eine Rückmeldung über die Bildqualität bekommen. Sie können so im laufenden Prozess die Einstellungen immer mehr verfeinern, selbst wenn Sie im Sucher vom tatsächlichen Bild nicht die leiseste Ahnung erkennen können.

Abbildung 4.16 ►
Die Bewegung muss sich nicht nur aufs Motiv beschränken, hier wurde aus dem fahrenden Auto heraus fotografiert (natürlich vom Beifahrersitz). Das Bild ist an keiner Stelle wirklich scharf, aber der Bewegungseindruck ist dadurch noch stärker.
18mm | f5,6 | 1/6s | ISO 200 | APS-C-Sensor

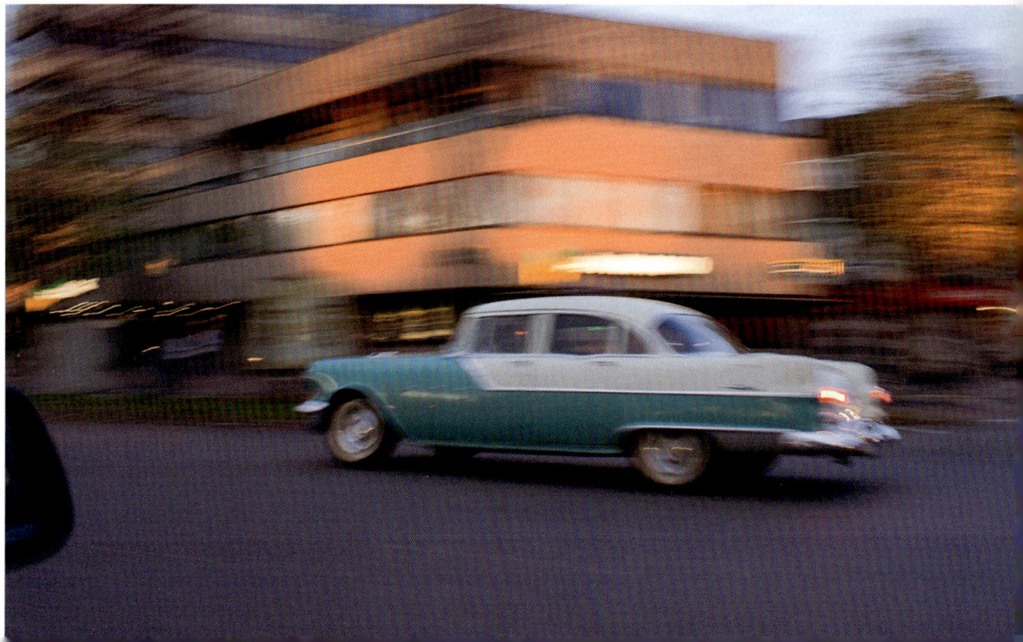

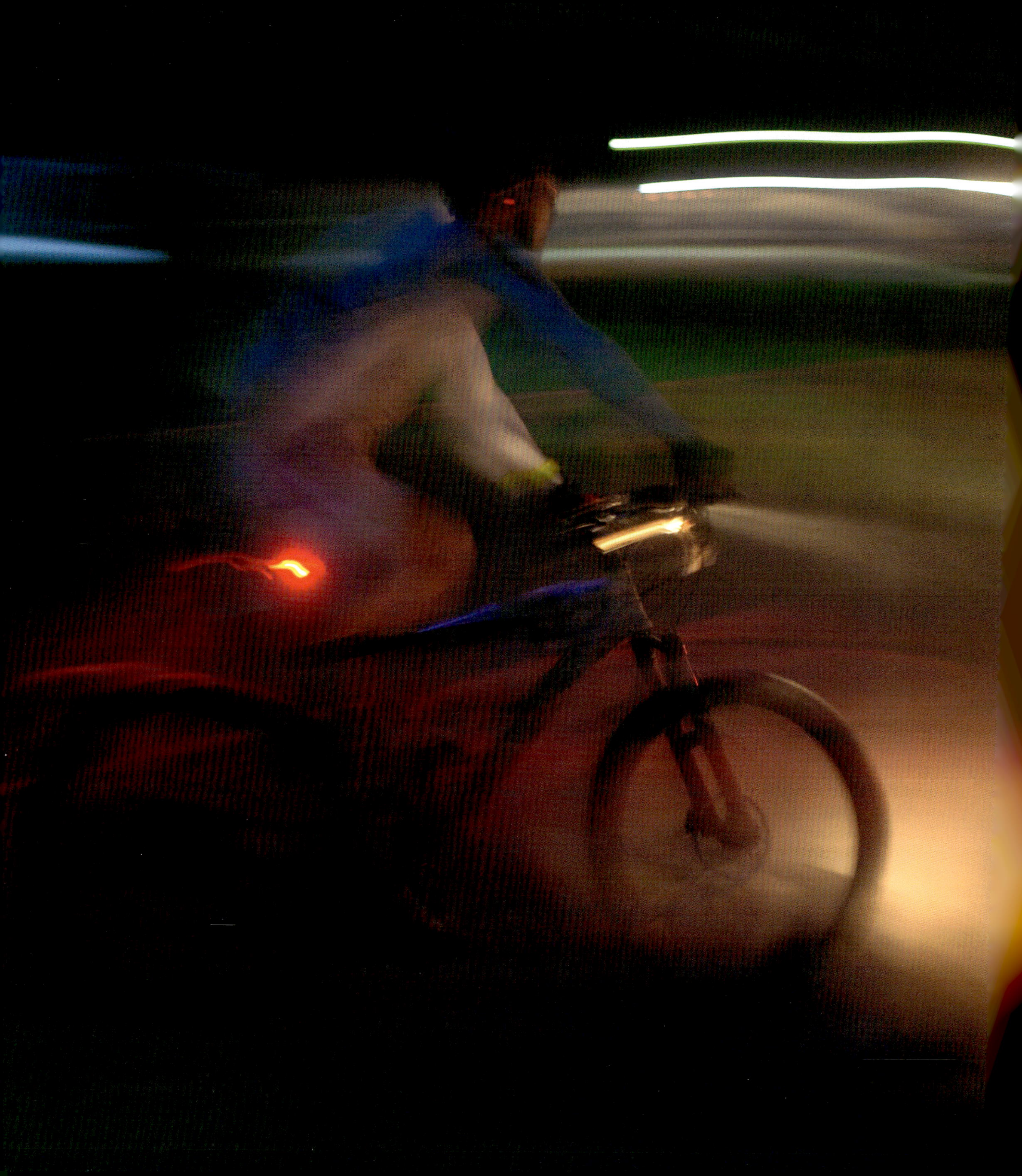

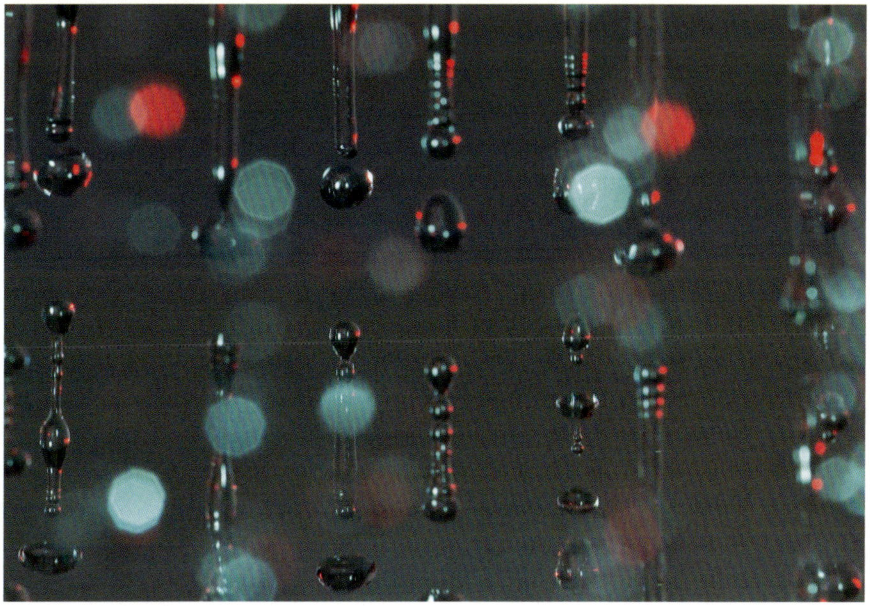

◂ **Abbildung 4.18**
Diese Aufnahme wurde mit zwei auf die kleinste Leistungsstufe eingestellten Blitzen mit jeweils einer Farbfilterfolie beleuchtet. Sie zeigt die Wassertropfen unter einem Duschkopf.

100 mm | f9,5 | 1/200 s | ISO 800 | APS-C-Sensor | Makroobjektiv

◂◂ **Abbildung 4.17**
Ein Fahrradrennen bei Nacht. Obwohl es zu dunkel war für eine scharfe Aufnahme, wurde auf den Blitz verzichtet, um die Stimmung einzufangen und die Bewegung das Bild erzeugen zu lassen.

50 mm | f1,4 | 1/4 s | ISO 3200

4.6 Autofokus (AF)

Die Technik der automatischen Scharfstellung auf das Motiv nennt man **Autofokus**. Schon in den 1970er Jahren gab es Kameras mit Autofokus. Die Polaroid SX70-Sofortbildkamera sendete zum Beispiel einen Ultraschallimpuls aus und maß die Zeit, die er benötigte, um vom Motiv reflektiert zu werden. Fledermäuse orientieren sich ähnlich, und auch das Echolot in Schiffen nutzt das gleiche Prinzip. Der Vorteil dieser Methode liegt darin, dass sie auch in völliger Dunkelheit funktioniert und damals viel schneller war, als die alternativen Methoden. Ein Nachteil ist, dass die Kamera natürlich immer auf das am nächsten liegende Detail fokussiert, was nicht in jedem Fall das Motiv sein muss.

Die heute hauptsächlich verwendete optische Methode des Phasenvergleichs steckte damals noch so sehr in den Kinderschuhen, dass ein Scharfstellungsvorgang mehrere Sekunden dauern konnte und die Technik als *Out-of-focus* (unscharf) verspottet wurde.

TIPP: AF-HILFSLICHT

Wenn Sie in dunklen Räumen oder bei Nacht fotografieren, kann das Autofokus-Hilfslicht eines externen Blitzgerätes eine deutliche Hilfe für das schnelle Scharfstellen sein. Ich selbst benutze das AF-Hilfslicht recht häufig, stelle den Blitz über die Kamera aber meistens so ein, dass er nur das AF-Hilfslicht aussendet und nicht blitzt.

In einer modernen DSLR finden sich heute meist zwei verschiedene Methoden zur Schärfebestimmung: eine schnelle, die nur funktioniert, wenn der Spiegel heruntergeklappt ist und eine langsamere für den Live-View-Modus.

4.6.1 Phasenvergleich

Beim Phasenvergleich fällt das Licht durch den halbtransparenten Spiegel auf einen Hilfsspiegel, der das Licht nach unten in die AF-Einheit ablenkt. Das Licht wird dann durch ein optisches System geteilt und auf jeweils einen lichtempfindlichen Sensor geworfen. Die beiden resultierenden Teilbilder werden miteinander verglichen, und aus dem Vergleich berechnet die AF-Einheit, in welche Richtung und wie weit der Fokus verändert werden muss. Das Prinzip ähnelt ein wenig dem Schnittbildindikator, der früher das Scharfstellen bei manuellen Spiegelreflexkameras erleichterte.

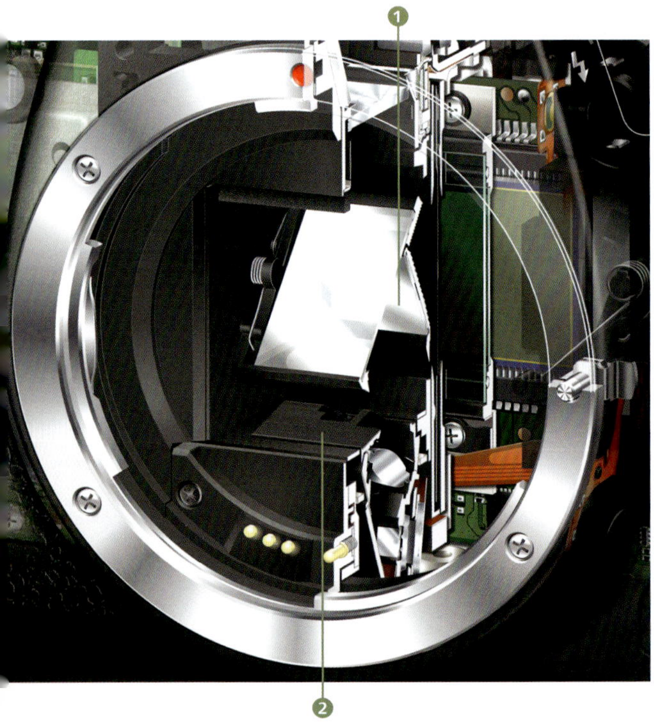

▲ **Abbildung 4.19**
Die AF-Einheit ❷ befindet sich bei einer DSLR unter dem Spiegelkasten. Ein Hilfsspiegel ❶ hinter dem halbdurchlässigen Hauptspiegel reflektiert das Licht nach unten in die AF-Einheit.

Die Sensoren unterscheiden sich in Linien- und Kreuzsensoren. Liniensensoren können nur Strukturen erkennen, die senkrecht zu ihnen liegen, Kreuzsensoren messen auch in der orthogonalen Achse und sind somit genauer und zuverlässiger. Moderne DSLRs, wie die Canon EOS 7D, setzen nur noch Kreuzsensoren ein. Um zuverlässig zu arbeiten, benötigen diese Sensoren aber eine gewisse Beleuchtungsstärke und eine relativ große Offenblende. Blende 2,8 oder weniger ist ideal, Blende 5,6 oder weniger noch gut und ab Blende 8 läuft das System Gefahr, überhaupt nicht mehr zu funktionieren.

Meistens ist der Phasenvergleichs-AF schnell, genau und mit moderner Software erstaunlich exakt bei der Voraussage des Schärfepunktes bewegter Motive. Wenn der Spiegel nicht genau justiert ist, stimmt aber das ganze System nicht mehr und der Autofokus liegt bei allen Objektiven falsch. Ebenso muss sich das System auf ein vorhersehbares Verhalten des Objektivs verlassen können. Die Schärfe wird extrapoliert und das Objektiv, gerade bei bewegten Motiven, auch dann noch fokussiert, wenn der Spiegel schon hochgeklappt ist und das AF-System das Endergebnis nicht mehr kontrollieren kann. Wenn ein Objektiv nun einen anderen Schärfeverlauf hat, als die Kamera erwartet, liegt der AF nur bei diesem Objektiv falsch. Der Fokus weicht meist in dieselbe Richtung ab, man spricht dann von einem **Frontfocus** (die Schärfe liegt vor dem Motiv) oder einem **Backfocus** (die Schärfe liegt dahinter). Früher waren Front- und Backfocus ein Fall für den Service, heute können Sie bei einer modernen DSLR selbst Korrekturfaktoren für alle oder für einzelne Objektive festlegen.

4.6.2 Kontrastmessung

Die zweite Methode nutzt direkt den Bildsensor zur Schärfemessung, Sie berechnet den Kontrast des Live-View-Bildes bei sich veränderndem Fokus. Wenn der Kontrast steigt, steigt auch die Schärfe. Sinkt der Kontrast wieder, war kurz zuvor das Maximum erreicht. Kompaktkameras oder Systemkameras mit elektronischem Sucher haben nur diese Scharfstellungsmethode zur Verfügung, und DSLRs müssen im Live-View-Modus darauf zurückgreifen.

Die Kontrastmessung ist im Augenblick noch deutlich langsamer als Phasenvergleichs-AF. Da die Schärfe direkt auf dem Bildsensor gemessen wird, ist die Methode recht zuverlässig. Beide Methoden setzen aber einen gut unterscheidbaren Bildkontrast voraus, auf einer strukturlosen Fläche werden Sie keinen Schärfepunkt finden können.

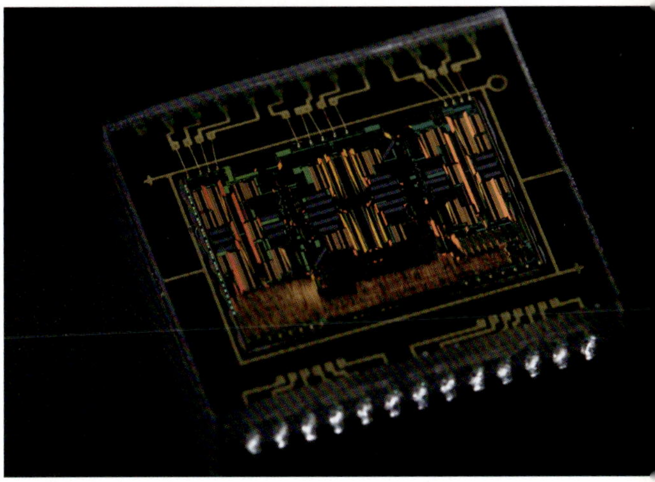

▲ **Abbildung 4.20**
Der AF-Sensor der Canon EOS 7D. Er ermöglicht schnellen Autofokus mit 19 Kreuzsensoren (Bild: Canon).

4.6.3 Autofokusmodi

Eine Sport- und eine Landschaftsaufnahme stellen ganz unterschiedliche Ansprüche an die Autofokussteuerung Ihrer Kamera, und Sie werden bessere Ergebnisse erzielen, wenn Sie Ihre Kamera bewusst für eine Aufgabe einstellen und den jeweils richtigen Autofokusmodus wählen. Es gibt drei Autofokusvarianten, die derzeit von praktisch jeder DSLR unterstützt werden.

Single Shot, One Shot (Schärfepriorität) | Der häufigste AF-Modus ist für unbewegte Motive gedacht. Er stellt das Objektiv einmal scharf und löst nur dann aus, wenn eine korrekte Schärfe erzielt wurde. Bei Canon heißt dieser Modus One Shot, bei Nikon AF-S (S steht dabei für *single*). Er liefert die höchste Genauigkeit und arbeitet sehr schnell, funktioniert aber nicht bei Motiven, die sich zwischen der Scharfstellung und dem Auslösen signifikant weiterbewegen.

Für die meisten fotografischen Situationen ist dieser Modus gut geeignet. Da die Schärfe nur einmal festgelegt wird, wenn der Auslöser halb durchgedrückt wird, fängt der Autofokus auch nicht an, hin und her zu fahren (»pumpen«), wenn die Kamera bewegt wird und der Autofokus einen neuen Schärfepunkt finden möchte.

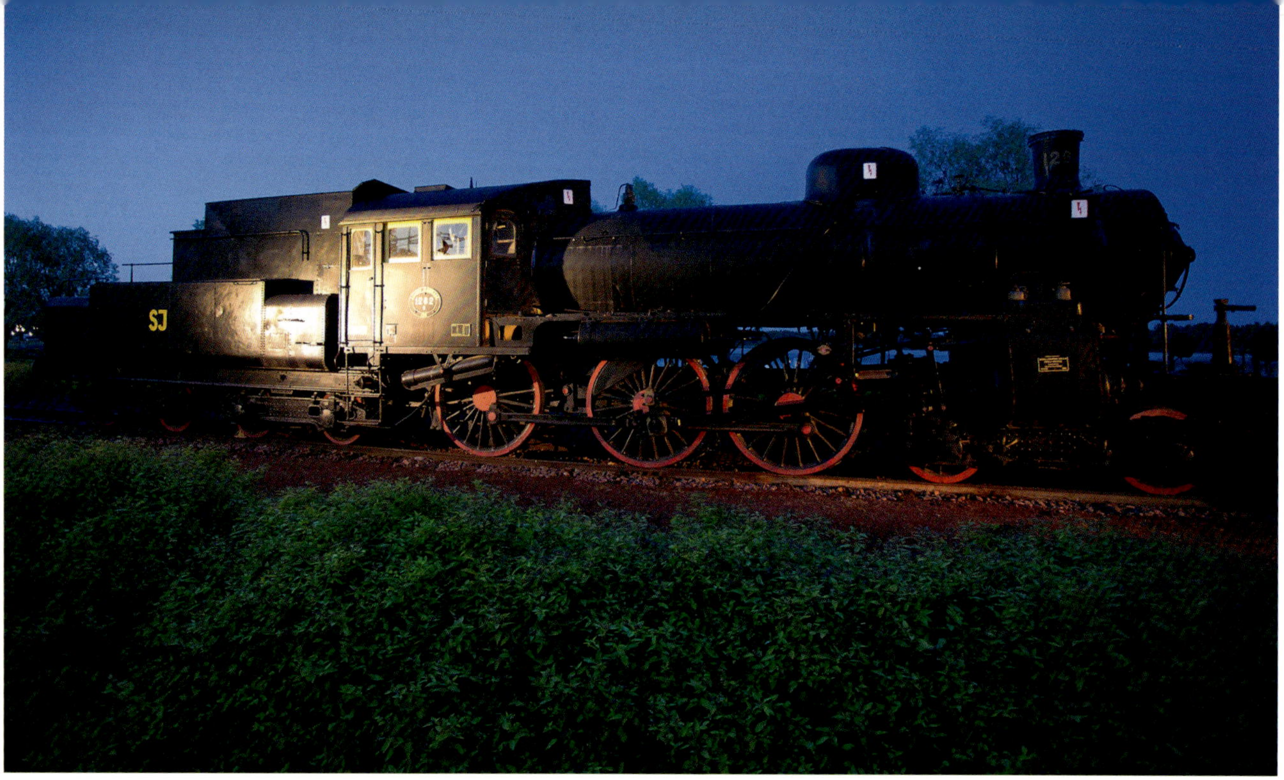

▲ **Abbildung 4.21**
Einen sicheren Fokus auch bei schwachem Licht gewährt der Single- bzw. One-Shot-Modus am besten. Allerdings nur für praktisch unbewegte Motive.

17 mm | 1/10 s | f4,0 | ISO 800

Auslösepriorität, Schärfenachführung | Im Modus der Schärfenachführung versucht der Autofokus ständig, ein sich bewegendes Objekt im Fokus zu halten, selbst wenn sich dieses innerhalb des Bildformats bewegt und so in den Messbereich anderer AF-Sensoren gerät. Bei Canon wird dieser Modus AI SERVO genannt, bei Nikon AF-C (für *continuous* – fortlaufend).

Da sich die Schärfewerte ständig verändern und dieser Modus auch gerne bei Serienbildern verwendet wird, wartet die Kamera nicht auf eine »100% scharf«-Rückmeldung des AF, sondern löst innerhalb einer Serie immer aus. Man spricht von Auslösepriorität anstelle von Schärfepriorität wie beim Modus ONE SHOT.

Wenn Sie sich als Bildjournalist inmitten eines Ereignisses befinden, werden Sie lieber ein etwas unscharfes Bild in Kauf nehmen, als gar kein Bild zu haben. Oder anders ausgedrückt: Während die Kamera dem Fokus folgt, soll sie ruhig weitere Bilder aufnehmen, anstatt auszusetzen.

Sie können den AF Ihrer Kamera meist mit vielen Einstellmöglichkeiten verfeinern und auf Ihre Einsatzgebiete hin anpassen. Bei Canon lassen sich zum Beispiel die AF-Messfelder erweitern, was das Verfolgen bewegter Objekte einfacher macht.

AI Focus | Die dritte Fokussiermethode ist eigentlich nicht mehr als eine Kombination aus den beiden vorigen. Hier versucht die Kamera, selbst zu

Abbildung 4.22 ►
Eine Möwe kommt im schnellen Sinkflug auf den Fotografen zu. Die Schärfenachführung sorgt auch bei einer sich verändernden Entfernungseinstellung für gute Ergebnisse.
400 mm | f9,0 | 1/800 s | ISO 250

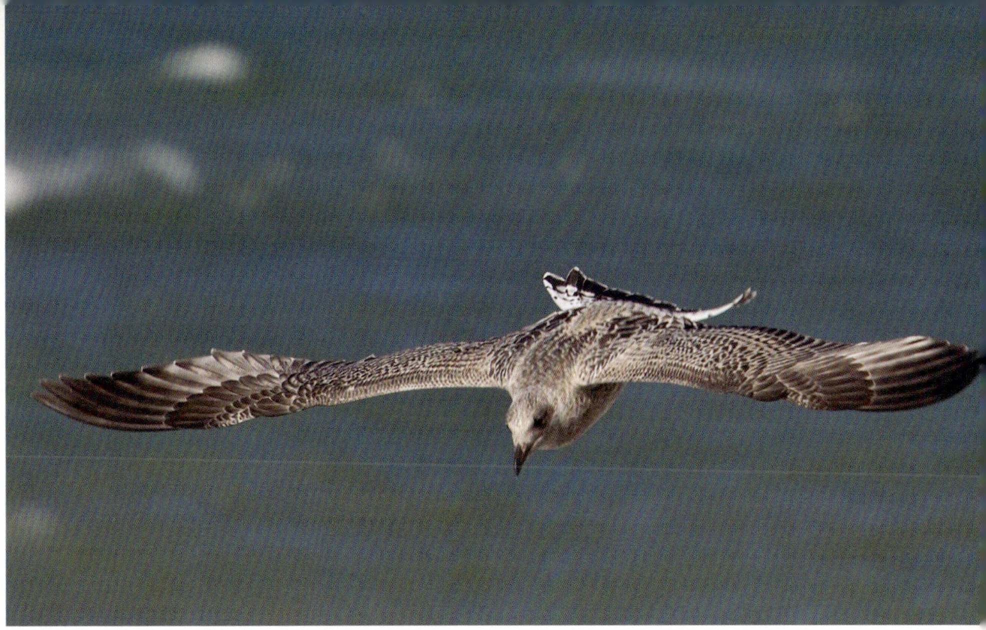

erkennen, wann ein Motiv in Bewegung gerät, und schaltet dann selbstständig auf den Nachführungsmodus um. Canons AI FOCUS ist Nikons AF-A (für *Auto*). Das klingt nach der idealen Lösung und ist in den Programmautomatiken der Kameras auch meist voreingestellt. In der Praxis erreicht man aber mit ONE SHOT bei unbewegten Motiven eine höhere Genauigkeit und für bewegte Motive ist AI SERVO die klarere Lösung.

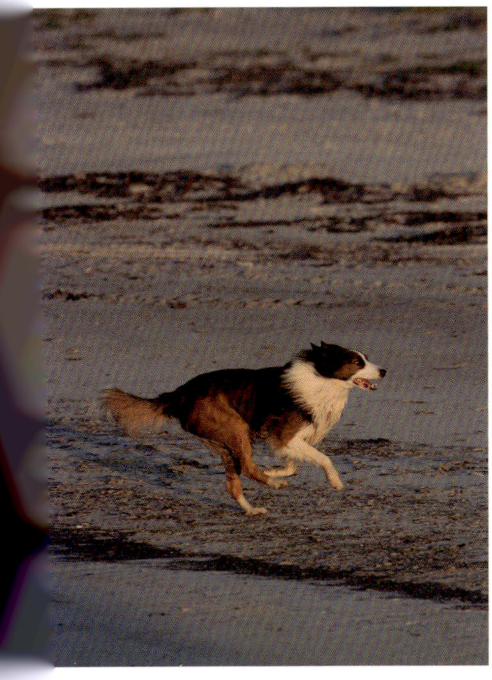

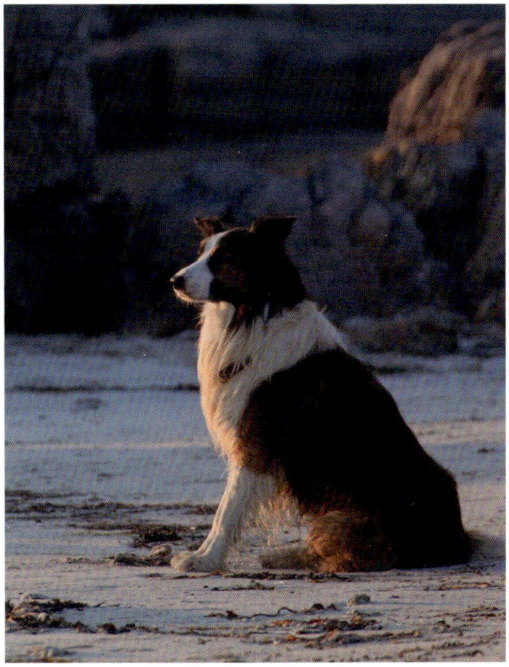

◄ **Abbildung 4.23**
Ein gutes Beispiel für die Verwendung des AF-Modus AI FOCUS. Der Hund sitzt mal still, mal bewegt er sich schnell. Das 300-mm-Teleobjektiv setzt einen genauen Fokus voraus.

4.6.4 Fokusabweichung durch Kamerabewegung

Die AF-Sensoren decken leider nur einen kleinen Bereich des Bildes ab, selbst die absoluten Topmodelle decken weniger als ein Viertel des Bildausschnitts mit AF-Sensoren ab. Wie fokussieren Sie nun auf etwas, das weiter außen liegt als die AF-Sensoren? Die sicherlich am weitesten verbreitete Methode ist es, die Schärfe zu speichern: Sie fokussieren den Bereich an, indem Sie die Kamera so schwenken, dass Sie den gewünschten Bildausschnitt unter einen AF-Sensor bekommen, halten den Auslöser halb gedrückt und schwenken die Kamera zurück, um das Bild aufzunehmen. Das funktioniert auch oft ganz gut, ist aber technisch nicht ganz richtig und kann bei manchen Motiven auch gründlich danebengehen.

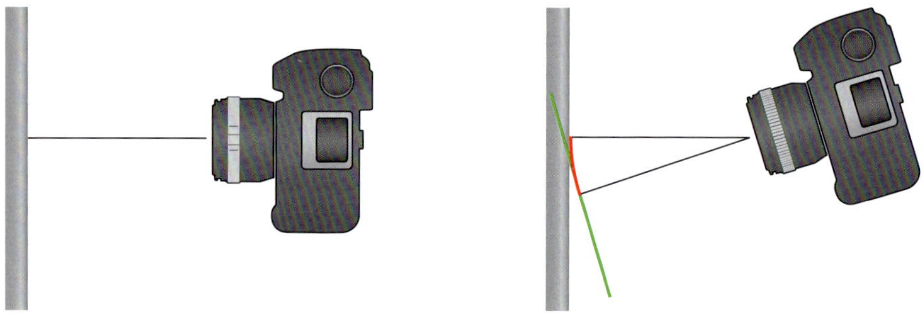

Abbildung 4.24 ▸
Wenn Sie einen Punkt im oberen Bereich des späteren Bildes anfokussieren (links) und die Kamera dann für den endgültigen Bildausschnitt nach unten schwenken (rechts), liegt die Schärfe in dem gewünschten Motivpunkt hinter dem Motiv, denn beim Schwenken der Kamera wird auch die Schärfeebene mitgedreht. Der Effekt ist manchmal so klein, dass Sie trotzdem so arbeiten können, aber bei einem lichtstarken Weitwinkelobjektiv führt diese Methode zu sichtbarer Unschärfe. Das Problem entsteht natürlich auch beim Seitwärtsschwenken der Kamera.

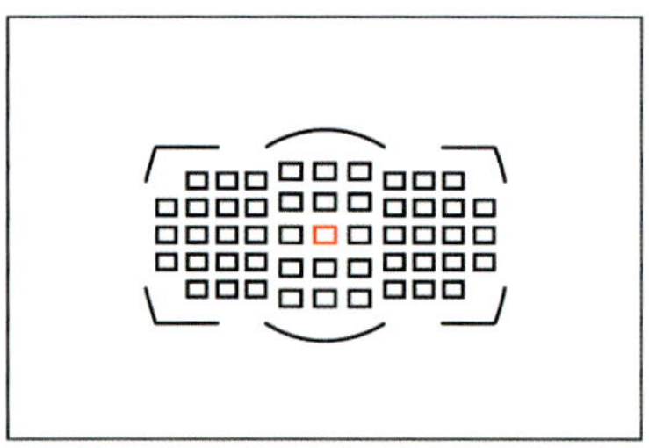

▴ Abbildung 4.25
Bei der Nikon D3s decken 51 AF-Messfelder schon einen relativ großen Bereich ab. Trotzdem werden Sie häufiger auf Bereiche außerhalb der AF-Sensoren scharfstellen wollen.

Die Schärfe liegt bei einem guten Objektiv in einer Ebene. Wenn Sie die Kamera schwenken, beschreibt der Schärfepunkt aber einen Kreisbogen. Wenn Sie mit einem Teleobjektiv fotografieren, ist dieser Kreisbogen sehr flach, weil der Bildwinkel klein ist und sich der Kreisbogen wenig von der Schärfeebene entfernt. Die Methode des Schwenkens wird hier eine so geringe Fokusabweichung produzieren, dass sie innerhalb der Schärfentiefe liegt und nicht auffällt.

Anders sieht es aus, wenn Sie mit einem lichtstarken Weitwinkelobjektiv arbeiten: Der große Schwenkwinkel und die geringe Schärfentiefe bei Offenblende lassen die Fokusdifferenz deutlich sichtbar werden, weil der Kreisbogen und die Schärfeebene einen großen Abstand zueinander bekommen. Die Schärfe liegt dann zu weit hinten.

Bei langen Brennweiten ist die Schwenktechnik so unkritisch, dass sie sogar den mittleren AF-Sensor verwenden können. Bei kürzeren Brennweiten sollten Sie zumindest den AF-Punkt verwenden, der dem gewünschten Fokuspunkt am nächsten liegt. Und wenn Sie eine kurze, lichtstarke Brennweite weit außerhalb der AF-Messfelder scharfstellen wollen, dann verzichten Sie auf den AF. Schalten Sie stattdessen die Live View ein, vergrößern

Sie den Bildausschnitt auf dem Kameramonitor, verschieben Sie ihn zum gewünschten Fokuspunkt, und stellen Sie manuell scharf. Lassen Sie sich den Bildaufbau nicht von der Lage der AF-Punkte diktieren. Bei meinem 35 mm/f1,4 bleibt mir manchmal nur das manuelle Fokussieren, sonst liegt die Schärfe beim Porträt am Ohr und nicht auf den Augen.

4.6.5 Den Autofokus testen (Backfocus, Frontfocus)

Der Autofokus als Ganzes kann, wenn die normale Phasenvergleichsmethode verwendet wird, dejustiert sein oder aber Probleme mit einzelnen Objektiven haben. Auf der Buch-DVD finden Sie die Datei »Fokustest.pdf«, die sich für eine Überprüfung und Justage des AF eignet, eine Internet-Suche nach »focus testchart« wird Ihnen weitere Alternativen liefern. Am Ende dieses Kapitels ist das Testbild ebenfalls abgedruckt.

Legen Sie das Testchart auf einen Tisch, und fotografieren Sie es schräg von oben in einem Winkel zwischen 30° und 45°. Fokussieren Sie dabei mit dem mittleren AF-Sensorfeld auf die gestrichelte Linie. Machen Sie mindestens fünf Aufnahmen bei ganz geöffneter Blende und jeweils neuer Fokussierung auf die Mittellinie. In diesem Beispiel ❶ wurde ein 35-mm-Objektiv bei Blende 1,4 aus zwei Metern Entfernung verwendet und der Bildausschnitt des Blattes vergrößert. Im Idealfall liegt die Schärfe genau auf der Höhe der Mittellinie wie bei diesem unkorrigierten Bild. Diese Kombination mit einer EOS 5D Mk II muss also nicht nachjustiert werden.

Im Beispiel ❷ wurde der Fokus zu Demonstrationszwecken um zehn Einheiten nach vorne verlegt, also künstlich ein starker Frontfocus geschaffen. Das Maximum der Justage sind 15 Einheiten, es lassen sich also auch sehr starke Abweichungen innerhalb der Kamera ausgleichen. Wenn Sie ein neues Objektiv erworben haben, das im Gegensatz zu Ihren anderen Objektiven einen starken Front- oder Backfocus aufweist, dann sollten Sie es trotz der Justagemöglichkeit umtauschen, weil das ein Zeichen für eine mangelhafte Kalibrierung ist. Im letzten Beispiel ❸ ist der Fokus um zehn Einheiten nach hinten verschoben, so wird ein kräftiger Backfocus simuliert.

▼ **Abbildung 4.26**
Testchart für Front- und Backfocus

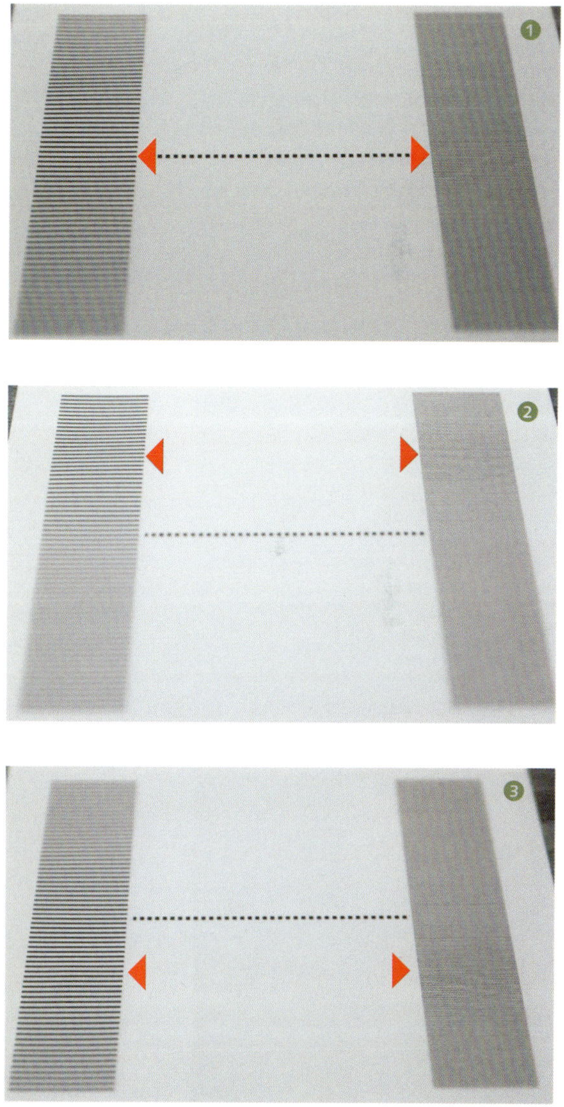

Wenn Sie Ihre Objektive selbst justieren möchten, arbeiten Sie bei Tageslicht und mit mehrfachen Testaufnahmen. Nur wenn sich eine kontinuierliche Abweichung in gleicher Richtung und ähnlicher Stärke ergibt, ist eine Justage sinnvoll. Kontrollieren Sie auch Ihre anderen Objektive. Falls diese alle um einen ähnlichen Betrag danebenliegen, sollten Sie einen Korrekturwert für alle Objektive angeben, anstatt jedes einzeln durchzugehen. Dann liegt es nämlich an der Kamera und nicht am Objektiv.

Im Normalfall sollten Sie nicht viel korrigieren müssen, wenn aber häufiger die Nasenspitze scharf ist, während Sie auf das Auge scharfgestellt haben, sollten Sie die hier beschriebene Messmethode ausprobieren.

▾ Abbildung 4.27
Wenn die Kamera sich während einer Sprengung wegen der Staubwolken plötzlich mit der Fokussuche beschäftigt, statt zu fotografieren, ist das sehr ärgerlich. Hier ist die manuelle Fokussierung besser.

135 mm | f8,0 | 1/1000 | ISO 400

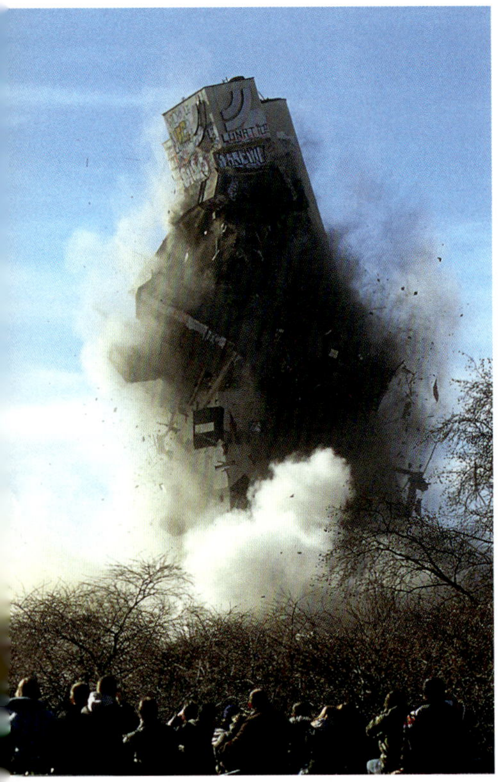

4.7 Manuelle Fokussierung

In manchen fotografischen Situationen ist es besser, komplett auf den Autofokus zu verzichten:

- Wenn Sie statische Motive vom Stativ aus fotografieren, erreichen Sie mit dem manuellen Scharfstellen über die vergrößerte Live-View-Darstellung eine noch höhere Genauigkeit als mit dem AF.
- Bei starker Dunkelheit läuft der AF oft ins Leere, während man mit einer Taschenlampe das Objektiv noch gut auf die Unendlich-Markierung einstellen kann.
- Bei Serienbildern gewährleistet der manuelle Fokus einen gleichbleibenden Schärfepunkt. Das ist besonders dann von Vorteil, wenn Sie die Bilder später zusammenmontieren wollen, wie etwa bei HDR-Aufnahmen.

In vielen Fällen ist Autofokus technisch gar nicht möglich, etwas wenn Sie manuell fokussierende Objektive verwenden oder zum Beispiel ein Nikon-Objektiv an eine Canon adaptieren. Auch Tilt-Shift-Objektive lassen sich prinzipiell nicht automatisch scharfstellen.

Die Mattscheiben moderner DSLRs sind nicht mehr auf die manuelle Scharfstellung optimiert, allerdings können Sie den Autofokus anzeigen lassen, wann die korrekte Schärfe eingestellt ist, indem Sie den Auslöser beim Scharfstellen halb durchdrücken. Die AF-Messfelder leuchten dann auf, sobald der Bereich unter ihnen in der Schärfe liegt. Viele Spiegelreflexkameras unterstützen wechselbare Mattscheiben, die zum Teil für die manuelle Fokussierung besser geeignet sind als die Originalmattscheibe. Überprüfen Sie, ob Sie der Kamera einen Mattscheibenwechsel mitteilen müssen. Es kann sein, dass Sie eine Custom- oder Individualfunktion ändern müssen, damit die Belichtungsmessung wieder exakt ist.

4.8 Rauschunterdrückung und Schärfeverlust

Die Schärfeleistung Ihrer Kamera ist im unteren ISO-Bereich am größten. Je weiter Sie die ISO-Zahl erhöhen, desto mehr müssen feine Strukturen mit dem Bildrauschen konkurrieren. Trotz immer besser werdender Algorithmen zur Rauschreduzierung lässt sich Bildrauschen von Bildinformation nicht perfekt trennen. Wenn Sie also die Rauschreduzierung verwenden, verringern Sie damit immer auch die Bildschärfe.

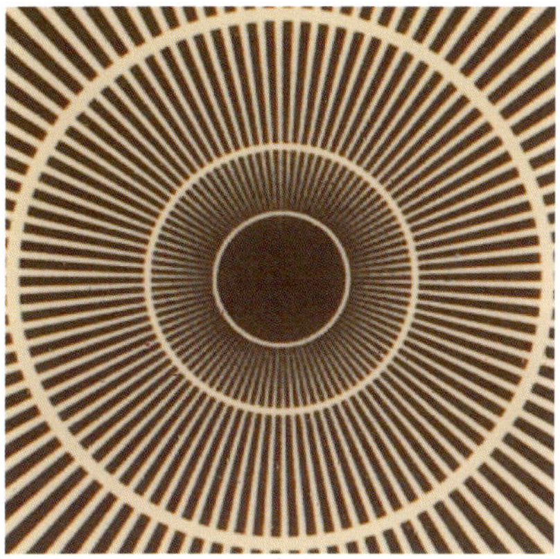

▲ **Abbildung 4.28**
Bei ISO 200 ist praktisch kein Bildrauschen zu sehen, die Auflösung ist maximal.

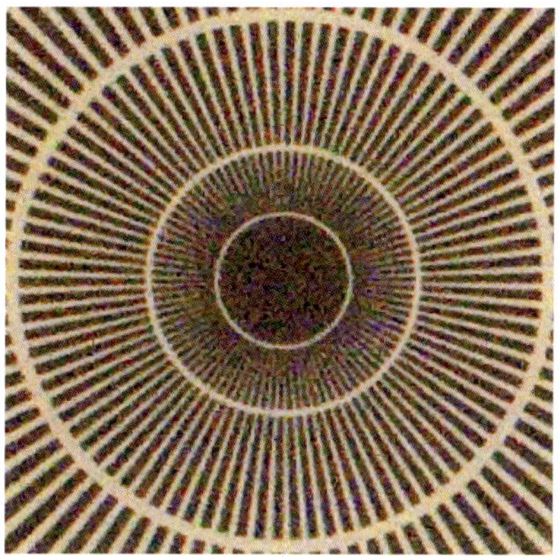

▲ **Abbildung 4.29**
Bei ISO 25600 ist starkes Rauschen zu erkennen, die feinsten Strukturen sind verschwunden.

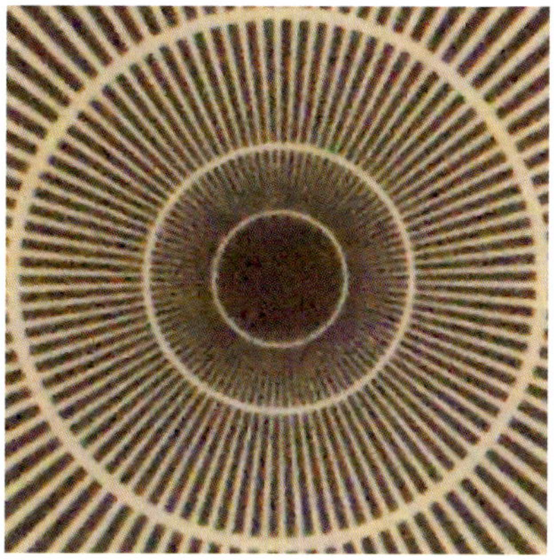

▲ **Abbildung 4.30**
Bei ISO 25 600 mit hoher Rauschunterdrückung in Adobe Camera Raw ist das Rauschen schwächer geworden, aber von den feinsten Strukturen ist noch weniger übriggeblieben.

Es gibt eine Ausnahme, die wenig Information vernichtet und trotzdem das Rauschen bekämpft: wenn Ihre Kamera nach einer Langzeitbelichtung noch eine Dunkelfeldbelichtung macht und diese dann vom Bild abzieht. Hierbei wird der momentane Rauschzustand des Sensors unabhängig von der Aufnahme erfasst und zur Bildverbesserung herangezogen. Der Nachteil dieser Methode ist allerdings, dass Sie nach einer Langzeitbelichtung von einer Minute noch eine weitere Minute auf die zweite Belichtung bei geschlossenem Verschluss warten müssen, bevor Sie weiterarbeiten können.

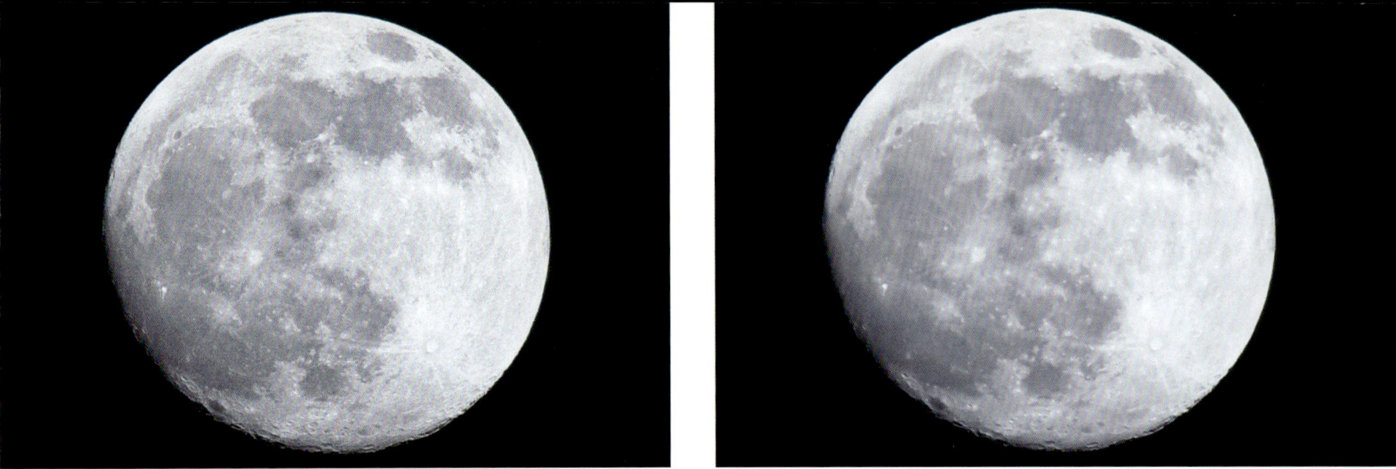

▲ **Abbildung 4.31**
Diese zwei Aufnahmen des Mondes unterscheiden sich nur in der Rauschunterdrückung in Adobe Camera Raw. Während links das Rauschen nicht unterdrückt wurde und so die maximale Detailauflösung bei sichtbarem Rauschen erreicht wurde, leidet rechts die Detailauflösung durch das starke Entrauschen. Dafür sind die Flächen homogen und ohne sichtbares Rauschen.

In der Praxis müssen Sie bei hohen ISO-Zahlen immer einen Kompromiss finden, der möglichst viele Details erhält, ohne dass das Bild zu verrauscht erscheint. Arbeiten Sie mit einem eher niedrigen ISO-Wert, wenn es die Umstände erlauben. Allerdings sind viele moderne DSLRs im hohen ISO-Bereich sehr gut, so dass Sie auch bei schwachem Licht noch Bewegungen scharf einfangen können. Hier müssen Sie abwägen zwischen Bewegungsunschärfe und ISO-Rauschen. Niedriges Rauschen nützt Ihnen nichts, wenn Sie die Bewegung wegen zu langer Belichtungszeiten nicht vernünftig einfangen können. Testen Sie Ihre Kamera mit einer ISO-Reihe, und entscheiden Sie, wo Ihr persönlicher Schmerzbereich in Bezug auf das Bildrauschen beginnt.

4.9 Bokeh

Exkurs
Wer sich umfassend und auf hohem Niveau mit dem Thema Bokeh auseinandersetzen möchte, findet auf der DVD im Ordner »Carl_Zeiss« ein PDF dazu.

Das Wort **Bokeh** stammt aus dem Japanischen und ist ein Begriff für die subjektive Qualität der Unschärfe. Er sagt aus, wie schön die Bereiche ab-

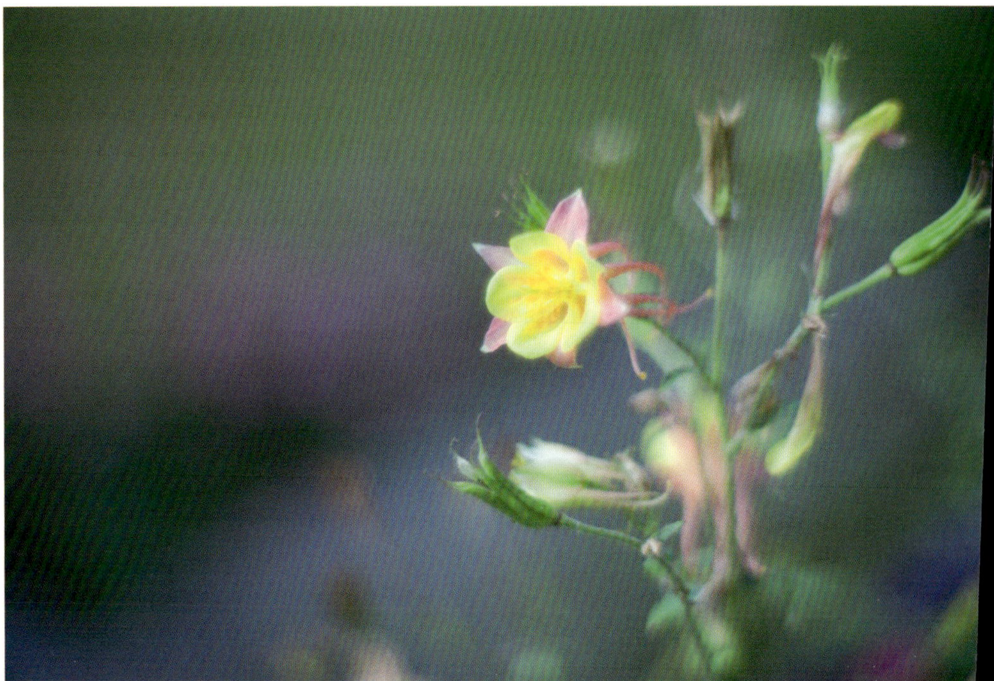

Abbildung 4.32 ▸
Ein altes Normalobjektiv mit Offenblende 1,2 wurde an eine DSLR adaptiert. Die Schärfeleistung entspricht nicht den modernen Standards, aber das Bokeh ist sehr interessant.
55 mm | f1,2 | 1/40 s | ISO 320

gebildet werden, die nicht im Schärfebereich liegen. Das werden Sie vielleicht für Spinnerei halten, für viele professionelle Fotografen ist diese Eigenschaft aber wichtiger als die tatsächliche Schärfeleistung eines Objektivs. Eine ganz leichte Unschärfe lässt sich durch Scharfzeichnen am Computer ausgleichen, ein schlechtes Bokeh zerstört ein Bild, ohne dass es Korrekturmöglichkeiten gibt.

Das Bokeh hängt von der gesamten Objektivkonstruktion ab, ein wichtiger Teil aber ist die Form der Blende, die möglichst rund sein sollte. Ein Objektiv, das lediglich fünf Blendenlamellen verwendet, wird immer fünfeckige Unschärfeflecken erzeugen, sobald es etwas abgeblendet wird, und es wird so niemals ein perfektes Bokeh erzeugen.

Bei vielen – und gerade bei den etwas teureren Objektiven – ist ein schönes Bokeh ein erklärtes Konstruktionsziel. Im Bereich der Porträtbrennweiten (85–135 mm) findet man der Anwendung entsprechend viele Objektive, die ein wirklich schönes Bokeh aufweisen. Für besonders lichtstarke Objektive ist es eine sehr wichtige Eigenschaft, weil sie bei Offenblende große Bildbereiche in der Unschärfe belassen. So gehören bei Canon das EF 85 mm/f1,2 und das EF 135 mm/f2,0 sicher zu den Objektiven mit dem schönsten Bokeh. Die Festbrennweiten f1,4/85 mm von Nikon oder Zeiss könnte man genauso anführen. Objektive mit Porträtbrennweite und hoher Lichtstärke sind für einen Kundenkreis entworfen, der ein gutes Bokeh voraussetzt.

Das Bokeh ist *per definitionem* subjektiv. Welches Objektiv Sie in diesem Bereich als am besten empfinden, wird also immer eine persönliche Entscheidung bleiben.

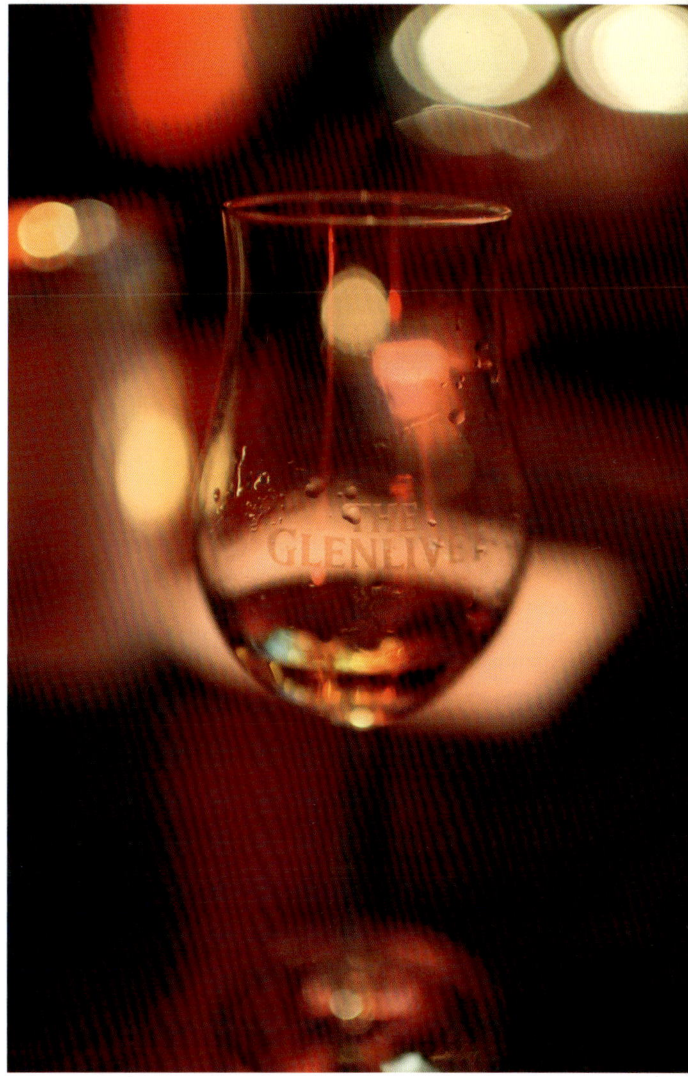

▲ **Abbildung 4.33**
Ein schönes Bokeh erschafft weiche und ruhige Hintergründe, Unschärfe bekommt eine eigene ästhetische Qualität. Das Beispiel wurde mit einem Canon EF 35 mm/f1,4, bei Offenblende aufgenommen.
35 mm | f1,4 | 1/40 s | ISO 1600

4.10 Schärfe nach Scheimpflug

Stellen Sie sich vor, Sie haben ein Fußballfeld, das Sie mit einer Vollformatkamera auf einem Stativ in 1,6 m Höhe und 45 mm Brennweite von vorne bis hinten komplett scharf abbilden möchten. Wie weit müssen Sie abblenden? Fangen Sie bitte nicht an zu rechnen, denn es ist ein Trick dabei: Sie müssen gar nicht abblenden, sofern Sie ein Tilt-Shift-Objektiv verwenden. Mit diesem können Sie die Schärfeebene so weit neigen, dass Sie dem Fuß-

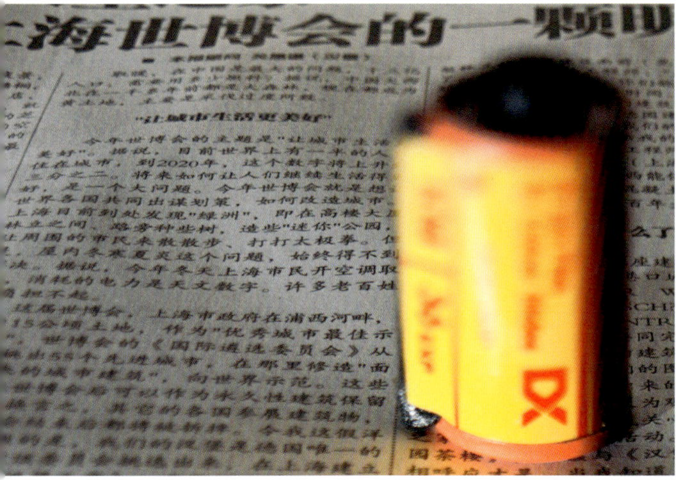

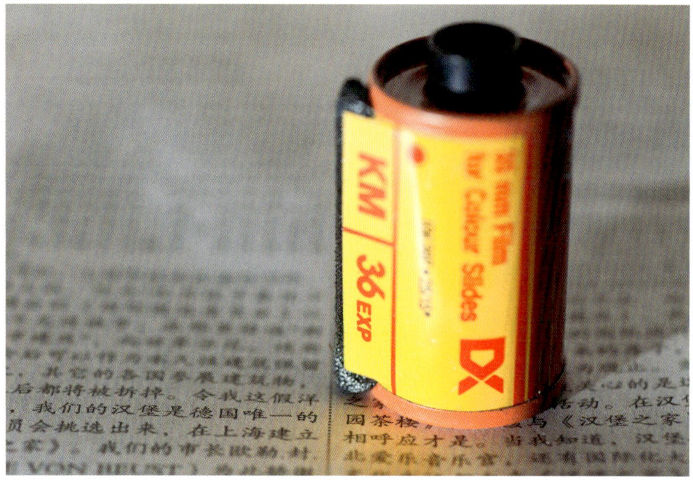

▲ **Abbildung 4.34**
Die Zeitung ist trotz Makrobereich fast von vorne bis hinten scharf, die Filmdose wird aber nach oben hin schnell unscharf. Hier wurde die Schärfeebene auf die Zeitung gelegt, indem das Objektiv nach vorne geschwenkt wurde (90 mm, f4,5).

▲ **Abbildung 4.35**
Die Vergleichsaufnahme wurde bei derselben Blende und Brennweite ohne eine geschwenktes Objektiv aufgenommen. Die Schärfentiefe auf der Zeitung ist sehr klein, dafür sind größere Teile der Filmdose scharf.

ballfeld entspricht. Ein Fußballer in der Nähe wäre dann allerdings an den Schuhen scharf und würde nach oben immer unschärfer werden.

Wer schon mit einer Großbildkamera gearbeitet hat, für den ist diese Vorstellung nicht ungewöhnlich. Bei einer Großbild- oder Fachkamera lassen sich die Objektiv und die Film- oder Sensorebene unabhängig voneinander bewegen. Die resultierende Schärfeebene ergibt sich dann aus der sogenannten **Scheimpflug'schen Regel**.

Abbildung 4.36 ▶
Mit diesem Balgengerät von Novoflex lässt sich die Schärfedehnung nach Scheimpflug auch mit normalen Vergrößerungsobjektiven verwenden. Im Makro- oder Mikrobereich ist das oft die einzige Chance, einen zufriedenstellenden Schärfebereich zu erhalten (Bild: Novoflex).

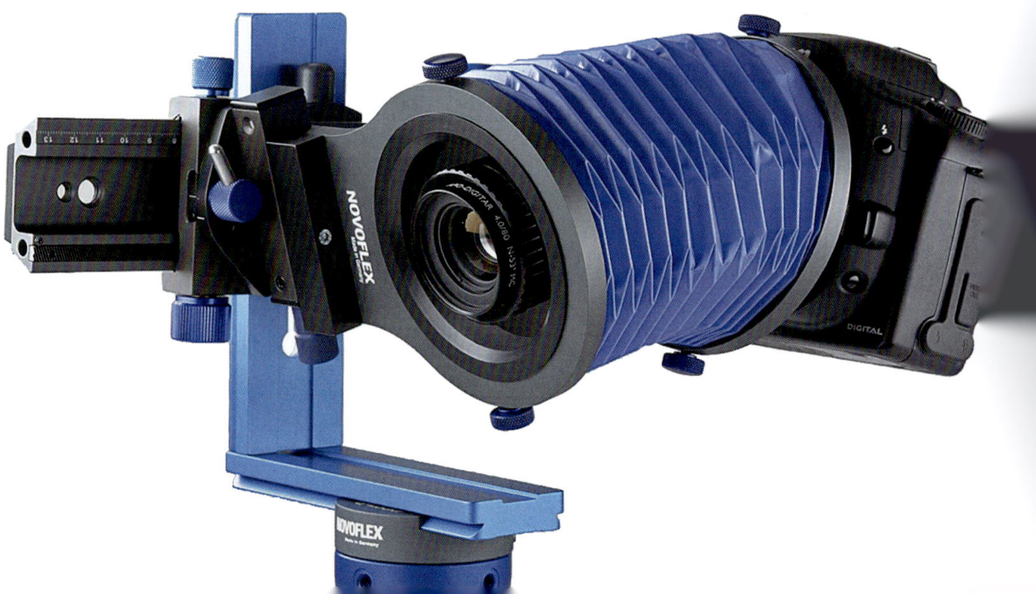

Sie besagt, dass sich die Sensorebene, die Hauptebene des Objektivs und die motivseitige Schärfeebene immer in einer Geraden schneiden. Normalerweise sind bei einer DSLR Objektivebene und Sensorebene immer parallel und so würde diese Schnittgerade erst im Unendlichen zu liegen kommen. Sobald Sie aber anfangen, die Objektivebene nach vorne zu kippen, und sich Sensorebene und Objektivebene auf dem Boden des Fußballfeldes schneiden, erstreckt sich die Schärfeebene bei Fokussierung auf den Boden nach der Scheimpflug'schen Regel über das ganze Fußballfeld.

Um die Schärfedehnung nach Scheimpflug nutzen zu können, benötigt man im Makrobereich nicht unbedingt ein Tilt-Shift-Objektiv. Ein Balgengerät mit schwenkbarer Frontstandarte ist ausreichend. Sie können dann sogar mit einem herkömmlichen Vergrößerungsobjektiv arbeiten, das sich vielleicht noch in einer alten Dunkelkammerausrüstung findet. Bedenken Sie, dass für das Schwenken der Bildkreis größer sein muss, weil die optische Achse nicht mehr auf die Mitte des Sensors trifft. Im Nahbereich ist das meist nicht so kritisch, weil der Bildkreis durch den großen Abstand des Objektivs vom Sensor vergrößert wird.

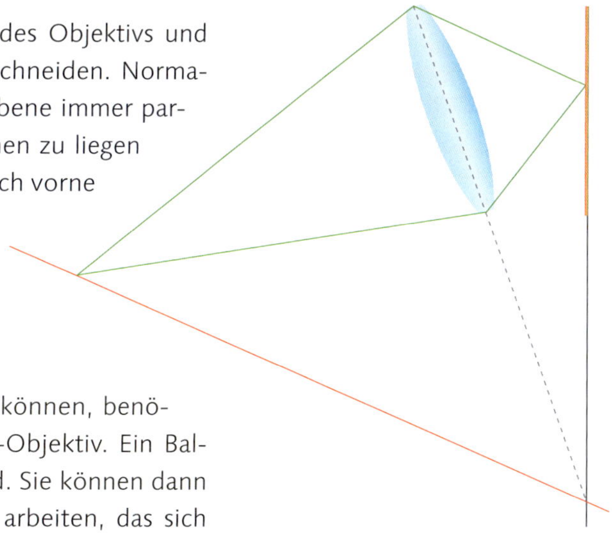

▲ **Abbildung 4.37**
Wenn Sensorebene (orange) und Objektiv (blau) nicht mehr parallel zueinander stehen, kippen Sie damit die Schärfeebene (rot) im Raum. Sensorebene, Objektivebene und Schärfeebene schneiden sich dabei nach der Scheimpflug'schen Regel in einer Geraden.

Schritt für Schritt: Die optimale Schärfe erreichen

Um die Einflussfaktoren der Schärfe noch einmal zusammenzufassen, nehmen wir an, Sie möchten ein Bild aufnehmen, dessen einziger Zweck eine möglichst hohe Schärfe ist:

1 Wählen Sie ein Motiv, das in einer Ebene liegt und das einen hohen Kontrast aufweist. Er sollte aber nicht so hoch sein, dass es zu Überstrahlungen kommen würde. Geeignet wäre etwa eine Ziegelmauer im seitlich einfallenden Sonnenlicht.

2 Stellen Sie Ihre Kamera auf ein Stativ, und richten Sie sie parallel zum Motiv aus. So bekommen Sie auch bei offener Blende alles in die Schärfeebene und verwenden das Abblenden nur zur Verbesserung der Abbildungsleistung und nicht für eine größere Schärfentiefe.

3 Wählen Sie Ihr bestes Objektiv, und stellen Sie es auf die optimale Blende ein, bei der die Abbildungsleistung am besten ist. Nehmen wir an, das ist

Blende 7,1, und Sie haben das vorher mit einer Testreihe mit dem Siemensstern ermittelt.

4 Die Kamera sollte in einem Entfernungsbereich zur Mauer stehen, in der das Objektiv noch nicht im Nahbereich ist und die Entfernung noch nicht so groß, dass die Luftmassen das Bild beeinflussen können. Wir nehmen hier 5 Meter an.

5 Stellen Sie die Spiegelvorauslösung ein (nur falls Sie keine Live View haben), fixieren Sie das Stativ, und verwenden Sie einen Fernauslöser, um sämtliche Bewegungsmöglichkeiten der Kamera auszuschließen. Es ist natürlich windstill und der Untergrund vibriert nicht, etwa durch vorbeifahrende Lastwagen.

6 Verwenden Sie eine Streulichtblende, aber kein Vorsatzfilter, so erreichen Sie den besten Abbildungskontrast.

7 Stellen Sie die Kamera auf den niedrigsten echten ISO-Wert. Manche Kameras sind bei ISO 200 noch besser als bei ISO 100, weil dann erst der volle Kontrastumfang genutzt werden kann.

8 Stellen Sie das RAW-Format ein.

9 Belichten Sie ein wenig knapper, um den Lichtern keine Gelegenheit zum Überstrahlen zu geben. Sie bekommen zwar bessere Tonwerte bei reichlicherer Belichtung, aber hier ist Schärfe das einzige Ziel.

10 Nutzen Sie Live View, stellen Sie das Objektiv auf manuellen Fokus, und stellen Sie mit zehnfacher Vergrößerung exakt scharf.

11 Entfernen Sie sich, und lösen Sie nach einer kurzen Pause die Kamera mit dem Fernauslöser aus.

Sie haben jetzt ein technisch perfektes – und sehr langweiliges – Foto im Kasten. Dieses Gedankenexperiment dient nur dazu, Ihnen alle Einflussfaktoren bewusst zu machen, damit Sie bei einer spannenderen Gelegenheit eine bessere Schärfe erzielen können. Wie Sie den Schärfeeindruck in der Bildbearbeitung optimieren, erfahren Sie auf Seite 550.

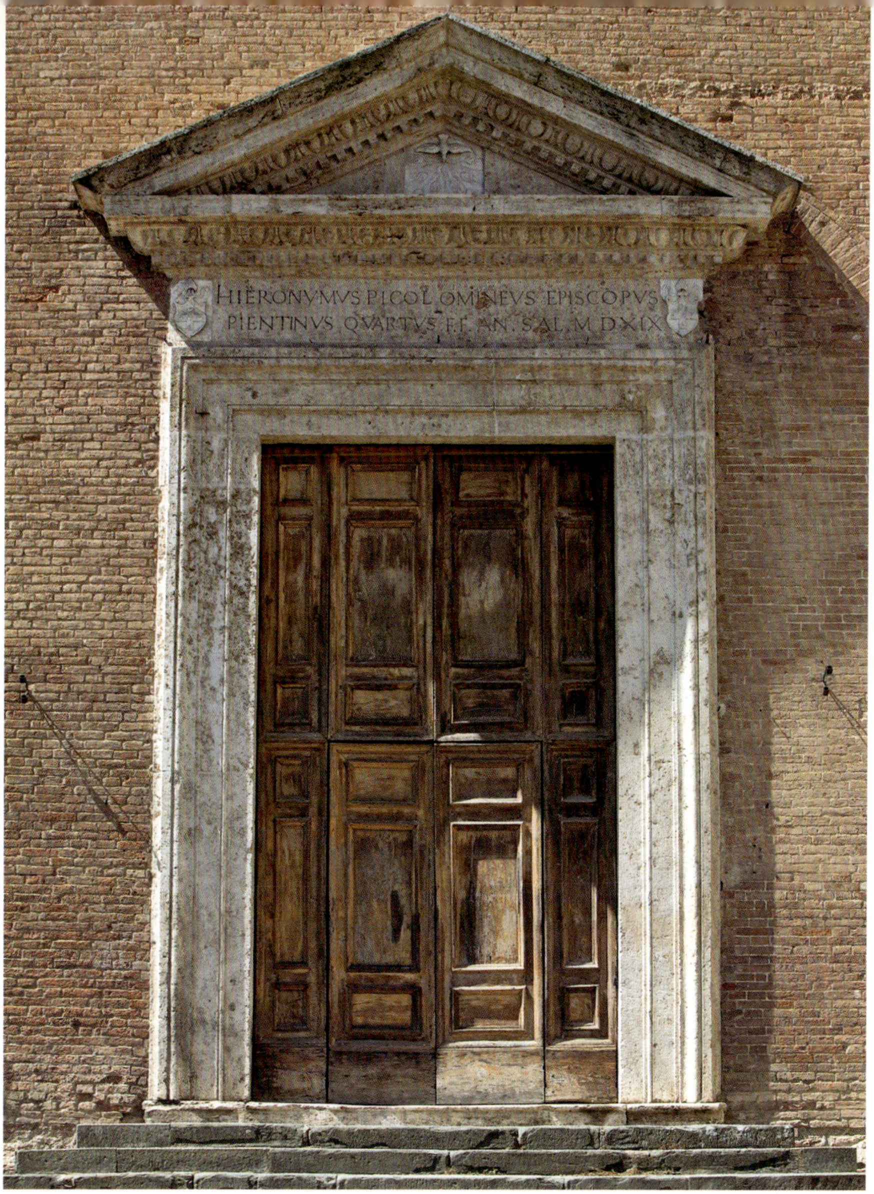

◂ **Abbildung 4.38**
Das flache Seitenlicht lässt jede Mauerfuge plastisch erscheinen. Das passende Licht trägt hier stark zum Schärfeeindruck bei.
70 mm | f5,6 | 1/800 s | ISO 250

4.11 Fazit

Mangelnde Schärfe gehört wahrscheinlich zu den wichtigsten Ursachen, weswegen ein Foto misslingt. Die Schärfe in den Griff zu bekommen, ist eine der Aufgaben in der Fotografie, der man sich stellen muss. Sie darf aber nicht zum Selbstzweck werden. Wenn man manche Internetforen liest, hat man den Eindruck, dass sich viele Fotografierende mehr mit Schärfetests oder Rauschvergleichen beschäftigen als mit der Fotografie. Es sind so viele, dass sich dafür schon der Gattungsbegriff *Pixelpeeper* etabliert hat (englisch *to peep* = gucken).

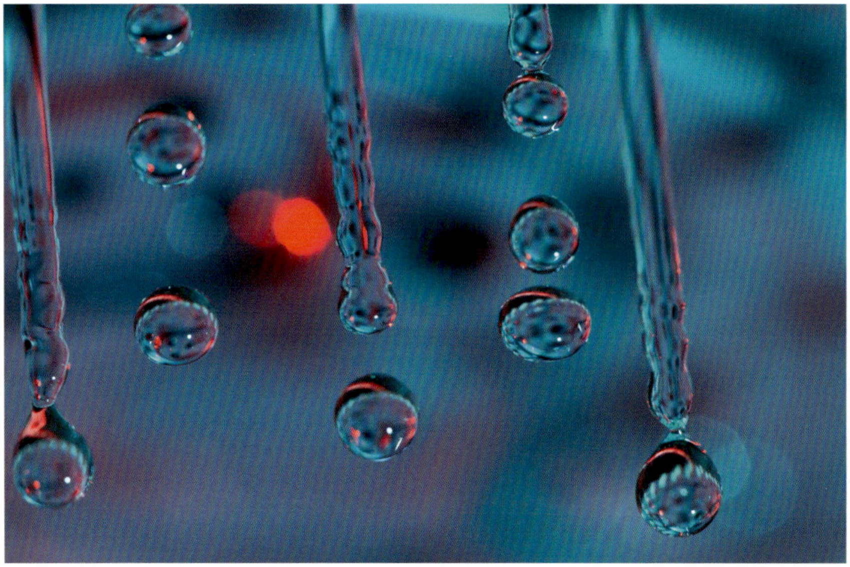

◂ **Abbildung 4.39**
Bei dieser Aufnahme wurde die Schärfewirkung genau geplant. Der Duschkopf wurde an einem Stativausleger befestigt, um die Wassertropfen exakt in der Schärfe zu halten.

100 mm | f5,6 | 1/250 s | ISO 200 | APS-C-Sensor | Maßstab 1 : 1 | zwei farbige Blitze per Funkauslöser

Mit Schärfe gestalten | Die Schärfe ist ein wichtiges Gestaltungsmittel und in vielen Fällen ist »alles scharf« nicht die beste Wahl. Mit einer selektiven Schärfe haben Sie enormen Einfluss auf die Blickführung. Sie können Bilder radikal vereinfachen und störende Einflüsse von Hintergrundelementen ausschalten. Ihr Gestaltungsspielraum nimmt dabei mit der Sensorgröße zu. Im absoluten Nahbereich oder mit sehr langen Brennweiten werden Sie mit jeder Kamera eine selektive Schärfe erzeugen können. Aber dazwischen hilft nur ein lichtstarkes Objektiv und wenn möglich, ein großer Sensor.

Abbildung 4.40 ▸
Eine ungewöhnliche Positionierung der Schärfe lässt den Betrachter etwas länger im Bild verweilen. Regeln bewusst zu missachten, kann ein funktionierendes Gestaltungsmittel sein.

85 mm | f1,8 | 1/80 s | ISO 5 000

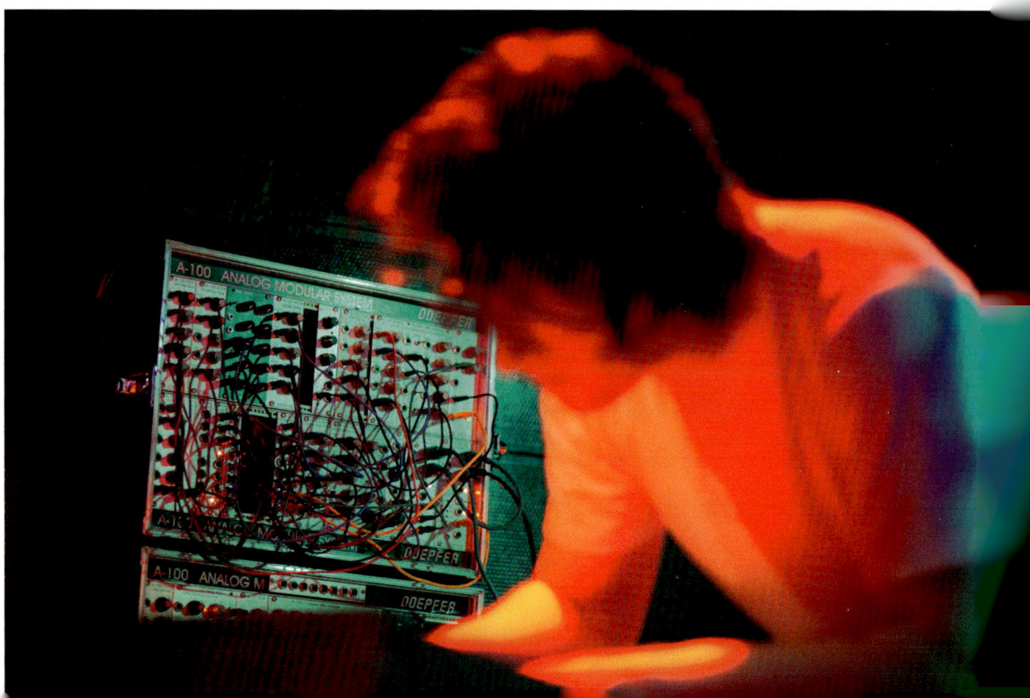

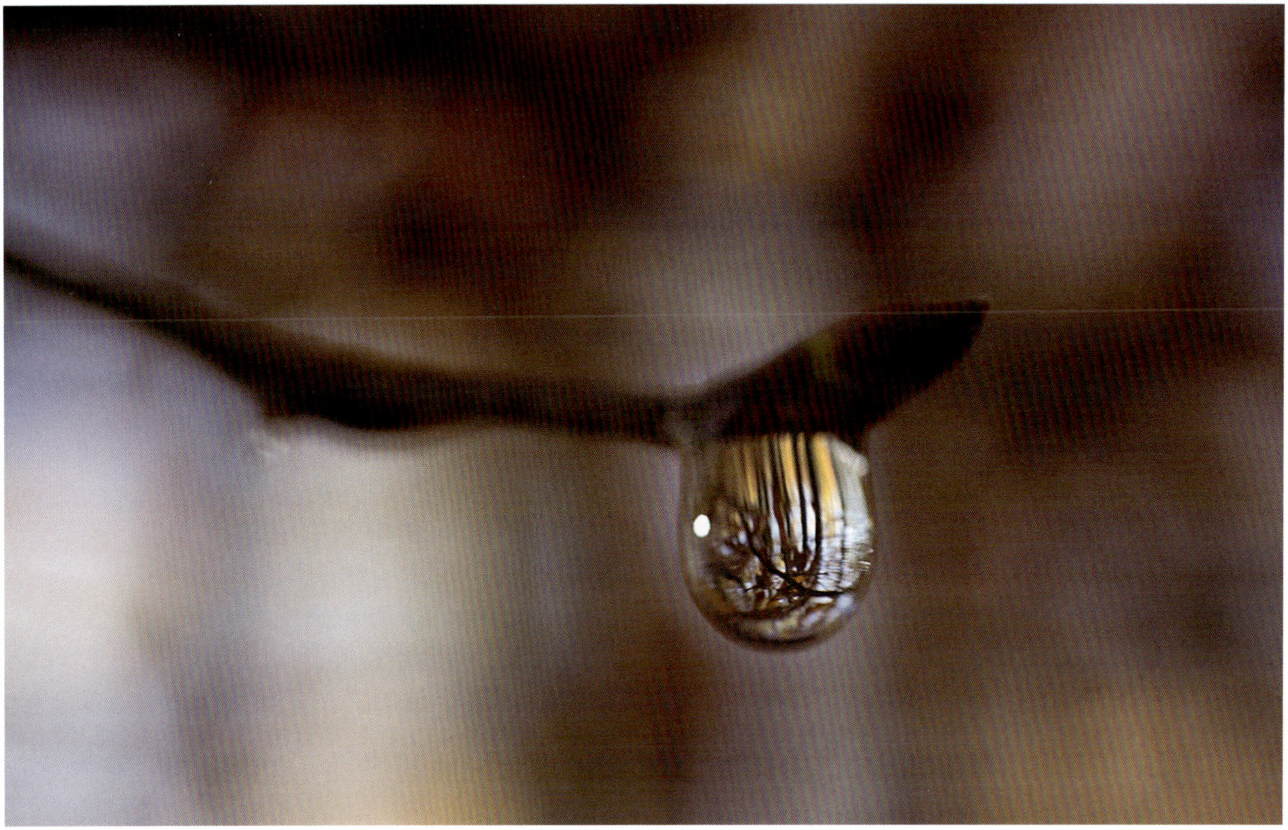

▲ **Abbildung 4.41**
Die Schärfezone ergibt sich in diesem Beispiel aus der gemeinsamen optischen Leistung des Makroobjektivs und des Wassertropfens. Die Bäume im Hintergrund sind nur innerhalb des Tropfens zu erkennen.
50 mm | f9,0 | 1/100 s | ISO 500 | Abbildungsmaßstab 1:1

Für jedes Bild gibt es eine ideale Kombination aus Blende, Belichtungszeit und ISO-Wert. Sie sollten diese Kombination eine Zeitlang jedes Mal bewusst festlegen, so dass Sie sie mit mehr Übung später fast automatisch und intuitiv finden und dann den Kopf für den Moment und die Bildgestaltung freihaben. Ein gutes Bild entsteht manchmal gerade durch einen Regelverstoß, es kann zu interessanteren Bildern führen, wenn Sie sich dem Zwang zur Schärfe in der Fotografie auch einmal nicht fügen, besonders bei der Abbildung von Bewegung.

Bokeh | Wenn große Bereiche des Bildes in der Unschärfe liegen, wird das Bokeh eines Objektivs zu einem wichtigen Einflussfaktor auf die Bildwirkung. Manche Zoomobjektive liefern ein sehr unruhiges, zu den Rändern der Unschärfekreise heller werdendes Bokeh. Das Bokeh anderer Objektive ist nur bei Offenblende wirklich schön, weil die Blende zu eckig wird, wenn sich die Lamellen schließen. Nehmen Sie die Unschärfe genauso ernst wie die Schärfe.

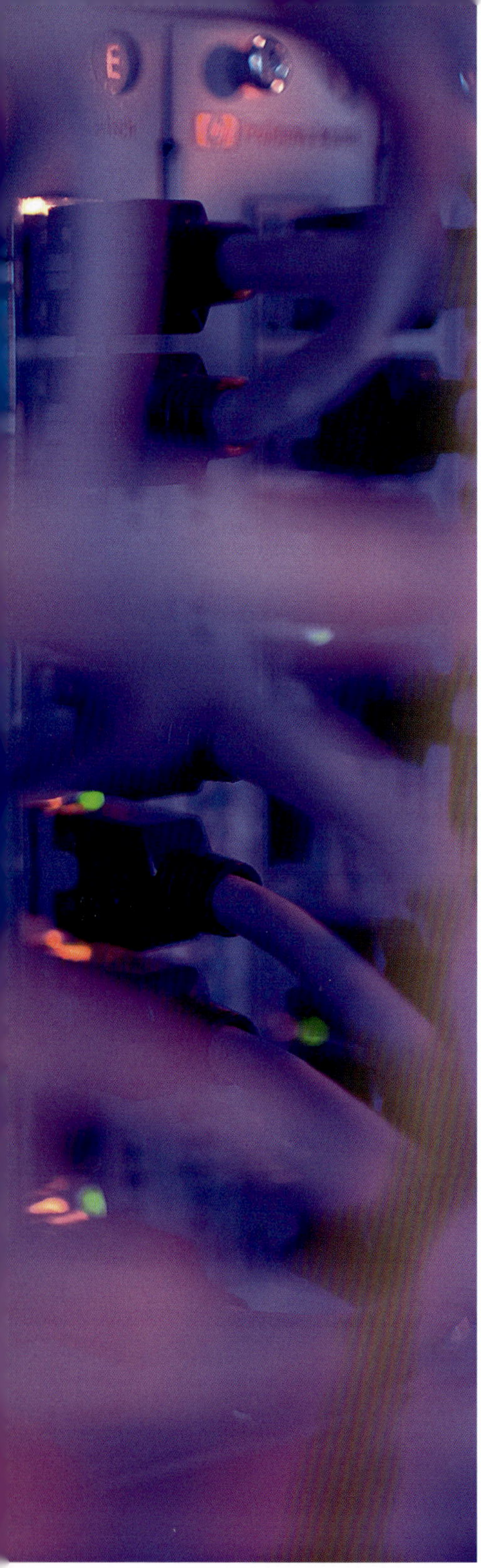

ANREGUNGEN

1. Fotografieren Sie ein Bild, in dem nichts scharf ist und das trotzdem wirklich betrachtenswert ist.
2. Üben Sie sich in der Technik des Mitziehens mit einem wiederholbaren Motiv. Finden Sie die perfekte Belichtungszeit für dieses Motiv heraus.
3. Stellen Sie nicht auf das Hauptmotiv scharf. Lassen Sie dieses trotz deutlicher Unschärfe das bildwichtigste Element sein. Das funktioniert wahrscheinlich am einfachsten mit Personenaufnahmen.
4. Fotografieren Sie ein Motiv so, dass die Schärfentiefe exakt nur den bildwichtigen Teil umfasst.
5. Nutzen Sie ein optisches Element im Motiv – zum Beispiel einen Wassertropfen oder eine Flasche –, um Bildbereiche scharf abzubilden, die es sonst nicht wären.
6. Versuchen Sie, eine Bewegung komplett einzufrieren. Gehen Sie dabei so weit, wie es Ihnen technisch möglich ist.
7. Fotografieren Sie aus Ihrer eigenen Bewegung heraus und benutzen Sie die resultierende Bewegungsunschärfe als ein zum Motiv passendes Stilmittel. Gehen Sie dabei kein Risiko für Ihre persönliche Sicherheit ein!
8. Wenn Sie ein Stativ zur Verfügung haben, dann fotografieren Sie ein Motiv als komplette Blendenreihe durch. Analysieren Sie am Rechner, welche Blende das beste Bildergebnis liefert. Verwenden Sie den Modus Av/A (Zeitautomatik/Blendenvorwahl).
9. Fotografieren Sie auch bei schwächstem Licht ohne Blitz. Probieren Sie aus, wie weit Sie gehen können, wenn Sie aus der Hand fotografieren, und welche Bildwirkungen sich in diesem Grenzbereich ergeben.

◂ **Abbildung 4.42**
Ein Netzwerkverteilerschrank bietet wenig fürs Auge. Mit zwei farbigen Blitzen und gezieltem Einsatz von Unschärfe wird das Motiv spannender.
35mm | f1,4 | 1/200s | ISO125

Abbildung 4.43 ▸▸
Eine einfache Testgrafik für den Fokustest auf Seite 191. Sie finden sie auch als »Fokustest.pdf« auf der Buch-DVD.

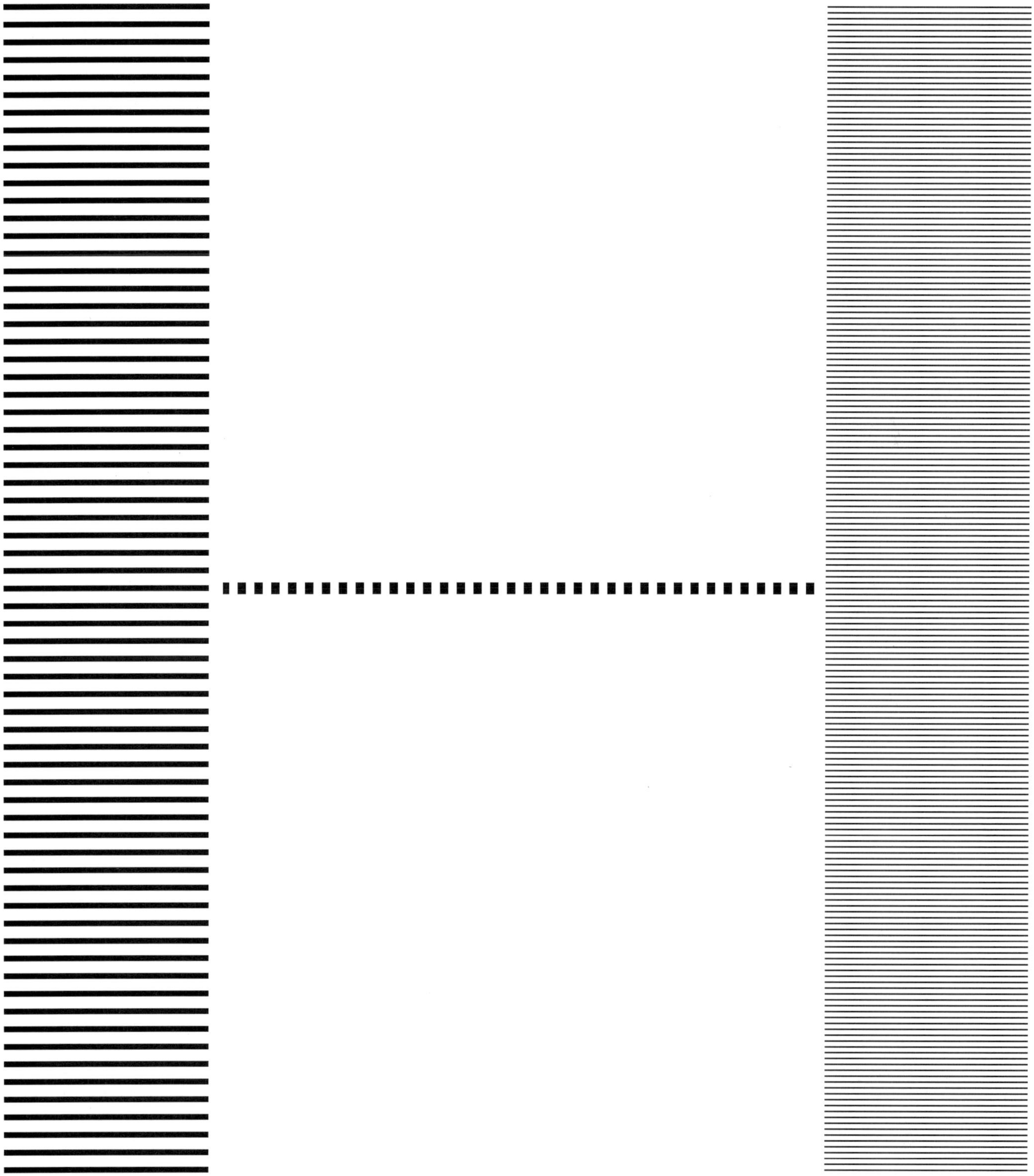

5 Licht

Fotografie heißt, aus dem Griechischen übersetzt, nichts anderes als Zeichnen mit Licht. Licht ist das einzige, was Sie notwendigerweise für die Fotografie benötigen – und natürlich ein lichtempfindliches Medium. Dieses Kapitel wird sich großenteils auf das natürliche Licht beschränken, denn bevor Sie anfangen, künstliches Licht gezielt zu setzen, sollten Sie sich mit dem natürlichen Licht auseinandergesetzt haben. Es gibt eine Menge Fotografen, die damit auskommen, und es gibt sogar eine kleinere Gruppe, die das Fotografieren bei natürlichem Licht zu ihrem Prinzip erhoben hat (Available Light). In der Tat hat der Einsatz von Blitzlicht wahrscheinlich mehr Bilder kaputt gemacht als die meisten anderen technischen Einstellungen. Das übernächste Kapitel wird sich mit dem richtigen Einsatz von Blitzlicht befassen, hier hat das natürliche Licht den Vorrang.

◂◂ **Abbildung 5.1**
Die untergehende Sonne spiegelt sich im Atlantik vor der Dune du Pilat.

400 mm | f8,0 | 1/1000 s | ISO 640

5.1 Grundlagen

Die Physik des Lichts gehört zum Faszinierendsten überhaupt. Der Großteil davon ist für die Fotografie allerdings irrelevant, so dass es hier hauptsächlich um die Erscheinungsformen des Lichts und seinen fotografischen Nutzen gehen wird.

5.1.1 Was ist Licht?

Licht ist der Wellenlängenbereich der elektromagnetischen Strahlung, den wir sehen können. Die angrenzenden Bereiche Infrarot (IR) und Ultraviolett (UV) werden manchmal auch noch als Licht bezeichnet. Der sichtbare Bereich erstreckt sich allerdings nur von circa 380 bis 780 nm. Dieser Wellenlängenbereich bildet das Farbspektrum von Blauviolett nach Rot.

◂ **Abbildung 5.2**
Das Farbspektrum umfasst nur einen relativ engen Bereich der elektromagnetischen Strahlung von circa 380–780 nm. Interessanterweise liegt das Strahlungsmaximum der Sonne recht genau in der Mitte bei Gelbgrün.

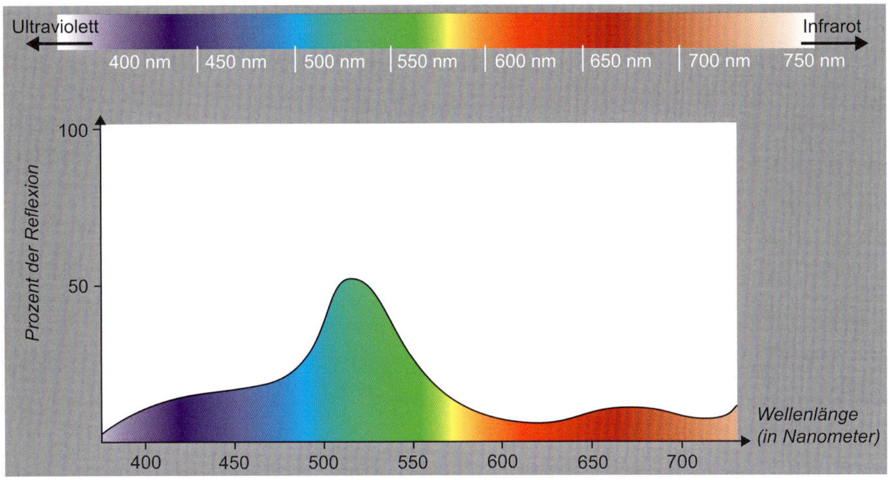

▲ **Abbildung 5.3**
Reine Spektralfarben sehen wir nur sehr selten, meist ist eine Farbe aus Licht des gesamten Spektrums zusammengesetzt. Die unterschiedlichen Intensitäten erzeugen dabei den Farbeindruck, hier zum Beispiel ein leicht kühles Grün.

Das farbige Licht, das wir sehen, hat meist nicht nur eine einzige Wellenlänge, sondern erstreckt sich über das ganze sichtbare Spektrum mit veränderlichen Helligkeitsanteilen.

So ist ein Grün in der Natur nicht einfach nur Licht mit 550 nm Wellenlänge, sondern Licht, das im Grünbereich viel heller strahlt als in den anderen Farben. Je weniger die anderen Farben am Gesamteindruck beteiligt sind, desto höher erscheint uns die Farbsättigung. Und je größer die Menge des einstrahlenden Lichts ist, desto heller erscheint es uns. Wenn wir von einem gedeckten Hellgrün sprechen, verwenden wir genau die drei Eigenschaften des Lichts: Sättigung, Helligkeit und Farbwert. Der sprachliche Farbraum wird also nicht durch die Koordinaten Rot, Grün und Blau gebildet, sondern durch den subjektiven Eindruck des Lichts.

Licht ist als Welle nicht vollständig beschrieben, und viele physikalische Effekte lassen sich nur erklären, wenn man das Licht als Teilchen betrachtet, als sogenanntes Photon. Das Licht ist also sowohl Welle als auch Teilchen. Die Natur des Lichts hier weiter auszuführen, ginge am Thema vorbei. Wer ein wenig naturwissenschaftlich interessiert ist, der wird bei der physikalischen Betrachtung des Lichts eine faszinierende Welt entdecken, die ihn schnell in Bereiche wie die Quantenphysik und die Relativitätstheorie führen wird. Um Sie ein wenig neugierig zu machen: Lichtteilchen haben keine Ruhemasse, für sie vergeht keine Zeit und ein einziges Lichtteilchen kann sich als Welle selbst auslöschen.

5.1.2 Licht und Auge

Das menschliche Auge verwendet zwei unterschiedliche Typen von Sehzellen, um das Licht wahrnehmen zu können. Die Stäbchen erfassen ein breites Spektrum und sind sehr lichtempfindlich. Sie können nur Helligkeitsunterschiede wahrnehmen, das aber mit hoher Auflösung und auch bei schwachem Licht. Die Zapfen kommen in drei verschiedenen spektralen Empfindlichkeiten vor, jeweils sensibel für Licht kurzer, mittlerer oder langer Wellenlänge. Erst durch die Verschaltung der Zapfen ergeben sich die Hauptempfindlichkeiten für Blau, Grün und Rot. Da circa 120 Millionen Stäbchen nur 6 Millionen Zapfen gegenüberstehen, die noch dazu miteinander verschaltet werden müssen, sehen wir Helligkeiten sehr viel schärfer als Farbinformationen. Ein scharfes Schwarzweißbild wird sozusagen von einem unscharfen Farbbild überlagert. Wenn es dunkel wird, kommen die Zapfen an ihre Empfindlichkeitsgrenze, und nur die Stäbchen liefern noch Informationen. Wir sehen dann tatsächlich nur noch schwarzweiß. Das ist auch der Grund, warum »nachts alle Katzen grau sind«.

5.1.3 Licht und Digitalkamera

Auch die Digitalkamera setzt die Farben aus Anteilen von Rot, Grün und Blau zusammen (siehe auch Seite 43). Digitale Spiegelreflexkameras haben auch in Bezug auf die erreichbare Lichtempfindlichkeit die analoge Fotografie weit hinter sich gelassen. Im Gegensatz zum Auge nehmen sie auch bei sehr schwachem Licht immer Farbinformationen auf. Diese vergrauen zwar ein wenig durch das zufällige Rauschen, wirken aber meist farbiger als der optische Eindruck vor Ort.

▼ Abbildung 5.4
In einer düsteren Diskothek die Bewegungen der Tänzer einzufrieren, geht an die Grenzen des technisch Machbaren. Zwar wird das Bildrauschen schon sehr deutlich, aber zwei Jahre zuvor wäre eine solche Aufnahme noch gar nicht möglich gewesen.
35 mm | f1,4 | 1/250 s | ISO 25 600

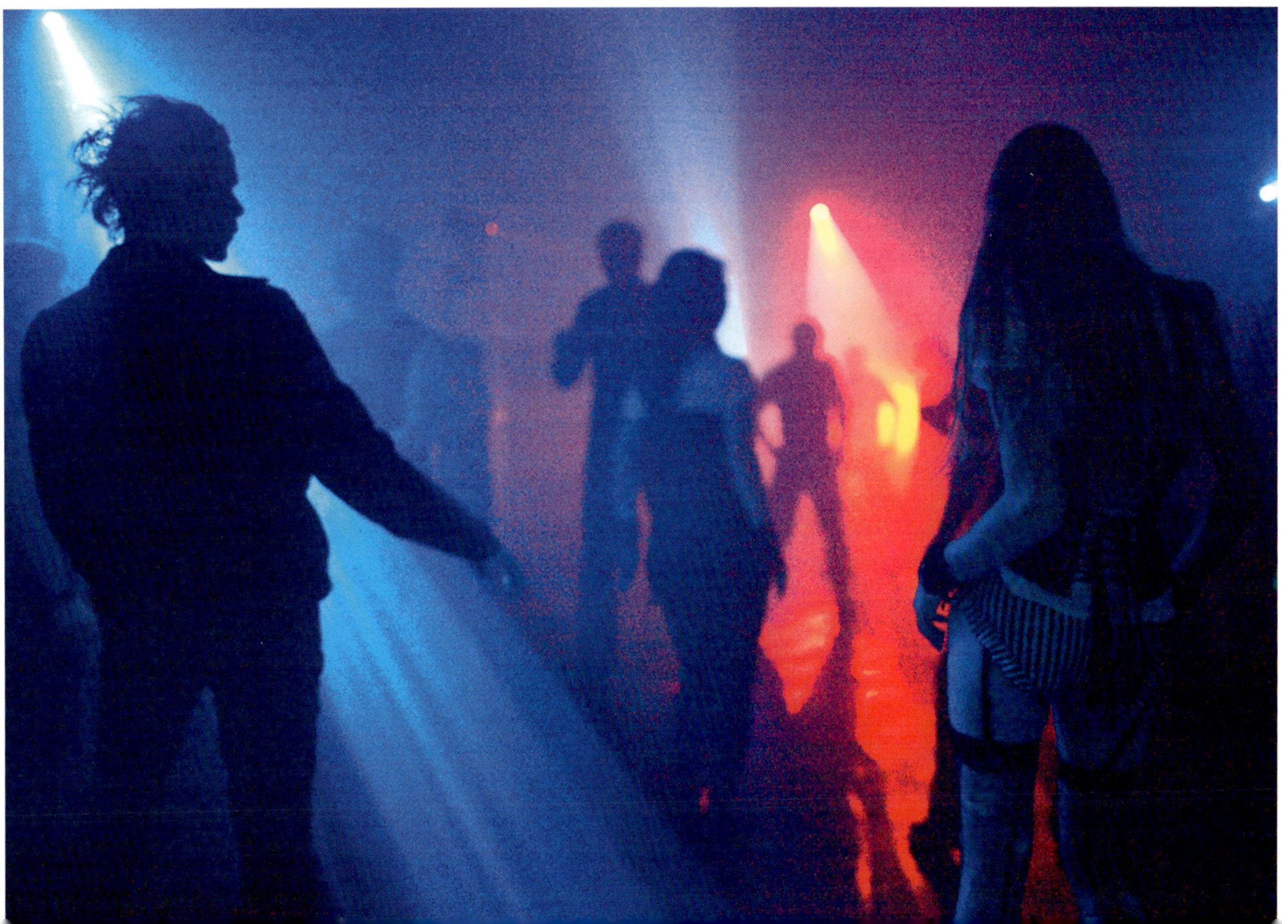

Die sogenannte ISO-Erweiterung bedeutet dabei nicht eine tatsächliche physikalische Empfindlichkeitssteigerung, sondern eine rechnerische. Die Empfindlichkeit wird visuell erhöht, in dem das Bild bis zu zwei Blendenstufen heller gerechnet wird, die Messwerte werden dabei auf den vollen Helligkeitsumfang gestreckt. Dabei nimmt der erzielbare Kontrastumfang ab und das Bildrauschen wird verstärkt. Die ISO-Erweiterung entspricht auf gewisse Weise dem »Pushen« eines analogen Films: So können Sie einen ISO-400-Film auf ISO 1 600 belichten und ihn dann länger entwickeln. Die Kontraste im Foto werden dadurch härter und die Schattenzeichnung leidet, aber die Möglichkeit rettet das Motiv.

Sie können davon ausgehen, dass die letzten zwei ISO-Empfindlichkeitsstufen Ihrer Kamera mit Qualitätseinbußen erkauft werden. Trotzdem ist es schön, diese Möglichkeiten zu haben, weil sie in manchen Situationen Motive erst fotografierbar machen.

5.2 Weißabgleich

Rayleigh-Streuung
Wenn Lichtstrahlen durch die Atmosphäre fallen, werden sie an den Gasmolekülen abgelenkt. Den zugrundeliegenden physikalischen Effekt nennt man Rayleigh-Streuung. Er beschreibt die Streuung elektromagnetischer Wellen an Teilchen, die im Verhältnis zur Wellenlänge klein sind.

Je niedriger die Sonne steht, desto weiter ist die Strecke, die das Licht durch die Atmosphäre zurücklegen muss. Durch die **Rayleigh-Streuung** werden kurzwellige Anteile des Lichts stärker gestreut, und es bleibt das warme, langwellige Licht übrig. Das kann dazu führen, dass das Sonnenlicht kurz vor dem Untergang nur noch rot ist. An extrem klaren Tagen hingegen kann das letzte bisschen Sonnenlicht sogar grün sein. Das »Grüne Leuchten« ist ein Erlebnis, das Sie sich nicht entgehen lassen sollten: Der letzte sichtbare Teil der Sonne beim Untergang leuchtet dann kurz grün auf, weil die Luft so sauber und klar ist, dass das grüne Licht nicht wie sonst gestreut wird.

Tageslicht hat also über den Tag eine unterschiedliche Farbe. Auch Kunstlicht unterscheidet sich je nach Typ in der Farbe, und LEDs können tageslichtähnlich sein, Neonröhren grünlich und Glühlampen gelblich. Wenn Ihre Kamera den Unterschied der Lichtfarbe nicht berücksichtigen würde, erhielten Sie Bilder, die von der Lichtfarbe bestimmt wären und einen dementsprechenden Farbstich hätten. Der Weißabgleich passt die Farbwahrnehmung der Digitalkamera an die Lichtfarbe an und gleich diesen Farbstich weitgehend aus.

Das Tageslicht kann man recht gut über die reine Farbtemperatur des Lichts korrigieren, die nur die Warm-Kalt-Achse von Rot über Gelb, Weiß und Blau beschreibt. Die Farbtemperatur wird in Kelvin (K) angegeben, und die an der Kamera einstellbaren Werte reichen meist von 2 000 K (Kerzenlicht, rot-orange) bis 10000–20000 K (Blaue Stunde, Dämmerungshimmel, kühles, tiefes Blau) (siehe auch Seite 407). Die Grün-Magenta-Achse, die Sie zum Beispiel für die Korrektur von Neonlicht anpassen sollten, können Sie an der Kamera unabhängig von der Farbtemperatur verändern.

5.2.1 Automatischer Weißabgleich

Beim automatischen Weißabgleich analysiert die Kamera die Lichtsituation und somit die mutmaßliche Lichtfarbe anhand des aufgenommen Bildes. Manche Nikon-Kameras nehmen zusätzlich einen Umgebunglichtsensor zu Hilfe, der das einfallende Licht am Kameragehäuse misst. In den meisten Fällen funktioniert das recht gut, allerdings kann die Motivfarbe das Ergebnis verfälschen.

Ein zweiter möglicher Nachteil ist die Überkorrektur. Die Kamera kann nicht wissen, wie viel von der Lichtfarbe Sie im fertigen Bild erhalten wollen. Die Farbe des Lichts transportiert schließlich auch die Stimmung des Ortes, und eine zu starke Korrektur kann das Bild steril und langweilig machen.

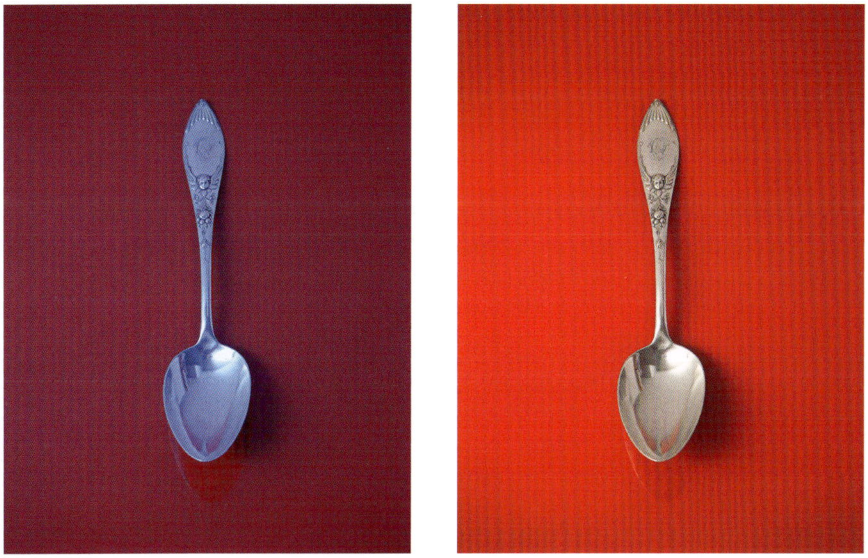

◂ **Abbildung 5.5**
Der automatische Weißabgleich hat sich von der großen roten Fläche irritieren lassen und dem Bild einen cyanfarbenen Stich verpasst. Das rechte Bild mit manuellem Weißabgleich auf Tageslicht ist korrekt.

5.2.2 Manueller Weißabgleich

Alternativ zum automatischen Weißabgleich können Sie Ihrer DSLR den Weißabgleich vorgeben. Dazu stehen verschiedene Vorauswahlen, eine Kelvin-Eingabemöglichkeit und der vollmanuelle Weißabgleich zur Verfügung.

Von den festen Farbtemperatur-Voreinstellungen korrigiert nur Kaltlicht/Leuchtstoff in der Magenta-Grün-Achse, um den Grünstich einer Neonröhre auszugleichen. Der Weißabgleich nach einem Referenzbild kann natürlich auch in jede Richtung korrigieren, da er zum Ziel hat, das Referenzbild neutral erscheinen zu lassen. Wenn dieses einen Magentastich hat, wird er bei einem Tageslichtbild einen Grünstich erzeugen.

Tabelle 5.1 ▶
Die Farbtemperatur-Einstellungen und ihre Bedeutungen: Die Symbole sind von einer Canon-Kamera übernommen, Sie werden allerdings bei jeder DSLR vergleichbare Einstellungen finden.

Symbol	Name	Wert	Beispielfoto
AWB	Automatisch	Die Kamera regelt den Weißabgleich.	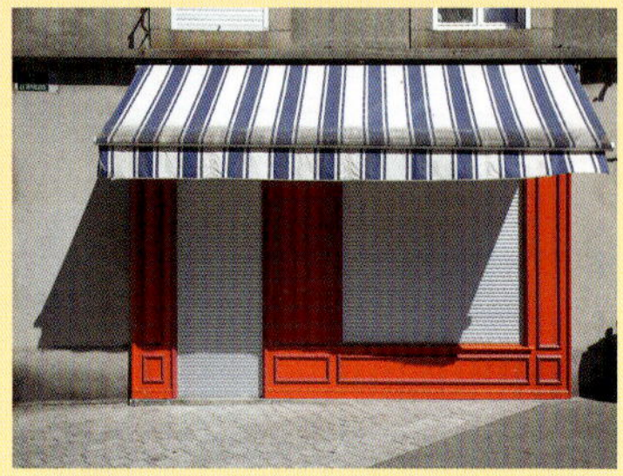
	Tageslicht	5200 K	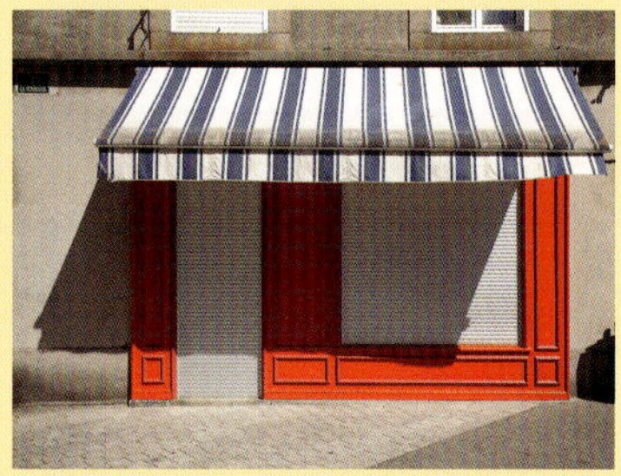
	Blitzlicht	6000 K, dadurch erscheinen geblitzte Bilder etwas wärmer.	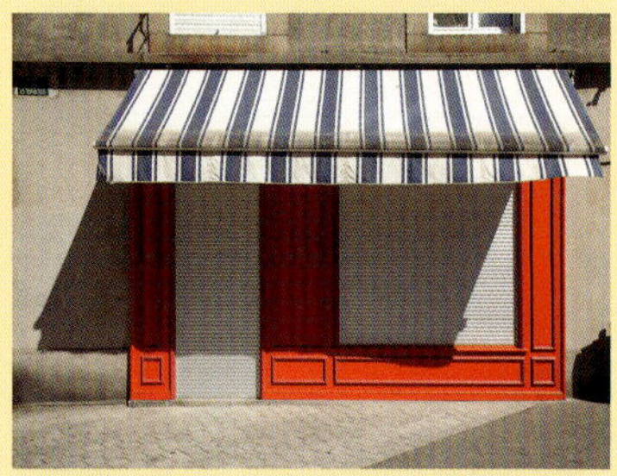
	Glühlicht	3200 K, die meisten Glühlampen wirken dabei noch deutlich warm.	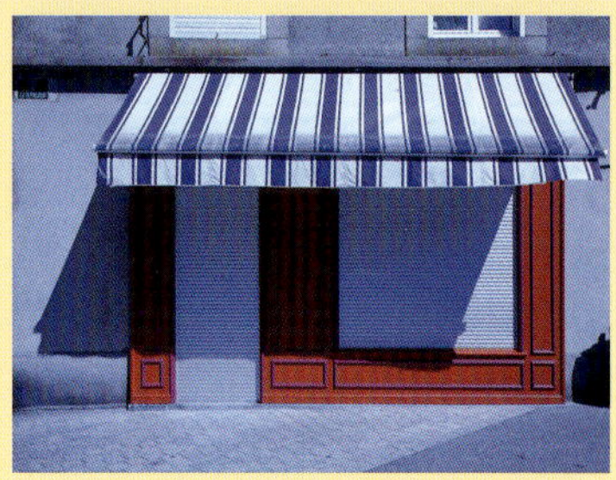

Symbol	Name	Wert	Beispielfoto
	Schatten	7 100 K, Schatten vom blauen Himmel werden aufgehellt.	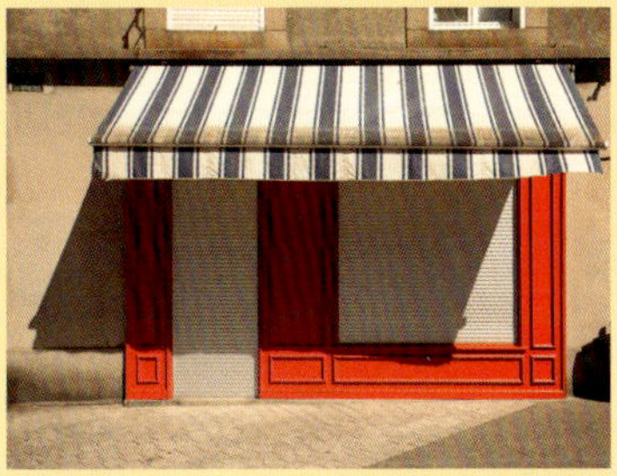
	Leuchtstoff-röhre	4 000 K, gegen den Grünstich wird Magenta gefiltert.	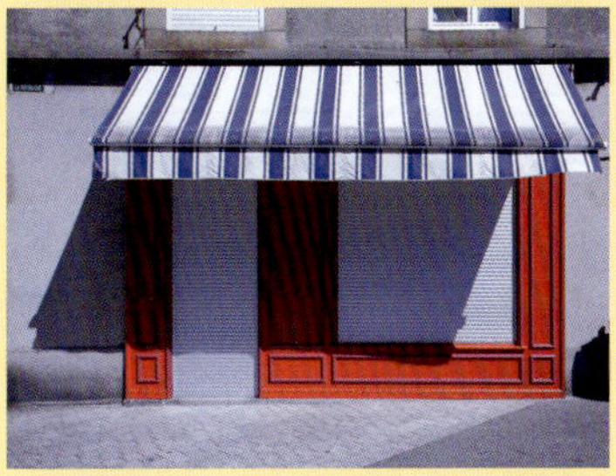
	Wolken	6 000 K	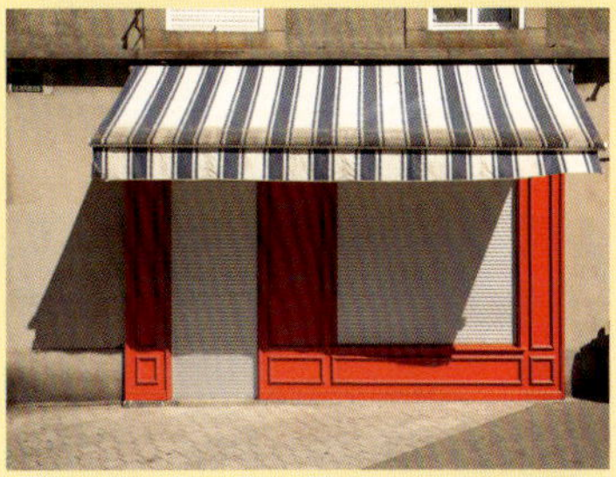
	Manuell	2 000–10 000 K, im Menü einstellbar	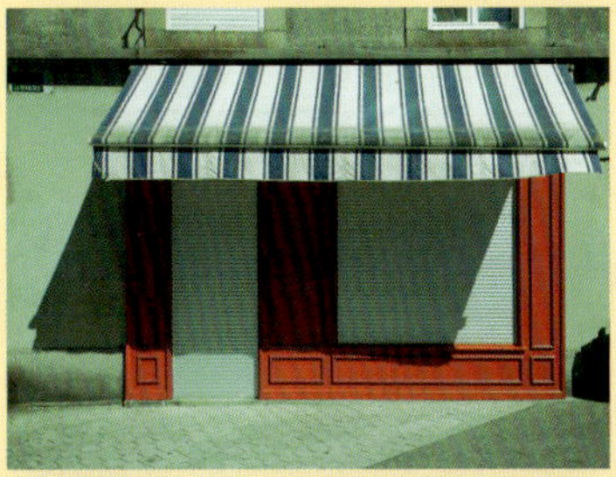
	Farbtempe-ratur	2 000–10 000 K, im Menü einstellbar	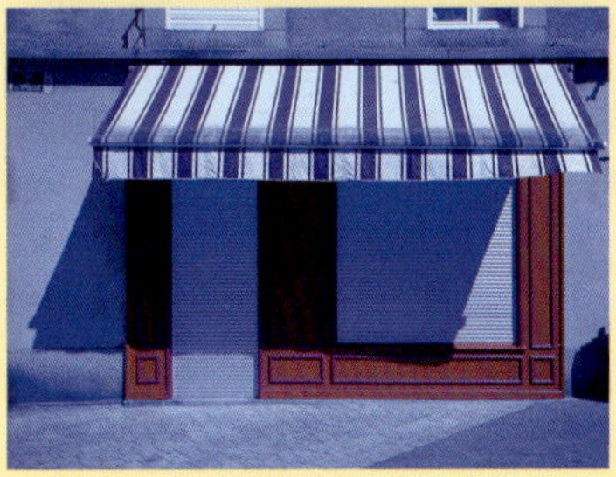

5.2.3 Der Weißabgleich in der Bildbearbeitung

Wenn Sie JPEGs aufnehmen, rechnet Ihre Kamera das Bild nach dem eingestellten Weißabgleich um. Änderungen sind später nur eingeschränkt und unter Qualitätseinbußen möglich. Interessanterweise lässt sich der Weißabgleich eines JPEGs am besten anpassen, wenn sie es im RAW-Konverter öffnen – bei Adobe Photoshop (Elements) ist das vorgesehen. Wenn Sie Ihre Bilder im RAW-Format aufnehmen, speichert die Kamera den Weißabgleich nur als Zusatzinformation ab, ohne die Bilddaten zu ändern. Wenn Sie also eine RAW-Aufnahme mit zwei unterschiedlichen Weißabgleicheinstellungen aufnehmen, sieht die Vorschau in der Kamera und auf dem Rechner zwar unterschiedlich aus, die Bilddaten sind aber identisch. Die Information des Weißabgleichs wird nur für die Berechnung des kleinen Vorschau-JPEGs und für die Erstansicht im RAW-Konverter herangezogen.

Wenn Sie beide Dateien manuell auf 5 600 K einstellen, ist das Ergebnis gleich. Das bedeutet, dass Sie sich um den Weißabgleich bei der Aufnahme

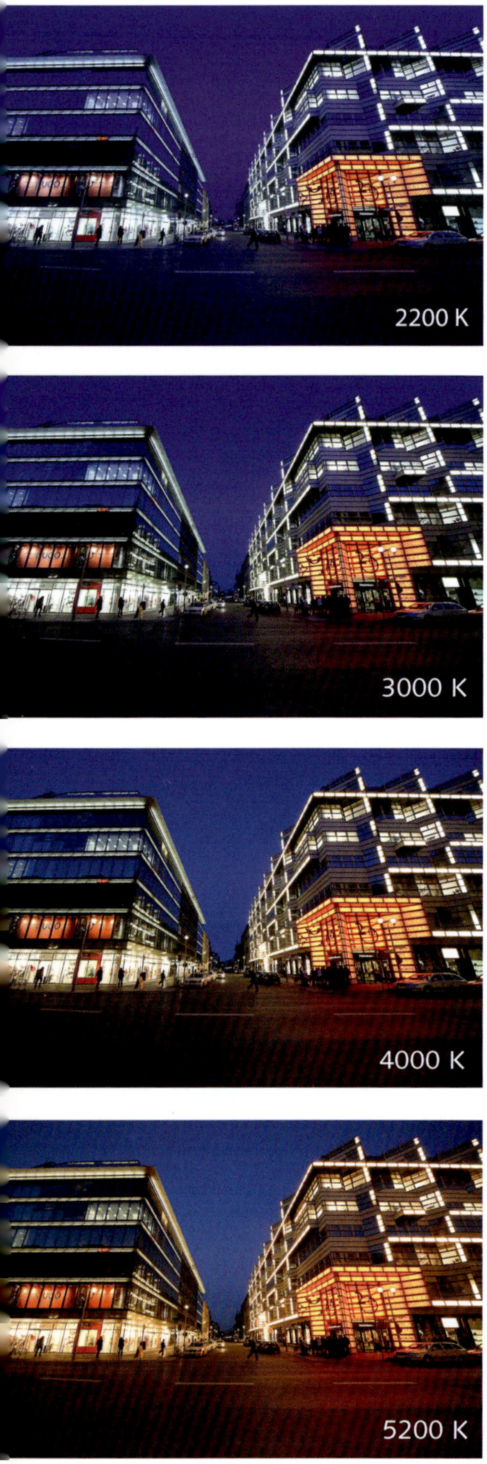

◂ **Abbildung 5.6**
Der Weißpunkt dieser Aufnahme wurde im Raw-Konverter auf Werte zwischen 2 200 K und 5 200 K (von oben nach unten)gesetzt. Die Bilddaten machen diese starken Veränderungen gut mit.

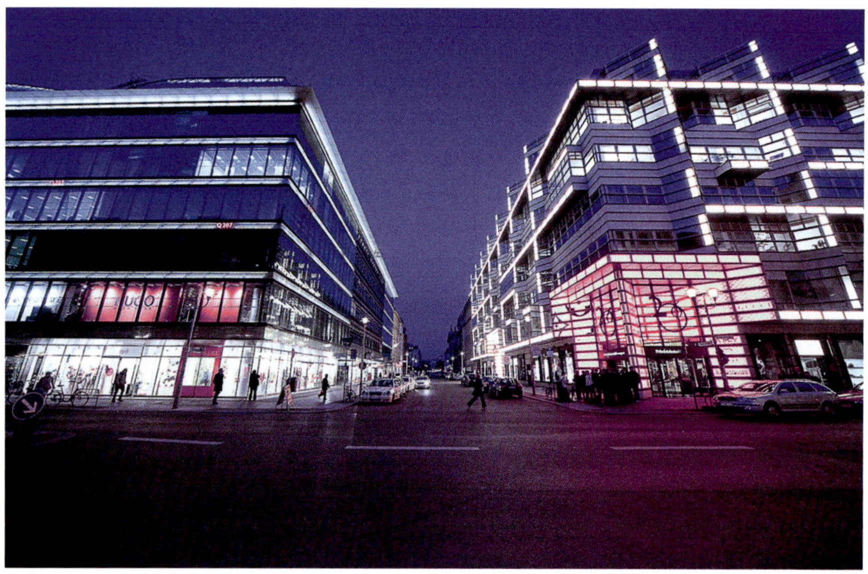

▴ **Abbildung 5.7**
Hier wurde ein mit 5 200 K aufgenommenes JPEG-Bild im RAW-Konverter kühler gezogen. Die Farben und die sonstige Bildqualität sind deutlich schlechter als beim RAW – das Bild ist unbrauchbar geworden.

im RAW-Modus nicht kümmern müssen. Egal, was Sie einstellen, Sie können später am Computer die perfekte Farbabstimmung erzeugen. Ein JPEG mit falschem Weißabgleich ist hingegen fast zerstört.

Eine genaue Einstellung der Farbtemperatur an der Kamera ergibt vor allem dann Sinn, wenn Sie Videos aufnehmen wollen. Da bislang noch kein RAW-Video aufgenommen wird und eine Farbkorrektur in der Videobearbeitungssoftware aufwendig ist und mit Qualitätseinbußen verbunden, lohnt sich eine exakte Einstellung vor der Aufnahme.

5.3 Lichtqualität

Das Tageslicht ändert sich nach Tageszeit, Jahreszeit und Wetter. Jedes Objekt, auf das es trifft, reflektiert das Licht auf unterschiedliche Weise. Das bedeutet, dass Sie es zu zwei unterschiedlichen Zeitpunkten so gut wie nie mit identischem Licht zu tun haben. Bei bewegten Motiven ist das nicht weiter von Bedeutung, weil Sie die Lichtsituation leicht durch einen Ortswechsel ändern können, und bei kleineren Motiven können Sie Kunst- oder Blitzlicht hinzunehmen, um das richtige Licht für das Motiv zu erhalten. Aber einen Berg oder ein Großkraftwerk können Sie tagsüber nicht einfach hell blitzen,

▼ Abbildung 5.8
Zwischen diesen Aufnahmen liegen etwa anderthalb Stunden. Während das erste Bild sehr flach wirkt, ist das zweite extrem plastisch.

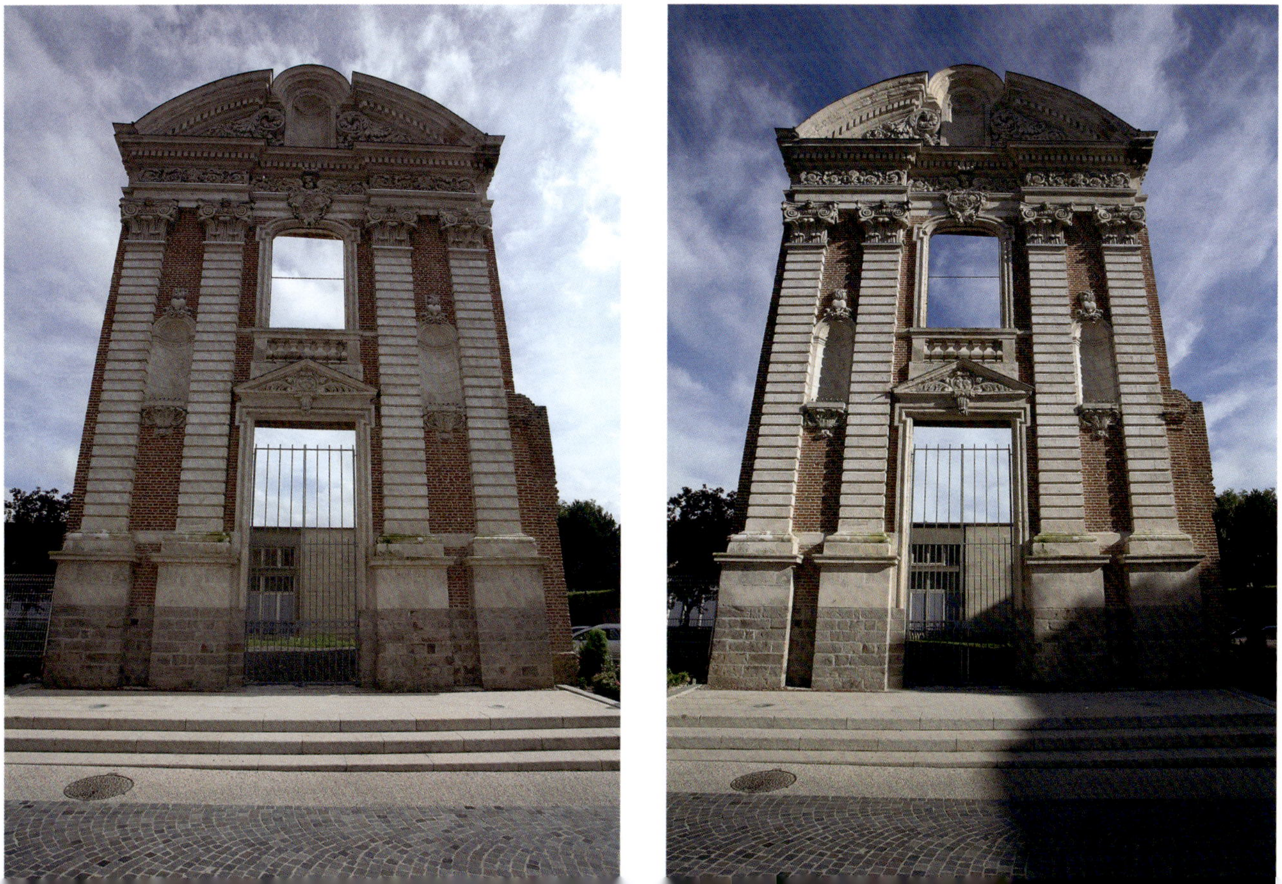

weil Sie selbst mit den größten Studioblitzanlagen nicht annähernd so viel Energie aufbringen könnten, wie dafür nötig wäre.

Das bedeutet, dass Sie für manche Aufnahmen auf die richtige Tageszeit und das richtige Wetter angewiesen sind – Sie müssen also vorausplanen. Die Wettervorhersage und Google Earth sind dabei wichtige Hilfsmittel. Mit der Luftbild- oder Satellitendarstellung von Google Earth können Sie sich ein gutes Bild der räumlichen Gegebenheiten und der Himmelsrichtungen machen, wenn Sie zum Beispiel Außenaufnahmen eines bestimmten Gebäudes erstellen möchten. Bestimmte Aufnahmen können Sie nur zu einer bestimmten Jahreszeit erstellen. So kommt nur im Sommer die Sonne weit genug, um auch die Nordseite eines Gebäudes zu bescheinen, oder Sie haben nur im Winter schönes flaches Abendlicht auch auf der Südseite.

5.3.1 Diffuses Licht

Wenn Licht so stark gestreut ist, dass Sie keine Lichtrichtung mehr ausmachen können, nennt man es diffus. Eine dichte Bewölkung streut das Sonnenlicht so stark, dass Sie nicht mehr ausmachen können, wo die Sonne steht. Stattdessen gibt die gesamte Wolkendecke ein weiches Licht ab, das zum Teil vom Boden wieder zurückgeworfen wird. So läuft das Licht um die Objekte herum, und Sie werden praktisch keinen Schattenwurf feststellen

▼ Abbildung 5.9
Diese Möwe hat keine Schatten, das diffuse Licht umfließt sie vollständig. Das Objektiv wurde gerade soweit abgeblendet, dass kaum noch Vignettierung auftritt, aber der Hintergrund noch unscharf bleibt.
130 mm | f4,5 | 1/2500 s | ISO 400

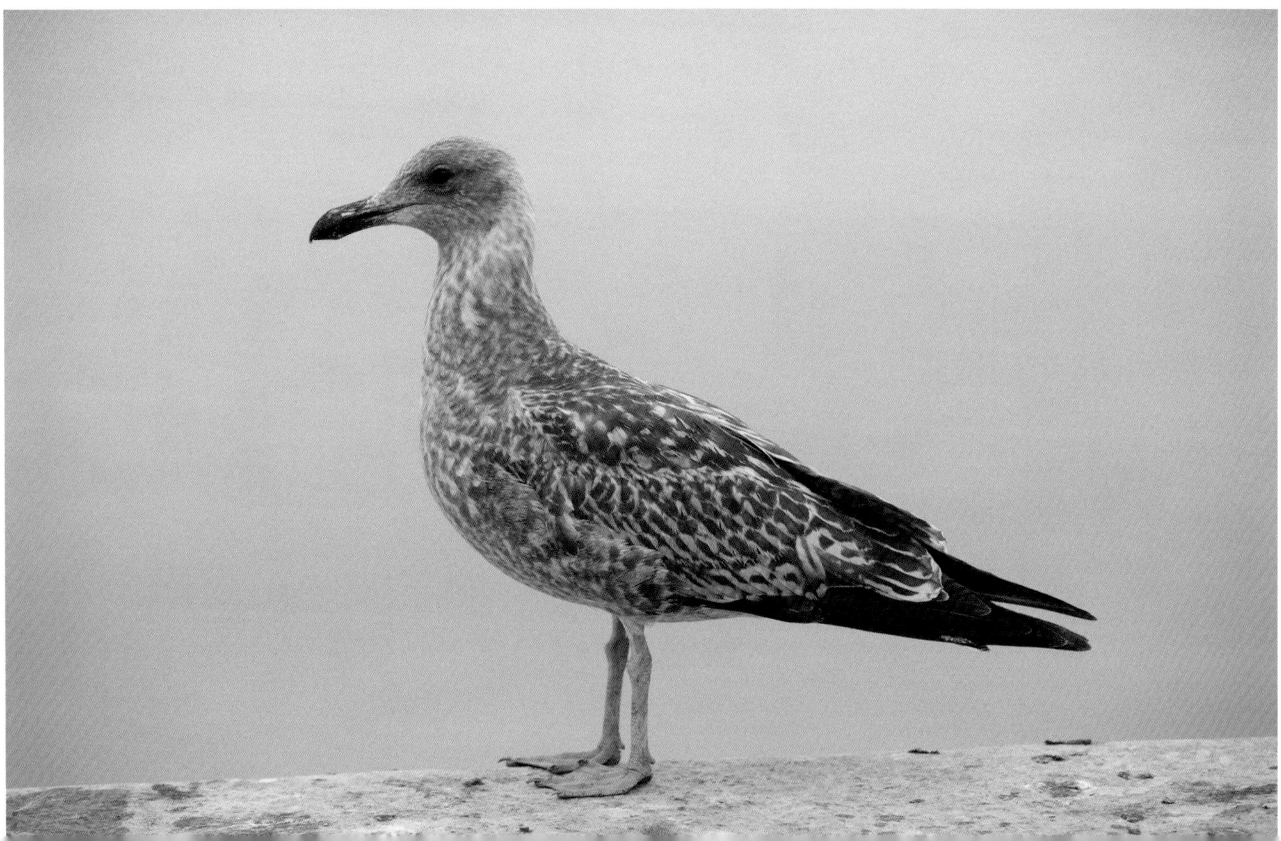

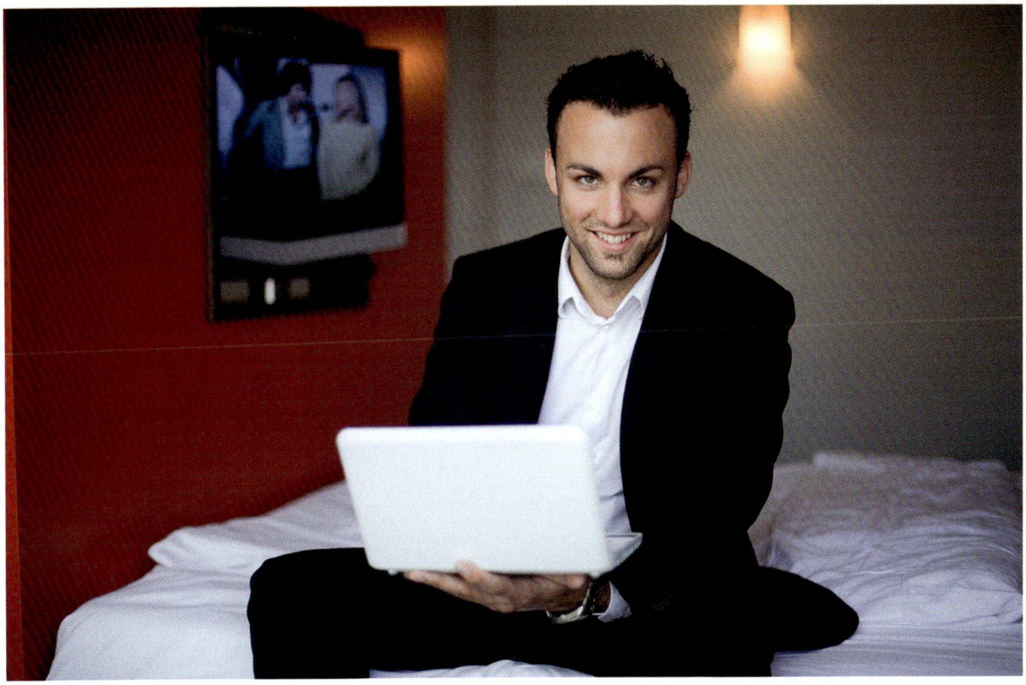

▲ **Abbildung 5.10**
Bei diesem Bild schien das Licht von einer großen Fensterfront in das Hotelzimmer, teilweise durch weiße Vorhänge gestreut. Ich nahm das Foto von außen durch die Balkontür auf.

50 mm | f1,4 | 1/2000 s | ISO 200

können. Allerdings gibt es leichte Helligkeitsunterschiede, die ausreichen, um Motive räumlich erscheinen zu lassen.

Diffuses Licht vereinfacht Motive stark, es eignet sich sehr gut zur Aufnahme von Innenräumen, weil die Fenster so nicht wie bei Sonne scharf in den Innenraum projiziert werden und zu starke Kontraste erzeugen. Auch Fassaden mit räumlichen Elementen werden klarer, weil nicht jeder noch so kleine Vorsprung einen Schatten wirft, deren Vielzahl das Bild überfüllt und unruhig machen können.

Die Kontraste bei diffusem Licht sind schwach und ohne Probleme in den Kontrastumfang der Kamera zu bringen. Es empfiehlt sich oft, eine Blende überzubelichten, um einem tristen, grauen Eindruck vorzubeugen, die Farben besser zum Leuchten zu bringen und bessere Tonwerte zu erhalten. Diffuses Licht schwächt die Farben ein wenig ab und ist etwas kühler als Sonnenlicht.

Porträts in diffusem Licht sind frei von störenden Schatten, und das weiche Licht unterdrückt Falten und wirkt so wie ein natürlicher Weichzeichner. Auch fängt die Haut nicht an zu glänzen, weil es keine reflektierenden Lichtquellen gibt. Das Licht im Schatten an einem sonnigen Tag ist diffus oder zumindest weich, so dass Sie für Porträts leicht eine Lichtalternative finden können, wenn das Licht zu hart sein sollte.

5.3.2 Weiches Licht

Weiches Licht entsteht durch große Lichtquellen. Der Himmel in der Dämmerung leuchtet in Sonnenrichtung deutlich stärker als zur sonnenabgewandten Seite. Eine dünne Bewölkung sorgt für gerichtetes und doch weiches Licht. Ein großes Fenster an einem bedeckten Tag sorgt in seiner Nähe für ein wundervolles weiches und doch lebendiges Licht. Eine Softbox im Studio (siehe auch Seite 237) erzeugt zwar ein ebenso weiches Licht, das Fenster aber bildet die Außenwelt wie eine unscharfe Lochkamera in den Innenraum ab. Das Licht ist dadurch räumlicher und farbiger als bei einer Softbox, die nur weiß blitzt.

▼ Abbildung 5.11
Der Abendhimmel erzeugt hier ein sehr weiches und gerichtetes Licht, das durch seinen Kalt-warm-Kontrast eine sehr angenehme Stimmung schafft.

17 mm | f7,1 | 1/30 s | ISO 500

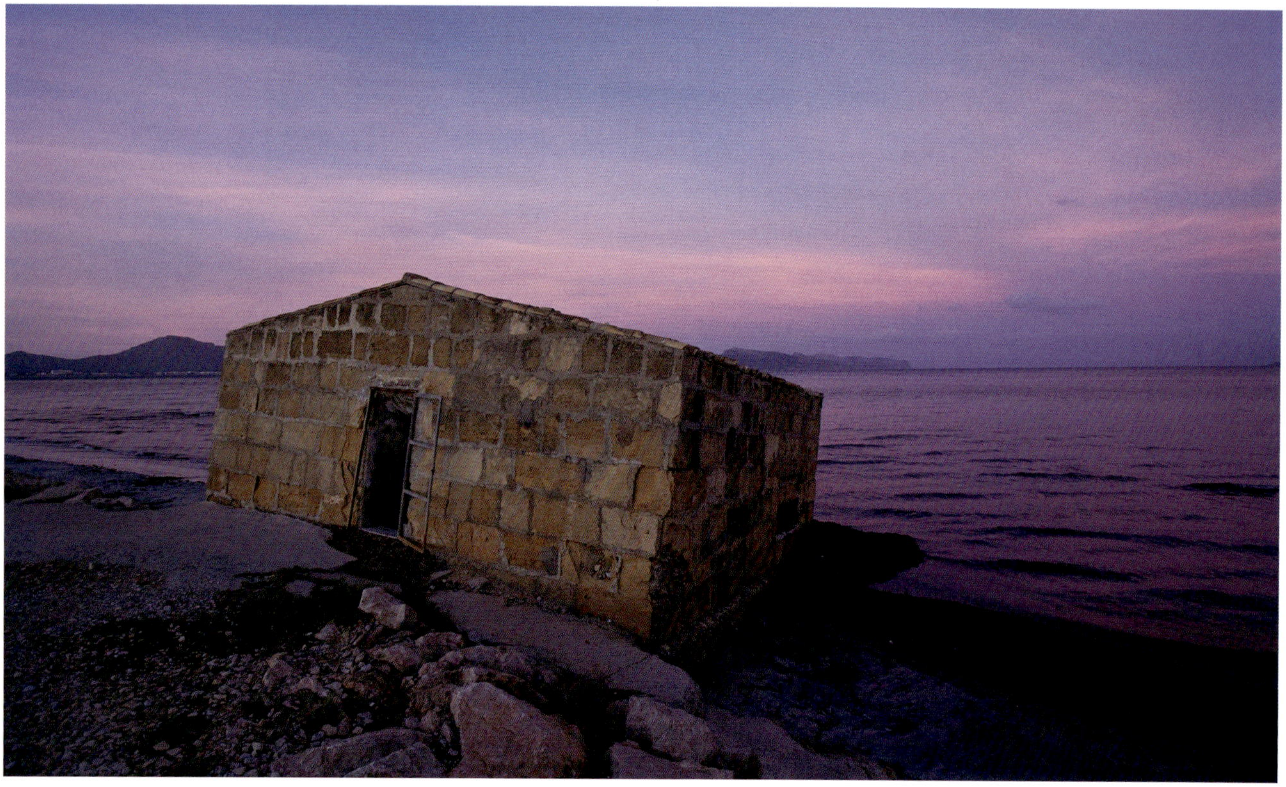

5.3.3 Hartes Licht

Hartes Licht wirft scharf konturierte Schatten. Es kommt von einer im Verhältnis zur Entfernung kleinen Lichtquelle. So liefert auch die Sonne trotz Ihrer Größe an einem klaren Tag hartes Licht, denn sie ist mehr als 100-mal weiter weg, als ihr Durchmesser beträgt.

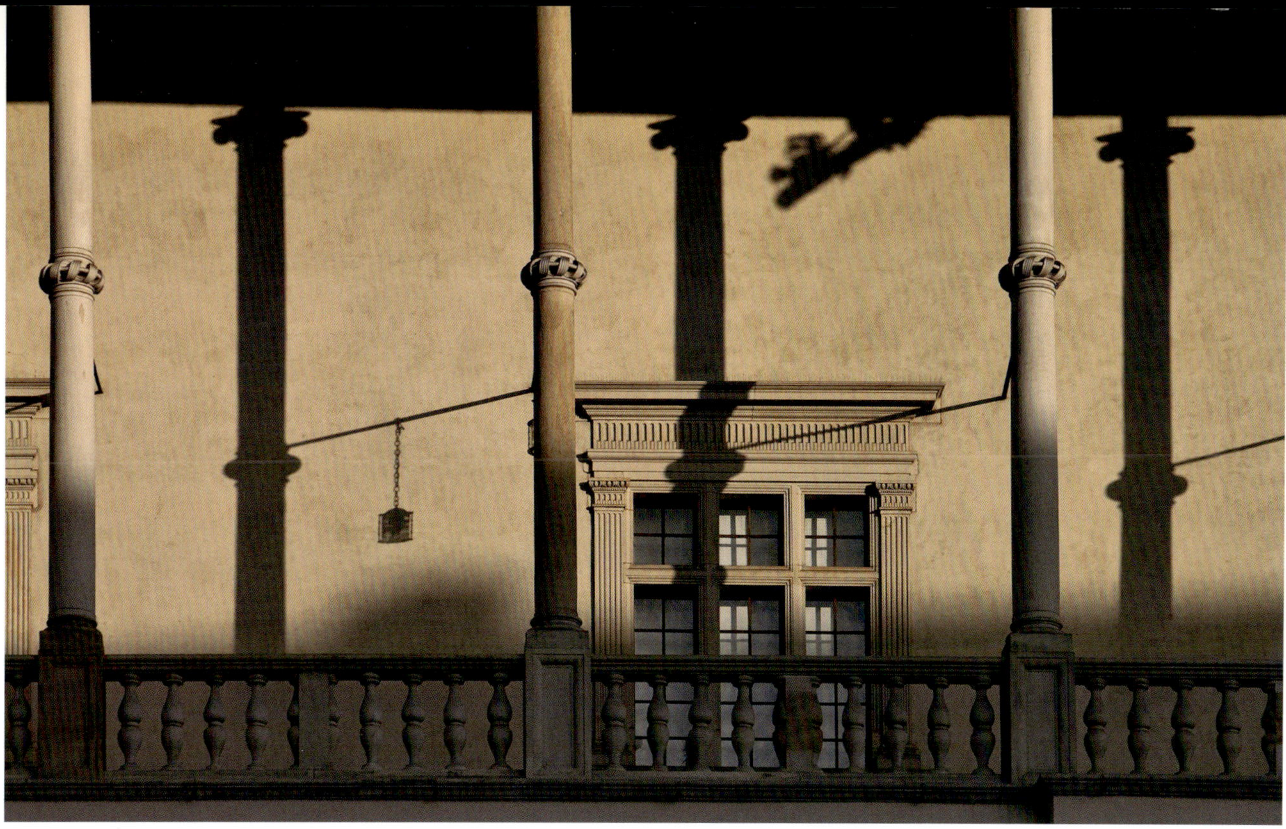

Hartes Licht arbeitet Texturen gut heraus, sorgt für brillante Farben und räumliche Tiefe. Es erzeugt einen starken Kontrast und setzt deswegen eine sorgfältige Belichtung voraus, damit Lichter und Schatten noch Zeichnung erhalten. Hartes Licht ist anspruchsvoll bei der Lichtführung: Bei Porträts ergeben sich schnell störende Schatten neben der Nase oder in den Augenhöhlen, wenn die Lichtrichtung nicht stimmt.

▲ **Abbildung 5.12**
Das Licht, das von schräg hinter der Kamera auf das Motiv trifft, verdeutlicht die räumliche Tiefe. Die Laterne und der Wasserspeier werden nur durch ihren Schatten zu Teilen des Motivs. Das Motiv würde ohne diese spezielle Beleuchtung gar nicht funktionieren und nur ein langweiliges Bild ergeben.

80 mm | f6,3 | 1/1250 s | ISO 400 | APS-C-Sensor

5.4 Lichtrichtungen

Jede Richtung des Lichts hat besondere Eigenschaften. Diese machen sie für unterschiedliche Aufnahmen geeignet. Wirklich »schlechtes« Licht gibt es eigentlich nicht, denn für irgendein Motiv ist es immer gerade richtig. Bei manchen Lichtrichtungen ist es nur etwas einfacher, interessante Bilder aufzunehmen.

Frontales Licht | Wenn das Licht von vorne, das heißt aus Richtung der Kamera auf das Motiv fällt, ist das Motiv praktisch schattenlos, weil die Schatten dann hinter das Motiv fallen. Die Ausleuchtung ist flach und der räumliche Eindruck stark verringert. Wenn die Sonne eher tief steht, müssen Sie aufpas-

Abbildung 5.13 ▸▸
Das Hauptmotiv – der »Lange Jan«, ein Leuchtturm auf Öland – wird hier nur durch seinen Schatten repräsentiert. Achten Sie auch auf die Schatten, sie haben oft eine eigene Kraft, die ein Bild tragen kann.
50 mm | f9,0 | 1/200 s | ISO 100

sen, dass Ihr eigener Schatten nicht mit aufs Bild gerät, oder Sie müssen ihn so einbauen, dass er hineinpasst. Frontales Licht eignet sich, um Motive zu vereinfachen, sie flächiger und grafischer zu machen. In der Beautyfotografie wird frontales Licht gerne verwendet, um Augen und Mund hervorzuheben und ein helles Gesicht ohne Schatten zu erhalten.

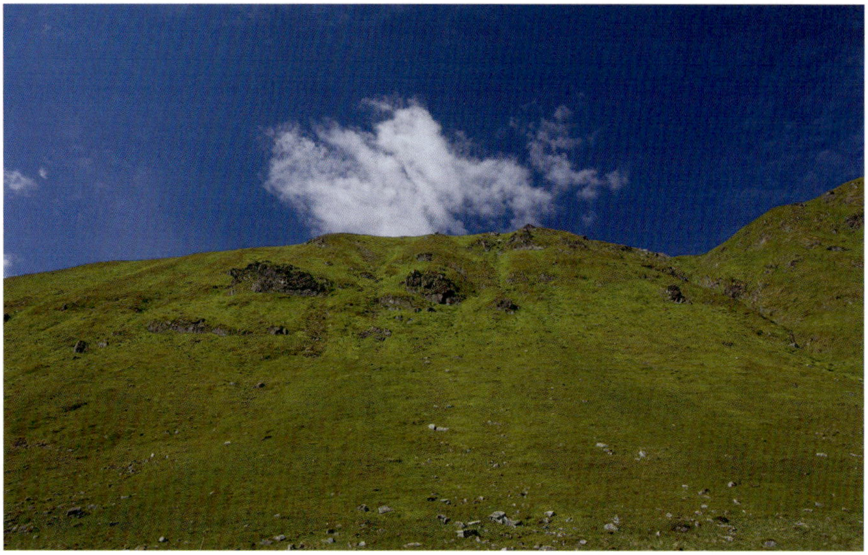

Abbildung 5.14 ▸
Berg und Himmel wirken auf diesem Foto schon fast abstrakt und das Bild eher flächig als räumlich. Das frontale Licht vereinfacht das Motiv sehr stark.
28 mm | f11 | 1/125 s | ISO 200 | Polfilter

Seitenlicht | Seitenlicht ist das am häufigsten verwendete Licht in der Fotografie. Es scheint seitlich auf das Motiv und betont seine Räumlichkeit durch einen mehr oder minder starken Schattenwurf. Die Lichtquelle scheint nicht direkt ins Objektiv, so dass Seitenlicht in Bezug auf Streulicht und Blendenflecke relativ unkritisch ist.

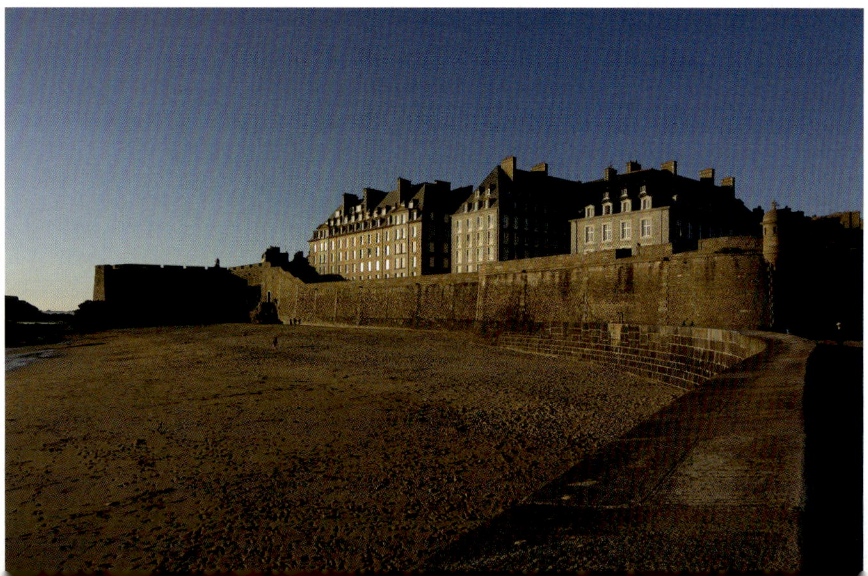

Abbildung 5.15 ▸
Das klare Seitenlicht lässt die Gebäude von St. Malo sehr räumlich erscheinen. Die kräftigen Kontraste sind für die Digitalkamera noch gut zu bewältigen.
12 mm | f11 | 1/160 s | ISO 100 | APS-C-Sensor

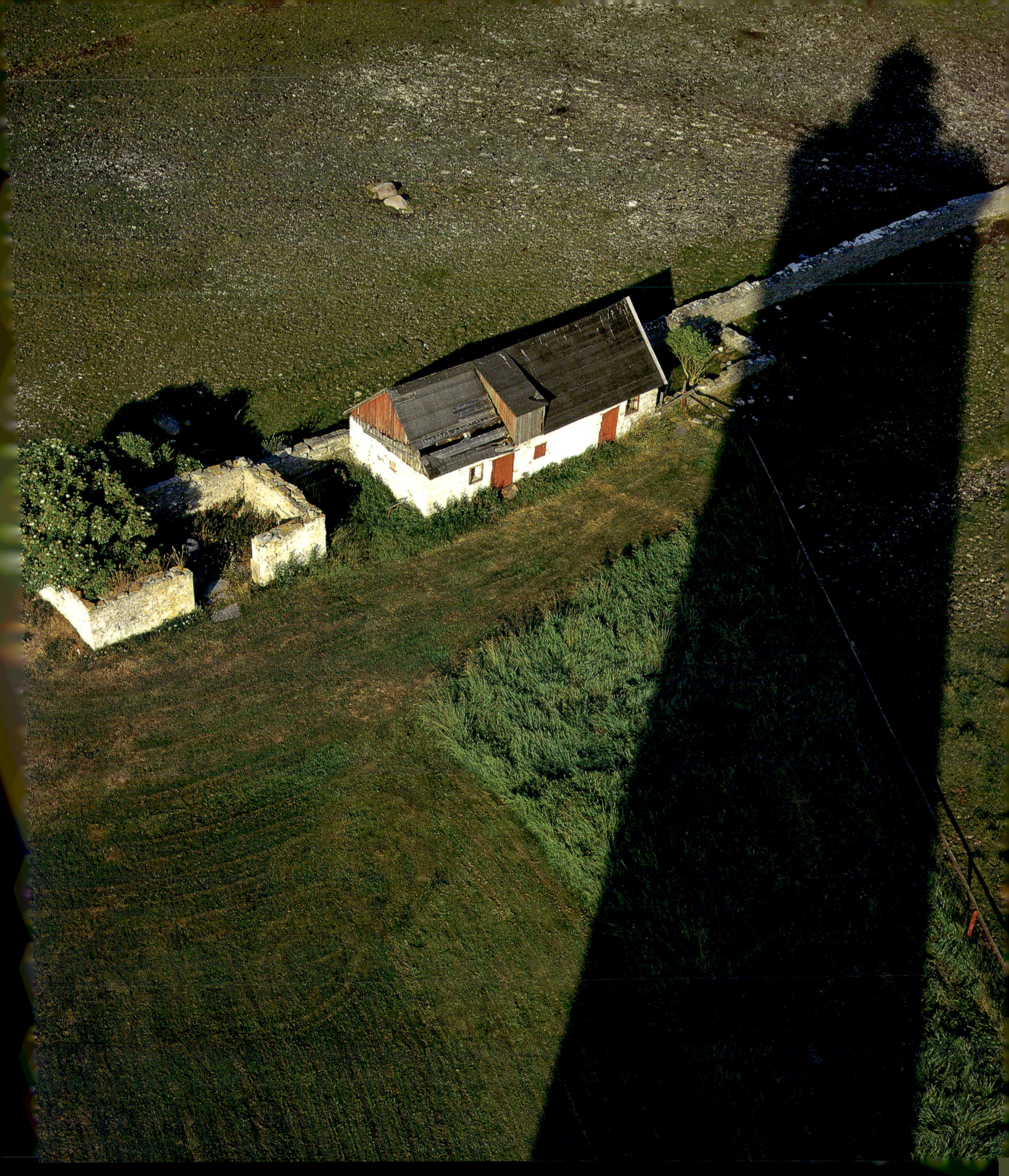

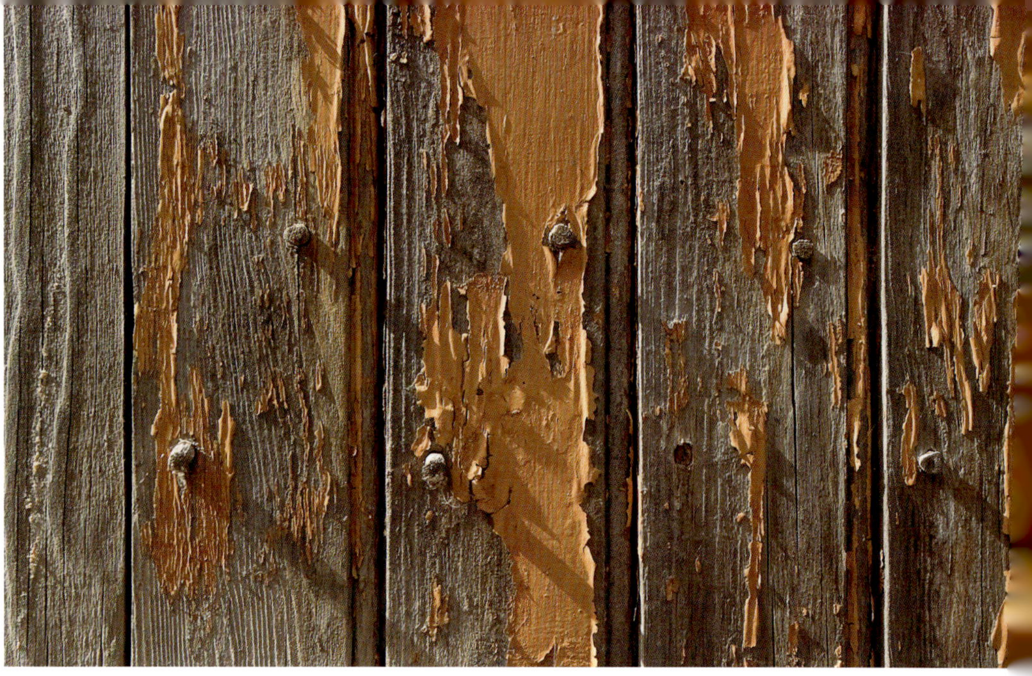

Abbildung 5.16 ▶
Die flach hervorstehenden Holznägel werfen zentimeterlange Schatten. Die Oberfläche wirkt bei Streiflicht plastischer als bei jedem anderen Licht.
25 mm | f9 | 1/125 s | ISO200

▼ **Abbildung 5.17**
Die Sonne steht über der Landschaft, die Bergkuppen werfen Schatten auf die Kamera zu, und im Bergbach spiegelt sich die Sonne. Jede andere Lichtrichtung hätte das klare Licht im Hochland weniger deutlich wiedergegeben.
17 mm | f10 | 1/1600 s | ISO 160

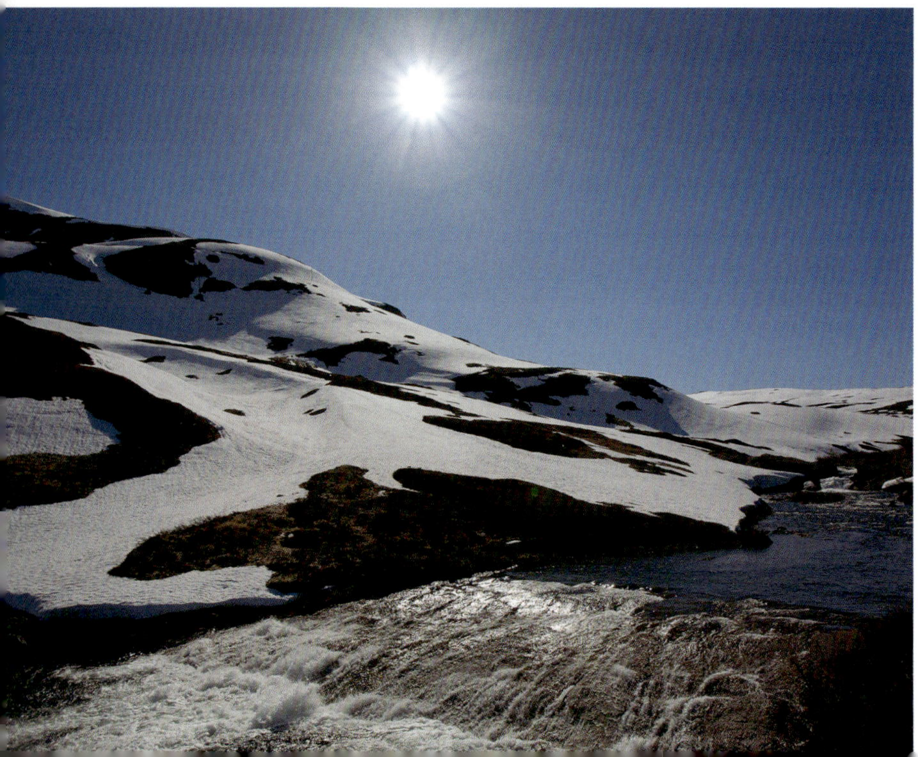

Streiflicht | »Wenn die Sonne tief steht, werfen auch Zwerge lange Schatten«. Dieses alte Sprichwort beschreibt auch das Streiflicht sehr gut. Beim Streiflicht trifft das Licht in einem sehr flachen Winkel auf die Oberfläche, so dass selbst flachste Erhebungen bereits deutliche Schatten werfen. Streiflicht eignet sich ideal, um die Textur einer Oberfläche herauszuarbeiten und selbst flachen Motiven Tiefe zu geben.

Streiflichtsituationen sind durch ihren engen Winkelbereich zeitlich begrenzt. Entweder nutzen Sie die letzten Momente bevor die Sonne aus Sicht der Motivoberfläche untergegangen ist, oder die Sonne dreht sich weiter, und das Licht wird immer steiler. Während Streiflicht eine enorme plastische Wirkung hat und oft Dramatik erzeugt, hebt es auch kleine Fehler stark hervor und kann bei kleinteiligen Motiven sehr unruhig wirken.

Gegenlicht | Gegenlicht kommt von einem Punkt hinter dem Motiv und scheint in Richtung der Kamera. Wenn das Motiv die Lichtquelle nicht verdeckt, scheint sie direkt ins Objektiv und kann dort Überstrahlungen, Blendenflecke und Streulicht hervorrufen.

Zudem ist der Kontrast sehr hoch, weil die Lichtquelle und die Schattenbereiche gleichzeitig auf dem Bild erscheinen.

Viele Fotografen setzen Gegenlicht nur sehr selten ein, weil Sie von misslungenen Ergebnissen abgeschreckt werden. Dabei schafft Gegenlicht oft sehr spannende und schöne Lichtsituationen, die Sie sich nicht entgehen lassen sollten. Ein Objektiv mit einer hochwertigen Vergütung und guter interner Reflexionsvermeidung macht Gegenlichtsituationen leichter beherrschbar. Bei der Belichtungsmessung müssen Sie allerdings oft eingreifen und sich entscheiden, ob Sie das Motiv als Silhouette oder gut ausgeleuchtet gegen einen hellen Hintergrund aufnehmen möchten.

Die einzige Alternative ist, eine Belichtungsreihe aufzunehmen und daraus später ein HDR-Bild zusammenzusetzen. Achten Sie dabei darauf, einen möglichst natürlichen Bildeindruck zu erhalten und den HDR-Effekt nicht zu übertreiben, denn der beste HDR-Effekt ist der, den man nicht sieht (mehr dazu auf Seite 560).

Gegenlicht schafft Reflexionen und Schatten und dramatisiert den Bildinhalt. Das Licht wird, deutlicher noch als sonst, zum Teil des Motivs. Sie sollten Gegenlichtaufnahmen immer auf dem Kamerabildschirm kontrollieren, denn das Auge gleicht die hohen Kontraste viel besser aus als Ihre Digitalkamera. So vermeiden Sie, dass Sie gar nicht alle bildwichtigen Informationen erfassen, weil die Belichtungsmessung danebenliegt.

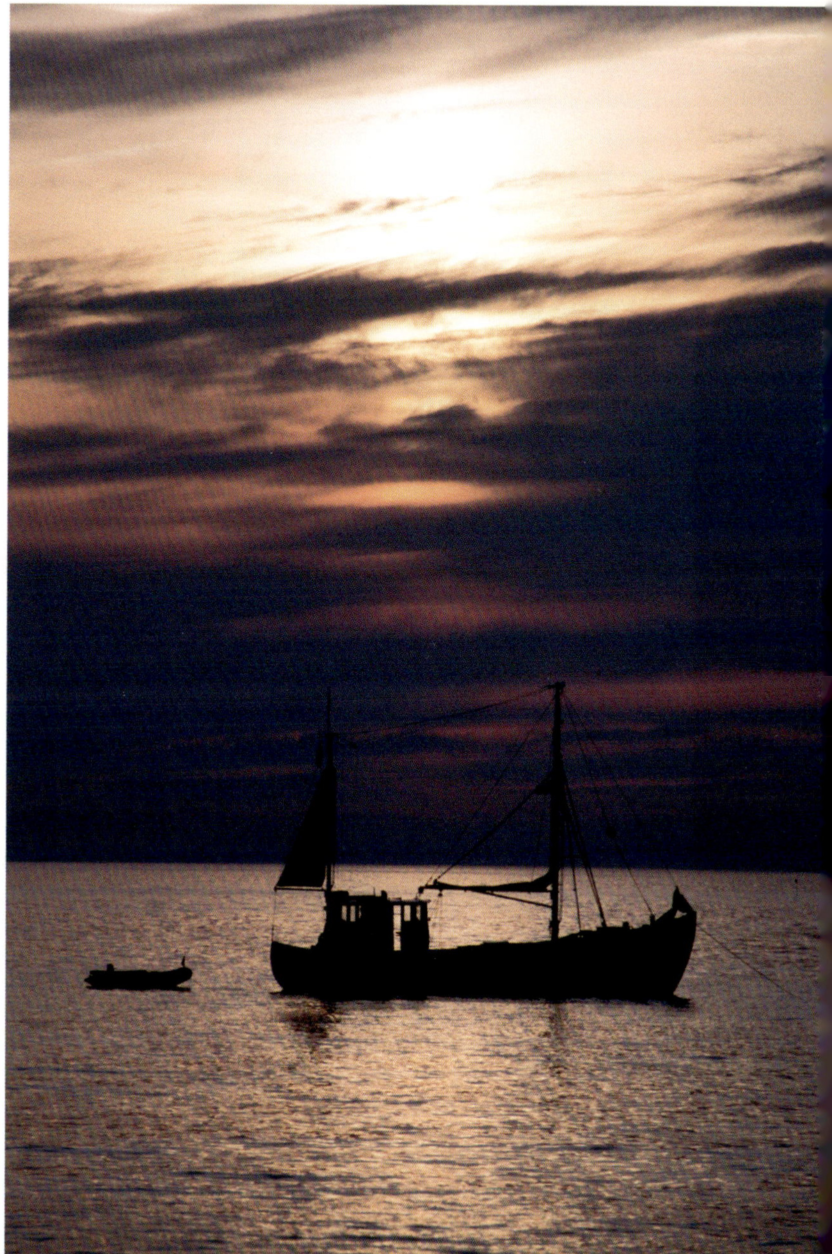

Abbildung 5.18 ▸
Der Fischkutter im Gegenlicht ist nur noch ein Schattenriss. Seine Silhouette bleibt völlig ohne Zeichnung.
135 mm | f6,3 | 1/500 s | ISO 200

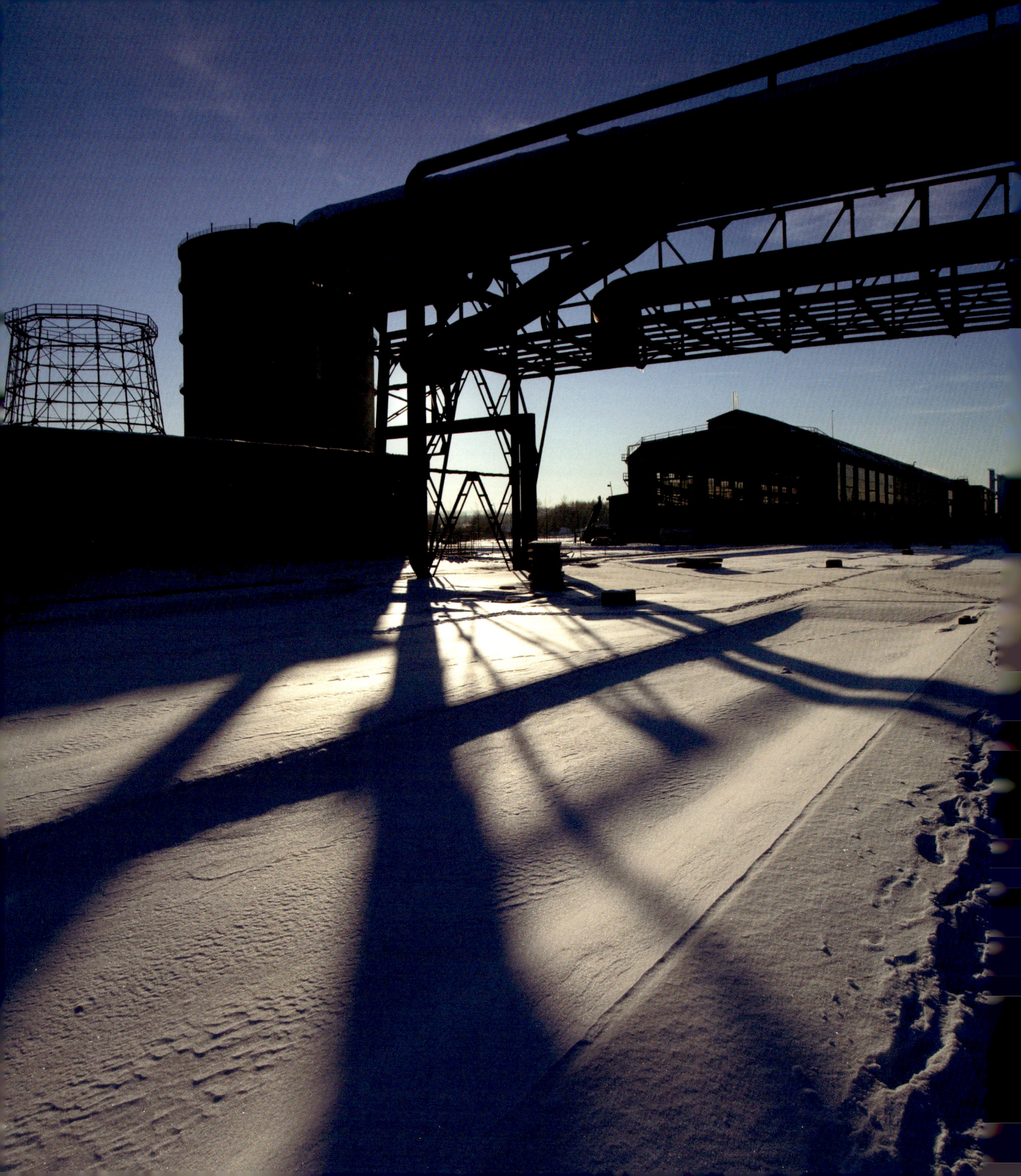

◄ **Abbildung 5.19**
Die auf den Betrachter zulaufenden Schatten erzeugen einen starken perspektivischen Eindruck. Die Sonne wird vom Motiv verdeckt, deswegen ist das Bild nicht überstrahlt.

17 mm | f9,0 | 1/800 s | ISO 200

Unter- und Oberlicht | Sonnenlicht direkt von oben wird automatisch mit dem Süden verbunden, jedenfalls auf unserer Erdhalbkugel. Es tritt in unseren Breiten kaum auf, weil die Sonne so weit im Norden nie im Zenit steht. Die Sonne kann nur bis zu 26° nördlicher Breite im Zenit stehen, und Deutschland liegt zwischen 47° und 55° Nord, auf gleicher Höhe wie Teile Nordamerikas, Kanadas oder sogar der südlichen Ausläufer Alaskas.

Wenn Ihnen das Licht auf Reisen ganz anders vorkommt, liegt dies aber nicht nur an der geografischen Breite. Die Nähe des Meeres oder die vorherrschende Beschaffenheit des Landes haben genauso Einfluss auf das Licht wie meteorologische Besonderheiten einer Gegend. Einer der Orte, an denen mir dieser Umstand immer wieder auffällt, ist Skagen. Skagen liegt an der Nordspitze Dänemarks zwischen der Nordsee und der Ostsee und so spiegelt die Sonne vom Meer zurück in den Himmel und schafft so ein besonderes Licht.

Licht von unten wirkt auf den ersten Blick künstlich. Die Wahrnehmung bei Unterlicht ist so ungewöhnlich, dass es bei Porträts unheimlich wirkt. Schon Kinder halten sich Taschenlampen unter das Gesicht, um gruselig zu wirken.

Aus der Kunstgeschichte (Edgar Degas zum Beispiel) oder der frühen Fotografie verbinden wir Unterlicht mit Theater- und Bühnenlicht. Vor dem Einsatz des elektrischen Lichts wurden Theater mit Gasbrennern am unteren vorderen Bühnenrand beleuchtet.

▼ **Abbildung 5.20**
Scheinwerfer strahlen die tiefhängenden Wolken über Mont St. Michel an. Das weiche Licht von oben ergibt eine unwirkliche und bühnenartige Ausleuchtung.

12 mm | f8,0 | 30 s | ISO 800 | APS-C-Sensor

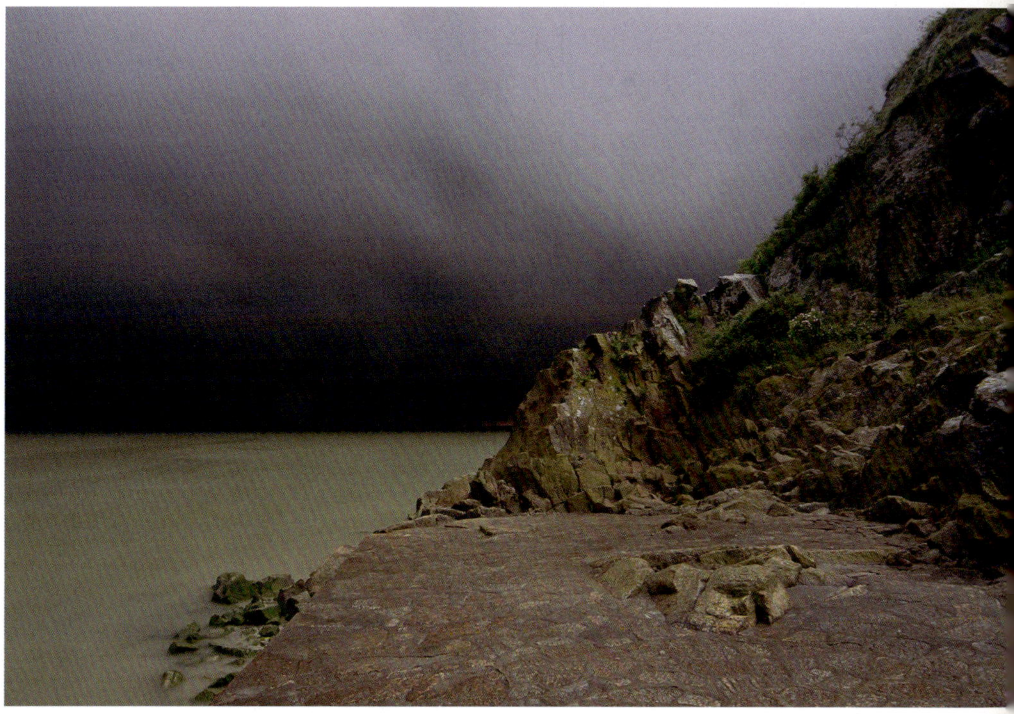

Abbildung 5.21 ▸
Durch das Unterlicht wirkt das alte Stahlwerk unheimlich. Der Nieselregen im Blitzlicht erinnert ein wenig an eine Unterwasseraufnahme.

17 mm | f4,0 | 1/60 s | ISO 800 | APS-C-Sensor | mobiler Studioblitz mit 1 200 WS

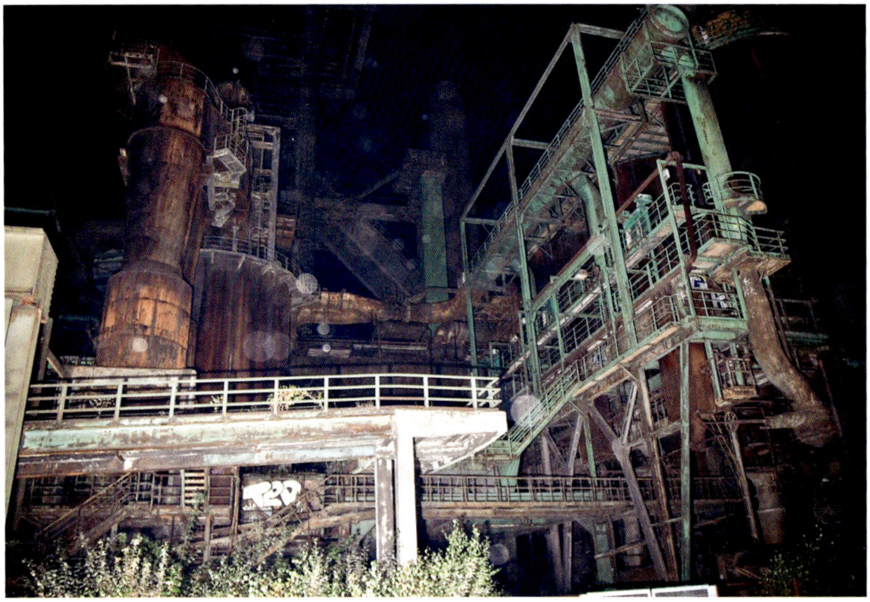

▾ **Abbildung 5.22**
Die Sonne spiegelt sich in einem Hochhaus am Potsdamer Platz und erzeugt so einen zweiten Schatten. Diese seltene Lichtsituation macht den eigentlichen Reiz des Bildes aus.

44 mm | f4,0 | 1/3200 s | ISO 200

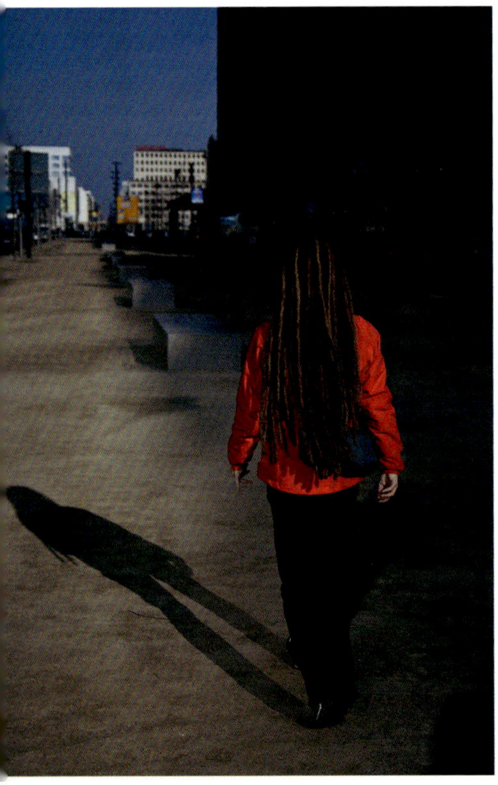

Heute wird gemäßigtes Unterlicht gerne verwendet, wenn sich das Licht stark vom gewohnten unterscheiden soll, etwa in Science-Fiction-Filmen. Manchmal ergibt es sich auch ganz natürlich, wenn eine Person zum Beispiel am Laptop arbeitet und der Bildschirm das Hauptlicht im Raum ist. Bei Porträts ergeben Unter- und Oberlicht meist Probleme mit den Augenschatten, es sei denn, das Licht ist recht weich. Sie können das umgehen, indem Sie die Person den Kopf in Lichtrichtung neigen lassen, so dass das Licht das Gesicht etwas mehr von vorne bescheint.

Kreuzlicht | Wenn es zwei Hauptlichter gibt, die in unterschiedliche Richtungen Schatten werfen, redet man von Kreuzlicht. In der Porträtfotografie versucht man dies meist zu vermeiden, indem man als zweite Lichtquelle eine weiche einsetzt, die die erste aufhellt, aber selbst keine konturierten Schatten wirft.

Kreuzlicht erschwert die Lesbarkeit eines Fotos, weil es in der Natur praktisch nur in einer senkrechten Variante als Sonnenspiegelung auf dem Wasser vorkommt. Wir erschließen den Raum in einem Foto auch über den Schattenwurf, und wenn es plötzlich »zwei Sonnen« gibt, ist das irritierend. Dieser vermeintliche Fehler kann aber auch dazu führen, dass man an einem Foto hängenbleibt und dass es eine besondere, leicht unwirkliche Stimmung bekommt. Es gibt in der Fotografie keine echten Fehler, nur Stilmittel, die sich für ein Bild als unpassend erweisen.

5.5 Available Light

Available Light hat sich auch im Deutschen als Fachbegriff für die Fotografie mit vorhandenem Licht durchgesetzt. Er bezieht sich hauptsächlich auf schwaches Licht, bei dem viele Fotografen bereits auf Blitzlicht zurückgreifen. Blitzlicht schafft jedoch eine Standardlichtsituation, die die Atmosphäre eines Ortes einfach überblitzt. Eine moderne DSLR erlaubt das Fotografieren aus der Hand selbst bei Kerzenlicht.

Es gibt eine Menge Situationen, bei denen sich der Einsatz von Blitzlicht ohnehin verbietet. Bei vielen Gelegenheiten müssen Sie dezent sein, um als Fotograf nicht zu stören. Damit ist in keinem Fall gemeint, heimlich zu fotografieren, sondern eher, die Situation oder den Ort zu achten. Ich würde nie in einer Kirche blitzen, nie in einem Museum oder bei einem Konzert. Bei vielen anderen Gelegenheiten benutze ich vom Blitz nur das IR-Hilfslicht, um im Dunkeln einen schnelleren und genaueren Autofokus zu erhalten, weil ein Foto mit Blitz einfach das schlechtere Bild ergeben würde.

Probieren Sie aus, wie weit Sie mit Ihrer Digitalkamera in dunkler Umgebung gehen können, bis zu welcher ISO-Einstellung Ihre Digitalkamera noch ein vernünftiges Rauschverhalten zeigt und welche Zeiten Sie aus der Hand fotografieren können, ohne zu verwackeln. Ab diesen Belichtungszeiten sollten Sie ein Stativ verwenden, am besten mit einem Kabelauslöser, um auch beim Auslösen mit der Hand keine Vibrationen auf die Kamera zu übertragen. Falls

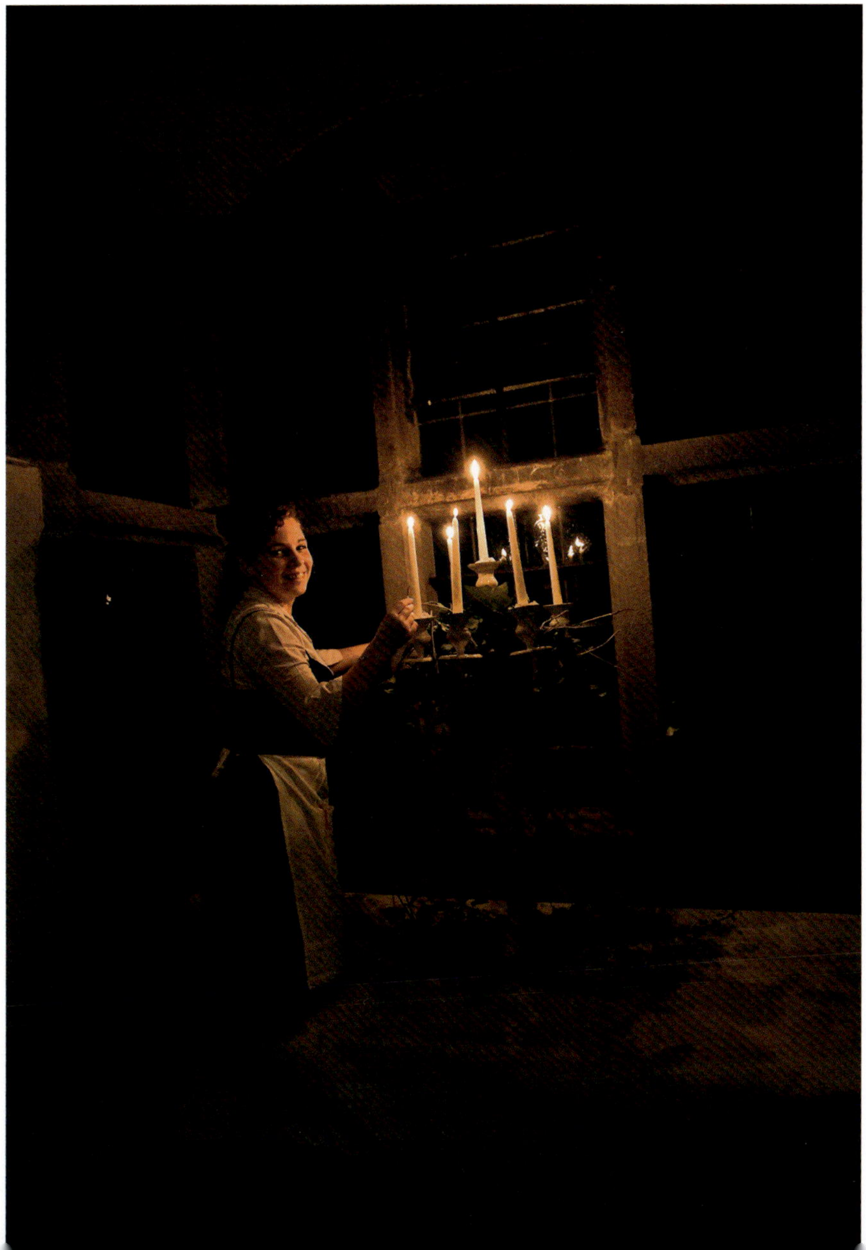

▼ **Abbildung 5.23**
Selbst mit einem Zoomobjektiv und einer Offenblende von 4,0 ließ sich diese Aufnahme gut aus der Hand schießen. Ein Blitz hätte die Stimmung dagegen völlig zerstört.
19 mm | f4,0 | 1/25 s | ISO 3 200

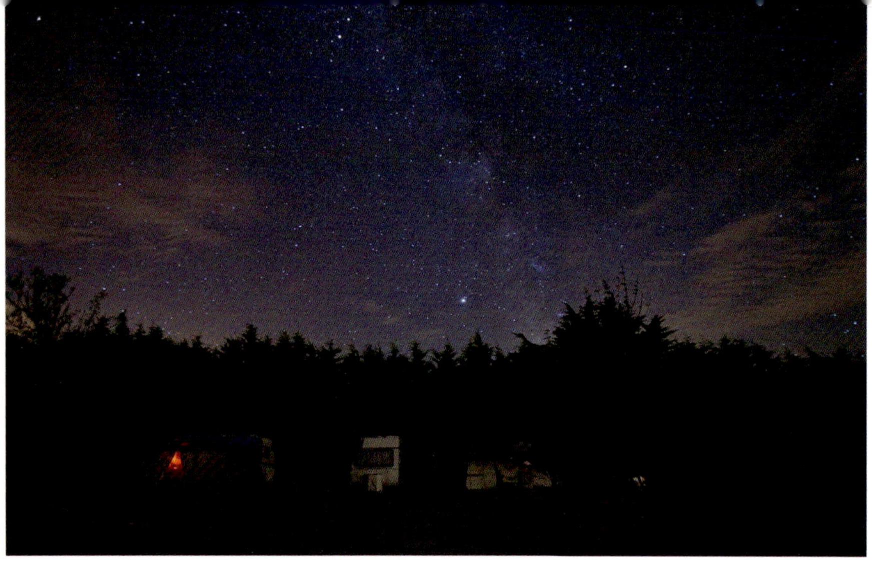

Abbildung 5.24 ▸
Ohne Taschenlampe war der Boden kaum zu erkennen, aber mit einem Stativ reicht auch das schwächste Licht für ein Foto.
17 mm | f4,0 | 30 s | ISO 3 200

möglich, aktivieren Sie vorher an der Kamera auch die Spiegelvorauslösung. Mit dieser Funktion sind die Vibrationen des Spiegelschlags schon verebbt, bevor die Bildaufzeichnung beginnt.

5.6 Lichtmalerei – Lightpainting

▾ **Abbildung 5.25**
Diese kleine Lok wurde mit einer LED-Arbeitsleuchte »ausgemalt«. Das Licht im Inneren stammte von einem funkausgelösten Blitz mit roter Farbfolie.
40 mm | f5,6 | 30 s | ISO 800

Solange der Verschluss geöffnet ist, sammelt eine Kamera das Licht. Deswegen reichen bei langen Belichtungszeiten auch schwache Lichtquellen, um ein Motiv vollständig auszuleuchten. Bei langen Belichtungszeiten bleibt Ihnen genügend Zeit, mit einer bewegten Lichtquelle durch die Szene zu gehen und die Motivteile einzeln auszuleuchten – die Lichtmalerei oder das sogenannte Lightpainting. Ein Stativ oder ein anderer fester Halt für die Kamera ist dabei natürlich unerlässlich.

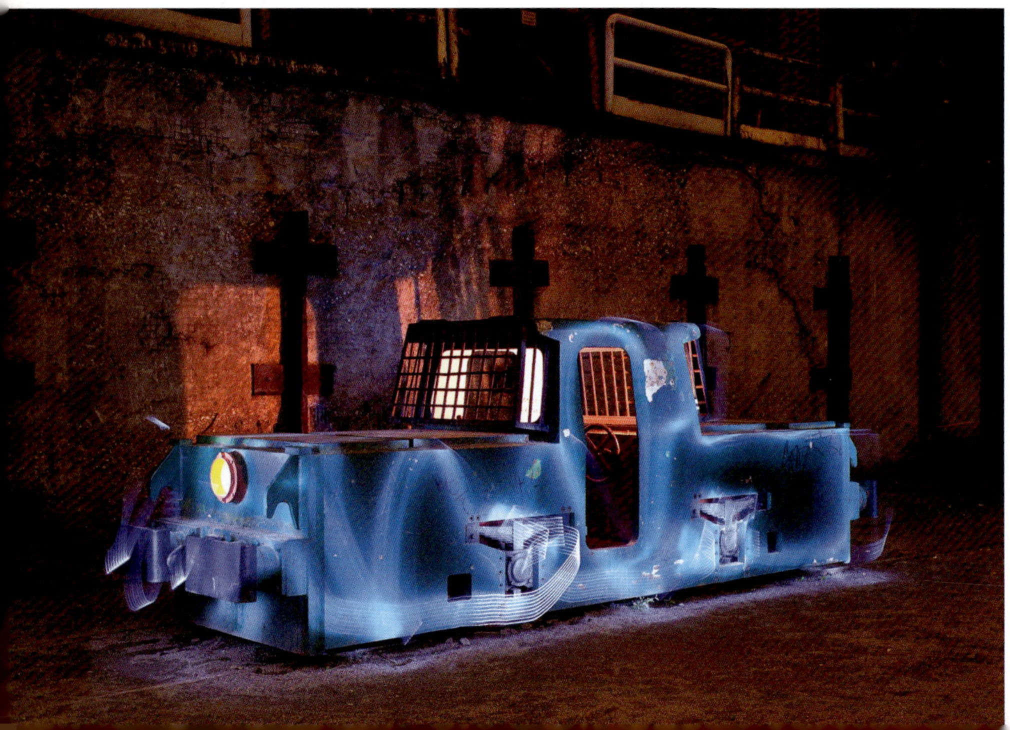

Für die Ausleuchtung ist eine kleine Taschenlampe oft ausreichend. Wenn Sie eine Taschenlampe dicht am Motiv mit circa 0,5 bis 1 m/s bewegen, ist Blende 8 bei ISO 100 ein guter Startwert für eigene Versuche. LED-Taschenlampen haben eine tageslichtähnliche Farbe und kommen lange Zeit mit einer Batterie aus. Glühlampen haben einen warmen Ton und benötigen mehr Energie.

Ich verwende Taschenlampen manchmal auch bei normalen Nachtaufnahmen, um in die Schattenbereiche etwas mehr Zeichnung zu bekommen. Ich beleuchte diese dann einfach mit einem bewegten Lichtstrahl von der Kameraposition aus.

Die einzige Voraussetzung für das Lightpainting ist, dass das Umgebungslicht so gering ist, dass sich die Taschenlampe ihm gegenüber als Hauptlicht durchsetzen kann. Innenräume oder ein Fotostudio lassen sich meist verdunkeln, nachts eignen sich alle Bereiche, die nur wenig beleuchtet werden. Eine Variante ist das Wanderblitzen, bei dem Sie mit einem externen Blitz durch die Szene schreiten und manuell einige Blitze auslösen (mehr dazu auf Seite 310).

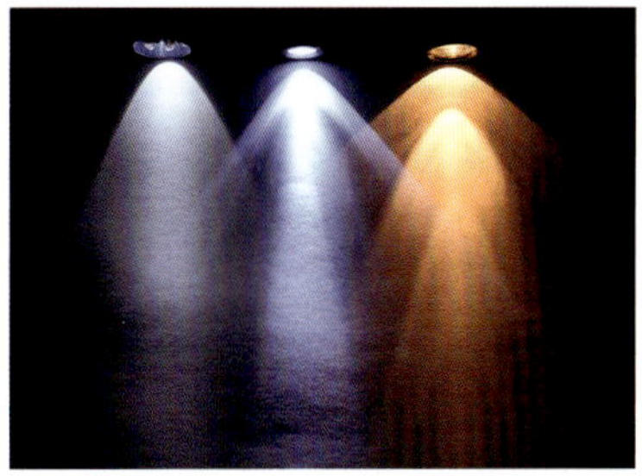

▲ **Abbildung 5.26**
Diese drei Taschenlampen geben sehr unterschiedliches Licht: Links gibt die LED-Taschenlampe relativ gleichmäßiges und kühlweißes Licht, die LED Taschenlampe in der Mitte ist stark bläulich und die Taschenlampe mit einer Glühbirne gibt sehr warmes gelboranges Licht ab. Fürs Lightpainting geeignet sind alle drei, die Farbstimmungen unterscheiden sich aber natürlich stark.

▼ **Abbildung 5.27**
Diese Aufnahme wurde mit einer Taschenlampe beleuchtet, deren Lichtstrahl mit einem Stück schwarzer Pappe etwas enger gemacht wurde. So wurde auch vermieden, dass Licht von der Taschenlampe direkt in die Kamera fällt.
22 mm | f11 | 55 s | ISO 100 | APS-C-Sensor

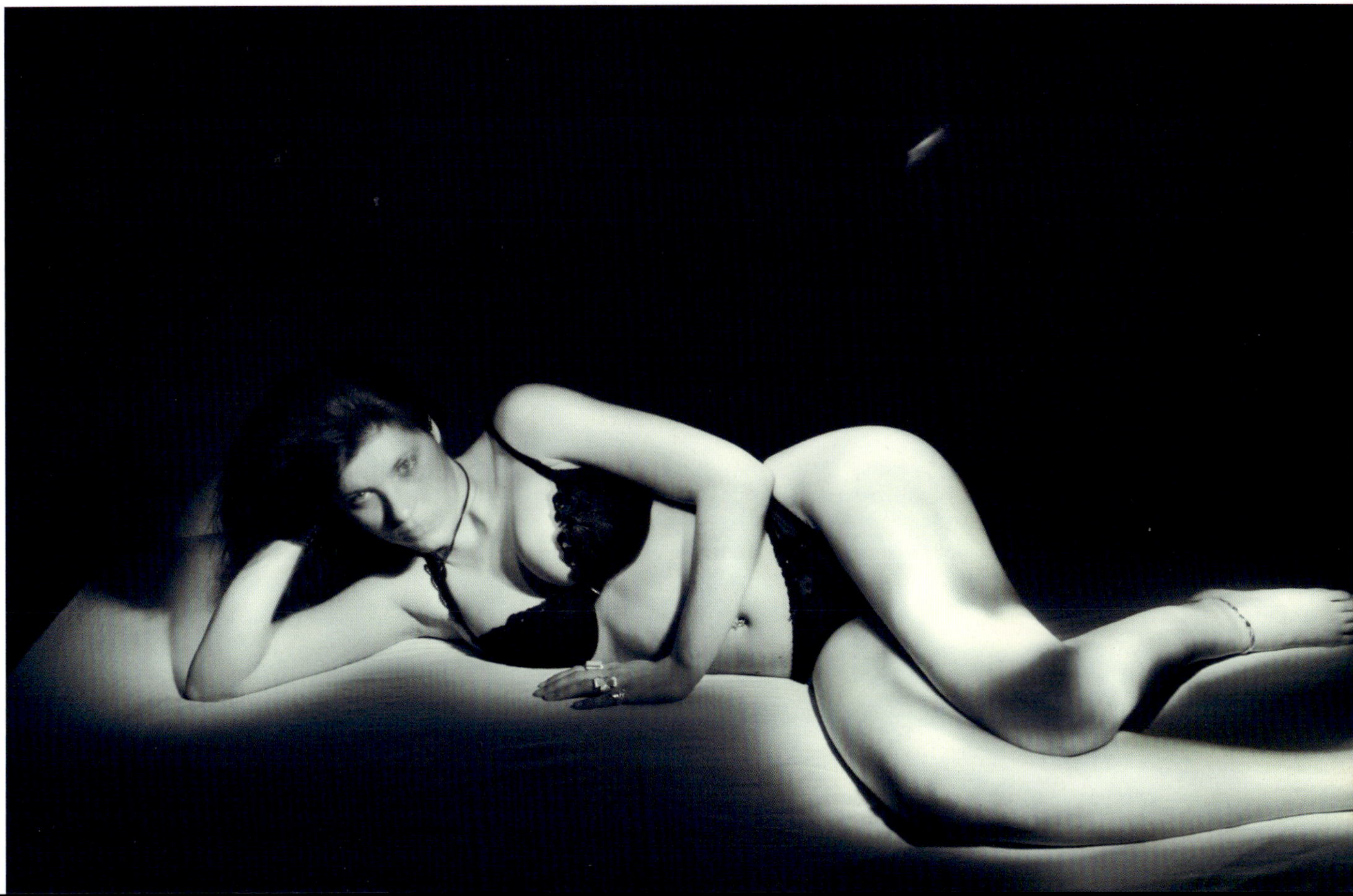

5.7 Nacht

▼ **Abbildung 5.28**
Der Mond spiegelt sich in einem Hochhaus. Diese Aufnahme wurde mitten in der Nacht aus der Hand fotografiert.

35 mm | f1,8 | 1/30 s | ISO 6 400

Das Fotografieren bei Nacht ist einfach geworden. Die ersten Kameras lassen sich schon auf über ISO 100 000 einstellen, so dass selbst bei sehr schwachem Licht noch Fotos von bewegten Motiven und Aufnahmen aus der Hand möglich werden. Die meisten Nachtaufnahmen werden aber vom Stativ mit

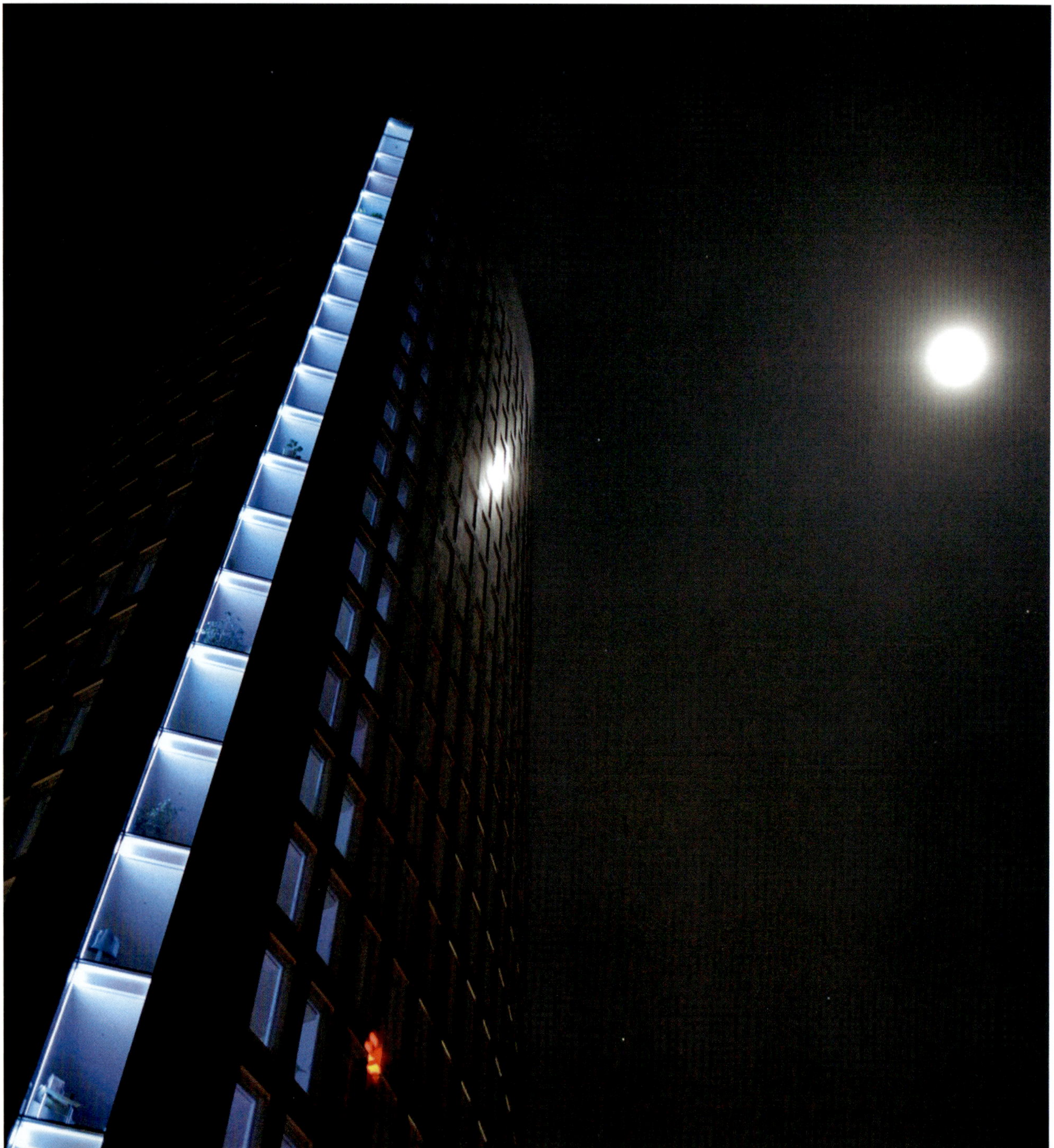

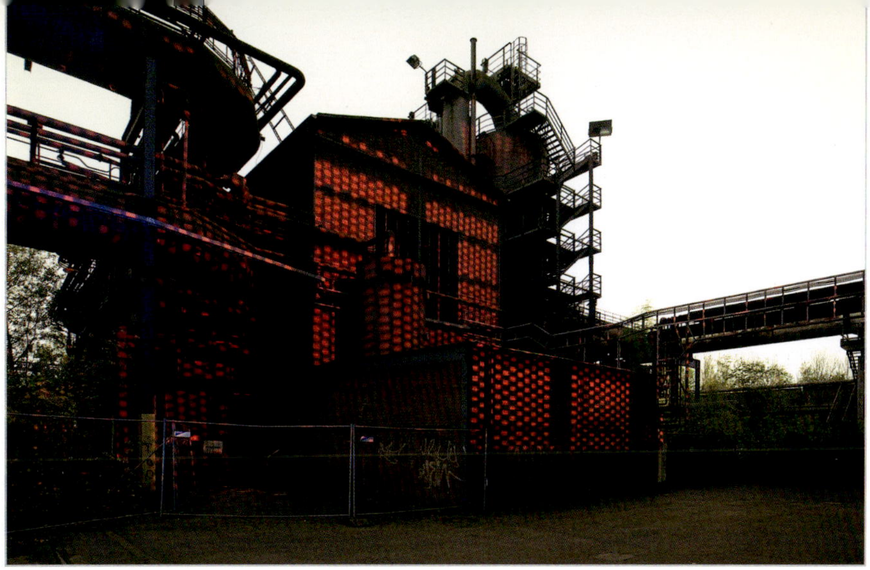

▲ **Abbildung 5.29**
Ohne das rote Licht, das durch die Löcher der Ziegelmauer gegenüber fällt, könnte dieses Nachtfoto als Tagesaufnahme durchgehen. Der tiefhängende Himmel reflektiert das Licht der Großstadt. Durch den neutralen Weißabgleich entsteht eine sehr irritierende Lichtsituation.
19mm | f5,6 | 30s | ISO1600

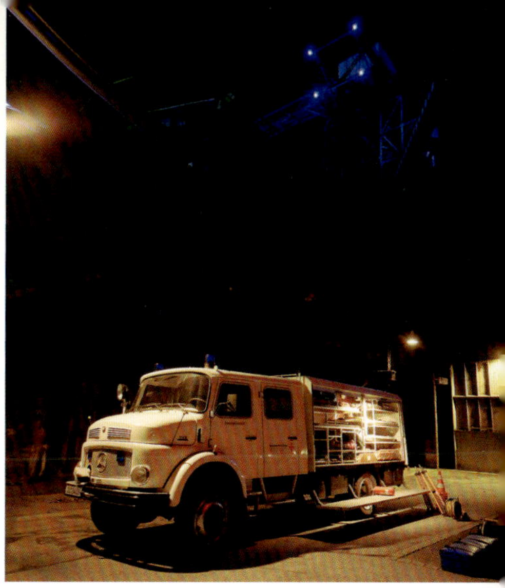

▲ **Abbildung 5.30**
Ein weißer LKW im Licht und rostbrauner Stahl im Schatten: Dieser Kontrastumfang ließ sich nur mit drei Belichtungen einfangen, die zu einem HDR-Bild zusammengesetzt wurden.
12mm | f6,3 | 1,6s, 6s, 25s | ISO1000 | APS-C-Sensor

eher geringen ISO-Werten aufgenommen, um eine höhere Bildqualität zu erhalten. Sie werden feststellen, dass Ihre Digitalkamera Details aufnehmen kann, die für das bloße Auge nicht mehr sichtbar sind, und dass sie Farben zeigt, wo Sie nur noch grau sehen können.

Das schwache Licht ist also für eine DSLR überhaupt kein Problem. Was Nachtaufnahmen allerdings oft etwas kompliziert macht, ist der hohe Kontrastumfang. Selbst bei optimaler Belichtung wird es bei vielen Motiven Bereiche geben, in denen Sie keine Zeichnung mehr erhalten, weil Sie außerhalb des Helligkeitsbereichs liegen, der mit einer Aufnahme erfassbar ist. Die besten Nachtaufnahmen werden deswegen häufig in der Dämmerung aufgenommen, wenn der Himmel noch ein wenig leuchtet und die Schatten aufhellt.

Eine zweite Möglichkeit ist, mehrere Belichtungen mit unterschiedlicher Helligkeit zu einem HDR-Bild zusammenzufügen. Durch den höheren Kontrastumfang steigt aber auch die Anfälligkeit für Streulicht. Wenn zum Beispiel nur ein Tausendstel des Lichts einer Laterne reflektiert wird, so ist das bei einem üblichen Kontrastumfang von 10 Blenden praktisch nicht sichtbar. Wenn Sie mit Hilfe der HDR-Technik den Kontrastumfang auf 16 Blenden erhöhen, werden diese Reflexionen aus der hellsten Belichtung auch im Endergebnis gut sichtbar werden. Für ein HDR-Bild müssen Sie also sorgfältiger auf Streulicht achten als bei einer normalen Aufnahme.

5.8 Kunstlicht

Mit dem Begriff »Kunstlicht« verbinden die meisten Fotografen zu allererst eine andere Farbigkeit des Lichts: wärmer und manchmal ungenau in der Farbwiedergabe. Es gibt jedoch einen viel wesentlicheren Unterschied zum Tageslicht: die Entfernung zur Lichtquelle. Das Sonnenlicht braucht acht Minuten zur Erde, obwohl es pro Sekunde 300 000 km zurücklegt. Die Sonne ist so weit weg, dass die Entfernung zwischen zwei Punkten auf der Erde keinen Unterschied in der Lichtintensität ergibt. Anders sieht es allerdings mit dem Winkel aus, den es durch die Atmosphäre nehmen muss und in dem es auf das Motiv trifft.

Bei Kunstlicht hingegen macht sich der Lichtabfall deutlich bemerkbar. Die Lichtintensität nimmt mit dem Quadrat der Entfernung ab. Das heißt zwischen einem Meter und vier Metern von der Lichtquelle entfernt beträgt der Unterschied in der Lichtintensität nicht Faktor 4, sondern $4 \times 4 = 16$, was vier Blendenstufen entspricht. Ein praktisches Beispiel: Sie stehen mit einer Kamera und aufgestecktem Blitz vier Meter vor einer Wand, und einen Meter vor Ihnen steht eine Person. Sie nehmen ein Bild auf, die Person tritt einen Meter zurück, und Sie nehmen ein zweites Bild auf. Wie verändern sich die Helligkeiten von Person zu Hintergrund in diesem Fall? Der Hin-

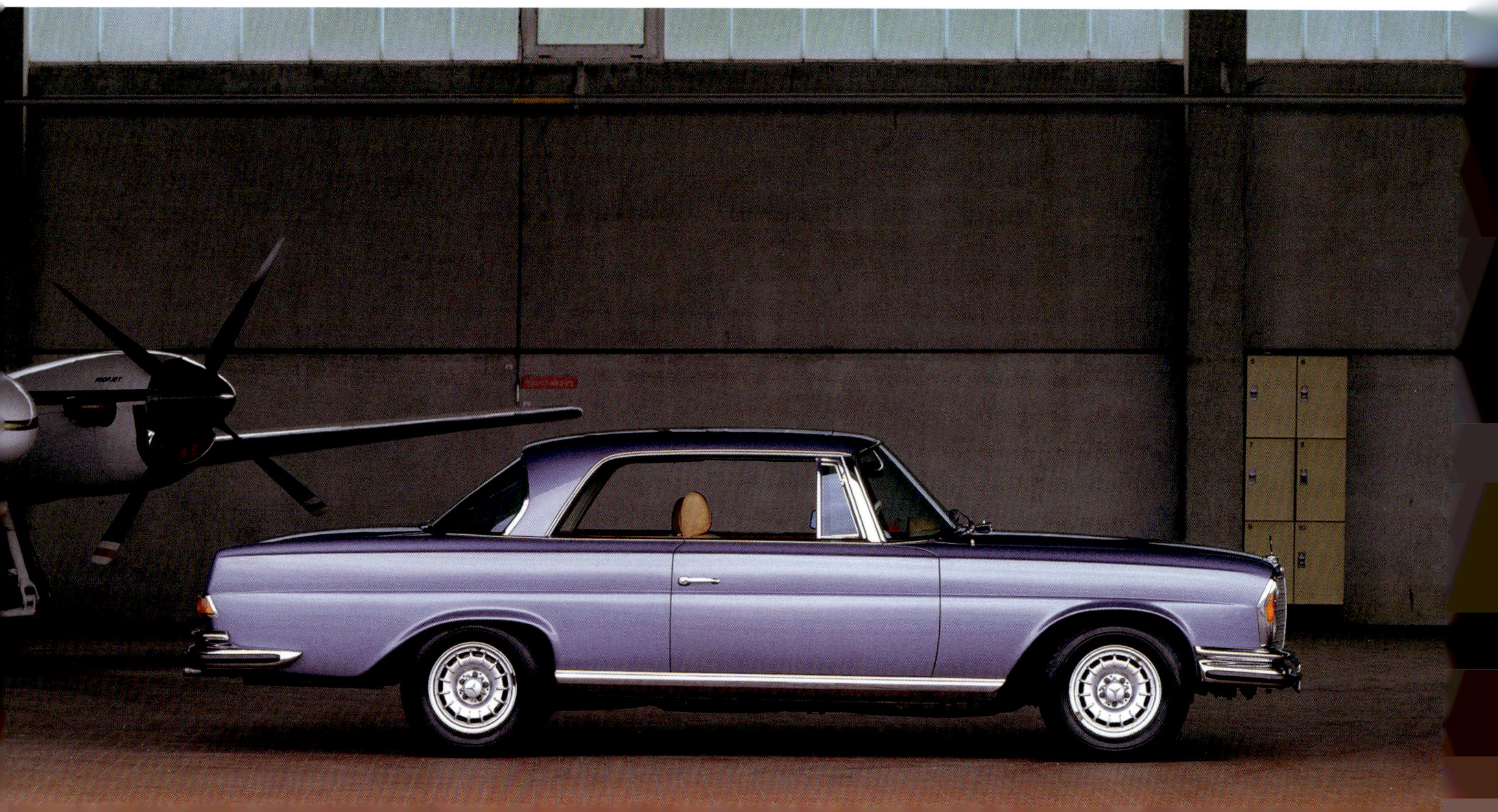

▼ **Abbildung 5.31**
Der Mercedes wurde parallel zum riesigen Tor eines Flugzeughangars geparkt, um eine großflächige und geradlinige Reflexionsfläche zu haben. Die Fensterreihe hinten in der Halle erzeugt eine Lichtkante oben auf dem Auto, und das Hallendach dunkelt das Auto nach oben ab.
135 mm | f8,0 | 1/250 s | ISO200

Abbildung 5.32 ▸
Bei einer Verdopplung der Entfernung zur Lichtquelle nimmt die Lichtintensität um das Vierfache ab, weil eine viel größere Fläche beleuchtet werden muss. Das macht die Fotografie nicht immer einfach, gibt Ihnen aber auch große Gestaltungsmöglichkeiten an die Hand.

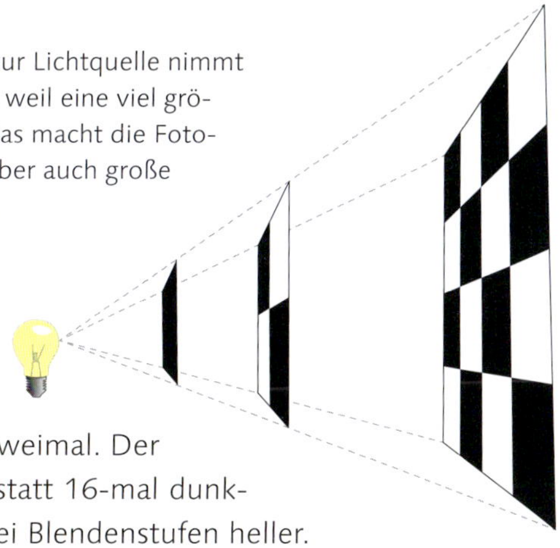

tergrund wird viermal heller im Verhältnis zur Beleuchtung der Person. Im ersten Fall ist sie viermal so weit weg, im zweiten nur zweimal. Der Hintergrund ist dann nur viermal statt 16-mal dunkler beleuchtet und wirkt somit zwei Blendenstufen heller.

Noch einmal zur Verdeutlichung: Bei einer Verdopplung der Entfernung verdoppelt sich die Kantenlänge ebenfalls. Die Fläche, die sich aus Kantenlänge × Kantenlänge ergibt, ist damit allerdings schon 4-mal so groß. Bei gleicher Lichtmenge kommt pro Flächeneinheit nur noch ein Viertel, also 2 Blenden, weniger Licht an.

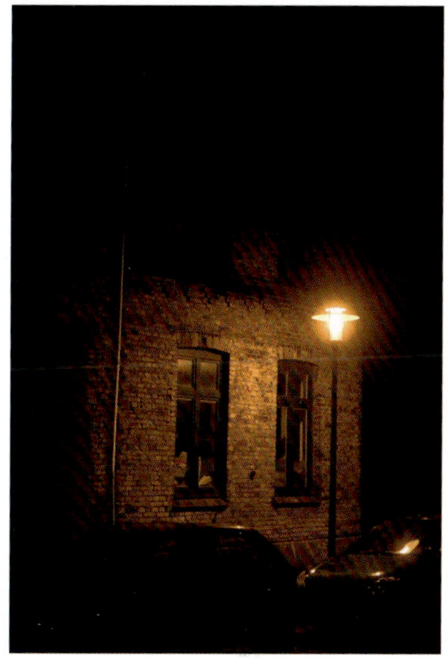

▴ Abbildung 5.33
Die Lichtintensität nimmt im Quadrat zur Entfernung der Lichtquelle ab, eine einzelne Kunstlichtquelle wirkt deswegen nur sehr lokal.
50 mm | f2,0 | 1/60 s | ISO 1000

5.9 Reflexion

Glatte Oberflächen werfen einen Teil des auftreffenden Licht gerichtet zurück. Es entsteht eine Spiegelung, in der sich das Motiv scharf erkennen lässt. Matte Oberflächen erzeugen eine diffuse Reflexion, bei der das Licht breit gestreut zurückgeworfen wird. Es lässt sich dann in dem zurückgeworfenen Licht nur die gemischte Farbinformation erkennen. Wenn Sie einen gelben Ball auf eine Glasplatte stellen, sehen Sie in der Glasplatte ein gespiegeltes und leicht abgeschwäch-

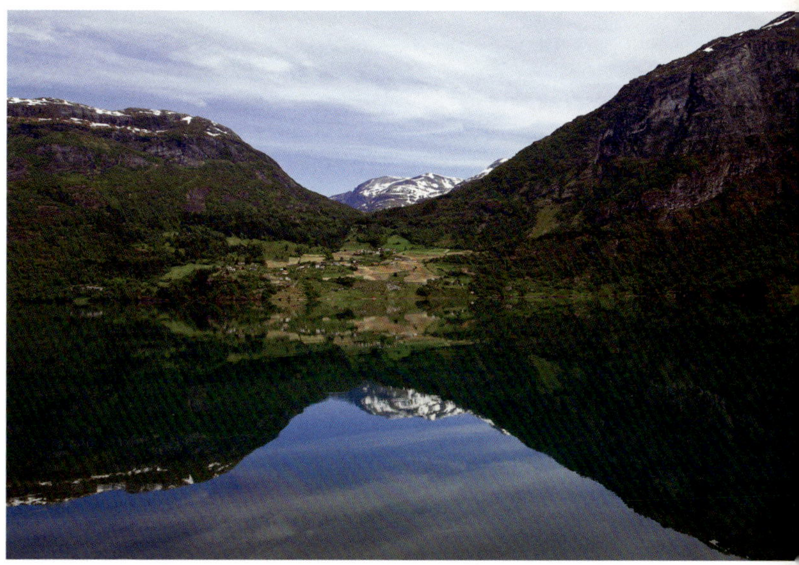

Abbildung 5.34 ▸
Ruhiges Wasser spiegelt das Motiv fast 1:1. Reflexionen werden umso intensiver, je näher Sie an die spiegelnde Oberfläche kommen und je flacher der Winkel wird. Wenn Sie also in die Knie gehen, wird die Wasserspiegelung noch leuchtender.
28 mm | f11 | 1/125 s | ISO 100

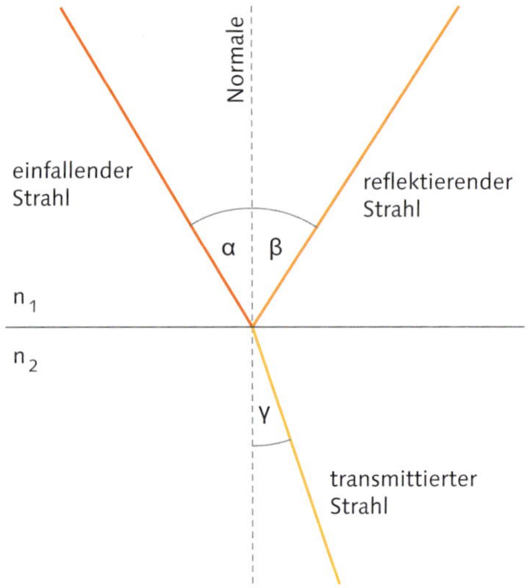

▲ **Abbildung 5.35**
Ein einfallender Lichtstrahl wird immer so reflektiert, dass der Winkel zur Senkrechten der Fläche gleich bleibt. »Einfallswinkel gleich Ausfallswinkel« ist die Kurzform. Wenn der Strahl durch das Medium geht (transmittierter Strahl), wird er gebrochen, das heißt, umso stärker von seiner Bahn zur Senkrechten hin abgelenkt, je stärker der Brechungsindex des Materials ist.

tes Abbild des Balls. Auf einer mattweiß gestrichenen Holzplatte färbt der Ball das Weiß der Platte gelblich, aber Sie erkennen nur einen diffusen Farbschein.

Ein Lichtstrahl wird so von einem Objekt reflektiert, als ob er einfach abprallt. Er verlässt die Oberfläche in einem Winkel, der dem an der Senkrechten (Normale) gespiegelten Einfallswinkel entspricht. Das macht es sehr einfach vorherzusehen, wie die Reflexionen sich ändern, wenn man das Licht anders positioniert oder sich selbst mit der Kamera bewegt. Wenn das Licht aber zum Beispiel durch ein mit Wasser gefülltes Glas fällt, ist es schon schwieriger, die exakten Änderungen vorherzusehen. Der Grad der Lichtbrechung ist vom Material abhängig, Glas und Wasser lenken den Lichtstrahl unterschiedlich ab.

Gerichtete Reflexionen sind manchmal störend, wenn sich zum Beispiel eine Lampe im Brillenglas des Models spiegelt. Oft können sie aber ein Motiv deutlich aufwerten. Eine Spiegelung in einer ruhigen Wasseroberfläche liefert eine symmetrische Kopie des Motivs, die umso klarer ist, je flacher Sie die Kamera über dem Wasser positionieren. Symmetrien werden als harmonisch empfunden, und bringen trotzdem Spannung ins Bild.

Nicht nur das Motiv kann sich spiegeln, auch das Licht, das es beleuchtet. Einzelne Fensterscheiben reflektieren Licht wie ein Spot in die Schatten, und eine Fensterfront wird so zum wirren Lichtmuster auf der gegenüberliegenden Straßenseite. Scheiben sind nie wirklich plan, und so wirken sie oft wie ein ungleichmäßiger Parabolspiegel, der das Licht gebündelt zurückwirft.

Komplizierter wird es, wenn das Motiv selbst reflektiert. Dann wird alles in der Umgebung zum Teil des Motivs, was im Winkelbereich der Spiege-

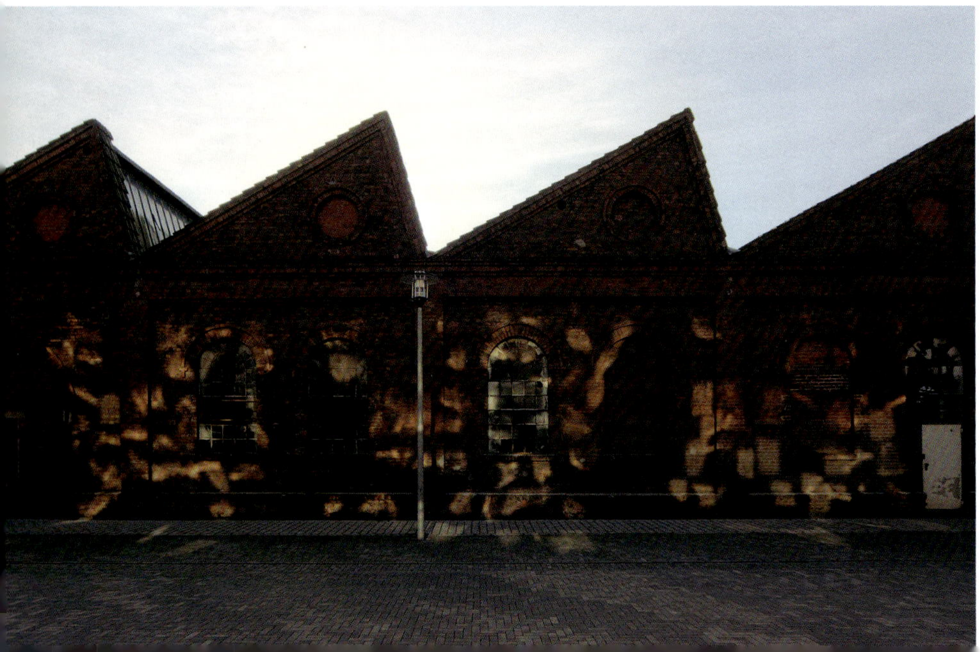

◂ **Abbildung 5.36**
Die Sonne wird von den Scheiben des gegenüberliegenden Gebäudes auf die alte Industriehalle geworfen. Durch die HDR-Technik haben sowohl der Himmel als auch die Schatten noch gute Zeichnung.

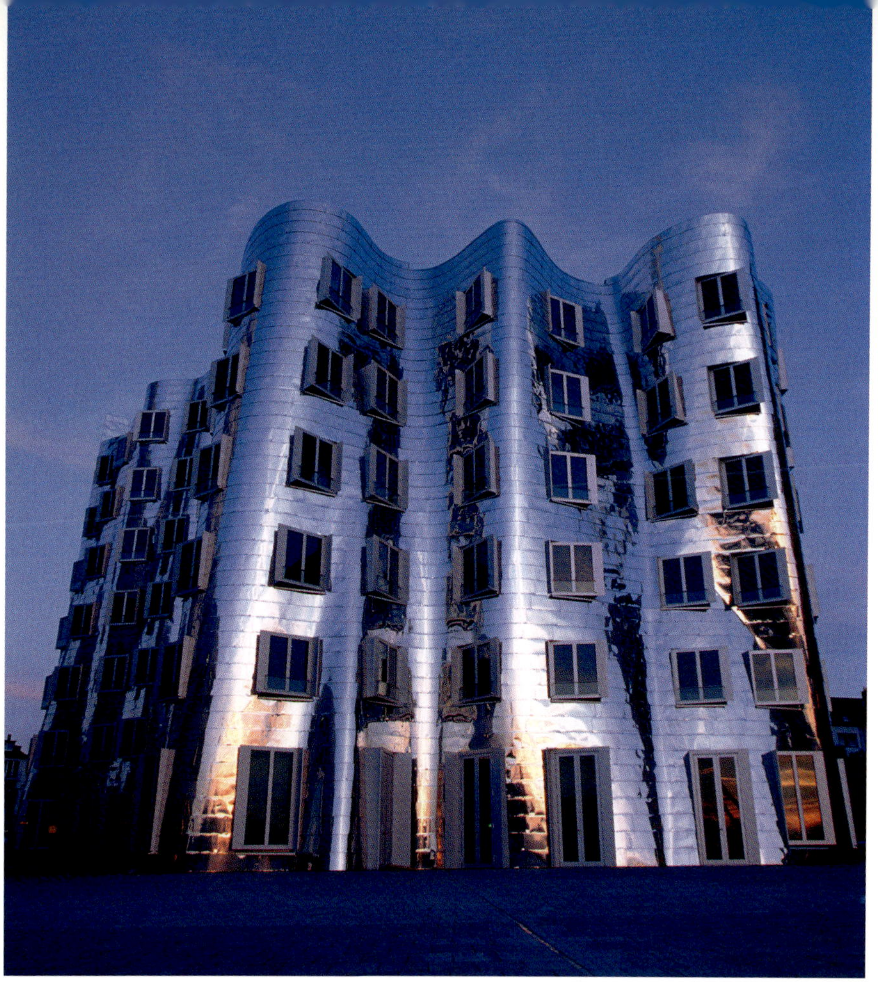

◂ **Abbildung 5.37**
Dieses Haus des Architekten Frank O. Gehry ist mit spiegelnden Metallplatten verkleidet. Die Abenddämmerung ergibt einen angenehmen Lichtverlauf in der Reflexion.
30mm | f8,0 | 1/125s | ISO200

lung liegt. Wenn Sie einen halbkugelförmigen verchromten Teekessel in Ihrer Küche fotografieren, haben Sie die gesamte Küche mit im Bild.

Für solche schwierigen Motive gibt es Lichtzelte, die das Objekt komplett umhüllen bis auf das kleine Loch fürs Objektiv. Die Fotografie von Autos ist auch deshalb so anspruchsvoll, weil der glänzende Lack die Umgebung einspiegelt. Wenn Lichtreflexionen über die gesamte Seite eines Autos laufen sollen, müssen die Lichtquellen oder Reflektoren sehr groß sein. Wenn Sie mit geringerem Aufwand Autos fotografieren möchten, eignet sich die Abenddämmerung gut, weil sie einen schönen Lichtverlauf auf das Auto bringt und so die Form betont. Oder Sie steuern das Licht mit kleinen Lichtquellen (wie einem externen Blitz), die nur punktförmige Reflexionen hervorrufen, aber den Lack schön zum Leuchten bringen.

Vergessen Sie nicht, dass auch diffuse Reflexionen Ihre Bilder beeinflussen, auch wenn die Effekte subtiler sind und leichter übersehen werden können. Jedes Objekt im Raum verändert die Lichtsituation, nicht nur die Helligkeit, sondern auch die Farbe.

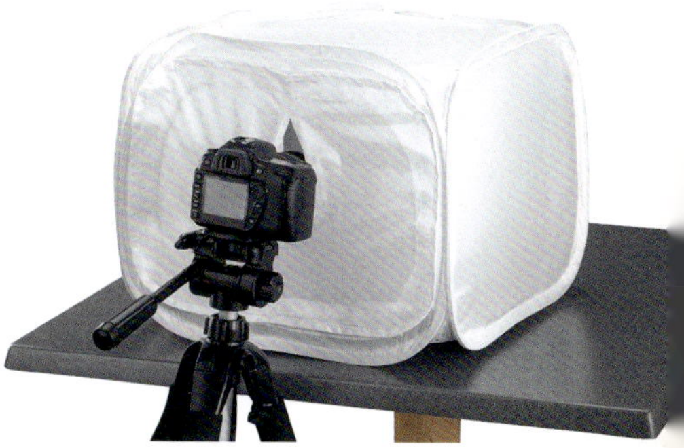

▴ **Abbildung 5.38**
Ein Lichtzelt oder Lichtwürfel liefert weiches Licht für schwierige Motive (Bild: Hama).

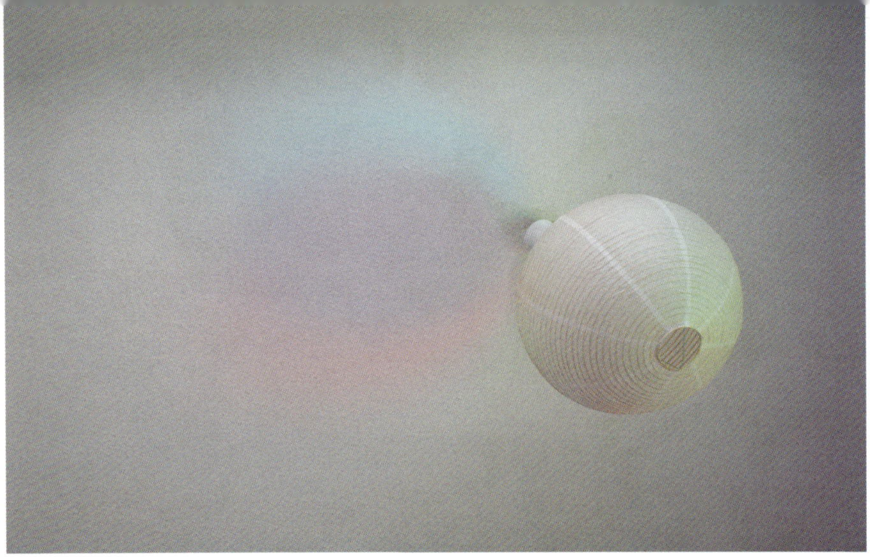

Abbildung 5.39 ▸
Eine weiße Lampe in einem weißen Raum bei Tageslicht. Durch die diffuse Reflexion an je einem roten, grünen und blauen Schrank wird die Lichtsituation farbig. Der Effekt wurde in der Bildbearbeitung ein wenig verstärkt, aber Sie werden in Ihrer Umgebung solche Effekte auch wahrnehmen können, wenn Sie sich genauer umschauen.
35 mm | f8,0 | 1/25 s | ISO 400

5.9.1 Aufhellen

Während harte Lichtquellen ein schönes, klares Licht erzeugen, sind die Schatten oft zu dunkel für einen angenehmen Bildeindruck, besonders bei Porträts. Sie müssen das aber nicht einfach hinnehmen, sondern können die Lichtsituation gestalten. Eine Möglichkeit ist, mit einem Blitz die Schatten aufzuhellen. Dadurch haben Sie aber eine zweite harte Lichtquelle im Bild, die obendrein oft etwas kühler als das Hauptlicht ist. Die Haut fängt an zu glänzen, das Mischlicht ist farblich nicht wirklich schön, und im Extremfall haben Sie sogar Doppelschatten und Kreuzlicht. Wie Sie den Blitz in diesem Fall besser einsetzen können, erfahren Sie in Kapitel 7, »Blitzfotografie«.

Aber es gibt eine elegante Alternative: den Einsatz eines Aufhellers beziehungsweise Faltreflektors. Mit ihm können Sie das Licht der Hauptlichtquelle in die Schattenbereiche reflektieren. Das hat den Vorteil, dass der Charakter der Aufhellung vom Hauptlicht beeinflusst wird. Das wirkt natürlich und angenehm.

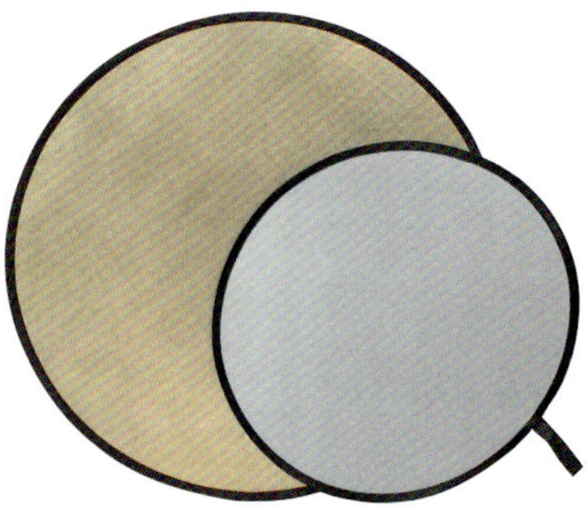

▴ **Abbildung 5.40**
Faltreflektoren sind oft von beiden Seiten unterschiedlich beschichtet, hier eine Weiß/Gold-Kombination (Bild: Hama).

Aufheller gibt es in vielen Varianten und Größen, ich selbst nutze meist einen runden Mehrzweckreflektor von 80 cm Durchmesser, der fünf verschiedene Einsatzmöglichkeiten vereint: Ein Diffusor, der das hindurchfallende Sonnenlicht streut, kann mit einer wendbaren Hülle bezogen werden, deren vier Seiten die Farben Weiß, Schwarz, Silber und Gold haben. Als Diffusor kann man ihn vor die Sonne halten und bekommt dann ein Licht ähnlich einer Softbox, aber ein wenig härter. Der weiße Überzug reflektiert weich und neutral, der silberne hart neutral. Gold reflektiert hart und gibt dem Licht einen Warmton. Die schwarze Seite kann verwendet werden, um die Schatten noch tiefer zu machen, als sie durch das normale Umgebungslicht wären. Die Einflussmöglichkeiten auf das Licht sind großartig, der einzige Nachteil ist die Handhabung. Manchmal reicht es, den Reflektor in der linken Hand zu halten, während man mit rechts fotografiert. Man kann ihn auch an ein Lichtstativ hängen, aber sein volles Potenzial erreicht er erst, wenn Sie ihn einem Fotoassistenten in die Hand drücken, der mitdenkt.

Sie können oft in Ihrer Umgebung geeignete Aufheller finden, wenn Sie bewegliche Motive fotografieren. Eine weiße Wand, ein Lieferwagen oder ein heller Felsen eignen sich hervorragend. Und wenn Sie improvisieren müssen, können Sie ein weißes Bettlaken oder eine Styroporplatte aus dem Baumarkt als mobilen Aufheller verwenden. Bei kleinen Motiven reicht sogar ein Blatt Papier oder eine Pappe.

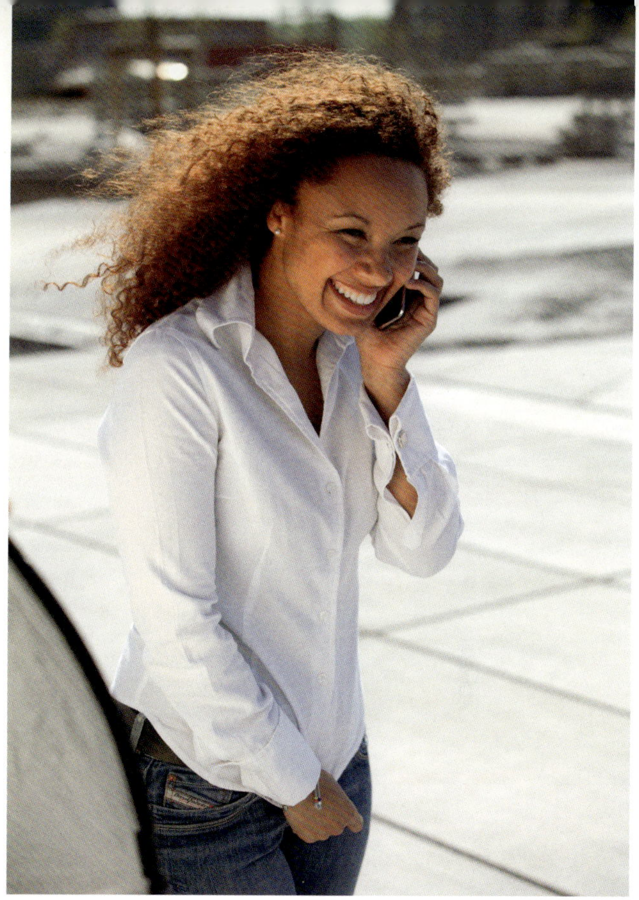

▲ **Abbildung 5.41**
In dieser Gegenlichtaufnahme hellte ein goldener Faltreflektor nicht nur das Gesicht im Schatten auf, sondern auch die Laune des Models.

5.9.2 Polarisation

Wenn das Licht die Sonne verlässt, schwingt die Lichtwelle in alle Richtungen quer zur Ausbreitungsrichtung. Das bleibt auch so – bis zum Eintritt in unsere Atmosphäre, wo ein Teil des Lichts durch den Zusammenstoß mit kleinen Teilchen in seinen Schwingungsrichtungen eingeschränkt wird, so dass es nur noch in eine Richtung schwingt. Es wird polarisiert.

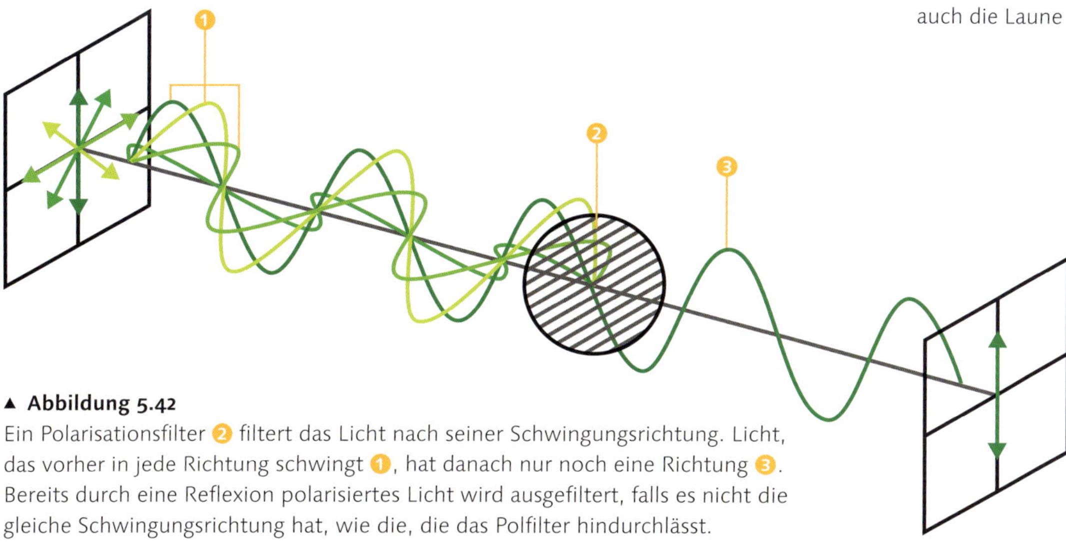

▲ **Abbildung 5.42**
Ein Polarisationsfilter 2 filtert das Licht nach seiner Schwingungsrichtung. Licht, das vorher in jede Richtung schwingt 1, hat danach nur noch eine Richtung 3. Bereits durch eine Reflexion polarisiertes Licht wird ausgefiltert, falls es nicht die gleiche Schwingungsrichtung hat, wie die, die das Polfilter hindurchlässt.

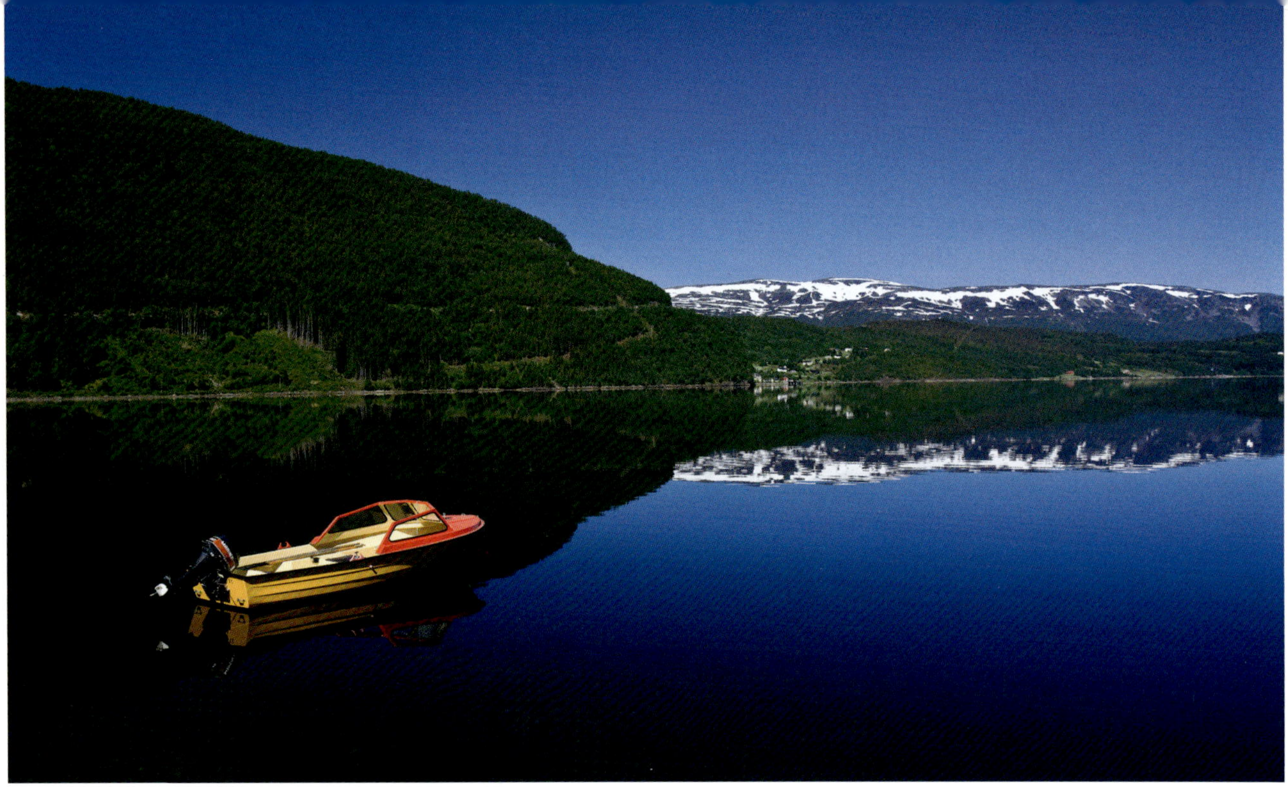

▲ **Abbildung 5.43**
Der Himmel ist dunkler und klarer, die Farben leuchten stark, der Dunst kaum zu sehen. Das sind typische Effekte, die durch ein Polfilter verursacht werden.
32 mm | f11 | 1/160 s | ISO 200

Ebenso findet eine Polarisation statt bei einer Spiegelung an einer Wasseroberfläche oder an einer Glasscheibe. Jede Reflexion auf einer nichtmetallischen Oberfläche polarisiert das Licht.

Durch den Einsatz eines Polarisationsfilters (auch kurz Polfilter genannt) können Sie Licht einer bestimmten Polarisationsrichtung aussperren. So passieren nur unpolarisiertes Licht und Licht, das quer zum ausgesperrten Licht polarisiert ist, das Filter. Damit können Sie Reflexionen auf einer Glasscheibe verringern, wenn Sie durch eine hindurchfotografieren müssen. Die Reflexionsminderung ist dabei vom Winkel zur Glasfläche abhängig, optimale Minderung ergibt sich, wenn Sie im sogenannten **Brewster-Winkel** auf die Glasscheibe fotografieren. Bei der Grenzfläche Luft–Glas entspricht dieser ungefähr 57° zur Senkrechten, entsprechend 33° zur Glasfläche.

Weil das Polfilter immer nur eine Schwingungsrichtung durchlässt, muss es an der Kamera drehbar angebracht werden, um diese Richtung anpassen zu können. Wenn Sie die Kamera in eine andere Richtung schwenken, müssen sie am Polfilter drehen, um seine Wirkung erneut anzupassen.

Mit einem Polfilter können Sie auch das Himmelblau verstärken, weil das polarisierte Streulicht zum Teil ausgeschlossen wird. Generell vermindert das Polarisationsfilter die Reflexionen, so dass Motive matter und kräftiger in ihrer Eigenfarbe erscheinen. Wenn zum Beispiel bei einen grünen Blatt das weiß reflektierte Licht gefiltert wird und nur das aus dem Blatt selbst zurückgeworfene grüne Licht übrig bleibt, dann glänzt das Blatt weniger und erscheint farbiger.

Polarisiertes Licht bringt eine Digitalkamera völlig durcheinander. Auf Autofokus und Belichtungsmessung könnten Sie sich nicht mehr verlassen, und das Sucherbild würde dunkler, wenn es nicht einen praktischen Trick gäbe: Nach der Polarisation wird das Licht bei einem Zirkularpolfilter in einer zweiten Schicht wieder entpolarisiert. So haben Sie den optischen Effekt der Polarisation ohne den Nachteil der aus dem Takt gebrachten Kamera. Für eine DSLR sollten Sie deswegen immer ein Zirkularpolfilter und kein Linearpolfilter verwenden.

Falls Sie ein altes Polfilter haben, können Sie leicht testen, ob es sich um ein zirkulares oder lineares handelt. Gucken Sie durch das Filter auf eine Glasfläche mit Reflexionen oder noch besser auf einen LCD-Monitor. Drehen Sie das Filter, und betrachten Sie die Wirkung. Wenden Sie das Filter dann, und wiederholen Sie den Vorgang. Bei einem Linearpolfilter ist es egal, ob Sie von vorne oder hinten hindurchschauen. Ein Zirkularpolfilter wirkt dann, wenn Sie von hinten durchschauen, von vorne hat er kaum eine wahrnehmbare Wirkung. Der LCD-Monitor eignet sich für diesen Test deswegen so gut, weil in ihm eine Polarisationsfolie verbaut ist. Wenn das Filter quer zur Richtung der Folie gehalten wird, erscheint der Bildschirm fast schwarz, längs kaum dunkler.

ACHTUNG

Dadurch, dass das Polfilter immer eine Schwingungsrichtung ausfiltert, muss es an der Kamera drehbar angebracht werden, um diese Richtung anpassen zu können. Wenn Sie die Kamera in eine andere Richtung schwenken, müssen sie am Polfilter drehen, um seine Wirkung erneut anzupassen.

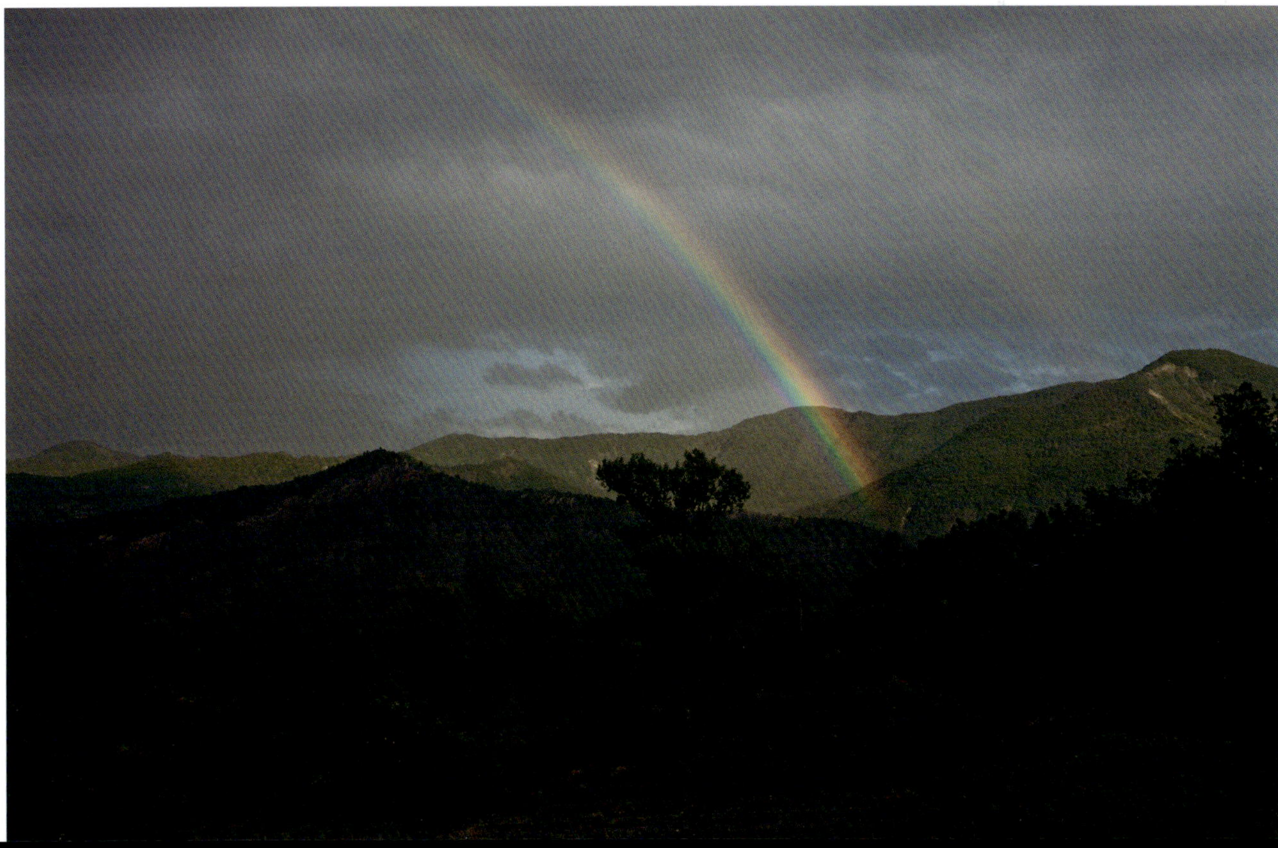

▼ **Abbildung 5.44**
Die Farben des Regenbogens wurden durch ein Polfilter verstärkt. Zusätzlich wurde der Regler DYNAMIK in Adobe Camera Raw etwas angehoben, um leuchtendere Farben zu erhalten.

40 mm | f8,0 | 1/125 s | ISO 250

REFLEXIONEN VERMEIDEN

Wenn Sie durch eine Scheibe fotografieren müssen, werden Sie auch mit einem Polfilter nicht sämtliche Reflexionen ausschalten können. Solange die Reflexionen aber dunkel und gleichförmig sind, werden Sie den Durchblick durch die Scheibe nicht stören. Manchmal hilft es, die Flächen direkt neben dem Objektiv mit der Hand abzuschatten oder dunkle Kleidungsstücke zu Hilfe zu nehmen. Bei geplanten Aufnahmen können Sie extra Material zum Abschatten mitnehmen. Schwarzer Molton (Baumwollstoff) an einer Querstange an einem Lichtstativ befestigt, ist eine praktische Lösung. Sie schatten damit einfach den Hintergrund in Reflexionsrichtung ab und haben keine störende Reflexion mehr im Bild.

Ein Polarisationsfilter eignet sich auch, um das Glänzen der Haut bei Porträts zu minimieren. Wenn Sie das Filter auf maximale Wirkung gedreht haben, wirkt die Haut manchmal schon zu matt, wenn Sie das Filter dann um ein paar Grad drehen, erscheint wieder ein leichter Glanz auf der Haut.

Eine andere Spezialanwendung des Polfilters ist das Fotografieren von Regenbögen. Bei einem Regenbogen wird das Licht beim Eintritt in den Wassertropfen gebrochen, dabei wird es in die Spektralfarben aufgefächert. Im Tropfen wird es reflektiert, dabei polarisiert und beim Austritt noch einmal gebrochen, was die Farbigkeit weiter verstärkt. Wenn Sie nun das Polfilter so drehen, dass das Regenbogenlicht optimal hindurchgelassen wird, schwächen Sie gleichzeitig anders polarisiertes Licht ab und verstärken so die Wirkung des Regenbogens.

▼ **Abbildung 5.45**
Wenn man einen Punkt eines Motivs anvisiert und die Lichtstrahlen soweit zurückverfolgt, bis man an einer oder mehreren Lichtquellen angekommen ist, merkt man erst, wie kompliziert Beleuchtungssituationen oft sind.

28 mm | f4,0 | 1/100 s | ISO 3 200 | (Ausschnitt)

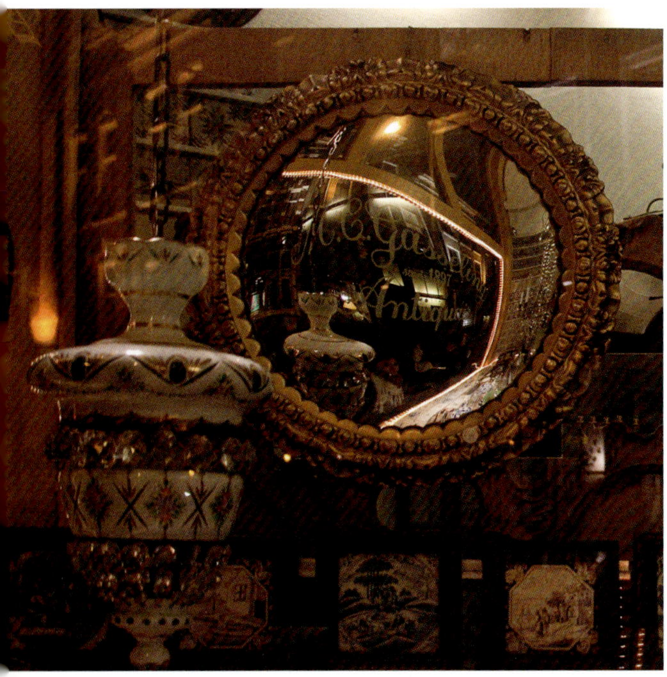

5.10 Fazit

Egal, wo Sie sich jetzt gerade befinden, Sie werden beobachten können, wie das Licht reflektiert, gebrochen, eingefärbt und absorbiert wird, wie es Schatten wirft und sie gleichzeitig aufhellt. Vielleicht werden Sie sogar Hinweise auf Beugung und Polarisation entdecken können. Wenn Sie auf die nächste Buchseite umblättern, wird sich das Licht im Raum verändern. In den nächsten 24 Stunden werden nur durch die Drehung der Erde völlig unterschiedliche Lichtsituationen entstehen. Manche davon werden Objekte in ihrem Umfeld in ein besonderes Licht tauchen, einen Moment erschaffen, in dem die Schatten und die Reflexionen stimmig sind, und eine Schönheit entsteht, die erst in diesem Licht sichtbar wird.

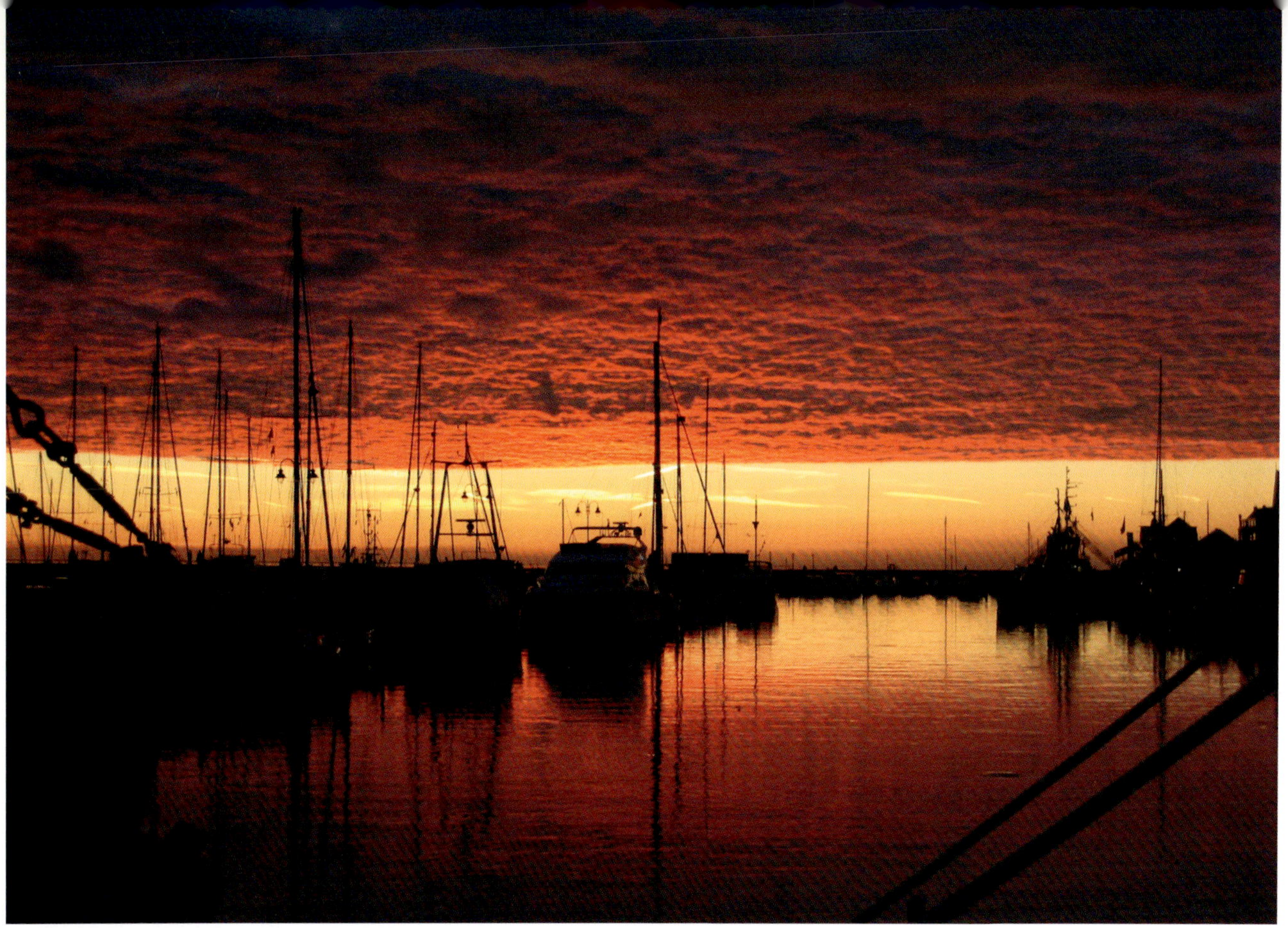

Wenn dieses Objekt ein Berg ist, dann werden Sie diesen Moment abwarten müssen, um das bestmögliche Foto aufzunehmen. Falls es sich aber um ein handlicheres Motiv handelt, können Sie nachhelfen und das Licht mit einem Reflektor umlenken, vielleicht den Ort wechseln oder zusätzliches Licht verwenden. Beim Porträtieren sind sowohl Sie als auch Ihr Model beweglich. Selbst ohne zusätzliches Licht können Sie so in kurzer Zeit eine Vielzahl von Lichtsituationen durchspielen.

Seien Sie sich der Möglichkeiten bewusst, die das natürliche Licht für Sie bereithält. Und denken Sie an die Freiheiten, die Sie haben, diese Möglichkeiten zu beeinflussen. Manchmal finden Sie in einem Umkreis von wenigen Metern einen Ort mit perfektem Porträtlicht, und manchmal genügt eine Drehung, um störende Schatten zu vermeiden. Für kleine Objekte können Sie ganze Fotostudios nur aus Papier und Taschenlampen basteln – um Licht kreativ einzusetzen, müssen Sie kaum Geld ausgeben. Das schönste Licht liefert ohnehin die Sonne, und die ist für alle umsonst.

▲ **Abbildung 5.46**
Kurz nach Sonnenuntergang bekommt die Wolkendecke von unten etwas Sonnenlicht. Diese seltene Lichtsituation ergab fast automatisch ein interessantes Bild.

35mm | f4,0 | 1/50s | ISO 100

Abbildung 5.47 ▸▸
Dieser alte Filmbetrachter wurde mit einem Diaprojektor von rechts und einer Taschenlampe von links beleuchtet, als Untergrund diente ein Bogen graues Papier, das nach hinten hochgebogen wurde. Sie können Studiofotografie mit ganz billigen oder vorhandenen Lichtquellen betreiben, wenn der Raum selbst dunkel ist.

50 mm | f2,0 | 1 s | ISO 100

ANREGUNGEN

1. Wählen Sie einen Ort, der reflektierende Flächen aufweist, eine Straße in der Stadt oder ein Schaufenster beispielsweise. Suchen Sie sich einzelne Punkte in der Szene, und versuchen Sie festzustellen, von wo das Licht kommt bzw. aus welchen unterschiedlichen Quellen es sich zusammensetzt. Sie werden feststellen, dass dies manchmal sehr komplizierte Wege sind mit starken wechselseitigen Beeinflussungen. Nehmen Sie sich Zeit, um die Details einer Szene zu verstehen, wie das Licht entsteht und welche Wege es genommen hat. Sie werden feststellen, dass Ihnen, je länger Sie sich mit der Fotografie beschäftigen, immer mehr auffallen wird und Sie viel sensibler gegenüber kleinen Details der Lichtsituation werden.
2. Fotografieren Sie je ein Bild, bei dem der Schatten oder die Reflexion zum Hauptmotiv werden.
3. Wählen Sie ein Motiv in Ihrer Nähe, das Sie zu unterschiedlichen Tageszeiten fotografieren können. Erstellen Sie eine Reihe von Aufnahmen mit gleicher Kameraposition und Brennweite.
4. Wenn Sie ein lohnendes Motiv in Ihrer Nähe haben, weiten Sie den Versuch auf ein Jahr aus. Optimieren Sie anfangs den Bildausschnitt, damit sich eine schöne Bildserie ergibt.
5. Suchen Sie sich ein Objekt, und fotografieren Sie es als ein schönes Stillleben. Sie dürfen dafür nur natürliches Licht verwenden und Dinge, die Sie bereits besitzen. Innerhalb dieser Einschränkungen dürfen Sie alles unternehmen, um möglichst schönes Licht und angenehme Reflexionen zu erzeugen.
6. Fotografieren Sie in nächster Zeit bei Sonnenaufgang.
7. Nutzen Sie Streulicht bewusst für ein Foto. Fotografieren Sie gegen die Sonne, probieren Sie unterschiedliche Blendenwerte aus. Sie dürfen für diese Aufgabe auch gerne einen Blitz zum Aufhellen verwenden.
8. Gehen Sie an einem Tag mit durchgehend grauem Himmel fotografieren. Versuchen Sie, eine möglichste klare, sachliche und nüchterne Aufnahme von einem Motiv zu erstellen. Belichten Sie circa eine gute Blende über (zum Beispiel mit der Zeitautomatik (Av), Belichtungskorrektur auf +1 einstellen), so dass die Lichter noch Zeichnung haben, das Bild aber nicht mehr trist wirkt.
9. Fotografieren Sie dasselbe Motiv bei schwachem Licht einmal mit Blitz und einmal mit vorhandenem Licht. Versuchen Sie dann in einer dritten Aufnahme, die Belichtungszeit so abzustimmen, dass das Umgebungslicht zusammen mit dem Blitz ein möglichst stimmiges Gesamtergebnis ergibt. Vergleichen Sie die Ergebnisse, welches sagt Ihnen am meisten zu? Mehr dazu in Kapitel 7, »Blitzfotografie«.
10. Fotografieren Sie nachts in einem dunklen Raum ein Stillleben. Beleuchten Sie es ausschließlich mit einer bewegten Taschenlampe. Experimentieren Sie mit verschiedenen Lichtvarianten. Wenn Sie kein Stativ haben, können Sie die Kamera auf dem Tisch auf ein paar Bücher legen, so dass die Aufnahmehöhe passt.

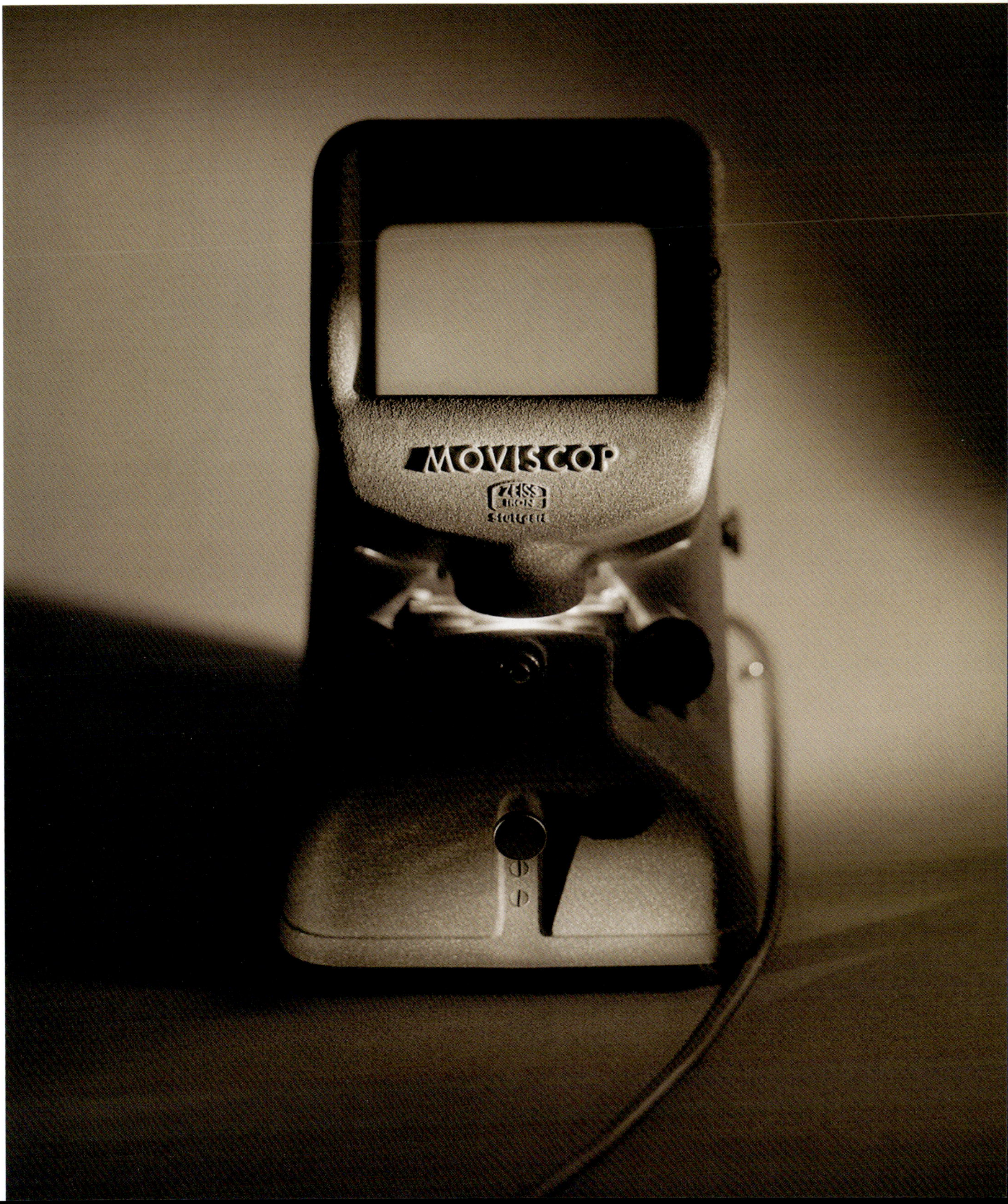
MOVISCOP
ZEISS
IKON

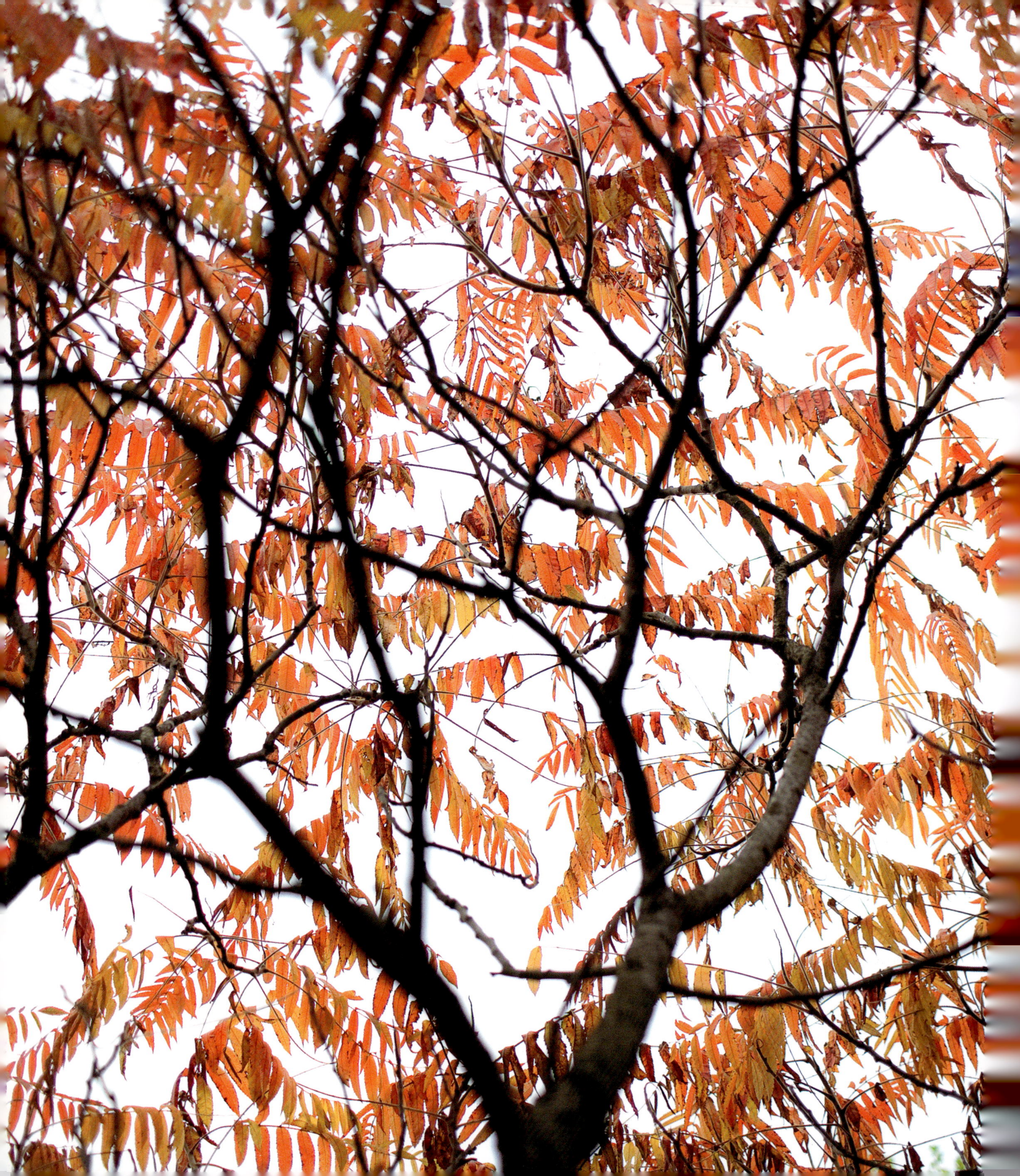

6 Belichtung

In den Anfangstagen der Fotografie hatten die Fotostudiobetreiber oft eine Katze. Der schauten sie in die Augen, um zu sehen, wie weit die Pupille geöffnet war und legten dann die Belichtungszeit fest. Seitdem sind nicht nur die Belichtungszeiten kürzer, sondern auch die Messmethoden ausgeklügelter geworden. Trotz aller technischen Raffinessen müssen Sie als Fotograf auch heute ständig in die Belichtungsmessung eingreifen. Dazu müssen Sie verstehen, wie die Kamera »denkt« und wie Sie ihre Entscheidungen beeinflussen können. Sie haben hauptsächlich drei Einflussmöglichkeiten, die Helligkeit eines Bildes zu bestimmen: Belichtungszeit, Blende und ISO-Wert.

6.1 Grundlagen

Ob Sie gegen die Sonne fotografieren oder in dunkler Nacht, ob Sie es mit extrem hohen Kontrasten oder mit ungewöhnlichen Motivhelligkeiten zu tun haben: Sie werden alle diese Situationen technisch bewältigen können, allerdings wird Ihre Kamera nicht immer den besten Vorschlag für die richtige Belichtung machen. Wenn Sie den Spielraum nutzen, den Ihnen die Verschlusszeit, der Blendenwert und die ISO-Zahl bieten und lernen, wie Sie die Automatik der Kamera beeinflussen oder wann Sie auf sie verzichten sollten, können Sie fast alle Fotosituationen in den Griff bekommen. Und diejenigen, die sich damit nicht zufriedenstellend umsetzen lassen, können Sie meist ändern, indem Sie zusätzliches Licht einsetzen, Bereiche abschatten, HDR verwenden oder Ihre Position verändern.

◂◂ **Abbildung 6.1**
Um die Herbstblätter möglichst leuchtend wiederzugeben, wurden die Blätter angemessen und dann im manuellen Modus die Kamera in Richtung des Himmels geschwenkt.
35 mm | f2,0 | 1/125 s | ISO 100

6.1.1 Belichtungszeit

Mit der Belichtungszeit regeln Sie, wie lange der Verschluss Licht auf den Sensor lässt. Der Sensor addiert das Licht in dieser Zeit – je länger er belichtet wird, desto heller wird das resultierende Bild. In der Praxis werden Sie die Belichtungszeit so kurz halten wollen, dass sich die Kamera oder das Motiv in dieser Zeit so wenig bewegen, wie möglich, damit das Bild scharf

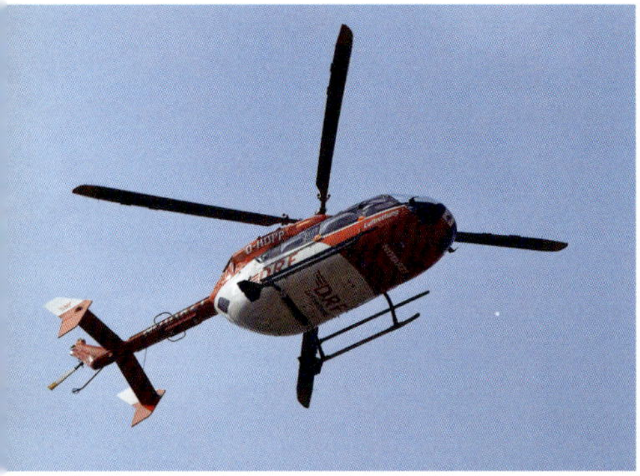

▲ **Abbildung 6.2**
Mit 1/8000 s Belichtungszeit zeigen selbst die Rotorblätter eines Hubschraubers keine Anzeichen von Bewegung.
200 mm | f7,1 | 1/8000 s | ISO 1 000

bleibt. Gegen das Verwackeln der Kamera hilft ein Stativ. Ein Bildstabilisator ist hier auch hilfreich, allerdings nur für circa 2–4 Blendenstufen längere Belichtungszeiten.

Eine Faustregel besagt, dass Sie eine Belichtungszeit, die dem Kehrwert der Brennweite entspricht, noch gut aus der Hand halten können. Bei einem 200-mm-Objektiv werden Sie mit 1/200 s also meist noch scharfe Bilder erhalten, mit einem guten Bildstabilisator vielleicht 4 Blendenstufen mehr, also circa 1/15 s. Mit einem Stativ können Sie sogar eine Stunde lang belichten, ohne dass die Schärfe leidet. Bei bewegten Motiven hilft Ihnen das natürlich nicht. Der Bildstabilisator macht Ihnen zwar das Mitziehen etwas einfacher, um eine etwas höhere Schärfe auch bei bewegten Motiven erhalten zu können, aber letzten Endes benötigen Sie doch eine relativ kurze Zeit, um die Bewegung einfangen zu können.

6.1.2 Blende

Die Blende verkleinert die Öffnung des Objektivs, um weniger Licht durchzulassen. Je kleiner die Blendenöffnung ist, desto höher ist der entsprechende Blendenwert und desto weniger Licht kommt bei gleicher Belichtungszeit durch das Objektiv. Ihr Auge schließt die Pupille bei Sonne auch viel weiter als es das in der Dämmerung tut. Die Blende hat aber noch ein paar Zusatzeffekte: Je kleiner die Blendenöffnung ist, desto enger wird der Lichtkegel, wenn er auf den Sensor trifft. Deshalb bleibt dieser länger innerhalb des zulässigen Zerstreuungskreises und die Schärfentiefe nimmt zu.

Abbildung 6.3 ▶
Um bei diesem Bild die Wirkung der kreisrunden Sonnenscheibe in der Unschärfe nicht zu zerstören, musste bei Offenblende fotografiert werden, ansonsten hätten die Blendenlamellen ein Achteck daraus gemacht und das Bokeh wäre dahin gewesen.
50 mm | f2,8 | 1/1000 s | ISO 100 | Makroobjektiv

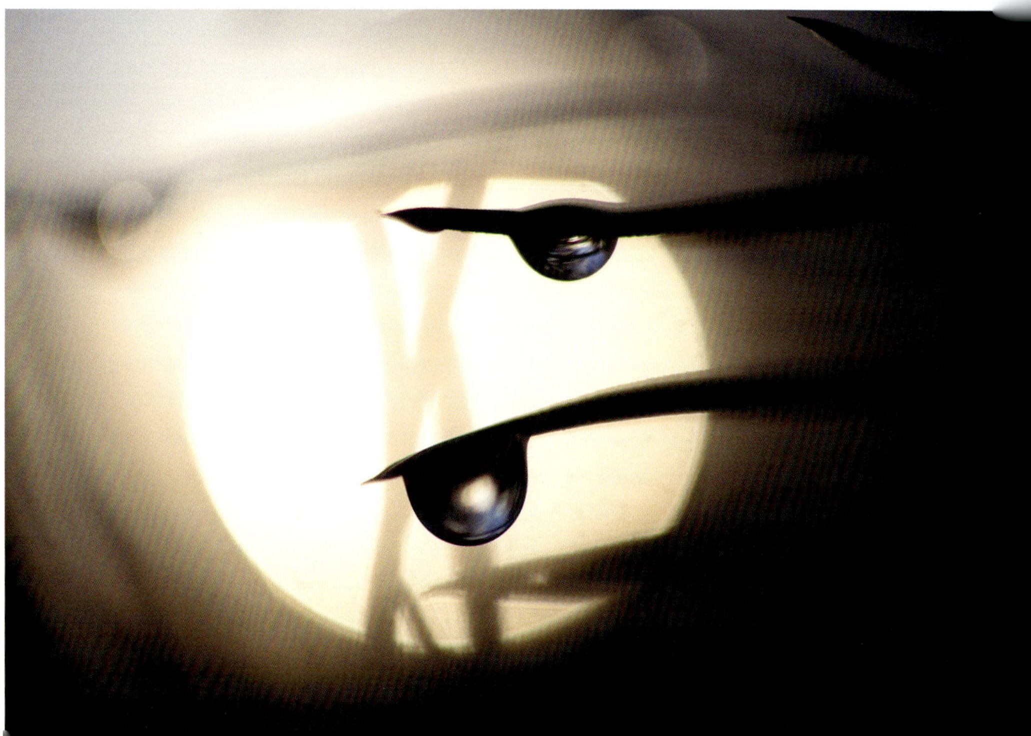

Aber auch die Gesamtschärfe des Objektivs nimmt beim Abblenden erst zu und lässt ab Blende 8–11 wieder nach, weil dann die Beugungsunschärfe einsetzt. Außerdem wird das Bild bei Offenblende durch die Vignettierung (siehe Seite 116) zum Rand hin dunkler, was erst bei Abblendung um circa 2 Stufen stark zurückgeht.

Mit der Blende steuern Sie also so viele Faktoren, dass Sie sich meist gestalterisch auf ein sehr engen Blendenbereich festlegen. Sie lässt also für die reine Belichtungssteuerung in der Praxis kaum Spielraum.

6.1.3 ISO-Wert

Mit dem ISO-Wert steuern Sie die Empfindlichkeit des Sensors. Wenn Sie eine bestimmte Blende verwenden wollen oder müssen und auch eine bestimmte Belichtungszeit benötigen, können Sie diese Kombination nur durch Heraufsetzen des ISO-Werts beibehalten, wenn das Licht schwächer wird.

Leider hat auch der ISO-Wert seine Nachteile: Je weiter die Empfindlichkeit des Sensors heraufgesetzt wird, desto stärker tritt das Grundrauschen des Sensors in Erscheinung. Die Signalverstärkung, die für die volle Ausnutzung des schwachen Lichts erforderlich ist, verstärkt auch das zufällige Rauschen des Sensors. Die Farb- und Helligkeitsabweichungen werden mit zunehmendem ISO-Wert immer größer, bis das Bild kaum noch zu verwenden ist. Deswegen werden Sie in der Praxis versuchen, den ISO-Wert eher gering zu wählen und die beiden obersten ISO-Stufen Ihrer Kamera nur zu verwenden, wenn es wirklich nicht anders geht.

Die Belichtungseinstellung ist also immer ein Kompromiss aus Belichtungszeit, Blendenwert und ISO-Zahl. Oder anders ausgedrückt, ein Kompromiss aus Bewegungsunschärfe, Schärfentiefe und Bildrauschen. Bei hellem Tageslicht lässt sich meist eine Kombination ohne Qualitätseinbußen finden. Wenn Sie mit optimaler Blende und einer kurzen Belichtungszeit fotografieren, kann auch die ISO-Zahl bei 100 oder 200 bleiben, weil die Sonne so viel Licht liefert.

▼ **Abbildung 6.4**
In dieser Nachtaufnahme der Konzerthalle Amsterdam sind auch die bewegten Wellen scharf. Ein hoher ISO-Wert machte eine relativ kurze Belichtungszeit möglich.
40mm | f4,0 | 1/20s | ISO 4000

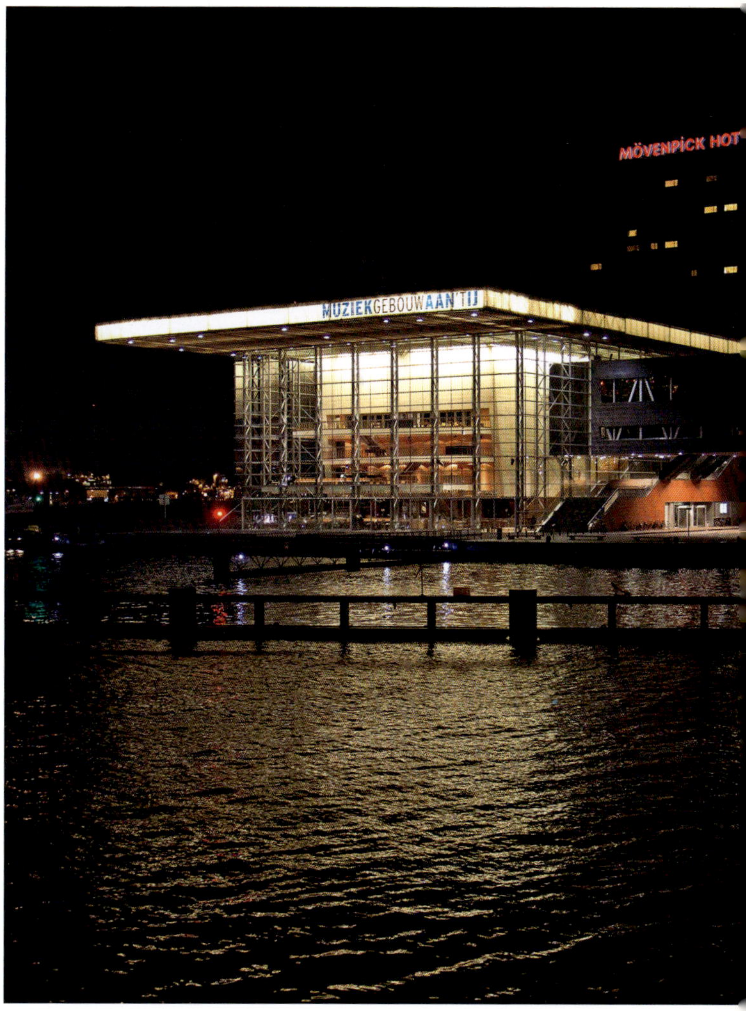

6.2 Belichtungsmessung

Ein Belichtungsmesser wandelt Licht in Strom um, der dann gemessen wird. Ein Kamerasensor funktioniert im Prinzip gleich, und so könnte man den Sensor auch direkt zur Belichtungsmessung verwenden. Im Live-View-Modus wird das sogar gemacht, normalerweise aber sitzt der Belichtungsmesser zusammen mit dem Autofokus unterhalb des Spiegels einer DSLR. So kann die Belichtungsmessung einen noch größeren Helligkeitsbereich abdecken, und die konkreten Belichtungswerte können schneller festgelegt werden, weil viel weniger und empfindlichere Messfelder verwendet werden, als der Sensor sie bieten kann.

6.2.1 Erfahrungswerte: Sunny 16

Selbst die überzeugtesten Digitalfotografen haben oft noch alte analoge Kameras in gelegentlicher Benutzung, manchmal so alte, dass sie nicht einmal über einen eingebauten Belichtungsmesser verfügen. Natürlich können Sie dann mit Ihrer DSLR die Belichtung messen und auf die alte analoge Kamera übertragen. Falls aber die DSLR zu Hause liegt, ist es nützlich, eine alte Faustformel zu kennen: Die sogenannte Sunny-16-Regel besagt, dass bei Sonnenschein und Blende 16 die Belichtungszeit dem Kehrwert des ISO-Werts entspricht.

▼ Abbildung 6.5
Dieses Bild ist tatsächlich exakt mit ISO 100, f16 und 1/100 s aufgenommen worden. Die Mehrfeldmessung und die Zeitautomatik haben die Sunny-16-Regel bestätigt.

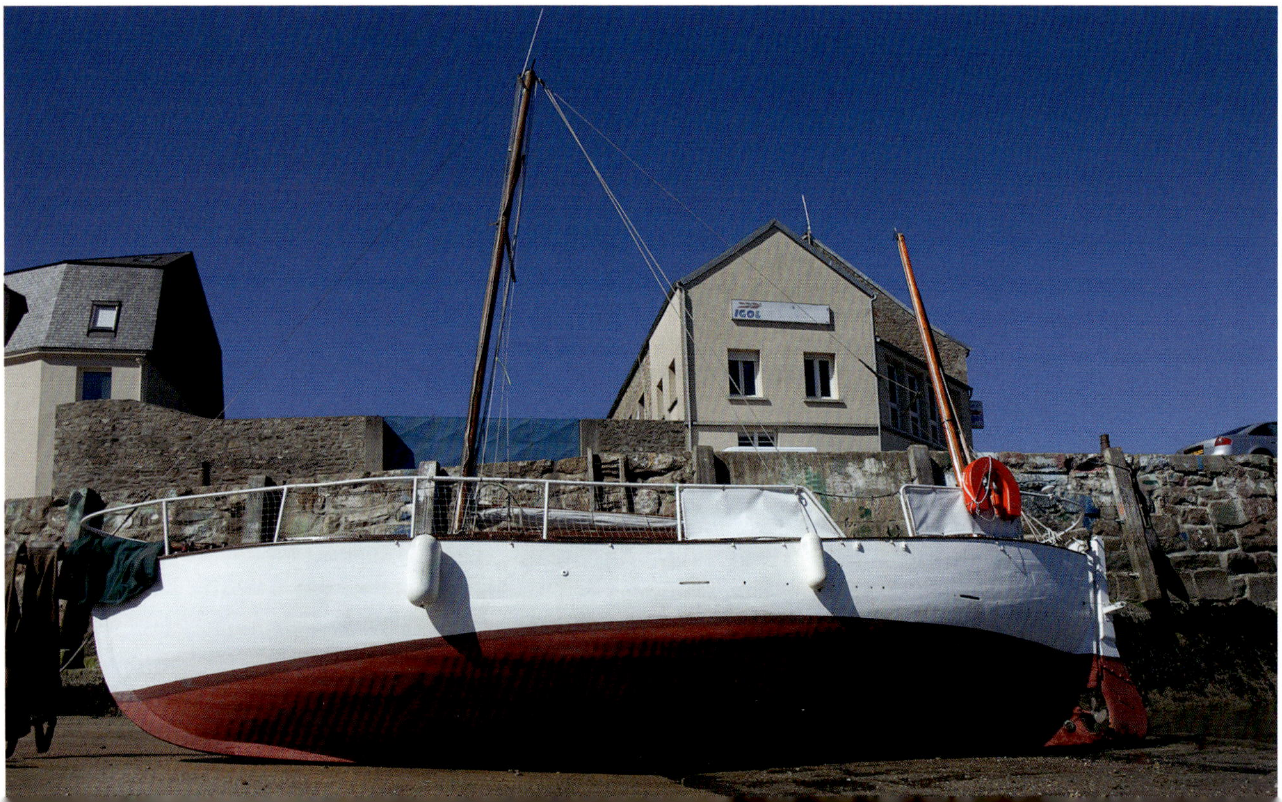

Bei ISO 100 und Blende 16 bekommen Sie also mit 1/100s ein korrekt belichtetes Bild, wenn die Sonne auf Ihr Motiv scheint. Ausgenommen sind die ersten und letzten zwei Stunden des Sonnenlichts, weil das Licht dann so schräg durch die Atmosphäre fällt, dass es wärmer und schwächer wird.

6.2.2 TTL-Messung

Das Kürzel TTL steht für *Through The Lens* und bezeichnet die Belichtungsmessung durch das Objektiv. Das ist heute so selbstverständlich, dass es nur noch bei der Blitzlichtmessung namentlich erwähnt wird. Die Belichtungsmessung hat dadurch exakt dieselbe Ausgangsbasis wie das spätere Bild. Sie kann auch die Schärfepunkte der Autofokusmessung zur Interpretation der Messergebnisse heranziehen. Die Sensoren teilen das Bild in einzelne Bereiche auf und messen die Helligkeit separat. So können diese Bildbereiche je nach gewählter Belichtungsmessmethode (siehe Seite 262) unterschiedlich gewichtet und die Belichtungsmessung an die Lichtsituation angepasst werden. Die Messung erfolgt immer bei Offenblende, die Belichtungswerte werden dann rechnerisch an die eingestellte Blende angepasst, die Belichtungszeit also entsprechend der Abblendung verlängert, so dass sich die gleiche Bildhelligkeit ergibt.

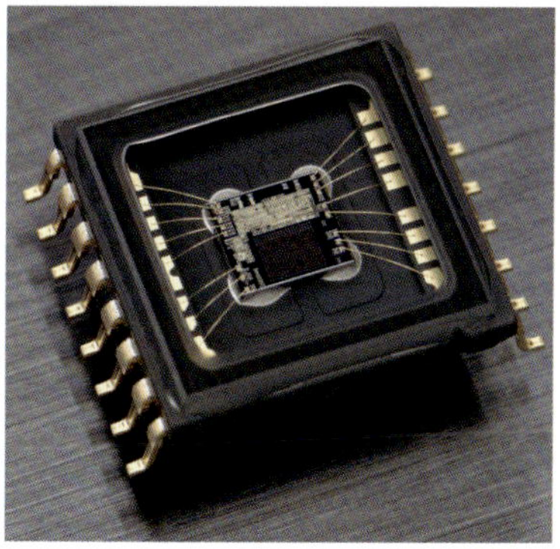

▲ **Abbildung 6.6**
Dieser Belichtungsmesssensor von Nikon arbeitet mit 1005 RGB-Pixeln. Für eine noch genauere Messung wird die Farbinformation ausgewertet (Bild: Nikon).

6.2.3 Externer Belichtungsmesser

Ein externer Belichtungsmesser war früher Pflicht, und viele Profikameras besaßen gar keinen Belichtungsmesser. Entfesselte Blitze einzusetzen, erforderte fast zwingend einen Blitzbelichtungsmesser.

Ein externer Belichtungsmesser hat auch heute noch Vorteile, ich halte ihn in der Digitalfotografie allerdings für verzichtbar. Einer seiner Vorteile ist die Lichtmessung. Bei ihr messen Sie das einfallende Licht vor dem Motiv in Richtung Kamera. Das hat den Vorteil, dass die Motivhelligkeit keinen Einfluss auf das Messergebnis hat (wie bei der TTL-Messung) und die ansonsten notwendige Korrektur für ein helles oder dunkles Motiv in das Ergebnis schon eingerechnet ist.

Sehr praktisch sind Belichtungsmesser auch, wenn man im Studio die Beleuchtungsstärke verschiedene Blitze aufeinander abstimmen möchte. Testaufnahmen mit der DSLR ermöglichen allerdings eine genauso gute Beurteilung der Belichtung, außerdem können Sie so bestimmte Automatikfunktionen beibehalten wie die TTL-Blitzsteuerung, die ein manuelles Messergebnis verfälschen würden.

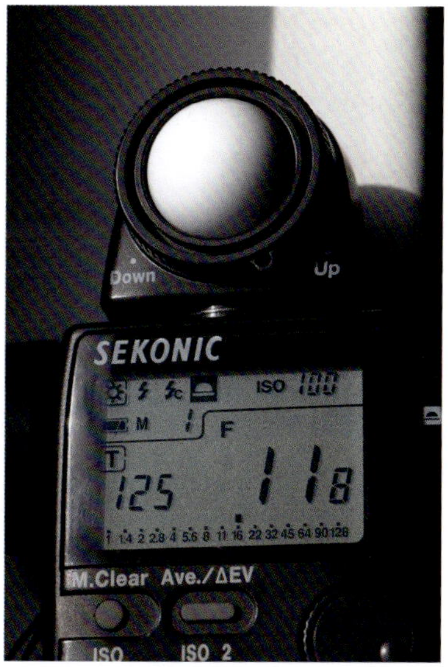

▲ **Abbildung 6.7**
Eine weiße Halbkugel, die sogenannte Kalotte, fängt das Licht bei der Lichtmessung ein. Wenn Sie sich die Messwerte ansehen, finden Sie die Sunny-16-Regel wieder bestätigt.

6.2.4 Neutralgrau

Eine DSLR kann ein Bild zwar ausmessen, aber sie hat keinerlei Verständnis vom Motiv oder den tatsächlichen Verhältnissen vor dem Objektiv. Wenn Sie eine weiße Wand schwach oder eine schwarze Wand stark beleuchten, so ist das für die Kamera kein Unterschied. Sie sieht eine homogene Fläche und nimmt an, dass diese einem durchschnittlichen Grau entspricht. Ihre Digitalkamera wird also immer versuchen, die Belichtung in einem mittleren Bereich anzusiedeln, weil sie auf ein mittleres Grau geeicht ist. Sie geht davon aus, dass Ihr Motiv durchschnittlich 18 % des einfallenden Lichts zurückwirft. Wenn Sie ein weißes Motiv fotografieren, werden aber zum Beispiel etwas über 90 % des Lichts zurückgeworfen. Das Bild würde also mit der Belichtungsautomatik der Kamera stark unterbelichet – das Weiß würde vergrauen und der Bildeindruck wäre viel zu düster. Schwarz reflektiert eventuell nur 5 % des Lichts. Das Bild wäre in diesem Fall viel zu hell und das Foto würde flau wirken.

Wenn Sie mit einem externen Belichtungsmesser das einfallende Licht vor dem Motiv messen und die Werte im manuellen Modus M auf Ihre DSLR übertragen, wird die Objekthelligkeit korrekt im Foto wiedergegeben. Alternativ verwenden Sie die Belichtungskorrektur (siehe Seite 268), für ein weißes Motiv belichten Sie ungefähr zwei Blendenstufen über, für ein schwarzes circa zwei Stufen unter.

▼ Abbildung 6.8
Der weiße Marmorengel auf einem Friedhof in Comillas wirkt in der Normalbelichtung zu dunkel, eine Korrektur um +1,5 Blenden kommt dem Augeneindruck näher.

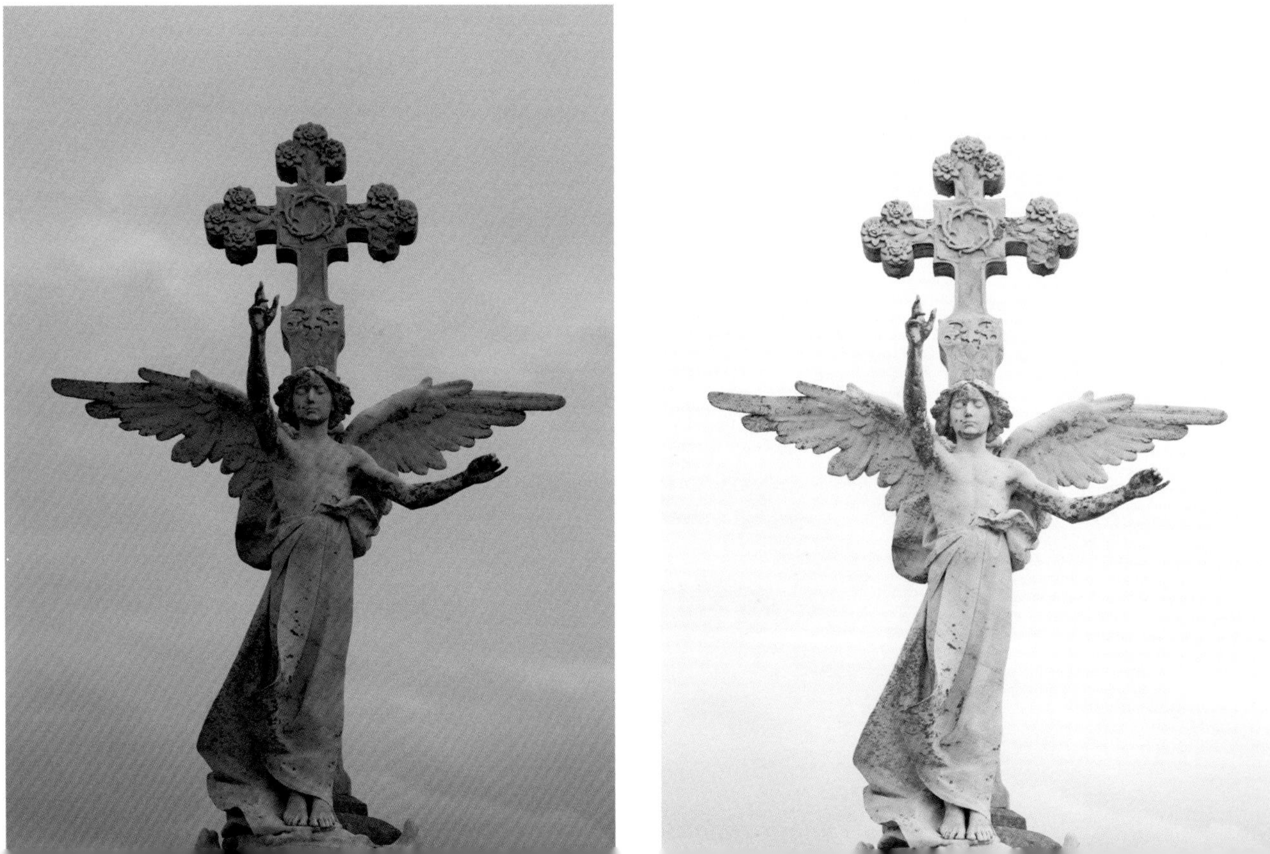

6.2.5 Lichtwert (LW, EV)

Ob Sie bei Blende 8 mit 1/125 s oder bei Blende 4 mit 1/500 s fotografieren: Die Menge des einfallenden Lichts auf dem Sensor ist in beiden Fällen gleich. Man kann nun alle Zeit-Blenden-Kombinationen, die die gleiche Belichtung ergeben unter einer einzigen Zahl zusammenfassen, dem sogenannten Lichtwert. Der Lichtwert (LW) wird häufig auch als EV, abgeleitet vom englischen *Exposure Value*, bezeichnet.

Eine Belichtungszeit von 1 s bei f1 ergibt den Lichtwert 0. Eine Abblendung um eine Stufe oder eine Halbierung der Belichtungszeit lässt den Lichtwert um 1 steigen, Aufblenden um eine Stufe oder eine Verdopplung der Belichtungszeit verringert den Lichtwert um 1.

Die Normalbelichtung bei Sonnenlicht entspricht also bei ISO 100 nach der Sunny-16-Regel einem Lichtwert von 15. Wenn man nun davon ausgeht, dass bei einer mit dem Lichtwert beschriebenen Zeit-Blenden-Kombination eine korrekte Belichtung entsteht, kann man den Lichtwert auch zur Beschreibung einer Helligkeit verwenden. Allerdings fehlt dafür eine Information: die ISO-Empfindlichkeit. Denn bei ISO 400 entspräche die Normalbelichtung bei Sonnenlicht LW 17, weil Sie ja zwei Stufen weiter abblenden müssten, um ein gleich helles Bild zu erhalten.

Im fotografischen Alltag werden Sie mit dem Lichtwert eher selten in Berührung kommen. Wenn Sie sich für eine neue Kamera oder einen Belichtungsmesser interessieren, werden Sie in den technischen Daten den Arbeitsbereich der Belichtungsmessung oder des Autofokus in LW vorfinden. Wenn laut Datenblatt der Autofokus bis zum LW –1 arbeitet, bedeutet das, dass bei Blende 1,4 und ISO 100 bis zu einer Belichtungszeit von 4 s noch

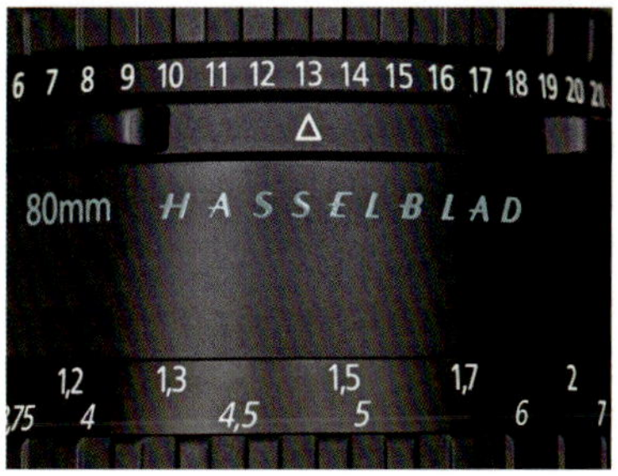

▲ **Abbildung 6.9**
Dieses Objektiv hat eine direkte Anzeige des Lichtwerts. Das ist deswegen möglich, weil hier Zeit und Blende direkt am Objektiv eingestellt werden.

▼ **Tabelle 6.1**
Zeit-Blenden-Kombinationen, die zu einer gleichen Belichtung führen, haben denselben Lichtwert. Canon gibt als Messbereich für die EOS 5D MkII zum Beispiel LW 1–20 an (bei 50 mm/f1,4). In der Praxis funktioniert die Belichtungsmessung allerdings auch bei noch dunkleren Motiven.

LW	4 s	2 s	1 s	1/2 s	1/4 s	1/8 s	1/15 s	1/30 s	1/60 s	1/125 s	1/250 s	1/500 s	1/1000 s	1/2000 s
f22	7	8	9	10	11	12	13	14	15	16	17	18	19	20
f16	6	7	8	9	10	11	12	13	14	15	16	17	18	19
f11	5	6	7	8	9	10	11	12	13	14	15	16	17	18
f8	4	5	6	7	8	9	10	11	12	13	14	15	16	17
f5,6	3	4	5	6	7	8	9	10	11	12	13	14	15	16
f4	2	3	4	5	6	7	8	9	10	11	12	13	14	15
f2,8	1	2	3	4	5	6	7	8	9	10	11	12	13	14
f2	0	1	2	3	4	5	6	7	8	9	10	11	12	13
f1,4	-1	0	1	2	3	4	5	6	7	8	9	10	11	12
f1	-2	-1	0	1	2	3	4	5	6	7	8	9	10	11

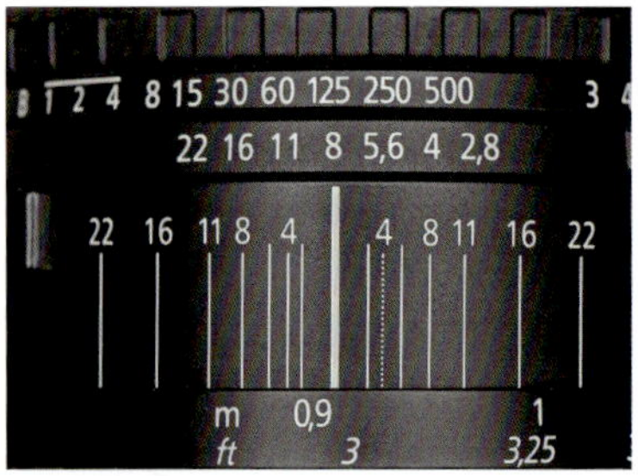

▲ **Abbildung 6.10**
An diesem Objektiv lassen sich Zeit und Blende gleichzeitig so verstellen, dass der Lichtwert gleich bleibt. So kann man mit einem Griff die Schärfentiefe ändern, ohne die Belichtung anpassen zu müssen. Das Objektiv gehört zu einer Hasselblad 501 C/M, die Sie ausschließlich manuell bedienen können.

eine korrekte Fokussierung erfolgt. Bei ISO 3200 und Blende 1,4 reicht der Arbeitsbereich dann bis zu 1/4s. Falls kein ISO-Wert zum Lichtwert angegeben wird, können Sie von ISO 100 ausgehen.

6.2.6 Kontrastumfang

Heute übliche DSLRs verfügen über einen Kontrastumfang von circa 8,5 Blendenstufen. Darunter ist im Schwarz keine Bildinformation mehr zu verwenden, und darüber finden Sie reines Weiß ohne jede Zeichnung. Dieser Wert gilt allerdings nur, wenn Sie im JPG-Format fotografieren. Mit RAW-Bildern kommen Sie auf knapp 10 Blendenstufen. Sie haben also beim RAW 1,5 Blenden mehr Spielraum, um Helligkeitsunterschiede zu erfassen. Das bedeutet in der Praxis, dass Sie im RAW die Wolken im Himmel noch differenzieren können, die im JPEG schon vollkommen weiß sind.

Bei vielen DSLRs können Sie den Kontrastumfang des JPEGs noch etwas ausweiten, indem Sie eine Option hinzuschalten, die die Lichter etwas weicher zeichnet und so mehr Tonwerte in den hellen Bereichen erhellt. Bei Canon heißt das TONWERTPRIORITÄT, bei Nikon ACTIVE D-LIGHTING. Letzteres hellt auch die Schatten etwas auf, um mehr nutzbare Zeichnung in den dunklen Bereichen zu erhalten. Eine echte RAW-Datei wird aber immer überlegen bleiben und Sie bei den Nachbearbeitungsmöglichkeiten weit weniger einschränken.

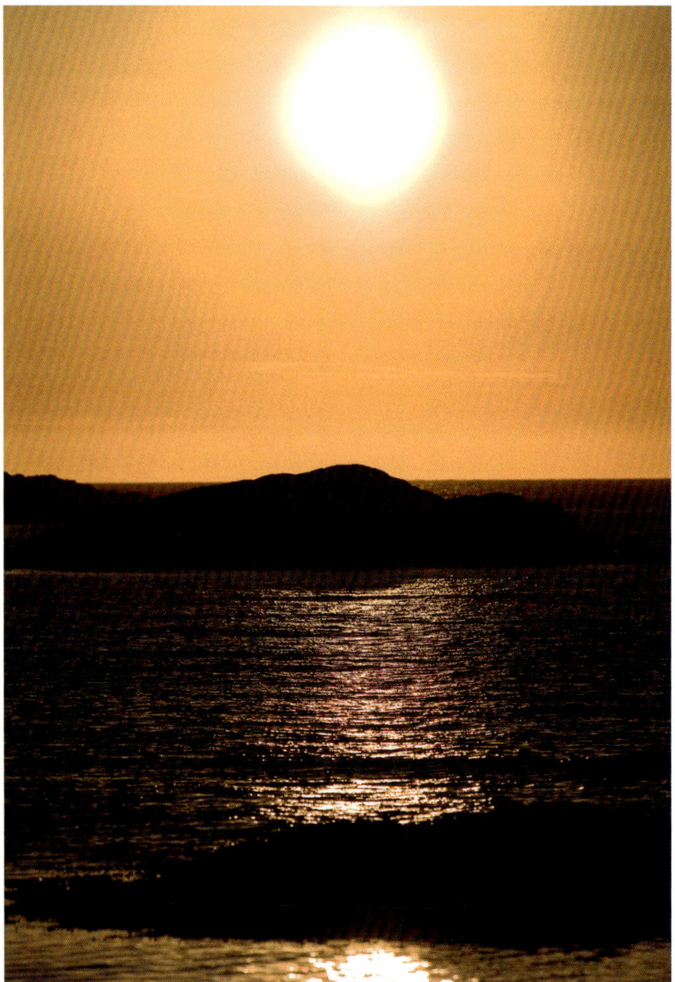

◄ **Abbildung 6.11**
Der Bereich um die Sonne ist weiträumig ausgefressen und ohne Zeichnung. Ein Negativfilm hätte den Umriss der Sonne noch erahnen lassen, der Sensor stößt hier, trotz RAW-Formats, an seine Grenzen.

300mm | f5,6 | 1/8000s | ISO 100

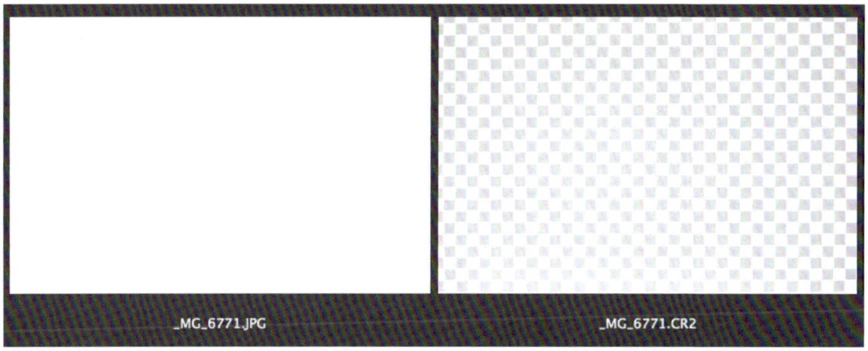

◂ **Abbildung 6.12**
Das JPEG und die RAW-Datei wurden mit einer einzigen Aufnahme erzeugt. Während im JPEG alles komplett weiß ist, ließ sich im RAW-Konverter das abfotografierte Schachbrettmuster noch gut sichtbar machen.

6.2.7 Auf die Lichter belichten

Vielleicht kennen Sie aus analogen Zeiten noch den Satz: «Auf die Schatten belichten, auf die Lichter entwickeln.« Es waren die Tiefen, die beim Film die Belichtung bestimmten. In der Digitalfotografie ist das anders. Hier sollten Sie so belichten, dass die Lichter gerade noch gut gezeichnet sind und Ihr Bild im RAW-Konverter dann »auf die Schatten entwickeln«. Das bedeutet, dass Sie im RAW-Konverter lieber Korrekturen zum Dunkleren als ins Helle vornehmen sollten, weil Sie dann mehr Tonwerte zur Verfügung haben und eine bessere Abstufung erhalten.

Ihre DSLR nimmt die Helligkeiten linear auf, das heißt eine Verdopplung des Lichts bedeutet auch eine Verdopplung des Messwerts. Das klingt erst einmal ganz vernünftig, ist aber radikal anders, als wir unsere Umwelt wahrnehmen. Wenn wir von 10 Bit für die Aufnahme ausgehen (was rechnerisch etwas übersichtlicher ist als die 14 oder 16 Bit, die Ihre Kamera differenziert), bedeutet das, dass für die hellste Blendenstufe zwischen »Weiß« und »fast Weiß« 512 der 1024 möglichen Werte verbraucht werden, für die nächste

▾ **Abbildung 6.13**
Im Bild ❶ wurde ein Grauverlauf mit einem Gamma von 1,0 (so wie die Kamera ein Bild sieht) angelegt, im unteren Bild ❷ mit 2,2 (so wie das Auge ein Bild sieht). Während der untere Verlauf gleichmäßig wirkt, sind im oberen die Schattenbereiche links zusammengestaucht, und die Lichter haben sehr viel Platz. Ihre Kamera nimmt Bilder auch so auf, sie müssen danach automatisch mit einer Gammakorrektur angepasst werden, um dem Bild ❷ nahezukommen.

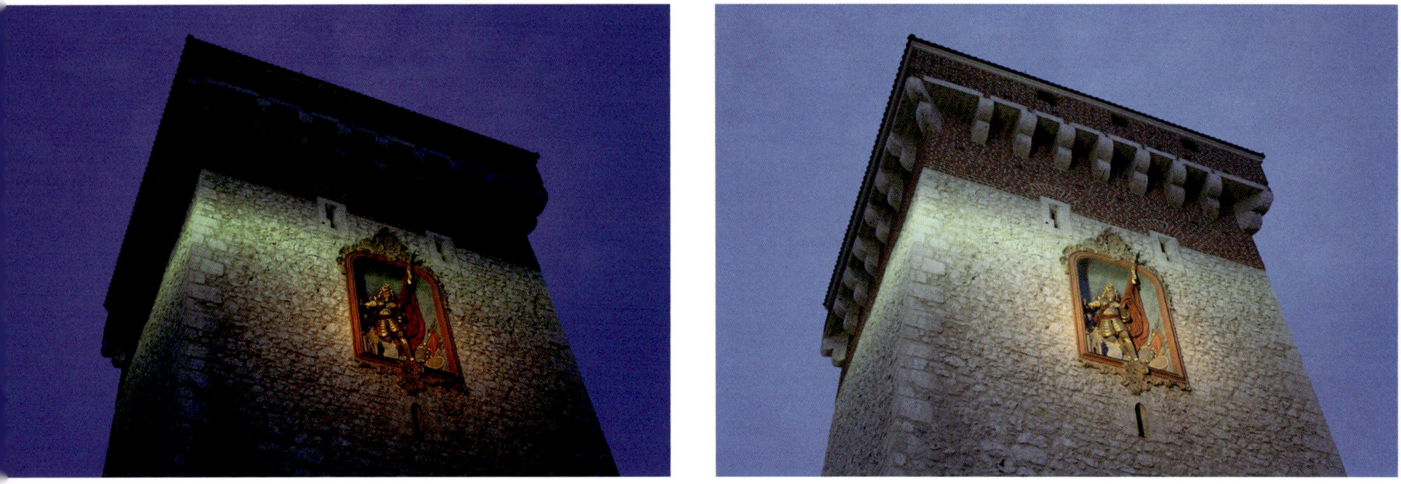

▲ **Abbildung 6.14**
Links: So sieht eine DSLR ein Motiv. Die Helligkeitsverteilung ist linear, die Lichter sind gut differenziert und die Schatten zusammengepresst. Rechts: die RAW-Datei wurde für das Auge mit einem Gamma von 2,2 umgerechnet, das der menschlichen Sehweise entspricht, die Schatten werden so viel besser durchgezeichnet und erkennbar.

256, für die nächste 128 usw., bis für die letzte von »Schwarz« bis »fast Schwarz« nur noch 1 Bit übrigbleibt. Das bedeutet, der hellste Bereich ist 512 Mal besser differenziert als der dunkelste.

Wenn Sie nun im RAW-Konverter ein Bild abdunkeln, werden die hellen Bereiche gestreckt und die dunklen gestaucht. Das ist kein Problem, denn so steigt der Tonwertreichtum in den tonwertarmen Schatten und sinkt in den verschwenderisch ausgestatteten Lichtern. Wenn Sie das Bild aber in der Kamera unterbelichten und im RAW-Konverter überbelichten, müssen Sie die wenigen Tonwerte in den Schatten spreizen. So verstärken Sie das Rauschen und erhalten sogar Tonwertabrisse, während Sie in den Lichtern nichts gewinnen können. Die Tonwerte werden bei einer Aufhellung der Schatten so auseinandergezogen, dass Sie einzeln unterscheidbar werden, anstatt einen homogenen Verlauf zu bilden, wie wir es von einer fotografischen Darstellung erwarten.

Leider ist das Belichten auf die Lichter oft nicht so leicht, weil der Kontrastumfang im Lichterbereich nicht so groß ist und es beim Überschreiten des Umfangs zu einem Ausfressen der Lichter kommt. Im Ernstfall haben Sie dann größere weiße Bereiche im Bild, die keinerlei Zeichnung aufweisen.

Um dies zu vermeiden und auf der sicheren Seite zu sein, müssten Sie eigentlich etwas unterbelichten. Ich will dieses Dilemma aber nicht dramatisieren, denn wenn Sie einfach nur gute Fotos ohne viel Nachbearbeitung bekommen möchten, können Sie ganz normal automatisch belichten und bekommen in den meisten Fällen sehr gute Ergebnisse.

Haben Sie es allerdings auf perfekte Bilder abgesehen und Zeit für die Nachbearbeitung der RAW-Dateien, dann ist es sinnvoll, den Belichtungsspielraum in den Lichtern auszunutzen, weil Sie so feinere Tonwerte und weniger Rauschen erhalten. Im englischen Sprachraum wird dies ganz kurz mit ETTR umschrieben: »*Expose to the right.*« Das heißt, man soll die Tonwerte eher nach rechts ins Histogramm legen, also in den Lichterbereich.

6.2.8 Überbelichtung

Von Überbelichtung spricht man dann, wenn ein Bild heller geworden ist, als es werden sollte. Wenn dabei in den Lichtern keine Information verlorengegangen ist und Sie das Bild am Computer verlustfrei wieder etwas abdunkeln können, ist das sogar eher ein Gewinn, wie im vorhergehenden Abschnitt beschrieben wurde. Das Bild enthält dann mehr Tonwerte und lässt sich besser nachbearbeiten, als eine korrekt belichtete Aufnahme. Wenn aber Lichterbereiche abgeschnitten werden, führt das oft zu nicht mehr verwendbaren Aufnahmen. Es gibt Bilder, bei denen auch ein komplett weißer Himmel nicht stört, aber wenn die Tonwerte dort abreißen, wo der Betrachter noch Information erwartet, ist das Bild unbrauchbar. Ich empfehle, die Überbelichtungswarnung Ihrer Kamera immer eingeschaltet zu lassen, so blinken die Bereiche der Überbelichtung im Display und Sie können eine dunklere Aufnahme nachschießen.

Manchmal blinkt das Display auch, wenn es gar keine weißen Bereiche im Bild gibt. Das hat seine Berechtigung, denn eine Überbelichtung liegt schon dann vor, wenn in einem der drei Farbkanäle Rot, Grün oder Blau keine Zeichnung mehr vorliegt.

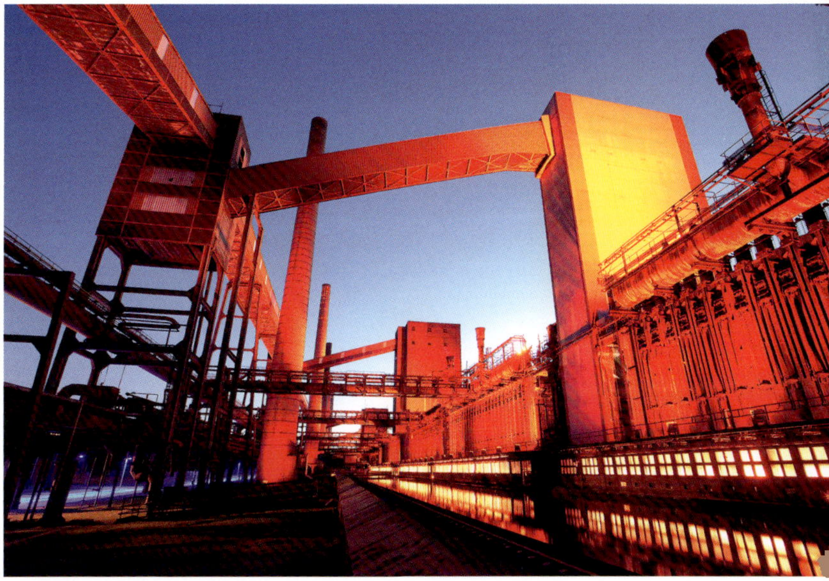

▼ Abbildung 6.15
Obwohl es praktisch keine weißen Stellen gibt, ist das Bild überbelichtet. Die Wand erscheint nur deshalb gelb, weil es eine Überbelichtung in den einzelnen Farbkanälen gibt, sonst wäre sie rot.
19 mm | f8,0 | 25 s | ISO 1000

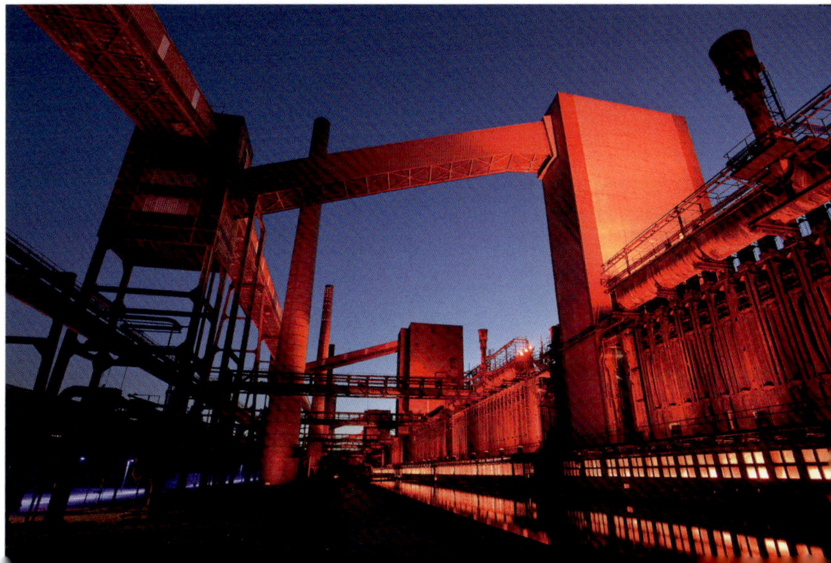

Abbildung 6.16 ▸
In einer korrekten Belichtung fressen die einzelnen Farbkanäle nicht aus. Die Wand bleibt rot, und die Farben erscheinen auf dem Bild wie dem Auge vor Ort.
19 mm | f8,0 | 6 s | ISO 1000

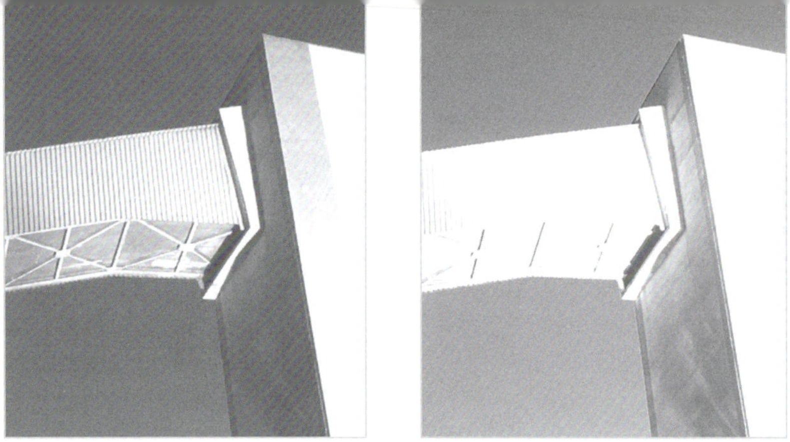

Abbildung 6.17 ▸
Der Rotkanal der korrekten Belichtung ist gut durchgezeichnet (links). In der überbelichteten Version erscheinen große Bereiche des Rotkanals weiß (rechts).

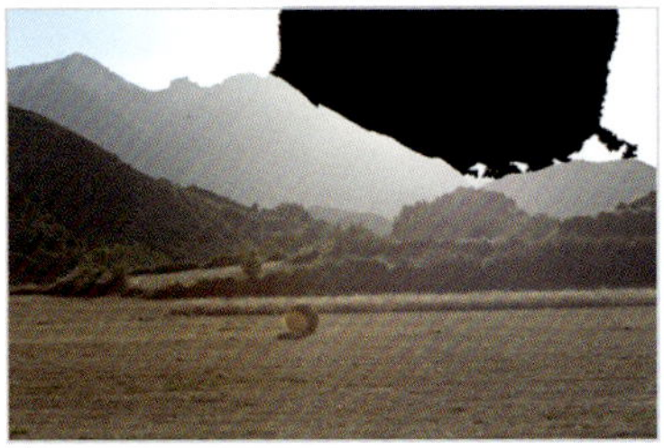

▴ **Abbildung 6.18**
Im Display werden, bei richtiger Kameraeinstellung, die Bereiche schwarz blinkend dargestellt, die im JPEG rein weiß erscheinen würden. Im RAW-Bild ist etwas mehr Zeichnung vorhanden, man sollte die Warnanzeige aber trotzdem ernst nehmen.

Wenn Sie eine rote Ziegelmauer mit rotem Licht beleuchten, wird natürlich zuerst der Rotkanal überbelichtet sein, durch den Gelbanteil im Rot folgt der Grünkanal bald nach, der Blaukanal wird hingegen eine viel längere Belichtungszeit benötigen, um ebenfalls auszufressen. Ein überbelichtetes Rot wird erst flächig rot ohne Detailzeichnung erscheinen und später dann gelb werden. Dem Auge mag das natürlicher erscheinen als ein weiß ausgefressener Bereich, trotzdem sollten Sie auch eine Überbelichtung der Farbkanäle vermeiden.

Der Helligkeitseindruck eines Bildes lässt sich leicht am Rechner verändern, bei der Aufnahme kommt es also darauf an, die Helligkeitsinformation im darstellbaren Bereich zu halten. Die Lichter haben hier meist weniger Spielraum als die Schatten. Wenn Sie Schatten zu sehr aufhellen, werden Sie zwar noch Information vorfinden, aber diese ist schlecht differenziert und von Rauschen überlagert.

6.2.9 Unterbelichtung

Ich bin immer wieder erstaunt, was eine automatische Tonwertkorrektur noch aus einem praktisch schwarzen RAW-Bild herausholt, wenn zum Beispiel der Blitz im Studio nicht gezündet hat. Das Motiv ist praktisch immer zu erkennen, wenngleich die Darstellung nicht mehr fotografisch zu nennen ist.

In den Schatten ist also noch eine Menge an Information verborgen, allerdings erkauft man sich das Sichtbarmachen mit deutlichen Qualitätseinbußen. Zum einen sind die Schatten nicht so fein abgestuft wie die Lichter. Wenn bei einer Belichtung in den absoluten Schatten zum Beispiel auf dem einen Pixel ein Photon landet und auf dem anderen vier Photonen, entspricht das einem Unterschied von zwei Blendenstufen. In den Lichtern entspricht der gleiche Blendenunterschied vielleicht dem zwischen 2000 und 8000 Photonen pro Pixel. Dieses Beispiel macht klar, warum die absoluten Schatten gar nicht so fein abgestuft sein können wie die Lichter, es gibt nämlich keine halben Photonen. Auf der anderen Seite kann das Signal von 2000 Photonen das Grundrauschen des Sensors besser überdecken, als es das Signal einiger weniger vermag.

Die Elektronen im Sensor verharren nicht in Ruhe und warten andächtig auf das erste Photon, das sie dann an die Kameraelektronik weitermelden können, sondern sie schwirren wild hin und her, und ab und zu löst eines »aus Versehen« eine Meldung aus. Gegen dieses »Grundgemurmel« des Sensors muss sich ein eintreffendes Signal erst einmal durchsetzen. Die Schatten eines Bildes versinken also nicht im absoluten Schwarz, sondern eher im Chaos des Rauschens. Wenn Sie die Signale verstärken, machen Sie auch dieses Chaos mit sichtbar.

Falls Sie im JPEG-Format fotografieren, ist in den Schatten weniger Information vorhanden, weil durch das Beschneiden der 14 Bit (bei den meisten Kameras) auf 8 Bit pro Farbkanal Helligkeitsinformationen verloren gehen. Zudem versucht das JPEG-Format, nicht sichtbare Informationen zu löschen, um Speicherplatz zu sparen. Bei nachträglichen Helligkeitsanpassungen fehlen diese Informationen – es werden Abrisse und Artfakte sichtbar.

▲ **Abbildung 6.19**
Hier wurde eine Aufnahme ohne jeden Lichteinfall auf den Sensor gemacht (Schwarzbild) und das Bildrauschen in Photoshop extrem verstärkt.

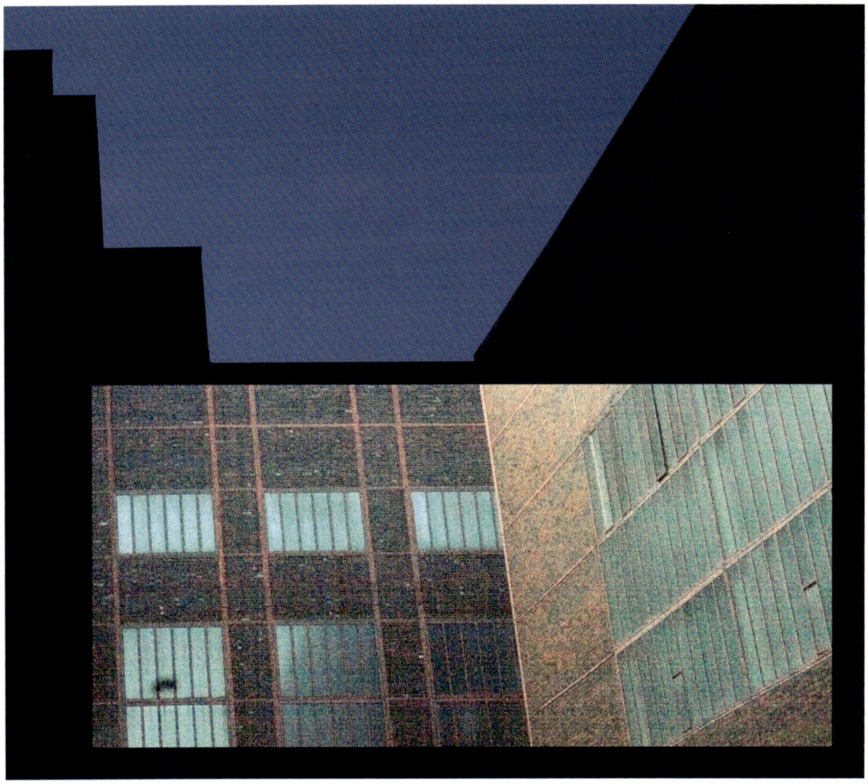

◄ **Abbildung 6.20**
In einer unterbelichteten Aufnahmen der Zeche Zollverein wurde ein Rahmen aufgezogen und dort eine automatische Tonwertkorrektur ausgeführt. Obwohl das Original fast schwarz ist, ist noch sehr viel zu erkennen, das Bildrauschen wird jedoch auch sehr deutlich sichtbar (ISO 400, Gegenlicht, Korrektur um –2 Blenden).

6.3 Belichtungsautomatiken

Moderne Kameras bieten eine Vielzahl von Automatiken, um den Fotografen zu unterstützen. Manche davon regeln nur den letzten verbleibenden Wert wie die Belichtungszeit oder die Blende, nachdem alles andere fest eingestellt wurde. Andere übernehmen die totale Kontrolle über die Kamera und entmündigen den Benutzer fast völlig. Die sogenannten Motivprogramme etwa lassen manchmal keine weiteren Steuerungsmöglichkeiten zu und verbieten dem Fotografen oft, im RAW-Format zu arbeiten. Das kann für den Umsteiger von einer Kompaktkamera anfangs nützlich sein, weil die Kamera sich mit Hilfe eines Motivprogramms besser an eine Situation anpasst, als er selbst in der Lage wäre, die richtigen Einstellungen vorzunehmen. Mit steigender Erfahrung werden Sie aber besser sein als jedes Motivprogramm, und an einer Profikamera werden Sie diese Programme auch gar nicht mehr vorfinden. Aber auch die meisten Profis verlassen sich in vielen Fällen auf eine Belichtungsautomatik, weil sie schneller reagiert und den Fotografen entlastet.

In manchen Situationen bringen Automatiken eine Ungewissheit in den Aufnahmeprozess. Dann ist der manuelle Modus der einzige, in dem Sie genügend Kontrolle behalten. Das ist insbesondere bei extremen Lichtsituationen oder dem Einsatz von Blitzlicht als Hauptlicht der Fall. Wenn Sie zum Beispiel mit einem langen Teleobjektiv den Mond fotografieren, wird dieser relativ schnell durch das Bild wandern und kontinuierlich veränderte Messwerte liefern. Da sich seine Helligkeit in der Zeit aber nicht verändert, bekommen Sie mit einer manuellen Belichtung konstant gute Ergebnisse. Nehmen Sie zum Ende einer Serie die manuelle Belichtungseinstellung wieder zurück, und schalten Sie zum Beispiel auf Zeitautomatik. Ich habe nämlich schon einige Bilder verschossen, weil meine Kamera noch auf dem manuellen Modus M stand und sie sich so in einer spontanen Fotosituation nicht sofort auf die Lichtmenge einstellen konnte.

Abbildung 6.21 ▸▸
Der Kontrastumfang dieses Motivs ist eigentlich zu hoch für eine einzige Belichtung, aber aus der RAW-Datei konnte noch ein verwendbares Bild erzeugt werden, auch wenn die Grenzen – gerade in den Lichtern – sichtbar bleiben.
12 mm | f5,0 | 1/4 s | ISO 800 | APS-C-Sensor | aus der freien Hand

6.3.1 Auto-ISO

Viele Kameras können den ISO-Wert auch mit einer Automatik anpassen, wenn die Belichtungszeit zu lang für unverwackelte Aufnahmen zu werden droht. Das ist sehr nützlich, wenn Sie sehr unterschiedliche Lichtverhältnisse haben, etwa, weil Sie ständig zwischen Innenräumen und draußen wechseln müssen. Sie haben dann eine Sorge weniger und können sich mehr auf das Geschehen konzentrieren. Bei manchen Kameras können Sie die Grenzen für

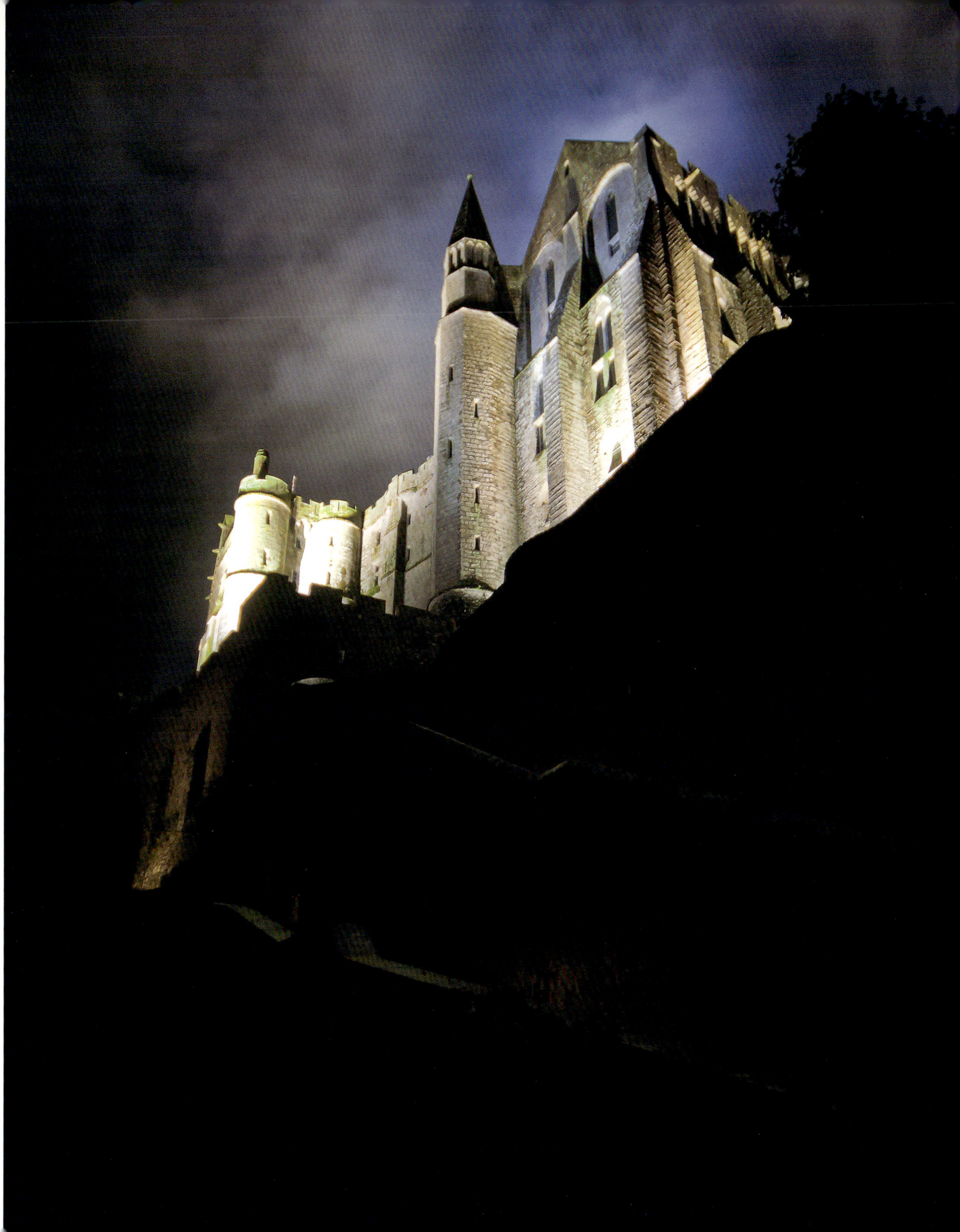

Auto-ISO konfigurieren, um der Kamera zum Beispiel vorzugeben, dass Sie nicht über ISO 3200 gehen soll, weil dann das Rauschen zu stark wird. Statt eines festen ISO-Werts stellen Sie die Kamera dann einfach auf Auto-ISO, und die Kamera erhöht den ISO-Wert selbsttätig, wenn das Licht knapper wird.

6.3.2 Zeitautomatik (Blendenvorwahl)

Die Zeitautomatik wird auch als Blendenvorwahl bezeichnet und wird auf den Kameras häufiger mit A oder Av abgekürzt. Sie stellen die Blende fest ein und die Kamera wählt die Belichtungszeit selbst. Wenn Sie die Zeitautomatik mit Auto-ISO kombinieren, ist sie fast so einfach zu handhaben wie die Programmautomatik, lässt Ihnen aber mehr gestalterischen Einfluss.

Dieser Modus ist ein idealer Standardmodus für die meisten fotografischen Einsatzgebiete. Er hat einen weiten Anpassungsbereich, so dass er fast immer die korrekte Belichtung liefern kann, ist schnell in der Bedienung und funktioniert auch mit Fremdobjektiven, die Sie über einen Adapter angeschlossen haben. Es gibt nur wenige Fälle, in denen er keine gute Wahl darstellt, zum Beispiel, wenn beim Blitzen die Belichtungszeiten zu lang werden und der Hintergrund verwischt, oder wenn Sie Verschlusszeiten über 30 s verwenden möchten, die die Automatik nicht mehr liefert.

▼ Abbildung 6.22
Vor diesem Bild wurde in eine andere Richtung fotografiert. Nach einer Drehung um 90° liegt der Großteil des Motivs nun im Schatten. Mit dem Daumenrad wurde eine Belichtungskorrektur von –1⅔ Blenden eingestellt und die Zeitautomatik lieferte schnell ein zuverlässiges Ergebnis.
125 mm | f5,0 | 1/640 s | ISO 100

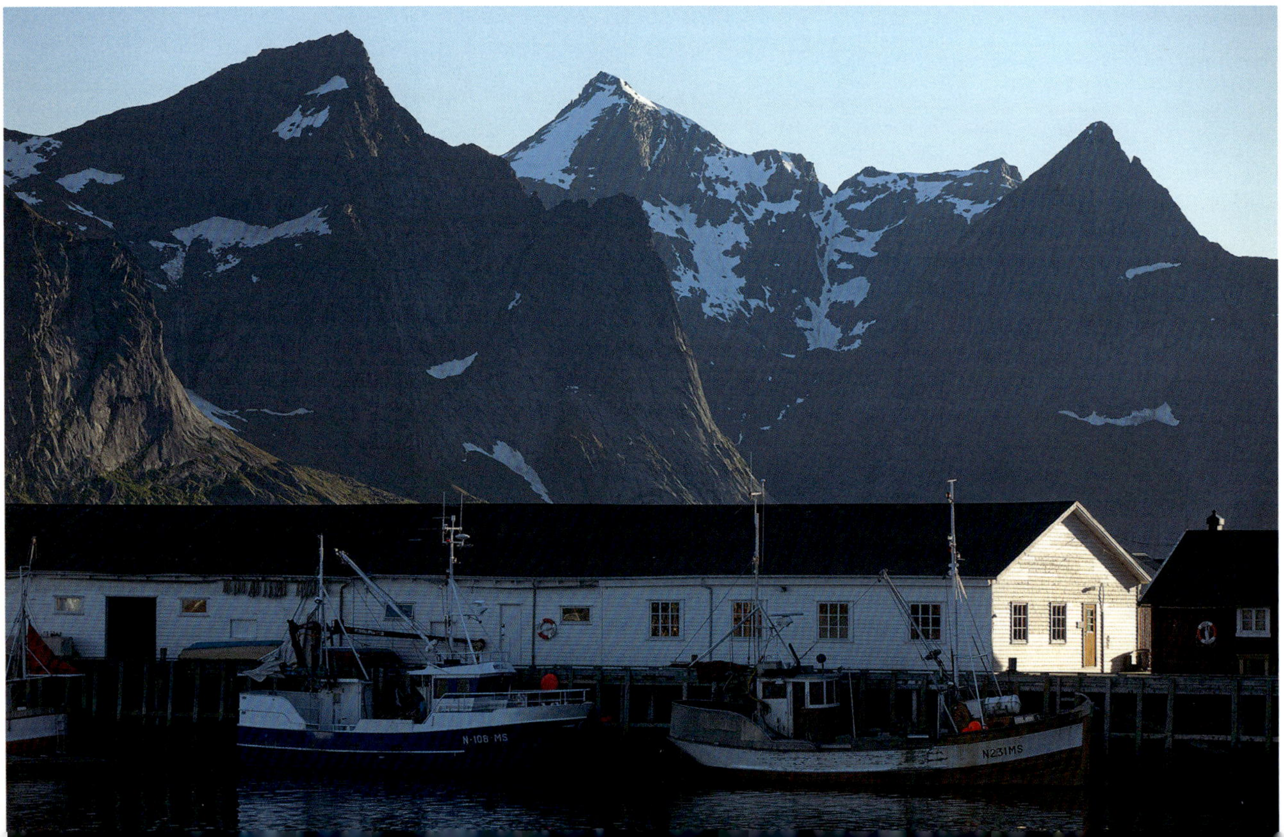

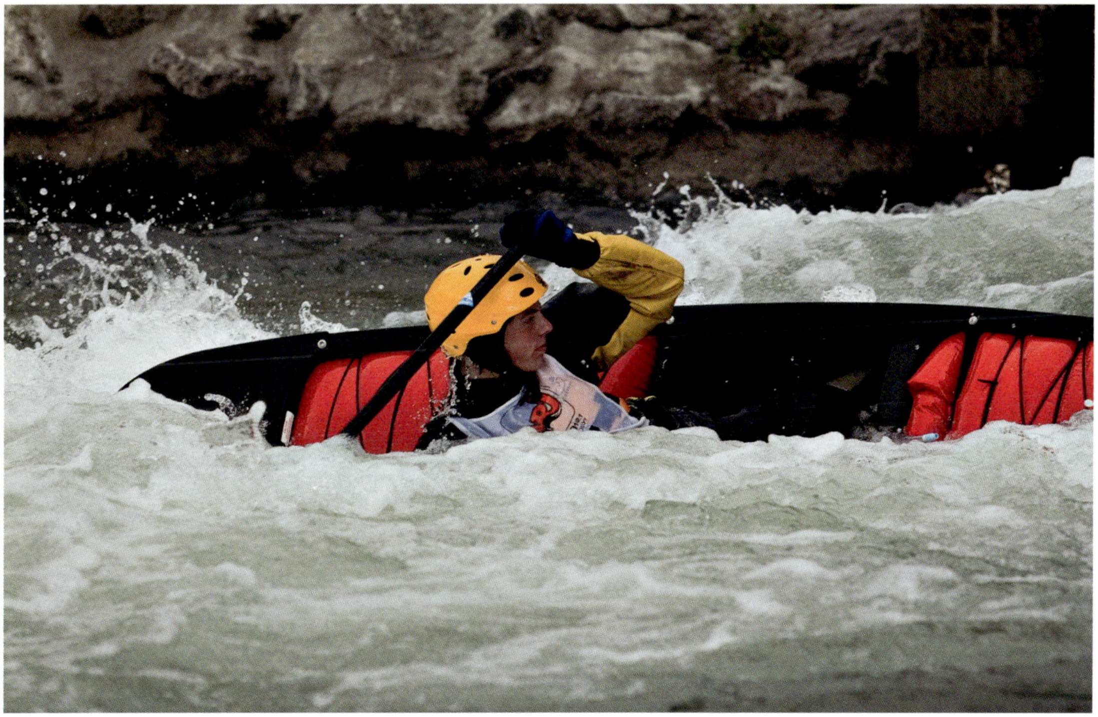

▲ **Abbildung 6.23**
Eine mögliche Anwendung der Blendenautomatik: eine kurze Zeit vorwählen, um die Bewegung einzufrieren und die Kamera die Belichtung per Blende anpassen lassen. Tatsächlich wurde hier aber mit der Zeitautomatik gearbeitet.

200 mm | f3,5 | 1/800 s | ISO 400 | APS-C-Sensor

6.3.3 Blendenautomatik (Zeitvorwahl)

Bei Verwendung der Blendenautomatik geben Sie die Belichtungszeit vor (sie wird deshalb auch Zeitvorwahl genannt und gerne mit T, Tv oder S abgekürzt), und die Kamera stellt die Blende selbsttätig ein. Das kann sinnvoll sein, wenn Sie zum Beispiel in der Sportfotografie wegen schneller Bewegung des Motivs eine kurze Verschlusszeit fest einstellen möchten und die Kamera auf Lichtschwankungen mit der Blende reagieren kann.

Ich selbst verwende diesen Modus nur sehr selten, weil ich die Wahl der Blende als ein wesentliches Gestaltungselement nicht aus der Hand geben möchte. Nur manchmal ist die Belichtungszeit tatsächlich so viel wichtiger, dass die Blendenautomatik vorzuziehen ist. Wenn Sie ein unbewegtes Motiv fotografieren, erhalten Sie mit einer Zeitautomatik immer das gleiche Bild auch bei schwankender Lichtintensität, bei der Blendenautomatik aber ändert sich die Schärfentiefe, die Vignettierung, die Gesamtschärfe und das Bokeh auf einmal. Belichtungsreihen für HDR passen durch den unterschiedlichen Bildeindruck auch nicht gut übereinander, wenn die Blende sich ändert. Der Steuerungsbereich ist bei einem typischen Zoom von f2,8 bis f22 mit 7 Blendenstufen auch viel geringer als bei einer Zeitautomatik. Diese kommt von

30 s bis 1/8000 s auf 18 Blendenstufen. Eine weitere Anwendung der Blendenautomatik ist die Vermeidung von Störeffekten durch Leuchtstoffröhren. Diese haben starke und schnelle Helligkeitsschwankungen, wenn Sie mit Zeiten länger als 1/50 s arbeiten, bekommen Sie konstantere Ergebnisse. So können Sie die Zeit auf 1/40 einstellen, verwackeln nicht und haben trotzdem konstantes Licht.

6.3.4 Programmautomatik

Im Modus Programmautomatik werden Zeit und Blende von der Kamera festgelegt. Die Kamera versucht, einen guten Kompromiss aus Schärfentiefe und kurzer Belichtungszeit zu finden. Moderne DSLRs werten dafür die Brennweite des verwendeten Objektivs aus und nutzen umso kürzere Verschlusszeiten, je länger die Brennweite ist. Außerdem können Sie die Zeit-Blende-Kombination *shiften*, das heißt, dass Sie sie zugunsten kürzerer Verschlusszeiten oder größerer Blendenwerte verschieben können. Die Gesamtbelichtung bleibt aber gleich, weil die Kamera eben auch die Blende oder die Zeit zusätzlich anpasst. Der Vorteil ist, dass Sie ohne viel nachzudenken gute Ergebnisse erhalten. Der Nachteil ist, dass Sie mit ein wenig Nachdenken oft noch bessere Ergebnisse erhalten hätten. Mehr Kontrolle über die Technik zu übernehmen, heißt auch, mehr Kontrolle über das Ergebnis zu erhalten. Die Programmautomatik ist deswegen eher ein Anfängermodus. Manche Kameras unterstreichen dies auch dadurch, dass Sie in der Programmautomatik Untermenüs weglassen und die weiteren Einstellungsmöglichkeiten verringern.

6.3.5 Motivprogramme und Vollautomatik

Bei einem Motivprogramm teilen Sie der Kamera mit, welche Art von Motiv Sie fotografieren wollen, und die Kamera nimmt alle Einstellungen für Sie vor. Das geht weit über die Programmautomatik hinaus, weil die Kamera auch die Autofokusmethode oder die Belichtungsmessart festlegt.

Motivprogramme werden in DSLRs eingebaut, um Umsteigern von Kompaktkameras gute Ergebnisse ohne Einarbeitungszeit zu ermöglichen. In einer Kamera, die sich eher an Semiprofis oder Profis richtet, werden Sie keine Motivprogramme mehr finden. Motivprogramme sind wie Stützräder an einem Fahrrad: anfangs ganz nützlich, aber irgendwann sollte man ohne sie auskommen. Typische Motivprogramme sind:

- **Sport:** Die Kamera wählt kurze Belichtungszeiten und einen Nachführ-Autofokus, um schnelle Bewegungen gut einfangen zu können. Manche Kameras schalten auf den Serienbildmodus um, damit Sie schnelle Bildfolgen aufnehmen können.
- **Porträt:** Die Kamera öffnet die Blende weit, um einen unscharfen Hintergrund zu erzeugen.
- **Landschaft:** Die Blende wird weit geschlossen, um eine große Schärfentiefe zu erhalten. Der Autofokus wird mit Schärfepriorität betrieben.
- **Makro/Nahaufnahme:** Die Kamera versucht, Blende und Belichtungszeit für eine möglichst große Schärfe im Nahbereich zu optimieren.
- **Nachtporträt:** Die Kamera blitzt, um den Vordergrund auszuleuchten und wählt eine längere Belichtungszeit, um den dunklen Hintergrund im Foto einzufangen. Ein Bildstabilisator oder ein Stativ sind in diesem Modus von Vorteil, weil der Dauerlichtanteil des Bildes sonst verwackelt wiedergegeben werden kann. Der Blitz brennt mit höchstens 1/800s ab, so dass der Vordergrund praktisch nicht verwackeln kann.
- **Vollautomatik:** Die Kamera nimmt sämtliche Einstellungen selbst vor und wertet dabei die Informationen der Autofokussensoren, der Belichtungsmessung und der Brennweite aus. Das Menü beschränkt sich auf das Nötigste, und Sie dürfen meist nicht einmal eine Belichtungskorrektur vornehmen.
- **Blitz aus:** Die Kamera stellt sicher, dass weder der interne noch der externe Blitz gezündet werden. Das erspart Anfängern peinliche Momente, wenn der Blitz plötzlich von der Automatik hinzugezogen wird, obwohl das in der Situation sehr unpassend wäre. An vielen Orten finden Sie Verbotsschilder, die nicht das Fotografieren an sich untersagen, wohl aber das Blitzen. Der Einsatz eines Blitzes zerstört oft die Atmosphäre, so dass Sie ohne Blitz das bessere Foto erzielen.

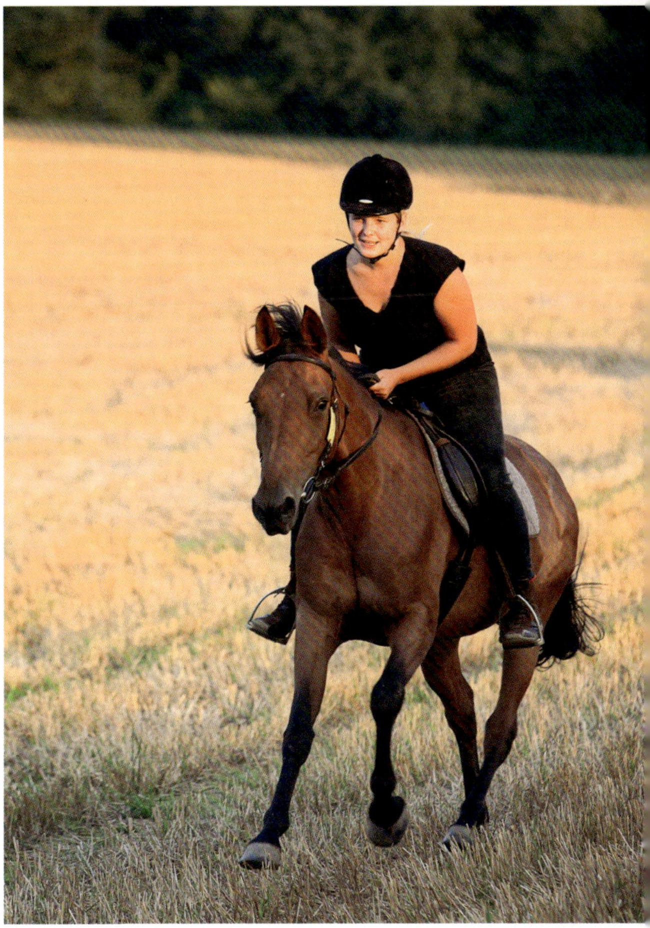

▲ **Abbildung 6.24**
Dieses Motiv hätte das Motivprogramm für Sport auch gut eingefangen. Die Zeitautomatik mit richtiger Blende und ISO-Zahl funktioniert aber genauso gut. Zusätzlich wurde der AF auf Nachführmessung gestellt.
195mm | f4,5 | 1/500s | ISO640

Falls Ihre Kamera die verschiedenen automatischen Belichtungsprogramme besitzt, können Sie sie einmal durchspielen und dabei untersuchen, welche Einstellungen die Kamera für verschiedene Situationen empfiehlt. Aber gewöhnen Sie sich besser nicht an die Verwendung, denn das bringt Sie fotografisch nicht weiter.

6.4 Belichtungsmessarten

Ob eine Kamera nur die mittleren 5% des Sucherbilds zur Messung heranzieht oder die gesamte Fläche, hängt von der Einstellung der Belichtungsmessart ab. Da das Ergebnis je nach gewählter Messart stark variieren kann, sollten Sie sich mit dem Thema auseinandersetzen und Ihre Kamera ein wenig austesten. Besonderes Augenmerk sollten Sie dabei auf die Mehrfeld- oder Matrixmessung legen, weil diese sich von den anderen Methoden grundlegend unterscheidet. Hier entscheidet die Kamera über die Gewichtung der Messbereiche, und es werden ganz andere Faktoren wichtig, wie etwa die verwendeten AF-Messpunkte.

6.4.1 Integralmessung

Die Integralmessung misst die Belichtung über das gesamte Bild und bildet daraus einen Durchschnittswert. In der Praxis ist die Integralmessung heute mittenbetont, der mittlere Bereich wird also stärker gewichtet als die Außenbereiche. Für Motive mit stärkeren Kontrasten oder ungleichmäßigen Helligkeitsverteilungen liefert die Messung also oft keine guten Ergebnisse.

Ein großer Vorteil ist aber, dass Sie bei dieser Messart das Ergebnis gut einschätzen können. Wenn Sie zum Beispiel eine Person vor einer weißen Wand fotografieren, dann wissen Sie schon vorher, dass das Ergebnis etwas unterbelichtet sein wird und können die Belichtungskorrektur auf +1,5 Blenden einstellen. Denn wenn Sie wissen, das die ganze Bildfläche gemessen wird, können Sie sich gut vorstellen, ob das Ergebnis mit mittlerer Helligkeit

Abbildung 6.25 ▸
Bei gleichmäßigen Bildhelligkeiten hat die Integralmessung keinen Nachteil. Ihr Vorteil ist, dass sie gut vorhersehbar ist. Die Integralmessung ist zwar einfach, überrascht einen dafür aber nur selten negativ.
12mm | f10 | 1/50s | ISO 1000

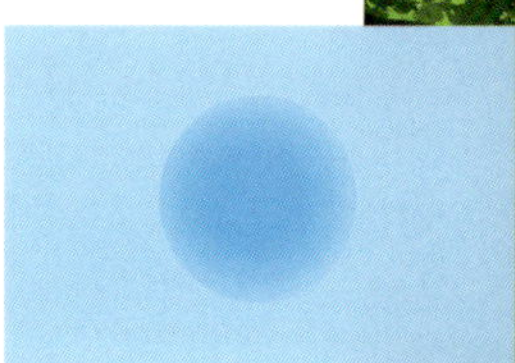

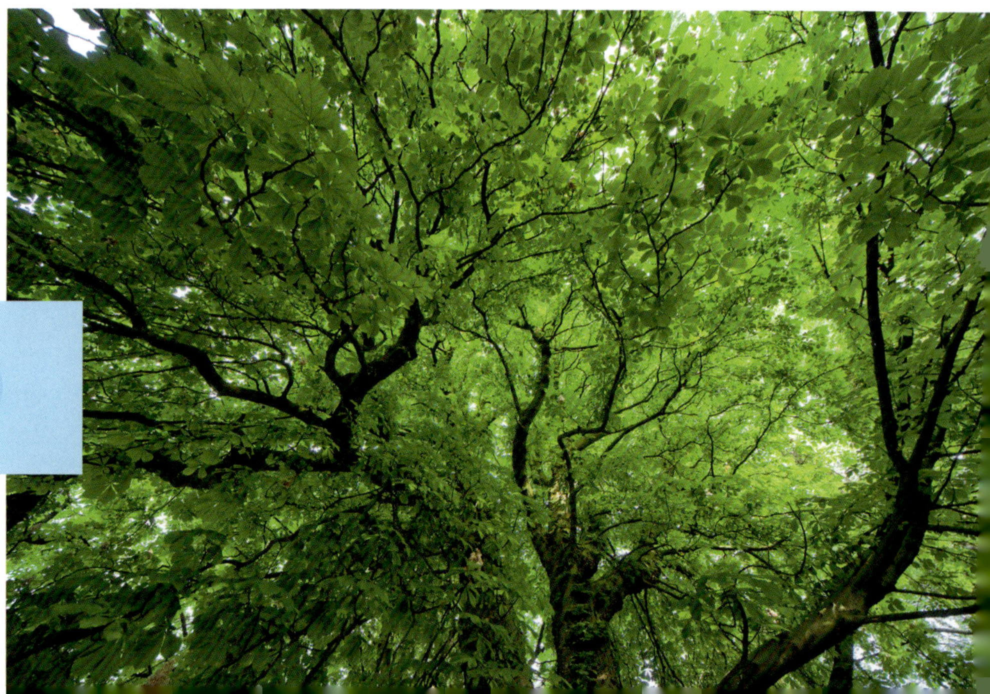

stimmig sein wird oder ob Sie für ein dunkles Motiv unterbelichten oder für ein helles überbelichten müssen.

6.4.2 Mittenbetonte Messung, Selektivmessung

Die mittenbetonte Messung zieht einen kreisförmigen Bereich in der Bildmitte zur Belichtungsmessung heran. Die Trefferwahrscheinlichkeit steigt damit, weil sich das Motiv oft eher mittig findet. Außerdem sind extreme Abweichungen wie helle Himmelsbereiche und dunkle Schatten oft eher am unteren und oberen Rand zu finden. Diese Messart ist immer noch recht gut vorhersehbar und oft etwas genauer als die Integralmessung.

Auch bei Porträts sind die bildwichtigen Bereiche oft eher mittig zu finden so dass die Selektivmessung, eventuell verbunden mit einer leichten Plus-Korrektur der Belichtung (siehe auch Seite 268), gute Ergebnisse liefert.

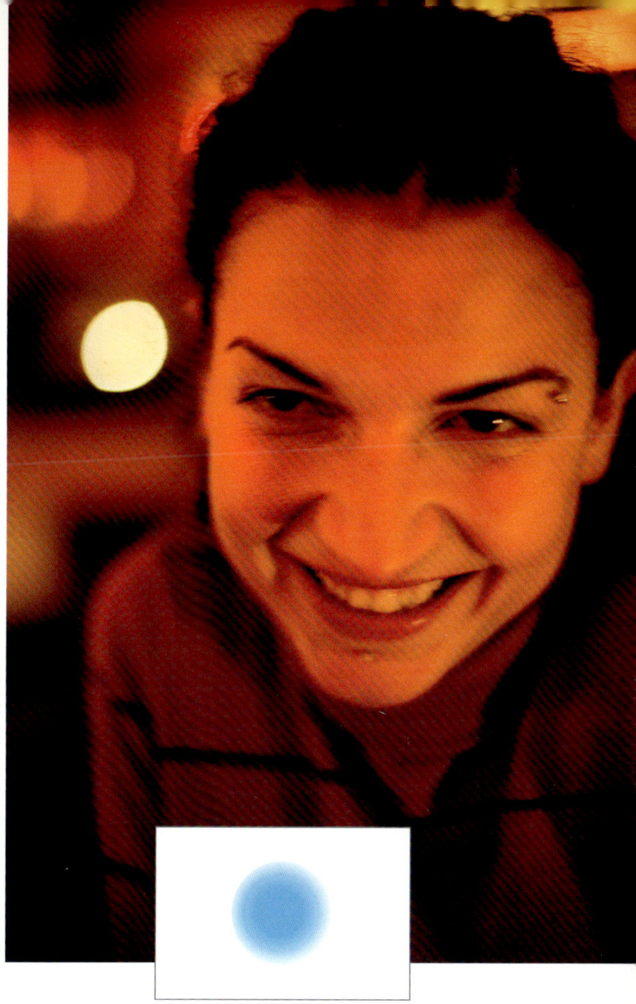

▲ **Abbildung 6.26**
Die Selektivmessung in Verbindung mit einer Belichtungskorrektur hat bei diesem Porträt gut funktioniert.
50mm | f1,4 | 1/40s | ISO 1 000 | Korrektur +2/3

6.4.3 Mehrfeld- oder Matrixmessung

Die Mehrfeldmessung teilt das Bild in viele unterschiedliche Bereiche (bei einer meiner Kameras sind es zum Beispiel 45), die dann aufgrund der Fokusmessung und Helligkeitsverteilung gewichtet werden. Damit kann die Kamera auch komplizierte Lichtsituationen selbstständig in den Griff bekommen, liegt aber in seltenen Fällen auch richtig daneben. Die Ergebnisse sind schlecht vorherzusehen, weil die Kamera einen recht komplizierten Entscheidungsmechanismus ausführt. In der Praxis hat diese Methode aber eine sehr hohe Trefferquote und ist technisch die am weitesten entwickelte von allen.

Die Kamera versucht, anhand von Daten über Ausrichtung, Brennweite, Entfernung, Autofokusfeldern und Belichtungsmesswerten eine vorgespeicherte Standardsituation zu finden, für die sie dann die Belichtung optimiert. Da die AF-Messfelder für die Belichtung nur in diesem Modus herangezogen werden, verhält sich die Kamera bei einem Schwenk nach der Scharfstellung anders, als zum Beispiel bei der mittenbetonten Messung.

Probieren Sie einmal Folgendes: Stellen Sie die Kamera auf Mehrfeldmessung, und fokussieren Sie auf ein helles Fenster. Schwenken Sie nun die Kamera in den dunkleren Raum hinein, lassen Sie den Auslöser dabei halb durchgedrückt, und beobachten Sie die Messeregebnisse im Sucher. Wiederholen Sie das ganze mit der mittenbetonten Messung. Bei den meisten

Abbildung 6.27 ▶
Die weiße Fläche genau in der Bildmitte hätte bei der mittenbetonten Messung zu deutlicher Unterbelichtung geführt. Die Mehrfeldmessung gewichtet den weißen Bereich richtig und ermittelt eine ausgewogene Belichtung.
17 mm | f8,0 | 1/800 s | ISO 200

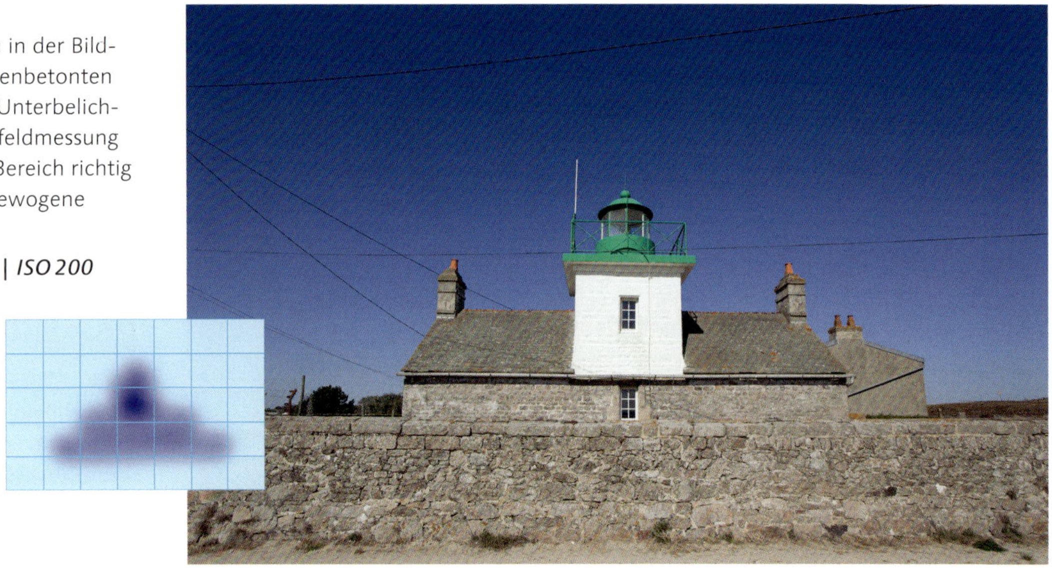

Kameras wird es so sein, dass der Messwert sich bei der Mehrfeldmessung nicht verändert, bei der mittenbetonten Messung aber schon. Die mittenbetonte Messung misst kontinuierlich die Mitte des Bildes, die Mehrfeldmessung speichert den Wert, sobald der AF scharfgestellt hat.

Schalten Sie nun den AF am Objektiv aus, und schauen Sie, was die Mehrfeldmessung macht, wenn Sie den Schwenk wiederholen. Nun verändern sich auch hier die Messwerte kontinuierlich. Sie können das Verhalten meist anpassen, indem Sie in den Custom- oder Individualfunktionen das Verhältnis von AF-Lock und AE-Lock (AE = *Auto-Exposure*) ändern. Bei vielen Kameras lassen sich die Funktionen auch auf unterschiedliche Knöpfe legen, wie es viele Profis nutzen, um mehr Kontrolle zu erlangen.

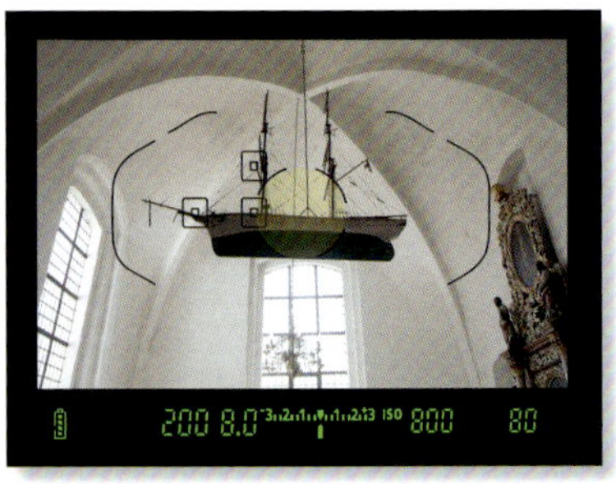

▲ **Abbildung 6.28**
Der hellgelbe Kreis markiert in diesem Bild den Messbereich der Spotmessung bei der Canon EOS 7D.

6.4.4 Spotmessung

Die Spotmessung misst die Belichtung nur in einem sehr kleinen Kreis in der Bildmitte. Sie sehen diesen Kreis oft im Sucher angedeutet, direkt um den mittleren AF-Punkt. Er nimmt unter 5 % des Bildfelds ein, und Sie können damit direkt den bildwichtigen Bereich anmessen oder eine Kontrastmessung der Lichter und Schatten vornehmen. Die Spotmessung ist ein sehr genaues Profiwerkzeug und wird gerne auch zusammen mit der manuellen Belichtungseinstellung (M) verwendet.

Der Nachteil der Spotmessung ist, dass Sie immer konzentriert den bildwichtigen Bereich anmessen müssen, weil Sie sonst extreme Fehlbelichtungen erhalten. Zur schnellen Schnappschussfotografie ist diese Methode also nicht geeignet, wohl aber für das bewusste Gestalten in etwas ruhigeren Situationen.

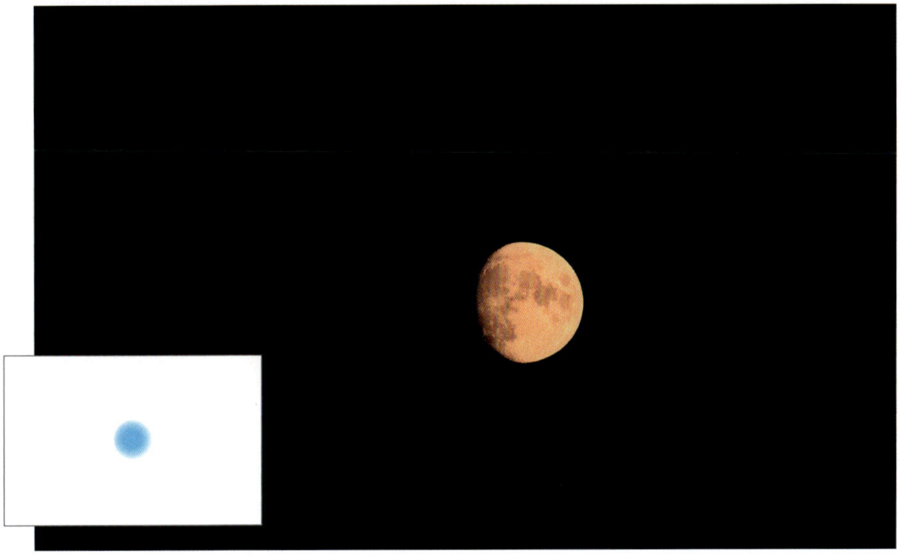

▲ **Abbildung 6.29**
Der Mond wurde mit der Spotmessung erfasst und im manuellen Modus belichtet. Der Mond wandert sehr schnell aus dem Messbereich, der Modus M verändert die einmal eingestellte Belichtung aber nicht mehr.
600 mm | f5,6 | 1/125 s | ISO 3 200

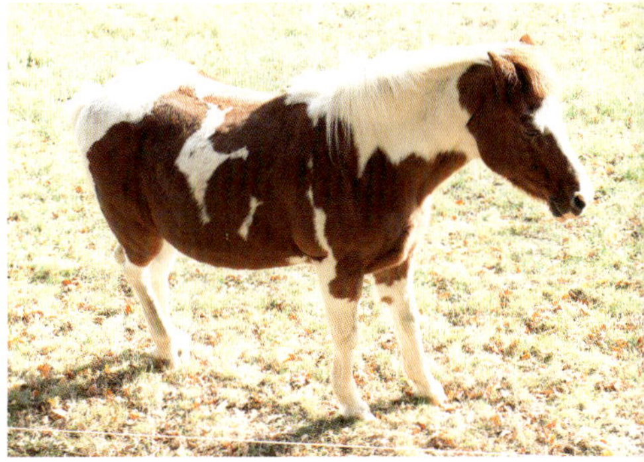

▲ **Abbildung 6.30**
Bei diesem Foto wurde vergessen, die Spotmessung wieder auf Mehrfeldmessung umzuschalten. Der Spot erfasste die braune Seite des Ponys im Schatten, das Bild wurde im Ergebnis stark überbelichtet.
50 mm | f6,3 | 1/160 s | ISO 400 | APS-C-Sensor

6.4.5 Live View

Die bislang beschrieben Messmethoden setzen einen heruntergeklappten Spiegel voraus, weil die Messelektronik genau wie die AF-Sensorik im Kameraboden untergebracht sind. Sobald der Hilfsspiegel kein Licht mehr dorthin reflektiert, funktionieren sie nicht mehr. Die Belichtung wird dann direkt auf dem Sensor gemessen. Sie können dann oft mit einem verschiebbaren Rechteck ein Feld markieren, das für die Belichtungsmessung besonders stark gewichtet wird. Ebenso haben Sie bei vielen Kameras die Wahl, ob das Display das Bild möglichst erkennbar oder möglichst nah an der zu erwartenden Belichtung ausrichten soll. Die sogenannte Belichtungssimulation liefert eine recht genaue Vorhersage des Ergebnisses, im Einzelfall kann es aber vorkommen, dass das Bild auf dem Display fast nicht zu erkennen ist (im Modus M zum Beispiel)

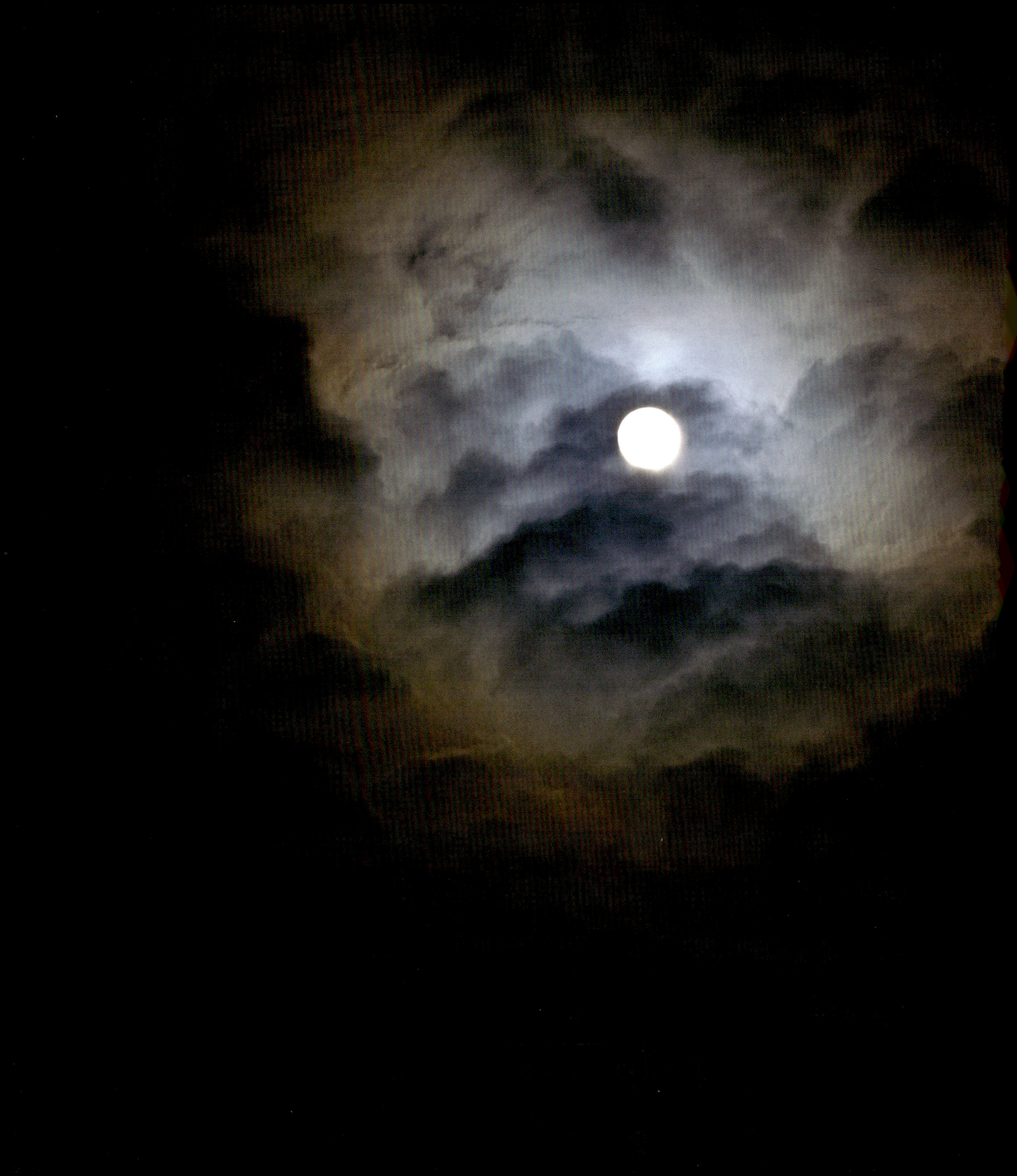

Kompaktkameras messen die Belichtung ebenfalls direkt auf dem Sensor. Die Anpassung der Belichtungswerte erfolgt deswegen auch etwas langsamer als bei einem eigenen Belichtungsmesssystem, wie eine DSLR es besitzt. Wenn Sie eine Kompaktkamera rasch vom Fenster ins Dunkle und wieder zurückschwenken, werden Sie feststellen, dass die Anpassung an das veränderte Licht einen kurzen Moment in Anspruch nimmt. Die Werte im Daten-Display einer DSLR verändern sich sofort, aber im Live-View-Modus benötigt auch sie ein wenig länger für die Anpassung.

◂◂ Abbildung 6.31
Das ist nicht der Mond, sondern die Sonne. Die extrem knappe Belichtung lässt das Bild fast wie eine Nachtaufnahme wirken. Dass die Sonne nicht ganz rund erscheint, liegt an der Beugung, die durch die kleine Blendenöffnung verursacht wurde.
125 mm | f25 | 1/8000 s | ISO 100

6.5 Belichtungskorrekturen

Selbst wenn die Belichtungsmessung technisch absolut perfekt wäre, kann Ihre Kamera nicht wissen, wie Sie das Motiv abbilden möchten. Solange eine Kamera nicht in der Lage ist, den gesamten Helligkeitsumfang in jeder Situation aufzuzeichnen, werden Sie also immer von Hand eingreifen müssen, um eine Belichtung nach Ihren Vorstellungen zu erhalten. Das wird nicht bei jedem Motiv nötig sein, aber doch bei einem relativ großen Teil.

6.5.1 Messwertspeicherung (AEL)

Eine der einfachsten Methoden, um die Belichtung zu korrigieren, ist die Messwertspeicherung. Dabei schwenken Sie die Kamera auf einen Bereich, der einfacher zu messen ist und dessen Messergebnis auch für das Motiv passt. In einer Gegenlichtsituation schwenken Sie die Kamera zum Beispiel

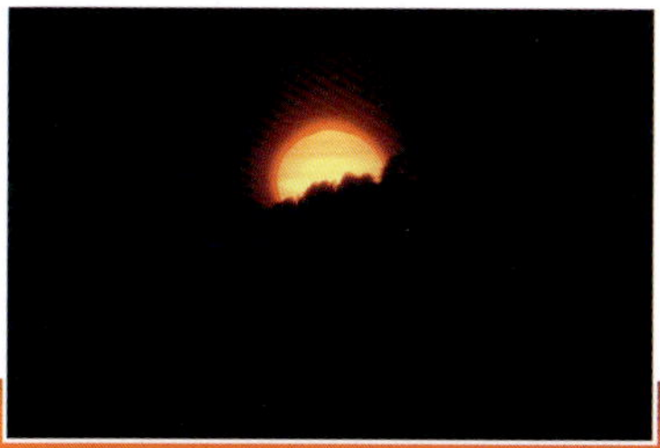

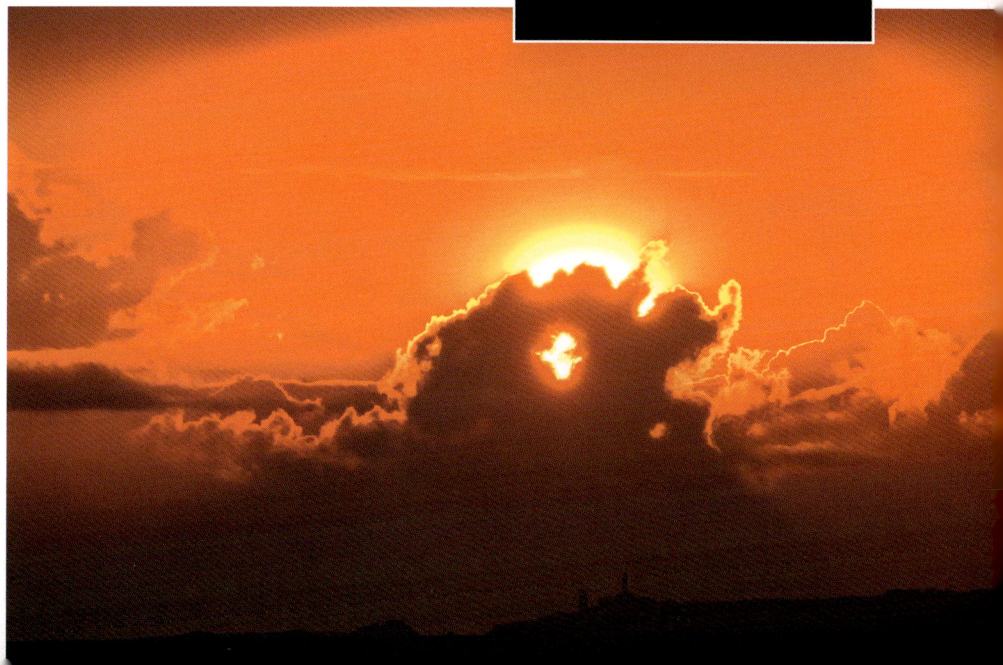

Abbildung 6.32 ▸
Messungen direkt in die Lichtquelle können je nach verwendeter Messmethode kräftig danebengehen. Im nebenstehenden Bild wurde der Messwert gespeichert, als die Sonne gerade außerhalb des Bildes war und eine Belichtungskorrektur von –1 eingestellt. Das Bild ist so trotz der extremen Kontraste richtig belichtet. Unkorrigiert ergab sich das oben abgebildete Ergebnis
600 mm | f8,0 | 1/800 s | ISO 250

so weit nach unten, dass die Lichtquelle nicht mehr im Bild ist, und drücken die Messwertspeichertaste (AE-L bei Nikon, * bei Canon). Die Kamera merkt sich nun die Belichtungseinstellung für eine einstellbare Zeit, Sie schwenken zurück auf das Motiv und machen ein oder mehrere Bilder mit dieser Belichtungseinstellung.

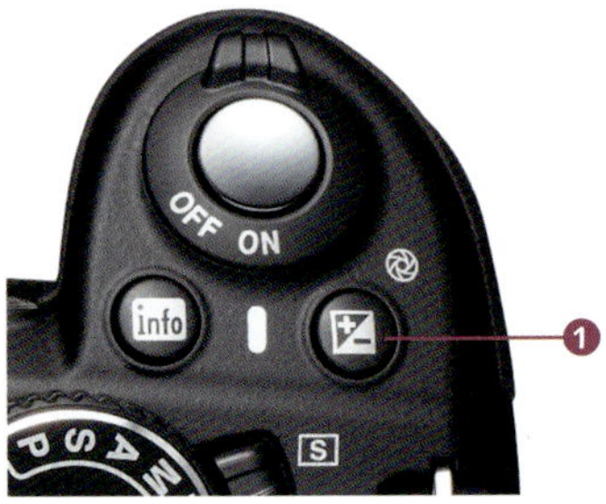

▲ **Abbildung 6.33**
Mit der Taste +/– 1 schalten Sie das Einstellrad auf den Belichtungskorrekturmodus um, im manuellen Modus steuern Sie dann die Blende statt der Zeit mit dem Rad (Bild: Nikon).

6.5.2 Manuelle Belichtungskorrektur

Sobald das Motiv insgesamt heller oder dunkler ist als ein mittleres Grau, müssen Sie die Belichtung von Hand korrigieren. Das gilt natürlich auch dann, wenn es nur heller oder dunkler erscheinen soll oder wenn das Messergebnis von Ihren Vorstellungen abweicht.

Die Belichtungskorrektur ist an der Kamera meist sehr einfach zu erreichen, weil es einer der häufigsten Vorgänge beim Fotografieren ist. Bei den Profikameras von Canon zum Beispiel reicht ein Dreh am Daumenrad. Viele Profis aber schalten diese Option auch gleich wieder aus, damit sie die

▼ **Abbildung 6.34**
Die Schneelandschaft im norwegischen Hochland wurde um eine gute Blende überbelichtet, um den richtigen Helligkeitseindruck zu vermitteln.
40 mm | f16 | 1/400 s | ISO 160 | +1,3

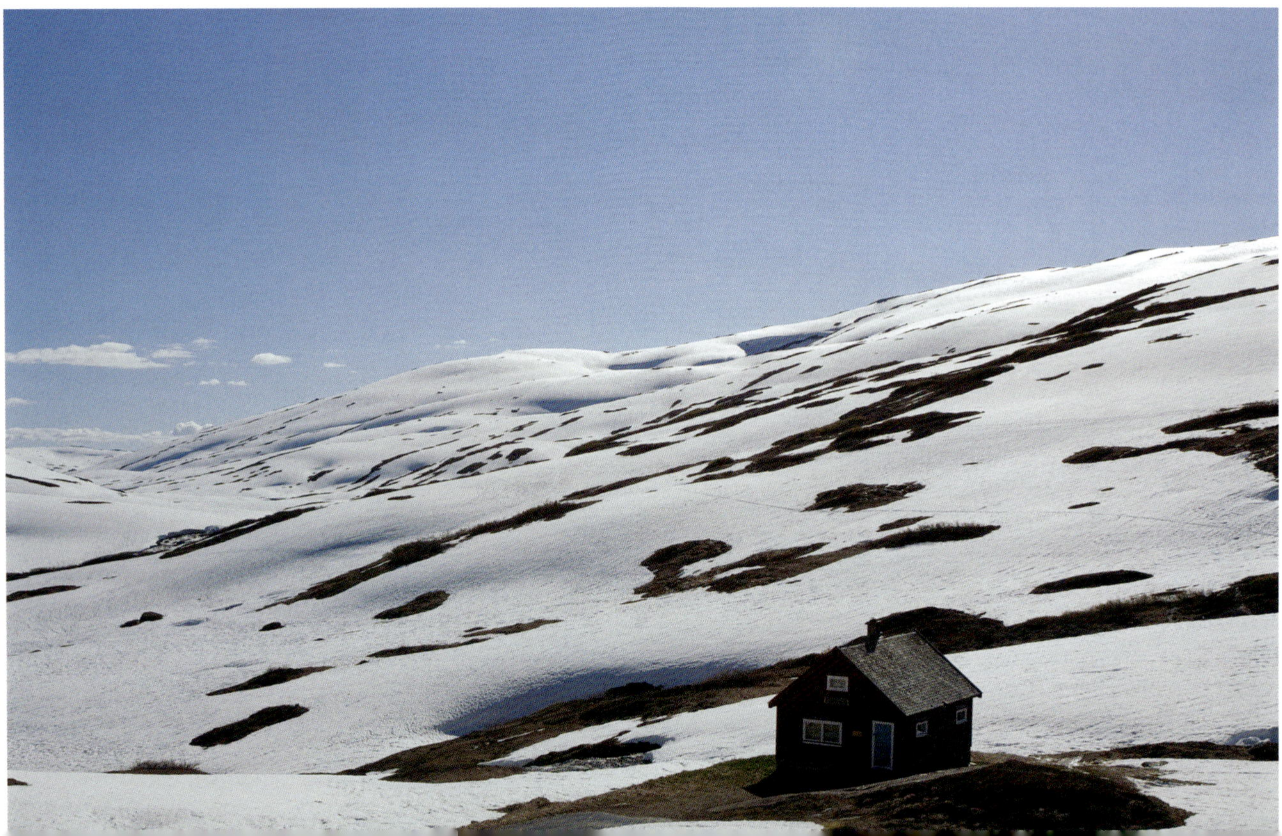

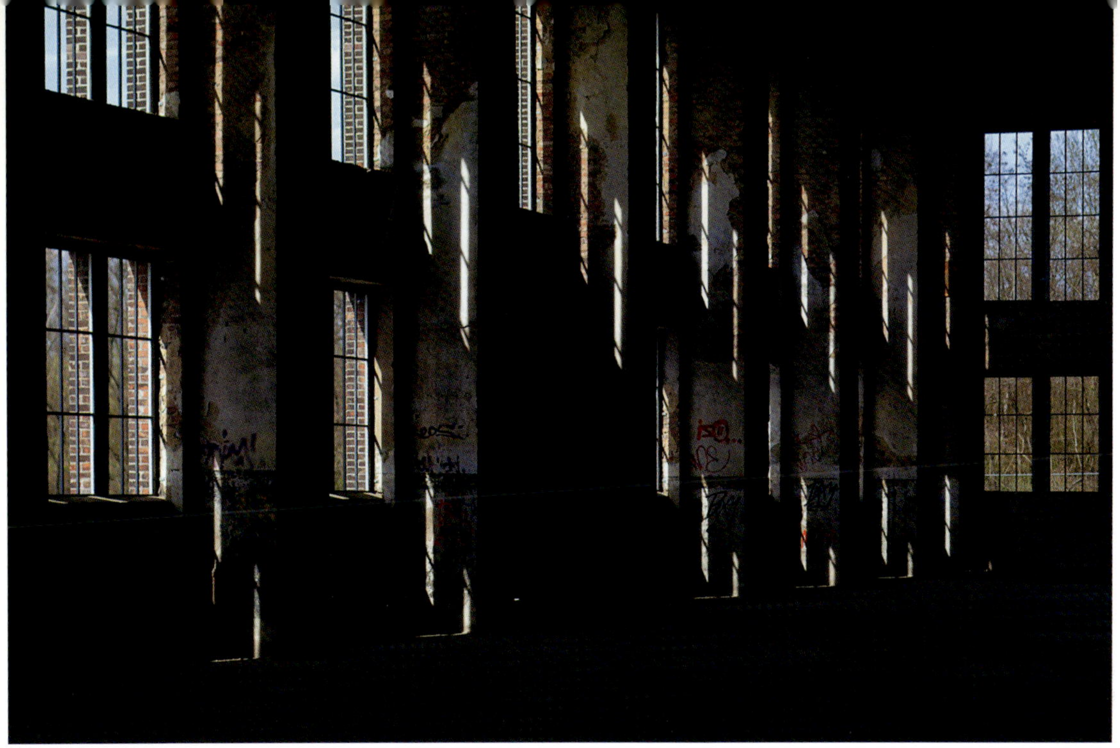

Belichtung nicht unabsichtlich verstellen. Bei den meisten anderen Kameras gibt es eine Taste +/–, die Sie gedrückt halten, während Sie mit dem Einstellrad den Wert ändern.

▲ **Abbildung 6.35**
Bei diesem Bild wurde das Augenmerk auf die Fenster und ihre Projektionen im Raum gelegt. Um ihren Rhythmus zu betonen, wurde die Belichtung um –2 Stufen korrigiert.
90 mm | f4,0 | 1/1000 s | ISO 100 | Korrektur –2 | Tilt-Shift-Objektiv

6.5.3 Belichtungskorrektur nach Farbe

Wenn Sie sich einen Farbraum wie den Adobe-RGB-Farbraum in Abbildung 6.36 in 3D ansehen, werden Sie feststellen, dass die Bereiche der reinsten Farben je nach Farbe bei ganz unterschiedlichen Helligkeiten liegen. Das bedeutet, dass die intensivste Farbwirkung nur dann eintritt, wenn auch die Helligkeit entsprechend angepasst wird.

Während die Helligkeitsunterschiede zum mittleren Grau bei den meisten Farben so gering

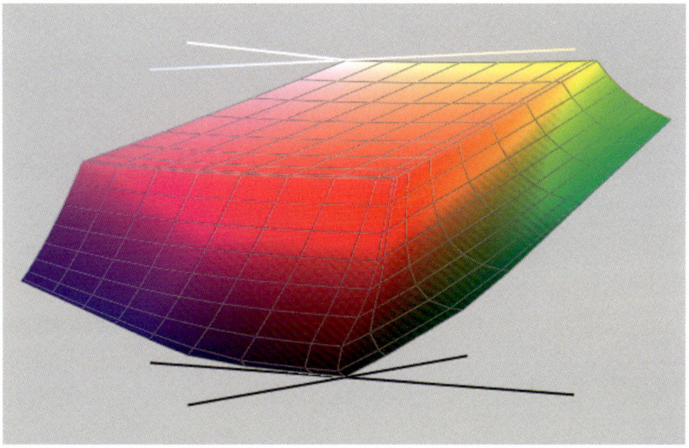

Abbildung 6.36 ►
Der Adobe-RGB-Farbraum in einer 3D-Ansicht: Die Helligkeit steigt von unten nach oben, die Farbsättigung von innen nach außen. Die Extreme liegen je nach Farbe in unterschiedlicher Höhe. Die ideale Farbsättigung ist also immer mit einer bestimmten Helligkeit verbunden: Es gibt kein tiefes Dunkelgelb oder ein hochintensives Hellblau.

Abbildung 6.37 ▸
Die Grundfarben (obere Reihe) und ihre Graustufenumsetzung (mittlere Reihe), darunter zum Vergleich Neutralgrau. Gelb und Blau weichen besonders stark von der mittleren Helligkeit ab.

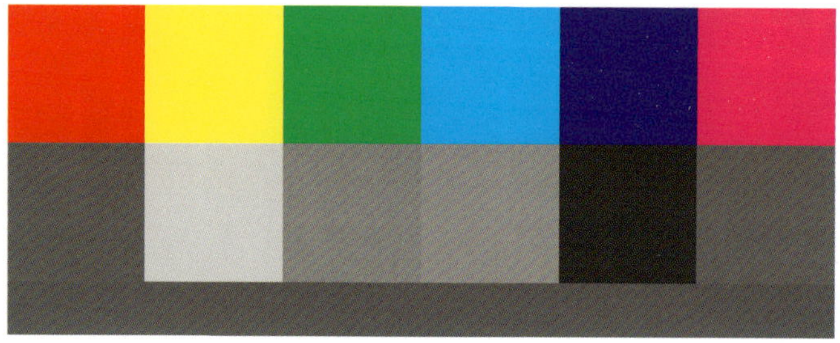

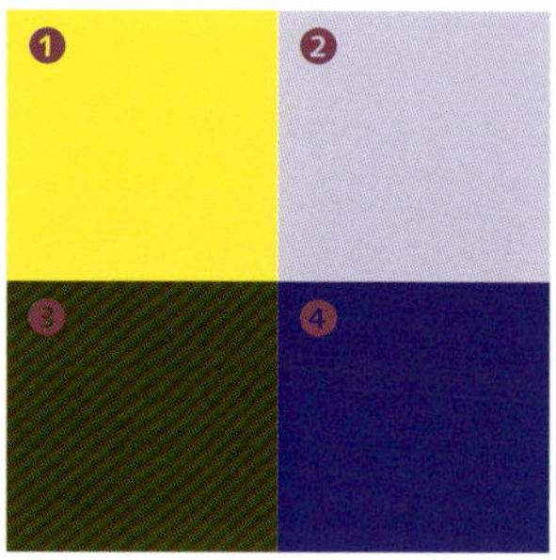

▴ **Abbildung 6.38**
Wenn man Blau ❹ und Gelb ❶ in der Helligkeit der jeweils anderen Farbe abbildet, ergeben sich Farbtöne, die in der Intensität bei weiten nicht mit der Originalfarbe mithalten können. Das dunkle Gelb ❸ wirkt eher Olivgrün, das helle Blau ❷ wird zum fahlen »Babyblau«.

sind, dass Sie zumindest bei einer Aufnahme im RAW-Format nicht darüber nachdenken müssen, sind sie in den Farben Gelb und Blau sehr deutlich. Wenn Sie also mit der Spotmessung ein klares Gelb anmessen, sollten Sie die Belichtungskorrektur auf circa +1,5 Blenden stellen, um diesen Ton auch auf dem Foto festzuhalten. Umgekehrt stellen Sie bei einem tiefen Blau die Korrektur auf –1,5 Blenden. Wenn eine Farbe zu hell wiedergeben wird, erscheint sie oft milchig und blass, wird sie zu dunkel wiedergegeben, vergraut sie und wirkt schmutzig.

Die Helligkeit ist aber nur ein Aspekt bei der Reinheit der Farben, und Sie sollten nicht versuchen, jedes Farbproblem über eine Helligkeitsanpassung zu lösen (mehr zur Farbkorrektur ab Seite 421). Trotzdem sollten Sie im Kopf behalten, dass Farbe und Helligkeit zusammenhängen, und dass es für Sie in Einzelfällen manchmal notwendig sein wird, manuell in die Belichtungssteuerung einzugreifen.

Manchmal ist auch die spektrale Empfindlichkeit der Belichtungsmessung etwas anders als die des Sensors oder Films. So kann es passieren, dass bei Kunstlicht die gemessenen Werte zu optimistisch sind und das Bild um circa zweidrittel Blenden unterbelichtet wird. Das ist bei der Kombination Handbelichtungsmesser/Negativfilm sehr oft der Fall und bei einer modernen DSLR oder Kompaktkamera zumindest eine Überprüfung wert.

6.5.4 High Key

Wenn in einem Foto fast ausschließlich helle Tonwerte vorkommen, spricht man von High Key. Dieses Stilmittel wird gerne in der Beautyfotografie verwendet, weil es einen hellen, freundlichen Eindruck vermittelt und hilft, Fältchen und Schatten zu unterdrücken.

Wenn Sie bewusst für High-Key-Aufnahmen fotografieren möchten, ist ein weiches Licht mit aufgehellten Schatten genau richtig. So können Sie das Motiv überbelichten, ohne dass zu dunkle Schatten zurückbleiben oder der Kontrastumfang zu überstrahlten Lichtern führt. Ein kontrastarmes Motiv

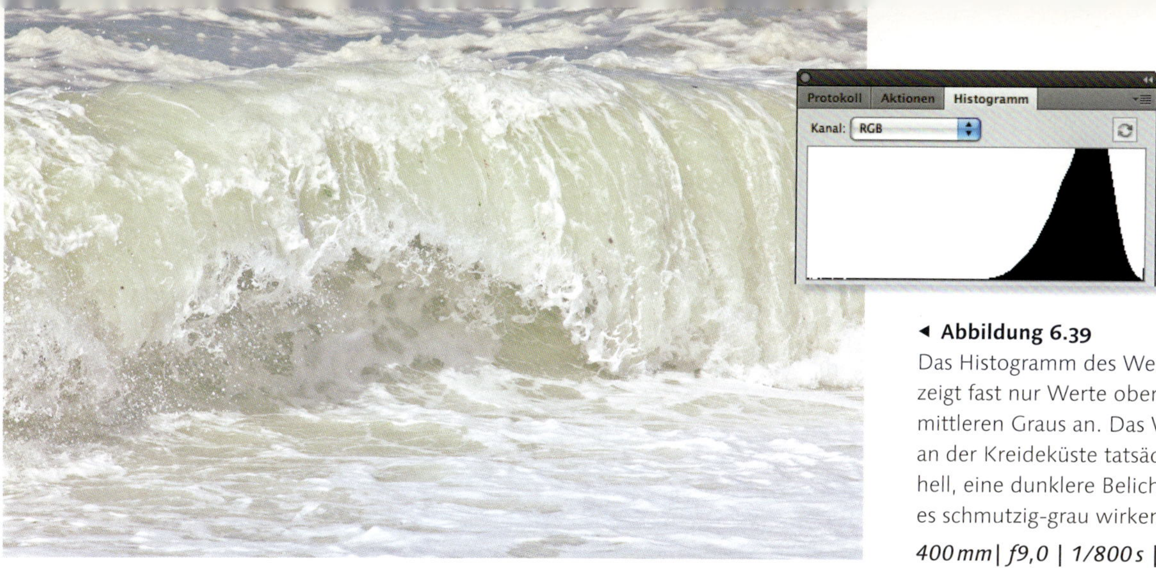

◂ **Abbildung 6.39**
Das Histogramm des Wellenbildes zeigt fast nur Werte oberhalb eines mittleren Graus an. Das Wasser war an der Kreideküste tatsächlich sehr hell, eine dunklere Belichtung hätte es schmutzig-grau wirken lassen.
400 mm | f9,0 | 1/800 s | ISO 320

lässt sich auch in der Bildbearbeitung noch aufhellen, aber die Qualität wird besser, wenn die Aufnahme bereits heller angefertigt wird.

6.5.5 Low Key

Bilder, die vorwiegend die Schattenbereiche der Tonwertskala verwenden, werden Low-Key-Bilder genannt. Dunkle Bilder haben eine eigene Stimmung: Wenn Sie das Wort »dunkel« hören, denken Sie wahrscheinlich auch nicht nur an wenig Licht. Mögliche Assoziationen sind »geheimnisvoll«, »traurig«, »sinnlich«, »tief«.

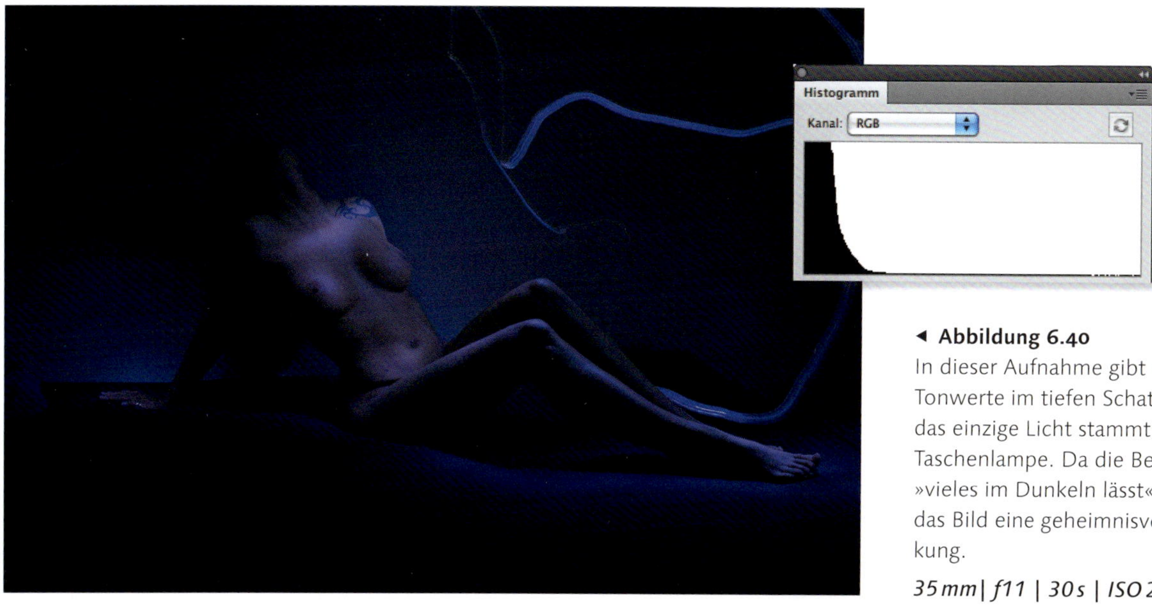

◂ **Abbildung 6.40**
In dieser Aufnahme gibt es fast nur Tonwerte im tiefen Schattenbereich, das einzige Licht stammt von einer Taschenlampe. Da die Belichtung »vieles im Dunkeln lässt«, bekommt das Bild eine geheimnisvolle Wirkung.
35 mm | f11 | 30 s | ISO 200

Wenn Sie für Low Key fotografieren, ist es sinnvoll, das Bild ein wenig heller aufzunehmen, als es gewünscht ist und dann am Rechner etwas abzudunkeln. Die schlechte Tonwertabstufung im Schattenbereich kann sonst zu Qualitätsproblemen bis hin zur Unbrauchbarkeit des aufgenommenen Materials führen. Die Lichtführung kann ruhig kontrastreich sein, wenn Lichtkanten das Motiv etwas hervorheben, ist es leichter zu erkennen. Auf Seite 336 finden Sie ein Beispiel, wie im Studio eine Lichtkante für eine Low-Key-Aufnahme gesetzt wird.

▼ **Abbildung 6.41**
Gegenüber der Kameramessung wurde dieses Bild um knapp 2 Blenden überbelichtet. Die Landschaft hinter dem Vorhang ist dadurch nicht mehr sichtbar, aber das Gesicht hat die richtige Helligkeit, und das Bild bekommt eine freundliche Grundstimmung.

160 mm | f2,8 | 1/200 s | ISO 500 | Korrektur +2

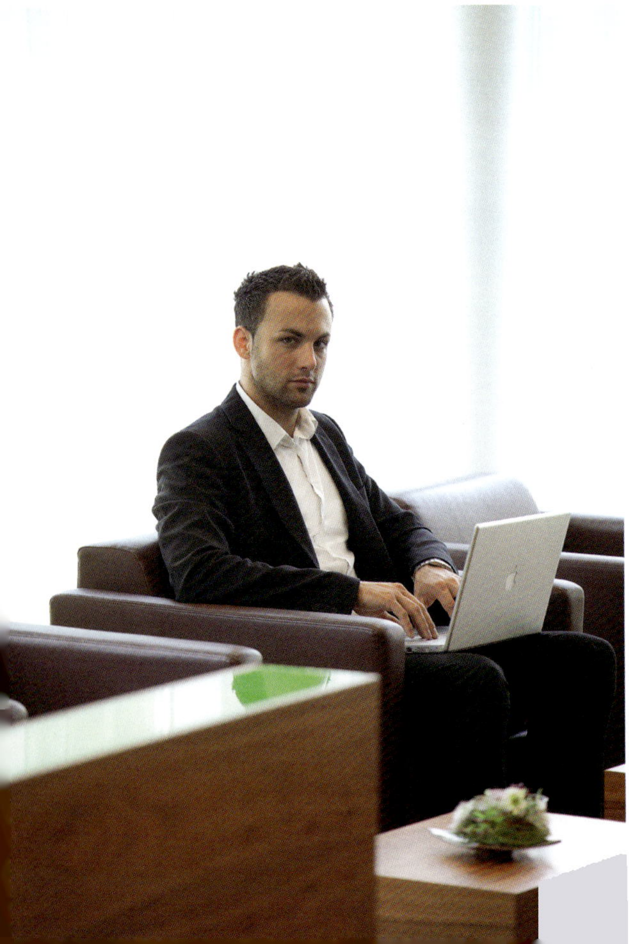

6.5.6 Gegenlicht

Bei Gegenlicht kommen oft die Lichtquelle und Schattenseite der von dieser Lichtquelle beschienenen Motive in einem Bild zusammen. Sie blicken also direkt ins Licht und haben sehr dunkle Bereiche direkt daneben. Das führt zu einem Kontrastumfang, den weder ein digitaler Sensor noch Film in den Griff bekommen. Somit müssen Sie sich entscheiden, welche Helligkeitsbereiche Sie verlieren möchten.

Wenn Sie ein Porträt fotografieren, ist die Entscheidung meistens einfach. Hier möchten Sie der Person ins Gesicht schauen können, wenn der Hintergrund dabei in Weiß übergeht, macht das nichts.

Bei anderen Motiven mit einer intensiven Lichtstimmung werden Sie die hellen Bereiche nicht so leicht aufgeben wollen und eher in Kauf nehmen, dass die Objekte im Licht sehr dunkel werden. Das eigentliche Motiv wird dann zur Silhouette, bei der fast alle Bereiche schwarz wiedergegeben werden.

Es gibt noch eine dritte Möglichkeit, die aber auf kleine Motive oder besondere Umgebungen beschränkt ist: das Aufhellen. Sie können das Licht, das von hinter dem Motiv kommt, mit einem Reflektor auf das Motiv zurückwerfen. Oder Sie zünden einen starken Blitz, der im Nahbereich in der Lage ist, es mit der Hauptlichtquelle aufzunehmen.

Sie müssen aber den Kontrastumfang des Sensors nicht unbedingt als gegeben hinnehmen, denn mit Hilfe der HDR-Technik können Sie ihn deutlich erweitern. Das ist allerdings oft ein gestalterischer Rückschritt. Mehr Information auf einem Foto zu haben ist nur dann gut, wenn diese Information auch wichtig ist, oder wenn sie hilft, technische Schwächen zu vermeiden. Wenn das Licht Sie zwingt, sich für das Wesentliche in einem Bild zu entscheiden, hilft es Ihnen auch, zu guten Ergebnissen zu kommen.

◂ **Abbildung 6.42**
In diesem Bild wurde Wert auf den Himmel gelegt. So werden auch die weißen Bereiche des Leuchtturms fast schwarz, was der Bildstimmung aber zugutekommt.

400 mm | f7,1 | 1/2000 s | ISO 200

6.5.7 Belichtungsreihen

Wenn Sie einen hohen Kontrastumfang zu bewältigen haben oder einfach sichergehen wollen, dass Sie eine optimale Belichtung erhalten, können Sie eine Belichtungsreihe aufnehmen. Über die automatische Belichtungsreihenfunktion (AEB = *Auto Exposure Bracketing*), können Sie Ihrer Kamera mitteilen, dass Sie zusätzlich zur Nomalbelichtung noch eine hellere und eine dunklere Belichtung in einem wählbaren Abstand aufnehmen möchten. Manche Kameras unterstützen auch mehr als drei unterschiedliche Belichtungen. Die Wahrscheinlichkeit, dass Sie dann eine Aufnahme erhalten, aus der Sie in der RAW-Konvertierung den benötigten Kontrastumfang herauskitzeln können, steigt so deutlich an. Und wenn dies nicht gelingen sollte, können Sie die Belichtungen immer noch zu einem HDR-Bild kombinieren.

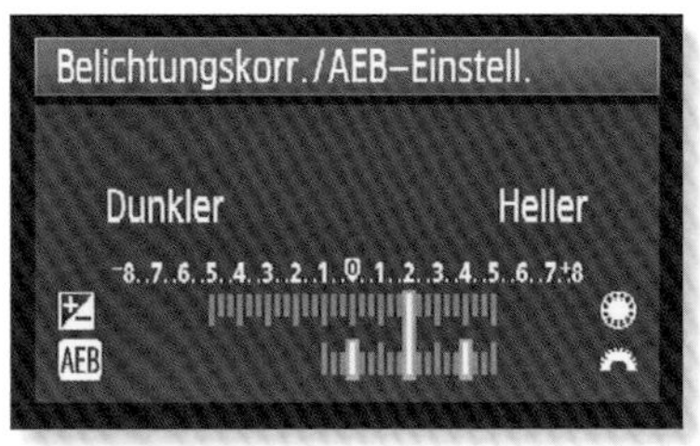

▴ **Abbildung 6.43**
Eine Belichtungsreihe AEB setzt auf der Belichtungskorrektur auf. Hier ergibt eine Korrektur von +2 und ein AEB von +/–2 eine Reihe von 0 | +2 | +4 als Korrekturwerte (Canon EOS 7D).

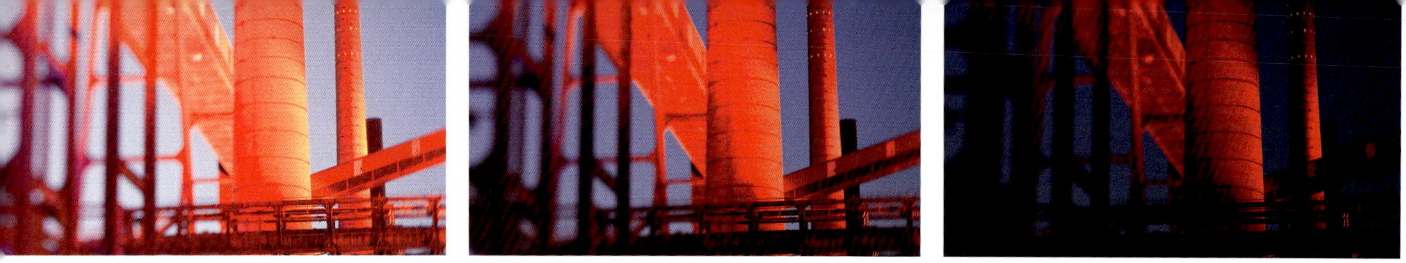

▲ **Abbildung 6.44**
Diese drei Aufnahmen liegen jeweils 2 Blendenstufen auseinander. Durch den geringen Motivkontrast ist trotzdem jede für sich brauchbar, wobei die hellste den Augeneindruck stark verfremdet wiedergibt.

90mm | f2,8 | 30s, 8s und 2s | ISO 400 | Tilt-Shift-Objektiv

Die einzelnen Belichtungen sollten dabei nicht mehr als zwei Blendenstufen auseinanderliegen, wenn Sie mehr als +/–2 Blenden benötigen, sollten Sie lieber zusätzliche Bilder aufnehmen. Beachten Sie, dass Sie eine Belichtungsreihe mit der Belichtungskorrektur verbinden können. Wenn Sie zum Beispiel die Belichtung um –1 korrigieren und eine Belichtungsreihe von +/–2 Blenden einstellen, erhalten Sie eine Reihe von –3 | –1 | +1 Blendenstufen um die gemessene Belichtung herum.

6.6 Das Zonensystem nach Ansel Adams

Das Zonensystem nach Ansel Adams ist eine sehr nützliche Grundlage, um sich mit der Belichtungssteuerung vertraut zu machen. Ansel Adams teilte den nutzbaren Helligkeitsumfang in 11 Blendenstufen ein. Die erste Zone repräsentiert ein reines Schwarz – dies ist die Zone 0. Die letzte Zone – Zone 10 – steht für reines Weiß. Dazwischen bleiben 9 Blendenstufen nutzbarer Bildinformation übrig.

Das Schöne ist, dass sich dieser Belichtungsbereich, den Ansel Adams vom Schwarzweißfilm hergeleitet hat, gut für die RAW-Fotografie übernehmen lässt. Je nach Kamera werden Sie im Lichterbereich allerdings sehr sorgfältig arbeiten müssen, weil es dort mit dem tatsächlich nutzbaren Kontrastumfang knapp werden kann. Das JPEG-Format können Sie für die Nutzung des Zonensystems vergessen, weil Sie damit in den Lichtern gut eine Blende weniger Spielraum haben. Sie können aber ganz sicher sein, dass Ansel Adams kein JPEG verwendet hätte. »Es gibt keine Abkürzung auf dem Weg zur Perfektion«, hätte er wohl gesagt, und damit wäre das Thema JPEG für ihn erledigt gewesen.

Anwendung | Mit Hilfe des Zonensystems und der Spotmessung können Sie beliebige Bildbereiche ausmessen und dann einer Zone zuweisen. Wenn Sie ein Porträt aufnehmen, messen Sie zum Beispiel das Gesicht an und legen es auf Zone 6 oder, wenn Sie es sehr hell abbilden möchten auf Zone 7. Einen Schattenbereich, den Sie gut durchgezeichnet haben wollen, legen Sie auf Zone 2–3, eine helle Wand in der Sonne auf Zone 7–8, wenn Sie die Textur noch gut erkennen wollen.

Foto	Zone	Belichtung	Beschreibung
	0	–5	reines Schwarz ohne Zeichnung
	1/I	–4	fast Schwarz, leichte Zeichnung
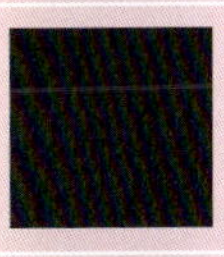	2/II	–3	sehr dunkles Grau
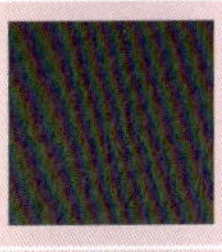	3/III	–2	Dunkelgrau
	4/IV	–1	dunkleres Grau
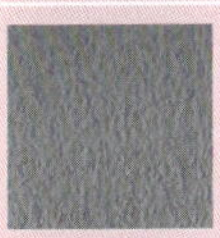	5/V	0	Neutralgrau 1%
	6/VI	+1	helleres Grau
	7/VII	+2	Hellgrau
	8/VIII	+3	sehr helles Grau
	9/IX	+4	fast Weiß, leichte Zeichnung
	10/X	+5	reines Weiß ohne Zeichnung

◂ **Tabelle 6.2**
Die 11 Zonen (0–10) aus Ansel Adams' Zonensystem. Hier wurde eine Raufasertapete bei gleichmäßigem Licht fotografiert und eine Belichtungsreihe im RAW-Format erstellt. Im JPEG-Bild würde mindestens eine Zone wegfallen.

▾ **Abbildung 6.45**
Die hellgelbe Mauer in der Sonne wurde mit der Spotmessung ausgemessen und zwischen Zone 7 und Zone 8 gelegt, so ergibt sich noch gute Durchzeichnung der hellen Partien.

32 mm | f8,0 | 1/400 s | ISO 250

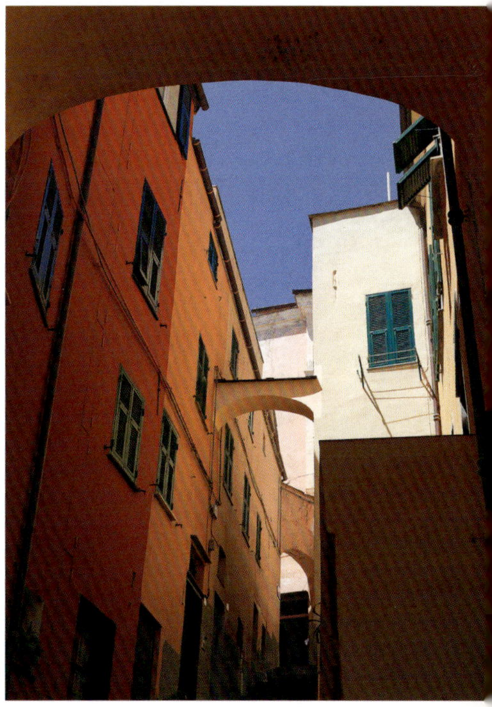

Stellen Sie dazu die Kamera auf Spotmessung um und in den manuellen Modus. Messen Sie die bildwichtigen Bereiche an, und stellen Sie die Belichtung so ein, dass die Belichtungsanzeige im Sucher den richtigen Korrekturwert für die jeweilige Zone anzeigt. Bei Zone 7 steht sie dann 2 Stufen im Plus, bei Zone 6 nur eine und bei Zone 3 zum Beispiel auf –2.

Wenn Ihnen das lieber ist, können Sie auch mit der Automatik arbeiten und nicht im manuellen Modus. Dann messen Sie die Bereiche wie gewohnt an, stellen die Belichtungskorrektur auf den Wert für die jeweilige Zone und drücken dann die Taste für die Messwertspeicherung. Dann können Sie die Kamera wieder zurückschwenken auf den endgültigen Bildausschnitt und der gemessene Wert bleibt trotz der Automatik und dem nun anderen Messbereich der Spotmessung für die Aufnahme erhalten.

Ansel Adams hat bereits bei der Aufnahme versucht, mehrere Zonen festzulegen. Er konnte aber in der Schwarzweißfotografie Farbfilter einsetzen, um die Tonwerte gegeneinander zu verschieben (siehe Seite 441), und er konnte das Filmmaterial kürzer oder länger entwickeln, um den Kontrast zu steuern. Sie haben zwar innerhalb der Kamera Möglichkeiten, den Kontrast über Bildstile oder eine Tonwertoptimierung zu steuern, aber das bringt für die RAW-Datei nichts und belastet nur den Aufnahmeprozess.

Sie legen also mit einer einzigen Messung die Belichtung des Fotos fest, die Zuordnung der anderen Tonwerte ist dann Aufgabe der Nachbearbeitung am Rechner. Trotzdem sollten Sie überprüfen, ob die Schatten noch genügend Zeichnung aufweisen, wenn Sie die Lichter auf eine bestimmte Zone legen und andersherum. Entweder analysieren Sie das Bild und das Histogramm nach der Aufnahme im Display, oder Sie messen vorher auch die anderen bildwichtigen Bereiche mit der Spotmessung aus.

Vom technischen Standpunkt her ist das Zonensystem heute nicht mehr notwendig. Die Mehrfeldmessung und eine Belichtungsreihe bringen Ihnen in den meisten Fällen eine gleich gute Belichtung. Das Zonensystem hilft Ihnen aber, sich die Belichtungswerte für einzelne Bildbereiche bewusst zu machen.

▼ Abbildung 6.46
In diesem Bild wurde die große Felswand im Hintergrund mit dem Spot angemessen und auf Zone 6 gelegt, also um +1 Blende korrigiert. In Zone 5 wäre sie drückend erschienen, so bekommt das Bild eher etwas sommerlich Dunstiges. Die Belichtung entscheidet hier über die Bildwirkung.

200 mm | f4,5 | 1/800 s | ISO 250

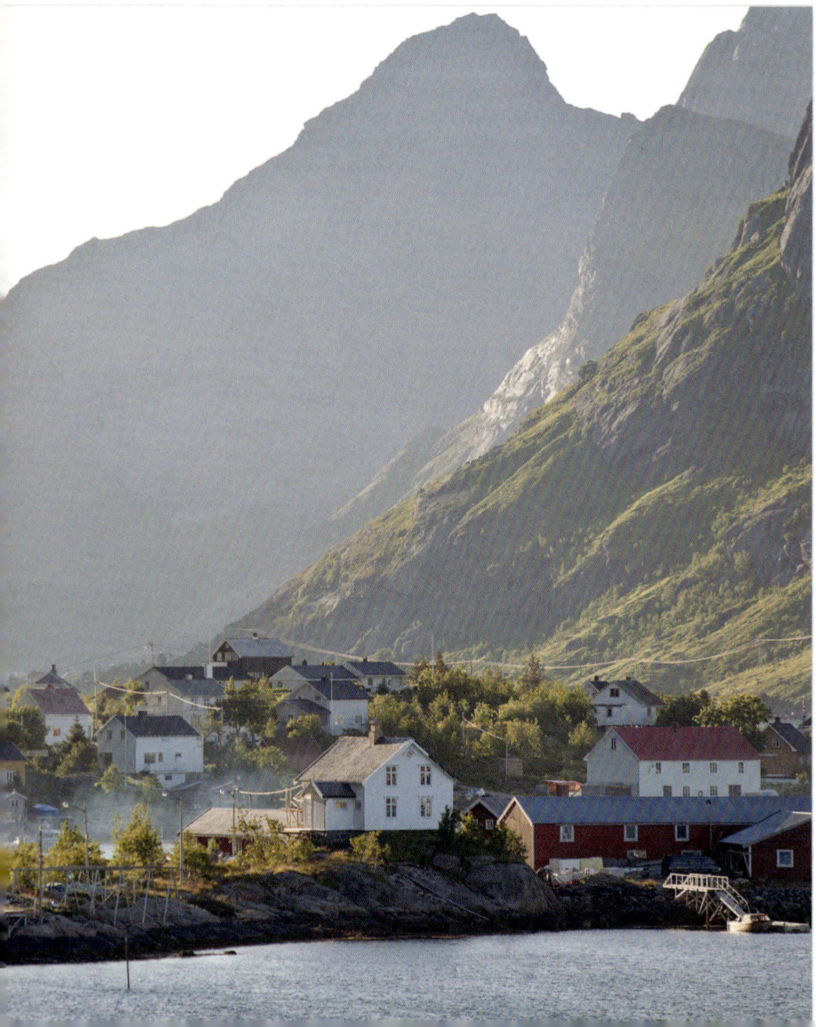

6.7 Langzeitbelichtung

Mit einer DSLR haben Sie normalerweise keine Einschränkung der möglichen Belichtungsdauer. Das bedeutet, dass Sie bei Bedarf stundenlang belichten, und sehr schwaches Licht über lange Zeit zu einer korrekt belichteten Aufnahme sammeln können. Diese Möglichkeit finden Sie bei den meisten Kameras unter dem Belichtungsprogramm B (für Bulb). Manche Kameras verstecken diese Möglichkeit unter dem manuellen Programm M: Hinter der längsten fest einstellbaren Zeit (meist 30s) findet sich noch Bulb. In diesem Modus bleibt der Verschluss so lange offen, wie der Auslöser gedrückt bleibt. Wenn Sie dafür aber die ganze Zeit dem Finger auf dem Auslöser halten müssten, würde das bald unbequem, und Sie würden das Bild selbst mit einem Stativ verwackeln. Deswegen verwenden Sie für Langzeitaufnahmen einen Kabelauslöser, dessen Auslöseknopf Sie arretieren können. Durch das Kabel wird die Kamera vom Auslösen mechanisch entkoppelt und die Arretierung hält den Verschluss offen, solange Sie möchten.

Bulb
Das Wort *Bulb* bezeichnet einen kleinen Blasebalg, den man in der Frühzeit der Fotografie zur Auslösung des Verschlusses verwendete. Solange man diesen mit Luft gefüllten Ball zusammenpresste, hielt er über ein Gummiröhrchen mit dem Luftdruck den Verschluss der Kamera offen. Er ist ein Vorläufer des Drahtauslösers und zur immer noch gültigen Bezeichnung für den Langzeitbelichtungsmodus geworden.

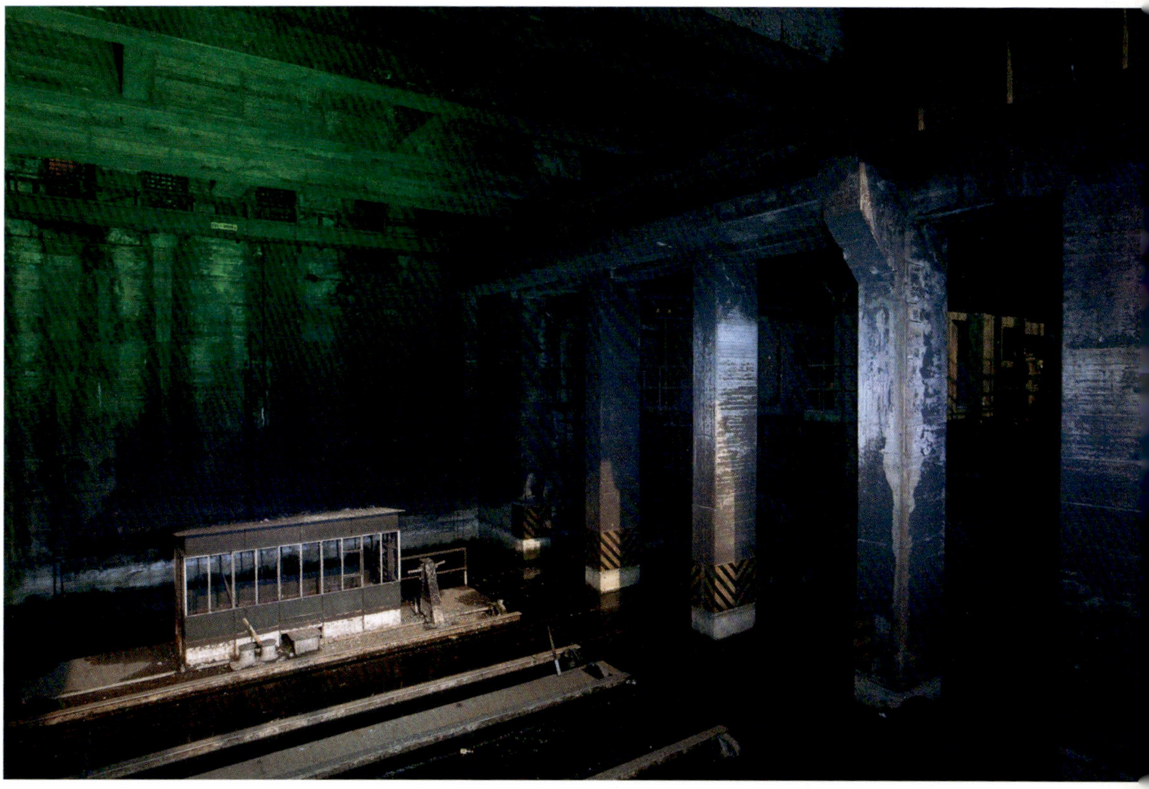

Abbildung 6.47 ▸
In zwei Minuten Belichtungszeit reichte selbst eine LED-Taschenlampe aus, um eine Halle auszuleuchten, das grüne Licht stammt von einem Kamerablitz mit Filterfolie.
24mm | f8,0 | 114s | ISO 1600

6.7.1 Spiegelvorauslösung

Um kurze Auslösezeiten zu erreichen, muss der Spiegel stark beschleunigt und dann wieder abgebremst werden. Dabei entsteht ein Bewegungsimpuls, den Sie in der Hand als sogenannten Spiegelschlag spüren können. Moderne Kameras haben oft Gegengewichte und eine aufwendige Dämpfung, um diesen Effekt zu minimieren, trotzdem gibt es Situationen, in denen der Spiegelschlag die Schärfe Ihrer Aufnahme negativ beeinflusst. Das ist insbesondere dann der Fall, wenn Sie längere Belichtungszeiten mit längeren Brennweiten kombinieren. Die Schwingbewegung der Kamera fällt dann in die Belichtungszeit, und die lange Brennweite vergrößert die Unschärfe, weil jede Winkelabweichung umso stärker ins Gewicht fällt, je enger der Bildwinkel ist.

Um diesen Effekt zu vermeiden, können Sie bei den meisten DSLRs den Spiegel vorauslösen. Beim ersten Druck auf den Auslöser klappt der Spiegel hoch und beim zweiten wird erst der Verschluss ausgelöst. Nach den Schließen des Verschlusses klappt dann auch der Spiegel wieder herunter. Das Problem des Verwackelns durch den Spiegelschlag ist damit aus der Welt, allerdings lässt sich diese Methode nur sehr eingeschränkt verwenden: Mit hochgeklapptem Spiegel sehen Sie nichts mehr im Sucher, und der Autofokus funktioniert nicht mehr. Bewegte Motive und jegliches Nachführen des Bildausschnitts erledigen sich damit.

▼ Abbildung 6.48
Eine Belichtungszeit von 1/20s bei 600mm Brennweite: Trotz Stativs kann das ohne Spiegelvorauslösung schnell kritisch werden. Die hellen Linien stammen vom Tetraeder in Bottrop, die Gasfackel davor ist in Wirklichkeit über einen Kilometer entfernt.

600mm | f5,6 | 1/20s | ISO 200 | APS-C-Sensor

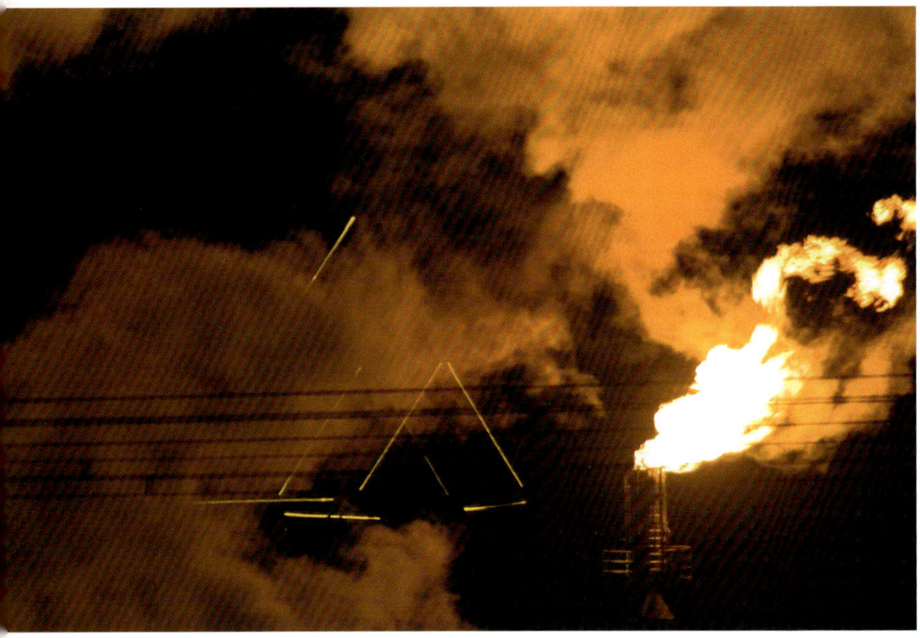

Sinnvoll ist die Spiegelvorauslösung praktisch nur, wenn Sie statische Motive vom Stativ aus fotografieren. Und auch dann sollten Sie immer einen Kabelauslöser verwenden, um die Kamera beim Auslösen nicht trotzdem zu verwackeln.

Wenn Sie allerdings aus der Hand fotografieren müssen und mehr Kontrolle über den Bildausschnitt benötigen, liefern Ihnen die meisten DSLRs eine praktische Alternative: Es gibt einen Modus für den Live-View-Betrieb, bei dem der Spiegel oben bleibt, um Geräusche zu verringern. Dieser wird oft als Silent Mode oder »geräuscharmer Modus« bezeichnet und kann Ihnen helfen, etwas längere

Zeiten aus der Hand zu fotografieren. Sie müssen dann nur auf einen schnellen Autofokus verzichten, weil dieser einen heruntergeklappten Spiegel voraussetzt.

6.7.2 Rauschunterdrückung

Bei hohen ISO-Zahlen oder sehr langen Belichtungszeiten entsteht Rauschen. Der Sensor hat ein zufälliges schwaches Grundrauschen, das unter anderem durch die Temperatur erzeugt wird. Bei langen Belichtungszeiten summiert sich das zu einem deutlichen Bildanteil, der das eigentliche Signal überlagert. Bei hohen ISO-Werten wird durch die digitale Verstärkung des Signals auch der Rauschanteil erhöht. Da moderne DSLRs aus Wettbewerbsgründen bis an die Grenze ihrer technischen Möglichkeiten getrieben werden, kann das Rauschen dazu führen, dass ein Bild nur noch sehr eingeschränkt verwendbar ist, zum Beispiel wenn man es stark herunterrechnet auf eine kleine Größe.

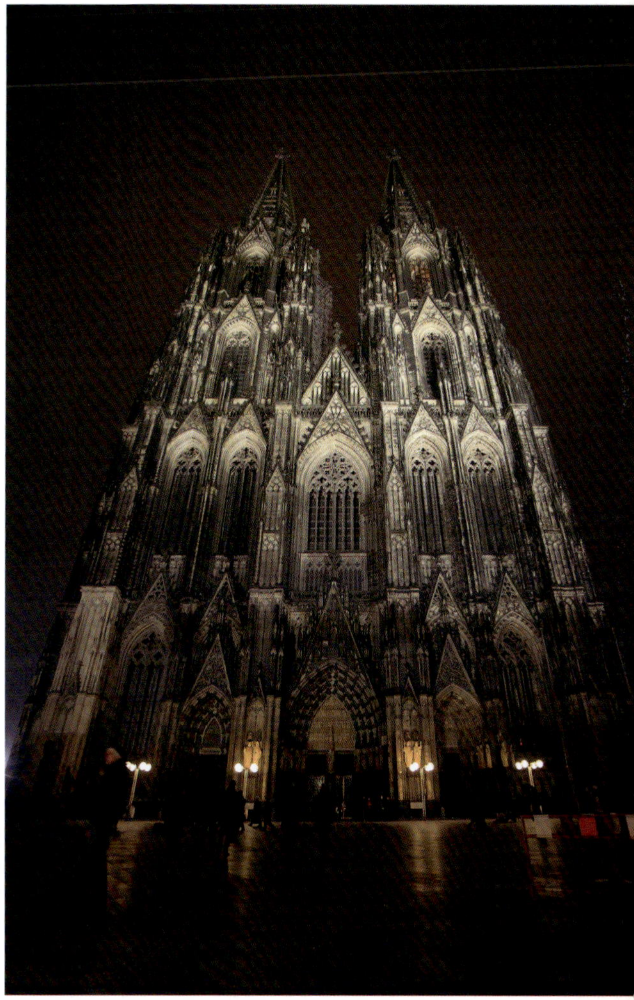

▲ **Abbildung 6.49**
Die Nachtaufnahme des Kölner Doms wurde aus der Hand geschossen. Die Rauschunterdrückung arbeitet trotz ISO 3200 noch sehr gut.
17 mm | f4,0 | 1/15 s | ISO 3200

Was können Sie als Fotograf gegen das Bildrauschen tun? Im Wesentlichen gibt es drei Möglichkeiten:

1. **Rauschen vermeiden:** Halten Sie die ISO-Zahl niedrig. So kommt mehr Licht auf den Sensor und der Anteil des Bildrauschens wird entsprechend kleiner. Das schwache Rauschen wird von dem starken Bildsignal dann so dominiert, dass es praktisch nicht mehr sichtbar ist. Blenden Sie bei schwachem Licht so weit auf, wie es ohne Qualitätsverlust möglich ist. Je schwächer das Licht ist und je länger die Belichtungszeit, desto mehr kann sich das Grundrauschen durchsetzen.
2. **Rauschverminderung in der Kamera:** In der Kamera lässt sich das Rauschen mittels Software aus dem Bild herausrechnen. Das ist meist kein Vorteil gegenüber der Rauschverminderung, die Sie am Rechner durchführen können. Aber einen großen Vorteil hat eine zweite Rauschverminderungs-Option: Sie kann den Momentanzustand des Rauschmusters über die Fläche mit einer sogenannten Dunkelfeldmessung feststellen. Eine zweite »Belichtung« nach der ersten bei geschlossenem Verschluss nimmt nur das Rauschen auf. Diese Zweitbelichtung kann die Kamera dann von der ersten abziehen und somit das aktuelle Rauschen vermindern. Die Methode hat allerdings einen Nachteil: Die Belichtungszeit verdoppelt sich durch

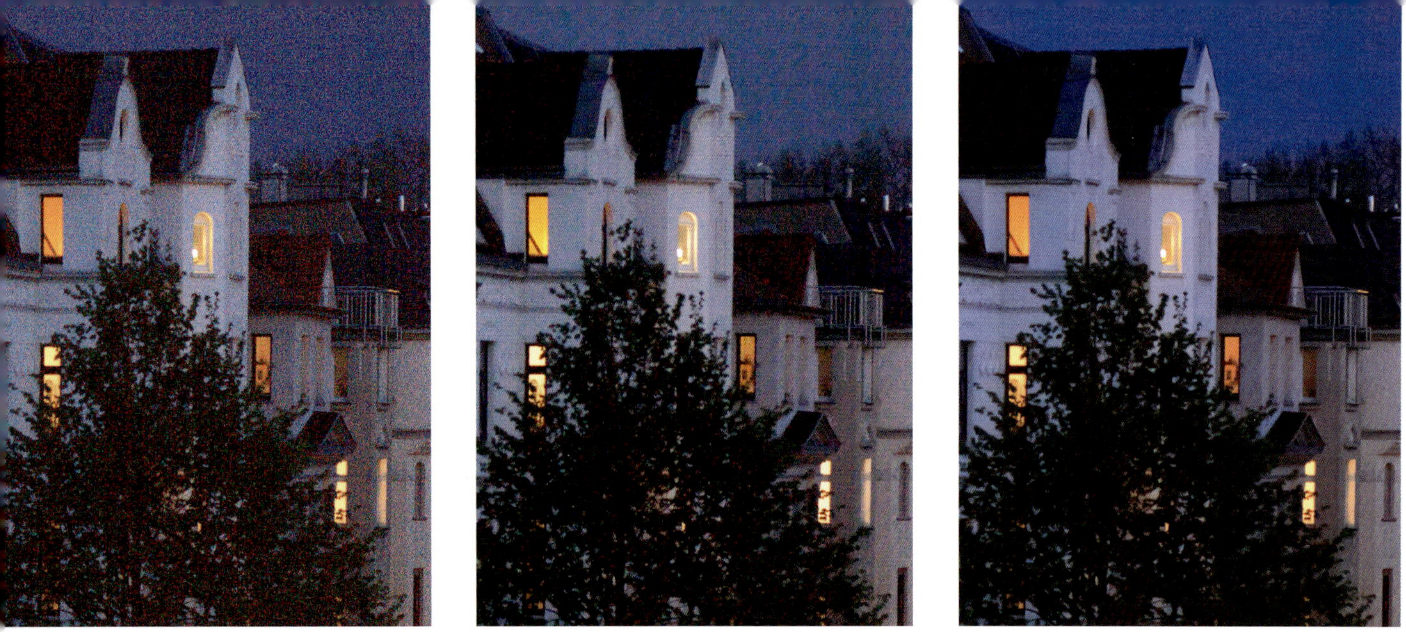

▲ **Abbildung 6.50**
Eine RAW-Datei wurde mit der höchsten ISO-Zahl (25600) aufgenommen und einmal gar nicht entrauscht (links), bestmöglich in Photoshop CS4 entrauscht (Mitte) und einmal bestmöglich in Photoshop CS5 (rechts). Die Verwendungsfähigkeit der Aufnahmen hängt also stark von den Fähigkeiten der Software zur Nachbearbeitung ab.

die Zweitbelichtung, und bei einer Belichtungszeit von drei Minuten noch einmal drei Minuten auf »nichts« zu warten, kann sehr lästig sein, vor allem, weil das für jede Aufnahme gilt. Ich selbst entscheide mich bei langen Zeiten oft gegen eine Zweitbelichtung und arbeite lieber weiter.

3. **Rauschunterdrückung am Computer:** Sobald Sie ein RAW-Bild öffnen, wird es bereits entrauscht, weil die Standardeinstellungen des Konverters das so vorsehen. Wenn Sie das Entrauschen auf Null stellen und mit hoher Empfindlichkeit fotografiert haben, bekommen Sie einen Schreck: Das Rauschen ist so extrem, dass Sie Ihre Kamera nach spätestens einer Woche zurückgegeben hätten, wenn dies das Endergebnis wäre. Aber selbst das ist oft schon verbessert, so sind die *Deadpixel* – jene Pixel des Sensors, die immer ein Signal liefern, und somit weiße, rote, grüne oder blaue Leuchtpunkte erzeugen würden – schon herausgerechnet. Die Qualität der Rauschunterdrückung hängt hier sehr stark von der verwendeten Software ab. Photoshop oder Lightroom zum Beispiel haben in diesem Punkt mit der Einführung von Adobe Camera RAW 6.0 (ab Photoshop CS5 oder Lightroom 3) einen großen Schritt nach vorne gemacht.

Es ist sehr leicht, das Rauschen aus einem Bild zu entfernen, kompliziert wird es aber, wenn man gleichzeitig feine Details des Originalfotos erhalten möchte. Hier muss eine Software wirklich leistungsfähig sein, um erkennen zu können, welches die Rausch- und welches die Bildanteile sind.

Das JPEG -Format habe ich in diesem Zusammenhang gar nicht erwähnt, aber bei schwierigen Lichtbedingungen sollten Sie auch kein JPEG verwenden, wenn die Qualität wichtig ist. Bei einem JPEG hätte erst die Kamera das

Rauschen nach den Voreinstellungen herausgerechnet, und dann hätte sie es für die JPEG-Kodierung etwas vereinfacht. Die Software, die das Bild, das Entrauschen durch die Kamera und die Kodierung später wieder auseinandernehmen möchte, um Rauschen und Bild voneinander zu trennen, hat viel größere Probleme, als die, welche die RAW-Daten unverändert analysieren kann. Heutige DSLRs sind schon recht gut darin, auch bei schwierigen Lichtverhältnissen brauchbare JPEGs zu erzeugen, aber die Vorteile des RAW-Formats sind gerade da am größten, wo die fotografischen Schwierigkeiten am höchsten sind.

6.7.3 Pushen

Zu Zeiten der analogen Fotografie hat man Filmmaterial unterbelichtet und dann länger entwickelt, um mit einer höheren ISO-Zahl arbeiten zu können, als das Material es vorsah. Dadurch stieg die Empfindlichkeit in den Schattenbereichen zwar nicht wirklich an, aber der höhere Kontrast ließ brauchbare Bilder auch bei eigentlich zu schwachem Licht entstehen. Oft hatte man auch keine andere Wahl, denn erst in den 1980er Jahren überschritt die Filmempfindlichkeit die Grenze von ISO 1000. Wer Konzertfotografie betreibt oder häufig nachts aus der Hand fotografiert, weiß, dass auch

▼ Abbildung 6.51
Das untere Bild beruht auf derselben Belichtung wie das obere. Der Helligkeitsregler wurde im RAW-Konverter von +50 auf +120 angehoben. Das Bild wirkt so um circa 1,5 Blenden heller

60 mm | f4,5 | 1/8 s | ISO 6400

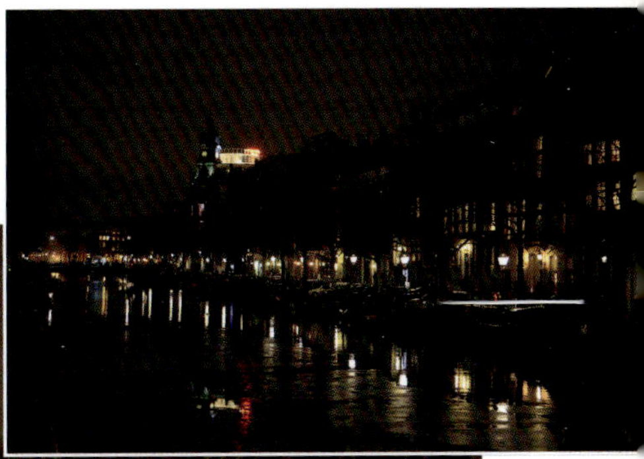

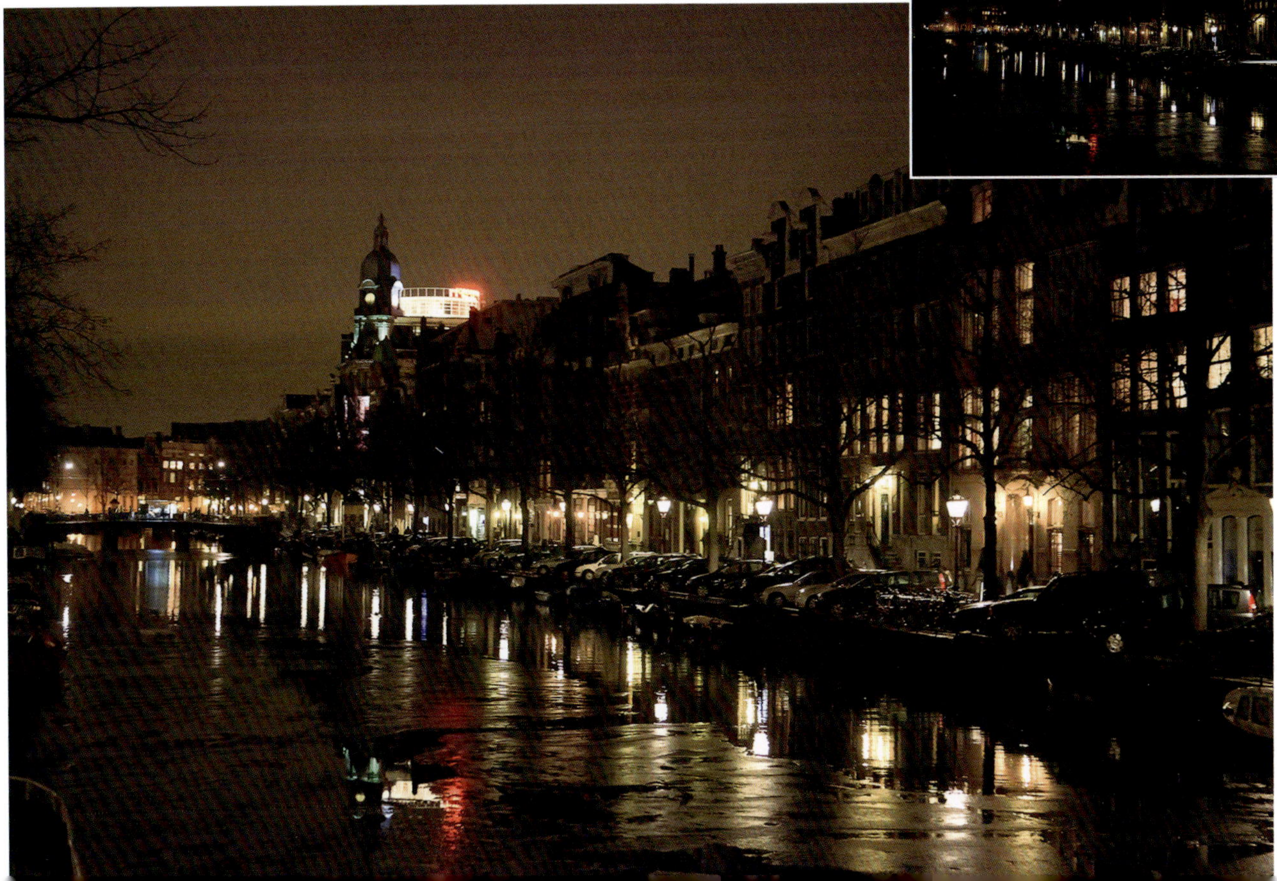

ISO 1 000 nicht wirklich viel ist. Das Pushen erlaubte es, um circa ein bis drei Blendenstufen kürzer zu belichten.

Wenn Sie mit Ihrer Digitalkamera unterbelichten und dann in der Bildbearbeitung das Bild wieder heller ziehen, »pushen« Sie die scheinbare Empfindlichkeit auch in die Höhe. Aber bevor Sie sich jetzt zu sehr auf bis zu drei Blendenstufen mehr Reserve freuen, sollten Sie wissen, dass Ihre Kamera diese Idee wahrscheinlich schon vor Ihnen hatte. Wenn Ihre DSLR eine Empfindlichkeitserweiterung hat, die Sie zuschalten müssen und die dann meist auch anders bezeichnet wird als mit den ISO-Werten, dann pusht Ihre Kamera schon selbst. Bei der Canon EOS 5D MkII etwa lässt sich die Empfindlichkeit regulär auf ISO 6 400 einstellen. Nachdem Sie unter den Custom-Funktionen der Belichtung die ISO-Erweiterung auf Ein gesetzt haben, bietet sie auch die Stufen H1 und H2, was ein oder zwei Blenden digitalen Pushens entspricht. Die entsprechenden ISO-Werte wären 12 800 und 25 600, aber physikalisch kommt dies eher einem um 1 oder 2 Blendenstufen aufgesteilten ISO-Wert von 6 400 nahe.

In den Schattenbereichen findet sich also kaum mehr Information als bei ISO 6 400, aber das Bild wirkt insgesamt korrekt belichtet und ist mit Qualitätseinbußen nutzbar. Diese Einbußen betreffen hauptsächlich das Rauschen. Es ist bei schwachem Licht ohnehin schon recht stark, durch die digitale Signalverstärkung des Pushens wird es noch zusätzlich verstärkt. Besonders in den Schattenbereichen, wo die Information sehr viel geringer aufgelöst wird, wird das Rauschen dann sehr deutlich sichtbar. Der Tonwertumfang nimmt ebenfalls ab, weil durch das Pushen ein oder zwei Blendenstufen im Umfang verlorengehen. Die Farbdifferenzierung wird weniger, und nicht zuletzt leidet auch die Auflösung, weil das Rauschen die feinen Details einfach überlagert.

6.8 HDR – High Dynamic Range

Wenn der Kontrastumfang die maximal zehn Blenden übersteigt, die eine DSLR aufzeichnen kann, können Sie sich entscheiden, bestimmte Tonwertbereiche wegzulassen und einen weißen Himmel oder schwarz zugelaufene Schatten in Kauf zu nehmen. Oder Sie machen mehrere Aufnahmen mit unterschiedlicher Belichtung und fügen diese später am Rechner zusammen. Das nennt sich dann HDR und steht für *High Dynamic Range*, was man etwa mit »hoher Dynamikbereich« beziehungsweise »hoher Tonwertumfang« übersetzen kann. Leider wird diese Technik oft dazu missbraucht, in den

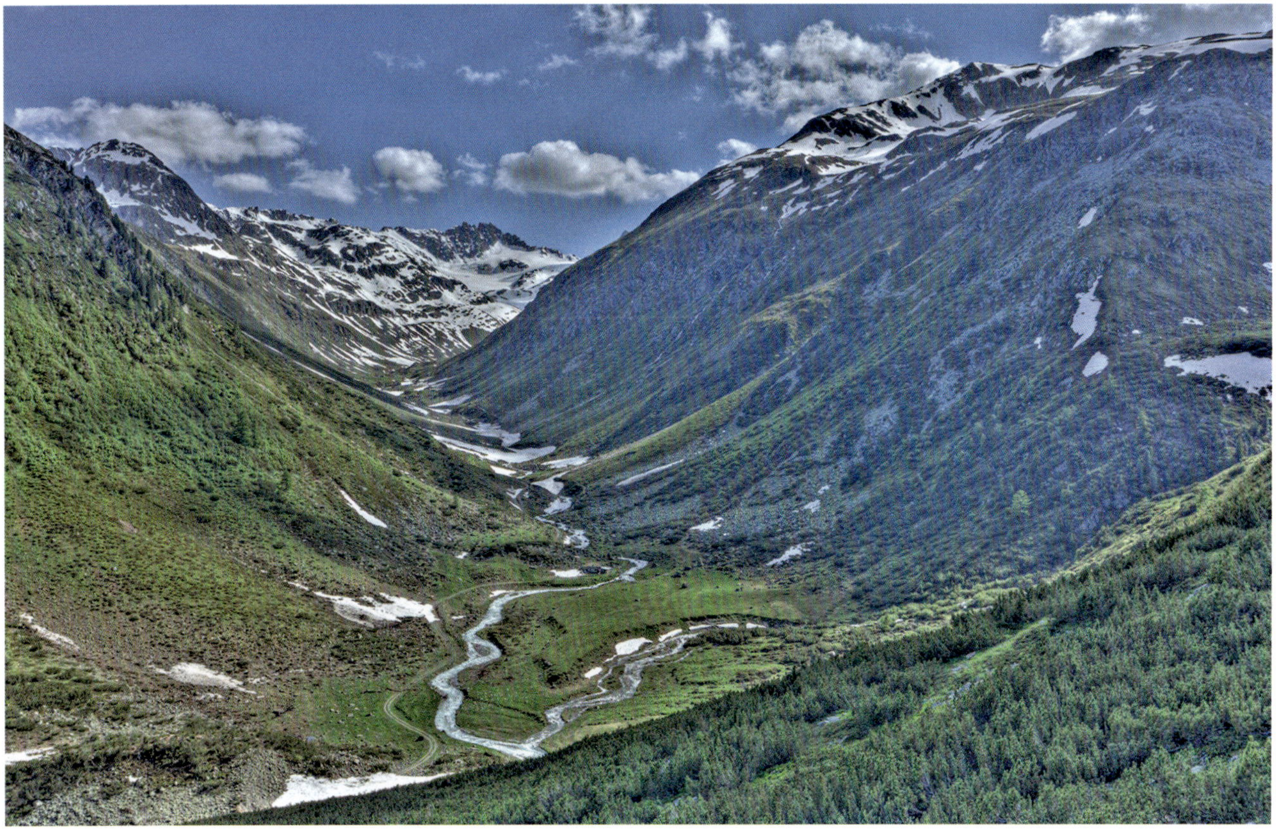

Effekten extrem übertriebene Fotos zu erzeugen, die viel zu bunt sind, groteske Tonwerte haben und mit dem gesehenen Bildeindruck vor Ort nichts mehr zu tun haben.

Meine persönliche Meinung ist, dass man in ein paar Jahren über die HDR-Auswüchse genauso lächeln wird, wie über die Weichzeichner-Orgien der 1970er Jahre. Davon abgesehen, ist HDR eine großartige Technik, mit der Sie sich unbedingt auseinandersetzen sollten. Sie können so Bilder erreichen, die sonst unfotografierbar wären. Wenn Sie aber 15 Blendenstufen Tonwertumfang in ein normales Bild, das sonst nur 10 schafft, pressen, dann entspricht der Helligkeitsunterschied einer Blende nur 2/3 Blenden im fertigen Bild. Das führt dazu, dass HDR-Aufnahmen schnell etwas zu weich wirken. Sie müssen also den Kontrast lokal erhöhen (ähnlich wie beim Unscharf maskieren mit breitem Radius, siehe Seite 551) und die Farbsättigung insgesamt leicht anheben, um diesen Effekt auszugleichen. Diese Anpassungsmethoden haben einen sehr weiten Einstellbereich und laden förmlich zur Übertreibung ein. Das kann in seltenen Einzelfällen die richtige

▲ **Abbildung 6.52**
Wenn HDR schiefgeht: Der Himmel ist dunkler als die Bereiche, die er beleuchtet, Farben vergrauen oder wirken zu bunt, Kontrastkanten überstrahlen, und Schatten sind manchmal heller als die Bereiche im Licht.

Entscheidung sein, die HDR-Mode, die sich daraus ergeben hat, stellt für die Fotografie aus meiner Sicht aber keinen Fortschritt dar.

6.8.1 Aufnahme

Da sie mehrere Aufnahmen erstellen müssen, die später genau übereinanderliegen sollen, ist es ratsam, diese möglichst passgenau anzufertigen. Ideal ist ein Stativ und ein unbewegtes Motiv, aber in der Praxis werden Sie auch HDR-Aufnahmen anfertigen wollen, wenn das Stativ nicht dabei ist. Dann hilft es, die Aufnahmen mit der Serienbildfunktion der Kamera direkt hintereinander aufzunehmen. So bleiben die Abweichungen möglichst gering. Um die Belichtung zu verändern, sollten Sie lieber die Zeit statt der Blende variieren, denn unterschiedliche Blenden führen zu unterschiedlicher Schärfentiefe, und dann passen die Aufnahmen schlechter übereinander.

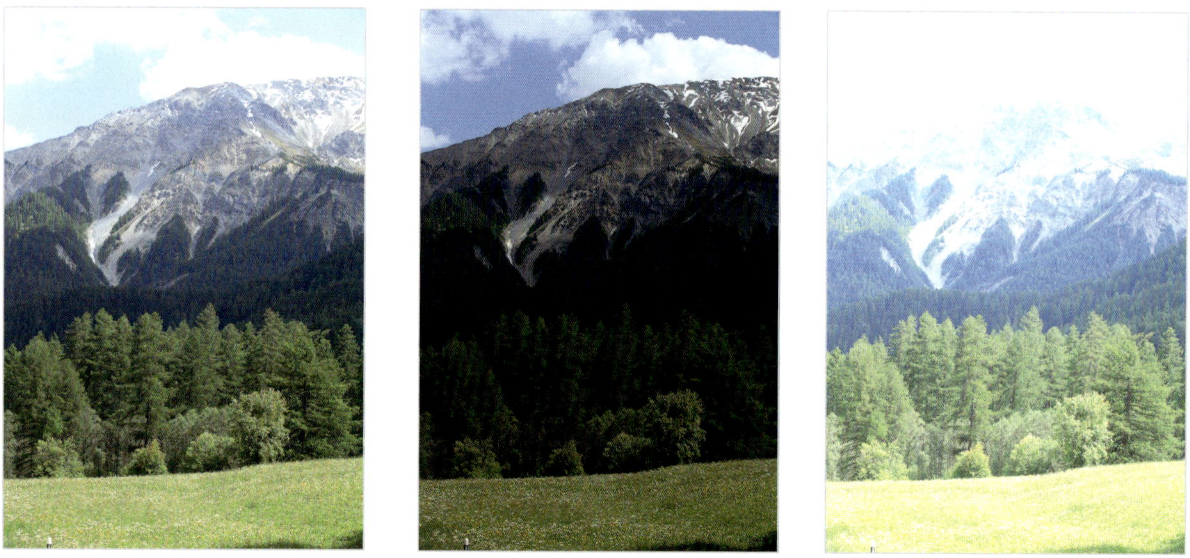

▲ **Abbildung 6.53**
In der Normalbelichtung links sind die Wolken ausgefressen. Die automatische Belichtungsreihe erstellt zwei Belichtungen mit –2 und +2 Blendenstufen Unterschied.
75 mm | f7,1 | 1/400 s, 1/1600 s und 1/100 s | ISO 250

Wenn Sie also schnell aus der Hand arbeiten wollen, stellen Sie Ihre Kamera auf Zeitautomatik (A, Av), schalten Sie die Serienbildfunktion ein, und wählen Sie die automatische Belichtungsreihe (AEB), meist reichen +/–2 Blenden. Drücken Sie dann den Auslöser durch, und lassen Sie ihn erst los, wenn die Kamera nach dem letzten Bild der Belichtungsreihe automatisch stoppt. Fotografieren Sie im RAW-Format. Im Notfall können Sie zwar auch aus JPEGs ein HDR berechnen, aber dann ist mehr Nachbearbeitung erforderlich, als wenn Sie gleich mit RAW-Daten arbeiten. Der einzige wirkliche

Nachteil des RAW-Formats – die Tatsache, dass es mehr Nacharbeit erfordert – fällt hier weg, weil HDR ohnehin aktive Bearbeitung voraussetzt und gute HDR-Software auch gleich die RAW-Konvertierung übernimmt.

6.8.2 HDR-Software

Es gibt eine Vielzahl von Programmen, die sich auf die Erzeugung von HDR-Bildern spezialisiert haben, einige davon sind sogar kostenfrei. Photoshop selbst erledigt diese Aufgabe seit der Version CS5 auch richtig gut. Photoshop

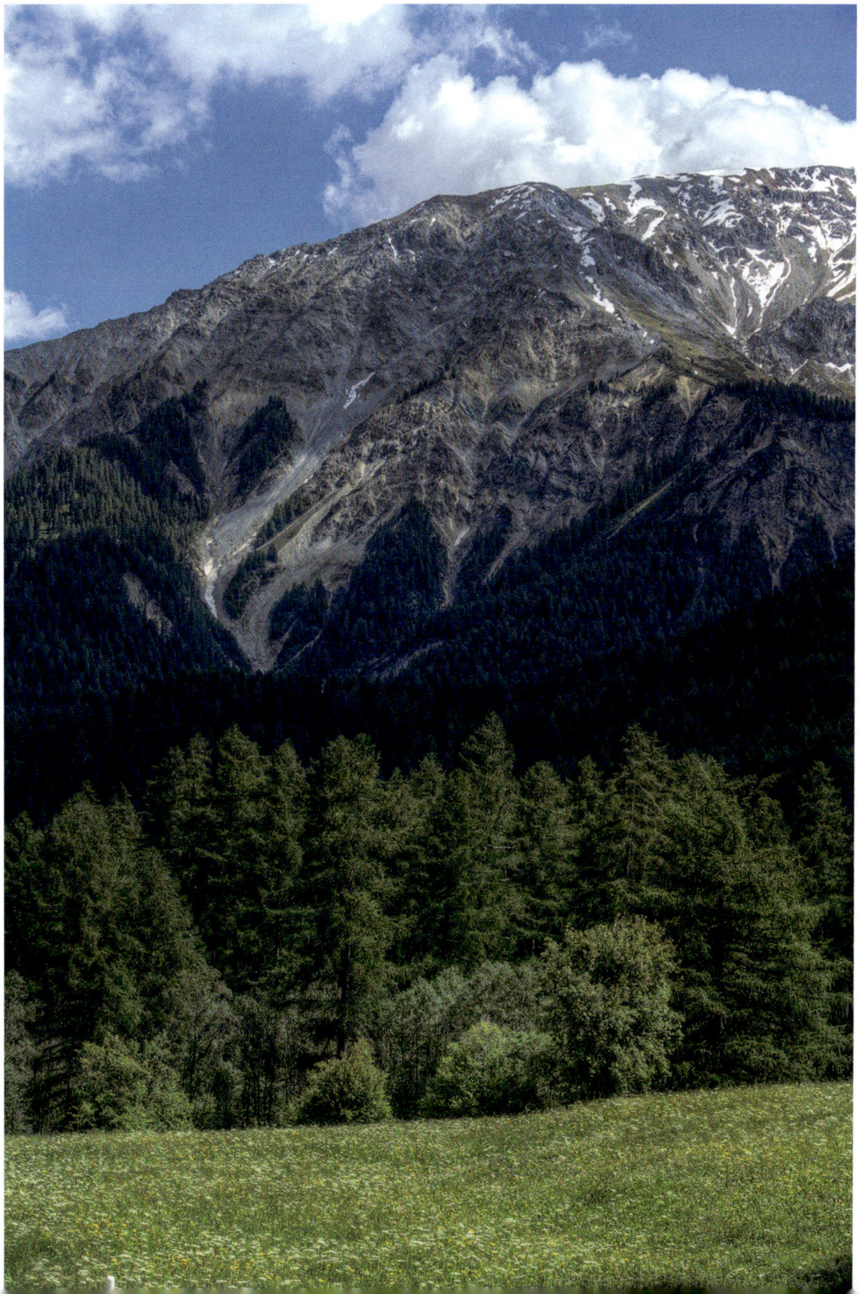

TIPP

Photoshop finden Sie als 30-Tage-Testversion auf der Buch-DVD oder unter *www.adobe.de*, Photomatix Pro ist ebenfalls auf der DVD vertreten, aktuelle Versionen können Sie unter *www.hdrsoft.com/de/* herunterladen, und eine Internetrecherche nach »HDR freeware« wird einige Programme, wie zum Beispiel »Luminance HDR« zutage fördern.

◂ **Abbildung 6.54**
Aus den drei Belichtungen von Seite 284 wurde hier in Photomatix Pro ein HDR-Bild zusammengefügt, das möglichst nah am Augeneindruck liegen soll. Die Schatten und Lichterzeichnung übertreffen die eines einzelnen RAW-Bildes, trotzdem ist der Effekt unaufdringlich.

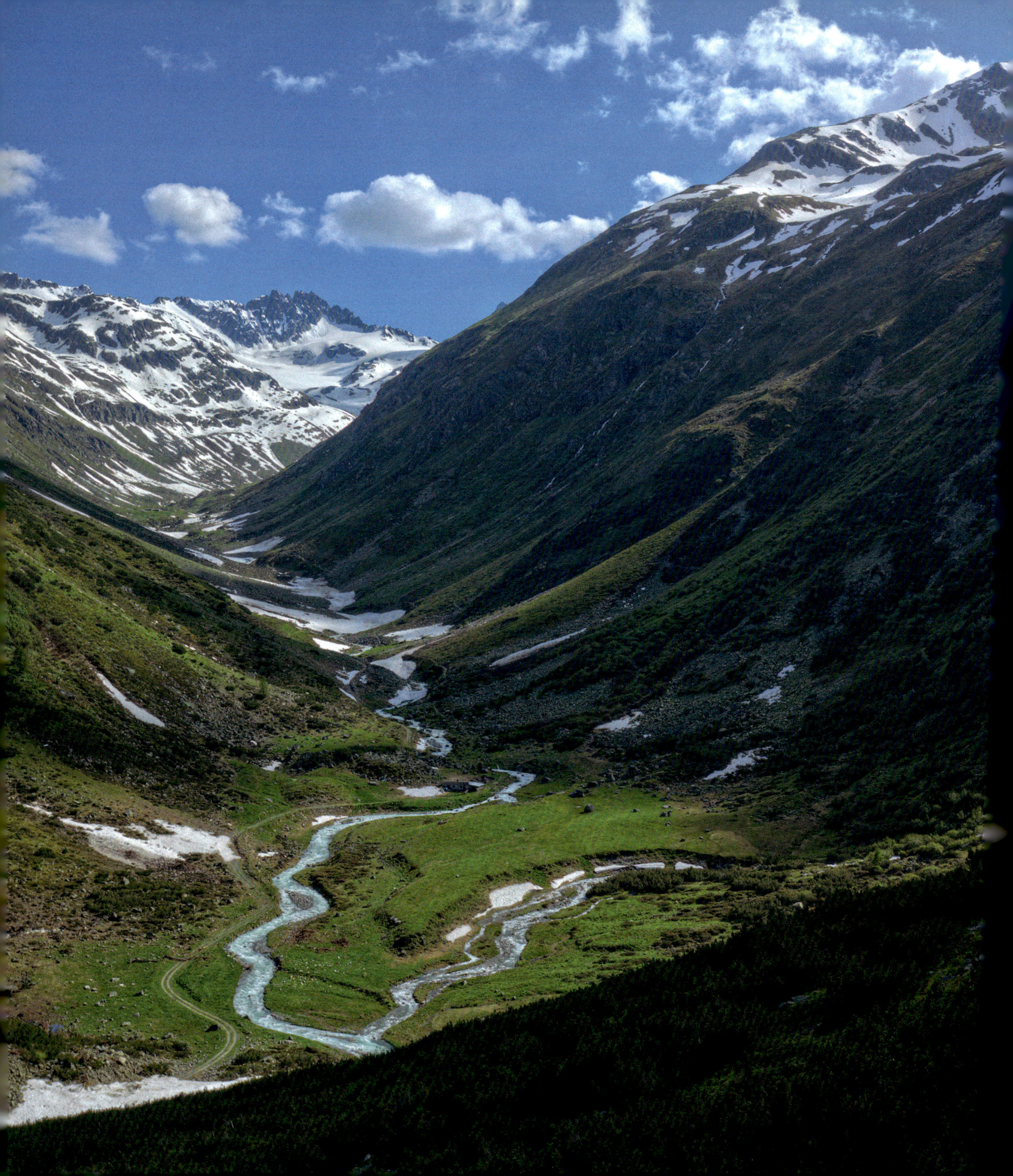

Elements ist einfacher gestrickt, aber für viele Motive auch brauchbar. Sehr bekannt und verbreitet ist Photomatix Pro, das als reine HDR-Software für circa 80€ zu bekommen ist und sehr weitreichende Einstellungsmöglichkeiten bietet – für manche Fotografen vielleicht zu weitreichend. Das Programm hat sicher mit zur Flut der übertrieben effekthaften HDR-Bilder beigetragen. Photomatix kann aber auch anders, denn wenn man will, lassen sich damit auch recht natürlich wirkende Bilder erzeugen.

Sie müssen bei HDR-Software nicht die Katze im Sack kaufen: Alle Programme sind entweder ohnehin kostenfrei, oder es gibt Demoversionen, mit denen man testen kann, ob man mit der Bedienung klarkommt und mit den Ergebnissen zufrieden ist.

Die Programme, die ich getestet habe, kommen unterschiedlich gut mit nicht deckungsgleichen Bildern zurecht. Wenn Sie also vorher wissen, dass Sie HDR-Bilder machen wollen, nehmen Sie ein Stativ mit. Wenn Sie kein Stativ dabei haben, verzichten Sie trotzdem nicht auf die Belichtungsreihe für HDR, und nehmen Sie zwei oder drei Belichtungsreihen auf. So steigt die Chance, dass die Abweichungen zwischen den Bildern gering sind.

Falls Sie kein Stativ dabei hatten, bleibt Ihnen später nur die Software, die gut Bilder ausrichten kann. Bewegte Bildelemente kann auch nicht jede Software gut ausfiltern. Bei Photoshop CS5 müssen Sie dazu das Häkchen vor Geisterbilder entfernen setzen.

◂◂ Abbildung 6.55
Dieses HDR-Bild wurde in Photomatix Pro berechnet und in Photoshop CS5 nachbearbeitet. Die Ausgangsbilder sind dieselben, aus denen auch das verunglückte Bild auf Seite 283 erstellt wurde.

◂ Abbildung 6.56
Photomatix Pro bekommt in diesem Beispiel die Einzelbilder nicht deckungsgleich übereinandergelegt. Wenn Sie den Modus auf Merkmalsbasiert umschalten, wird das Ergebnis gut.

NATÜRLICHE HDR-BILDER

In Photomatix Pro sollten Sie mit der Voreinstellung Natürlich anfangen und sich von dort an das gewünschte Ergebnis herantasten. Oder Sie verwenden die Methoden Fusion oder Tone Compressor, die beide weniger Einstellmöglichkeiten als Detail Enhancer bieten, dafür aber oft zu einem natürlich wirkenden Ergebnis führen. Die HDR-Berechnung kann dazu führen, dass Farbsäume sehr viel stärker sichtbar werden. In dem Fall sollten Sie die Option Chromatische Aberration entfernen auswählen. Ein praktisches Beispiel finden Sie auf Seite 564.

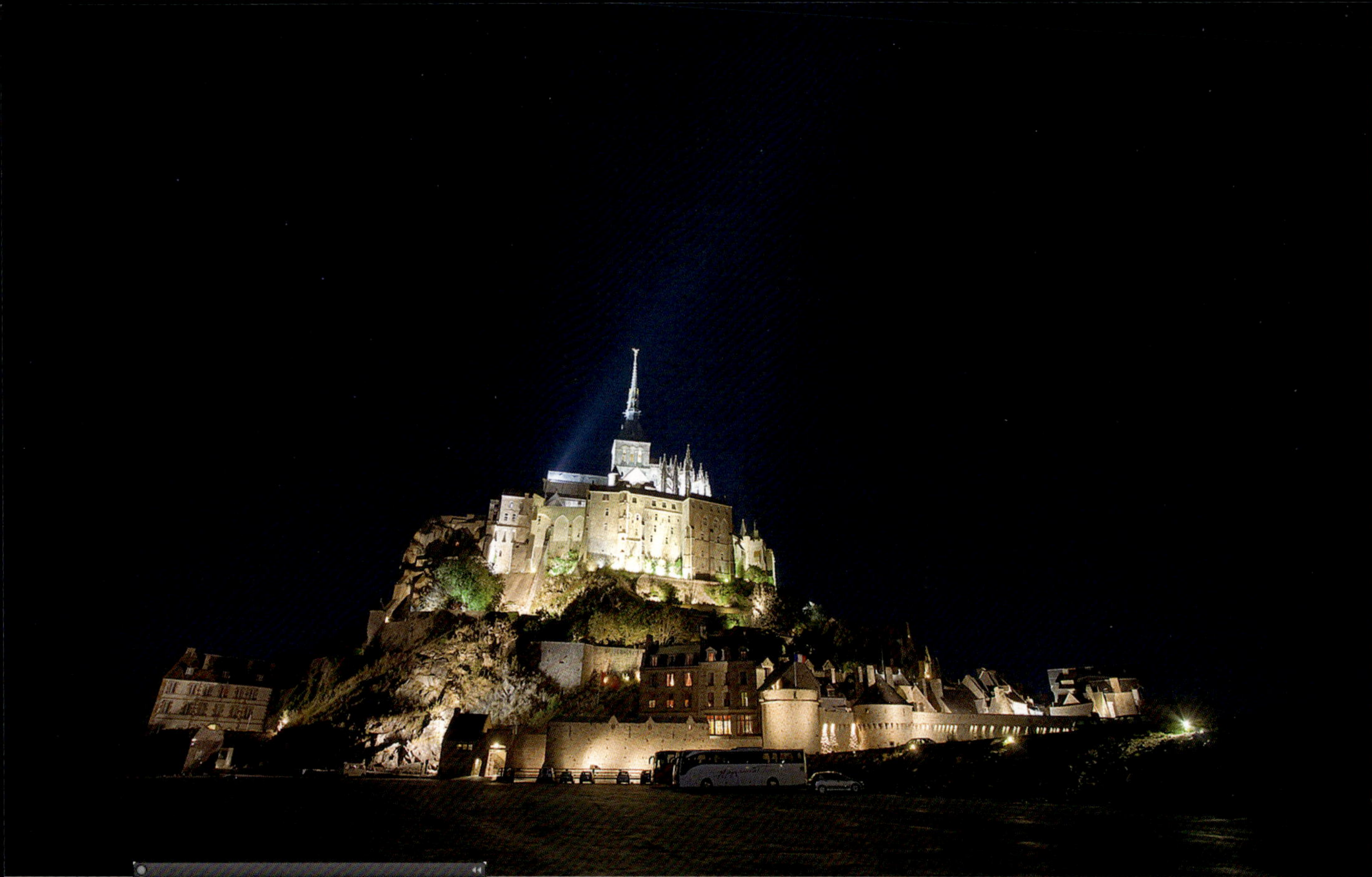

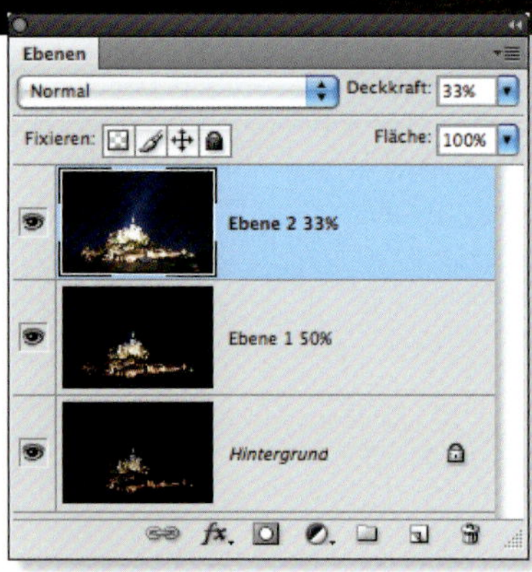

▲ **Abbildung 6.57**
Diese HDR-Aufnahme wurde mit der hier beschriebenen Methode erstellt. Drei Ebenen in Photoshop ergeben zusammen ein Bild mit erweitertem Kontrastumfang.

6.8.3 HDR selbstgemacht

Wenn Sie keine spezielle Software verwenden und trotzdem den Kontrastumfang erweitern möchten, dann legen Sie in einer beliebigen Bildbearbeitungssoftware einfach drei Belichtungen in Ebenen übereinander. Öffnen Sie dazu alle drei Bilder. Wählen Sie im ersten Bild mit Strg + A alles aus, kopieren Sie das Bild mit Strg + C in die Zwischenablage, klicken Sie das zweite Bild an und fügen Sie die Zwischenablage mit Strg + V ein. Klicken Sie dann auf das dritte Bild und fügen Sie es genauso wie das erste als Ebene über dem zweiten ein.

Klicken Sie dann auf die oberste Ebene in der Ebenen-Palette. Setzen Sie die Deckkraft auf 33 % herab. Klicken Sie nun auf die mittlere Ebene und setzen Sie die Deckkraft auf 50 %. Jede der Ebenen trägt nun mit einem Drittel zum Bildeindruck bei. Falls Ihnen das Ergebnis noch ungenügend erscheint, wandeln Sie die Datei in den 16-Bit-Modus um, falls sie das nicht schon ist, und reduzieren Sie die Ebenen auf die Hintergrundebene. Verfeinern Sie dann den Bildeindruck mit der Gradationskurve und mit Bild • Korrekturen • Dynamik (mehr zur Bildbearbeitung in Kapitel 12).

6.9 Mehrfachbelichtung

Ich kenne keine aktuelle Kamera, die einen Knopf für die Mehrfachbelichtung hat, der bei analogen Kameras fast zum Standard gehörte. Es gibt auch keinen Grund mehr, eine solche Funktion in eine digitale Kamera einzubauen. Wenn Sie zwei oder mehr Bilder kombinieren möchten, können Sie dies weit besser am Rechner machen. Außerdem nehmen Sie sich damit nicht die Steuerungsmöglichkeiten, die bei einer fertigen Mehrfachbelichtung aus der Kamera nicht mehr zur Verfügung stehen würden.

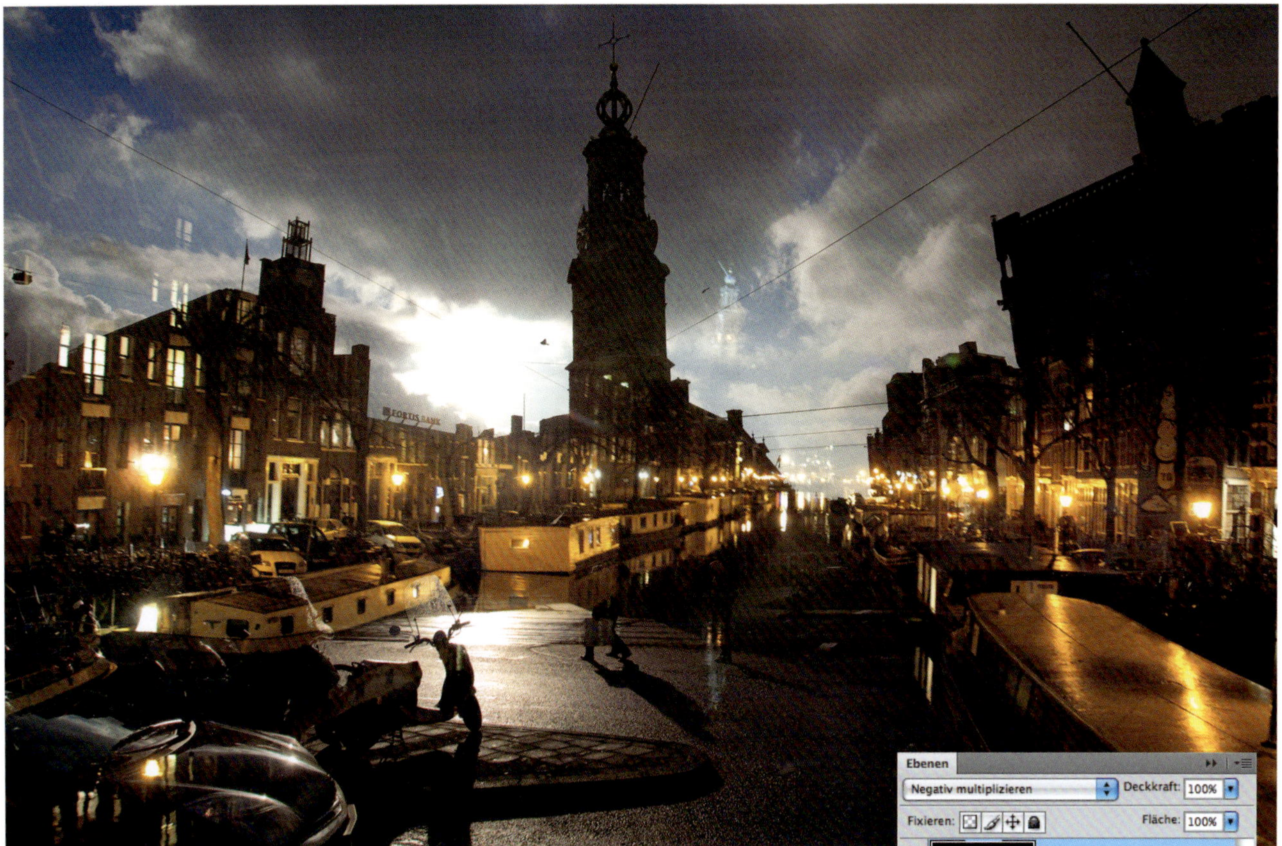

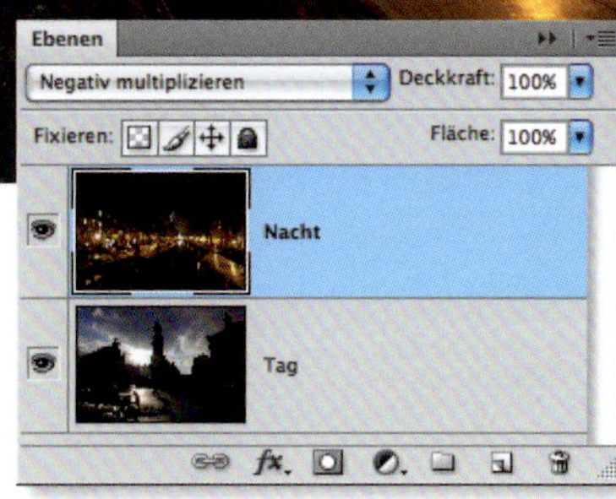

▲ **Abbildung 6.58**
Für diese Doppelbelichtung wurde eine Nachtaufnahme von Amsterdam über eine Tagaufnahme gelegt. Den Effekt einer Doppelbelichtung erhalten Sie am besten, wenn Sie das zweite Bild in Photoshop auf eine Ebene über dem ersten legen und dann die Füllmethode Negativ multiplizieren einstellen.

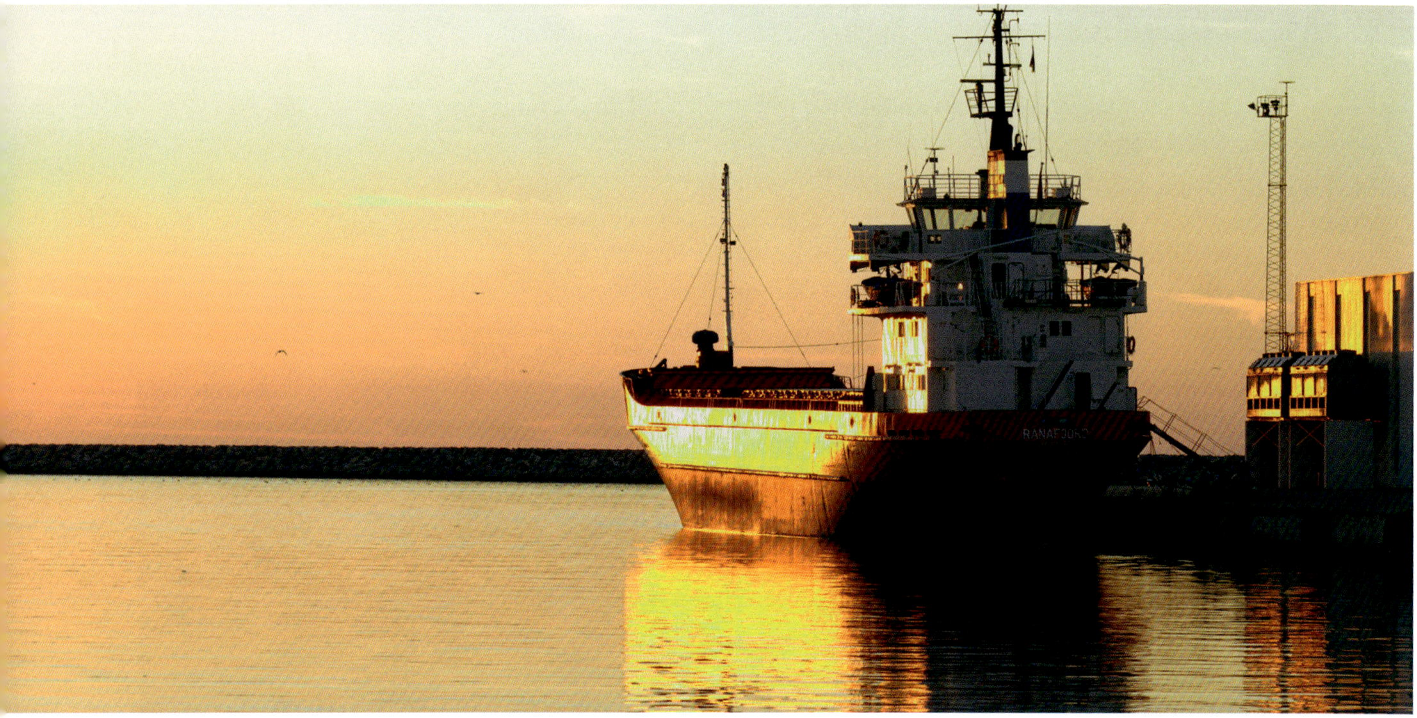

▲ **Abbildung 6.59**
Die untergehende Sonne spiegelt sich in einem Frachtschiff. Trotz der extremen Kontraste bekommt der Negativfilm das Motiv gut in den Griff.
Filmformat 6x12cm | Kodak Porta 160NC | 480mm | f16 | 1/30s

6.10 Fazit

Moderne Kameras bieten für die Belichtungsmessung sehr viele Optionen und eine sehr ausgereifte Technik. Das macht es etwas schwierig, wirklich ein Gefühl für die Messung zu entwickeln. Bei mir hat es eine Weile gedauert, bis ich die zu erwartenden Unterschiede der Messmethoden recht gut voraussehen konnte, und ich musste dafür ein wenig testen und experimentieren. Heute verlasse ich mich meist auf die Mehrfeldmessung und weiche bei schwierigen Motiven auf die Spotmessung aus. Ich könnte ein paar Funktionen meiner Kamera ausbauen und würde nichts vermissen. Ich komme in meiner Arbeit mit den Modi M und Av, also Manuell und Blendenvorwahl/Zeitautomatik aus. Alle Programmautomatiken, die Zeitvorwahl und erst recht etwaige Motivprogramme sind für mich eher Ballast, die die Bedienung verlangsamen.

Ich will damit nicht sagen, dass Sie das genauso machen sollten, aber Sie sollten sich auf das für Ihre Arbeit Wichtige konzentrieren. Und dann versuchen, es soweit zu verstehen und zu üben, dass es in Ihrer Arbeit praktisch automatisch passiert. Vergessen Sie trotzdem nicht, dass es nicht unbedingt die »richtige« Belichtung gibt, sondern dass die Belichtung ein Mittel ist, um die Bildaussage zu verstärken.

Es gibt nur sehr wenig, das ich aus der analogen Fotografie vermisse, aber der Kontrastumfang des Negativfilms gehört dazu. Ich hoffe, dass die Kamerahersteller es hinbekommen, uns Fotografen mehr Reserve im Lichterbereich zu ermöglichen, ohne dass wir mit HDR herumbasteln müssen. Das soll nicht zu viel zu weichen JPEG-Bildern führen, aber der sogenannte RAW-Overhead – die circa 1,5 Blenden Belichtungsreserve in den Lichtern beim RAW-Format – darf gerne wachsen.

ANREGUNGEN

1. Fotografieren Sie ein Porträt mit einem eher neutralen Gesichtsausdruck im RAW-Format. Verändern Sie am Rechner die Helligkeit des Bildes und achten Sie darauf, wie sich Ihr Eindruck von der Stimmung der abgebildeten Person verändert.
2. Stellen Sie Ihre Kamera auf RAW+JPEG. Fotografieren Sie ein Motiv mit sehr hellen Anteilen, wie zum Beispiel weiße Wolken über einer Stadt. Schauen Sie, wie viel Information Sie noch im RAW in die Lichter bekommen können, die im JPEG bereits verschwunden ist (der Regler Wiederherstellung in Adobe Camera Raw eignet sich dafür).
3. Suchen Sie sich ein Motiv, das den Kontrastumfang Ihrer Kamera weit übersteigt, und versuchen Sie, es am Rechner über HDR oder Ebenentechniken möglichst natürlich umzusetzen.
4. Nehmen Sie eine Bildreihe mit verschiedenen ISO-Werten auf. Entscheiden Sie, wo Ihre persönliche Schmerzgrenze des Bildrauschens liegt, über die Sie, wenn möglich, nicht hinausgehen wollen. Beachten Sie dabei, dass das Rauschen beim JPEG-Format von der eingestellten Rauschreduzierung in der Kamera abhängt und bei RAW-Dateien von den Fähigkeiten des RAW-Konverters. Bei den Adobe-Programmen gibt es eine bessere Rauschreduzierung zum Beispiel ab Lightroom 3 und Photoshop CS5.
5. Vergleichen Sie die beiden untersten ISO-Stufen Ihrer Kamera anhand eines Motivs mit hellen Lichterbereichen. Oft ist die unterste Stufe etwas härter als die darüber, so dass Sie in ihr weniger Lichterzeichnung erhalten.
6. Versuchen Sie bei einem Motiv wie einem Porträt im Gegenlicht herauszufinden, wo die hellste brauchbare Belichtung liegt. Testen Sie die Extreme der Belichtungskorrektur.
7. Stellen Sie sich vor, dass Sie nur eine einzige Belichtung machen können. Messen Sie ein kompliziertes einigermaßen statisches Motiv so mit der Spotmessung aus, dass diese eine Belichtung perfekt wird.

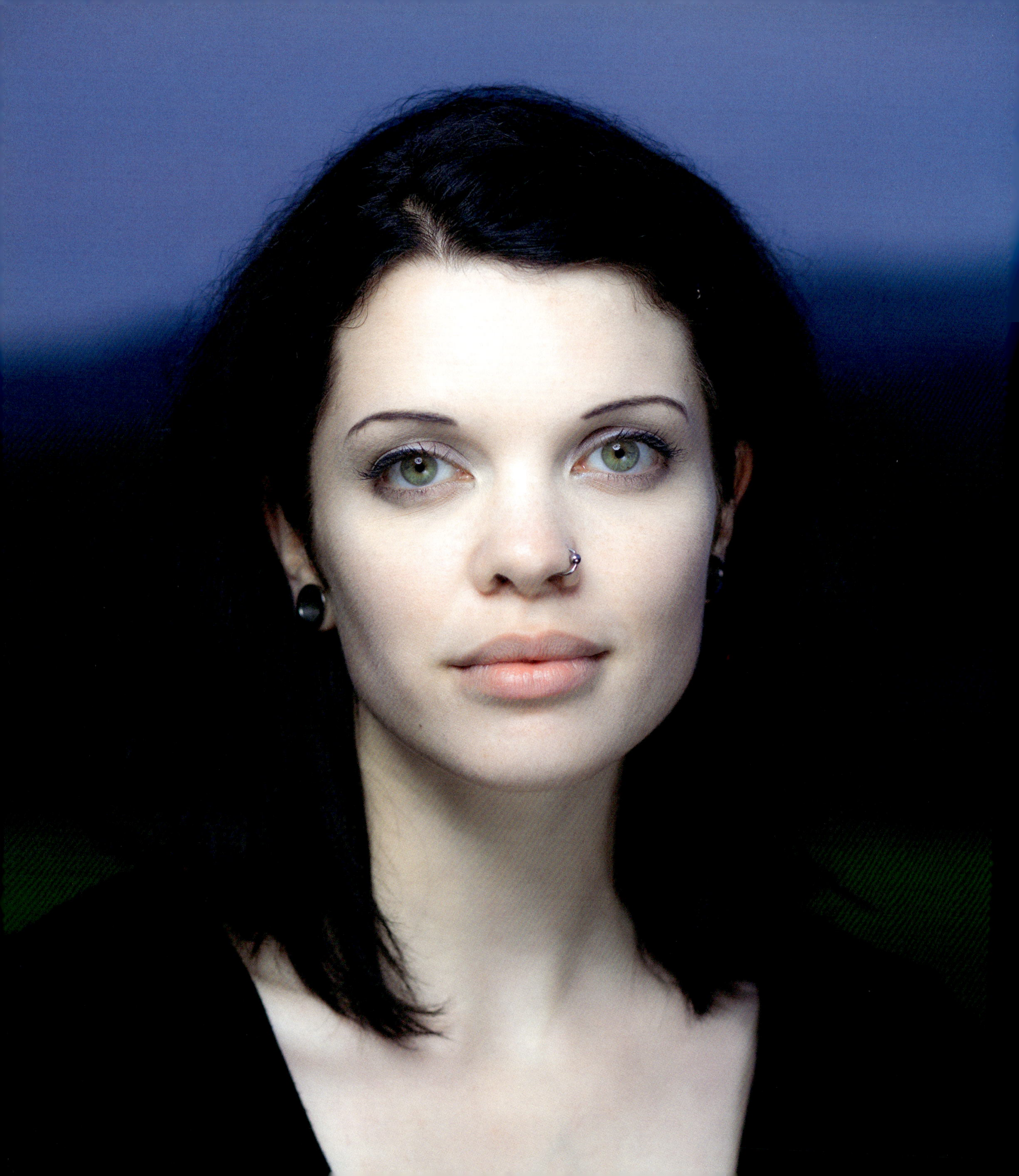

7 Blitzfotografie

7.1 Grundlagen

Bereits vor 150 Jahren hat man Blitzlicht für die Fotografie eingesetzt. Damals hat man Magnesiumpulver entzündet, das innerhalb von circa 1/30 s abbrannte und dabei ein sehr helles Licht erzeugte. Die Technik war gefährlich und schmutzig. Ende der 1920er Jahre kamen die ersten Blitzbirnen auf den Markt. Hier lief der Verbrennungsvorgang innerhalb eines kleinen, an Glühbirnen erinnernden Glaskolbens ab. 1938 erfand Harold Edgerton den Elektronenblitz, wie er auch heute noch verwendet wird. Er erfand ihn nicht nur, sondern nutzte ihn auch für Hochgeschwindigkeitsfotografien, die immer noch großartig anzuschauen sind.

In den 1970er Jahren wurde aus den Elektronenblitzen ein Massenartikel, und heute haben selbst manche Mobiltelefone schon ein Blitzgerät eingebaut. Trotzdem gibt es auch heute noch einige Fotografen, für die der Blitzeinsatz keine Option ist und die ausschließlich mit natürlichem Licht arbeiten. Ich kann das gut nachvollziehen, denn ein Blitz verändert das Bild stark und nicht immer zu seinem Vorteil.

Trotzdem möchte ich Sie ermutigen, sich näher mit der Blitzlichtfotografie auseinanderzusetzen. Begreifen Sie den Blitz nicht als Hilfsmittel, um bei schwachem Licht weiterfotografieren zu können, denn das ist er nicht. Ein Blitz ist eine Möglichkeit, um neue Lichtsituationen zu schaffen, er ist ein Gestaltungsmittel. Wenn Sie blitzen, dann tun Sie das bewusst. Nutzen Sie die Möglichkeiten, die Ihr Blitzsystem bietet. Das bedeutet auch, dass oft der beste Platz für einen Blitz nicht auf der Kamera ist und dass Sie den Lichtcharakter des Blitzes mit Zubehör an die Situation anpassen müssen.

◂◂ **Abbildung 7.1**
Zwei externe Aufsteckblitze mit Schirmen erzeugen auch draußen Studiolicht.

85 mm | f3,5 | 1/200 s | ISO 100

7.1.1 Technik

Ein Blitzgerät gibt eine hohe Energie in sehr kurzer Zeit über eine Gasentladungslampe ab und erzeugt damit einen intensiven Lichtblitz. Wenn man bei einem starken externen Aufsteckblitz von einer abgegebenen Energie von circa 100 J bzw. Ws (Joule oder Wattsekunden) ausgeht, die in ungefähr

Wattsekunde versus Joule
Statt der Einheit Wattsekunde (Ws) wird heute meistens Joule (J) für die Energie verwendet. Ich verwende die Einheit Wattsekunde in diesem Abschnitt, weil sie sich besser zur Erklärung der Zusammenhänge eignet.

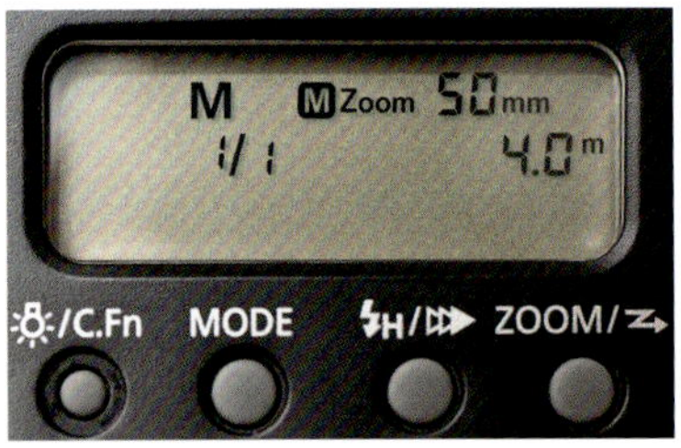

▲ **Abbildung 7.2**
Im manuellen Modus nutzt der Blitz die Leitzahl, um zu berechnen, in welcher Entfernung das Motiv korrekt belichtet wird. Hier sind es 4 m bei Blende 8 und ISO 100, es ergibt sich also eine Leitzahl von 32.

1/800 s abgestrahlt wird, dann kann man die vergleichbare Dauerlichtleistung leicht ausrechnen: 80 000 W. Ein Blitz auf der höchsten Leistungsstufe entspricht also einem 80-Kilowatt-Strahler, den man für eine gute tausendstel Sekunde leuchten lässt.

Eine so gewaltige Energiemenge lässt sich natürlich nicht einmal eben aus ein paar AA-Batterien ziehen, und die 6 V, die aus vier Batterien kommen, würde auch nicht reichen, um die Blitzröhre zu zünden. Man lässt also die Batterien mehrere Sekunden lang Strom an die Kondensatoren im Blitz abgeben. Die Kondensatoren sammeln den Strom, speichern ihn als Ladung und geben diese – dann deutlich höhere Spannung – bei der Blitzzündung wieder ab. Dadurch entsteht in der Xenon-Gasentladungsröhre, die kurz zuvor mit einem Hochspannungsimpuls leitend gemacht wurde, ein Entladungsblitz, der eine sonnenähnliche Lichtcharakteristik hat. Moderne Blitzgeräte können diesen Prozess sehr schnell wieder abregeln, so dass sich die Blitzleistung auch noch automatisch während des Blitzens über 6–7 Blendenstufen regeln lässt.

Bei geringer Leistungsabgabe verbleibt also genug Energie in den Kondensatoren, um sofort einen weiteren Blitz auszulösen. Die meisten modernen Blitze machen sich das zunutze, indem sie einen Modus anbieten, in dem ganz viele kleine Blitze direkt hintereinander gezündet werden, die für die Kamera wie Dauerlicht wirken. So können Sie auch mit kürzeren Verschlusszeiten als der Blitzsynchronzeit (siehe Seite 49) blitzen, allerdings mit schwächerer Leistung.

Zoomreflektor	Leitzahl
14 mm	15
24 mm	28
28 mm	30
35 mm	36
50 mm	42
70 mm	50
80 mm	53
105 mm	58

▲ **Tabelle 7.1**
Die Leitzahl verändert sich je nach auszuleuchtendem Bildwinkel (Zoomreflektorstellung für die Brennweite).

7.1.2 Leitzahl

Die Stärke von Aufsteckblitzen wird als Leitzahl angegeben. Wenn Sie bei ISO 100 die Blende mit der Maximalreichweite des Blitzes multiplizieren, erhalten Sie die Leitzahl (abgekürzt LZ). Oder andersherum: Die Leitzahl geteilt durch die Blendenzahl ergibt die Reichweite des Blitzes in Metern. Leider ist die Leitzahl auch abhängig vom Abstrahlwinkel des Blitzes, wenn Sie den Zoomreflektor (eine optische Vorrichtung, die den Abstrahlwinkel des Blitzes verändern kann) eines Blitzes so einstellen, dass er nur den Bildwinkel eines 100-mm-Teleobjektivs ausleuchtet, wird er natürlich weiter reichen, als wenn er den Aufnahmewinkel eines 20-mm-Weitwinkelobjektivs gleichmäßig ausleuchten muss. Achten Sie deshalb beim Vergleich der Stärken eines Blitzgerätes auf eine vergleichbare Brennweiteneinstellung. Der Canon 580 EX II hat bei 105 mm Brennweite eine Leitzahl von 58, bei 50 mm liegt die LZ bei 42. Der Nikon SB 900 wird mit einer Leitzahl von 34 beworben,

Blende	ISO 100	ISO 200	ISO 400	ISO 800	ISO 1600	ISO 3200	ISO 6400
f1,4	28,6	40,4	57,1	80,8	114,3	161,6	228,6
f2,0	20,0	28,3	40,0	56,6	80,0	113,1	160,0
f2,8	14,3	20,2	28,6	40,4	57,1	80,8	114,3
f4,0	10,0	14,1	20,0	28,3	40,0	56,6	80,0
f5,6	7,1	10,1	14,3	20,2	28,6	40,4	57,1
f8,0	5,0	7,1	10,0	14,1	20,0	28,3	40,0
f11	3,6	5,1	7,3	10,3	14,5	20,6	29,1
f16	2,5	3,5	5,0	7,1	10,0	14,1	20,0
f22	1,8	2,6	3,6	5,1	7,3	10,3	14,5

◂ **Tabelle 7.2**
Blitzreichweite in Metern bei Leitzahl 40 in Abhängigkeit von Blende und Lichtempfindlichkeit

auf den ersten Blick scheint er also viel schwächer zu sein. Da sich seine Leitzahl aber auf 35 mm Brennweite bezieht, kommt er bei 50 mm auf LZ 40, was in der Praxis keinen Unterschied zu LZ 42 macht.

Die Leitzahl kann Ihnen allerdings helfen, schnell zu überschlagen, wie weit Sie mit einem bestimmten Blitz kommen werden.

In der Tabelle sehen Sie, dass zwei ISO-Stufen mehr einer Verdopplung der Reichweite entsprechen. Sie könnten ebenso die Blende zwei Stufen weiter öffnen. Bevor Sie jetzt bei dem Wert von 228 m für Blende 1,4 und ISO 6400 falsche Erwartungen aufbauen: Die Leitzahl wird für einen Raum mit hellen Wänden angegeben, deswegen ist sie draußen im Dunkeln zu optimistisch. Und wenn Sie den Blitz auf der Kamera lassen, werden die kleinsten Schwebeteilchen in der Luft 20 cm vor dem Blitz viel heller erscheinen als die Bäume in 200 m Entfernung.

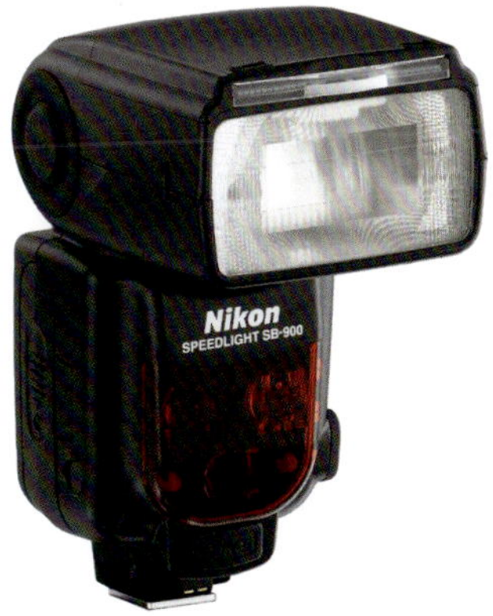

▴ **Abbildung 7.3**
Der Nikon SB-900 besitzt einen Zoomreflektor für Brennweiten von 17–200 mm, so kann er seine Leitzahl für enge Bildwinkel deutlich erhöhen (Bild: Nikon).

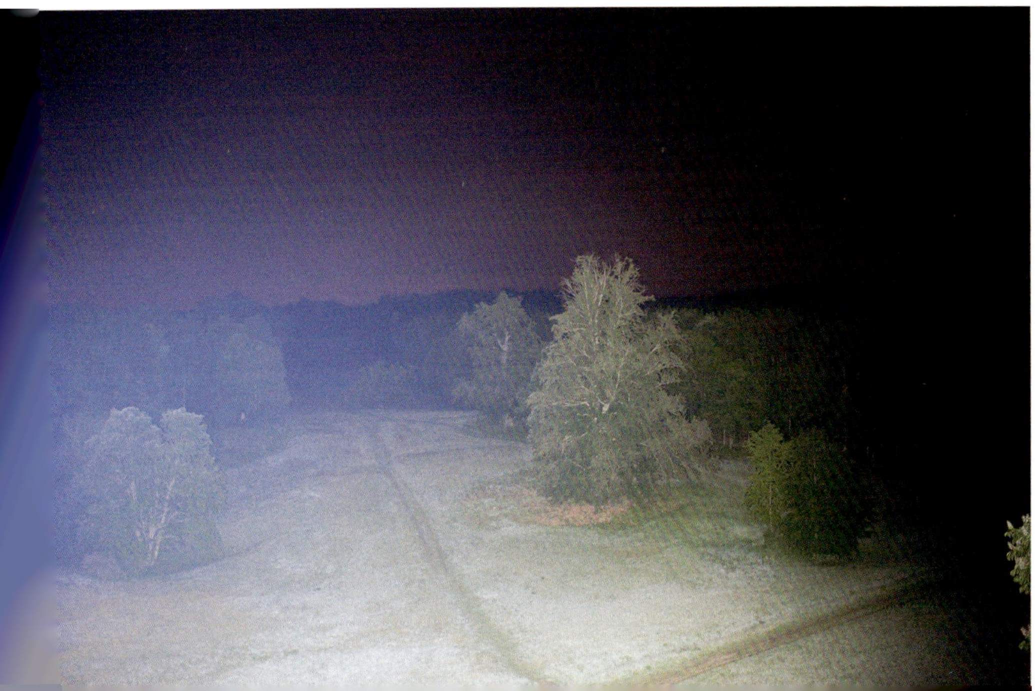

◂ **Abbildung 7.4**
Der kleine Baum am Weg im Bildhintergrund ist 260 m weit entfernt. Obwohl der Blitz gute 2 m neben der Kamera gezündet wurde, ist die Luft im Vordergrund deutlich aufgehellt.

35 mm | f1,4 | 1/4 s | ISO 6400 | Blitz auf 80 mm (LZ 53)

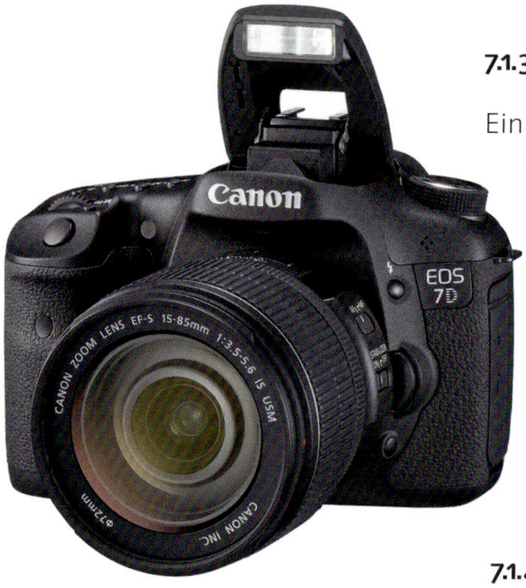

▲ **Abbildung 7.5**
Der interne Blitz der Canon EOS 7D kann externe Blitze fernsteuern. Bei Nikon und Sony wird dieses Feature ebenfalls von mehreren Kameras unterstützt (Bild: Canon).

7.1.3 Kamerablitze

Ein interner Kamerablitz eignet sich zur Aufhellung der Schatten eines Motivs und im Nahbereich auch als Hauptlicht. Seine Leitzahl liegt meist nur bei 12–14, und bei einem größeren Objektiv werden Sie gerade im Weitwinkelbereich Abschattungen an der Bildunterseite feststellen. In manchen Situationen lässt sich die Lichtsituation damit ganz ordentlich in den Griff bekommen, aber er ersetzt keinen schwenkbaren externen Blitz. Falls sich mit ihm allerdings ein externer Blitz fernsteuern lässt, wie zum Beispiel bei der Nikon D700 oder der Canon EOS 7D, dann ist er eine sehr erfreuliche Erweiterung Ihres Blitzsystems.

7.1.4 Aufsteckblitze

Aufsteckblitze erweitern die Möglichkeiten eines eingebauten Blitzes enorm, bei vielen professionellen Kameras finden Sie ohnehin keinen eingebauten Blitz mehr, weil dieser von den dickeren Objektiven abgeschattet würde und der eingebaute Blitz auf Kosten der Robustheit der Kamera und des Platzes für die Sucherkonstruktion geht. Wenn Sie den Blitz kreativ nutzen wollen, sollte er einen nicht nur nach oben, sondern auch zur Seite schwenkbaren Reflektor besitzen. Der Reflektor sollte außerdem zoombar sein, so dass Sie seinen Abstrahlwinkel verändern können. Wenn Sie später mit mehreren Blitzen arbeiten wollen, sollte er sich auch als Slave-Blitz für die drahtlose Blitzautomatik eignen. Um diese Anforderungen zu erfüllen, müssen Sie sich nicht ausschließlich beim Hersteller Ihrer Kamera umschauen, es gibt auch Fremdhersteller, die die Herstellerautomatiken unterstützen.

7.2 Blitzmodi

Die Belichtungskorrektur und die Messmethode für das Blitzlicht sind unabhängig von der für Dauerlicht. Das bedeutet, dass Sie den Blitz auch völlig separat steuern können. Am Blitz selbst oder im Kameramenü können Sie den Blitz in unterschiedliche Modi schalten, die im Folgenden näher erläutert werden sollen. Es ist möglich, dass Ihr Blitzgerät nicht sämtliche Modi unterstützt.

7.2.1 Manuell

Im manuellen Modus geben Sie dem Blitz die Stärke fest vor. Die meisten Blitze lassen sich von 1/1 – volle Kraft – auf 1/64 oder 1/128 herunterregeln.

Das entspricht 6 oder 7 Blendenstufen. Sie bekommen im Blitzdisplay die zu erwartende Reichweite angezeigt, denn die Daten der Blende und der ISO-Zahl bekommt ein moderner Blitz von der Kamera übermittelt und seine eigene Leitzahl kennt der Blitz ohnehin. Allerdings gilt dies nur, wenn er auch auf der Kamera sitzt, wenn Sie ihn entfesselt einsetzen, müssen Sie auf diese Information verzichten oder sie selbst berechnen.

Der manuelle Modus hat eine Reihe von Vorteilen:

- Sie haben eine wiederholgenaue Einstellung, die sich nicht von der Automatik durcheinanderbringen lässt.
- Der Blitz sendet keinen Vorblitz aus, so dass Sie eine Studioblitzanlage über eine Fotozelle mit auslösen können (das gilt nicht, falls eine Rote-Augen-Entfernung eingeschaltet ist oder der Blitz als Master fungiert, der einen weiteren Blitz mit Blitzsignalen fernsteuert).
- Im manuellen Modus können Sie jeden Blitz auf die gewünschte Stärke einstellen, auch wenn er nicht mit dem Kamerasystem kompatibel ist. So können Sie auch billige, gebrauchte Blitze zur Ausleuchtung heranziehen. Wenn Sie eine Standard-Funkauslösung verwenden, verzichten Sie ohnehin auf die Automatikfunktionen.

Wenn der Blitz auf der Kamera sitzt und sich die Lichtsituationen schnell verändern, würde eine manuelle Einstellung schnell umständlich und lästig. In solchen Situationen liefert die Automatik die besseren Ergebnisse.

▼ **Abbildung 7.6**
In diese Nachtaufnahme wurde zweimal mit der Hand hineingeblitzt, um die Teile des Hochofens im Vordergrund auszuleuchten.
12 mm | f8,0 | 8 s | ISO 800 | Blitz auf 1/4 Leistung

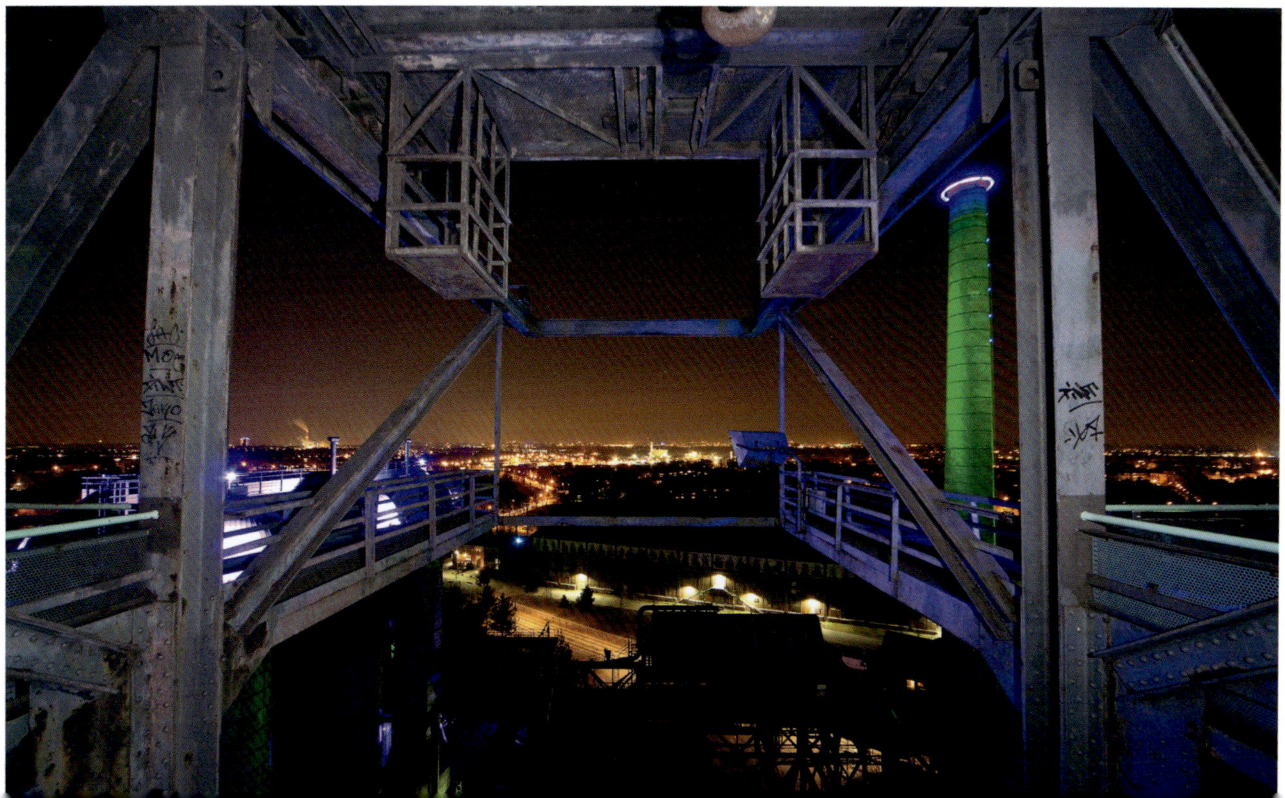

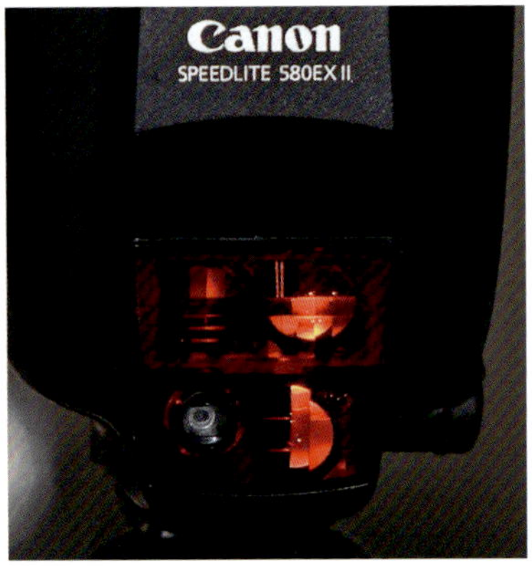

▲ **Abbildung 7.7**
Die interne Fotozelle kehrt in den letzten Jahren in die Blitze zurück, weil sie einen Automatikmodus auch beim entfesselten Einsatz erlaubt.

7.2.2 Blitzinterne Automatik

Bereits vor den kameragesteuerten Blitzautomatiken gab es Blitzgeräte, die selbstständig die Blitzbelichtung maßen und den Blitz nach Erreichen des Sollwerts abschalteten. Da das auch heute noch praktisch ist, gerade wenn Sie den Blitz nicht direkt auf der Kamera platziert haben, wird die Technik von vielen modernen Geräten ebenfalls unterstützt. Dazu müssen Sie dem Blitz die ISO-Zahl und die Blende mitteilen, damit er die erforderliche Lichtmenge berechnen kann.

Eine kleine Fotozelle misst dabei das vom Motiv zurückgestrahlte Licht. Das Schöne an dieser Technik ist, dass sie auch das indirekte Blitzen messbar macht, falls TTL-Techniken (siehe unten) zum Beispiel bei Funkauslösung nicht mehr funktionieren. TTL ist zwar die überlegene Technik, aber die blitzinterne Automatik können Sie auch mit ihren alten analogen Kameras verwenden oder bei einem externen Blitz benutzen, der außerhalb der Reichweite der Steuerblitze für TTL steht.

7.2.3 Kameraautomatik TTL

Eine blitzinterne Automatik funktioniert nur unter bestimmten Bedingungen gut, da der Messsensor nicht an die Brennweite des Objektivs angepasst ist. Er »guckt« auch woanders hin, die Abweichung ist jedenfalls im Nahbereich von Belang. Das System lässt sich deutlich verbessern, wenn die Kamera die Blitzsteuerung übernimmt und das Licht dafür durch das Objektiv hindurch messen kann – daher auch der Name TTL, *Through The Lens*. Die ausgeklügelte Belichtungsmessung einer DSLR lässt sich so zum großen Teil auch auf die Blitzlichtmessung übertragen. Die weiterentwickelten TTL-Blitzmethoden (zum Beispiel iTTL bei Nikon, E-TTL-II bei Canon) berücksichtigen die Blitzlichtmessung unabhängig von der Dauerlichtmessung, machen sich zum Teil anhand der Autofokusmesspunkte ein Bild von den Hauptbereichen des Motivs

So kann etwa die Matrix- oder Mehrfeldmessung den aktiven Autofokusmesspunkt zur Gewichtung heranziehen oder die Spotmessung zur gezielten Blitzsteuerung verwendet werden. Canon verzichtet bei E-TTL-II (einer Weiterentwicklung von E-TTL) inzwischen wieder auf den Autofokusmesspunkt, so dass die Blitzbelichtung nicht danebengeht, wenn Sie zwischen Fokusmessung und Auslösen den Bildausschnitt verändern.

Rote Augen
Wenn der Blitz sehr nah an der optischen Achse des Objektivs angebracht ist und die Pupillen des Porträtierten wegen der Dunkelheit weit offen sind, wird das Blitzlicht von der Netzhaut des Auges reflektiert. Mit einer DSLR werden Sie den Effekt fast nie erleben, bei einer Kompaktkamera häufiger. Entweder Sie sorgen dafür, dass der Blitz weiter vom Objektiv entfernt ist, oder Sie verkleinern die Pupillen des Modells durch helleres Licht beziehungsweise einen Vorblitz. Im Notfall können Sie die roten Augen auch in der Bildbearbeitung entfernen.

Ablauf der TTL-Messung | Die Kamera muss bei der Belichtungsmessung die Werte für Dauerlicht und Blitzlicht ermitteln; während der Belichtung ist keine Blitzlichtsteuerung mehr vorgesehen. TTL wurde früher zum Beispiel beim Olympus OM-System während der Belichtung direkt über das von der Filmebene zurückgeworfene und gemessene Blitzlicht gesteuert. Aber Filme waren auf der Schichtseite matt und erzeugten diffuse Reflexionen. Das von einem Sensor zurückgestrahlte Licht ist nicht so einfach zu verwenden, deswegen funktioniert der Vorgang heute so (am Beispiel von E-TTL-II):

- Wenn der Auslöser angetippt wird, nimmt die Kamera eine Dauerlichtmessung vor. Je nach Modus wird diese sofort gespeichert oder bis zur Auslösung noch angepasst.
- Wenn der Auslöser ganz durchgedrückt wird, sendet der Blitz einen schwachen, aber relativ langen Messblitz aus. Die Kamera hat jetzt einen Messwert, der Blitz und Dauerlicht kombiniert.
- Die Kameraelektronik rechnet die Differenz von kombinierter Messung und Dauerlichtmessung für jedes einzelne Messfeld aus. Somit hat sie ein reines Blitzbelichtungsergebnis zur Verfügung.
- Wenn (wie standardmäßig) die Matrix- beziehungsweise Mehrfeldmessung für den Blitz aktiviert ist, wertet die Kamera diejenigen Messfelder, die einen besonders starken Unterschied zwischen Blitz- und Dauerlichtmessung aufweisen, als besonders wichtig für die Blitzbelichtungseinstellung.
- Für die endgültige Blitzbelichtung werden aus der Messung starke Extremwerte, die wahrscheinlich von einer direkten Spiegelung des Blitzes stammen, herausgerechnet. Die Kamera wertet außerdem die Entfernungseinstellung des Objektivs aus, so dass Sie das Ergebnis mit einer internen Leitzahlberechnung vergleichen kann und es gegebenenfalls etwas korrigiert. So wird aus einer schwarzen Katze vor schwarzem Hintergrund kein überblitztes Bild.
- Der Spiegel klappt hoch, der Blitz bekommt seine Blitzstärke mitgeteilt und wird ausgelöst, sobald der Verschluss offen ist.

▼ **Abbildung 7.8**
Gerade im Nahbereich spielt die Messung durch das Objektiv seine Vorzüge aus. Die Berechnung mit der Leitzahl wird bei so geringen Abständen fast unmöglich, und eine Fotozelle im Blitz würde einen ganz anderen Bildausschnitt anmessen, als den, den das Objektiv tatsächlich erfasst.

100mm | f10 | 1/200s | ISO 500 | Makroobjektiv

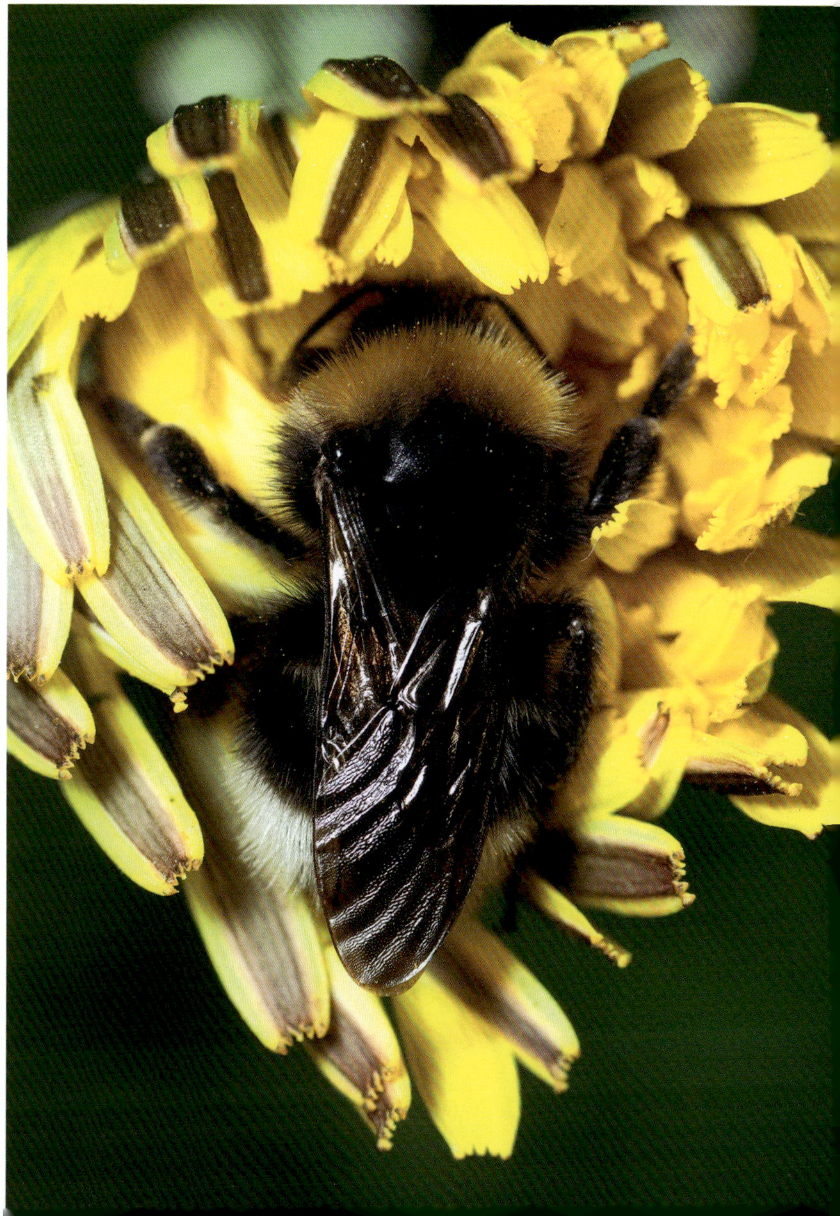

Der gesamte Vorgang benötigt meist weniger als eine Zehntelsekunde. Und er setzt einen anfangs heruntergeklappten Spiegel voraus. Wenn Sie in der Live View blitzen, wird der Spiegel also für die Messblitzerfassung kurz herunterklappen.

Wenn Sie das System mit externen Blitzen verwenden, wird auch die Kommunikation zwischen der Kamera und den Blitzen mit Blitzsignalen durchgeführt. Außerdem gibt es pro Blitzgruppe einen separaten Messblitz. Es gibt Servoblitzauslöser, denen Sie beibringen können, wie viele Vorblitze sie zu ignorieren haben, bis sie beim Hauptblitz mitzünden. Das kann allerdings bei komplizierten Aufbauten sehr unübersichtlich werden.

7.2.4 Kurzzeitsynchronisation

Die Möglichkeit des Blitzes, auch mit kürzeren Zeiten als der Blitzsynchronzeit zurechtzukommen, hat viele sinnvolle Anwendungen, aber sie lässt sich besonders gut mit einem Porträt bei Sonnenlicht erklären: Angenommen, Sie möchten bei Sonne die Schatten im Gesicht des Porträtierten mit dem Blitz aufhellen. Normalerweise müssten Sie Ihre Kamera nun auf die Blitzsynchronzeit einstellen, in diesem Beispiel 1/200s. Die Dauerlichtmessung ergibt nun bei ISO 100 eine notwendige Blende von 11, sonst wird das Bild überbelichtet. Der Blitz ist stark genug, um die Aufhellung über die kurze

Abbildung 7.9 ▶
Wenn Sie bei Sonne die Blende nicht weit schließen möchten und Ihr Bild trotzdem mit Blitzlicht aufhellen wollen, hilft Ihnen die Kurzzeitsynchronisation. Diese macht den Blitz für Verschlusszeiten tauglich, die kürzer sind als die Blitzsynchronzeit.
100mm | f4,0 | 1/1000s | ISO 200 | Makroobjektiv | APS-C-Sensor

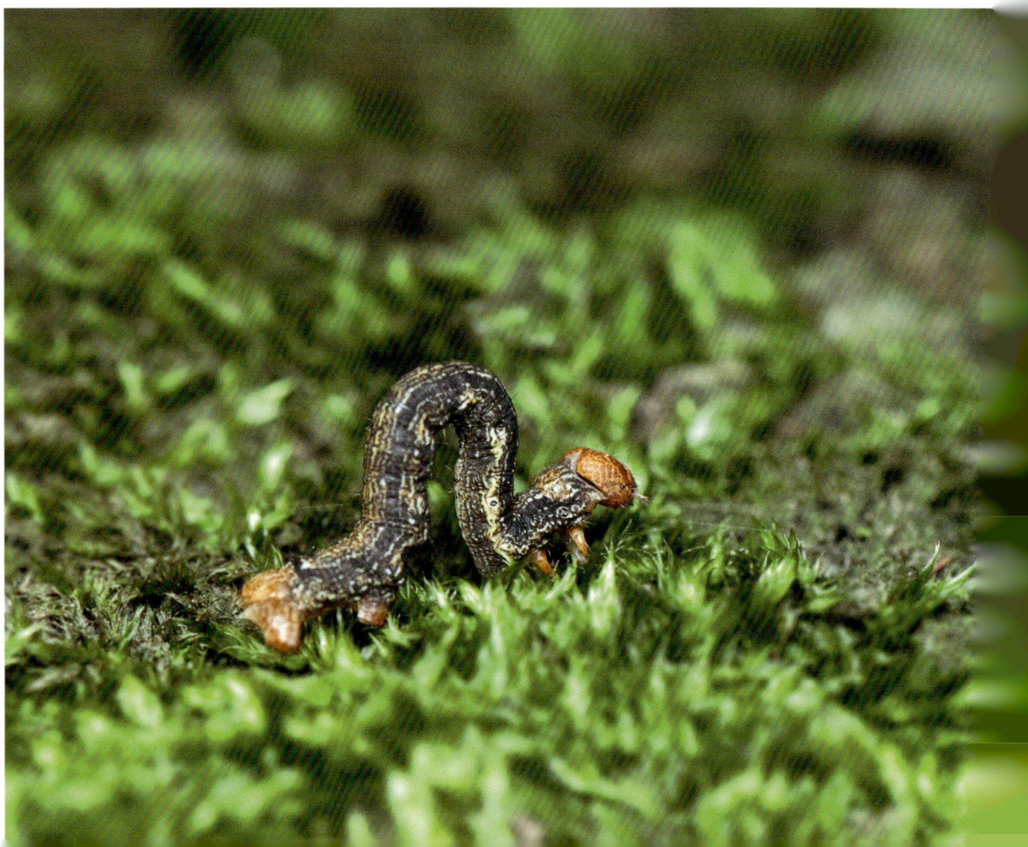

Distanz auch bei Blende 11 zu gewährleisten, aber das Bild sieht durch die hohe Schärfentiefe misslungen aus. Die Äste der weit entfernten Bäume werden viel zu scharf, und das Bild wirkt unruhig und unprofessionell. Sie möchten lieber mit Blende 2,8 fotografieren, aber dadurch wird eine Belichtungszeit von 1/3200s notwendig. Wenn der Blitz nun auslösen würde, wäre nur ein winziger Spalt auf dem Bild vom Blitzlicht beleuchtet, weil der Schlitzverschluss alle kürzeren Zeiten als die Blitzsynchronzeit nur mit dem Verengen des Spalts zwischen dem ersten und zweiten Verschlussvorhang hinbekommt (siehe auch Seite 302).

Die Lösung ist die sogenannte **Kurzzeitsynchronisation**: Das Blitzgerät gibt dabei über die Zeit der Verschlussauslösung, die ungefähr der Blitzsynchronzeit von 1/200s entspricht, sehr viele und sehr kurze Blitze hintereinander ab, so dass gewissermaßen Dauerlicht für eine Zeitspanne von höchstens 1/100s herrscht. In der Praxis sendet der Blitz mit einer Frequenz von 50000Hz Lichtimpulse aus, so dass sich 500 Einzelblitze pro 1/100s ergeben. Diese verschwimmen für den Verschluss zu einem gleichmäßigen Licht, und das Bild wird korrekt blitzbelichtet, weil sich der Blitz auf die kurze Verschlusszeit einstellen kann.

Natürlich kann bei der Kurzzeitsynchronisation viel weniger Blitzlicht genutzt werden, da der Verschluss das Licht auf den Sensor nur durch einen kleinen Schlitz passieren lässt und so jeweils nur schwache Teilblitze den Sensor erreichen. Das ist in der Praxis aber meist nicht schlimm, da Sie ja von f11 auf f2,8 aufblenden können, Sie also nun mit einer Leitzahl von 8,4 genauso weit blitzen können, wie vorher mit LZ 33.

7.2.5 Stroboskopeffekt

Moderne Blitzgeräte müssen für Serienbilder oder die Kurzzeitsynchronisation ohnehin die Fähigkeit mitbringen, mehrere Blitze in kurzer Zeit auszusenden. Da liegt es nah, diese Fähigkeit auch für andere Aufgaben verfügbar zu machen. Ein Stroboskop ist ein Gerät, das Lichtblitze in gleichmäßigen Zeitabständen abgeben kann. Ihr Aufsteckblitz verfügt unter Umständen auch über einen Stroboskop-Modus (Multi bei Canon, RPT bei Nikon genannt).

Die mögliche Anzahl der Blitze ist von der Stärke der Einzelblitze abhängig. Canons 580 EX II lässt sich bei einer Blitzstärke von 1/128 und 199 Hz auf 40 Blitze einstellen. Bei einer Stärke von 1/8 ist also nach 4 Blitzen Schluss. Achten Sie bei Stroboskopaufnahmen auf einen dunklen Hintergrund, sonst überstrahlt der Hintergrund das bewegte Objekt.

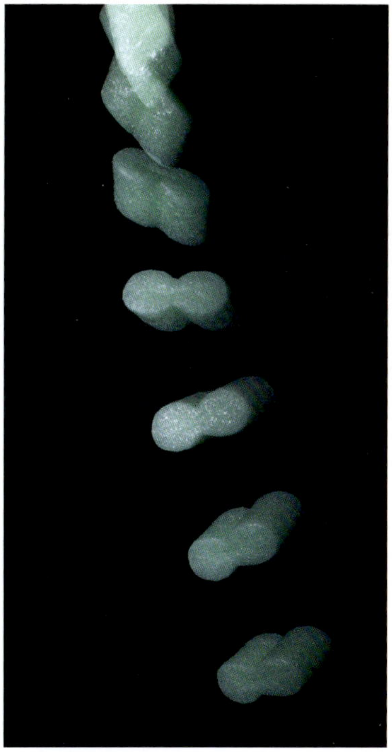

▲ **Abbildung 7.10**
Diese kleine Bewegungsstudie zeigt ein Stück Schaumstoff im freien Fall bei leichtem Wind. 25 Blitze pro Sekunde (=25 Hz) machen die Bewegung sichtbar.

7.2.6 Blitzen auf den 1. und 2. Verschlussvorhang

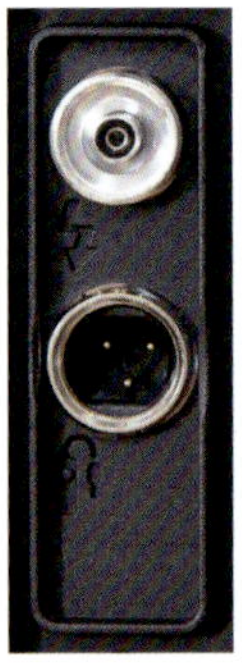

Abbildung 7.11 ►
Wenn Sie bei der Canon EOS 7D links eine Gummiabdeckung entfernen, finden Sie darunter den X-Kontakt für den Blitz (oben). Leider findet sich dieser nicht bei jeder Kamera. Manches Einsteigermodell verzichtet auf diese zweite Auslösemöglichkeit

Standardmäßig wird der Blitz ausgelöst, sobald der Verschluss ganz geöffnet ist. Bei längeren Zeiten blitzt die Kamera also sofort beim Auslösen und sammelt danach weiter das Dauerlicht. Bei bewegten Objekten kann das zu einem etwas unnatürlich wirkenden Effekt führen, da der Betrachter eigentlich erwartet, dass die Bewegung dem scharf abgebildeten Objekt nachläuft. Die meisten Kameras unterstützen auch das Blitzen auf den 2. Verschlussvorhang: Hier wird der Blitz erst ausgelöst, kurz bevor der Verschluss wieder zugeht. Die Kamera sammelt also erst das Dauerlicht und friert dann das Motiv zum Schluss noch mit einem Blitz ein. Das können Sie oft direkt am Blitz anwählen, es ist aber zusätzlich noch im Kameramenü verborgen.

Der Effekt erinnert ein wenig an Comic-Zeichnungen, bei denen die Spuren der Bewegung hinter dem Objekt angedeutet werden, der Eindruck wirkt so natürlicher.

Sie können sogar ein Blitzgerät auf den 1. Verschlussvorhang auslösen und ein anderes auf den zweiten. Dazu schließen sie den einen Blitz oder Funkauslöser an den Blitzschuh Ihrer Kamera an und stellen die Kamera auf Blitzen auf den 2. Vorhang. Den zweiten Blitz oder Auslöser schließen Sie an die Synchronbuchse (X-Kontakt) an (sofern an Ihrer Kamera vorhanden). Diese ist ganz altmodisch und wird einfach kurzgeschlossen, sobald der Verschluss aufgegangen ist. So löst der X-Kontakt am Anfang und der Blitzschuh am Ende der Belichtung aus.

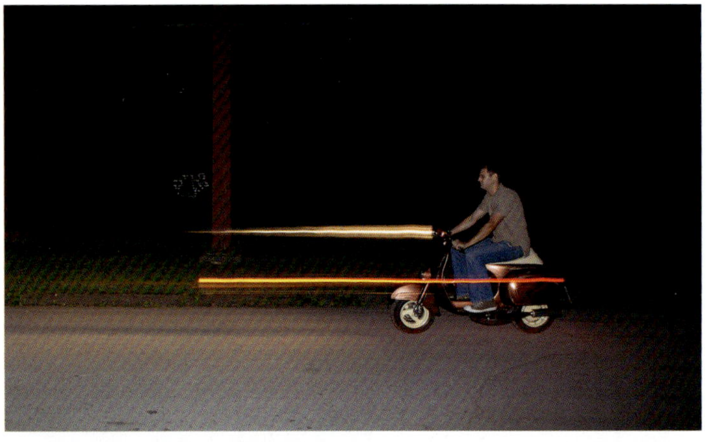

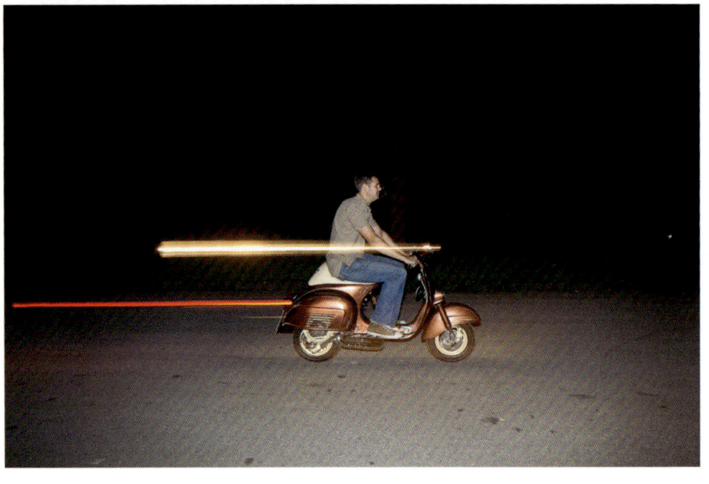

◄ **Abbildung 7.12**
Beim Blitzen auf den ersten Vorhang sehen Bewegungsaufnahmen oft seltsam aus (oben). Auf den zweiten Verschlussvorhang geblitzt, wirkt das Motiv natürlicher (unten).

24 mm | f8,0 | 1,6 s | ISO 1 000

7.3 Belichtungskorrektur

Auch im Automatikmodus können Sie Blitz- und Dauerlicht getrennt voneinander anpassen. Die Belichtungszeit wirkt sich ausschließlich auf das Dauerlicht aus. Je länger Sie also belichten, desto heller wird der Dauerlichtanteil. Der Blitz ist in höchstens 1/800 s vorbei, eine Verlängerung der Belichtungszeit ändert nichts an seiner Stärke (anders sieht das aber bei der Kurzzeitsynchronisation aus, weil dort durch die kleiner werdende Schlitzbreite umso weniger Blitzlicht auf dem Sensor ankommt, je kürzer die Belichtungszeit ist). Die Blende wirkt auf Dauerlicht und Blitzlicht gleich, allerdings kann die Kamera dem Blitzlicht mitteilen, die Blitzstärke heraufzusetzen, was beim Dauerlicht natürlich nicht geht.

Das bedeutet für Sie, dass Sie ein Bild aufnehmen können, in dem das Blitzlicht das Tageslicht zurückdrängt, so dass es aussieht, als wäre es in der Dämmerung aufgenommen worden. Oder Sie erzeugen ein taghelles Bild, in dem die Schatten von Blitzlicht weich aufgehellt werden.

Anfänger sind oft etwas irritiert von der Unabhängigkeit des Blitzlichts: Eine DSLR hat zwei Belichtungskorrektureinstellungen, eine für das Dauerlicht und eine für das Blitzlicht. Wenn Sie die Kamera in den manuellen Modus umschalten, arbeitet der Blitz immer noch automatisch, es sei denn, Sie schalten ihn auch auf manuell.

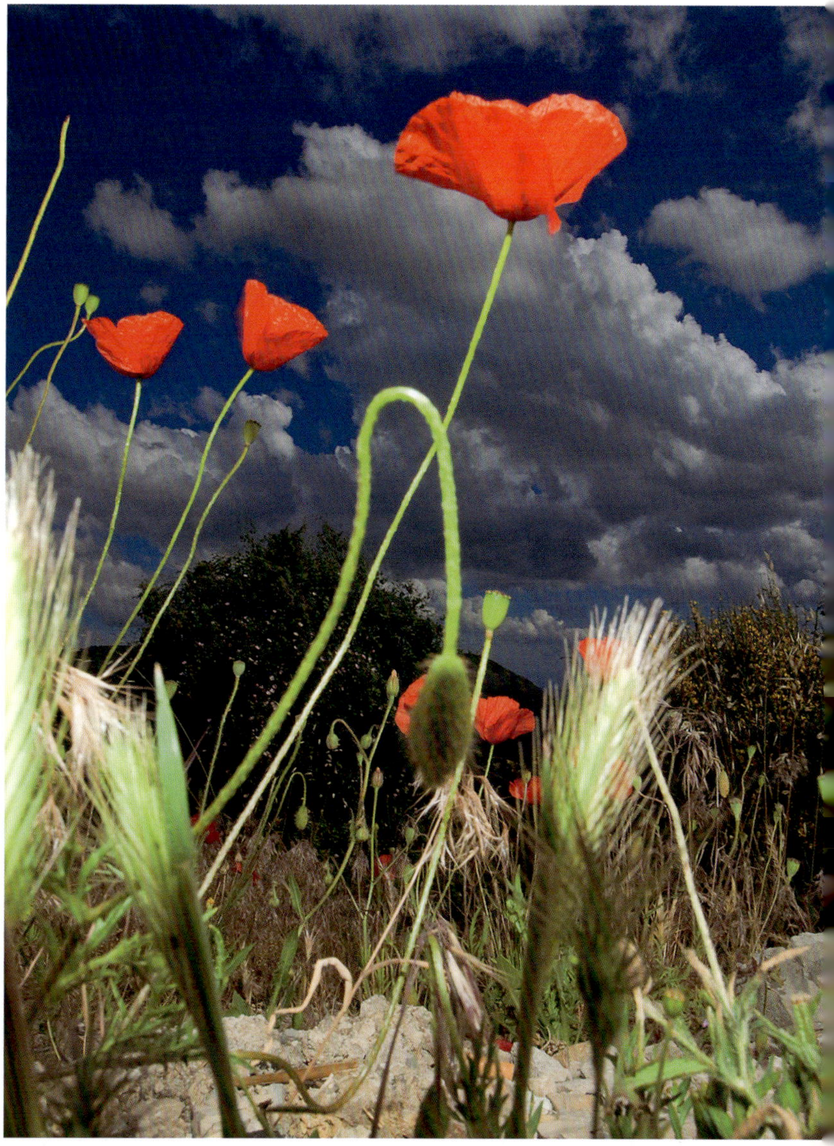

Abbildung 7.13 ▸
Das Dauerlicht wurde hier im Modus M unterbelichtet, der Blitz leicht überbelichtet. So entsteht am helllichten Tag eine Kunstlichtstimmung.

17 mm | f22 | 1/200 s | ISO 100 | Blitz automatisch mit +1 Blende Korrektur

7.4 Kameramodi

Hier soll kurz auf die Unterschiede in der Fotografie mit Blitz in den einzelnen Kameramodi eingegangen werden, um alle für das Verständnis notwendigen Details beisammen zu haben. Zur Verdeutlichung: ISO-Wert und Blende wirken sich auf Dauerlicht und Blitz gleichermaßen aus, die Belichtungszeit wirkt sich nur auf das Dauerlicht aus, und die Blitzstärke natürlich nur auf den Blitz.

Programmautomatik | In der Programmautomatik wird die Belichtungszeit nur so weit verlängert, wie keine Verwacklung zu befürchten ist (meist zwischen 1/60s und der Blitzsynchronzeit). Das bedeutet, dass der Dauerlichtanteil unter Umständen sehr dunkel oder fast schwarz wiedergegeben wird, wenn das Licht nicht mehr so stark ist. Die Programmautomatik ist also nur im Hellen oder bei einer eindeutigen Festlegung auf den Blitz als Hauptlicht gut zu verwenden.

Blendenautomatik/Zeitvorwahl | In diesem Modus verändert die Kamera die Blende zur Belichtungssteuerung. Da die Blende auch die Reichweite

▾ Abbildung 7.14
Die Blendenautomatik hat bei diesem Bild die Blende weit geöffnet, um den Hintergrund noch hell genug abbilden zu können.

35mm | f2,0 | 1/100s | ISO 400 | Belichtungskorrektur für Blitz und Dauerlicht je –1

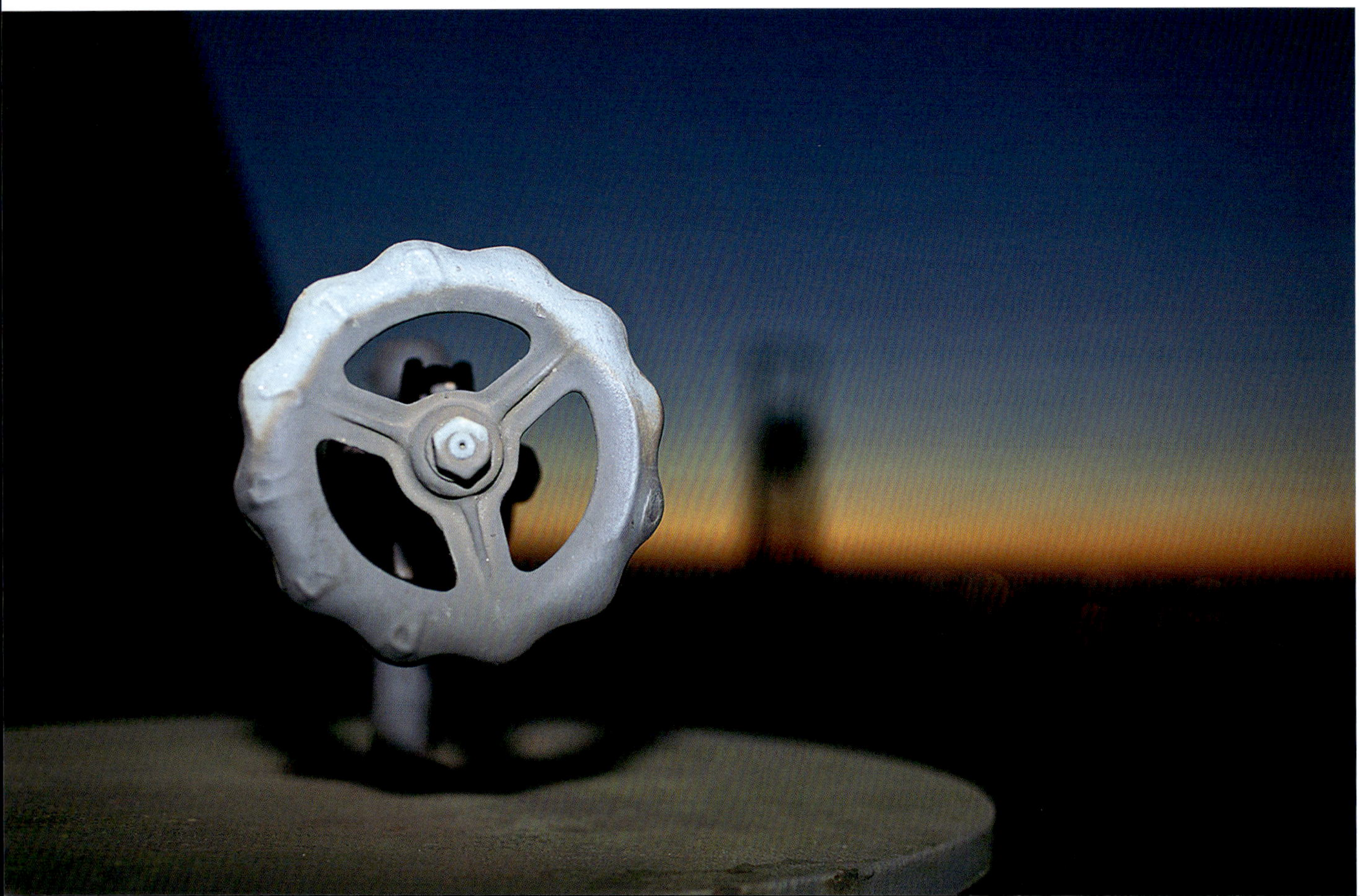

des Blitzes beeinflusst, schwankt diese mit der Umgebungshelligkeit. Falls nur im Nahbereich geblitzt werden muss, haben Sie in diesem Modus die Möglichkeit, eine Verschlusszeit festzusetzen, die noch kurz genug ist, um das Bild durch die Bewegung nicht komplett zu verwischen (zum Beispiel 1/15s), und trotzdem wird die Belichtungsautomatik durch das Abblenden bei hellerem Licht dafür sorgen, dass das Dauerlicht nicht überbelichtet wird.

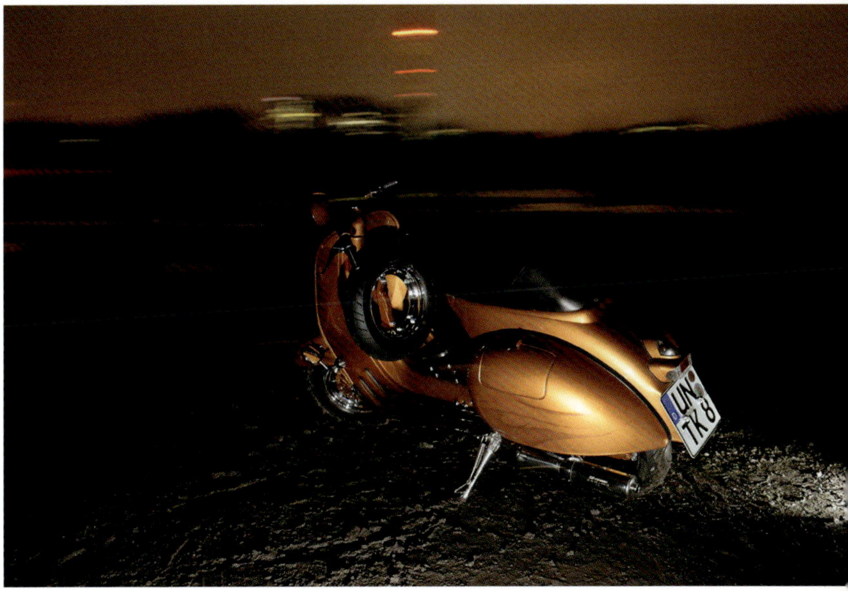

▲ **Abbildung 7.15**
Der Blitz zeichnet das Motiv scharf, der Hintergrund wurde absichtlich durch die Bewegung der Kamera verwischt. Das Bild zeigt deutlich, wie unabhängig Blitzlicht und Dauerlicht voneinander sind.

35mm | f4,0 | 1/5s | ISO 3200 | zwei über E-TTL II ferngesteuerte externe Blitze

Zeitautomatik/Blendenvorwahl | Sie hat den Vorteil, dass die Blende eine Konstante ist und sich somit für den Blitz keine Unsicherheit ergibt. Der Umgebungslichtanteil wird automatisch richtig belichtet, allerdings müssen Sie die Belichtungszeit im Auge behalten, denn sie wird unter Umständen zu lang für das Arbeiten aus der Hand. Wenn Sie dann weder aufblenden können noch die ISO-Zahl weiter heraufsetzen wollen, ist ein Wechsel in den manuellen Modus sinnvoll. Oder Sie stellen die Kamera auf Auto-ISO, dann versucht sie, die Belichtungszeiten durch die Erhöhung der Lichtempfindlichkeit so kurz zu halten, dass keine Verwacklung zu befürchten ist.

Manueller Modus | Auch in diesem Modus arbeitet der Blitz automatisch, sofern Sie den Blitz nicht auf M umstellen. Somit müssen Sie nur die Einstellungen für das Dauerlicht anpassen.

Der manuelle Modus hat seine Stärken dort, wo die Zeitautomatik aufgrund manchmal zu langer automatischer Belichtungen anstrengend wird. Stellen Sie sich ein Fest in einer Halle vor: In einer dunklen Ecke schließt der Verschluss bei Zeitautomatik vielleicht erst dann wieder, wenn Sie die Kamera schon abgesetzt haben. Die Blendenautomatik würde die Blende ganz aufreißen, so dass Sie eine Personengruppe nur noch zum Teil scharf bekommen. Im Modus M stellen Sie die Kamera zum Beispiel auf f5,6 und 1/10s, eine Einstellung, die die Atmosphäre des Raums noch gut einfangen kann, in den dunklen Ecken das Umgebungslicht unterbelichtet, aber insgesamt überall gut verwendbare Bilder liefert. Wenn der Dauerlichtanteil leicht verwackelt, ist das beim Blitzen nicht so schlimm, die Personen werden Sie trotzdem durch den Blitz scharf abbilden.

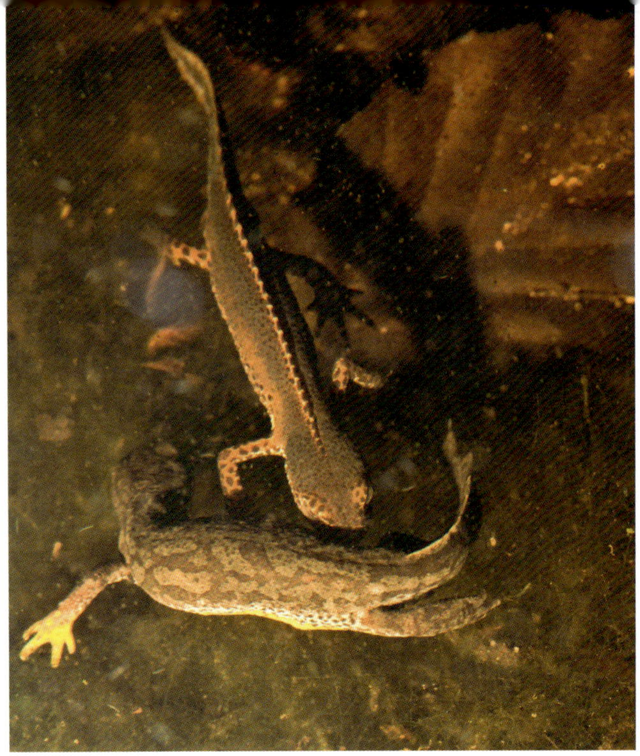

Im Studio sollten Sie ohnehin M verwenden, weil der Dauerlichtanteil meist gar nicht erwünscht ist, und auch bei komplizierten Lichtaufbauten im Freien liefert M Ihnen die nötige Kontrolle und Wiederholbarkeit. Beim Blitzen kann dieser Modus seine Stärken noch besser ausspielen als bei reinem Dauerlicht.

◂ **Abbildung 7.16**
Um den Tageslichteinfluss bei diesem Foto von zwei Molchen möglichst gering zu halten, stellte ich die Kamera in den manuellen Modus (M), wählte die Blitzsynchronzeit von 1/200 s und Blende 11 für eine hohe Schärfentiefe. Den Blitz hielt ich am E-TTL-Kabel direkt an die Wasseroberfläche. Auf diese Weise minimierte ich die Reflexionen auf dem Wasser.
100 mm | f11 | 1/200 s | ISO 640 | Makroobjektiv

7.5 Blitzlicht steuern

Bei einem Blitzgerät ist nicht nur die korrekte Belichtung einzustellen, Sie können auch den Ausleuchtungswinkel, die Richtung und die Position verändern. Viele Fotografen vergessen das und benutzen den Blitz nur automatisch und direkt. Kreative Lichtsteuerung erfordert aber, dass Sie die meisten Möglichkeiten des Blitzeinsatzes auch zu verwenden lernen.

7.5.1 Indirekt blitzen

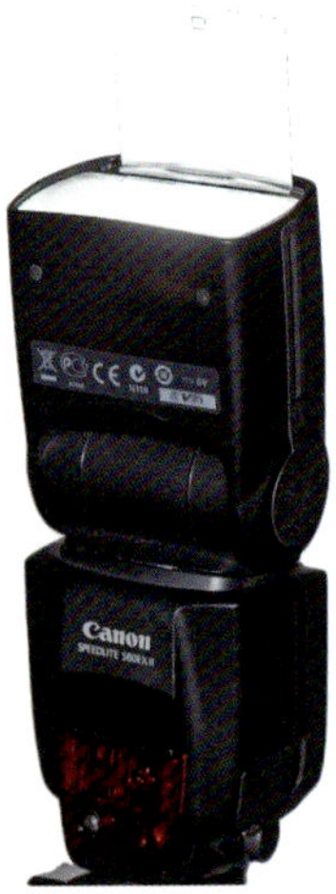

▴ **Abbildung 7.17**
Bei diesem Blitz lässt sich eine Plastikkarte herausziehen, die einen Teil des Lichts nach vorne reflektiert. Den gleichen Effekt hätte eine mit Gummiband befestigte Visitenkarte.

Wenn Ihr Blitzgerät einen Schwenkreflektor besitzt, müssen Sie Ihr Motiv nicht direkt anblitzen, sondern können das Licht indirekt über eine helle Wand o. ä. leiten. So vermeiden Sie die Blitzschatten hinter dem Motiv, bei Porträts glänzt die Haut nicht so stark, und das Licht wird weicher.

Wenn Sie den Blitz einfach nur gegen die Decke richten, bekommen Sie kein wirklich schönes Licht, denn die Augenhöhlen liegen etwas im Schatten des Oberlichts und das Licht kommt dann nicht aus der idealen Richtung. Ein alter Pressefotografentrick bestand darin, eine Visitenkarte mit einem Gummiband um den Reflektor zu befestigen. Denn dann wird ein Teil des Lichts nach vorne reflektiert und hellt die Augenpartie auf, und das Licht wird etwas lebendiger. Irgendwann haben die Hersteller eingesehen, dass sie die »Visitenkarte« auch gleich in den Blitz mit einbauen können.

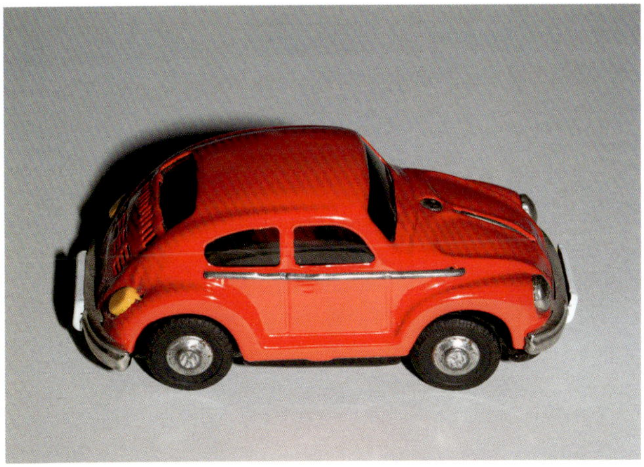

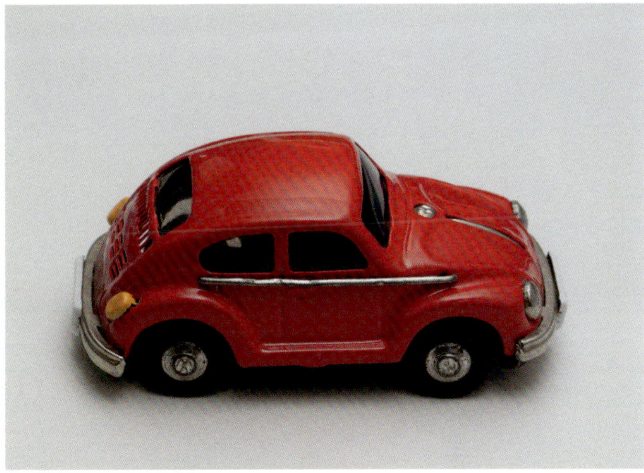

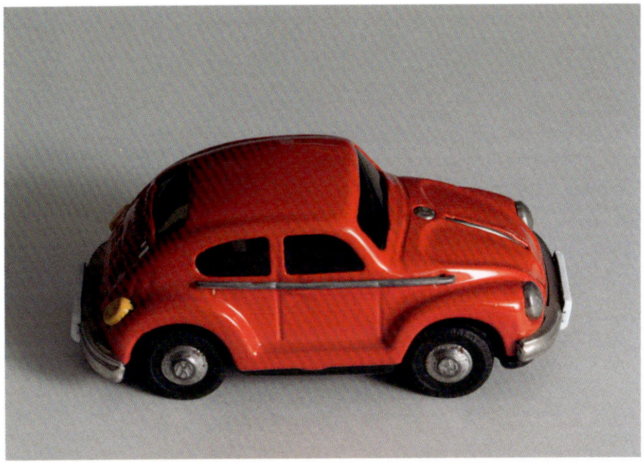

◂▴ **Abbildung 7.18**
Oben links: Der direkte Blitz sorgt für Schlagschatten hinter dem Motiv, wenn sich dahinter noch eine Wand o. ä. befindet.
Oben rechts: Wenn Sie den Schwenkreflektor gegen die Decke richten, kommt das Licht weich von oben. Dies kann allerdings häufig etwas trist wirken.
Unten: Indirekt blitzen können Sie auch über eine Seitenwand. Dann erhalten Sie gerichtetes, weiches Licht von der Seite. Das ist meist deutlich lebendiger und angenehmer ist, als Licht von oben.
100 mm | f9,0 | 1/200 s | ISO 200 | Blitzautomatik mit Korrektur +1

7.5.2 Zoomreflektor kreativ nutzen

Der Zoomreflektor ist normalerweise dafür da, je nach verwendeter Brennweite das Optimum an Blitzleistung herauszuholen. Im automatischen Modus passt er seinen Abstrahlwinkel dem Bildwinkel des Objektivs an. Aber niemand hindert Sie, diesen Wert manuell umzustellen. So erzielen Sie in einem Innenraum weicheres Licht, wenn Sie den Reflektor auf Ultraweitwinkel stellen, aber mit einem Teleobjektiv fotografieren. Denn so wird viel mehr Licht von den umliegenden Wänden auf das Motiv reflektiert – das funktioniert aber natürlich nur bis zu einer gewissen Raumgröße. Eine am Bildrand

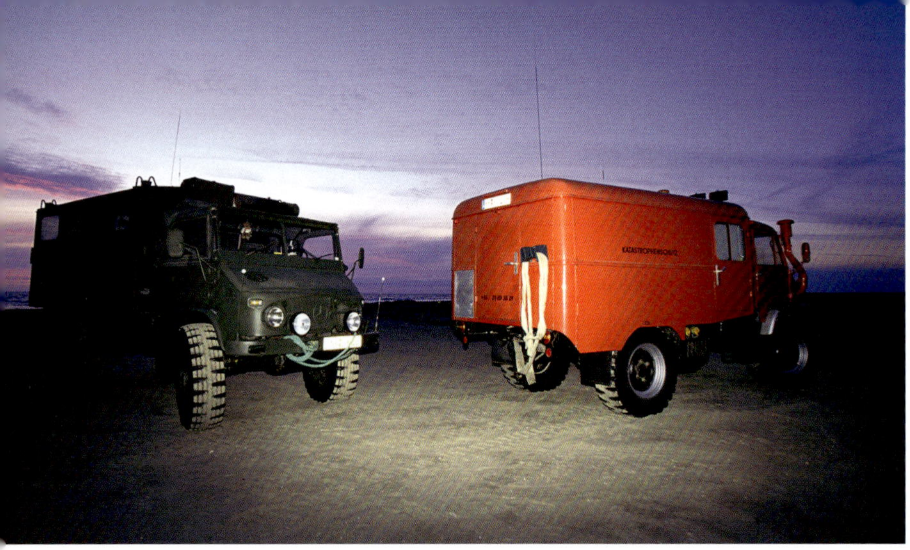

stehende Person können Sie mit einem engen Blitzwinkel und zur Seite geneigtem Reflektor hervorheben, ohne dass der Rest des Bildes überblitzt wird. Auch wenn der Blitz von der Kamera entfesselt eingesetzt wird, sollten Sie den Abstrahlwinkel als Gestaltungsmittel einsetzen. Wenn Sie nur so viel wie nötig beleuchten, wird das Licht nicht so schnell flach und langweilig wirken.

▲ **Abbildung 7.19**
In diesem Bild wurde der Zoomreflektor viel enger als der Bildwinkel eingestellt. So blieb mehr von der Dämmerungsatmosphäre erhalten.
20 mm | Zoomreflektor auf 80 mm

7.5.3 Blitz entfesseln

Wenn Sie eine Szene mit einem Aufsteckblitz bewusst ausleuchten wollen, sollten Sie ihn vom Blitzschuh abnehmen und entfesselt einsetzen. So haben Sie nicht nur eine Lichtrichtung, nämlich die von kurz oberhalb der Kamera, sondern können den Blitz frei positionieren. Wenn Sie dann noch einen Schirm zur Lichtstreuung verwenden und einen Aufheller benutzen, können Sie bereits mit einem einzigen Blitzgerät ein Licht schaffen, das eher an ein Fotostudio als an einen kleinen Aufsteckblitz erinnert.

Abbildung 7.20 ▶
Hier wurde ein Aufsteckblitz direkt über das Modellauto gehalten, der Zoomreflektor stand auf 105 mm, um die enge Ausleuchtung zu erreichen.
90 mm | f11 | 1/200 s | ISO 100 | Blitz manuell 1/64 | Funkauslöser

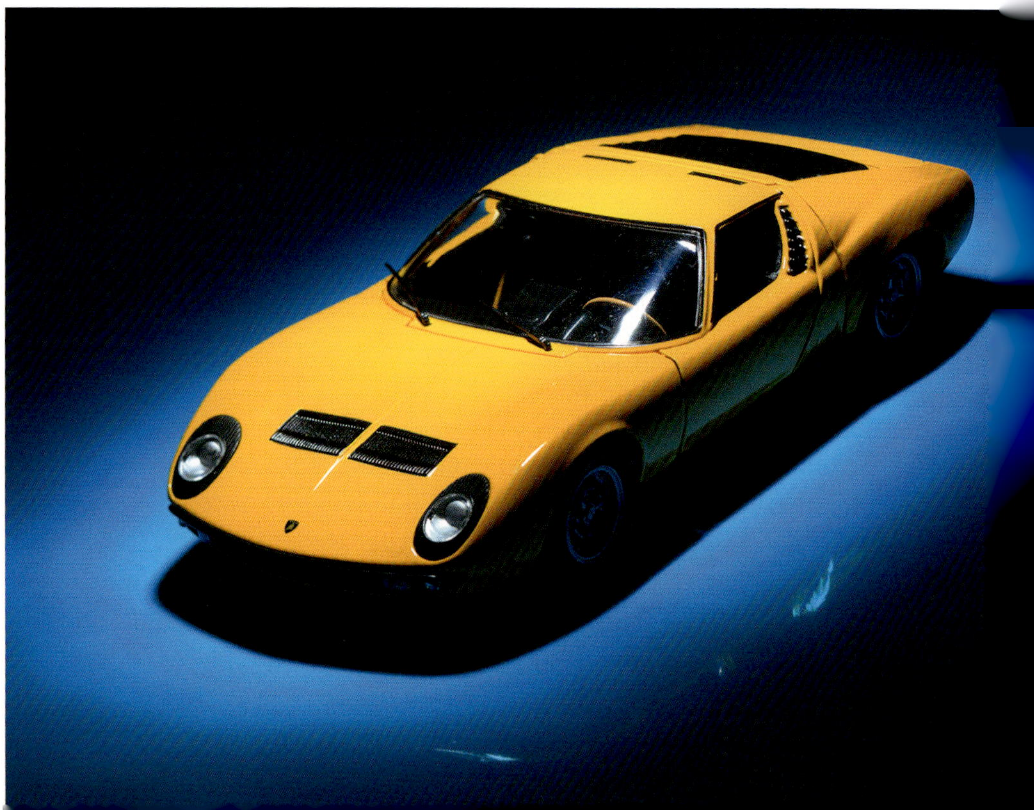

7.5.4 Blitzen mit mehreren Blitzen

Sobald Sie anfangen, einen Blitz entfesselt einzusetzen, ist der Schritt hin zu mehreren Blitzen nicht mehr weit. Sei es, dass Sie einen zweiten Aufhellblitz benötigen, sei es, dass Sie aufwendigere Lichtsituationen schaffen möchten. Vor 20 Jahren wäre das anstrengend geworden, weil Sie mit Kabeln und/ oder Fotozellen hätten arbeiten müssen.

Heute sind Funkauslöser Standard und die hochwertigen Aufsteckblitze können Daten übertragen, um weitere Blitze mit Lichtsignalen zu steuern. Diese systemspezifische Fernsteuerung schließt den Automatikmodus auch mit unterschiedlichen Blitzstärken und sogar Hochgeschwindigkeitssynchronisation mit ein. Man kann also sagen, dass ein externer Blitz genauso viel leisten kann wie einer auf der Kamera.

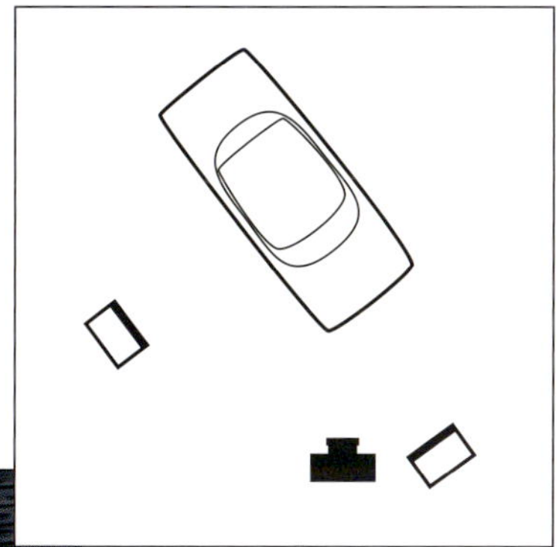

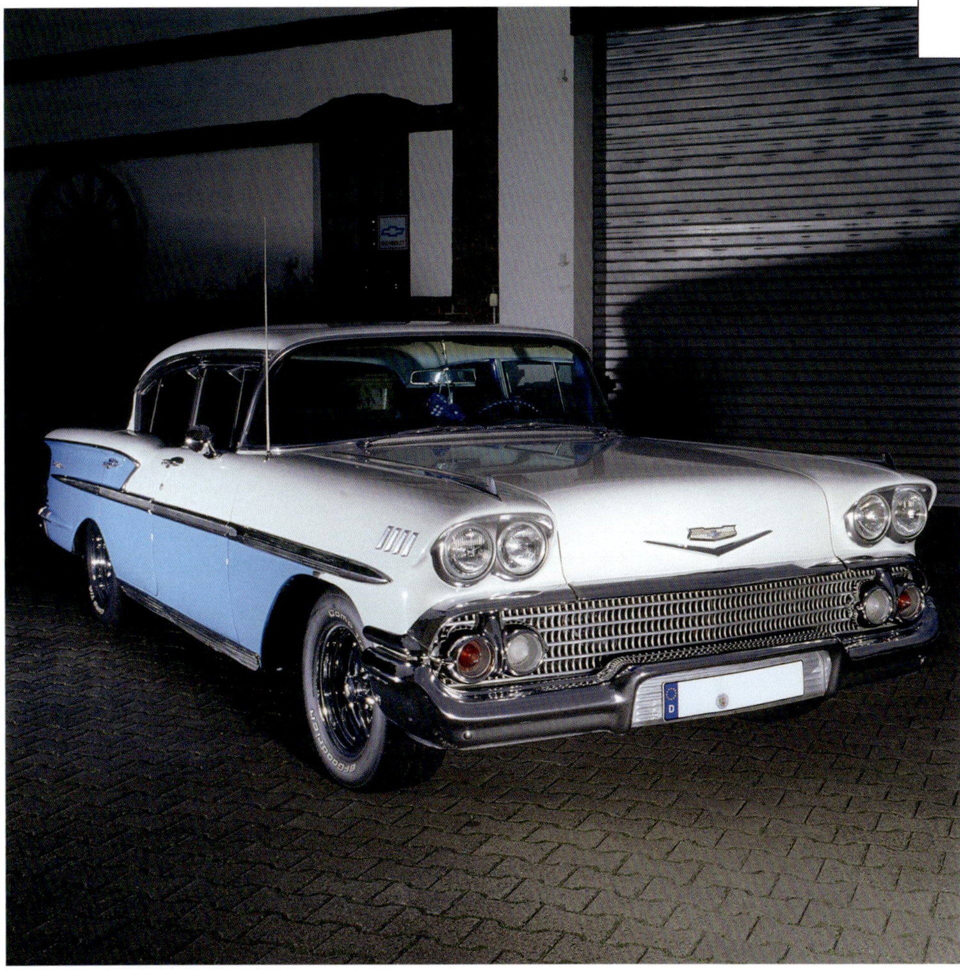

◂ **Abbildung 7.21**
Der Chevrolet Bel Air in dieser Aufnahme wurde mit zwei Blitzen von vorne und von der Seite beleuchtet. Sämtliche Einstellungen wurden manuell vorgenommen. Der eine Blitz wurde per Kabel, der andere per Fotozelle ausgelöst.

7.5.5 Wanderblitz bei Langzeitbelichtung

Oft zerstört ein einziger Blitz die Stimmung, oder das Motiv hat eine zu große räumliche Tiefe, um mit einem einzigen Blitz vernünftig ausgeleuchtet werden zu können. Während Sie im Hellen dann mit mehreren oder ganz ohne Blitze arbeiten müssen, haben Sie bei langen Belichtungszeiten ausreichend Zeit, um durch das Motiv zu gehen und alle Bereiche anzublitzen, die Sie beleuchten möchten. Durch die lange Belichtungszeit werden Sie selbst auch nicht im Motiv auftauchen (falls Sie nicht gerade in der Szene stehen bleiben).

Weißes Blitzlicht zerstört oft die Farbstimmung einer Nachtaufnahme. Dagegen können Sie vor den Blitz eine Filterfolie spannen, die das Blitzlicht einfärbt. Ein echter Geheimtipp dafür ist der Muster-Filterfächer von Lee, den Sie im Profifotohandel für sehr wenig Geld erwerben können. Er beinhaltet wahrscheinlich mehr Farbabstufungen, als Sie je brauchen werden. Die einzelnen Filter haben eine Größe, die praktisch exakt vor einen externen Aufsteckblitz passt. Die Filter sind auch größer erhältlich, so dass Sie auch mit Studioblitzen verwendet werden können.

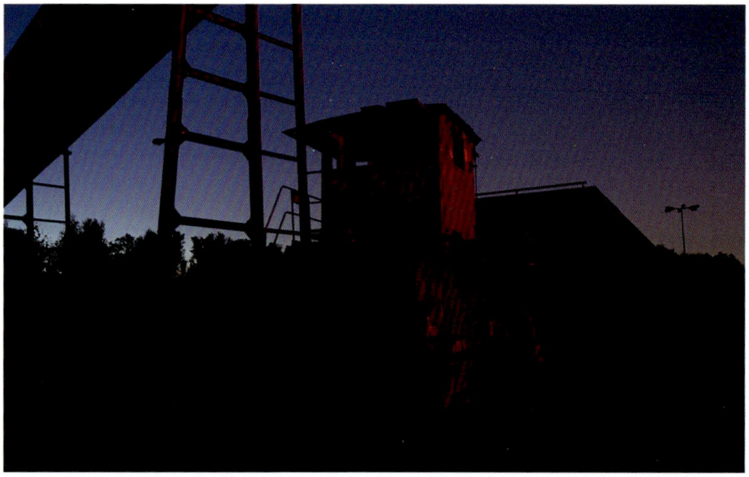

Abbildung 7.22 ▸
In dieser Nachtaufnahme ohne Blitz ist kaum Zeichnung im Vordergrund, das Motiv ist fast nicht zu erkennen, eine längere Belichtung würde aber den Himmel überbelichten.
30 mm | f8,0 | 30 s | ISO 1 000

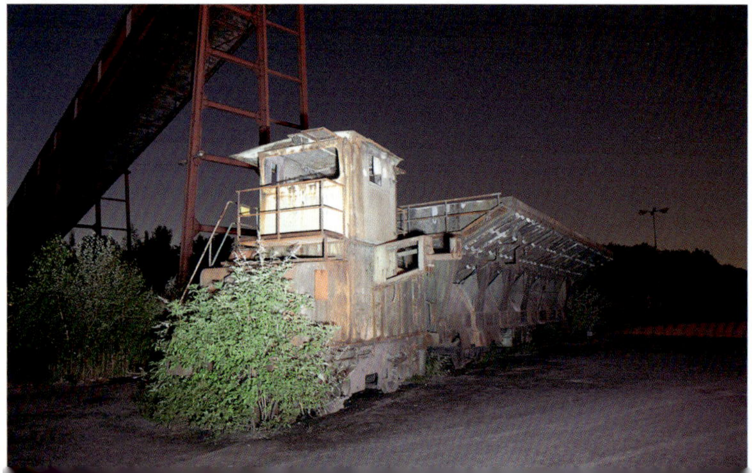

Abbildung 7.23 ▸
Hier wurde von der Kamera aus geblitzt. Die Lok ist gut zu erkennen, aber das Licht ist flach und eher langweilig.
26 mm | f8,0 | 30 s | ISO 1 000

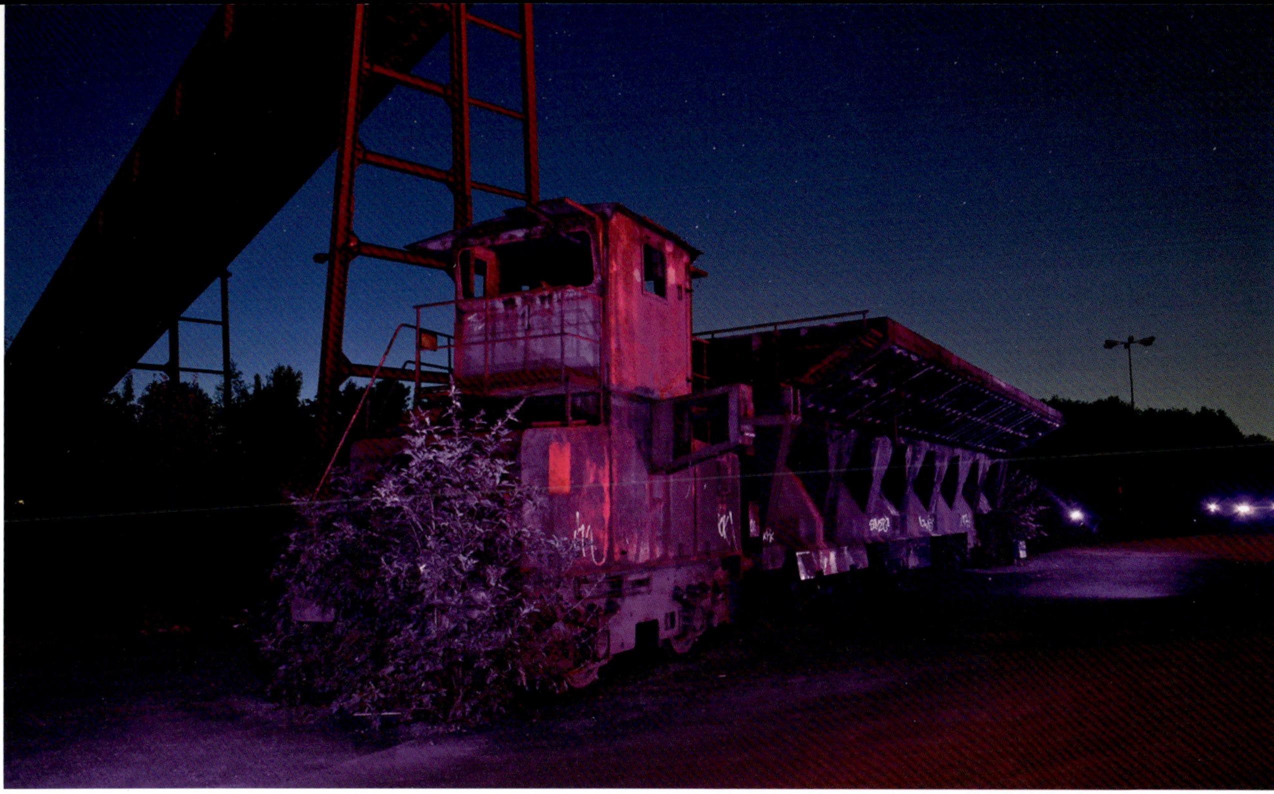

▲ **Abbildung 7.24**
Hier wurde eine blauviolette Filterfolie vor den Blitz geklemmt und mit dem Blitz um das Motiv gewandert. Die Farbe ist sicher Geschmackssache, aber die Ausleuchtung ist durch die unterschiedlichen Blitzrichtungen deutlich schöner.
26 mm | f5,6 | 30 s | ISO 1 000

7.5.6 Fernauslösung

Sobald ein Blitz nicht mehr direkt auf der Kamera sitzt, stellt sich die Frage, wie Sie ihn über die Entfernung auslösen können. Dazu gibt es eine Menge Möglichkeiten, die je nach Situation unterschiedlich geeignet sind.

Synchronkabel | Von der X-Kontakt-Buchse der Kamera geht ein Kabel zum Blitz, das ihn über einen Kurzschluss der Kontakte bei der Öffnung des Verschlusses auslöst. Das ist eine recht sichere und einfache Technik, die aber bei bewegter Kamera schnell sehr anstrengend wird. In statischen Studioaufbauten stört das nicht, aber ich kann die Kabellösung aus eigener Erfahrung für die meisten Einsatzzwecke nicht empfehlen. Das Kabel ist entweder im Weg, löst sich, stört im Bild oder wackelt. Ich benutze das Kabel nur noch als Reservelösung, falls es Probleme mit der anderen Auslösetechnik geben sollte. Es gibt auch TTL-Verlängerungskabel, die die Automatiksignale des Blitzschuhs an den Fuß des Aufsteckblitzes übertragen. Ich nutze das gerne

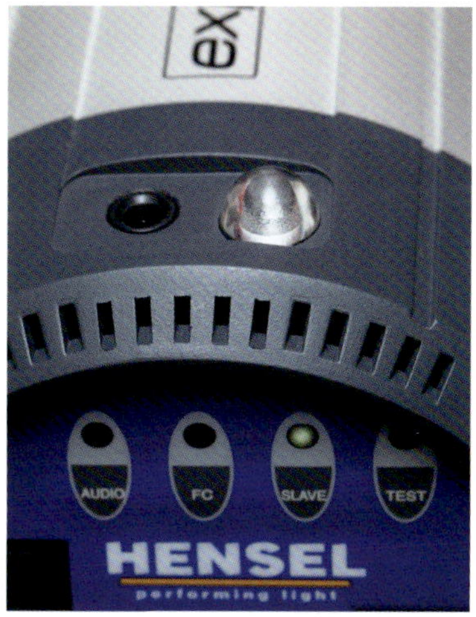

▲ **Abbildung 7.25**
An der Oberseite dieses Studioblitzes befindet sich neben der Buchse für das Synchronkabel ❶ auch ein Servoblitzauslöser ❷. Wenn Sie die Taste SLAVE drücken, zündet der Blitz immer dann mit, wenn die Fotozelle des Servos einen Blitz registriert.

im Makrobereich mit einem Spiralkabel, für weite Distanzen wird die Methode aber schnell umständlich.

Servoblitzauslöser mit Fotozelle | In Studioblitzen ist eigentlich immer eine Fotozelle verbaut, mit der man den Blitz auslösen kann, wenn ein anderer Blitz gemessen wird. Das geschieht so schnell, dass es normalerweise auch mit der kürzesten Synchronzeit funktioniert. Wenn Sie mit mehreren Blitzen im Studio arbeiten, müssen Sie nur einen synchronisieren, die anderen zünden dann mit.

Es gibt externe Fotozellen auch für Aufsteckblitze, aber draußen im Sonnenlicht ist diese Lösung nicht mehr so zuverlässig, denn der Blitz muss messbar heller sein als das Umgebungslicht. Das fällt umso schwerer, je heller es ist. Ein anderes Problem ist, dass der Blitz auf der Kamera im Automatikmodus einen oder mehrere Vorblitze aussendet. Der Fotosensor wird vom ersten Blitz ausgelöst. Dieser war aber nur der Messblitz und der Zweitblitz zündet so bereits, wenn der Verschluss noch geschlossen ist. Entweder stellen Sie den Erstblitz auf den manuellen Modus, oder Sie verwenden einen lernfähigen Sensor, der die Messblitze abwartet und erst beim Hauptblitz zündet.

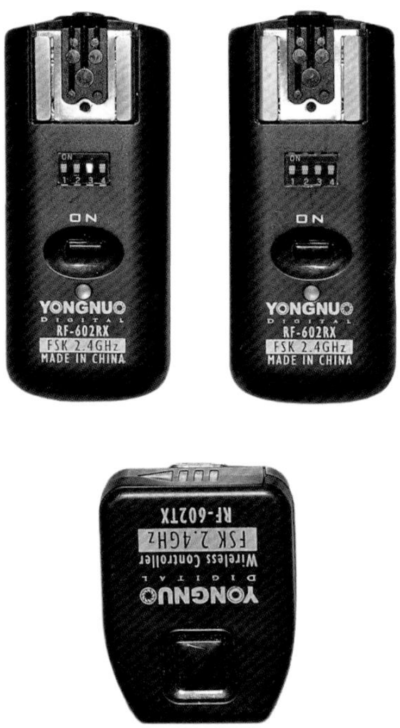

▲ **Abbildung 7.26**
Zwei Empfänger und ein Sender des Yongnuo 602. Ein günstiges, aber gut funktionierendes System aus China, das auch mit einer Synchronzeit von 1/250s zurechtkommt.

Infrarot-Fernauslöser | Der Infrarot-Fernauslöser arbeitet nach einem ähnlichem Prinzip wie der Servoblitzauslöser, nur dass hier ein Infrarotlichtsender auf der Kamera sitzt und ein Empfänger am Blitz. Die Vor- und Nachteile sind ähnlich, nur dass man mit Infrarotsendern im Studio mehrere Kameras und Blitzanlagen trennen kann. Mit der Servoblitz-Lösung löst Ihr Studiokollege Ihre Blitzanlage mit aus, mit Infrarot kann er einen eigenen Kanal wählen und stört Sie nicht.

Es gibt meiner Meinung nach eigentlich kaum einen Grund, eine Infrarotlösung zu verwenden, besonders, wenn man auch draußen arbeiten will. Es gibt allerdings Orte, an denen die Verwendung von Funk verboten ist. Dort kann Infrarot eine Alternative sein.

Funkauslöser | Funkauslöser benutzen Funkwellen zur Übertragung des Signals. Das hat einige Vorteile: Es ist helligkeitsunabhängig, geht durch Wände, hat eine gute Reichweite, erlaubt verschiedene Kanäle für die parallele Nutzung, und Sie können sogar eine Transponder-Lösung bauen. Dazu brauchen Sie zwei Sender und zwei Empfänger. Der eine Sender sitzt auf der Kamera und sendet auf Kanal 1. Der Empfänger sitzt auf halber Strecke zum Blitz, noch in guter Reichweite des Senders, und empfängt auch auf Kanal 1.

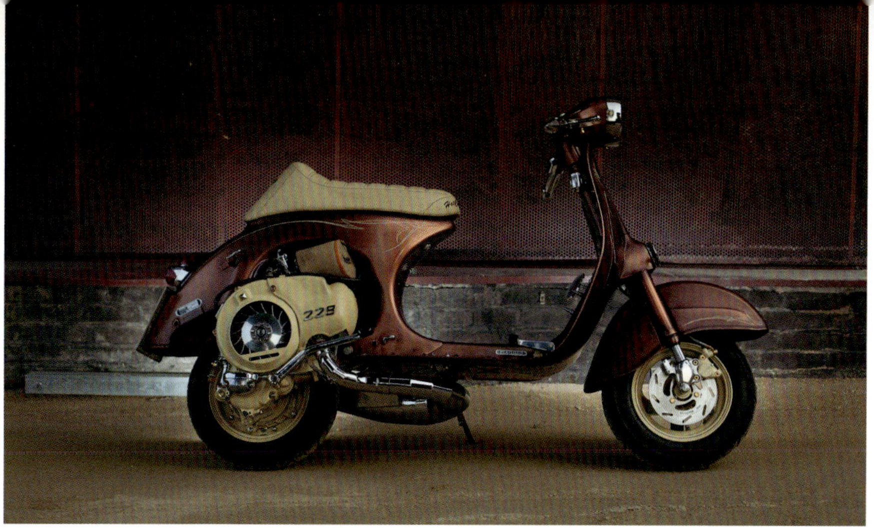

▲ **Abbildung 7.27**
Die Vespa passt farblich perfekt zum Hintergrund, damit sie sich trotzdem gut abhebt, wurden 3 funkausgelöste Blitze verwendet, einer von schräg rechts vorn und die anderen beiden hinter dem Roller.
50 mm | f4,0 | 1/100 s | ISO 100

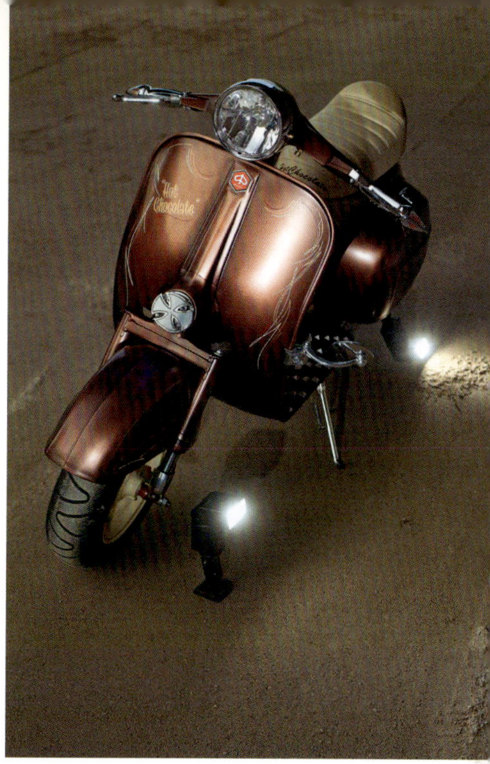

▲ **Abbildung 7.28**
In diesem Bild sehen Sie die Position der beiden Blitze hinter der Vespa. Steuerblitze wären wahrscheinlich abgeschattet worden, Kabel mit im Bild gewesen. Funkauslösung ist meistens die perfekte Lösung.

Auf seinem Blitzschuh sitzt ein zweiter Sender, der auf Kanal 2 zum zweiten Empfänger sendet, der dann den Blitz auslöst. Eventuell müssen Sie die Synchronzeit leicht verlängern. Je nach Typ der Funkauslösung ist dieser Weg vielleicht überflüssig, der Pocket Wizard Plus II zum Beispiel schafft es ohnehin schon, über 100 m (in den USA 400 m) zu überbrücken. Der Yongnuo RF602n schafft ebenfalls über 100 m; ein Großteil der anderen Lösungen wird mit gut 30 m angegeben, was für die meisten Anwendungen ausreicht.

Steuerblitze für die herstellerabhängige Automatik | Die vorher beschriebenen Lösungen haben den Nachteil, dass sie nur für die manuellen Auslösung des Blitzes mit fest eingestellter Stärke taugen. Die Kamerahersteller haben aber ausgefeilte Automatiken entwickelt, die auch mit mehreren verschiedenen Blitzen in unterschiedlichen automatischen Stärken arbeiten können. (E-TTL bei Canon, i-TTL bei Nikon, P-TTL bei Pentax und Samsung und TTL bei Olympus). Hier benutzen Sie entweder einen Aufsteckblitz zur Steuerung der anderen oder ein separates Blitzsteuergerät (zum Beispiel Speedlite Transmitter bei Canon oder SU-800 bei Nikon). Dieses Gerät auf der Kamera übernimmt die Rolle des sogenannten **Masters**: Es sendet die Steuersignale für alle anderen Blitze, die sogenannten **Slaves**.

Einige Kameras wie die Canon EOS 7D oder die Nikon D700 können mit dem eingebauten Blitz die Steuerung übernehmen. Der Vorteil dieser Lösung ist die kabellose Steuerung bei voller Automatik, auch mit verschie-

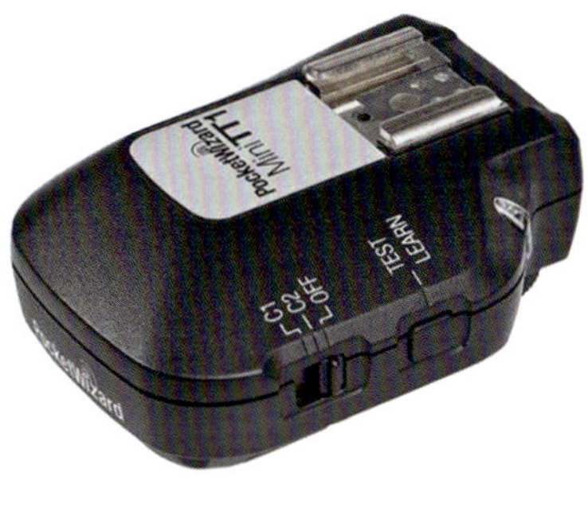

▲ **Abbildung 7.29**
Der Mini TT1 von Pocketwizard überträgt die E-TTL-Signale zum Blitz (Bild: Pocketwizard).

LICHTSTATIVE

Einen entfesselten Blitz können Sie nah bei der Kamera noch in der Hand halten, aber irgendwann ist die Grenze erreicht, wo das entweder nicht mehr funktioniert oder keinen Spaß mehr macht. Für den gelegentlichen Einsatz können Sie ihr Kamerastativ verwenden, aber wenn Sie häufiger Licht positionieren wollen, sind Lichtstative eine sinnvolle Anschaffung. Die Anforderungen sind auch andere als bei Kamerastativen. Wenn ein Kamerastativ oben einen Zentimeter wackelt, ist das ein K.O.-Kriterium, bei einem Lichtstativ ist das egal. Lichtstative lassen sich dafür oft höher ausfahren als Kamerastative – 3,80 m sind durchaus normal. Durch die geringeren Stabilitätsanforderungen sind sie günstiger als Kamerastative.

Komplizierter wird es, wenn das Licht von oben kommen muss, aber kein Stativ im Bild sein darf, dann benötigen Sie, wenn Sie kein Deckenschienensystem installieren wollen, sogenannte Booms oder Galgen, ein Stativ mit einem Ausleger und einem Gegengewicht.

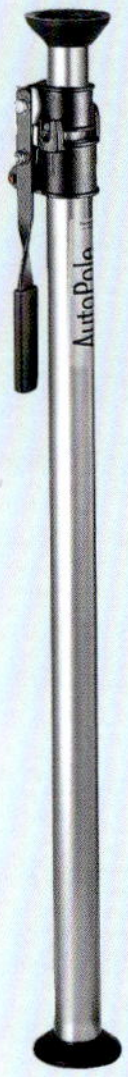

◂ **Abbildung 7.30**
Ein sogenannter Autopole lässt sich zwischen Boden und Decke klemmen und bietet stabilen Halt bei minimaler Standfläche. Achten Sie darauf, dass die Decke nicht nur abgehängt ist, sonst ist der Aufbau nicht stabil, und die Decke kann beschädigt werden (Bild: Manfrotto).

denen Blitzstärken für bis zu drei Blitzgruppen. Der Nachteil ist, dass die Blitze meistens vor der Kamera stehen müssen und nur 3–7 m entfernt sein dürfen. Das ist bei vielen Motiven keine Einschränkung, bei anderen hingegen unmöglich. Mit einem TTL-Synchronkabel können Sie den Steuerblitz freier bewegen und die Slave-Blitze so besser positionieren.

Funkübertragung der Kameraautomatik | Stellen Sie sich ein Gerät vor, dass einfach alle Signale des Blitzschuhs an alle Kontakte des Blitzes per Funk sendet. Dann haben Sie einen Funkauslöser, der sogar Kurzzeitsynchronisation beherrscht. Dieses System von Pocketwizard ist erst 2010 auf den Markt gekommen und bisher erst für Canon und Nikon verfügbar. Eine Sender-Empfänger-Kombination kostet über 400 €, stellt aber das technisch modernste dar, was im Moment erhältlich ist.

7.6 Lichtformer für Systemblitze

Ein Aufsteckblitz wird außerhalb des absoluten Nahbereichs immer ein sehr hartes Licht abgeben, weil die Leuchtfläche nur wenige Zentimeter misst. Die Lichtquelle ist also annähernd punktförmig und erzeugt harte Schatten.

Sie können zwar indirekt blitzen, aber erstens sind Sie dann abhängig von der Beschaffenheit der Raumdecke und zweitens ist das weiche Licht von oben, das sich im Idealfall ergibt, meist nicht wirklich schön. Ich habe schon Leute über zehn Meter hohe, dunkelbraun gestrichene Decken einer Messehalle blitzen sehen. Das ist allerdings zwecklos, weil die zurückgeworfene Lichtmenge sich fotografisch praktisch nicht mehr auswirkt.

Im Makrobereich sind die Verhältnisse ganz anders. Für einen 2cm großen Käfer ist ein Aufsteckblitz wie eine 10-m-Softbox für ein Auto. Auf 1,5m Entfernung bei einem Porträt ergibt auch ein aufsteckbarer Blitzreflektor noch einen sichtbaren Unterschied. Je größer der Abstand des Blitzgeräts zum Motiv ist, desto größer muss der Lichtformer sein, damit Sie sichtbar weicheres Licht erhalten.

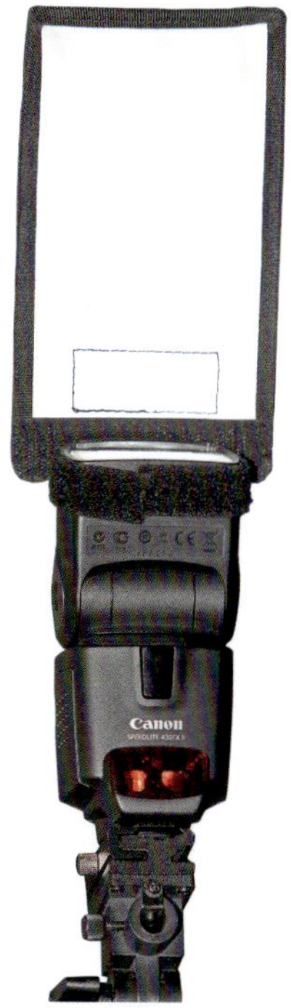

▼ **Abbildung 7.31**
Der Feuerrote Scharlachkäfer wurde indirekt über einen 9x15cm großen weißen Reflektor geblitzt. In Innenräumen können Sie damit indirekt blitzen und trotzdem einen großen Teil des Lichts nach vorne werfen. Da der Käfer nur 2cm groß ist, entspricht das Licht dem einer großen Softbox bei großen Objekten.
100mm | f10 | 1/200s | ISO 500 | Blitz über TTL-Spiralkabel ausgelöst

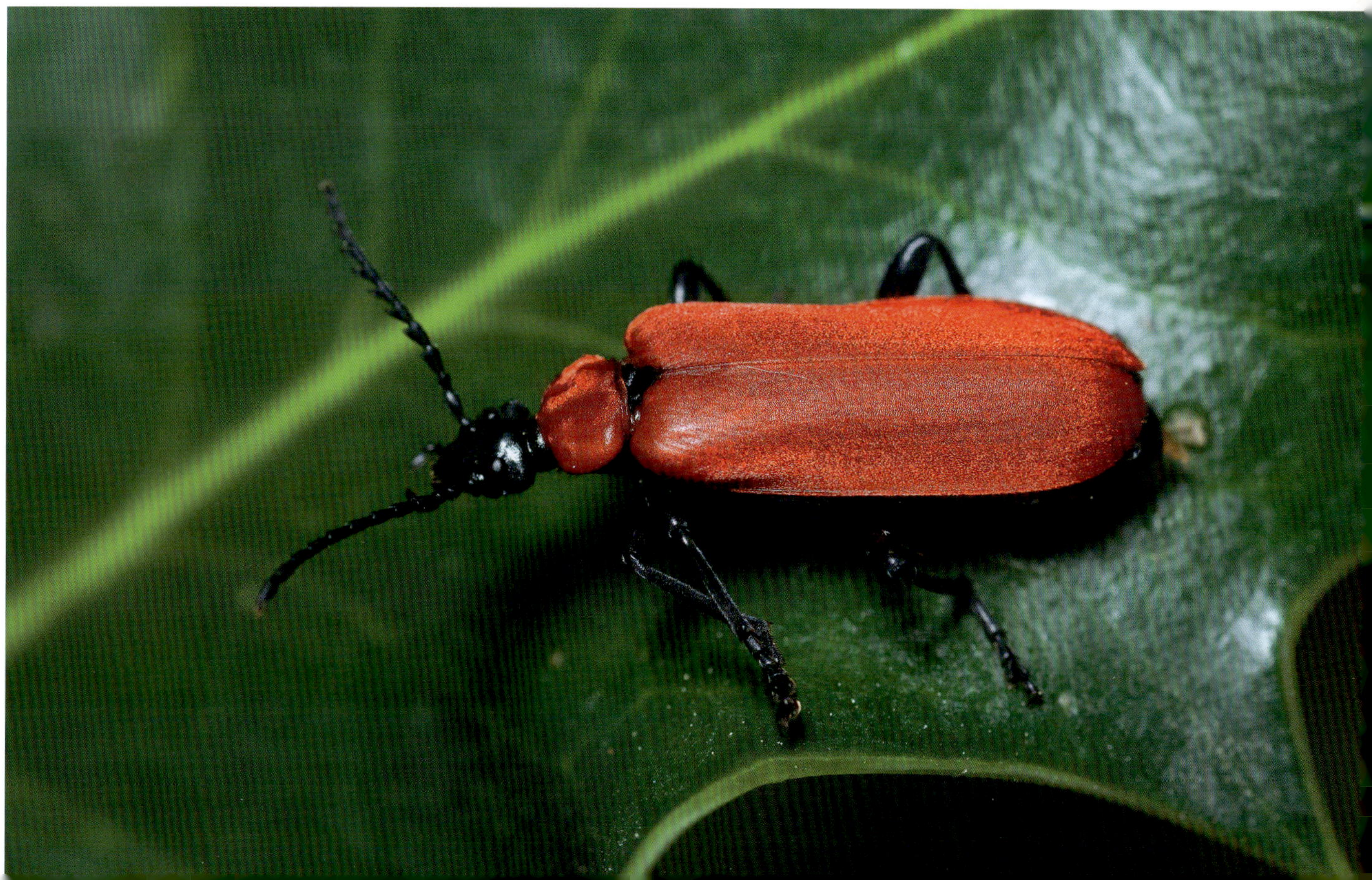

7.6.1 Schirme

Eine einfache, günstige und wirkungsvolle Methode, um weicheres Blitzlicht zu erhalten, stellen Schirme dar. Es gibt zwei Varianten: den Durchlichtschirm und den Reflexschirm. Durchlichtschirme bestehen aus einem weißen Stoff, der beim Durchblitzen das Licht streut. Reflexschirme habe eine mattsilberne Beschichtung, die das Blitzlicht zurückwerfen.

▼ Abbildung 7.32
Ein Durchlichtschirm streut das Licht sehr weit und wirft weiche Schatten. Man kann hier sehr gut sehen, dass er durch die Reflexion im weißen Schirm auch die Bereiche hinter dem Blitz ausleuchtet, was zu Problemen mit Streulicht führen kann.

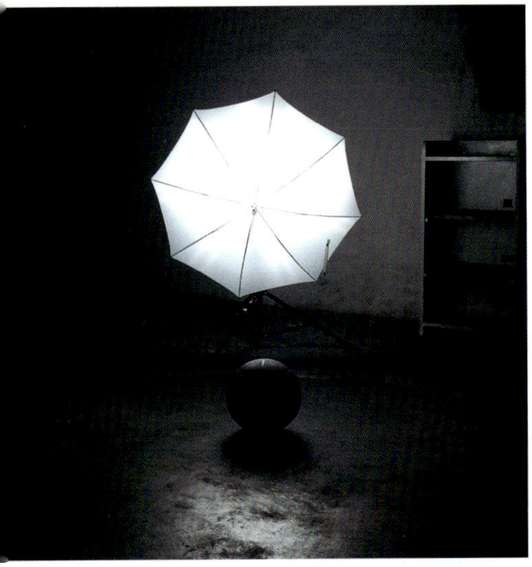

Durchlichtschirm | Diese Bauart streut nicht nur das hindurchfallende Licht, sondern wirft es auch zurück. Dadurch leuchtet ein Durchlichtschirm in unterschiedlicher Intensität den gesamten Raum aus. Das Licht ist sehr weich, allerdings kann störendes Streulicht entstehen, da der Blitz aus jeder Richtung hell erscheint.

Es entsteht eine sehr gleichmäßige Leuchtfläche, die nur von den Streben des Schirms unterbrochen wird. Das kann bei spiegelnden Motiven etwas stören, dann sollten Sie an die Verwendung einer Softbox (ein meist rechteckiger Lichtformer mit homogener Lichtfläche) denken, die aber – von einigen Ausnahmen abgesehen – eher für Studioblitzanlagen angeboten werden.

▼ Abbildung 7.33
Links: Wenn ein Kamerablitz nur wenige Meter vom Motiv entfernt ausgelöst wird, erzeugt er so harte Schatten wie die des Sonnenlichts.
Rechts: Mittels eines weißen Durchlichtschirms von circa 80 cm Durchmesser erzeugt derselbe Systemblitz viel weicheres Licht.

100 mm | f11 | 1/200 s | ISO 400 (bei der Schirmaufnahme musste wegen des Lichtverlusts ISO 800 eingestellt werden)

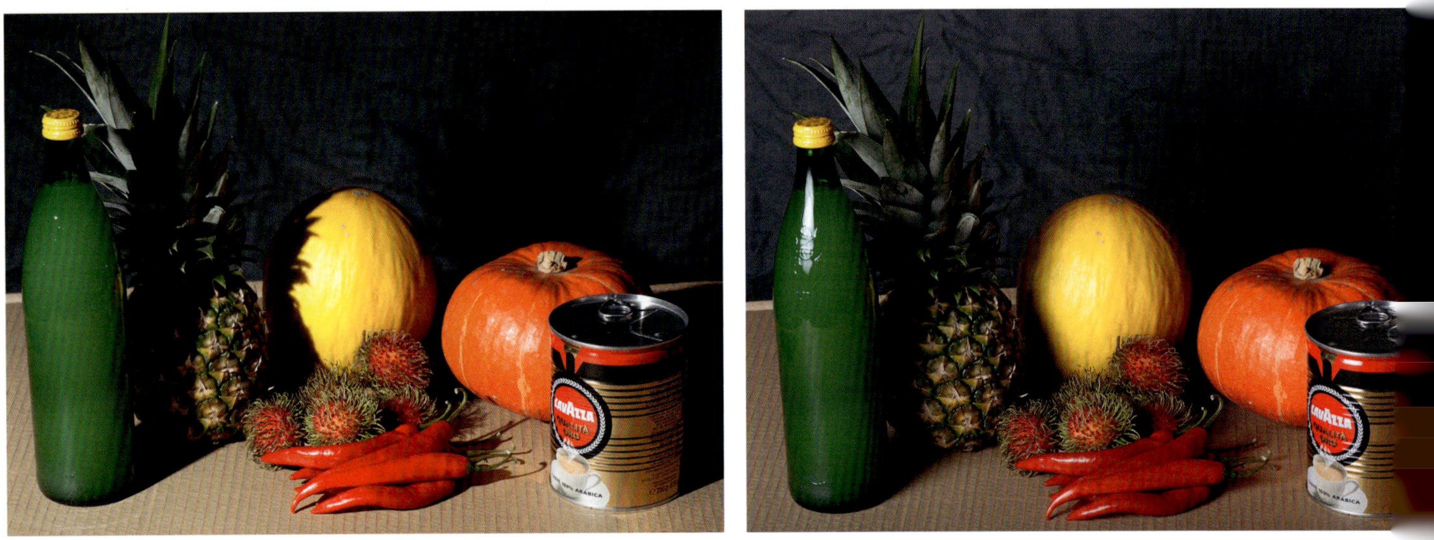

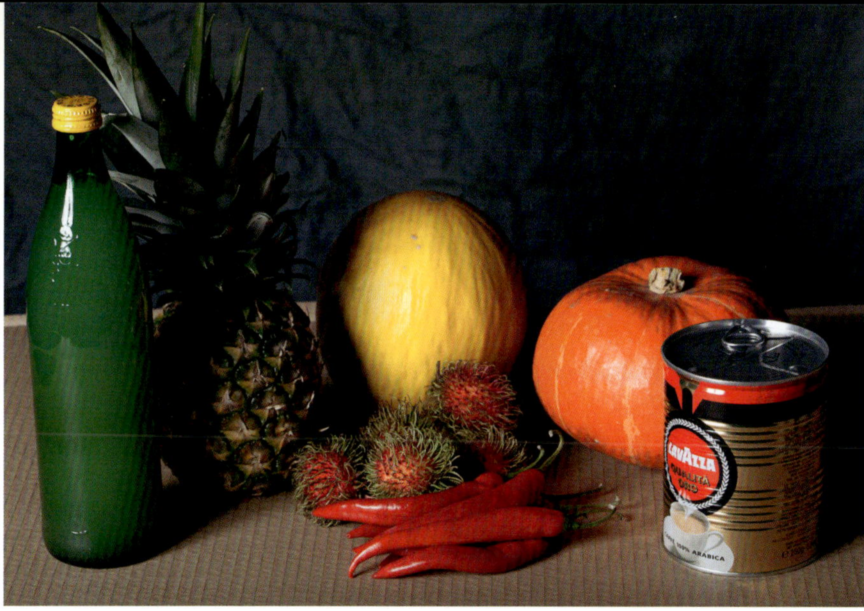

▲ **Abbildung 7.34**
Bei der Verwendung eines Reflexschirms wird das Licht härter als bei einem Durchlichtschirm. Weil der Lichtverlust bei gleicher Position des Blitzes etwa eine Blende mehr beträgt, musste hier ISO 1 600 gewählt werden.

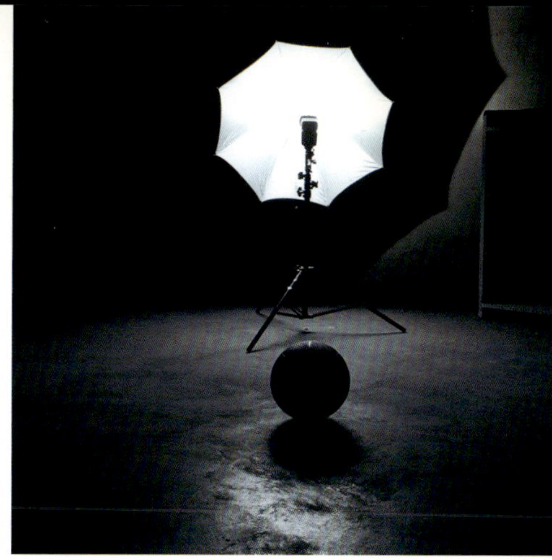

▲ **Abbildung 7.35**
Ein Reflexschirm erzeugt härteres Licht als ein Durchlichtschirm. Sie haben mehr Kontrolle über die Beleuchtung und können Porträts gut ausleuchten. Allerdings befindet sich der Blitz immer zwischen Schirm und Motiv, was gerade bei großen Blitzköpfen störend sein kann.

Reflexschirm | Diese Form strahlt nur in eine Richtung ab, das Licht ist etwas härter und gerichteter. Es entsteht weniger Streulicht, da der Schirm selbst undurchsichtig ist und eine Seite des Raums somit dunkel bleibt. Da die Lichtquelle vor dem Schirm liegt, ist sie als dunkle Silhouette vom Motiv aus sichtbar.

Für spiegelnde Objekte eignet sich diese Schirmart deswegen noch weniger als ein Durchlichtschirm. Da das Licht nicht einfach nur weich ist, sondern einen gerichteten Charakter behält, eignet es sich gut für Porträts.

Schirmhalter | Am Blitzkopf einer Studioblitzanlage gehört eine Schirmhalterung zum Standard, bei einem Aufsteckblitz müssen Sie einen Schirmhalter zusätzlich erwerben. Dieser kombiniert eine Befestigung an einem Lichtstativ mit einer neigbaren Blitz- und Schirmhalterung. Bei manchen wird ein Adapter mitgeliefert, so dass Sie ihn auch auf ein normales Kamerastativ setzen können, falls Sie kein eigenes Lichtstativ anschaffen möchten.

Schirmhalter bekommen Sie bereits für um die 20€, ein Blitzschirm ist auch ab circa 20€ zu erhalten. Für bessere Qualität lässt sich mehr Geld ausgeben, aber die günstigen Produkte erweitern Ihre Lichtoptionen genauso gut.

▼ **Abbildung 7.36**
Ein Aufsteckblitz auf einem Schirmhalter. Normalerweise ist die Unterseite für die Bolzenhalterung eines Lichtstativs vorgesehen. Manche werden aber auch mit einem Adapter für das Gewinde eines normalen Kamerastativs geliefert.

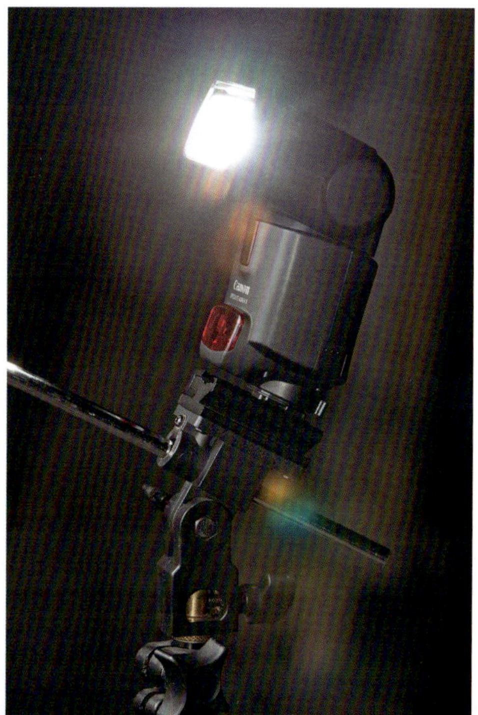

7.6.2 Speziallösungen

Softboxen waren bis vor einiger Zeit ausschließlich Studioblitzen vorbehalten. Inzwischen bekommen Sie aber auch für Aufsteckblitze kleine Softboxen oder Beautydish-ähnliche Vorsätze (beide Lichtformer werden ab Seite 325 ausführlicher vorgestellt). Für die meisten Anwendungsgebiete in der Digitalfotografie lässt sich auch mit Aufsteckblitzen gut auskommen, das geringe Gewicht ermöglicht eine hohe Mobilität. Ein Aufsteckblitz mit Lichtformer wiegt circa 1,4 kg, ein Akkugenerator mit Blitzkopf und Softbox kann auch schon mal auf das Zehnfache kommen.

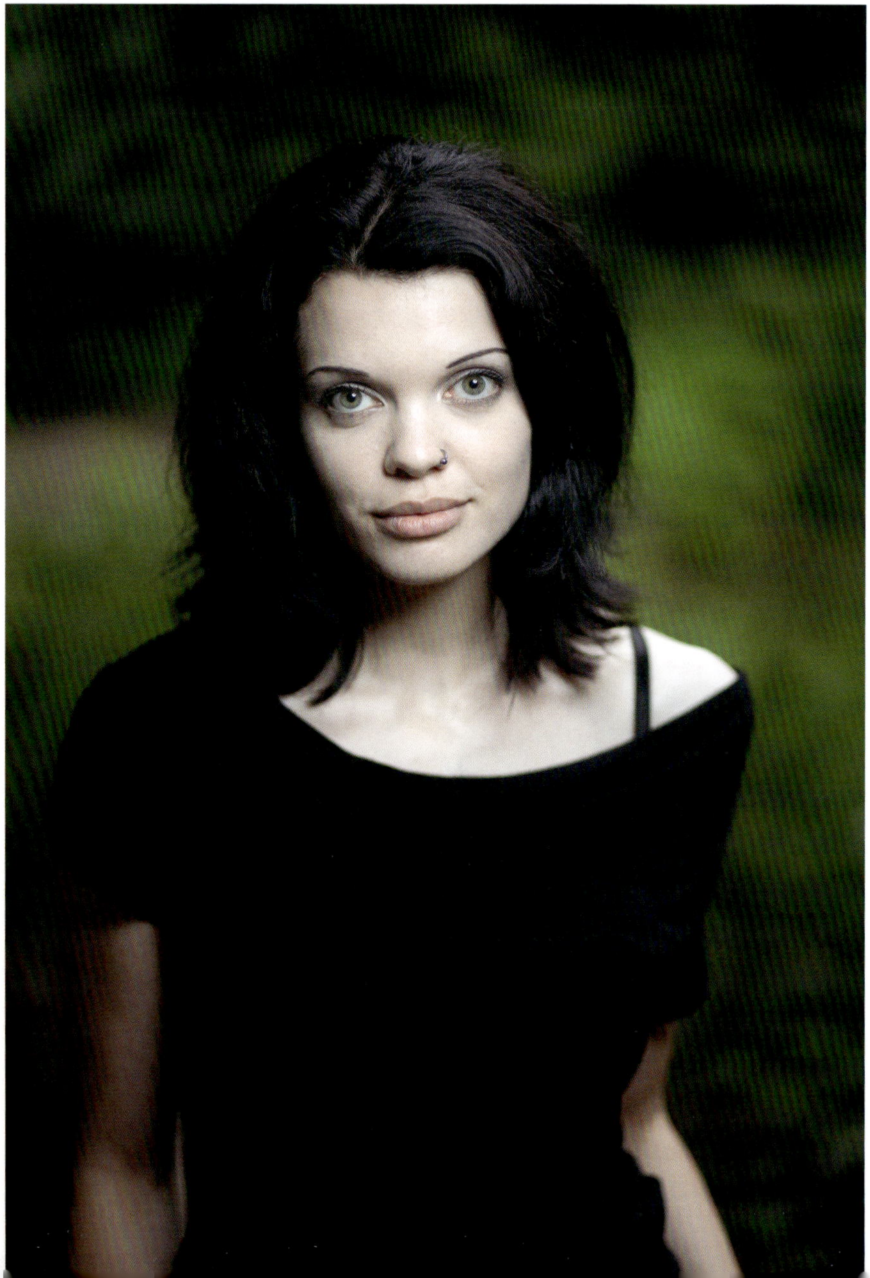

Abbildung 7.37 ▸
Weiches Porträt-Blitzlicht mitten im Wald. Neuartige Lichtformer für externe Aufsteckblitze machen dies sehr einfach möglich. Eine Firefly von Aurora-Speedlite an einem funkausgelösten Aufsteckblitz lieferte das Licht (siehe Bild unten).

85 mm | f1,8 | 1/125 s | ISO 100 | Blitz auf 1/32 mit spezieller Achteck-Softbox

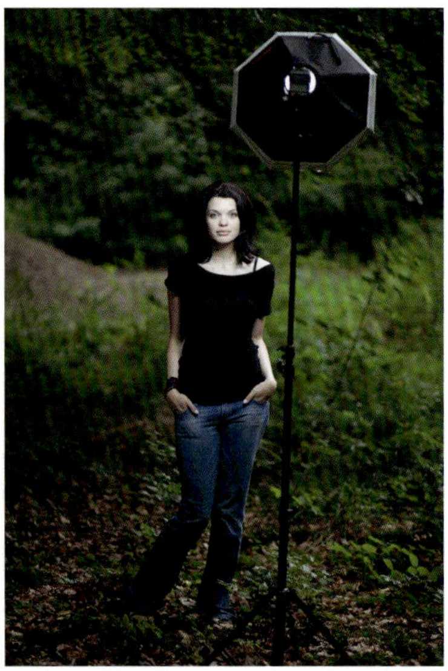

Eine Softbox o.ä. mit kleinem Blitz und Lichtstativ lässt sich auch alleine gut handhaben. Nur bei Wind sollten Sie aufpassen, weil die größere Angriffsfläche das Stativ leicht kippen lässt. Am besten ist dann ein Assistent, der eine Hand immer am Stativ hat. Sie können das Stativ auch mit einem Gewicht beschweren oder wie ein Zelt mit Leinen und Heringen abspannen, solange der Boden dafür weich genug ist.

Der Unterschied zwischen gutem Licht und schlechtem Licht ist auf der Aufwandsseite also häufig recht klein, in der Bildwirkung aber sehr groß.

7.7 Kurzzeitfotografie

Während ein Blitz in den meisten Fällen ohnehin schon kurz genug ist, um keine Probleme mit der Bewegungsunschärfe aufkommen zu lassen, werden die Blitzzeiten bei den kleinsten Leistungsstufen weit kürzer als die kürzeste Verschlusszeit Ihrer Kamera. Ihre Kamera unterstützt wahrscheinlich maximal 1/4000s oder 1/8000s (die allerdings als Schlitzbelichtung in circa 1/250s ausgeführt wird). Der Blitz leuchtet auf der kleinsten Stufe nur circa 1/35000s lang. Das ist eine Zeit, in der ein platzender Luftballon sich kaum bewegt, und selbst ein Objekt mit 1000km/h nicht einmal einen Zentimeter Wegstrecke schafft.

Die Möglichkeit der Ultrakurzfotografie erwirbt man fast unbemerkt mit, wenn man sich einen Blitz kauft. Es macht Spaß, seine Umgebung damit zu erforschen und Dinge sichtbar zu machen, die das Auge nie erfassen könnte.

Stellen Sie dazu am Blitz die manuelle Leistungssteuerung (M) ein und dann die kleinste mögliche Stufe (meist 1/128 oder 1/64). So regelt der Blitz nach der kürzestmöglichen Zeit ab. Stellen Sie die Kamera auch auf M, und wählen Sie eine Belichtungszeit, die knapp länger ist als die Blitzsynchronzeit, zum Beispiel 1/160s. Machen Sie dann eine

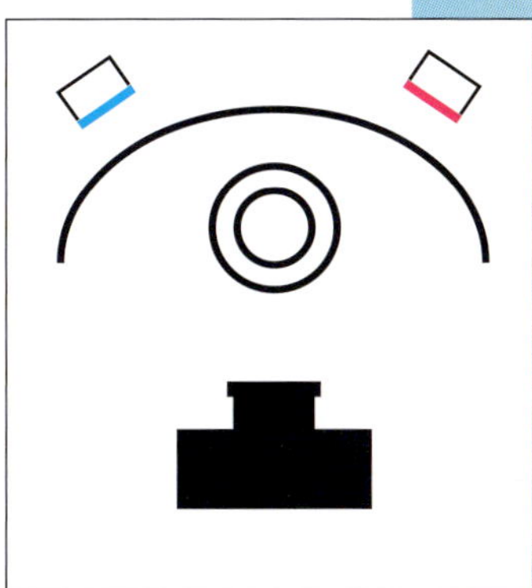

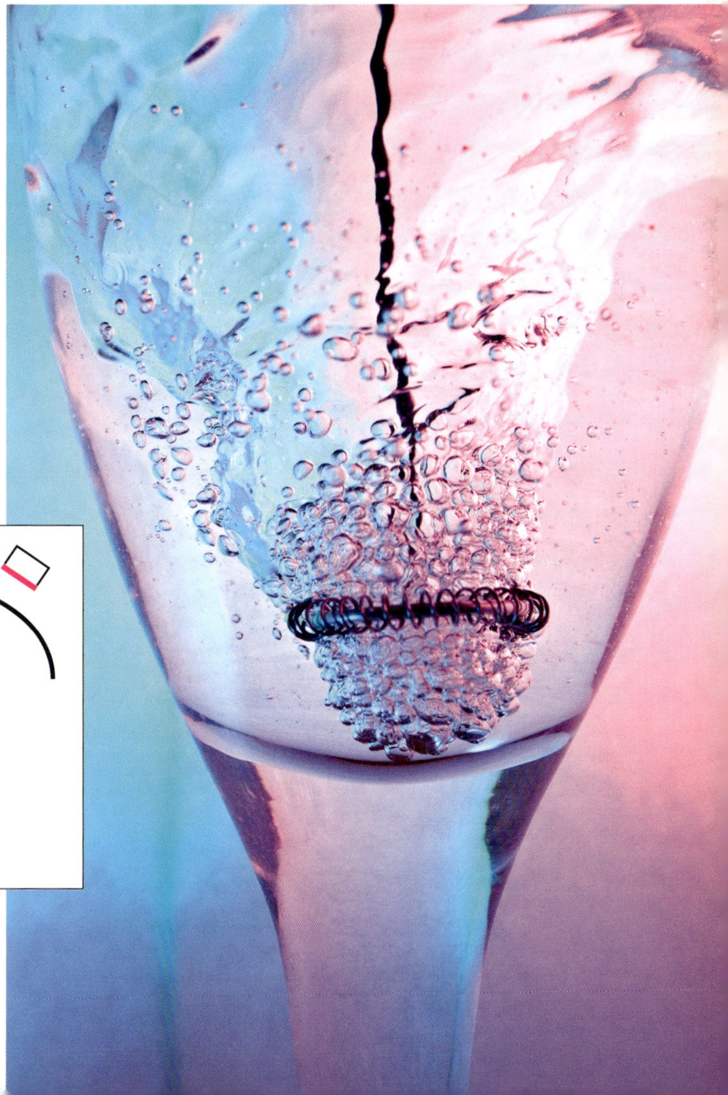

▼ Abbildung 7.38
Ein Milchaufschäumer erzeugt einen Wirbel in einem Wasserglas. Bei einer Blitzzeit von 1/35000s ist jede Bewegung komplett eingefroren. Zwei funkgesteuerte Blitze mit je einem cyan- und magentafarbenen Folienfilter wurden von hinten auf ein Blatt Schreibpapier, das als Diffusor diente, geworfen.

50mm | f10 | 1/160s | ISO640 | Makroobjektiv

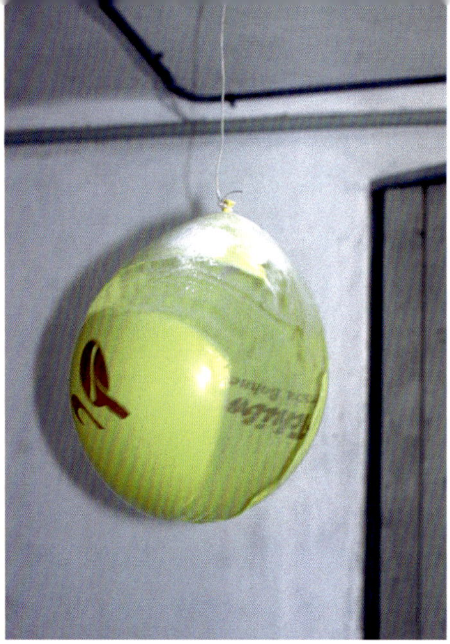

Abbildung 7.39 ▶
Ein Experiment aus meiner Schulzeit. Da die Kamera einen zu langen Vorlauf hatte, wurde in einem dunklen Keller der Verschluss aufgemacht. Dann schoss ein Freund mit einem Luftgewehr auf einen Ballon, während ich möglichst zeitgleich von Hand den Blitz betätigte. Der weiße Staub ist übrigens Mehl. Sie finden im Internet elegantere Methoden zur Auslösung, aber diese hat auch funktioniert. Ein weiterer Vorteil des dunklen Raumes war, dass das Bild auf der Netzhaut nachleuchtete und ich so trotz analoger Fotografie sofort ein Bild sehen konnte.

Testaufnahme. Falls das Bild zu dunkel ist, erhöhen Sie die ISO-Zahl, oder blenden Sie weiter auf. Falls es zu hell ist, senken Sie den ISO-Wert, oder blenden Sie weiter ab. Wenn es zu dunkel bleibt, müssen Sie leider die Blitzleistung erhöhen, dadurch werden aber auch die Abblitzzeiten länger. Im Nahbereich werden Sie aber immer mit einer sehr geringen Blitzleistung auskommen.

7.8 Studioblitze

Studioblitze sind für den stationären Einsatz im Fotostudio ausgelegt. Sie werden direkt an den Netzstrom angeschlossen und sind viel größer und schwerer als Aufsteckblitze. Während ein starker Aufsteckblitz mit LZ 42 (bei 50 mm Brennweite und ISO 100) eine Energie von 100–120 J abgibt, erreichen größere **Kompaktblitze** typischerweise bis 1200 J und **Generatoren** bis 6000 J. Sie bekommen bei manchen Herstellern auch noch leistungsstärkere Geräte. Ein solcher Energieimpuls ist als Stromstoß tödlich, und so sollten Sie mit Respekt an eine Studioblitzanlage herangehen. Ich würde eine Blitzanlage nur aus einem Land kaufen, aus dem ich auch ein Auto kaufen würde und nicht selbst daran herumbasteln. Qualitätsblitzanlagen lassen sich auch gut gebraucht erwerben, aber zu alt sollten sie nicht sein (ich erinnere mich an einen nichteuropäischen Hersteller, dem man vor 20 Jahren nachsagte, ein paar Profifotografen das Leben gekostet zu haben). Die Sicherheitsstandards haben sich in den letzten Jahren insgesamt verbessert, und neuere Geräte sind oft in einem besseren Zustand als zu lange benutzte.

Aber auch ein hochqualitativer Studioblitz muss heute nicht mehr so viel teurer sein als ein guter Aufsteckblitz. Und so ist es eine Frage der Anwendung, ob man eher in Studioequipment oder eher in kleine und leichte Aufsteckblitze investiert. Studioblitze haben ein paar Vorteile gegenüber den Aufsteckblitzen:

▼ **Abbildung 7.40**
Ein Kompaktblitz ist eine Einheit aus Generator und Blitzkopf. Ein Generator ist zwar noch vielseitiger, weil er zum Beispiel auch Ringblitze unterstützt, aber diese Bauweise ist praktisch, günstig und variabel (Bild: Hensel).

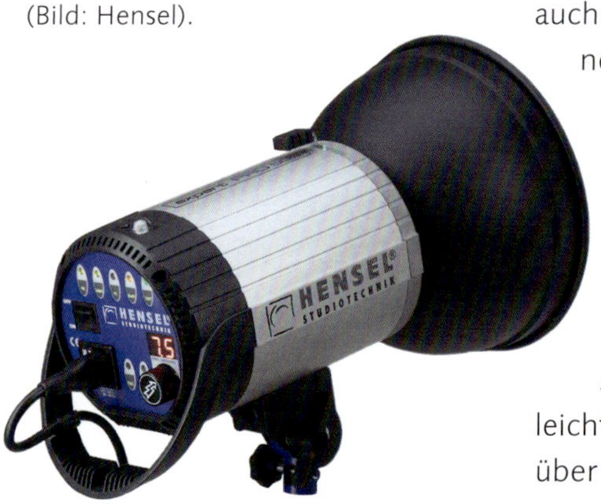

- Sie sind auch in deutlich leistungsfähigeren Bauformen verfügbar.
- Sie sind für harten Dauerbetrieb ausgelegt
- Sie haben ein helles Einstelllicht, das die Bildwirkung mit bloßem Auge einschätzbar macht.
- Es gibt deutlich mehr Lichtformer, die direkt angeschlossen werden können.
- Sie gehören, je nach Hersteller, zu einem umfangreichen System, mit dem sich fast jede Beleuchtungsaufgabe lösen lässt.

TIPP

Sie müssen bei Studioblitzen nicht alles von einer Firma kaufen. Oft kommen die besten Softboxen nicht von der Firma mit den besten Blitzköpfen. Fremde Lichtformer sind über einen Adapter oder einen sogenannten Speedring anschließbar. Fremde Blitzköpfe lassen sich umrüsten, so dass sie an anderen Generatoren funktionieren. Das ist allerdings etwas aufwendiger, aber manchmal die beste Lösung, um genau das Licht zu bekommen, das man haben will.

7.8.1 Blitzleistung

Gerade als Anfänger fragt man sich, wie stark eine Blitzanlage eigentlich sein muss, damit man in der täglichen Arbeit nicht eingeschränkt ist. Blitzanlagen werden nicht mehr über die Leitzahl definiert, sondern über die elektrische Energie, die sie abgeben können. Diese wird in Wattsekunden (Ws) oder heute eher in Joule (J) angegeben. Alternativ wird oft der Begriff Leitblende verwendet, der der zu erzielenden Blende bei voller Leistung und einem bestimmten Reflektortyp bei 1 oder 2 Metern Entfernung entspricht.

Ein Kompaktblitz mit 1200 J kommt mit einem Normalreflektor mit circa 50° Abstrahlwinkel in 2 Metern Entfernung auf eine Leitblende von f90, die Sie an Ihrer Kamera gar nicht mehr einstellen können. Wenn Sie nun ein Gerät verwenden, das sich in der Leistung nur um vier Blenden verringern lässt, dann kommen Sie auf eine minimale Blende von f16. Das Gerät wäre also für Porträts im Studio viel zu stark, weil Sie immer mit ganz geschlossener Blende arbeiten müssten. Ansonsten belichtet der Blitz das Bild über. Ich arbeite in diesem Fall gerne mit einem Kompaktblitz mit 250 J, der sich um 5 Blenden herunterregeln lässt, so komme ich auf eine minimale Blende von f2,8.

Eine große Softbox kann circa 1,5–2 Blenden Licht schlucken, das dürfen Sie bei der Kalkulation nicht außer Acht lassen, aber der normale Digitalfotograf kommt für die meisten Aufgaben mit 250–500 J hin. Wichtig ist, dass sich die Geräte gut herunterregeln lassen. Wenn die Blitze

▼ Abbildung 7.41
Wenn Sie gegen die Sonne blitzen müssen, benötigen Sie viel Leistung. Hier wurde ein Beautydish mit 600 J verwendet, um bei geschlossener Blende und ISO 50, die den Himmel dunkel genug abbildeten, noch blitzen zu können.
35 mm | f14 | 1/200 s | ISO 50

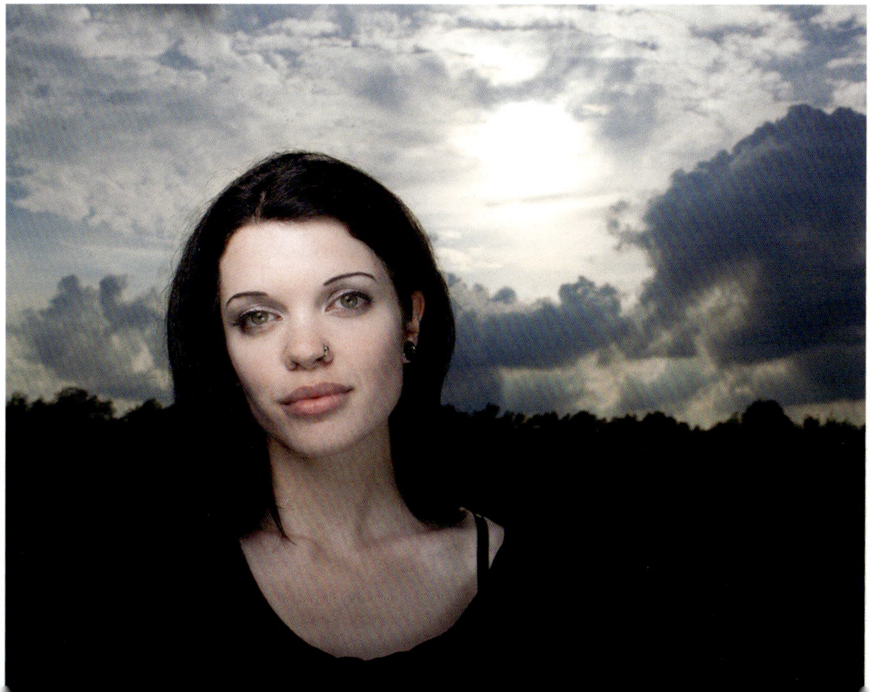

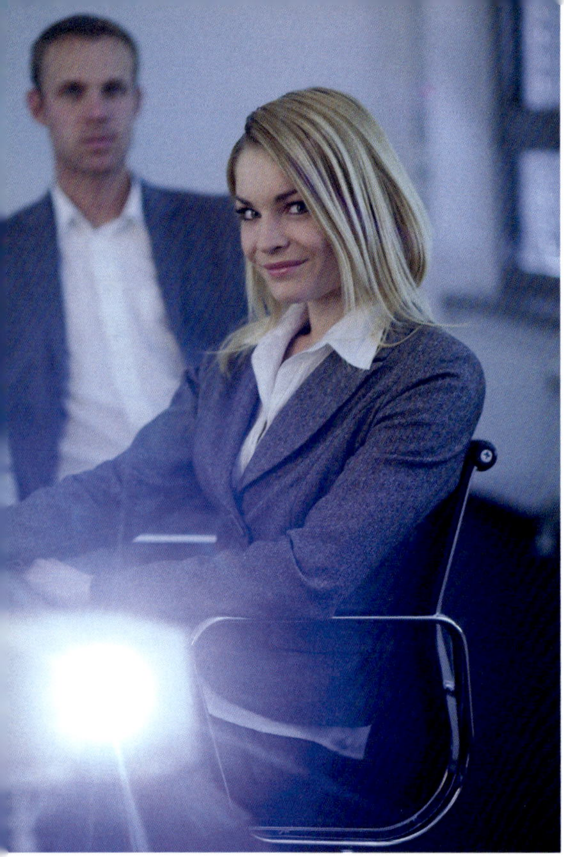

trotzdem einmal viel zu stark sein sollten, können Sie auch mit dem Einstelllicht arbeiten. Die meisten Blitzköpfe haben nämlich Leuchtmittel mit 250W oder, bei größeren Modellen, auch 650W Leistung eingebaut. Außerdem können Sie mit ND-Filterfolien vor dem Blitz das Licht abschwächen, bei bestimmten Lichtformern wie Softboxen macht das allerdings wenig Spaß, weil man entweder riesige Filter benötigt oder die Folien in die Softbox hineinfummeln muss. Das ist also eher eine Notlösung, gut regelbare Blitzanlagen sind praxistauglicher.

Das Einstelllicht ist zwar hauptsächlich dafür gedacht, dass Sie die Wirkung des Blitzes beim Einrichten vorhersehen können, es ist aber natürlich auch zum Fotografieren geeignet. Allerdings ist die Farbtemperatur deutlich wärmer als bei Blitzen. Wenn es das einzige Licht ist, können Sie das über den Weißabgleich der Kamera korrigieren, wenn nicht, helfen Filterfolien, mit denen Sie das Licht anpassen können.

Wann brauchen Sie Blitze mit hoher Leistung? Wenn Sie größere Objekte gleichmäßig ausleuchten wollen, müssen Sie mit den Blitzen Abstand gewinnen. Sie benötigen dann eine höhere Leitblende. Auch wenn Sie gegen das Sonnenlicht anblitzen müssen und mit dem Blitz nicht so nah herankommen, hilft viel Blitzleistung.

▲ **Abbildung 7.42**
Hier wurde nur das Einstelllicht des Blitzkopfes zur Ausleuchtung verwendet. Der Weißabgleich erfolgte auf 3400K, so dass das Tageslicht kühl, das Kunstlicht leicht warm wirkt. Eine 1,80x1,20m große Softbox stand links gegenüber vom Model.

85mm | f2,2 |1/125s | ISO800 | 650W Einstelllicht

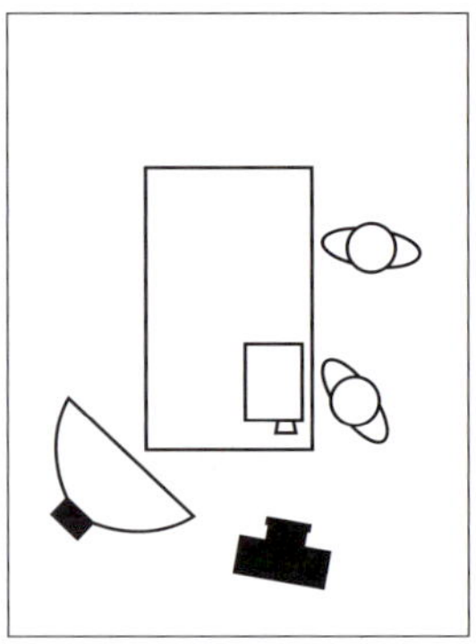

7.8.2 Generatoren

Ein Generator ist ein Gerät, das die Leistung für separate Blitzköpfe zur Verfügung stellt. Kompaktblitze verbinden den Generator und den Blitzkopf in einer Einheit. Das ist praktisch, weil man nur ein Gerät verwenden muss und jedes Gerät einzeln steuerbar ist. Bei bestimmten Blitzformen ist das aber sehr unpraktisch, wenn nicht gar unmöglich. Bei einem Ringblitz etwa möchten Sie nicht noch 4kg Kondensatoren und Elektronik zusätzlich vor der Kamera hängen haben, und einen 6000 J-Generator wollen Sie nicht mit dem ebenso starken Blitzkopf auf ein Stativ packen und in die Höhe fahren, weil das durch das pure Gewicht zu einer Gefahr würde. Außerdem können Sie so verschiedene Blitzköpfe verwenden, ohne jedes Mal den konstruktiven Aufwand des eingebauten Generators mitbezahlen zu müssen.

Beide Bauformen haben ihre Vorteile, und ich selbst verwende Generatoren und Kompaktblitze parallel. Ein Generator kann mehr Leistung zur Verfügung stellen. Sie können meist zwischen zwei und vier Blitzköpfe an ihn anschließen und er ist flexibler, weil es bestimmte Bauformen wie Lichtriegel oder Ringblitze nur als separaten Blitzkopf gibt. Die Blitzköpfe an einem

Generator können aber nur jeweils circa 3–4 m vom Generator entfernt sein, weil ihre Kabel nicht weiter reichen.

Die meisten Generatoren arbeiten synchron, das heißt, jeder Blitzkopf, der angeschlossen ist, erhält die gleiche Leistung. Asynchrone Generatoren sind teurer, sie werden meist mit AS in der Typbezeichnung abgekürzt. Bei ihnen können Sie unterschiedliche Blitzleistungen für die einzelnen Blitzköpfe verwenden. Für einen Lichtaufbau benötigen Sie meist mindestens zwei separat regelbare Blitze, ein synchroner Generator mit zwei Köpfen reicht da nicht. Mit einem zusätzlichen Kompaktkopf könnten Sie aber schon einen Großteil der fotografischen Aufgaben abdecken.

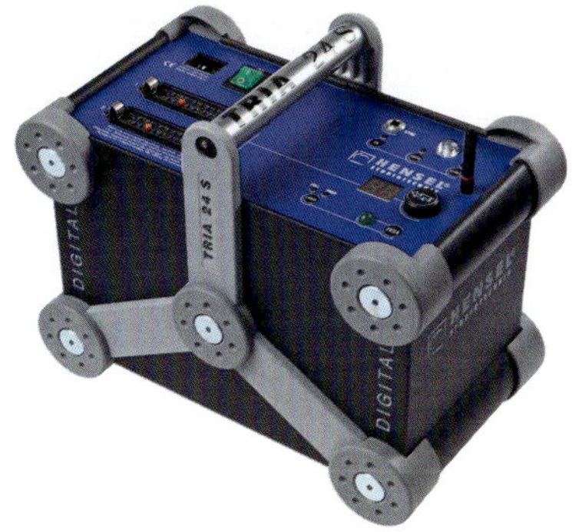

▲ **Abbildung 7.43**
Wenn ein Blitzkopf angeschlossen ist, liefert dieser Generator maximal 2400 J, bei zweien 2 x 1200 J (Bild: Hensel).

7.8.3 Studioblitze draußen verwenden

Wenn Sie auch bei Aufnahmen im Freien in den Genuss der Vorteile einer Studioblitzanlage kommen wollen, gibt es verschiedene Möglichkeiten. Vor einigen Jahren hätte man ein Stromaggregat verwendet, das 230 V zur Verfügung stellt. Das ist laut und stinkt, hat aber den Vorteil, dass es in beliebiger Größe zu haben ist und man es über eine Leihfirma für einen Tag auch relativ günstig mieten kann. Falls Sie das auch einmal ausprobieren wollen: Verwenden Sie auf jeden Fall einen großzügig dimensionierten synchronen Stromerzeuger. Nur der ist in der Lage, bei Leistungsspitzen die Spannung zu halten. Bei einem asynchronen Gerät bricht die Spannung ein, wenn zu viel Leistung abgerufen wird, und das zerstört in den meisten Fällen Ihre Blitzanlage. Wenn Sie einen billigen und zu kleinen Baumarktgenerator an die Blitzanlage anschließen, ist nur die Frage, was zuerst kaputtgeht. Vernünftig arbeiten können Sie damit auf gar keinen Fall. Sie können Stromgeneratoren auf Akku-Basis verwenden, die direkt für Blitzanlagen gedacht sind. Diese arbeiten allerdings nicht mit jedem Generator zusammen, sind aber gerade für kleinere Geräte brauchbar.

Der Königsweg ist, direkt einen Akkugenerator zu verwenden. Bleigel- oder Lithium-Akkus liefern genug Energie, um auch mit 1200 J-Blitzköpfen arbeiten zu können. Das ist zehnmal stärker als die stärksten Aufsteckblitze. Allerdings ist die Akkutechnik für den Dauerbetrieb im Studio nicht ideal, und die Stärke des Einstelllichts ist oft auf 50 W beschränkt, während große Generatoren auch 650 W unterstützen. Bei manchen Herstellern bekommen Sie deshalb für die Akkublitzanlagen zusätzliche Netzstromadapter, die die Generatoren fit für den Studioalltag machen. Insgesamt ist so eine Lösung natürlich teuer als ein von vornherein auf Netzbetrieb ausgelegter Generator.

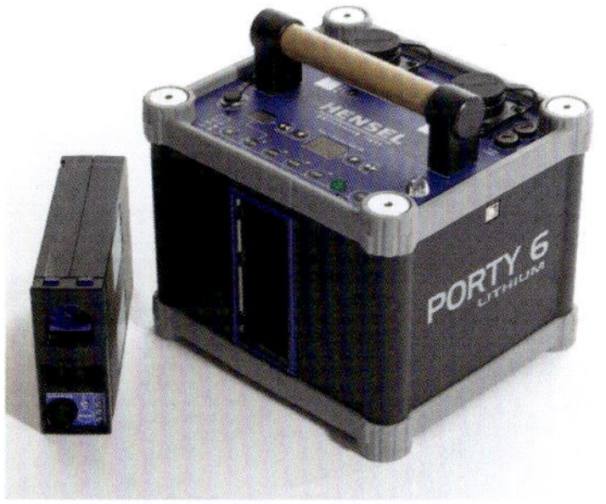

▲ **Abbildung 7.44**
Der Hensel Porty 6 erhält seinen Strom aus einem Lithium-Wechselakku und lässt sich so unabhängig von einer Steckdose überall als Blitzgenerator verwenden (Bild: Hensel).

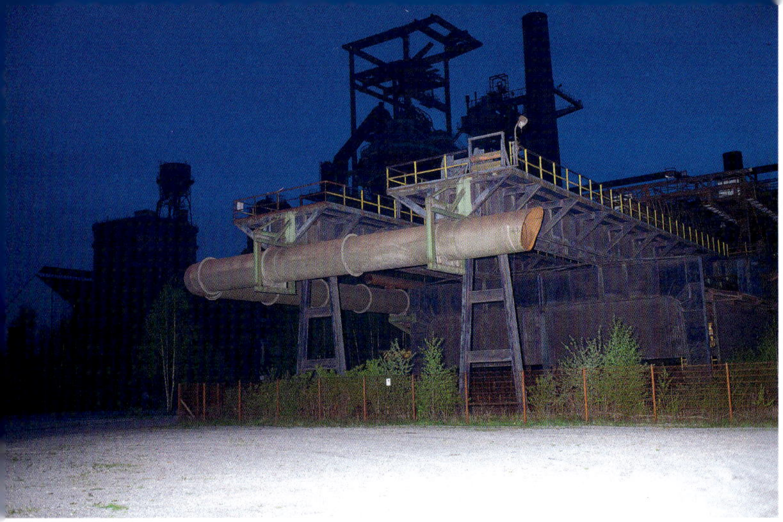

▲ **Abbildung 7.45**
Der Blitzgenerator steckte im Rucksack, der Blitzkopf über meiner Schulter an einem kleinen Stativ, das auch im Rucksack steckte. So konnte ich mobil und aus der Hand mit 1200 J blitzen.

35 mm | f3,5 | 1/160 s | ISO 400

Einen echten Blitzgenerator draußen nutzen zu können, bedeutet eine klare Erweiterungen der Möglichkeiten. Bedenken Sie aber, dass ein solcher Generator mit Blitzkopf an die zehn Kilo wiegt. Das Gewicht schränkt Sie in der Nutzung wiederum ein – die Anschaffung will also gut überlegt sein.

7.8.4 Blitzköpfe

Ein Blitzkopf muss immer an einen Generator angeschlossen werden, weil er keine eigenen Kondensatoren enthält. Da er nur Blitzröhren, etwas Elektronik und bei größeren Geräten eine Kühlung besitzt, kann er sehr viel leistungsfähiger dimensioniert werden als ein Kompaktblitz. Es gibt auch mehr Freiheiten in der Bauform: So gibt es zum Beispiel Köpfe, bei denen die Blitzröhre zum Reflektor verschoben werden kann und die somit unterschiedliche Lichtcharakteristiken erzeugen können (sogenannte Zoom-Köpfe).

Kompaktblitze sind praktisch, wenn sie nicht zu groß sind, und für alle normalen Aufgaben sehr gut geeignet, aber große Ringblitze oder Stabblitze setzen einen Generator voraus. Einen normalen Blitzkopf für einen Generator zu kaufen, ist günstiger, als einen Kompaktblitz zu erwerben. Ich verwende beide Lösungen parallel, bei einfachen Aufgaben arbeite ich lieber mit Kompaktblitzen, weil das schneller geht und nicht so viele Generatoren herumstehen. Wenn Sie nur normale Reflektoren, Schirme und Softboxen verwenden wollen, kommen Sie mit Kompaktblitzen sehr gut aus. Wollen Sie aber Spots, Ringblitze oder Ähnliches verwenden, benötigen Sie einen Generator, können aber auch Standard-Blitzköpfe daran anschließen. Beachten Sie, dass ein Blitzkopf für die Stärke des Generators ausgelegt sein muss. Sie können ohne Probleme einen Blitzkopf für 3000 J an einen Generator mit 1200 J anschließen, wenn Sie aber einen Kopf für 1200 J an einem Generator mit 3000 J verwenden, kann Ihnen die Blitzröhre zerplatzen oder das Gerät auf andere Weise zerstört werden. Eine Blitzröhre kann auch einfach so im laufenden Betrieb zerplat-

TIPP

Auf der Buch-DVD finden Sie eine PDF-Datei von Michael Quack, in der die Wirkung verschiedener Lichtformer sehr ausführlich und gut verglichen wird.

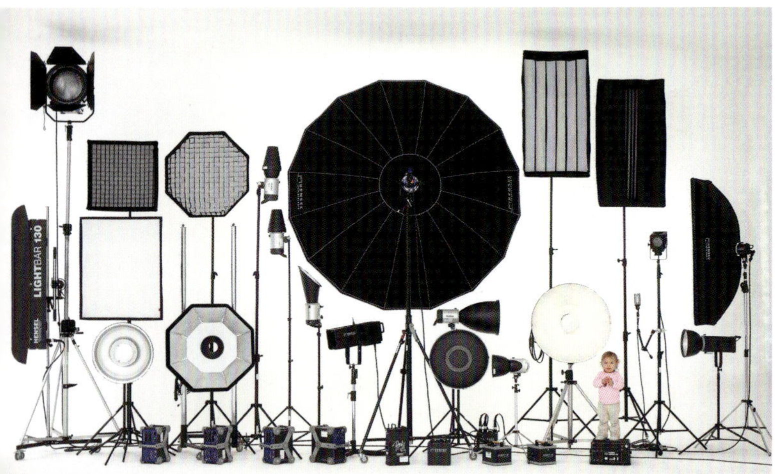

◂ **Abbildung 7.46**
Überblick über die verschiedenen Lichtformer

zen. Sie sollten mit einem Blitzkopf ohne Schutzglasglocke über der Blitzröhre (oder ohne einen Lichtformer, der die Splitter auffangen würde) nie zu nah an das Gesicht eines Models gehen, die Splitter könnten sonst zu Verletzungen führen.

7.9 Lichtformer im Studio

Die Möglichkeiten der Lichtgestaltung im Studio sind viel größer als mit Aufsteckblitzen. Hier steht Strom zur Verfügung, Gewicht ist zweitrangig, und transportabel muss auch nicht alles sein. Der Amateur wird in diesem Bereich eher durch Platz und Geld beschränkt, als durch die Möglichkeiten der angebotenen Studiotechnik. Die meisten Aufgaben lassen sich aber auch hier mit überschaubarem Aufwand realisieren.

▼ Abbildung 7.47
Diese Reflektorform ist sehr effektiv und liefert eine große Helligkeit. Durch den großen Durchmesser von 32 cm ist das Licht im Nahbereich auch noch gut für Porträts zu verwenden (Bild: Hensel).

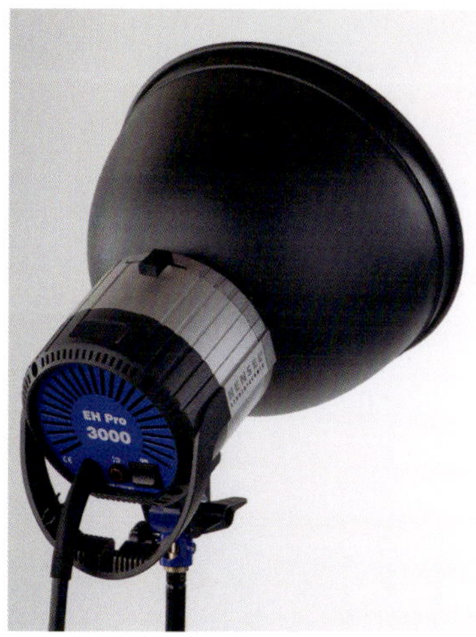

7.9.1 Reflektoren

Ein Reflektor ist ein runder Metallkonus, der vorne an den Blitzkopf angesetzt wird. Reflektoren reichen vom kleinen weitwinkligen Schirmreflektor, der oft standardmäßig mitgeliefert wird, bis zum Beautydish mit circa 60 cm Durchmesser. Die höchste Lichtausbeute erhalten Sie bei der Verwendung von Reflektoren, die parabolisch geformt sind und einen Abstrahlwinkel von circa 50° besitzen.

Bei den hier abgebildeten Testaufnahmen konnte ich bei der Verwendung eines parabolischen Reflektors die Blitzanlage um drei Blenden weiter herunterregeln als zum Beispiel beim weit abstrahlenden kleinen Schirmreflektor oder einer Softbox.

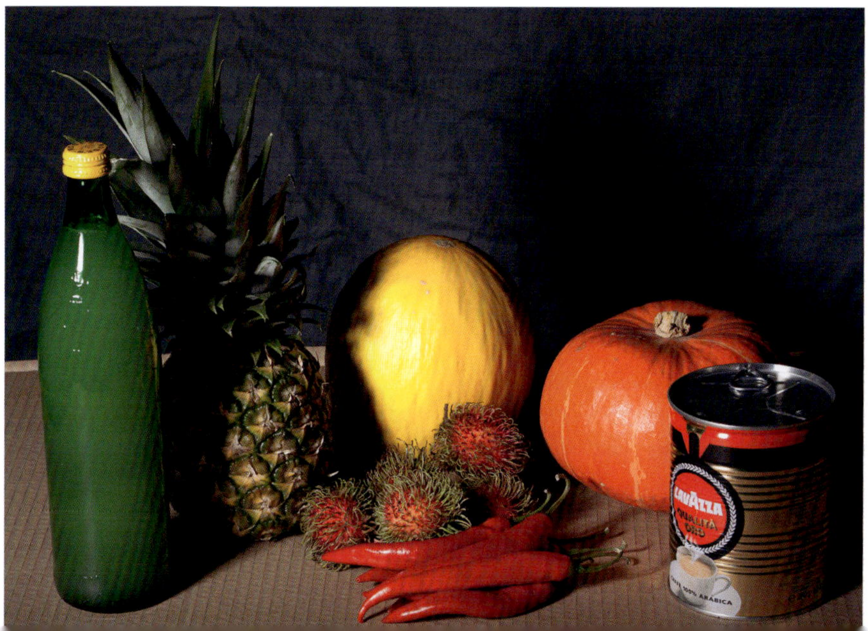

◂ Abbildung 7.48
Der parabolische Reflektor (Maxisoft von Hensel) ist so effektiv, dass ich den Kompaktblitz vollständig herunterregeln musste, um ein ebenso helles Bild wie bei den anderen Beispielen zu erhalten.

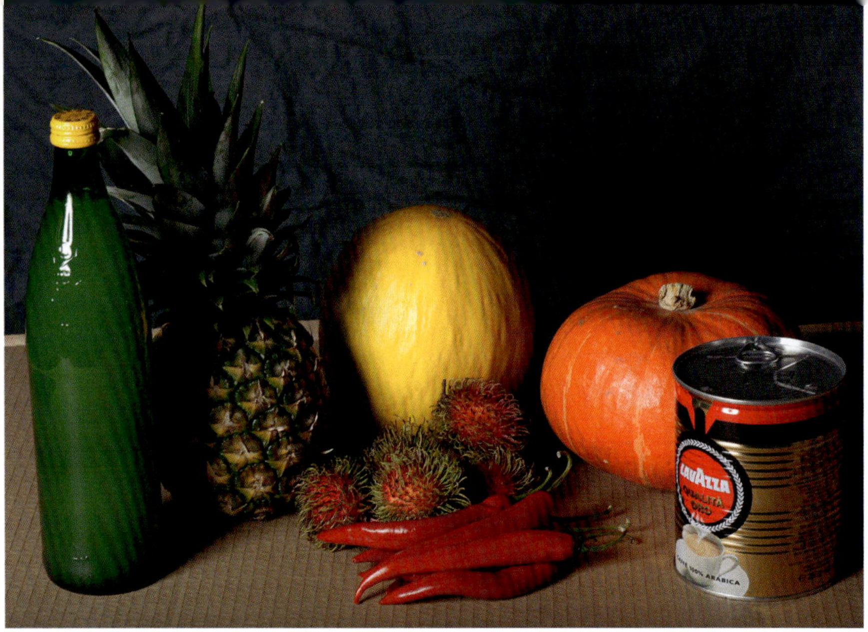

Abbildung 7.49 ▸
Ein Beautydish gibt ein weiches, aber kein »matschiges« Licht und ist sehr gut für Porträts geeignet. Hier wird er in seiner Standardbauform verwendet: Ein Reflektor wirft das Licht in der Mitte zurück in die Schüssel.

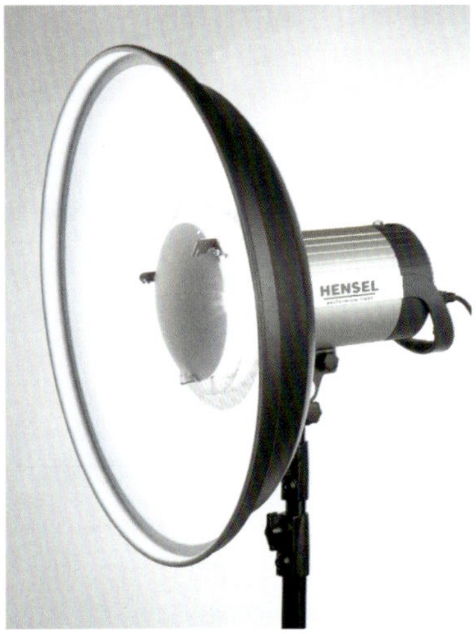

▴ **Abbildung 7.50**
Dieser Beautydish hat einen Durchmesser von 57 cm. Der mittlere Reflektor lässt sich durch eine Wabe ersetzen (Bild: Hensel).

Beautydish | Ein Beautydish leuchtet einen großen Reflektor indirekt aus. Das Licht wird zum Rand schwächer, so dass es nicht matschig-weich wird, sondern eine hart-weiche Mischung ergibt, die sich sehr gut für Porträts eignet. Wenn man den mittleren Reflektor durch eine Wabe ersetzt, wird das Licht noch etwas »knackiger«.

Anders als die anderen Lichtformer in dieser Größe ist ein Beautydish starr und etwas sperrig beim Transportieren. Sie sollten bei der Anschaffung eines Beautydishs auch gleich eine passende Tasche kaufen, denn gerade die weiße Bauform ist etwas empfindlich und sollte sorgsam transportiert werden. Es sind auch Varianten mit silbernem statt weißem Reflektor erhältlich, die für ein etwas härteres Licht sorgen. Ebenso lässt sich bei einem Beautydish über die ganze Reflektorfläche eine sogenannte **Wabe** (siehe folgender Abschnitt) einsetzen, die ebenfalls für eine härteres Licht sorgt.

Abbildung 7.51 ▸
Hier sitzt in der Mitte eines Beautydishs eine Wabe, die das Licht sehr gerichtet hindurchlässt. So werden klare Schatten erzeugt, die aber vom Rest des Lichtformers weich aufgehellt werden.

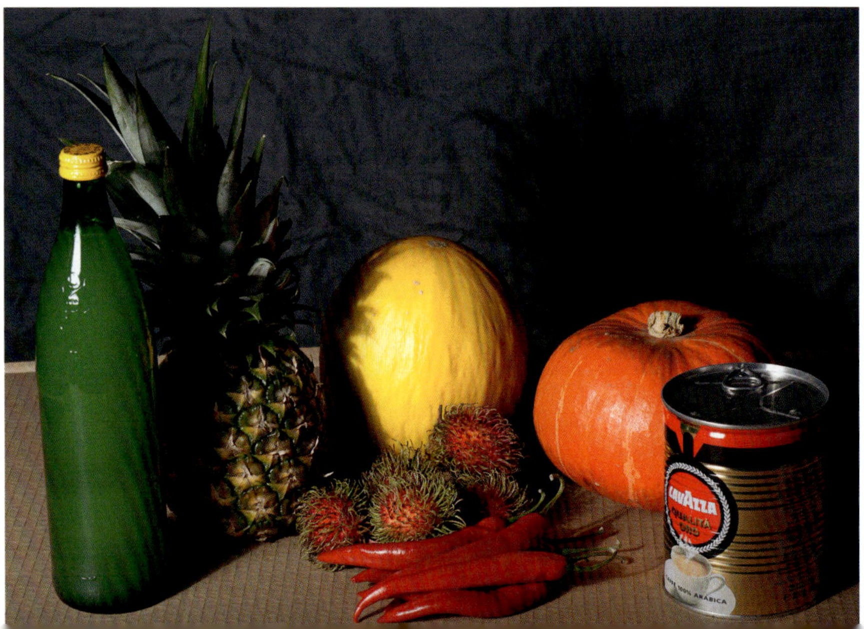

7.9.2 Waben

Mit dem Einsatz einer Wabe können Sie das Licht härter machen. Eine Wabe ist ein Gitter aus Metall oder (bei Softboxen) Stoff, das durch seine Tiefe nur Licht hindurchlässt, das einigermaßen gerade hindurchfällt. Schräg einfallende Strahlen werden blockiert. Das Licht entspricht so dem von vielen kleineren Lichtquellen nebeneinander, die einen deutlich kleineren Abstrahlwinkel haben. Das Licht wird also sowohl härter als auch gerichteter und enger. Je enger die Wabe ist, desto stärker ist der Effekt, desto mehr Licht schluckt sie aber auch.

Ein Reflektor mit einer Wabe kann bei Einstelllicht sehr heiß werden, die Technik hält das gut aus, nicht aber Ihre Finger. Ich habe deswegen immer ein paar Arbeitshandschuhe aus dem Baumarkt mit in der Lichtkiste, so müssen Sie nicht warten, bis die Wabe abgekühlt ist, wenn Sie sie wechseln wollen.

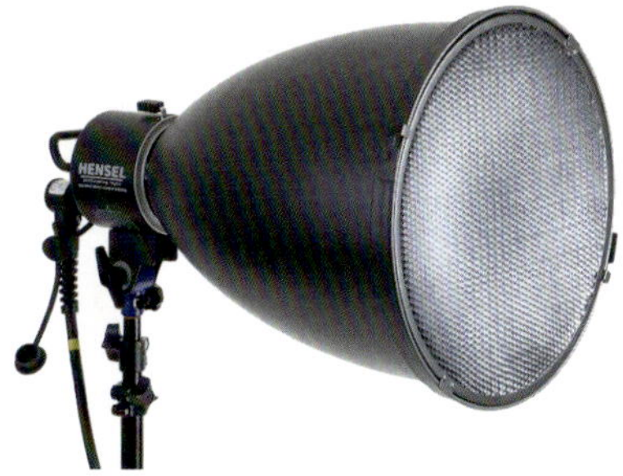

▲ **Abbildung 7.52**
Eine Wabe verengt den Lichtstrahl auf besondere Weise. Das Licht entspricht dem vieler kleinerer paralleler Lichtquellen (Bild: Hensel).

7.9.3 Softbox

Eine Softbox ist ein meist rechteckiger Lichtformer, der aus einem Stangenrahmen besteht, der hinten mit schwarzem Tuch verkleidet wird , das innen silbern reflektiert. Die Vorderseite besteht aus einem weißen Diffusor, der das Licht sehr weich streut. Größere Softboxen haben innen meist noch einen zweiten Diffusor, der dafür sorgt, dass die Ausleuchtung noch gleichmäßiger wird, ansonsten droht das Licht in der Mitte heller zu sein als am Rand.

Im Porträtbereich werden heute eher runde, 8- oder 16-eckige Softboxen bevorzugt. Durch ihren zeltartigen Aufbau eignen sich Softboxen auch für sehr große Formate. Für die Autofotografie etwa bekommen Sie softboxähnliche Lichtformer auch in 8 m Länge. Diese werden dann allerdings

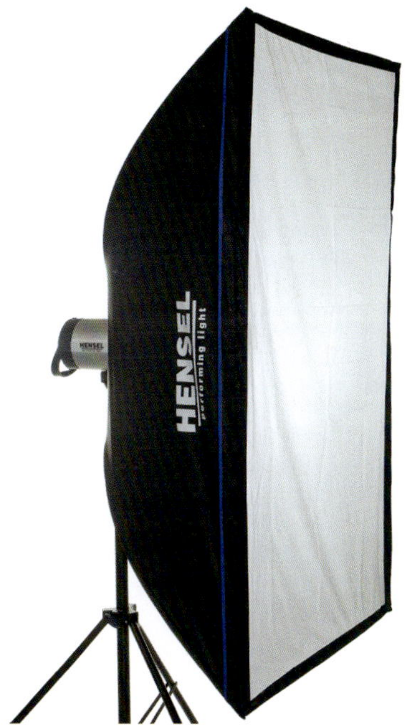

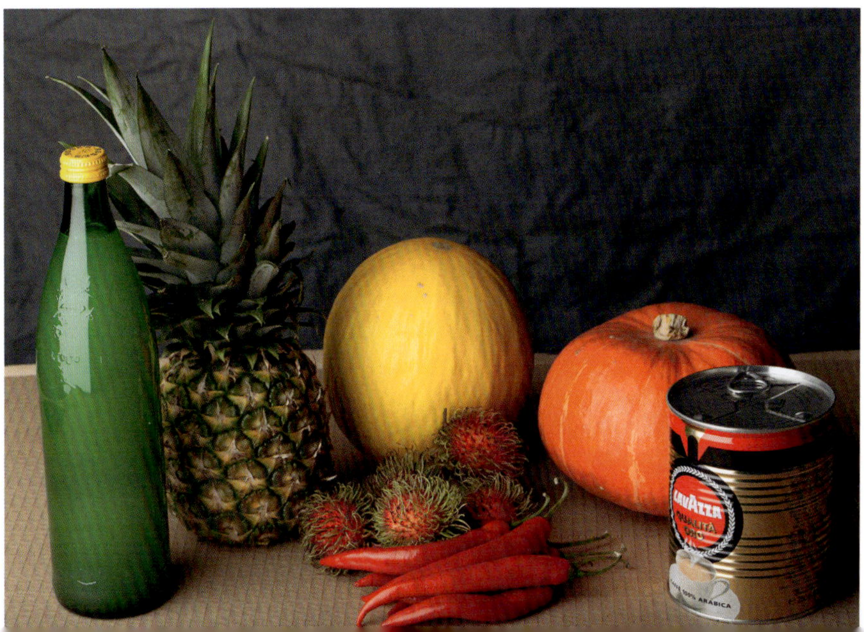

◄▲ **Abbildung 7.53**
Eine Softbox (hier in der Größe 1,8 x 1,2 m (Bild: Hensel)) ergibt ein weiches und gleichmäßiges Licht. Vor allem erzeugt sie saubere Reflexionen in spiegelnden Oberflächen.

am Deckenschienensystem eines Fotostudios angebracht und mit mehreren Blitzköpfen bestückt.

Zu den großen Vorteilen der Softboxen zählen die Verfügbarkeit in etlichen Formaten – auch als schmale **Striplights**, die klaren Reflexionen (ohne störende Streben wie bei Schirmen) und das sanfte, weiche Licht. Nachteilig, ist, dass das Licht manchmal zu neutral und tot wirkt. Softboxen sind gut als Aufhelllicht zu verwenden, weil ihr weicher Charakter keine zusätzlichen störenden Schatten erzeugt.

7.9.4 Ringblitze

Ein Ringblitz besitzt eine kreisförmige Blitzröhre und eine Loch in der Mitte, durch das das Kameraobjektiv hindurchschauen kann. Dieser Aufbau sorgt dafür, dass es ein frontales, fast schattenfreies Licht gibt. Allerdings läuft eine weiche Schattenkante um die Objekte herum, wenn Sie vor einem Hintergrund stehen.

▼ Abbildung 7.54
Ein Ringblitz besitzt eine Blitzröhre, die in der Mitte ein Loch für das Objektiv aufweist. So können Sie ein frontal beleuchtetes, schattenfreies Bild erzeugen.

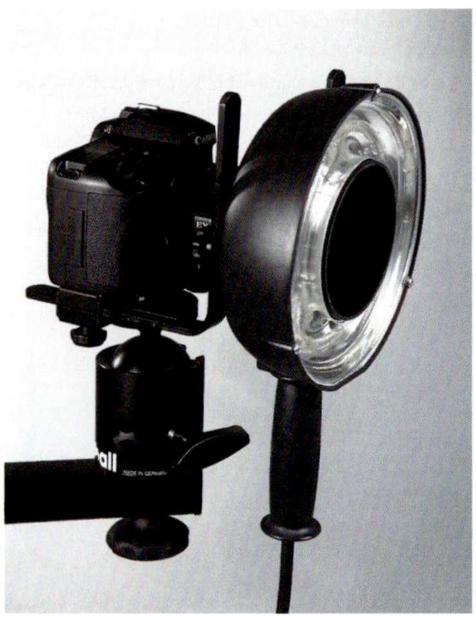

Denn einen Halbschatten gibt es sehr wohl: Ein Teil des Blitzes wird vom Objekt abgeschattet, während der Blitz auf der gegenüberliegenden Seite diesen Schatten wieder aufhellt. Das muss kein Nachteil sein und macht sogar den Reiz des Ringblitzes aus. Kleine Ringblitze sind wenig leistungsfähig und eher für Makroaufnahmen gedacht. Die meisten Modefotos mit Ringblitz, die Sie vielleicht kennen, sind mit Ringblitzen für Studioblitzanlagen entstanden.

Da das Licht direkt aus Kamerarichtung kommt, bekommen Sie schnell Reflexionen, wenn Sie frontal auf eine Fläche fotografieren. Sie können den Lichtabfall nur durch eine Veränderung des Motivaufbaus steuern, da der Blitz immer am Objektiv ist, fällt auch das Licht quadratisch zur Entfernung

Abbildung 7.55 ►
Der Ringblitz wurde hier bestimmungsgemäß direkt um das Objektiv herum angebracht. So ergeben sich nur Halbschatten, und jedes Objekt erhält frontales Licht.

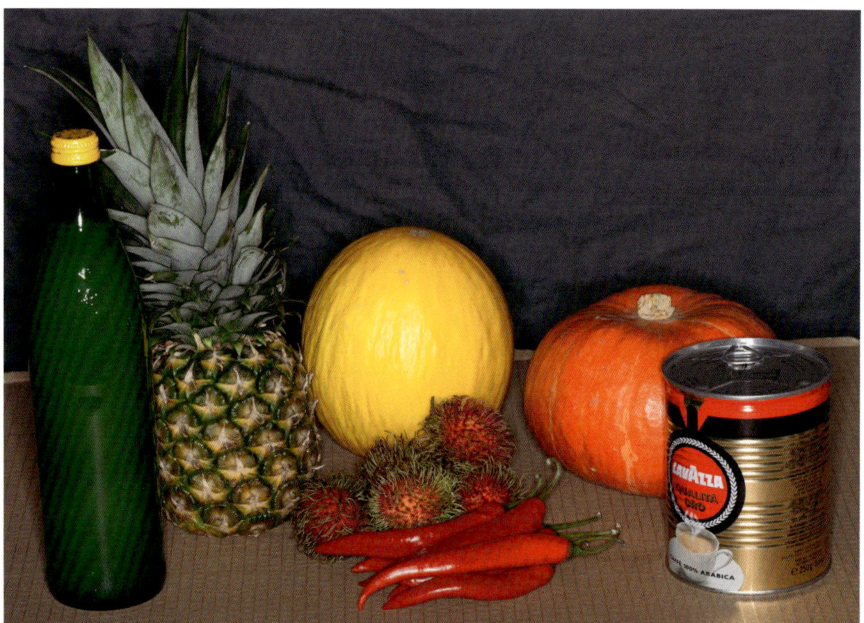

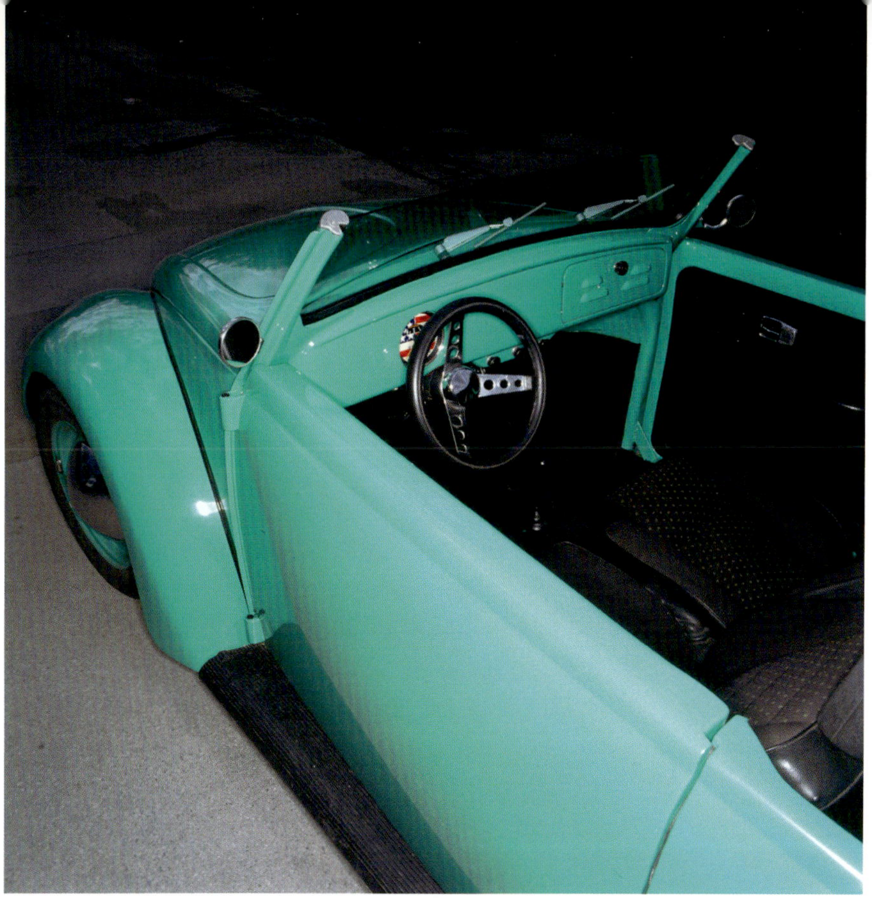

◂ **Abbildung 7.56**
Da die meisten Flächen schräg von der Kamera weglaufen, gibt es trotz Ringblitz kaum Reflexionen.

28 mm | f16 | 1/200 s | ISO 50 | Ringblitz mit 600 J

von der Kamera ab. Ein Ringblitz bringt also auch eine Reihe von Einschränkungen mit sich, denen Sie sich bei der Bildgestaltung bewusst stellen müssen.

Da Ringblitze oft kein Einstelllicht besitzen, müssen Sie in dunklen Situationen oft für ein wenig zusätzliches Dauerlicht sorgen, um genug zu sehen und rote Augen bei porträtierten Personen zu vermeiden. Das Blitzlicht wird sonst von der Netzhaut zurückgeworfen und ergibt rötlich leuchtende Augen.

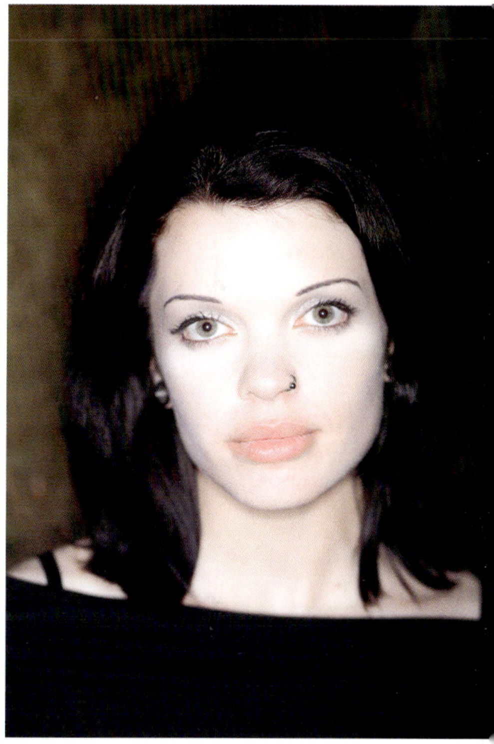

▴ **Abbildung 7.57**
Der Ringblitz erzeugt nur sanfte Schatten-Halos, das Licht selbst ist extrem frontal und wenig variabel. Er eignet sich auch gut zur Aufhellung, wenn Sie eine andere Lichtquelle zum Hauptlicht machen.

85 mm | f2,8 | 1/200 s | ISO 100 | Ringblitz auf circa 40 J eingestellt

7.9.5 Spots

Spots sind Blitzköpfe mit einer Linse vor dem Blitz. Sie erzeugen ein sehr stark gerichtetes und paralleles Licht, das wie Sonnenlicht wirken kann. In den 1940er Jahren wurden große Spots sehr gerne als Filmlicht eingesetzt, auch der klassische Beauty-Look aus dieser Zeit hat viel mit der Verwendung von Spots zu tun. Es gibt auch Spots, die eine Maske, einen sogenannten **Gobo**, auf den Hintergrund projizieren können. Gobos sind derzeit aus der Mode gekommen, weshalb ihre Verwendung zu einem etwas altmodischen Look der Bilder führt – etwa im Stil der 1980er Jahre. Wenn Sie keinen Spot besitzen, können Sie mit einem Reflektor mit Wabe oft ein vergleichbares Licht erzeugen. Die Linse in den Spots erzeugt manchmal an den Lichtkanten eine chromatische Aberration, so dass Sie leichte Farbkanten erhalten.

7.10 Fotostudio

»Studio« ist das lateinische Wort für Mühe, »Labor« das für Arbeit – das Fotografenleben scheint also sehr hart zu sein. Während das Labor heute nur noch eine geringe Rolle spielt, weil die Digitalfotografie in der Nachbearbeitung meist mit einem Computerarbeitsplatz auskommt, ist das Studio unverändert aktuell. Ein eigenes Fotostudio hat den Vorteil, dass Sie wirkliche Kontrolle über das Licht haben und auch mal einen Aufbau stehen lassen können.

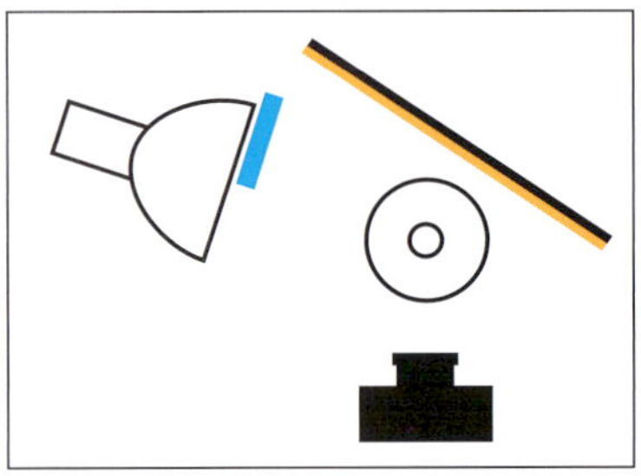

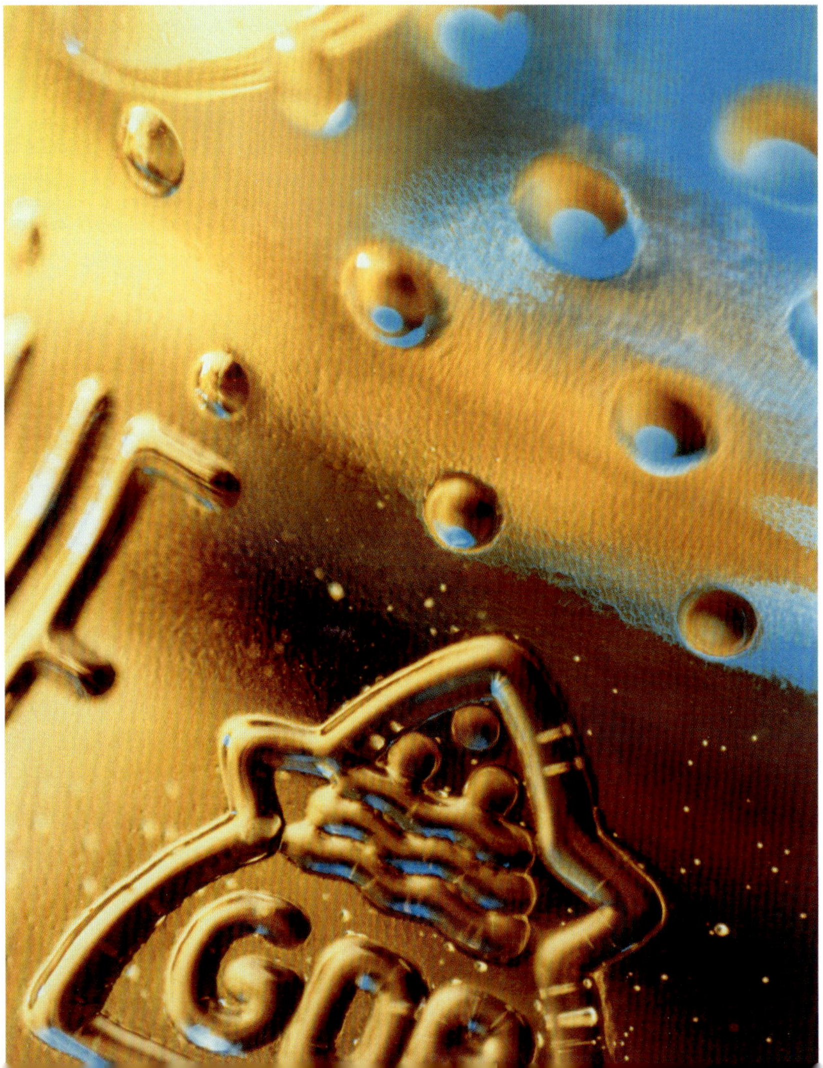

Abbildung 7.58 ►
Dieses Detail einer Wasserflasche wurde mit nur einem Blitzkopf ausgeleuchtet, der teilweise mit cyanfarbener Filterfolie abgedeckt war und auf einen Goldfolienreflektor blitzte. Im Fotostudio konnte ich sämtliche anderen Lichteinflüsse komplett ausschalten.
100 mm | f8,0 | 1/200 s | ISO 200 | Makroobjektiv

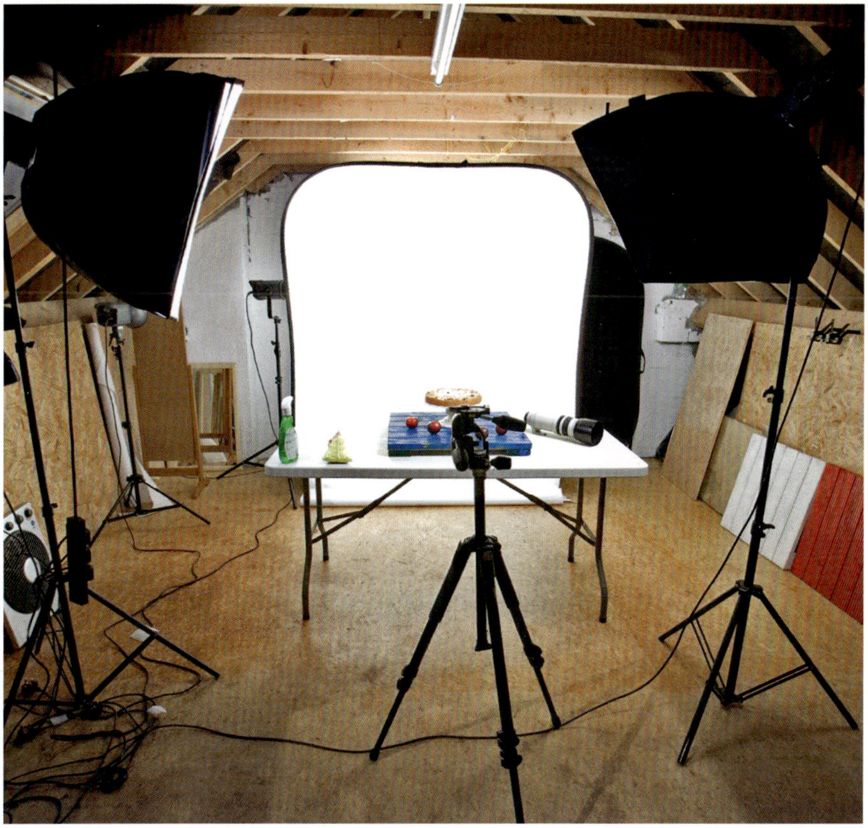

◂ **Abbildung 7.59**
Für ein eigenes Studio ist es gut, einen Raum zur Verfügung zu haben, der nicht auch anderweitig benötigt wird. Ein Studio muss keine Fenster haben, nur etwas Platz und einen Stromanschluss (Bild: Michael O'Meara, Nr. 11241630, iStockphoto).

Ein eigenes Studio
Fotostudios gibt es in jeder Größe – von der Zimmerecke bis zur Industriehalle. Eine gute Grundausstattung besteht aus einem 500 J- und zwei 250 J-Kompaktblitzen mit Normalreflektoren. Eine Softbox und zwei Schirme als Lichtformer, drei Lichtstative und eine Hintergrundhalterung runden die technische Ausstattung ab. Einen der kleinen Blitzköpfe können Sie auch durch ein vorhandenes Systemblitzgerät ersetzen. Ein Raum ab 12 m² (und gerne auch größer) eignet sich zum Studio. Um freier bei der Lichtgestaltung zu sein, ist eine große Raumhöhe von Vorteil. Vielleicht eignet sich Ihr Dachboden gut?

Es hat aber auch den Nachteil, dass Sie die komplette Atmosphäre selbst erschaffen müssen, die vor Ort oft schon selbstverständlich vorhanden wäre. Studiofotos wirken deshalb oft etwas steril. Sie hinterlassen vielleicht trotzdem einen professionelleren Eindruck, das aber macht sie nicht automatisch zu besseren Bildern. Falls Sie vorhaben, sich selbst ein festes Studio einzurichten, schauen Sie sich erst einmal sehr viel an. Manche Großhändler haben Vorführstudios, und auch in Ihrer Nähe wird es Mietstudios geben, in denen man oft relativ günstig einen Tag lang arbeiten kann. Vielleicht stellen Sie dann fest, dass Sie zwar Licht brauchen aber kein Studio, oder Sie haben eine Menge Ideen für das eigene Studio erhalten.

7.10.1 Aufheller und Abschatter

In vielen Fällen benötigen Sie keine zweite Lichtquelle, um eine Lichtsituation in den Griff zu bekommen. Ein Aufheller, der das Licht der ersten Lichtquelle auf das Motiv und in die Schatten reflektiert, reicht dann aus, um die Schwächen der Hauptlichtquelle auszugleichen. Um das Prinzip zu verdeutlichen, habe ich ein einfaches Lichtbeispiel aufgebaut: Eine alte Kamera steht auf einem Karton und wird mit einem externen Kamerablitz von links beleuchtet ❶. Da der Blitz das einzige Licht ist, wird die DSLR im manuellen Modus betrieben und die Blitzsynchronzeit von 1/200s eingestellt. Die Blende wird auf f10 festgelegt, damit eine gute Schärfentiefe erreicht wird. Hinter der Kamera zieht sich ein schwarzer Schatten bis zum Bildrand und die rechte Hälfte des Motivs ist wenig lebendig beleuchtet. Abhilfe schafft ein DIN-A4-Bogen weißen Papiers, der rechts außerhalb des Bildes aufgestellt wird ❷.

Der Bogen wird so positioniert, dass er das Blitzlicht gut einfängt und auch vor die Kamera reicht, damit er ihre Seite beleuchten kann.

In der Aufnahme ❸ ist der Schatten nun nicht mehr schwarz, und die Kamera trennt sich auch gut vom Untergrund. Außerdem ist das Licht insgesamt etwas lebendiger geworden.

Die Aufnahme ist allerdings immer noch etwas langweilig, und Sie können das Licht mit ebenso einfachen Mitteln dramatischer gestalten. Dazu stellte ich von hinten eine Pappe auf, um einen Streifen des Hintergrunds abzu-

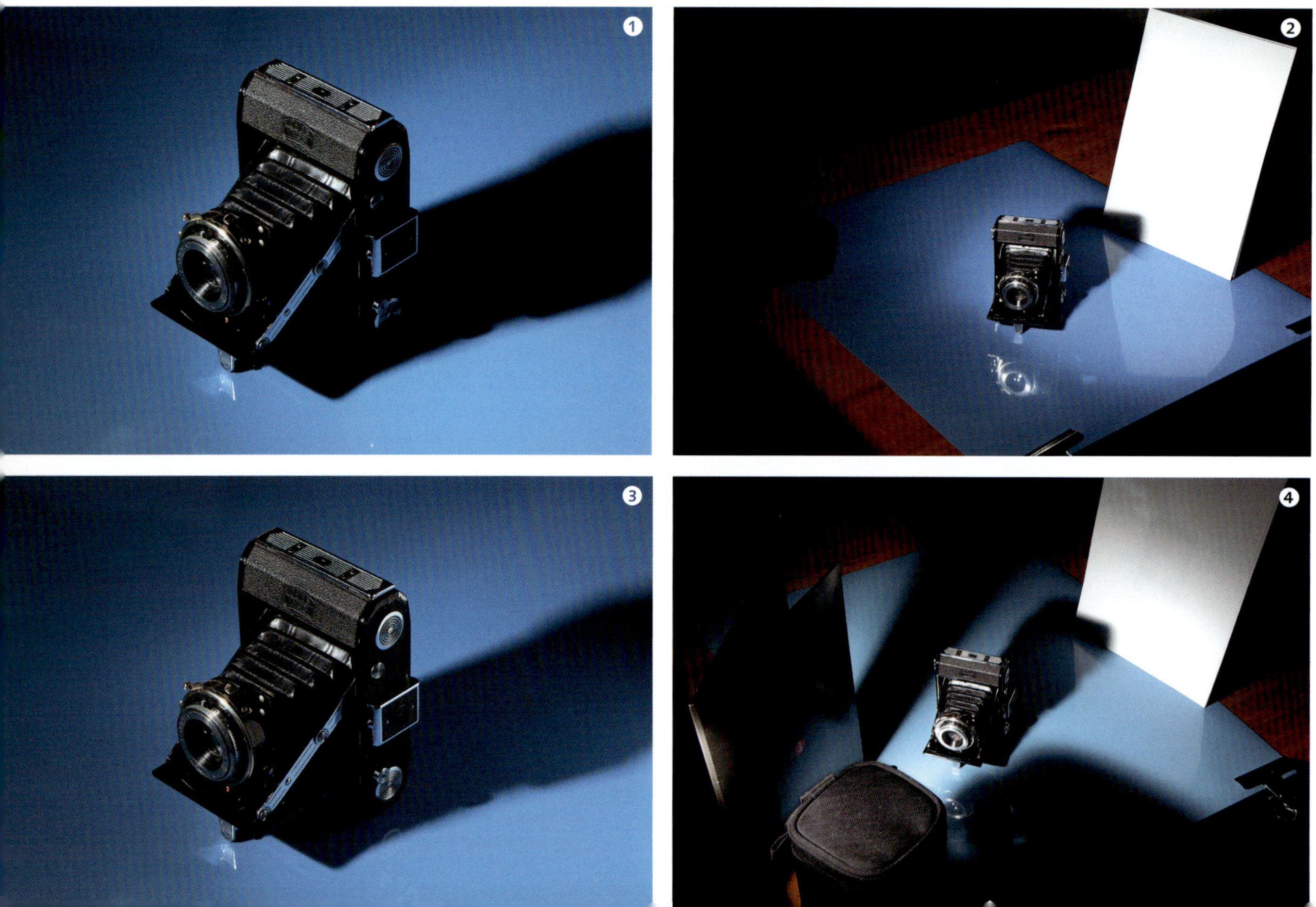

▼ **Abbildung 7.60**
❶ Ein entfesselter Blitz beleuchtet das Motiv von links. Die Kamera trennt sich an der Unterseite nicht vom Schatten. ❷ Ein Papierbogen wird dem Blitz gegenüber aufgestellt, um einen Teil des Lichts zurückzuwerfen. ❸ Der Aufheller wirkt wie eine zweite, weiche Lichtquelle. Die Kameraunterseite hebt sich jetzt gut vom Untergrund ab. ❹ Um das Licht durch Schattenwurf dramatischer zu gestalten, werden zwei Abschatter vor den Blitz gestellt.

schatten und vorne einen Objektivköcher, um einen Teil des Vordergrunds abzudunkeln ❹.

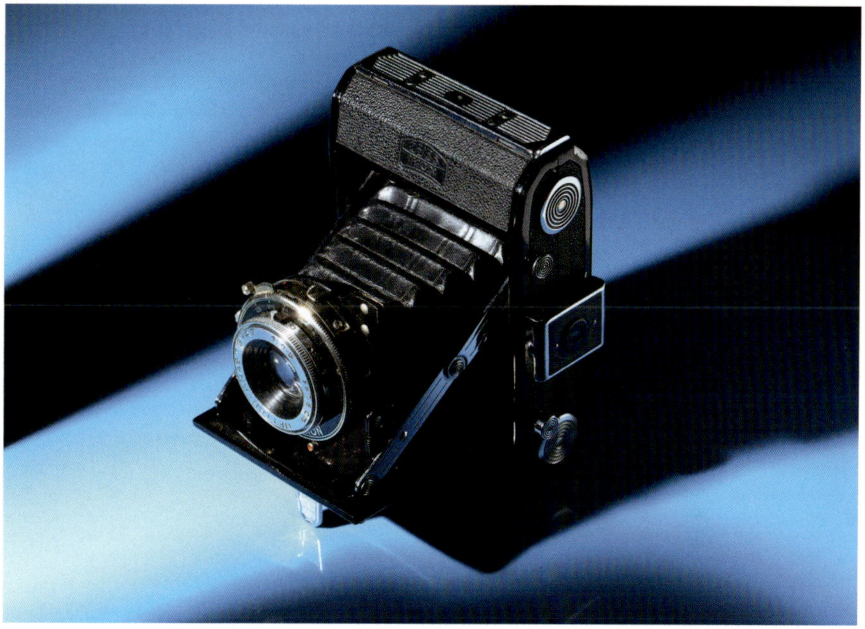

Die Hauptlichtquelle war die ganze Zeit über ein einziger normaler Kamerablitz. Die Lichtsituation wurde nur mit simplen, aus vorhandenem Material improvisierten Aufhellern und Abschattern verändert.

Falls Sie selbst etwas Ähnliches probieren möchten, finden Sie hier die genauen Aufnahmedaten: 100 mm Makroobjektiv | f10 | 1/200 s | ISO 100.

Ein Blitz auf der Kamera (Canon 580 EX II) wurde als Master eingestellt, so dass er den zweiten Blitz im Modus E-TTL fernsteuert, selbst allerdings nicht mitblitzt. Der zweite Blitz wurde auf ein Lichtstativ mit Schirmneiger gestellt und in den Slave-Modus gesetzt. Der Zoomreflektor wurde auf 50 mm eingestellt, damit der Aufheller noch im Licht ist, aber der Hintergrund nicht zu viel Licht erhält.

▲ **Abbildung 7.61**
Dem Endergebnis sieht man nicht an, dass es mit einfachsten Mitteln entstanden ist. Die Kamera ist übrigens eine Zeiss Ikon Nettar 515 von 1937.

Wenn Sie nur einen Blitz haben, können sie ihn – sofern Sie kein Automatikkabel von einem Meter Länge haben – im manuellen Modus verwenden und die Blitzstärke einfach über Testaufnahmen ermitteln. In einem dunklen Raum benötigen Sie nicht einmal eine Fernauslösung, sondern können die Kamera auf 1 s Belichtungszeit stellen und den Blitz währenddessen von Hand auslösen.

7.10.2 Variante mit Diffusor

Fast genauso einfach wie im Beispiel mit den Aufhellern können Sie sich einen Diffusor bauen und so Studiolicht erzeugen, das normalerweise nur mit Softboxen zu erreichen wäre. In diesem Beispiel wurde alles wie im vorigen Aufbau gelassen. Es wurden nur die Abschatter entfernt, der Blitz hinter den Tisch gestellt und zwischen Blitz und Kamera Transparentpapier gehängt. Nach einem deutlich zu dunklen Testfoto, wurde die Blitzbelichtungskorrektur auf +2 Blenden gestellt.

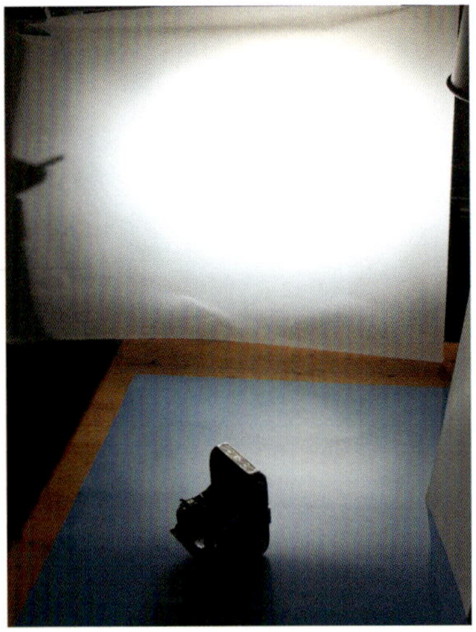

▲ **Abbildung 7.62**
In der Übersichtsaufnahme sieht man gut, wie stark das Papier den Blitz streut. Trotzdem ist es nicht so gleichmäßig wie eine Softbox. Aber gerade deswegen ist das Licht oft etwas lebendiger und gut für Stillleben geeignet.

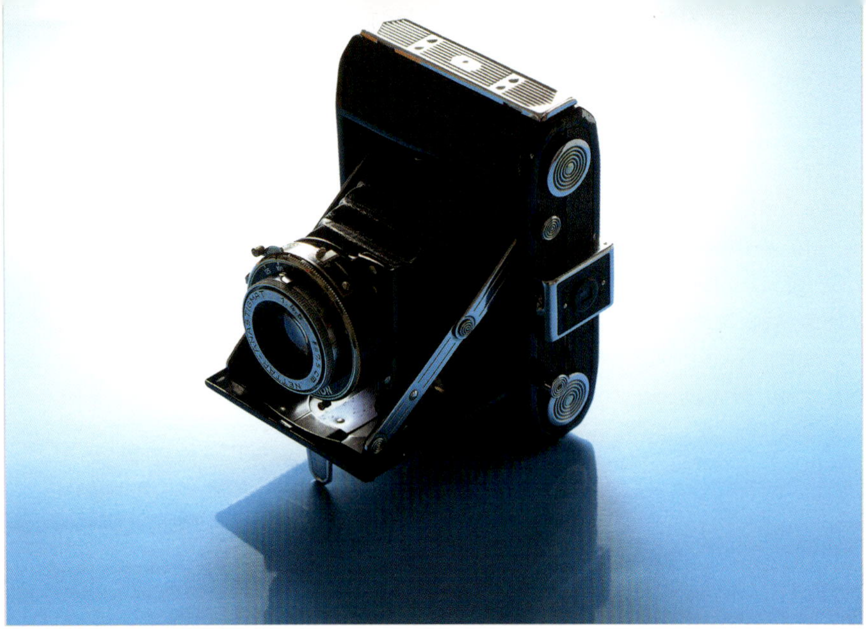

▲ **Abbildung 7.63**
Die Kamera steht jetzt im weichen Gegenlicht, das sich im Untergrundkarton spiegelt. Der Aufheller aus der letzten Aufnahme hellt auch hier die rechte Seite der Kamera auf.

7.10.3 Hintergründe

Häufig ist der beste Hintergrund im Studio der, den man überhaupt nicht wahrnimmt. In vielen professionellen Studios ist deswegen eine Wand als **Hohlkehle** ausgeformt. Die Rückwand läuft weich gebogen in den Boden über, so dass sich nirgendwo eine Schattenfuge bilden kann. Der Hintergrund lässt sich so komplett durch die Beleuchtung bestimmen. Der Aufwand ist allerdings hoch und in vielen Fällen gibt es dafür einen günstigen Ersatz: Eine **Hintergrundrolle** aus Papier, die üblicherweise in 2,75 m Breite und 10 m Länge angeboten wird, lässt sich so nach vorne auf den Boden ziehen, dass eine Hohlkehle entsteht Der untere Bereich wird irgendwann verschmutzen und zerknicken. Sie können dann den unbrauchbaren Bereich abschneiden und von der Rolle nachziehen. Hintergrundrollen bekommen Sie in vielen verschiedenen Farben, ich persönlich finde ein neutrales, nicht zu dunkles grau am vielseitigsten.

7.10.4 Tipps und günstige Lösungen

Auch im professionellen Fotostudio stammt nicht alles aus dem Fotohandel. Viele Anforderungen lassen sich viel günstiger mit Dingen aus dem Baumarkt oder Kunstbedarf lösen. Als Aufheller beziehungsweise Reflektor eignen sich zum Beispiel Styroporplatten aus dem Baumarkt. Sie sind leicht, stabil, farbneutral weiß und sehr günstig. Wenn nötig, bekommen Sie sie auch in über 2 m Höhe. Kleine Aufheller können Sie gut aus Karton basteln und auf Wunsch mit selbstklebender Silber- oder Goldfolie aus dem Dekobedarf beziehen.

Ein sehr guter Diffusor ist Transparentpapier, das Sie rollenweise kaufen können. Es lässt sich gut zwischen zwei circa 12 mm dünnen Alurohren aus dem Baumarkt aufspannen. Das obere können Sie mit einer Doppelklemme aus dem Laborbedarf an einem Lichtstativ befestigen. So können Sie schöne Hintergrundverläufe anlegen für Stillleben oder bei Bedarf eine Softbox ersetzen.

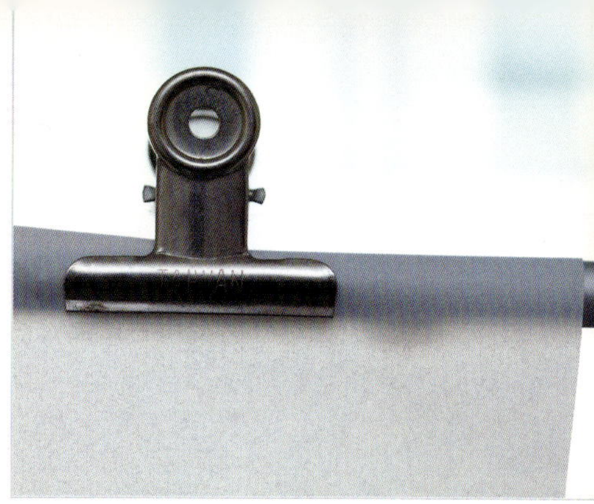

▲ **Abbildung 7.64**
Transparentpapier, Alurohr und Blechklammern: So können Sie günstig gute Diffusoren bauen, mit denen Sie das Licht für Stillleben streuen können.

Eine kleine Hohlkehle erzeugen Sie einfach mit einem Bristolkarton und Reißzwecken. Den Karton lassen sie weich auslaufen, zum Beispiel auf einen Tisch und bekommen so einen kantenfreien Hintergrund für kleinere Motive.

Autopole können Sie für geringere Belastungen mit Deckenstützen für den Baubedarf ersetzen. Ich habe Autopoles für unter 20 € im Einsatz, die ich in Innenräumen oft an Stelle von Lichtstativen einsetze und die nur wenig Standfläche benötigen. Gute Klammern bekommen Sie günstig im Künstlerbedarf.

Wenn Sie Bereiche schwarz abhängen müssen, eignet sich Molton gut. Ein absolutes Universalhilfsmittel ist Gaffer-Tape, ein kräftiges breites Klebeband, das man eigentlich immer dabei haben sollte, wenn es mal aufwendiger wird.

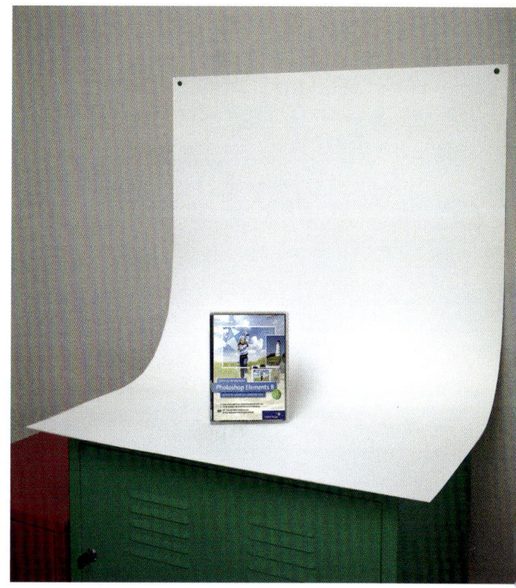

▲ **Abbildung 7.65**
Ein großer Karton und Reißzwecken reichen schon aus für eine gute Hohlkehle für Produktaufnahmen. Sie erhalten so einen gleichmäßigen, hellen Hintergrund ohne Schattenkante.

7.11 Licht setzen

»Es gibt nur eine Sonne.« Dieser alte Fotografenspruch bedeutet, dass man sich beim Ausleuchten vorrangig auf das Hauptlicht konzentrieren oder sogar mit nur einer Lichtquelle auskommen soll. Überlegen Sie also, was Sie hervorheben wollen und auf welche Weise das dafür nötige Licht möglichst wenige Nebeneffekte erzeugt. Im Idealfall reicht eine Lichtquelle aus, aber falls nicht, achten Sie darauf, dass mit der zweiten keine neuen Probleme entstehen wie etwa Kreuzschatten.

In den beiden folgenden Lichtbeispielen kommen zwar auch professionelle Studioblitze zum Einsatz, Sie können diese aber ohne Weiteres mit normalen Aufsteckblitzen ersetzen. Wichtiger ist, die Systematik des Lichtaufbaus zu verstehen: das Hauptlicht einrichten, dann die Aufhellung setzen und bei Bedarf Zusatzleuchten einsetzen.

7.11.1 Lichtbeispiel Modellauto

Strobist
Unter diesem Begriff finden Sie eine ganze Szene, die sich mit trickreichem Blitzeinsatz mit oft einfachen Mitteln beschäftigt. Es gibt zum Beispiel eine Flickr-Gruppe dieses Namens, in der zu jedem Bild auch der Lichtaufbau beschrieben wird. *www.strobist.blogspot.com* ist ein Blog zu dem Thema. Beide sind allerdings nur in englischer Sprache verfügbar.

Die Grundidee der geplanten Aufnahme ist, die Linie eines Sportcoupés mit einer durchgehenden Lichtkante zu betonen. Eine 75-cm-Softbox wird mit zwei schwarzen Tüchern und Klammern so abgehängt, dass ein Lichtschlitz von circa 75 x 6 cm entsteht (siehe Abbildung 7.68). Alternativ hätte ich diesen Schlitz auch aus einer großen schwarzen Pappe ausschneiden, mit Transparentpapier bekleben und von hinten mit einem Aufsteckblitz beleuchten können.

Die Kamera wird im manuellen Modus M betrieben, damit der Verschluss wegen des sehr geringen Dauerlichts nicht lange geöffnet bleibt. 1/200 s ist die kürzestmögliche Zeit für die Synchronisation bei der EOS 5D MK II, und Blende 14 wird gewählt, damit der Wagen komplett in der Schärfe liegt.

Die Blitzbelichtung beurteilen Sie hier wie folgt: Die Lichtkante muss zwar innerhalb der Reflexion keine Zeichnung aufweisen, aber sie darf auch nicht überstrahlen. Zu dunkle Bilder erkennen Sie daran, dass das Weiß nicht erreicht wird, zu helle daran, dass das Weiß in das Schwarz überstrahlt. Regulieren Sie dann die Blitzleistung. Erst wenn diese nicht mehr ausreicht, verändern Sie den ISO-Wert. Eine erste Testaufnahme ergibt das Bild ❶.

Die Lichtkante funktioniert, aber das Bild wirkt so reduziert und abstrakt, dass man nicht viel erkennen kann. Es muss also eine zweite Lichtquelle her, die die Vorderseite aufhellt, aber den dunklen Charakter des Low-Key-Bildes nicht zerstört. Dazu wird ein normaler Aufsteckblitz schräg über das Auto gehalten und der Zoomreflektor ganz eng eingestellt. Diese zweite Lichtquelle allein ergibt die Ausleuchtung, wie sie in Bild ❷ zu sehen ist.

▼ **Abbildung 7.66**
❶ Das Licht folgt in einer schmalen Reflexion der Karosserie des Modellautos. Durch das Hinterlicht ist von der Seite des Wagens allerdings gar nicht zu sehen. ❷ Hier wurde ein zweiter Blitz alleine ausgelöst, um die vordere Aufhellung festzulegen.

100 mm Makro | f14 | 1/200 s | ISO 100

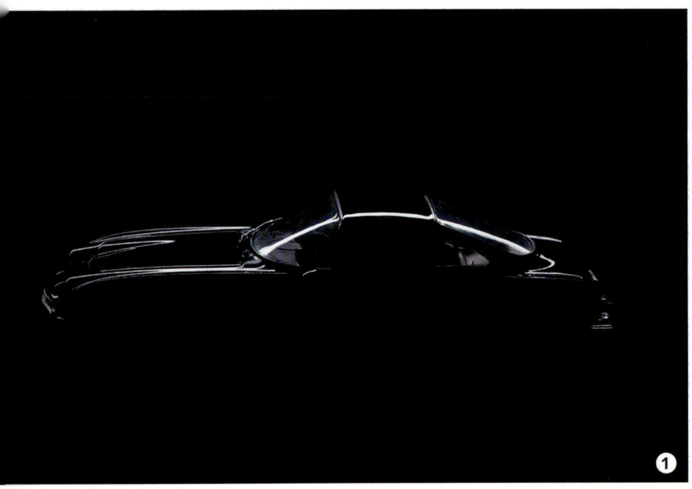

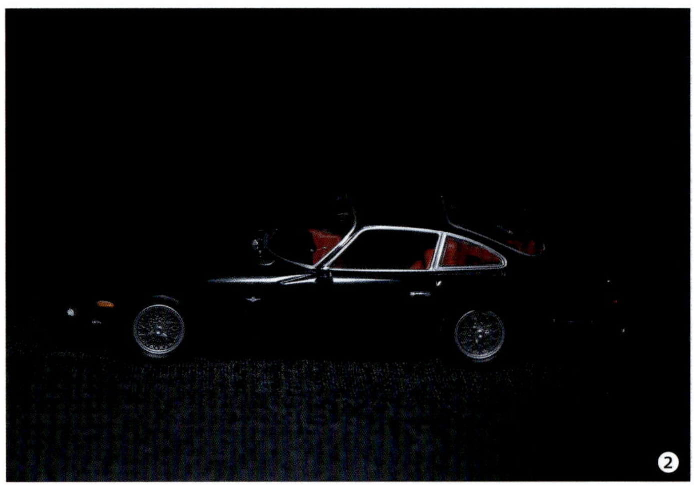

Der Vordergrund ist noch etwas zu hell, aber da das Licht für das Auto stimmt, wird entschieden, das in Photoshop zu ändern. Beide Lichtquellen kombiniert ergeben das Endergebnis ❸.

Der zweite Blitz wurde dann an einem Ausleger befestigt, um für Folgeaufnahmen ein konstantes Licht zu haben und auch, um ein Bild des Sets erstellen zu können (siehe Abbildung 7.68).

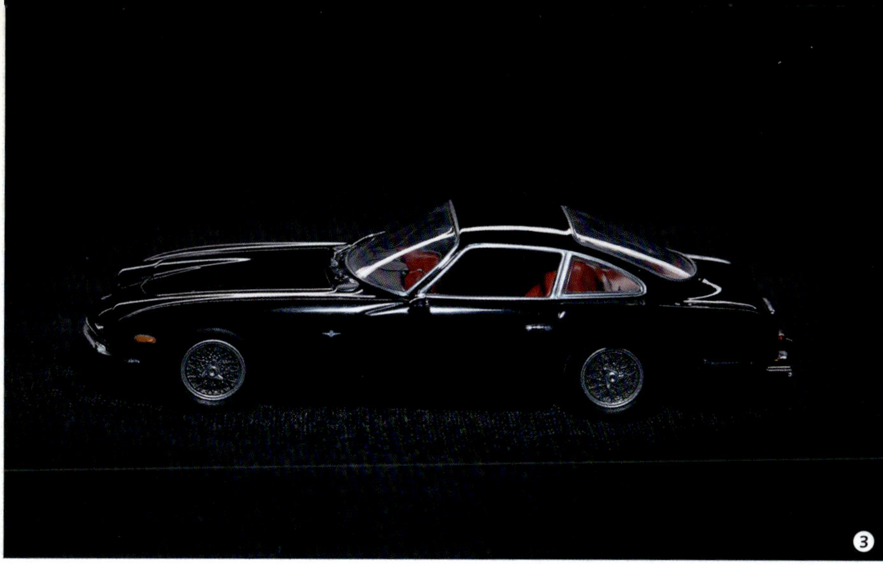

▲ **Abbildung 7.67**
Beide Blitze zusammen ergeben ein reduziertes Licht, das aber genug andeutet, um die wichtigen Details erkennen zu können.

Zum Schluss die gesammelten Aufnahmedaten:

- 100 mm Makroobjektiv, manuell fokussiert im Live-View-Modus, f14, 1/200 s, ISO 200
- Blitz hinten: Kompaktblitzkopf auf 250 J, abgehängt mit zwei gefalteten schwarzen Tüchern, per Funk ausgelöst
- Blitz oben: Aufsteckblitz Canon 550 EX, Zoomreflektor auf 105 mm, Stärke auf 1/128 manuell, per Funk ausgelöst, befestigt mit einem Heavy Duty Flex Arm von Manfrotto und einer Manfrotto Super Clamp an einem Lichtstativ
- Die Außenbereiche des Bildes wurden in Photoshop mit Hilfe der Gradationskurve etwas abgedunkelt.

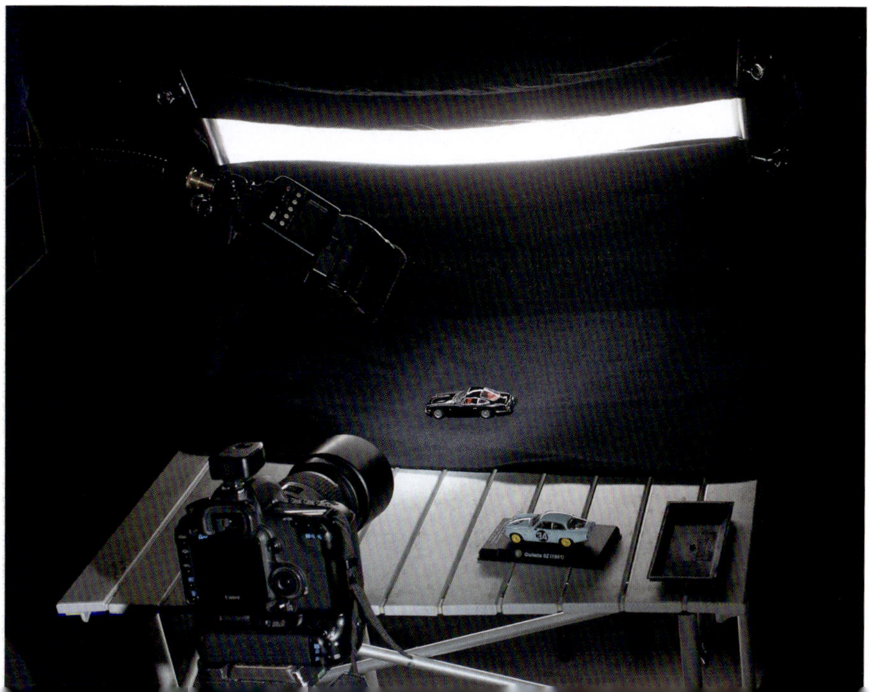

◀ **Abbildung 7.68**
Der Aufbau im Überblick. Benutzen Sie für Sachaufnahmen im Studio immer möglichst kleine Tische oder Grundplatten, damit Sie mit dem Licht nah genug an das Motiv herankommen.

7.11.2 Lichtbeispiel Porträt draußen

In diesem Beispiel soll ein Studioporträt in der Natur ausgeleuchtet werden. Das Hauptlicht kommt leicht seitlich von oben rechts. Eine achteckige Softbox mit knapp 50 cm wird dicht am Model positioniert und die Dauerlicht-Messung so eingestellt, dass der Abendhimmel viel Zeichnung aufweist und an keiner Stelle zu hell wird. Ich arbeite im Modus M, weil ich so keine Automatik aktiv habe, die das Bildergebnis beeinflusst. Wenn Dauerlicht und Blitzlicht aufeinander abgestimmt werden, ist es besser, volle manuelle Kontrolle zu übernehmen. Anders sieht es aus, wenn man das Blitzlicht ebenfalls komplett über die Kameraautomatik steuern kann, was hier allerdings nicht möglich ist, weil auch Studioblitze verwendet werden, die sich nicht automatisch von der Kamera regeln lassen.

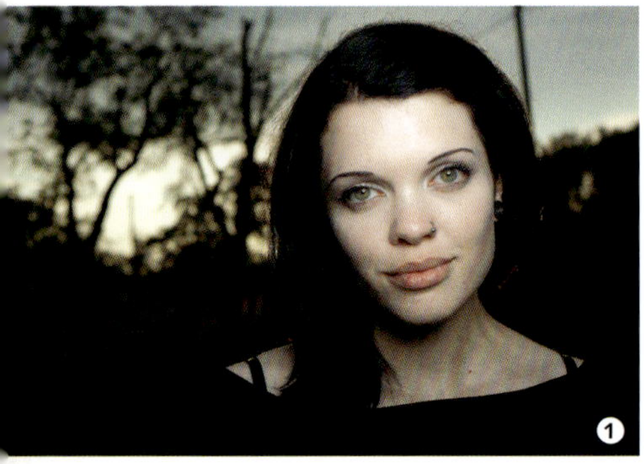

▲ **Abbildung 7.69**
Hauptlicht und Himmel sind in Ordnung, der Schatten unter dem Kinn ist aber zu hart und der Hintergrund zu dunkel.
50 mm | f7,1 | 1/200 s | ISO 50

Die erste Testaufnahme ❶ zeigt, dass das Hauptlicht gut ist und der Himmel wie gewünscht. Für ein zweites Bild wird ein Blitz mit einem Durchlichtschirm links unter dem Model positioniert, um die Schatten aufzuhellen.

Die Aufnahme ❷ ist etwas zu stark aufgehellt, so dass der aufhellende Blitz nun etwas reduziert wird, damit das Hauptlicht deutlicher wird. Der Hintergrund ist noch zu scharf und bis auf den Himmel zu dunkel. Um den Hintergrund aufzuhellen, ohne durch eine längere Belichtungszeit gleichzeitig einen zu hellen Himmel zu erhalten, wird ein dritter Blitz hinter dem Model aufgebaut, der nach hinten blitzt.

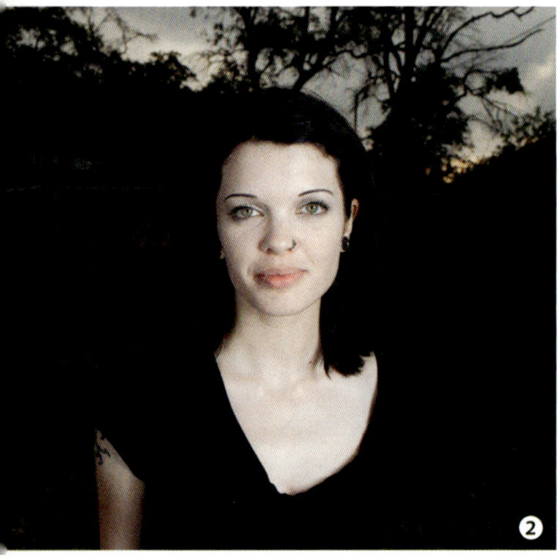

▲ **Abbildung 7.70**
Die Aufhellung ist ein wenig zu stark, funktioniert ansonsten aber gut. Der Hintergrund ist wie erwartet zu dunkel.

Die Brennweite wird auf 85 mm gewechselt, um eine schönere Abbildung und eine geringere Schärfentiefe zu erhalten. Da der Himmel inzwischen dunkler geworden ist, werden die Blitze heruntergeregelt und die Blende wird weiter geöffnet ❸.

In diesem Beispiel bestand der dritte Blitz hinter dem Model zwar aus einem Hensel Porty Generator mit Blitzkopf, den gleichen Effekt hätten Sie allerdings auch mit einem dritten Aufsteckblitz erzielt. Ich habe den Porty nur verwendet, weil ich keinen dritten Funkauslöser dabei hatte und den Generator mit der eingebauten Fotozelle auslösen konnte.

Die Aufnahmedaten noch einmal zusammengefasst:

- Hauptlicht: Canon 580 EX II mit Aurora Firefly Beauty Box 48 cm, Leistung 1/8, rechts vorn über dem Model
- Aufhellung: Canon 430 EX II mit weißem Durchlichtschirm 84 cm, Leistung ca. 1/16, von schräg links
- Hintergrundlicht: Hensel Porty 1200 mit Normalreflektor, Leistung ca. 100 J
- Aufsteckblitze funkausgelöst, Porty per Fotozelle

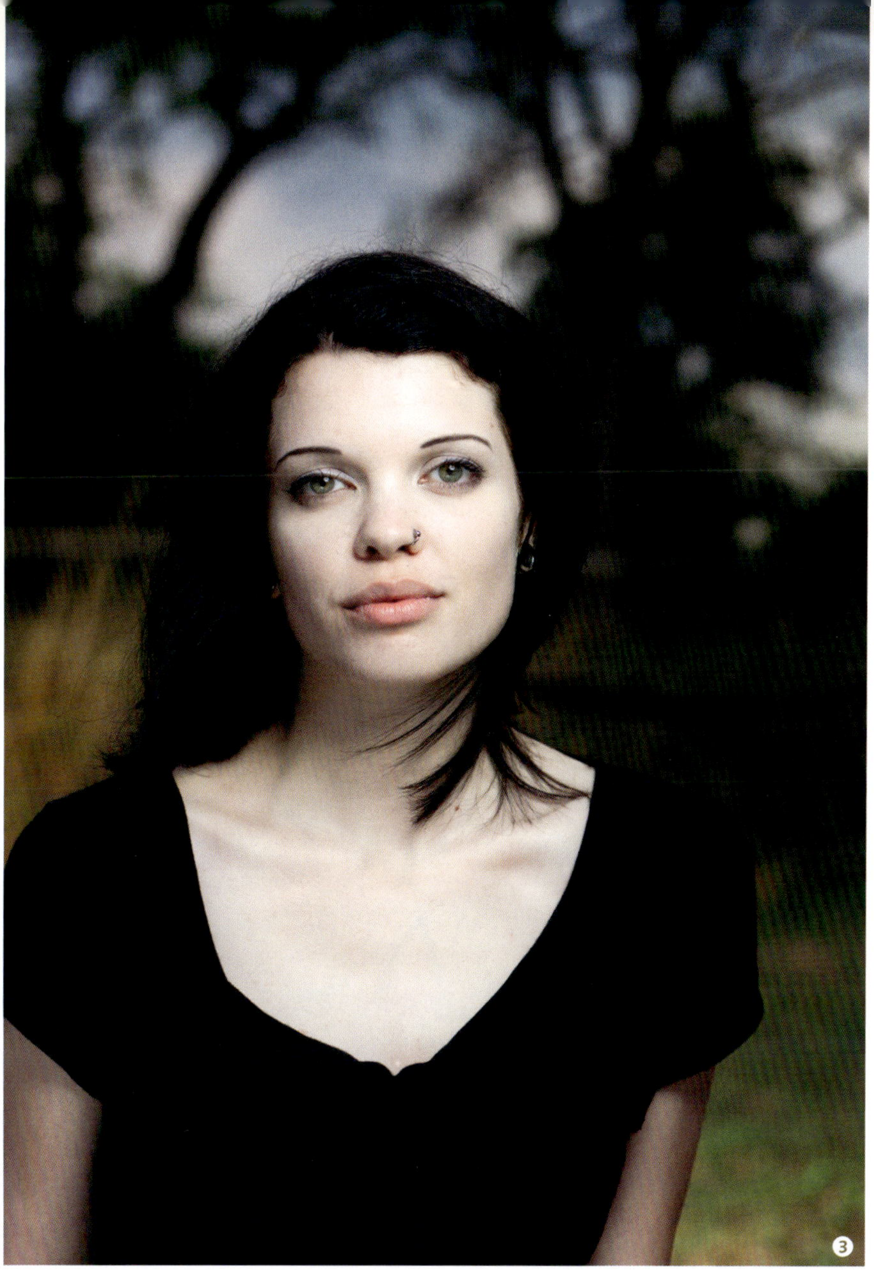

▲ **Abbildung 7.71**
Der Hintergrund ist nun ausgewogener beleuchtet und nicht mehr zu scharf. Das Licht ist weich, aber seine Hauptrichtung noch gut zu erkennen.

85 mm | f4,5 | 1/125 s | ISO 100

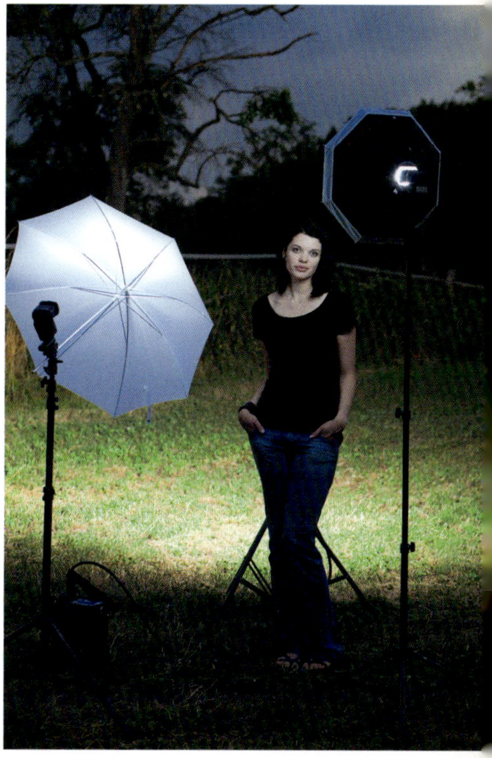

▲ **Abbildung 7.72**
Der Gesamtaufbau in der Übersicht: ein Fotostudio auf der grünen Wiese.

Die Belichtungsmessung bestand nur aus Testaufnahmen, Erfahrungswerten und Kopfrechnen. Das visuelle Feedback auf dem Display ist so gut, dass ich bei kleineren Aufgaben meine Belichtungsmesser zu Hause lasse. Sie werden feststellen, dass Sie, wenn Sie häufiger Blitzaufbauten machen, die Blitze so einstellen können, dass nur noch wenige Korrekturen notwendig sind.

7.12 Fazit

Blitzlicht zu verwenden, ist eine sehr grundsätzliche Entscheidung. Oft ist es besser, auf den Blitz zu verzichten und ausschließlich das natürliche Licht zu nutzen. Wenn Sie aber den Blitz einsetzen, dann verstehen Sie ihn bitte nicht als Nothelfer für zu dunkle Lichtsituationen. Sehen Sie in ihm vielmehr die Freiheit, eigenes Licht zu setzen und zusätzliche Gestaltungsmöglichkeiten zur Auswahl zu haben.

Für eine schnelle, reportagehafte Arbeitsweise ist der Blitz direkt auf der Kamera gut aufgehoben. Wenn Sie aber Porträts oder Stilleben fotografieren, werden Sie mit einem entfesselten Blitz viel bessere Ergebnisse erzielen. Wenn Sie dann auch noch einen günstigen Lichtformer wie einen Schirm

▼ Abbildung 7.73
Das unwirkliche grüne Scheinwerferlicht von oben wird durch einen Wanderblitz ergänzt. Die extreme Lichtsituation zeigt, dass Sie selbst mit nur einem Blitz eine große Freiheit in der Lichtsetzung haben, solange es nur dunkel genug ist.
12 mm | f10 | 30 s | ISO 100

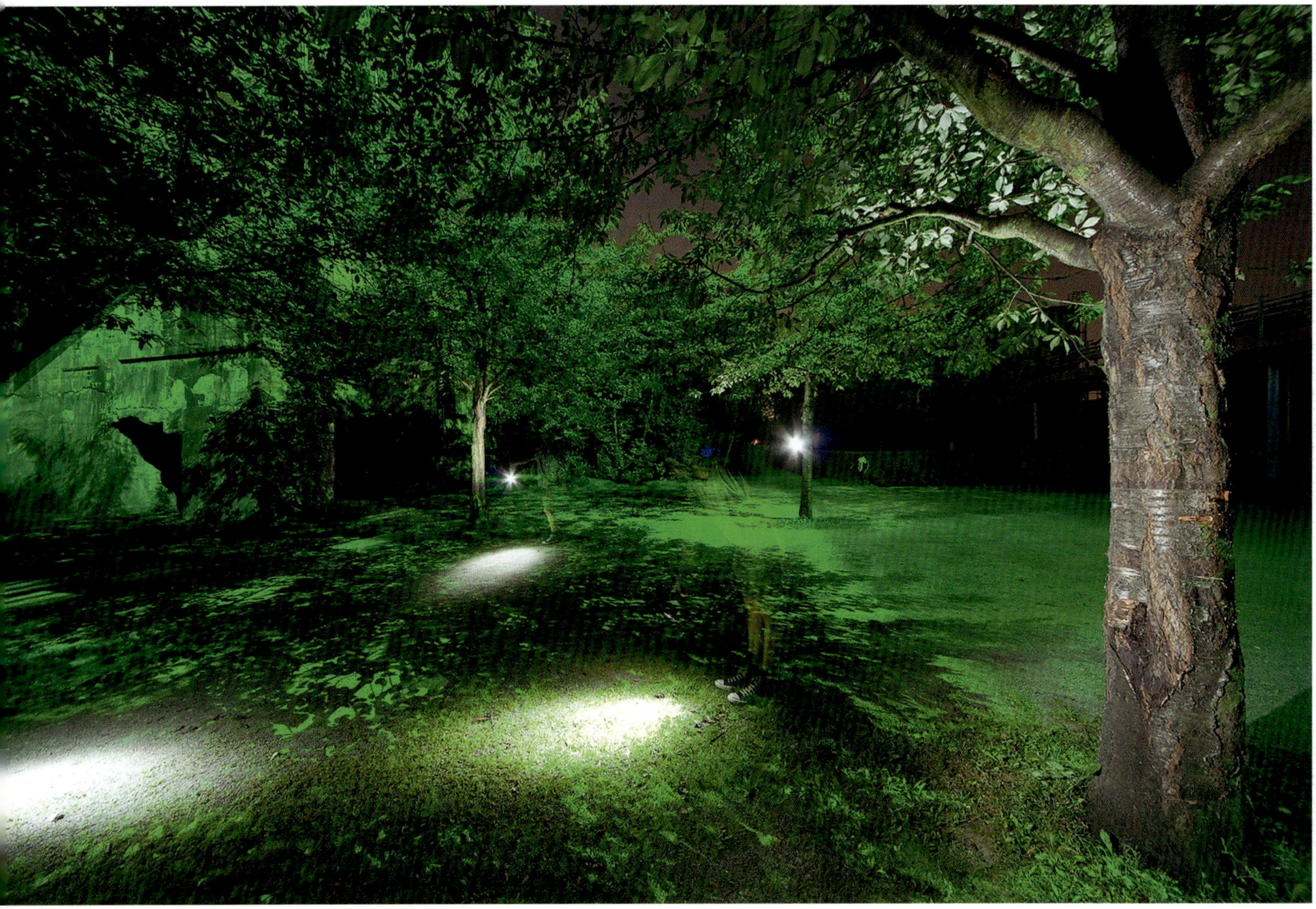

oder eine kleine Softbox verwenden, können Sie bereits mit Aufsteckblitzen eine schöne Fotostudio-Anmutung hinbekommen. Und das auch im Freien, fern von jeder Steckdose und ohne viel Gewicht. In Makrobereich reicht schon ein kurzes Kabel und ein Blitzreflektor, um in der Lichtgestaltung frei zu sein.

Die Digitalfotografie hat das Blitzen sehr stark vereinfacht. Während ich früher mit der Großbildkamera bei Blende 16,5 und ISO 100 mindestens zwei 1200 J Generatoren mitnehmen musste, komme ich heute häufig mit 1–4 Aufsteckblitzen aus, die per E-TTL oder Funk ausgelöst werden. Ich kann mit höheren ISO-Werten und offeneren Blenden arbeiten und jede Aufnahme im Display kontrollieren. Einstelllicht ist deswegen nicht mehr ganz so wichtig, wenngleich es weiterhin zu den großen Vorteilen von Studioblitzen gehört. Wenn ohnehin per Funk ausgelöst wird, reichen auch alte gebrauchte Blitze für wenig Geld. Beim Lichtsetzen ist es wie beim Fotografieren auch: Das Ergebnis wird besser, wenn Sie sich vorher überlegen, welche Elemente als wesentlich hervorgehoben werden sollen, und wenn Sie den Hintergrund nicht aus den Augen lassen.

ANREGUNGEN

1. Fotografieren Sie eine Person oder ein Objekt in einem abgedunkelten Raum. Versuchen Sie möglichst unterschiedliche Lichtsituationen mit nur einem Blitzgerät zu realisieren. Sie dürfen den Blitz von Hand auslösen und Hilfsmittel aller Art verwenden.
2. Loten Sie die Grenzen der Blitzreichweite aus. Gehen Sie dazu nachts nach draußen, öffnen Sie die Blende weit, und stellen Sie einen hohen ISO-Wert ein. Blitzen Sie manuell mit voller Kraft. Wenn die Luft vor der Kamera zu hell wird, nehmen Sie den Blitz von der Kamera, und blitzen Sie von Hand, während der Verschluss offen ist.
3. Suchen Sie sich einen spannenden Ort, an dem Sie nachts mit Wanderblitz ein interessantes Bild aufnehmen. Achten Sie auf Ihre Sicherheit, nehmen Sie zusätzlich eine Taschenlampe mit, falls es zu dunkel ist, um den Weg gut zu erkennen. Am besten verwenden Sie einen feststellbaren Kabelauslöser, um mit Belichtungszeiten über 30 s arbeiten zu können.
4. Basteln Sie sich eine Konstruktion, mit der Sie das Blitzlicht möglichst weich bekommen. Das kann Papier sein, das vor dem Blitz mit Tesafilm zu einem Bogen geformt wird, oder ein Reflektor, der viel von dem nach oben gerichteten Blitzlicht nach vorne wirft (nur mit Schwenkreflektor).
5. Stellen Sie eine Person vor einen Hintergrund. Gehen Sie einmal mit dem Blitz sehr nah heran, einmal sehr weit weg. Betrachten Sie den Unterschied in der Helligkeitsverteilung zwischen Vorder- und Hintergrund.
6. Versuchen Sie sich in der Kurzzeitfotografie. Sie müssen dafür den Blitz auf eine sehr kleine Stufe stellen oder dafür sorgen, dass die Automatik ihn weit herunterregelt. Fotografieren Sie ein Motiv, das sich mit bloßem Auge nicht erfassen lässt. Achten Sie darauf, dass das Umgebungslicht nicht zu hell ist.
7. Zwingen Sie sich, in einer Situation, in der Sie sonst immer blitzen würden, ganz ohne Ihr Blitzgerät auszukommen. Verwenden Sie umgekehrt auch dann einmal den Blitz, wenn Sie ihn eigentlich in der Tasche lassen würden. So gewöhnen Sie sich daran, den Blitz nicht mehr nur als Hilfsmittel für schwaches Licht wahrzunehmen.

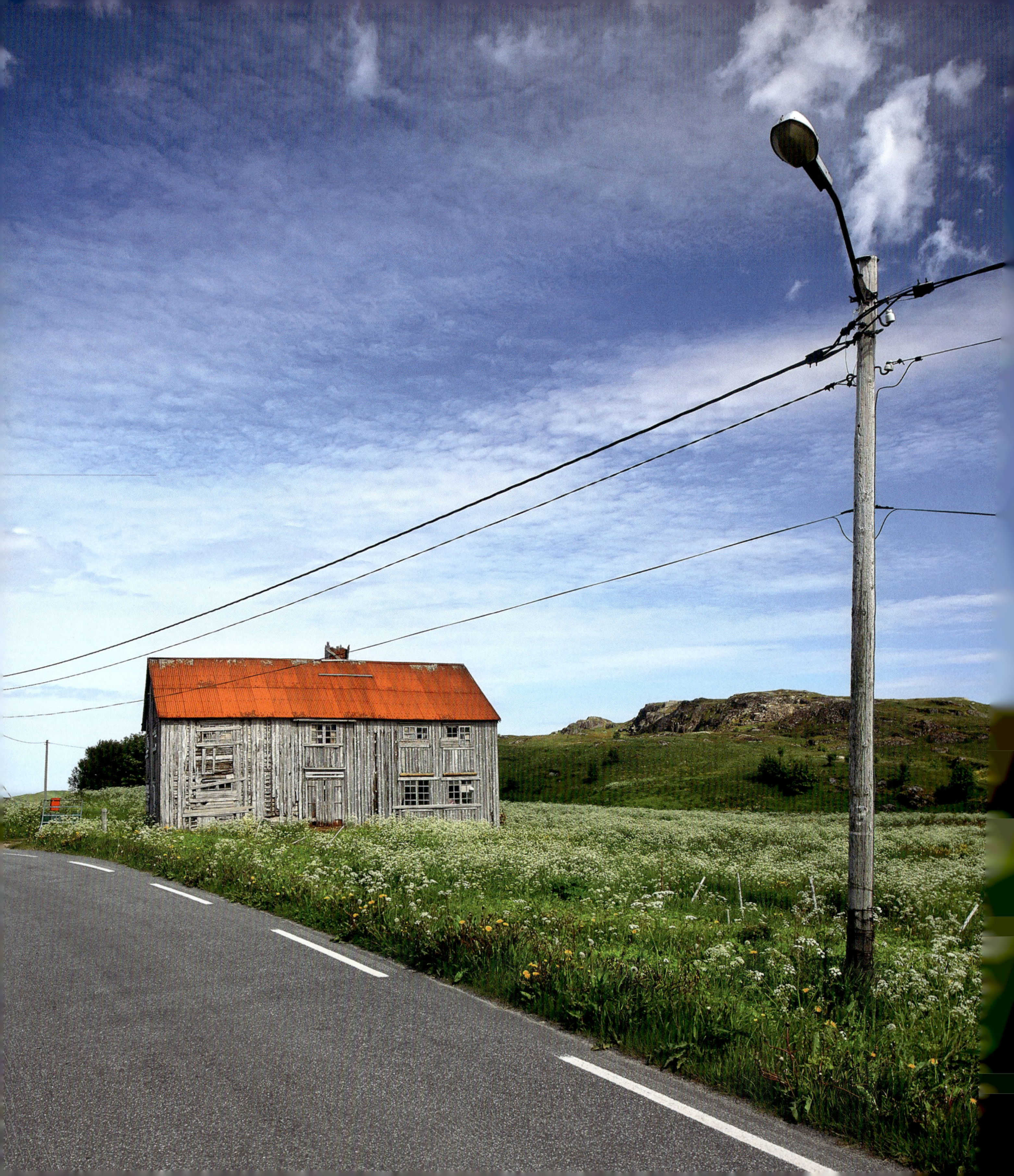

8 Bildgestaltung

8.1 Grundlagen

Bildgestaltung ist nicht nur ein Mittel, um ein Foto schöner erscheinen zu lassen, sondern sie ist hauptsächlich dazu da, ein Bild verständlich und emotional erfahrbar zu machen. Wenn Sie sich fragen, warum sich der Betrachter das Bild später ansehen soll, und Sie diesen Grund dann visuell auf den Punkt bringen, haben Sie den richtigen Ansatz für die Gestaltung. Dabei kann dieser Grund auch eine emotionale Reaktion Ihrerseits auf das Motiv sein, etwas, dass sich vielleicht gar nicht in Worte fassen lässt. Aber das muss es auch nicht, ein Bild sagt nicht nur »mehr als tausend Worte«, sondern kann auch etwas ausdrücken, was sich nicht oder nur von begabten Dichtern sagen ließe.

Sie müssen ein Motiv nicht nur erkennen, sondern es auch umsetzen können. Dabei hilft Ihnen eine bewusste Bildgestaltung und die Beschäftigung mit der Wahrnehmung. Die erste Entscheidung bei der Bildgestaltung ist die, was überhaupt aufs Bild kommt und was nicht. Häufig reduziert diese Entscheidung die Anzahl der Anordnungsmöglichkeiten schon gewaltig. Alles, was stört, soll nicht mit aufs Bild, aber auch alles, was nicht zur Bildwirkung beiträgt. Albert Einstein sagte einmal: »Man soll die Dinge so einfach machen wie möglich, aber nicht einfacher.« Das ist auch in der Gestaltung ein sehr gutes Motto.

Ein ganz wesentliches Gestaltungsmittel fehlt in diesem Kapitel: Licht. Das Thema Licht hat genau wie Farbe und Belichtung ein eigenes Kapitel erhalten, und dort werden auch die gestalterischen Aspekte behandelt (siehe Seite 205).

8.1.1 Kunstgeschichte

Noch im Spätmittelalter gab es auf Gemälden keine korrekte Perspektive, und die Größenverhältnisse der Personen waren hauptsächlich von ihrer Wichtigkeit bestimmt. Dabei sollten Sie nicht unbedingt davon ausgehen, dass die Menschen es damals einfach nicht besser konnten, sondern eher

◂◂ **Abbildung 8.1**
Der einfache Bildaufbau lässt das Bild fast schon unwirklich erscheinen. Der Blick wird durch die Kabel und Straßenmarkierung zum Haus geführt, bleibt aber beweglich im Dreieck von Haus, Laterne und Straße.
23 mm | f13 | 1/100 s | ISO 200 | Polfilter

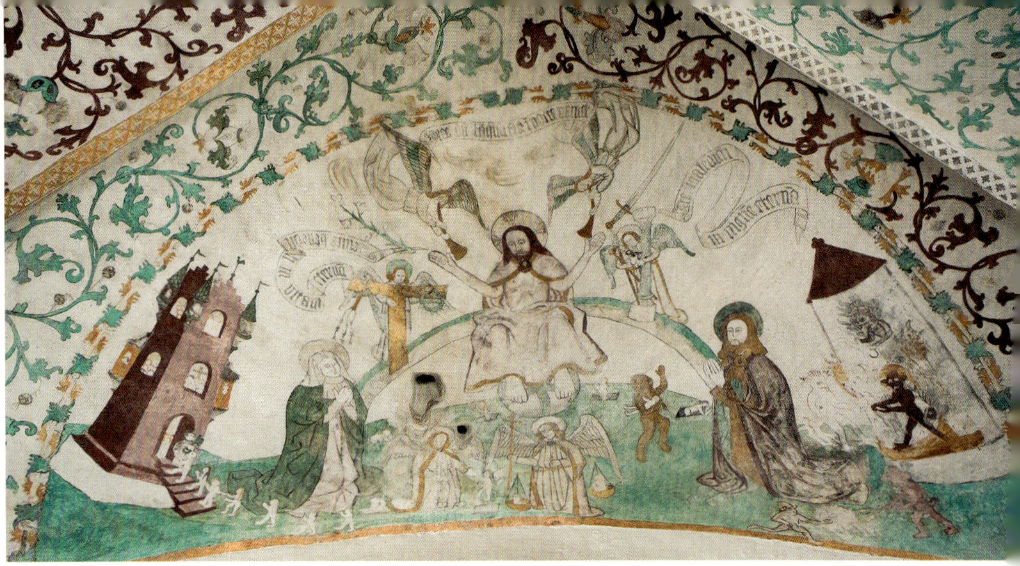

Abbildung 8.2 ▶
Eine Kalkmalerei aus der Kirche von Broager zeigt den Tag des jüngsten Gerichts (circa 1500–1525). Der Bildaufbau ist typisch für das ausgehende Mittelalter, trotzdem verstehen wir die Darstellung auch 500 Jahre später sehr gut.

davon, dass eine perspektivisch korrekte Darstellung weniger wichtig war und eine wissenschaftliche Denkweise – wie später in der Renaissance – überhaupt nicht dem Geist der Zeit entsprach. Und obwohl die Menschen in einer völlig anderen Zeit lebten und ganz anders dachten, werden Sie trotzdem beim Betreten einer romanischen oder gotischen Kirche den Eindruck großer Harmonie und Schönheit empfinden.

FIBONACCI-FOLGE

Die Fibonacci-Folge beginnt mit 0 und 1. Jede weitere Zahl der Folge ist die Summe der beiden vorhergehenden. 0 und 1 ergibt 1, 1 und 1 ergibt 2, 1 und 2 ergibt 3 usw.:

0, 1, 1, 2, 3, 5, 8, 13, 21, 34, 55, 89, 144, 233, 377, 610, 987, 1597, 2584, …

Das Verhältnis benachbarter Zahlen nähert sich dem des Goldenen Schnitts an. Interessanterweise finden Sie diese Zahlenpaare in der Natur recht häufig wieder: Die am weitesten verbreiteten Sonnenblumen haben 55 rechtsdrehende und 34 linksdrehende Spiralen (oder andersherum), seltener sind 21 und 34. Riesensonnenblumen haben 144 und 233 Spiralen. Das ist keine Laune der Natur, sondern eine Folge der Evolution, die Anordnung im »Goldenen Winkel« sorgt für eine optimale Raumnutzung bei gleichzeitig geringer gegenseitiger Abschattung.

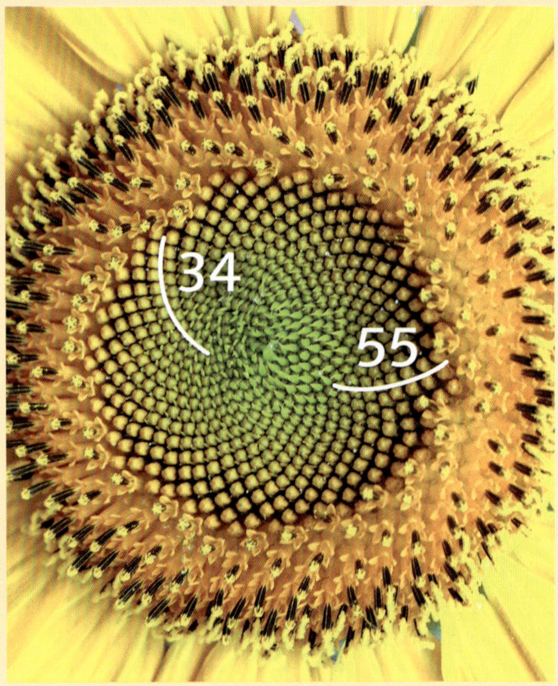

Abbildung 8.3 ▶
Von den flacheren, rechtsdrehenden Spiralen gibt es 34, von den steileren linksdrehenden 55. Solche Verhältnisse, die dem zweier benachbarter Fibonacci-Zahlen entsprechen, finden sich in der Natur häufig.

Bestimmte Elemente der Harmonielehre sind schon seit über 2000 Jahren bekannt, wie zum Beispiel der Goldene Schnitt (siehe Seite 380), wobei diese vielleicht schon vorher intuitiv verwendet wurden. In der Natur finden Sie harmonische Verhältnisse sehr häufig, weil sie dem mathematischen Ideal einer optimalen Konstruktion entsprechen. Ein bekanntes Beispiel ist das Vorkommen der Fibonacci-Folge in der Blüte der Sonnenblume.

Ob Sie es wollen oder nicht, jedes Bild, das Sie zeigen werden, wird in der Wahrnehmung Ihrer Mitmenschen von tausenden Jahren Kunstgeschichte beeinflusst. Selbst wenn sich die Betrachter nicht selbst damit beschäftigt haben, so baut doch ein großer Teil der Bilder, die sie vorher gesehen haben, darauf auf. Unsere Wahrnehmungskonventionen sind beeinflusst von unserer kulturellen Entwicklung. Bestimmte Symbole und Farben haben eine bestimmte Bedeutung, allerdings ist diese Bedeutung kulturabhängig. Da wir uns meistens in einer westlich geprägten Umgebung aufhalten und sich viele touristische Ziele dem angepasst haben, wird uns das oft nicht so bewusst. Aber wenn Sie schon einmal in Asien oder Afrika der einzige Ausländer weit und breit waren, kennen Sie vielleicht das Gefühl des Kulturschocks – eine Situation, in der man von Information überhäuft wird, die man nicht deuten kann, weil sich die Zeichen nicht dekodieren lassen und die Konventionen sich stark vom Gewohnten unterscheiden.

8.1.2 Wahrnehmungspsychologie

In unserer Schrift geht die Leserichtung auf einer Seite von oben nach unten und in einer Zeile von links nach rechts. Deswegen fangen wir meist auch oben links an, ein Bild zu »lesen«. Wenn Sie sich Anzeigen in einer Zeitschrift anschauen, werden Sie feststellen, dass das Logo oder das Produkt fast immer unten rechts abgebildet werden. So will man sichergehen, dass zum Ende der Betrachtung das Wahrgenommene mit dem Produkt verknüpft wird. Im arabischen Sprachraum stehen die Logos häufig unten links, weil die Schrift von rechts nach links läuft.

Eine Diagonale schräg durch das Bildformat wird als fallend wahrgenommen, wenn sie von links oben nach rechts unten führt, und als steigend von links unten nach rechts oben. Die steigende Variante ergibt ein dynamischeres Bild.

Es gibt aber auch eine Menge Einflussfaktoren, die nicht kulturabhängig sind, sondern biologische Gründe haben. Versuchen Sie einmal, während Sie diese Zeile lesen, ein Wort fünf Zeilen weiter zu erfassen, ohne die Augen zu bewegen. Sie merken spätestens dann, wie begrenzt das Sehfeld der

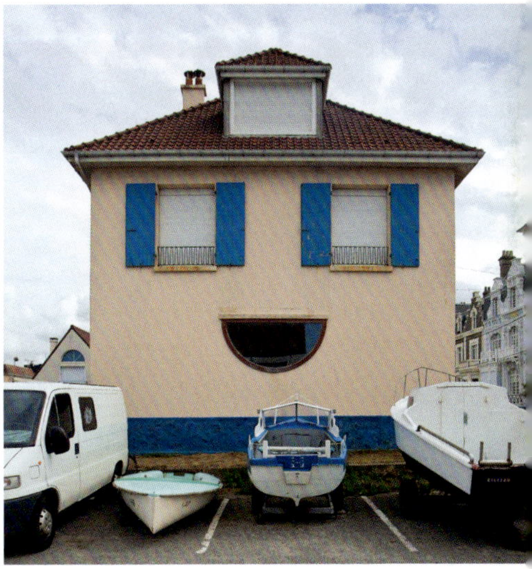

▲ **Abbildung 8.4**
Ein halbkreisförmiges Fenster reicht, um dieses Haus in der Normandie in ein lachendes Gesicht zu verwandeln. Unser Gehirn ist ständig auf der Suche nach Zeichen, Mustern und Bedeutungen.

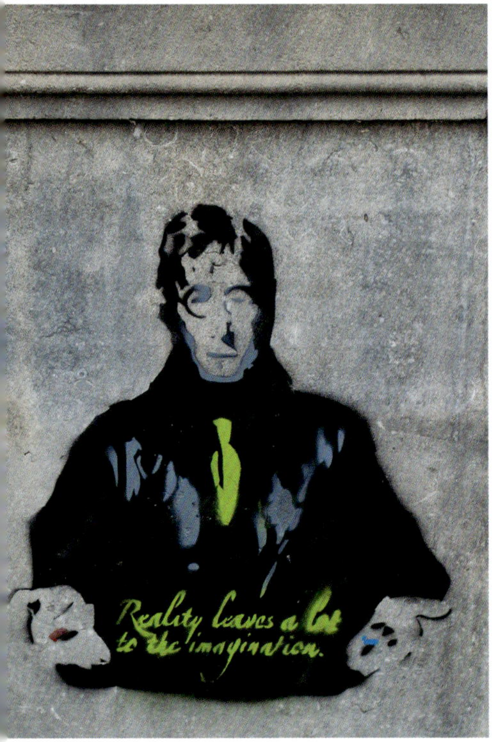

▲ **Abbildung 8.5**
»Die Wirklichkeit überlässt sehr viel der Vorstellung.« sagt John Lennon hier auf einem Graffiti in Amsterdam.

bewussten und scharfen Wahrnehmung ist. Die Augen müssen ständig in Bewegung sein, um ein Bild oder die Wirklichkeit zu erfassen. Unser Gehirn setzt daraus erst ein Gesamtbild zusammen. Härter ausgedrückt: Ihre Wirklichkeit ist von Ihrem Gehirn konstruiert.

Das hat teilweise erschreckende Auswirkungen, wie zwei Versuche zeigen: Im ersten Experiment wird eine Gruppe Menschen zu einem Interview-Termin an eine Straßenkreuzung geladen. Während sie warten, ereignet sich ein simpler, inszenierter Autounfall. Die Personen werden daraufhin einzeln nach Ihrer Zeugenaussage befragt. Die Aussagen unterscheiden sich in Hergang, Autotypen, Farben und allen möglichen Details – dass sich zwei Aussagen decken, ist selten. Der zweite Versuch: In einem Park mit einem Weg in der Mitte fragt ein Passant einen anderen nach dem Weg zu einer Sehenswürdigkeit. Während der zweite etwas erklärt, kommen zwei Männer, die eine Tür vorbeitragen und die zwischen den beiden hindurchgehen. Der erste Passant geht hinter der Tür mit weg, ein dritter kommt hinter der Tür mit und ersetzt den ersten. Diese beiden Personen, die für den Versuchsteilnehmer innerhalb von zwei Sekunden, in denen seine Sicht durch die Tür versperrt ist, ausgewechselt werden, können sich radikal unterscheiden, zum Beispiel in der Größe, in der Farbe der Kleidung und im Geschlecht und trotzdem bekommt ein großer Teil der Versuchsteilnehmer diesen Wechsel nicht mit, sondern geht von der Identität der beiden Personen aus und erklärt einfach weiter den Weg. Und diese Versuche betreffen nur die Gegenwart oder unmittelbare Vergangenheit, mit Erinnerungen an die entferntere Vergangenheit sieht es noch schlimmer aus: Man hat festgestellt, dass Menschen Vorkommnisse aus Büchern oder Filmen als ihre eigenen ausgeben, weil sich diese in der Erinnerung mit den realen Ereignissen vermischt haben.

Trotzdem sind die Leistungen unseres Gehirns sehr beachtlich, häufig reicht ein kleiner Bruchteil einer Sekunde, um Dinge zu erkennen, und wir können in Gefahrensituationen oft extrem schnell reagieren. Unser Gehirn ist sehr gut anpasst an unser Leben, aber wir dürfen nicht der Illusion erliegen, es könnte objektiv Wahrheit feststellen oder uns ein unverfälschtes Bild der Wirklichkeit vermitteln.

Was bedeutet das aber nun für den Fotografen? Um verstanden zu werden, müssen Sie Bilder schaffen, die sich gut wieder zusammensetzen lassen und die sich visuell klar ausdrücken. Sie müssen damit rechnen, dass unterschiedliche Betrachter Ihre Bilder unterschiedlich interpretieren werden, umso mehr, wenn sie einem anderen Kulturkreis verbunden sind. Trotzdem dürfen Sie in Ihrer Ausführung nicht zu »platt« werden, weil ein schlechtes Bild wahrscheinlich innerhalb einer Drittelsekunde erkannt wird und sich der

Betrachter dann anderem zuwendet. Und Sie müssen sich im Klaren darüber sein, dass das, was Ihr Gehirn aus Ihrer eigenen Wahrnehmung zusammenbaut, sich nicht automatisch zu einem ebenso klaren Foto zusammenfügen wird. Dafür ist ein bewusster Prozess notwendig, in dem Sie zunächst Ihre Wahrnehmung auseinandernehmen müssen, um sie anschließend wieder zu einem guten Bild zusammenzusetzen.

Ein Beispiel: Sie sehen eine interessante Person in einer Stadtlandschaft und schießen einfach spontan ein Foto. Wenn Sie später das Foto sehen, werden Sie feststellen, dass die Person viel zu klein abgebildet ist und dass ihr ein Verkehrsschild aus dem Kopf zu wachsen scheint. Außerdem ist der Gesichtsausdruck sehr schlecht eingefangen. Wie kommt das? Erstens haben Sie sich während der Aufnahme so auf die Person konzentriert, dass Sie den Rest ausgeblendet haben und sie Ihnen im Verhältnis zum Umfeld größer erschien – der Bildwinkel der bewussten Wahrnehmung ist nämlich sehr klein. Die Kamera hingegen nimmt das gesamte Bildfeld ohne Gewichtung ganz neutral auf. Den Hintergrund können Sie besser ausblenden, weil Sie dreidimensional sehen, die Kamera aber nur zweidimensional. Zweitens sehen Sie das Bild in Bewegung, und Sie nehmen die prägnanten Momente der Mimik wahr, die Kamera hingegen nimmt einen beliebigen Moment auf, in dem die Person vielleicht gerade blinzelt oder sich zwischen zwei Gesichtsausdrücken befindet, ein Moment, den wir nicht bewusst erfassen. Lassen Sie mich das kurz zusammenfassen:

- Das, was ist, und das, was Sie wahrnehmen, sind zwei unterschiedliche Dinge.
- Das, was Sie wahrnehmen, und das, was Sie fotografieren, sind zwei unterschiedliche Dinge.
- Es ist normal, misslungene Fotos zu machen.
- Um gute Bilder zu machen, müssen Sie die wesentlichen Punkte des Wahrgenommenen bewusst erfassen und wieder zu einem Bild zusammensetzen. Fotografie ähnelt damit einem Übersetzungsvorgang.

Wenn Sie nun vermuten, dass aber vielleicht das, was ist, und das, was fotografiert wird, übereinstimmen kann, dann entdecken Sie andere Abgründe: Die Tatsache der Beobachtung verändert die Wirklichkeit, und dies ist schon auf submikroskopischer Ebene der Fall – das ist ein Naturgesetz aus der Quantenphysik. Sie werden in Ihrem persönlichen Umfeld allerdings auch schon die Erfahrung gemacht haben, dass sich die Situationen und das Verhalten der Menschen komplett verändern, sobald eine Kamera ins Spiel kommt. Das hat zwar weniger mit Physik zu tun, steht aber dem neutralen Erfassen der Geschehnisse im Weg.

▼ Abbildung 8.6
Vermutlich werden viele Leser den Fußabdruck als erhaben wahrnehmen, obwohl Fußabdrücke immer eingedrückt sind. Das Gehirn interpretiert das Licht aber unabhängig von diesem Wissen. Das Motiv richtig zu sehen, erfordert eine große Konzentration, wenn man es zuerst falsch wahrgenommen hat.

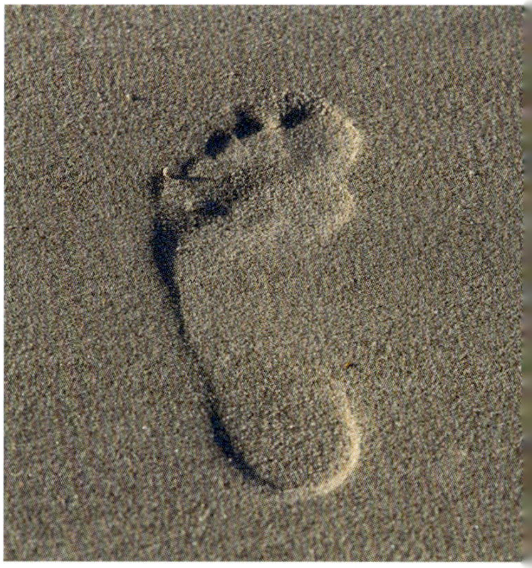

8.1.3 Auge

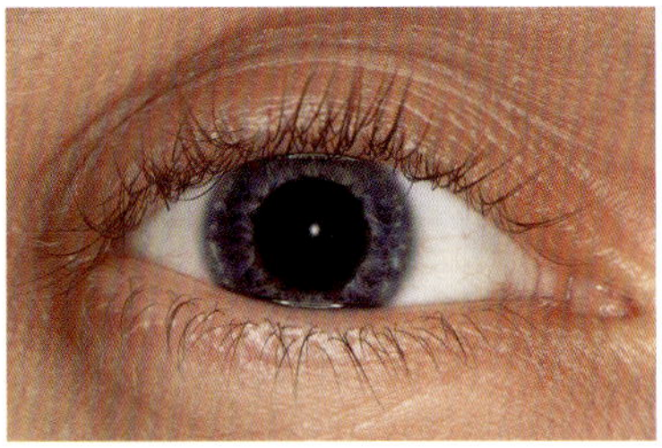

▲ **Abbildung 8.7**
Vielleicht werden Sie Ihrem Auge eher gerecht, wenn Sie es weniger als optisches Instrument und mehr als den vorderen Teil Ihres Gehirns sehen.

Sie hören oft, dass ein 50-mm-Objektiv dem Auge am nächsten kommt, weil es die Perspektive ähnlich abbildet und dem Bildwinkel des Auges entspricht. Es stimmt, dass in diesem Bereich der natürlichste Eindruck erzielt wird, aber die Wahrheit ist – wie immer – komplizierter.

Wenn Sie Ihre Finger seitlich neben den Kopf halten und schauen, ab wann Sie sie sehen können, werden Sie feststellen, dass Ihre Augen einen Bildwinkel von circa 180° erfassen können. Dort außen ist die Wahrnehmung aber weder besonders detailliert, noch können Sie dort Farben bestimmen, wenn zum Beispiel ein unbekannter Gegenstand von einer anderen Person in Ihr Bildfeld geschoben wird. Das wird nach innen hin besser, aber der wirklich scharfe Bereich, mit dem Sie die Detailinformationen erfassen und jetzt diese Zeilen lesen, ist winzig. Der Punkt des schärfsten Sehens auf der Netzhaut, die Fovea centralis – auch Sehgrube genannt –, deckt nur einen

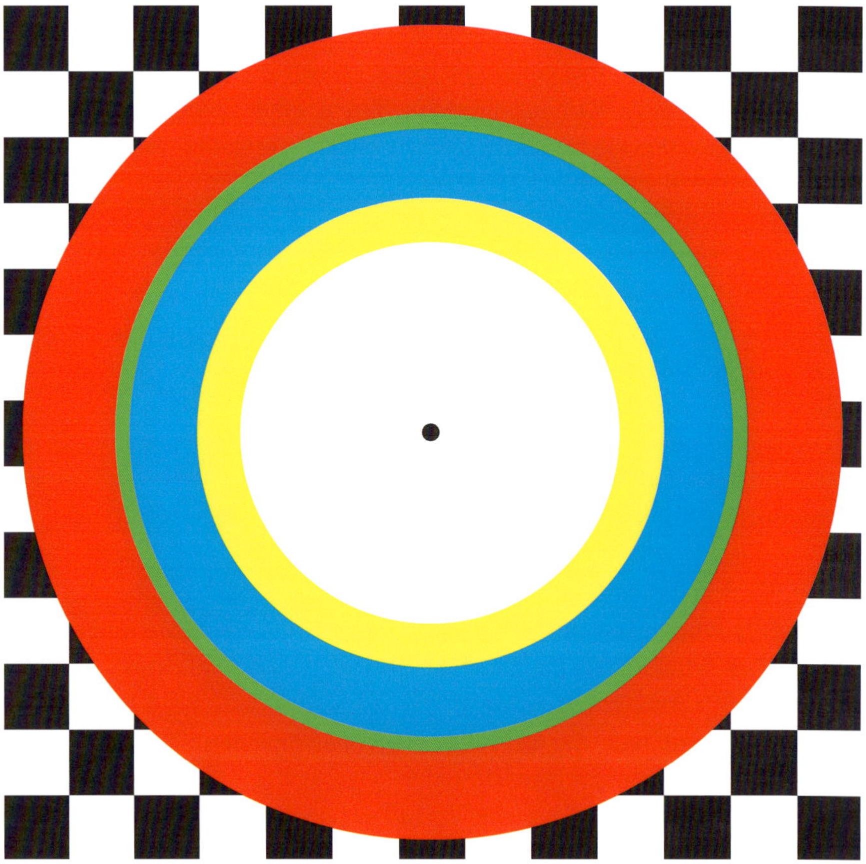

Abbildung 8.8 ►
Dass die Augen nicht einfach nur die Realität abbilden und wie wichtig die Bewegungen der Augen sind, können Sie mit diesem kleinen Experiment nachvollziehen: Starren Sie unbewegt auf den schwarzen Punkt in der Mitte, und versuchen Sie dabei, für circa eine Minute die Augen nicht zu bewegen (Blinzeln ist erlaubt). Das Bild wird sich verändern, und Ringe werden verschwinden oder zu einem werden. Danach können Sie auf eine weiße Fläche schauen: Sie sehen dann das Negativ dieses Testbilds als Nachbild. Blinzeln verstärkt diesen Effekt.

◂ **Abbildung 8.9**
Halten Sie sich das rechte Auge zu, und fixieren Sie mit dem linken den Stern. Verändern Sie dann langsam Ihre Entfernung zur Grafik. Bei circa 30 cm Abstand wird der schwarze Kreis verschwinden und durch den magentafarbenen Hintergrund ausgefüllt werden.

Sehwinkel von 1,2–1,4° ab, und das ist weniger, als ein 1000-mm-Teleobjektiv abbildet.

Das Auge »scannt« also den Bereich des bewussten Sehens ständig ab und erfasst immer nur winzige Bereiche scharf. Diese werden im Gehirn mit Hilfe des Gedächtnisses zusammengesetzt. Sehen ist also eher ein kognitiver als ein optischer Vorgang und unterscheidet sich grundlegend vom Fotografieren. Den Effekt, der im Experiment mit den farbigen Kreisen gezeigt wird, können Sie auch in Ihrem normalen Umfeld feststellen. Wenn Sie zum Beispiel im Bett liegen, den Feuermelder an der Decke fixieren und die Augen nicht bewegen, werden langsam von außen alle Details in Ihrem Bildfeld verschwinden. Falls Sie keinen Feuermelder haben, kaufen Sie heute einen, und wiederholen Sie das Experiment morgen (das ist das einzige Experiment in diesem Buch, das Ihr Leben retten kann).

▾ **Abbildung 8.10**
Obwohl es Ihnen nicht so vorkommen wird, gibt es in diesem Bild nur senkrechte und waagrechte Kanten. Testen Sie das ruhig mit einem Lineal. Durch die Verstärkung von Kanteneffekten im Auge wirkt das Bild allerdings ziemlich verbeult (Bild: Bernard Ladenthin).

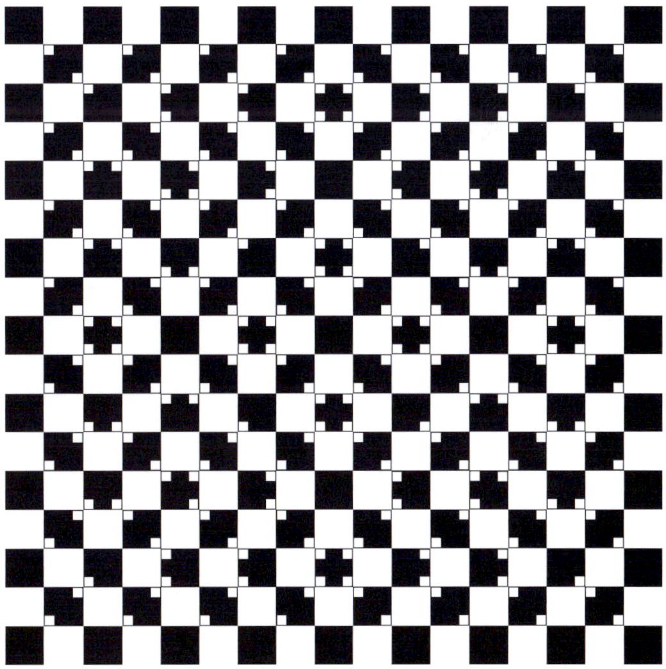

Es gibt einen Bereich in Ihrem Auge, den sogenannten blinden Fleck, in dem Sie gar nichts sehen können, weil dort die Nervenbahnen aus der Netzhaut treten und sich dort keine Sehzellen befinden. Trotzdem merken Sie davon nichts, wenn Sie nicht einen extra auf diese Tatsache abgestimmten Test ausführen. Das Gehirn ergänzt den Bereich einfach, ohne dass Sie es merken, ähnlich wie mit dem Reparaturpinsel in Photoshop.

Im Auge selbst sind die Sehzellen schon miteinander verschaltet, so dass bestimmte Eigenschaften einer Ansicht verstärkt werden, wie zum Beispiel 45°-Winkel. Das führt allerdings auch zu einer Vielzahl von optischen Täuschungen.

Es gibt eine Vielzahl unterschiedlicher optischer Täuschungen und jede Menge interessanter

Effekte, die die menschliche Wahrnehmung betreffen. Eine Bildersuche im Internet nach »optical illusions« wird Ihnen eine unterhaltsame Zeit bescheren, noch spannender ist es aber, sich in das Thema einzulesen und sich mit den Gründen für diese Täuschungen zu beschäftigen. Das würde hier zu weit führen, aber die eigene Wahrnehmung und ihre Fallgruben besser zu verstehen, ist für einen Fotografen auf jeden Fall sinnvoll.

▼ Abbildung 8.11
Bei diesem Bild habe ich mich zwischen Blitzkopf und Model gestellt, um die düstere Atmosphäre des Ortes zu verstärken.

12 mm | f5,6 | 1/8 s | ISO 800 | APS-C-Sensor | portable Blitzanlage mit Normalreflektor

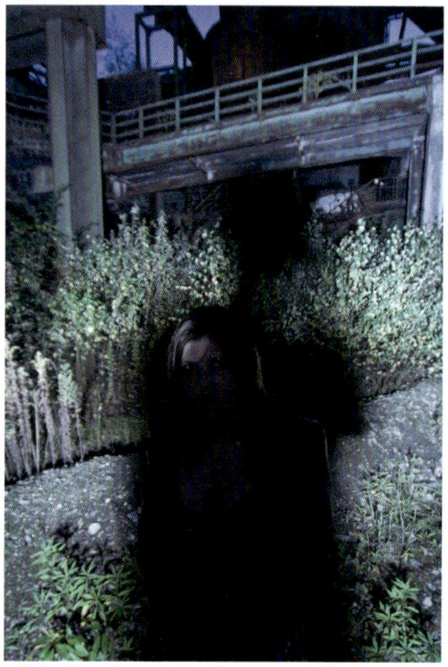

GESTALTUNGSABSICHT

Beim World Press Photo Award 2010 wurde ein Preisträger disqualifiziert, weil er einen hellen Fleck hinter einer bandagierten Hand wegretuschiert hatte. Wenn er dasselbe Bild bei einer Werbeagentur eingereicht hätte, hätte diese selbstverständlich erwartet, dass er dieses störende Element entfernt, so aber brachte ihn die nur kleine Manipulation um einen der renommiertesten Preise für die Reportagefotografie. Die richtige Gestaltung hängt also sehr stark vom Einsatzzweck eines Fotos ab: Was in der Werbung selbstverständlich ist, kostet Sie in der Reportage den Kopf, die Idealisierung in der Beautyfotografie widerspricht den Zielen der Porträtfotografie, und die Freiheiten in der Kunstfotografie stoßen in anderen Bereichen nur auf Unverständnis. Ihre Gestaltungsmittel müssen also dem Gestaltungszweck angemessen sein. Die Frage »Wie mache ich das?« kommt erst nach »Was will ich?«

8.1.4 Regeln brechen

Es gibt in der Fotografie eine Menge Regeln und Anweisungen. Vergessen Sie niemals, dass Sie alle davon brechen dürfen. Oft wird ein Bild gerade deshalb treffend, weil Sie sich über diese Regeln hinweggesetzt haben.

Viele Ergebnisse entstehen zufällig oder haben Ihre Ursache in technischen Fehlern. Das muss nicht schlecht sein, denn manchmal entsteht dabei etwas Neues, das eine eigene Qualität hat. Wenn ein Bild gut ist, dann ist es nicht wichtig, ob Sie es genau so gewollt haben, oder ob etwas passiert ist,

Abbildung 8.12 ►
Nach einer Weile schienen die Menschen auf der gegenüberliegenden Seite der Rolltreppe der Moskauer Metro schräg zu stehen, und ich beschloss, das auch so zu fotografieren.

32 mm | f4,0 | 1/80 s | ISO 1 600

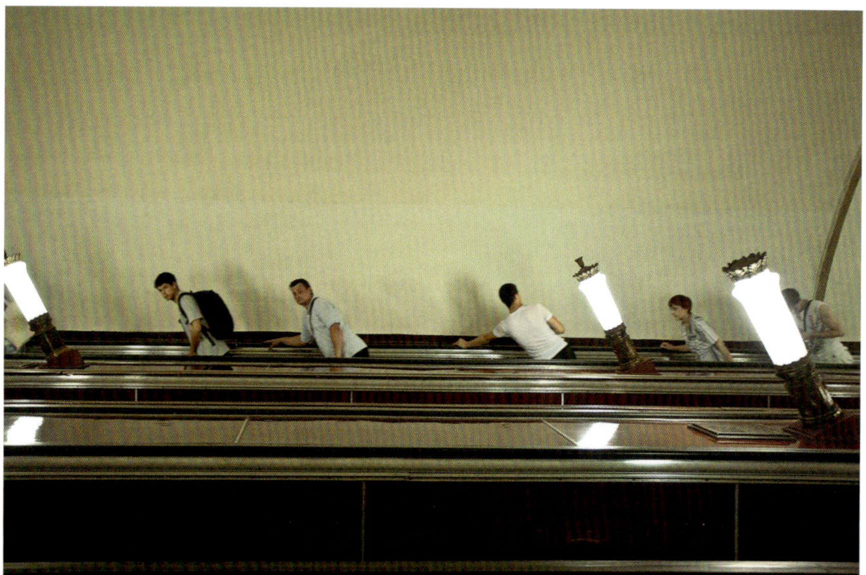

dessen Qualität Sie erkannt haben. Sie können dem Zufall bewusst mehr Platz einräumen, wenn Sie beim Fotografieren nicht durch die Kamera schauen. Erstens werden dadurch neue Perspektiven möglich, zweitens ergeben sich manchmal Bildaufbauten, die spannend sind und etwas gewagter, als Sie sie bewusst herbeiführen würden. Es ist in jedem Fall sinnvoll, das Fotografieren aus der Hüfte oder über dem Kopf etwas zu üben, so wissen Sie besser, was Sie auf dem fertigen Bild eingefangen haben werden und können im Ernstfall schnell gut zielen.

Im Einzelfall kann es die Bildaussage unterstützen, wenn Sie sich entscheiden, etwas »falsch« zu machen. Zum Beispiel, dass die Schärfe gerade nicht auf dem Motiv liegt, Sie viel zu lange Belichtungszeiten verwenden oder das Motiv außerhalb des Lichts positionieren.

Auf einem Foto von Duane Michals steht ein Mensch in einer dunklen Unterführung und sein Kopf wird vom Sonnenlicht beschienen. Man erkennt zwar das Umfeld, aber sein Kopf ist so überbelichtet, dass nur eine Lichtwolke zu sehen ist. Das Bild finden Sie unter »illuminated man« und dem Namen des Fotografen leicht im Internet. Manche würden das Bild sofort als misslungen aussortieren, aber mir ist es in den gut 20 Jahren, seit ich es in Hamburg im Museum sah, im Gedächtnis geblieben.

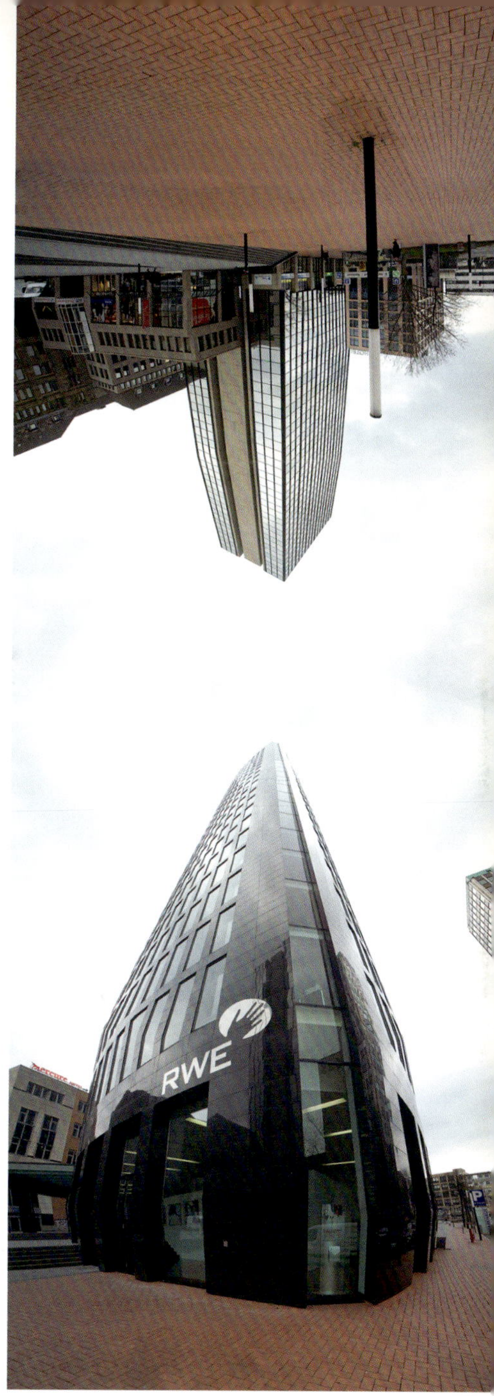

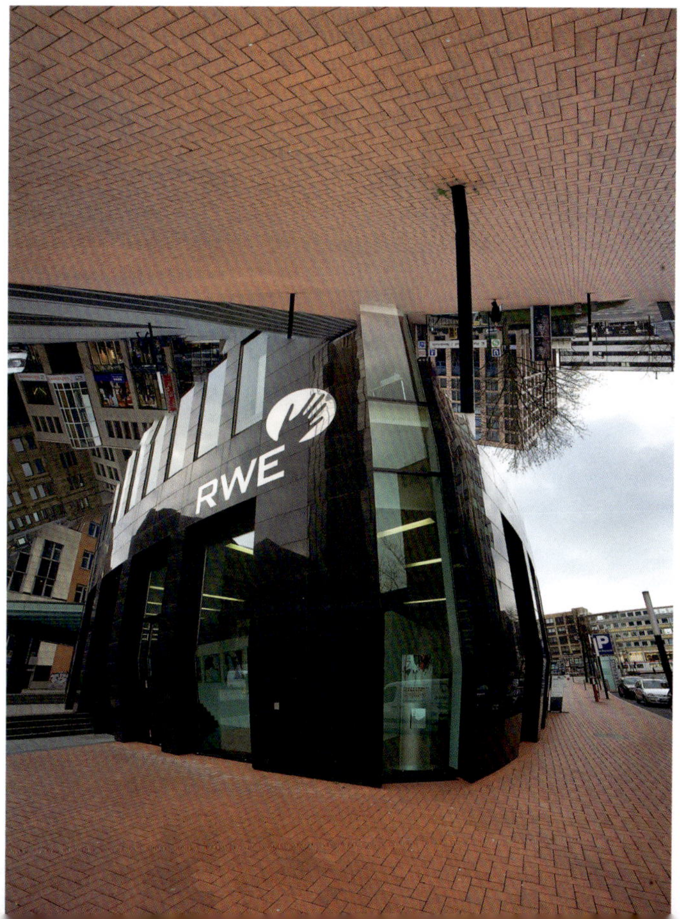

◄▲ **Abbildung 8.13**
Ein Panorama über Kopf ging beim ersten Versuch in Photoshop schief. Ich habe das Bild dennoch aufgehoben, weil es einen ganz eigenen Reiz besitzt.

8.2 Qualitätskriterien

Es ist schwierig, absolute Kriterien für die ästhetische und gestalterische Qualität eines Bildes aufzustellen und jene, die es trotzdem versuchen, sind immer ihrem eigenen kulturellen Kontext unterworfen. Was vor 120 Jahren die Akademiemeinung zur Hochkunst war, spiegelt nicht das wider, was heute kunstgeschichtlich aus dieser Zeit für bedeutend angesehen wird. Bildgestaltung unterliegt Moden, Kulturen haben ihre eigenen Zeichensysteme, und Menschen einen unterschiedlichen Geschmack. Trotzdem werden sich kundige Betrachter weitgehend einig werden, ob ein Bild etwas taugt.

Im Folgenden will ich versuchen, Ihnen Anhaltspunkte für die Kriterien zu geben, wohl wissend, dass ich auch nur ein Kind meiner Zeit bin und vieles in diesem Bereich subjektiv bleibt. Vielleicht ist es einfacher, zunächst die Merkmale eines schlechten Bilds zu bestimmen.

8.2.1 Was schlechte Bilder ausmacht

Ein schönes Beispiel für ein schlechtes Bild, das ich unter dem Titel »motivated business team« in einer Stockfoto-Agentur fand (Abbildung 8.14). Beginnen wir mit den handwerklichen Schwächen: Das Licht funktioniert nicht und sieht eher zufällig als gestaltet aus. Eine Person ist fast komplett im Schatten, da sie auch fast vollständig verdeckt ist, hätte man besser auf sie verzichtet. Die Kleidung sitzt schlecht, gerade bei der Person hinten sieht das Hemd fast schon grotesk verformt aus. Das kühle, schlecht gesetzte Licht ergibt mit dem hellbraunen Hintergrund einen unharmonischen und hässlichen Gesamteindruck. Die Gesichtsausdrücke sind nicht besonders gut eingefangen.

Abbildung 8.14 ▸
Typisches Stockfoto, das leider auch noch handwerkliche Mängel aufweist (Bild: Astock, Nr. 6561518, *www.fotolia.de*).

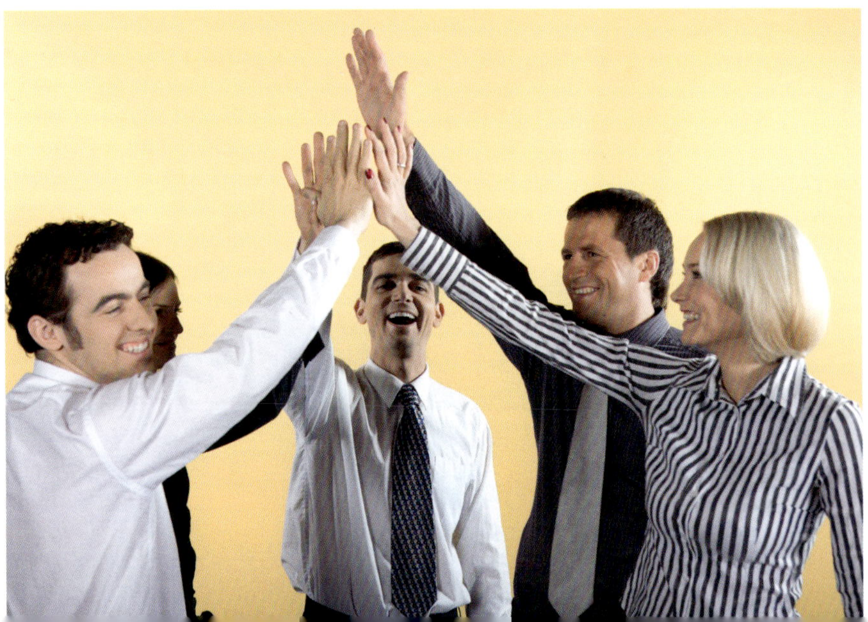

Es wirkt eher so, als würden die Modelle herumalbern, weil sie die Aufnahmesituation schon nicht mehr ernst nehmen.

Auch auf der inhaltlichen Ebene gibt es Schwächen: In der Stockfotografie wird der Erfolg in der Geschäftswelt ohnehin stark überzeichnet dargestellt. Aber der hohe Prozentsatz gerade in völliger Ekstase den Erfolg feiernder Menschen in der Business-Fotografie lässt eher an Sekten-Propaganda denken als an die Wirtschaft. Dieses Bild bringt selbst das nicht auf den Punkt. Die Handhaltung wirkt eher verunglückt und die Personen eher belustigt als froh. Natürlich ist das nicht gewollt, aber da das Bild nicht klar gestaltet ist, ist die Gefahr hoch, dass es auch nicht gut verstanden wird.

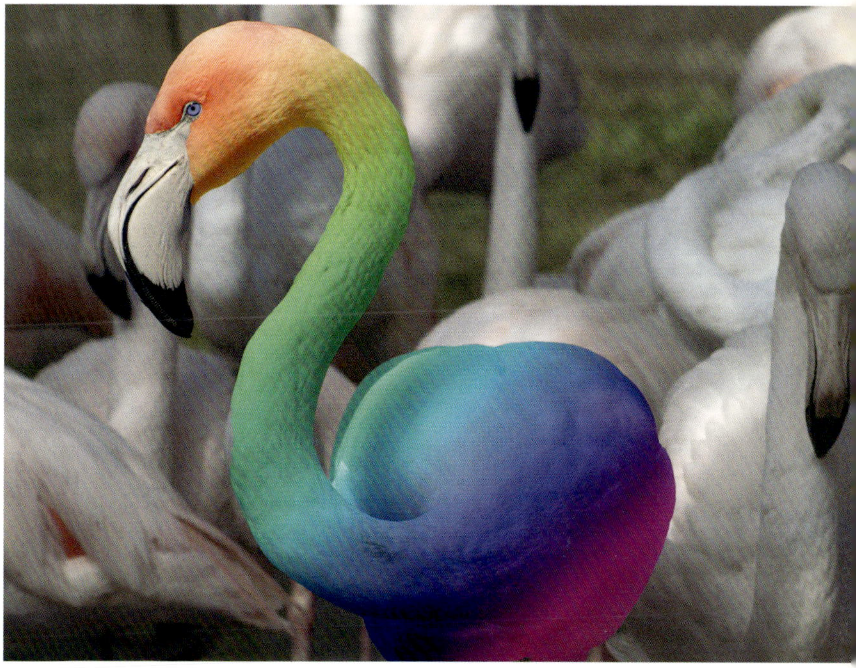

▲ **Abbildung 8.15**
Eine mangelhafte Gestaltung durch Bildbearbeitung ausbügeln? Das ging hier gründlich daneben (crazy-monkey, Nr. 22194650, *www.fotolia.de*).

Bei dem Bild der Abbildung 8.15 hat der Fotograf wahrscheinlich die gestalterischen Mängel erkannt. Der Bildaufbau ist etwas ungeordnet, die verschiedenen Flamingos trennen sich nicht gut voneinander. Obendrein wirken die Bildränder alle etwas abgeschnitten. Mit ein bisschen Geduld hätte der Fotograf vielleicht eine bessere Konstellation aufnehmen können. Eine weiter geöffnete Blende hätte ebenfalls geholfen, das Hauptmotiv besser vom Hintergrund zu trennen.

Leider wurde hier eine andere Methode gewählt: den Vogel in der Bildbearbeitung mit einem regenbogenfarbenen Verlauf zu versehen. Das macht das Bild nicht besser und erzeugt einen sehr kitschigen Gesamteindruck. Man kann in Photoshop zwar sehr viel erreichen, aber es ist leider auch sehr leicht, ein schlechtes Bild noch schlechter zu machen.

Folgende Eigenschaften werden Sie häufig bei schlechten Bildern antreffen können:

- **Klischee:** Das Bild stellt nicht etwas unmittelbar Empfundenes oder persönlich Erfahrenes dar, sondern reproduziert nur etwas anderes und bereits sehr oft Abgebildetes, das bei genauer Betrachtung nicht einmal wahr ist oder nur überkommene Vorstellungen illustriert. Sie erkennen das Klischee auch an dem häufigen Vorkommen der immer gleichen Bildidee. Wird eine Frau engelhafter, wenn man sie mit weißen Engelsflügelchen auf dem Rücken fotografiert, wird sie »schärfer«, wenn man ihr eine rote Chilischote auf den Körper legt? Letztere Bildidee kommt gerne auch als sogenanntes Colour Key daher, das gesamte Bild ist also schwarzweiß bis auf die rote Chili. Das Klischee und der Kitsch lassen sich oft nicht voneinander trennen.

- **Kitsch:** In kitschigen Bildern finden sich sentimentale, unehrliche Stilmittel und Bildaussagen trivialer Schönheit, die bei näherer Betrachtungsweise in sich zusammenfallen. Bunte, einmontierte Landschaften oder Wolken, große Monde, mehrere, in der Bildbearbeitung erzeugte Rahmen, extreme HDR-Technik, übertriebene Beautyretusche oder die starke Verniedlichung von Wildtieren sind nur einige Beispiele. Der Einsatz von (oft schlechter) Typografie, mit dem die eigenen Bilder in einen Magazin-Look gebracht werden sollen oder die Verwendung von bedeutungsschwangeren Titeln für die eigenen Bilder fallen ebenso in diese Kategorie.
- **Gestalterische Beliebigkeit:** Ein Foto kommt nicht auf den Punkt, weil zu viel abgebildet ist und das eigentliche Motiv nicht hervorgehoben wird. Manchmal gibt es auch gar kein Motiv.
- **Handwerkliche Schwächen:** Das Motiv wurde zwar gut gesehen, aber schlecht umgesetzt. Ein Beispiel wäre hier eine großartige Landschaft aus dem Bus heraus fotografiert, aber auf dem Bild ist nur der Blitz zu sehen, der leider automatisch an die Scheibe geworfen wurde.
- **Fehlendes Bewusstsein:** Das Auge kann sich sehr gut auf Motive konzentrieren, die nur ein Prozent des Bildfelds oder weniger ausmachen. Im Foto würde dieser Bereich in der Fläche verlorengehen. Es gibt Leute, die intuitiv richtig fotografieren, aber die meisten Menschen müssen sich die Unterschiede zwischen Fotografie und Sehen bewusst machen und etwas abstrakter an die Bildgestaltung herangehen.
- **Plattheit:** Es ist zwar richtig, ein Foto auf das Wesentliche zu konzentrieren, aber gerade dann, wenn man mit dem Bild eine Botschaft verbindet, kann das nach hinten losgehen. Einen Wink mit dem Zaunpfahl wird jeder als flach und naiv empfinden. Solange Sie dem Betrachter nicht etwas Platz für eigene Interpretation lassen oder etwas subtiler in Ihren Bildaussagen sind, wird er sich bevormundet und für dumm verkauft fühlen.

Es sei dahingestellt, ob es für einen Hobbyfotografen notwendig ist, wirklich gute Bilder zu erstellen. Solange es Spaß macht und Entspannung bietet, erfüllt die Fotografie einen sinnvollen Zweck. Ebenso ist bei einem Profi, der gut von seinen Bildern leben kann, die künstlerische Qualität seiner Bilder vielleicht nicht entscheidend. Wenn Sie aber das Ziel haben, wirklich gute

Bilder von Bestand zu erschaffen, wie kommen Sie dann weiter, woher beziehen Sie ein kritisches Feedback, woher die Anregungen? Wer sich eine Weile in den Amateurfoto-Treffs im Internet umgesehen hat, wird feststellen, dass von dort keine ernstzunehmende Kritik zu erwarten ist. Zum Teil erweitern die Nutzer ihren Login-Namen um »Kommis back«, was nichts anderes heißt, dass man für (gute) Kommentare zu den eigenen Bildern, ebensolche bei den Aufnahmen des Kommentierenden hinterlässt. Da geht es nicht mehr um Bildkritik, sondern um einen Austausch von Nettigkeiten als sozialer Kitt einer Gruppe. Da kommt es dann zu Kommentaren wie in diesem fiktiven Beispiel:

»Eine ganz tolle Arbeit, wunderbare Gestaltung mit sehr viel Gefühl. Eine von großer Kreativität geprägte Darstellung. Geniale Bearbeitung. Du wirst immer besser.«

Wenn jemand wirklich ehrlich und mit Sachkenntnis urteilen würde, stände unter dem Bild wohl eher ein Kommentar wie dieser:

»Völlig verschwurbelte Idee, keine Lichtführung, die Typografie ist schlecht und der verwendete Text kitschig. Obendrein macht die übertriebene Bildbearbeitung den letzten Rest des Fotos völlig kaputt. Der Titel ›Traumbilder einer Kunstausstellung‹ und die drei abgeschatteten Bildrahmen geben dem ganzen zusätzlich etwas Gewolltes. Vielleicht gut, um mit Photoshop zu spielen, aber man muss ja nicht alles hochladen.«

▼ Abbildung 8.16
Das Feedback aus dem Internet kann interessant sein: Bei Flickr zum Beispiel lassen sich die Bilder nach den Reaktionen anderer Teilnehmer – der »Interessantheit« – sortieren. Auf Platz zwei meiner Liste ist ein Bild, das mit einer sehr günstigen Kompaktkamera aufgenommen wurde. Das bestätigt die alte Fotografenweisheit, dass die beste Kamera immer diejenige ist, die man gerade dabei hat.

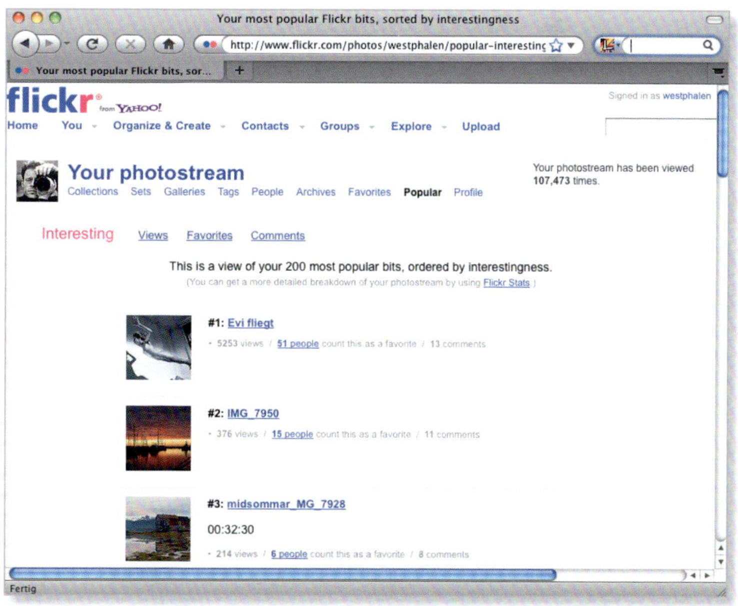

Was übertrieben sein mag, ist die Direktheit meiner Kritik, die Sie so nirgendwo wiederfinden würden und die ich so bestimmt auch nicht in ein Forum schreiben würde. Wenn Sie sich eine Zeitlang in Amateurforen umgesehen haben, wissen Sie aber, dass es diese Bilder und die dazugehörigen Lobhudeleien in großer Menge gibt.

Ich will das hier gar nicht verdammen, worauf ich hinaus will, ist, dass Sie dort schwerlich weiterkommen werden, weil Sie keine konstruktive Kritik erwarten können und Sie viele der Inspirationen dort von einer klaren und guten eigenen Arbeit eher ablenken werden. Trotzdem werden Sie auch dort manche hervorragende Arbeit finden, denn

Trolle
Sie werden im Internet auch mit einem kleinen Teil der Nutzer in Kontakt kommen, die man im Volksmund »Trolle« nennt. Ihnen ist es wichtig, zu provozieren und unsinnige Diskussionen zu führen, die gerne schnell in Beschimpfungen ausarten. Solche Kommunikation können Sie niemals auf einen vernünftigen Weg zurückführen. Die einzige Abhilfe ist, nicht zu antworten (»Don't feed the trolls – Die Trolle nicht füttern!«).

viele Amateure arbeiten auf einem großartigen Niveau und fühlen sich auf solchen Plattformen trotzdem noch wohl.

Ich würde ohnehin davon abraten, bei Fotografen, bei denen Sie wenige Bilder finden, die Sie ansprechen, überhaupt zu kritisieren. Wenn ein Bild aber an sich einen guten Ansatz hat, kleinere Details dem Bilderfolg noch im Wege stehen (insbesondere, wenn diese Details noch zu verändern sind), können Sie gut und konstruktiv kritisieren.

Aber fassen Sie sich bei Internetdiskussionen auch an die eigene Nase: Ist Ihre Ironie zu verstehen, bleiben Sie immer fair und freundlich, könnten unschöne Missverständnisse entstehen? Es ist oft besser, überlegt und mit etwas zeitlichem Abstand zu antworten, als vorschnell und zu emotional zu schreiben. Freuen Sie sich über Kritik an Ihren eigenen Bildern, denn häufig ist das ein Versuch, Ihnen auf Ihrem fotografischen Weg weiterzuhelfen. Manche Menschen fühlen sich dann persönlich angegriffen, suchen sich das in Ihren Augen schlechteste Bild des Rezensenten und ziehen darüber her. Wenn Sie selbst Kritik üben, kommt es besser an, wenn Sie auch positive Aspekte des Bildes erwähnen und die negativen – wenn möglich – mit praktischen Verbesserungsvorschlägen verbinden. Machen Sie sich niemals lustig über andere. Wenn Sie nicht konstruktiv sein wollen, dann lassen Sie die Finger von der Tastatur.

8.2.2 Merkmale guter Bilder

Was macht aber ein gutes Bild aus und wie kommt man dahin, ein solches nicht nur zufällig zu erreichen? Ich will ein paar Punkte aufführen, die ich für wesentlich halte:

- **Ehrlichkeit:** Es ist nicht zwangsläufig so, dass ein Foto die Wirklichkeit wiedergeben muss, aber es muss in einer Weise aufrichtig sein. Sei es, dass es wirklich Ihren Empfindungen entspricht, Ihre Neigungen widerspiegelt oder eine Situation ungeschönt wiedergibt.
- **Persönlichkeit:** Prüfen Sie immer, ob Sie ein Stilmittel einsetzen, weil Sie vermuten, dass es so üblich ist oder dass es ankommen wird, oder ob es wirklich Ihrem persönlichen Gestaltungswillen entspricht. Wählen Sie Themen, die Sie interessieren und nicht unbedingt diejenigen, bei denen Sie vermuten, dass sie die meisten Betrachter interessieren werden.

▼ Abbildung 8.17
Im Ruhrgebiet werden alte Industriebrachen oft zu Erholungsgebieten umgebaut. Ich konnte mir nicht verkneifen, ein vorgefundenes Kabelende als Palme in die Landschaft zu stellen.
17 mm | f14 | 1/100 s | ISO 100

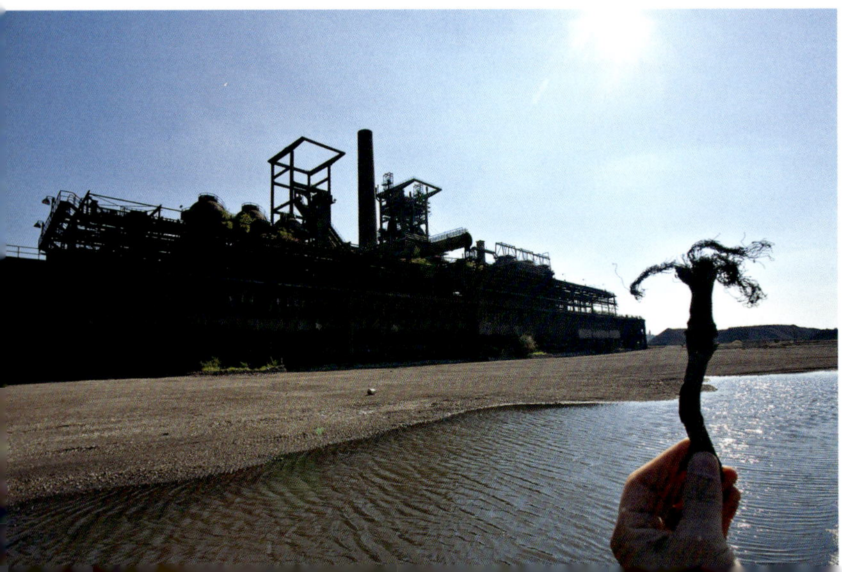

Wenn Sie ehrlich zu sich selbst sind, steigt die Wahrscheinlichkeit, dass auch andere von Ihrer Arbeit persönlich angesprochen werden.

- **Konzentration:** Der wesentliche Eindruck, den Sie vermitteln wollen, muss ohne ablenkende Elemente erfasst werden können. Klarheit in der Bildgestaltung und der Verzicht auf alles Unwichtige oder Ausschmückende ist dafür notwendig.
- **Hintergrund:** Es gibt Menschen, die durch ihr Talent sehr schnell in der Lage sind, Bilder zu erfassen und gekonnt umzusetzen. Die meisten müssen dafür aber einiges lernen. Unser Bildverständnis ist geprägt von mindestens 2000 Jahren Kunstgeschichte, und jedes Element oder jede Anordnung von Elementen bringt Bedeutungen mit sich, die aus einem kulturellen Kontext entstehen. Auch wenn sich ein großer Teil der Menschen niemals mit Kunstgeschichte befasst hat, wird ihre Wahrnehmung davon beeinflusst, weil sich die Schöpfer der Kinofilme und selbst der Werbeanzeigen, von denen Sie umgeben sind, damit beschäftigt haben. Beschäftigen Sie sich mit der Geschichte der Fotografie, des Kinos und der Kunst. Sie werden auf diese Weise viel mehr sehen, und das wird Ihr Leben bereichern.
- **Übung:** Henri Cartier-Bresson sagte einmal: »Die ersten 10000 Fotos sind die schlechtesten.« Das Zitat kommt aus einer Zeit, in der man für eine solche Menge Jahre brauchte und nicht eine Woche, wie es heute mit einer DSLR möglich ist. Es braucht Zeit, bis Sie die Technik soweit beherrschen, dass sie Sie nicht mehr ablenkt. Sie benötigen Erfahrung, um bestimmte Möglichkeiten beurteilen zu können, und Sie müssen Fehler gemacht haben, aus denen Sie lernen konnten.
- **Offenheit:** Fotografie ist Improvisation. Häufig sind die Verhältnisse vor Ort nicht so wie geplant oder wie man sich es vorgestellt hat. In solchen Momenten müssen Sie schnell Ihre Möglichkeiten erkennen und sich von Ihren nicht mehr aktuellen Plänen verabschieden. Aber selbst wenn alles wie erwartet funktioniert, sollten Sie offen sein für etwas Neues. Denn gerade in solchen Situationen haben Sie die Muße, weitere Aufnahmen zu machen und zu experimentieren.

Um Ihre Bilder auf den Punkt zu bringen, haben Sie sehr viele Gestaltungsmittel zur Auswahl, von denen im Folgenden einige erläutert werden.

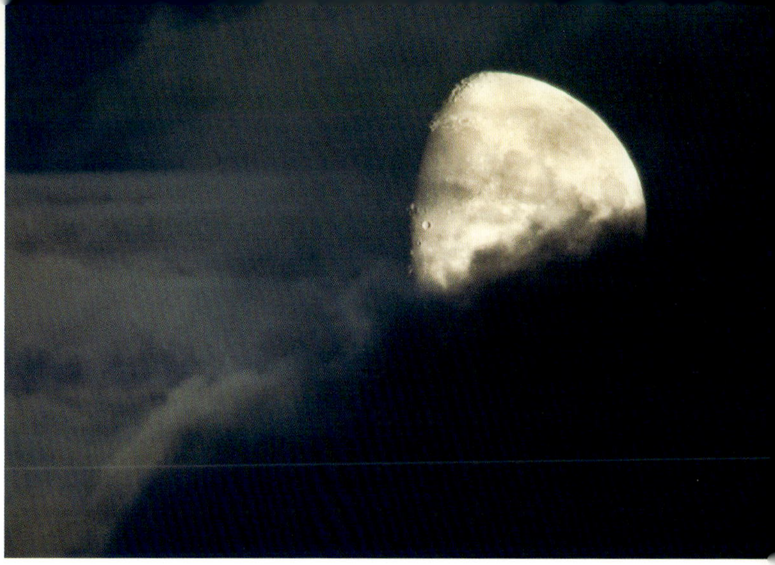

▲ **Abbildung 8.18**
Manchmal entsteht in einem Foto etwas, das man selbst erst hinterher beim Betrachten wahrnimmt. Bei diesem Dämmerungsbild sieht es so aus, als würde der Mond zwischen zwei Wolkenschichten sitzen. Das tut er natürlich nicht, lediglich die Addition des Lichts lässt es so erscheinen. In solchen Momenten aber kommt etwas von der Magie der Fotografie zum Vorschein.
600mm | f5,6 | 1/6s | ISO 800 | APS-C-Sensor

8.3 Bildformat

Das Format des Bildes beeinflusst seine Wirkung. Sie sollten bei jeder Aufnahme überlegen, ob sie die Kamera lieber hoch oder quer halten. Gerade Anfänger neigen dazu, Querformate zu fotografieren, ohne weiter darüber nachzudenken. Bei geeigneten Motiven sollten Sie immer beide Varianten fotografieren, so sind Sie später flexibler bei der Verwendung. Nach der Aufnahme können Sie das Format durch Beschneiden verändern, nicht nur, um das Format zu verändern, sondern auch um Bildelemente zu entfernen und den Bildaufbau zu verbessern.

8.3.1 Querformat

Das Querformat ist in sich ruhig, es liegt stabil und betont die Waagerechte. Es vermittelt Weite und kommt der menschlichen Wahrnehmung nahe. Um im Querformat ein dynamisches und dramatisches Bild aufzunehmen, müssen Sie sich mehr anstrengen als im Hochformat. Das 3:2-Format der DSLRs, das vom Kleinbild abgeleitet wurde, ist nicht für jede Aufnahme ideal. 4:3 wirkt oft etwas harmonischer und eleganter. Das Kleinbildformat wurde früher oft als »Handtuch« verspottet, es ist auch ein gutes Stück länglicher als die DIN-Formate.

Das Querformat heißt im Englischen *landscape* – Landschaft, was nicht nur eine Hauptanwendung beschreibt, sondern auch passende Assoziationen hervorruft.

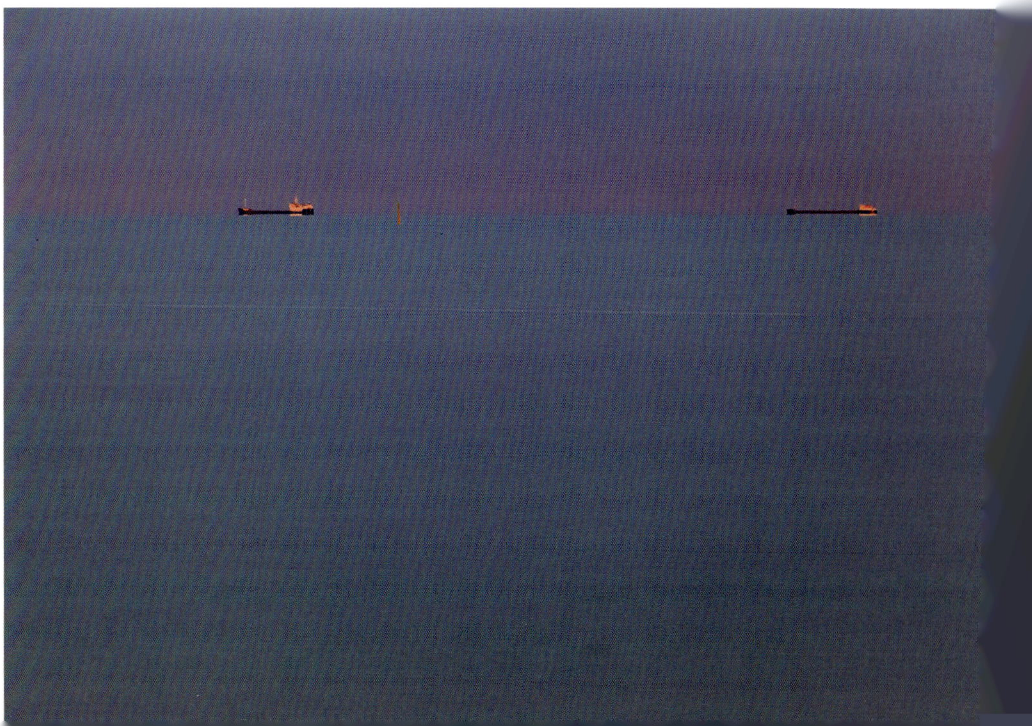

Abbildung 8.19 ▸
Zwei Frachter liegen nach Sonnenuntergang in der Lübecker Bucht auf Reede. Das Querformat unterstreicht die meditative Ruhe des Bildes.
200mm | f3,5 | 1/800s | ISO 2000

8.3.2 Hochformat

Das Hochformat stellt sich dem Betrachter entgegen, es ist näher, dynamischer und lebendiger als das Querformat. Das Hochformat heißt im Englischen *portrait*, was auch hier sehr gut zu den gestalterischen Eigenschaften passt. Das Kameradesign legt ein Querformat näher, und wenn Sie häufig im Hochformat arbeiten möchten, sollten Sie in Erwägung ziehen, ein Batterieteil mit Hochformatauslöser zu erwerben. Die Kamera liegt dann besser in der Hand und lässt sich im Hochformat ebenso leicht bedienen wie im Querformat.

Beobachten Sie sich, ob Sie auch zu oft das Querformat verwenden, und zwingen Sie sich im Zweifel, mehr Hochformate zu fotografieren. Wenn die spätere Verwertung nicht völlig klar ist, ist es ohnehin sinnvoll, beide Formate zu fotografieren, sofern es das Motiv hergibt. Sie können Ihre Kamera so einstellen, dass Hochformate zwar für den Rechner, aber nicht auf dem Display gedreht werden. So haben Sie die volle Displaygröße auch für die Begutachtung Ihrer Hochformataufnahmen zur Verfügung.

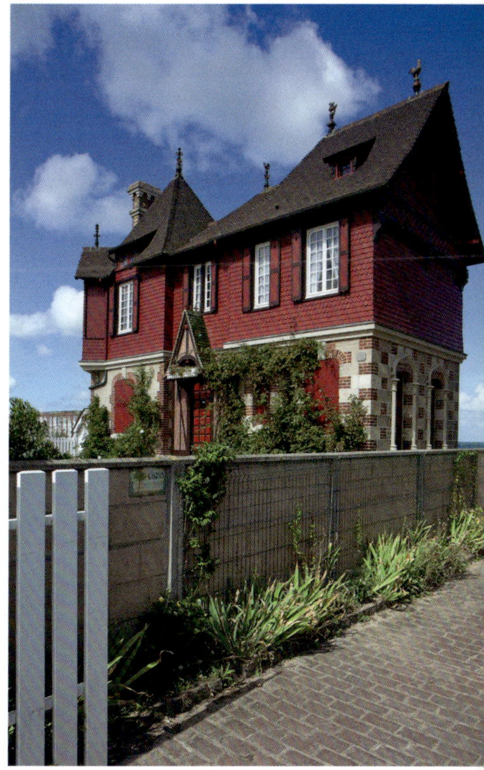

▲ **Abbildung 8.20**
Trotz des unbewegten Motivs wirkt das Bild sehr lebendig und fast unruhig, die Schrägen und das hohe Bildformat unterstützen diesen Effekt.

21 mm | f9 | 1/400 s | ISO 200

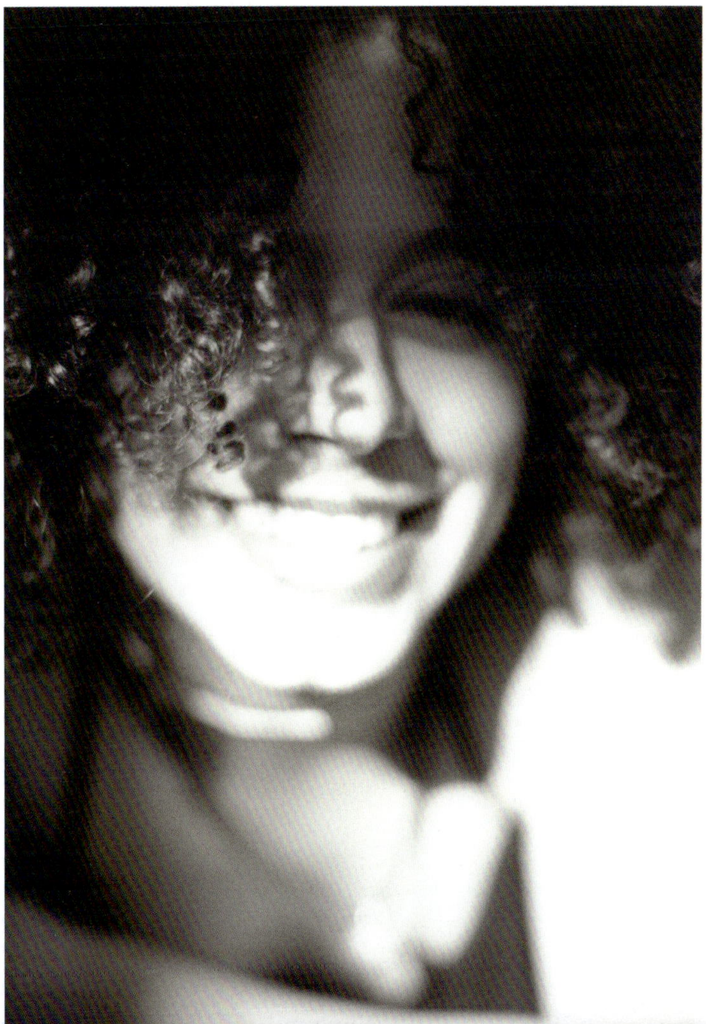

◂ **Abbildung 8.21**
Das Hochformat vermittelt mehr Nähe, es wirkt aktiver und wärmer und unterstützt hier die Bildstimmung. Das Bild ist auch ein Beispiel dafür, dass man die Regel, bei Porträts auf die Augen scharfzustellen, auch einmal außer Acht lassen kann.

50 mm | f1,2 | 1/4000 s | ISO 100

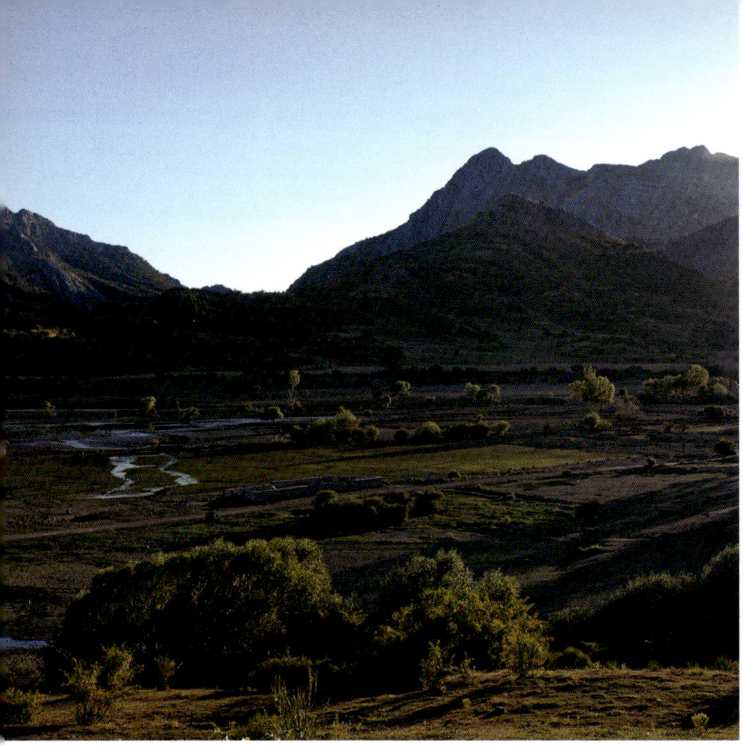

8.3.3 Quadrat

Das Quadrat ist neutral und sachlich, es hat eine gewisse »Coolness« und ist fotografisch positiv besetzt, weil es eine Menge guter Bilder gibt, die von 6x6-Mittelformatkameras wie der Hasselblad aufgenommen wurden. Aber der Grad zwischen cool und langweilig ist schmal. Es ist einfacher, ein quadratisches Bild zu komponieren, wenn man sieht, was man tut. Wenn die Kamera nicht weiterhilft, können Sie zwei transparente Tesafilmstreifen auf das Display kleben und mit einem Folienstift die Bildgrenzen markieren.

Das Quadrat wurde als Filmformat auch deswegen verwendet, weil man die Kamera damit niemals drehen musste: Hoch- und Querformate wurden einfach durch Beschnitt des quadratischen Originals erzeugt.

▲ **Abbildung 8.22**
Das Quadrat lässt den Blick weniger schweifen. Das Bild wirkt etwas tiefer als im Querformat.
35 mm | f10 | 1/200 s | ISO 250

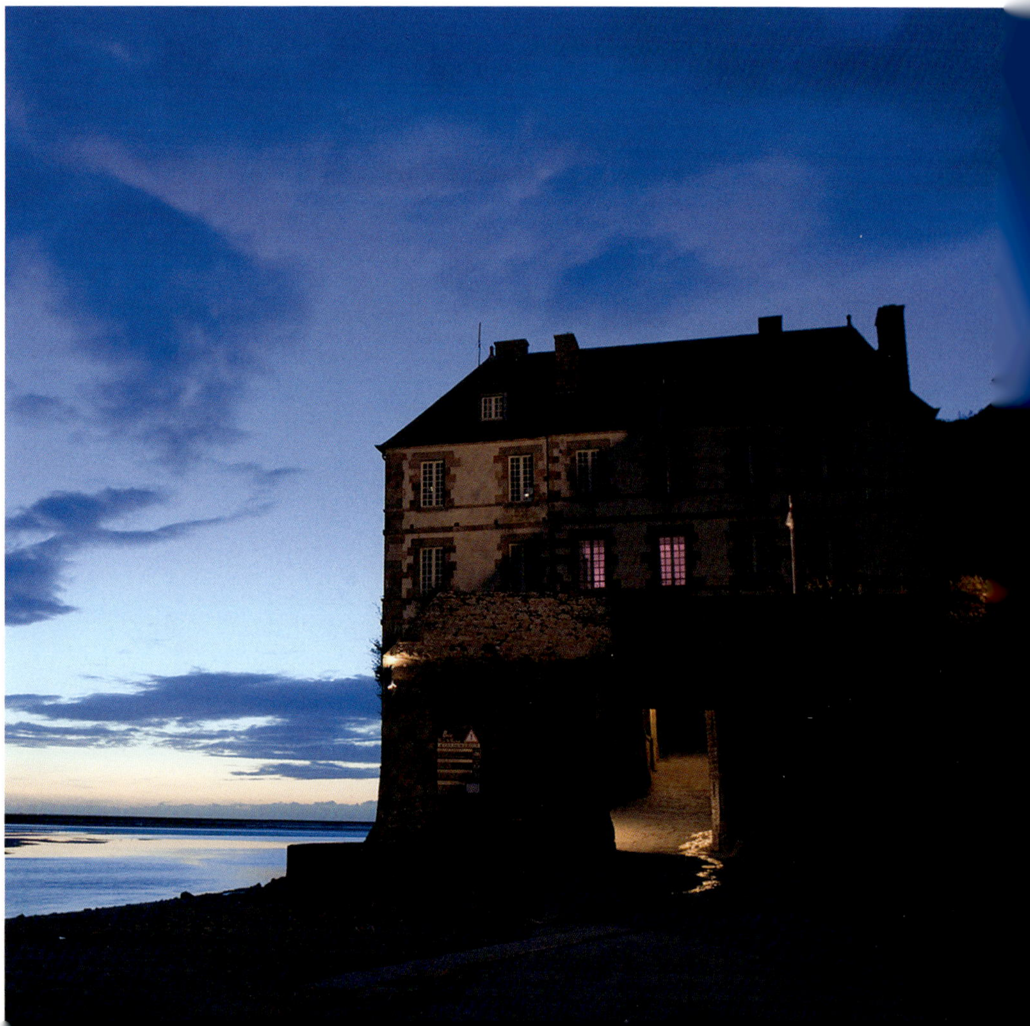

Abbildung 8.23 ▶
Das Quadrat lässt dem Motiv genug Platz nach oben und zur linken Seite. Quer- oder Hochformat wären die schlechtere Wahl gewesen.
25 mm | f7,1 | 2,5 s | ISO 500

Das quadratische Format erlaubt oft eine schöne Konzentration auf das Motiv, weil alle Seiten gleich lang sind und so an den Seiten oder oben und unten weniger Bildfläche zu füllen ist.

8.3.4 Extreme Formate/Panoramen

Manche Motive gehen bei Standard-Bildformaten in der Fläche etwas verloren. Das kann zum Beispiel die Bergkette in der Ferne sein, bei der dann die Ebene davor und der Himmel 85 % des Bildes ausmachen. Oder ein Turm, der plötzlich klein aussieht, wenn er in ein 2:3-Format gezwängt wird. Moderne DSLR haben so große Auflösungsreserven, dass Sie den Rest einfach wegschneiden können und in den meisten Fällen ein brauchbares Foto behalten. Wenn Sie vorher schon wissen, dass das Format ein extremes Seitenverhältnis haben wird, und das Motiv unbewegt ist, dann können Sie es von vornherein als Panorama fotografieren. Nehmen Sie dafür mehrere Bilder nebeneinander oder übereinander auf, die sich zu circa einem Drittel überschneiden. Diese Aufnahmen können Sie später leicht zu einem Panorama am Rechner zusammenfügen (siehe Seite 556).

Statt einer Weitwinkelaufnahme erstellen Sie also mehrere mit einem leichten Tele, die sich in der einen Richtung zum gleichen Bildwinkel addieren. In der anderen Richtung bleibt das Bild schmal. Sie haben also die Wahl, ob Sie durch Beschnitt ein viel kleineres Bild erzeugen, oder durch ein Panorama ein viel größeres. Sie können vor Ort auch eine Weitwinkelaufnahme machen und die Panoramafotos nur für den Fall, dass Sie das Motiv einmal sehr groß ausgeben möchten.

8.3.5 Bildgröße

Ein identisches Foto hat je nach Ausgabegröße eine unterschiedliche Wirkung. Während ein Porträt in wenigen Zentimetern Größe vielleicht intim und vertraut wirkt, ist es in einer Größe von 1 x 1 Meter eher monumental

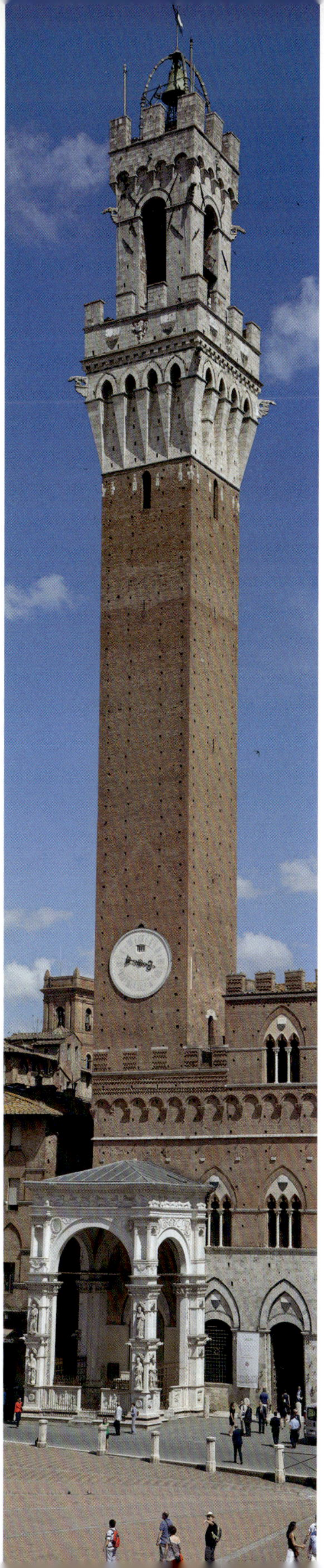

Abbildung 8.24 ▸
Diese Aufnahme des Campanile in Siena ist aus fünf Einzelaufnahmen zusammengesetzt, so ergeben sich fast 100 Megapixel. In der Datei ist jeder einzelne Stein exakt zu sehen.

145 mm | f9,0 | 1/1000 s | ISO 250 | Panorama aus 5 Einzelbildern

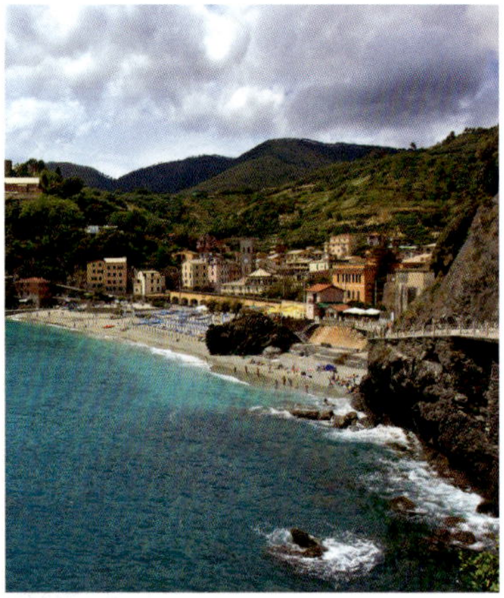

▲ **Abbildung 8.25** ▸▸
Das Foto von Monterosso del Mare ist in kleiner Abbildungsgröße sinnlos, erst in der großen Version auf der gegenüberliegenden Seite erschließen sich die Details
24 mm | f9,0 | 1/640 s | ISO 160

und abweisend. Eine starke Weitwinkelaufnahme erhält wieder einen natürlichen Perspektiveindruck, wenn Sie sie sehr groß ausgeben und entsprechend nah herangehen können, so dass der Bildwinkel der Aufnahme wieder erreicht wird. Umgekehrt hat eine klein abgebildete Teleaufnahme auch eine natürliche Perspektive. Bei der Wahl der Ausgabegröße müssen Sie auch überlegen, welche Details des Fotos erkennbar bleiben müssen. Flächige, grafische Motive wirken auch in kleinen Formaten, detailreiche Gesamtansichten müssen größer gezeigt werden.

Wenn Sie vorher wissen, dass Sie für kleine Formate arbeiten, wie zum Beispiel kleine Internet-Bilder für eher textlastige Seiten, dann können Sie sich auch in der Bildgestaltung darauf einlassen. Es ist wie der Unterschied zwischen Fernsehspiel und Kinofilm: Sie müssen auf die kleinen Details verzichten, den Motiven viel Fläche einräumen und eher einfache Bildaufbauten realisieren. Wenn Sie für Großformate aufnehmen, müssen Sie mehr auf die technische Qualität Ihrer Bilder achten, weil das große Format auch kleine Fehler entlarvt. Dafür haben Sie die Möglichkeit, den Betrachtern auch kleine Details anzubieten und Sie dazu einzuladen, sich länger mit einem Foto zu beschäftigen.

8.4 Kontraste

Kontraste zu verwenden, bedeutet nicht nur, dass etwas Helles vor einem dunklen Hintergrund besonders gut zu sehen ist oder eine gelbe Blume vor einem blauen See leuchtender wirkt. Kontrastierende Gegensätze können die Bildaussage auf jeder Ebene verstärken. In manchen Fällen ermöglichen sie erst eine Einordnung des Bildinhalts. Wenn Sie zum Beispiel einen Felsen sehen, dann können Sie seine Größe ohne Vergleichsmaßstäbe wie Menschen oder Bäume nicht einschätzen. Wie groß der Felsen auf dem Foto

Abbildung 8.26 ▸
Entspannt im Liegen den Haien zuschauen, dabei ist eine dicke Glaswand schon hilfreich. Inhaltlich prallen hier einige Gegensätze aufeinander, die die Bildwirkung verstärken.
19 mm | f4,0 | 1/20 s | ISO 3 200

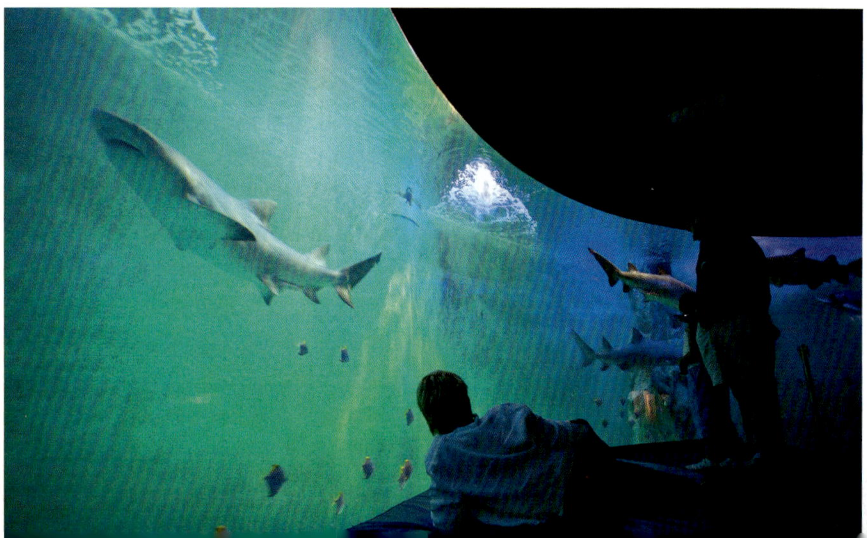

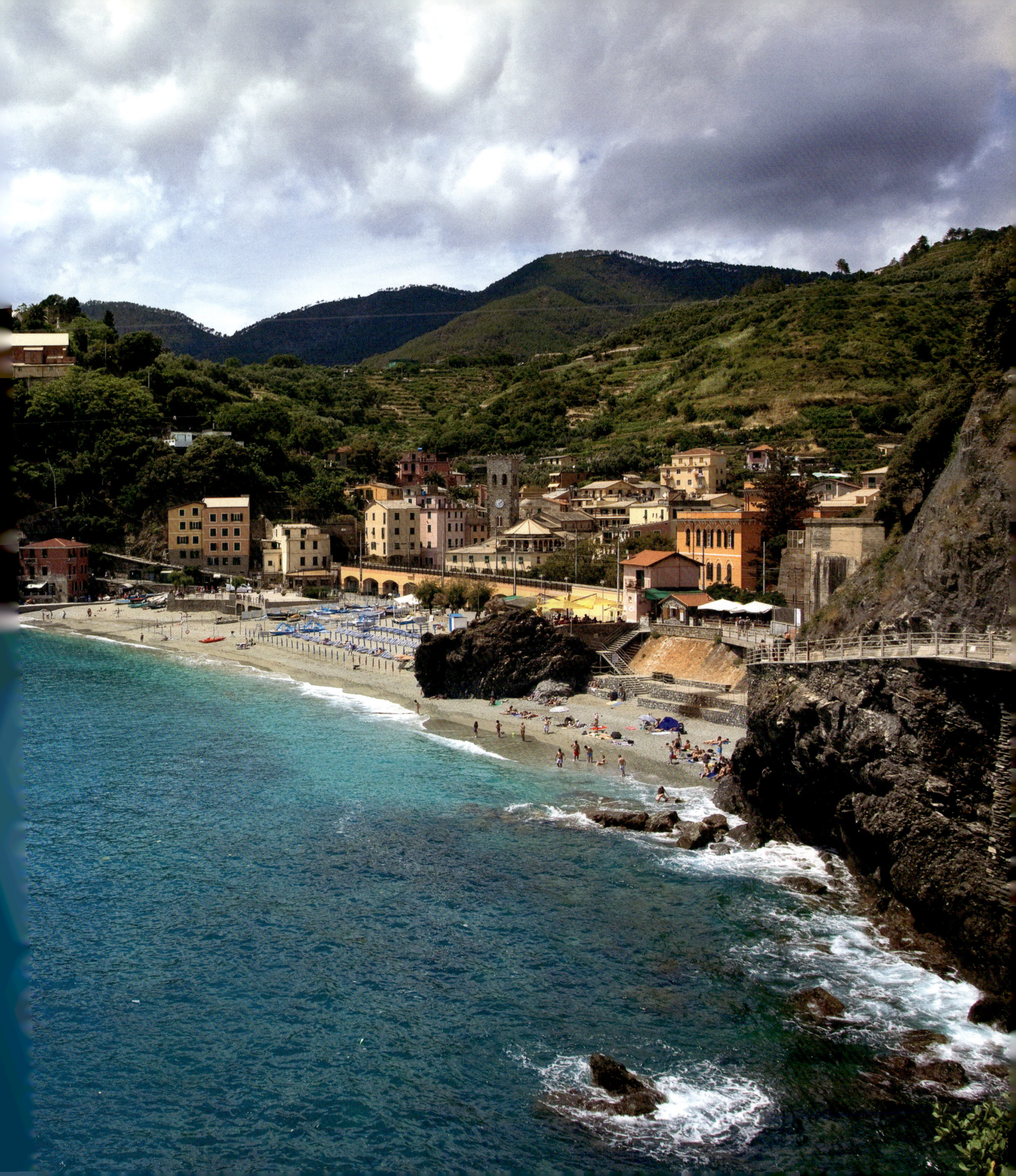

Abbildung 8.27 ▸
Ein alter Tempel spiegelt sich in einem modernen Bürogebäude in Seoul.
50 mm | f8,0 | 1/250 s | ISO 100

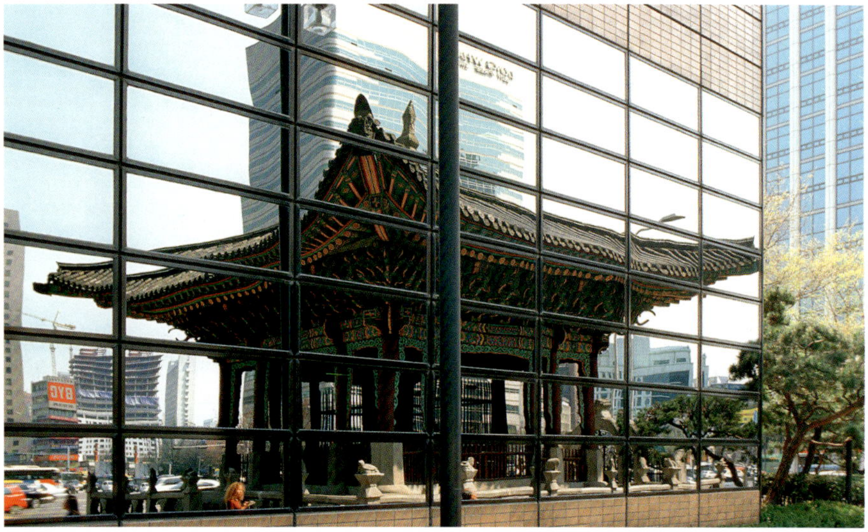

▾ Abbildung 8.28
Der Bildaufbau lässt den Betrachter um das Haus am Fuße des Berges fürchten.
85 mm | f5,6 | 1/250 s | ISO 200

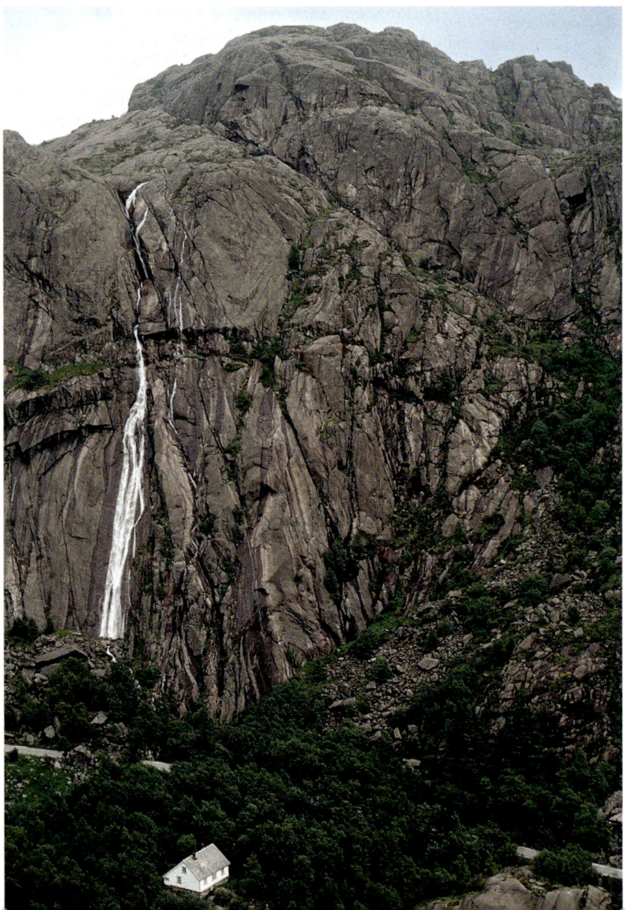

wirkt, können Sie über Perspektive und Brennweite steuern. Generell kann man sagen, das ein starkes Weitwinkel eine Steigung flacher aussehen lässt und erst bei einer längeren Brennweite Berge steil aufzuragen scheinen. Kontraste funktionieren aber auch im inhaltliches Bereich und nicht nur im formalen. Armut und Reichtum wirken stärker, wenn man Sie gegeneinander stellt, ebenso Altes und Neues oder Ruhe und Hektik. Man muss ein wenig aufpassen, dass man bei den Gegensätzen nicht ins Klischee verfällt, aber in den meisten Fällen funktioniert Kontrast als Stilmittel in einem Bild.

Manchmal ist Kontrast ein zu starker Begriff, und es ist eher so, dass Sie eine Eigenschaft des Motivs zu etwas anderem in Bezug setzen. In unserem Kulturkreis wird vieles über Gegensätze definiert, eine dialektische Denkweise ist normal, und Sie werden besser verstanden, wenn auch Sie sich ihrer bedienen.

Das ist aber nicht für jedes Motiv die richtige Herangehensweise, manchmal ist es besser, ein Motiv als Einheit zu zeigen, nicht gegen etwas anderes, sondern in sich ruhend und harmonisch. Was nicht heißen soll, dass Gegensätze nicht harmonisch sein können, wie Sie zum Beispiel beim harmonischen Komplementärkontrast sehen können (siehe Seite 418).

8.5 Abstraktion

Wenn Sie Ihr Motiv so betrachten, als gäbe es kein Motiv, sondern als bestünde alles vor Ihren Augen nur aus Flächen und Formen, die Sie zu einem Bild anordnen können, dann können Sie sehr freie Bildgestaltungen umsetzen und Bilder schaffen, die auch als abstraktes Bild gut funktionieren würden. Trotzdem sollten Sie darauf achten, dass Sie mit dieser Vorgehensweise dem Motiv gerecht werden.

Ansonsten werden abstrakte Fotos zu formal-ästhetischen Spielereien, deren Reiz sich schnell verbraucht. Diese Spielereien mögen gut geeignet sein, um Bildgestaltung zu üben, aber eine »Fingerübung« an sich ist nicht zeigenswert.

▼ Abbildung 8.29
Der Blick an die Decke des Mariendoms in Velbert erinnert an ein kubistisches Gemälde, trotzdem bleiben die Architekturmerkmale der Betonkirche von 1968 gut wahrnehmbar.

12 mm | f11 | 30 s | ISO 320

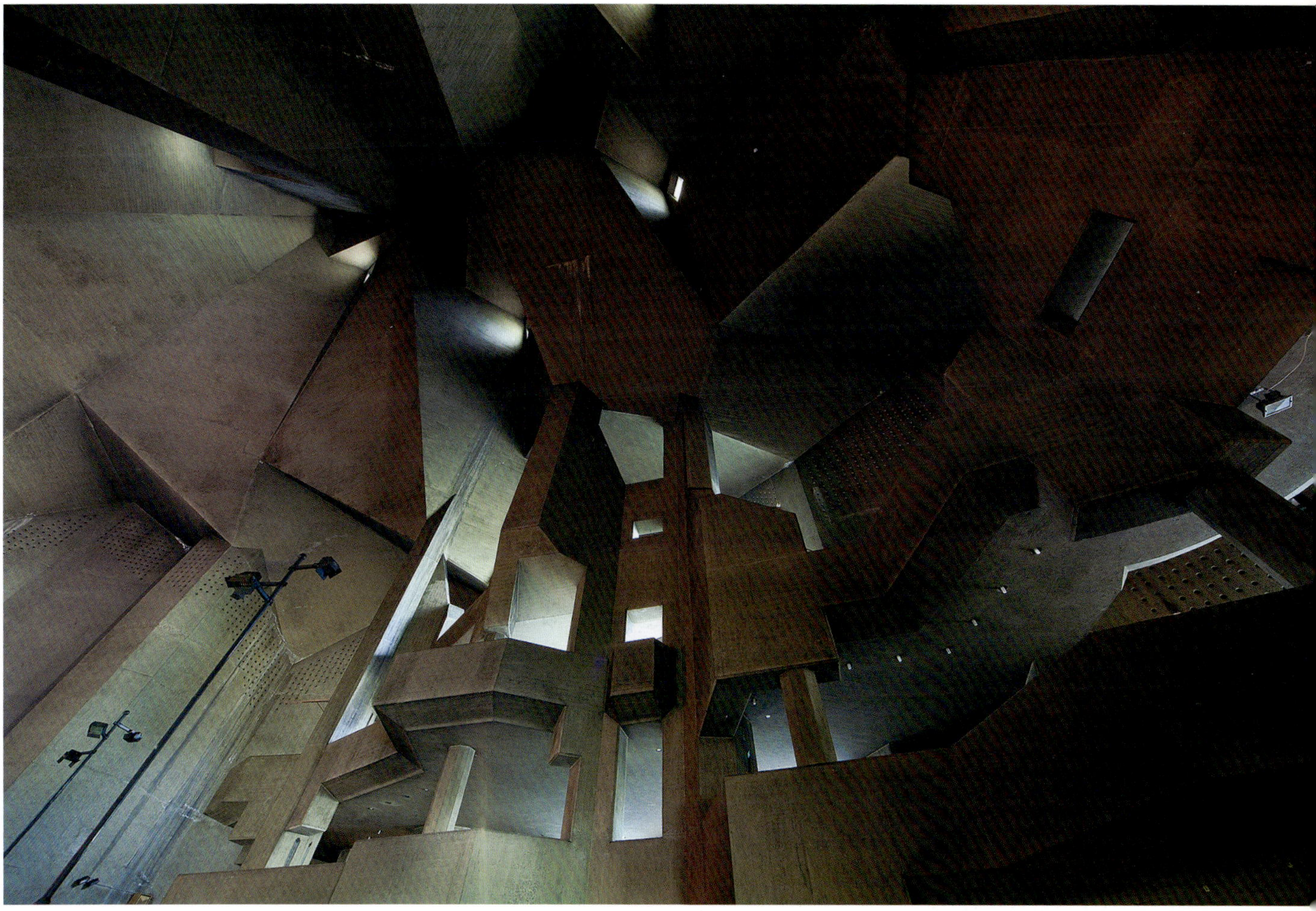

8.6 Farbe

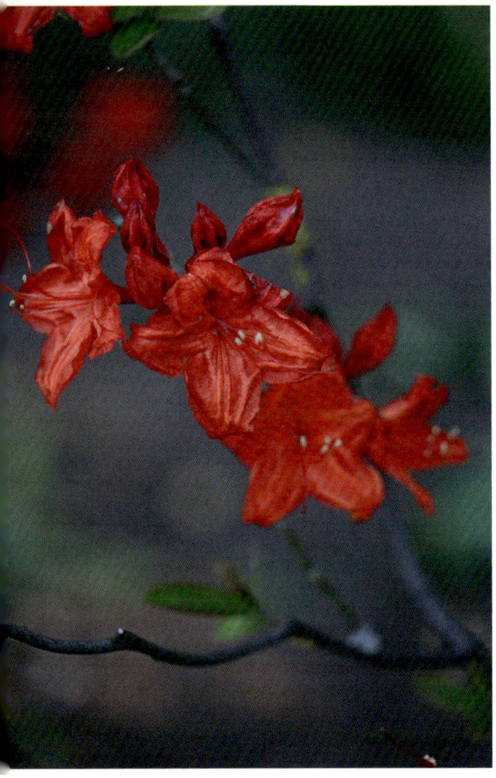

▲ **Abbildung 8.30**
Die kühle Farbtemperatur lässt das Rot gegen einen bläulichen Hintergrund stehen. Das entspricht der Farbwirkung im Schatten, eine zu warme Abstimmung hätte das Motiv zerstört.

100 mm | f2,8 | 1/500 s | ISO 500 | Makroobjektiv

Über Farbgestaltung lassen sich ganze Bücher schreiben, in diesem Buch hat die Farbe zumindest ein eigenes Kapitel verdient (siehe Seite 399).

Wenn Sie anfangen, sich mit der Farbgestaltung näher zu beschäftigen, werden Sie feststellen, dass Ihnen plötzlich viel mehr farbige Details in Ihrer Umgebung auffallen werden. Das wird mit der Zeit vielleicht wieder etwas nachlassen, die Tatsache aber wird bestehen bleiben. Fotografie schärft den Blick: Nach ein paar Jahren Fotografie werden Sie auch Kinofilme ganz anders anschauen, weil Sie mehr Details bewusst wahrnehmen und Ihnen die Gestaltung auffällt, während andere Zuschauer eher nur der Handlung folgen.

8.7 Form

Jede Ihrer Positionsveränderungen im Raum verändert die zweidimensionale Form, die das Motiv auf dem Bild haben wird. Diese Form wird mit dem Rest der Bildfläche interagieren. Vielleicht ergibt sich eine Negativform, die der Betrachter bewusst wahrnimmt. Eine Fotostudentin bildete zum Beispiel einmal das ganze Alphabet nur durch Himmelsausschnitte ab, die sich zwischen den Häusern beim Blick nach oben ergaben. Die Form kann also unabhängig vom Motiv eine weitere Bedeutungsebene erzeugen.

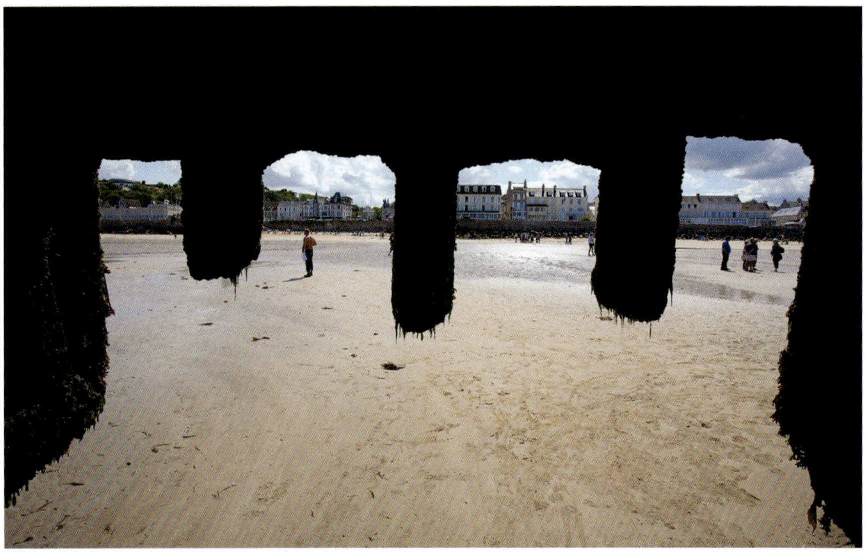

Abbildung 8.31 ▸
Blick auf Arromanches aus dem Inneren der Reste der alliierten Landungsbrücken.

17 mm | f9,0 | 1/320 s | ISO 125

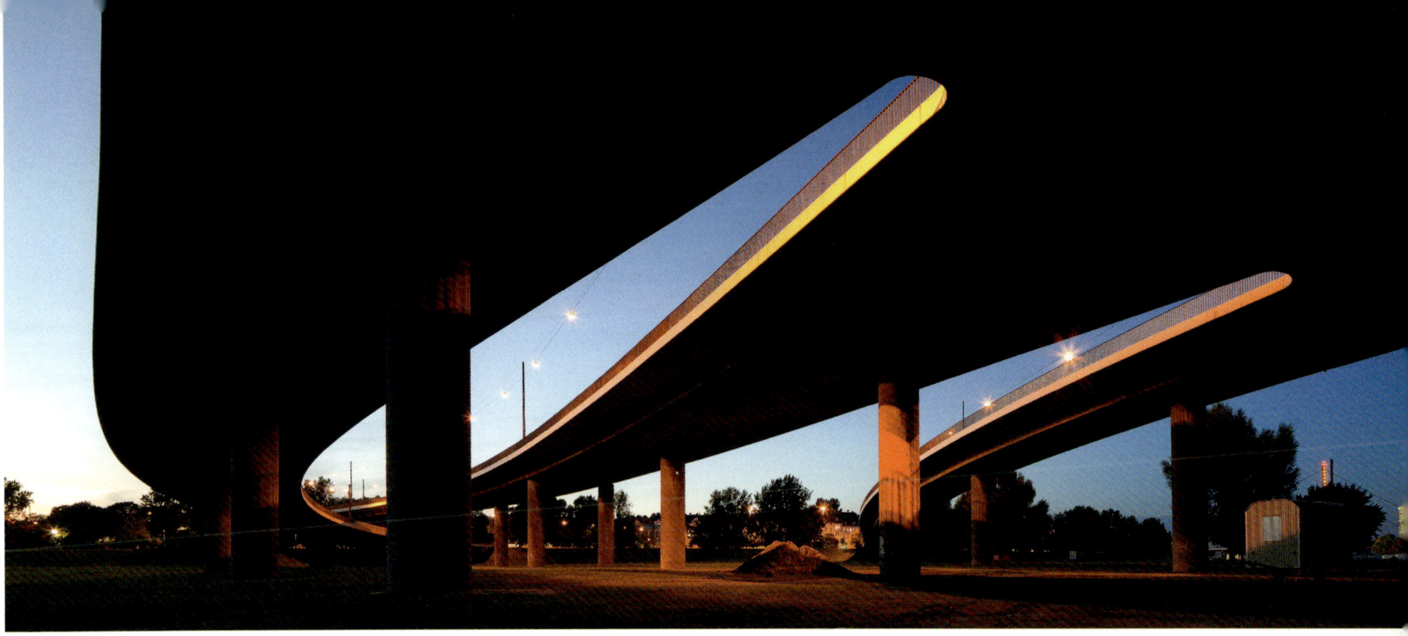

▲ **Abbildung 8.32**
Die Negativform wird stärker wahrgenommen, als die Positivform, weil sie heller und Kontrastreicher ist. Die Negativform muss also auch bei der Gestaltung berücksichtigt werden.

24 mm TS-E | f11 | 8 s | ISO 640 | Panorama aus zwei Aufnahmen

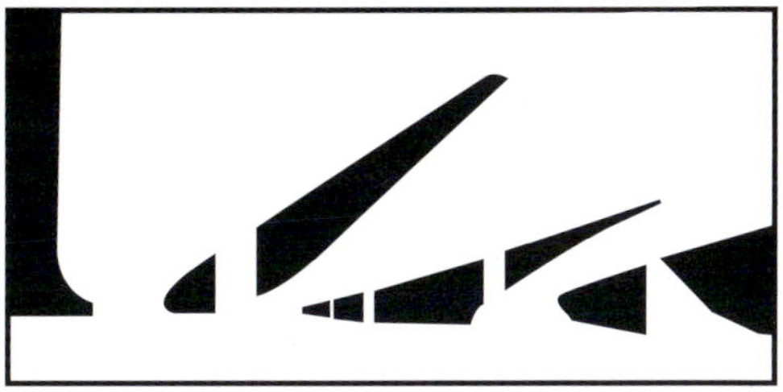

Auch, wenn Sie nur die Form als solches abbilden möchten, sollten Sie einen Standpunkt zum Fotografieren wählen, der das Motiv möglichst prägnant zum Ausdruck bringt.

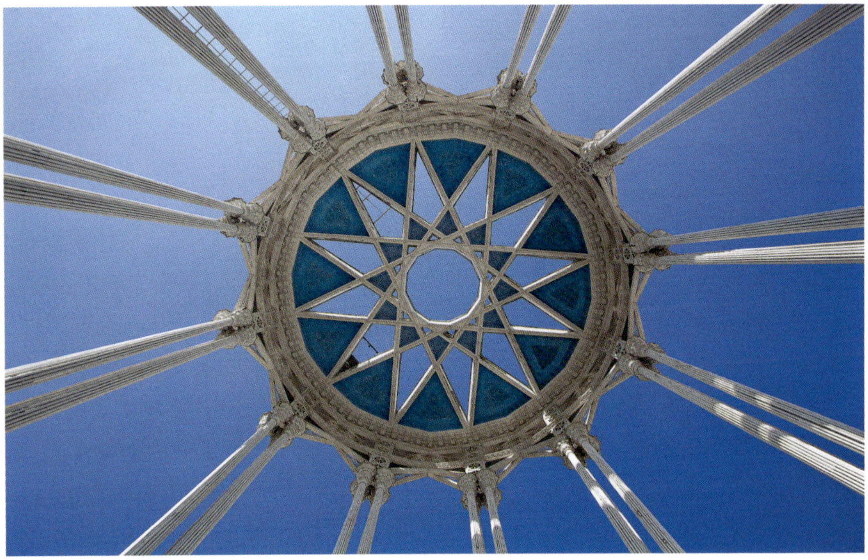

◂ **Abbildung 8.33**
Detail des Pavillons Nr. 66 auf dem Allrussischen Ausstellungsgelände in Moskau. Um die Sternform des Vordachs klar abzubilden, musste ich möglichst nah der Mittelachse kommen, die Position direkt darunter war allerdings verbaut.

17 mm | f10 | 1/200 s | ISO 100

8.8 Größe

Die Größe eines Motivs ist ein Punkt, den man bei der Gestaltung häufig vergisst. Entweder wird so aufgenommen, dass das Motiv den Großteil des Formats ausfüllt, oder die Größe ergibt sich aus anderen Erwägungen. Dabei führt die Größe zu Bedeutungsveränderungen, die man nicht unterschätzen sollte. Man muss unterscheiden zwischen der Größe der Fläche, die das Motiv im Foto einnimmt und der scheinbaren Größe des Objekts im Raum.

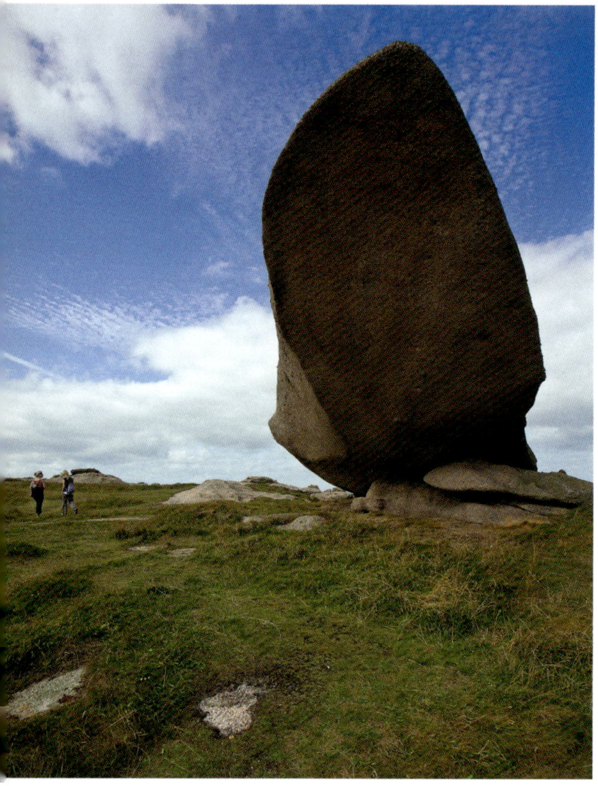

▲ **Abbildung 8.34**
Dieser Felsen an der bretonischen Granitküste ist circa 8 m hoch. Im Verhältnis zu den kleinen Personen wirkt er aber gut doppelt so groß. Das liegt daran, dass seine Spitze näher an der Kamera ist und die kurze Brennweite ihn perspektivisch überhöht.

17 mm | f10 | 1/250 s | ISO 125

Kleine Motive können Sie optisch vergrößern, indem Sie sie möglichst weit in den Vordergrund rücken und kurze Brennweiten verwenden. Berge wirken steiler und massiver, wenn sie mit langen Brennweiten aufgenommen werden. Ein Tele verdichtet die Abstände, eine Bergwand wird also aufgerichtet. Bei Weitwinkel scheint der Gipfel viel weiter weg zu liegen, der Hang erscheint also nach hinten geneigt und flacher. Ohne Größenvergleiche erschließt sich die wahre Größe eines Objekts nur schwer, die Wirkung dieses Größenvergleichs haben Sie allerdings in der Hand. Das gilt natürlich auch für jeden anderen, und so sollten Sie Fotos gegenüber grundsätzlich misstrauisch sein. Eine Kammer wirkt wie ein Saal, wenn man Sie mit Ultraweitwinkel fotografiert. In Hotelprospekten oder auf Immobilienplattformen im Internet finden Sie genug Beispiele solcher Bilder. Die Größe des Motivs in der Fläche hängt auch davon ab, wie das Umfeld gestaltet ist. In einer sehr ruhigen und gleichmäßigen Umgebung wird auch ein kleines Hauptmotiv noch alle Blicke auf sich ziehen, im Chaos wird es sich eher über einen großen Flächenanteil durchsetzen können.

8.9 Menge

Selbst Naturvölker, bei denen das Zählen völlig unbekannt ist, haben Zahlwörter, sogar manche Tiere sind in der Lage, Zahlen zu unterscheiden. Wir erfassen Mengenverhältnisse also auch auf eine schnelle und intuitive Weise.

So eignen sich Mengenverhältnisse auch als Gestaltungmittel. Ob eine Szene voll oder eher leer erscheint, können Sie mit der Perspektive beeinflussen. Generell können Sie Dinge zusammenrücken, wenn Sie lange Brennweiten verwenden, und eine Menge wirkt dann verdichtet. Mit einem Weitwinkelobjektiv wird eher der Raum zwischen den Elementen betont.

Abbildung 8.35 ▸
Das Motiv gewinnt dadurch an Reiz, dass nur ein einziger Vogel auf einem Ast sitzt, der nach rechts zeigt. Durch die Mengenverhältnisse entsteht eine zusätzliche Bedeutungsebene.
38 mm | f7,1 | 1/1000 s | ISO 200

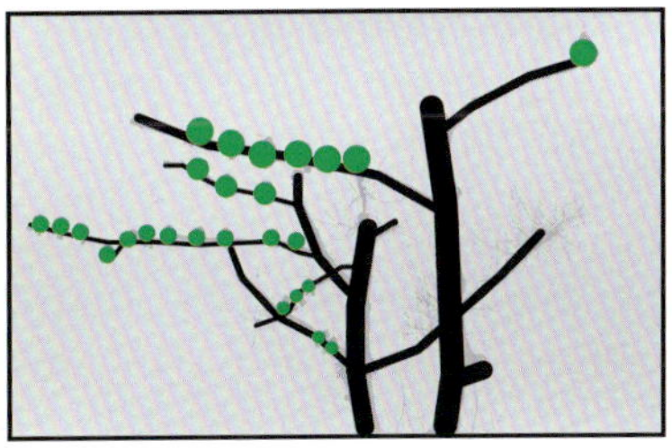

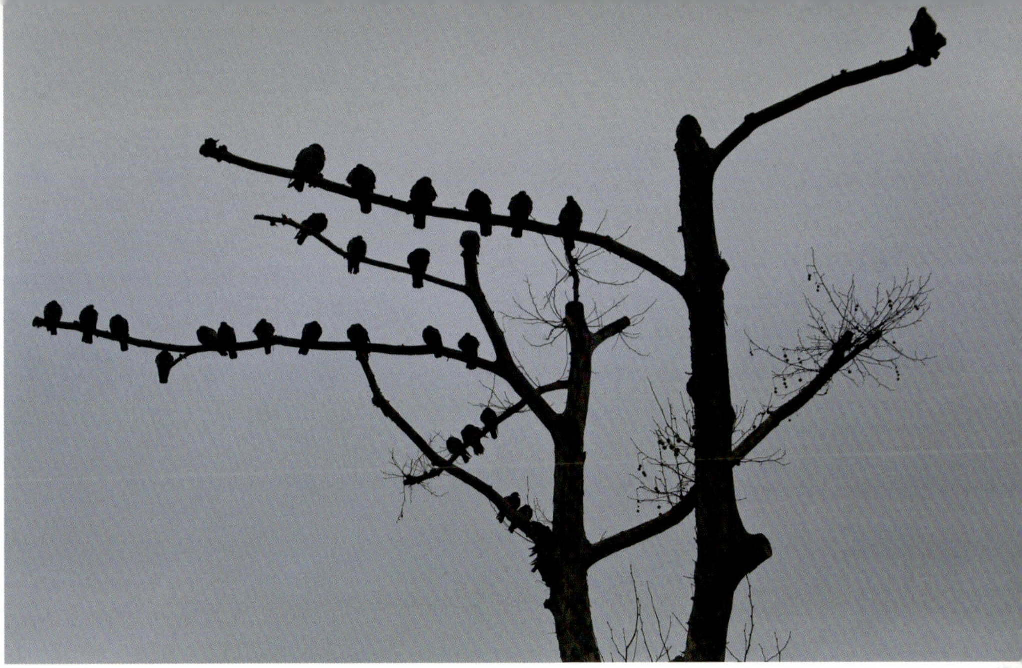

Der Betrachter wird häufig versuchen, Ordnung in die Vielzahl der Elemente zu bringen. Eine Menge kann chaotisch sein oder sehr organisiert. Totalitäre Staaten stellen ihre Bürger gerne als geordnete Menge bei Massenveranstaltungen dar, dem Individuum wird ein klar umrissener Platz in einer Inszenierung zugewiesen, von dem er nicht abweichen darf.

Die Wirkung einer Menge hängt sehr von der Perspektive ab, die Sie wählen, ein erhöhter Standpunkt hilft oft, die einzelnen Elemente besser voneinander trennen zu können.

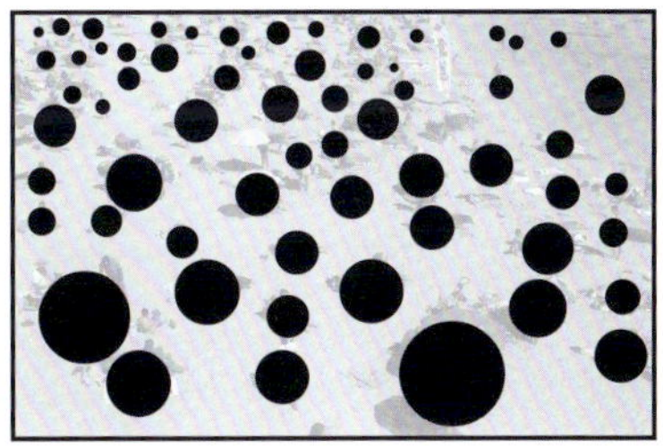

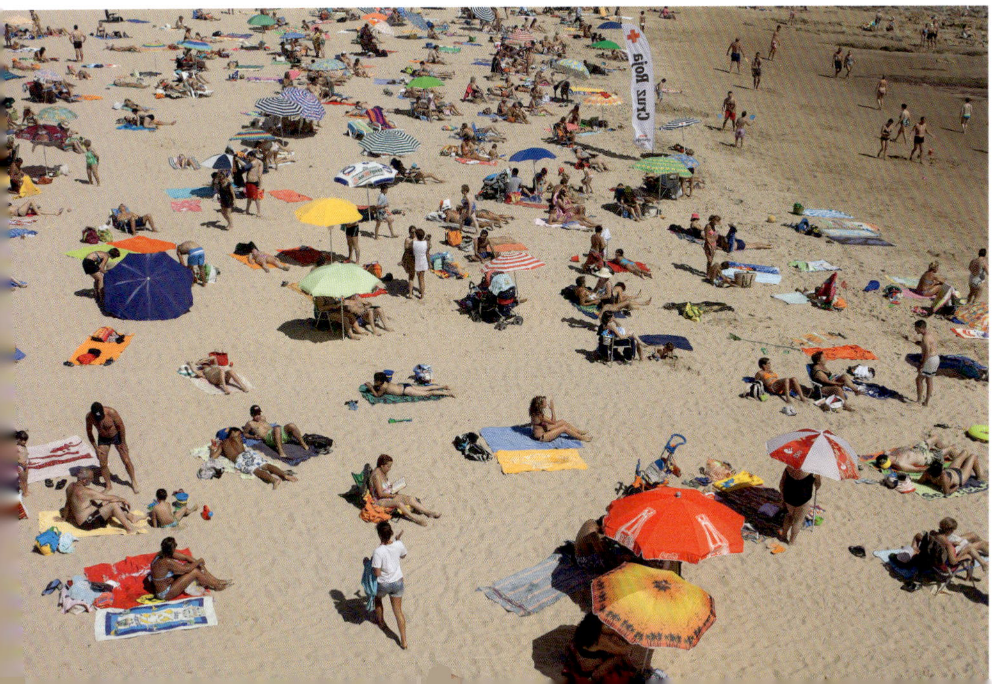

◂ **Abbildung 8.36**
Die Gleichmäßigkeit, mit der sich die Menge der Besucher über den Strand von Llanes verteilt hat, macht einen Teil des Bildreizes aus. Man könnte bestimmt eine Formel dafür aufstellen, an welcher Stelle sich ein neuer Besucher an diesem gut besuchten Strand niederlassen würde.
40 mm | f10 | 1/640 s | ISO 160

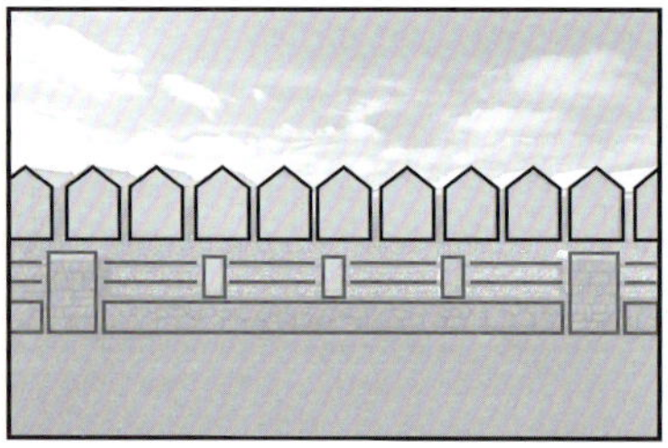

Abbildung 8.37 ▸
Menge als Wiederholung. Die Strandhütten in Cayeux sur Mer wirken etwas absurd, wie sie in einer Reihe am Meer ausgerichtet sind. Ich hätte das Bild auch mit nur vier statt elf Hütten aufnehmen können, aber das hätte eine andere, grafischere Bildaussage ergeben.
20 mm | f8 | 1/400 s | ISO 100

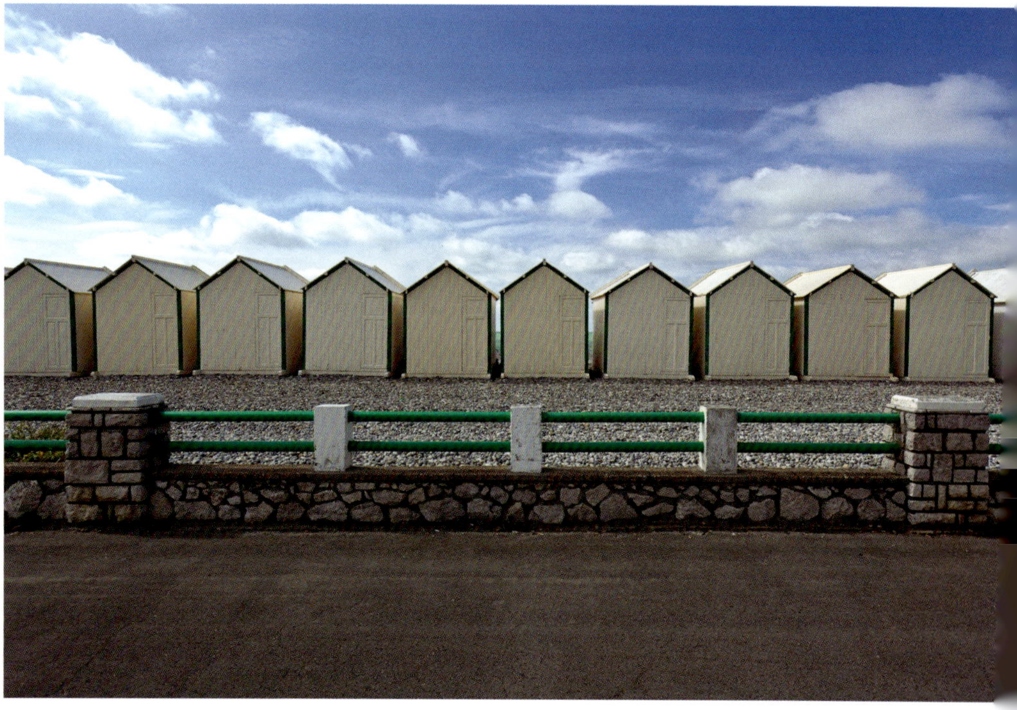

HELLIGKEIT

Die gestalterischen Aspekte der Helligkeit werden in Kapitel 6, »Belichtung«, behandelt. Solange Sie während der Aufnahme den Kontrastumfang des Motivs gut einfangen, können Sie auch später noch die Helligkeit anpassen. Nehmen Sie die Bildhelligkeiten der Kameraautomatik und der Bilddateien nicht einfach als gegeben an, sondern ändern Sie sie so, dass das Bild in sich stimmig ist.

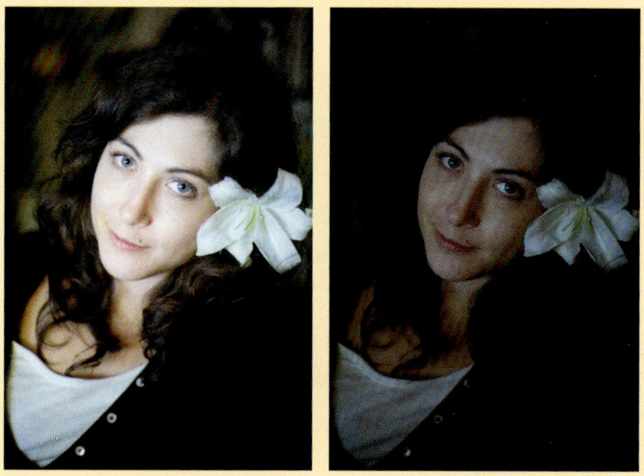

◂ **Abbildung 8.38**
Diese beiden Bilder wurden von derselben RAW-Datei entwickelt. Der Unterschied in der Helligkeit wirkt sich auch auf den Gefühlsausdruck des Porträts aus. Das weiche Licht kam von einem TFT-Monitor.
50 mm | f1,4 | 1/60 s | ISO 3 200

8.10 Bildaufbau

Natürlich können Sie die Bildelemente nicht völlig frei auf der Fläche des Bildes anordnen. Sie sind gebunden durch die Abbildungsgesetze und bestimmte, schwer veränderliche Eigenschaften des Motivs. Aber Sie sind wahrscheinlich freier, als Sie denken, denn Sie haben über den Standpunkt, den Bildausschnitt, die Brennweite, das Licht und das Format sehr mächtige Einflussmöglichkeiten auf die Bildgestaltung. Und bei vielen Motiven können Sie sogar die Anordnung im Raum noch beeinflussen, weil sie beweglich sind.

Allzu oft wird man sich vor Ort gar nicht der unzähligen Alternativen bewusst und fotografiert eher so, wie der erste Eindruck war. Das können Sie auch ruhig tun, doch nach diesem ersten Bild sollten Sie überlegen, wie Sie das Motiv noch besser einfangen können und welche Möglichkeiten der Ort dafür zur Verfügung stellt.

▼ Abbildung 8.39
Der Evinger Hammerkopfturm passt genau in das Fenster des Nebengebäudes. Die Position der Kamera musste sehr exakt gewählt werden, damit dieses Bild möglich wurde (analoges Großbilddia von 1993, 90 mm Weitwinkel; an einer Digitalkamera würde dem ein 24-mm-Shiftobjektiv entsprechen).

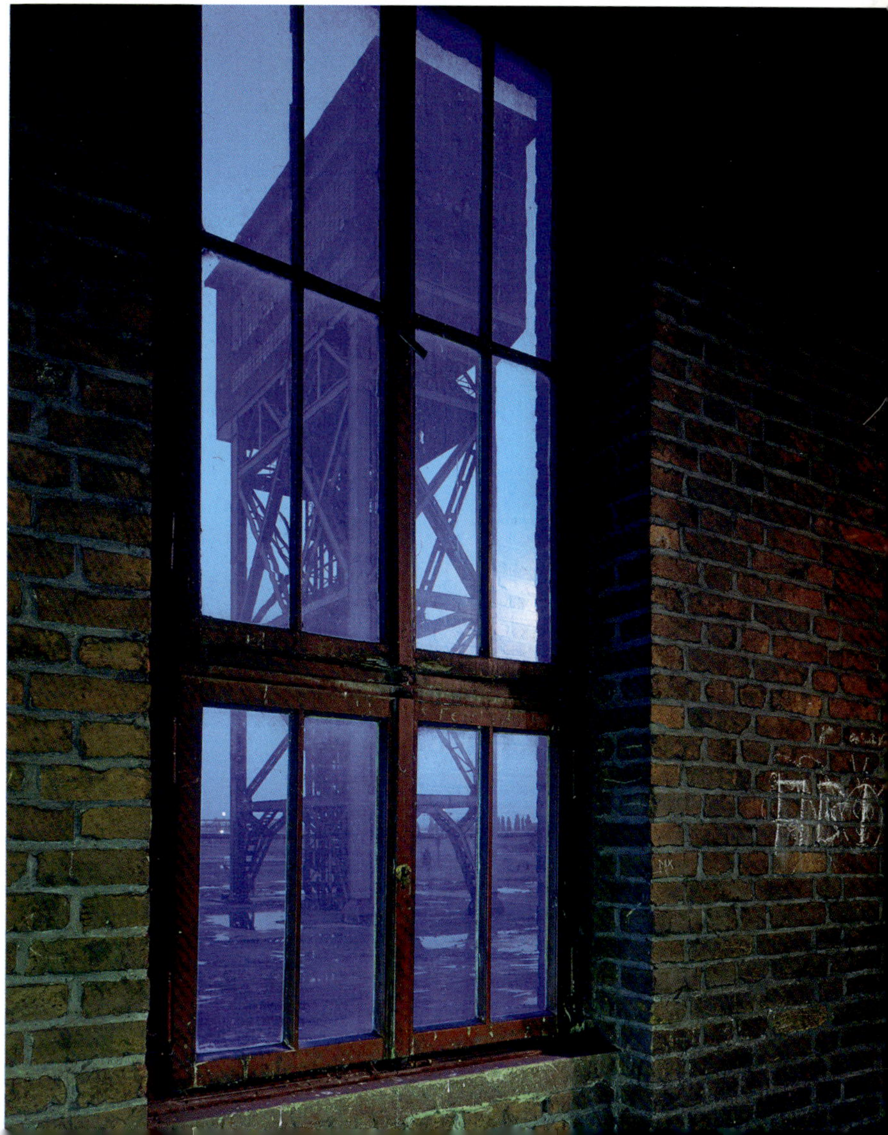

8.10.1 Blickführung

Das Auge tastet jedes Bild ab und wird dabei von bestimmten Elementen mehr angezogen als von anderen. Helle Flecken und starke Kontraste, Gesichter und Buchstaben ziehen den Blick an, Linien ziehen ihn in eine Richtung und die natürliche (kulturell bedingte) Leserichtung spielt auch eine Rolle. Wenn der Bildaufbau das Auge dabei unterstützt, die wesentlichen Details zu erfassen, wirkt das Bild insgesamt besser. Er kann leider auch Nebensächlichkeiten hervorheben oder die Augen unruhig springen lassen, weil eine Ordnung schwierig zu erkennen ist. Beobachten Sie sich selbst, welchen Weg die Augen nehmen, wenn Sie ein gutes Bild erfassen. Versuchen Sie festzustellen, was der Fotograf unternommen hat, damit sich das Bild so gut erschließt.

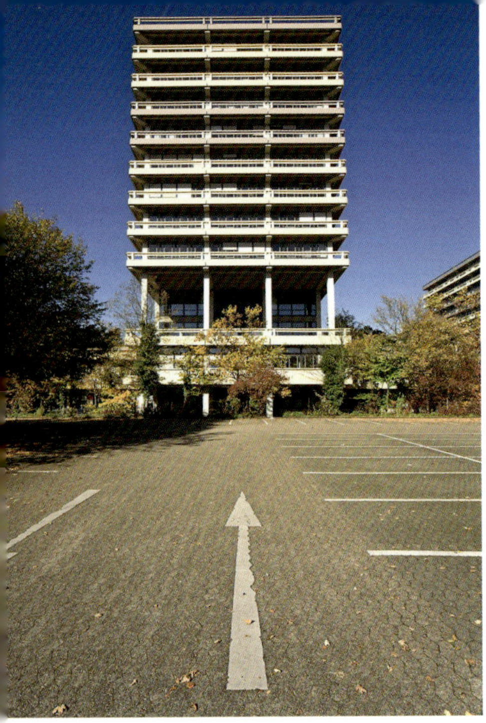

▲ **Abbildung 8.40**
So einfach haben Sie es nicht immer, wenn Sie die Aufmerksamkeit auf das Hauptmotiv lenken wollen. Trotzdem benötigte ich etwas Zeit, um störende Elemente im Bild zu vermeiden und trotzdem den Pfeil direkt auf das Gebäude zeigen zu lassen.
17 mm | f15 | 1/60 s | ISO 125

Der Bildaufbau kann sogar dazu führen, dass sich bestimmte Objekte zu bewegen scheinen, weil durch die Komposition des Bildes eine Dynamik entsteht oder ein Ausgleichsbestreben angedeutet wird. Es gibt eine Art »visuelle Schwerkraft« , die eine Anziehung auf Bildobjekte ausübt, so dass der Betrachter eine Bewegung herbeisehnt. Das ist ein wenig vergleichbar mit einem Schlagzeuger, der den Beat etwas »verschleppt«, so dass der Zuhörer dann schon fast selbst auf die Trommel schlagen möchte. Wenn Sie Objekte etwas weiter außen anordnen, als sie harmonisch im Format sitzen würden, wenn Sie Objekte an schrägen Linien anordnen oder perspektivische Verzeichnung nutzen, um Bildteile schräg ins Bild ragen zu lassen, immer dann erzeugen Sie Bewegung im Bild.

Homogene Flächen geben dem Blick kaum Halt. Der Betrachter nimmt dann jede Linie auf, die wegführt, oder das Auge sucht nach dem nächsten starken Kontrast. Lassen Sie Ihren Bildaufbau nicht von technischen Details bestimmen. Die Position des AF-Messpunktes im Sucher sollte nicht darüber bestimmen dürfen, an welcher Position im Bild sich Ihr Motiv wiederfindet. Üben Sie die Messwertspeicherung, und emanzipieren Sie sich von den Vorgaben Ihrer Kamera.

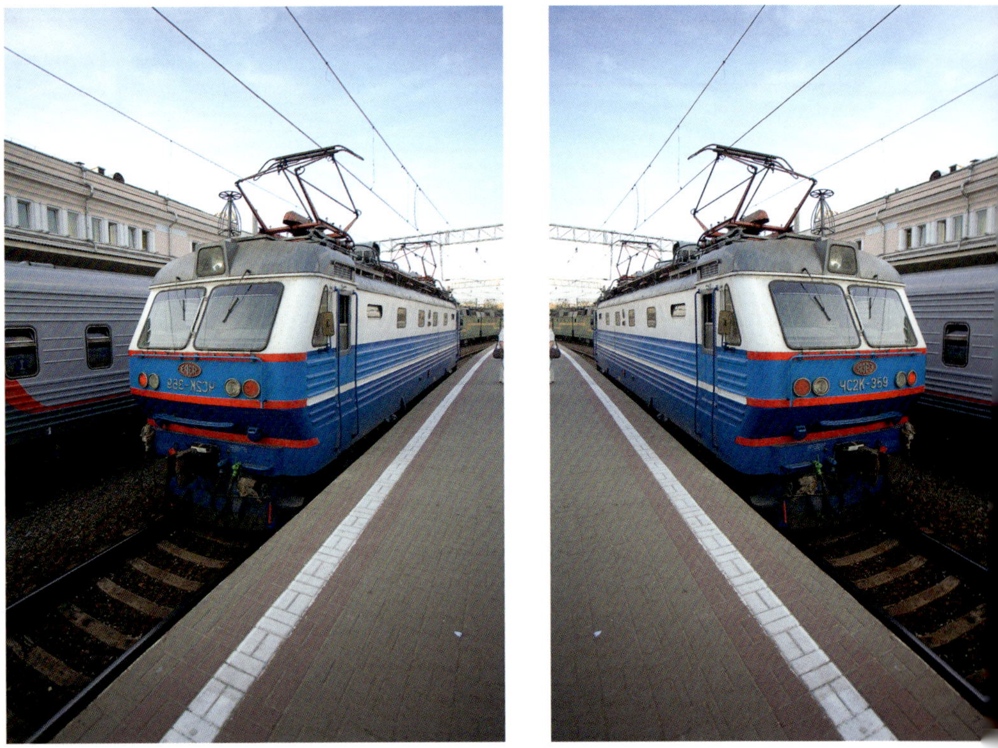

Abbildung 8.41 ▸
Links: Dieses Bild wurde gespiegelt. Hier wandert der Blick zur vorderen Kante der Lok, von wo er nach rechts zum Fluchtpunkt gezogen wird. Die Lok scheint wegzufahren. Im Originalbild (rechts) ziehen die weißen Linien den Blick zur Front der Lok, wo er fast zur Ruhe kommt. Die Lok scheint anzukommen oder zumindest zu stehen.
20 mm | f5,6 | 1/100 s | ISO 200

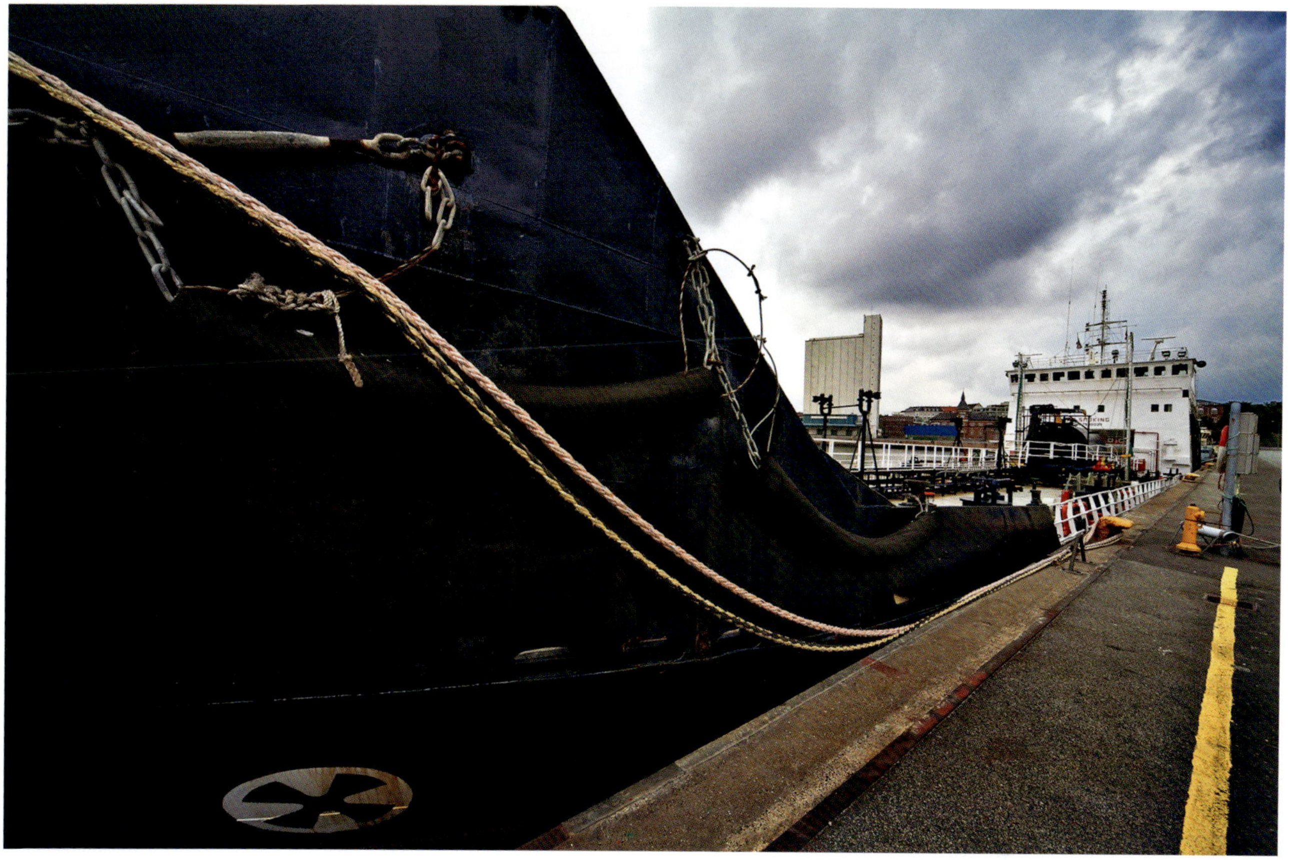

8.10.2 Diagonale

Eine Linie, die schräg die Ecken des Formats verbindet, nennt man Diagonale. Durch die Leserichtung von links nach rechts wird eine Diagonale, die von links oben nach rechts unten führt, als absteigend bezeichnet, von links unten nach rechts oben als aufsteigend.

Eine absteigende Diagonale ist ruhiger und weniger spannungsvoll, Sie leitet den Blick manchmal zu schnell wieder aus dem Bild. Trotzdem bringt sie viel mehr Bewegung ins Bild, als es waage- oder senkrechte Linien vermögen.

Eine aufsteigende Diagonale hält den Blick länger im Bild und wirkt anregender. In diesem Bildbeispiel wurde die Aufnahme für das zweite Bild gekontert. Das ist ein Kunstgriff, den Sie selten bis nie anwenden sollten, weil man es bei vielen Motiven bemerkt und es bei anderen die Wirklichkeit zu sehr verändert. Einzig ein Selbstporträt wird Ihnen so vielleicht natürlicher vorkommen, weil Sie es gewohnt sind, sich selbst im Spiegel zu sehen.

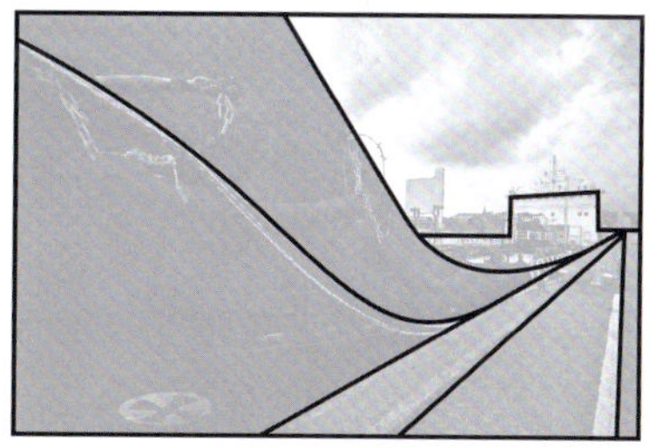

▲ **Abbildung 8.42**
In der linken Bildhälfte findet der Blick kaum Halt außer an der Tauen, die ihn weiter in den Bildhintergrund führen. Die gelbe Linie rechts unterstützt dies. Trotzdem kehrt das Auge manchmal zum Tau links oben zurück, weil der starke Kontrast es anzieht.

12 mm | f16 | 1/100 s | ISO 200

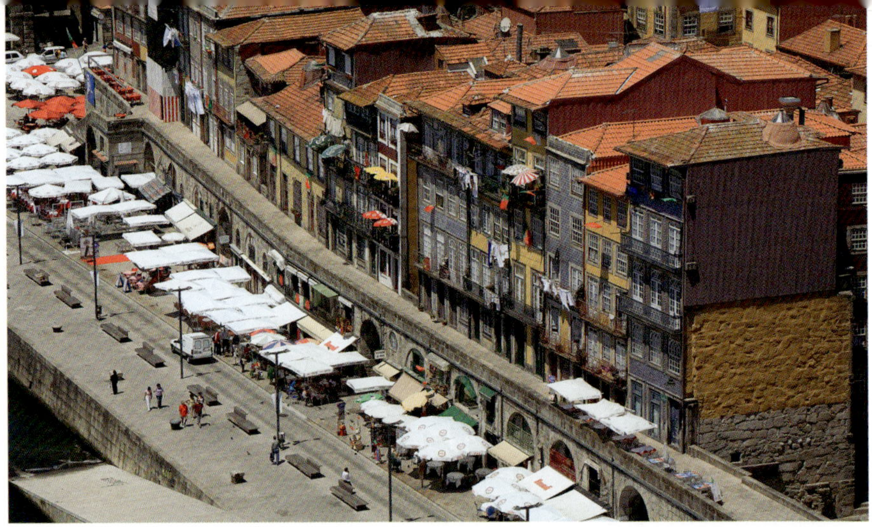

Abbildung 8.43 ▸
Die absteigende Diagonale ergibt einen eher ruhigen Bildaufbau, der Blick wird allerdings sehr schnell aus dem Bild geführt, und der Betrachter verbringt wenig Zeit mit den Details.
140 mm | f8,0 | 1/800 s | ISO 160

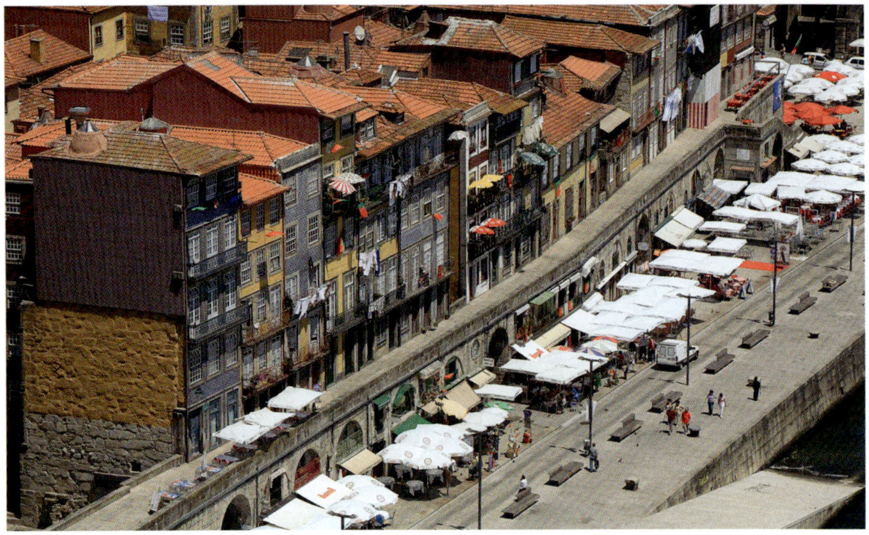

Abbildung 8.44 ▸
Hier wurde das Bild gespiegelt, um den Unterschied zur aufsteigenden Diagonale zu verdeutlichen. Der Blick wird hier eher im Bild gehalten, um sich mit den Häuserfassaden der Hafenpromenade von Porto zu beschäftigen. Das Bild wirkt insgesamt etwas lebendiger.

8.10.3 Horizont

Wenn Sie die Kamera gerade halten, liegt der Horizont in der Mitte des Bildes. Häufig sieht man den Horizont nicht, weil er durch Objekte im Vordergrund verdeckt ist, allerdings wird auch dann der Fluchtpunkt auf der Horizontlinie liegen. Bei geometrischen Motiven wird man also immer erahnen, wo der Horizont liegt. Ein Horizont in der Mitte ist spannungslos, führt nicht zu stürzenden Linien und ergibt oft die langweiligste mögliche Bildvariante.

Den Horizont aus der Bildmitte zu rücken, ist also meistens ein Vorteil, dabei beeinflusst die resultierende Lage des Horizonts die Bildstimmung stark.

Wenn Sie den Horizont weit unten ins Bild legen, wird die Ferne und Weite der Landschaft betont, das Bild wirkt leicht und offen und im wahrsten

Abbildung 8.45 ▸
Die Hafenmole von Le Tréport: Der Blick kann nicht zum Horizont abwandern, sondern bleibt im Bild. Der Bildaufbau wird grafischer und klarer.
300 mm | f6,3 | 1/500 s | ISO 400

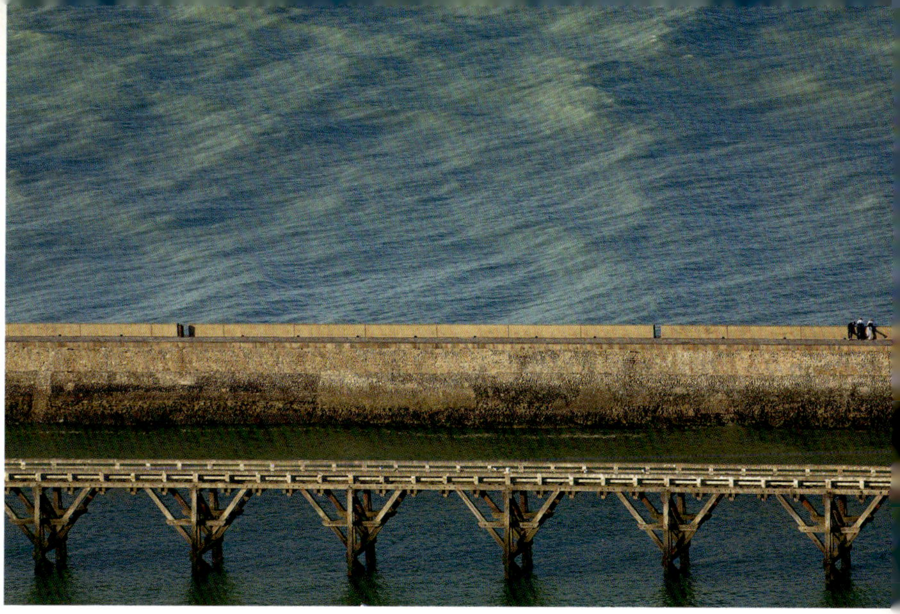

Sinne des Wortes luftig, weil der Himmel einen großen Teil des Bildes einnimmt.

Wenn Sie den Horizont im Bild nach oben setzen, betonen Sie die Schwere und die Nähe. Das Objektiv ist nach unten geneigt und erfasst mehr vom Boden. Sie erzeugen durch eine solche Bildaufteilung eine Landschaft, durch die das Auge hindurchwandern kann, bis es an die Himmelskante stößt. Die Stimmung eines solchen Bildes kann manchmal etwas bedrückend sein und zwar umso mehr, je höher der Horizont liegt.

Natürlich kann der Horizont auch unterhalb oder oberhalb der Bildgrenzen liegen, was zur Vereinfachung des Bildaufbaus beiträgt. Wenn der Horizont oberhalb liegt, bekommt das Bild etwas Geschlossenes, wenn er unterhalb liegt, steht das Motiv gegen den Himmel oder es ist der Himmel selbst.

▾ Abbildung 8.46
Der tief liegende Horizont lässt das Bild sehr leicht und luftig wirken. Man kann den Wind fast spüren.
17 mm | f11 | 1/250 s | ISO 125

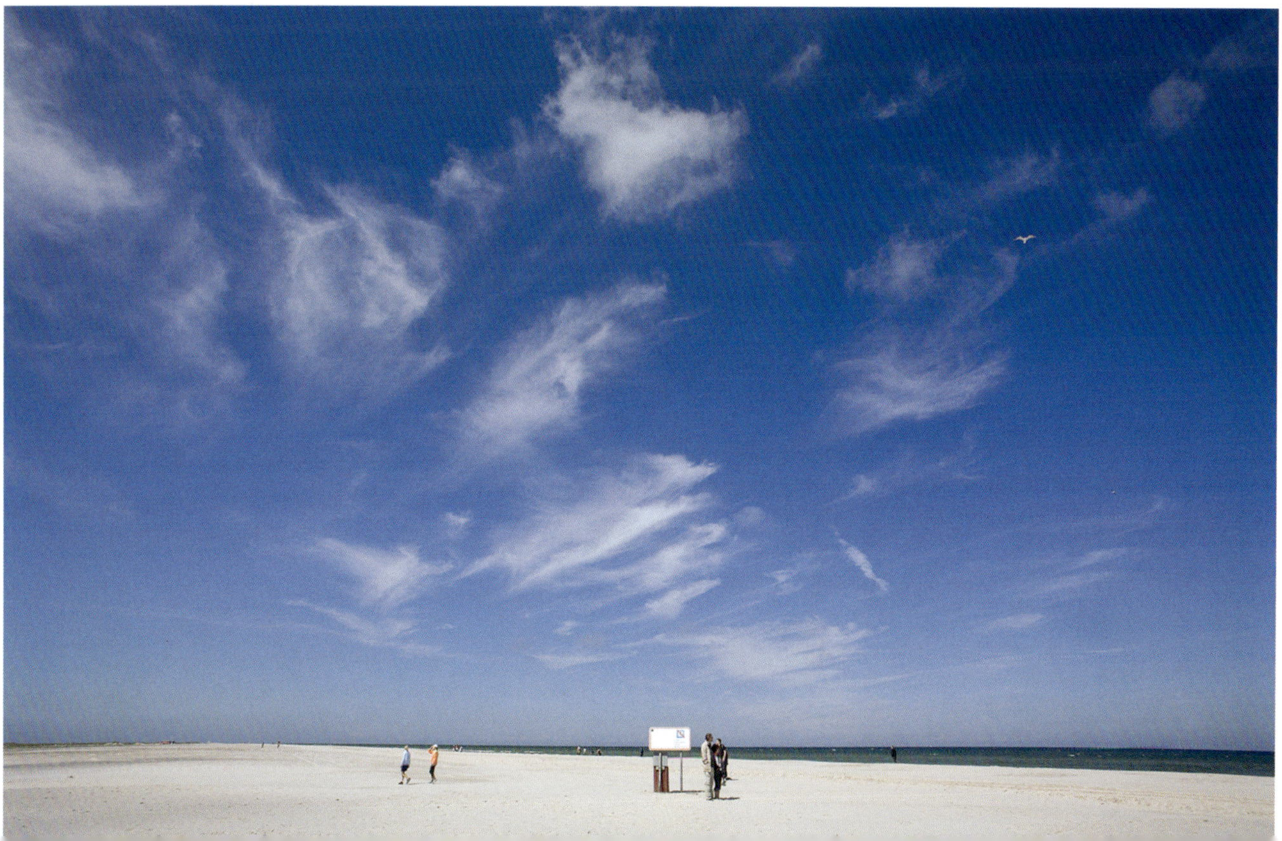

8.10.4 Symmetrie

In der Natur kommt Symmetrie erstaunlich häufig vor. Sie selbst sind, zumindest weitgehend, spiegelsymmetrisch. Das gilt für einen großen Teil der Lebewesen und einen kleineren Teil der Pflanzen oder der Pflanzenteile. Symmetrie wird auf einer sehr tiefen Stufe der Wahrnehmung erkannt und auf eine sehr unmittelbare Weise als schön empfunden.

Wenn Sie symmetrische Objekte fotografieren, dann sollten Sie die Symmetrie entweder exakt abbilden oder deutlich von ihr abweichen. Wenn Sie einen Innenraum aufnehmen, dann stellen Sie sich also entweder exakt in die Mitte und richten Ihre Kamera auf die Zentralachse aus, oder Sie verlassen die zentrale Achse deutlich und weichen bewusst von einer symmetrischen Darstellung ab. Ich rate Ihnen, bei einem symmetrischen Motiv immer auch eine exakt symmetrische Bildvariante mit anzufertigen.

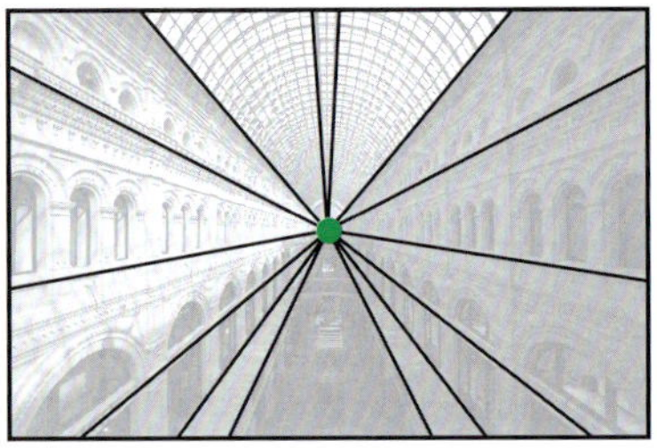

Abbildung 8.47 ▸
Das berühmte Kaufhaus Gum in Moskau. Der mittlere AF-Messpunkt half dabei, den Fluchtpunkt exakt in die Mitte zu legen. Die symmetrische Bildauffassung betont die Symmetrie der Architektur.
17 mm | f9,0 | 1/125 s | ISO 400

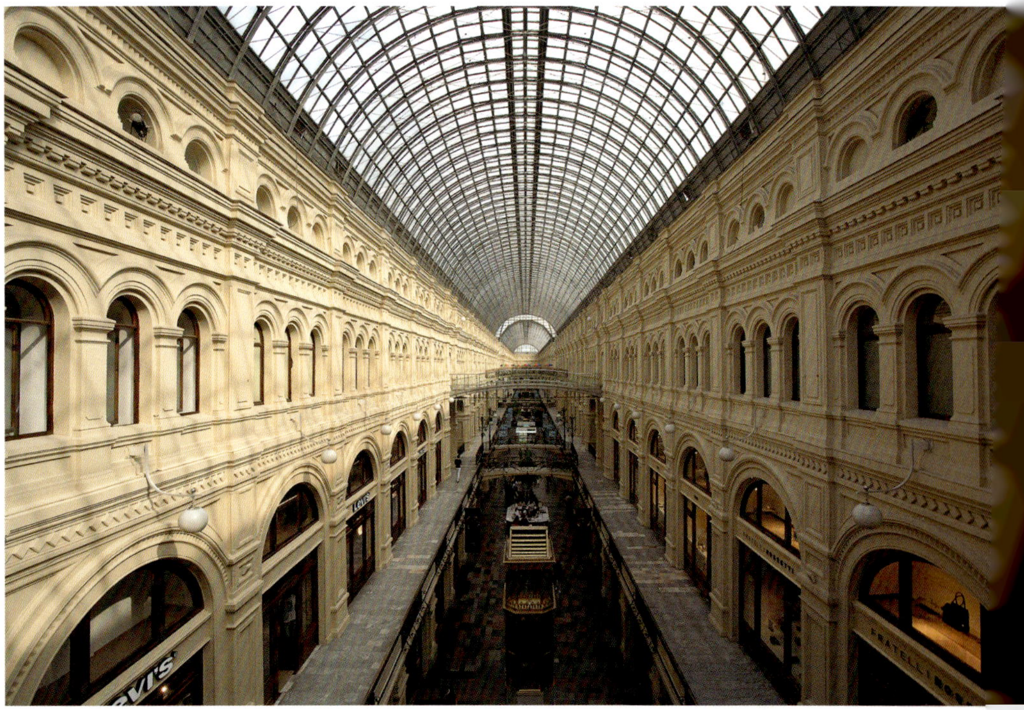

8.10.5 Muster

Wenn unser Gehirn Regelmäßigkeiten erkennen kann, also wiederkehrende Elemente, die gleichmäßig angeordnet sind, dann empfinden wir das oft als schön. Bilder mit vielen Details werden durch eine Anordnung als Muster ruhiger und bekommen einen eigenen Reiz. Wenn das Muster zum eigentlichen Bildinhalt wird, kann das Bild allerdings zur formalästhetischen Spielerei werden, das zwar nett anzuschauen ist, aber ansonsten eher langweilig.

Muster finden Sie in Technik, Architektur und der Natur, sie entstehen oft als Folge einer Eigenschaft des Objekts oder aus der Optimierung eines Bauplans, zum Beispiel bei Bienenwaben. Eine bessere Raumnutzung und höhere Materialeffizienz als bei dieser sechseckigen Anordnung ist mathematisch nicht möglich. Hier entsteht die Form aus der Funktion, und das beste Ergebnis ist gleichzeitig schön.

Interessant ist es, die Muster mit einer Unregelmäßigkeit zu unterbrechen, besonders wenn diese das eigentliche Motiv darstellt. Um die Regelmäßigkeit in einem Motiv zu betonen, müssen Sie auf die Perspektive und die Bildränder achten. Das Muster wirkt dann am klarsten, wenn es nicht verzerrt ist und an den Kanten nicht unschön unterbrochen wird.

Muster können Ihnen helfen, Ordnung in die Bildfläche zu bekommen und Motive leichter erfassbar zu machen, sie üben einen eigenen ästhetischen Reiz aus.

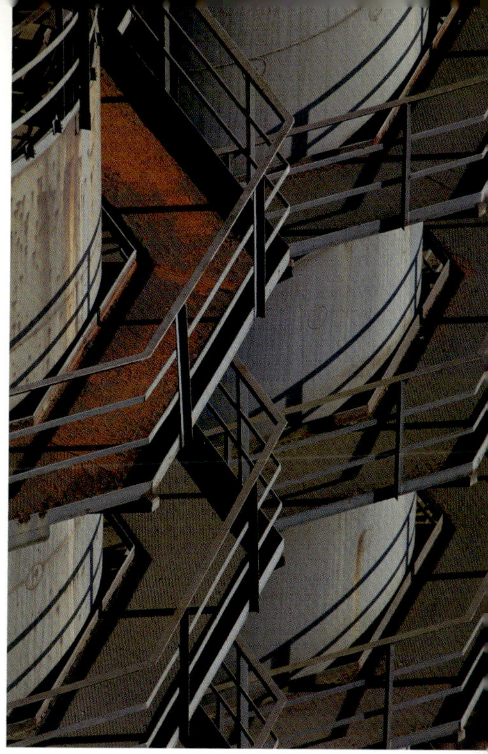

▲ **Abbildung 8.48**
Durch die lange Brennweite gibt es keine perspektivische Verzeichnung, und die Tanks mit den Stegen wirken sehr grafisch.

400mm | f9,0 | 1/320s | ISO 200

▼ **Abbildung 8.49**
Das regelmäßige Raster des Gerüsts wurde recht unregelmäßig mit Planken ausgelegt. Die Konstruktion an diesem Wohnhaus an der Moskwa wirkt so eher fragil und unsicher.

40mm, f9, 1/400s, ISO 100

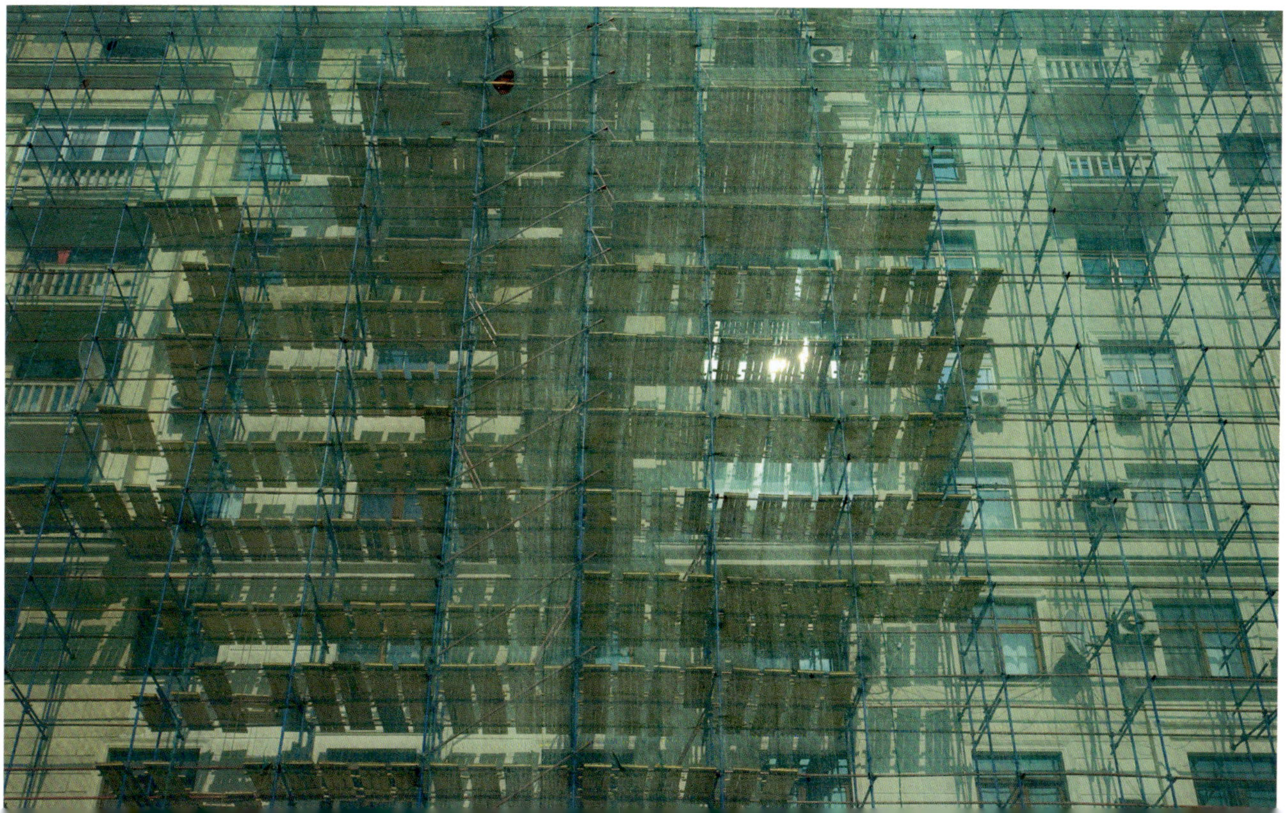

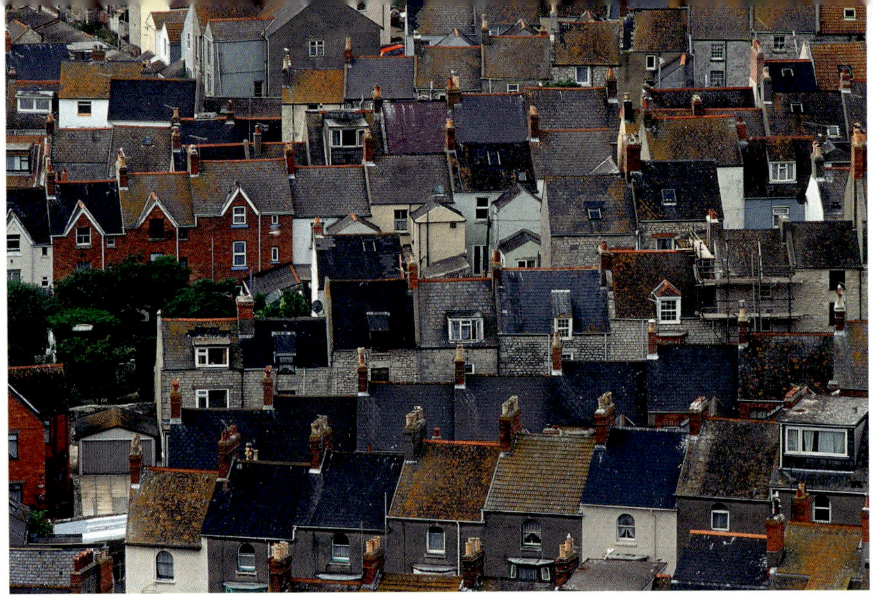

Abbildung 8.50 ▸
Die Arbeiterhäuschen in Cornwall verdichten sich zu einem leicht unregelmäßigen Muster. Das Bild wurde mit 400 mm Brennweite von einem nahen Berg aus aufgenommen.
400 mm | f6,3 | 1/500 s | ISO 200

8.10.6 Dreieck

Wenn Sie drei Personen fotografieren möchten, ist es die langweiligste Variante, diese direkt nebeneinander anzuordnen. Wenn die Köpfe ein Dreieck bilden, ist die Komposition interessanter und das Bild meist schöner.

Wenn das Dreieck mit der Spitze nach oben weist, wirkt der Aufbau am stabilsten und das Bild am ruhigsten. Mit der Spitze nach unten ist der Eindruck labiler. Wenn das Dreieck schräg steht, kommt mehr Dynamik ins Bild.

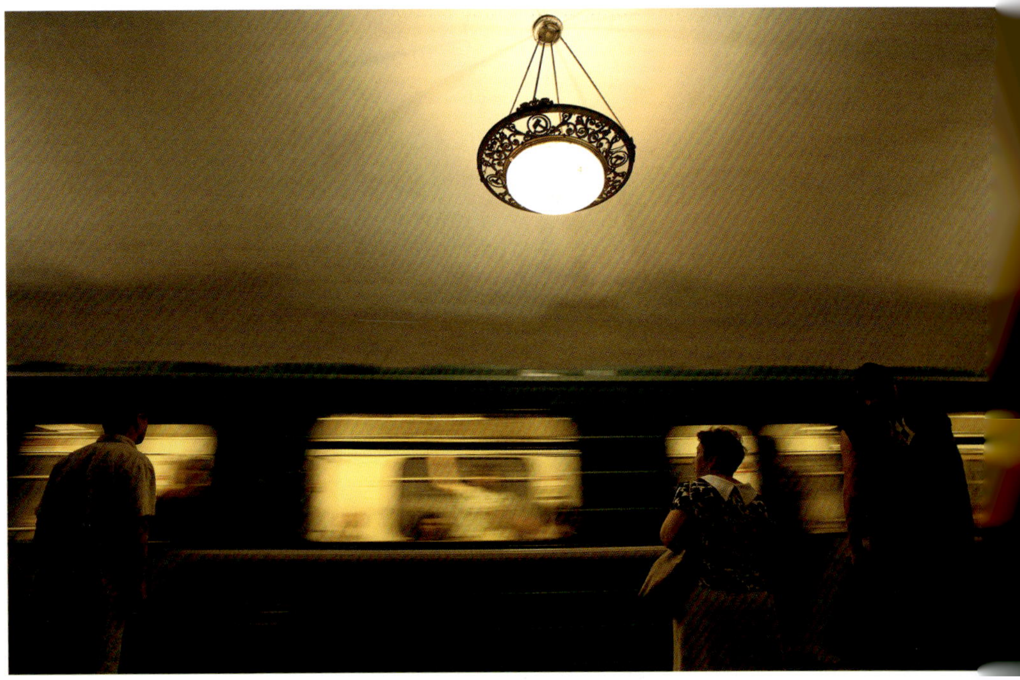

Abbildung 8.51 ▸
Die Lampe bildet mit dem Mann links und der Frau rechts ein ruhiges Dreieck, das gegen die Bewegung der einfahrenden U-Bahn steht.
17 mm | f5,6 | 1/30 s | ISO 1 600

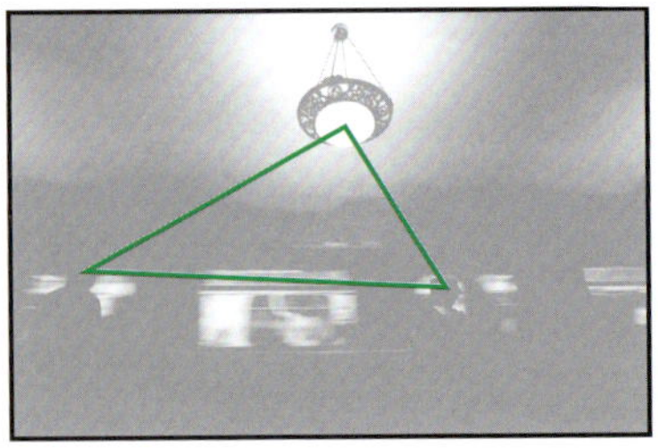

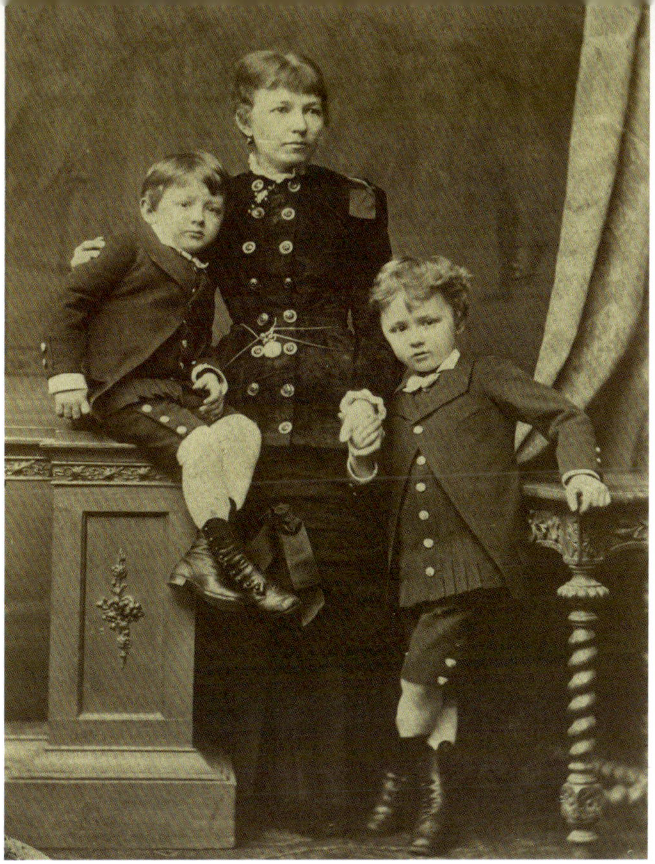

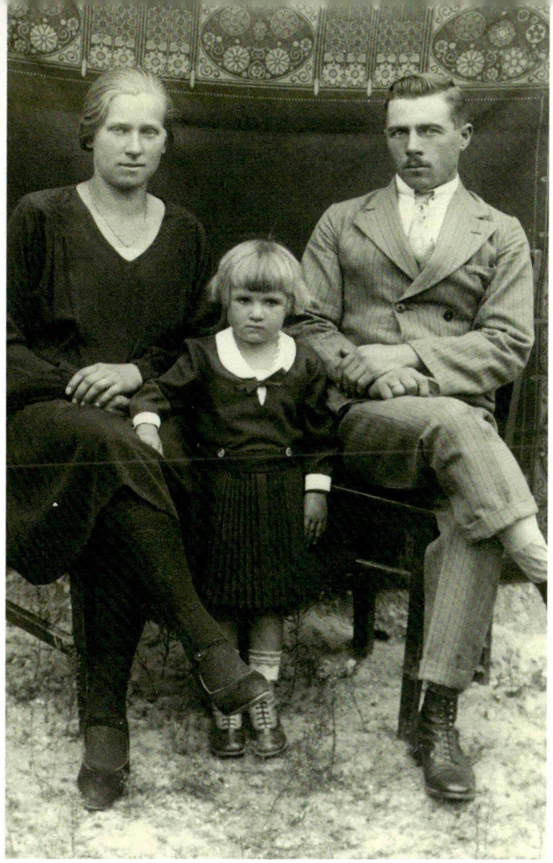

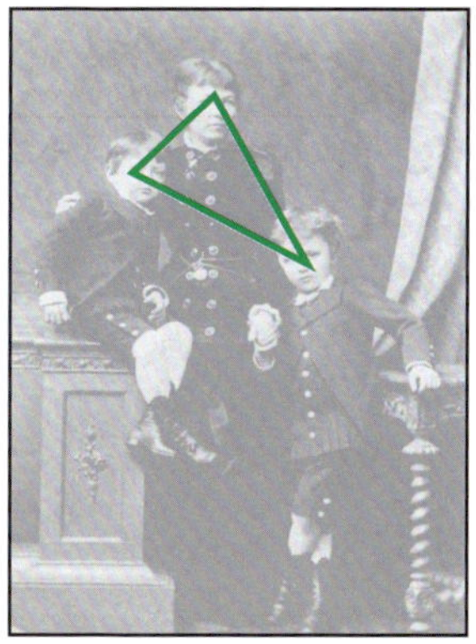

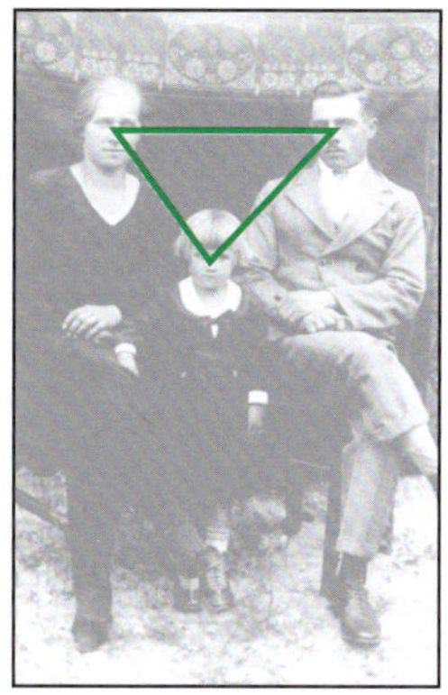

▲ **Abbildung 8.52**
Links: Das Dreieck der Köpfe steht schräg und bringt Dynamik ins Bild. Durch die mittige Position der Mutter und ihre Handhaltung vermittelt das Bild trotzdem eine gewisse Sicherheit (Ungarn, Ende 19. Jahrhundert).

▲ **Abbildung 8.53**
Rechts: Die Eltern nehmen die gleiche Pose ein, und ihre Köpfe liegen auf gleicher Höhe. Der Kopf des Kindes bildet mit denen der Eltern ein auf der Spitze stehendes Dreieck. Das Kind wirkt zwischen den Eltern auch durch die Bildkomposition etwas verloren (Ungarn, 1931).

Je nach gewünschtem Bildeindruck können unterschiedliche Anordnungen am besten wirken.

Den Einfluss des Dreiecks auf die Bildwirkung sollten Sie sich bei der Aufnahme bewusst machen, sonst entdecken Sie später im Bild ein irritierendes Moment, das allein aus der Bildkomposition herrührt.

Das Dreieck als Kompositionsprinzip wird nicht nur bei Gruppenaufnahmen bewusst wahrgenommen, es kann auch bei jedem anderen Motiv auftauchen und die Bildwirkung beeinflussen.

8.10.7 Punkte

Wenn die Bildelemente so klein werden, das sie als Fläche keine Rolle mehr spielen, ist nur noch ihr Ort, ihre Helligkeit und ihre Farbe wichtig. Sie werden dann gestalterisch als Punkte wahrgenommen. Ein Punkt kann durch seine Position eher ruhig sein oder Spannung aufbauen, er kann in einer Beziehung zu einer Fläche stehen oder mit mehreren Punkten einen fast musikalischen Zusammenhang bilden. Generell ist ein Punkt ein eher dynamisches Element.

Der Betrachter verbindet die Orte der Punkte miteinander und so können Eckpunkte auch Formen oder Linienbögen erzeugen.

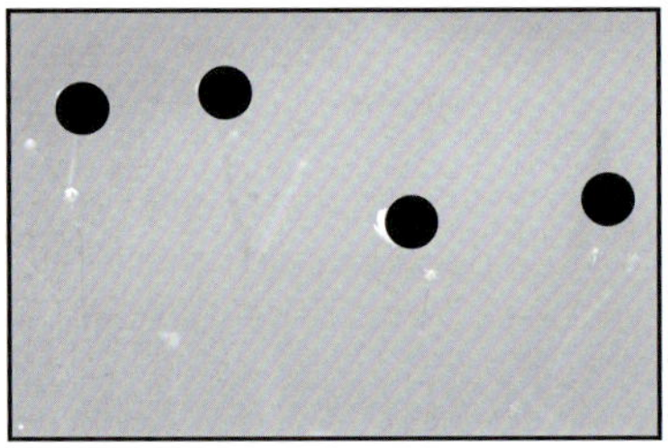

▲ **Abbildung 8.54**
Die gelben Blüten vor dem Bach ziehen das Auge stark an, trotzdem wirkt das Bild relativ ruhig, weil die Punkte fast ein Gleichgewicht bilden.
100 mm | f2,8 | 1/1000 s | ISO 400 | Makroobjektiv

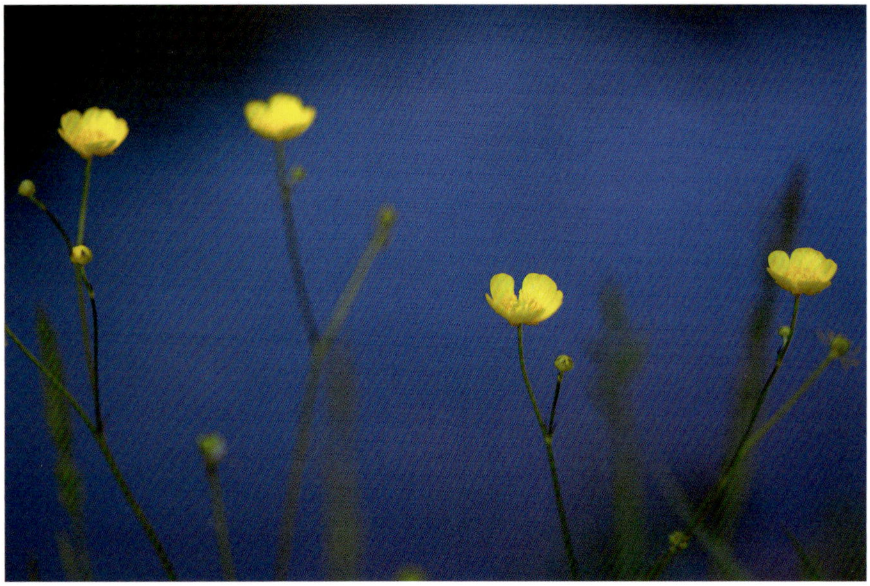

8.10.8 Goldener Schnitt

Der Goldene Schnitt ist eine seit der Antike bekannte Gestaltungsregel. Eine Strecke wird so unterteilt, dass das Verhältnis vom kleineren Teil zum größeren Teil dem des größeren Teils zur Gesamtstrecke entspricht.

Die Teilung liegt dann bei ungefähr 0,618 bei einer Strecke von 1. In Wirklichkeit hat die Zahl unendlich viele Nachkommastellen, aber so genau

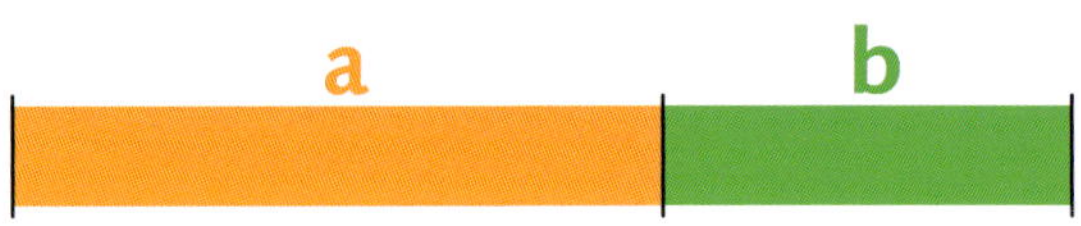

Abbildung 8.55 ▶
Der goldene Schnitt teilt eine Strecke so, dass $a : b = (a + b) : a$. Das heißt, dass die größere Teilstrecke zur kleineren im selben Verhältnis steht wie die Gesamtstrecke zur größeren.

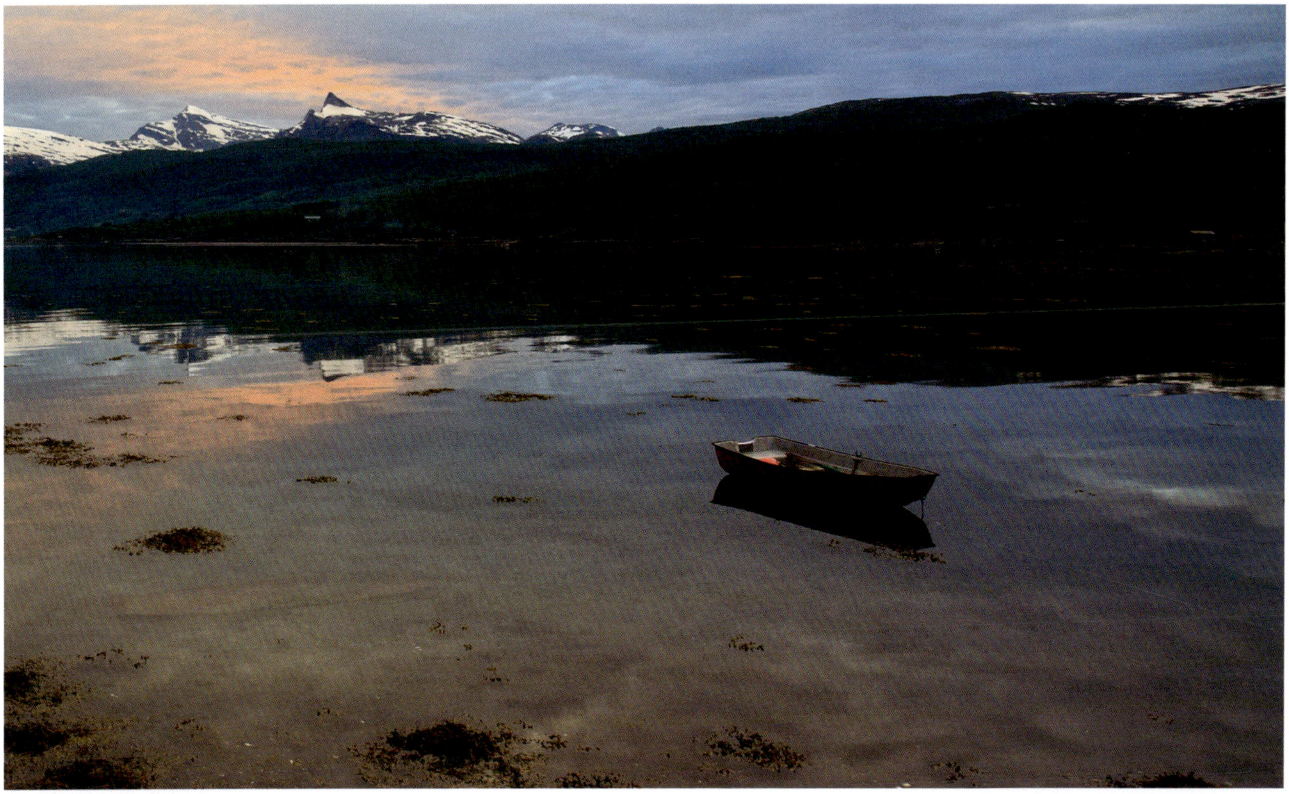

werden Sie ohnehin nicht gestalten können. Anders ausgedrückt ist das Verhältnis 1:1,618, die gleichen Nachkommastellen sind kein Zufall, sondern eine Folge der mathematischen Besonderheit dieses Verhältnisses.

Der Goldene Schnitt ist ein in der Natur häufig vorkommendes Verhältnis, Sie werden ihn aber auch in der Architektur und in der Kunst wiederfinden, in der Typografie und im Produktdesign.

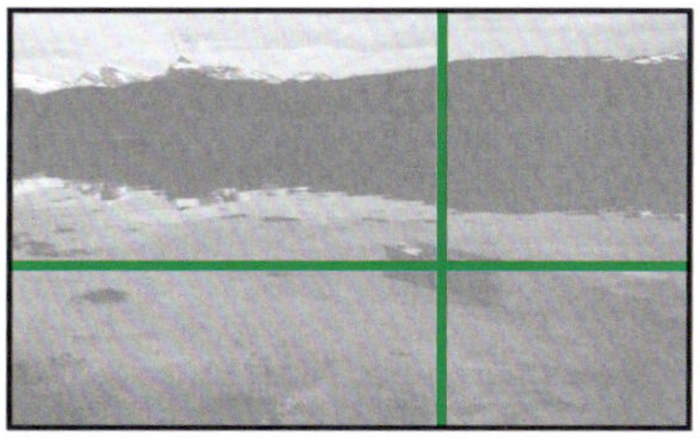

▲ **Abbildung 8.56**
Das Boot befindet sich im goldenen Schnitt. Aber auch die Bildhöhe zur Breite steht im Verhältnis des Goldenen Schnitts.
22 mm | f7,1 | 1/60 s | ISO 640

8.10.9 Drittelregel

Die Drittelregel hilft ebenfalls, einen harmonischen Bildaufbau zu erzielen. Sie ist in den letzten Jahren sehr populär geworden, weil sie sehr einfach zu erklären ist und inzwischen sogar in Photoshop und in machen Kameradisplays einblendbar ist. Man teilt die Bildfläche waagerecht und senkrecht in je drei gleich große Bereiche und versucht, die wesentlichen Motivelemente an den Grenzlinien dieser Bereiche auszurichten oder auf die Schnittpunkte zu legen.

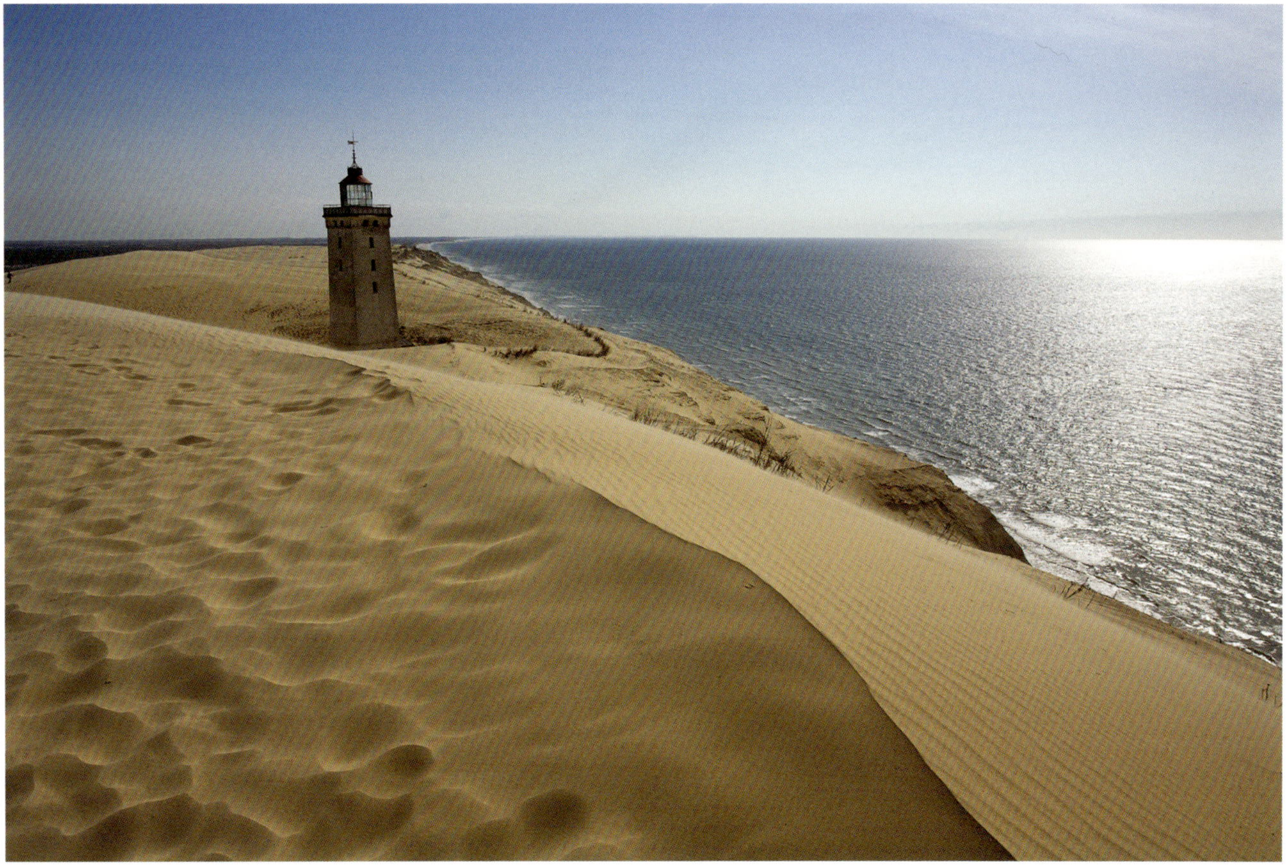

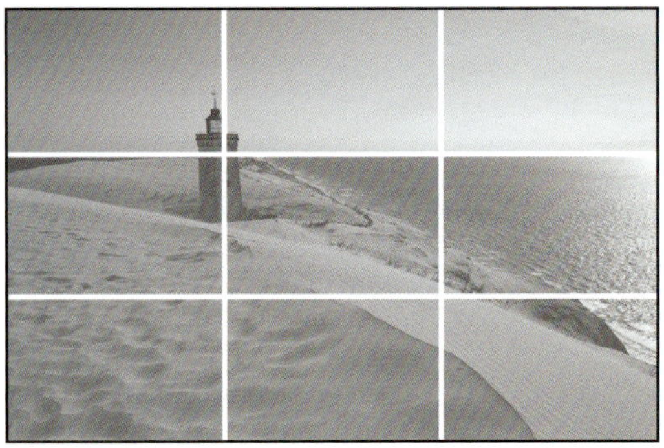

▲ **Abbildung 8.57**
Die Drittelregel mit überlagertem Raster. Das unbeschnittene Original des Bildes (oben) ist spannungsvoller und eleganter, weil es sich nicht genau an die Drittelregel hält.
24 mm | f10 | 1/800 s | ISO 160

Ich persönlich würde die Drittelregel eher als ein einfaches Hilfsmittel betrachten, das Ihnen dabei hilft, das Motiv aus der Mitte zu rücken. Auf Dauer sollten Sie sich auf ihr eigenes Harmonieempfinden verlassen und das Motiv dort positionieren, wo es Ihnen perfekt stimmig erscheint. Und vergessen Sie auch nicht, dass es nicht immer darum geht, Harmonie zu erzeugen, manchmal wollen Sie auch Spannung im Bild erzielen, und da ist eine perfekte Ausgeglichenheit nicht förderlich.

Bei vielen Kameras können Sie sich dieses Dreierraster im Display anzeigen lassen, beim Freistellungswerkzeug ab Photoshop CS5 lässt es sich auch einblenden. Auch wenn Sie sich nicht genau an die Dreierregel halten möchten, kann das Raster bei der Positionierung nützlich sein. An die ewige Wahrheit des Goldenen Schnitts, den die Römer die »göttliche Proportion« nannten, kommt die Drittelregel nicht im Mindesten heran.

8.10.10 Dynamischer oder statischer Aufbau

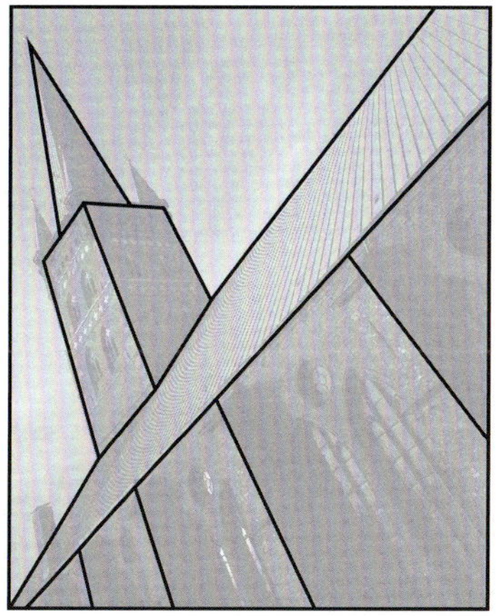

Allein durch die Komposition können Sie ein Bild ruhig oder bewegt wirken lassen. Wenn Sie zum Beispiel vor einem Haus stehen, können Sie sich parallel vor die Fassade stellen und, falls Sie etwas nach oben fotografieren, die stürzenden Linien komplett ausgleichen. Das Ergebnis wird ein ruhiges Bild werden, wenn nicht die Architektur an sich schon sehr dynamisch ist. Oder Sie stellen sich an die Ecke des Hauses, nehmen die Fassade in die Flucht, gleichen die stürzenden Linien nicht aus und stellen, wenn Sie es auf die Spitze treiben wollen, die Kamera noch schräg. Die Senkrechten sind dann verschwunden, das Bild wird von Schrägen dominiert und das Haus scheint zu kippen.

Ob Sie nun bei einem Haus unbedingt einen bewegten Eindruck erzeugen wollen, sei dahingestellt, im Einzelfall aber ergibt das durchaus Sinn. Bei wirklich bewegten Motiven sollten Sie diese Gestaltungsmittel parat haben, denn ein Bild von einem Autorennen oder einem schnell laufenden Tier, das statisch wirkt, wird dem Thema oft nicht gerecht. Wobei auch manchmal der Kontrast zwischen Inhalt und Gestaltung den Reiz eines Bildes ausmachen.

Auch wenn Sie das Bild sehr dynamisch aufbauen, sollten Sie auf ein Gleichgewicht in der Komposition achten. Ansonsten kann das Foto so unruhig wirken, dass es den Betrachter nervös macht wie ein schief hängendes Bild an der Wand.

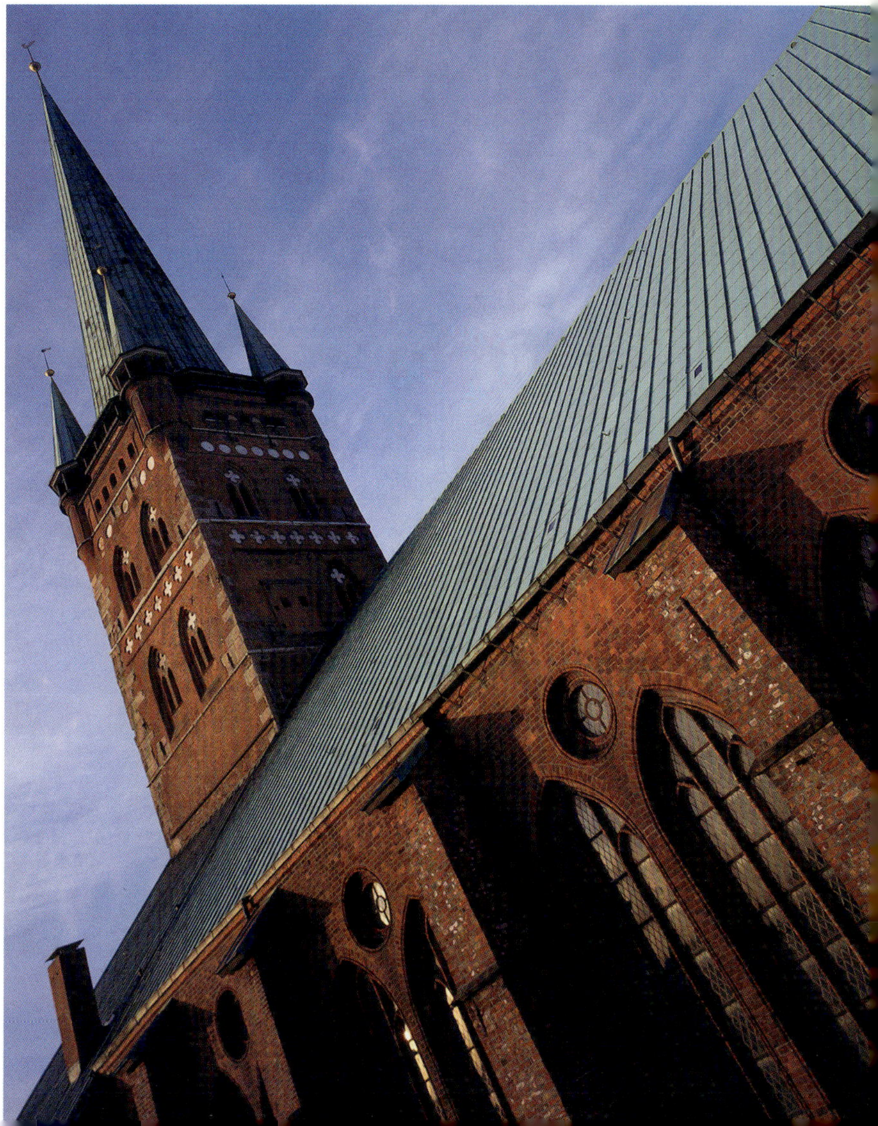

Abbildung 8.58 ▸
Trotz des sehr dynamischen Aufbaus ist die Komposition sehr klar. Die Bildecken scheinen die Schrägen etwas aufzufangen, das Bild ist nicht nur einfach schräg gestellt, sondern recht genau konstruiert worden (Petri-Kirche, Lübeck).

24 mm | f11 | 1/40 s | ISO 100 | Tilt-Shift-Objektiv

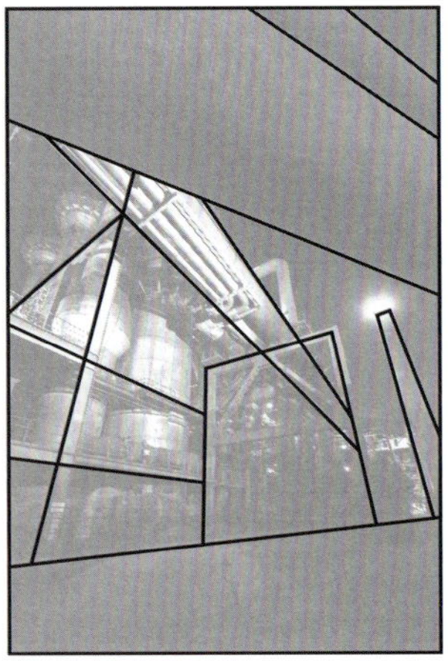

▼ **Abbildung 8.59**
In diesem Bild gibt es ausschließlich waagerechte und senkrechte Linien. Trotz des Hochformats und obwohl die Senkrechte betont wird, ergibt sich ein statischer und ruhiger Gesamteindruck (Vodafone-Hochhaus, Düsseldorf).

40 mm | f11 | 1/180 s | ISO 100 | APS-C-Sensor | Perspektivkorrektur in Photoshop

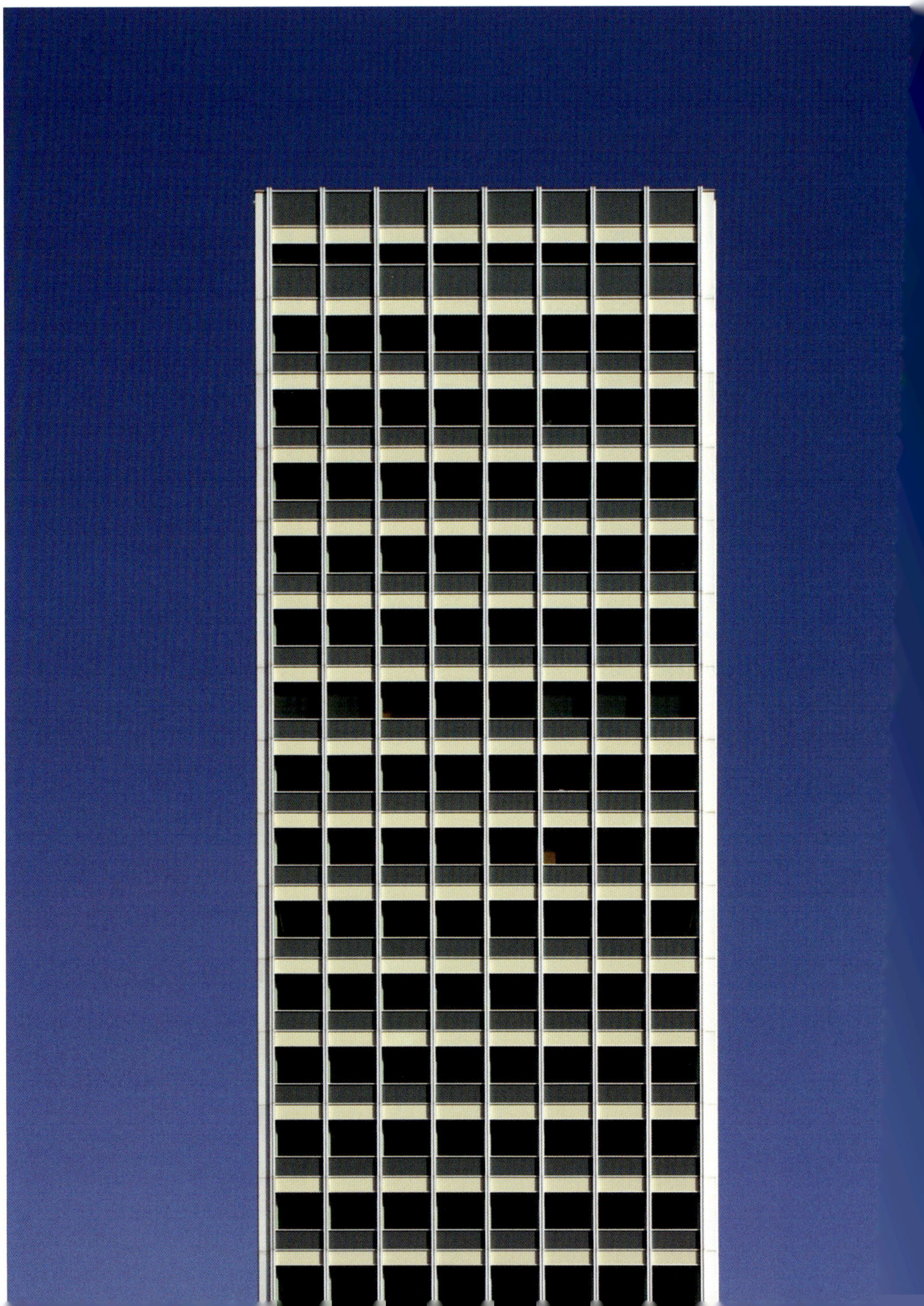

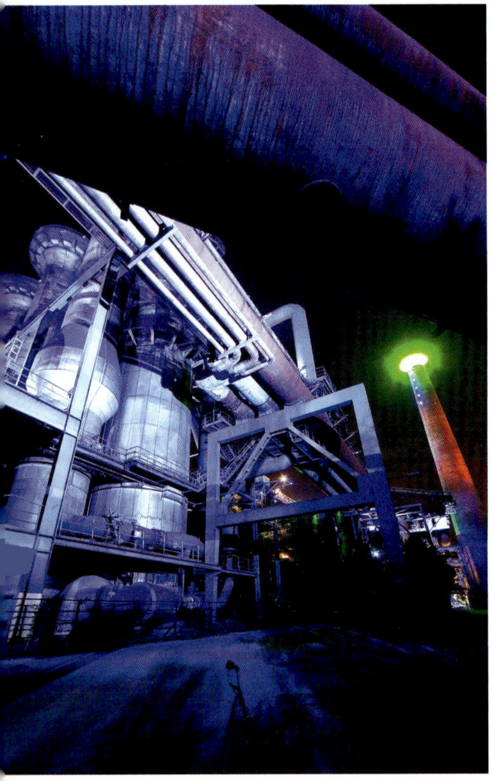

▲ **Abbildung 8.60**
Die Komposition dieses Bildes besteht aus kontrastreichen Schrägen. Trotz der kühlen Farbe wirkt es sehr dynamisch.

12 mm | f8,0 | 15 s | ISO 1600

8.10.11 Einfachheit

Wenn Sie ein gutes Bild schaffen möchten, sollte Ihr Ziel sein, alles Unnötige wegzulassen, und nicht, alles Mögliche hinzuzugeben. Warum sollten Sie ein Element hinzufügen, das an sich keinen Sinn hat? Und warum sollten Sie ein Stilmittel verwenden, das für die Bildaussage keinen Gewinn bringt?

Es ist nicht nur so, dass aufgeräumtere Bilder schneller verstanden werden, sie werden auch als schöner empfunden. Das betrifft nicht nur die Fotografie, sondern auch die Architektur und das Design. Das »Weniger ist mehr« von Mies van der Rohe, einem Bauhaus-Architekten, hat auch heute noch fast überall Gültigkeit. Es kann Spaß machen, aus dieser Klarheit ab und zu auszubrechen und Bilder zu schaffen, die geradezu überladen sind, aber auf Dauer kommt man mit reduzierterer Gestaltung weiter.

Sie haben oft genug Schwierigkeiten, ein Motiv frei von störenden oder zumindest ablenkenden Elementen zu fotografieren. Wenn Sie ein schlichtes und klares Bild aufnehmen können, dann tun Sie das auch.

Manche Fotografen haben Gewohnheiten entwickelt, die dem entgegenstehen. Zum Beispiel wollen sie immer Elemente im Vordergrund haben, die das eigentliche Motiv einrahmen, oder sie beachten zu wenig, was im Hintergrund des Motivs vor sich geht und haben so oft ungewollte Details im Bild. Freuen Sie sich nicht nur über Ihre guten Bilder, schauen Sie sich auch die schlechten an, und fragen Sie sich, warum diese nicht wie erwartet ausgefallen sind.

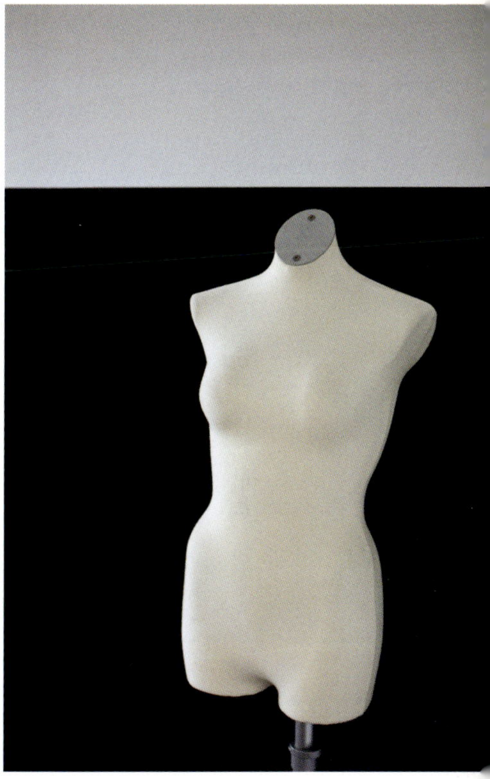

▲ **Abbildung 8.61**
Als ich ein Unternehmensporträt einer Modefirma aufnahm, fiel mir die Schneiderpuppe auf, die ein so klares, schwarzweißes Bild ergab.

50 mm | f2,0 | 1/60 s | ISO 250

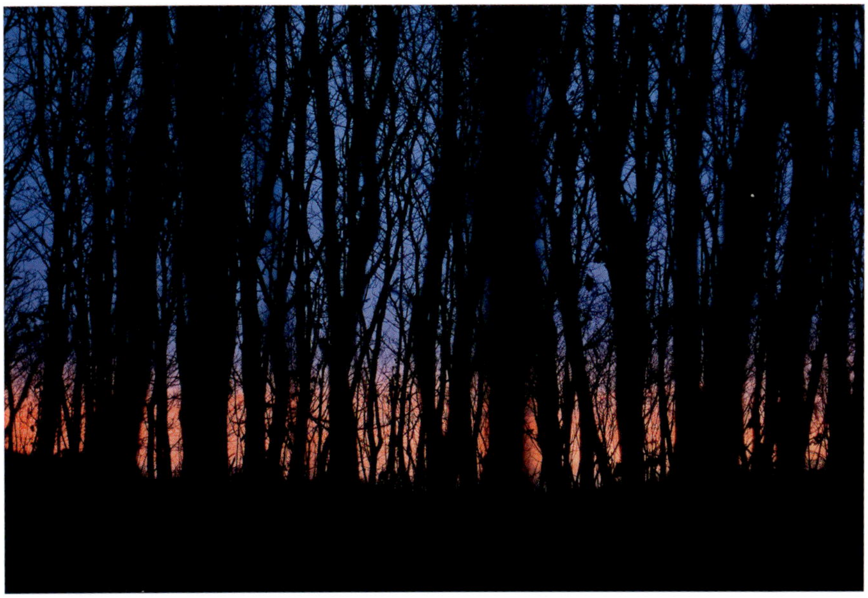

◂ **Abbildung 8.62**
Winterliche Abenddämmerung. Die Schärfe wurde auf die entfernten Äste gelegt. Ein Versuch, die Atmosphäre wie bei einem japanischen Haiku skizzenhaft einzufangen.

50 mm | f1,4 | 1/100 s | ISO 800 | APS-C-Sensor

▼ **Abbildung 8.63**
Diese Bild der Basiliuskathedrale wurde praktisch im Vorbeigehen geschossen. Das Motiv ist zu mittig und vieles auf dem Bild ist unwichtig. Das rechte Drittel trägt nichts zum Bild bei, der Zaun stört, und der gesamte Bereich links hinter dem Denkmal ist ebenfalls verzichtbar.

22 mm | f5,6 | 1/1250 s | ISO 100

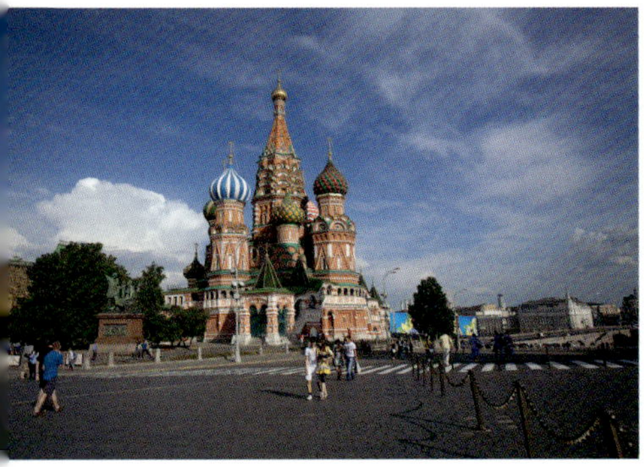

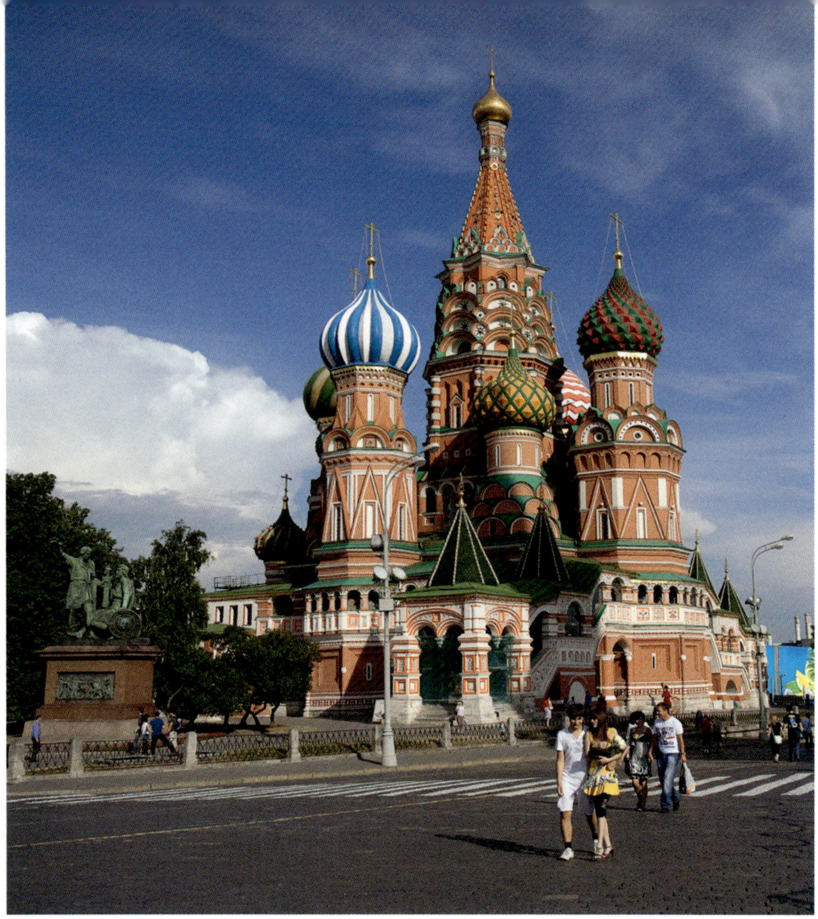

Abbildung 8.64 ►
Nach dem Beschnitt hat das Motiv mehr Raum im Bild, das Format ist schöner und außer den Passanten lenkt kaum noch etwas ab.

8.10.12 Beschnitt

Nicht immer gelingt es, bereits bei der Aufnahme alle störenden Details außen vor zu lassen. Manchmal findet sich kein Ausschnitt, der wirklich stimmt und der in das das vom Sensor vorgegebene Seitenverhältnis passt. Wenn Sie das Bild am eigenen Rechner betrachten, haben Sie mehr Ruhe als in der Aufnahmesituation und können oft durch den Beschnitt des Bildes ein sehr viel besseres Foto erzielen. Sei es, dass Sie etwas Störendes wegschneiden oder dass die Bildelemente im Endformat so sehr viel harmonischer angeordnet werden können.

Zu meinen analogen Zeiten gehörte ich zwar auch zu den Fotografen, die immer das vollständige Negativ vergrößerten, aber damals hatte ich auch Kameras mit vier unterschiedlichen Seitenformaten zur Auswahl. Heute versuche ich eher, mir Mühe zu geben, die technische Qualität der Aufnahmen so hoch zu halten, dass die Sensorauflösung auch genutzt wird, so dass ich später mehr Spielraum für alternative Ausschnitte habe. Trotzdem ist es natürlich mein Ziel, schon das Ursprungsbild so gut wie möglich ins Format zu setzen.

8.11 Perspektive

Neunzig Prozent Ihrer Fotos werden Sie wahrscheinlich aus Ihrer normalen Stehhöhe aufnehmen. Das ist nicht verkehrt, weil Sie so einen sehr natürlichen Perspektiveindruck erhalten. Vergessen Sie aber nie, dass es Alternativen gibt, die das Bild im Einzelfall sehr viel interessanter machen oder helfen, ein Problem beim Bildaufbau zu lösen.

Das wichtigste Detail bei der Bildgestaltung ist der sogenannte **Augpunkt** Ihrer Kamera, also der exakte Ort, von wo Sie das Foto aufnehmen. Gewöhnen Sie sich an, beweglich zu sein und diesen Punkt bewusst zu wählen. Viele Bilder werden nur deswegen mittelmäßig, weil der Ort zwischen dem Entdecken des Motivs und der Aufnahme nicht verändert wurde. Haben Sie keine Angst davor, eigenartig auszusehen, wenn Sie sich für ein Foto hinhocken oder irgendwo draufsteigen. Das gehört zum Fotografieren dazu und verhilft Ihnen oft zum besseren Bild. Aber achten Sie immer auf Ihre

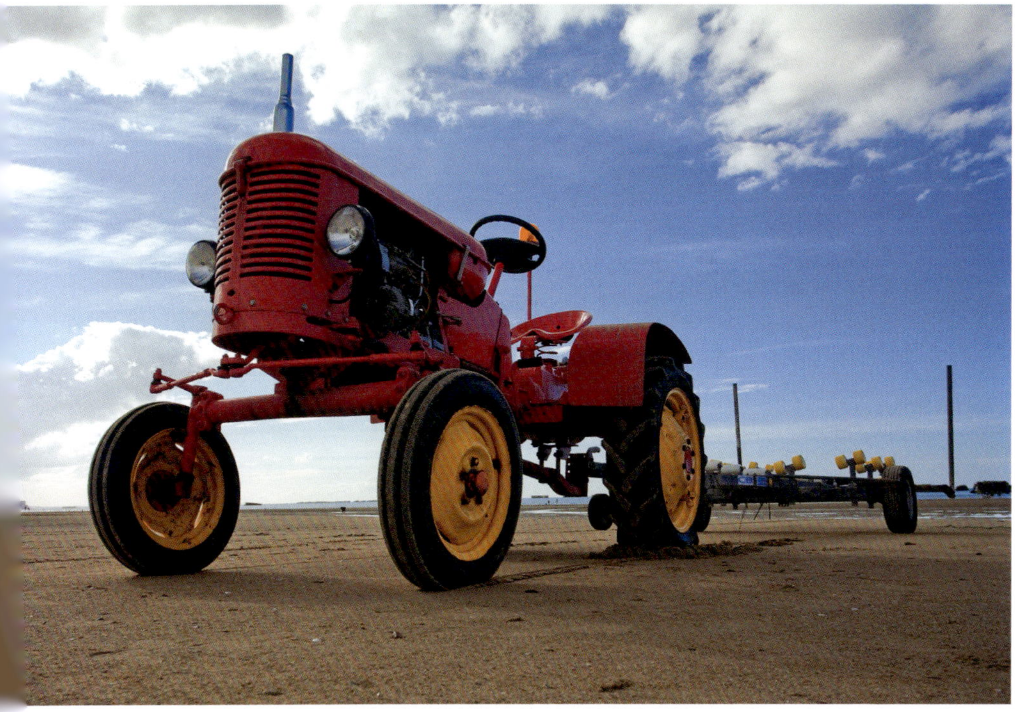

▲ Abbildung 8.65
Ein besonders niedriger Augpunkt mit Blick nach oben, auch Froschperspektive genannt, lässt das Motiv größer und dynamischer erscheinen.
24 mm | f8,0 | 1/640 s | ISO 250

▼ Abbildung 8.66
Derselbe Traktor, aus meiner Stehhöhe fotografiert, wirkt sehr viel zierlicher. Wenn ich ihn mit einem erhöhten Augpunkt und Blick nach unten (Vogelperspektive) fotografiert hätte, würde er noch kleiner wirken.
21 mm | f13 | 1/200 s | ISO 250

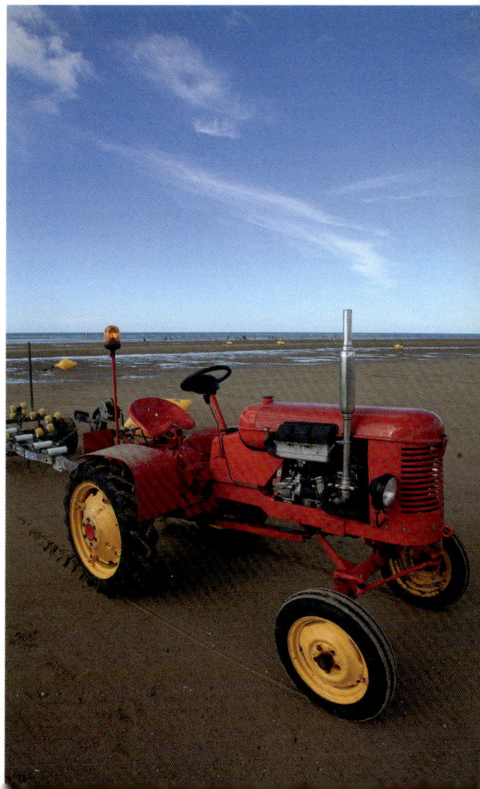

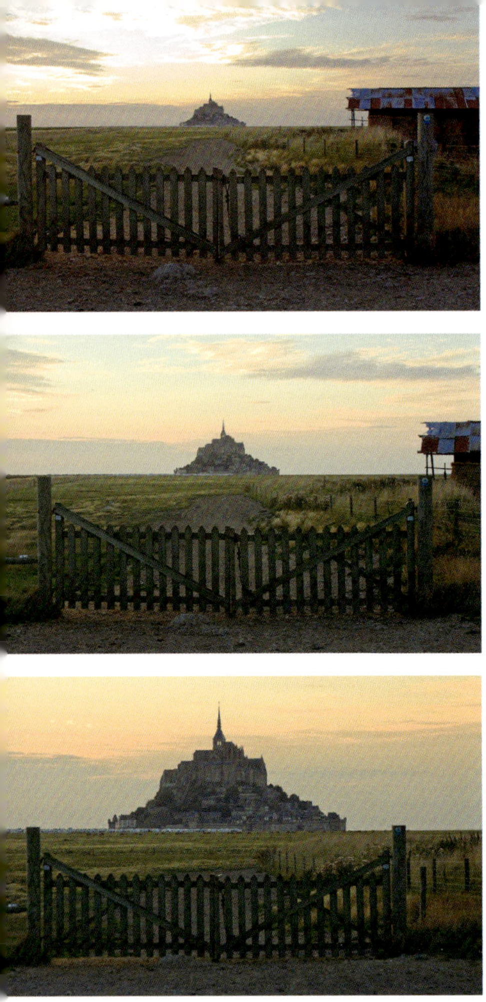

▲ Abbildung 8.67
In dieser Bildreihe wurden die Brennweite und der Standpunkt gleichzeitig verändert, so dass das Gatter im Vordergrund immer gleich groß erscheint. Je länger die Brennweite, desto näher scheint der Mt. Saint Michel dem Betrachter zu kommen, obwohl er in Wirklichkeit ein paar Meter weiter weg rückt. Der Heuschober rechts wandert aus dem Bild, und das Bild erscheint flacher.

Von oben nach unten: 28 mm, 47 mm, 105 mm (APS-C-Sensor)

Umgebung, auch außerhalb des Motivs. Einer meiner Lehrer stürzte bei der Suche nach der perfekten Perspektive von einer Burgmauer, sah unten nur noch schwarzweiß und konnte erst nach einem halben Jahr wieder arbeiten.

Sie sind in der Wahl der Perspektive noch freier, wenn Sie nicht durch die Kamera schauen müssen. Ob Sie die Kamera einfach über Kopf halten, auf den Boden legen oder auf einem Lichtstativ in 3,80 m Höhe fahren und fernauslösen, Sie verlieren ein wenig Kontrolle, gewinnen aber viel Freiheit. Falls Sie noch viel weiter von der Kamera weg wollen oder falls Sie sehen müssen, was die Kamera sieht, gibt es Möglichkeiten, die Kamera über ein drahtloses Netzwerk zu steuern, zum Beispiel mit einem WLAN-Batteriegriff. Wenn Sie diesen dann noch mit einem Funknetz-Adapter (MiFi) verbinden, können Sie sich das Live-Bild etwas verlangsamt praktisch überallhin übertragen lassen. Das werden Sie vielleicht nicht benötigen, aber wenn Sie aus einem Modellhubschrauber fotografieren oder filmen möchten oder eine Kamera in der Sperrzone eines Raketenstarts positionieren wollen, ist es gut zu wissen, dass es dafür Lösungen gibt, die auch für Normalbürger relativ einfach zu realisieren sind.

8.11.1 Vorder- und Hintergrund

Um ein gelungenes Bild aufzunehmen, dürfen Sie sich nicht nur auf das eigentliche Motiv konzentrieren, sondern müssen auch den Hintergrund im Auge behalten. Stört er, ist er zu unruhig, fügt er dem Motiv etwas Ungewolltes hinzu, wird die Bildkomposition besser, wenn Sie sich etwas bewegen? Sie haben darauf mehr Einfluss, als Sie sich vielleicht jetzt bewusst sind. Sie können den Standort verändern, die Höhe der Kamera zum Boden verschieben, die Blende öffnen, um den Hintergrund unschärfer abzubilden, und Sie können die Brennweite als Variable einsetzen. Entweder Sie gehen nah ans Motiv heran und verwenden ein Weitwinkelobjektiv, oder Sie treten ein paar Meter zurück und benutzen ein Teleobjektiv. Im ersten Fall erzeugen Sie Weite, weil die Umgebung optisch in die Ferne rückt und der Bildwinkel groß ist. Im anderen Fall holen Sie einen viel kleineren Teil des Hintergrunds nah an das Motiv heran. Eine Person auf einem Marktplatz wird so entweder vom halben Marktplatz umgeben oder scheint direkt vor einer Mauer eines dahinterliegenden Hauses zu stehen. Die Blickrichtung ist zwar gleich, aber der Abstand zum Motiv und die Brennweite unterscheiden sich.

Sie haben Einfluss auf die Blickrichtung, die Schärfe, die Größenverhältnisse, den Bildausschnitt und die Tiefenwahrnehmung. Und wenn Sie eigenes Licht wie zum Beispiel Blitze verwenden, können Sie auch die Beleuchtung

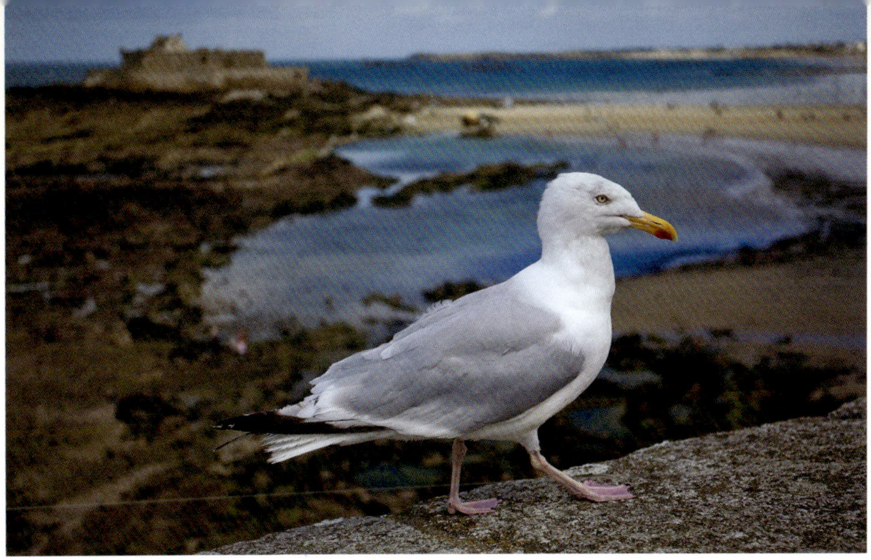

◂ **Abbildung 8.68**
Der Hintergrund ist unscharf genug, um die Möwe hervorzuheben, trotzdem ist er scharf genug und weit genug gefasst, dass man die vorgelagerte Festung von St. Malo erkennen kann.

40 mm | f4,0 | 1/2500 s | ISO 160

noch verändern. Sie müssen sich bei der Aufnahme fragen, wie wichtig der Hintergrund inhaltlich für das Bild ist. Wenn Sie zum Beispiel einen Goldschmied in seiner Werkstatt fotografieren, dann erzählt das Umfeld etwas über die Person, und der Betrachter möchte etwas davon erkennen können. In anderen Fällen eignet sich der Bildhintergrund vielleicht nur dazu, eine angenehme Licht- und Flächenaufteilung zu erzeugen und das Hauptmotiv zu betonen.

Auch wenn das Bild zum Schluss zweidimensional ist, sollten Sie alle Möglichkeiten der dritten Dimension bei der Gestaltung ausnutzen. Der Augpunkt ist das wichtigste Gestaltungsmittel überhaupt. Konzentrieren Sie sich nicht so sehr auf die Kamera, sondern mehr darauf, wo sich die Kamera befindet und worauf sie gerichtet ist.

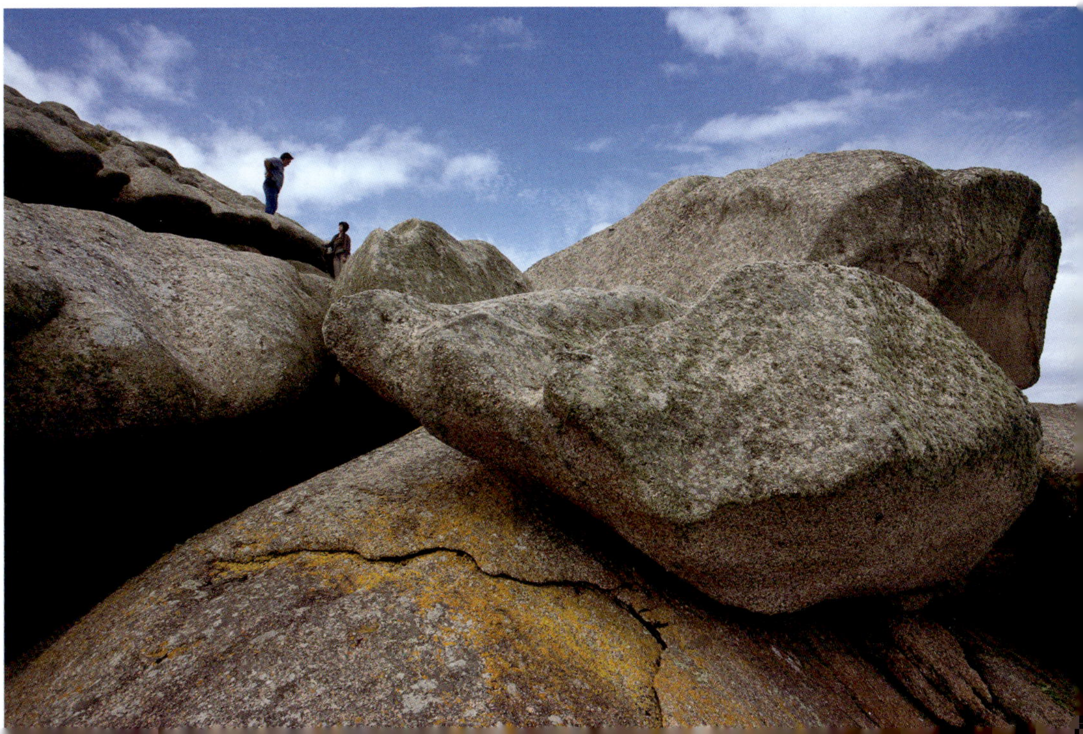

Abbildung 8.69 ▸
Bei diesem Bild wurde die Perspektive bewusst eingesetzt, um die Felsen der bretonischen Granitküste noch größer aussehen zu lassen. Der kleine Abstand zum Felsen und die kurze Brennweite lassen die Personen im Hintergrund im Vergleich winzig aussehen.

21 mm | f8,0 | 1/250 s | ISO 125

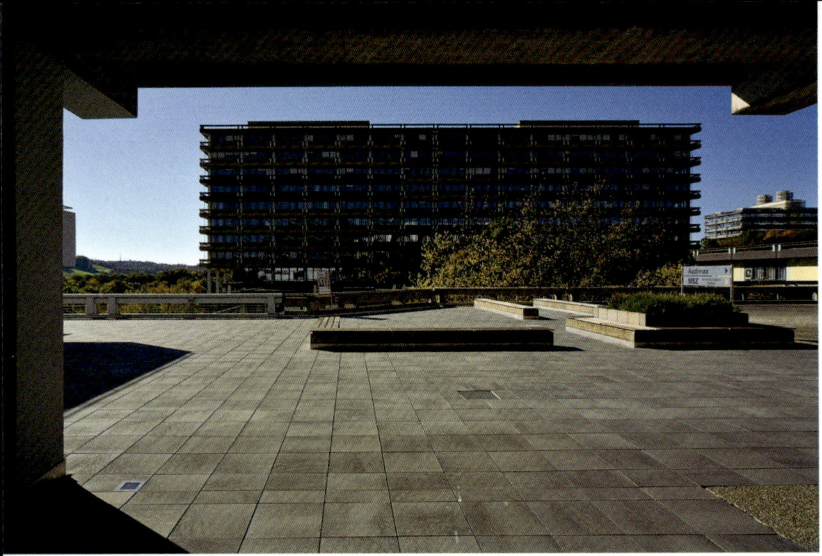

Bei einem Zoomobjektiv verändert man den Bildausschnitt durch einen kurzen Dreh am Zoomring, die Brennweite ist die komfortabelste Variante der Ausschnittsveränderung, aber oft ist die Standortwahl die bessere. Ein paar Schritte zu tun, anstatt zu zoomen ergibt häufig das bessere Bild. Bleiben Sie beweglich, auch im Kopf.

Einen Hintergrund haben Sie immer, einen Vordergrund nicht zwangsläufig. Ein Vordergrund kann sehr zur Blickführung beitragen und dem Motiv zusätzliche Tiefe geben oder störende Elemente verdecken. Wenn er zum Bild nichts beiträgt, dann lassen Sie ihn weg. Sie sollten jedes Bildelement nur dann einsetzen, wenn es einen eigenen Sinn ergibt.

Die Unschärfe, die Sie im Hintergrund erreichen können, ist nichts gegen die, die im Nahbereich möglich ist. Sie können durch Blätter fotografieren und das Motiv im Hintergrund wird trotzdem nicht abgedeckt sein, sondern es wird nur ein grüner Schleier mit unterschiedlicher Dichte über dem Foto

▲ **Abbildung 8.70**
Der Vordergrund rahmt das Gebäude im Hintergrund ein, schattet die Kamera gegen Streulicht ab und betont das Raster der 1960er-Jahre-Architektur zusätzlich. Eine Position 2 m weiter vorne hätte ein weniger dichtes Bild ergeben.

20 mm | f13 | 1/160 s | ISO 125 |

▼ **Abbildung 8.71**
Dieses Detail eines alten Stahlwerks musste durch einen Drahtzaun fotografiert werden. Am linken Rand sieht man bei Blende 18 deutlich den Zaun vor dem Objektiv (links). Rechts wurde die Blende ganz geöffnet (f2,8 bei 75 mm) und vom Zaun ist am Bildschirm nur noch ein schwacher Schleier zu sehen. Im Druck sehen Sie wahrscheinlich nichts mehr davon.

Links: 75 mm | f18 | 1/160 s | ISO 1 250

Rechts: 75 mm | f2,8 | 1/5000 s | ISO 1 250

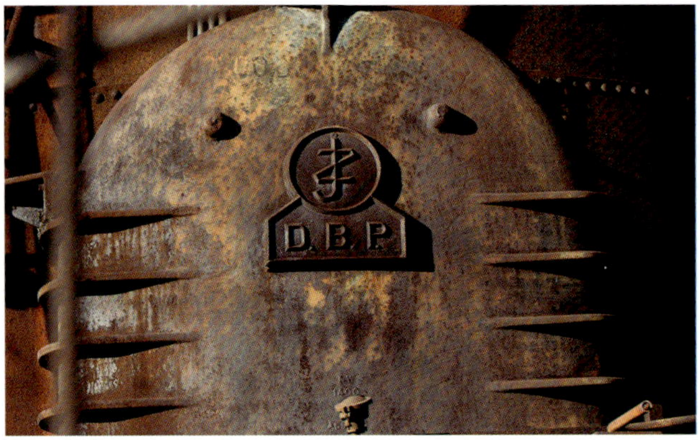

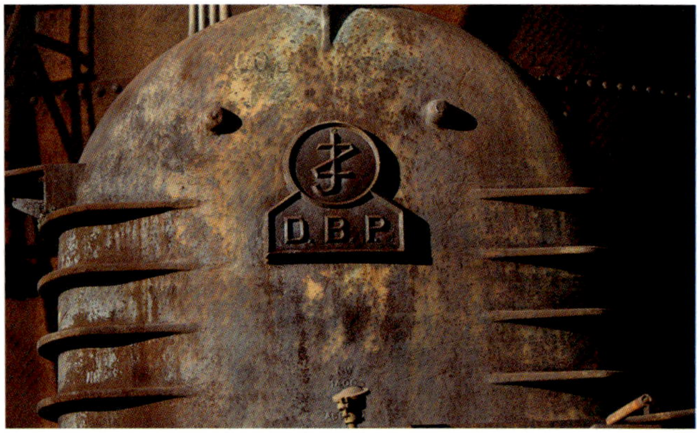

liegen. Natürlich funktioniert das nur mit einem lichtstarken Objektiv bei Offenblende, aber der Effekt ist stärker, als Sie vielleicht vermuten. Wenn die Blende größer ist, als das verdeckende Objekt, kann immer ein Bereich des Objektivs daran »vorbeisehen«, und der Hintergrund bleibt sichtbar. Im Extremfall wird das verdeckende Objekt dabei fast unsichtbar.

8.11.2 Fluchtpunkt

Ein Fluchtpunkt ist ein Punkt, in dem perspektivische Linien zusammenlaufen. Wenn Sie sich in einer Stadt mit einem rechtwinkligen Straßenraster befinden, gibt es davon sechs. Vier, die am Horizont nach Norden, Osten,

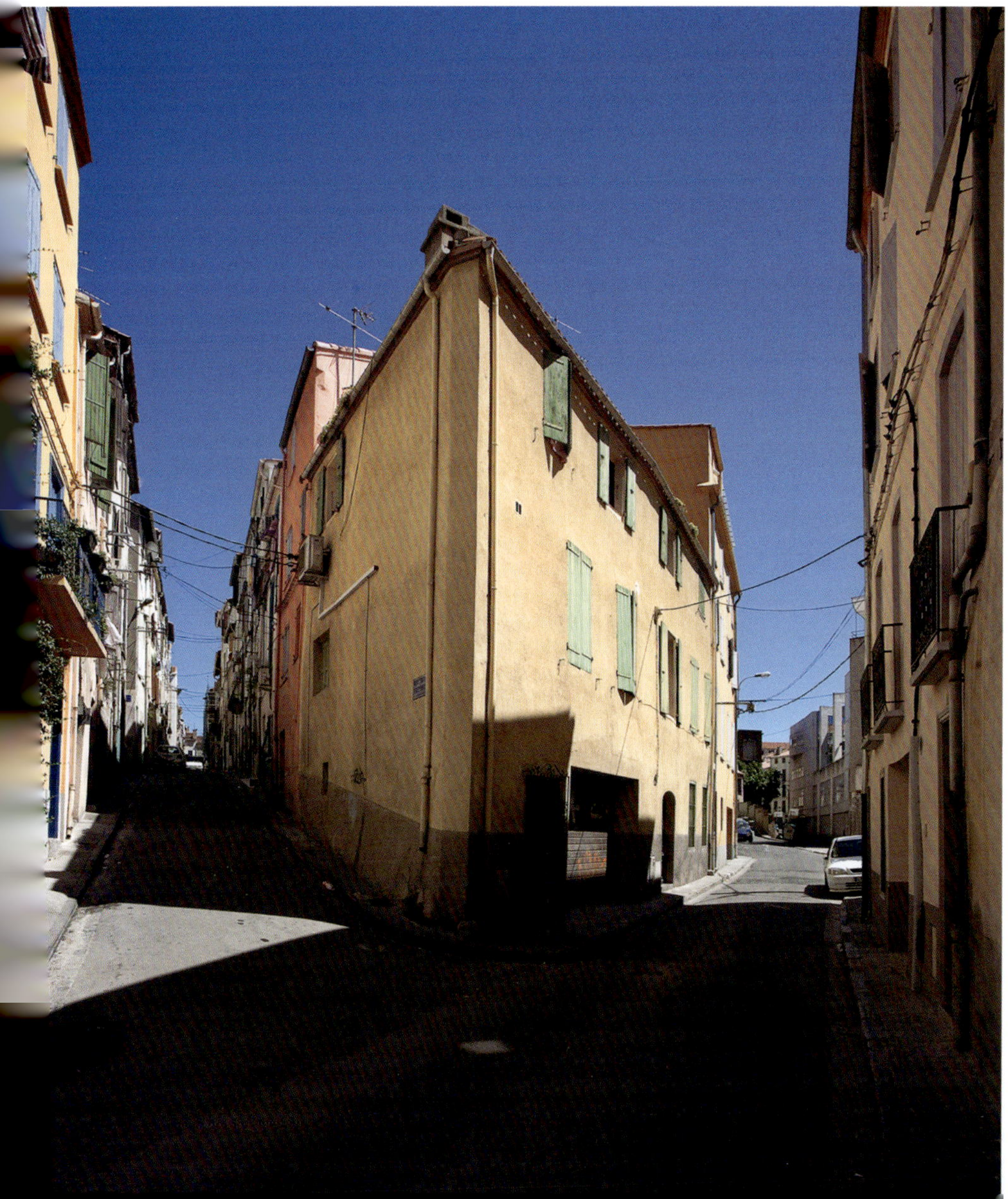

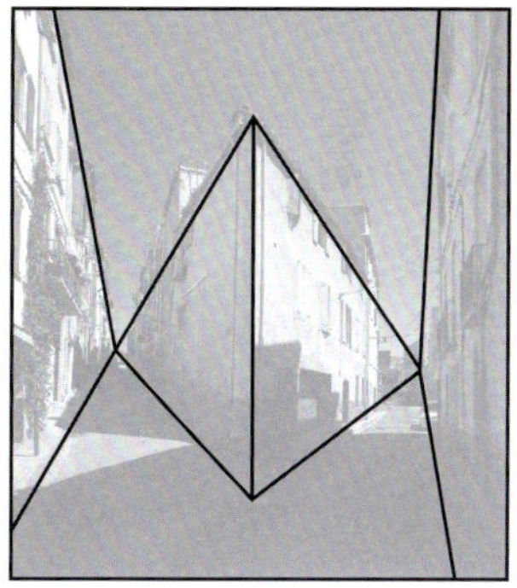

◂ **Abbildung 8.72**
In diesem Bild mit den spitz zusammenlaufen Straßen gibt es zwei Fluchtpunkte mit einem relativ geringen Winkelabstand. Den oder die Fluchtpunkte mit ins Bild zu nehmen betont die Tiefe des Raumes.
17 mm | f13 | 1/125 s | ISO 125

Süden und Westen liegen, einen nach oben (Zenit) und einen nach unten, der seltener wahrgenommen wird, den Nadir.

Wenn Sie genau parallel auf eine Fläche (etwa eine Hauswand) fotografieren und die Kamera waagrecht halten, liegen alle Fluchtpunkte unendlich weit außerhalb des Bildes – eine Perspektive ist praktisch nicht sichtbar. Wenn Sie den Fluchtpunkt in die Mitte nehmen, ergibt sich eine Zentralperspektive, die die Symmetrie betont und das Auge zur Bildmitte zieht. Das bietet sich für symmetrische Motive an. Der Perspektiveindruck wird aber oft noch intensiver, wenn Sie die Fluchtpunkt aus der Mitte rücken und auf diese Weise eine der Fluchten im Bild mehr Platz erhält.

Durch die Fluchtpunktperspektive läuft ein großer Teil der Linien in einem Punkt zusammen, das können Sie zur Blickführung nutzen. Diese Perspektive kann aber auch ablenken, so dass Sie sie dann lieber etwas unterdrücken statt betonen sollten. Sie haben die Wahl, ob sie die Raumtiefe hervorheben oder eher flächig arbeiten möchten.

Wenn Sie die Perspektive hervorheben möchten, schauen Sie, wo die Linien aus dem Bild laufen und ob das Bild tiefer erscheint, wenn Sie die Kamera etwas höher oder flacher halten. Oft hilft auch eine leichte Positionsveränderung, damit die bildwichtigen Linien besser durch das Format laufen oder näher an die Bildecken reichen.

▼ **Abbildung 8.73**
Hier liegt der Fluchtpunkt in der Mitte. Die sogenannte Zentralperspektive passt zur barocken Architektur mit den modernen Wein-Degustations-Kabinen in der Université du Vin in Suze la Rousse.
17 mm | f7,1 | 1/50 s | ISO 1 600

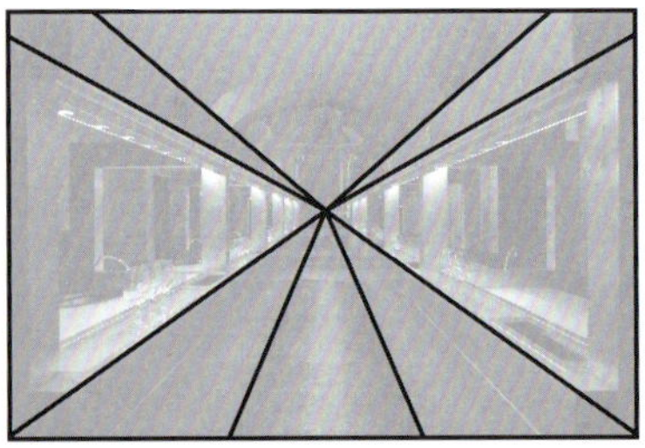

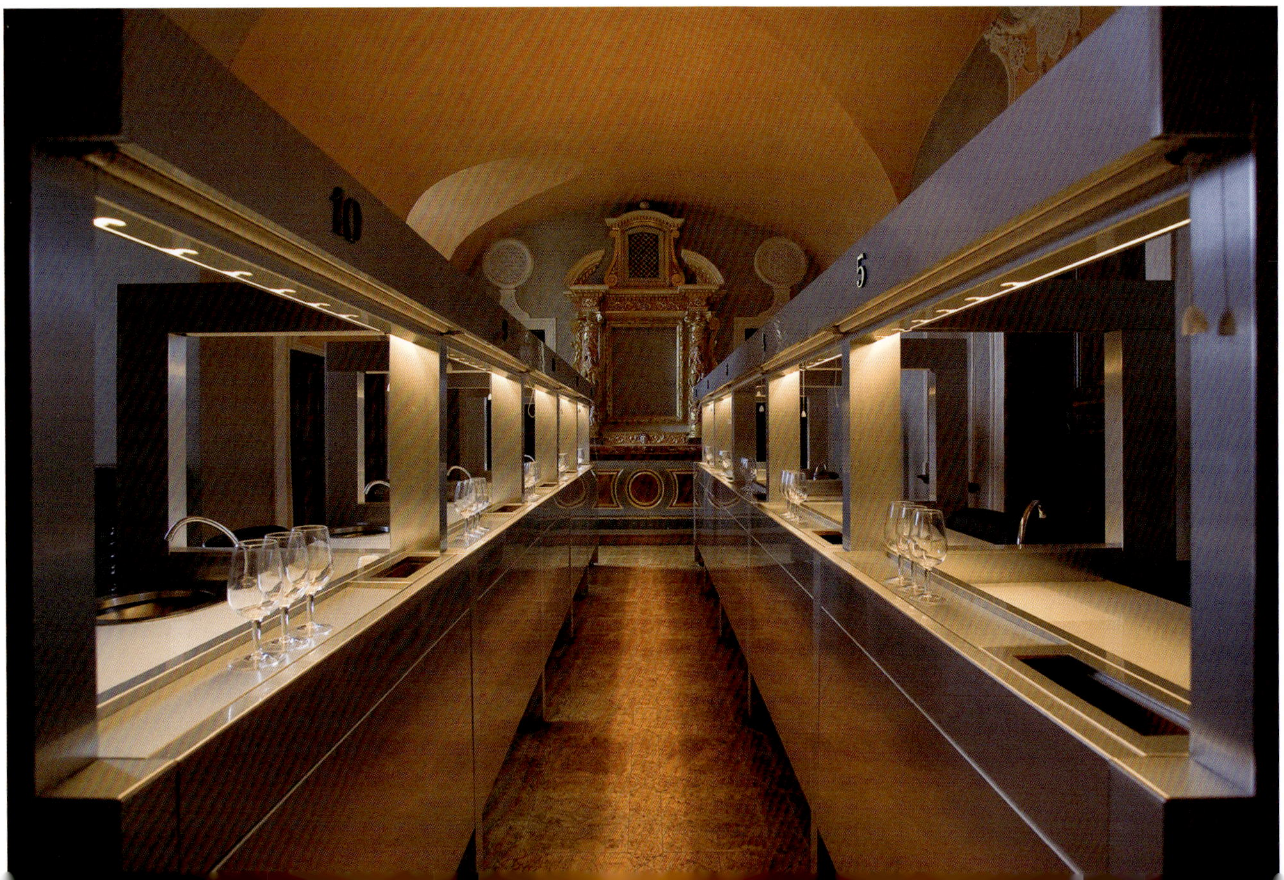

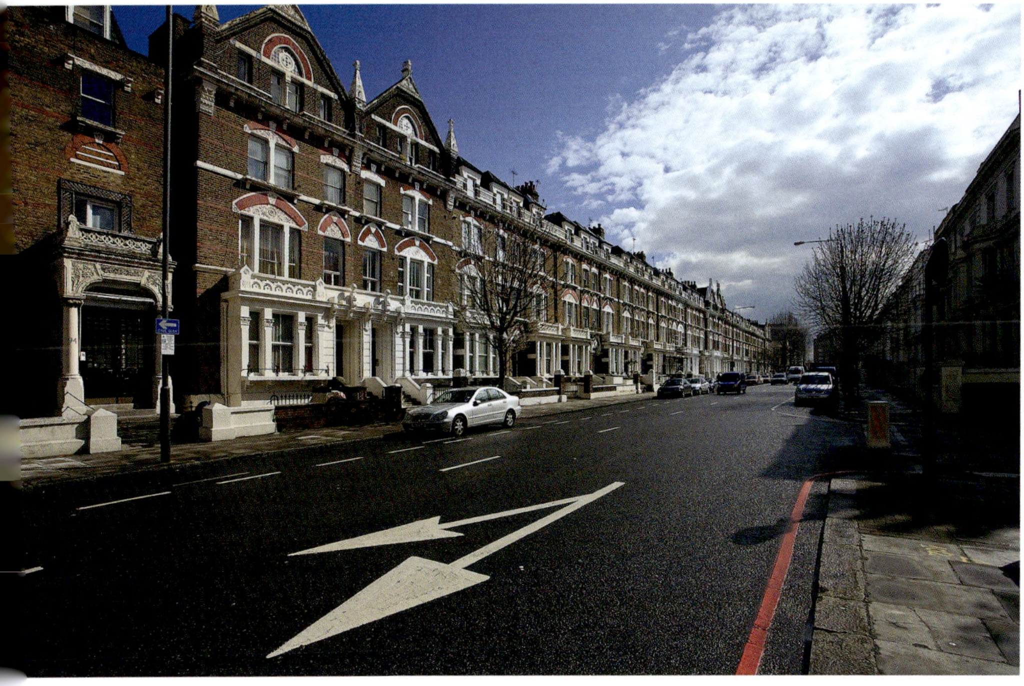

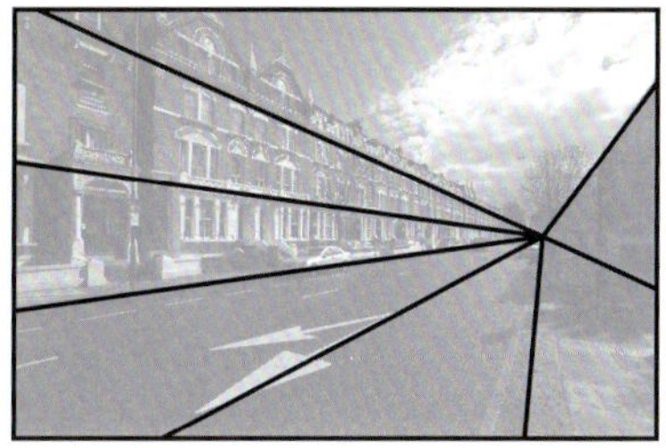

◂ **Abbildung 8.74**
Bei diesem Bild bin ich einen Schritt auf die Straße und ein paar Schritte auf die Pfeile zugegangen, um noch mehr Linien im Bild zu haben, die auf den Fluchtpunkt zulaufen. Die homogene Straßenfront in diesem Londoner Vorort wird dadurch noch stärker betont.

17 mm | f10 | 1/1000 s | ISO 400

8.12 Bildreihen

Sie müssen nicht unbedingt einen Fotoroman erschaffen, um mehrere Bilder in einer zusammenhängenden Arbeit sinnvoll zu nutzen. Wenn Sie Bilder kombinieren, wird der Betrachter immer nach Zusammenhängen und Gemeinsamkeiten suchen, was selbst dann funktionieren kann, wenn es diese gar nicht gibt.

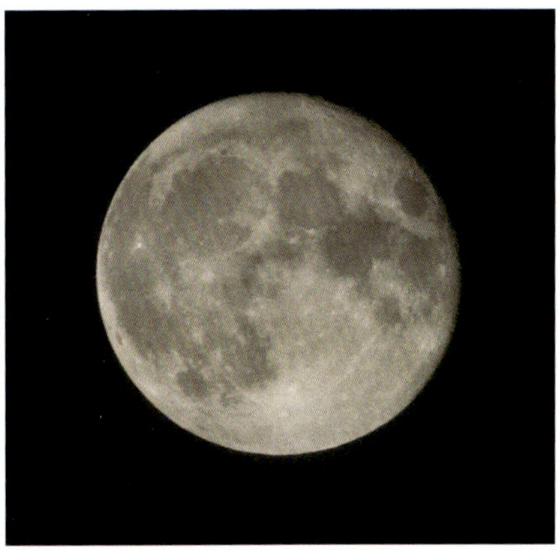

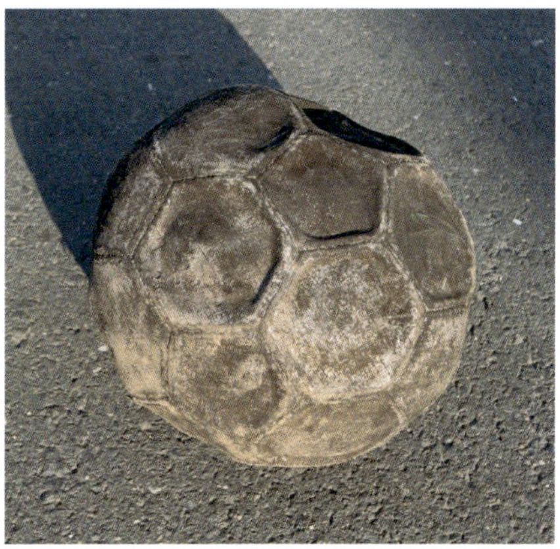

◂ **Abbildung 8.75**
Dieses Bildpaar hat eine sehr starke Ähnlichkeit miteinander, aber probieren Sie einmal, beliebige Fotos aus Ihrem Archiv nebeneinanderzulegen. Sie werden fast immer in eine Beziehung zueinander treten.

8.12.1 Serien

Eine Serie ist eine Reihe von Bildern, die inhaltlich und/oder gestalterisch zusammenhängen. Wenn Sie sich ein Thema vornehmen und dieses über einen längeren Zeitraum fotografisch bearbeiten, wird dabei meistens eine Serie herauskommen. Sie werden sich dann bei der Präsentation Gedanken über Auswahl und Reihenfolge machen müssen. Das kann auch dazu führen, dass Sie ein an sich gutes Bild aussortieren müssen, weil es nicht zur Serie passt oder den Fluss stört.

Sobald Sie eine Serie für eine Präsentation oder eine Ausstellung vorbereiten müssen, werden Sie feststellen, dass auch nebeneinanderhängende Bilder sich gestalterisch beeinflussen und dass sich bestimmte formale Elemente über die Bildgrenzen des einzelnen Bildes erstrecken können. Eine Serie fertigzustellen, wird Ihnen viel gestalterische Erfahrung bringen.

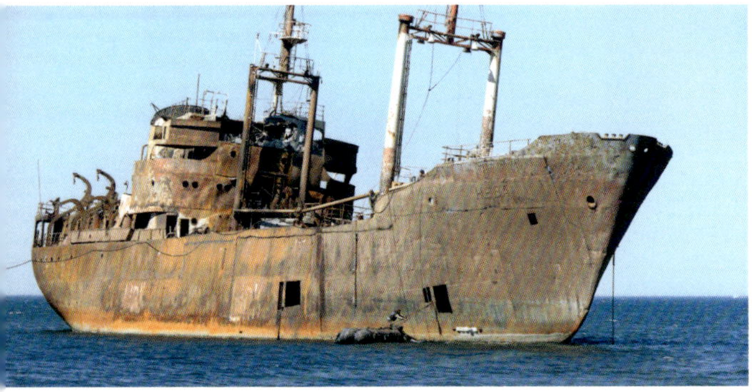

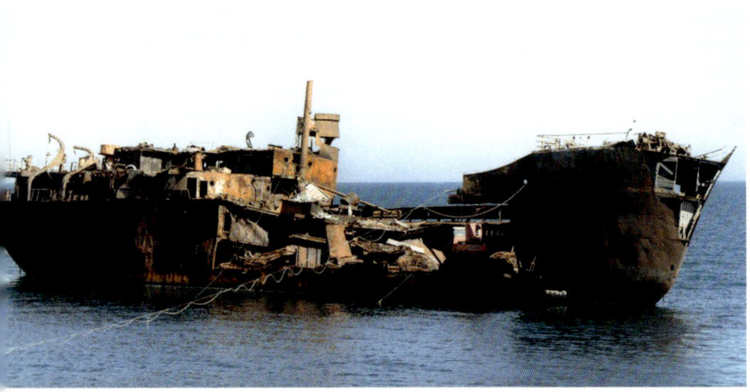

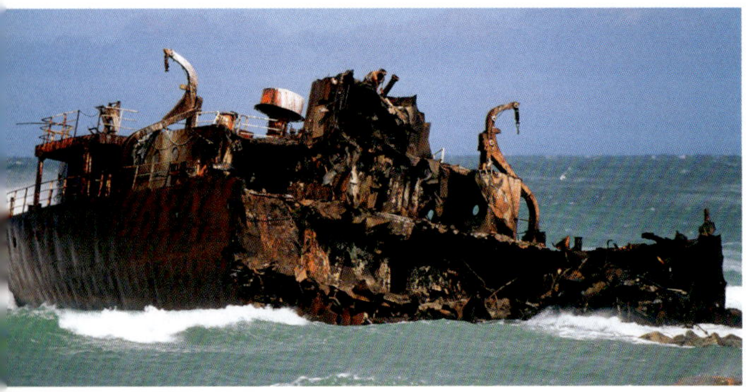

8.12.2 Sequenzen

Eine Sequenz ist eine Reihe von Bildern desselben Motivs in zeitlicher Abfolge. Das kann eine sich über Sekunden verändernde Straßenszene sein oder eine bestimmte Landschaft im Laufe der Jahre. Bauprojekte oder Zerfallsprozesse eignen sich naturgemäß gut für Sequenzen, aber auch eine Reihe Porträts kann gut funktionieren. Wenn Sie eine Sequenz von exakt einem Standpunkt aus fotografieren, können Sie diese später zu einem Zeitraffervideo montieren, das Endprodukt muss also kein rein fotografisches sein.

◂ **Abbildung 8.76**
Ein russischer Frachter, der zum Abwracken geschleppt wurde, hatte sich (oder wurde) losgerissen und ist in der Nähe von Hanstholm auf Grund gelaufen. Ein paar freischaffende Abwracker schweißten ihn dann auseinander und verkauften ihn als Schrott. Ich war mehrfach dort, um den Fortschritt zu fotografieren.

Abbildung 8.77 ▸
Drei Bilder aus einer Arbeit über die dänische Westküste. Für das Bildformat entschied ich mich nach dem Besuch eines Cinemascope-Festivals. Von oben nach unten: Kutter in einer Werft in Hvidesande, ein Haus im Abenddunst in Klitmöller, auf der Hafenmole in Hirtshals

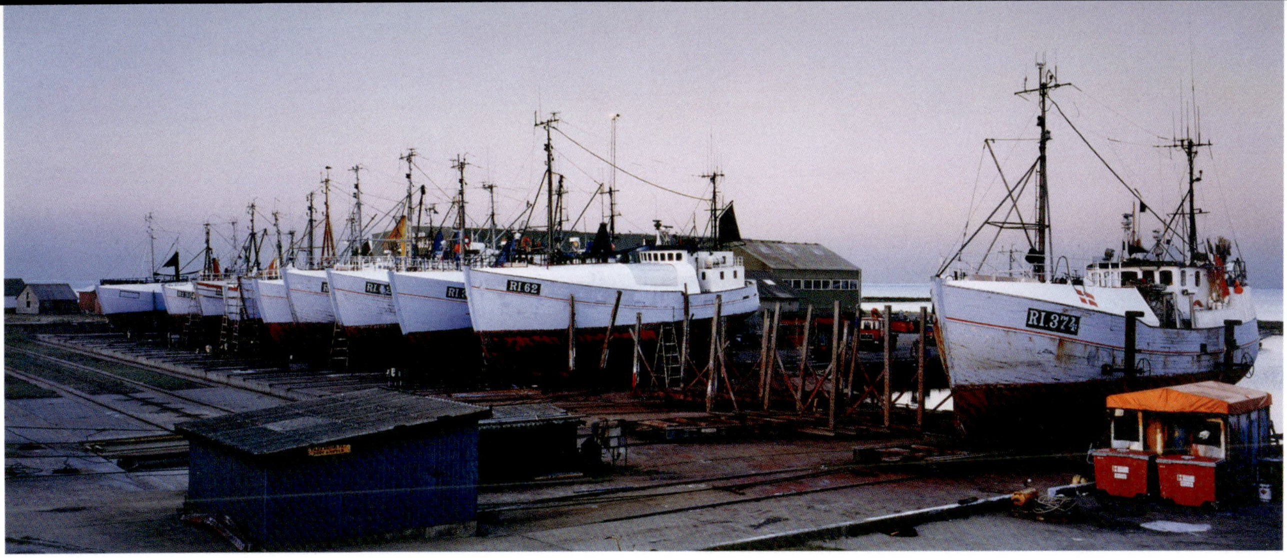
RI 62

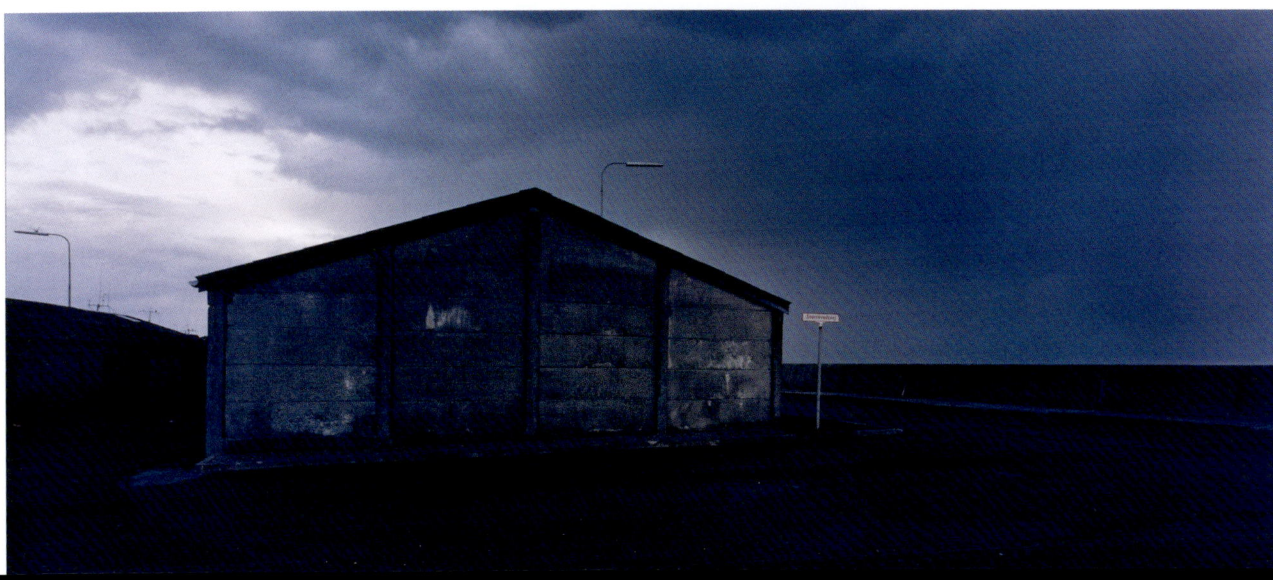

8.13 Fazit

Gute Bilder macht man, sie passieren einem nicht. Trotzdem gibt es Chancen, bei denen man schnell handeln muss, um nicht eine außergewöhnliche Aufnahme zu verpassen. Die meisten guten Bilder, die Sie gesehen haben, sind aber nicht das Ergebnis besonderer Umstände, sondern von etwas Planung und guter Gestaltung.

Ihre Fotos werden immer etwas von Ihrer Persönlichkeit widerspiegeln, das können und sollten Sie auch nicht vermeiden. Ihre Bilder werden umso besser werden, je mehr Sie sich für ein Thema interessieren und je näher

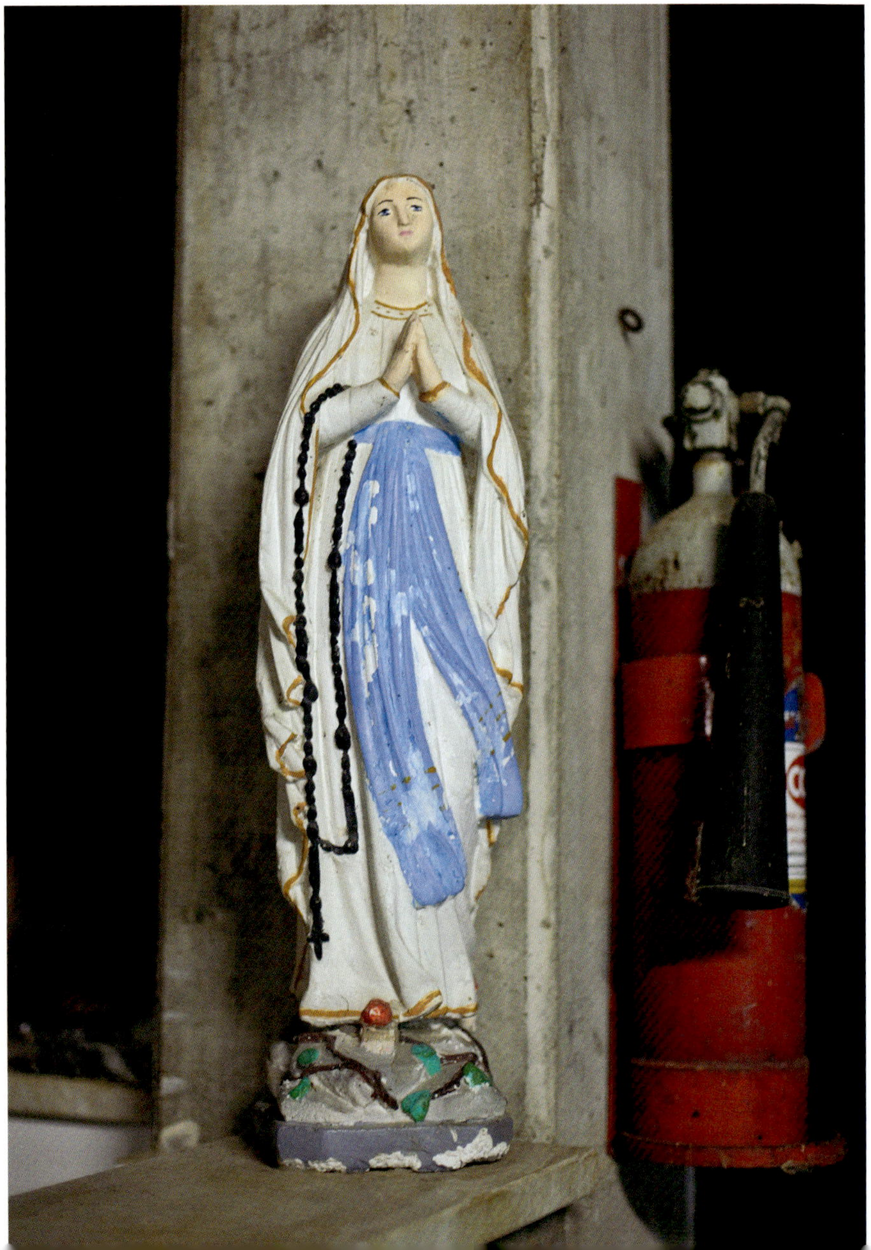

Abbildung 8.78 ▸
Der Bildaufbau ist eher unspektakulär. Dass viele Betrachter bei diesem Bild zu schmunzeln anfangen, liegt daran, dass sie die beiden Elemente auch inhaltlich miteinander in Beziehung setzen.
50 mm | f2,0| 1/40 s | ISO 1000

Sie dran sind – solange Sie immer in der Lage sind, einen Schritt zurückzutreten und kritisch nach Verbesserungen zu suchen. Ich erinnere mich an einen Bewerber für das Fotostudium, der eine Mappe voller Saxofon-Fotos zeigte. Nur auf einem Bild war keines zu sehen, aber er merkte an, dass eine der Personen auf dem Bild Saxofon spielen würde. Manchmal steht einem die eigene Leidenschaft auch fotografisch im Weg, der Bewerber kam nicht durch die Aufnahmeprüfung, weil die Liebe für die Fotografie deutlich kleiner schien als die für Saxofone. Trotzdem bleibe ich bei meinem Rat: Fotografieren Sie, was Sie interessiert, und machen Sie es so, wie Sie es als passend und stimmig empfinden. Bleiben Sie sich treu, ohne die Offenheit für Kritik, Anregungen und Verbesserungen zu verlieren.

Unzufriedenheit mit den eigenen Bildern ist ein starker Motor, um besser zu werden. Wenn Sie irgendwann völlig zufrieden mit Ihren Bildern sein sollten, dann sehen Sie das als Warnsignal, zumindest wenn der Zustand länger anhält.

ANREGUNGEN

1. Fotografieren Sie ein Motiv aus vier möglichst unterschiedlichen Perspektiven. Die fertigen Bilder sollen sich in der Wirkung möglichst stark unterscheiden.
2. Versuchen Sie, eine möglichst perfekte Kombination aus Vorder- und Hintergrund zu finden.
3. Fotografieren Sie dasselbe Motiv einmal möglichst sachlich und statisch und einmal subjektiv und dynamisch.
4. Verwenden Sie den Goldenen Schnitt, um das Hauptmotiv im Format zu positionieren.
5. Suchen Sie ein Bild aus Ihrem Archiv, dessen Motiv Ihnen am Herzen liegt, und versuchen Sie, nur durch Beschnitt ein möglichst gutes Ergebnis zu erzielen.
6. Suchen Sie sich ein Thema für eine Serie oder eine Sequenz. Vier Bilder reichen für einen ersten Versuch.
7. Nehmen Sie ein sehr einfaches Bild auf, das trotzdem nicht nur formal bestehen kann. Verbinden Sie eine Bildaussage mit einer radikal einfachen Gestaltung, ohne dass das Ergebnis platt wirkt.
8. Nehmen Sie ein Bild auf, das von einem klaren Kontrast – welcher Art auch immer – lebt.
9. Planen Sie, ein Bild zu erstellen, das groß ausgegeben werden soll. Die längere Kantenlänge soll mindestens 80 cm betragen. Wählen Sie ein Motiv, das in dieser Größe gut wirkt, und arbeiten Sie so exakt, dass die Qualität stimmt.
10. Suchen Sie sich drei fotografische Regeln, gegen die Sie bewusst verstoßen möchten, ohne dabei die Qualität des Ergebnisses zu gefährden.

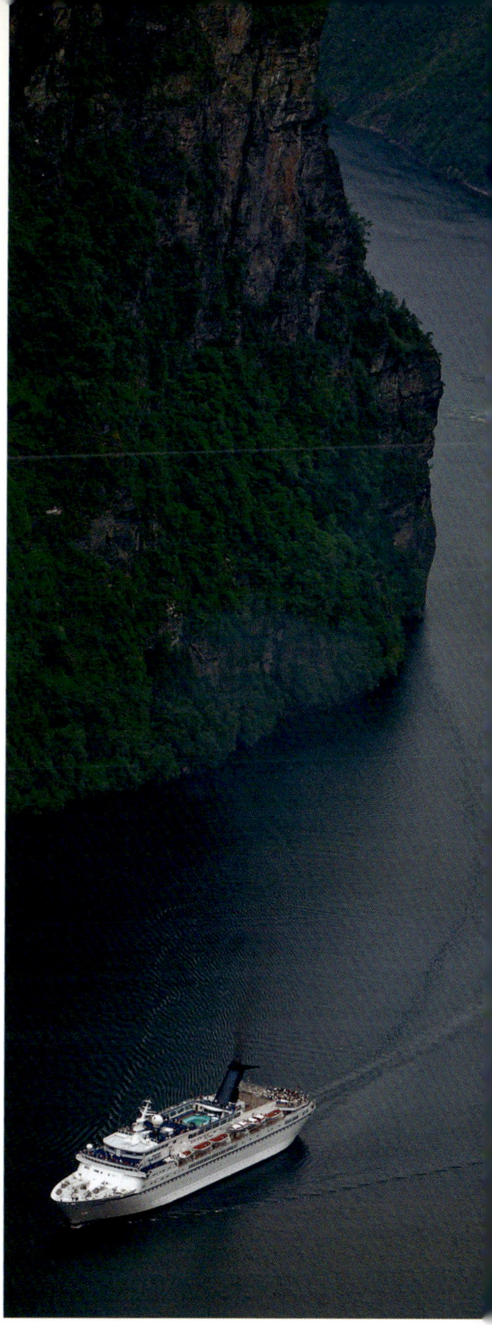

▲ **Abbildung 8.79**
Das extreme Hochformat unterstreicht die Tiefe des Geirangerfjords und die verhältnismäßige Winzigkeit des Kreuzfahrtschiffs. Der Blick gleitet immer weiter hinab, bis er Halt am Schiff findet.
140 mm | f5,6 | 1/640 s | ISO 250

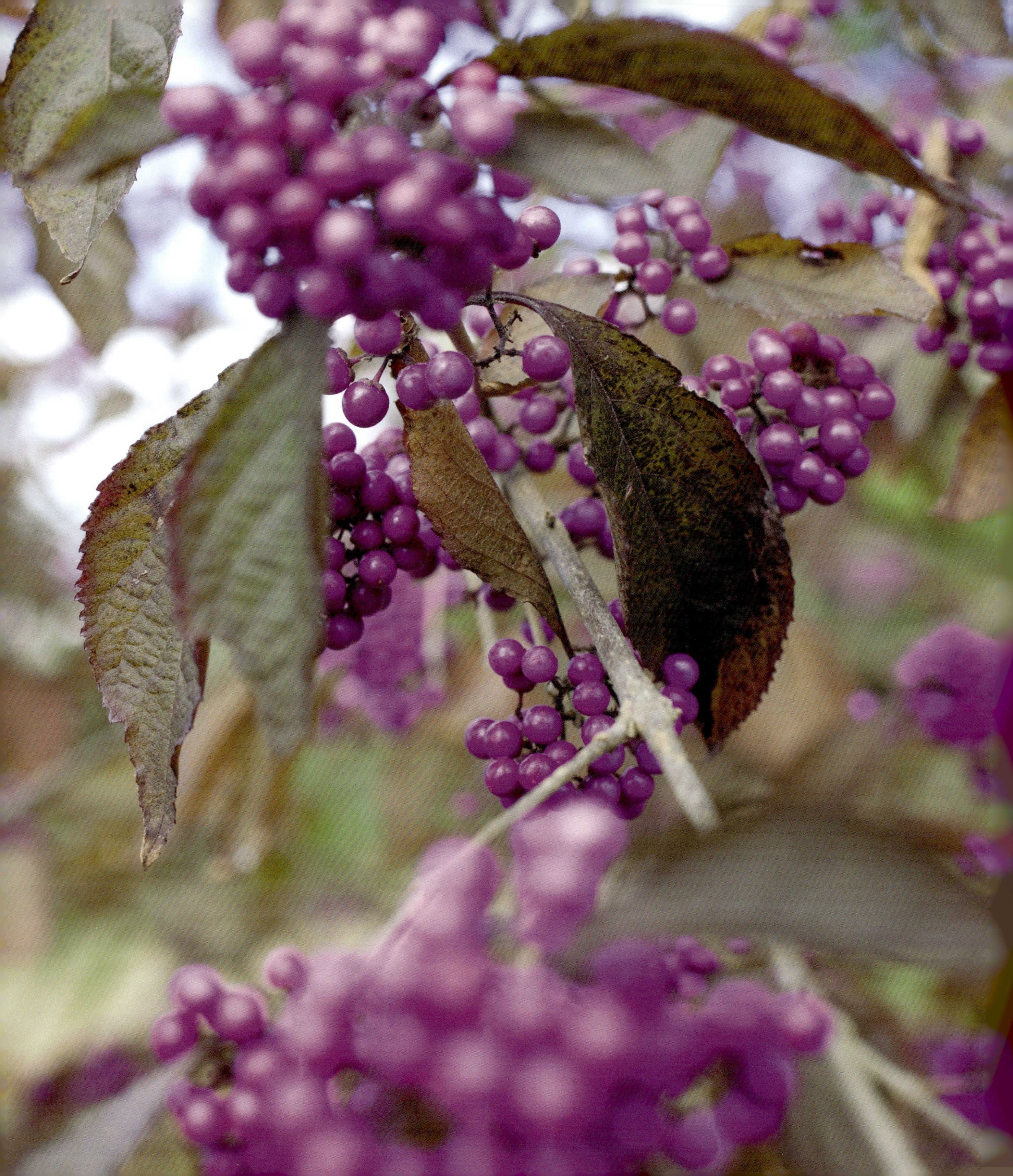

9 Farbe

9.1 Was ist Farbe?

Farbe ist ein Sinneseindruck, der aus dem Zusammenspiel von Auge und Gehirn entsteht. Farbe entsteht also in Ihrem Kopf. Sie ist keine absolute Eigenschaft der Dinge, und Sie können nicht einmal wissen, ob eine andere Person bei dem, was Sie als »rot« bezeichnen, denselben Sinneseindruck hat. Es ist allerdings anzunehmen, dass Farbe bei anderen Menschen zumindest recht ähnlich funktioniert wie bei Ihnen, sonst könnten Farben nicht so gut als Bedeutungsträger fungieren. Wobei die Bedeutung der Farben stark kulturabhängig ist, wie man schon an den Begriffen erkennen kann, die für Farben in den verschieden Sprachen verwendet werden. Im Altgriechischen wird das Wort »ochron« in unterschiedlichen Quellen mit der Farbe der Haut, des Feuers und des Frosches gleichgesetzt, »glaukon« wird für den Mond, das Feuer, blaugrau, hellblau und für Blätter verwendet – Dinge, für die wir im Deutschen schwerlich einen gemeinsamen Begriff finden würden.

Auch heute gibt es in vielen Sprachen keine unterschiedlichen Begriffe für grün und blau. Je nach Kultur werden also unterschiedliche Farbbereiche zu einem Wort zusammengefasst und Farben unterschiedlich stark begrifflich voneinander getrennt.

9.1.1 Wahrnehmungsunterschiede

Die Wahrnehmung der Farben ist nicht bei allen Menschen gleich. Ungefähr ein Prozent der Frauen und neun Prozent der Männer haben eine genetisch bedingte Einschränkung in einer der drei verschiedenen Rezeptoren (für Rot, Grün und Blau) im Auge. Das bedeutet, dass sie entweder die Farben Rot und Grün oder (seltener) Blau und Gelb nicht gut unterscheiden können. Falls Sie zu den Betroffenen zählen, so müssen Sie nicht verzweifeln: Ich kenne Fotografen mit Farbfehlsichtigkeit, die mit ein wenig Training in der Lage sind, auch geringe Farbstiche korrekt auszufiltern und die gute Bildbearbeiter wurden.

◂◂ **Abbildung 9.1**
Der Liebesperlenstrauch auf der linken Seite wird durch seine Farbigkeit zum Motiv. Das Magenta der Perlen ist komplementär zum gedeckten Grün der Blätter, die subtilen Farbübergänge in der Unschärfe erzeugen einen besonderen Reiz.
50 mm | f6,3 | 1/250 s | ISO 400 | Makroobjektiv

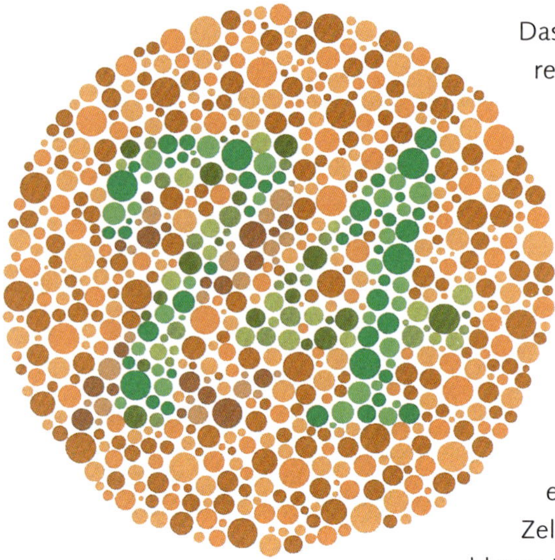

Das Farbsehen ist ein Produkt der evolutionären Anpassung an unseren Lebensraum. Dementsprechend haben verschiedene Tiere auch ein ganz anderes Farbsehen entwickelt als wir. Ein Hund kann zum Beispiel nur Rot und Blau unterscheiden, während ein Goldfisch mit seinen vier Farbrezeptoren wahrscheinlich mehr Farben sehen kann als Sie. Schmetterlinge sollen sogar fünf verschiedene Rezeptoren besitzen und auch Farben wahrnehmen, die für uns unsichtbar im ultravioletten Strahlungsbereich liegen.

9.1.2 Farbsehen: das Auge

Die Funktionsweise des Farbsehens im Auge ähnelt ein wenig der einer Digitalkamera. Die Netzhaut des Auges besitzt spezialisierte Zellen, die sogenannten Zapfen, die jeweils für rotes, grünes oder blaues Licht empfindlich sind – wie die einzelnen Bauelemente auf einem Sensor. Im Unterschied zum Sensor sind sie aber ungleichmäßig verteilt: In der Mitte der Netzhaut gibt es mehr Zapfen als außen, und es gibt sogar einen blinden Fleck ganz ohne Sehzellen, an dem die Nervenbahnen aus dem Auge ins Gehirn führen. Dort sehen Sie gar nichts, aber das merken Sie meist nicht, weil das Gehirn den Bereich ähnlich dem Reparaturpinsel in Photoshop ergänzt. Die Zapfen werden von einem weiteren Zelltyp, den Stäbchen, unterstützt. Diese sind lichtempfindlicher und nehmen nur Helligkeitsunterschiede wahr. Bei schwachem Licht sind nur noch die Stäbchen aktiv, so dass Sie (fast) keine Farben mehr sehen – deshalb auch sind »nachts alle Katzen grau«.

▲ Abbildung 9.2
Personen mit uneingeschränktem Farbensehen sollten eine zweistellige Zahl im Kreis erkennen. Bei einer Rot-Grün-Farbfehlsichtigkeit würden sie nur zufällig verteilte Punkte sehen können.

Nun können Sie aber nicht nur drei Farben sehen, sondern ein paar Millionen. Das kommt daher, das die Zapfen die Einzelhelligkeiten der Farben fein abgestuft messen und die Werte der Einzelfarben anschließend zu einem Farbeindruck addiert werden. Gelb zum Beispiel entsteht dadurch, dass die Rezeptoren für Rot und Grün gemeinsam ansprechen, Cyan (blaugrün) durch die Informationen der blauen und grünen Zapfen und Magenta durch die der roten und blauen Zapfen. Zwischenfarben wie Orange ergeben sich, indem die roten Rezeptoren voll ausschlagen, die grünen halb und die blauen fast gar nicht. Dieses Prinzip nennt sich **additive Farbmischung**.

Dadurch, dass das Auge nur drei Farben in ihren unterschiedlichen Helligkeiten messen kann, ist es egal, ob sich Gelb zum Beispiel aus einer reinen Spektralfarbe von 580 nm Wellenlänge ergibt, oder durch gleich helle Anteile roten und grünen Lichts. Der Sinneseindruck ist der gleiche, obwohl die zugrundeliegende physikalische Farbinformation eine ganz andere ist.

9.1.3 Additive Farbmischung

Es ist möglich, mit rotem, grünem und blauem Licht verschiedener Helligkeit jeden für den Menschen sichtbaren Farbeindruck zu erzeugen. Diesen Umstand nutzen Geräte wie Monitore oder Beamer oder auch LED-Leuchtflächen, die mit nur drei verschiedene Grundfarben alle anderen erzeugen. In der Praxis können diese Geräte nicht alle für das menschliche Auge sichtbaren Farben erzeugen, weil die Grundfarben dafür nicht rein genug sind. Die kräftigsten Farben bleiben daher vom darstellbaren Farbraum der Geräte ausgespart.

Die additive Farbmischung funktioniert bei Geräten, die Licht aussenden, oder bei der Lichtaufzeichnung in der Kamera oder im Auge. Der RGB-Farbraum arbeitet nach dem Prinzip der additiven Farbmischung. Als Fotograf werden Sie am häufigsten mit RGB-Farbräumen zu tun haben, weil Ihre Kamera, Ihr Scanner und Ihr Bildschirm damit arbeiten und weil die Bildbearbeitung darin gut funktioniert.

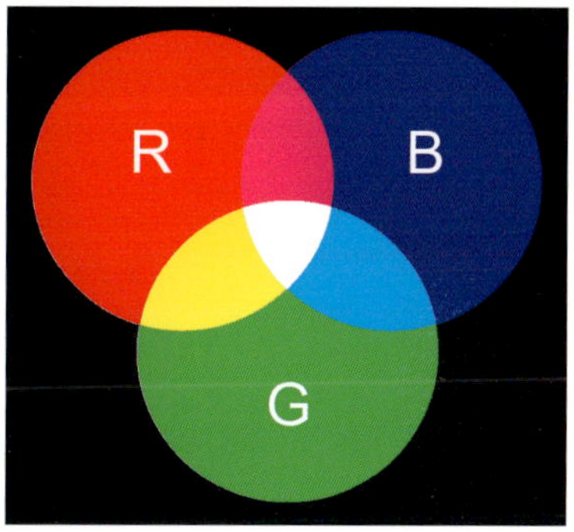

▲ **Abbildung 9.3**
In einem dunklen Raum treffen ein roter, ein grüner und ein blauer Scheinwerfer versetzt auf eine Leinwand. Das Ergebnis würde dieser schematisch vereinfachten Darstellung der additiven Farbmischung sehr ähneln.

9.1.4 Subtraktive Farbmischung

Anders als bei der additiven Farbmischung kommt bei nichtleuchtenden Farben der Farbeindruck auf eine andere Weise zustande. Dort ist die Farbe das, was die Objekte vom eintreffenden Licht übrig lassen. Ein rotes Feuerwehrauto im Tageslicht schluckt die blauen, grünen und gelben Anteile des Lichts und wandelt sie in Wärme um, nur das rote Licht wird wieder abgestrahlt. Hier werden also vom weißen Licht bestimmte Farben abgezogen, deswegen nennt man diese Methode **subtraktive Farbmischung**. Auf diese Weise funktioniert auch die Darstellung aller Bilder hier im Buch. Drei Druckfarben ziehen jeweils ein Drittel des Spektrums von der weißen Papierfarbe ab: Cyan filtert Rot aus, Magenta filtert Grün aus und Gelb filtert Blau aus.

In der Praxis druckt man zusätzlich noch Schwarz, das fast kein Licht zurückwirft, weil die drei Grundfarben Cyan, Magenta und Gelb nicht rein genug sind, um zusammen sämtliches Licht auszufiltern. Es würde ein dunkles Braun oder Grün übrig bleiben statt eines reinen Schwarz. Außerdem ist die schwarze Farbe günstiger. Diese Grundfarben des Drucks werden als **CMYK** abgekürzt für die englischen Bezeichnungen Cyan, Magenta, Yellow und Key (*key colour* bezeichnet im Englischen die schwarze Grundplatte des Drucks, auf ihr ist auch der schwarze Text). Ihr Tintenstrahldrucker arbeitet nach dem gleichen Prinzip, auch wenn viele Geräte noch zusätzliche Farbpatronen verwenden, um den Farbraum zu vergrößern oder die Helligkeitsabstufungen zu verfeinern. Trotzdem sollten Sie Bilder als RGB-Daten an Ihren

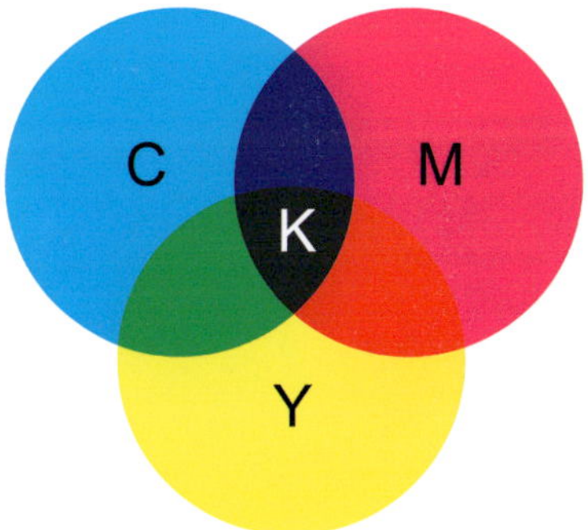

▲ **Abbildung 9.4**
Hier sind reine cyanfarbene, magentafarbene und gelbe Druckfarbe übereinander gedruckt. Durch die Überlagerung entstehen Rot, Grün und Blau. Der dunkle Farbton in der Mitte würde bei perfekten Farben Schwarz sein, in der Praxis druckt man Schwarz jedoch als vierte Farbe dazu.

Fotodrucker senden, weil die Umsetzung in CMYK erst im Druckertreiber passiert und Sie so bessere Farben erhalten.

9.2 Farbwirkung

Unabhängig vom Motiv hat jede Farbe an sich eine Wirkung auf den Betrachter. Sie können sich diese Farbpsychologie zunutze machen, indem Sie sie zu Unterstützung ihrer Bildaussage verwenden. So können Sie den Tiefeneindruck eines Bildes verstärken, wenn im Vordergrund die warmen Farben dominieren und im Hintergrund die kühlen. Mit roten Farbakzenten können Sie den Blick auf das Hauptmotiv ziehen oder mit Grün eine freundliche Ruhe erzeugen.

9.2.1 Rot

Rot steht am langwelligen Ende des Farbspektrums (siehe auch Kapitel 5, »Licht«). Rotes Licht wird in der Atmosphäre am wenigsten gestreut, deswegen ist die Sonne beim Sonnenuntergang oft rot, weil dies die einzige Farbe ist, die bei etwas Dunst noch auf geradem Weg durch die Atmosphäre kommt. Rote Autorücklichter können im Nebel auf größere Entfernung noch gesehen werden, als wenn sie in irgendeiner anderen Farbe leuchten würden. Aber es gibt noch einen wichtigeren Grund, warum Bremslichter rot sind: Rot ist die stärkste Signalfarbe, stärker noch als Gelb.

So werden Dinge, die sofort ins Auge fallen müssen, oft rot gefärbt, wie Feuerlöscher oder Stoppschilder. Rote Flächen erscheinen dem Augen näher, als Sie tatsächlich sind, da das Auge Rot aufgrund seiner langen Wellenlänge weniger stark bricht.

Rot ist assoziiert mit Gefahr, aber auch mit Wärme und Sinnlichkeit. Rot ist die aktivste Farbe von allen, selbst kleine rote Flächen können ein Bild schnell dominieren.

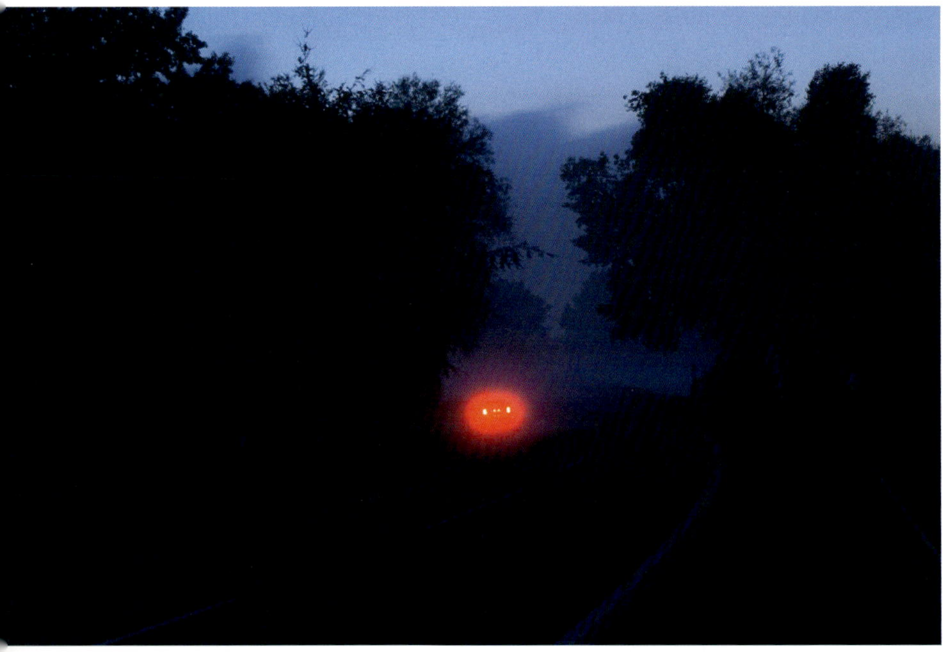

▼ **Abbildung 9.5**
Das rote Rücklicht im leichten Nebel bestimmt das Foto, obwohl es nur einen sehr kleinen Teil der Fläche einnimmt.

30mm | f5,6 | 15s | ISO 200 | APS-C-Sensor

9.2.2 Gelb

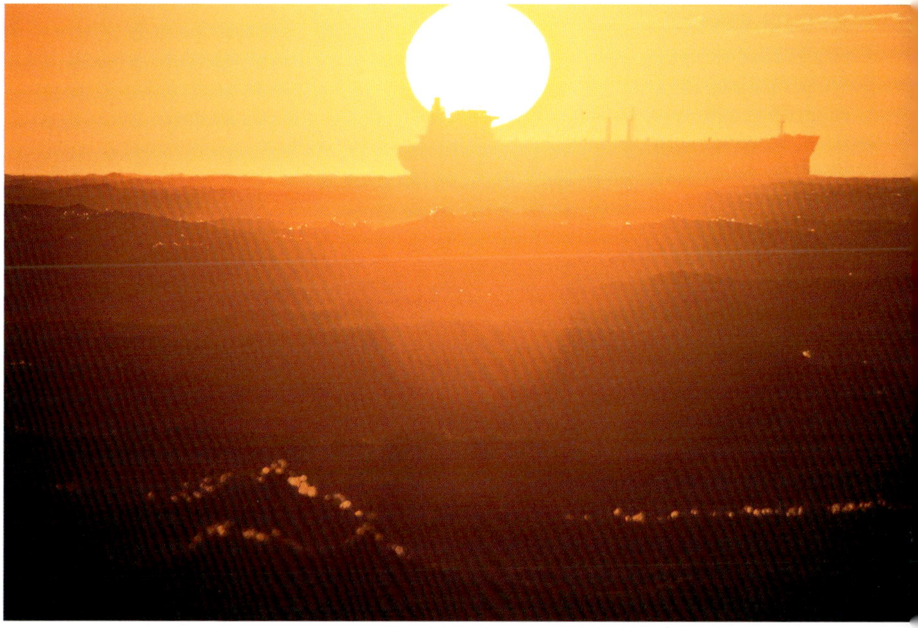

Gelb ist warm und lebendig, aktiv und dynamisch. Gelb steht für Licht und Wärme, aber auch für Neid und Gier. Gelb ist eine Warnfarbe. Wenn Sie ein gelb-schwarzes Insekt oder Reptil treffen, dann ist es entweder giftig, oder es möchte, dass Sie denken, es sei giftig (Mimikry). Warnschilder vor Hochspannung oder Radioaktivität verwenden Gelb mit Schwarz. Ein ins Rötliche gehendes Gelb kann große Gemütlichkeit erzeugen, gerade als Lichtfarbe. Ein ins Grünliche gehendes Gelb wird eher frisch, manchmal aber auch kränklich. Durch seine Signalwirkung wird die Farbe Gelb auch in der Werbung viel verwendet, gerade wenn Billigprodukte herausgehoben werden sollen, und in der Zeitungslandschaft bezeichnet man den Boulevardjournalismus als *Yellow Press*. Gelb hat also auch eine laute und unseriöse Seite.

▲ Abbildung 9.6
Dass an diesem Tag vom Meer her ein eiskalter Wind blies, sieht man diesem Foto vom Sonnenuntergang in Skagen nicht an. Die Bildstimmung ist durch die dominierenden Gelb- und Orangetöne extrem warm.

600 mm | f8,0 | 1/1000 s | ISO 1 000

Gelb ist die hellste Farbe, und so sollten Sie, wenn Sie ein reines Gelb möglichst farbkräftig fotografieren möchten, die Belichtung der Kamera um gut eine Blende heller stellen, sonst vergraut das Gelb und büßt viel von seiner Leuchtkraft ein. Einen Farbstich ins Gelbe verzeiht das Auge übrigens am ehesten, weil auch das Tageslicht morgens und abends ins Gelbliche geht.

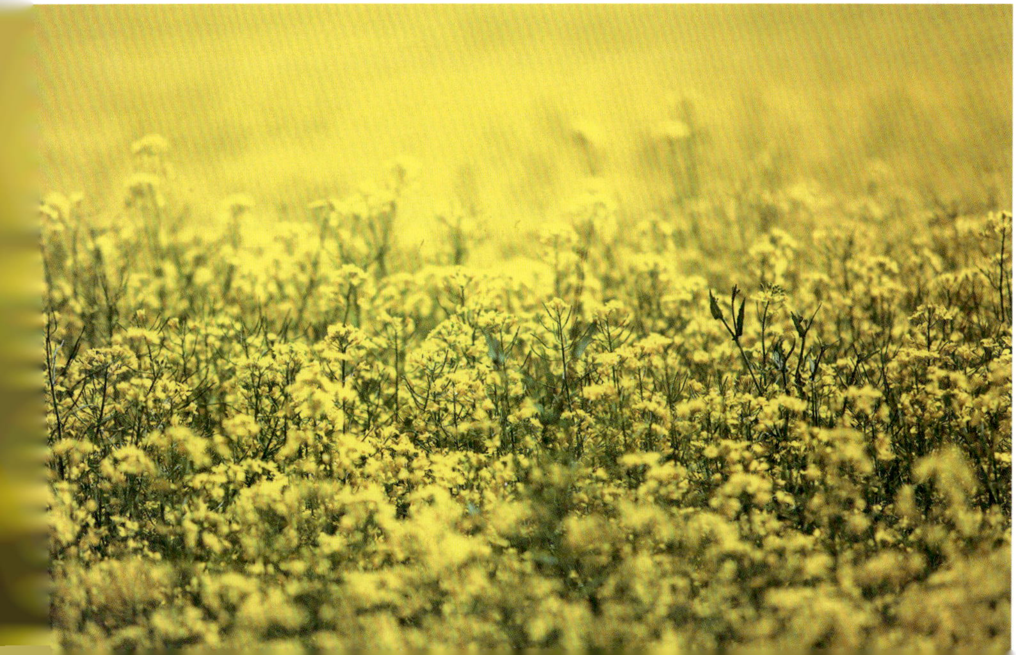

◄ Abbildung 9.7
Nur durch eine Belichtungskorrektur um +1,5 Blenden wurde das Gelb des Rapsfeldes auf diesem Foto so leuchtend.

200 mm | f2,8 | 1/2000 s | ISO 200

▼ **Abbildung 9.8**
Die Grashalme im Morgentau könnte man als Illustration im Wellnessbereich verwenden: ruhig, frisch, aber nicht zu kühl – die entspannte Seite des Grüns.

50 mm | f6,3 | 1/80 s | ISO 640 | Makroobjektiv

9.2.3 Grün

Das menschliche Auge kann mehr Grüntöne unterscheiden als Töne jeder anderen Farbe. Die meisten Digitalkameras haben deswegen doppelt so viele Grünsensoren wie Rot- und Blausensoren (Bayer-Muster, siehe auch Seite 43). Die Wirkung von Grün ist je nach Farbton und Kontext sehr unterschiedlich. Grün kann entspannend und angenehm wirken, frisch und lebendig, aber auch krank und giftig. Ein klares Grün als Objektfarbe wirkt ruhig aber nicht langweilig oder leblos. Als Lichtfarbe wird es meist als unangenehm empfunden. Leider haben Leuchtröhren und viele Energiesparlampen oft ein grünliches Licht.

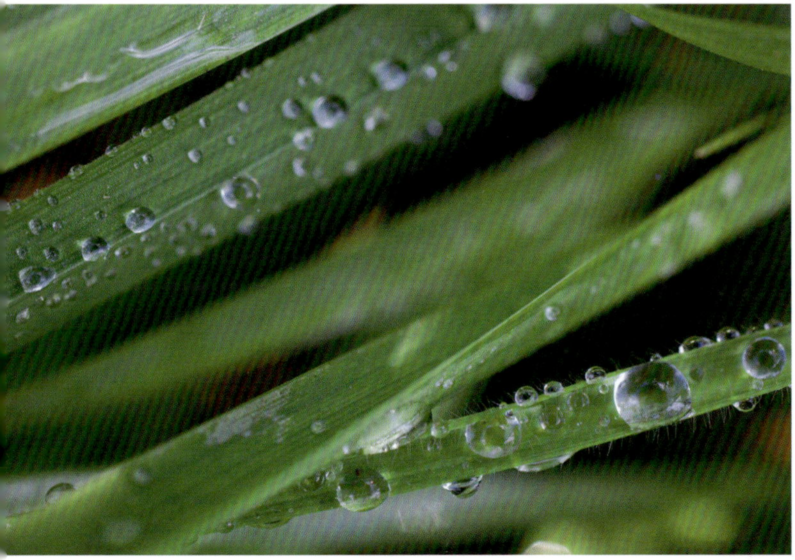

Grün wird auch als positive Rückmeldung eingesetzt. Wenn die Ampel auf Grün steht, können Sie fahren, wenn das grüne Lämpchen am Gerät leuchtet, ist es angeschaltet und in Ordnung. Grün steht für das Leben und die Natur, weil Chlorophyll (das Blattgrün) grün ist. Grün ist auch die Farbe des Islams, weil es die Lieblingsfarbe Mohammeds war und die Paradiesvorstellungen mit grüner Vegetation assoziiert sind. Grün kann auch negativ besetzt sein. Dann steht es für Giftigkeit, Unreife oder Übelkeit.

Abbildung 9.9 ►
Das grüne Licht verleiht der Industrieanlage einen eher toxischen Charme. Noch im 19. Jahrhundert waren grüne Farbstoffe oft hochgiftig. Eine Tapete in »Schweinfurter Grün« konnte zu ernsten Vergiftungen führen.

17 mm | f9,0 | 30 s | ISO 250

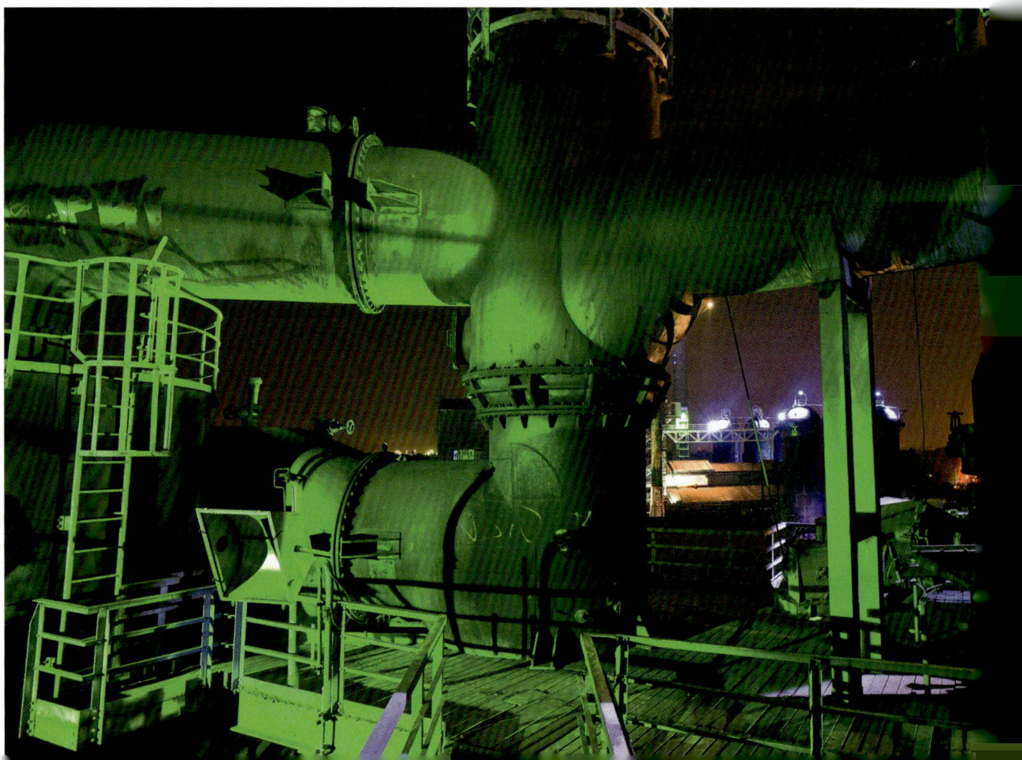

9.2.4 Cyan

Cyan liegt zwischen Grün und Blau und geht leider im normalen Sprachgebrauch etwas unter. Normales Himmelsblau ist meist viel näher an Cyan als an Blau. Cyan ist kühl und frisch, aber trotzdem ruhig. Swimmingpools werden cyan verkachelt, weil diese Farbe am ehesten mit Wasser verbunden wird. Allerdings auch mit Eis und Luft. Cyan ist technisch und klar, die gefühlsmäßigen Assoziationen sind eher schwach ausgeprägt. Cyan wirkt modern und seriös.

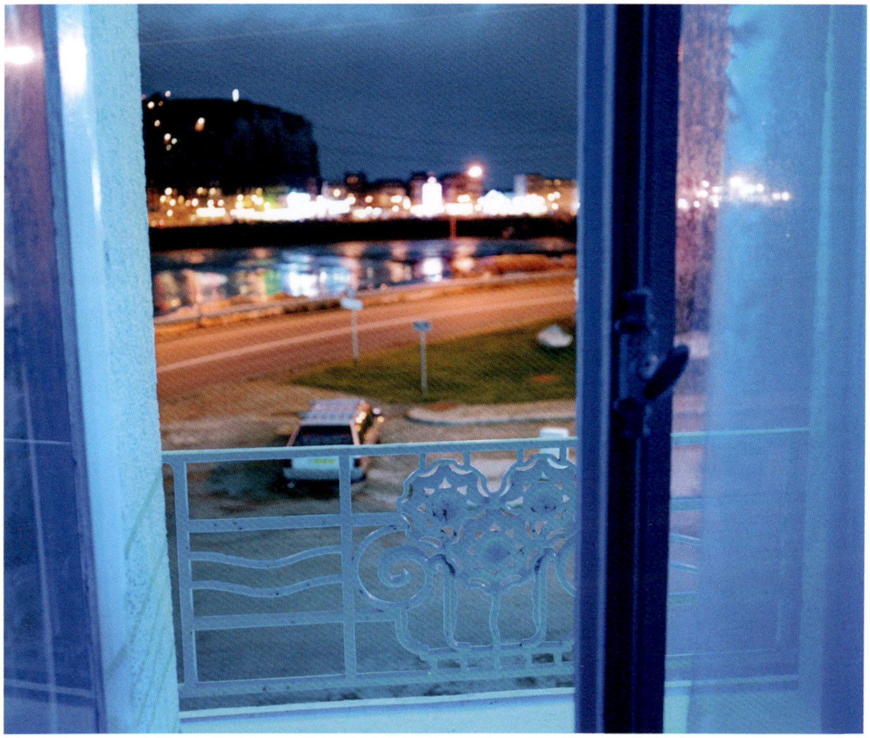

◂ **Abbildung 9.10**
Blaue und grüne Leuchtreklame mischt sich an einem Hotelfenster in Le Tréport zu cyanfarbenem Licht.

80 mm | f2,8 | 1 s | ISO 100 | Mittelformat

▾ **Abbildung 9.11**
Eine rote auf einer blauen Fläche lässt sich vom Auge nicht auf der gleichen Ebene scharfstellen. Dabei ist diese Grafik noch harmlos: Versuchen Sie einmal, eine kleine rote Schrift auf blauem Hintergrund zu lesen!

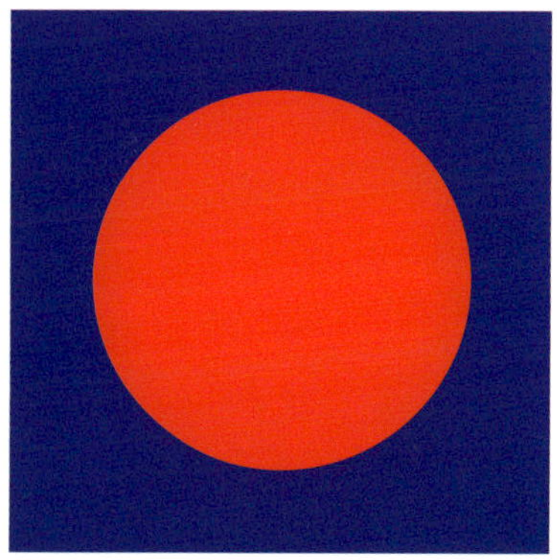

9.2.5 Blau

Blau steht für Kühle, Ferne und Erhabenheit. Menschen frieren in blauen Badezimmern bereits bei wärmerer Raumtemperatur, als sie es in gelben tun würden. Blau wirkt ruhig und klar, metallisch und edel.

Blau ist das kurzwelligste und energiereichste Licht, das am ehesten gestreut wird. Deswegen wirken die Berge in der Ferne häufig blau, weil sie durch das Streulicht aufgehellt werden. Aber es gibt noch einen anderen Grund, warum Blau mit Ferne assoziiert wird: Das Auge fokussiert auf eine

▲ **Abbildung 9.12**
Weit entfernte Berge »verblauen«. Deswegen steht Blau auch für die Ferne. Blau ist die ruhigste Farbe von allen – kalt, zurückhaltend und distanziert. Aber Blau hat auch eine intensive Tiefe, die viele Menschen anspricht. Blau ist dementsprechend die meistgenannte Lieblingsfarbe.

70 mm | f5,6 | 1/1600 | ISO 160 | Polfilter

blaue Fläche mit einer weiteren »Entfernungseinstellung« als auf Rot. Deswegen scheint der rote Kreis in der Abbildung auch eher über der blauen Fläche zu schweben. Rot ist die viel aktivere Farbe, während sich blau eher dezent im Hintergrund hält.

Blau hat eine rationale und eine romantische Seite, Blau steht gleichermaßen für Sehnsucht und Ausgeglichenheit, und Blau ist die dunkelste Farbe im Spektrum. Wenn Sie ein reines Blau fotografieren, liefert eine Unterbelichtung um eine gute Blende die reinste Farbe. Der Blaukanal in einem Digitalfoto ist auch am anfälligsten für Farbrauschen.

9.2.6 Magenta

Magenta nimmt eine Sonderrolle unter den Farben ein. Es gibt keine Farbe im Spektrum, die Magenta gleicht. Das Spektrum reicht nur von Rot bis Blauviolett, Magenta schließt die optische Lücke im Farbkreis dahinter zum Rot zurück. Magenta ist eine nichtspektrale Farbe, die man erhält, wenn man Rot und Blau addiert, oder wenn man Grün von Weiß abzieht.

Magenta verbindet die Wärme des Rots mit der Kühle des Blaus. Die Farbe kann sehr edel wirken, aber auch ins Schrille gehen. Magenta hat oft etwas Spirituelles und wird dann eher Purpur genannt und gerne von hohen christlichen oder jüdischen Würdenträgern getragen.

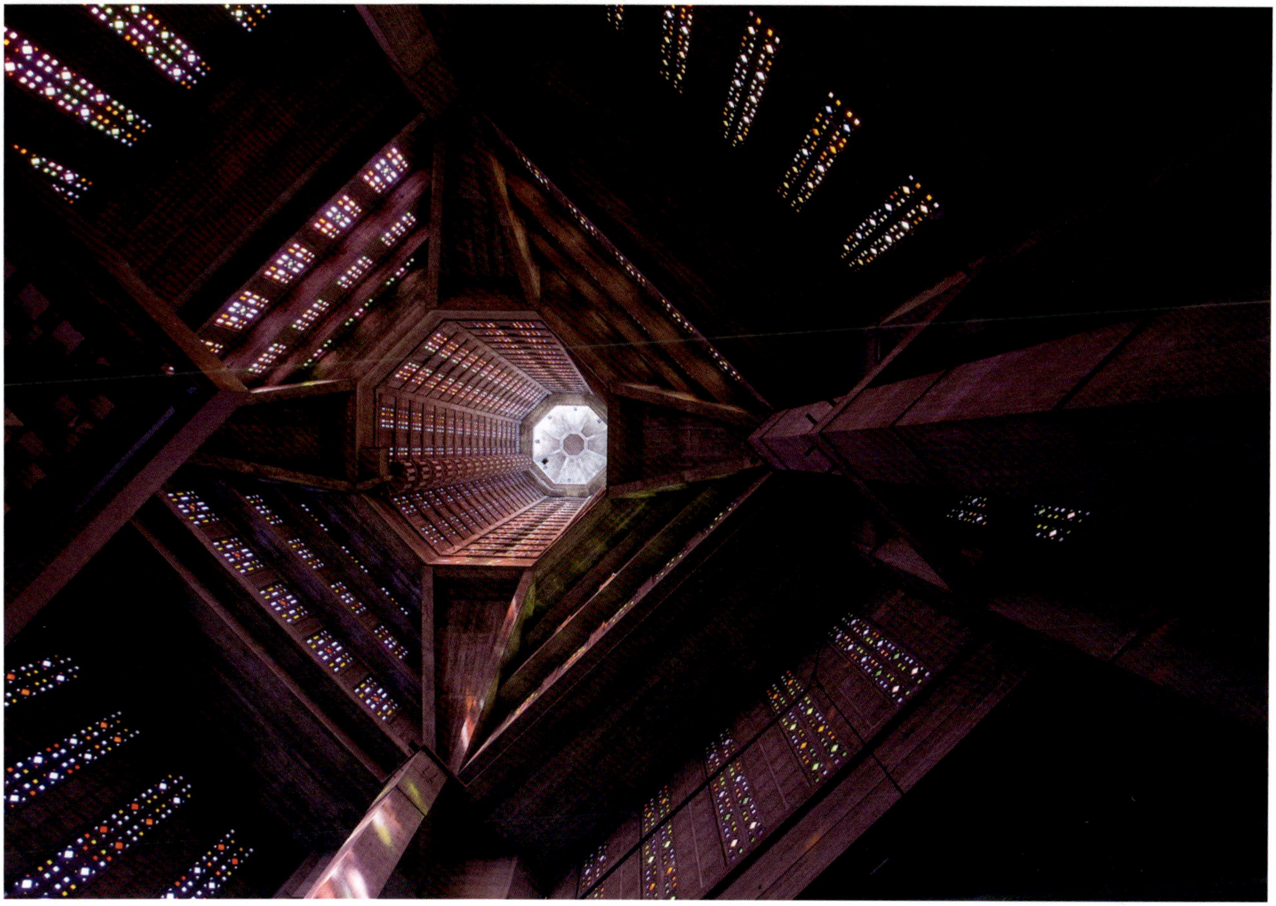

▲ **Abbildung 9.13**
Magenta passt von der Farbstimmung her zu einer Kirche. Falls Sie einmal in Le Havre sein sollten, besuchen Sie unbedingt St. Joseph. Von unten in den 107 m hohen Kirchturm zu schauen, ist ein überwältigendes Raumerlebnis.

17 mm | f9,0 | 0,6 s | ISO 125

9.2.7 Farbtemperatur

Die Farbtemperatur beschreibt die Farbe des Lichts auf einer Warm-Kalt-Skala. Sie wird in Kelvin (K) angegeben, einer Maßeinheit, die die Temperatur in gleich großen Schritten angibt wie unser Grad Celsius, allerdings liegt der Nullpunkt beim absoluten Nullpunkt von –273,15 °C. Kurz gesagt: 0 °C entspricht +273,15 K. Das Gedankenmodell hinter der Farbtemperatur ist folgendes: Sie nehmen einen idealen schwarzen Körper (also einen Gegenstand, der sämtliches Licht absorbiert und nichts reflektiert) und heizen ihn auf. Dieser Körper wird die Energie in Form von elektromagnetischen Wellen abstrahlen, wie es auch ein zum Glühen gebrachtes Stück Stahl tut. Irgendwann wird die Temperatur so hoch, dass diese Strahlung nicht mehr nur Wärme ist, sondern in den sichtbaren Bereich kommt. Bei einer Temperatur von knapp 1 000 K würden Sie ein dunkles rotes Glühen bemerken. Wenn Sie die Temperatur weiter erhöhen, wird das Licht gelb, dann weiß und später blau. Es entspricht je nach der Temperatur des Körpers damit verschieden Lichtquellen:

Lichtquelle	Farbtemperatur
Kerzenlicht oder Feuer	1200–1900 K
schwache Glühlampen	2200–2700 K
starke Glühlampen	2700–3000 K
Halogenlicht	3000–3400 K
Abendlicht	4000 K
Tageslicht und Blitz	5600 K
bedeckter Himmel	6500–7500 K
Schatten unter blauem Himmel	9000–12000 K
Himmel in später Dämmerung	15000–27000 K

▲ **Tabelle 9.1**
Lichtquellen und ihre typischen Farbtemperaturen

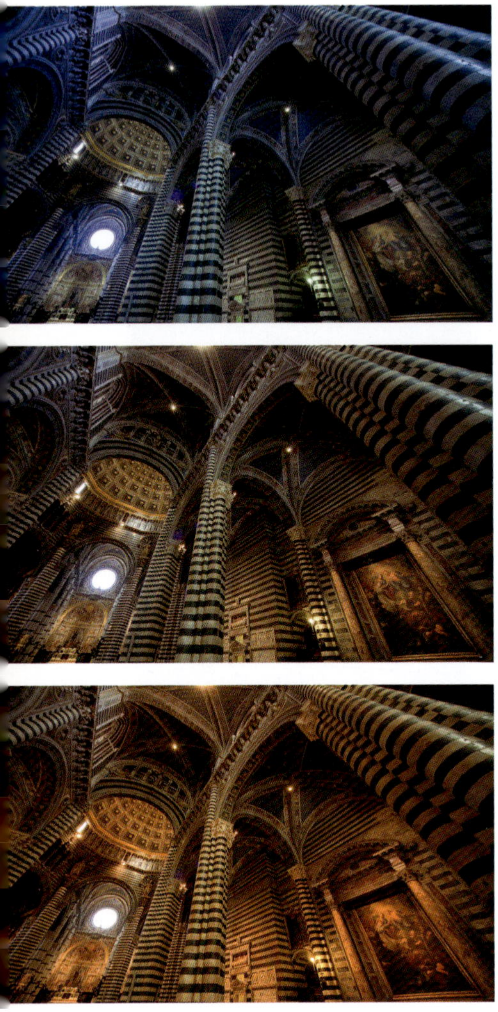

▲ **Abbildung 9.14**
Dieselbe Aufnahme mit drei verschiedenen Weißpunkten. In der oberen Aufnahme liegt Weiß bei 2800 K. Das Glühlicht wirkt neutral, der Rest blau. In der mittleren Aufnahme bei 4000 K ist das Kunstlicht warm, das Tageslicht aber noch bläulich. Unten liegt Weiß bei 5600 K, und das Tageslicht ist neutral, das Kunstlicht sehr warm.

12 mm | f4,5 | 1/13 s | ISO 3200

Je niedriger die Farbtemperatur ist, desto wärmer (roter) ist das Licht und desto geringer sind die Blauanteile. Bei einer Farbtemperatur von um die 5600 K erscheint uns das Licht reinweiß, wobei das Auge sich an die Farbtemperatur in einem weiten Bereich anpassen kann. Es macht sozusagen einen automatischen Weißabgleich, ähnlich dem Ihrer Kamera. Über 5600 K wird das Licht bläulich bis tiefblau. Farben wie Grün oder Magenta kommen in dieser Reihe nicht vor. Wenn Sie also eine Neonleuchte mit einem grünen Farbstich verwenden, hat diese zwar eine Farbtemperatur von circa 4000 K (was einem gelblichen Weiß entspricht), der Grünton kann über die Farbtemperatur aber nicht abgebildet werden. Deswegen haben Sie in Adobe Camera Raw oder anderen RAW-Konvertern zwei Regler, um die Lichtfarbe zu definieren: die Farbtemperatur und die Abweichung in der Grün-Magenta-Achse (siehe auch Kapitel 12, »Bildbearbeitung«).

Wenn Sie nun ein Bild mit Halogenbeleuchtung von 3200 K aufgenommen haben und Sie die Farbtemperatur im RAW-Konverter (oder den Weißabgleich Ihrer Kamera) auch auf 3200 K einstellen, wird das Licht weiß dargestellt. Wenn Sie die Farbtemperatur auf 5600 K stellen, würde Tageslicht reinweiß dargestellt, ein Licht von 3200 K wird bei entsprechender Konvertierung also sehr warm abgebildet. Das hat die etwas paradoxe Folge, dass Sie, wenn Sie die Farbtemperatur kühler einstellen, wärmere Bilder erhalten. Auf den zweiten Blick ist das aber ganz logisch: Je kälter Sie das Referenzweiß einstellen, desto wärmer erscheint das tatsächliche Weiß.

9.2.8 Farbsättigung

Die Farbsättigung beschreibt die Intensität der Farbe unabhängig von Farbton und Helligkeit: je stärker die Farbsättigung, desto klarer der Farbeindruck, je geringer die Sättigung, desto gedeckter erscheinen die Farben.

◂ **Abbildung 9.15**
Der Farbstreifen zeigt einen Cyan-Ton von gleicher Helligkeit aber mit unterschiedlicher Sättigung (von 0%–100%). 0% (ganz links) ergeben ein reines Grau, 100% ein leuchtendes Cyan.

Oft sind gerade die professionellen Kameras in ihrer Standardeinstellung zurückhaltend in der Farbigkeit. Die genaue Abstufung der Farben ist auch viel wichtiger als die maximal erzielte Sättigung. Der optische Eindruck des digitalen Bildes ist deswegen meist blasser als der visuelle Eindruck vor Ort. Eine Ausnahme ist farbiges Licht bei Nacht. Das Auge verstärkt bei schwachem Licht die Helligkeitswahrnehmung statt der Farbwahrnehmung, weil die Stäbchen lichtempfindlicher sind als die Zapfen. So wirken Nachtaufnahmen bunter als sie wahrgenommen wurden.

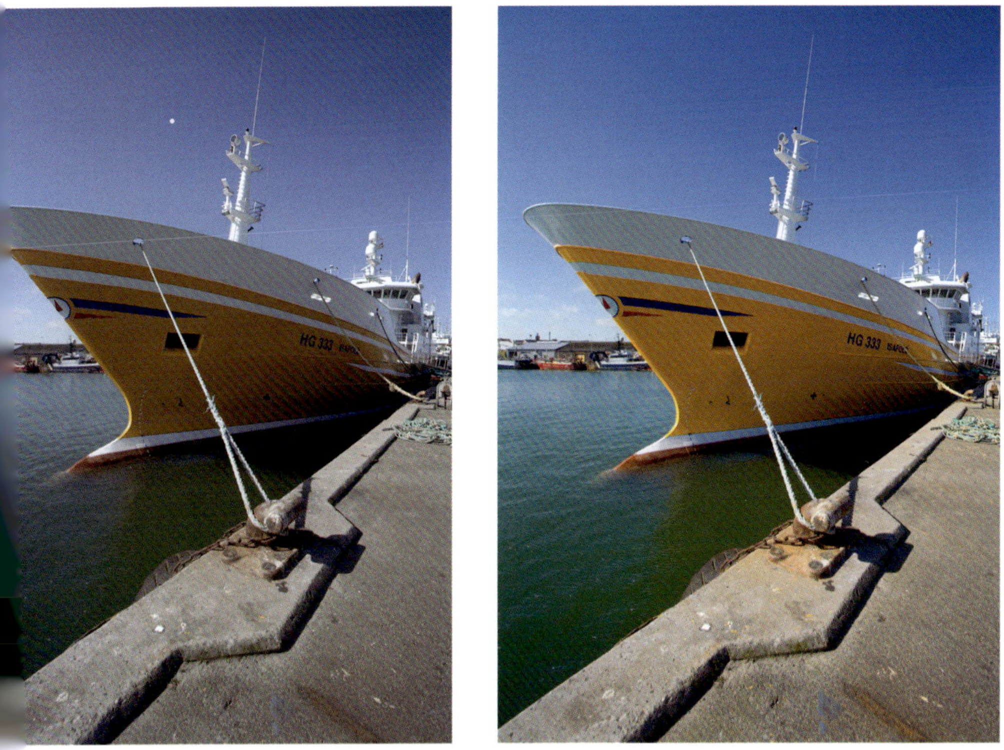

◂ **Abbildung 9.16**
Die Farbsättigung wurde beim rechten Bild hauptsächlich durch den Regler Dynamik im RAW-Konverter erhöht. Es kommt so dem Eindruck vor Ort wesentlich näher als die linke Variante, die unbearbeitet ist.
17 mm | f11 | 1/125 s | ISO 100

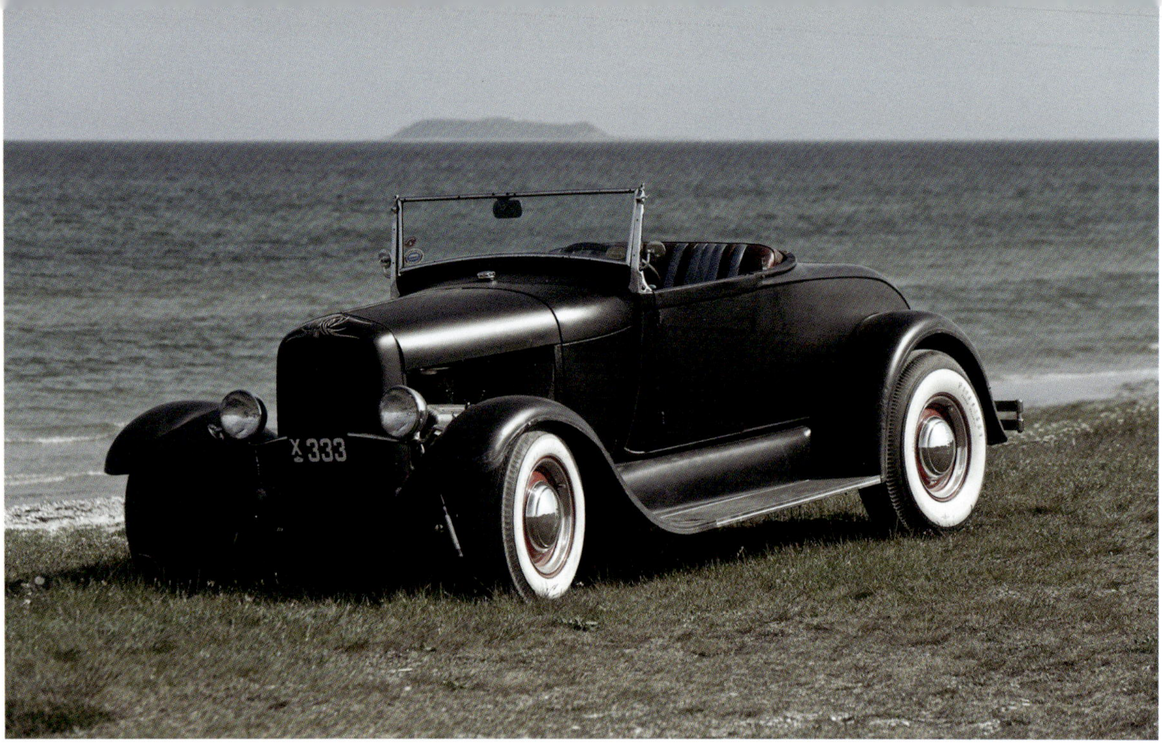

▲ **Abbildung 9.17**
Die Farbsättigung wurde bei diesem Bild auf 30 % verringert. Buntheit hätte der Wirkung des Motivs eher widersprochen.

140 mm | f7,1 | 1/320 s | ISO 100

Die Farbsättigung leicht zu erhöhen oder eine farbkräftigere Grundeinstellung bei der RAW-Konvertierung zu verwenden, tut der Mehrzahl der Bilder gut (siehe Kapitel 12, »Bildbearbeitung«).

Die Farbsättigung zu vermindern, kann genauso sinnvoll sein. Hauttönen tut es gut, wenn sie nicht zu bunt wiedergegeben werden, und leicht entsättigte Bilder können eine edle und zurückhaltende Wirkung erzeugen. Es scheint einen Unterschied in der bevorzugten Farbigkeit zwischen den Geschlechtern zu geben. Während Männer häufig zu gedeckteren und oft kühlen Farbtönen tendieren, bevorzugen Frauen eher bunte und warme Farben. Das heißt natürlich nicht, dass das immer so ist, aber machen Sie mal eine Probe. Nehmen Sie ein Magazin wie den Stern oder ein anderes, dass gleichermaßen Frauen und Männer zur Leserschaft zählt, und vergleichen Sie die Farbstimmungen der Anzeigen, die sich eher an Männer richten, mit denen, die sich eher an Frauen richten.

Versuchen Sie auch, Tendenzen zu entdecken, welche Looks in der Farbabstimmung gerade angesagt sind. Das ist Moden unterworfen, aber immer interessant zu beobachten. Versuchen Sie in Ihrer eigenen gestalterischen Arbeit, sich nicht zu sehr von Moden mitreißen zu lassen. Bewahren Sie Ihren eigenen Kopf, und lassen Sie sich nur von dem inspirieren, was Ihnen wirklich gefällt. Sonst sehen ihre Arbeiten irgendwann regelrecht alt aus und sind weit weniger originell und spannend, als sie es sein könnten.

9.2.9 Unbunte Bilder

Ganz unbunt ist nur Schwarzweiß. Aber es gibt Motive oder Lichtsituationen, in denen die Farbe praktisch keine Rolle spielt. In solchen Situationen kann die Bildwirkung oft verstärkt werden, indem man das Bild zusätzlich sehr neutral abstimmt. In der Architekturfotografie kann man so zu einer Versachlichung der Darstellung kommen und in der Landschaftsfotografie die Fahlheit des Lichts betonen. Kleine, farbige Akzente würden durch den Qualitätskontrast der Farbe sehr stark herausstechen. Diesen Qualitätskontrast künstlich herbeizuführen, indem man den Großteil des Bildes in der Bildbearbeitung entfärbt und nur Teile farbig stehen lässt (das sogenannte *Colour Key*), halte ich persönlich für keine gute Idee. Das verkommt schnell zum billigen Effekt, und wenn man nicht in der Lage ist, Motivbereiche auf andere Weise zu betonen, sollte man sein gestalterisches Repertoire erweitern.

▼ Abbildung 9.18
Weißer Schnee, dunkelgrauer Fels und ein fahler Himmel mit Eiskristallen ergeben ein seltsam farbloses Bild. Die Farblosigkeit wurde durch ein Polfilter verstärkt, der große Halo um die Sonne war auch mit bloßem Auge zu erkennen.

17 mm | f11 | 1/200 s | ISO 100 | Polarisationsfilter

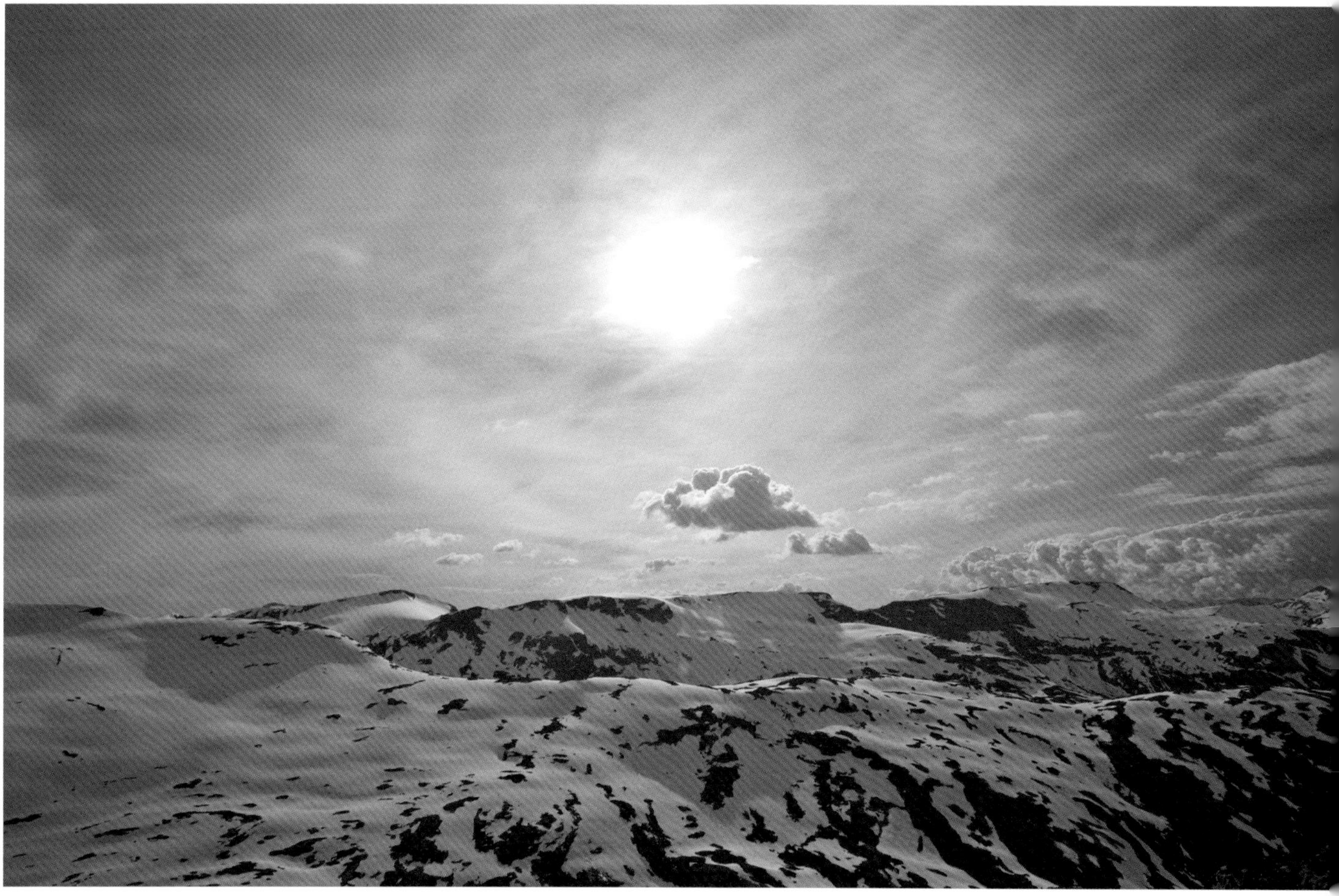

9.2.10 Signalwirkung

Bestimmte Farbkontraste haben eine so starke Wirkung, dass sie allein für die Blickführung in einem Bild sorgen können. So ist Gelb auf Dunkelblau der stärkste Kontrast, den das menschliche Auge überhaupt wahrnehmen kann. Trotzdem können klare Rottöne eine noch stärkere Signalwirkung ausüben.

Das können Sie sich einfach zunutze machen, indem Sie ihr Hauptmotiv durch seine Farbe zum automatischen Hingucker machen. Bedenken Sie aber, dass diese Wirkung von jedem intensiven Farbklecks ausgeht, auch wenn er mit dem eigentlichen Motiv nichts zu tun hat. Einer der klassischen Anfängerfehler in der Fotografie ist es, sich bei der Aufnahme so sehr auf das Motiv zu konzentrieren, dass man erst hinterher bemerkt, wie sehr der Hintergrund die Wirkung des Motivs stört. Eine weit gefasste Aufmerksamkeit ist aber eine Grundvoraussetzung für gelungene Bilder.

▼ **Abbildung 9.19**
Ein stärkerer Farbkontrast ist kaum denkbar. Gelb und Orange leuchten auf tiefem Blau. Das Bild wurde an einem extrem klaren Morgen vor Terschelling mit einer einfachen Kompaktkamera vom Segelboot aus aufgenommen.

5 mm (33 mm Kleinbild-Äquivalent) | f5,6 | 1/640 s | ISO 50

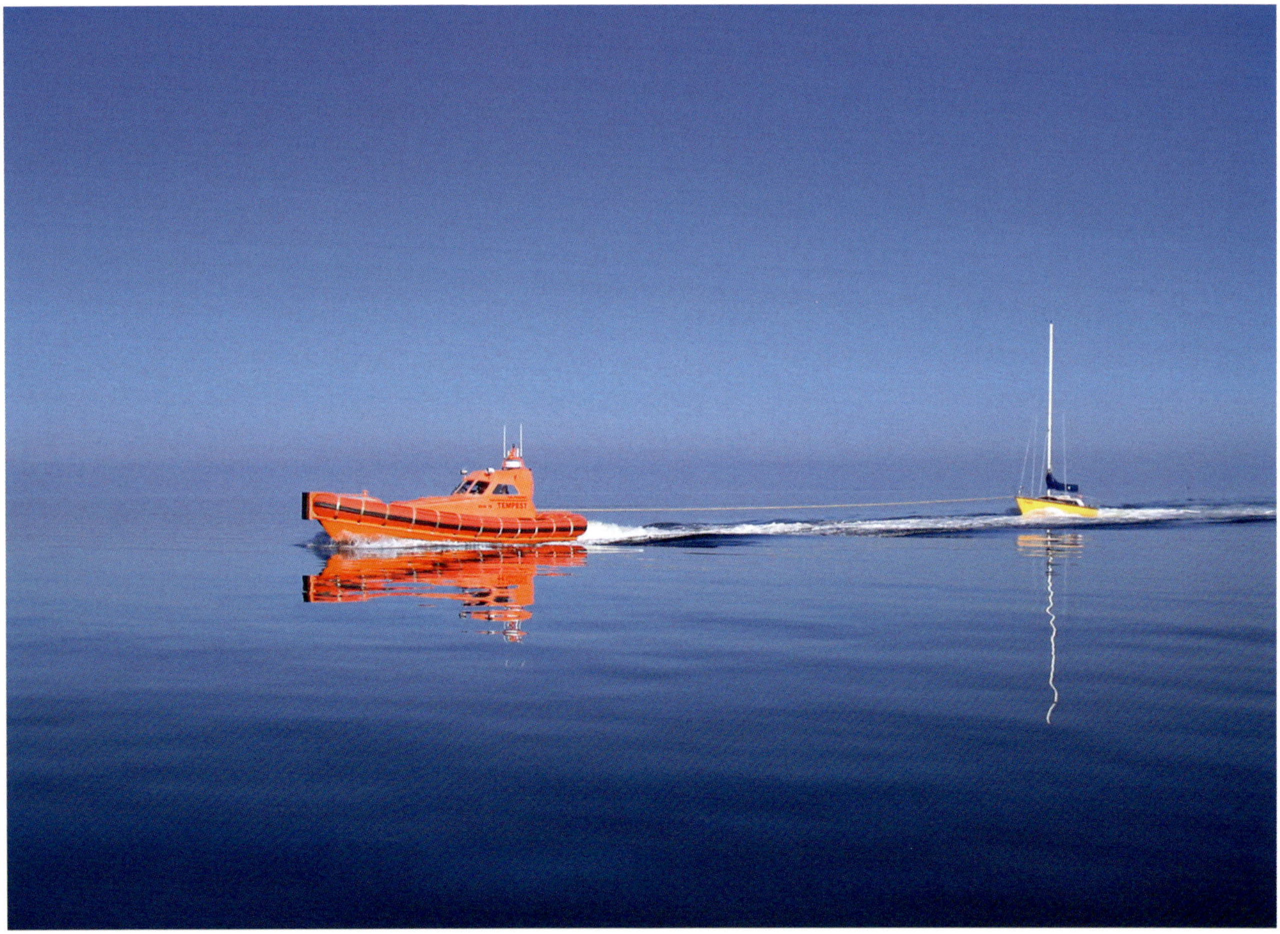

9.3 Farbstimmung

Die Tageszeit beeinflusst sehr stark die Atmosphäre Ihrer Bilder. Aber auch bei einem vorgegeben Zeitpunkt haben Sie durch die Wahl des Bildausschnitts oder die Abstimmung des Weißabgleichs großen Einfluss auf die Stimmung Ihrer Aufnahmen. Farbe wirkt sehr unmittelbar auf den Betrachter, und so sollten Sie die Farbgestaltung immer als einen wesentlichen Punkt des Fotografierens betrachten.

Farbwiedergabeindex
Die Genauigkeit der Farbwiedergabe einer bestimmten Leuchtquelle beschreibt der sogenannte Farbwiedergabeindex. Ideal ist ein Wert von 100, wie ihn bestimmte Glühlampen erreichen können. Kompaktleuchstofflampen kommen auf 85, was noch akzeptabel ist. Der Index kann sogar negative Werte annehmen, etwa bei Lampen, die überhaupt keine Farbwiedergabe ermöglichen.

9.3.1 Kunstlicht

Mit Kunstlicht bezeichnet man Licht, das von künstlichen Lichtquellen erzeugt wird. Im fotografischen Sprachgebrauch schließt der Begriff das Blitzlicht nicht mit ein , so dass es drei unterschiedliche Lichtarten gibt: Tageslicht beziehungsweise natürliches Licht – denn auch nachts ist es nie ganz dunkel –, Blitzlicht und Kunstlicht. Im Augenblick befinden wir uns am Ende der Glühlampen-Ära, so dass der überwiegende Teil der vorgefundenen Beleuchtung aus Glühlampen besteht. Das Licht dieser Lampen hat eine Farbtemperatur, die von unter 3 000 K bei relativ schwachen Wattzahlen bis circa 3 400 K bei hellen Halogenleuchten reicht. Es ist also um gute 2 000 K wärmer als Tageslicht. Mit dem Weißabgleich Ihrer Kamera oder dem des RAW-Konverters können Sie das Licht neutral bekommen, da es ein zwar warmes aber doch kontinuierliches Farbspektrum besitzt.

Das ist aber meist nur bei Studioaufnahmen erwünscht, denn der leicht warme Grundton gehört zum Charakter des Kunstlichts und sollte im Foto erhalten bleiben.

Viele Glühlampen werden heute durch Energiesparlampen ersetzt, inzwischen sogar durch gesetzliche Regelungen verstärkt, die den Verkauf von Glühlampen immer weiter ein-

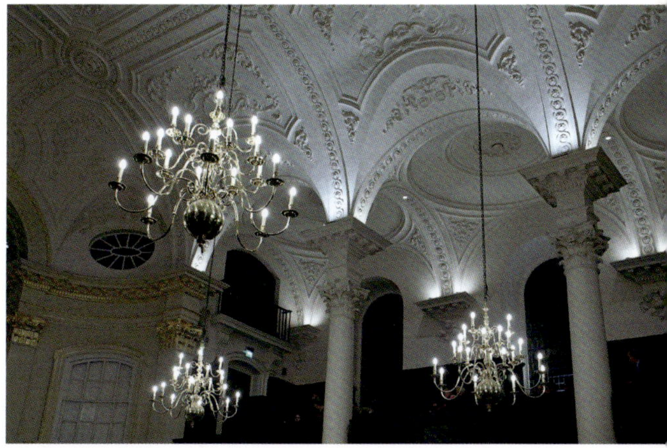

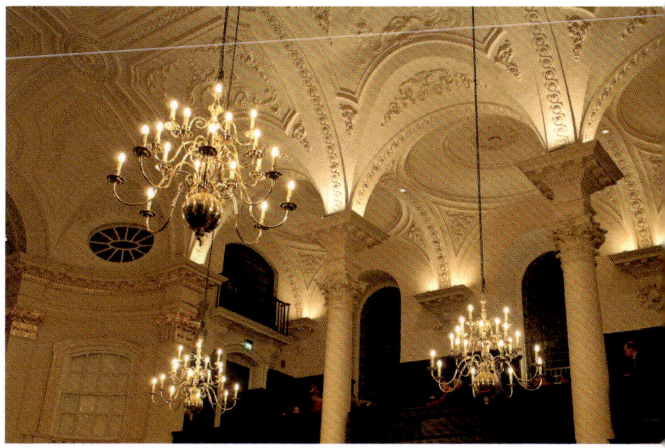

Abbildung 9.20 ▸
Im oberen Bild wird das Kunstlicht durch den Weißabgleich neutral wiedergegeben, das untere mit dem deutlichen Warmton trifft die Atmosphäre der Kirche aber viel besser.
36 mm | f6,3 | 1/80 s | ISO 1600

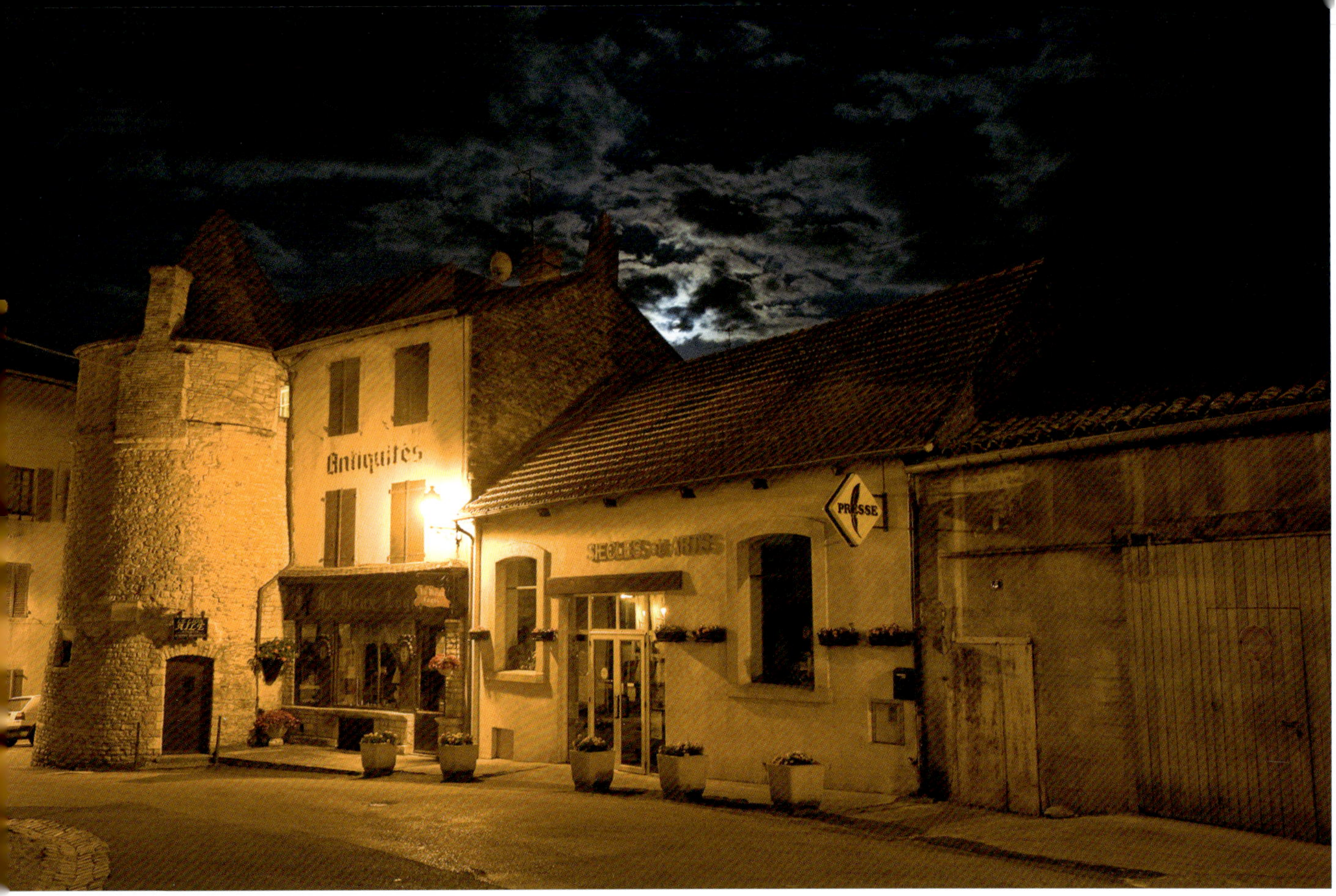

▲ **Abbildung 9.21**
Die Beleuchtung in diesem Bild bleibt mit jedem Weißpunkt orange. Bei Straßenbeleuchtung findet man oft Natriumdampf-Niederdrucklampen. Ihr gesamtes Frequenzspektrum besteht nur aus zwei leicht unterschiedlichen Gelborange-Tönen, es gibt dann keine Farbdifferenzierung mehr.

30 mm | f6,3 | 2 s | ISO 800

schränken. Für den fotografischen Bereich ist das nicht unbedingt ein Vorteil, da die üblichen Kompaktleuchtstofflampen kein kontinuierliches Farbspektrum besitzen und somit bei der Farbwiedergabe nicht besonders genau sein können. In der Architekturfotografie werden Sie mit Energiesparlampen gut leben können, aber wenn Sie kleine Studiosets ausleuchten wollen, sollten Sie andere Leuchtmittel bevorzugen.

9.3.2 Blaue Stunde

Die Zeit zwischen Sonnenuntergang und Einbruch der Dunkelheit oder ihr Gegenstück in der Morgendämmerung bezeichnet man als **Blaue Stunde**. Der fotografisch am besten nutzbare Teil ist leider meist nur circa eine Viertelstunde lang. In dieser Zeit haben der Himmel und die künstliche Beleuchtung ungefähr dieselbe Helligkeit. Der Himmel ist noch hell genug, um die Schatten mit Zeichnung zu versehen, und der Kontrastumfang ist gering genug, um mit einer einzigen Aufnahme alle bildwichtigen Details zu erfassen.

Die Blaue Stunde ist für viel Motive eine ideale Zeit. Der Abend ist oft besser nutzbar, weil die künstliche Beleuchtung vieler Bauwerke oft spätestens gegen Mitternacht abgeschaltet wird. Der reizvolle Kontrast von Himmel und Kunstlicht ist morgens dann nicht gegeben. Ein weiterer Vorteil ist, dass an vielen Orten zu dieser Zeit weniger los ist. Tagestouristen etwa sind dann schon wieder weg, und in den Städten sind – zumindest im Sommer – Büros und Geschäfte geschlossen. Nehmen Sie in jedem Fall ein Stativ mit, denn die Farben werden besser, wenn Sie mit eher niedrigen ISO-Werten fotografieren.

▼ Abbildung 9.22
In der Abenddämmerung hebt sich Mont Saint Michel sehr gut vom tief blauen Himmel ab. Der Farbkontrast erzeugt eine intensive Atmosphäre und lässt das Bild fast dreidimensional wirken.
32 mm | f7,1 | 0,8 s | ISO 500 | Stativ

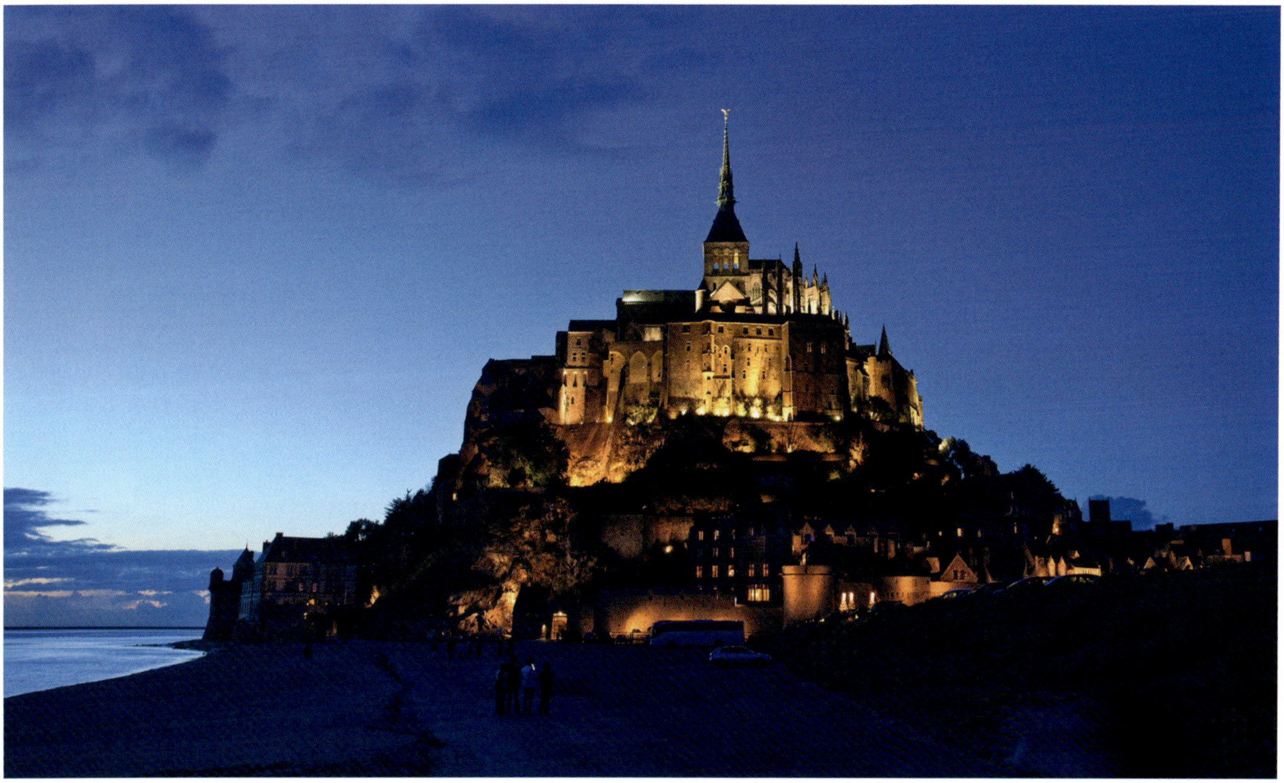

9.3.3 Farbiges Licht

Eine starke Steigerung der Farbwirkung erhalten Sie, wenn bereits das einstrahlende Licht farbig ist. Wenn Sie eine Farbfläche mit Licht der gleichen Farbe bestrahlen, erhalten Sie eine noch klarere Farbe. Häufig so klar, dass die Kamera Schwierigkeiten mit der Wiedergabe bekommt. Gerade bei blauem oder rotem Licht lässt die Helligkeitszeichnung oft nach und die Differenzie-

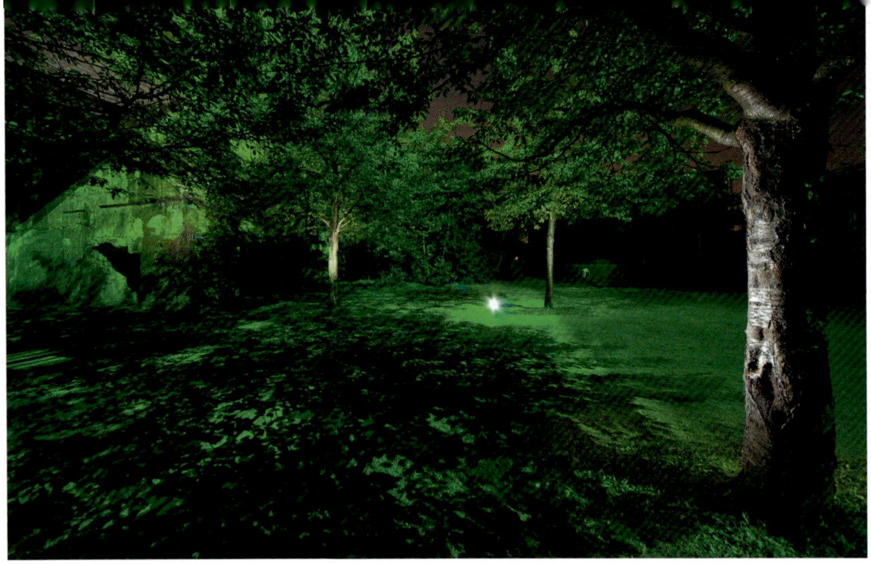

Abbildung 9.23 ▸
Grüne Scheinwerfer auf grünem Laub erzeugen eine extreme Farbigkeit, die sich fotografisch nur schwer wiedergeben lässt. Hier wurde mit einem entfesselten Blitz noch ein wenig weißes Licht gesetzt, um dem Auge etwas Halt zu geben.
12 mm | f10 | 34 s | ISO 800

▾ **Abbildung 9.24**
Tagsüber braun und rostig unter einem blauen Himmel, wird diese Industrieanlage nachts blau beleuchtet und liegt unter einem bräunlichen Großstadthimmel. Das Bild ist fast ein Negativ des Eindrucks, den man bei Tag von dem Motiv erhält.
22 mm | f10 | 20 s | ISO 1 600

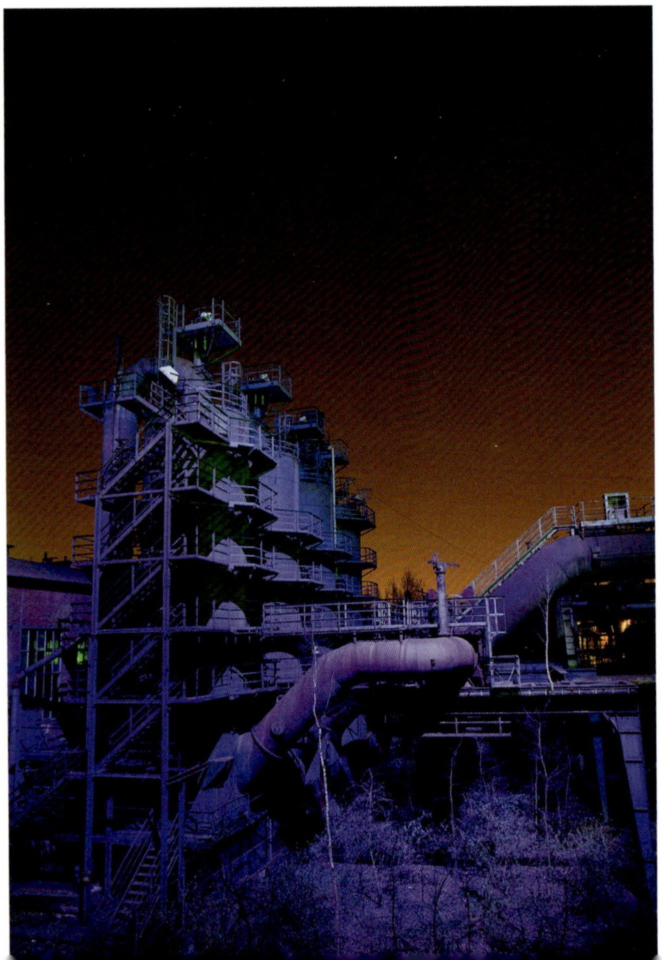

rung in den farbigen Bereichen ist recht gering. Die Farbsättigung ist dann so hoch, dass die Farben zulaufen.

Farbiges Licht verändert Motive extrem – ein wenig ist es so, als würde das farbige Licht die Wirklichkeit filtern. Bei Nacht oder Dämmerung können Sie extreme Bildwirkungen mit entfesselten Blitzen und Farbfilterfolien erreichen (siehe Seite 310).

Selbst wenn Sie Schwarzweiß fotografieren würden, wären die Effekte der farbigen Beleuchtung deutlich zu sehen. Eine gelbe Fläche, die tagsüber sehr hell wiedergegeben wird, erscheint bei Nacht und mit blauem Licht bestrahlt schwarz. Gelb ist eine subtraktive Grundfarbe, die praktisch kein Blau zurückwirft oder durchlässt. Blau ist eine additive Grundfarbe, die kein Rot und Grün enthält (die zusammen einen gelben Farbeindruck erzeugen). In der Kombination dieser beiden Komplementärfarben löscht sich das Licht fast ganz aus, und die Fläche erscheint schwarz – genauso wie auch ein blaues Auto unter einer gelborangenen Natriumdampflampe schwarz aussieht.

9.3.4 Monochrome Bilder

Manche Motive bestehen praktisch nur aus einer einzigen Farbe, allein abgestuft in Helligkeit und Sättigung. Das bewirkt eine Grundharmonie im Bild und lässt die Wirkung der Farbe sehr rein hervortreten. Die Einfarbigkeit des Motivs lässt Spielraum für typografische Elemente oder Logos, die dann umso klarer Hervortreten. Die Gefahr ist, dass solche Bilder langweilig oder nur dekorativ wirken, andererseits liegt in der Beschränkung auch ein eigener Reiz.

Bei monochromen Bildern findet die Kamera oft keinen Anhaltspunkt für die tatsächliche Lichtfarbe und versucht so, gegen die Objektfarbe anzufiltern. Das kann dazu führen, dass die Farben blasser und grauer dargestellt werden, als sie es tatsächlich sind. Ein fester Weißabgleich oder das Fotografieren im RAW-Format helfen dann.

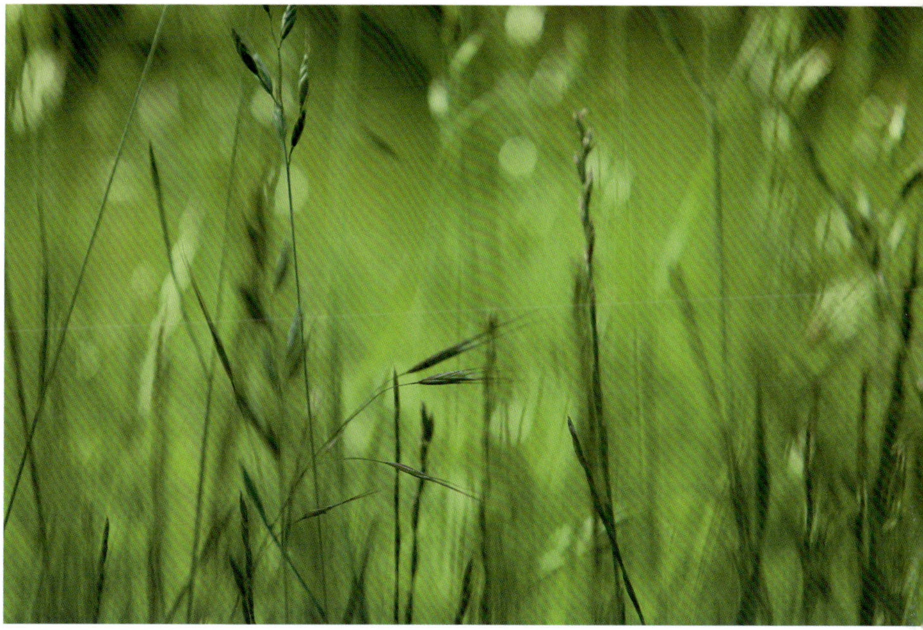

▲ **Abbildung 9.25**
Hier wurde mit einem 200-mm-Teleobjektiv bei Blende 4,0 in eine Sommerwiese fotografiert, das Bild besteht nur aus sehr nah beieinanderliegenden Grüntönen. Es entsteht eine ruhige und fast abstrakte Wirkung.

200 mm | f4,0 | 1/800 s | ISO 100

9.4 Farbkontraste

Die Wirkung einer Farbe hängt auch von dem umliegenden Farben ab. Das geht sogar so weit, dass gleiche Farben als unterschiedlich wahrgenommen werden, wenn Sie von verschiedenen Farben umgeben sind. Die grundlegende Kenntnis der Farbkontrastarten hilft Ihnen bei gestalterischen Entscheidungen.

9.4.1 Kalt-warm-Kontrast

Warme und kühle Farben verstärken sich gegenseitig in der Wirkung. Der Kalt-warm-Kontrast kann den räumlichen Eindruck verstärken, wenn die warmen Farben den Vordergrund dominieren. Das liegt zum einen an der Luftperspektive, die dafür sorgt, dass weiter entfernte Teile einer Landschaft durch die Lichtstreuung in der Luft (Rayleigh-Streuung) immer mehr verblauen, zum anderen am Auge selbst, das langwelliges Licht mit größerer räumlicher Nähe assoziiert. Der Kalt-warm-Kontrast kann auch einen relativen Farbkontrast beschreiben, und so bilden selbst zwei kühle Farben einen leichten Kalt-warm-Kontrast, wenn die eine als etwas wärmer wahrgenommen wird.

Abbildung 9.26 ►
Der Farbkontrast betont den Temperaturkontrast zwischen den Flammen und dem Schnee auf den Bergen. Das Bild wurde gegen Mitternacht zur Sommersonnenwende in Nordnorwegen aufgenommen. Dass die Abendwolken die Farbe des Feuers wieder aufnehmen, rundet die Farbkomposition ab.

140 mm | f5,0 | 1/400 s | ISO 320

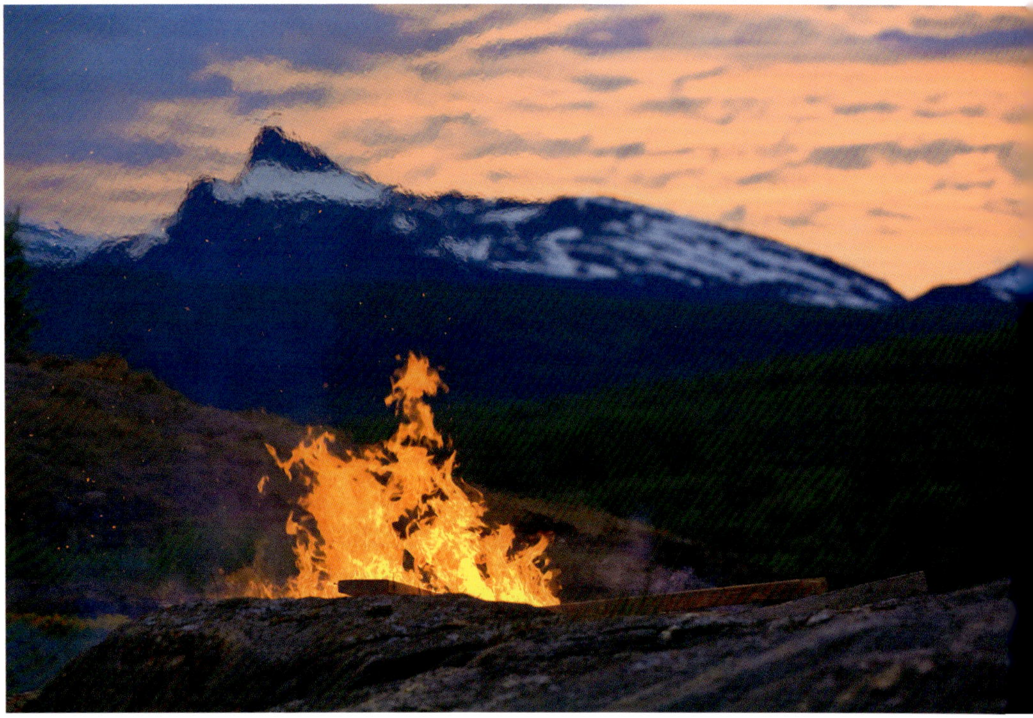

9.4.2 Komplementärkontrast

Komplementärfarben sind zwei Farben, die in der Mischung ein Grau ergeben, weil die eine als exakte Gegenfarbe die zweite Farbe aufheben kann. In der Schule haben Sie vielleicht folgende Paare als komplementär erlernt: Blau–Orange, Gelb–Violett, Rot–Grün. Das ist für die künstlerisch-gestalterische Arbeit sicher tauglich, führt in vielen Bereichen der Fotografie, wie etwa bei der Entfernung von Farbstichen, aber in die Irre.

Wenn Sie sich den Farbkreis ansehen, werden Sie feststellen, dass sich vielmehr andere Farbenpaare direkt gegenüberstehen und somit komplementär sind, nämlich Rot–Cyan, Grün–Magenta und Blau–Gelb.

Damit aus einem Komplementärkontrast ein harmonischer Komplementärkontrast wird, muss das optische Gewicht der Farben ausgeglichen sein. Das bedeutet, dass die visuell intensivere Farbe einen entsprechend kleineren Teil der Bildfläche einnimmt. Gelb ist deutlich intensiver als Blau, und so wirkt ein Bild dann harmonisch, wenn der gelbe Bereich weniger als ein Viertel der Fläche einnimmt. Das genaue Mengenverhältnis hängt auch von der Sättigung der beteiligten Farben ab. Je weniger gesättigt die Farbe ist, desto mehr Platz benötigt sie, um gegen die buntere Farbe anzukommen.

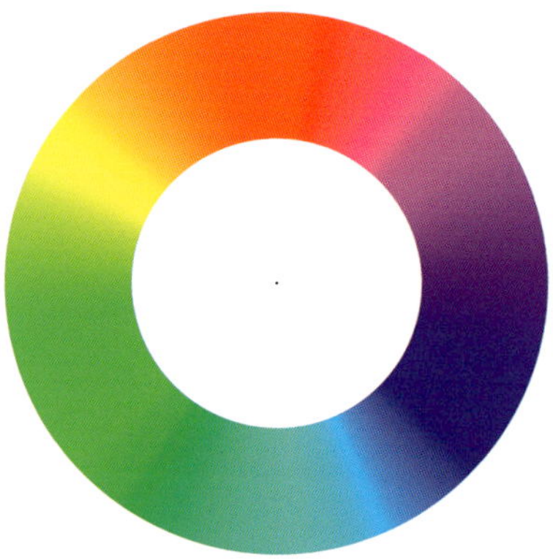

▲ **Abbildung 9.27**
Jedes Farbenpaar, das sich im Farbkreis genau gegenüberliegt, ist komplementär. Die eine Farbe ist das Negativ der jeweils anderen.

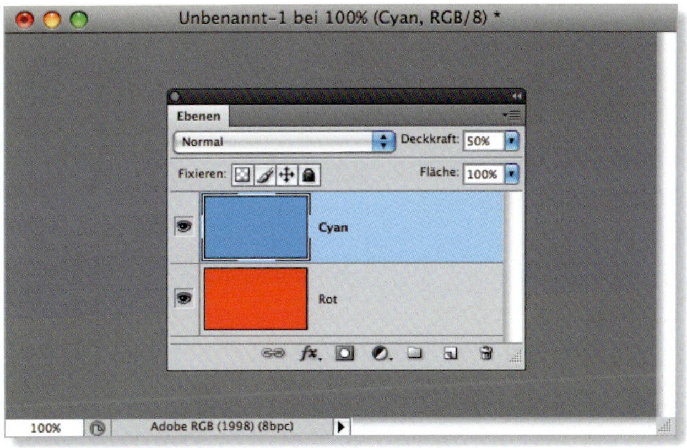

▲ Abbildung 9.28
Hier wurden in Photoshop zwei Ebenen übereinandergelegt: die eine mit einem Farbauftrag von 50% Cyan und die andere mit 50% Rot. Die Farben heben sich komplett auf, und im Bild bleibt ein neutrales Grau übrig.

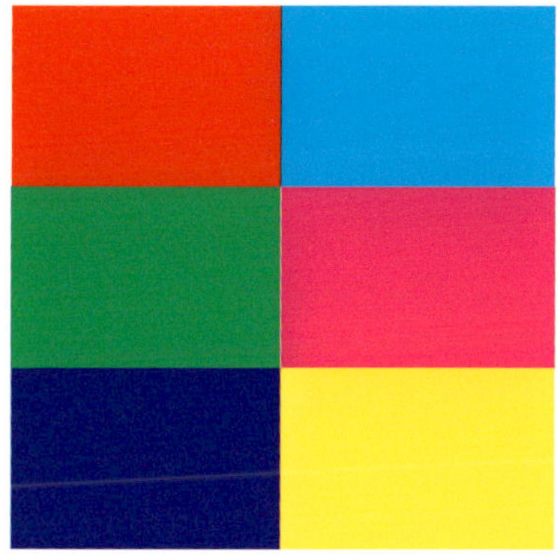

▲ Abbildung 9.29
Die Komplementärfarben, mit denen Sie in der Digitalfotografie arbeiten, sind: Rot–Cyan, Grün–Magenta und Blau–Gelb. Das sind nicht zufällig auch die Grundfarben der additiven (RGB) und subtraktiven (CMYK) Farbmischung.

▼ Abbildung 9.30
Der Komplementärkontrast von Gelb und Blau wirkt harmonischer, wenn Gelb den deutlich kleineren Teil der Bildfläche einnimmt.

32 mm | f9,0 | 1/1000 s | ISO 250

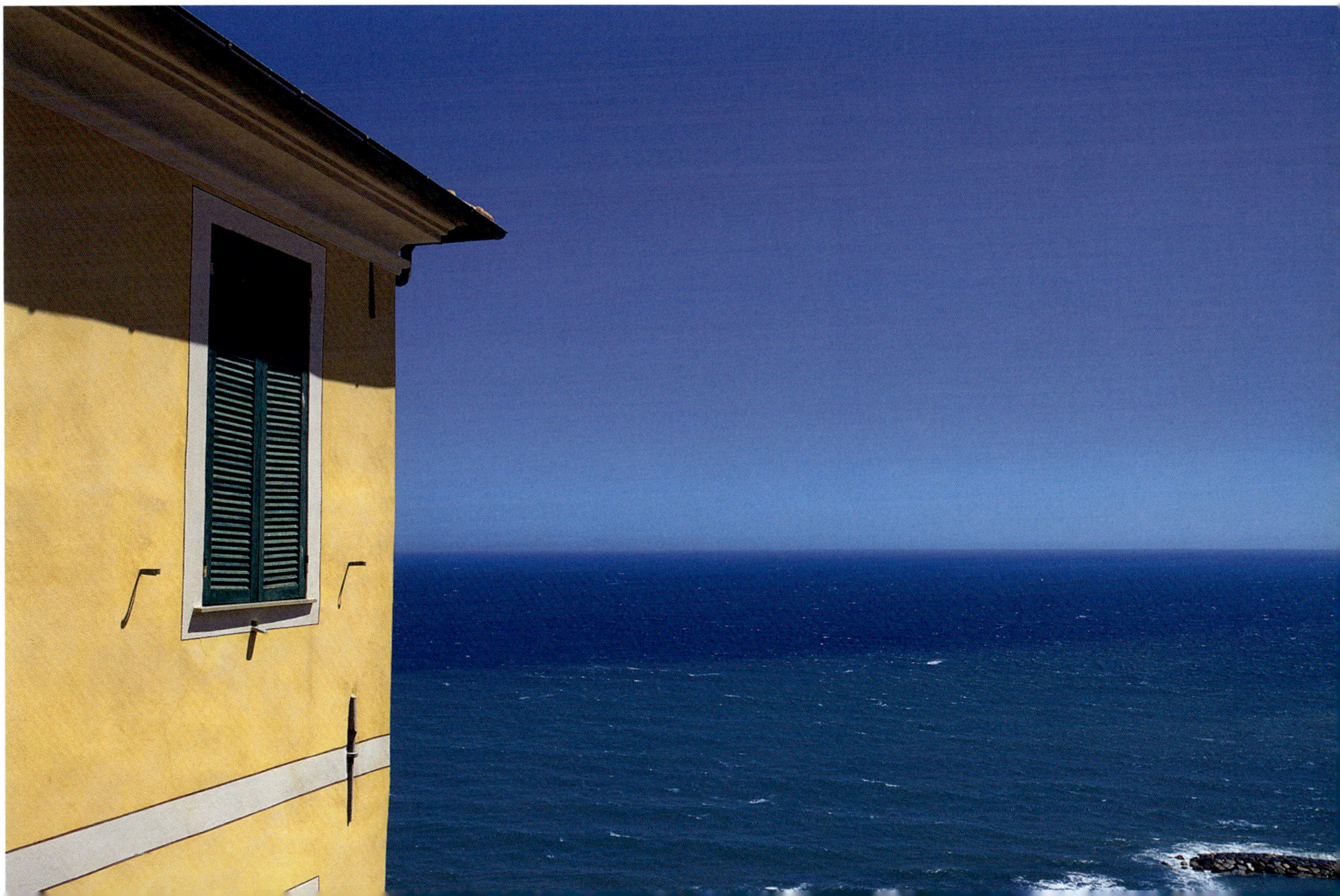

9.4.3 Quantitäts- und Qualitätskontrast

Wenn sich die Bildelemente in der Farbsättigung stark unterscheiden, spricht man von einem Qualitätskontrast. Sehr bunte Bereiche treffen dann auf wenig gesättigte Flächen, was die Farbwirkung weiter verstärkt. Im Beispielbild findet sich auch ein Quantitäts- oder Mengenkontrast. Die gelben Flächen sind viel kleiner als der gräuliche Hintergrund. Die violetten Augen der Fische bilden einen zweiten Mengenkontrast zum gelben Körper.

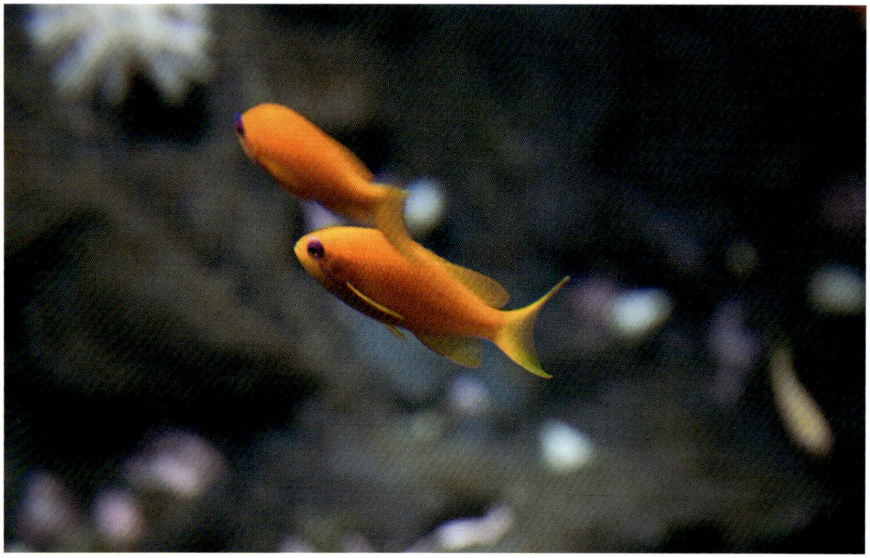

Abbildung 9.31 ▸
In einem komplett bunten Bild würden die Fische nicht so hervorstechen wie vor diesem eher neutralen Hintergrund. Der Qualitätskontrast der Farbe ist hier bildbestimmend.

135 mm | f5,6 | 1/100 s | ISO 1600

9.4.4 Simultankontrast

Es gibt zwei Arten des Simultankontrasts, eine zeitliche und eine räumliche. Wenn Sie eine Weile mit unbewegtem Auge auf eine stark farbige Fläche schauen und danach auf eine neutrale Fläche, dann erscheint der Teil Ihres Sichtfeldes, der vorher die Farbfläche betrachtete, in der Komplementärfarbe.

Diesen zeitlichen Simultankontrast können Sie bei der Erstellung einer Diashow verwenden, um den Farbeindruck zu verstärken.

Der räumliche Simultankontrast besagt, dass eine Farbfläche in ihrer Erscheinung von der umliegenden Farbe und Helligkeit beeinflusst wird. Auf dunklen Flächen erscheinen Farben heller, auf starken Farben tendieren sie zur Komplementärfarbe. Das Auge verstärkt Unterschiede. Diesen Effekt können Sie zur Betonung von Motivdetails verwenden oder um die generelle Wirkung einer Farbkomposition zu verstärken.

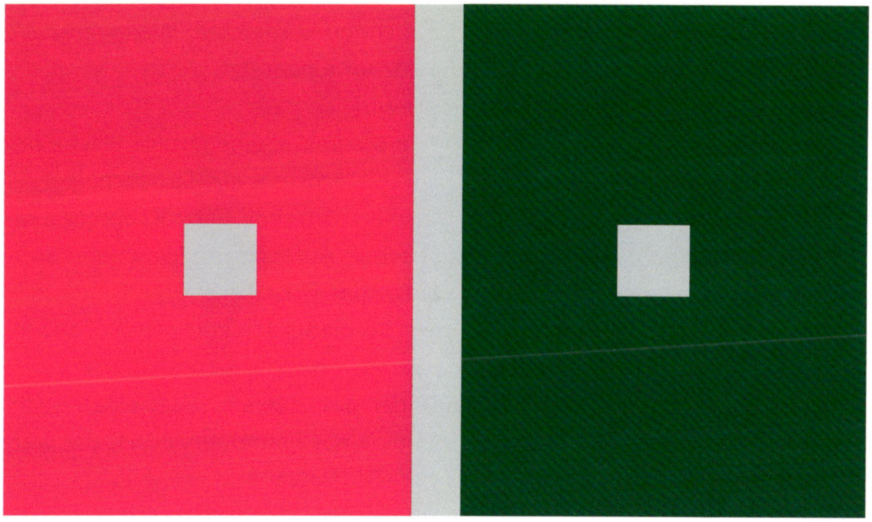

◂ **Abbildung 9.32**
Die Grauwerte in diesem Bild sind identisch, trotzdem erscheinen sie dem Auge unterschiedlich. Der Effekt verstärkt sich, wenn Sie das Bild länger mit unbewegten Augen anschauen.

9.5 Farbstiche

Ein Farbstich ist ein Zuviel von einer bestimmten Farbe. Der Farbstich zieht sich durch das ganze Bild. Das Bild wirkt, als würde man es durch ein leichtes Farbfilter betrachten. Bei der Bezeichnung eines Farbstichs verwendet man meist nur die sechs Grundfarben Rot, Grün, Blau und Cyan, Magenta, Gelb.

9.5.1 Entstehung von Farbstichen

Farbstiche entstehen aufgrund verschiedener Einflüsse:

- Der häufigste Grund für einen Farbstich ist ein fehlerhafter Weißabgleich in der Kamera. Oft kann die Kamera auch Lichtfarbe und Objektfarbe nicht auseinanderhalten und korrigiert so gegen die vorherrschende Objektfarbe. Auf einem roten Untergrund zum Beispiel ergibt sich so ein Cyan-Stich.

▾ **Abbildung 9.33**
Von links nach rechts: Original, Magentastich, Rotstich, Gelbstich, Grünstich, Cyanstich, Blaustich

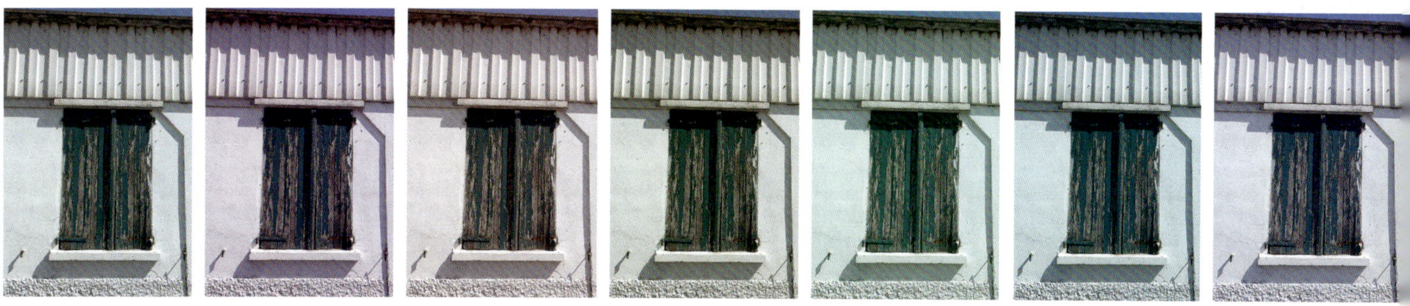

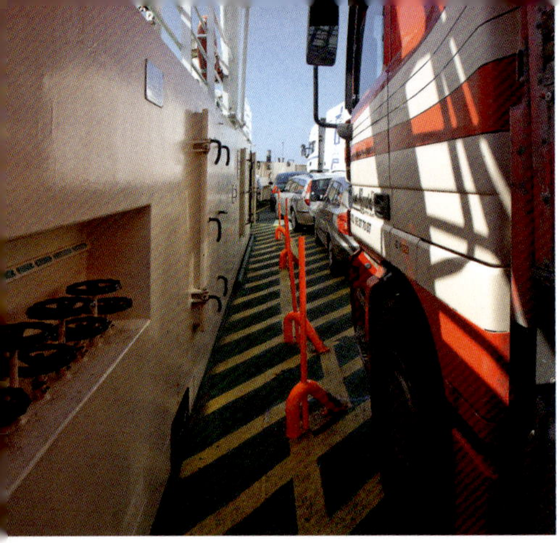

▲ **Abbildung 9.34**
Die weiße Wand links erscheint rötlich, weil der rote LKW rechts diffus einreflektiert. Jede Gegenstandsfarbe verändert das Licht in seinem Umfeld.

Manueller Weißabgleich
In schwierigen Lichtsituationen können Sie Ihrer Kamera beim Weißabgleich helfen. Fotografieren Sie dazu eine neutrale Fläche, die vom gleichen Licht beschienen wird wie Ihr Motiv. Das kann eine Graukarte sein, aber auch eine weiße Wand oder ein Blatt Papier. Wählen Sie aus dem Kameramenü die Einstellungen für den manuellen Weißabgleich, den Sie bei Canon zum Beispiel unter CUSTOM WB finden. Dann können Sie durch Ihre Aufnahmen im Kameradisplay gehen und eine davon als Referenzbild auswählen. Bestätigen Sie die Auswahl und setzen Sie dann die Weißpunkteinstellung auf CUSTOM WB beziehungsweise auf dieses Symbol: 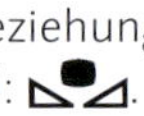.

- Die Beleuchtung ist von der Kamera nicht zu korrigieren: Wenn spezielle Lampen mit diskontinuierlichem Spektrum eingesetzt werden, kann die Kamera keinen Weißpunkt finden, der wirklich passt.
- Eine große Farbfläche reflektiert: Wenn die Sonne eine farbige Fläche beleuchtet und diese auf das Motiv abstrahlt, entsteht ein Farbstich.
- Blitze können einen Farbstich verursachen. Alternde Blitzröhren etwa erzeugen einen Gelbstich und mit optischen Aufhellern gewaschene Softbox-Diffusoren einen Blaustich. Solange der Blitz die einzige Lichtquelle ist, lässt sich das über einen manuellen Weißabgleich korrigieren. Schwierig wird es bei mehreren Blitzen, die farblich nicht zusammenpassen.
- Die Farbabstimmung des Objektivs oder des Filters erzeugt einen Stich. Ich habe zum Beispiel ein Zoomobjektiv eines Fremdherstellers, das wärmere Bilder erzeugt, als meine anderen Objektive.
- Falsche Farbprofile oder absichtliche Farbveränderungen auf der Softwareseite erzeugen veränderte Farben. Es gibt Amateurkameras, die wärmer abgestimmt sind, um angenehmere Porträts zu erzeugen. Eine falsche Einstellung des Kameraprofils kann farblich praktisch jeden beliebigen Effekt erzeugen, es kommt aber eher selten vor, dass man eine Konfiguration vorfindet, bei der man aktiv eingreifen muss. Bei Scannersoftware ist das allerdings ein recht häufiges Problem.
- Wetterphänomene können zu farbstichigen Bildern führen: Ein Sandsturm färbt den Himmel rot, dichte Wolken färben ihn blau. Gerade bei stark bedecktem Himmel werden Fotos oft zu blau und zu wenig gesättigt.

Bedenken Sie, dass nicht jeder Farbstich ein Fehler ist; oft ist es gerade der Farbstich, der die Stimmung des Bildes trägt. Farbneutralität würde das Bild dann langweilig machen.

9.5.2 Farbstiche vermeiden

In den meisten Alltagssituationen liefert eine DSLR mit automatischem Weißabgleich gute Ergebnisse. In speziellen Lichtsituationen oder wenn besondere Genauigkeit gefragt ist (zum Beispiel bei Produktfotos), ergibt ein manueller Weißabgleich Sinn (siehe Randnotiz links). Sollten Sie aber vor Ort Mühe haben, die Kamera auf die Lichtsituation einzustellen, oder wenn gar keine Zeit dafür bleibt, dann fotografieren Sie im RAW-Format. So können Sie später am Computer ohne Qualitätsverluste die perfekte Farbabstimmung durchführen und haben Ihren Kopf während der Aufnahmen für andere Dinge frei. Achten Sie aber auch vor Ort darauf, ob Sie die Ursachen einen Farbstichs – sofern er überhaupt stört – beheben können. Reflektiert etwas, das Sie wegstellen können? Stört ein Vorhang vor dem Fenster? Sollten Sie Teile der Beleuchtung lieber ausschalten?

9.5.3 Farbstiche beseitigen

Da ein Farbstich sich durch alle Helligkeitsbereiche zieht, kann er in der Bildbearbeitung oft automatisch entfernt werden (siehe auch Kapitel 12, »Bildbearbeitung«). Da die Bildautomatiken von Photoshop oder anderen Programmen aber dabei manchmal auch Farbstimmungen beseitigen, die man gerne behalten hätte, führt eine manuelle Korrektur oft zu besseren Ergebnissen. Entweder können Sie dazu Pipettenwerkzeuge verwenden, mit denen Sie auf einen Bildbereich klicken, der später neutral sein soll (das heißt rein grau), oder Sie geben in der Farbbalance einfach etwas von der jeweiligen Komplementärfarbe hinzu.

Wenn das Bild also einen Blaustich hat, erhöhen Sie den Gelbanteil in der Farbbalance. Wenn das Bild rotstichig ist, ziehen Sie es etwas mehr nach Cyan. Wie das in der Praxis genau funktioniert, können Sie auf Seite 547 in Kapitel 12, »Bildbearbeitung«, erfahren.

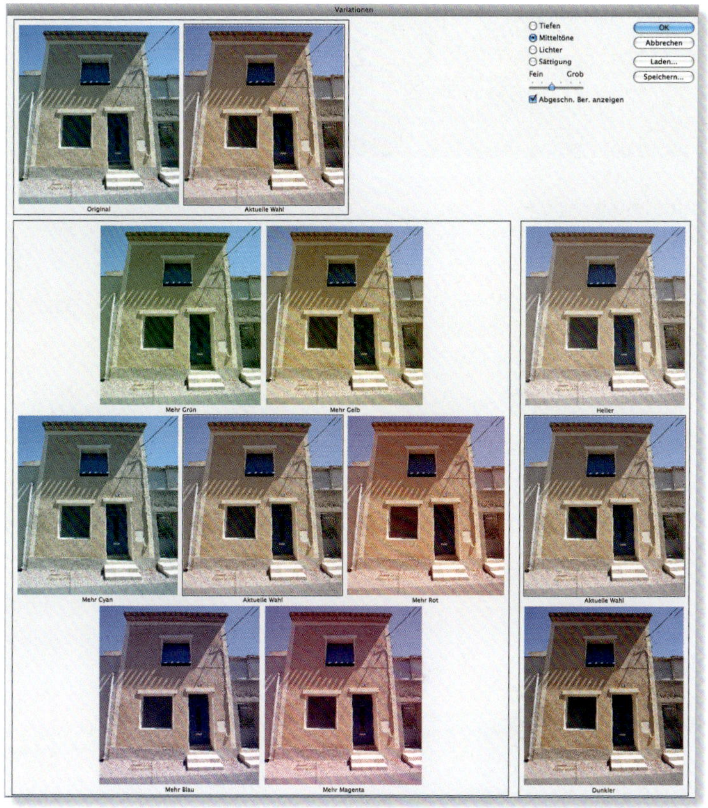

▲ **Abbildung 9.35**
Die VARIATIONEN in Photoshop sind ein anfängertaugliches Werkzeug für die Farbstichbeseitigung. In Photoshop CS5 ist es nicht mehr vorhanden, wohl auch, weil es nicht mit 16-Bit-Bildern zurechtkam und es für den Profi bessere Werkzeuge gibt, zum Beispiel die FARBBALANCE.

9.5.4 Farbstiche benutzen

Ein Farbstich stört, weil er die Stimmung eines Bildes verändert oder vermindert. So wirkt ein Bild von einem Tag am Meer vielleicht kalt und grau, nur weil die Farbtemperatur zu kühl abgestimmt ist und die Belichtung etwas zu knapp geraten ist. Mit Ihren angenehmen Erinnerungen hat das wenig zu tun. Genauso können Sie die mögliche Stimmungsveränderung durch einen Farbstich aber zu Ihrem gestalterischen Vorteil verwenden.

Ein Bild leicht einzufärben ist zwar ein häufiges Stilmittel, im Zweifel sollten Sie aber eine natürliche Darstellung bevorzugen, alles andere muss sehr gut zum Motiv passen, um sich nicht schnell zu verbrauchen und dann künstlich und gewollt zu wirken.

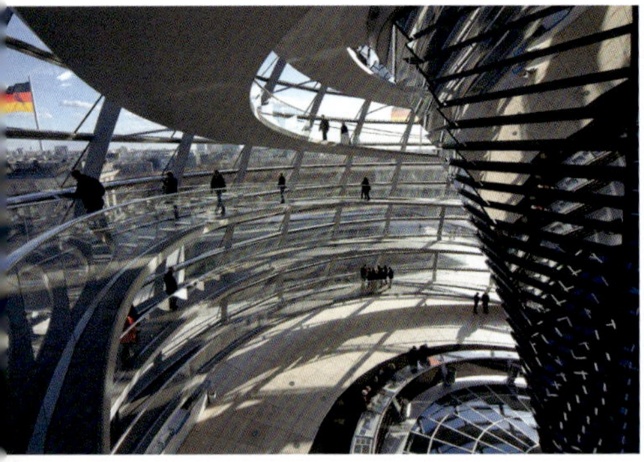

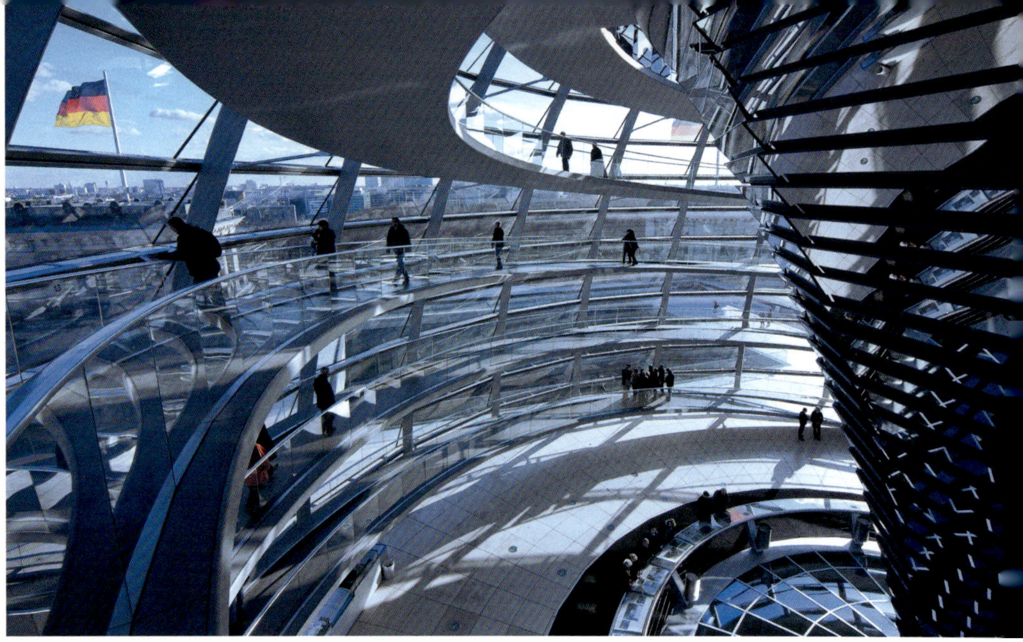

Abbildung 9.36 ▸
Die Aufnahme der Reichstagskuppel wurde leicht cyan eingefärbt, um eine moderne, frische Anmutung zu erzeugen. Das Original mit flacher Wintersonne ist eher warm (oben).
14 mm | f13 | 1/160 s | ISO 250

9.6 Farbmanagement

Stellen Sie sich vor, Sie müssten jemandem am Telefon einen bestimmten Blauton so genau beschreiben, dass derjenige den Farbton so reproduzieren kann, dass das Auge keinen Unterschied bemerkt. Das Problem ist vergleichbar mit dem, eine Bilddatei so weiterzugeben, dass Sie exakt so gedruckt werden kann, wie sie die Farben bearbeitet haben.

9.6.1 Wie lässt sich Farbe standardisieren?

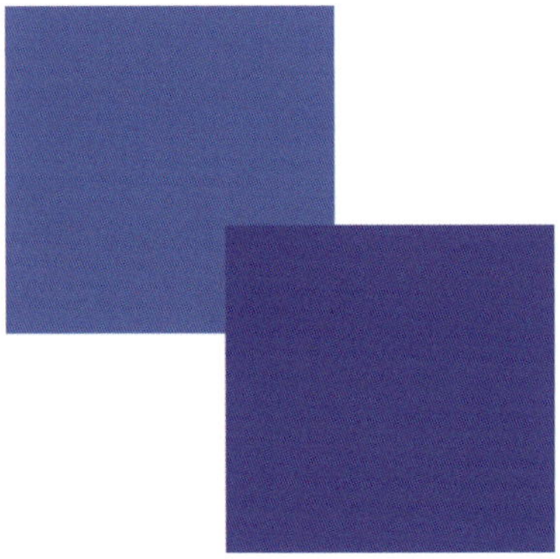

▴ Abbildung 9.37
Der Farbwert R:60, G:80, B:220, einmal in ECI-RGB (oben) und in Adobe RGB (unten). Nicht nur die Farbe ist unterschiedlich, sondern auch der Helligkeitswert.

Der erste Versuch, einfach RGB-Werte weiterzugeben, schlägt fehl, denn es gibt nicht nur einen einzigen RGB-Farbraum, sondern sehr viele unterschiedliche. So arbeiten Sie vielleicht mit dem Adobe-RGB-Farbraum und ein Blauton von R = 60, G = 80, B = 220 sieht bei Ihnen dunkler und violetter aus als bei Ihrem Telefonpartner, der ECI-RGB verwendet. Hinzu kommt, dass Ihr Gegenüber einen anderen Bildschirm und einen anderen Drucker verwendet, die Ihren Geräten in der Farbdarstellung nicht ganz gleichen. Es können leider nicht alle im selben, perfekten Farbraum arbeiten, weil jeder Drucker, jeder Bildschirm einen eigenen Farbraum hat, deswegen muss es eine übergreifende Lösung geben.

Das Problem ist erfreulicherweise bereits gelöst und diese Lösung heißt Farbmanagement. Farbmanagement ist ein System für die eindeutige Weitergabe und Ausgabe von Farbinformation. Sie benutzen es fast unbemerkt täglich, weil Ihre Kamera, Ihr Computer und Ihr Drucker nach diesem Prinzip die Farben kommunizieren. Und Sie können es aktiv und bewusst verwenden, um die Farbkommunikation noch weiter zu verbessern.

Wie kann Ihr Gesprächspartner nun wissen, welches Blau in Ihrem Farbraum denselben Farbton wie in seinem hat? Und wie können Sie Farben mitteilen, die im anderen Farbraum gar nicht enthalten sind? Sie benötigen dafür einen weltweit genormten Farbraum, der alle Farben enthält, die das menschliche Auge sehen kann. Die französische Normungsbehörde CIE hat diesen Farbraum bereits 1931 durch Untersuchungen mit Hilfe tausender Menschen erfasst. 1976 ist dieser Farbraum verbessert worden und wurde zum heute gebräuchlichen Lab-Farbraum (manchmal auch L*a*b* geschrieben). Nun können Sie den Adobe-RGB-Wert in Lab umwandeln, den Lab-Wert mitteilen und der Partner am Telefon wandelt ihn in seinen ECI-RGB-Farbraum um. Er erhält dann mit R:56, G:49, B:211 dieselbe Farbe in seinem Farbraum, die R:80, G:80, B:220 in Ihrem Farbraum darstellt.

Auch Photoshop führt seine Farbumwandlungen nach diesem Prinzip aus, allerdings für Millionen von Farben eines Bildes und ohne für jeden Lab-Wert bei Ihnen anzurufen. Stattdessen kann es die Übersetzung der Farbwerte in Lab in einem Dateianhängsel nachschlagen, das sich Farbprofil oder auch ICC-Profil nennt.

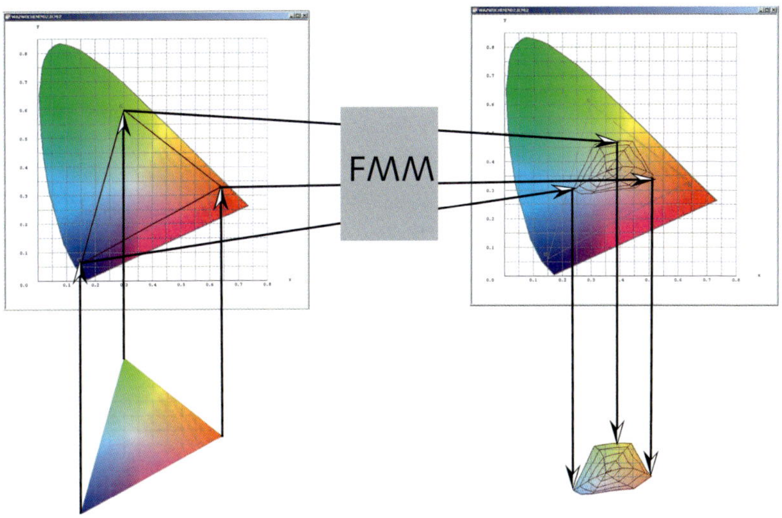

▲ **Abbildung 9.39**
Der RGB-Farbraum links lässt sich mit Hilfe des Farbprofils im Lab-Farbraum abbilden. Das Farbmanagement-Modul (FMM) staucht die Farben so, dass Sie in den viel kleineren Farbraum des Zeitungsdrucks (rechts) passen. Dieser wird dann in CMYK umgesetzt. Trotz großer Farbraumunterschiede wird so eine bestmögliche Farbqualität und Genauigkeit erhalten.

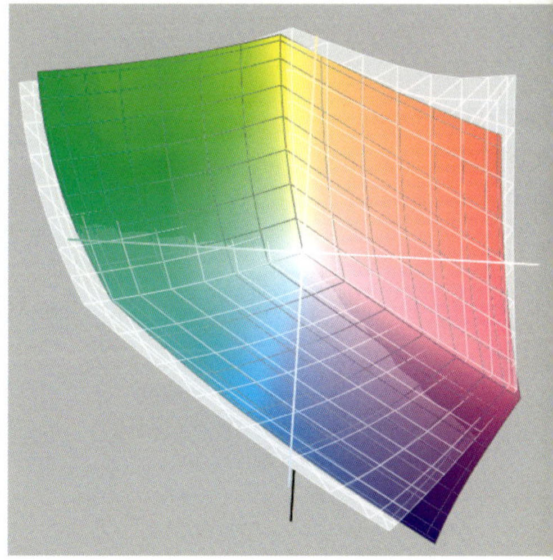

▲ **Abbildung 9.38**
Der Farbraum Adobe RGB (bunt) hat nicht nur im Blaubereich einen anderen Eckpunkt als ECI-RGB (grau). Die Farbe R:0,G:0, B:255, welche das reinste Blau beschreibt, ist also in beiden Farbräumen unterschiedlich.

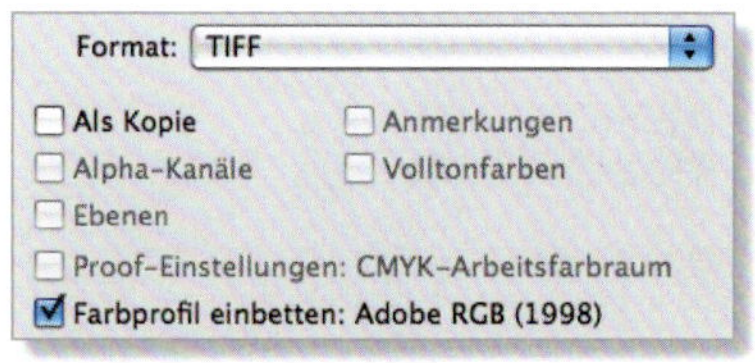

▲ **Abbildung 9.40**
Das Häkchen vor FARBPROFIL EINBETTEN sollte beim Speichern in Photoshop immer gesetzt sein. Nur so ist gesichert, dass die Farben später bei Ihnen oder jemand anderem korrekt wiedergegeben werden können. Ansonsten müssten Sie beim erneuten Öffnen herumrätseln, in welchem Farbraum gearbeitet wurde.

9.6.2 Bildschirmkalibration

Auf der theoretischen Ebene funktioniert die Farbübertragung jetzt, leider sieht Ihr Gegenüber trotzdem etwas anderes auf seinem Bildschirm. Denn er verwendet einen anderen Monitor und hat ihn obendrein anders eingestellt. Die Lösung heißt hier Bildschirmkalibration, aber leider braucht man dazu ein zusätzliches Messgerät und Software. Das Prinzip ist einfach: Der Computer erzeugt eine Reihe von Farben über den kompletten darstellbaren Bereich. Das Messgerät misst, wie der Monitor diese Farben umsetzt und schickt die Werte über USB wieder in den Computer. Dieser vergleicht Soll und Ist und berechnet aus den Abweichungen eine Korrekturtabelle, aus der er ein Farbprofil für den Monitor erzeugt. Das Farbprofil wird dem Monitor im Betriebssystem zugewiesen, und jede Farbe, die an den Monitor gesendet wird, wird nun so umgerechnet, dass der Soll-Wert auf dem Bildschirm erscheint. Beispielsweise ist ein Blauton auf dem Monitor zu violett und zu dunkel. Das Profil rechnet nun den Farbwert heller und mehr ins Grünliche, so dass der Monitor mit dem umgerechneten Farbwert die exakte Sollfarbe treffen kann.

Wenn Sie auch den Druck kalibrieren möchten, können Sie über eine Anschaffung eines Softwarepakets mit einem Spektralfotometer nachdenken (siehe unten). Bildschirmkalibrationssysteme bekommen Sie für 100–300 €, die teureren Spektralfotometer können die Aufgabe oft mit übernehmen. Die Bildschirmkalibration ist auch für den fortgeschrittenen Amateur interessant und eigentlich der wichtigste Punkt neben der korrekten Verwendung von Farbprofilen.

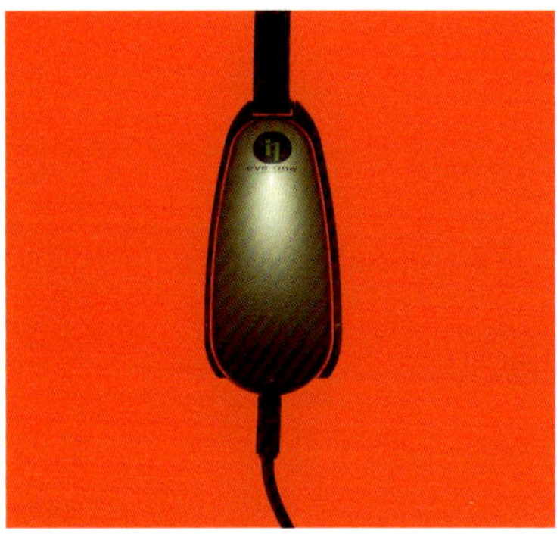

▲ Abbildung 9.41
Ein Farbmessgerät auf einem Monitor. Bildschirmkalibration gibt Ihnen die nötige Gewissheit, wenn Sie feine Farbkorrekturen ausführen wollen oder eine größere Ergebnissicherheit benötigen.

9.6.3 Praxis der Bildschirmkalibration

Monitorkalibrationssysteme bestehen aus einem Messgerät und einer Software. Die Software läuft meist Schritt für Schritt gut erklärt ab, so dass zum eigentlichen Vorgang hier nicht viel erläutert werden muss. Sie haben allerdings einige Entscheidungen zu treffen, für die hier das nötige Hintergrundwissen vermittelt werden soll.

Es gibt bei den Messgeräten zwei unterschiedliche Bauformen: Colorimeter und Spektralfotometer. Ein Colorimeter hat ein paar Messzellen eingebaut, die die Helligkeit bestimmter Farbbereiche ermitteln. Ein Spektralfotometer misst über ein Filterrad die Helligkeit in (zum Beispiel) 10-nm-Abschnitten des Farbspektrums und kommt so auf 40 Farbbereiche anstelle von meist 3–7 bei einem Colorimeter. Trotzdem kann ein Colorimeter genauso gute Ergebnisse liefern, wenn es nicht zu den veralteten Geräten gehört, mit denen man nur einen Röhrenmonitor ausmessen kann. TFT-Displays haben Grundfarben, die nur einen engen spektralen Bereich abdecken, deswegen sollte das Messgerät an diese Anforderung angepasst sein. Spektralfotometer werden Sie hauptsächlich dann wählen, wenn Sie auch Drucke ausmessen wollen.

Schließen Sie das Messgerät am besten über einen USB-Port direkt an den Rechner an (manche Geräte bekommen nicht genügend Strom, wenn Sie an ein USB-Hub angeschlossen werden). Benutzen Sie das Gegengewicht und neigen Sie den Monitor ein wenig nach hinten, damit das Messgerät leicht aber lückenlos auf dem Display aufliegt. Der eventuell mitgelieferte Saugnapf ist nur für Röhrenmonitore und könnte Ihren Flachbildschirm beschädigen.

Stellen Sie sicher, dass keine andere Kalibrationslösung aktiv ist. Wenn Sie an Ihrem eigenen Rechner sitzen und vorher den Monitor noch nicht kalibriert haben, ist das ohnehin klar. An anderen Rechnern sollten Sie in die Autostart-Programme schauen, ob dort etwas zur Farbanpassung des Bildschirms versteckt ist.

Starten Sie die Software, und nehmen Sie die Grundeinstellungen vor. Sie müssen einen Gammawert, eine Farbtemperatur und eine Helligkeit vorwählen, die im Folgenden erläutert werden:

Gamma | Der Gammawert regelt, wo das mittlere Grau im Tonwertumfang liegt. Je höher der Gamma-Wert ist, desto mehr Tonwerte liegen im Schattenbereich. Ein Bild ohne eine Gamma-Anpassung würde uns viel zu hell vorkommen ❶.

Den Schatten muss also in den Tonwerten des Bildes mehr Gewicht eingeräumt werden, und so setzen wir den Gamma-Wert auf 1,8 und erhalten ein Ergebnis wie in Bild ❷.

Ein Gammawert von 1,8 wird in der Druckvorstufe gerne verwendet, weil er der tatsächlichen Tonwertverteilung im Druck recht gut entspricht. Wenn Sie also einen sogenannten Abmusterungsplatz in einer Druckerei einrichten wollen, in dem Drucke unter Normlicht mit dem Monitor in einer ansonsten abgedunkelten Umgebung verglichen werden, ist ein Gamma-Wert von 1,8 (und eine Farbtemperatur von 5000 K) ideal. Ansonsten nehmen Sie besser ein Gamma von 2,2, das die Schatten etwas mehr betont und der tatsächlichen Wahrnehmung des Auges am nächsten kommt. Sie bekommen dann ein noch knackigeres Ergebnis ❸.

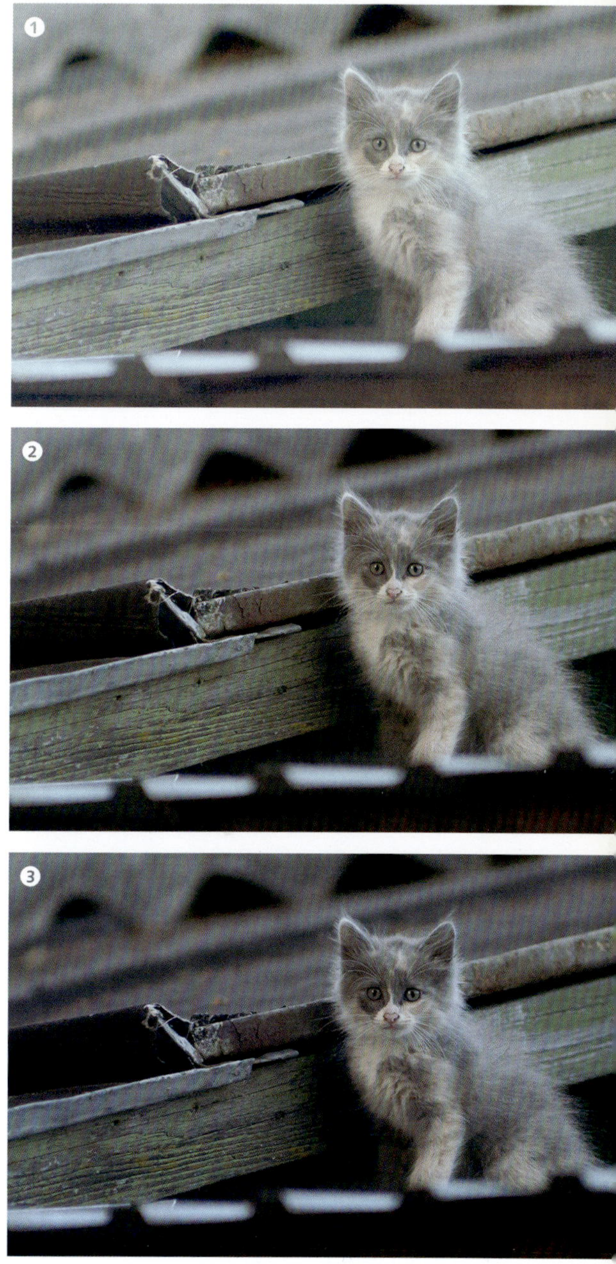

▲ **Abbildung 9.42**
Je höher das Gamma, desto mehr Tonwerte werden den Schatten zugeordnet und desto dunkler erscheint das Bild.

Bei einigen Programmen könne Sie auch L* (gesprochen L-star) als Helligkeitsverteilung wählen, das ist die genaue Kurve der Helligkeitswahrnehmung des menschlichen Auges, und somit noch ein bisschen exakter als ein Gamma-Wert von 2,2. Falls Sie diese Möglichkeit haben, wählen Sie ruhig L*.

Farbtemperatur | Sie regelt, wie warm oder kühl die Farbabstimmung wirkt. Ziel ist, dass der Monitor an sich völlig neutral erscheint. Manche Programme haben lediglich 5000 K oder 6500 K zur Auswahl. Wenn Sie nicht gerade einen Abmusterungsplatz im dunklen Raum einrichten, dann ist 6500 K die bessere Wahl, denn 5000 K wirken in einer Tageslichtumgebung bräunlich. Mir persönlich ist 6500 K zu kühl, und ich würde empfehlen, eher 5800–6000 K einzustellen. Bei manchen Monitoren sollten Sie hier die Einstellung NATIV wählen, die dann einfach den Kelvin-Wert der Hintergrundbeleuchtung des Monitors übernimmt. Das sollten Sie aber erst dann versuchen, falls die erste Kalibration ungenügende Ergebnisse geliefert hat. Bei einem nativen Weißpunkt muss der Monitor weniger stark gegenfiltern und »verbiegen«. Bei schlecht kalibrierbaren Monitoren sind die Ergebnisse dann oft besser.

Helligkeit | Die Helligkeit des Abmusterungsplatzes sollte derjenigen des Vergleichsplatzes mit dem Normlicht entsprechen, das heißt, Weiß ist auf dem Monitor und unter dem Leuchtkasten gleich hell. Die meisten Fotografen arbeiten aber in einem Raum mit wechselnden Lichtverhältnissen. Diese sollten nicht extrem sein, denn wenn die Sonne auf den Monitor scheint, ist Bildbearbeitung nicht sinnvoll möglich. Ich empfehle, die Helligkeit auf 120–160 cd/m^2 (Candela pro Quadratmeter) zu stellen – abhängig von der Umgebung und Ihrem persönlichen Eindruck, wann die Helligkeiten des Monitors angenehm sind und mit den Druckergebnissen zusammenpassen.
Nun beginnt der eigentliche Messvorgang:

- Führen Sie im Monitor-Menü, das Sie über eine Taste am Bildschirm aufrufen können, einen Reset durch, damit Sie in jedem Fall von den Werkseinstellungen des Monitors ausgehen. Der Monitor sollte mindestens eine halbe Stunde angeschaltet sein, damit die Beleuchtung auf Betriebstemperatur ist. Stellen Sie den Bildschirmschoner und den Energiesparmodus aus, damit die Messung später nicht gestört wird.
- Ziehen Sie das Programmfenster groß, damit die Messfläche nicht durch Streulicht von nebenstehenden Bildschirmbereichen beeinflusst werden kann und verdunkeln Sie das Umfeld ein wenig (Lampen aus, Vorhang vor das Fenster).

ACHTUNG

Auf keinen Fall sollten Sie das erstellte Farbprofil als Arbeitsfarbraum in Photoshop einstellen! Gerätefarbräume eignen sich nicht als Arbeitsfarbräume, weil Helligkeitsanpassungen zum Beispiel zu Farbverschiebungen führen können. Lassen Sie den RGB-Farbraum also auf Adobe RGB oder Ihrem Standardfarbraum stehen.

- Messen Sie mit der Software den Weißpunkt, und stellen Sie den vorgegebenen Kelvin-Wert mit Hilfe der RGB-Regler im Bildschirmmenü ein. Falls Sie einen eher seltenen kalibrierbaren Monitor mit DDC-Protokoll (*Display Data Channel*, das heißt, der Monitor kann Einstellungen vornehmen, die ihm von der Grafikkarte übertragen werden) besitzen, kann der Computer die nötigen Einstellungen alleine an den Bildschirm senden. Sie können bei modernen Bildschirmen zwar auch direkt Kelvin-Werte einstellen, aber das ist zu ungenau.

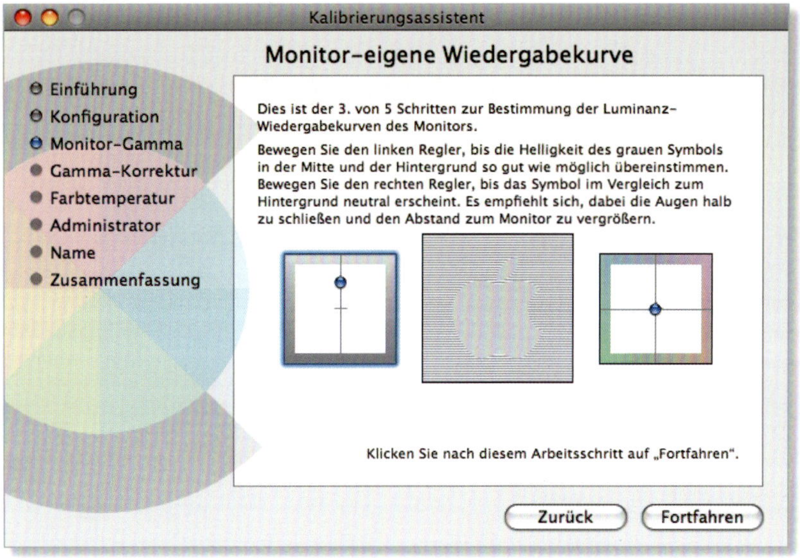

▲ **Abbildung 9.43**
Falls Sie mit einem Mac arbeiten und kein Messgerät besitzen, können Sie Ihren Bildschirm einstellen, indem Sie in der Systemeinstellung MONITORE auf FARBEN klicken und dort auf KALIBRIEREN. Die visuelle Kalibration liefert eine Verbesserung der Darstellung, die aber nicht an ein gemessenes Profil heranreicht.

- Wenn sie in der Software einen festen Helligkeitswert von zum Beispiel 120 cd/m^2 eingestellt haben, stellen Sie den Bildschirm im nächsten Schritt auf eine etwas höhere Helligkeit von circa 135 cd/m^2. Da der Bildschirm die Farbtemperatur meist über eine Farbzugabe in den RGB-Filtern regelt, ist so sichergestellt, dass auch das absolute Weiß farblich korrigiert werden kann. Wenn der Bildschirm im Weiß nur so hell ist, wie der Sollwert, kann nicht mehr gefiltert werden, und die Graubalance kippt in den Lichtern in Richtung des nativen Weißpunkts. Dann haben Sie oft einen gelben Farbstich, der sich nur in den hellsten Tönen zeigt. Verändern Sie nie den Kontrastregler, auch wenn die Software Ihnen das vorschlagen sollte, es sei denn, Sie arbeiten noch mit einem alten Röhrenmonitor. Wenn Sie den Kontrast erhöhen, schneiden Sie Tonwerte in den Lichtern und Schatten ab, und wenn Sie ihn vermindern, erreichen Sie das reine Schwarz und Weiß nicht mehr.
- Lassen Sie den Farbmessvorgang durchlaufen, und geben Sie dem Profil einen sprechenden Namen, damit sie die unterschiedlichen Versuche den eingestellten Werten zuordnen können. Normalerweise wird die Software das Profil selbst als Systemprofil einrichten. Überprüfen Sie das Profil in der Bildbearbeitungssoftware mit einem Testbild, das bunte Farben, Grauverläufe und Hauttöne enthält. Wenn das Testbild gut aussieht, sind Sie fertig, wenn nicht, sollten Sie einen erneuten Messvorgang mit angepassten Einstellungen versuchen, zum Beispiel mit nativem Weißpunkt des Monitors.

9.6.4 Scannerkalibration

CoCa nicht für den Mac
Für den Mac gibt es leider keine Variante von CoCa, aber falls Sie noch eine Windows-Lizenz haben, können Sie diese auch unter der kostenfreien Virtualisierungslösung Virtualbox installieren und CoCa in dieser Umgebung laufen lassen. So lassen sich ohne Neustart Windows-Programme auf dem Mac ausführen. Wenn Sie häufiger Windows-Software auf dem Mac verwenden wollen, lohnt sich die Anschaffung von Parallels Desktop.

Wenn Sie Ihrem Scanner farbrichtiges Arbeiten beibringen möchten, ist dies relativ günstig zu erledigen. Für Windows gibt es die kostenfreie Kalibrationssoftware SIPC (Scanner ICC Profile Creator) oder, noch besser, den Nachfolger CoCa (Color Camera Calibrator *www.nla.gov.au/preserve/dohm/coca.html*). Falls sich der Link ändern sollte, werden Sie das Programm auch über eine Suchmaschine finden können (achten Sie darauf, dass Sie auf der Downloadseite weder Ihre E-Mail-Adresse noch Ihre Telefonnummer o.ä. angeben müssen – seriöse Webseiten werden Ihnen das Programm nur mit einem Mausklick zur Verfügung stellen). Das Programm wird zwar als ungetestet unter Vista und Windows 7 angegeben, läuft bei mir unter Windows 7 aber tadellos. Ansonsten können Sie die Software unter Windows im XP-Kompatibilitätsmodus laufen lassen (rechte Maustaste auf das Programm im Explorer, dann unter EIGENSCHAFTEN auf KOMPTABILITÄT gehen). Es gibt auch eine Menge kommerzieller Programme zur Scannerkalibration, oft im Paket einer übergreifenden Kalibrationslösung für alle Gerätearten.

Das Prinzip der Scannerkalibration ist es, eine Vorlage mit bekannten Farbwerten einzuscannen und dann aus Scan und Farbwerten ein Profil zu berechnen, das die Abweichungen genau beschreibt.

So können bereits beim Import vom Scanner die Farben so korrigiert werden, dass sie den tatsächlichen Farben der Vorlage im Rahmen des physikalisch Möglichen entsprechen. Ganz wichtig ist es, dass Sie beim Einscannen der Kalibrationsvorlage alle Automatiken und ICC-Profile ausschalten, damit Sie einen unverfälschten Roh-Scan erhalten. Häufig können Sie dazu das Einstellfeld FARBANPASSUNG auf OHNE setzen. Nur so funktioniert das Farbprofil später, weil es auf einer klar reproduzierbaren Basis aufsetzen kann. Die Vorlagen, *Targets* genannt, bekommen Sie zum Beispiel günstig und gut über die (nur in englischer Sprache verfügbare) Webseite *www.targets.coloraid.de*.

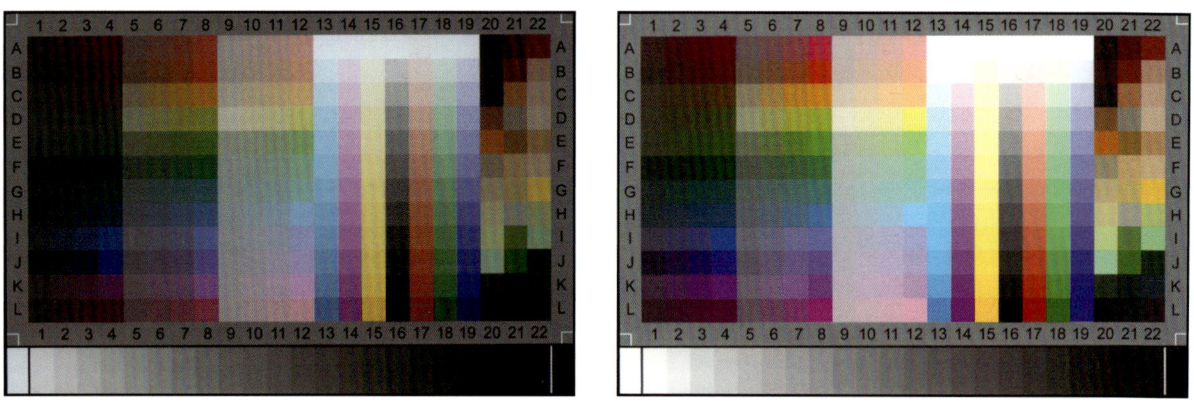

▼ **Abbildung 9.44**
Links der Rohscan eines Kalibrationstargets, rechts eingescannt mit korrektem Scanner-Farbprofil. Die Leuchtkraft und Genauigkeit der Farben hat sich extrem verbessert.

9.6.5 Kamerakalibration

Die Kalibration einer DSLR funktioniert ähnlich wie die eines Scanners. Ein Scanner hat allerdings eine recht konstante Lichtquelle, während eine Digitalkamera bei jeder Art von Licht ein Bild machen können muss. Deswegen können Sie für eine Kamera nur bei definierten Lichtbedingungen und mit ausgeschaltetem automatischen Weißabgleich ein Profil erstellen, das dann auch nur für diese Lichtbedingungen gilt. Das kann für die Produktfotografie im Studio oder für die Reproduktion von Kunstwerken oder Büchern sinnvoll sein, für die meisten Fotografen ist es den Aufwand aber nicht wert. Vor allem, da eine genauere Farbdarstellung nicht unbedingt schöner sein muss.

Die Kamerahersteller betreiben die Farbabstimmung mit großem Aufwand, die mitgelieferten Farbprofile sind deswegen von sehr hoher Qualität und gut geeignet für die bildmäßige Fotografie. Wenn Sie keine besondere Anwendung haben, die die Kalibration nahelegt, dann lassen Sie es lieber sein.

Die Kamerakalibration funktioniert im Prinzip wie die Scannerkalibration, allerdings gilt sie immer nur für die bestimmte Lichtart, bei der kalibriert wurde. Wenn Sie die Kalibration in den RAW-Workflow integrieren wollen, benötigen Sie ein Software-Plugin, das Ihnen gestattet, die Testgrafik zum Beispiel direkt in Lightroom auszuwerten (wie etwa bei X-Rite Color-Checker Passport). Für Sie interessant ist vielleicht auch der Einsatz eines Grauwürfels (zum Beispiel der Datacolor Spydercube), der neutrales Grau, Weiß und Schwarz bietet und mit einer Lichtfalle (ein schwarzes Loch mit schwarzem, minimal reflektierendem Material ausgeschlagen) auch einen absoluten Schwarzpunkt bieten. Der Grauwürfel ist der große Bruder der Graukarte, der Ihnen bei der Farbabstimmung und Festlegung der Farbtemperatur hilft.

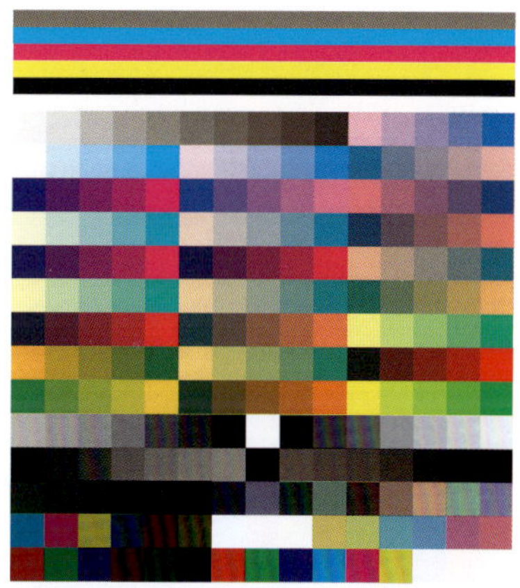

▲ **Abbildung 9.45**
Beispiel einer Druckkalibrationsvorlage für CMYK. Tintenstrahldrucker werden normalerweise mit RGB-Targets kalibriert, weil sie für den Druck aus RGB optimiert sind.

9.6.6 Druckerkalibration

Auch Ihren Drucker können Sie selbst kalibrieren, allerdings ist das relativ aufwendig und benötigt meist auch etwas Einarbeitung. Sie drucken dafür eine Messvorlage bei abgeschaltetem Farbmanagement auf Ihrem Drucker aus, lassen sie trocknen und messen dann mit einem Spektralfotometer die einzelnen Felder wieder ein. Die Kalibrationssoftware berechnet daraus dann ein Farbprofil für Ihren Drucker. Dieses lässt sich aber nicht immer einfach in den Druckertreiber integrieren. Zudem sind Spektralfotometer, die die spektrale Zusammensetzung des Lichts messen können, relativ teuer.

Wenn Sie eine Druckerkalibration häufiger durchführen möchten, ist das händische Ausmessen schnell lästig, weil selbst die kleineren Vorlagen schon um die 200 Messpunkte aufweisen. Eine automatische Lösung mit XY-Messtisch oder eine halbautomatische, die zumindest Streifen verarbeiten kann, machen da mehr Spaß. Inzwischen gibt es günstige Einsteigerlösungen wie das Colormunki von X-Rite schon für um die 400 € – Bildschirmkalibration inklusive.

Professionelle Lösungen liegen bei mehreren tausend Euro und auch mit einer solchen habe ich schon einmal zwei Tage verbracht, bis ein Proofdrucker innerhalb der geforderten Toleranz war (das zunächst verwendete Papier hatte nicht den vom Hersteller versprochenen Farbraum, und der Drucker benötigte sehr lange Trocknungszeiten).

Die meisten Drucker liefern heute auch ohne eigene Kalibration sehr genaue Ergebnisse, wenn man den Papiertyp exakt einstellt. Einsteigerlösungen können gerade beim Einsatz von speziellen Papieren und Fremdtinten die Qualität deutlich verbessern, und die Profilösungen sind wirklich nur für Profis interessant.

9.7 Fazit

Verwenden Sie Farbe als bewusstes Gestaltungsmittel, sie hat eine direkte psychologische und emotionale Wirkung auf den Betrachter. Vermeiden Sie Farbabweichungen in eine nicht gewünschte Richtung, weil diese den Eindruck eines Bildes stark mindern können.

Die Gewichtung der Farben ist eine zusätzliche Anforderung an die Bildkomposition, wobei ein harmonisches Ergebnis nicht immer das Ziel sein kann. Wichtig ist vielmehr, dass Farbaussage und Bildaussage zusammenpassen. Sie müssen das Ergebnis, das aus Ihrer Kamera kommt, nicht als gegeben hinnehmen. Wichtig ist, dass der Farbeindruck, den Sie in der Nachbearbeitung erzeugen, eine eigene Glaubwürdigkeit und emotionale Stimmigkeit hat. Er muss nicht echt sein, aber ehrlich. Ein Farbeffekt, der einem Bild nur übergestülpt wird, entlarvt sich schnell als bloße Masche. Verzichten Sie auf jeden überflüssigen Effekt, auch und gerade wenn ihn viele andere verwenden sollten.

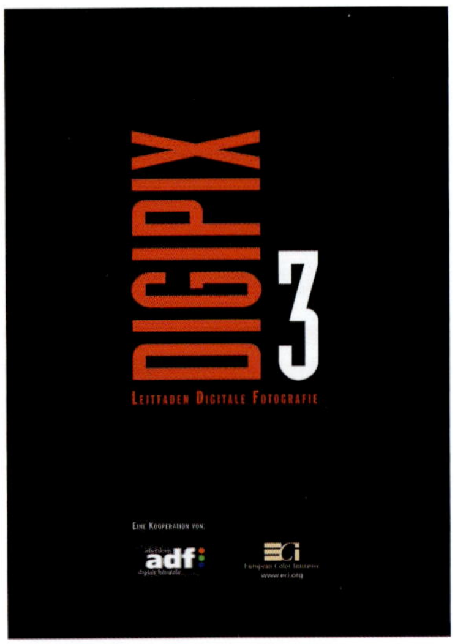

▲ **Abbildung 9.46**
Zusatzinformationen wie den Digipix3-Leitfaden für das Farbmanagement finden Sie auf der Buch-DVD.

Ich kümmere mich beim Fotografieren um das Thema Farbe nur in kompositorischer Hinsicht und über die Wahl der richtigen Belichtung. Mit der exakten Farbeinstellung der Kamera belaste ich den Aufnahmeprozess nicht zusätzlich. Die genaue Abstimmung wird erst im RAW-Konverter auf einem kalibrierten Monitor vorgenommen. Die Möglichkeiten des Weißabgleichs und der Bildstile sind dann interessant, wenn es um die Aufnahme von

Videos geht oder wenn Sie gezwungen sind, aus Geschwindigkeitsgründen im JPEG-Format zu arbeiten.

Wer sich weiter mit dem Thema Farbe und Bildkomposition auseinandersetzen möchte, dem seien »Kunst und Farbe« von Johannes Itten und »Punkt und Linie zur Fläche« von Wassily Kandinsky ans Herz gelegt. Wer zu dem Thema lieber näher an der Fotografie bleiben möchte, dem seien die Bücher von Harald Mante zu Bildaufbau und Farbdesign empfohlen.

Wenn Sie häufiger Bilder an Dienstleister geben oder Ihre Ansprüche an die Farbgenauigkeit steigen, sollten Sie Ihren Monitor kalibrieren. Wenn Sie Ihr analoges Bildmaterial digitalisieren wollen, ergibt auch die Scannerkalibration Sinn. Mit überschaubarem Aufwand erreichen Sie so eine deutlich bessere Qualität.

▼ **Abbildung 9.47**
Eine Blattspitze liegt in der Schärfe vor einem Meer aus Farbe. Der 13. Oktober war der richtige Tag für diese Herbstfärbung.
35 mm | f1,4 | 1/400 s | ISO 100

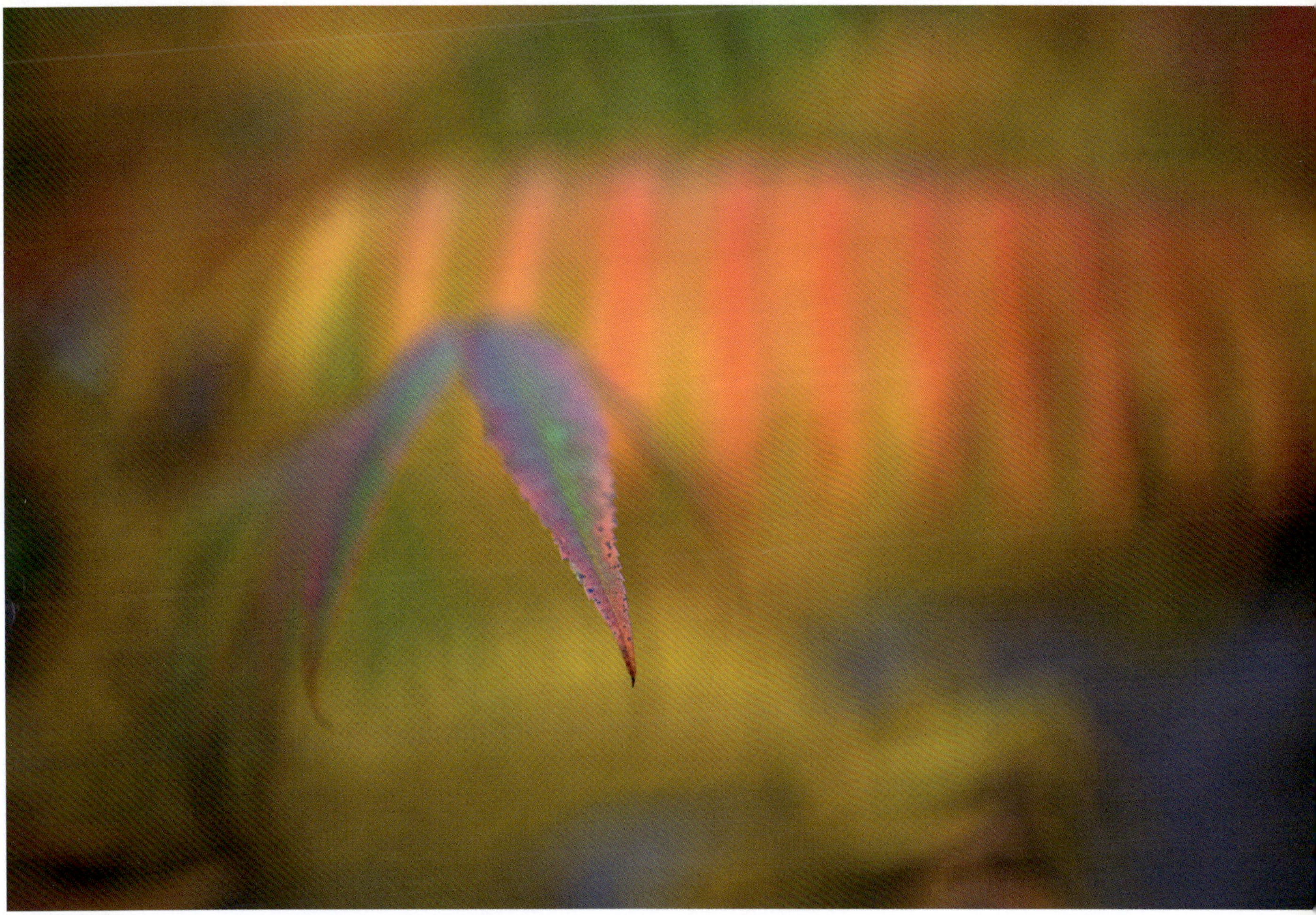

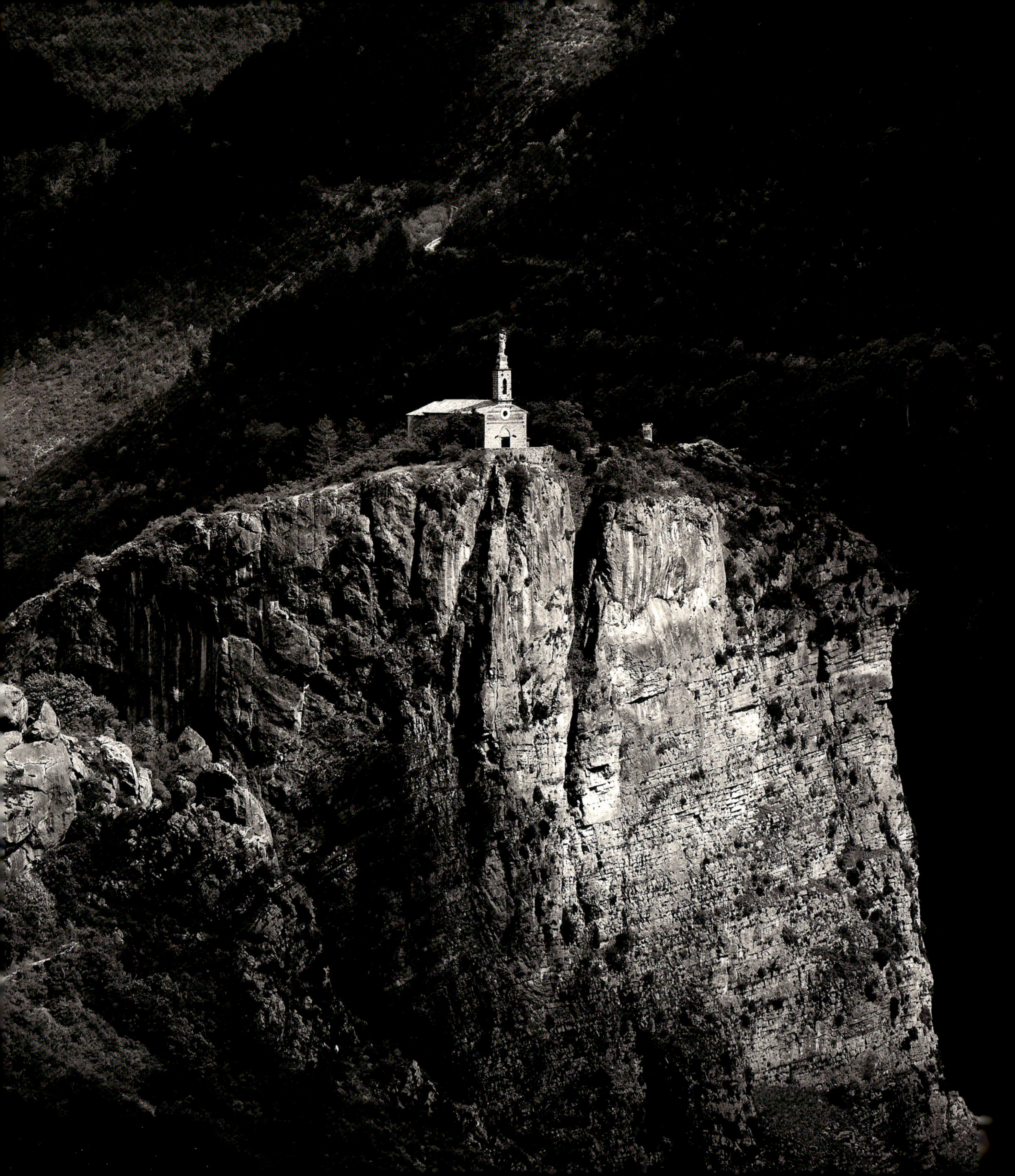

10 Schwarzweiß

Schwarzweißfotografie ist nicht nur Fotografie ohne Farbe, sie ist eine andere Art zu fotografieren. Vor allem aber ist es eine andere Art, mit Licht umzugehen. Das Licht baut das Bild auf, es trennt das Motiv vom Hintergrund, betont die Strukturen und schafft den Raum. Selbst, wenn Sie die Schwarzweißfotografie als solches vielleicht nicht interessiert, kann es sinnvoll sein, sich eine Zeitlang nur auf Schwarzweiß zu begrenzen. Sie erreichen dadurch eine andere Konzentration auf das Licht und die Komposition, die auch Ihren Farbfotos zugutekommen wird.

◂◂ Abbildung 10.1
Die Chapelle Notre Dame du Roc in Castellane wurde mit 400 mm Brennweite von der anderen Seite des Tals aufgenommen. Die durch die Wolken brechende Sonne schafft eine für Schwarzweiß gut geeignete Lichtsituation.

10.1 Geschichte

Die älteste Fotografie von 1826 (siehe Seite 40) benötigte mehrere Stunden Belichtungszeit, war natürlich Schwarzweiß und nur in der Lage, blaues Licht aufzunehmen. Diese Beschränkungen galten in abgeschwächter Form für die nächsten 25 Jahre der Fotografie, bis das Kollodium-Nassplatten-Verfahren Belichtungszeiten im Sekundenbereich erlaubte. 1861 erzeugte James Clerk Maxwell das erste Farbfoto, und 1904 wurde die Farbfotografie durch die Autochrom-Technik etwas verbreiteter, aber erst seit 1936 wurde der Farbfilm in seiner heutigen Form von Agfa und Kodak auf den Markt gebracht und gelangte damit zu weiterer Verbreitung.

Erst 1884 konnte Filmmaterial das Spektrum bis ins Gelb aufnehmen (orthochromatische Sensibilisierung) und 1902 das gesamte Spektrum (panchromatische

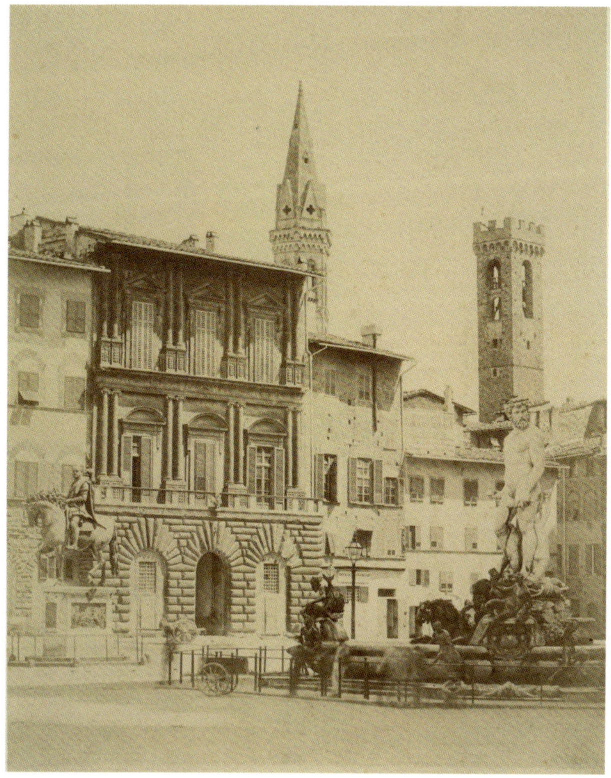

Abbildung 10.2 ▸
Dieses Foto der Piazza del Gran Duca in Florenz von John Brampton wurde zwischen 1850 und 1890 aufgenommen. Der weiße Himmel und die verwischte Darstellung aller bewegten Elemente ist typisch für die damals verwendete Technik (Foto: Cornell University Library).

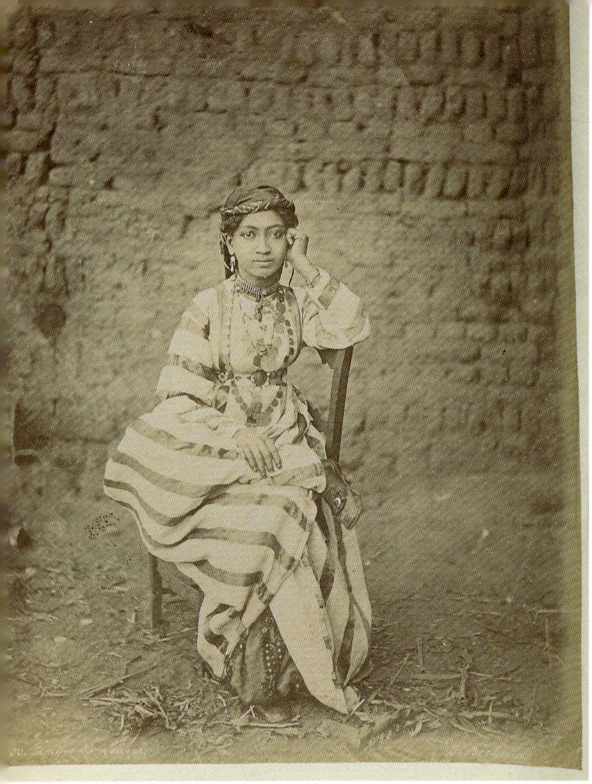

Sensibilisierung). So sind die frühen Fotografien stark durch die damaligen technischen Einschränkungen geprägt. Der Himmel zum Beispiel ist durch die Blauempfindlichkeit des Films oft weiß, und Personen sind in Stadtansichten oft nur schemenhaft zu erkennen, weil Sie sich während der langen Belichtungszeit weiterbewegten. Porträts wirken meist steif, weil die Personen sehr lange stillsitzen mussten. Manchmal wurde der Kopf sogar mit einer festen Stütze fixiert, um schärfere Bilder zu erhalten.

Schwarzweiß wurde von vielen Fotografen und Betrachtern als Beschränkung empfunden, und es finden sich dementsprechend sehr viele Beispiele handkolorierter Aufnahmen. Mit großem Aufwand wurden die Abzüge einzeln mit Eiweißlasurfarben ausgemalt, um ein Farbbild zu erhalten. In den 1880er Jahren wurde dann der Photochrom-Druckprozess entwickelt, der es erlaubte, kolorierte Fotos auch farbig zu drucken.

Noch vor dem Zweiten Weltkrieg gab es keine Filme, die empfindlicher waren als ISO 100, ISO-400-Filme gibt es erst seit 1967. Wenn man in private Fotoalben schaut, wird man feststellen, dass bis in die 1970er Jahre überwiegend Schwarzweiß fotografiert wurde. Durch diesen Zeitenwechsel, in dem die Welt plötzlich farbig wurde, haben auch heutige Schwarzweißfotos sehr oft eine nostalgische Note.

▲ **Abbildung 10.3**
Die junge Ägypterin sitzt gut abgestützt auf einem Stuhl, um die lange Belichtungszeit unbewegt überstehen zu können (»Frau aus Luxor«, Émile Béchard, circa 1880).

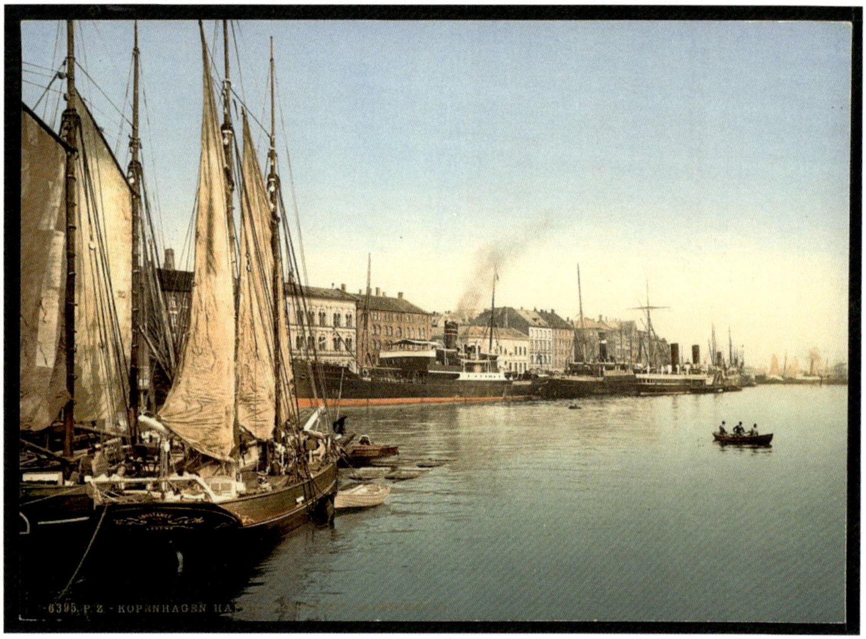

Abbildung 10.4 ▸
Kopenhagen in den 1890er Jahren. Die Photochrom-Technik ließ farbige Drucke zu, die von handkolorierten Schwarzweißbildern stammten. Der Wunsch nach farbiger Fotografie führte schon früh zu aufwendigen Techniken.

In der analogen Fototechnik war es einfacher und billiger, Schwarzweißbilder zu erstellen. Die Farbentwicklung war sehr temperaturabhängig und verlangte eine Genauigkeit und fast absolute Dunkelheit, die sich Amateurfotografen meist nicht zumuten wollten. Ein Schwarzweißlabor war hingegen leicht einzurichten und einfach zu betreiben. Ich selbst habe im Studium auch deswegen oft Schwarzweiß gewählt, weil ich Farbe in der Großbildfotografie gar nicht hätte bezahlen können. Im Zeitungsbereich wurde noch lange ausschließlich in Schwarzweiß gearbeitet – die FAZ hat zum Beispiel erst 2007 Farbe eingeführt. Die Fotografen sind also noch gar nicht lange an einem Punkt, an dem Schwarzweiß keine naheliegende und einfache Lösung ist, sondern tatsächlich einen Mehraufwand bedeutet und somit immer eine bewusste gestalterische Entscheidung ist.

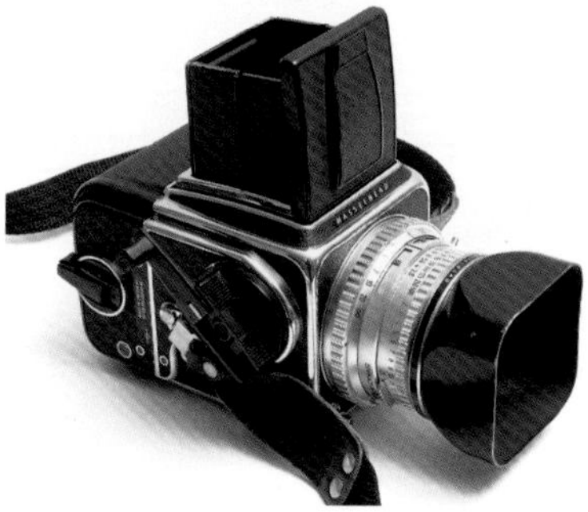

▲▼ Abbildung 10.5
Bei diesem Bild wurde der Faltlichtschacht der Hasselblad (oben) verwendet, um von unten in die über den Kopf gehaltene Kamera zu schauen. Ein Orangefilter sorgte für die richtigen Tonwerte.
80 mm | f4,0 | 1/60 s | ISO 50 | Orangefilter

10.2 Analoge Schwarzweißfotografie

Manche meiner Profikollegen sagen, dass man die Anmutung analoger Schwarzweißfotografien nur schlecht digital erreichen könne. Da ist sicherlich etwas Wahres dran, trotzdem bevorzuge ich auch für schwarzweiße Arbeiten die aktuelle Digitaltechnik.

Bevor wir aber dazu kommen, möchte ich einen kurzen Ausflug in die analoge Technik machen. Gerade den jüngeren Lesern, die sich ernsthaft mit Fotografie auseinandersetzen möchten, würde ich zu einem Abstecher in die filmbasierte Schwarzweißfotografie raten. Das ist eine gute Gelegenheit, um eine fotografische Urerfahrung zu machen und einen anderen Umgang mit dem Bild zu erlernen. Viele werden im Familienkreis oder über Freunde auf eine analoge Ausrüstung, die nicht mehr verwendet wird, zugreifen können. Den anderen bieten die enorm günstigen Marktpreise einer fast aussterbenden Technik die Möglichkeit, sehr günstig Kameras oder Laborgerätschaften zu erwerben.

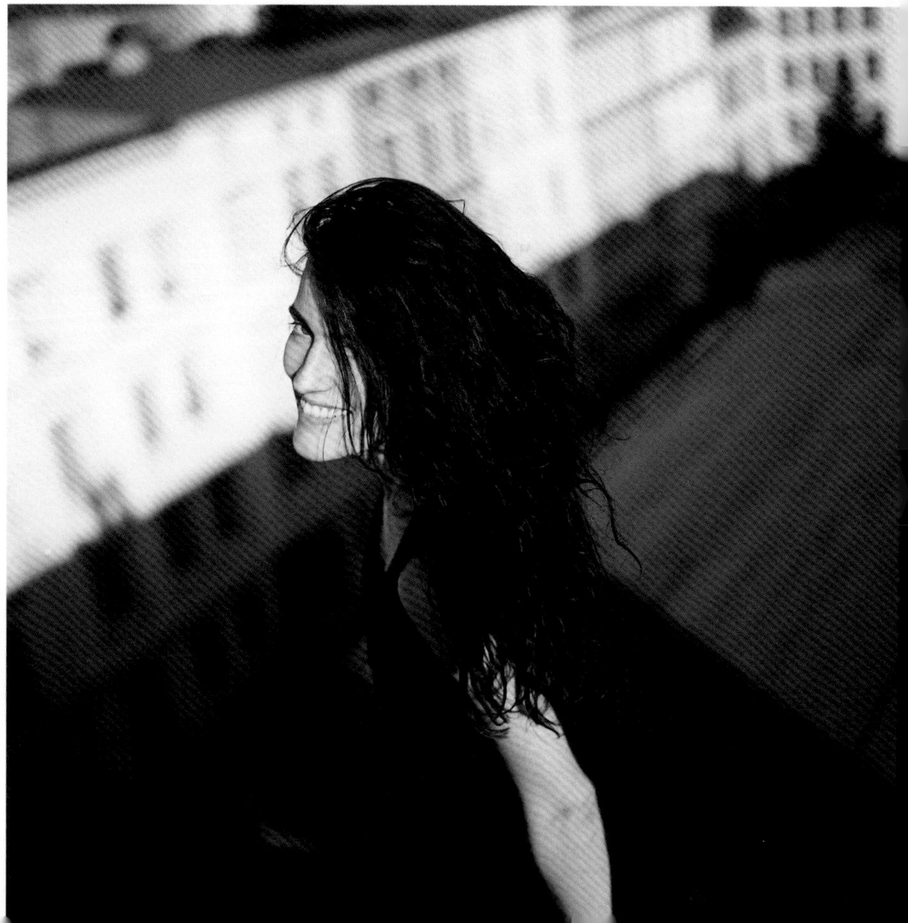

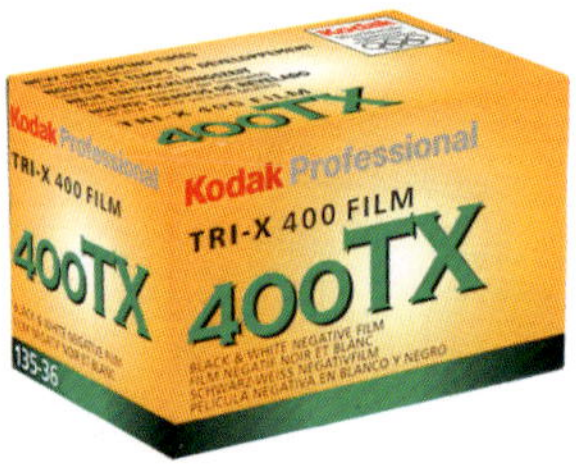

▲ **Abbildung 10.6**
Der Tri-X von Kodak ist ein guter Startpunkt für alle, die das klassische analoge »Schwarzweißgefühl« erleben wollen.

Das analoge Fotoerlebnis stellt sich am ehesten mit einer manuell zu fokussierenden Kamera ein. Auch sind Festbrennweiten bei älteren Kameras besser als Zoomobjektive. Ein Gelb- oder Orangefilter ist eine schöne Erweiterung. Falls Sie eine wirklich alte Rollfilmkamera erstehen wollen, achten Sie darauf, dass Sie für 120er Rollfilm gedacht ist, denn dieses Filmformat werden Sie noch für längere Zeit ohne Probleme kaufen können. Wenn Sie selbst entwickeln wollen, versuchen Sie mal den Kodak Tri-X in D-76. Dieser hat ein schönes Korn und schöne Tonwerte bei ISO 400 – eine wirklich klassische Kombination. Die Kodak T-Max 100 und der Fuji Neopan Acros 100 sind als Ergänzung für sehr feinkörnige Bilder bei gutem Licht geeignet und die T-Max-3200-Filme für sehr hohe Empfindlichkeit bei schönem starken Korn eine gute Wahl.

Analog-digitale Schwarzweißfotografie | Sie können auch hybrid arbeiten, das heißt analog fotografieren und den fertig entwickelten Film einscannen und digital weiterbearbeiten. Schwarzweißfilme lassen sich allerdings nicht besonders gut scannen, die automatische Staubentfernung funktioniert nicht mit Silberfilmen. Eine zu harte Lichtquelle in einem Kleinbildscanner ergibt hartes Korn und schlechte Tonwerte.

Bei den Nikon-Kleinbild-Scannern ist erst der LS-5000 wirklich gut für echte Schwarzweißfilme geeignet. Alternativ können Sie einen farbstoffbasierten Schwarzweißfilm verwenden (wie den Kodak T-400 CN). Dieser lässt sich genauso gut wie jeder Farbfilm einscannen und in jedem Standardlabor mit in den Farbnegativprozess geben. Wenn Sie Mittelformatfilme verwenden, bekommen Sie auch mit einem Flachbettscanner mit Durchlichteinheit gute Ergebnisse.

Und wenn Sie schon bei analoger Fotografie sind, dann probieren Sie doch einmal aus, einen Diafilm in die Farbnegativentwicklung zu geben. Das nennt sich Cross-Entwicklung und ergibt recht harte Kontraste mit interessanten Farben.

10.3 Digitale Schwarzweißfotografie

Es gibt zwar rein schwarzweiße Bildsensoren, aber diese spielen in der bildmäßigen Fotografie keine Rolle, sondern werden eher im wissenschaftlichen und industriellen Bereich verwendet. Der Vorteil einer höheren Auflösung – da man ja jedes Subpixel ohne Interpolation nutzen könnte – würde erkauft mit einer geringeren Steuerbarkeit der Tonwerte, weil die Farbinformation

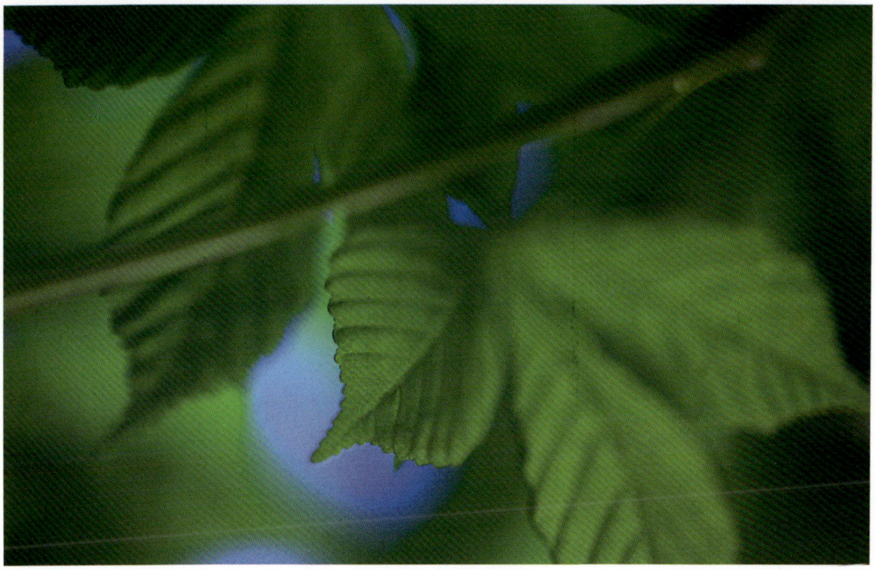

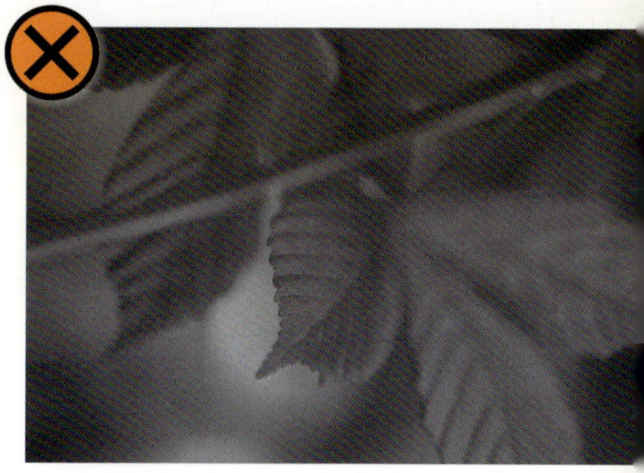

◂▴ **Abbildung 10.7**
Der blaue Frühlingshimmel schimmert durch leuchtendes Mailaub. In Schwarzweiß (oben) bleibt nichts von dem übrig, was das Motiv ausgemacht hat. Das Licht ist zu weich, der Schärfebereich zu gering, und das Bild wirkt matschig und langweilig.
100 mm | f2,8 | 1/200 s | ISO 100 | Makroobjektiv

wegfiele. Digitale Schwarzweißfotografien werden also heute immer mit einer Farbkamera aufgenommen. Aber auch in der analogen Fotografie hat man die Farbe verwendet, um die Helligkeit besser differenzieren zu können. Als Schwarzweißfotograf hatte man immer einen Satz Farbfilter dabei, um die Tonwerte besser steuern zu können.

10.3.1 Schwarzweiß direkt in der Kamera

Eine DSLR lässt sich so konfigurieren, dass Sie direkt Schwarzweißaufnahmen erstellt. Diese Einstellung ist meist etwas in den Untermenüs versteckt, bei Nikon finden Sie es unter Picture Control beziehungsweise Bildoptimierungen, bei Canon unter Picture Style (Bildstil). Dort können Sie auch gleich ein virtuelles Farbfilter und eine Tonung einstellen. Das ist eine sehr schöne Funktion, weil sie einem bereits bei der Aufnahme ein schwarzweißes Vorschaubild liefert.

Als fotografisches Endergebnis sind Aufnahmen in diesem Modus aber nur bei geringen Ansprüchen ausreichend. Wenn Sie hochwertige Schwarzweißfotografie betreiben wollen, sollten Sie diesen Bildstil nur einstellen, wenn Sie auch im RAW-Format arbeiten. Nur dann zeichnen Sie den nötigen Tonwertumfang auf und erhalten sich die Bearbeitungsmöglichkeiten. Wenn ein Schwarzweiß-JPEG nämlich nicht optimal ist, können Sie daran nur recht wenig ändern.

10.3.2 Schwarzweiß in der Bildbearbeitung

Wenn die Schwarzweißmodi der Kamera nur für die Voransicht taugen und Sie ohnehin im RAW-Format fotografieren sollten, dann heißt das auch, dass Sie aus jeder Aufnahme Schwarzweißbilder erzeugen können, ohne in der Kamera besondere Einstellungen vornehmen zu müssen. Schwarzweißaufnahmen verzeihen eine leichte Unschärfe nicht so wie ein Farbbild, und die Lichtführung ist auch etwas anspruchsvoller. Es eignet sich also nicht jedes Bild für die Schwarzweißumwandlung.

Die technischen Anforderungen an ein Schwarzweißbild sind etwas höher als an ein Farbbild. Um die Tonwerte steuern zu können, müssen Reserven im Bild vorhanden sein. Es empfiehlt sich daher, die RAW-Konvertierung in

▾ **Abbildung 10.8**
Das harte Gegenlicht und die dramatische Lichtstimmung prädestinieren dieses Motiv für eine Schwarzweißbearbeitung. Um die gewünschten Tonwerte störungsfrei umsetzen zu können, war ein aus einer RAW-Datei entwickeltes RGB-Bild mit 16 Bit Farbtiefe notwendig.
100mm | f11 | 1/3200s | ISO 250 | Korrektur –2/3

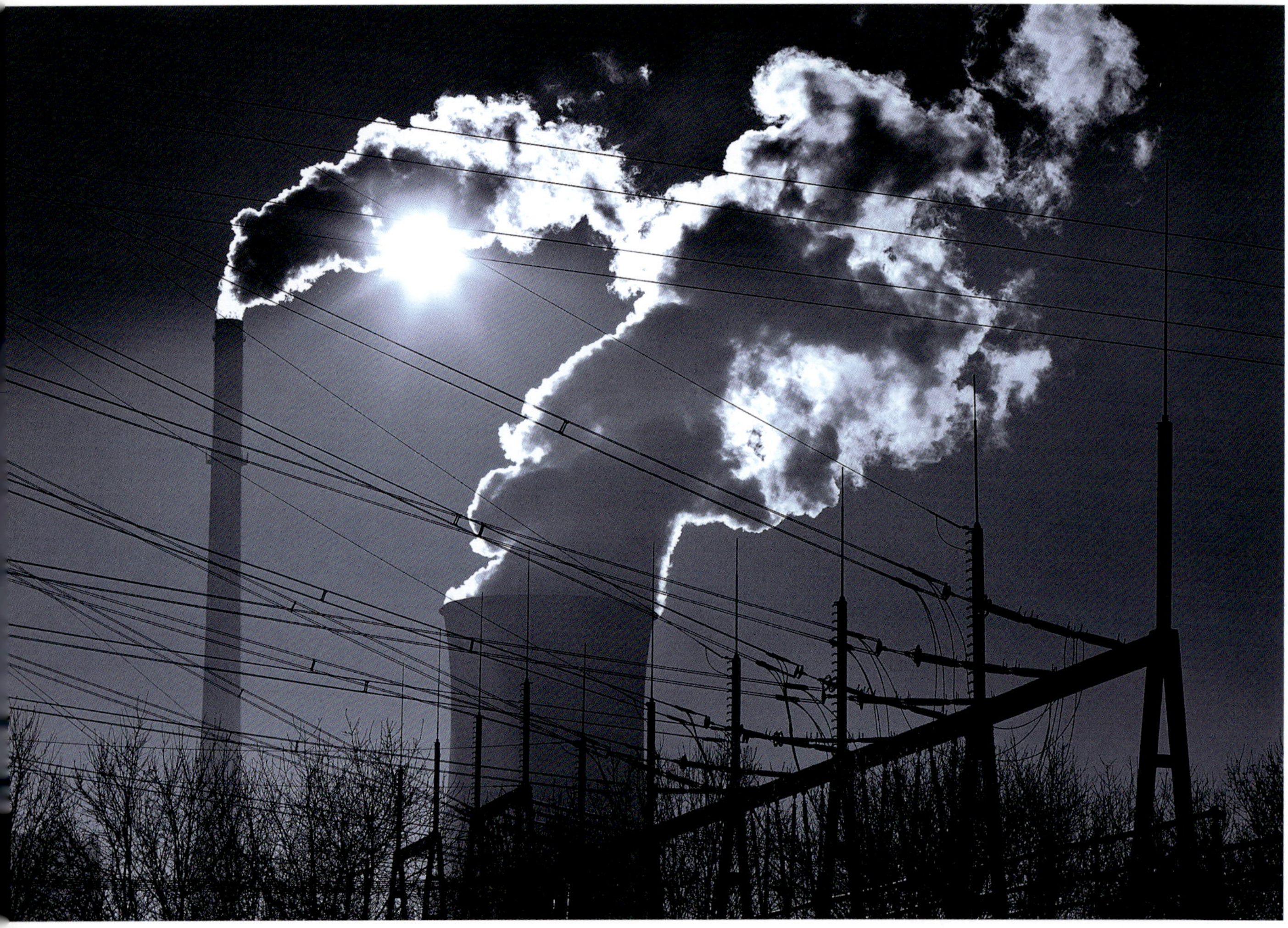

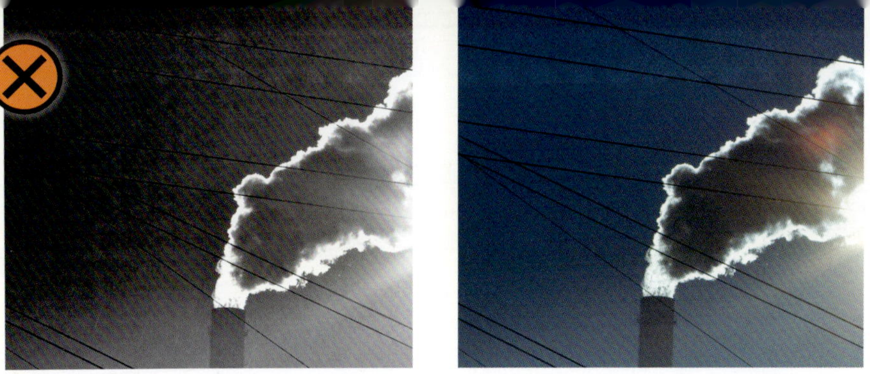

◂ **Abbildung 10.9**
Der Himmel reißt auf und wird fleckig, weil dieses Bild nur in 8 Bit bearbeitet wurde. Gegenüber dem Original ist der Kontrast des Himmels härter geworden. Die nötigen Tonwertreserven waren in der Vorlage nicht mehr vorhanden.

16 Bit durchzuführen, im RGB-Modus zu bleiben und alle Bildbearbeitungen auf separate Einstellungsebenen zu legen, damit die Originaldaten bei den Bearbeitungsschritten nicht verschlechtert werden.

10.4 Schwarzweiß farbig filtern

Durch das Verwenden eines Farbfilters vor dem Objektiv oder den Einsatz eines virtuellen Farbfilters bei der Schwarzweißumwandlung in der Bildbearbeitung lassen sich die Tonwerte je nach Farbe verändern. In der Digitalfotografie sollten Sie die Farbfilter allerdings lieber im Schrank lassen und auf die besser zu steuernden Bildbearbeitungsmöglichkeiten zurückgreifen. Um die wesentlichen Auswirkungen der Filterung demonstrieren zu können, wählen wir ein Porträt und eine Landschaftsaufnahme. Eine einfache, ungefilterte Schwarzweißumsetzung nur nach den Helligkeitswerten ist zwar brauchbar, allerdings fehlt der Landschaft etwas Tiefe und die Hauttöne und Lippen bei Porträt sind nicht besonders gut differenziert (siehe Abbildung 10.10).

▾ **Abbildung 10.10**
Eine standardisierte Schwarzweißumsetzung führt nicht für jedes Motiv zu einem guten Ergebnis. Zu analoge Zeiten gehörten Farbfilter zu den mächtigsten Werkzeugen der Tonwertbeeinflussung überhaupt. In Photoshop können Sie bei der Schwarzweißumsetzung nach dem gleichen Prinzip arbeiten, allerdings lässt sich die Wirkung noch feiner anpassen.

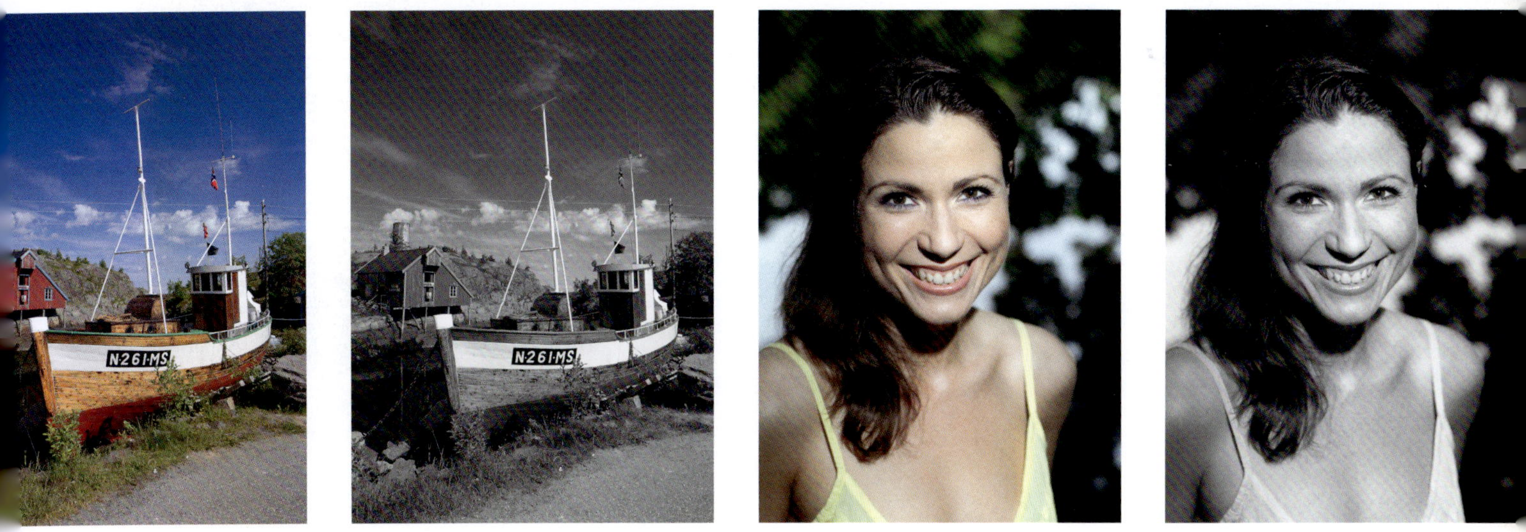

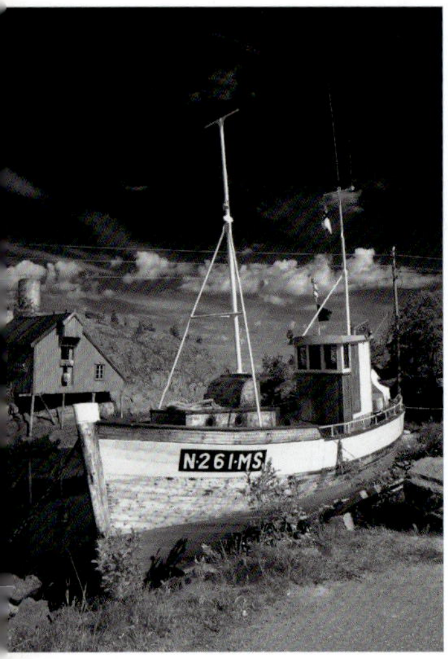

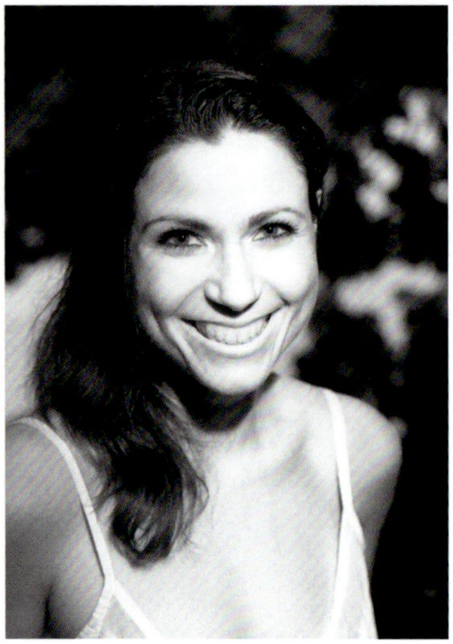

▲ **Abbildung 10.11**
Schwarzweißumwandlung mit Rotfilter

Rot | Ein Rotfilter lässt nur rotes Licht passieren und sperrt alle anderen Farben aus. Das ist eine sehr extreme Filterung, die für Porträts nur geeignet ist, wenn der Porträtierte stark geschminkt ist. Ansonsten werden die roten Lippen genauso hell wie die Haut, und diese selbst wirkt etwas wächsern und durchscheinend.

Personen bekommen dadurch oft etwas Geisterhaftes, was in den allermeisten Fällen ein sehr unerwünschter Effekt ist. In der Landschaftsaufnahme wird der blaue Himmel extrem abgedunkelt. Rot und Gelb werden nur schlecht vom Weiß differenziert, und Grün und Blau werden stark abgedunkelt. Die Fotos wirken dann oft sehr grafisch und wenig natürlich, die Tonwertdifferenzierung ist für die meisten Motive zu gering.

Allerdings ist ein Rotfilter dann geeignet, wenn alles andere einen zu geringen Kontrast in den Himmel bringt, oder wenn rote Bereiche deutlich aufgehellt werden müssen, etwa um sich vom Hintergrund abzusetzen. Benutzen Sie ihn nur, wenn Sie diesen extremen Effekt wirklich benötigen. Sie können den Himmel übrigens noch weiter abdunkeln, wenn Sie bei der Aufnahme ein Polarisationsfilter verwenden und es so drehen, dass das Streulicht im Himmel minimiert wird und er so dunkler und blauer erscheint. Mit einem Rotfilter erscheint er dann praktisch schwarz, was einen extremen Wolkenkontrast ergibt. Ein Rotfilter erzeugt auch die beste Fernsicht, weil er den Dunst abmildert.

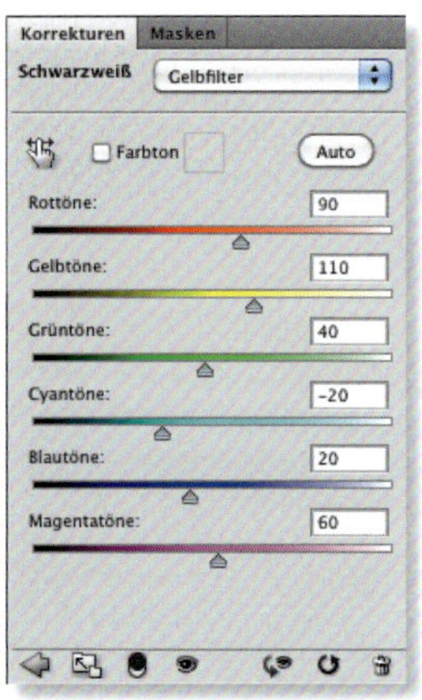

▲ **Abbildung 10.12**
Der Gelbfilter in Photoshop wirkt sehr viel natürlicher, wenn man seine Werte wie abgebildet modifiziert. In der Standardeinstellung erinnert er eher an ein rotes Filter aus der analogen Schwarzweißfotografie.

Gelb | Ein Gelbfilter lässt Rot, Orange und Gelb hindurch, Grün und Blau aber nicht. Hauttöne werden so aufgehellt, der Himmel abgedunkelt. Laub wird – je nach spektraler Zusammensetzung der Farbe – etwas heller oder dunkler wiedergegeben. Die Schatten draußen erscheinen dunkler, da sie durch den blauen Himmel aufgehellt werden.

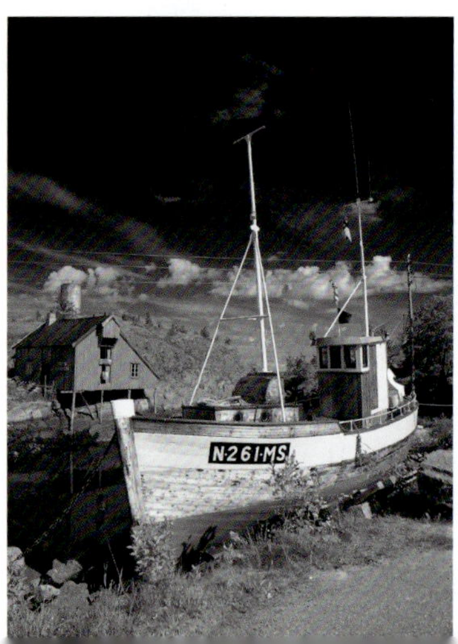

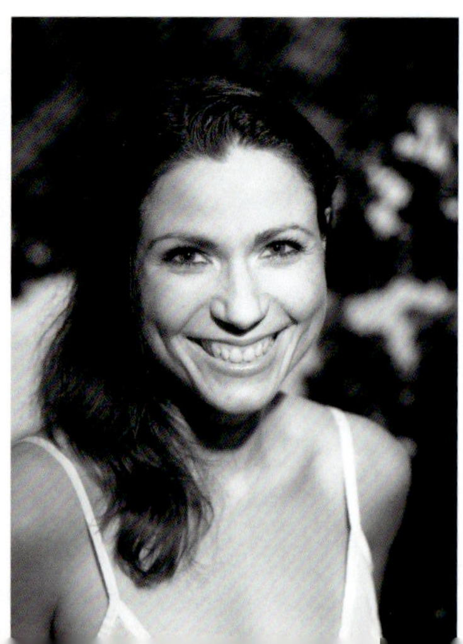

Abbildung 10.13 ►
Schwarzweißumwandlung mit Gelbfilter

Die Grundeinstellung des Gelbfilters in Photoshop erscheint mir ein wenig zu hart und entspricht eher einem roten Filter in der Schwarzweißfotografie. Da Sie die einzelnen Farbregler frei verändern können, können Sie die Voreinstellungen anpassen.

Ein leicht abgemilderter Gelbfilter ist für die Landschaftsfotografie oft eine gute Wahl, bei Porträts ist er vielleicht etwas undifferenziert, was aber auch von Vorteil sein kann, weil auch Hautunreinheiten oder Äderchen abgemildert werden.

▼ **Abbildung 10.14**
Schwarzweißumwandlung mit Grünfilter

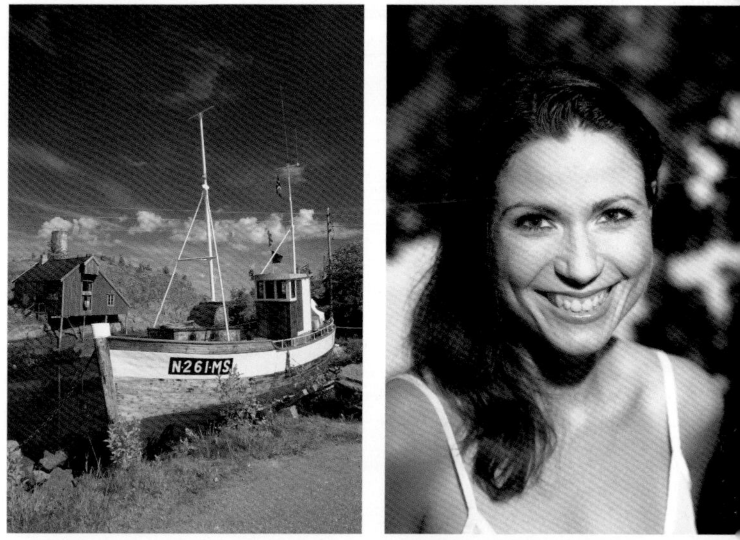

Grün | Ein Grünfilter sperrt Rot und Blau aus und lässt die Mitte des Spektrums passieren. Laub wird durch den Grünfilter aufgehellt, der Himmel etwas dunkler und Hauttöne differenziert dargestellt. Da das menschliche Auge seine Helligkeitswahrnehmung verstärkt aus dem grünen Bereich des Lichts bezieht, wirkt eine grüngefilterte Aufnahme oft recht natürlich.

Die Grünfilterung eignet sich gut für Landschaftsfotografie und je nach Hauttyp auch für Porträts. Es besteht lediglich die Gefahr, dass die Filterung etwas langweilig und unentschieden wirkt.

Blau | Ein Blaufilter lässt kurzwelliges Licht von Blaugrün bis Blauviolett durch und sperrt den warmen Farbbereich ab Grün aus. Die Blaufilterung entspricht der spektralen Empfindlichkeit von historischem Filmmaterial. Mit einem Blaufilter können Sie Bildern also einen etwas antiquierten Look geben, weil die Bilder aus dem 19. Jahrhundert wegen der Unempfindlichkeit des Filmmaterials für andere Farben als Blau sehr ähnlich aussehen. Damals belichtete man aber oft zusätzlich einen neuen Himmel ein, um den Effekt abzuschwächen.

Ein Blaufilter sorgt dafür, dass der Himmel sehr hell dargestellt wird und Schatten aufgehellt werden. Es verstärkt auch den Dunst. Blaue Augen werden leuchtend hell, braune sehr dunkel. Hauttöne werden insgesamt dunkler abgebildet.

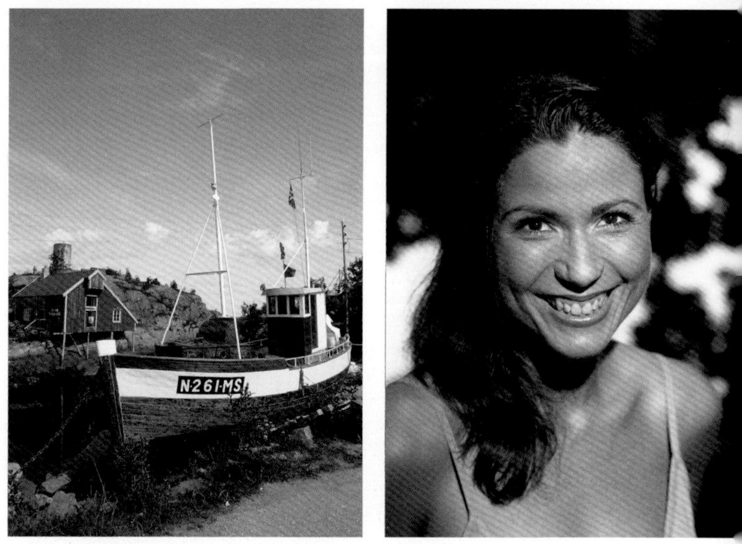

▲ **Abbildung 10.15**
Schwarzweißumwandlung mit Blaufilter

10.5 Tonen

In der analogen Schwarzweißtechnik wurde die Tonung nicht nur verwendet, um den Bildern eine Farbe zu geben, sondern auch, um die Silbersalze chemisch umzuwandeln, um eine bessere Archivfestigkeit zu erlangen. Bei Bedarf finden Sie im Internet eine Menge Rezepte und Sie können sogar noch einige Tonungsmittel fertig erwerben. Häufig muss das Bild erst gebleicht werden, das heißt, das Silber muss herausgelöst werden, damit sich der neue Farbstoff an die chemischen Reste andocken kann. Eine erfreulich ungiftige Methode der Tonung ist das Einlegen in schwarzen Tee, was einen angenehmen Braunton erzeugt.

In der Digitalfotografie ist eine Tonung mit geringem Aufwand zu realisieren. Falls Sie ein reines Graustufenbild haben, müssen Sie es in einen Farbmodus wie zum Beispiel RGB umwandeln und haben dann mehrere Möglichkeiten, eine Färbung zu erzeugen:

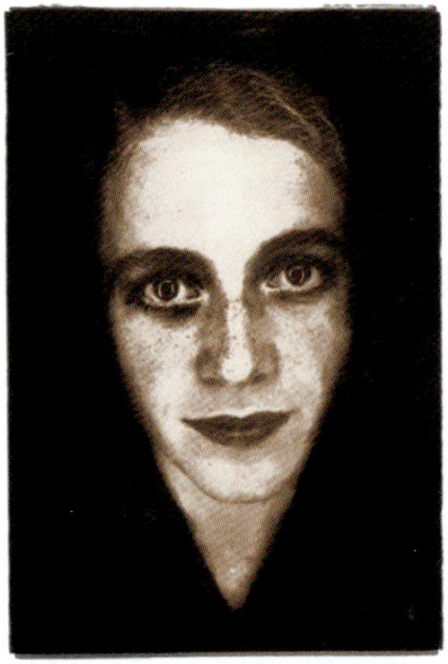

◄▼ **Abbildung 10.16**
Das linke Bild ist ein analoger Schwarzweißabzug, der mit Bleiche behandelt wurde und den ich an der Luft nachdunkeln ließ, ohne Toner zu verwenden. Das Bild unten wurde digital aufgenommen und getont.
Unten: 23 mm | f8,0 | 30 s | ISO 400

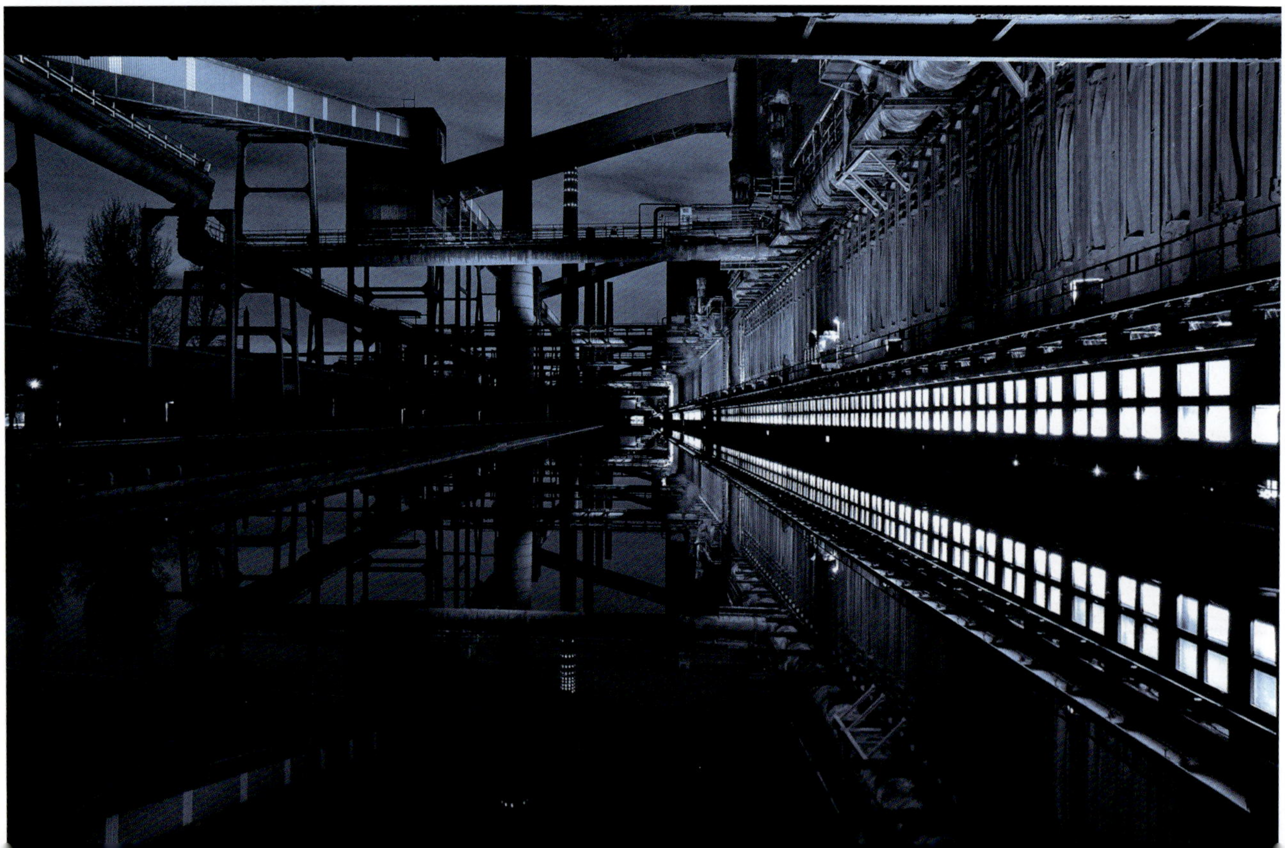

- **Farbton/Sättigung**: Unter Bild • Korrekturen • Farbton/Sättigung finden Sie in Photoshop ein Werkzeug, mit dem Sie – sobald Sie das Häkchen vor Färben gesetzt haben – den Farbton und die Sättigung der Tonung festlegen können. Den Regler Helligkeit sollten Sie in diesem Zusammenhang lieber nicht verwenden, weil Sie damit den Tonwertumfang verringern.
- **Fotofilter**: Mit Bild • Korrekturen • Fotofilter erreichen Sie ein Werkzeug, mit dem Sie festgelegte oder frei definierte Farben über Ihr Bild legen können.
- **Verlaufsumsetzung**: Über Bild • Korrekturen • Verlaufsumsetzung haben Sie die Möglichkeit, einen Farbverlauf zu definieren, der die Umsetzung der Helligkeiten in Farben regelt. Mit einem Klick auf den Verlauf kommen Sie in ein Editierfenster, das Ihnen die Möglichkeit gibt, mehrere Stützpunkte mit zugehörigen Farben zu definieren. Die Verlaufsumsetzung kann etwas kompliziertere Umsetzungen abbilden als die beiden vorher genannten Möglichkeiten.

Natürlich können Sie eine Tonung in Photoshop auch über andere Wege erreichen: Farbbalance, Variationen oder die Gradationskurve sind Beispiele für Alternativen. Der Vorteil der Tonung in der Digitalfotografie liegt nicht nur in den erweiterten Gestaltungsmöglichkeiten. Sie können mit einer leichten Tonung oft Mängel in der Graubalance eines Ausgabegeräts überdecken oder einen Farbstich in eine erwünschte Richtung lenken.

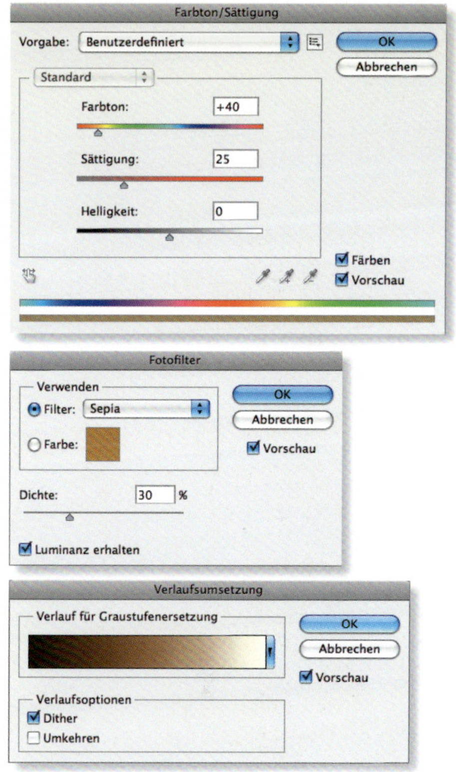

▲ **Abbildung 10.17**
Sie haben in Photoshop verschiedene Möglichkeiten, um Ihre Bilder zu tonen

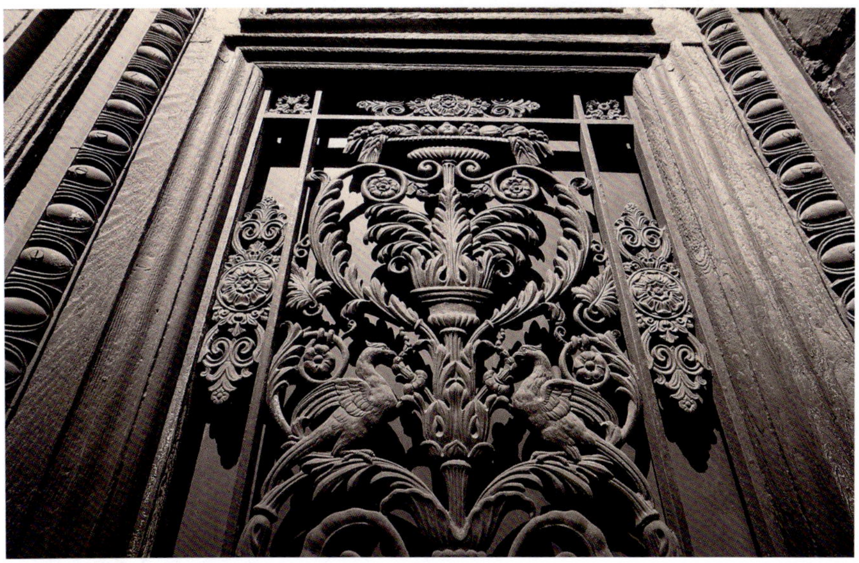

◂ **Abbildung 10.18**
Das harte Streiflicht auf dieser Tür in Nantes eignet sich gut für ein Schwarzweißbild. Das Foto wurde in Photoshop mit dem Fotofilter Sepia in 30 % Stärke getont.

12 mm | f9,0 | 1/125 s | ISO 200 | APS-C-Sensor

10.6 Kontrast

Der Kontrast beschreibt die Helligkeitsverteilung im Bild. Bei geringem oder weichem Kontrast liegen die meisten Tonwerte in einem engen Bereich und setzen sich nicht stark voneinander ab. Bei Farbbildern lässt die Farbstimmung oft vergessen, dass der Helligkeitskontrast gering ist. Schwarzweißbilder wirken bei geringem Kontrast meist flau, es sei denn, der Tonwertumfang liegt hauptsächlich in den Lichtern (**High Key**) oder in den Schatten (**Low Key**).

Ein hoher oder harter Kontrast ist in der Schwarzweißfotografie eher selten ein Problem. In der Farbfotografie würden die Farben dagegen unnatürlich wirken, wenn der Kontrast zu stark wird. In der Schwarzweißfotografie wird sogar ein Ausfressen der Lichter oder ein Zulaufen der Schatten toleriert, wenn es zum Motiv passt. Im Normalfall sollten Sie aber darauf achten, dass der Tonwertumfang im Bild nicht überschritten wird, von kleinen Spitzlichtern abgesehen.

Den Kontrast können Sie in der Schwarzweißfotografie sehr weitgehend steuern. Sie haben zwar nur wenig Einflussmöglichkeiten bei der Ausarbeitung eines Schwarzweißbildes, aber diese lassen Ihnen einen großen Spielraum.

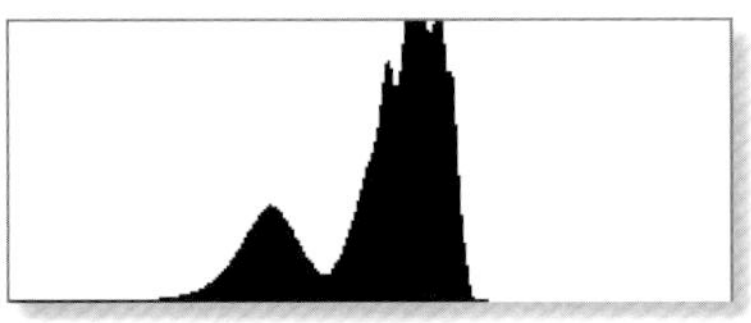

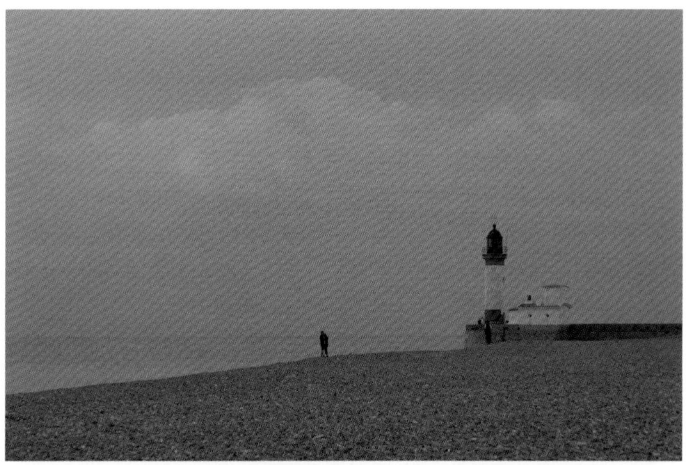

Abbildung 10.19 ▸
Das Bild des Leuchtturms wurde nach Sonnenuntergang an einem bedeckten Tag aufgenommen, der Kontrast ist sehr gering, die Tonwerte im Histogramm liegen hauptsächlich in der Mitte.

65 mm | f7,1 | 1/60 s | ISO 400 | APS-C-Sensor

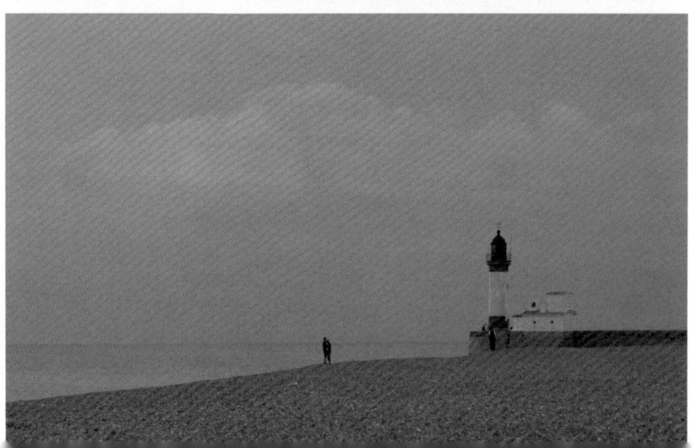

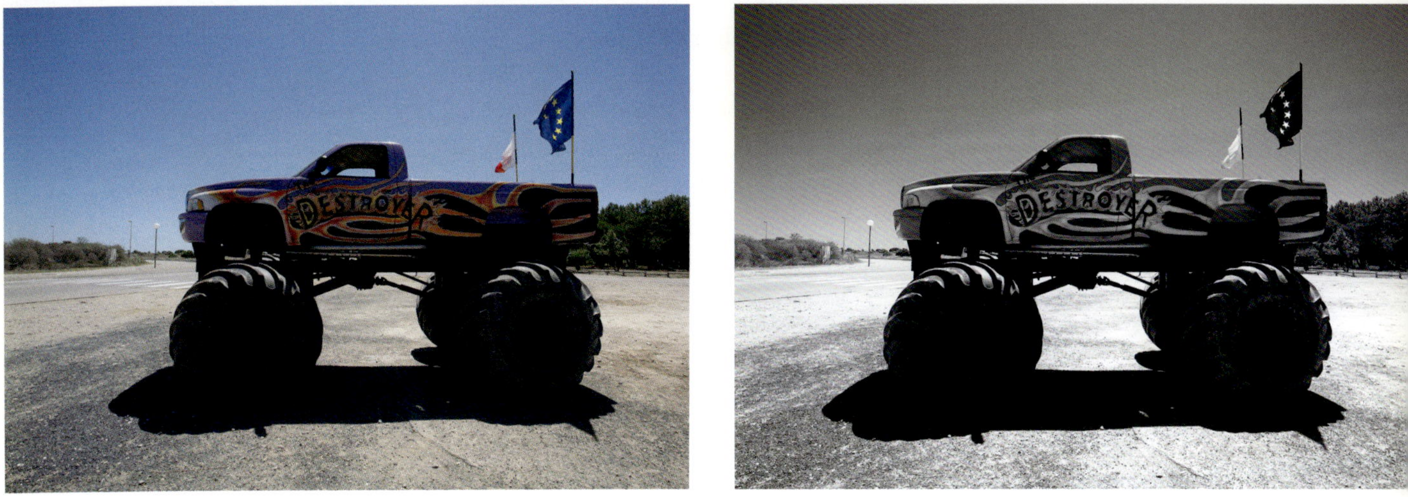

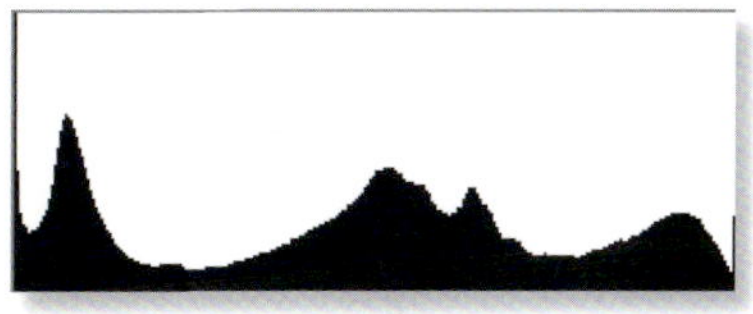

▲ **Abbildung 10.20**
Der Pickup steht in der harten Mittagssonne in Südfrankreich. Gleißendes Sonnenlicht und tiefe Schatten erzeugen einen harten Kontrast. Das Histogramm nutzt den gesamten Tonwertumfang und hat Spitzen an den Enden.

20mm | f11 | 1/200s | ISO 125

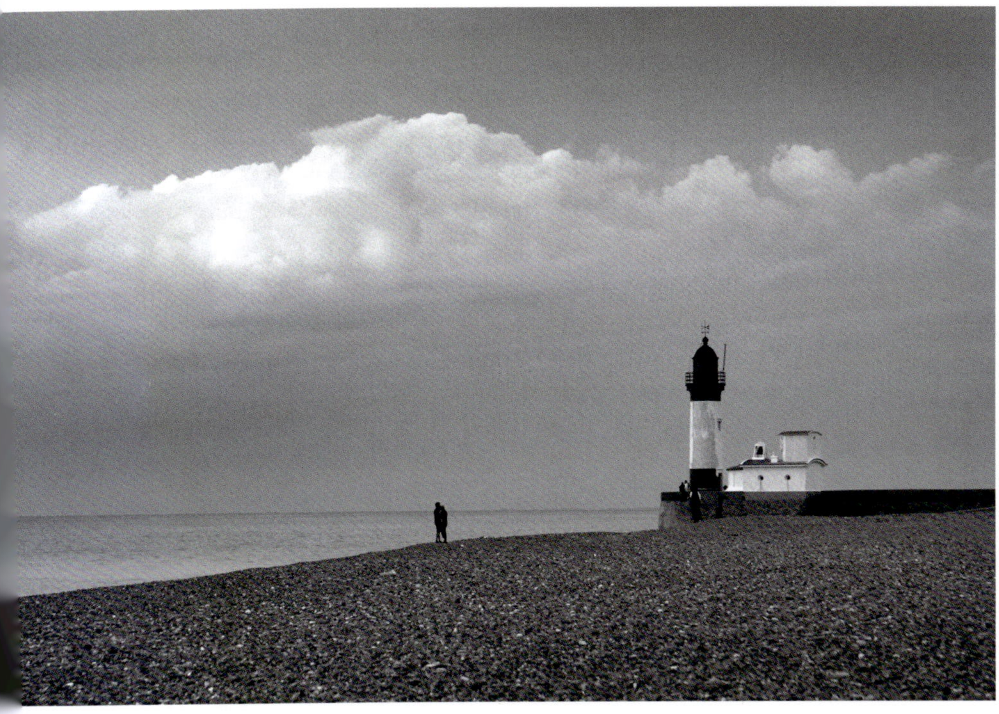

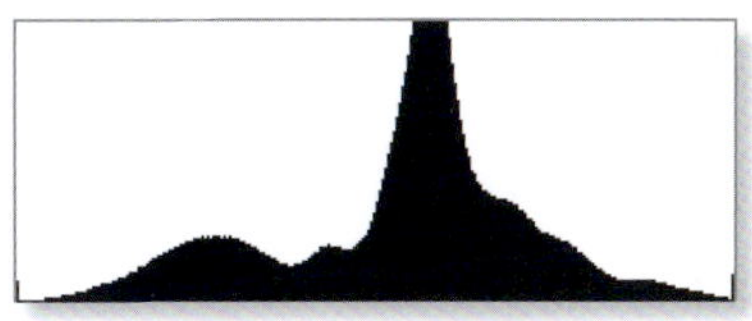

◂ **Abbildung 10.21**
Die Aufnahme des Leuchtturms wurde nachbearbeitet, um den Kontrastumfang ganz auszunutzen. Die Wolken, die in der ersten Version kaum zu sehen sind, treten jetzt deutlich hervor.

10.7 Gradation

Die Gradation beschreibt, wie steil die Helligkeitskurve einer Tonwertumsetzung ansteigt. Zu analogen Zeiten hat man die Gradation über die Filmentwicklung und die Wahl des Fotopapiers gesteuert. Wenn ein Film stärker belichtet wurde und kürzer entwickelt, wurde das Negativ weicher (kontrastärmer), als wenn man den Film unterbelichtete und länger entwickelte (**Pushen** genannt), weil damit die nutzbare Empfindlichkeit erhöht werden konnte.

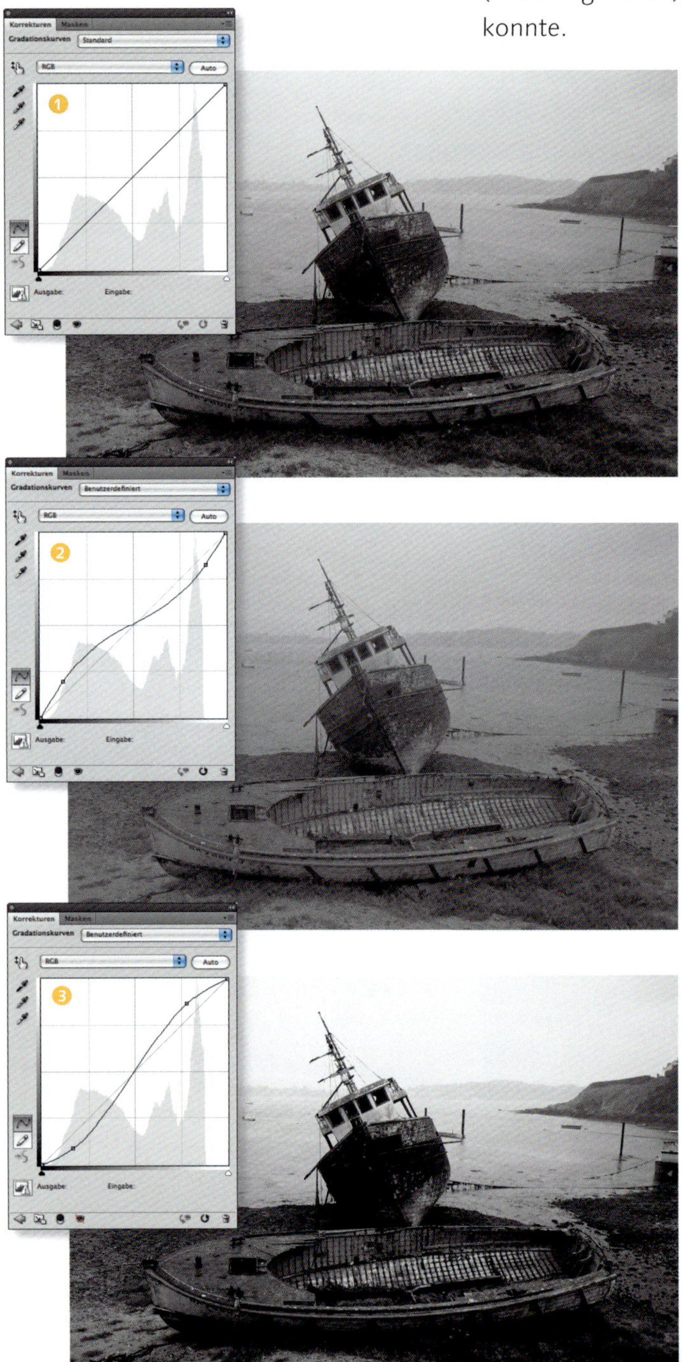

Ebenso gab es Papiersorten der Gradation 0 (sehr weich) bis Gradation 5 (sehr hart). So konnte man ein weiches oder sehr hartes Negativ mit dem Papier ausgleichen, hatte aber auch einen großen Gestaltungsspielraum für die Kontrastwahl.

In der digitalen Fotografie können Sie die Gradation beliebig steuern. Wenn Sie die Gradationskurve in Photoshop (Bild • Korrekturen • Gradationskurven) in den Schatten ❶ anheben und in den Lichtern ❷ absenken, dann verläuft sie in der Mitte flacher als die 45° einer unkorrigierten Kurve – das Bild erscheint weich und kontrastarm.

Eine unkorrigierte Gradationskurve bildet jeden Tonwert auf sich selbst ab und verändert nichts. Sie können eine Gradationskurve sehr weitgehend und mit sehr vielen verschiedenen Punkten steuern. Diese Vorgehensweise kann ein Bild aber auch schnell zerstören. Wenn zum Beispiel unterschiedliche Tonwerte auf denselben Wert abgebildet werden, wirkt das Bild nicht mehr fotografisch.

Wenn Sie die Lichter anheben und die Schatten absenken ❸, wird die Kurve steiler und das Bild härter.

◂ Abbildung 10.22
Mit der Gradationskurve können Sie den Kontrast Ihrer Bilder wie früher mit der Wahl der Papiergradation steuern. Die 45°-Gerade entspricht der normalen Gradation ❶, die Kurve mit angehobenen Schatten und abgesenkten Lichtern der Gradation »weich« ❷ und die Kurve mit abgesenkten Schatten und angehobenen Lichtern der Gradation »hart« ❸.

Da Sie die Endpunkte nicht verändert haben, bleibt der Kontrastumfang erhalten, das heißt, es kommt nicht zu ausgefressenen der Lichtern oder zugelaufenen Schatten. Die Steuerungsmöglichkeiten sind deutlich einfacher als in der analogen Fotografie.

10.8 Partialkontrast verbessern

Unter Partialkontrast versteht man den Kontrast der einzelnen Bildbereiche zueinander. Er ist wichtig für die Differenzierung der Bildelemente und einen angenehmen Bildeindruck. Sie können den Partialkontrast erhöhen, indem Sie den Gesamtkontrast erhöhen. Das führt allerdings manchmal dazu, dass der Kontrast insgesamt als zu hoch empfunden wird.

Das Beispielbild (4) ist eine Ansicht eines mallorcinischen Küstenabschnitts. Am Aufnahmetag herrschte eine leicht gewittrige Stimmung, die Luftperspektive lässt die einzelnen Landzungen auf dem Bild nach hinten hin immer heller erscheinen. Trotzdem trennen sich die Bereiche gerade in der Mitte nicht besonders gut, und das Bild erscheint etwas zu weich.

In Bild (5) wurde die Gradation erhöht, und die Trennung ist jetzt gut, aber die Lichtstimmung geht verloren. Im Himmel ist kaum noch Zeichnung, das Bild ist etwas zu hart geworden. Es funktioniert zwar noch als Foto, aber es gibt eine veränderte Lichtstimmung wieder.

Bei Bild (6) ist der Partialkontrast ähnlich hoch wie beim zweiten. Der Gesamtkontrast ist jedoch nur wenig höher als beim ersten Bild, die Stimmung wurde erhalten und die Schwarzweißumsetzung trotzdem verbessert. Wie können Sie das erreichen? Sie benötigen dafür eine lokale Kontraststeigerung, ohne den globalen Kontrast zu stark zu verändern.

Der Trick heißt UNSCHARF MASKIEREN – dieser Photoshop-Filter wird dabei aber anders als üblich verwendet. Mit einem kleinen RADIUS von 0,8–1,5 Pixeln und einer STÄRKE von 150% (übliche Werte für die Scharfzeichnung, dem Standardeinsatzbereich diese Filters) erreichen Sie eine deutliche Verstärkung der Kantenschärfe.

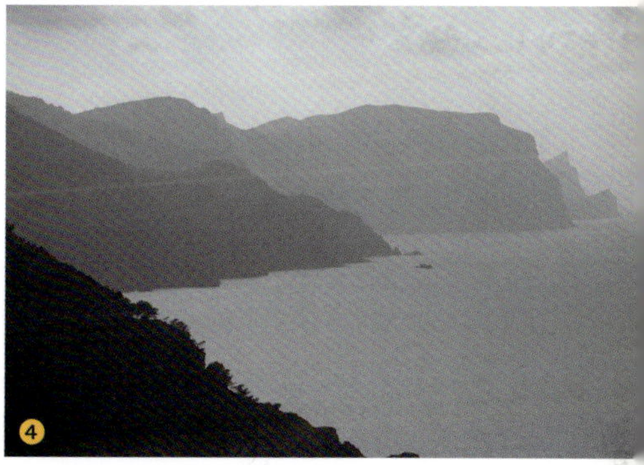

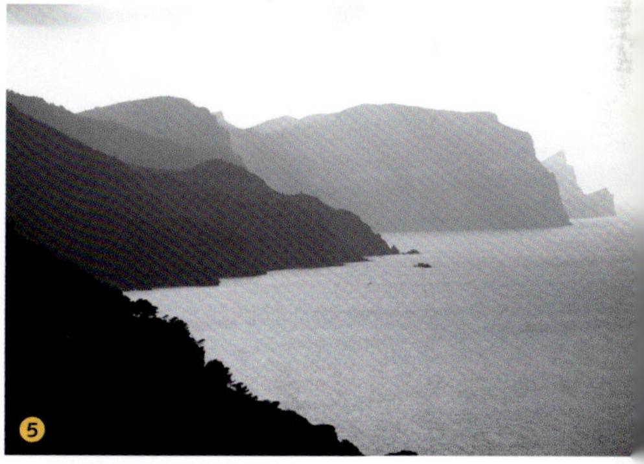

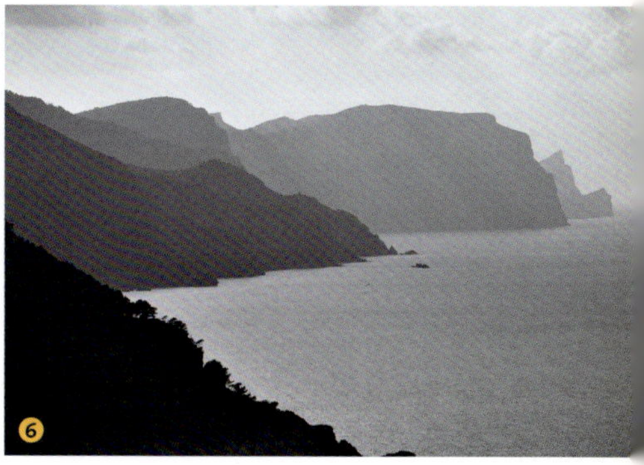

Abbildung 10.23 ▶
Das erste Bild wirkt etwas flau, den Kontrast insgesamt zu erhöhen, führt zu ausgefressenen Lichtern. Wenn Sie allerdings den Partialkontrast mit der hier gezeigten Methode steigern, trennen sich die Bildelemente deutlich besser, ohne dass der Gesamtkontrast Probleme bereitet.
190 mm | f6,3 | 1/1250 | ISO 100

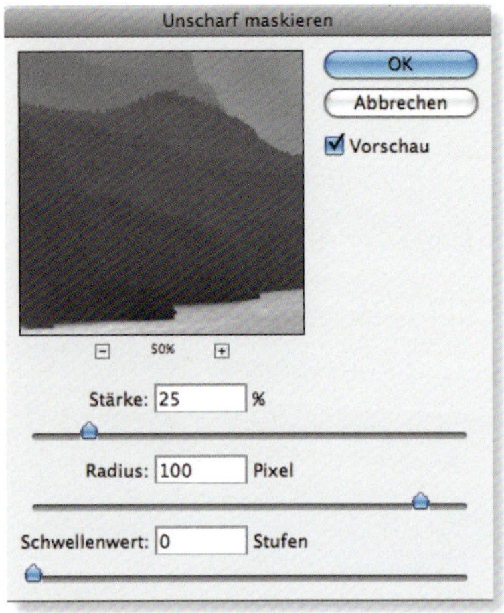

▲ **Abbildung 10.24**
Mit dem Photoshop-Filter Unscharf maskieren können Sie nicht nur Ihre Bilder nachschärfen. Er kann auch zur Steigerung des Partialkontrasts verwendet werden.

Wenn Sie nun stattdessen einen sehr großen Radius wählen und die Stärke dafür gering halten, erhöhen Sie den Partialkontrast. Der Radius muss so groß sein, dass man ihn nicht mehr als Schein um die Kanten wahrnimmt. In diesem Beispiel wurde ein Radius von 100 Pixeln bei einer Stärke von 25% verwendet. Diese Werte sind auf eine Bildgröße von 3 Megapixeln bezogen, bei größeren Bildern kann es manchmal sinnvoll sein, den Radius weiter zu erhöhen.

10.9 Nachbelichten

Bei der analogen Schwarzweißvergrößerung schattet man das Licht des Vergrößerers oft im manchen Bereichen ab (diesen Prozess nennt man **Abwedeln**), während andere nachbelichtet werden. So hat man weitergehende Steuerungsmöglichkeiten für die Tonwerte und kann mit härterem Fotopapier arbeiten, weil man so die Schatten und Lichterbereiche wieder in den Tonwertumfang des Papiers zurückholen kann.

Für den Digitalfotografen erscheint es im ersten Moment vielleicht etwas paradox, dass Nachbelichten das Bild dunkler macht und Abwedeln heller. Aber die analoge Schwarzweißtechnik ist eine Negativtechnik. Das Silber wird nach der Entwicklung dort dunkel, wo es belichtet wurde. Und so ergibt ein Filmnegativ, das auf Negativpapier belichtet wurde, ein Positiv.

In Photoshop haben Sie das Abwedler-Werkzeug und das Nachbelichter-Werkzeug zur Verfügung. Die Symbole sind für Fotografen mit Dunkelkammererfahrung fast selbsterklärend. Der Abwedler erinnert an eine Pappschablone am Draht, mit der man bestimmte Bildbereiche abschattet, um sie aufzuhellen. Der Nachbelichter ist eine zum Loch geformte Hand, mit der man zusätzliches Licht nach der Standardbelichtungszeit nur noch auf ausgewählte Bereiche gibt.

Abbildung 10.25 ▶
Diese Aufnahme wurde in Photoshop gelb gefiltert, trotzdem sind die Tonwerte noch nicht optimal.

135mm | f8,0 | 1/320s | ISO100

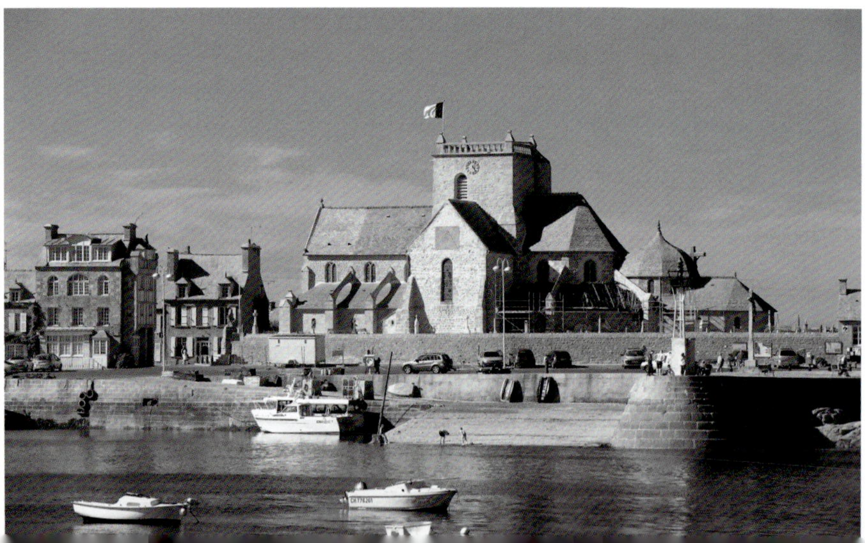

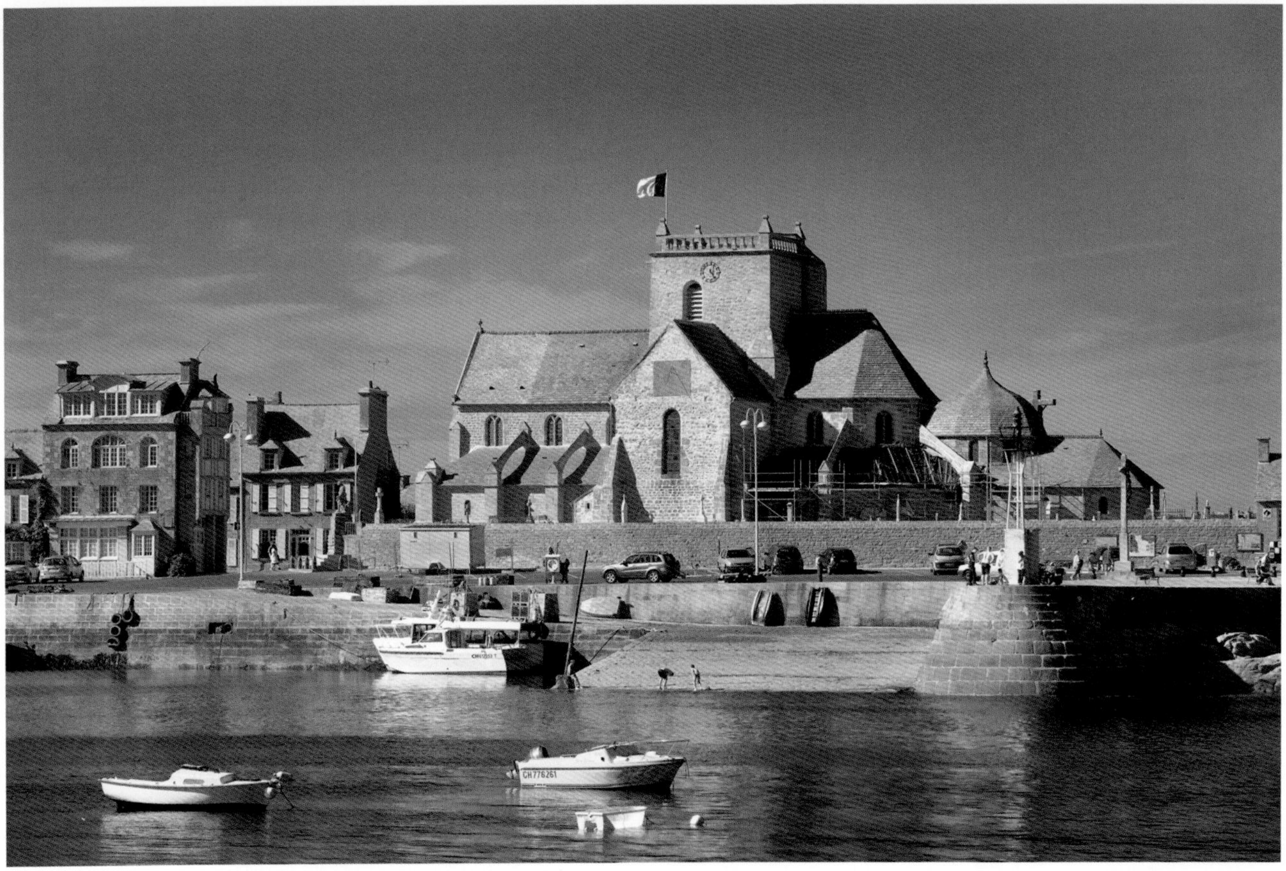

▲ Abbildung 10.26
In dieser zweiten Version wurden der Himmel und Teile der Kirche nachbelichtet und die Schattenbereiche leicht abgewedelt. Die Tonwerte wirken harmonischer.

Im Unterschied zur Dunkelkammer können Sie in Photoshop den Wirkungsbereich der Werkzeuge auf die Tiefen, Mitteltöne oder Lichter beschränken. Die Werkzeuge haben den Nachteil, dass sie leicht einen »gemalten« Eindruck erzeugen. Sie sollten deshalb die Belichtung auf niedrige Prozentzahlen einstellen (5–12 %) und lieber mehrfach leicht versetzt über die zu bearbeitenden Bereiche malen. Noch feiner lassen sich die Werkzeuge abstufen, wenn Sie ein Grafiktablett mit einem drucksensitiven Stift anstelle der Maus einsetzen. Selbst die günstigen Amateurgeräte (etwa die Bamboo-Reihe von Wacom) bieten schon große Vorteile gegenüber einer Maus.

Eine andere Methode, um die Helligkeit von Bildbereichen zu verändern, ist, eine weiche Auswahl zu erstellen und diese dann über die Gradationskurven abzudunkeln oder aufzuhellen. Für größere Bildbereiche ist diese Technik vorzuziehen, weil Sie so leichter einen natürlichen Eindruck erzeugen können.

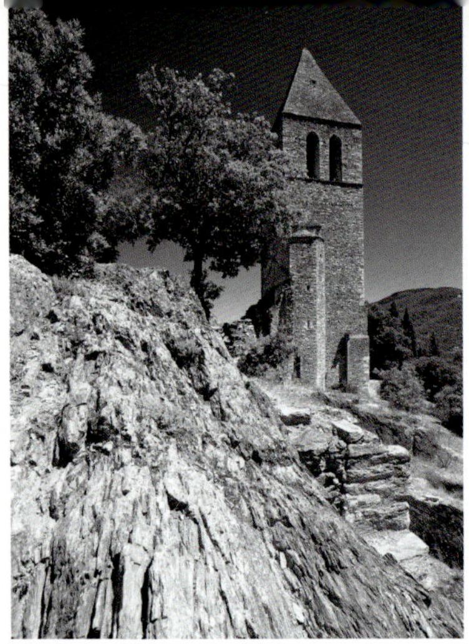

▲ **Abbildung 10.27**
In diesem Bild zieht der helle Felsen vorne links den Blick zu sehr an, er soll abgedunkelt werden, damit der Kirchturm bildwichtiger wird.

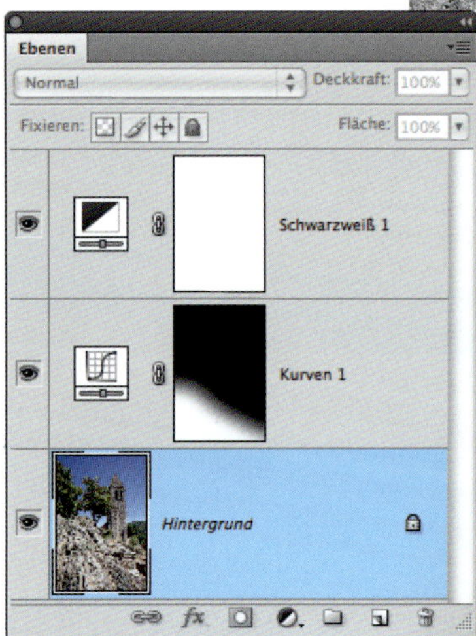

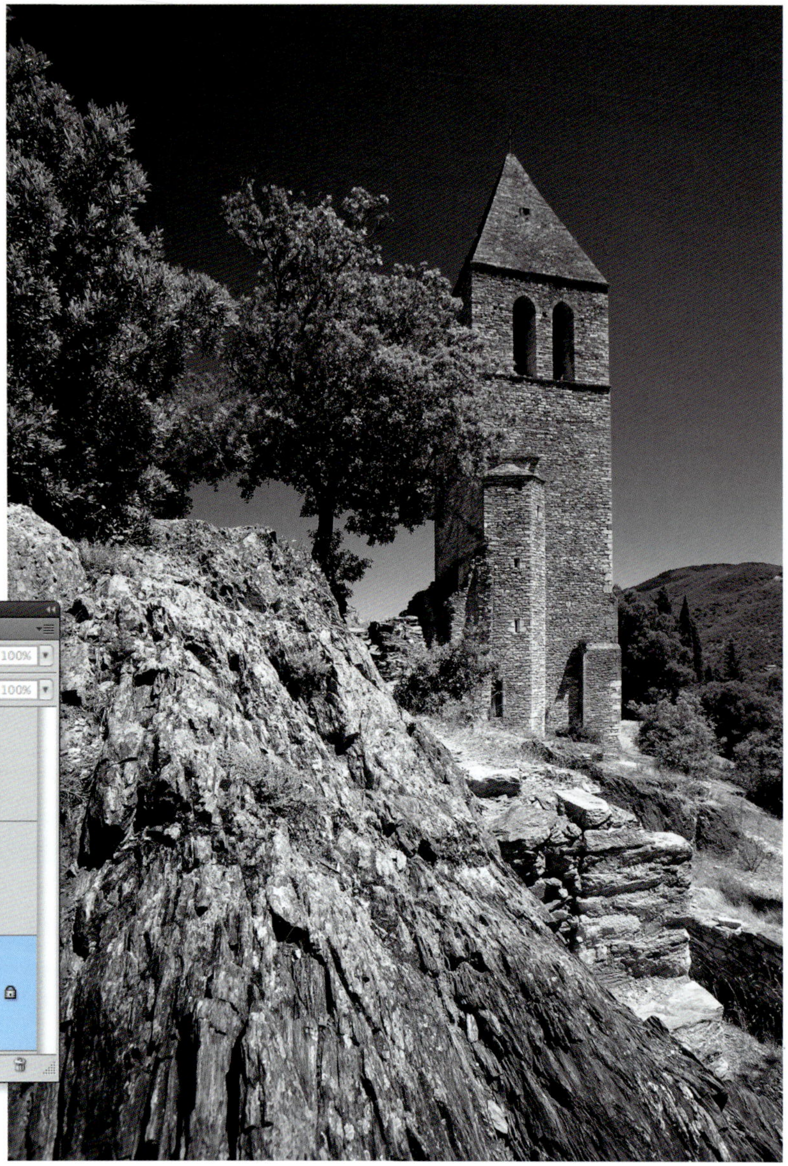

Abbildung 10.28 ▶
Das Bild wird über eine Einstellungsebene partiell abgedunkelt und über eine weitere in Schwarzweiß umgewandelt. Auf diese Weise bleiben Sie frei in den Bearbeitungsmöglichkeiten, weil die Originaldaten immer erhalten werden.

Im Beispielbild aus Abbildung 10.27 wurde der Bereich des Felsens mit dem Polygon-Lasso ausgewählt, eine Weiche Auswahlkante von 120 Pixeln erzeugt und dann eine neue Einstellungsebene für die Gradationskurven angelegt. Dort wurden dann die entsprechenden Bereiche dunkler gezogen. Wie diese Arbeitsschritte im Detail in Photoshop ausgeführt werden, können Sie anhand eines praktischen Beispiels im folgenden Abschnitt nachvollziehen.

10.10 Schwarzweißbildbearbeitung in der Praxis

Das Bild »Pisa.tif« ist aus einer RAW-Datei mit Standardeinstellungen konvertiert worden. Einzig der Regler Dynamik wurde etwas angehoben, um die Farben ein wenig besser zu trennen. Das Bild wurde daraufhin in Photoshop perspektivisch korrigiert und etwas verkleinert.

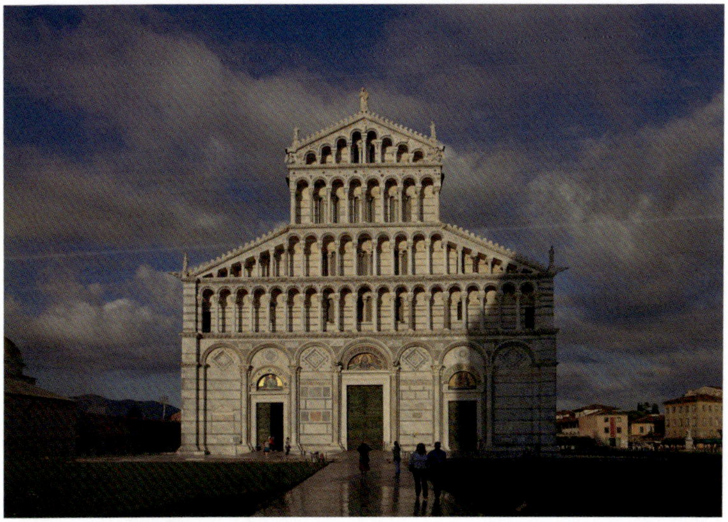

◄ Abbildung 10.29
Das Bild »Pisa.tif« finden Sie auf der DVD zum Buch. Falls Sie statt mit Photoshop mit Photoshop Elements arbeiten, finden Sie dort auch einen Schwarzweißworkshop aus meinem Photoshop-Elements-Buch als Alternative.

Schritt für Schritt: Schwarzweiß-Bildbearbeitung

1 Klicken Sie in der Ebenen-Palette auf das Symbol (1) Neue Füll- oder Einstellungsebene erstellen, und wählen Sie die Option Schwarzweiss. Das Bild erscheint nun in Schwarzweiß, alle Farbinformationen sind aber noch unverändert vorhanden. Die Umsetzung wirkt allerdings grau und weich. Der Farbkontrast wurde nicht genügend durch den Helligkeitskontrast ersetzt.

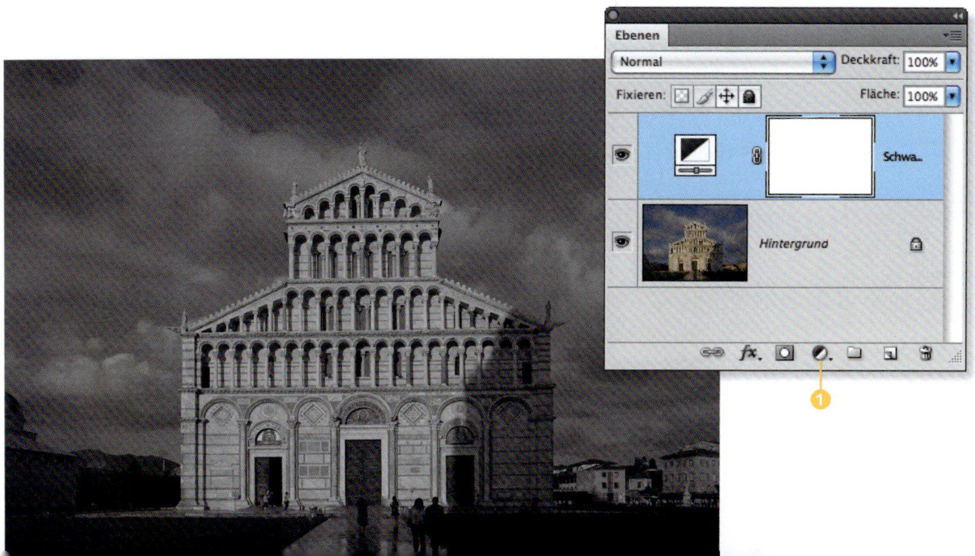

◄ Abbildung 10.30
Einstellungsebene für Schwarzweiss anlegen

2 Klicken Sie in der Korrekturen-Palette auf das Fingersymbol ②. Mit ihm können Sie direkt im Bild die Helligkeit der Einzelfarben bearbeiten. Klicken Sie auf einen möglichst blauen Bereich des Himmels, und ziehen Sie die Maus mit gedrückter Taste nach links, um den Farbbereich abzudunkeln. Dann klicken Sie auf einen der hellen Steine des Doms und ziehen mit gedrückter Maustaste nach rechts, um den Bereich aufzuhellen. Auf die gleiche Weise können Sie auch den Rasen links etwas aufhellen.

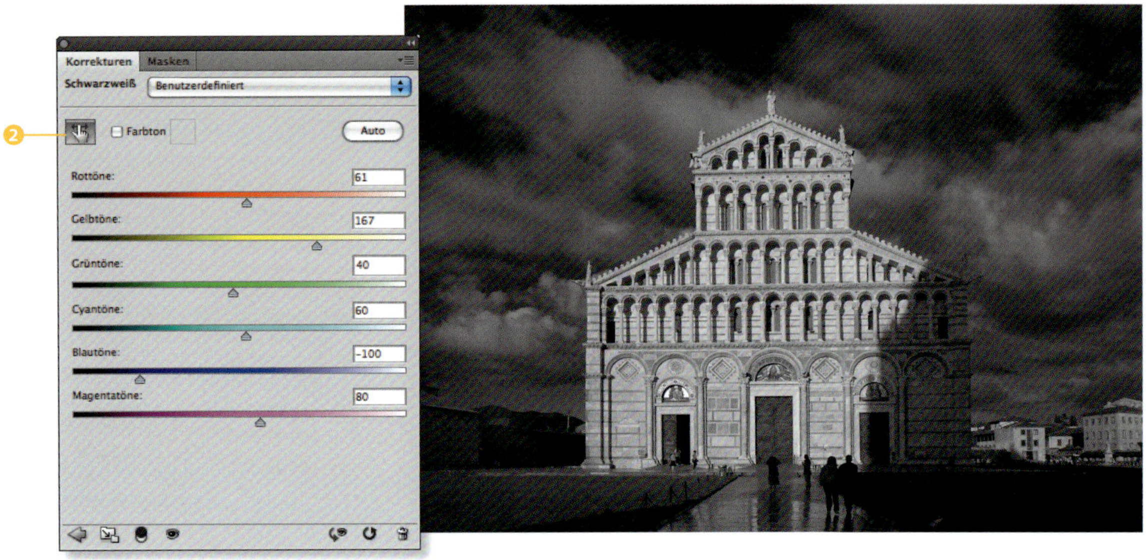

▲ **Abbildung 10.31**
Wenn Sie das Fingersymbol ② oben links anklicken, können Sie die Helligkeiten der Einzelfarben direkt im Bild mit gedrückter Maustaste ändern. Ziehen Sie nach links zum Abdunkeln und nach rechts zum Aufhellen (das funktioniert ab Photoshop CS4).

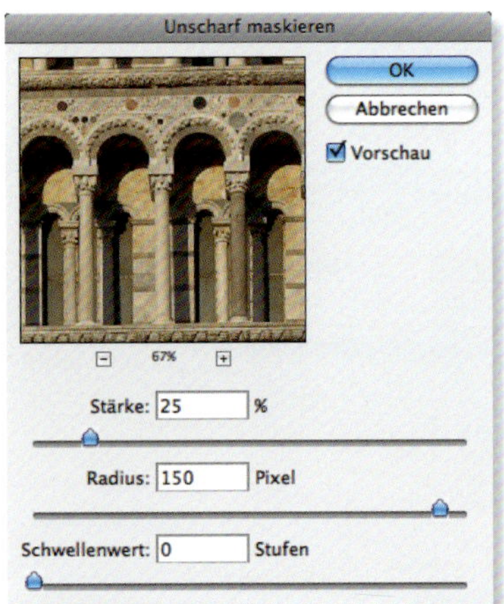

▲ **Abbildung 10.32**
Unscharf maskieren aufrufen

3 Klicken Sie dann auf die Hintergrundebene, und rufen Sie Filter • Scharfzeichnungsfilter • Unscharf maskieren auf. Stellen Sie die Stärke auf 25 % und den Radius auf 150 Pixel. Der Partialkontrast wird so erhöht, und das Bild wirkt insgesamt »knackiger«. Der Himmel ist allerdings immer noch etwas gräulich.

4 Wählen Sie das Polygon-Lasso aus der Werkzeugpalette, und wählen Sie den Himmel mit ein wenig Luft zum Dom und zum Hintergrund aus. Rufen Sie Auswahl • Auswahl verändern • Weiche Kante aus, und geben Sie einen Wert von 150 Pixeln ein.

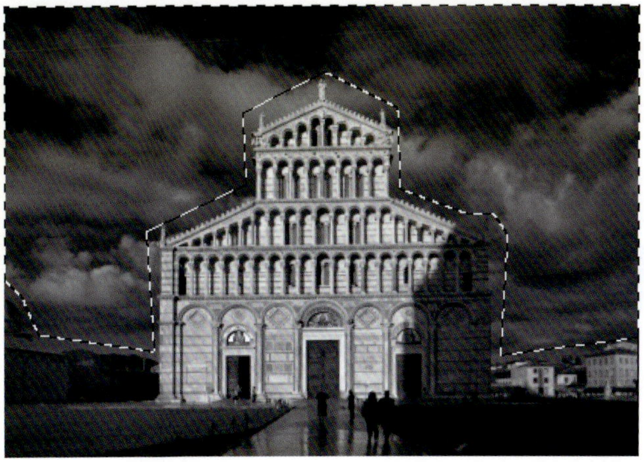

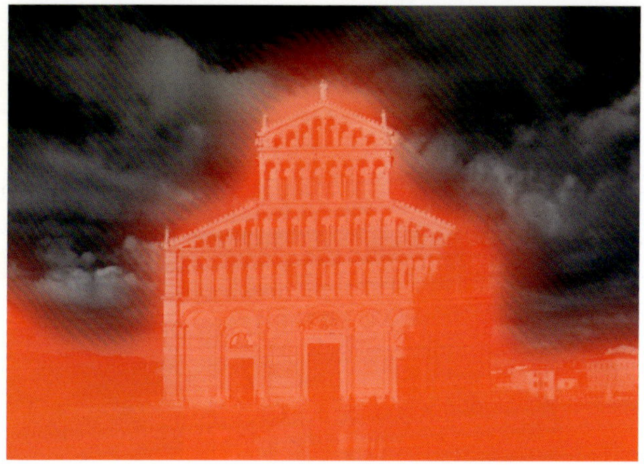

▲ **Abbildung 10.33**
Mit der Taste Q kommen Sie in den Maskierungsmodus, in dem Sie gut überprüfen können, wie weich Ihre Auswahl geworden ist. Drücken Sie danach erneut Q, um im Normalmodus weiterarbeiten zu können.

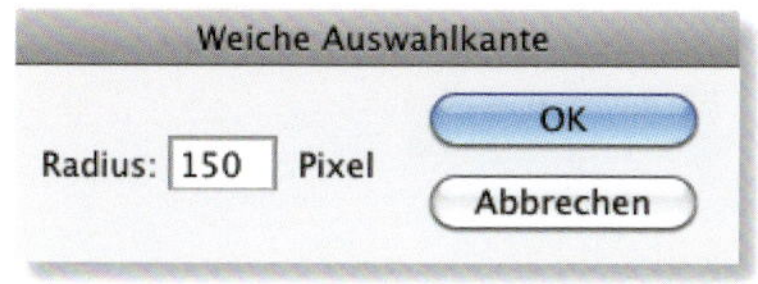

▲ **Abbildung 10.34**
Weichen Auswahlrand einstellen

5 Klicken Sie in der Ebenen-Palette erneut auf das Symbol ④ für Neue Füll- oder Einstellungsebene erstellen, und wählen Sie diesmal die Option Gradationskurven. Die weiche Auswahl wird so automatisch zur Ebenenmaske der Einstellungsebene (dies passiert immer, wenn Sie mit einer aktiven Auswahl eine neue Einstellungsebene anlegen). Alle Korrekturen wirken jetzt nur im ausgewählten Bereich. Heben Sie die Kurve am hellen Ende des Histogramms deutlich an, um die hellen Bereiche der Wolken mehr strahlen zu lassen. Ziehen Sie die Kurve am unteren Ende des Tonwertbereiches dann wieder herunter, denn Sie wollen den Kontrast erhöhen und nicht nur den Himmel aufhellen. Das Endergebnis unterscheidet sich stark von der neutralen Umwandlung. Es fängt die Stimmung vor Ort mit der tiefstehenden Abendsonne und dem bewegten Wolkenhimmel trotz der starken Veränderung durch die Bildbearbeitung viel besser ein.

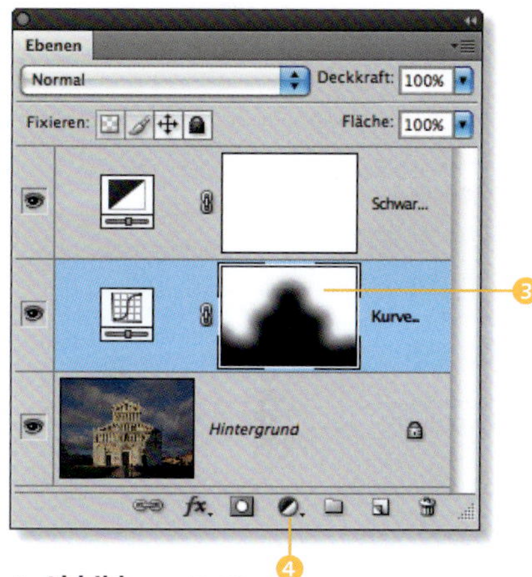

▲ **Abbildung 10.35**
Die Auswahl ist zur Ebenenmaske ③ der Einstellungsebene geworden.

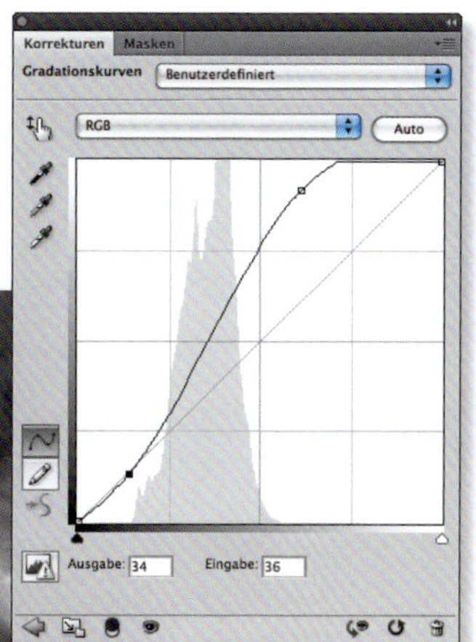

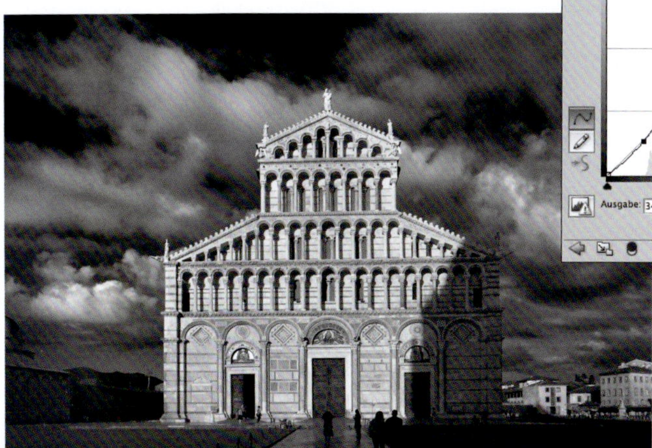

◀ **Abbildung 10.36**
Mit einer angepassten Gradationskurve wirkt das Bild deutlich dramatischer.

6 Klicken Sie erneut in der Ebenen-Palette auf das Symbol für eine neue Einstellungsebene, und wählen Sie jetzt die Option Fotofilter. Stellen Sie Filter auf Sepia und die Dichte auf 40 %. Das Häkchen vor Luminanz erhalten lassen Sie gesetzt, weil das Filter sonst das Bild abdunkelt. Das Endergebnis finden Sie zum Vergleich ebenfalls auf der Buch-DVD.

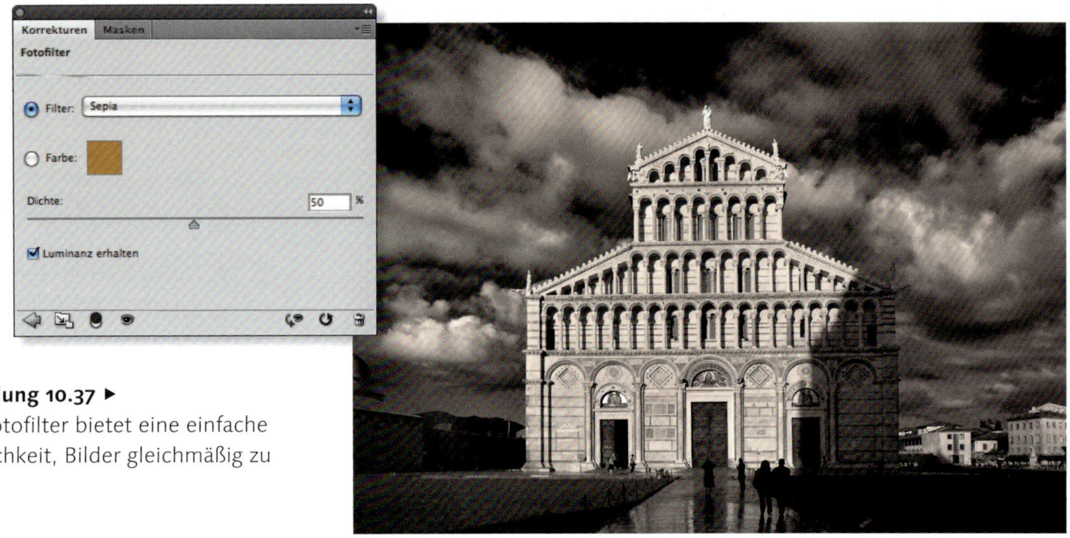

Abbildung 10.37 ►
Das Fotofilter bietet eine einfache Möglichkeit, Bilder gleichmäßig zu tonen.

Wenn Sie die Ausgabequalität gut kontrollieren können, ist eine ungetonte Variante oft schöner. Eine Tonung ist eine gestalterische Option, die Sie nur bewusst einsetzen und nicht zum Standard machen sollten. ■

10.11 Ausgabe

Bei Schwarzweißbildern ist die Erwartungshaltung bezüglich der Ausgabequalität eher noch höher als bei Farbbildern. Beim Wort **Fine Art Print** denken die meisten Menschen an Schwarzweiß. Der Tonwertreichtum, die Graubalance und die Oberfläche sollen ein harmonisches Ganzes ergeben – bei vielen Ausgabeverfahren stößt man da schnell an die Grenzen.

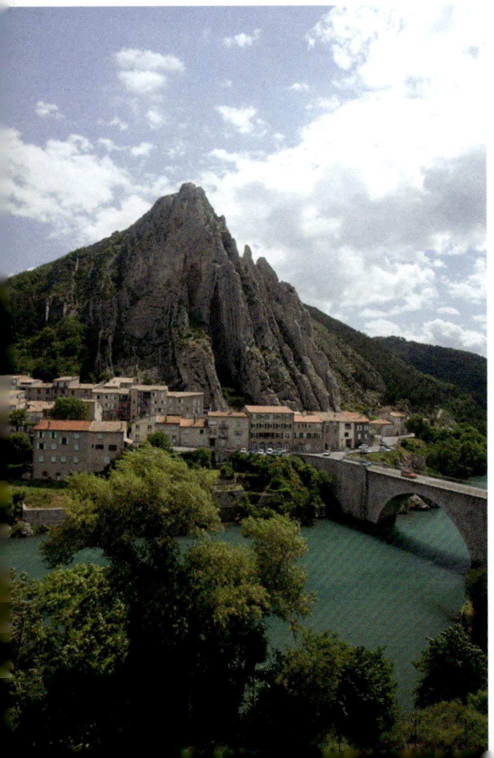

◄ **Abbildung 10.38** ►
Wie aus diesem Farbbild das Schwarzweißbild auf der gegenüberliegenden Seite wurde, können Sie anhand der Datei »Sisteron.tif« auf der Buch-DVD und in Photoshop selbst herausfinden. Alle Einstellungsebenen sind in der Datei erhalten geblieben.
20 mm | f10 | 1/250 s | ISO 125

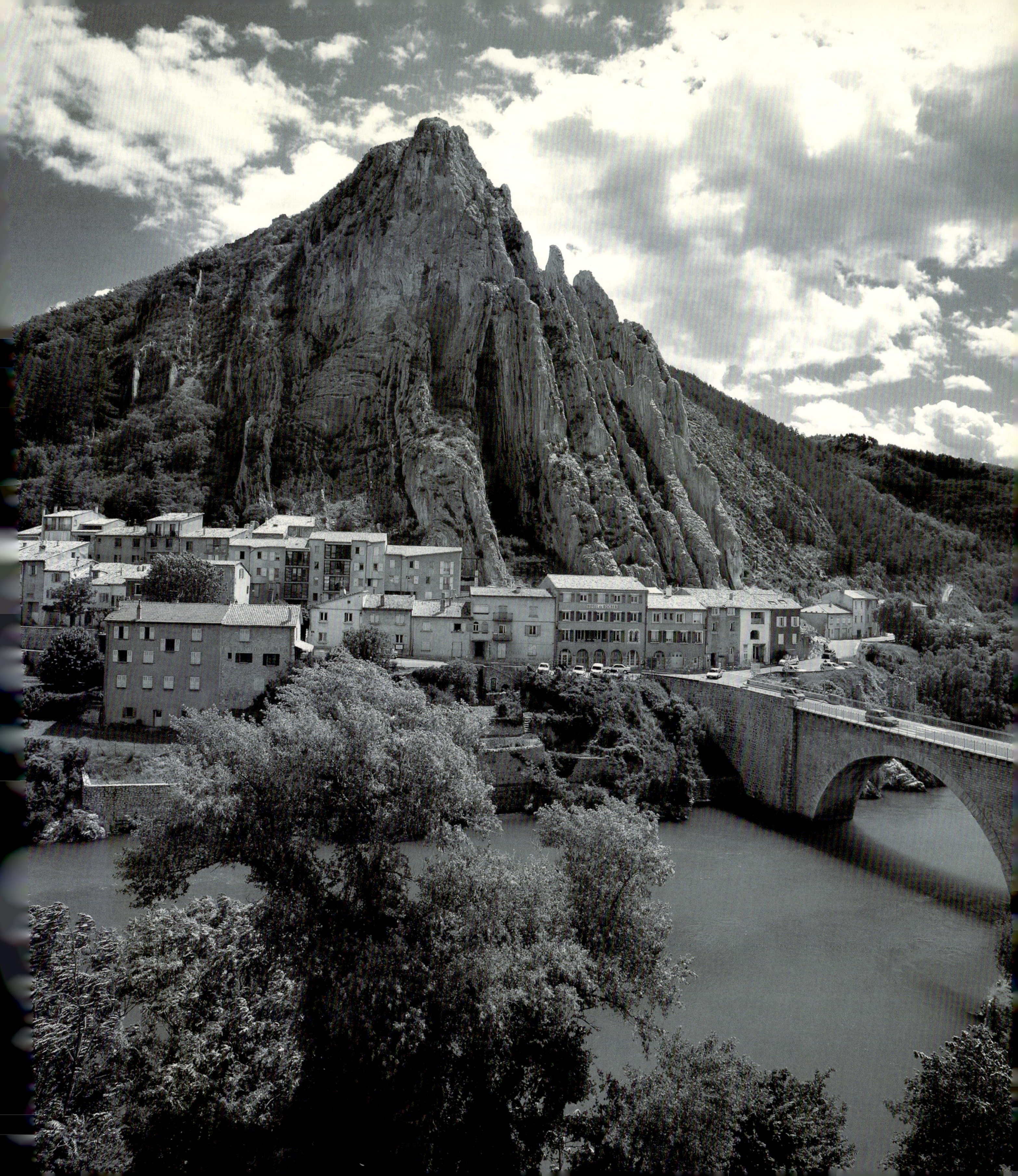

Es gibt verschiedene Möglichkeiten:

- **Ausbelichtung im Standard-Fotolabor:** Das Bild wird im gleichen Prozess wie Farbbilder auf Fotopapier ausbelichtet. Das Ergebnis ist günstig und haltbar, allerdings kann die Farbabstimmung etwas abweichen und die Aufnahmen so einen Farbstich bekommen. Wenn Sie Ihre Bilder ohnehin leicht tonen, wird das eventuell nicht auffallen. Die Bildtiefe, das heißt das reine Schwarz, ist manchmal etwas blass.
- **Ausbelichtung auf Schwarzweißpapier:** Das ist eine selten angebotene Dienstleistung und etwas teurer als die anderen Optionen, dafür lassen sich Bilder sogar auf Barytpapier ausgeben, was der Anmutung eines klassischen Schwarzweißabzugs am nächsten kommt. Barytpapiere sind Fotopapiere, bei denen das Papier auf einer Seite mit Bariumsulfat beschichtet ist. Sie verbinden eine schöne Oberfläche mit einem natürlichen Papiereindruck. Die Alternative sind PE-Papiere, die beidseitig mit Polyethylen beschichtet sind. Sie lassen sich einfacher verarbeiten, wirken aber wie Plastik. Falls Sie noch selbst analog vergrößern, sollten Sie Barytpapier einmal ausprobieren. Es muss allerdings viel länger gewässert werden, um chemikalienfrei zu werden.
- **Tintenstrahldrucker:** Sie sind relativ günstig in der Anschaffung und können zu Hause verwendet werden. Ihre Schwarzweißqualität ist aber nicht immer perfekt. Sie sollten ein Schwarzweißbild nicht ausschließlich in Schwarzweiß drucken, weil der Drucker dann versucht, nur mit kleinen schwarzen Punkten alle Tonwerte zu erzeugen. Das Ergebnis hat dann meist sichtbare Punkte in den Lichtern, ist eher flach, wenig homogen, und das Maximalschwarz ist auch nicht richtig tief. Wenn Sie in Farbe drucken, muss der Drucker eine gute Graubalance aufweisen und eine feine Tonwertabstufung in den Lichtern haben, ansonsten sehen Sie kleine farbige Punkte und die Farbe kippt innerhalb des Grauverlaufs. Sehr hochwertige Fotodrucker haben oft die Möglichkeit, mehrere Schwarz- oder Grautinten gleichzeitig einzusetzen, um perfekt Schwarzweißdrucke zu erzeugen. Die erzielbare Qualität steht dann einem Fotoabzug in nichts nach, vor allem wenn sie sehr hochwertige Papiere verwenden. Die Druckkosten liegen aber oft über dem, was Sie für Ausbelichtungen im Großlabor zahlen müssen, dafür haben Sie mehr Kontrollmöglichkeiten und können spontan Ausdrucke erstellen. Gute Fotodrucker erzeugen heutzutage Bilder, die in puncto Haltbarkeit mindestens so gut sind wie ein echter Fotoabzug.

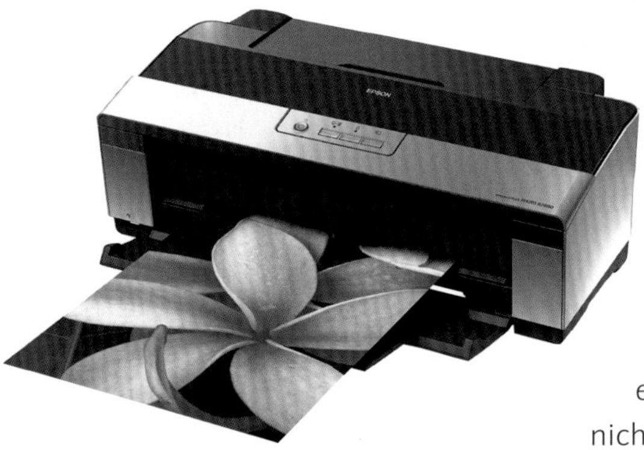

▲ **Abbildung 10.39**
Der Epson Stylus Photo R2880 ist auch für die Ausgabe von Schwarzweißbildern optimiert. Er druckt mit fünf farbigen und vier verschiedenen schwarzen Patronen (Bild: Epson).

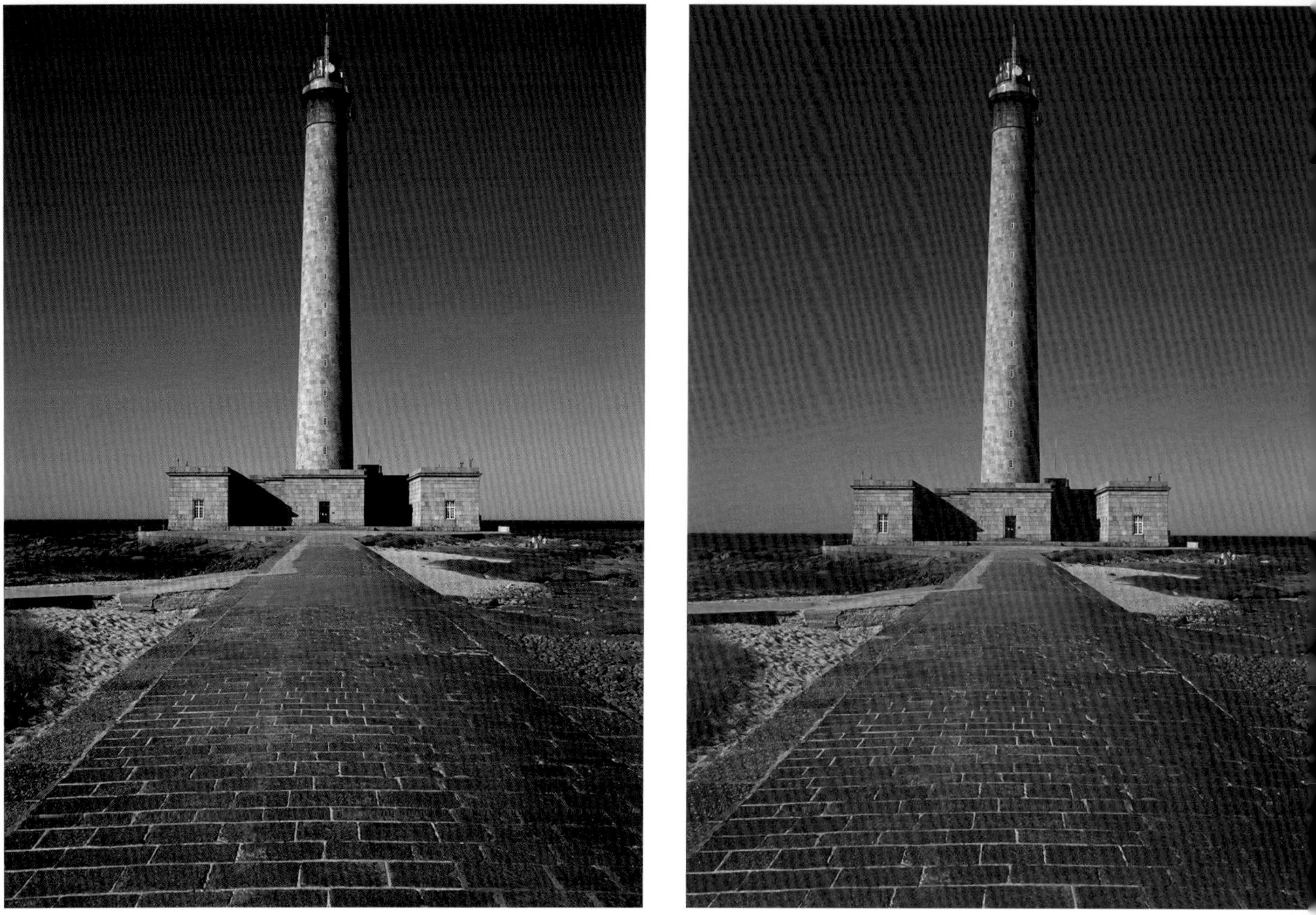

▲ **Abbildung 10.40**
Das linke Bild wurde in vier Farben gedruckt. Es hat mehr Tonwerte und Tiefe als das rechte, das nur mit Schwarz gedruckt wurde. Dafür besteht beim in Farbe gedruckten Bild die Gefahr eines Farbstichs.
40 mm | f9,0 | 1/1000 s | ISO 200

10.12 Fazit

Schwarzweißfotografie ist mit der digitalen Technik etwas seltener geworden, aber es sind nur jene Bereiche weggefallen, bei denen man früher aus technischen Gründen in Schwarzweiß arbeiten musste. In der klassischen Fine-Art-Fotografie ist die Bedeutung von Schwarzweiß ungebrochen, und sie wird es auch bleiben.

Schwarzweißfotografie ist einerseits einfacher, weil die Bereiche des Farbdesigns, der Farbstimmung oder des Weißabgleichs wegfallen. Auf der anderen Seite sind die Ansprüche an die Lichtführung, die Schärfe und den Bildaufbau meist höher.

Abbildung 10.41 ▸
Der frische Schnee sorgt für weiche Schatten. Die Bildinformation ist gegenüber den farbigen Original deutlich reduziert. Das Bild wirkt sachlicher und dokumentarisch.

22 mm | f8,0 | 1/60 mm | ISO 100 | Polfilter

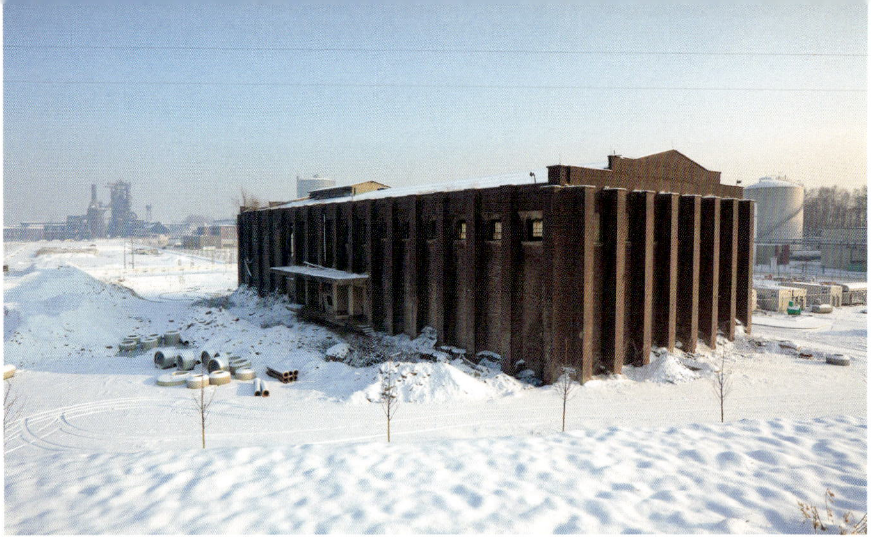

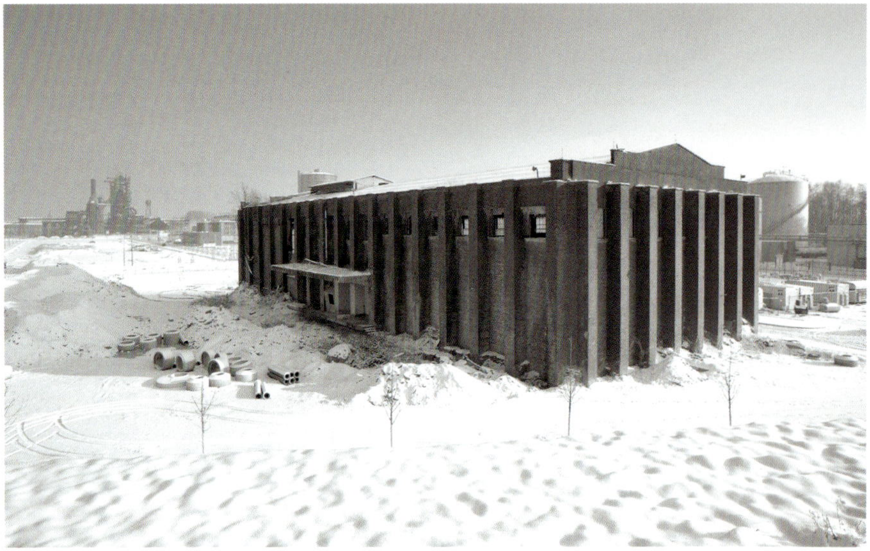

Schwarzweiß setzt gutes Ausgangsmaterial voraus, denn die Schwächen eines digitalen Bildes können im Laufe der Bearbeitung schnell sichtbar werden. Einen wirklich sauberen Himmel mit perfekten Tonwertabstufungen hinzubekommen, das gelingt nur mit hochwertigen Vorlagen. Um optimale Ergebnisse zu erzielen, fotografieren Sie im RAW-Format, arbeiten Sie im 16-Bit-Modus und in einem RGB-Farbraum. Ich verwende Einstellungsebenen in Photoshop für die Schwarzweißumwandlung, die Gradationsanpassung und die Nachbelichtungen. So bleibt die Originalqualität der Aufnahmedaten im Bearbeitungsprozess durchgängig erhalten.

Schwarzweiß hat eine eigene Wirkung. Obwohl der Verzicht auf die Farbe und damit auf den direkten emotionalen Einfluss der Farbe zu einer Versachlichung der Darstellung führt, hat Schwarzweiß eine eigene emotionale

Kraft, die sich wahrscheinlich aus einem Hauch Nostalgie und der Prägung durch gute Bilder und Filme zusammensetzt. Wie viele Menschen kennen Sie, die sagen, dass Sie Schwarzweißfotografie bevorzugen? Wie viele der besten Fotos, die Sie kennen, sind schwarzweiß?

ANREGUNGEN

1. Fotografieren Sie ein Porträt mit einer Belichtungszeit von mindestens zwei Sekunden, und erzeugen Sie daraus ein Schwarzweißbild.
2. Suchen Sie eines Ihrer Lieblingsbilder aus Ihrem Archiv, das sich für eine Schwarzweißumsetzung gut eignet, und wandeln Sie es mit Zeit und Sorgfalt in Schwarzweiß um. Versuchen Sie genau die Stimmung zu erzeugen, die Ihrem Eindruck vom Motiv entspricht.
3. Wenn Sie die Ausrüstung noch zur Verfügung haben, fotografieren Sie mal wieder Analog-Schwarzweiß, vielleicht auch im direkten Vergleich zur Digitalfotografie.
4. Gehen Sie in eine öffentliche Bücherei, und schauen Sie den Fotobereich durch. Suchen Sie nach Klassikern der Schwarzweißfotografie:
   - Ansel Adams: »Das Negativ« (ein hervorragendes Lehrbuch zur analogen Schwarzweißfotografie; zur selben Reihe gehören »Das Positiv« und »Die Kamera«).
   - Robert Frank: »Die Amerikaner« (einer der Klassiker der Reportagefotografie)
   - Schauen Sie nach Arbeiten von Edward Weston, Paul Strand, August Sander, Albert Renger-Patzsch, Henri Cartier-Bresson, Lee Friedlander, Richard Avedon, Arnold Newman, Jaques-Henri Lartigue und Berenice Abbott. Das ist natürlich nur ein Startpunkt und eine kleine, etwas willkürliche Auswahl. Aber für Ihre eigene fotografische Entwicklung ist es weit wichtiger, gute Bilder bewusst zu betrachten, als sich mit Fototechnik zu befassen.
5. Je länger Sie sich mit Fotografie beschäftigen, desto bewusster werden Sie auch Kinofilme wahrnehmen. Schauen Sie sich Schwarzweißfilme an, und achten Sie auf die unterschiedliche Lichtführung im Verhältnis zu Farbfilmen. Versuchen Sie, ein Foto zu schießen, das in seiner Anmutung an einen guten Film erinnert.

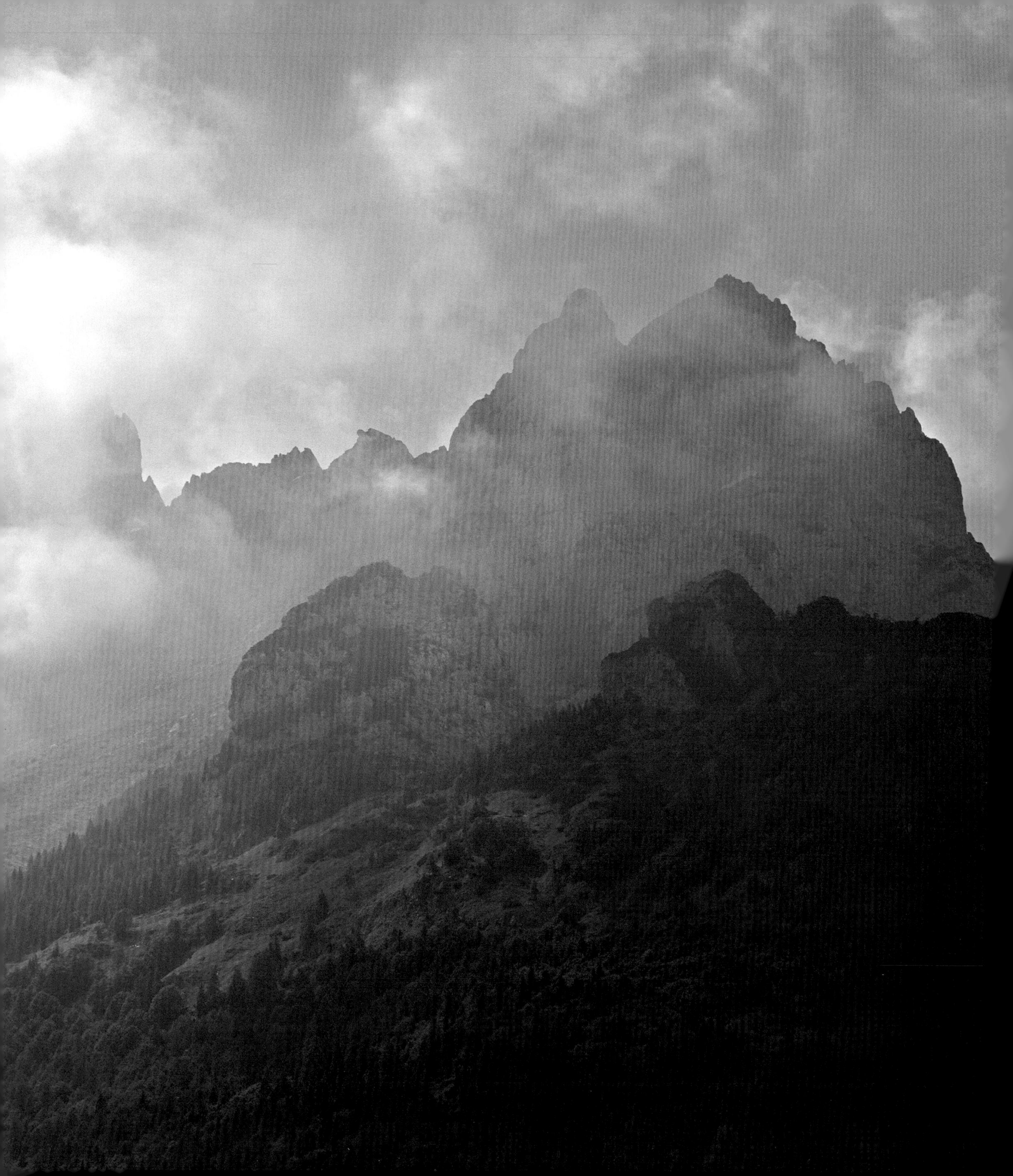

11 Motive

11.1 Vorbemerkungen

In der Fotografie haben sich bestimmte Motivbereiche als ständig wiederkehrend gezeigt, so dass es sich lohnt, diese einzeln zu behandeln. Dabei ergeben sich nicht nur fototechnische Besonderheiten, sondern ganz grundsätzlich andere Herangehensweisen. So würden Sie zum Beispiel als Pressefotograf für bestimmte Eingriffe ins Bild, die in der Werbefotografie als selbstverständlich vorausgesetzt werden, gefeuert werden.

Fotografie wird in so unterschiedlichen Zusammenhängen verwendet, dass auch die dahinterstehenden Werte völlig andere sind. Fotografie kann Propaganda, Klatsch, Werbung, Aufklärung, Dokumentation, private Erinnerung, Kunst und vieles mehr sein. Ein Motiv umfasst nicht nur das abgebildete Sujet, sondern auch die Motivation, es zu fotografieren.

Sie werden feststellen, dass Ihnen bestimmte Bereiche der Fotografie mehr liegen werden als andere und dass manche Bilder besser werden als der Rest. Das hat häufig mit persönlichem Interesse und der Leidenschaft für die Sache zu tun. Wenn Sie dabei trotzdem noch in der Lage sind, einen Schritt zurückzutreten und überlegt ans Bildermachen heranzugehen, dann haben Sie gute Voraussetzungen für qualitativ hochwertige Bilder.

11.2 Porträt

Sobald die Belichtungszeiten kurz genug waren, dass die Modelle lange genug stillhalten konnten, wurde die Porträtfotografie zum wichtigsten Zweig der Fotografie. Während sich nur wenige Menschen ein gemaltes Porträt leisten konnten, trug die günstigere Fotografie stark zur Demokratisierung des Porträts bei – vor allem, als nach Ablösung der Daguerreotypie Ende der 50er Jahre des 19. Jahrhunderts die Bilder keine Unikate mehr waren, sondern beliebig vervielfältigt werden konnten. Viele Maler stellten sich der neuen Konkurrenzsituation und setzten selbst die Fotografie ein, um Studien

◂◂ **Abbildung 11.1**
Diese Ansicht der Dolomiten erinnerte mich an Landschaftsgemälde aus der Romantik. Den Kontrast musste ich in der Bildbearbeitung anheben, da das Wetter sehr dunstig war.
200 mm | f8,0 | 1/800 s | ISO 160

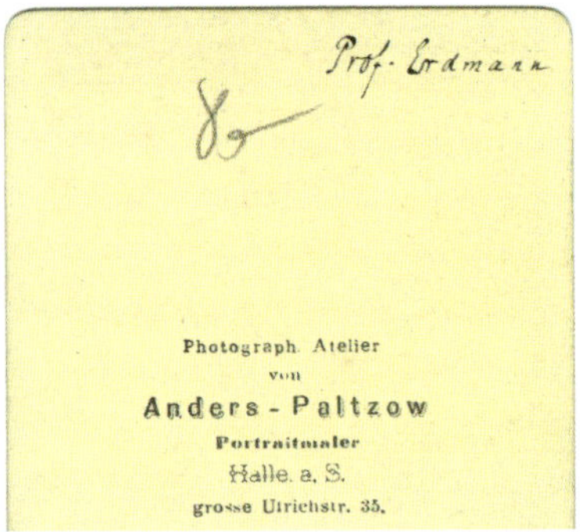

▲ **Abbildung 11.2**
Die Rückseite des Bildes zeigt zwei interessante Details: Der Fotograf ist von der Porträtmalerei gekommen und hat sich erfolgreich mit der neuen Technik beschäftigt. Außerdem ist das Bild beschriftet, so dass wir es auch circa 140 Jahre später noch der dargestellten Person zuordnen können. Sie sehen: Verschlagwortung ist wichtig.

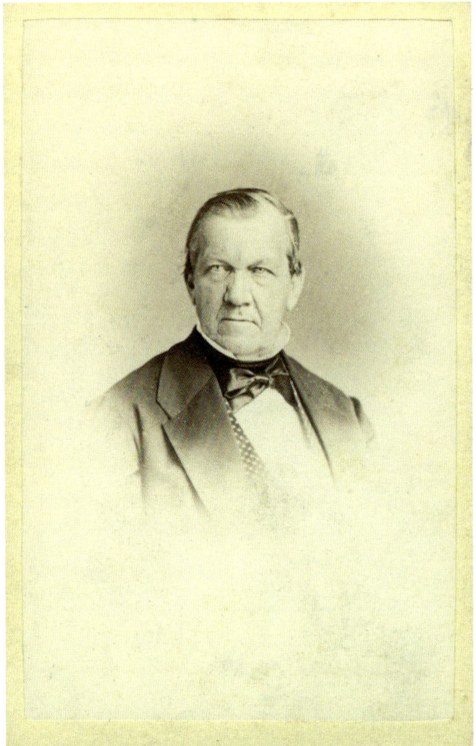

◂ **Abbildung 11.3**
Ein Porträt des Philosophen Johann Eduard Erdmann (1805–1892) aus meiner Sammlung. Der Vignetten-Effekt mag heute etwas unmodern sein, aber das Porträt an sich ist zeitlos. Der Charakter wurde gut eingefangen, das Licht ist schön, und nichts lenkt vom Wesentlichen ab.

zu erstellen, aber auch als Endprodukt. Louis Daguerre etwa war selbst Maler, bevor er sein fotografisches Verfahren entwickelte.

Ein Porträt soll mehr sein, als die Abbildung einer Person, es soll etwas von ihrem Wesen vermitteln. Es geht also mehr um Persönlichkeit als um Aussehen.

Eine Kundin beschrieb das Werk eines Fotografen, bei dem sie Bilder hatte machen lassen, mit dem Satz: »Bei ihm sehen alle Frauen gleich aus.« Damit hatte Sie recht, denn er setzte weiches frontales Licht und eine gute Visagistin ein, so dass eine verwechselbare Schönheit eingefangen wurde. Aber sein Arbeitsfeld war die Beautyfotografie, die sich von der Porträtfotografie stark unterscheidet. Ein Porträt soll authentisch, persönlich und lebendig sein, während eine Beauty-Aufnahme »nur« schön sein soll. Dafür nimmt man gerne in Kauf, sämtliche charakteristischen Eigenschaften des Porträts zu verlieren.

Wenn Sie jemanden porträtieren möchten, müssen Sie eine Atmosphäre schaffen, in der sich die Person wohlfühlt und Ihnen vertraut. Ansonsten wird sie wenig von sich offenbaren und nicht entspannt vor der Kamera agieren.

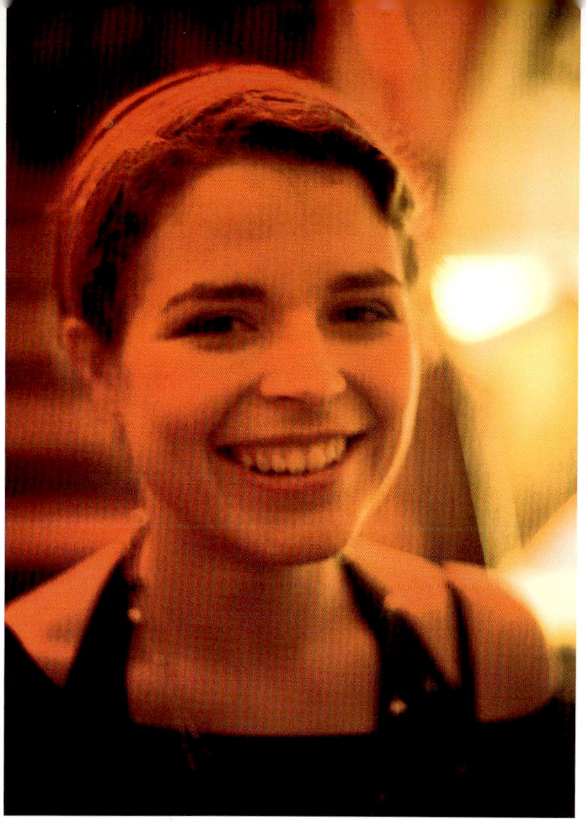

▲ **Abbildung 11.4**
Partys eignen sich gut, um Menschen zu fotografieren, weil sich die Leute meist wohlfühlen und in entspannter Grundstimmung sind. Das Licht wird meist angenehmer gestaltet, als an normalen Tagen. Hier war es allerdings recht dunkel.
50 mm | f1,4 | 1/13 s | ISO 3200

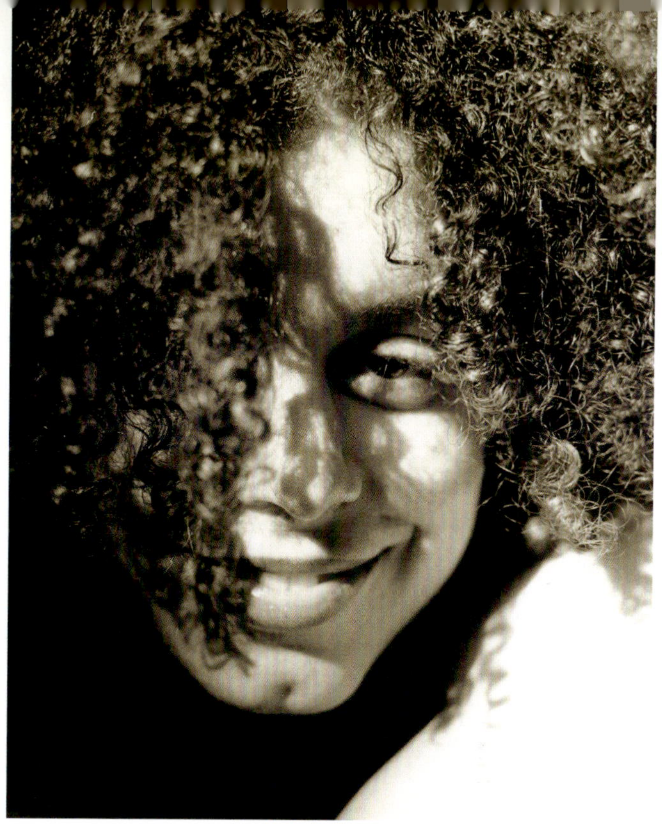

▲ **Abbildung 11.5**
Gegen Abend lassen sich auch bei Sonnenlicht schöne Porträts aufnehmen. Das Licht wird dann wärmer und blendet nicht mehr so. Die Schwarzweißumsetzung entspricht einer Filterung mit einem Orange-Filter.
85 mm | f2,8 | 1/800 | ISO 100

11.2.1 Mit Models arbeiten

Wenn Sie Bilder von Menschen nicht nur auf Familienfeiern oder bei speziellen Gelegenheiten machen möchten, müssen Sie sich um ein Model kümmern. Es liegt nah, erst einmal im Familienkreis oder bei Bekannten Ausschau zu halten. Oft sind nahe Verwandte aber am schwierigsten zu fotografieren (das gilt vor allem, wenn sie älter als etwa zwölf Jahre sind). Kinder sind meist sehr unbefangen und natürlich. Gegenüber den Kindern stehen Sie aber auch in einer Art Chronistenpflicht, denn Kinderfotos gehören einfach zur eigenen Identität, und solange Ihre Kinder nicht selbst fotografieren, ist es Ihre Aufgabe, ihre Entwicklung festzuhalten. Einige der besten Porträts, die ich kenne, haben Kinder von Ihren Eltern gemacht oder umgekehrt. Aber grämen Sie sich nicht, falls es für Sie kompliziert bis unmöglich sein sollte,

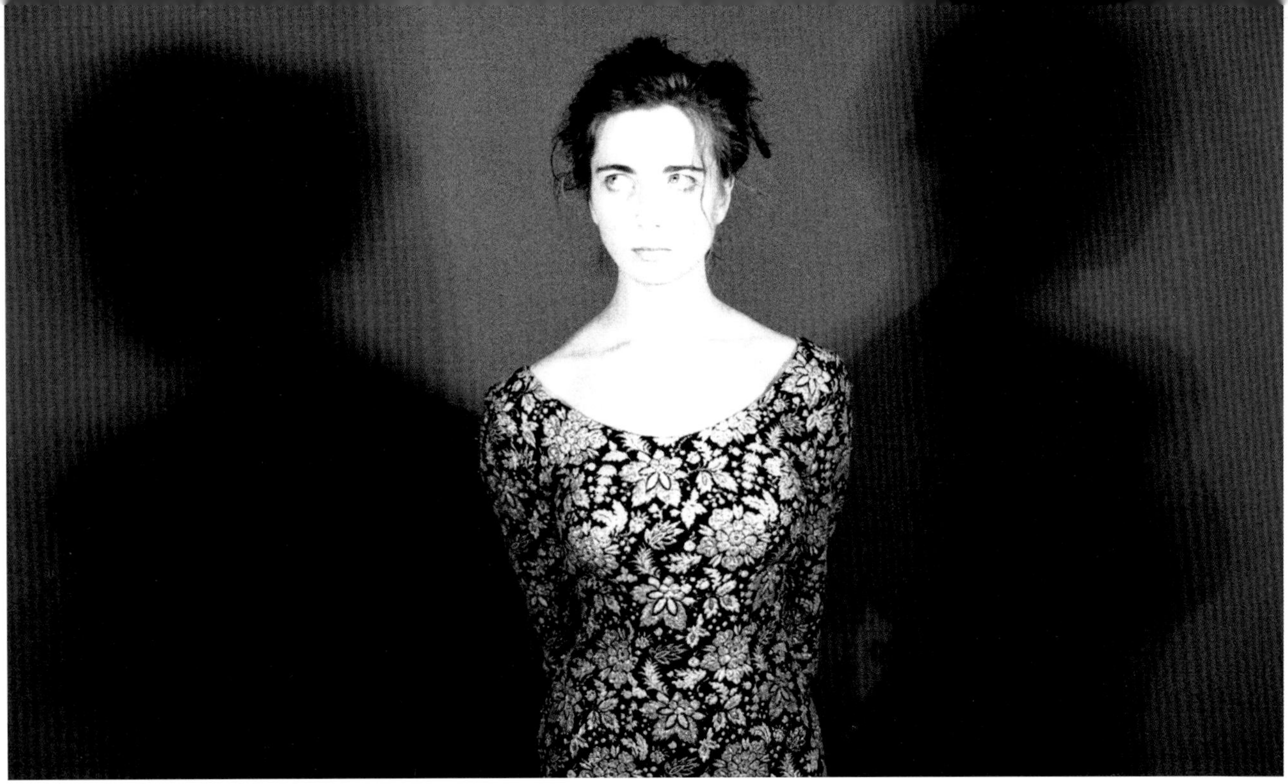

▲ **Abbildung 11.6**
Fast jeder hat im Bekannten- oder Freundeskreis Menschen, die besonders fotogen sind. Das Licht bestand aus dem Einstelllicht zweier Köpfe einer Studioblitzanlage mit Normalreflektoren.

50 mm | f1,4 | 1/125 s | ISO 3200

Ihren Partner oder Ihre nahen Verwandten gut zu fotografieren, denn das ist ein sehr weit verbreitetes Phänomen. Eine zu große Vertrautheit kann dem Fotografieren im Weg stehen, und dann ist es ist besser, nach Personen zu suchen, die einem nicht ganz so nahestehen.

Im professionellen Bereich wird ein Model meist über eine Agentur gebucht und über die Tagesgage und Vergütung der Bildrechte bezahlt. Falls man nicht kommerziell arbeitet, also als Fotograf eine freie Arbeit realisieren möchte, sind die Agenturen oft bereit, neue Models umsonst arbeiten zu lassen, damit sie gute Bilder für ihr Modelbook erhalten und sich besser für kommerzielle Aufträge vermitteln lassen. Diese Möglichkeit steht aber auch nur erfahrenen Fotografen zur Verfügung, bei denen die Agentur recht sicher von gut verwendbaren Aufnahmen ausgehen kann.

Im Internet finden Sie auch als Amateur jede Menge Models, die das Modeln als Nebenberuf oder Hobby betreiben. Die Bandbreite ist dabei sehr groß, so dass Sie fast jeden Typ für Ihr fotografisches Projekt finden können. Die fotografischen Vorstellungen variieren ebenso stark, so dass sich auf den Internetplattformen auch Fotografen und Models mit einem ähnlich ausgefallenen Geschmack treffen können. Wenn Sie selbst ein Fotografenprofil auf einer Plattform wie *www.model-kartei.de* anlegen möchten, müssen Sie ein paar Bilder hochladen, anhand derer über Ihre Aufnahme entschieden wird.

Das ist keine hohe Einstiegshürde und dient wohl hauptsächlich dem Zweck, dass sich die Teilnehmer etwas besser einschätzen können.

Für viele Fotografen und Models ist das ein reines Hobby, und Sie werden dort Leute treffen, die gerne bereit sind, auf TFP- oder TFCD-Basis zu arbeiten. Das bedeutet, dass die Models erwarten, die fertigen Bilder genau so verwenden zu können wie Sie als Fotograf. Die Abkürzung **TFP** steht für *Time for Print* und die Abkürzung **TFCD** dementsprechend für *Time for CD*. Das heißt, die Models tauschen ihre Arbeitszeit gegen Abzüge oder digitale Bilddaten. Dass aber viele Models das Modeln beruflich betreiben und nicht mehr umsonst auf TFP-/TFCD-Basis arbeiten, sollten Sie als selbstverständlich akzeptieren. Letztlich erweitert das Ihre Möglichkeiten, weil Sie so auch professionelle Models buchen können. Ich empfehle Ihnen, bevor Sie Models im Internet kontaktieren, erste Fotos mit Menschen aus Ihrem Bekanntenkreis aufzunehmen, so können Sie Erfahrung sammeln und haben etwas vorzuzeigen, wenn Sie Fototermine verabreden möchten.

▼ Abbildung 11.7
Dieses Gruppenbild wurde vor circa 100 Jahren in Dänemark aufgenommen. Schönes Licht, eine gute Anordnung und ein lebendiger Ausdruck geben dem Bild trotzdem etwas Modernes. Wenn ich heute in die Schaufenster der Porträtfotografen schaue, sehe ich nur selten eine vergleichbare Qualität.

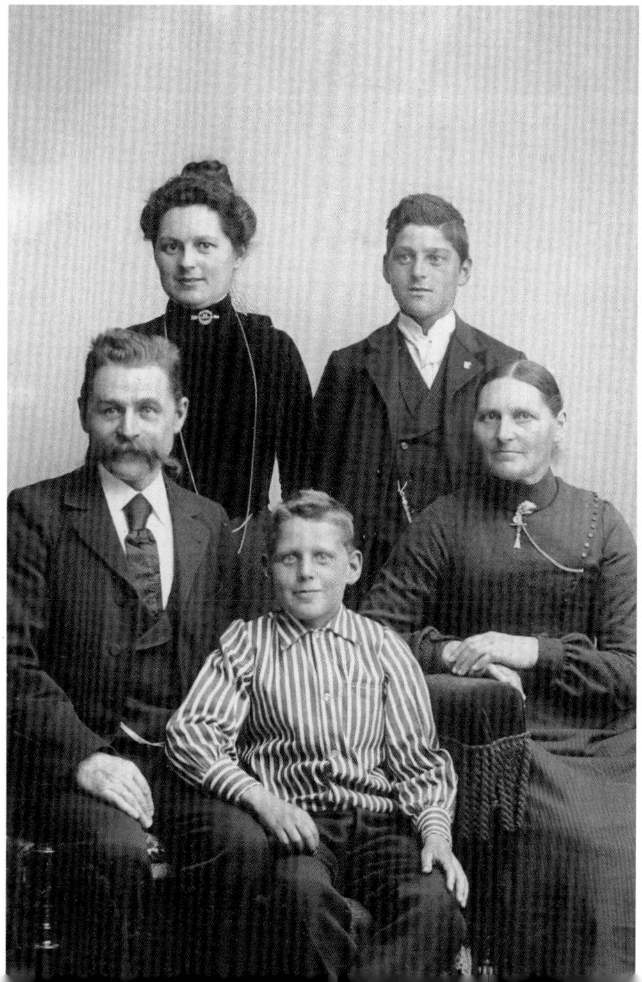

11.2.2 Gruppenfotos

Die erste Regel bei Gruppenfotos lautet: »Einer guckt immer doof.« Viele Menschen blinzeln genau dann, wenn Sie gerade den Finger am Auslöser bewegen. Sie haben zwei Methoden, um damit umzugehen: Erstens sollten Sie bei Ihren Modellen Aufmerksamkeit für den genauen Moment der Aufnahme erzeugen, und zweitens sollten Sie gleich eine Serie aufnehmen. So steigt die Wahrscheinlichkeit, dass es eine Aufnahme gibt, auf der alle gut aussehen und die Augen offen haben.

Der Ort der Aufnahme ist auch sehr wichtig, denn es gibt gar nicht so viele Räume, in denen Sie eine größere Gruppe gut fotografieren können. Oft ist es am einfachsten, mit den Modellen nach draußen zu gehen. Meiden Sie die direkte Sonne, weil sich dann unschöne Schatten ergeben und die Leute schnell einen etwas verkniffenen Gesichtsausdruck bekommen, weil sie die Augen vor dem hellen Licht schützen wollen. Im Schatten zu fotografieren, ist dann besser. Falls es diesen nicht geben sollte, ist Gegenlicht besser als frontales Licht. Achten Sie dann auf eine korrekte Belichtung, und vermeiden Sie zu viel Streulicht. Ordnen Sie die Leute bei größeren Gruppen nicht allein nebeneinander an. So haben Sie mehr Raum für jeden Einzelnen und einen angenehmeren Bildaufbau. Kleinere Gruppen sollten Sie bewusst selbst anordnen, um einen guten Bildaufbau zu erhalten.

11.2.3 Klassisches Porträt

Viele Porträts entstehen mit fotografischen Standardmitteln: im Hochformat mit circa 85mm Brennweite, die Schärfe wird auf die Augen gelegt, die Blende auf circa f4 (2,8 bei APS-C-Sensoren), damit das Gesicht scharf genug und der Hintergrund unscharf ist und dazu ein weiches Licht von leicht oberhalb seitlich. Dieses Licht modelliert ein Gesicht gut und ruft doch keine störenden Schatten hervor. Durch die Brennweite wirkt das Gesicht unverzerrt, und es hat eine gute Abbildungsgröße. Die recht große Blendenöffnung sorgt für eine angenehm akzentuierte Schärfe. Wenn Sie eine Kamera mit APS-C-Sensor verwenden, nutzen Sie statt 85mm Brennweite lieber 50mm, und öffnen Sie die Blende etwas weiter, da das kleinere Format mit einer höheren Schärfentiefe einhergeht.

Wenn Sie Porträts veröffentlichen wollen, bedenken Sie, dass Sie dafür auch das Einverständnis der abgebildeten Person benötigen. Bei einer nicht-kommerziellen Verwendung auf einer Fotoplattform mag das vielleicht noch nicht notwendig sein, aber spätestens, wenn ein Bild gedruckt werden soll, sollten Sie sich eine schriftliche Erlaubnis holen. Bei einer Online-Veröffentlichung in einer Community

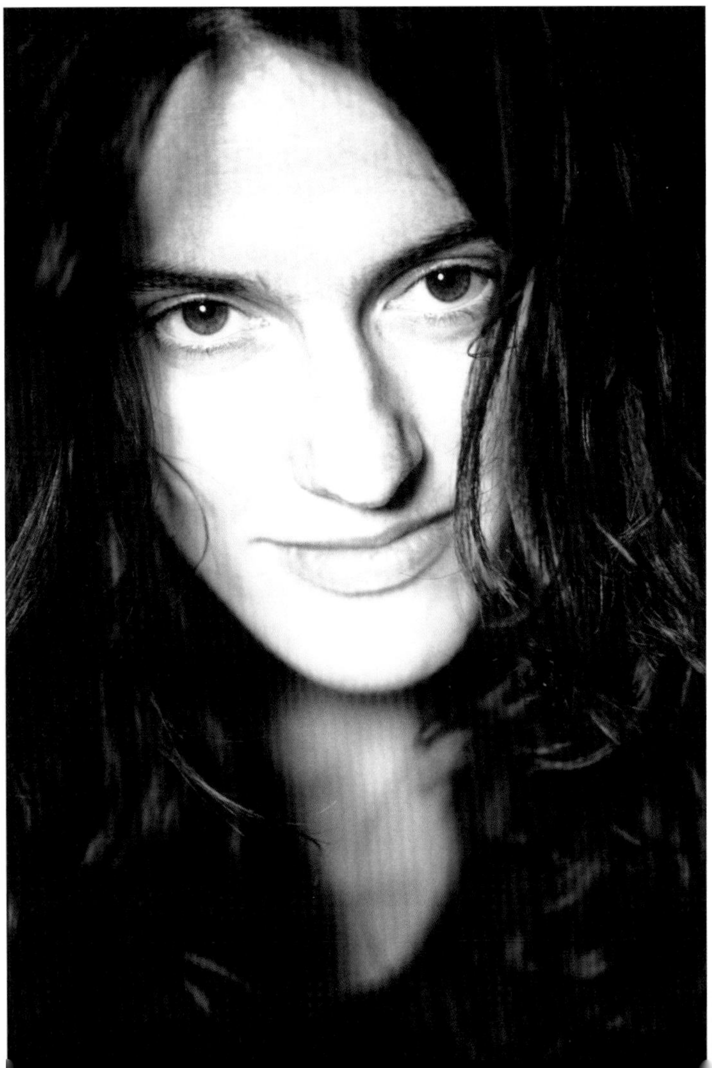

◂ **Abbildung 11.8**
Auch eine harte Lichtquelle kann ohne störende Schatten ein Porträt ausleuchten, wenn Sie, wie hier, recht frontal eingesetzt wird. Dieses Porträt von Nila, einer Rockmusikerin, wurde mit dem Einstelllicht eines Blitzkopfes mit Normalreflektor beleuchtet.
85mm | f2,8 | 1/250s | ISO 100

sollten Sie allerdings begründet davon ausgehen können, dass die Betreffenden nichts dagegen einzuwenden haben, bevor Sie die Bilder hochladen.

11.2.4 Porträt im Raum

Das Umfeld einer Person erzählt oft eine Menge über sie. Deshalb kann es sinnvoll sein, das Umfeld in das Porträt einzuschließen, sei es der Arbeitsplatz oder ein Zimmer der Wohnung. Durch die oft beengten Platzverhältnisse benötigen Sie dafür fast immer ein Weitwinkelobjektiv. Ein Brennweitenbereich von 24–35 mm ist ideal. Wenn die Brennweite kürzer wird, müssen Sie noch stärker aufpassen, dass die Person nicht verzerrt dargestellt wird.

Nahe der Bildmitte sind die Verzerrungen aber auch bei Ultraweitwinkelobjektiven gering. Sie dürfen nur nicht zu nah am Porträtierten stehen, denn dann scheint auf dem Bild die Nase so viel näher als die Ohren zu sein, dass das Gesicht an das einer Spitzmaus erinnert. Ein Abstand von 1,20 m sorgt für eine unverzerrte Darstellung. Je geringer dieser Abstand wird, desto mehr müssen Sie darauf achten, dass die Perspektive nicht das Bild beeinträchtigt.

Natürlich bleibt die Person immer das Hauptmotiv, und so müssen Sie sicherstellen, dass der Blick immer wieder zu ihr zurückgeführt wird. Wenn Licht und Kontrast dabei nicht helfen und der Hintergrund auch unscharf Sinn ergibt, können Sie die Blende öffnen. Im Weitwinkelbereich benötigen Sie dafür lichtstarke Objektive, weil die Schärfentiefe durch den geringeren Abbildungsmaßstab höher ist, als bei längeren Brennweiten.

Wenn Sie genug Platz haben und auch mit einer längeren Brennweite alle bildwichtigen Details erfassen können, sollten Sie die längere Brennweite vorziehen. So können Sie besser mit der Schärfentiefe arbeiten und brauchen sich nicht um Verzerrungen zu sorgen.

Achten Sie darauf, die Füße nicht abzuschneiden, denn es ist sehr störend, wenn unten auch nur ein kleines bisschen fehlt. Zwischen einer Abbildung als ganzes und einem Beschnitt oberhalb des Knies gibt es meistens keine

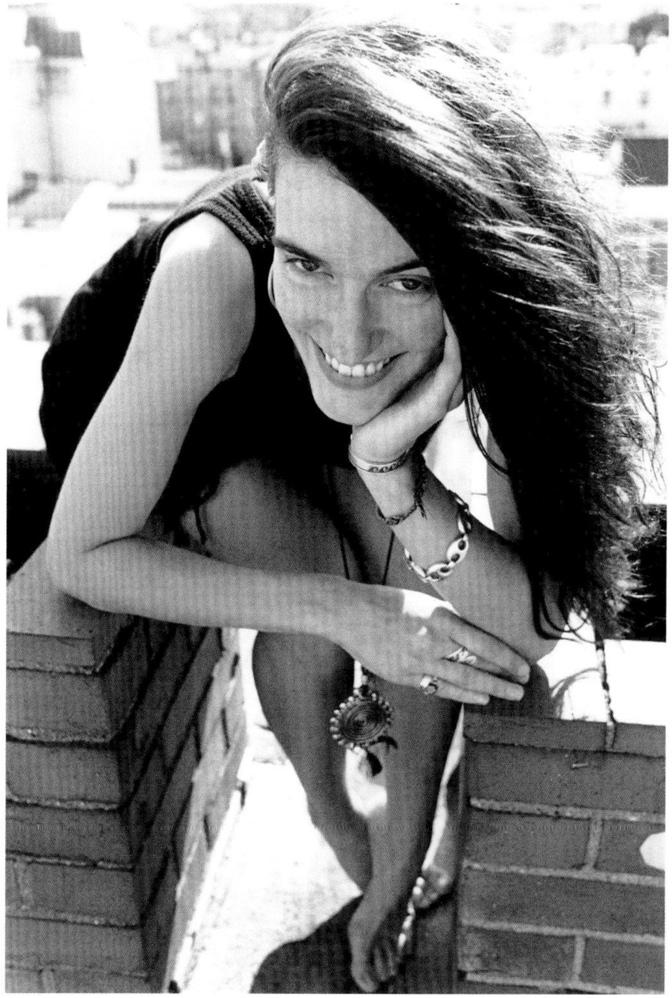

▲ **Abbildung 11.9**
Bei diesem Porträt ist die Verzerrung durch den kurzen Abstand bei 28 mm Brennweite schon etwas grenzwertig. Ich mochte aber die Haltung und Perspektive. Da von oben fotografiert wurde, wirkt die Verzerrung noch recht natürlich.
28 mm | f4,5 | 1/250 s | ISO 100

sinnvolle Variante. Der Beschnitt oberhalb des Knies heißt im Film auch die **Amerikanische Einstellung**, da man so im Western auch die Waffe im Hüftgurt mit ins Bild bekommt.

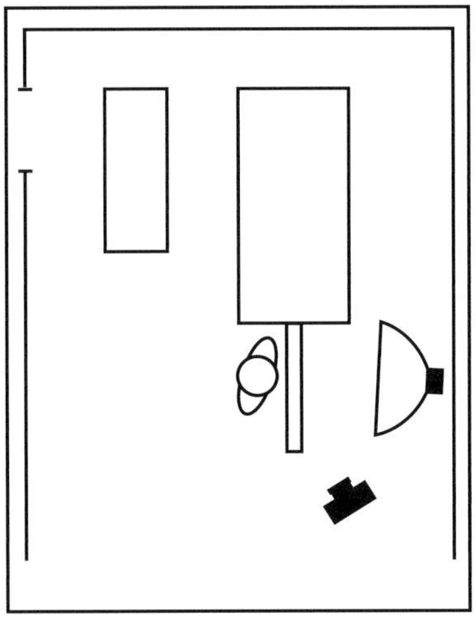

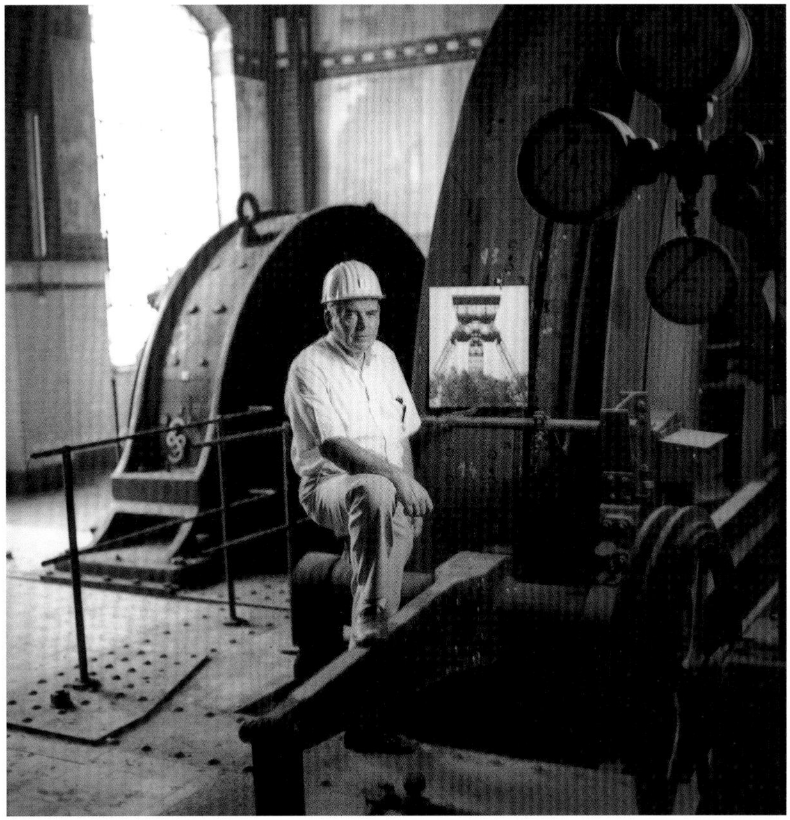

Abbildung 11.10 ▸
Beim Fototermin auf einer ehemaligen Zeche in Moers bat ich die Modelle, helle Kleidung anzuziehen. Zusammen mit einer Softbox von rechts war so sichergestellt, dass der Vorsitzende des Museumsvereins sich gut vom Hintergrund abhob.
80mm | f4,0 |1/60s | ISO100 | Mittelformat

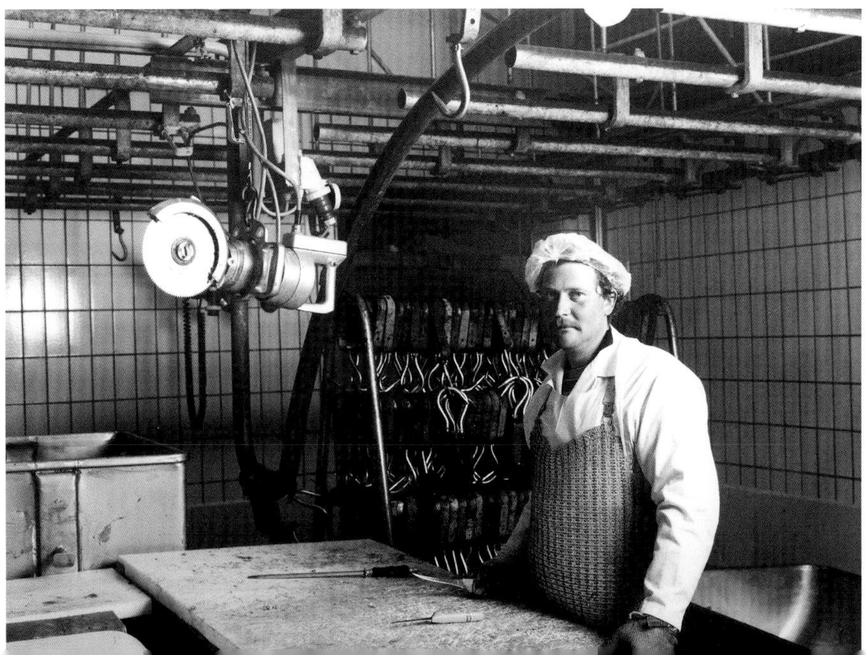

Abbildung 11.11 ▸
Als ich ein Unternehmensporträt für eine Fleischfabrik fotografierte, faszinierte mich die ruhige, freundliche und fast buddhistische Ausstrahlung des Fleischers im Gegensatz zu seiner martialischen Umgebung.
150mm | f16 | 1/125s | ISO 50 | Großbildkamera, 4 x 5 Zoll | Softbox von rechts

11.2.5 Der menschliche Faktor

Wenn Sie Ihre eigene Stimme auf einem Anrufbeantworter hören, nehmen Sie sie ganz anders wahr, als wenn Sie sich selbst beim Sprechen hören. Einen ähnlichen Effekt erleben viele Menschen, wenn Sie sich selbst auf Fotos sehen. Das Selbstbild und das Außenbild lassen sich dann nicht so gut zur Deckung bringen. Wenn Sie Menschen fotografieren, konfrontieren Sie sie mit ihrer Außenwahrnehmung und mit der Frage, wie sie gerade wirken und was andere von ihnen denken mögen. Viele Menschen reagieren dann etwas unsicher und fühlen sich nicht wohl, während andere ihr Fotolächeln »anknipsen« und eine unnatürliche Pose einnehmen.

Beides wollen Sie als Porträtfotograf nicht, denn Sie möchten den natürlichen Ausdruck der Person einfangen. Kurz gesagt, Sie möchten fotografieren, als wenn nicht fotografiert würde. Die folgenden Tipps können Ihnen helfen, dieses Ziel zu erreichen:

- Fotografieren Sie nebenbei, und damit meine ich ausdrücklich nicht heimlich. Machen Sie Bilder, während etwas anderes als das Fotografieren in den Vordergrund rückt. Das kann zum Beispiel die Arbeit des Porträtierten sein oder ein Gespräch, das Sie mit ihm führen.
- Schaffen Sie Vertrauen: Vermitteln Sie das Gefühl, dass Sie wissen, was Sie tun. Es hilft oft, das Display-Bild zu zeigen, damit Ihr Model eine Ahnung davon bekommt, was gerade passiert.
- Beachten Sie den Faktor Zeit. Lord Snowdon sagte einmal, er würde erst ein paar Kleinbildfilme verschießen, bevor er die Großbildkamera aufbauen würde, um die richtigen Aufnahmen zu machen. Manche Menschen muss man erst »weichknipsen«, bis sie entspannt genug sind, um wirklich etwas von sich zu offenbaren. Wenn Sie viel Zeit haben, um Porträts zu schießen, dann nutzen Sie sie auch. Nach meiner Erfahrung werden die Bilder besser, je länger Sie mit einem Model zusammenarbeiten können. Gerade wenn Sie professionell fotografieren, haben Sie oft nur fünf Minuten Zeit für ein Porträt. Hier ist gute Vorbereitung wichtig. Sie brauchen zum Beispiel das Model nicht, um den Ort auszuwählen und das Licht einzurichten. Das Set kann also schon fertig sein, bevor Sie mit dem Fotografieren beginnen. Beim Film werden sogenannte Stand-in-Models verwendet, die die Stars vertreten, während das Set eingerichtet wird, aber die Rolle können Sie

▼ Abbildung 11.12
Auch wenn Sie Porträts fotografieren, können sich plötzlich Dinge ergeben, die sich zu einen neuen Bild zusammenfügen. Arbeiten Sie nicht nur nach Plan, sondern lassen Sie sich auf die Möglichkeiten der Umgebung ein.

35 mm | f1,4 | 1/160 s | ISO 400

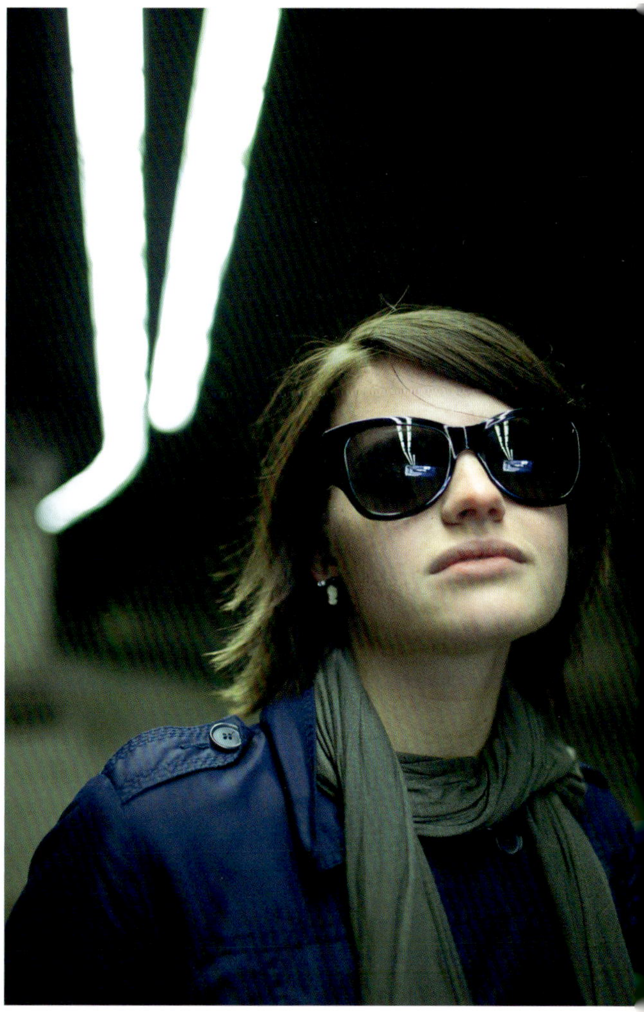

auch selbst übernehmen, wenn Sie die Kamera auf ein Stativ stellen und mit Zeit- oder Funkauslöser verwenden. Falls die Modelle kleine Kinder sind: Deren Aufmerksamkeitsspanne ist recht kurz, das heißt, Sie müssen schnell sein, oder das Bildermachen spielerisch gestalten, so dass keine Langeweile aufkommt.

- Nutzen Sie Ihre Körpersprache. Wenn ich zum Beispiel sehe, dass mein Gegenüber ein wenig in sich zusammengesunken ist, richte ich mich selbst auf. Der Porträtierte stellt sich dann zumeist auch aufrechter hin, ohne dass ich es zur Sprache bringen müsste (und vielleicht tut er es sogar, ohne, dass es ihm bewusst wird). Selbst zu lächeln ist auch die einfachste Methode, um den anderen auch zum Lächeln zu bringen. Für viele Bewegungen reichen subtile Signale.

11.3 Aktfotografie

Die Aktfotografie hat ebenso wie die Porträtfotografie ihren Ursprung in der Malerei. Die Maler haben Körperstudien aufgenommen oder aufnehmen lassen, damit sie den menschlichen Körper exakter abbilden konnten. Erst später hat sich daraus ein eigenes Genre entwickelt. In der Aktfotografie geht es um die Schönheit des Körpers und um seine Darstellungsmöglichkeiten. Es geht um Licht, Proportionen, Bewegung und Formen – aber es geht nicht um Erotik. Die Aktfotografie betrachtet den Körper losgelöst von seiner Sexualität, während sich die erotische Fotografie genau dafür interessiert.

Die Lichtqualität ist für eine Aktaufnahme wichtig. Oft reicht ein Fenster zur

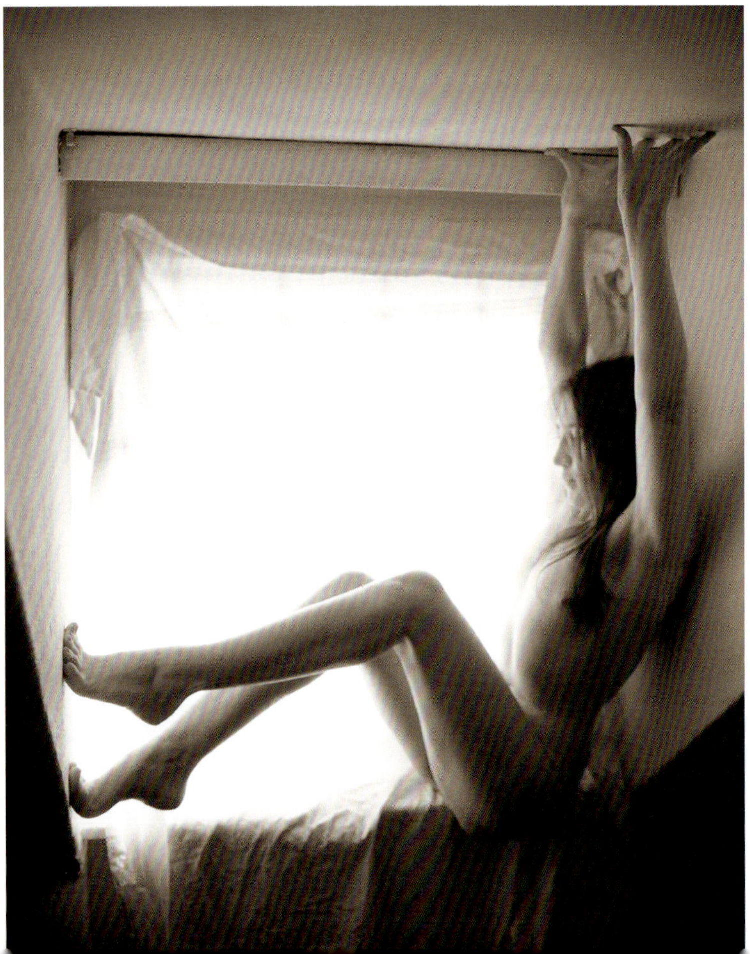

◂ **Abbildung 11.13**
Hier wurde für ein spontanes Bild ein Tuch ins Fenster gehängt, um weiches Gegenlicht zu schaffen. Die Körperspannung ergibt sich hier von alleine durch die Position auf der Fensterbank.
35mm | f2,0 | 1/800s | ISO 200

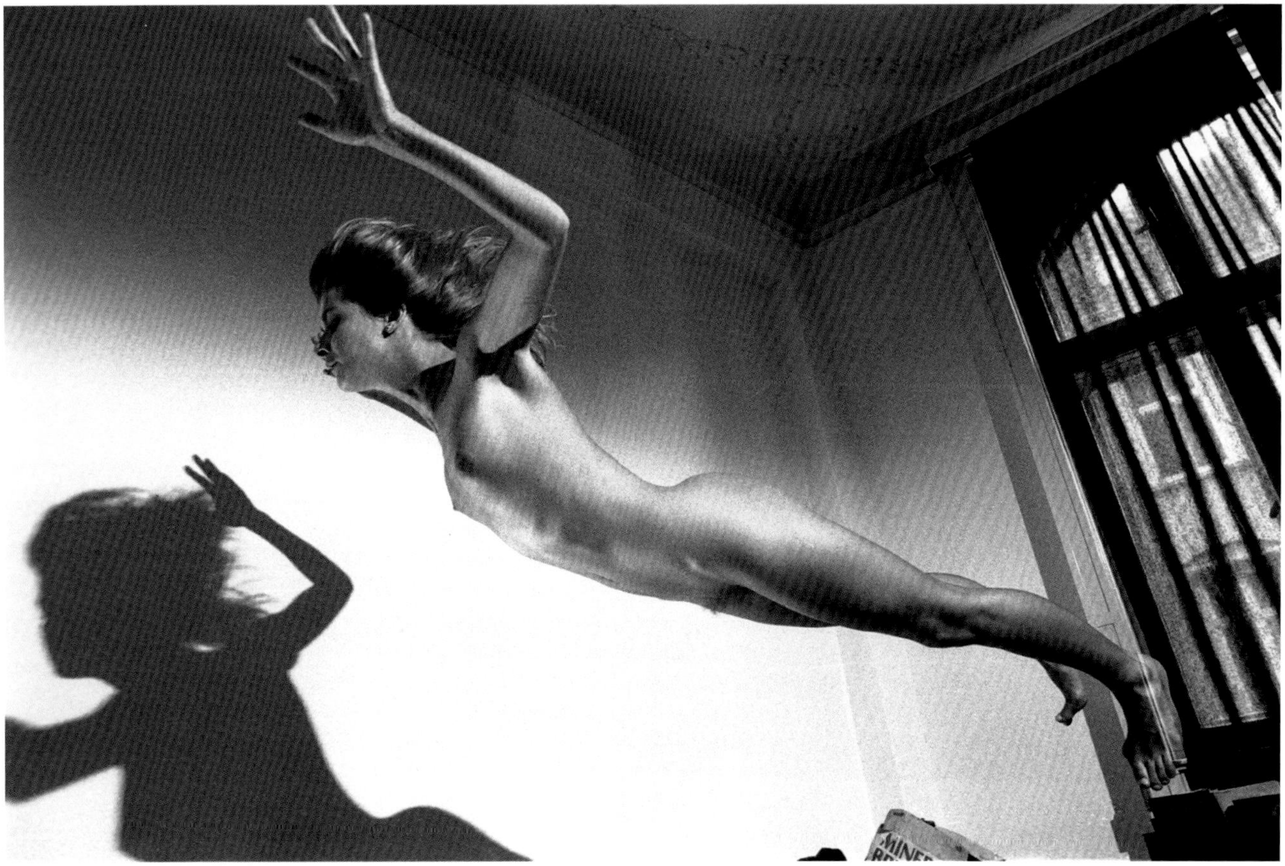

▲ **Abbildung 11.14**
Für dieses Bild sprang Evi etliche Male auf einen Futon in der Zimmerecke. Ein Blitz von rechts oben und eine kleiner von links unten wurden fernausgelöst. Auch die Aktfotografie lässt Raum für ungewöhnliche Bildideen.
24mm | f11 | 1s | ISO400

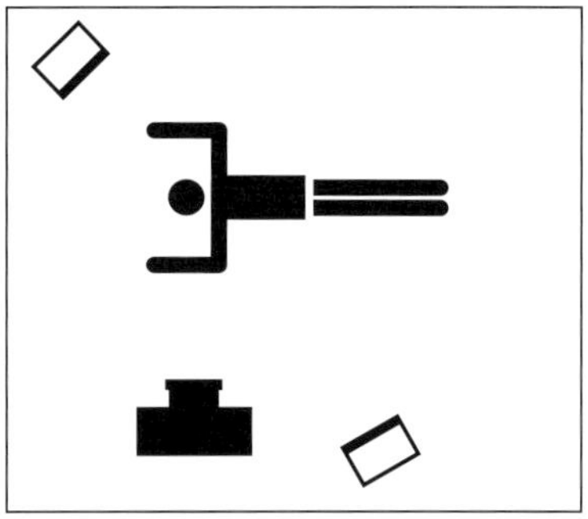

Beleuchtung, aber es kann sich lohnen, das Licht komplett im Studio aufzubauen und so völlige Kontrolle über die Lichtsituation zu übernehmen. Zu viel Technik kann aber auch vom Eigentlichen ablenken, denn die Aktfotografie erfordert recht viel Konzentration, weil Sie den Körperausdruck, die Perspektive, das Licht und die Bildkomposition gleichzeitig im Auge behalten müssen.

Gutes Licht und schöne Hintergründe findet man auch in der freien Natur. Hier sollten Sie allerdings einen Platz wählen, an dem Sie in Ruhe arbeiten können und der möglichst frei von Publikumsverkehr ist. Bedenken Sie auch, dass Menschen sehr unterschiedliche Moralvorstellungen haben. Während es für viele ganz selbstverständlich ist, sich unbekleidet fotografieren zu lassen, kann es für andere, besonders ältere Menschen, vielleicht ein Schock sein, Zeuge eines Outdoor-Aktshootings zu werden. Und auch in anderen Ländern herrschen natürlich andere Sitten: Ein britisches Paar etwa wurde in Dubai im April 2010 zu einem Monat Haft verurteilt, weil es sich in einem Restaurant einen Kuss gegeben hatte.

Was für Porträts gilt, gilt bei der Aktfotografie umso mehr. Das Model muss Ihnen vertrauen können und eine Vorstellung davon haben, welche Art von Bildern Sie machen möchten. Eine Vorbesprechung ist deswegen oft eine gute Idee. Wenn Sie schon länger fotografieren und vielleicht sogar für einen bestimmten Bildstil stehen, ist das vielleicht nicht notwendig, weil sich

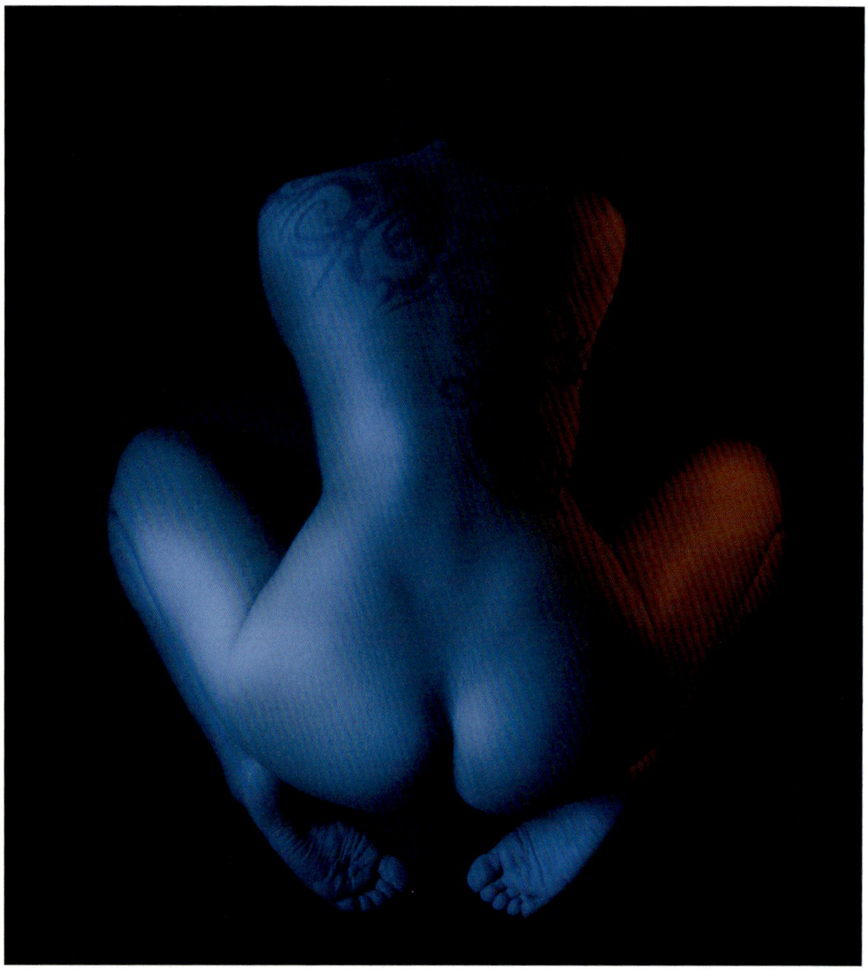

Abbildung 11.15 ▸
Durch Kameraposition und Körperhaltung entsteht eine fast abstrakte Form. Das Licht wurde mit Taschenlampen und farbigen Filterfolien während einer knappen Minute in einem abgedunkelten Raum »gemalt«.

18 mm | f13 | 54 s | ISO 200 | APS-C-Sensor

das Model bereits einen Eindruck von Ihrer Arbeitsweise machen konnte. Auch sollte vorher abgesprochen sein, ob noch ein Assistent anwesend ist oder ob das Model eine Begleitperson mitbringen möchte. Begleitpersonen stören am wenigsten, wenn Sie sie aktiv mit einbeziehen und beim Licht assistieren lassen.

Klären Sie vorher auch mit Ihrem Partner, ob er Probleme damit hat, wenn Sie Aktbilder erstellen. Bei der Veröffentlichung im Internet müssen Sie die Nacktheit eventuell ausweisen, damit internationale Fotoplattformen danach filtern können. In den USA zum Beispiel ist eine sichtbare Brustwarze bereits jugendgefährdend, im arabischen Raum reichen dafür schon Bademoden oder unbedeckte Schultern.

11.4 Modefotografie

Professionelle Modeaufnahmen sind das Resultat einer guten Teamarbeit. Neben Fotograf und Model sind meistens noch ein Visagist und ein Stylist involviert, und bei komplizierteren Arbeiten auch ein oder mehrere Fotoassistenten. Eine Ausnahme ist die Streetfashion-Fotografie, die sich auf normale Menschen und ihre Mode auf der Straße konzentriert. Hier genügt eine Kamera mit einer etwas längeren Brennweite, um die Körper unverzerrt darzustellen. Natürliches Licht und spontanes schnelles Fotografieren geben den Ergebnissen einen reportagehaften Charakter.

Atmosphäre erzeugen | In der Modefotografie geht es nicht nur um die vorteilhafte Darstellung von Kleidung, das betrifft eher die Katalogfotografie. Es geht vielmehr um die Vermittlung eines Lebensgefühls und um Stil. Das kann zu hochgradig artifiziellen Fotos führen, die zwar sehr glamourös sind, aber wenig Berührungspunkte mit der Wirklichkeit haben. Viele Bilder werden extrem retuschiert. Ein unmöglicher Körperbau und maskenhafte Gesichter werden dabei in Kauf genommen. In manchen Medien finden Sie Bilder mit großer künstlerischer Freiheit – die italienische Ausgabe der Vogue ist dafür ein schönes Beispiel –, in anderen Bereichen muss das Bild viel näher am Produkt bleiben.

Wenn Sie den künstlichen Look der Modefotografie anstreben, dann müssen Sie vor allem in Licht investieren und lernen, die Bildbearbeitung perfekt zu beherrschen. Im professionellen Bereich sind die Aufgaben des Fotografen und die der Bildretusche beziehungsweise Postproduktion oftmals getrennt, aber der Trend geht dahin, dass die Fotografen ihre Bilder selbst bearbeiten oder zumindest jemandem im Studio haben, der diese Aufgabe für sie übernimmt. So haben Sie mehr Kontrolle über den Look, und Fotografie und Bildbearbeitung können besser aufeinander abgestimmt werden.

Technisch benötigen Sie in der Modefotografie für die meisten Aufnahmen nur einen gemäßigten Brennweitenbereich. Ein lichtstarkes 24–70-mm-Zoomobjektiv und/oder wenige lichtstarke Festbrennweiten reichen aus. Als Kamera ist eine Vollformatkamera vorzuziehen, weil sich mit ihr die Schärfe besser akzentuieren lässt und sie durch den größeren Sensor Auflösungsvorteile bietet. Von der Bildqualität her betrachtet, hat ein Mittelformatsystem Vorteile in der Modefotografie: Kurze Blitzsynchronzeiten, ein schöner Schärfeverlauf und hoher Detailreichtum der Bilder sprechen für das Mittel-

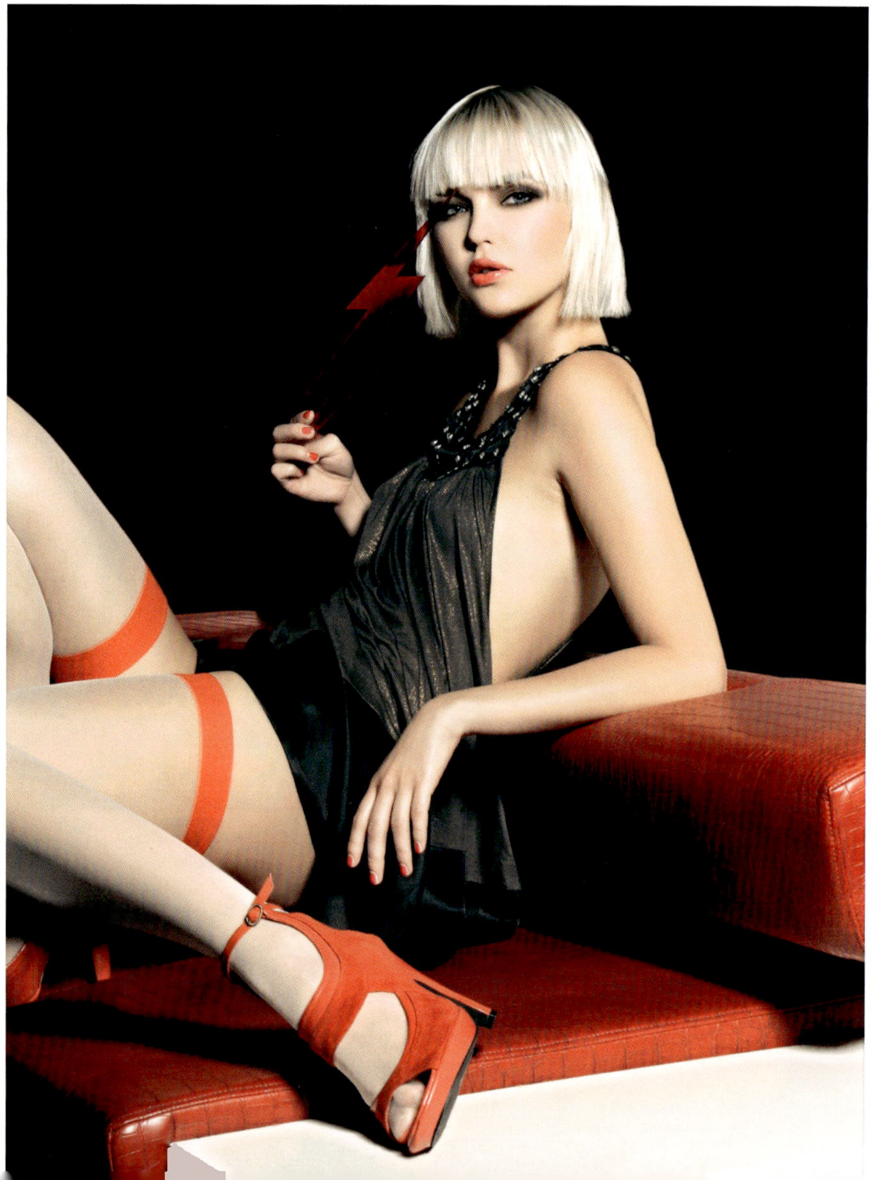

Abbildung 11.16 ▶
Die Hauptlichtquelle bei diesem Bild bildete ein Blitzkopf mit einem recht harten Refllektor, wie man an den Schatten erkennen kann. Das funktioniert nur, weil die Lichtrichtung exakt stimmt und das Erscheinungsbild der Haut vollkommen über Make-up und Retusche kontrolliert wurde (Bild: Simone Holzberg, Model: Jana Weilert).

54 mm | f11 | 1/125 s | ISO 100 | APS-C-Sensor | Studioblitz

VERÄNDERTE VORZEICHEN

Es gibt wahrscheinlich keinen anderen Bereich, indem die Blogs im Internet gegenüber den herkömmlichen Medien wie Zeitschriften und Fernsehen schon so an Einfluss gewonnen haben. Modeblogs werden auch von der Modeindustrie ernstgenommen. Das bedeutet, dass man auch als Einzelperson oder kleines Team heute Medienmacher sein kann und eine signifikante Reichweite erzielen kann. Die Digitalfotografie hat zusammen mit dem Internet eine Revolution erzeugt, deren Folgen noch lange nicht abschließend bewertet werden können. Die Berufsbedingungen für Fotografen haben sich dadurch zwar eher verschlechtert, weil durch die große Zahl an verfügbaren Bildern ein Preisdruck aufgekommen ist. Aber es wäre dumm, nicht auch die Vorteile zu nutzen, die das Internet den Fotografen bietet. Sie können sehr schnell eigene Arbeiten veröffentlichen und sind für Kunden oder andere interessierte Leute schnell auffindbar. Ebenso haben Sie Zugang zu Trends und Informationen, die aktueller nicht sein könnten.

format, das geringere Arbeitstempo und der hohe Preis allerdings dagegen. Auch wenn Sie als Modefotograf einen natürlichen Look bevorzugen und mit vorhandenem Licht arbeiten, so ist dieses Licht doch fast nie unverändert. Auf der Straße erkennen Sie den Modefotografen oft an einer Menge mitgeführter Diffusoren und Aufheller, die das Licht sehr viel vorteilhafter gestalten.

11.5 Sportfotografie

In der Sportfotografie haben Sie selten eine freie Auswahl des Aufnahmeortes, um einerseits den Sportlern nicht im Weg zu sein und andererseits auch zu Ihrem eigenen Schutz. Blitzlicht ist während des Wettkampfes in aller Regel keine Option, weil Sie sonst die Athleten blenden könnten. Lichtstarke und meist langbrennweitige Objektive sind in der Sportfotografie das Mittel der Wahl. Die Notwendigkeit eines schnellen Autofokus grenzt die Auswahl der Kamera und der Objektive weiter ein.

Es gibt durchaus Teleobjektive, für deren Neupreis Sie auch einen Kleinwagen kaufen könnten, und bei wichtigen Sportveranstaltungen sehen Sie oft viele solcher Objektive auf den Presseplätzen. Für die meisten Amateure

Abbildung 11.17 ▸
Ein Kitesurfer fliegt hoch durch die Luft. Die Aufnahme wurde von einem mit Kugelkopf versehenen Stativ aus gemacht. So ließ sich die 6 Kilo schwere Kamera-Objektiv-Kombination leicht bewegen.
300 mm | f6,3 | 1/2000 s | ISO 250

SUPERTELEOBJEKTIVE

Superteleobjektive besitzen eine Reihe von zusätzlichen Bedienelementen gegenüber kürzeren Brennweiten. Einige davon wurden aus den Bedürfnissen der Sportfotografie heraus entwickelt:

- Fixierknopf für die Stativschelle ❸: Ein Superteleobjektiv wird direkt auf das Stativ geschraubt, damit die Kombination aus Objektiv und Kamera im Schwerpunkt gelagert werden kann. Wenn Sie die Kamera auf das Stativ montieren und das Superteleobjektiv vorne ansetzen, können Sie durch das Gewicht sogar das Kamerabajonett verziehen. Sie können allein dadurch, dass Sie das Objektiv innerhalb des Rings über der Stativschelle drehen, die Kamera vom Quer- ins Hochformat schwenken. Mit dem Fixierknopf stellen Sie die neue Position dann wieder fest.
- Autofokus-Modi ❹: Außer AF (normaler Autofokus) und MF (Manuell), gibt es hier noch PF (Powerfokus). Dieser Modus ist für die Verwendung beim Filmen optimiert. Er ist besonders leise und gleichmäßig.
- Fokusbegrenzer ❺: Falls die Kamera den Fokus nicht beim ersten Mal trifft, durchläuft sie erneut den gesamten Einstellungsbereich, was Zeit kostet, die man bei der Sportfotografie oft nicht hat. Deswegen können Sie dem Objektiv mitteilen, ob Sie den gesamten Bereich, den Nahbereich (2–6 m) oder den Fernbereich (6 m–Unendlich) verwenden wollen. So stoppt der Fokus zum Beispiel im Fernbereich bereits bei 6 m und läuft nicht bis 2 m durch.
- Fokus Preset ❻: Wenn Sie den Fokus Preset eingeschaltet haben, können Sie eine bestimmte Fokusentfernung speichern. Mit einem kurzen Dreh am Playback-Ring stellt das Objektiv dann jederzeit und sofort auf die gespeicherte Entfernung scharf. So können Sie zum Beispiel die Torlinie als feste Entfernung speichern und bei einem Torschuss sofort die Entfernung einstellen, ohne dass der AF danebengreifen kann. Fokus Preset hat drei Einstellungsmöglichkeiten: aus, ein, und ein mit akustischer Rückmeldung, einem kurzen Piepsen.
- AF-Stop ❶: Ohne Anpassung unterbricht die AF-Stop-Taste das Fokussieren. In einigen Kameras lassen sich dieser Taste andere Funktionen zuweisen, zum Beispiel die Belichtungsspeicherung, der Start der Bildstabilisierung oder die Änderung der AF-Einstellungen.
- Bildstabilisator-Modi ❷: Wenn Sie den Bildstabilisator eingeschaltet haben, können Sie zwischen drei Modi wählen: 1. einer vollen Korrektur der Bewegungen, 2. Bewegungen in Richtung des Mitziehens werden nicht korrigiert und 3. wie Modus 2, aber die Korrektur wird nur während der Belichtung ausgeführt, damit das Sucherbild weniger irritierend ist.

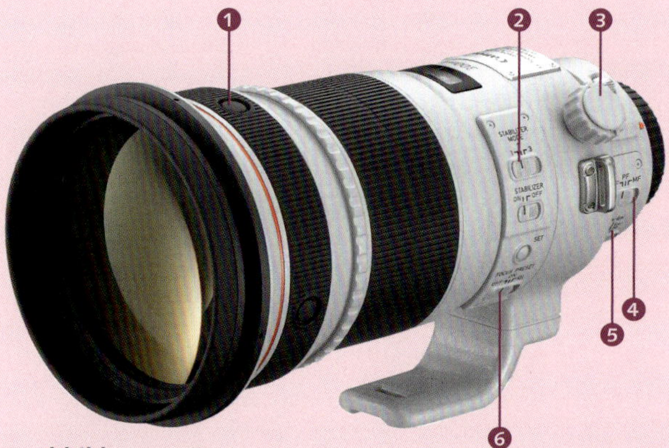

▲ **Abbildung 11.18**
Ein Superteleobjektiv für die Sportfotografie (Bild: Canon)

steht die Anschaffung eines Superteleobjektivs nicht zur Debatte, allerdings können Sie den Aufwand minimieren, wenn Sie auf APS-C als Sensorgröße setzen. Wenn Sie dann noch eine Kamera mit einer hohen Auflösung verwenden – und so ein wenig Luft für Ausschnittvergrößerungen haben –, kommen Sie mit erheblich günstigeren Objektiven hin. Ein 70–200 mm / f2,8 mit einem optionalen 1,4-fach-Konverter ist eine gute Grundlage.

Sie sollten im Umgang mit Ihrer Ausrüstung geübt sein, damit Sie eine hohe Trefferquote erreichen. Die Serienbildeinstellung dürfen Sie übrigens ohne schlechtes Gewissen verwenden. Manche Profifotografen schießen während eines 100-Meter-Laufs 300 Aufnahmen. Dabei ist es tatsächlich so, dass drei Kameras parallel und leicht gegeneinander verzögert mit vollen 10 Bildern/s »durchrattern« – die zehn Fotografen von Sports Illustrated machten während der Olympiade in Peking zusammen circa 300 000 Aufnahmen.

Bei den schnellen Motiven in der Sportfotografie ist es hilfreich, wenn Sie die Funktionen der Belichtungsspeicherung und des Autofokus auf zwei unterschiedliche Tasten legen, denn bei der Mehrfeldmessung wird ansonsten beides gleichzeitig festgelegt, wenn Sie den Auslöser antippen.

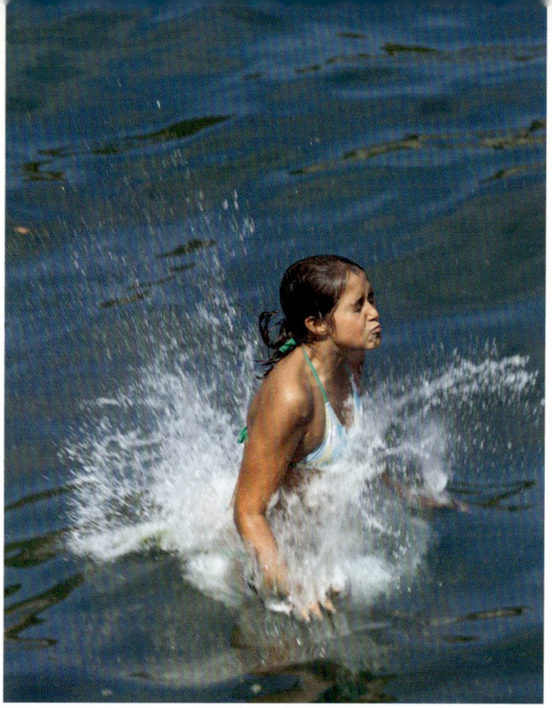

Abbildung 11.19 ▸
Um diesen kurzen Moment einzufangen, in dem sich die Mimik des Mädchens schon auf Eintauchen ins Wasser eingestellt hat, war die Serienbildfunktion der Kamera sehr nützlich.
195 mm | f9,0 | 1/1000 s | ISO 500

11.6 Landschaftsfotografie

Landschaften, Porträts und Stillleben sind, neben religiösen Darstellungen, seit der Antike die drei größten Motivbereiche der Malerei gewesen. Seit Erfindung der Fotografie hat sich das Spektrum zwar erweitert, trotzdem gehört die Landschaftsfotografie immer noch zu den großen Themen. Da-

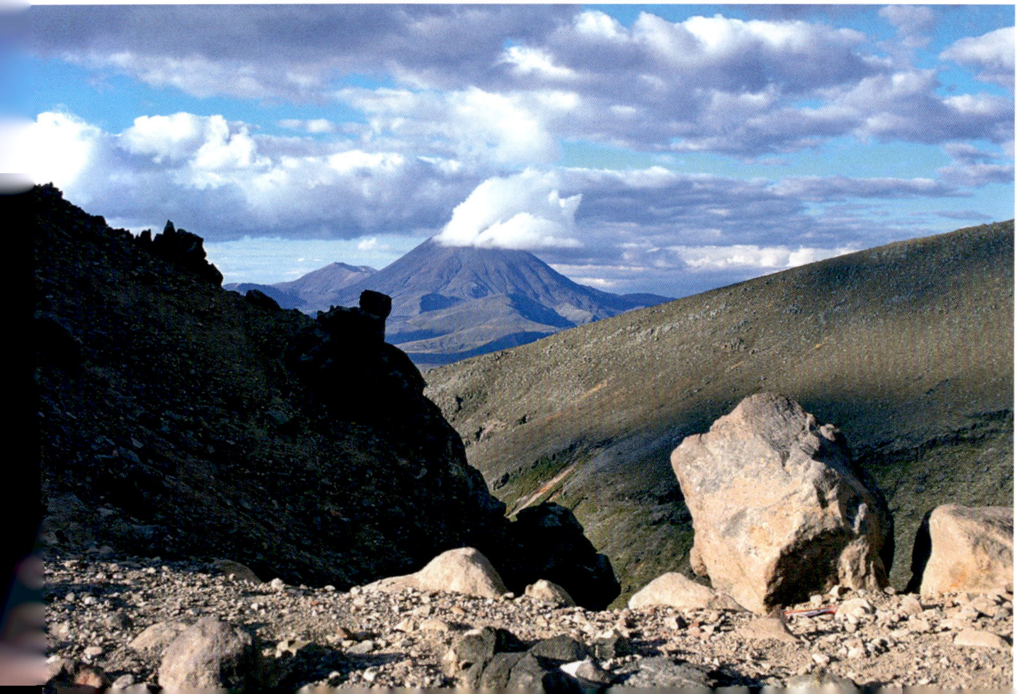

◂ **Abbildung 11.20**
Eine Vulkanlandschaft in Neuseeland. In manchen Gegenden der Welt ist man sehr auf sich gestellt. Durch mangelnde Erfahrung und Leichtsinn kann man sich dort schnell in Gefahr bringen: Im nahen Hotel lag eine Sammelmappe mit Artikeln zu den Unglücksfällen, die den Touristen in der Umgebung zugestoßen waren.
50 mm | f6,3 | 1/500 s | ISO 100

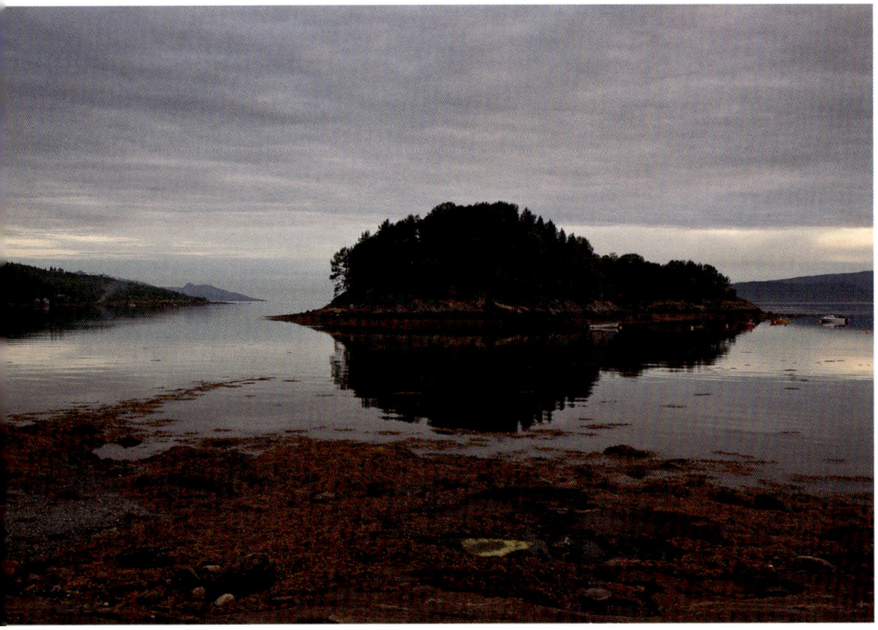

bei ist die klassische Fotografie von Naturlandschaften in den letzten Jahren etwas zurückgegangen, und immer mehr Fotografen beschäftigen sich mit dem Blick auf Kulturlandschaften und zeigen die Spuren, die der Mensch in der Landschaft hinterlassen hat.

Von der technischen Seite her ist die Landschaftsfotografie überschaubar. Viele Fotografen bevorzugen zwar das digitale Mittelformat, um den Detailreichtum besser abbilden zu können, aber für eigentlich alle Bilder außer den Großformaten in den Kunstgalerien tut es meist auch eine normale DSLR. Die Objektive müssen nicht lichtstark sein, da meist abgeblendet wird und selbst eine eventuelle Verzeichnung ist oft nicht tragisch, weil es keine streng senkrechten oder waagerechten Linien gibt, bei denen eine Verzeichnung sofort augenfällig würde.

▲ **Abbildung 11.21**
Nachts um halb eins in Nordnorwegen: Die Lichtsituation gibt der Fjordlandschaft etwas Urweltliches.
37 mm | f7,1 | 1/40 s | ISO 640

Einen Blitz benötigen Sie auch nicht oder nur in den seltenen Fällen, wenn Sie ein Element im Vordergrund akzentuieren möchten. Das Objektiv sollte aber scharf und möglichst frei von chromatischen Aberrationen sein, weil die Farbsäume gerade bei Bäumen, die gegen den Himmel stehen, sehr störend sind. Allerdings lassen sich diese auch gut in der Objektivkorrektur des RAW-Konverters entfernen.

Eine Landschaft läuft Ihnen zwar nicht weg, aber dafür können Sie sie auch nicht bewegen. Sie ändert sich nur im Licht und indem Sie Ihren Standpunkt verändern. Position, Tageszeit und Bildausschnitt sind also Ihre hauptsächlichen Einflussmöglichkeiten auf das Bild.

11.6.1 Weitwinkel

Eine Landschaft mit einem Weitwinkelobjektiv aufzunehmen, ist erst einmal naheliegend. Wir erfassen mit unseren Augen meist sehr viel von der Umgebung und eine Weitwinkelaufnahme setzt unseren Eindruck am natürlichsten um.

In manchen Gegenden, etwa im Gebirge, im Wald oder an der Steilküste ist das Weitwinkelobjektiv eine gute Wahl, in anderen wird zu viel vom langweiligen Vordergrund erfasst, und das Bild leidet dann darunter, dass dem spannenderen Teil des Motivs sehr wenig Raum bleibt.

Trotzdem ist ein starkes Weitwinkelobjektiv das wichtigste Objektiv des Landschaftsfotografen. Das kann heutzutage auch gerne ein Zoomobjektiv sein, denn die Qualität dieser Objektive ist inzwischen manchmal sogar besser als die von Festbrennweiten. Außerdem haben Sie mehr Kontrolle über den Bildausschnitt. Da die Motive sehr weit entfernt sind, ändern ein paar Schritte die Abbildungsgröße kaum, ein Dreh am Zoomring aber schon.

▼ **Abbildung 11.22**
Fast 1500 m über dem Geirangerfjord bietet sich dieses Panorama vom Gipfel des Dalsnibba. Das starke Weitwinkelobjektiv half, den Fotografen in die Komposition einzubeziehen.

17 mm | f11 | 1/40 s | ISO 100

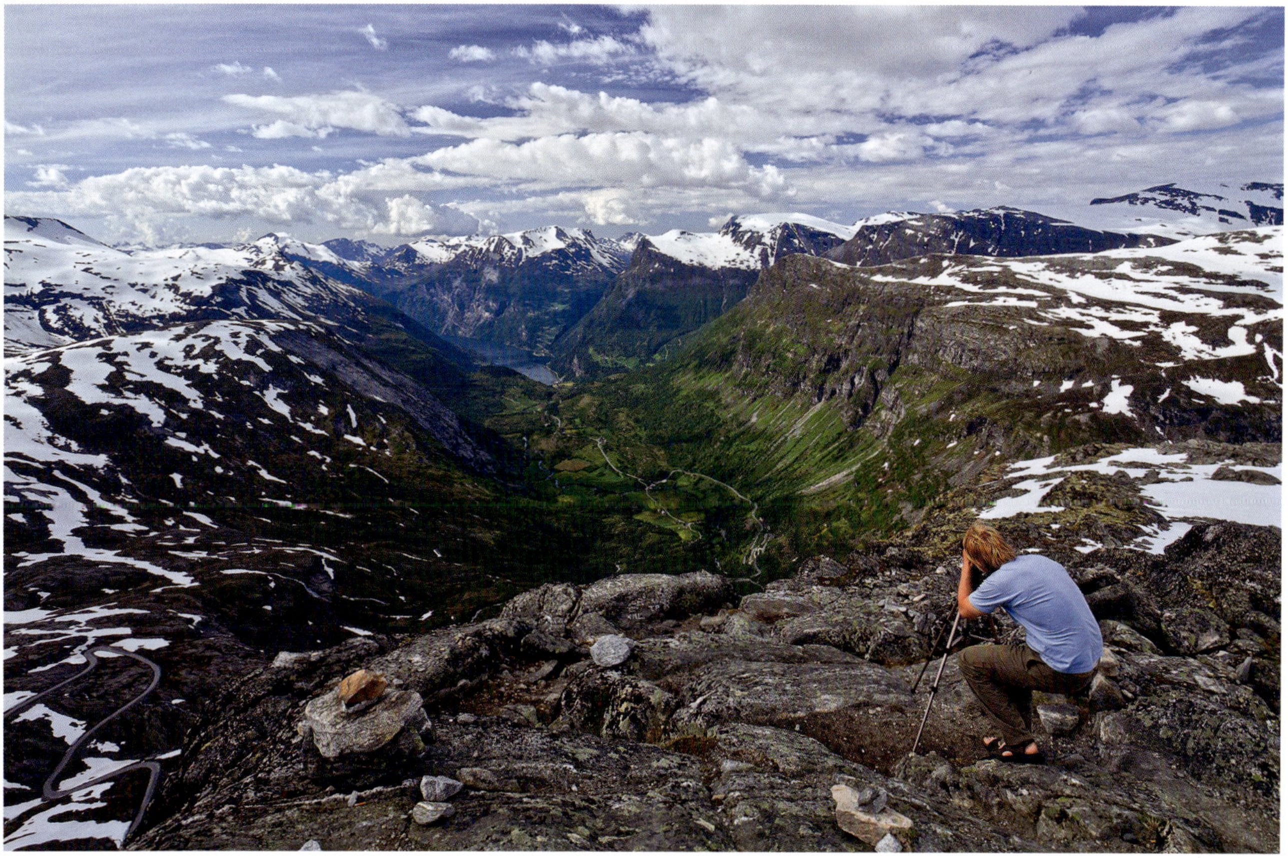

11.6.2 Teleperspektive

In der Landschaftsfotografie müssen Sie häufig gedanklich einen Schritt zurücktreten und sich überlegen, was genau Sie am Motiv anspricht. Ansonsten bekommen Sie enttäuschende Bilder, die die Faszination des Ortes nicht annähernd widerspiegeln. Wichtig ist, dass das wesentliche Element genügend

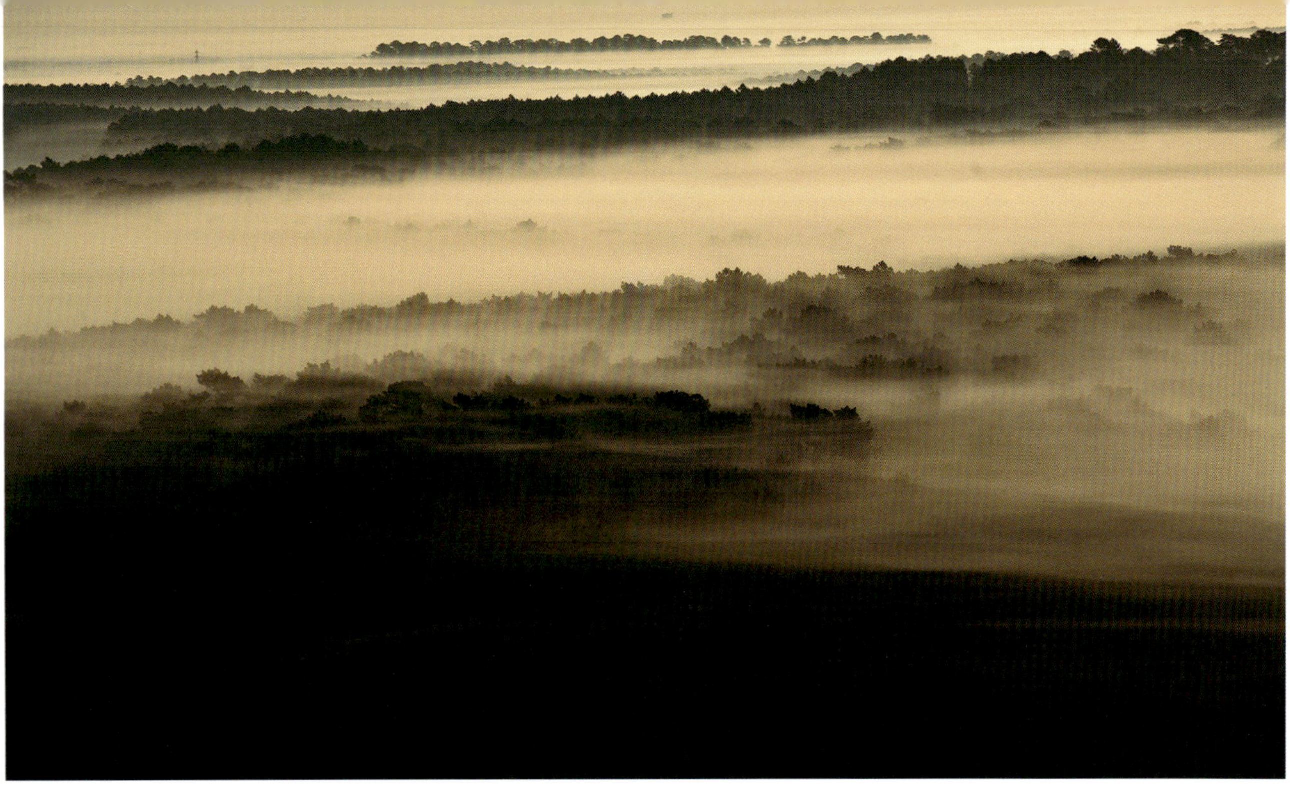

▲ **Abbildung 11.23**
Um diesen Blick von der Dune du Pilat ins Landesinnere einzufangen, musste ich vor Sonnenaufgang aufstehen. Der Morgennebel wird von der aufgehenden Sonne zum Leuchten gebracht.
200mm | f8,0 | 1/3200s | ISO 160

Raum erhält. Bei Weitwinkelaufnahmen haben Sie in eher flachen Landschaften unten Sand oder Gras und oben Himmel. Das kann im Einzelfall sehr schön sein, ist oft aber einfach nichtssagend. Sie müssen das Motiv dann verdichten und klarer abbilden. Das gelingt über eine Verengung des Bildwinkels, der sich dann ausschließlich über die wichtigen Bereiche erstreckt.

Beobachten Sie sich: Wandert der Blick über einen großen Bereich, um die Landschaft zu erfassen, oder hängt er eher am Horizont, wo in der Ferne

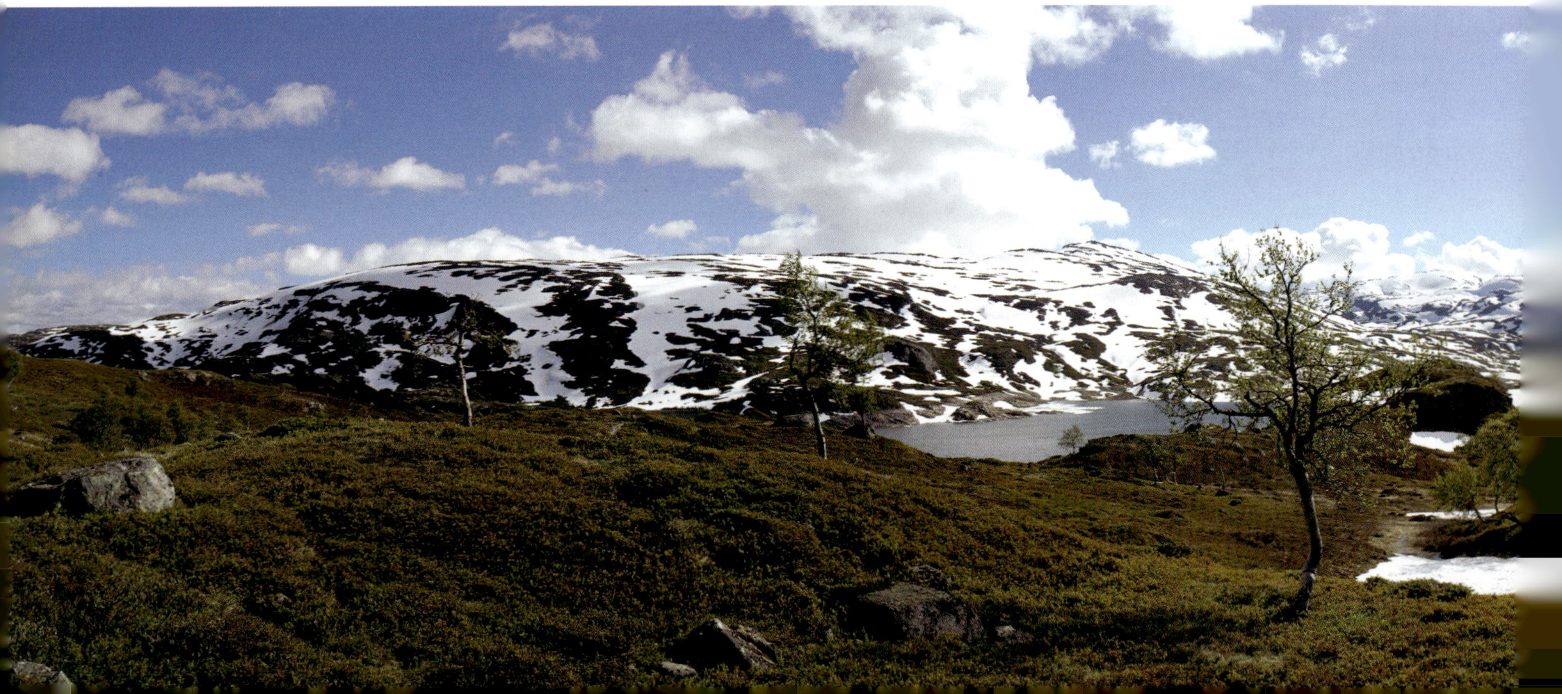

etwas Interessantes den Blick fesselt? Im ersten Fall wählen Sie ein Weitwinkel-, im zweiten ein Teleobjektiv. Wenn der Bildwinkel zwar in der Höhe stimmt, aber in der Breite zu klein ist, erzeugen Sie ein Panorama.

Ein gutes Objektiv mit 70–200 mm Brennweite, eventuell ergänzt um einen Konverter, kann eigentlich alles abdecken, was Sie brauchen.

11.6.3 Panorama

Sie haben vielleicht schon einiges über Panoramafotografie gelesen, über Nodalpunkt-Adapter und Software, bei der Sie von Hand Vergleichspunkte definieren müssen. Vergessen Sie das alles erst einmal wieder, und stellen Sie sich die Panorama-Erstellung als das Einfachste überhaupt vor. Wenn Sie eine Landschaft als Panorama erfassen wollen, reicht es in den meisten Fällen, aus der Drehung des Körpers heraus einige Aufnahmen zu erstellen, die sich zu circa einem Drittel überschneiden. Diese lassen Sie dann automatisch von Panoramasoftware zusammenrechnen (in zylindrischer Perspektive, falls die Software Ihnen eine Wahl anbietet). Solche Software wird manchmal mit der Kamera mitgeliefert. Photoshop Elements hat mit PHOTOMERGE PANORAMA eine gute Panorama-Funktion eingebaut und das große Photoshop CS ebenso. In 90 % der Fälle bekommen Sie so ohne Mühe ein gutes Panorama hin.

Wenn sich allerdings wichtige Bildelemente sehr nah an der Kamera befinden, müssen Sie genauer arbeiten. Dann sollten Sie sicher sein, dass Sie die Kamera exakt um den optischen Mittelpunkt (den sogenannten **Nodalpunkt**) des Objektivs drehen, nur so bleibt die Perspektive konstant.

▼ Abbildung 11.24
Erst im Panorama kommt diese Landschaft im norwegischen Hochland wirklich zu Geltung. Die sieben Einzelbilder wurden aus der Hand aufgenommen und ohne Nachbearbeitung in Photoshop zusammengefügt.
27 mm | f13 | 1/200 s | ISO 100

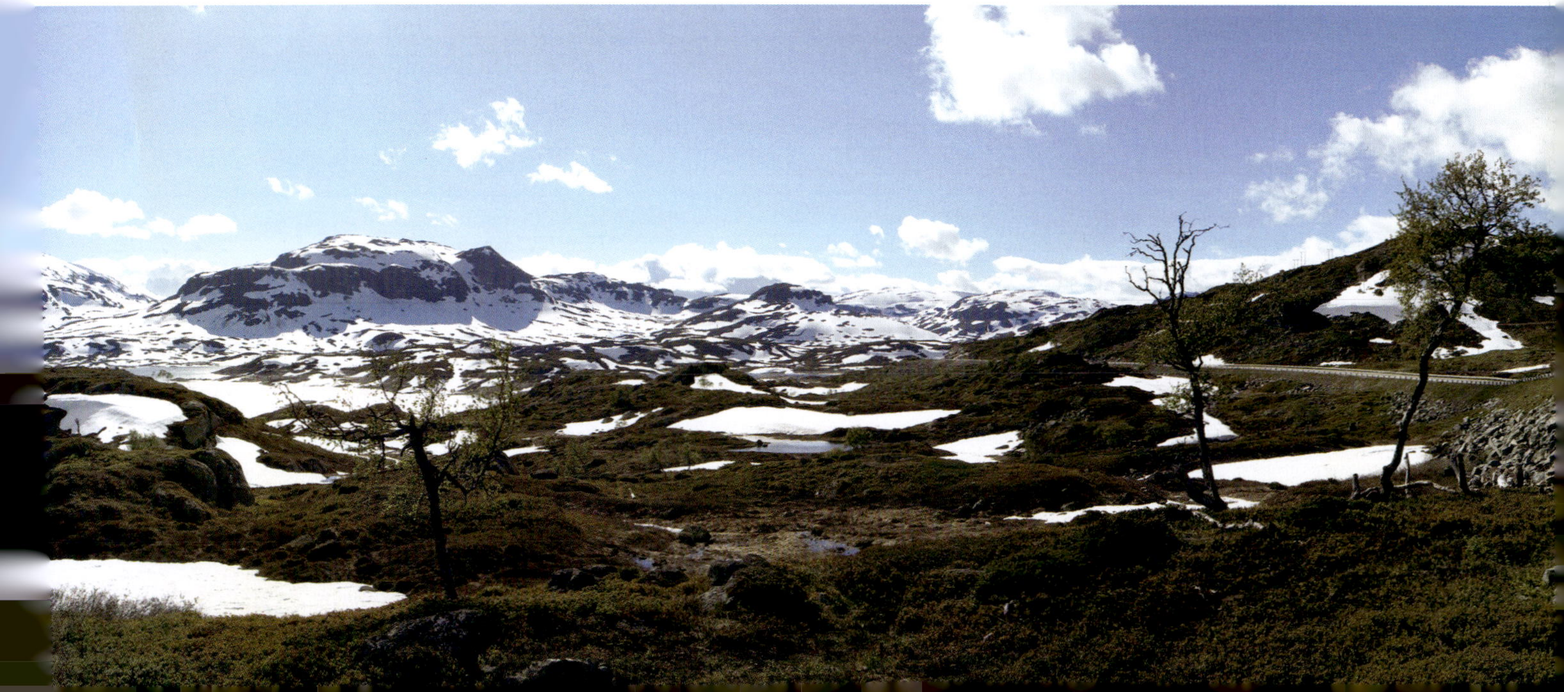

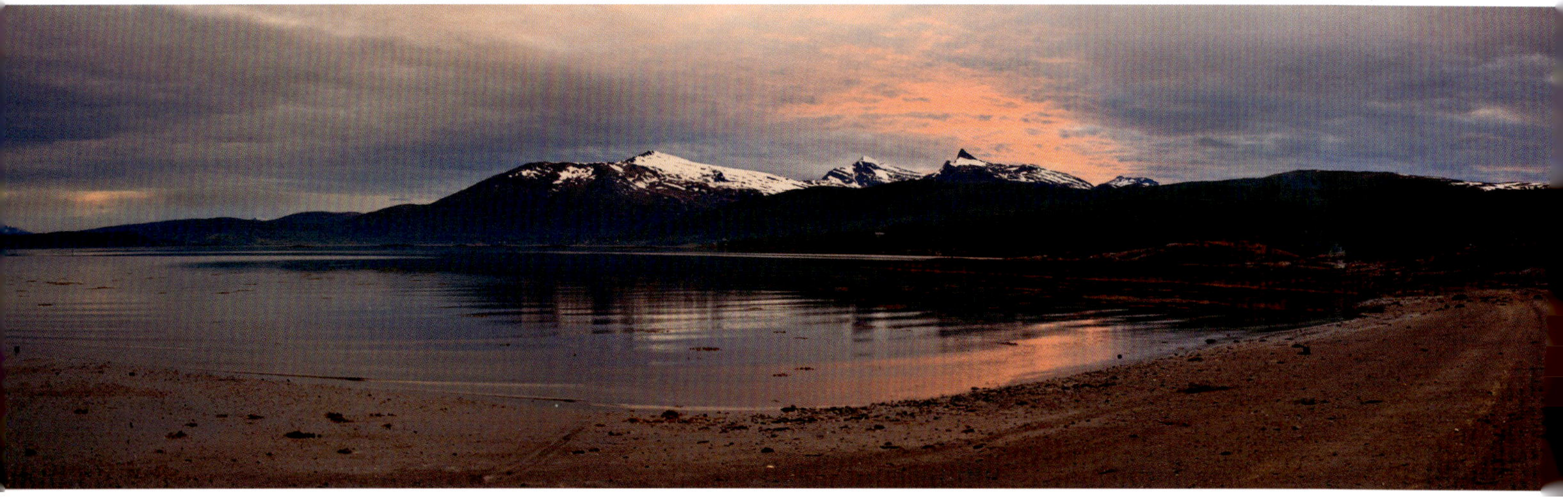

▲ **Abbildung 11.25**
Panorama aus drei Einzelbildern. Ein Standardformat hätte den Eindruck des Fjords bei Mitternachtssonne nicht so gut wiedergeben können.
36 mm | f6,3 | 1/80 s | ISO 640

Dadurch bekommen Sie später keine Probleme, den Vorder- und Hintergrund deckungsgleich zu einem Panorama zusammenzufügen.

Den Nodalpunkt können Sie mit verschiedenen Methoden herausfinden. Als guter Anhaltspunkt mag gelten, dass der Nodalpunkt bei den meisten Objektiven in der Ebene der Blende liegt. Eine der einfachsten Methoden ist es, zwei schmale senkrechte Elemente in unterschiedlichem Abstand vor der Kamera zu positionieren, so dass das vordere das hintere vollständig verdeckt. Wenn Sie die Kamera nun zur Seite schwenken, und das vordere Element überdeckt weiterhin das hintere, dann ist der Drehpunkt der Nodalpunkt. Wenn das hintere Element neben dem vorderen erscheint, dann stimmt die Justierung noch nicht. Wenn Sie das Objektiv nach rechts schwenken, und das vordere der beiden Elemente verschiebt sich gegen-

GEOTAGGING

Die Verwendungsfähigkeit Ihrer Bilder steigt deutlich, wenn Sie wissen, wo Sie aufgenommen wurden. In der freien Natur auf Reisen geht diese Zuordnung aber leicht verloren. In ein paar Jahren ist ein GPS-Empfänger vielleicht in den meisten Kameras eingebaut, aber auch heute können Sie anfängertauglich mit externen Geräten arbeiten. Auf der Buch-DVD finden Sie die Software »GeoSetter«, mit der Sie (leider nur unter Windows) die GPS-Daten mit Ihren Bildern synchronisieren können. Auch Bilder ohne Daten können Sie über die Kartenfunktion mit Koordinaten versehen.

Es wird zwar schon an Software geforscht, die anhand der Form der Bergrücken auf einem Foto den Ort der Aufnahme automatisch bestimmen kann, aber im Moment ist das noch Zukunftsmusik. Es gibt auch nach wie vor einige Gegenden der Welt, in denen Ihnen das nicht weiterhelfen wird, weil sie keine natürlichen Landmarken aufweisen.

über dem hinteren nach links, dann sitzt das Objektiv beziehungsweise die Kamera zu weit vorne. Verschiebt sich das vordere Element in die gleiche Richtung, sitzt das Objektiv zu weit hinten.

Wichtig ist, dass Sie die Justierung mit der richtigen Schärfeeinstellung vornehmen, also meist auf Unendlich oder auf die hyperfokale Entfernung (siehe Seite 177), wenn Sie eine hohe Schärfentiefe benötigen. Wenn Sie nicht nur seitwärts ein Panorama erzeugen wollen, sondern auch nach oben und unten oder sogar ein Kugelpanorama, dann muss der Nodalpunkt in allen drei Achsen stimmen. Die Seitwärtsverschiebung ist normalerweise kein Problem, weil Ihr Kamerahersteller die Stativschraube genau unter der Objektivachse angebracht hat – zumindest sollte er das getan haben, und bei aktuellen DSLRs ist mir kein Gegenbeispiel bekannt. Die vertikale Drehachse können Sie einstellen, indem Sie das Objektiv senkrecht nach oben stellen (Wasserwaage verwenden!) und dann die Kamera so verschieben, dass das Objektiv nicht mehr »eiert«, weil die optische Achse exakt in der Verlängerung der Stativachse liegt.

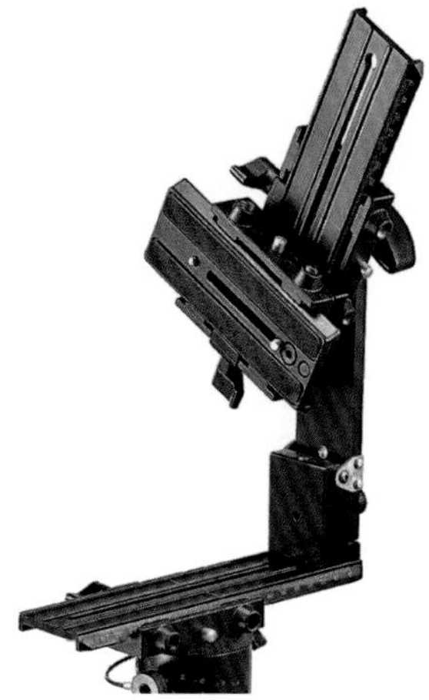

▲ **Abbildung 11.26**
Um im Querformat Panoramen mit Drehung um den Nodalpunkt aufzunehmen, reicht ein einfacher Einstellschlitten, mit dem man die Kamera nach vorn und hinten verschieben kann. Im Hochformat oder wenn mehrere Reihen aufgenommen werden sollen, muss es dann ein recht aufwendiger Nodalpunkt-Stativkopf sein (Bild: Manfrotto).

Die für ganz exakte Panoramen benötigten Nodalpunktadapter oder Panoramastativköpfe sind nicht eben günstig in der Anschaffung. Nicht viel teurer sind die motorisierten und programmierbaren Panoramaköpfe, mit denen Sie mit langen Brennweiten automatisiert Panoramen in Gigapixelgröße aufnehmen können. Unterschätzen Sie aber nicht die Rechenleistung, die Sie für das Zusammenfügen, das sogenannte **Stitchen**, benötigen. Selbst auf schnellen Workstations kann das etliche Stunden an reiner Rechenzeit verschlingen. Die motorisierten Köpfe haben aber auch den Vorteil, dass Sie damit zum Beispiel den Innenraum eines Autos komplett erfassen können, ohne dass Sie zum Verstellen der Position an die Kamera noch einmal heranmüssen. Das macht die Panorama-Erstellung einfacher und weniger fehleranfällig.

11.6.4 Infrarotfotografie

Die meisten Digitalkameras eignen sich auch ganz ohne Modifikation für die Infrarotfotografie. Sie benötigen dafür nur ein Infrarotfilter, das Sie vor das Objektiv schrauben. Allerdings werden die Belichtungszeiten deutlich länger als mit umgerüsteten Kameras. Infrarotfotografie ist nicht zu verwechseln mit der Wärmebildfotografie, mit der Sie zum Beispiel die Wärmedämmung Ihres Hauses überprüfen können. Dafür sind noch deutlich längere Wellenlängen als in der Infrarotfotografie und Spezialkameras notwendig.

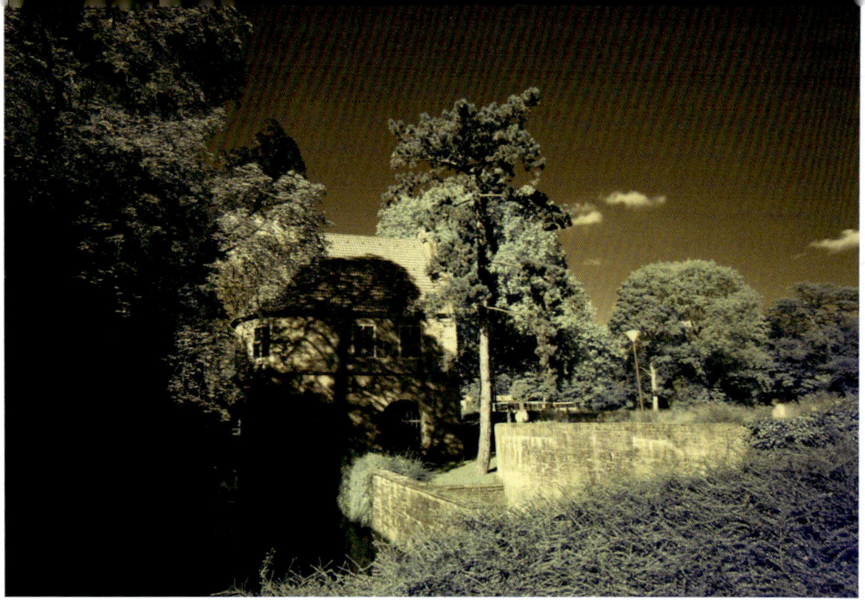

Abbildung 11.27 ▸
Dieses Bild wurde Anfang Oktober mit einem 720-nm-Infrarotfilter aufgenommen. Das Herbstlaub erscheint nicht mehr so hell wie im Sommer.
17 mm | f8,0 | 10 s | ISO 800

Meine eigenen Versuche in der Infrarotfotografie habe ich mit einem günstigen 720-nm-Infrarotfilter unternommen. Der Infraroteffekt ist damit deutlich sichtbar, und das Filter lässt genug Licht hindurch, um korrekt belichtete Aufnahmen mit mehreren Sekunden Belichtungszeit zu erhalten. Unbearbeitet erscheinen die Bilder allerdings tiefrot, eine Farbe, die Sie in Photoshop auch aus der RAW-Datei nicht herausbekommen. Ich habe die Kamera deswegen auf die gleichzeitige Aufnahme von RAW und JPEG eingestellt, eine Aufnahme gemacht, und diese dann zur Festlegung des eigenen Weißpunkts (Custom WB) im Kameramenü herangezogen. Die Kamera hat zwar gewarnt, dass das eventuell nicht klappen würde, die Ergebnisse waren aber trotzdem gut.

Während der Aufnahmen entdeckte ich ein zweites Problem: Ich hatte seltsames bläuliches Streulicht auf den Bildern, dessen Ursprung ich zunächst nicht bestimmen konnte. Ich stellte dann fest, dass es während der Aufnahme von hinten durch das Okular schien und am hochgeklappten Spiegel vorbei auf den Sensor fiel. Bei Highend-Kameras gibt es dafür ein Hebelchen neben dem Sucher, mit dem Sie ihn verschließen können. Ich musste mir mit

▾ **Abbildung 11.28**
Mit langen Belichtungszeiten lassen sich auch mit einer unmodifizierten Canon EOS 400D nur mit einem Sperrfilter Infrarotaufnahmen machen (Bild: Luis Argerich, Buenos Aires).
28 mm | f8,0 | 30 s | ISO 100 | APS-C-Sensor

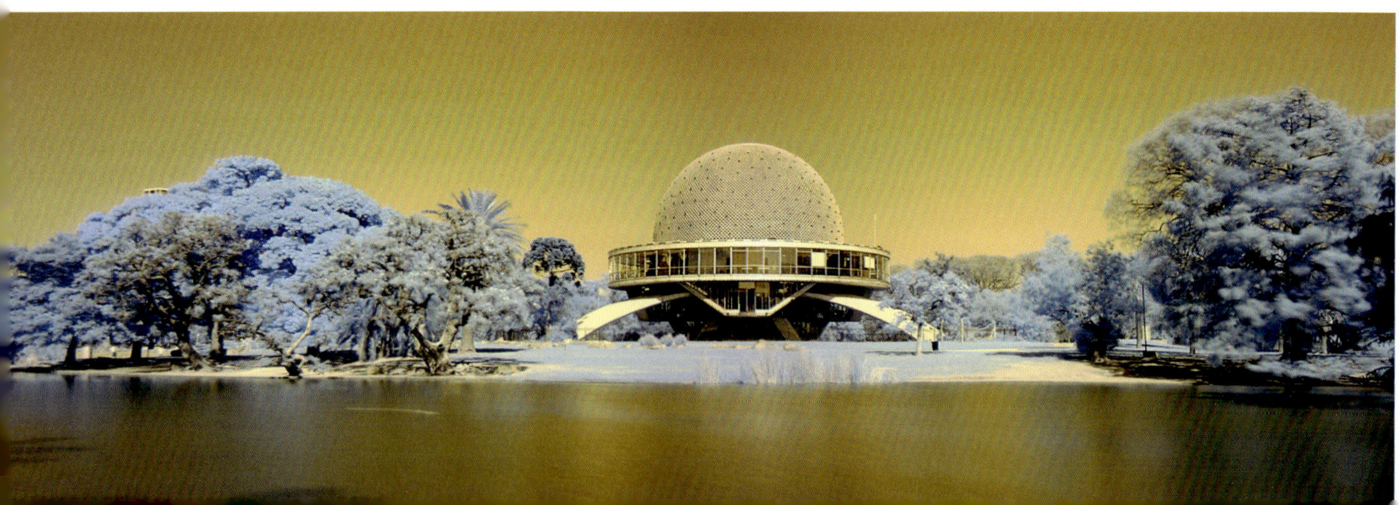

der Gummiabdeckung am Kameragurt behelfen.

Auch wenn Photoshop dank der unteren Begrenzung des Weißabgleichs auf 2000 K an der Umsetzung der RAW-Datei scheitert, Canons Digital Photo Professional und CaptureOne eignen sich auch für Infrarotaufnahmen gut. Normale Objektive sind nicht für Infrarot korrigiert, so dass Sie oft etwas weiter in den Nahbereich scharfstellen müssen. Bessere Objektive besitzen einen Infrarotindikator, einen roten Punkt oder Strich, der anzeigt, wie weit die Fokussierung weitergedreht werden muss. Stellen Sie zum Beispiel ohne Filter scharf, setzen Sie das Filter an, und verschieben Sie die Fokusentfernung von unter dem Eichstrich unter den roten Punkt.

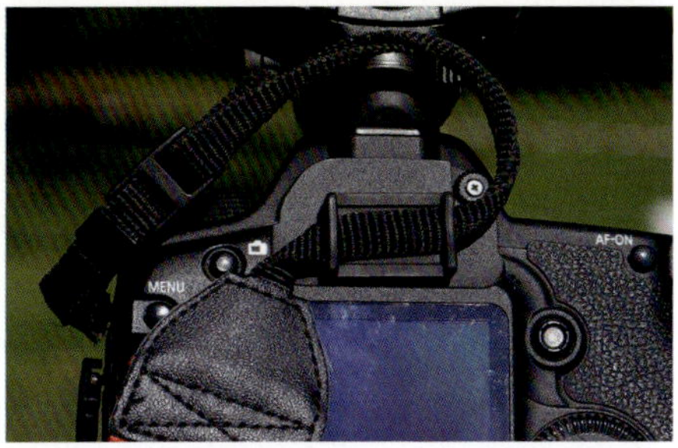

◂ **Abbildung 11.29**
Die Okularabdeckung ist sinnvoll, denn das Filter vor dem Objektiv verringert die Lichtausbeute circa um den Faktor 100 000. Dagegen kann sich dann das geringe Streulicht von hinten sichtbar durchsetzen, denn die Sucherkonstruktion ist auch bei hochgeklapptem Spiegel nicht hundertprozentig lichtdicht.

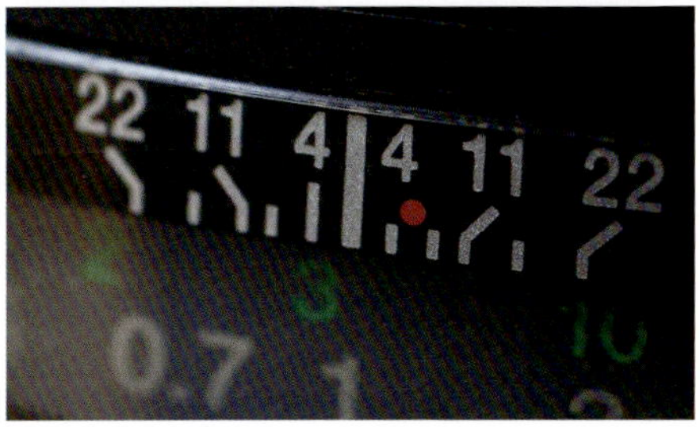

◂ **Abbildung 11.30**
Der kleine rote Punkt ersetzt den weißen Strich in der Infrarotfotografie. Bei Zoomobjektiven finden Sie sogar oft mehrere Markierungen für verschiedene Brennweiten. Generell müssen Sie immer etwas weiter in den Nahbereich scharfstellen, weil Infrarotlicht weniger stark gebrochen wird als das sichtbare Licht.

11.7 Naturfotografie

Die Naturfotografie mag für einen Berufsfotografen nicht so ergiebig sein, weil der Markt relativ klein ist und viele Menschen sie mit Leidenschaft betreiben. Es gibt also bereits sehr viele gute Bilder, die auch weniger schnell veralten als in anderen Bereichen. Für den Amateurfotografen ist die Naturfotografie allerdings doppelt lohnend, weil er das Hobby der Fotografie mit dem Aufenthalt in der Natur verbinden kann.

Die Natur als Motiv hat viele Vorzüge. Zum nächstgelegenen Fleckchen Natur ist es meist nicht weit, außerdem ist die Natur extrem abwechslungsreich, gerade über den Verlauf des Jahres. Und die Natur hat sozusagen definiert, was wir Menschen als schön empfinden.

Die Naturfotografie stellt sehr unterschiedliche Ansprüche an die Kameraausrüstung. Die gute Nachricht ist, dass Sie einem Großteil der Situationen bereits mit einem Standardzoomobjektiv gerecht werden können, eventuell ergänzt um ein Makroobjektiv. Die schlechte Nachricht ist, dass der Aufwand gerade bei der Tierfotografie nach oben hin offen ist und man-

Abbildung 11.31 ▶
Das Bild wurde im Park aufgenommen – Sie müssen nicht weit fahren, um Natur zu erleben. Um Verwacklungen durch den Wind zu vermeiden, wählte ich eine kurze Verschlusszeit.
100 mm | f2,8 | 1/1000 s | ISO 800 | Makroobjektiv

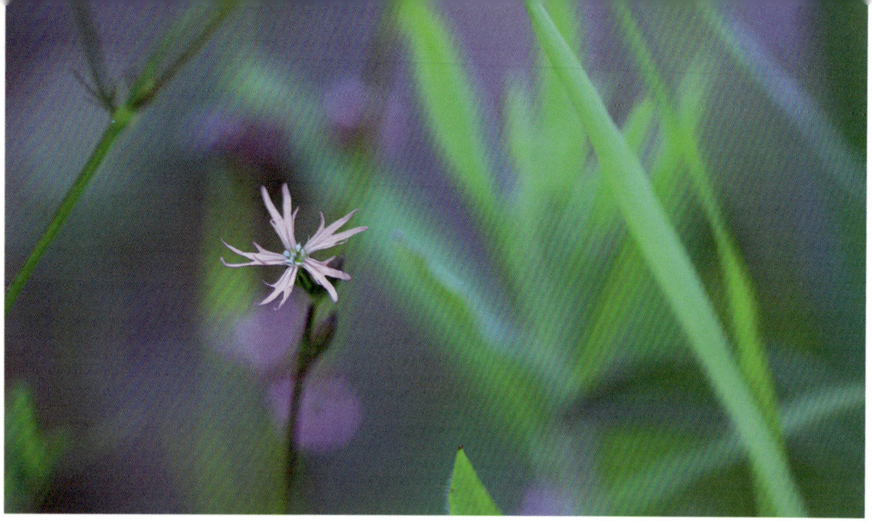

che Naturfotografen einige tausend Euro teure Objektive verwenden. Das Autofokus-System und die Belichtung Ihrer Kamera sollten Sie komplett im Griff haben, denn in vielen Situation bleibt Ihnen nur sehr wenig Zeit, um ein besonderes Bild einzufangen, Ihre Reaktionen sollten dann weitgehend automatisch ablaufen.

Wer sich von guten Naturfotografen inspirieren lassen möchte, die viel Zeit in ihre Arbeit stecken können, dem sei die Webseite *http://photography.nationalgeographic.com* empfohlen. Die »National Geographic Society« ist gemeinnützig und muss ihre beträchtlichen Einnahmen wieder für die Finanzierung von Expeditionen und Fotoreportagen ausgeben – ein solcher Auftraggeber ist natürlich ein Traum für jeden Fotografen.

▼ **Abbildung 11.32**
Die Sonne bricht durch das frische Juni-Laub. Wenn man an solchen Tagen seiner fotografischen Arbeit in der Natur nachgehen kann, sollte man das nutzen.
12 mm | f8,0 | 1/80 s | ISO 100

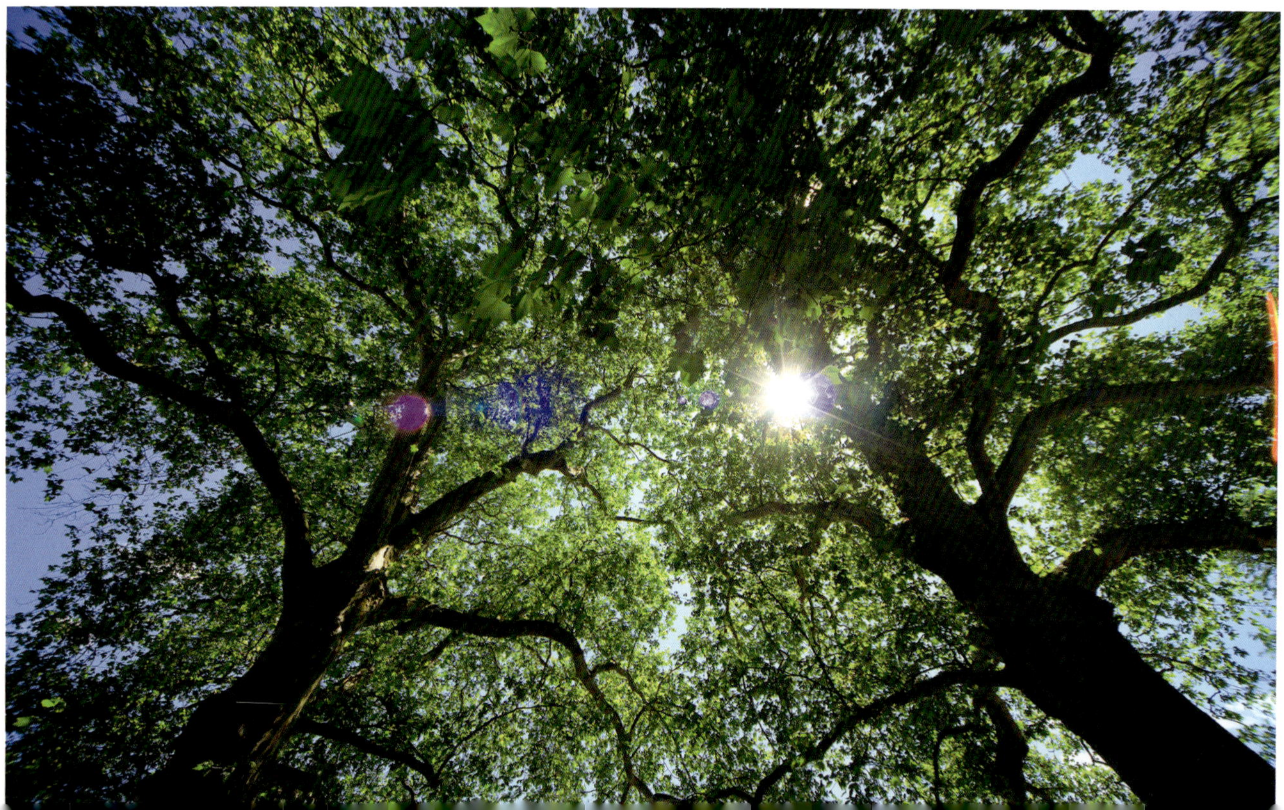

11.7.1 Tierfotografie

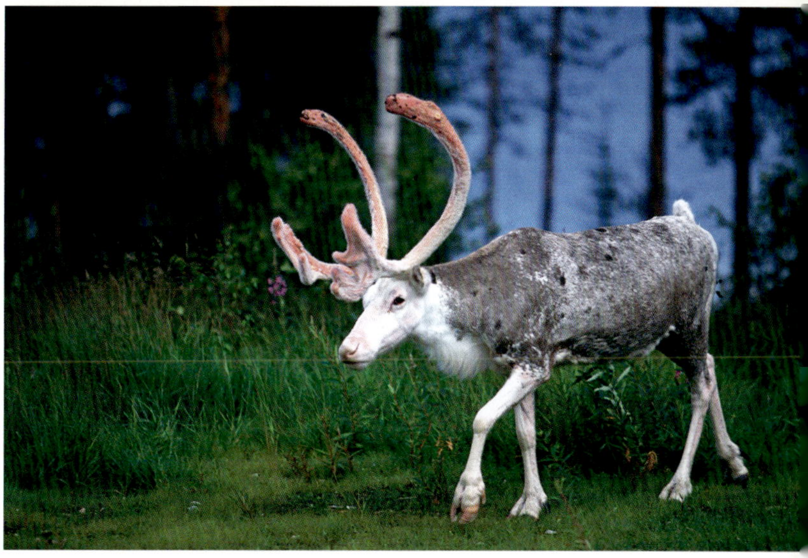

▲ **Abbildung 11.33**
Rentiere sind an Menschen gewöhnt und lassen sie oft auf eine Distanz von weniger als zehn Metern an sich heran. Wenn sie im Auto sitzen, können es sogar nur ein bis zwei Meter sein. Das Bild entstand am Polarkreis in Schweden.
180 mm | f6,3 | 1/500 s | ISO 100

Die meisten guten Aufnahmen wilder Tiere, die Sie aus den Medien kennen, sind das Resultat von großer Geduld, langjähriger Übung und Planung. Es gibt immer noch sehr viele Tierarten, die niemals fotografiert wurden, weil die Tiere sehr scheu und in abgelegenen Gegenden beheimatet sind. Manche Tiere lassen sich selbst nach einer langen Gewöhnungsphase an die Anwesenheit des Fotografen nur mit einem 600-mm-Teleobjektiv sinnvoll ins Format bringen.

Wenn Sie richtig in die Tierfotografie einsteigen wollen, müssen Sie sich mit den Motiven mindestens so stark beschäftigen wie mit der Fotografie. Es geht nicht nur darum, ein gutes Foto mit nach Hause zu bringen, sondern Sie müssen sich im Lebensraum der Wildtiere umsichtig bewegen können. Für manche Tiere bedeutet auch die entfernte Anwesenheit eines Menschen großen Stress und sie haben Wichtigeres zu tun, als einen Fotografen im Auge zu behalten – zum Beispiel sich um den Nachwuchs zu kümmern. Respekt vor den Tieren empfiehlt sich auch in einer weiteren Hinsicht: Ab einer bestimmten Größe oder Giftigkeit können sie zu einer

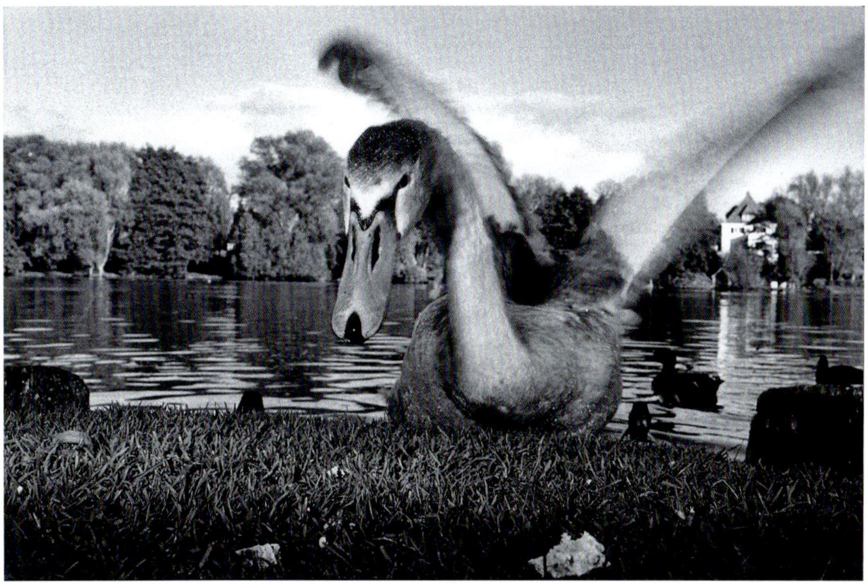

◀ **Abbildung 11.34**
Dieser junge Schwan wurde mit einem Fernauslöser fotografiert, denn der Fotograf wird von Tieren eher als Gefahr wahrgenommen als die Kamera. Im weiteren Verlauf aber stieß der Schwan die Kamera sogar um.
35 mm | f5,6 | 1/40 s | ISO 250 | Blitz | Orangefilter

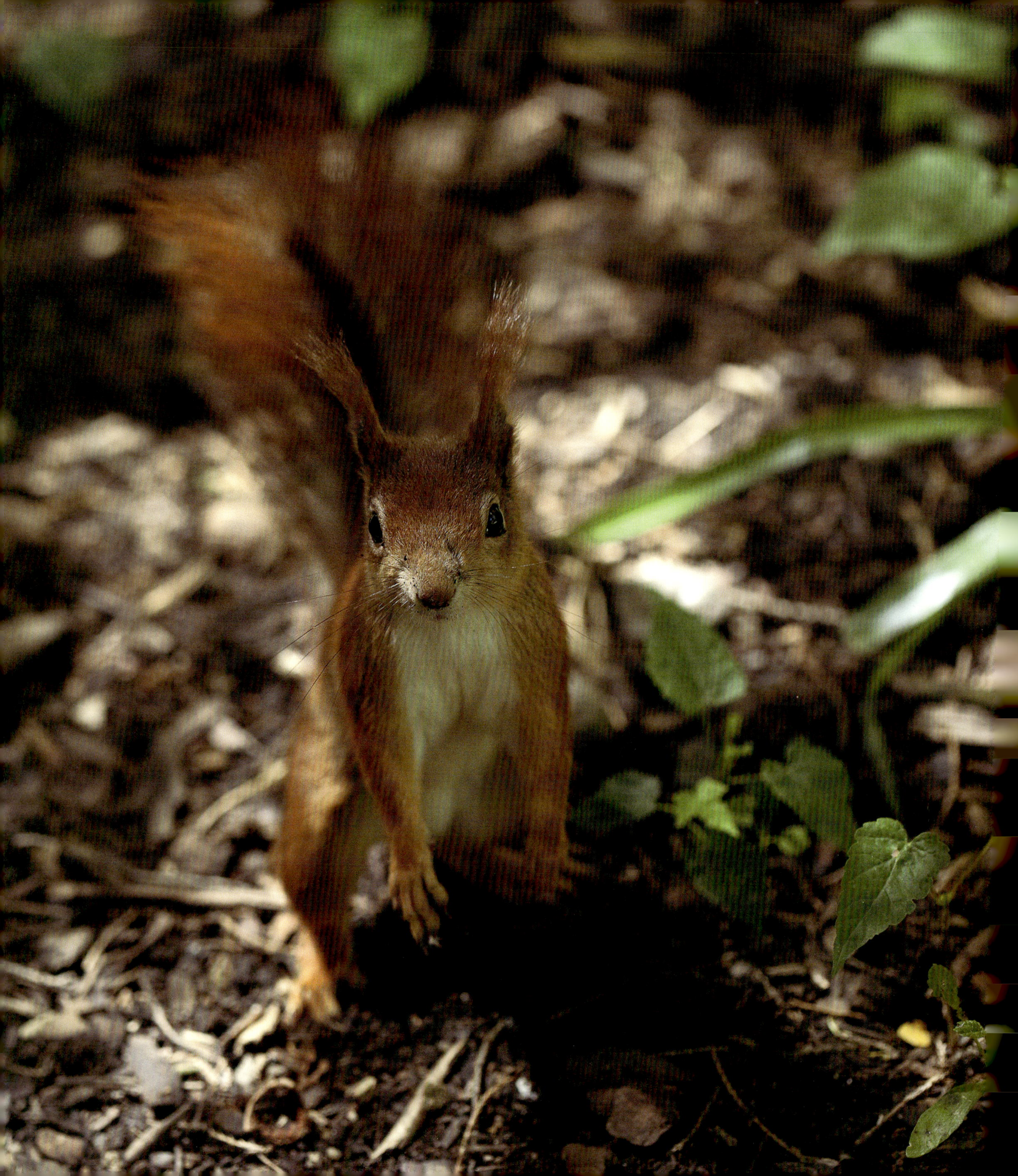

ernsten Gefahr für Sie werden. Dabei geht es gar nicht einmal nur um die exotischen und anerkannt wilden Tiere wie etwa Bären oder Nilpferde. Ich habe von zwei Fotografen gelesen, die beim Fotografieren von Kühen zu Tode gekommen sind.

Unterschätzen Sie nicht die Artenvielfalt in der Stadt. Sie ist wegen der dortigen Vielfalt ökologischer Nischen höher als in landwirtschaftlich genutzten Gebieten. In der Stadt finden Sie auch oft Kulturfolger, die sich an die Anwesenheit des Menschen gewöhnt haben und weniger scheu sind. Dadurch lassen sie sich auch leichter fotografieren. Auch diesen Tieren sollten Sie keinen zusätzlichen Stress verursachen.

Einige Tiere sind aber auch »abgebrüht« und betrachten den Menschen als Fütterungsquelle. Spatzen, Möwen, und Tauben zum Beispiel kommen Ihnen manchmal sehr nah. Hier können Sie fotografisch etwas entspannter zu Werke gehen, denn diese Tiere reagieren im Allgemeinen nicht schockiert, wenn Sie die Kamera rausholen. Das lässt sich aber nicht für jede Tierart verallgemeinern: Stockenten, die im Stadtpark eine Fluchtdistanz von 1,5 Metern haben, fliegen in der freien Natur schon weg, wenn Sie noch 25 Meter entfernt sind.

Vergessen Sie auch nicht die Haustiere. Hier haben Sie meist überhaupt keine Probleme mit der Fotografie und häufig ergibt sich ein besonderer Reiz, weil der Ausdruck und die Kommunikation der Tiere etwas an den Menschen angepasst ist (glauben Sie nicht, dass nur Sie Ihr Haustier konditionieren, das funktioniert auch andersherum). Ein Haustier ist von der verwendete Technik her recht anspruchslos, ein Normalobjektiv oder ein Standardzoom reichen meist völlig aus. Denken Sie auch an die Videomöglichkeiten Ihrer Kamera, bestimmte Verhaltensweisen lassen sich nur als Bewegtbild gut einfangen.

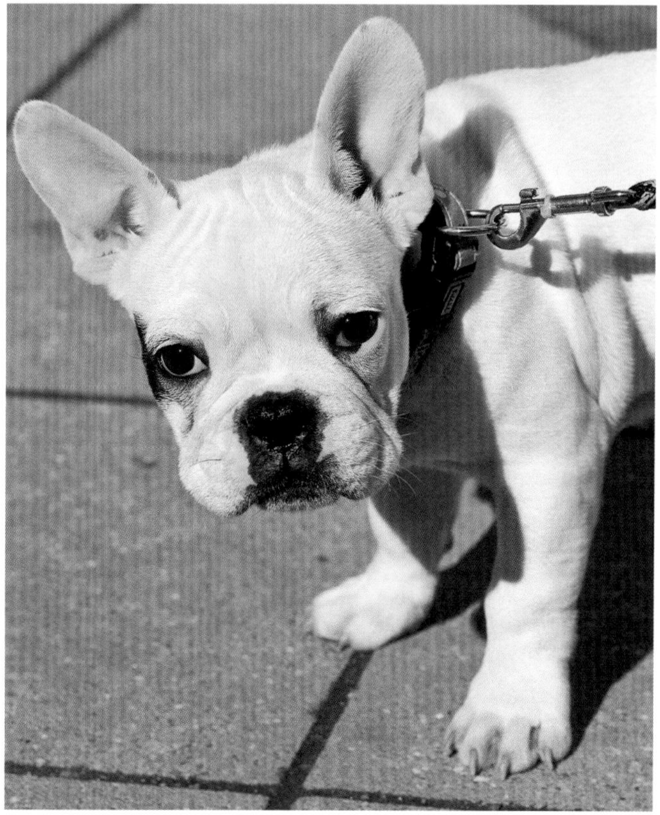

▲ **Abbildung 11.36**
Dieser junge Hund wäre an dem sonnigen, aber kalten Tag wohl lieber drinnengeblieben. Es ist erstaunlich, wieviel Ausdruck manche Hunde besitzen. Bei Wildtieren sollten Sie sich allerdings hüten, das Verhalten als menschenähnlich zu deuten. Erstens liegen Sie damit fast immer falsch, und zweitens kann das sehr gefährlich werden, etwa weil Sie Drohgebärden nicht erkennen.
85 mm | f7,1 | 1/2000 s | ISO 200

◂◂ **Abbildung 11.35**
Das Eichhörnchen ist ein Parkbewohner und an Menschen gewöhnt, sonst wäre es wohl nicht so nah an mich herangekommen.
100 mm | f3,2 | 1/640 s | ISO 800 | Makroobjektiv

11.7.2 Makrofotografie

Wenn Sie auf einer Frühlingswiese sitzen und ein Makroobjektiv dabeihaben, finden Sie buchstäblich tausende Motive auf einigen Quadratmetern. Die meisten Makroobjektive unterstützen einen Abbildungsmaßstab von bis zu 1:1, das heißt der abgebildete Bildausschnitt auf dem Sensor ist genauso groß wie das Motiv selbst. Auch bei einer Vollformat-DSLR sind das nur 24 x 36 mm. Dieser kleine Ausschnitt hat aber die gleichen Vergrößerungsreserven wie ein normales Bild, das heißt, der Fotoabzug vergrößert das Motiv nochmals deutlich. So können Sie auf einem Foto Details ausmachen, die dem bloßen Auge verborgen geblieben wären.

Technische Grundlagen | Die meisten Objektive kommen im Nahbereich nur auf Abbildungsmaßstäbe von 1:7 bis 1:10, das heißt, dass sie eher eine DIN-A4-Seite als eine Briefmarke formatfüllend abbilden. Sie können den Bereich erweitern, indem Sie entweder hinter dem Objektiv den Auszug mit einem Zwischenring oder einem Balgengerät vergrößern (siehe Seite 494), oder eine Nahlinse vor das Objektiv schrauben.

Da normale Objektive nicht für den Nahbereich berechnet wurden, erreichen Sie damit meist keine perfekten Ergebnisse. Normale Objektive sind aber dafür optimiert, etwas Großes klein abzubilden. Wenn man die Objektive umdreht, eignen sie sich aber oft gut dazu, um etwas Kleines groß abzubilden. Ein Objektiv umgekehrt zu betreiben, nennt sich **Retrostellung**. Sie bekommen im Zubehörhandel Adapter, die es erlauben, das Objektiv mit der Frontlinse nach hinten an die Kamera zu schrauben (oft sogar mit Übertragung des Blendenwerts vom Objektiv an die Kamera). Je kürzer die Brennweite des Objektivs ist, desto größere Abbildungsmaßstäbe lassen sich erreichen.

Eine andere, günstige und gute Methode besteht darin, ein Vergrößerungsobjektiv in Verbindung mit einem Balgengerät zu verwenden. Vergrößerungsobjektive sind in diesem Bereich sehr gut, und Sie können sie sehr günstig auf dem Gebrauchtmarkt finden, weil viele Dunkelkammern aufgelöst werden. Wenn sich die vordere Standarte des Balgens neigen und kippen

▼ **Abbildung 11.37**
Da die Fliege sich nicht stören ließ, konnte ich ein paar Testaufnahmen machen, bis die eingestellte Blende die richtige Schärfe für das Motiv und die passende Unschärfe für den Hintergrund lieferte.
100 mm | f8,0 | 1/320 s | ISO 500 | Makroobjektiv

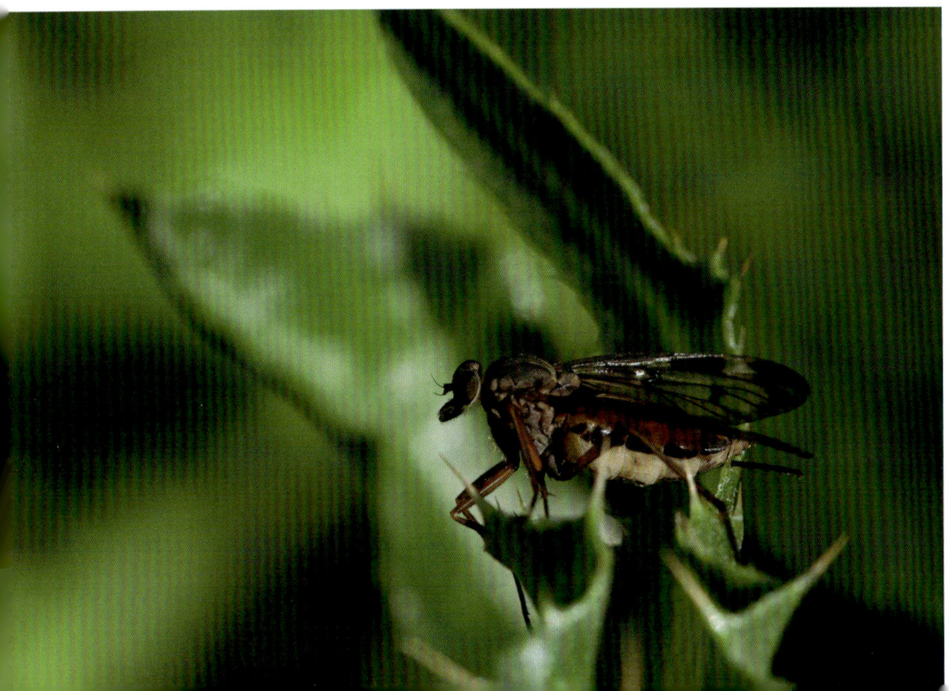

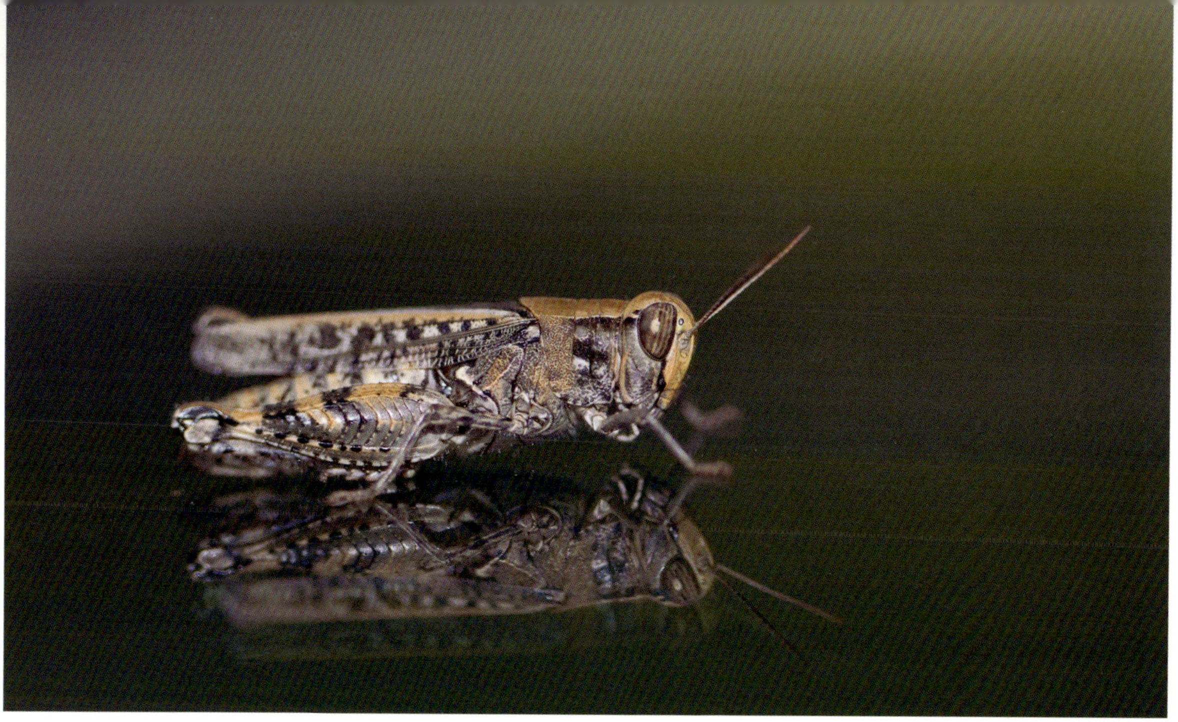

▲ **Abbildung 11.38**
Diese Heuschrecke hatte sich auf die Frontscheibe meines Autos gesetzt. Durch die Offenblende bekam ich einen sehr weichgezeichneten Hintergrund, die Schärfe sitzt aber exakt auf der Vorderseite des Insekts.

100 mm | f2,8 | 1/2000 s | ISO 160 | Makroobjektiv

lässt, können Sie sogar mit der Schärfedehnung nach Scheimpflug arbeiten (siehe Seite 195).

Die einfachste und komfortabelste Lösung ist natürlich ein echtes Makroobjektiv. Da diese Objektive auch im Fernbereich hervorragende optische Qualitäten bieten und dabei oft kaum teurer sind als andere Festbrennweiten im gleichen Bereich, lohnt sich eine Anschaffung. Sie sollten bei einer universellen Verwendung auf einen schnellen Fokusmotor achten, sonst geht Ihnen eventuell manch ein Motiv verloren, weil das Makroobjektiv zu langsam fokussiert.

In der letzten Zeit habe ich persönlich das 50-mm-Makroobjektiv wieder für mich entdeckt – für Natur und Landschaft hat der weitere Bildwinkel manchmal echte Vorteile. Wenn Sie bisher nur ein Standardzoomobjekiv besitzen, würde ich Ihnen zu einem 100-mm-Makroobjektiv raten, weil Sie damit auch ein gutes lichtstarkes Teleobjektiv erwerben. Wer aber hauptsächlich in der Natur unterwegs ist, der kann über ein zweites Makroobjektiv mit 50 mm nachdenken, zumal man auch für unter 300 € gute Objektive findet.

Verlängerungsfaktor
Wenn Sie mit einem Makroobjektiv im Maßstab 1:1 fotografieren, ist die effektive Blende zwei Blenden kleiner als die eingestellte. Blende 5,6 wird so zu f11, f16 zu f32, was deutlich jenseits einer sinnvollen Einstellung ist, weil die Beugungsunschärfe dann schon deutlich die Qualität verschlechtert. Wenn Sie im Maßstab 1:1 fotografieren, benötigen Sie also auch zwei Blenden längere Verschlusszeiten. Die Formel für den Verlängerungsfaktor ist $F = (\beta + 1)^2$ (wobei β der Abbildungsmaßstab ist). Bei einem Abbildungsmaßstab von 2:1 (=0,5), ergibt sich also ein Verlängerungsfaktor von $1{,}5^2 = 2{,}25$, also etwas über einer Blende (eine Blende ist Faktor 2).

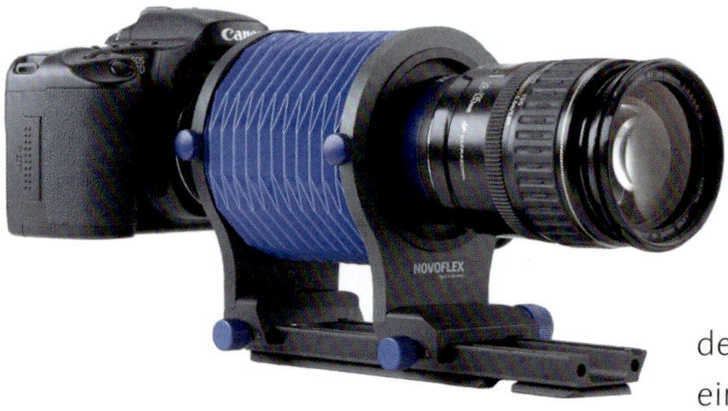

▲ **Abbildung 11.39**
Wenn man den Auszug vergrößert (also den Abstand zwischen Kamera und Objektiv), steigt auch der Abbildungsmaßstab. Je nach Objektiv leidet die Bildqualität zwar etwas darunter, aber die Methode ist sehr flexibel und günstig. Vergrößerungsobjektive sind einen Versuch wert an einem Balgengerät (Bild: Novoflex).

Schärfentiefe | Bei einem Abbildungsmaßstab von 1:1 müssen Sie ein paar Stufen abblenden, um überhaupt nur einen Millimeter Schärfentiefe zu erreichen. Wind ist deswegen ein besonderes Problem. Die daraus resultierende Bewegungsunschärfe können Sie zwar gut über kurze Verschlusszeiten abfangen, aber flexible Elemente wie Pflanzen bewegen sich im Wind schnell aus der Schärfezone. Es hilft, die Stengel mit einem kleinen Stativ und einer Klemme oder auch nur mit der Hand zu fixieren. Eine Reihenaufnahme steigert die Wahrscheinlichkeit einer scharfen Aufnahme auch, aber noch besser ist ein windstiller Tag.

Bedenken Sie auch, dass die Schärfe in einer flachen Ebene liegt, die senkrecht zur Objektivachse steht. Oft können Sie mit einem leichten Kippen der Kamera die Schärfeebene in eine günstigere Lage bringen. Natürlich verändert sich dadurch der Bildausschnitt, aber Sie haben im Nahbereich so viele alternative Möglichkeiten, dass sich Schärfe und Bildaufbau häufig trotzdem gut unter einen Hut bringen lassen.

▼ **Abbildung 11.40**
Wenn die Schärfe gut positioniert ist, ergeben sich auch bei Offenblende im Nahbereich ansprechende Bilder.
100 mm | f2,8 | 1/400 s | ISO 400 | Makroobjektiv

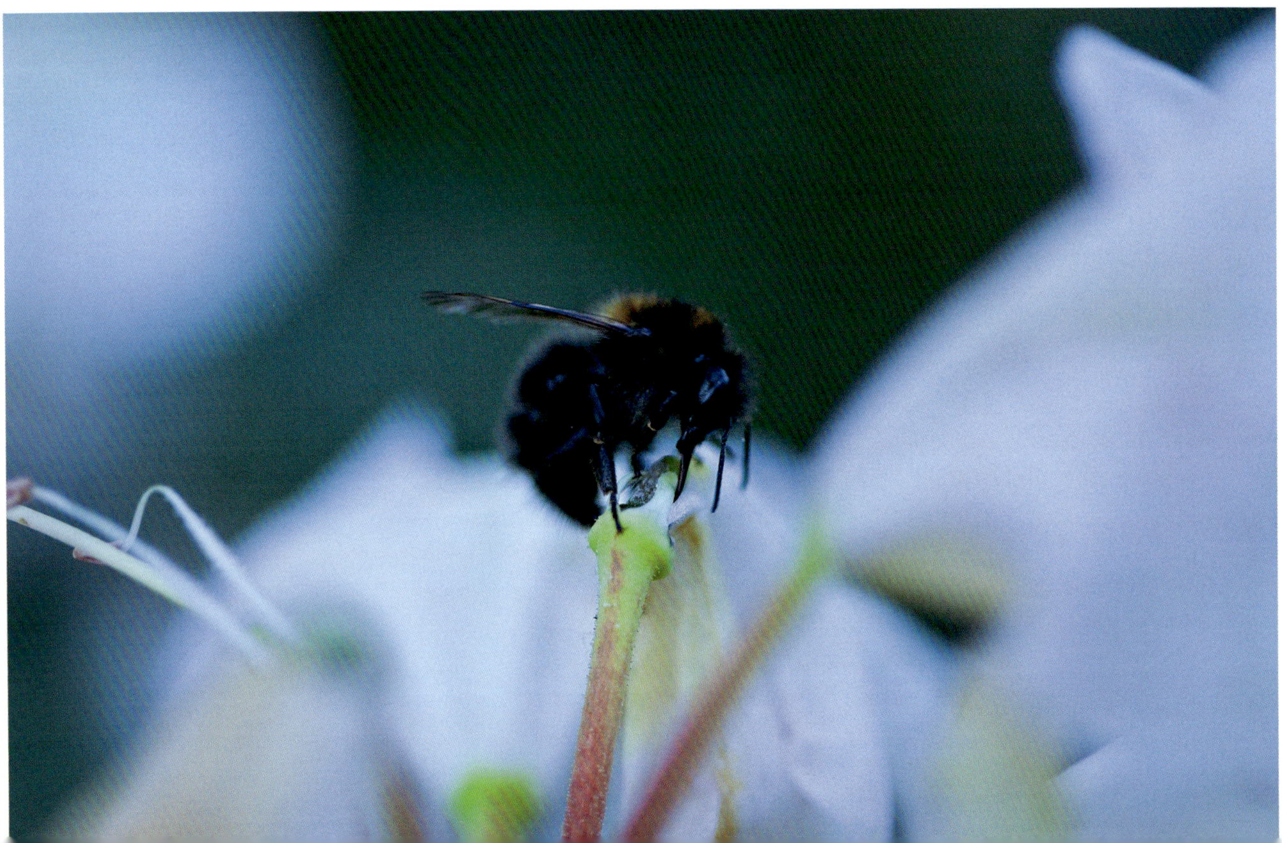

Im absoluten Nahbereich muss sich der Fokus des Objektivs auch für kleine Entfernungsänderungen stark bewegen. Es ist oft einfacher, die Kamera selbst etwas zu bewegen, statt das Objektiv die Fokusänderung durchführen zu lassen. Ich fokussiere das Motiv oft mit Einzelbild-AF an und folge den Motivänderungen dann durch ganz leichte Bewegungen des Oberkörpers.

Auf einem Stativ kann ein Makro-Einstellschlitten weiterhelfen, aber vielleicht werden Sie auch ganz ohne »Tricks« mit einem schnellen Objektiv gut arbeiten können. In jedem Fall erfordert die richtige Schärfe im Makrobereich bei bewegten Motiven einige Übung.

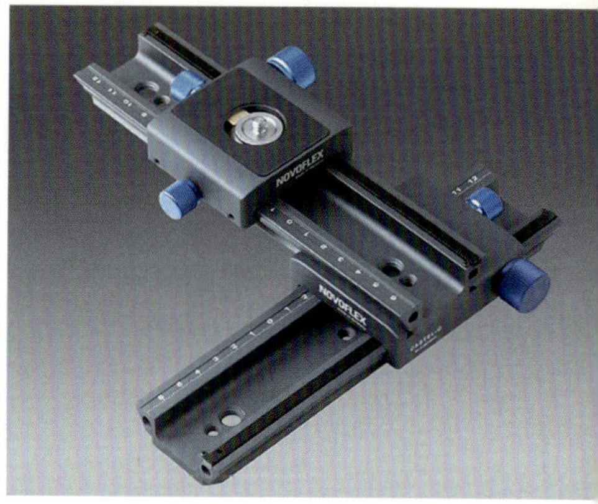

▲ **Abbildung 11.41**
Mit einem Makro-Einstellschlitten können Sie sehr exakt den Abstand der Kamera zum Motiv verändern. Die hier gezeigte Variante ermöglicht zusätzlich eine seitliche Verschiebung (Bild: Novoflex).

11.8 Reportage

Man könnte sagen, Reportage ist eine Erzählform, um aus nächster Nähe von der Wirklichkeit zu berichten. In diesem Satz liegt auch das eigentliche Problem, denn wenn Sie an einer Geschichte nah dran sind, werden Sie selbst Teil davon. Damit kann die Grenze zur Inszenierung und Fiktion schnell überschritten werden. Die Kunst der Reportage ist es, einerseits den Dingen ihren Lauf zu lassen und ein distanzierter Beobachter zu sein und auf der anderen Seite nah genug dran zu sein, um wirklich etwas erzählen zu können.

Wenn man die Fachmedien zum Thema Bildjournalismus verfolgt, fällt einem auf, dass in regelmäßigen Abständen über Fotografen berichtet wird, die eine Grenze überschritten und Ihre Glaubwürdigkeit verspielt haben. Das hat meist fatale Folgen für die berufliche Zukunft, denn das Vertrauen ist das wichtigste Kapital eines Bildjournalisten. Wenn bekannt wird, dass ein Fotograf Bilder stellt, Fotomontagen ohne Kennzeichnung veröffentlicht oder Fotos über die Grenze des Vertretbaren manipuliert, dann ist er für die großen Redaktionen nicht mehr tragbar. Das ist vergleichbar mit einem Textredakteur, der seine Interviews erfindet.

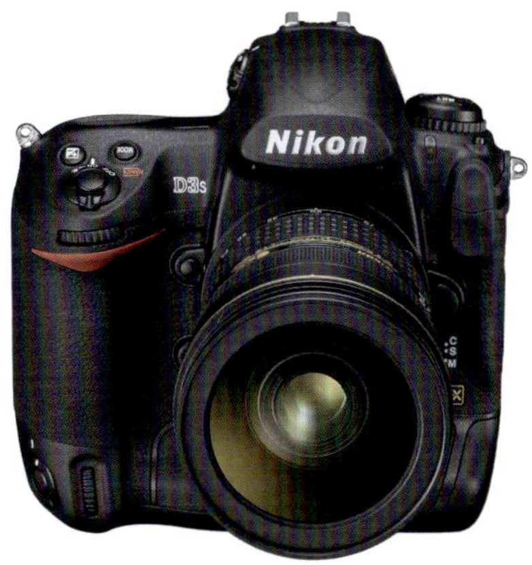

▲ **Abbildung 11.42**
9 Bilder pro Sekunde, bis zu 51 AF-Messfelder, Video, extrem hohe ISO-Zahlen und nur 12 Megapixel Auflösung trotz Vollformatsensor – die Nikon D3s ist praktisch ideal an die Erfordernisse der Pressefotografie angepasst (Bild: Nikon).

11.8.1 Schnelligkeit

Wenn man keine Bilder stellen darf, dann kann man auch keine Situationen wiederholen. Jedes Bild muss bereits im Moment des Geschehens gut aufgenommen werden. Die Kameras der Pressefotografen sind deswegen die schnellsten auf dem Markt erhältlichen und diejenigen mit dem besten Autofokus.

Natürlich gibt es ruhigere Formen des Bildjournalismus, aber die meisten Pressefotografen setzen auf Kameras, die hohe Serienbildgeschwindigkeiten,

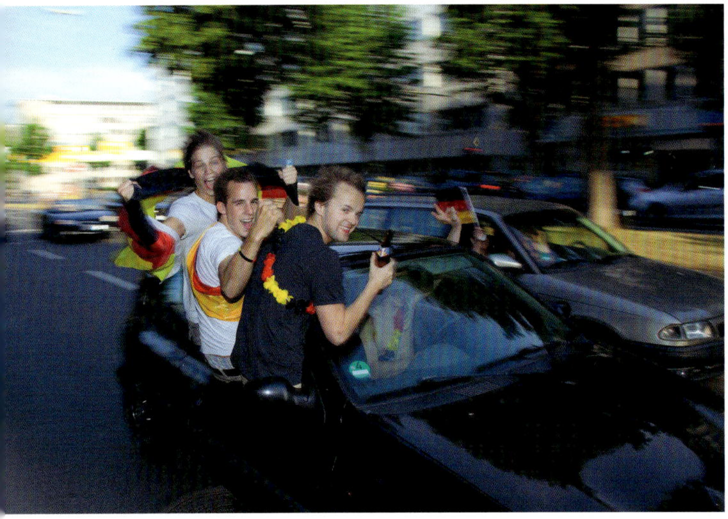

▲ **Abbildung 11.43**
Autokorso nach dem gewonnenen Achtelfinale gegen England. Die Kamera wurde mit Nachführ-AF und Kurzeitsynchronisation so eingestellt, dass sie eine möglichst hohe Trefferquote erzielte. Das 28–135-mm-Objektiv machte Objektivwechsel überflüssig.
28 mm | f8,0 | 1/80 s | ISO 125

extreme Robustheit und einen High-End-Autofokus verbinden. In letzter Zeit ist auch die Videomöglichkeit immer wichtiger geworden, weil nicht mehr nur für die Printmedien gearbeitet wird.

Ich würde nicht nur den Pressefotografen empfehlen, sich mit dem Thema Video auseinanderzusetzen, weil dies zu einem Teil des Marktes für Fotografen werden wird. Auch für Amateure stellt Video eine große Erweiterung der Möglichkeiten dar. Manche Motive funktionieren erst als Bewegtbild, weil die Bewegung ihr wesentliches Merkmal ist.

Die meisten Pressefotografen decken ihren Brennweitenbereich (oft circa 17–200 mm) mit zwei oder drei Zoomobjektiven ab, weil Sie dann nur sehr selten das Objektiv wechseln müssen und schnell auf veränderte Bildsituationen reagieren können. Eine gute Alternative zum Objektivwechsel ist ein zweiter Kamerabody mit einem anderen Objektiv. So haben Sie eine Kamera mit Telezoom- und eine zweite mit Weitwinkelzoomobjektiv griffbereit. Ein großer Systemblitz mit schnellen Akkus rundet die Ausrüstung ab. Die Größe ist dabei nicht unbedingt von der Maximalleistung notwendig, aber so lassen sich schnellere Blitzfolgezeiten bei kleineren Blitzleistungen erzielen.

11.8.2 Geschichten erzählen

Es gibt, abseits von der Tagespresse, wo man auf Terminen oft mit etlichen Fotografen um die Aufnahmemöglichkeiten konkurrieren muss, ruhigere Themen, die man als Fotograf ganz alleine bearbeiten kann. Leider gibt es für diese klassischen Fotoreportagen nicht mehr so viel Raum in den Medien, entweder, weil diese Themen heute eher für das Fernsehen produziert werden, oder weil schlicht nicht genügend Geld vorhanden ist, um einen Fotografen für einen längeren Zeitraum auf eine Geschichte anzusetzen. Zu den rühmlichen Ausnahmen gehören Zeitschriften wie mare oder das Magazin der Süddeutschen Zeitung. Eine Institution der Reportagefotografie wie das LIFE-Magazine wurde schon im Jahr 2000 eingestellt und auch der stern hat seine Schwerpunkte verlagert.

Als Amateur haben Sie den Vorteil, dass sich Ihre fotografische Arbeit nicht rechnen muss. Sie können Zeit in Projekte stecken, weil sie freie Zeit ist und eine gute Geschichte oder Fotoserie Lohn genug ist. Das macht Sie sehr

Profi werden?
Wenn Sie sich für Fotojournalismus interessieren, ist *www.freelens.com* ein guter Startpunkt im Internet. Das ist der größte Verband deutscher Fotojournalisten. Die Berufsaussichten sind nicht besonders gut, Sie sollten sich daher sehr gut überlegen, ob Sie in diesem Bereich Profi werden wollen. In den anderen fotografischen Arbeitsfeldern sieht es allerdings auch nicht viel besser aus.

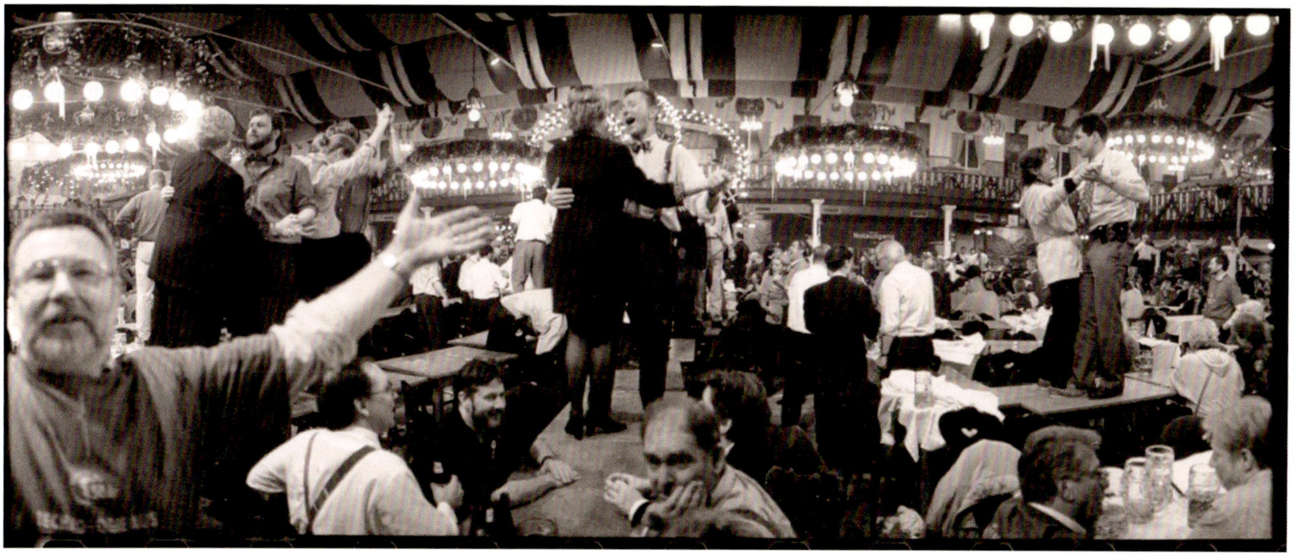

frei bei der Auswahl Ihrer Themen. Es ist ohnehin empfehlenswert, sich von den persönlichen Interessen leiten zu lassen, denn eigene Kenntnisse lassen Sie tiefer in ein Thema einsteigen, und persönliche Leidenschaft macht auch das Ergebnis intensiver.

Wenn Sie eine Reise unternehmen, dann können Sie sich darauf konzentrieren, gute Bilder mit nach Hause zu bringen. Einzelfotos, die für sich stehen können und ihre eigene Qualität haben. Sie können sich aber auch darauf konzentrieren, dass diese Reise erzählbar wird, dass sie die Erlebnisse so einfangen, dass Sie im Zusammenhang eines Reiseberichts als Einheit erfahrbar werden. Wenn man mit einem VW-Bus nach China fährt oder mit dem Motorrad durch Island, ist das sicher ergiebiger als eine Pauschalreise. Aber ich habe auch schon sehr gute Reiseberichte gesehen, die an sich eher unspektakuläre Ziele hatten. Dazu sind ein gutes Auge, erzählerisches Talent und die Fähigkeit, auf Menschen zuzugehen und mit Ihnen in Kontakt zu treten, wichtig.

Auch ohne zu verreisen, werde Sie Themen in Ihrer Nähe finden, die andere Menschen wirklich interessieren werden, wenn sie Ihnen gekonnt nahegebracht werden. Das kann eine ungewöhnliche Persönlichkeit oder ein Künstler sein, ein altes Handwerk oder ein Verein, eine besondere Freizeitbeschäftigung oder ein Sport. Direkt in Ihrer Nähe gibt es garantiert Geschichten, die eine Reportage lohnenswert machen, aber manchmal ist das mit ein wenig Abstand besser zu erkennen. Die Dinge, die wir kennen, erscheinen uns oft nicht mehr besonders.

▲ **Abbildung 11.44**
Tagsüber wird auf der CeBit gearbeitet, abends auf den Tischen der Münchner Halle getanzt. Das Hannover gar nicht so bayerisch ist, stört die meisten wenig, da das Publikum sehr international ist. Als ich selbst eine Woche auf dieser Computermesse arbeitete, verwendete ich eine Horizon-Panoramakamera, um eine Reportage über das Leben nach der Messe zu machen.

Horizon 202 | f2,8 | 1/60 s | ISO 3 200

Wichtig ist, dass Sie schon beim Fotografieren daran denken, dass sich die Vorgänge möglichst aus den Bildern erschließen sollen. Das ist vergleichbar mit einem Film, der auf 10 oder 20 Einzelbilder reduziert ist, aber dennoch alle wesentlichen Elemente enthält. Dafür benötigen Sie auch keine umfangreiche Ausrüstung: Ich kenne sehr gute Reportagen, die mit sehr einfachen fotografischen Mitteln umgesetzt wurden. Viele der klassischen Arbeiten wurden mit einer Leica M Sucherkamera und drei Objektiven (28 mm oder 35 mm, 50 mm und 90 mm) fotografiert.

11.8.3 Dokumentarfotografie

In der Dokumentarfotografie ist die Fotografie ganz bei sich, denn Dinge genau abzubilden, ist ihre große Stärke. Der Begriff der Dokumentarfotografie ist, wie ich finde, etwas doppeldeutig. Auf der einen Seite werden damit die großen Sozialreportagen aus der Zeit der Depression in den 1930er Jahren bezeichnet, auf der anderen Seite aber auch zum Beispiel die sachlichen Aufnahmen eines John Davies, der die Veränderung der britischen Landschaft

Abbildung 11.45 ▸
Die »Badeanstalt der Werktätigen« um 1990 in Wismar: Ich hatte damals Sorge, dass sie nicht erhalten bleiben würde, und dokumentierte den Bau mit meiner Großbildkamera. Er wurde dann aber glücklicherweise restauriert (Dia, 4x5 Zoll, 90-mm-Weitwinkelobjektiv).

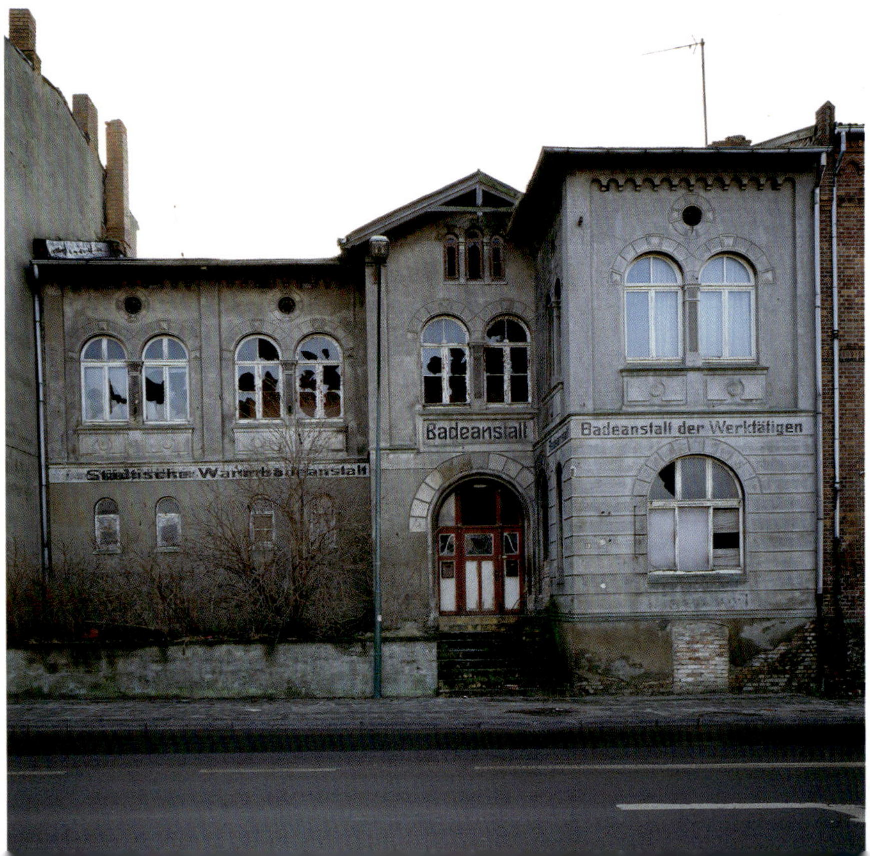

durch die Industrialisierung dokumentiert hat. Während das erste Beispiel in den Bereich der Reportage und der Pressefotografie zielt, hat das zweite eher Berührungspunkte mit der Kunst.

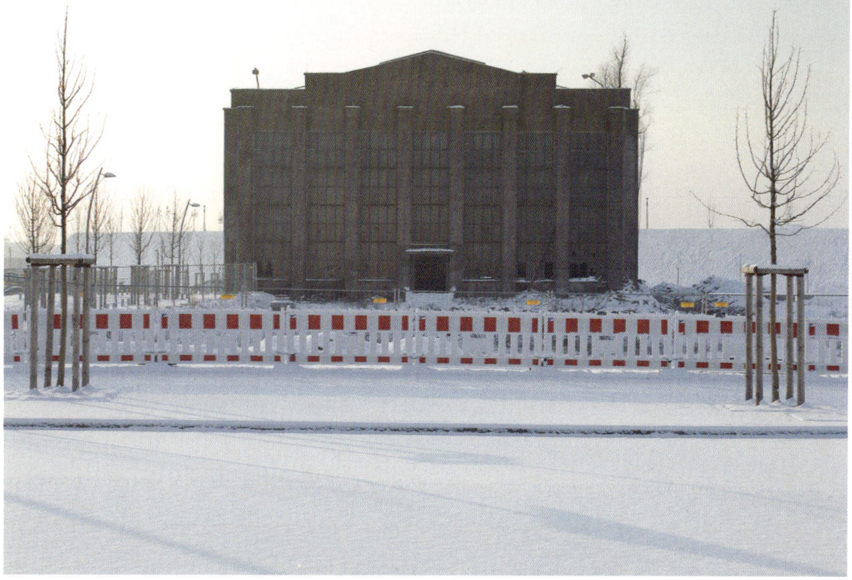

▲ **Abbildung 11.46**
Januar 2010 in Dortmund-Hörde: Die Bauarbeiten haben bereits begonnen, aber noch ist alles an der alten Halle im Originalzustand. Die letzte Chance für eine Dokumentation der alten Industriearchitektur.
40 mm | f9,0 | 1/100 s | ISO 100

Es ist fraglich, ob es eine reine Dokumentarfotografie überhaupt geben kann. Denn die Dokumentarfotografie will ein objektives Dokument herstellen, das die Wirklichkeit festhält. Solange hinter der Kamera aber ein subjektiver Mensch steht, wird diese Objektivität niemals ganz unverfälscht sein können. Vielleicht ist das einzige echte Beispiel der Dokumentarfotografie der »Starenkasten«, der vollautomatisch die Tempoüberschreitungen im Straßenverkehr fotografiert.

Der Fotograf sollte sich ganz in den Dienst des Themas begeben und versuchen, dem Motiv möglichst sachlich gerecht zu werden. Und er sollte sich bewusst sein, dass der dokumentarische Wert seiner Bilder oft mit dem Alter steigt. Fotografische Moden verbieten sich in der Dokumentarfotografie, das Bild sollte möglichst zeitlos sein.

Wenn Sie sich einen Betrachter vorstellen, der in 50 oder 100 Jahren einen genauen Eindruck von den Zeitumständen bekommen soll, oder der zum Beispiel einen Eindruck der Bausituation erhalten soll, dann haben Sie wahrscheinlich einen guten Ansatz für Ihre Fotografie. Natürlich hat die Dokumentarfotografie oft einen ganz aktuellen Anlass und auch eine zeitnahe Verwertung. Das Gedankenmodell soll lediglich helfen, sich selbst beim Fotografieren zurückzunehmen und objektiv zu bleiben.

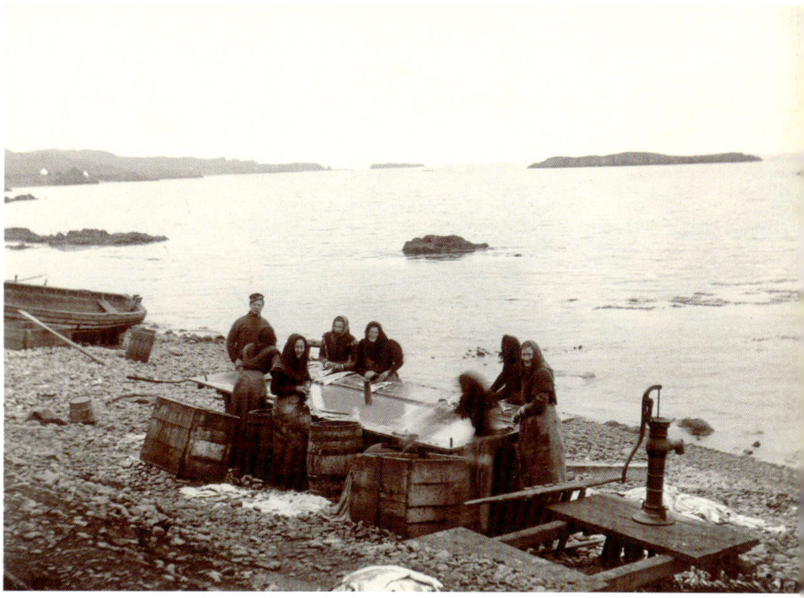

Abbildung 11.47 ▸
Fischwäsche in Vopnafjörður aus Island (um 1900). Das Bild ist ein sehr gutes Beispiel gelungener Dokumentarfotografie (Foto: Frederick W. W. Howell, Sammlung der Cornell University Library).

11.9 Reisefotografie

Wenn man sich die Fotoalben der meisten Menschen durchsehen würde, könnte man leicht auf die Idee kommen, sie wären ständig auf Reisen, nur unterbrochen von ein paar Familienfeiern. Auch Sie werden sich wahrscheinlich besser daran erinnern können, wo Sie vor sechs Jahren im Urlaub waren, als an die meisten anderen Dinge aus diesem Jahr. Eine Reise versetzt einen in eine ungewohnte Umgebung und konfrontiert einen mit einer Vielzahl neuer Eindrücke. Die meisten davon sind eher positiv, da man sich das Reiseziel den Neigungen entsprechend auswählt und mehr oder weniger tun kann, was man will.

▼ Abbildung 11.48
Der Straßenverkehr auf Malta bietet manch ungewohntes Bild. Selbst auf den Polizeiwagen steht, dass sie im Dienste des Herrn unterwegs sind.
50 mm | f3,5 | 1/125 s | ISO 100

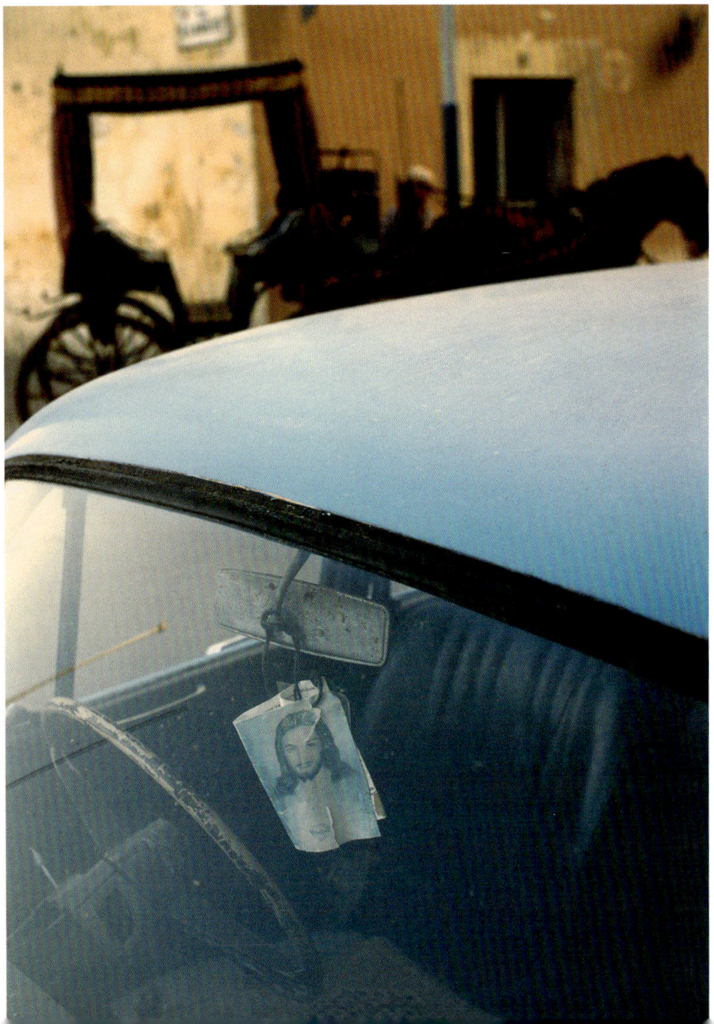

11.9.1 Ausrüstung optimieren

In einem Buch über Industriefotografie las ich von einer Fotografin, die circa 600 kg Ausrüstung in einem Kleinbus mit zum Job nahm. Das war noch zu analogen Zeiten, als man mehr Licht benötigte als heute. Aber auch viele Amateure haben heute eine Fotoausrüstung, die sich nicht mehr komplett auf Reisen mitnehmen lässt – jedenfalls nicht, ohne den Urlaubscharakter der Reise zu gefährden. Wenn Sie mit dem eigenen Auto in eher sichere Gegenden fahren, können Sie recht viel Ausrüstung mitnehmen. Im Flugzeug reduziert sich das von alleine, weil Sie wahrscheinlich kein Extragepäck aufgeben möchten und vor Ort vielleicht nur zu Fuß und mit öffentlichen Verkehrsmitteln unterwegs sein werden.

Es gilt also, eine Ausrüstung auszuwählen, die leicht ist und die trotzdem für die meisten Fotogelegenheiten ausreicht. Bei mir ist das zum Beispiel ein 17–40-mm-Weitwinkelzoomobjektiv, ein 50 mm/f1,4, ein 70–200-mm-Telezoom und ein 2-fach-Konverter plus Stativ. Wenn Platz und Auto vorhanden sind, kommen ein 100-mm-Makroobjektiv und ein Blitz dazu, manchmal auch deutlich mehr. Bei Städtereisen verzichte ich oft auf den Tele-

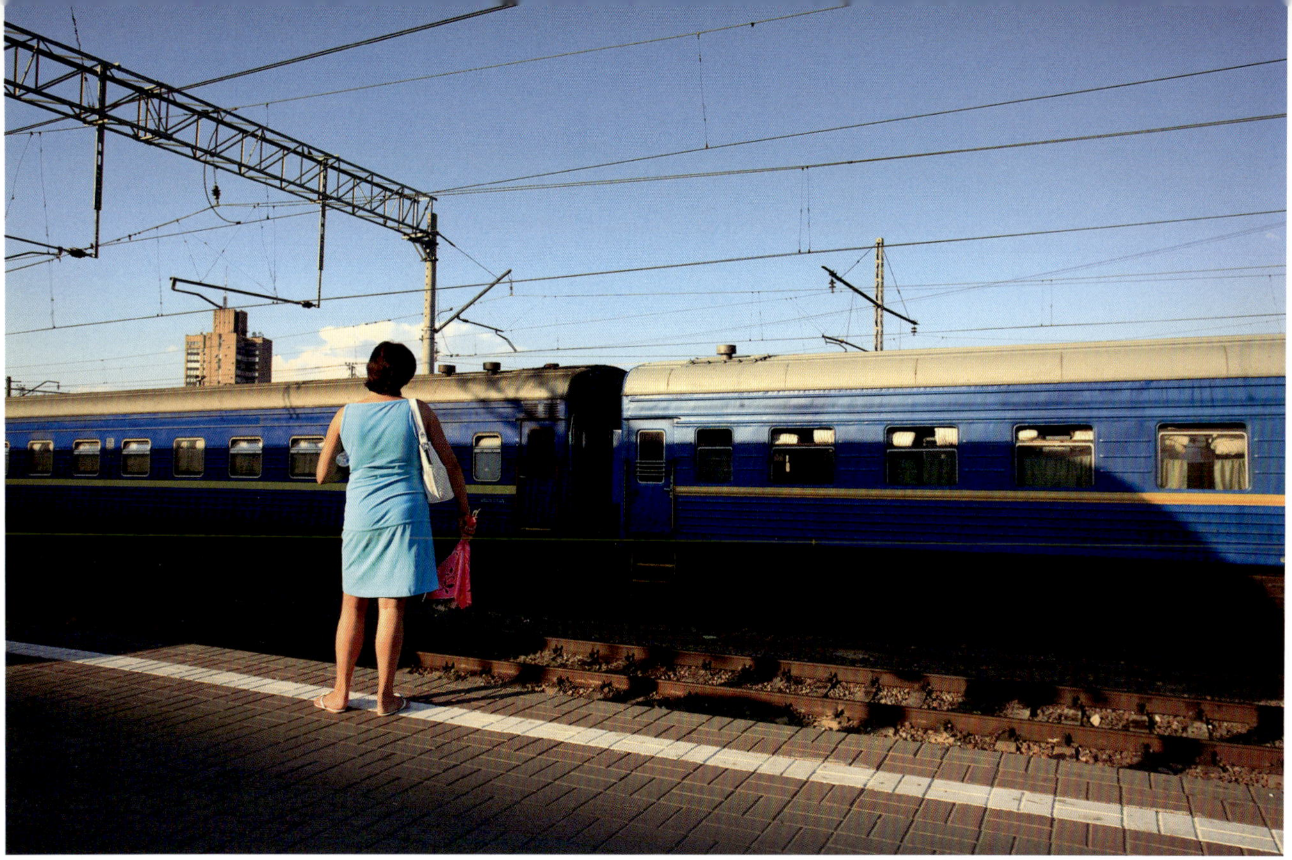

bereich, weil ich ihn selten brauche und er zu viel Gewicht mitbringt, um damit einen Tag zu Fuß unterwegs zu sein. Hier ist dann bei 100 mm oder 135 mm Schluss, und das Stativ bleibt zuhause.

Die Kameraausrüstung nehme ich beim Fliegen immer mit ins Handgepäck, das Stativ und eventuell ein günstiges Objektiv oder ein Extender landen im Koffer. Es gibt aber auch Menschen, die mit einem Reisezoom und einem Body auskommen und damit gute Bilder machen – die persönlichen Anforderungen an die Ausrüstung muss jeder für sich selbst festlegen. Es ist aber nicht unbedingt ein Zeichen von Professionalität, möglichst viel Ausrüstung mit sich herumzutragen. Fotografie muss Spaß machen, und wenn Sie körperlich unter Ihrer Ausrüstung leiden, werden Sie keine guten Bilder machen.

Selbst Helmut Newton sagte sinngemäß zu William Claxton: »Mach dir das nicht zu schwer. Drei Objektive, ein Body, fertig!« Und damit meinte er nicht einmal die Reise-, sondern die normale professionelle Fotografie. Bedenken Sie auch, dass es Gegenden gibt, in denen ein Totalverlust der Ausrüstung, etwa durch Raub oder Diebstahl, wahrscheinlicher ist als woanders. Hier tut es vielleicht auch die alte Kamera und ein Zoomobjektiv, das eher gut genug als gut ist. Wenn Sie häufiger mit erhöhtem Risiko unterwegs sind, können Sie eine Kameraversicherung abschließen. Bleiben Sie bitte

▲ **Abbildung 11.49**
Eine Wartende auf dem Kursker Bahnhof in Moskau. Mit schwererer Ausrüstung wäre ich nach einem Tag in Moskau bei 34° für dieses Bild nicht mehr aufmerksam genug gewesen.

24 mm | f6,3 | 1/500 s | ISO 200

Abbildung 11.50 ▶
Eine günstige DSLR mit dem Kit-Objektiv reichte aus, um die abendliche Atmosphäre auf dem Hauptmarkt in Krakau einzufangen. Ohne Bildstabilisator und Stativ musste ich allerdings 3–4 Aufnahmen machen, damit am Ende eine davon scharf war.

18mm | f4,5 | 0,3s | ISO 1600 | APS-C-Sensor | aus der freien Hand

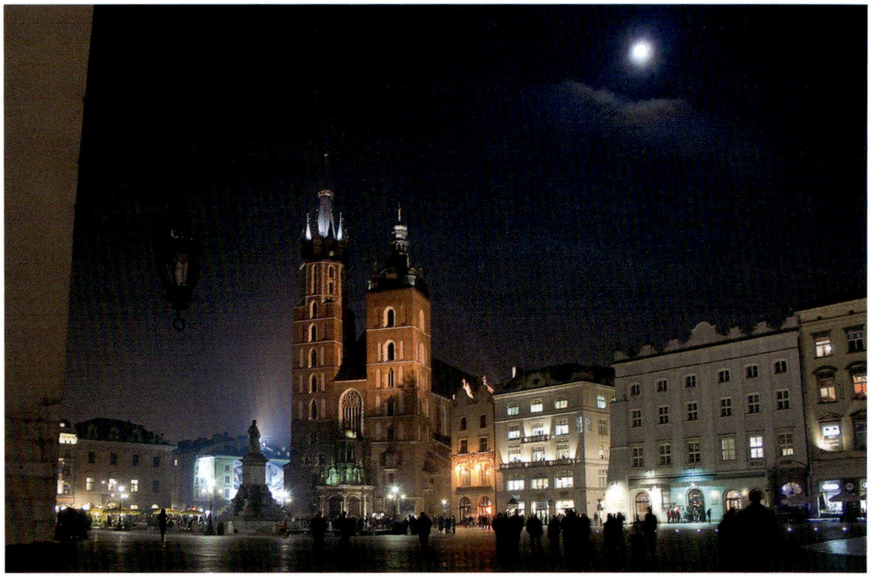

auch in Extremsituationen vernünftig. Der mögliche Verlust von Sachwerten ist kein Grund, das eigene Leben in Gefahr zu bringen. Es kann auch helfen, sein Erscheinungsbild weniger touristisch zu gestalten und die Fototasche gegen eine neutralere Tasche zu tauschen. Besonders im Nahverkehr und an Touristen-Treffpunkten sollten Sie Ihre Ausrüstung anderen nicht zu leicht zugänglich machen.

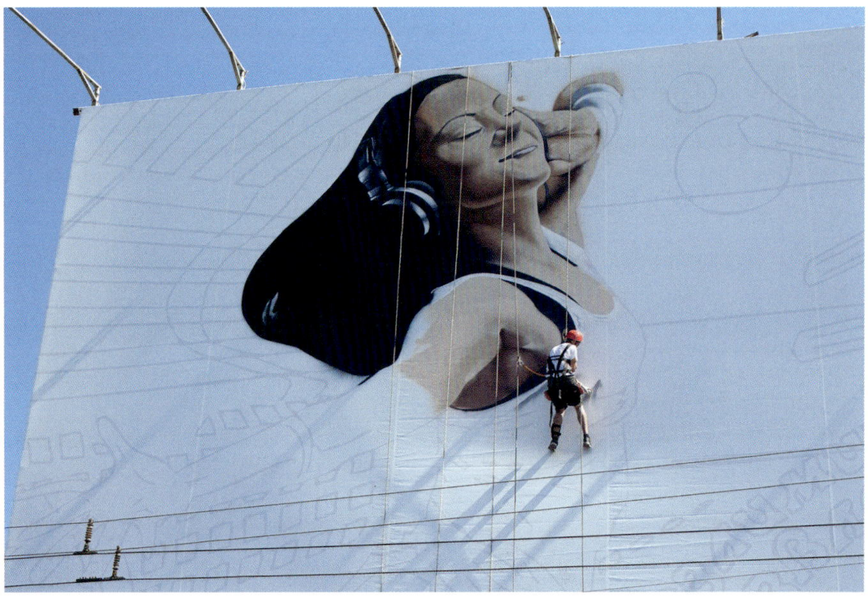

Abbildung 11.51 ▶
Eine riesige Reklametafel in Moskau wird von Sprayern in Bergsteigermontur besprüht. Die Aufnahme entstand vom Beifahrersitz eines fahrenden Autos aus. Eine andere Chance hätte es auf der bis zu 14-spurigen Ringstraße auch nicht gegeben.

50mm | f6,3 | 1/800s | ISO 250

11.9.2 Kulturelle Unterschiede achten

Wenn Sie in einem anderen Land sind, ist nicht nur das Land anders. Die Menschen haben andere Ansichten, es gelten andere Regeln und Umgangsformen. Nehmen Sie das ernst, denn unsere eigenen Gewohnheiten haben keine globale Gültigkeit. Sie werden mit einer gewissen Zurückhaltung und Offenheit weiter kommen, als wenn Sie Ihre Meinung und Ansichten in einer Kultur, die Sie vielleicht nicht ganz verstehen, durchzusetzen versuchen. Niemand erwartet von Ihnen, genauso wie die Menschen vor Ort zu sein, aber Sie sollten ihnen mit einem grundsätzlichen Respekt begegnen. Dieser Respekt beinhaltet auch, einmal auf ein Foto zu verzichten, die Privatsphäre der Menschen zu achten und sich zu fragen, ob das Fotografieren gerade in diesem Moment angemessen ist.

Die Frage nach der Angemessenheit der Fotografie muss man auch gegenüber sich selbst beantworten. Ist man in der Lage, einem Thema gerecht zu werden, oder würde man sich selbst für einen unsensiblen Touristen halten?

11.10 Architekturfotografie

Früher wurde die Architekturfotografie praktisch ausschließlich mit Fachkameras betrieben. Der Hauptgrund dafür war der einfache Ausgleich stürzender Linien durch die Perspektivkorrektur. Im DSLR-Bereich finden Sie Tilt-Shift-Objektive, die ähnliche Fähigkeiten haben, aber auch ein großer Teil der professionellen Architekturfotografen führt die Perspektivkorrektur in der Nachbearbeitung am Rechner durch. Solange Sie nicht über 20° nach oben geneigt fotografieren, wird jeder kundige Betrachter von Ihren Architekturbildern erwarten, dass vertikale Linien des Gebäudes parallel abgebildet werden. Auch eine tonnen- oder kissenförmige Verzeichnung wird er nicht tolerieren.

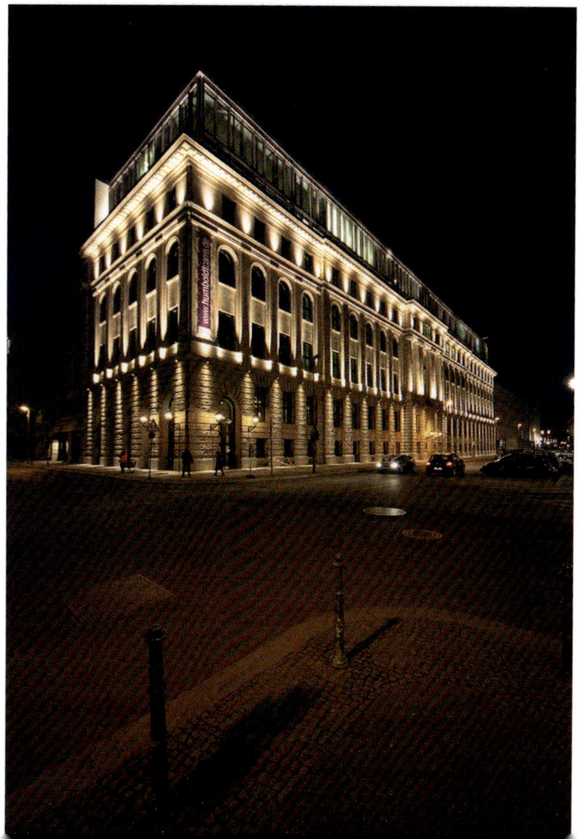

Abbildung 11.52 ▶
Da die Kamera hier waagrecht gehalten wurde, bleiben die senkrechten Linien parallel. Allerdings benötigte ich dafür 15 mm Brennweite an einer Vollformatkamera. Mit einem gemäßigteren Weitwinkelobjektiv hätte man die Kamera nach oben kippen müssen.
15 mm | f6,3 | 1/30 s | ISO 6400

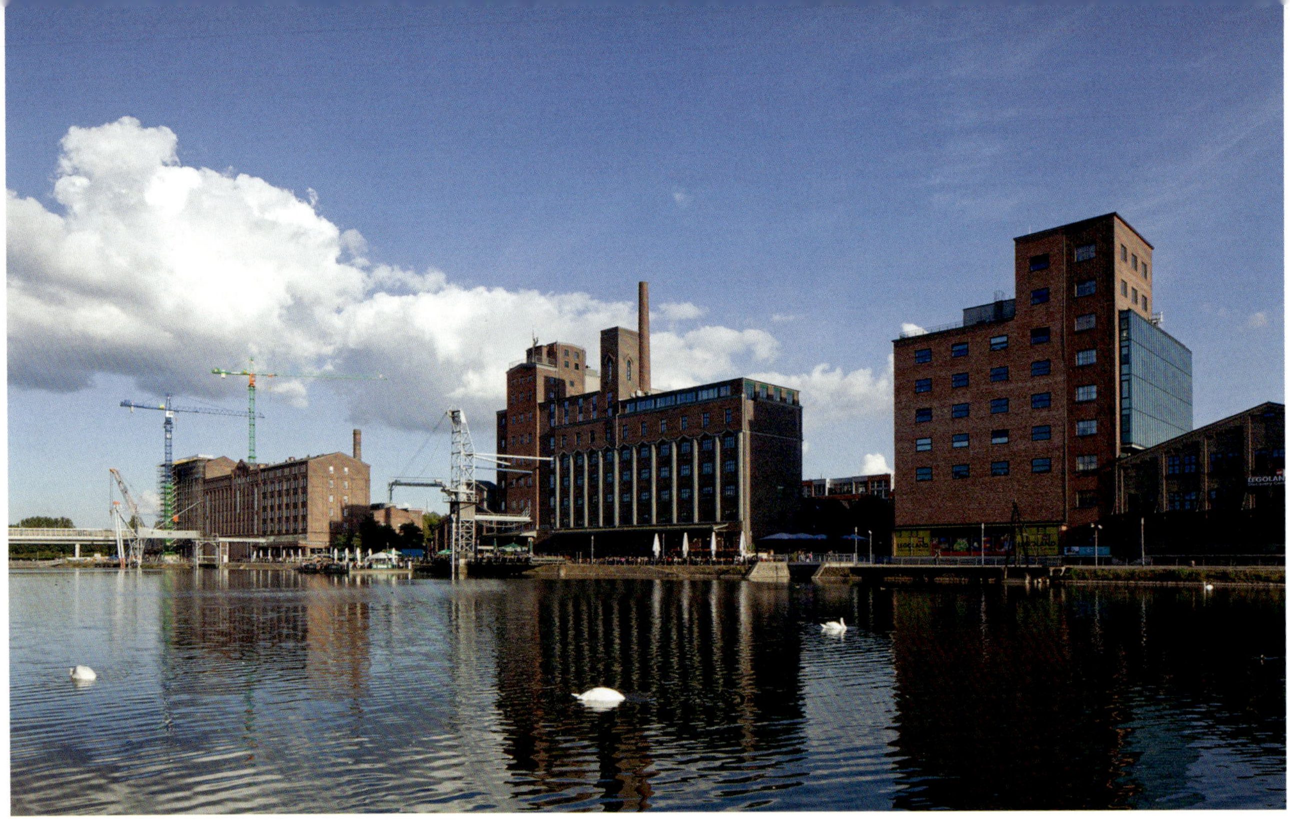

▲ **Abbildung 11.53**
Dieses Bild des Duisburger Innenhafens wurde bereits vor der Aufnahme entzerrt, da die Kamera waagrecht ausgerichtet und das Tilt-Shift-Objektiv nach oben verschoben wurde. Das hat auch den Vorteil, dass man bereits im Sucher das fertige Bild sieht.

24 mm | f11 | 1/160 s | ISO 200 | Tilt-Shift-Objektiv | 5 mm Verschiebung nach oben

Abbildung 11.54 ▸▸
Biomedizinzentrum an der Ruhruniversität Bochum: Damit dieses Bild so aufgeräumt wirkt, musste der Standpunkt sehr exakt festgelegt und das Bild am Rechner genau entzerrt werden.

20 mm | f9,0 | 1/200 s | ISO 100

11.10.1 Stürzende Linien entzerren

Wenn Sie die Kamera nicht waagrecht ausrichten, sondern leicht nach oben oder unten neigen, scheinen senkrechte Linien zu kippen. Da das Gehirn diesen Effekt zu einem guten Teil ausgleicht, stört uns das in der Wirklichkeit nicht, auf einem Foto aber sieht es etwas seltsam aus. Solange Sie die Kamera nicht zu weit kippen, sollten Sie die stürzenden Linien in der Bildbearbeitung ausgleichen. Falls Sie ein Tilt-Shift-Objektiv besitzen, können Sie das Objektiv bereits bei der Aufnahme nach oben verschieben und die Kamera in der Waagrechten belassen. Wenn Sie ein extremes Weitwinkelobjektiv verwenden, können Sie waagrecht fotografieren, die untere Bildhälfte wird dann aber meist ziemlich leer wirken.

Die meisten Hobbyfotografen besitzen kein Tilt-Shift-Objektiv, aber das perspektivische Entzerren lässt sich auch gut nachträglich in der Bildbearbeitung erledigen (siehe Seite 552). Ohne ein starkes Weitwinkelobjektiv sind Sie allerdings in der Architekturfotografie ziemlich verloren. Als Ausgleich ist die Lichtstärke aber ziemlich egal, weil Sie meist recht weit abblenden und zumindest in Innenräumen immer mit dem Stativ arbeiten sollten.

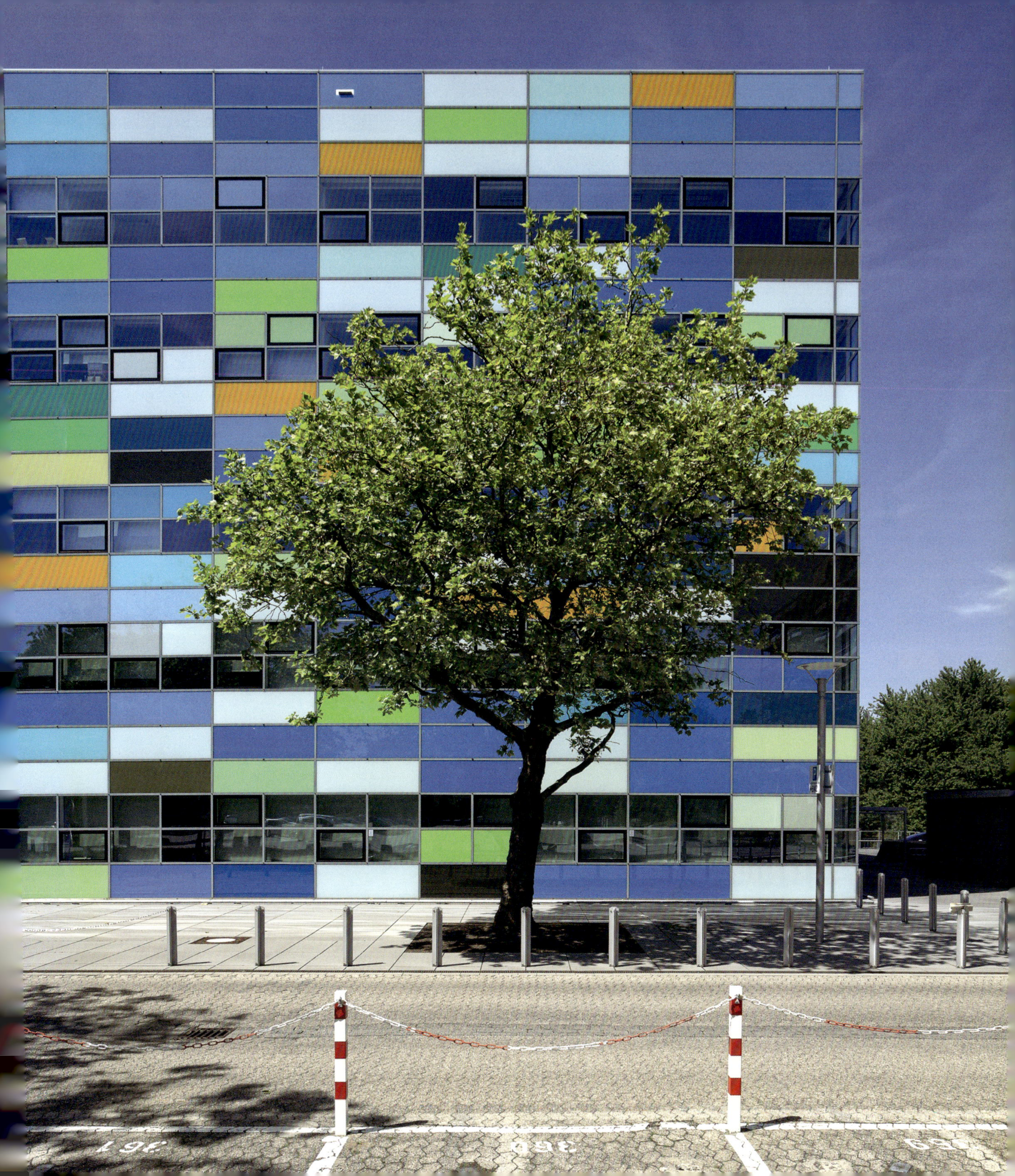

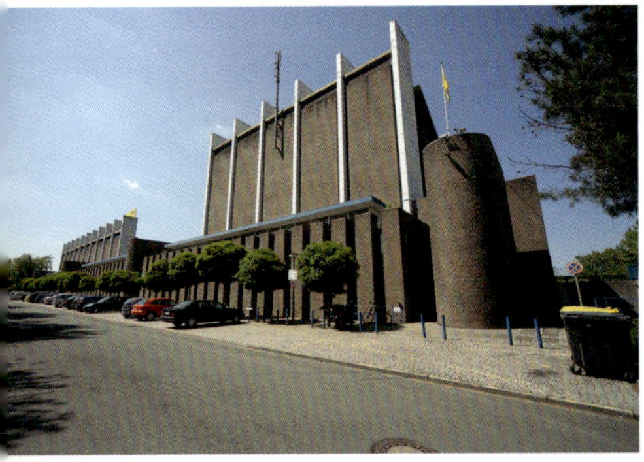

▲ **Abbildung 11.55**
Um die Stadthalle in Castrop-Rauxel ganz aufs Bild zu bekommen, musste die Kamera trotz 15 mm Brennweite nach oben geneigt werden. Das Gebäude scheint optisch wegzukippen und nach oben zusammenzulaufen.
15mm | f11 | 1/400s | ISO400

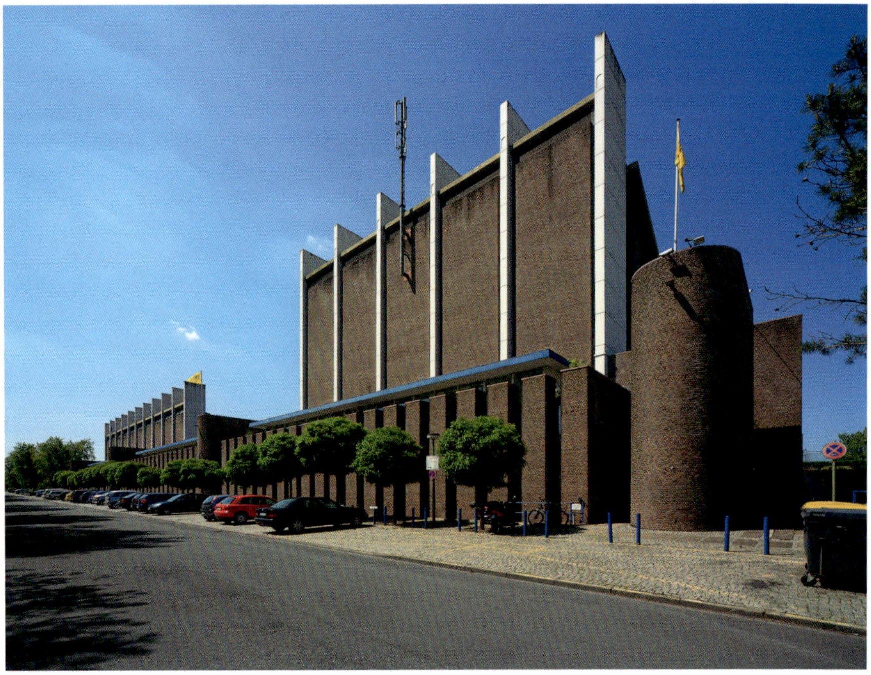

▲ **Abbildung 11.56**
Die Aufnahme in Abbildung 11.55 wurde in der Objektivkorrektur von Photoshop geradegerichtet, und die Kontraste wurden angepasst. Durch das starke Weitwinkelobjektiv ist hier schon die Grenze der Korrektur erreicht. Wenn Sie die Perspektive in noch extremeren Aufnahmen korrigieren, scheinen die Gebäude oben auseinanderzulaufen.

11.10.2 Standpunkt

Die möglichen Perspektiven auf ein Gebäude werden in der Praxis fast immer durch Nebengebäude, Bäume, Autos, Laternen etc. stark eingeschränkt. Ein Blick auf Google Earth oder auf bereits bestehende Bilder im Internet hilft, im Vorfeld einen Eindruck von der Raumsituation zu erhalten. Das heißt nicht, dass Sie sich auf diese Informationen zu hundert Prozent verlassen können, aber es ist besser als nichts. Bei der Gelegenheit können Sie auch gleich die Wettervorhersage überprüfen. Schlechtes Wetter erlaubt fast nur Innenaufnahmen, es sei denn das Objekt hat auch dann einen besonderen Reiz. Meistens aber werden die Bilder mit ein wenig Sonne spannender, wobei sie bei Innenaufnahmen häufig stört. Komplizierte Fassaden mögen bedeckten Himmel lieber, weil sich sonst die Bilddetails durch die Schatten verdoppeln und das Bild an Klarheit verliert.

Wenn Sie Architektur fotografieren, sollten Sie die Intention des Architekten nicht außer Acht lassen: Wo liegen die Sichtachsen, was ergibt sich aus der Nutzung des Gebäudes, welche sind die signifikanten Perspektiven? Sind die Konstruktionsmerkmale sichtbar, oder werden sie verborgen, und wie lässt sich die Materialität am besten hervorheben? Gebäude aus dem Barock und der Renaissance sind oft auf eine zentrale Sichtachse hin entworfen worden, die sich manchmal durch die ganze Stadt zieht.

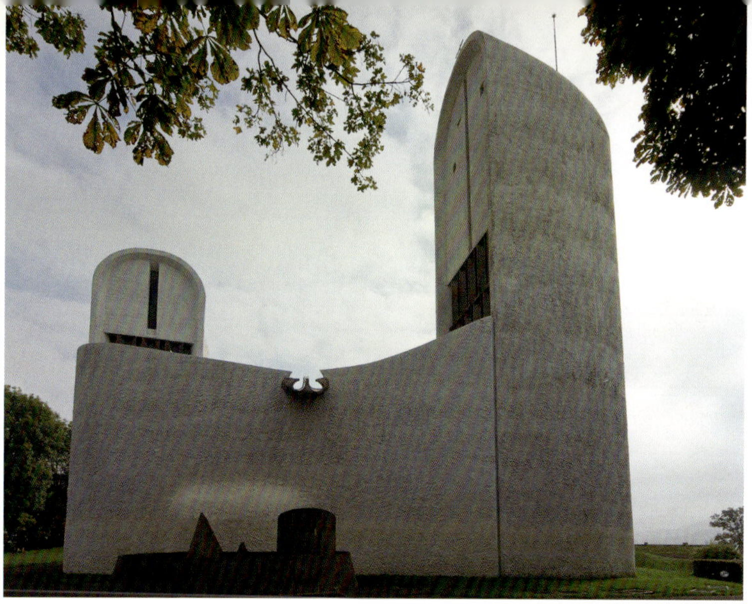

▲ **Abbildung 11.57**
Der Wasserspeier ist ein schönes Detail im Dach dieser Betonkirche, aber viele Betrachter werden die Kirche aus dieser Perspektive nicht wiedererkennen, obwohl sie zu den berühmtesten Bauwerken des 20. Jahrhunderts zählt ...

12 mm | f13 | 1/200 s | ISO 100 | APS-C-Sensor

Fotografieren Sie symmetrische Gebäude auch symmetrisch, zumindest eine der Aufnahmen. Unterschätzen Sie dabei nicht, wie genau Sie dabei arbeiten sollten. Ich verschiebe die Kamera zum Schluss manchmal nur noch um einen knappen Zentimeter, um exakt in der Achse zu sein. Sie können sich dabei vom zentralen Autofokus-Messfeld als Markierung für die Mitte des Bildes leiten lassen. Der Platz vor dem Gebäude ist oft in einem klaren Raster mit Steinen ausgelegt, das Ihnen hilft, die genaue Achse zu finden. Bei gotischen Kirchen bekommen Sie spätestens

▼ **Abbildung 11.58**
Aus dieser Perspektive wird jeder, der Le Corbusiers Wallfahrtskapelle in Ronchamp auch nur auf einem Foto gesehen hat, sie auch wiedererkennen. Die skulpturale Form und das fast schwebende Betondach kommen von hier am besten zur Geltung.

17 mm | f9,0 | 1/320 s | ISO 100 | APS-C-Sensor

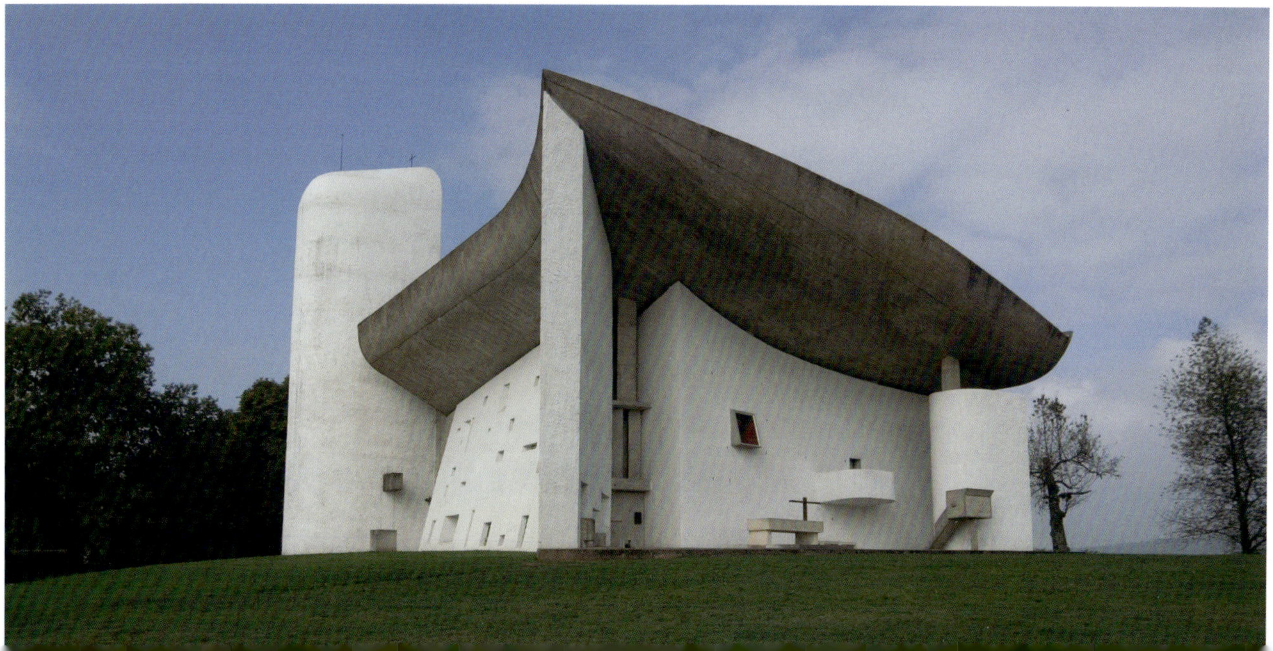

im Innenraum häufig ein Problem, weil es gar keine exakte Mittelachse gibt. Damals wurde einfach nicht so exakt gebaut.

Wenn Sie die Möglichkeit haben, sollten Sie Gebäude kurz nach der Fertigstellung fotografieren. So perfekt sehen Sie sie nie wieder, wobei der Zustand des Umfelds um den Neubau herum manchmal noch zu wünschen übrig lässt, etwa weil die Bepflanzung noch nicht fertig ist.

Falls Sie planen, ein älteres Gebäude zu fotografieren, sollten Sie sicherstellen, das es nicht gerade eingerüstet ist. Bei manchen Bauwerken ist das leider der Normalzustand, weil an ihnen ständig restauriert wird.

11.11 Fotografieren bei Nacht

Viele Fotografen machen sich nicht klar, wie weit die Möglichkeiten der Fotografie in der Nacht reichen. Ich weiß nicht, wie oft ich schon gefragt wurde: »Bei dem Licht können Sie noch fotografieren?«, wenn ich mit dem Stativ irgendwo stand. Wenn Sie eine DSLR einsetzen, können Sie mehr fotografieren, als Sie selbst mit bloßem Auge erkennen können. Mit einer High-End-Kamera und lichtstarken Objektiven gilt das sogar für die Fotografie aus der Hand, wobei Sie auch dann mit einem Stativ und geringeren ISO-Werten noch bessere Ergebnisse erhalten.

Auch Motive, die Sie vielleicht schon für totfotografiert halten, können nachts neue Seiten offenbaren und sehr spannende Bilder ergeben. Nachts haben Sie viele Orte für sich, an denen es tagsüber vor Menschen wimmelt. An vielen touristisch erschlossenen Orten aber werden später in der Nacht die Scheinwerfer ausgestellt. Ohne eine Taschenlampe könnten Sie sich dann in einer gefährlichen Situation wiederfinden, weil Sie weder den Weg noch Ihre Umgebung erkennen können. Eine Taschenlampe ist aber auch beim Fotografieren selbst nützlich, etwa beim manuellen Fokussieren, falls es für den Autofokus zu dunkel wird.

▼ Abbildung 11.59
Der Sternenhimmel hinter dem beleuchteten Schornstein ist klar zu sehen, obwohl die Kamera in Blende und ISO-Wert noch große Reserven nach oben hat.
29 mm | f5,6 | 30 s | ISO 1 000

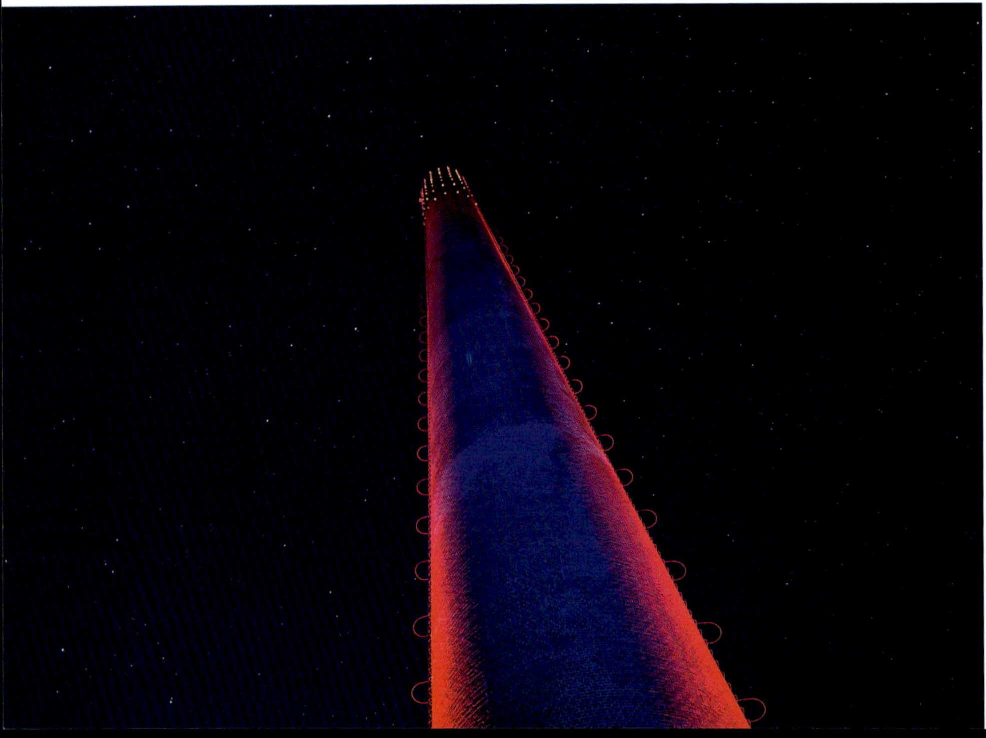

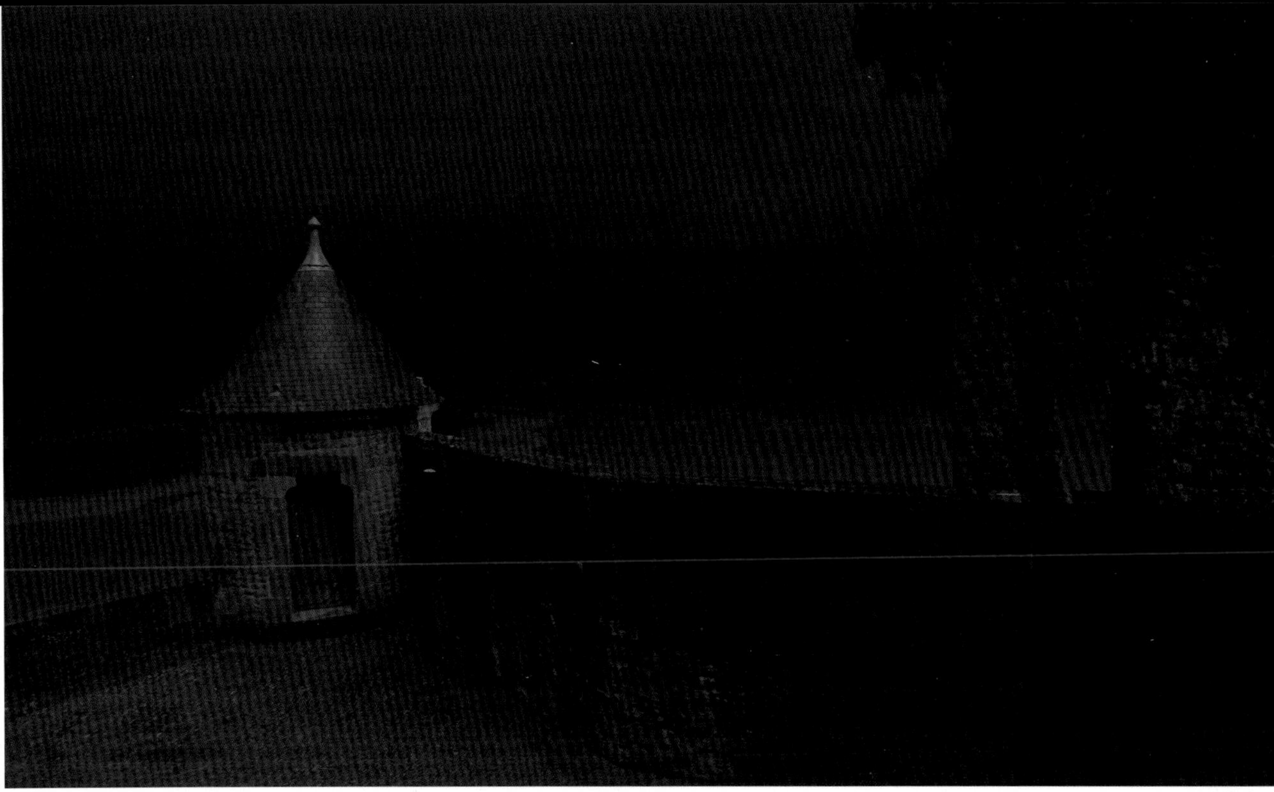

Wenn es richtig dunkel ist, werden Objektive ohne eine Entfernungsskala zum Ärgernis. Denn auch wenn Sie fast nichts mehr sehen können, sollten Sie ein Objektiv noch auf Unendlich einstellen können. Manche Consumer-Zoomobjektive verzichten auf diese Anzeige, haben aber auch keinen Anschlag bei Unendlich, wie es bei Kameras ohne Autofokus früher oft der Fall war. Dann können Sie eigentlich nur noch auf einen entfernten Lichtpunkt hoffen, der für den Autofokus hell genug ist, und das Objektiv nach der Fokussierung auf manuelle Scharfstellung umschalten.

▲ **Abbildung 11.60**
Von Regenwolken zurückgeworfenes, weiches Scheinwerferlicht erzeugt eine leicht surreale Stimmung. Kurz nach Mitternacht (und bei Regen) ist selbst der Mt. Saint-Michel fast menschenleer.

12 mm | f11 | 25 s | ISO 800 | APS-C-Sensor

11.11.1 Langzeitbelichtungen

Viele Fotografen machen sich nicht klar, dass auch hinter der 30-Sekunden-Grenze noch Fotografie möglich ist. Ich selbst habe den Verschluss noch nie länger als ein paar Stunden offen gelassen, aber es gibt Künstler wie Michael Wesely, die mit einer großen, analogen Lochkamera bis zu drei Jahre lang belichten.

In einer sternenklaren Nacht schreiben die Sterne Kreisbahnen an den Himmel, deren Mittelpunkt der Polarstern ist. Die Erdrotation führt schon bei 30 s Belichtungszeit zu sichtbaren Unschärfen, und in drei Stunden dreht sich die Erde schon um 45°. Digitalkameras bringen so hohe Lichtempfind-

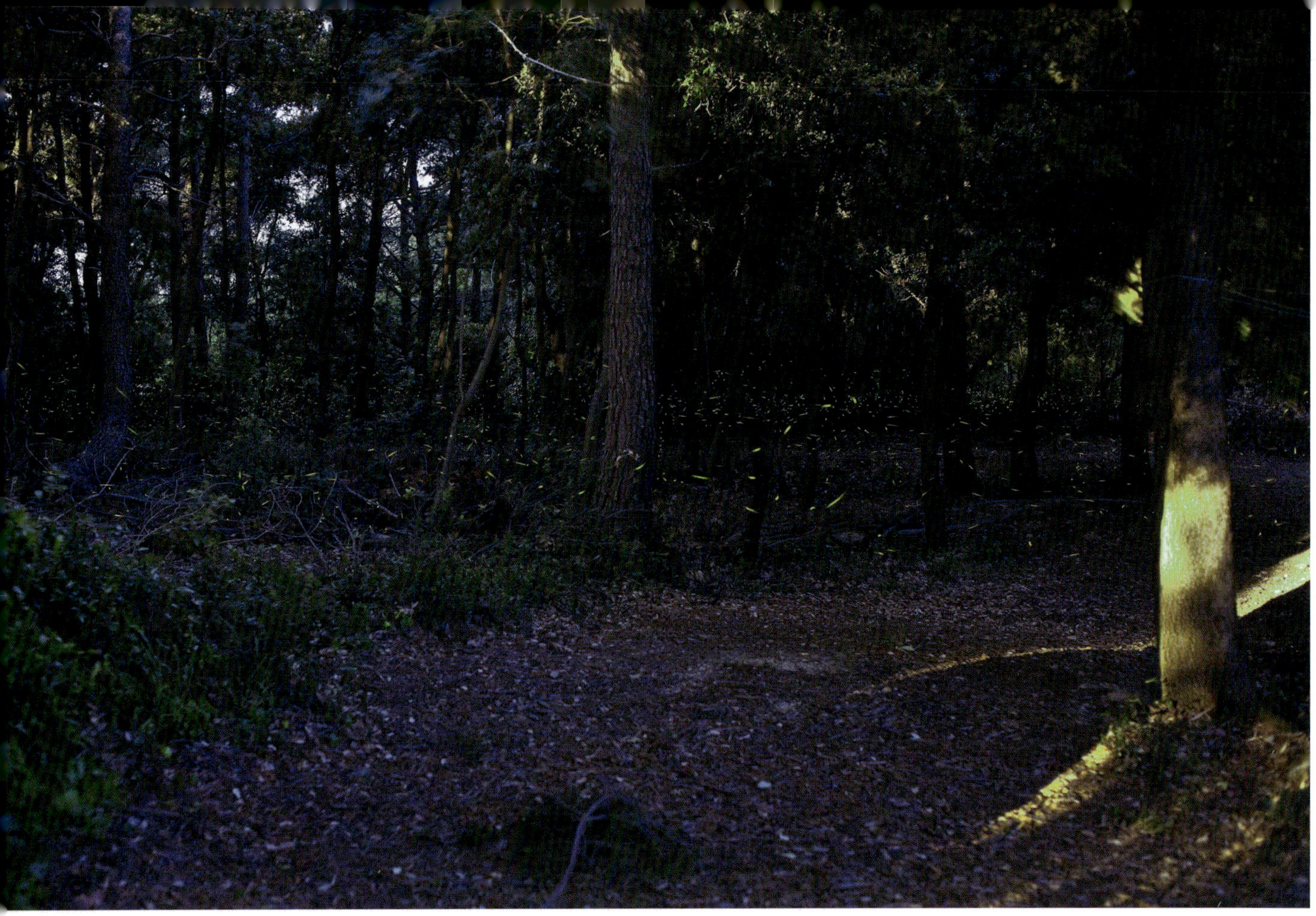

▲ **Abbildung 11.61**
Mit bloßem Auge sah man fast nur das Blinken der Glühwürmchen im stockdunklen Wald. Über acht Minuten Belichtungszeit bei hoher Empfindlichkeit und recht weit geöffneter Blende lassen den Wald fast taghell erscheinen und die Glühwürmchen unzählbar.
35 mm | f3,5 | 502 s | ISO 2 000

lichkeiten mit, dass Sie in den meisten Situationen mit wenigen Minuten Belichtung auskommen können.

In Europa gibt es leider nur noch wenige Gegenden, in denen es nachts ganz dunkel wird, weil die Lichtemissionen der bewohnten Gebiete zu stark sind. Wenn Sie in eine solche Gegend kommen, schauen Sie sich den Sternenhimmel an, dann wissen Sie, was Sie sonst immer versäumen. In wirklich dunklen Gegenden steigen die sinnvollen Belichtungszeiten schnell auf wirklich lange Zeiten.

In der Stadt ist zu viel Licht kaum mehr zu vermeiden, aber inzwischen setzt sich die Erkenntnis durch, dass Licht eine Form der Umweltverschmutzung ist. Im Amerikanischen hat sich dafür der Begriff *light pollution* durchgesetzt. Was das genau ist, erfahren Sie am besten, wenn Sie sich in einer dünn besiedelten Gegend in der Nähe einer Großstadt aufhalten. Eine riesige Lichtglocke hängt über der Stadt und überdeckt das natürliche Licht. Diese wird zum großen Teil durch direkt nach oben abgestrahltes Licht verursacht. In den letzten Jahren ist man dazu übergegangen, Straßenlaternen einzusetzen, die ihr Licht nur nach unten abstrahlen. Falls Sie selbst Hausbesitzer sind, sollten Sie sich überlegen, ob Außenbeleuchtung überhaupt notwendig ist und, falls ja, ob eine eher schwache und an einen Bewegungsmelder gekoppelte Beleuchtung nicht vollkommen ausreicht. Das Licht stört viele Insekten und Zugvögel auf eine beträchtliche Weise (einmal davon abgesehen, dass die Nacht wieder deutlich schöner würde).

Falls Sie mit der Astrofotografie anfangen möchten: Die Einstiegshürden sind weniger hoch, als Sie vielleicht denken, etwa wenn Sie ein Stativ mit motorischer Nachführung verwenden, das die Erdrotation ausgleicht. Es lassen sich auch mit einer normalen DSLR und bezahlbaren Objektiven großartige Sternenhimmelfotos aufnehmen.

Die Astrofotografen sind sehr erfindungsreich, um die Aufnahmequalität bei langen Belichtungszeiten zu verbessern. So kühlen einige aktiv den Sensor, um das Bildrauschen zu verringern, oder sie bauen das Infrarot-Sperrfilter vor dem Sensor aus, um auch langwelligeres Licht einfangen zu können. Andere werten mit einem Laptop das Videosignal einer zweiten DSLR aus, die auf demselben Nachführstativ steht, um die Motorsteuerung des Statives weiter zu verbessern und so trotz der Erdrotation perfekt scharfe Bilder zu erhalten.

▲ **Abbildung 11.62**
Der »Kratzer« am linken Bildrand ist eine Sternschnuppe. Wenn Sie 30 s lang belichten, haben Sie zu Zeiten größerer Meteorschauer auf jedem zweiten oder dritten Bild solch eine Spur. Diese Aufnahme wurde mit einem Weitwinkelzoomobjektiv bei f4 und ISO 3 200 ohne Nachführung aufgenommen, wie es mit jeder DSLR möglich ist. Es reicht vollkommen, die Kamera mit dem Rücken auf den Boden oder ein Autodach zu legen und den Zeitauslöser zu betätigen. Leider ist es dafür aber auch nachts fast überall zu hell.

11.11.2 Kontraste bewältigen

Wenn Sie nachts fotografieren, ist das RAW-Format Pflicht. Sie benötigen den hohen Kontrastumfang, der im RAW-Bild aufgezeichnet wird. Die JPEG-Komprimierung vernichtet gerade in den Schattenbereichen Information, so dass Sie später in der Bildbearbeitung die Schatten nicht mehr sinnvoll aufhellen können.

Falls der Kontrastumfang der RAW-Datei nicht ausreichen sollte, bleibt Ihnen nur noch die Erstellung mehrerer Belichtungsvarianten und das spätere Zusammensetzen als HDR-Bild (siehe Seite 560). Da Sie ohnehin mit dem Stativ arbeiten müssen, haben Sie die besten Voraussetzungen für ein hochwertiges HDR. Beachten Sie aber, dass HDR kein Stilmittel ist, sondern eine Technik. Eine HDR-Aufnahme, die mehr nach HDR aussieht, als es technisch unbedingt notwendig ist, ist in meinen Augen misslungen.

Abbildung 11.63 ▸
In diesem Bild wurden die Möglichkeiten der Kontrastbewältigung in der RAW-Konvertierung voll ausgeschöpft (Regler WIEDERHERSTELLUNG auf 100, AUFHELLICHT auf 25). Die Schatten wurden aufgehellt und die Zeichnung in den Lichtern so weit wie möglich zurückgeholt.
17 mm | f7,1 | 25 s | ISO 200

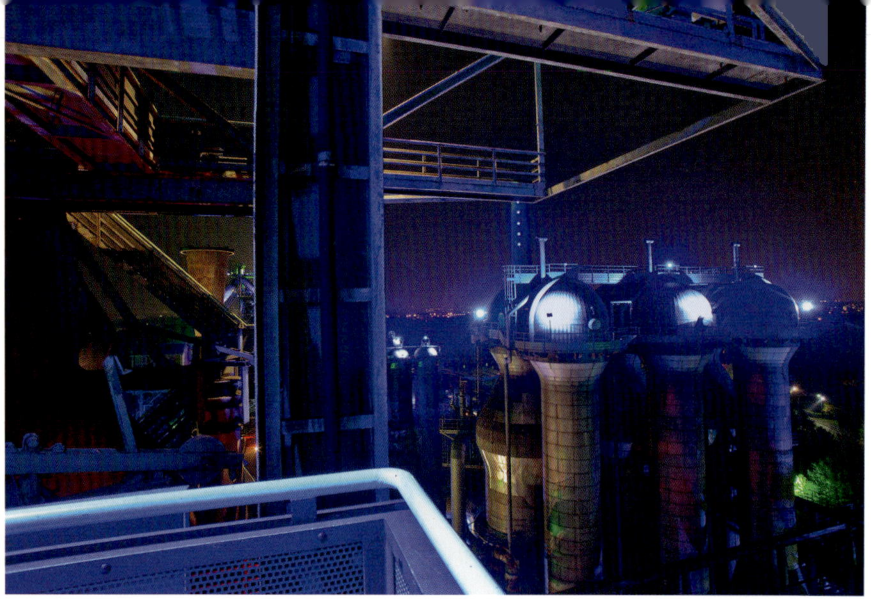

11.12 Available Light

Oft wird das Licht erst wirklich schön, wenn die Sonne weg ist. Innenräume bekommen abends eine intensive Atmosphäre, wenn nur noch das Kunstlicht vorhanden ist. In diesen Momenten eröffnet sich Ihnen eine eigene fotografische Welt, die Sie nicht durch den Einsatz eines Blitzlichtes zerstören sollten.

Es gibt etliche Situationen, in denen sich ein Blitz ohnehin verbietet, etwa um Konzertbesucher nicht zu stören, Gemälde nicht zu schädigen oder weil der Raum zu groß ist, so dass der Blitz ihn nicht mehr ausleuchten kann. Aber auch dort, wo er erlaub ist und technisch möglich, entstehen die besseren Bilder oft ohne Blitz.

Abbildung 11.64 ▸
Ein Blitz hätte die subtile Farbstimmung zerstört. Für ein Bild aus der Hand bei Offenblende war aber noch genug Licht vorhanden.
50 mm | f1,4 | 1/50 s | ISO 1 600

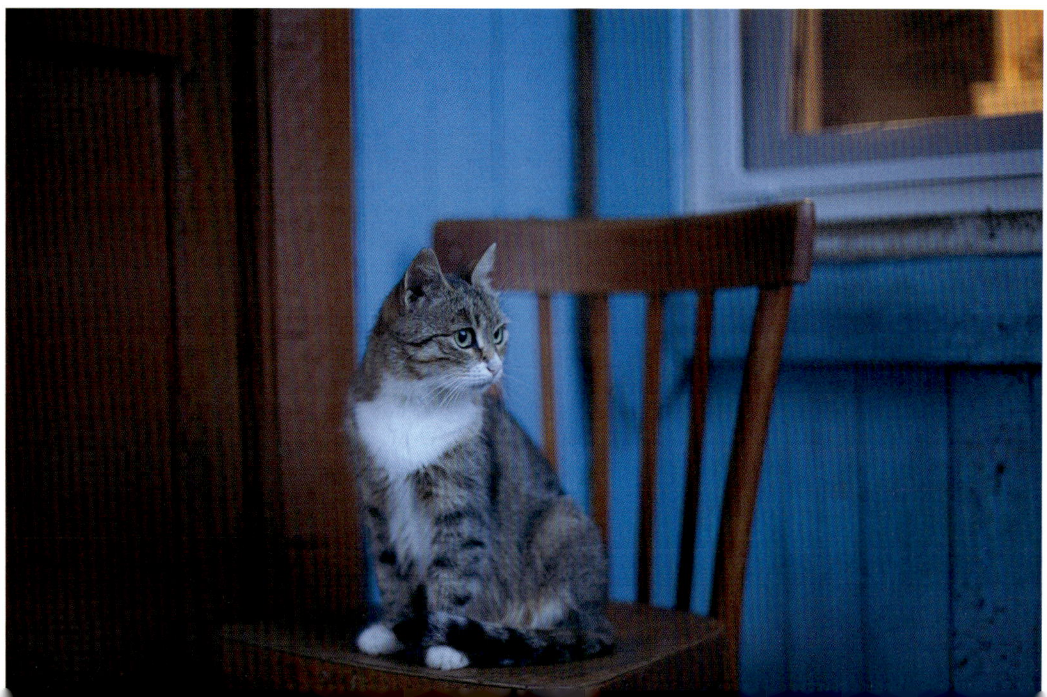

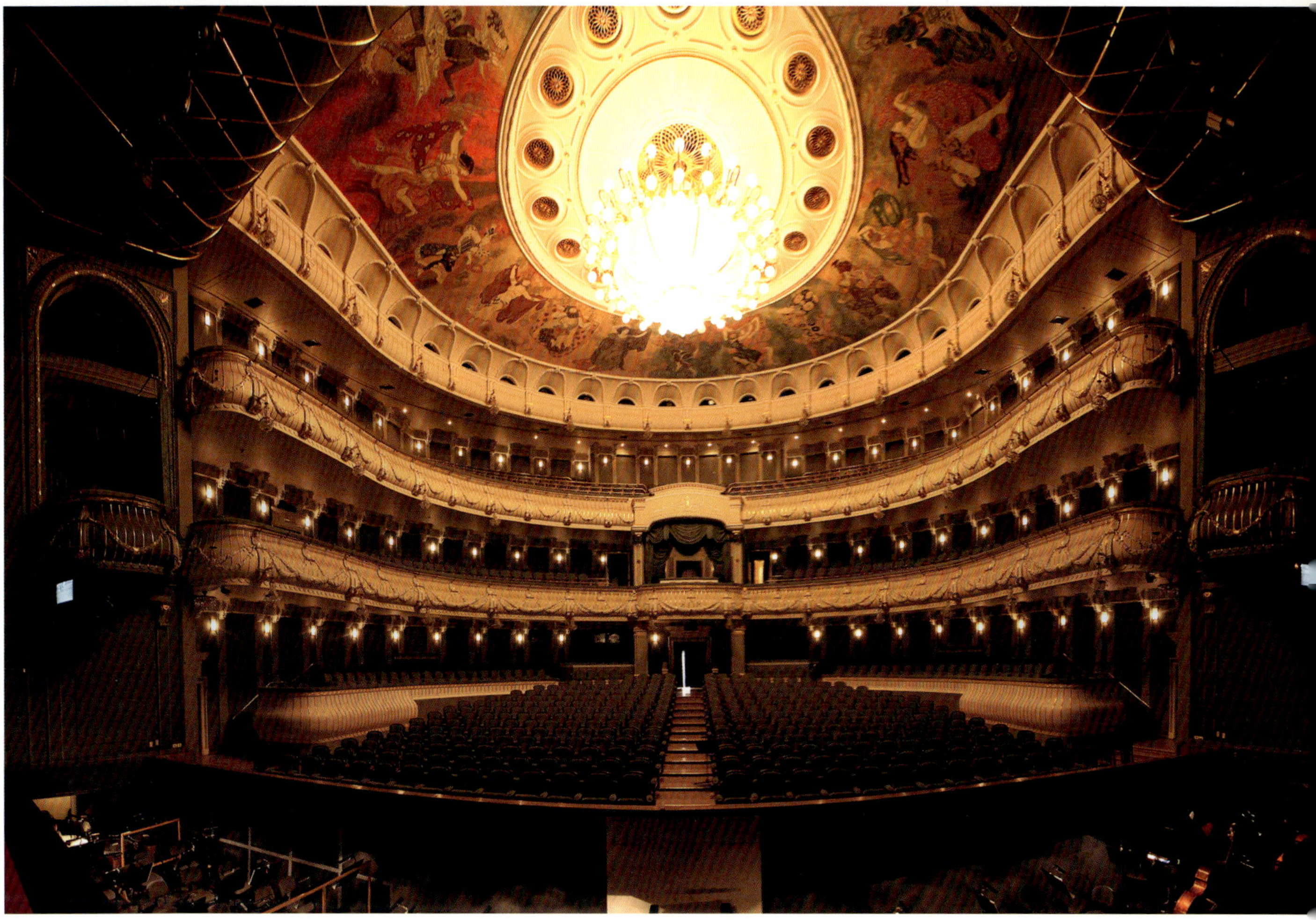

Available Light ist auch mit einer Einsteiger-DSLR und Kit-Objektiv kein Problem. Blende 4 und ISO 1 600 reichen häufig aus, und die neueren Kameras erlauben oft deutlich höhere ISO-Werte. Vor Kurzem sind auch günstige 35 mm / f1,8-Objektive für APS-C-Sensoren auf dem Markt erschienen, so dass ein gutes, lichtstarkes Normalobjektiv für alle Fotografierenden erschwinglich geworden ist.

Mit der Digitalfotografie haben Sie bei schwachem Licht viel bessere Möglichkeiten als früher. Bei Farbfilmen war bei ISO 1 600 Schluss, und auch nur mit starken Einbußen bei Auflösung, Farbwiedergabe und Körnigkeit. Viele DSLRs sind auch bei ISO 12 800 dem analogen Film noch überlegen. Falls Sie sich wegen früherer schlechter Erfahrungen an die Available-Light-Fotografie nicht herantrauen, sollten Sie ihr eine zweite Chance geben.

▲ **Abbildung 11.65**
Ein schnelles Panorama aus der Hand – für mehr blieb vor der Generalprobe im kleinen Saal des Bolschoi-Theaters in Moskau keine Zeit. Mit Available-Light-Fotografie waren die Aufnahmen in wenigen Sekunden gemacht.

17 mm | f5,6 | 1/20 s | ISO 1 600 | Panorama aus drei Aufnahmen

Abbildung 11.66 ▸
Available-Light-Fotografie eignet sich für ein schnelles Einfangen der Stimmung, wie hier aus dem fahrenden Auto an einem Sommerabend in Moskau.
50 mm | f2,2 | 1/2000 s | ISO 1 000

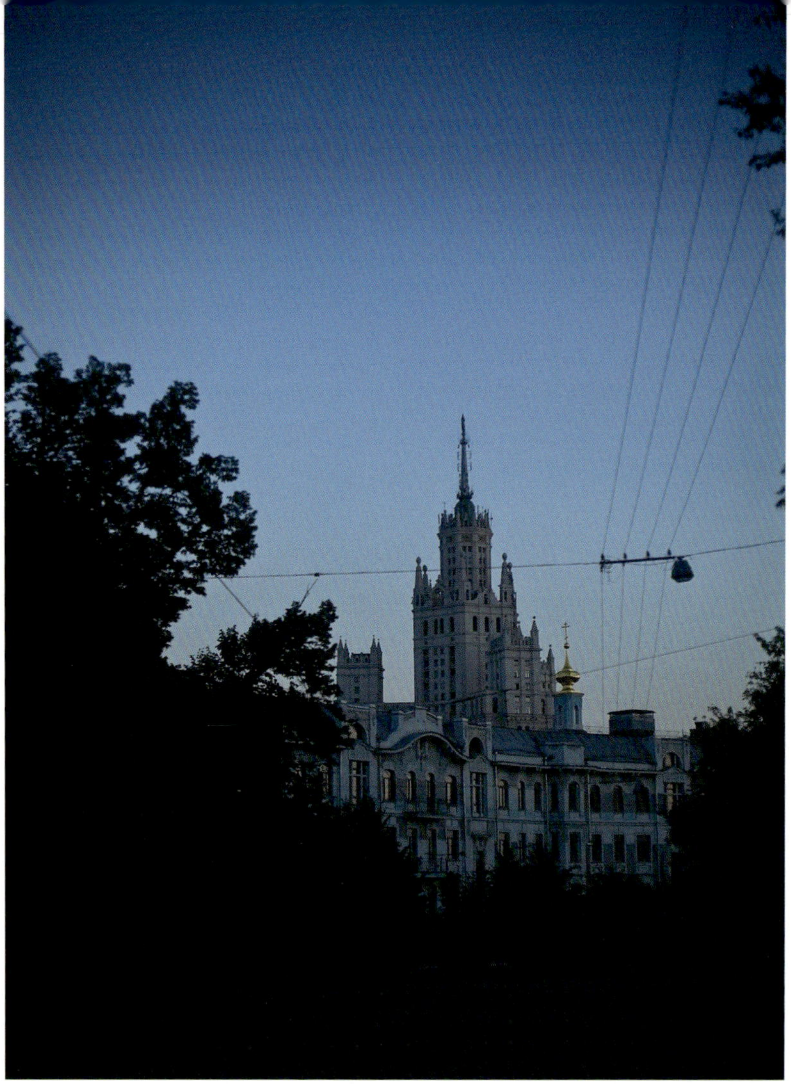

11.13 Stillleben

Stillleben sind viel älter als die Fotografie – besonders in der Renaissance und im Barock machten Sie einen großen Teil der Malerei aus. Wenn Sie sich näher mit historischen Stillleben beschäftigen möchten, sollten Sie sich in die Symbolik einlesen. Den viele dieser Bilder sind eben keine Ansammlung von möglichst naturalistisch gemalten und kunstvoll arrangierten Gegenständen, sondern voller Bedeutungen und Anspielungen.

Symbolismus ist aus der Mode gekommen, und heutzutage werden Stillleben eher **Stills** genannt. Es bleibt ein hoher ästhetischer Anspruch und die Beschränkung auf nicht oder nicht mehr lebende Dinge. Blumen in der Vase können ein Stillleben sein, Blumen auf der Wiese nicht. Es gibt auch eine

Größenbeschränkung: Sobald das Motiv nicht mehr auf einen Tisch passen würde, bezeichnet man es eigentlich nicht mehr als Stillleben.

Die fotografischen Herausforderungen heißen Licht, Materialität und Komposition. Auf der Kameraseite sind Stillleben eher einfach, da das Motiv unbewegt ist und alle Einstellungen in Ruhe vorgenommen werden können. Eine Brennweite wie im Porträtbereich (70–100 mm) ist auch für Stills ideal, da die Perspektive dann am natürlichsten wirkt und keine Verzerrungen den Bildeindruck stören.

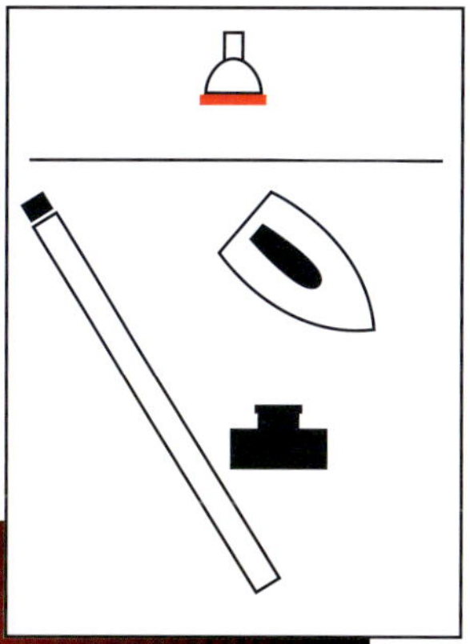

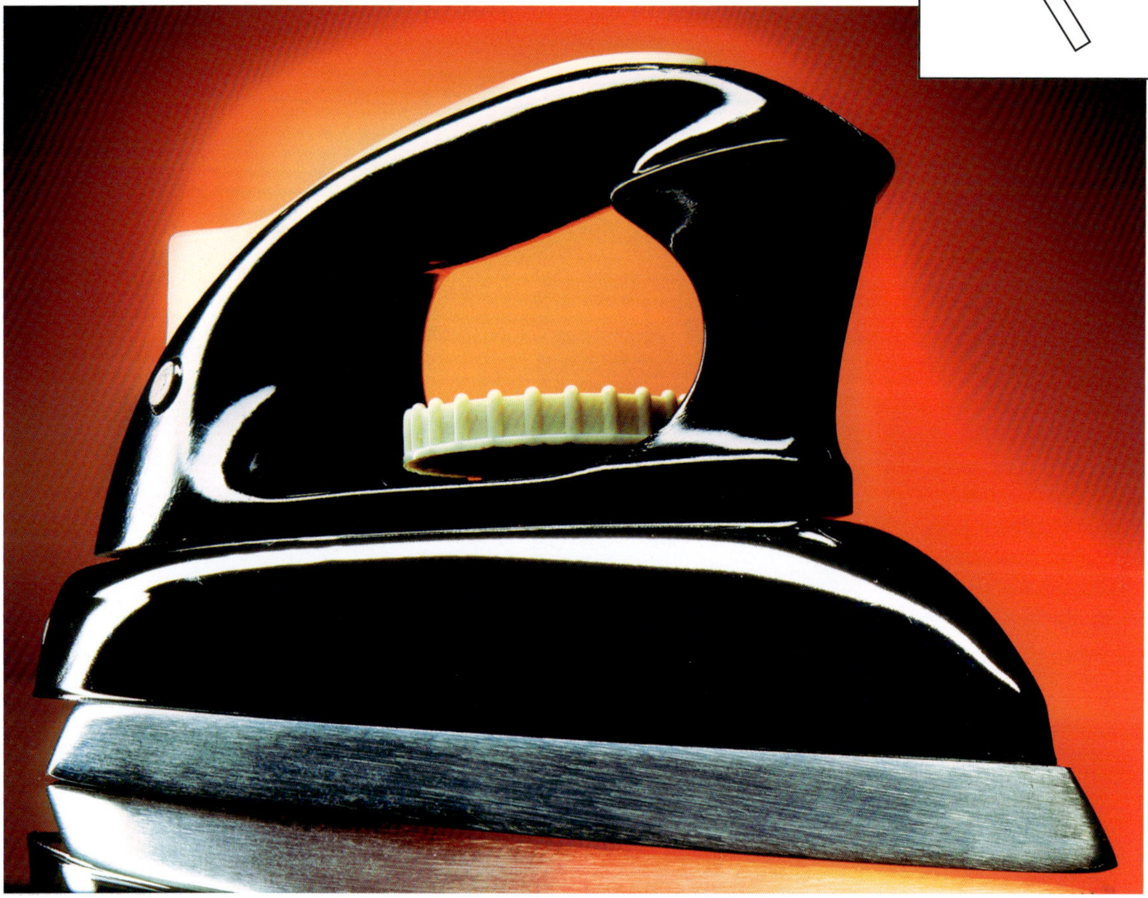

▲ **Abbildung 11.67**
Eine einzige Striplight-Softbox ist für die grafischen Reflexionen auf dem Bügeleisen verantwortlich. Einfache Lichtaufbauten sorgen oft für klare Bilder.
35 mm | f16 | 1/200 s | ISO 100

11.13.1 Licht

Viele Stills lassen sich sehr gut mit natürlichem Licht aufnehmen, in den letzten Jahren ist sogar ein Trend dahin zu erkennen. Direktes Sonnenlicht ist meist nicht ideal. Entweder wählen sie dann den Schatten, streuen das Sonnenlicht mit einem Diffusor – der auch ein Bettlaken sein kann –, oder Sie hellen das Sonnenlicht mit einem Reflektor weich auf.

Im Studio können Sie maßgeschneidertes Licht für Ihr Motiv setzen. Gehen Sie vom Motiv aus, und überlegen Sie dann, welches Licht am besten zu ihm passen würde. Möchten Sie Kanten betonen, Spiegelungen erzeu-

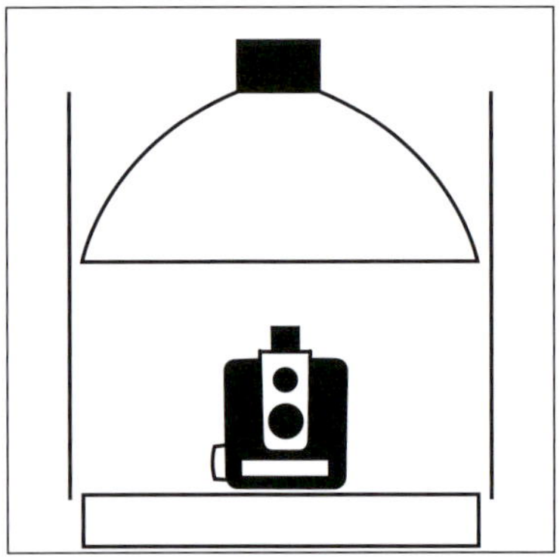

Abbildung 11.68 ▸
Der Sucher weiß, das Objektiv schwarz. Über der Kamera befand sich eine Softbox, rechts und links weiße Pappe, hinten blitzte ein Engstrahlreflektor auf einen roten Karton. Klares Licht und ein einfacher Aufbau machen das Bild aus.
100 mm | f9,0 | 1/200 | ISO 100

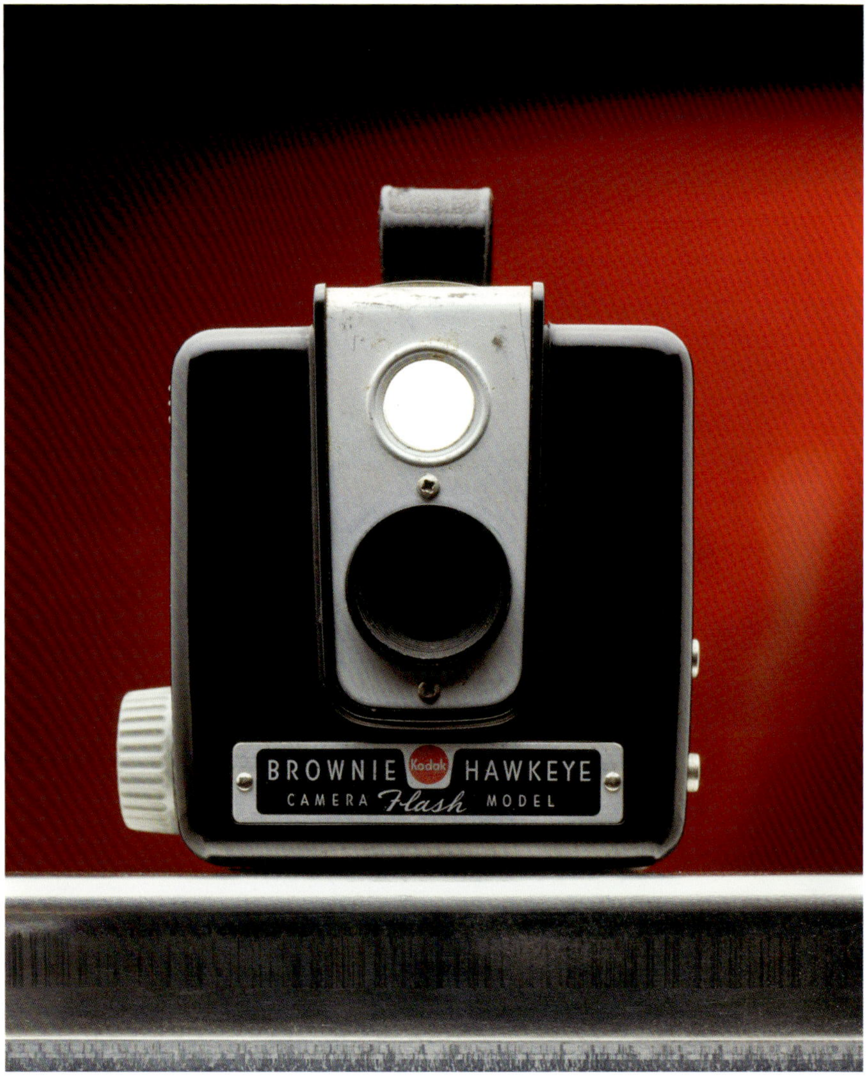

gen oder das Material betonen? Soll das Licht an die Nachmittagssonne erinnern? Große, glänzende Flächen beschränken Ihre Lichtmöglichkeiten etwas, weil sich hier das Licht direkt einspiegeln kann. Flaschen sehen oft am besten aus, wenn sich ein schmaler Lichtreflex über die ganze Seite zieht, und das erreichen Sie mit einer schmalen Softbox (Striplight).

11.13.2 Tricks der Studiofotografen

Gehen Sie nicht davon aus, dass Studiofotografen einfach nur gutes Licht setzen. Gerade in der Foodfotografie zum Beispiel herrscht mehr Schein als Sein. Damit ein Bierfoto perfekt wirkt, werden Flasche, Etikett und Glas manchmal mit drei verschiedenen Lacken eingesprüht. Nur so perlen die Tropfen genauso ab, wie der Fotograf oder die Agentur sich das vorgestellt haben. Um den Bierschaum gut hinzubekommen und stabil zu halten, wird leicht giftiger Schaumverstärker eingesetzt. Der Schaum auf dem Kaffee wird mit Spülmittel verstärkt, Wassertropfen werden durch Glyzerin ersetzt, weil das länger hält. Die kleinen Tröpfchen auf kühlen Flaschen werden einfach aufgesprüht. Unerwünschte Reflexionen werden mit Mattspray entfernt, und Staub wird mit einem kleinen Kompressor weggepustet, sonst kann er je nach Lichtsituation auch bei Motiven, die nicht im Makrobereich liegen, deutlich sichtbar werden. Besorgen Sie sich in einem Arbeitsbekleidungsgeschäft weiße Handschuhe, damit Sie keine Fingerabdrucke auf glänzenden Flächen hinterlassen.

Wenn ein Objekt direkt auf dem Hintergrund liegt, wirkt es oft flach. Im Fotobedarf bekommen Sie Knetmasse, mit der Sie die Objekte etwas erhöht auf dem Hintergrund befestigen können. Die Haftknete eignet sich ebenso, um kleine Aufheller zu fixieren.

Im Fotostudio ist also alles erlaubt, was das Bild verbessert. Werbung ist Manipulation und keine Produktinformation, Wahrheit ist unwichtig, Wirkung zählt. Damit will ich keine Konsumkritik üben, sondern nur hervorheben, dass im Studio »gemogelt« werden darf. Wenn sich ein Problem nicht fotografisch lösen lässt, dann verändern Sie das Motiv. Im Zweifel ist das Echte aber immer besser als der Trick. Künstliche Eiswürfel sehen auch künstlich aus, und kleine Unregelmäßigkeiten lassen ein Bild erst authentisch und lebendig wirken. 95% perfekt ist oft viel besser als 100%.

Foodfotografie
In der Foodfotografie ist das Zeitfenster, in dem das Motiv perfekt aussieht, recht gering und umso kleiner, je wärmer es ist. Lassen Sie das Einstelllicht der Blitzanlage nicht lange und mit großer Stärke brennen, um die Temperatur etwas niedriger zu halten. Gut ist auch eine Arbeitsteilung. In Studios wird in der Foodfotografie oft mit Koch, Foodstylist und Fotoassistent gearbeitet. Als Amateur ist das natürlich nicht zu leisten, aber zu zweit sollten Sie schon sein, damit sie schnell und hochwertig arbeiten können.

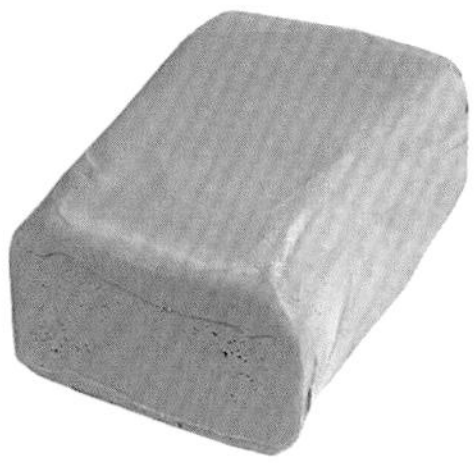

▲ **Abbildung 11.69**
Unscheinbar, aber im Studio sehr praktisch: Haftknete ist das kleinste Stativ der Welt (Bild: Hama).

11.14 Unterwasserfotografie

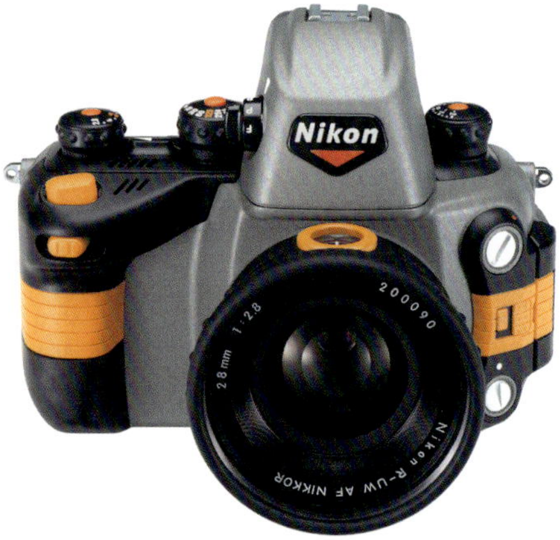

▲ **Abbildung 11.70**
Die Nikonos RS, eine Unterwasser-SLR mit Autofokus. Solche Kameras werden heute leider nicht mehr gebaut, aber Sie bekommen gute Unterwassergehäuse für gängige DSLRs (Bild: Nikon).

Die Digitalfotografie hat auch die Unterwasserfotografie angenehmer gemacht. Live View erleichtert die Bildkomposition und früher war meist nach spätestens 36 Bildern Schluss, weil man unter Wasser keine Filme wechseln konnte. Eine große Speicherkarte hält meist länger als die Sauerstoff-Flasche, so dass Sie so lange fotografieren können, wie Sie tauchen können. Wenn Sie einsteigen möchten, müssen Sie drei Dinge wissen, die Ihnen die Wahl der Ausrüstung erleichtern werden:

- **Brennweitenverlängerung:** Da die Lichtbrechung zwischen Glas und Wasser anders ist als zwischen Glas und Luft, erscheint die Brennweite um circa ein Drittel verlängert. Wenn Sie also ein Normalobjektiv (50 mm) verwenden möchten, müssen Sie tatsächlich eher 35 mm Brennweite benutzen, um den gewünschten Bildeindruck zu erhalten. Die Kamera oder das Objektiv sollte also deutlich mehr Weitwinkel unterstützen, als Sie es über Wasser brauchen würden.
- **Eintrübung:** Wasser ist voller Schwebeteilchen, und wenn Sie darin klare Bilder aufnehmen wollen, müssen Sie meist relativ nah an das Motiv heran. Wenn der Blitz zu nah an der Kamera ist, erhellt er eher die Schwebeteilchen vor dem Objektiv als das Motiv, das weiter weg ist. Deswegen sollte ein Blitz deutlich von der optischen Achse des Objektivs entfernt sein.
- **Lichtabfall und Farbverschiebung:** Je tiefer Sie kommen, desto mehr werden die langwelligen Lichtanteile des Sonnenlichts ausgefiltert. Schon nach wenigen Metern ist fast nur noch Grün und Blau übrig. Wenn Sie im RAW-Format fotografieren, können Sie das anfangs noch korrigieren, danach hilft nur noch ein Blitz, um ein vollständiges Farbspektrum zu erhalten.

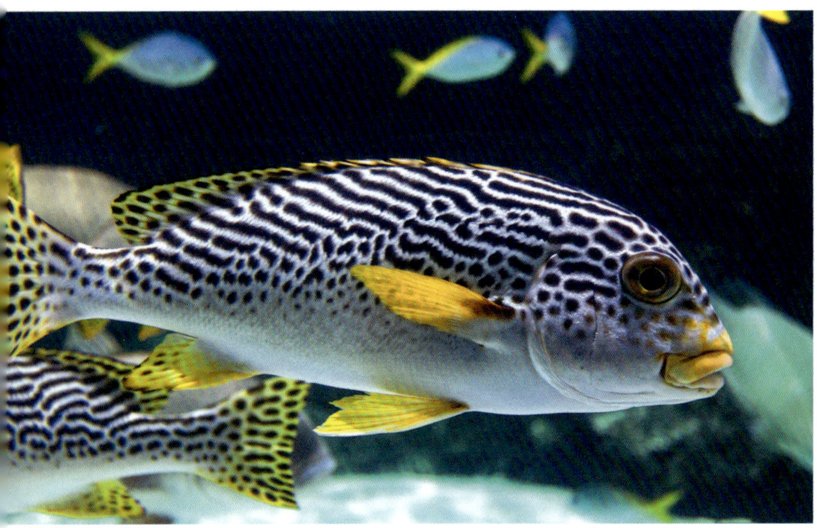

◄ **Abbildung 11.71**
In vielen Unterwassergehäusen ist der Zoom kaum noch zu bedienen. Eine eher kurze Festbrennweite ist deswegen ideal zum Tauchen.
35 mm | f4,0 | 1/125 s | ISO 1250

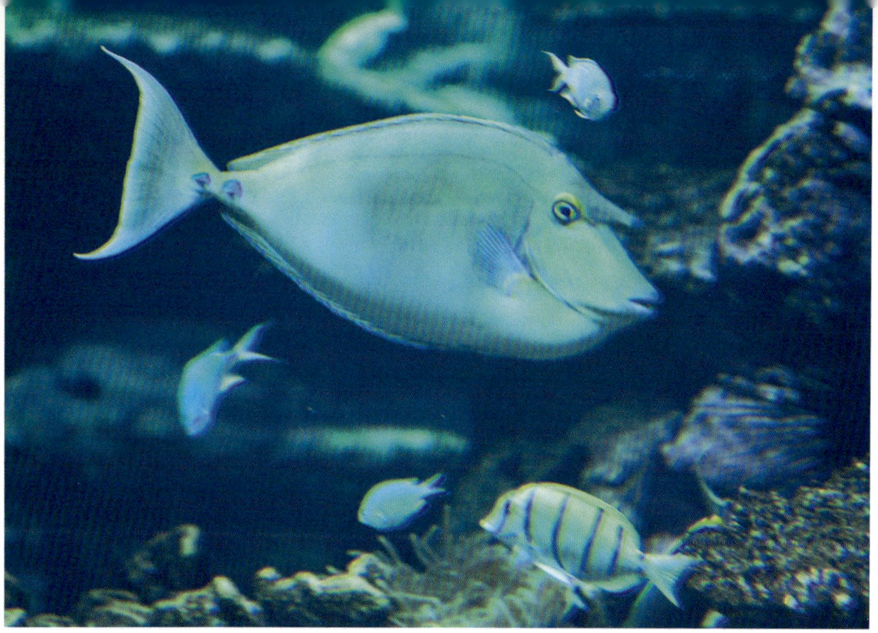

▲ **Abbildung 11.72**
Selbst in einem tieferen Aquariumbecken ist die Farbverschiebung in Richtung Grün und Blau schon sehr gut zu erkennen.

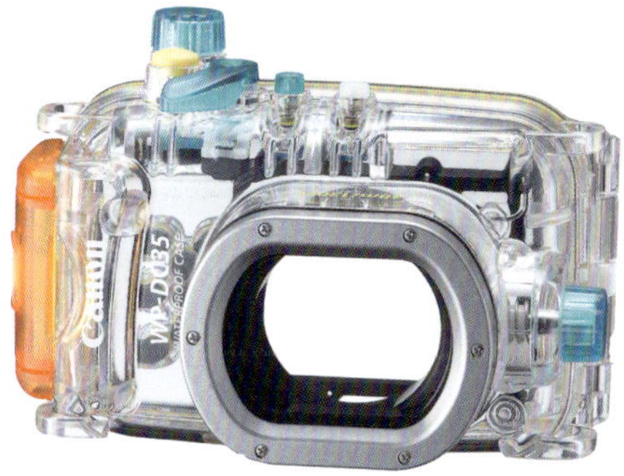

▲ **Abbildung 11.73**
Die Firma Canon bietet für eine Vielzahl ihrer Kompaktkameras spezielle Unterwassergehäuse an. Das WP-DC35 ermöglicht es einer Powershot S90, unbeschadet bis zu 40 m tief zu tauchen. Da die Gehäuse preislich zwischen 150 und 200 € liegen, ist das eine interessante Alternative zu speziellen Unterwasser-Kompaktkameras (Bild: Canon).

Es gibt Sucherkameras, die in bis zu 10 Metern Wassertiefe funktionieren. Wenn Ihnen die Qualität nicht ausreicht, müssen Sie auf Unterwasserhüllen für Kameras wie zum Beispiel von Ewa-Marine ausweichen. Wenn diese an ihre Grenzen kommen, hilft nur noch ein echtes Unterwassergehäuse, das Ihre DSLR wasserdicht umschließt. Echte Unterwasserkameras wie die Nikon Nikonos V oder Nikonos RS werden leider nicht mehr gebaut.

11.15 Fotografie als Kunst

Ein gibt etliche Künstler, die die Fotografie als Medium verwenden. Es ist nun aber nicht so, dass Sie, wenn Sie als Fotograf immer besser werden, irgendwann automatisch ein Fotokünstler sind. Normalerweise sind Sie dann nur ein sehr guter Fotograf. Im Amerikanischen würde man Sie dann korrekt als *artist* bezeichnen, aber im Deutschen ist der Begriff der Kunst viel enger gesteckt. Deswegen sollten Sie diesen Begriff auch sehr vorsichtig verwenden, nicht nur den der Kunst, sondern auch *art*.

Es ist nicht einfach, zu definieren, was ein Bild zur Kunst macht. Ein Künstler hat meist einen völlig verschiedenen Ansatz und eine andere Motivation, Bilder zu machen, als der Fotoamateur. Für den Künstler ist die Fotografie meist kein Selbstzweck, sondern nur ein Medium.

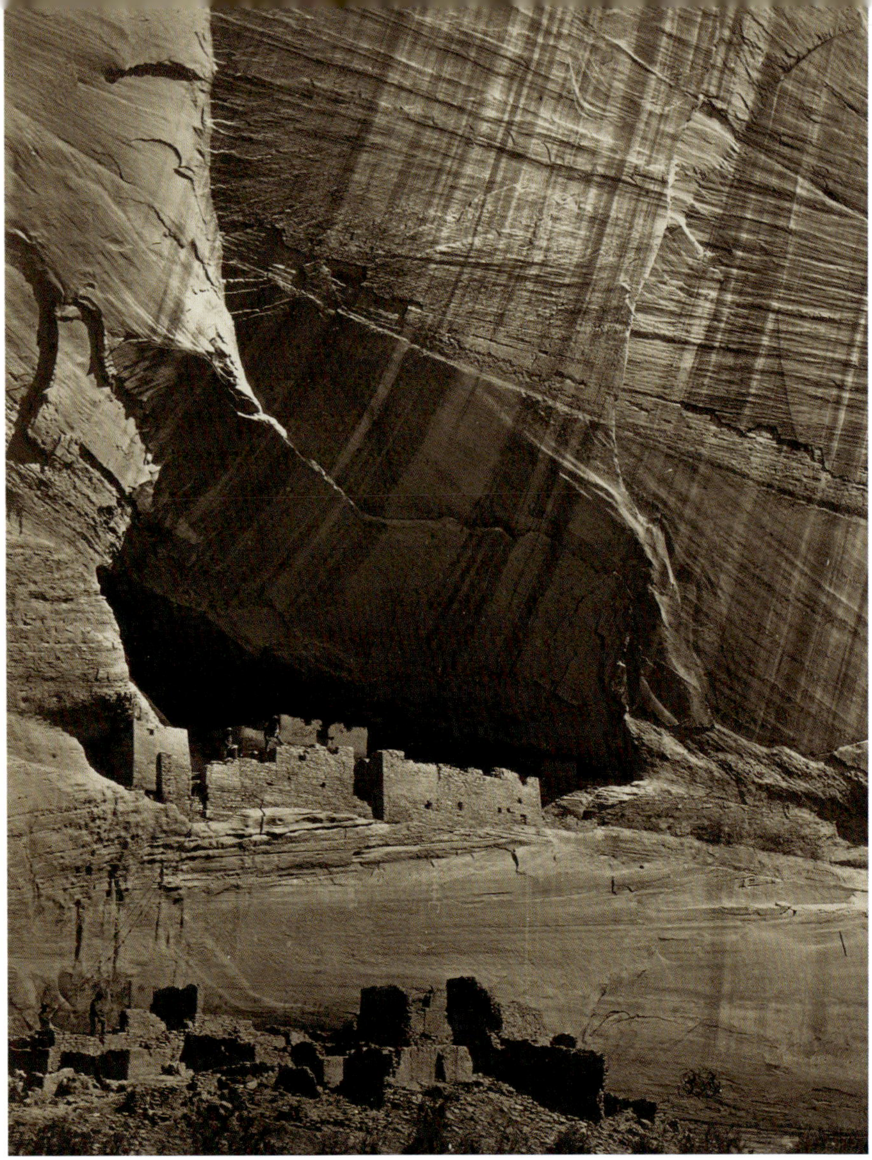

Abbildung 11.74 ▸
Alte Ruinen im Canyon de Chelly, 1872, aus der Sammlung der Library of Congress: Es gibt eine Qualität, die über die Zeit gültig bleibt. Timothy O'Sullivans Bilder sind auch nach 140 Jahren noch unverbraucht.

Aber muss man Kunst wollen, um Künstler zu sein? Auch das ist keine Voraussetzung, wie das Beispiel von Arnold Odermatt zeigt. Odermatt hat als Schweizer Polizeifotograf 40 Jahre lang Verkehrsunfälle dokumentiert. Seine Aufnahmen sind sachlich und von vielleicht etwas zu großer gestalterischer Qualität: reduziert auf das Wesentliche, klar und doch vielleicht ein wenig überhöht. Seine Aufnahmen haben erst, als sein Sohn sie für einen Dokumentarfilm entdeckte, weltweite Aufmerksamkeit in der Kunstszene erhalten. Ein Fotograf wie August Sander, dessen Berufs- oder Handwerkerporträts Sie vielleicht kennen, hatte zwar viel Austausch mit bildenden Künstlern, nahm seinen Platz in der Kunstgeschichte aber mit klaren sachlichen Fotografien ein.

So nah an der Fotografie muss man nicht bleiben, wie das Beispiel von Andreas Gursky zeigt. Seine Bilder sind häufig aus etlichen Fotografien zusammenmontiert, was ihm eine große Freiheit über die Bildfläche gibt. Anna und Bernhard Blume schaffen mit konventionellen fotografischen Mitteln völlig neue Realitäten. Trotz humorvoller Darstellung bleibt etwas übrig, das uns tiefer berührt. Land-Art-Künstler verwenden Fotografie zur Dokumentation Ihrer Werke in der Natur. Auf dem Kunstmarkt gehandelt werden hauptsächlich die Fotos, obwohl das eigentliche Werk ein anderes ist.

Auch wenn Sie selbst niemals künstlerisch arbeiten wollen, lohnt sich für Sie die Beschäftigung mit der Kunst. Sie schärft den Blick und den Geist und ermöglicht einem in manchen Situationen, anders zu denken, weil man mit ganz anderen Ideen konfrontiert wird als im sonstigen Leben.

MIT FOTOS GELD VERDIENEN

Eine Motivation für die eigene Fotografie kann natürlich das Geldverdienen sein. Hier stehen auch den Amateuren keine Hindernisse mehr im Weg. Heute muss man nicht mehr in der Handwerksrolle eingetragen sein, um mit Bildern Geld zu verdienen. Auch als Amateur sollte man sich Gedanken machen über den Wert der Bilder und die angemessene Vergütung. Wenn Microstock-Bildagenturen mit Bildpreisen ab 14 Cent werben und die Agentur davon noch einen großen Teil einbehält, ist von der Angemessenheit nichts mehr übrig. Auch einer der meistbeschäftigten und erfolgreichsten Microstock-Fotografen – Yuri Arcurs, der gerne als leuchtendes Beispiel dafür herausgestellt wird, wie viel Geld sich doch mit Microstock machen ließe – beschäftigt einige Angestellte. Und selbst er klagt in Blogs, dass das Microstock-Geschäft wegen der sinkenden Preise bald vollständig den Amateuren überlassen werden muss, weil ein Profi davon nicht mehr leben kann.

Umsatz und Gewinn sind sehr unterschiedliche Dinge. Für die meisten Teilnehmer an Microstock-Agenturen ist der Einsatz nicht ansatzweise kostendeckend und damit ist die Teilnahme daran nicht viel anderes als Dumping. Viele argumentieren, dass ihnen das egal sei, weil sie ihr Geld ohnehin anders verdienen würden. Ich fände es sehr sonderbar, wenn ich meine kommerziell genutzten Arbeitsergebnisse über andere Tätigkeiten subventionieren müsste. Und Sie kämen sich vielleicht auch komisch vor, wenn Ihnen jemand erzählen würde, dass er Ihren Job gerne für 50 Cent pro Stunde erledigen würde, einfach weil es ihm Spaß mache. Außerdem würde er gerne seinen Freunden erzählen, dass er nun auch in dieser Branche tätig sei…

Es gibt inzwischen sogar schon Metasuchmaschinen, die darauf spezialisiert sind, den billigsten Anbieter für ein bestimmtes Bild zu finden, denn viele Microstock-Fotografen streuen Ihre Fotos über einige Agenturen und heizen den Preiskampf damit noch weiter an. Es gibt auch Bildagenturen, die Bilder komplett kostenfrei anbieten, selbst für die kommerzielle Nutzung. Fotos einer solchen Agentur fand man im NRW-Wahlkampf 2010 in der Wahlwerbung einer rechtspopulistischen Partei wieder, was wahrscheinlich auch nicht jedem Fotografen recht ist.

Wenn Sie also Interesse haben, in einer Bildagentur mitzuarbeiten, machen Sie sich schlau, was im Verhältnis zum Aufwand zu erwarten ist. Falls Sie nach einer Weile feststellen sollten, dass unter dem Strich nur die Ausbeutung Ihrer Arbeitskraft übrig bleibt, dann steigen Sie wieder aus. Es gibt sinnvollere Möglichkeiten, am Fotomarkt teilzunehmen, als über Agenturen, die mit Centbeträgen pro Bild werben. Ein Bild, das gut genug ist, um kommerziell verwendet zu werden, ist auch gut genug für eine angemessene Vergütung, und dann ist es auch egal, ob es von einem Profi oder einem Amateur stammt. Profis haben nichts gegen Konkurrenz von Amateuren, aber sie haben etwas gegen Preise, von denen niemand leben kann.

Eine gute Grundlage für Bildhonorare ist die sogenannte MFM-Liste, die Sie beim Bundesverband der Pressebildagenturen und Bildarchive e.V. (*www.bvpa.org*) erwerben können.

11.16 Fotorecht

Wenn Sie ein Foto veröffentlichen wollen, müssen Sie eine Menge beachten. Die folgende Aufzählung ist nur als Übersicht gedacht und ohne Anspruch auf Vollständigkeit.

Recht am eigenen Bild | Grundsätzlich hat jede Person, die auf einem Foto abgebildet ist, das Recht, darüber zu entscheiden, ob das Bild veröffentlicht wird. Ausnahmen gelten nur für die Abbildung von Menschenmengen, bei denen auch praktisch gar nicht durchführbar wäre, eine Erlaubnis von jedem einzelnen einzuholen. Aber selbst dort wäre eine Erlaubnis nötig, wenn eine Person bildwichtig ist, etwa weil sie der handelnde Mittelpunkt der Szene ist oder sonst irgendwie hervorgehoben. Eine zweite Ausnahme bilden sogenannte »Personen der Zeitgeschichte«. Politiker oder bekannte Schauspieler dürfen abgelichtet werden und diese Bilder auch für die Presse verwendet werden. Aber auch diese Personen haben ein Anrecht auf den Schutz der Privatsphäre, die Sie auch dann schon verletzen können, wenn etwa die Kinder mit abgebildet sind.

Panoramafreiheit | Selbst wenn keine Person im Bild ist, heißt das nicht, dass Sie ein Foto einfach veröffentlichen dürfen. Wenn Sie in Gebäuden oder auf privatem Grund fotografieren, benötigen Sie eine Erlaubnis. Erlaubnisfrei ist nur das, was durch die sogenannte Panoramafreiheit abgedeckt ist. Bilder von öffentlichem Grund ohne Hinzunahme von Hilfsmitteln wie etwa Leitern sind frei zu verwenden. Aber selbst hier gibt es Ausnahmen, wie etwa das Urheber- und das Markenrecht.

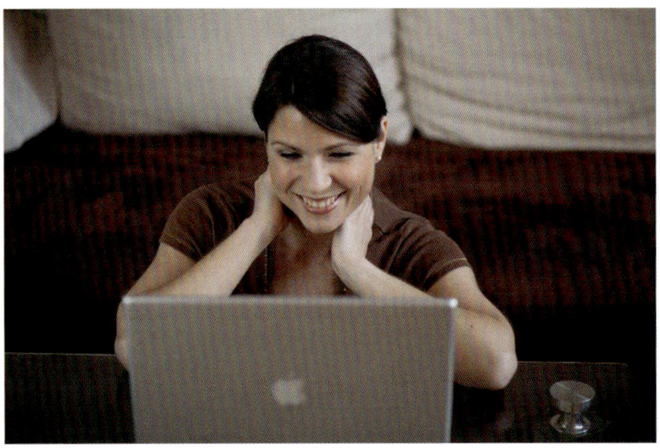

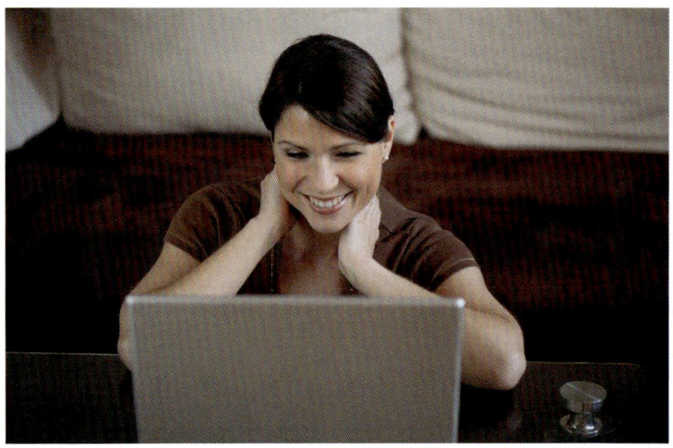

▼ **Abbildung 11.75**
Links: So wurde das Bild fotografiert. Das Markenlogo von Apple ist deutlich zu erkennen. Rechts: So ging das Bild zum Kunden. Das Laptop ist nun markenneutral, weil das Logo wegretuschiert wurde.
85 mm | f2,0 | 1/80 s | ISO 1 000

Urheberrecht | Wenn Sie ein temporäres Kunstwerk im öffentlichen Raum fotografieren, dürfen Sie die Bilder nur während der Ausstellungsphase veröffentlichen. Die Reichstagsverhüllung von Christo und Jeanne-Claude im Jahre 1995 ist ein prominentes Beispiel. Hier wurde Fotografen nach dem Abbau untersagt, die Bilder zu verwenden. Ebenso müssen Sie aufpassen, dass Sie nicht die Werke anderer Künstler und Designer mitfotografieren. Mir ist der Fall eines Fotografen bekannt, der Lizenzkosten an einen anderen Fotografen zahlen musste, weil auf seinem Bild der Kalender des zweiten Fotografen an der Wand zu sehen war.

Markenrecht | Wenn ein Foto werblich genutzt werden soll, müssen Sie darauf achten, dass Sie nicht die Rechte anderer verletzen. Markeninhaber möchten Kontrolle darüber haben, in welchem Kontext ihre Logos und Produkte auftauchen. Objekte mit geschütztem Design können davon ebenso betroffen sein. Sie können darauf verzichten, solche Objekte in Bildern zu verwenden, sie soweit unkenntlich machen, dass sie neutral sind oder sich vom Rechteinhaber ein sogenanntes **Property Release** besorgen, das Ihnen die Verwendung erlaubt. Das kann auch Dinge betreffen, an die man eher nicht denkt, wie zum Beispiel Autos.

Beachten Sie, dass in anderen Ländern zum Teil noch schärfere Regeln gelten. Besonders in Frankreich und den USA nimmt das teilweise extreme Ausmaße an. Ich bin selbst manchmal überrascht, was an Regelungen zu beachten ist. So musste ich eine schriftliche Erlaubnis einholen, um Bilder der Zeche und Kokerei Zollverein für dieses Buch verwenden zu dürfen, obwohl das Gelände sehr offen ist, staatlich gefördert wird und keine werbliche Verwendung vorliegt.

Machen Sie sich also schlau, vor allem bevor Sie Bilder in Bildagenturen geben, weil diese meist auch für die Nutzung in der Werbung angeboten werden, wo die schärfsten Regeln gelten. Auf der anderen Seite sind Sie dann auch in der Lage, sachlich fundiert zu antworten, wenn jemand Sie in Ihren Rechten einschränken möchte, sei es der Wachmann in der Einkaufsstraße oder der Hausbesitzer, wenn Sie eine Straßenansicht aufnehmen.

Ich bleibe immer freundlich und erkläre meine Absichten, fotografiere niemals Personen, wenn diese das nicht wollen, erkläre im Einzelfall aber auch, warum ich das darf, was ich gerade mache. Ich habe von Leuten gehört, die beim Fotografieren massiv bedroht wurden. Dann hilft es oft, vorzuschlagen, die Polizei zu rufen. Wenn Sie sachlich und freundlich bleiben, sollte es meistens nicht so weit kommen müssen.

11.17 Die Möglichkeiten der Fotografie erweitern

In den letzten Jahren sind eine Vielzahl von echten Neuerungen auf den Markt gekommen, die auf der technischen Seite der Fotografie Dinge möglich gemacht haben, die es noch nie gab. Um nur einige zu nennen:

- ISO 102 400 bei der Nikon D3s oder der Canon 1D Mk VI
- 8 mm Brennweite für APS-C-Sensoren mit voller Perspektivkorrektur (Sigma 8–16 mm f4,5–5,6 DC HSM)
- Full-HD-Video mit DSLRs
- automatische Panoramaköpfe
- Kamerasteuerung und Bildübertragung über WLAN

Viele Leute reagieren auf Neuerungen fast reflexartig mit einem »Brauche ich nicht!«. Als kreativer Mensch sollten Sie sich eher fragen, was damit möglich wird und wie Sie damit etwas Neues schaffen könnten, was vorher noch nicht realisierbar war.

Ich habe inzwischen schon sehr gute Videos von Fotografen gesehen, unter anderem von jemandem, der seine DSLR vom Modellhubschrauber aus filmen ließ, während er das Bild vom Boden aus kontrollieren konnte. Ein Pressefotograf begleitete eine Nachtpatrouille bei fast völliger Dunkelheit

▼ Abbildung 11.76
Ein Panorama aus sechs Hochformaten, die mit 15 mm Brennweite aufgenommen wurden. Die perspektivischen Verzerrungen sind enorm, passen aber zur etwas utopisch wirkenden Architektur der Ruhruniversität.

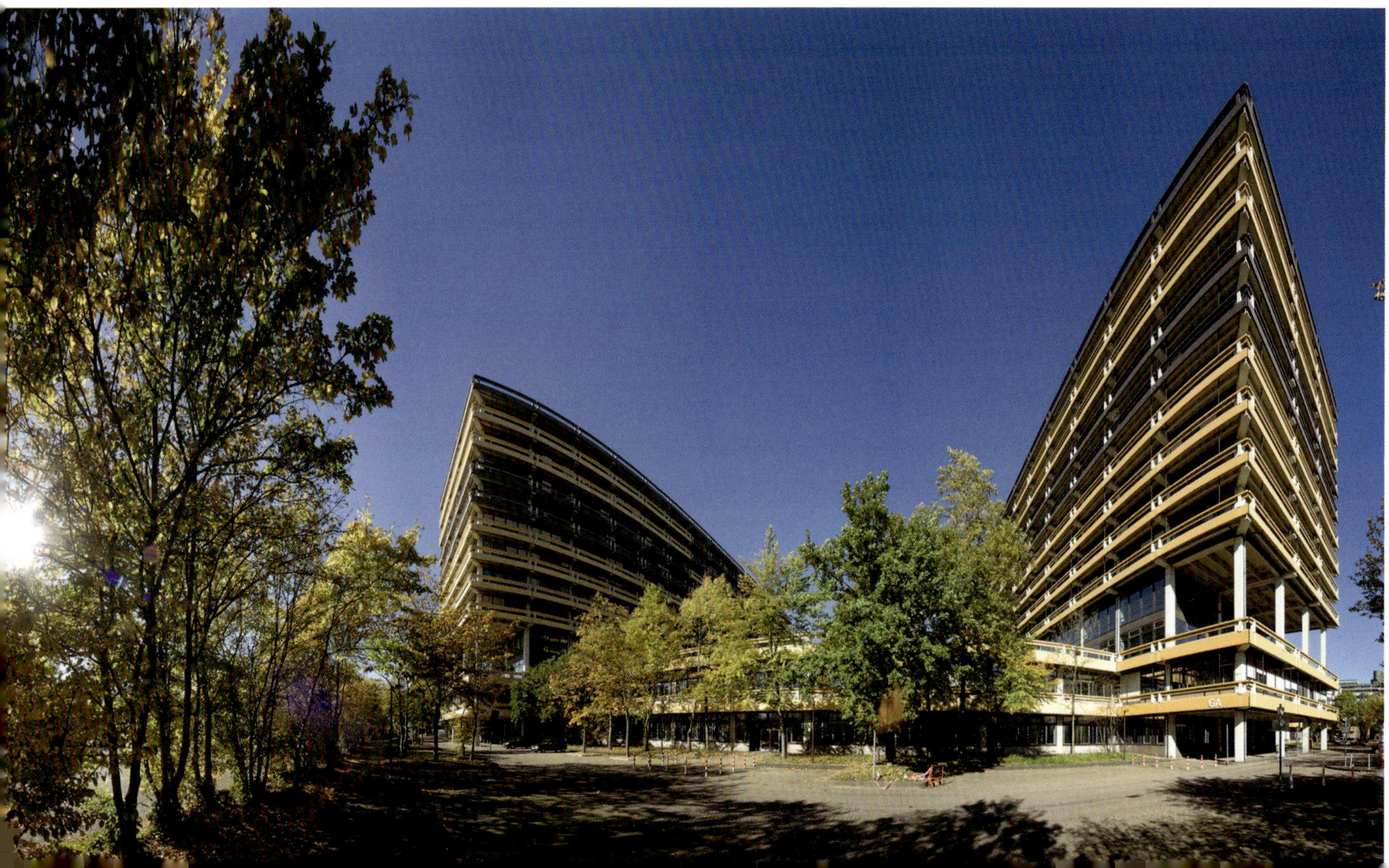

und kam trotzdem mit vorhandenem Licht aus. Panoramen mit bis zu 70 Gigapixeln laden dazu ein, Großstädte vom Schreibtisch aus zu entdecken.

Picken Sie sich irgendeinen Bereich heraus, und gehen Sie an die Grenzen des technisch Möglichen. Vielleicht ergibt das noch nicht umgehend großartige Ergebnisse, aber Sie werden so Ihr Repertoire an Techniken erweitern, was auf Dauer zu interessanteren Bildern führt. Indem Sie neugierig bleiben und immer neue Dinge anfangen, vermeiden Sie die Wiederholung und den Stillstand, die Gift für Ihre Kreativität sind.

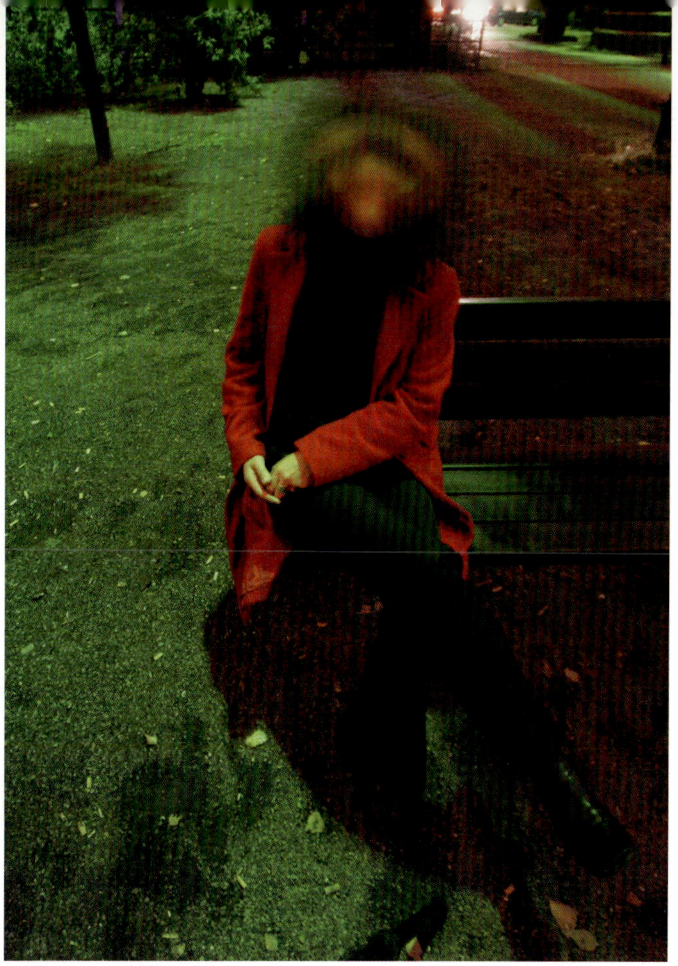

Abbildung 11.77 ▸
Bei diesem Bild sagte ich dem Model, dass es den Kopf stark bewegen soll und ansonsten ganz ruhig sitzen bleiben. Das Resultat ist sehr unwirklich und erinnert mich etwas an eine Fliege. Versuchen Sie, auch in Standardsituationen ab und zu etwas völlig Neues auszuprobieren.
12 mm | f4,5 | 1 s | ISO 3 200 | APS-C-Sensor

ANREGUNGEN

1. Suchen Sie sich ein Thema, zu dem Sie in der nächsten Zeit konzentriert fotografieren. Planen Sie, daraus eine Präsentation von 12 Bildern zu machen. Sie werden merken, dass Sie dann an fotografische Fragen viel zielgerichteter herangehen werden, als wenn Sie einfach so Bilder aufnehmen.
2. Versuchen Sie, einen Arbeitsablauf so zu fotografieren, dass man keine weitere Erläuterungen benötigt, um ihn zu verstehen.
3. Nehmen Sie ein richtig gutes Porträt von einem Freund, Ihrem Partner oder einem Familienmitglied auf.
4. Wagen Sie sich in ein fotografisches Gebiet, das Sie bisher noch nie ausprobiert haben. Verbinden Sie das auch mit technischen Details, die Sie bisher noch nicht verwendet haben, wie zum Beispiel ultralange Belichtungszeiten oder Makrofotografie.
5. Fotografieren Sie ihr Lieblingsgebäude in der Stadt so, dass es wie eine professionelle Architekturaufnahme wirkt.
6. Fotografieren Sie ein Objekt, das nicht größer ist, als ein Schuhkarton. Das fertige Bild soll in Licht, Aufbau, Schärfe, und Atmosphäre so gut wie nur möglich sein. Alles ist erlaubt.

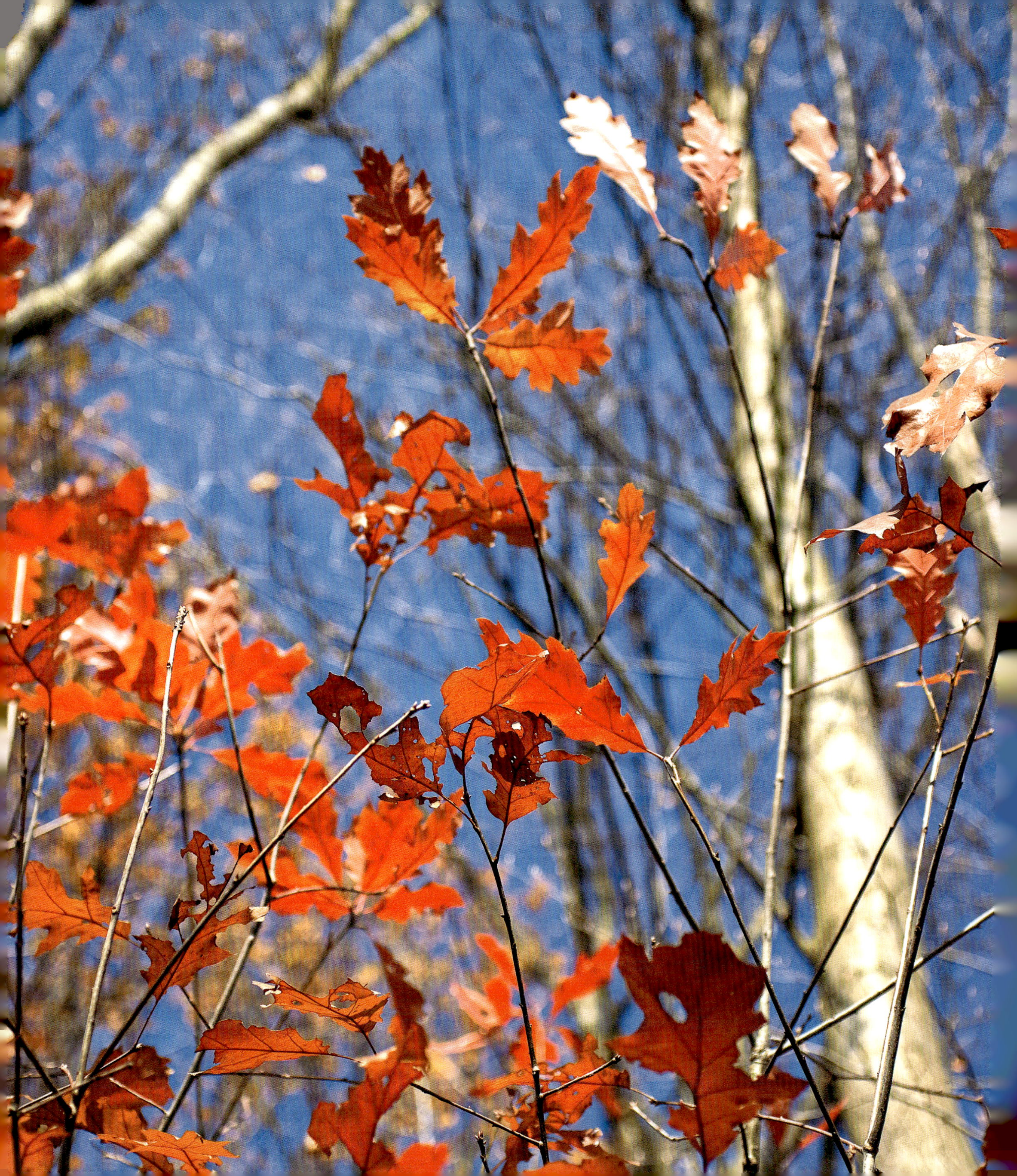

12 Bildbearbeitung

Eigentlich ist kein Bild fertig, wenn es aus der Kamera kommt. Der visuelle Eindruck ist meist blasser, als es der Anblick des Motivs vor Ort gewesen ist. Amateurkameras versuchen zwar, ein möglichst scharfes und buntes Bild zu erzeugen, aber das ist eher von Nachteil, weil dem Fotografen dann wenig Spielraum zur gezielten Nachbearbeitung bleibt und die Bilder oft überschärft sind. Eine gute Kamera unterstützt das RAW-Format und lässt auch bei JPEG-Bildern etwas Luft für die Bearbeitung, wobei Sie die Schärfe und Farbsättigung schon in der Kamera feinjustieren können. In diesem Kapitel soll nicht von Tricks und Effekten die Rede sein, sondern von den grundlegenden Bildbearbeitungsmethoden, die für jeden Fotografen wichtig sind.

12.1 Grundlagen

Bildbearbeitung ist nur wenig jünger als die Fotografie selbst. Sehr früh schon wurde etwa in Landschaftsaufnahmen Himmel einbelichtet, den in der Originalaufnahme durch die starke Blauempfindlichkeit nur weiß erschienen. Malerei und Fotografie wurden kombiniert, Montagen aus verschiedenen Negativen erstellt, Dinge hinzugefügt oder wegretuschiert. Berühmt sind die Retuschen während der Stalinzeit, bei denen Menschen, nachdem Sie in Ungnade gefallen oder ermordet worden waren, aus den Bildern entfernt wurden. So gab es in der Sowjetunion kein offizielles Bild mehr, auf dem auch Leo Trotzki zu sehen gewesen wäre. Stalin selbst hat sich auf Bilder von Massenveranstaltungen (die er aus Angst vor Attentaten mied) hineinretuschieren lassen.

Wenn Sie digital fotografieren, stellt sich die Frage, ob man Bildbearbeitung einsetzt, nicht mehr. Es gibt nur noch die Frage, wie viel Bildbearbeitung man möchte. Schon in der Kamera werden die Bilder entrauscht und beim JPEG-Format auch nachgeschärft und farblich verändert. Eine RAW-Konvertierung ist immer eine Bildbearbeitung, aber Sie haben die Wahl, ob Sie einen möglichst natürlichen und unveränderten Eindruck erhalten möchten oder ob Sie einen Bildstil erzeugen möchten, der stark durch die Nachbearbeitung bestimmt wird.

◂◂ **Abbildung 12.1**
Das Herbstlaub in der Sonne gegen den blauen Himmel hatte eine Leuchtkraft, die kein Druckverfahren wiederzugeben vermag. Um dem Farbeindruck bei der Aufnahme wenigstens nahe zu kommen, ist eine Bearbeitung am Computer nötig.
50 mm | f2,8 | 1/2500s | ISO 200

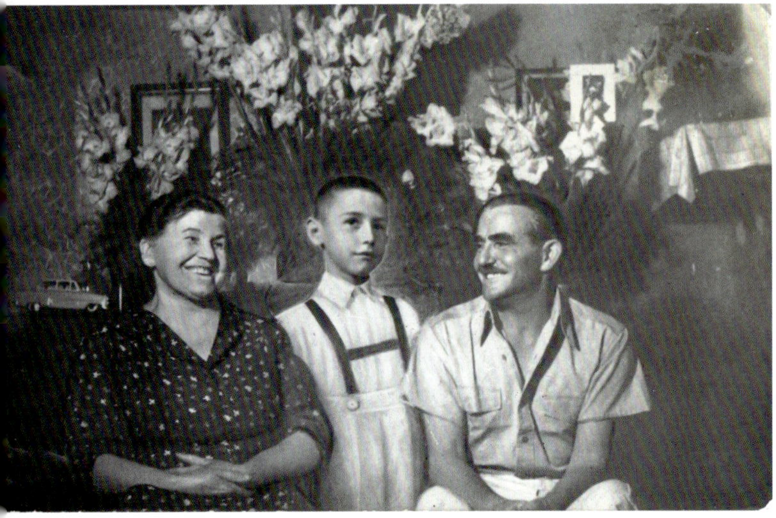

▲ **Abbildung 12.2**
Der Junge ist in dieses Bild hineinretuschiert worden, seine Kleidung ist komplett gemalt. Das Bild stammt aus dem Ungarn der fünfziger Jahre. Auch ohne Computer wurde also schon massive Bildbearbeitung betrieben.

Die meisten Fotografen werden sich bei der Aufnahme eines Motivs nicht um die letzten Feinheiten der Farbabstimmung, der Helligkeit und des Kontrasts kümmern, sondern eher darauf achten, dass die Schärfe und der Bildaufbau stimmen und dass sie den Kontrastumfang gut aufzeichnen. Als man zu analogen Zeiten Dias belichtet hat, musste alles im Aufnahmevorgang gesteuert werden. Heutzutage können Sie einen großen Teil dieser Arbeiten in Ruhe in der Nachbearbeitung erledigen, wenn Sie im RAW-Format fotografieren. Im JPEG-Format sind ebenfalls leichte Korrekturen möglich, aber nicht mehr.

12.2 Auswahl der Geräte

Selbst mit einem fünf Jahre alten Computer kann man heute noch gut Bildbearbeitung betreiben. So werden Sie, wenn ihr System gut läuft, nicht unbedingt eine Neuanschaffung tätigen müssen, sobald Sie verstärkt Bilder bearbeiten möchten. Für alle, die einen neuen oder besseren Rechner kaufen möchten, will ich trotzdem einen Überblick aus Fotografensicht geben.

12.2.1 Systemfrage: Mac oder PC?

In den meisten Fällen haben Sie diese Entscheidung schon hinter sich. Es ist auch keine wirklich wichtige Entscheidung, weil die wesentliche Software für Fotografen auf beiden Systemen gut läuft. Ich selbst arbeite seit fast 20 Jahren mit PCs und seit zwölf Jahren mit Macs. Es gibt aber Unterschiede, die mich persönlich inzwischen den Mac bevorzugen lassen:

- **PC:** Einen PC können Sie günstiger erwerben als einen Mac, es gibt eine größere Anzahl unterstützter Hardware und Software, und PCs lassen sich oft gut erweitern. Allerdings erfordern PCs mehr technisches Wissen und oft auch mehr Arbeit, um technische Probleme in den Griff zu bekommen. Die PC-Bedienung ist mit Windows 7 allerdings einfacher geworden. Wegen der weiteren Verbreitung von PCs ist mehr Schadsoftware in Umlauf, gegen die man den Rechner absichern muss.

- **Mac:** Ein Mac ist einfacher zu bedienen, verursacht meist weniger Probleme und hat eine hohe Designqualität. Es ist (Stand 2010) immer noch keine nennenswerte Schadsoftware im Umlauf, die den Einsatz eines Virenscanners unter Mac OS X erzwingen würde. Auf einem Mac lässt sich auch Windows installieren, so dass Sie die zwei Systeme parallel betreiben können – mit Virtualisierungslösungen wie Parallels Desktop sogar gleichzeitig. Die Geräteauswahl ist deutlich geringer, da Apple der einzige Hersteller ist. Einige Programme gibt es auch nicht für Mac OS X. Einen Mac zu erwerben, ist meist teurer, als einen PC zu kaufen, allerdings relativiert sich der Unterschied, wenn man auf wirklich vergleichbare Qualität achtet und den Wiederverkaufspreis mit in Betracht zieht.

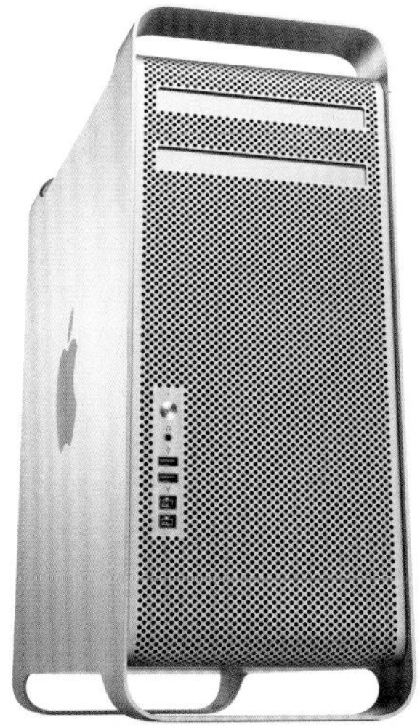

▲ **Abbildung 12.3**
Der Mac Pro ist unter Profifotografen ein beliebtes Arbeitsgerät (Bild: Apple).

Falls Sie eher weniger technisch orientiert sind, würde ich Ihnen zu einem Mac raten. Wenn Sie dagegen gut mit Computern umgehen können, können Sie Ihren persönlichen Geschmack entscheiden lassen.

Linux soll hier nicht ganz unter den Tisch fallen: Das freie Betriebssystem hat seine Vorzüge, allerdings ist die Softwareauswahl im fotografischen Bereich immer noch sehr dünn und die Handhabung auch heute noch eher etwas für Computerexperten (ich würde mich allerdings freuen, wenn diese Aussagen bald veralten würden).

12.2.2 Hardwareauswahl

Bildbearbeitungssoftware stellt hohe Ansprüche an den Prozessor und die Speicherkapazität, dafür ist die Grafikleistung eher unwichtig. Hier ein paar Tipps zur Systemauswahl:

- **Hauptspeicher:** Für eine normale Bildbearbeitung sind 4 GB Hauptspeicher ausreichend. Falls Sie viele Panoramen erzeugen oder mit großen Dateien oder vielen Ebenen arbeiten, sind auch 8 GB oder mehr sinnvoll. Achten Sie bei der Auswahl eines Computers darauf, dass sich der Arbeitsspeicher erweitern lässt.
- **Betriebssystem:** Sie sollten bei einer Neuanschaffung ein 64-Bit-System verwenden. Dieses ist nicht schneller als ein 32-Bit-System, es hat aber den großen Vorteil, dass Sie erheblich mehr Speicher adressieren können und einzelnen Anwendungen wie etwa Photoshop mehr Speicher zuteilen können. Bei einem 32-Bit-System ist bei maximal 4 GB Hauptspeicher Schluss, aber selbst wenn Sie nur 4 GB Speicher zur Verfügung haben, können die Programme auf einem 64-Bit-System mehr davon nutzen.

Mac OS X ist immer ein 64-Bit-System. Bei Windows 7 müssen Sie explizit eine 64-Bit-Version kaufen, die aber nicht teurer ist.

- **Prozessor:** Bildbearbeitung ist gut parallelisierbar, und so können Sie den Vorteil von Mehrkernprozessoren gut ausnutzen. Ein aktueller 4-Kern-Prozessor wird eine gute Wahl sein, 6-Kern-Prozessoren kommen gerade auf den Markt. Beachten Sie, dass die teuersten Prozessoren oft nur wenig schneller sind, als solche, die nur halb so teuer sind. Falls Sie sich vorher informieren möchten, finden Sie im Internet Leistungstests der Prozessoren unter dem Stichwort »benchmark«, oft sogar direkt für Photoshop (geben Sie das als Suchwort ruhig mit an).

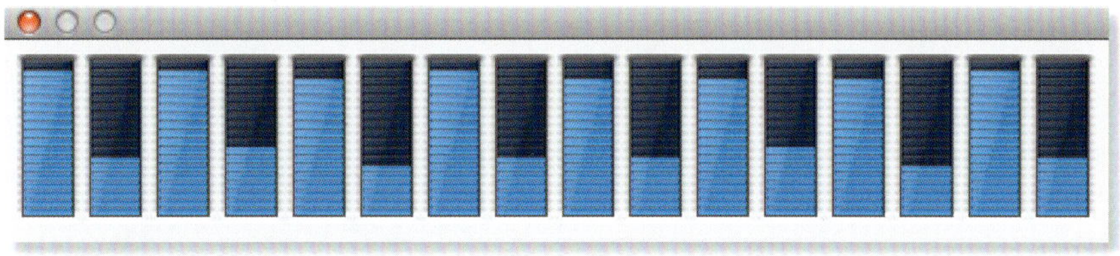

▲ **Abbildung 12.4**
Während einer Mengenkonvertierung von RAW-Dateien in Photoshop sind die 16 virtuellen Prozessorkerne eines 8-Kern-Macs recht gut ausgelastet.

- **Grafikkarte:** Es gibt zwar einen Trend, die Rechenleistung der Grafikkarte den Programmen zur Verfügung zu stellen (OpenCL), aber diese Technik steckt noch so in der Kinderschuhen, dass Sie bis jetzt kaum etwas davon haben und sich bei der Auswahl der Grafikkarte davon nicht beeinflussen lassen sollten. Leistungsfähige Grafikkarten werden nur von 3D-Anwendungen und Spielen wirklich ausgenutzt, für Bildbearbeitung sind auch die einfachen Grafikkarten gut genug. Achten Sie lieber darauf, ob die Karte zwei digitale Ausgänge besitzt, falls Sie mit zwei Monitoren arbeiten möchten, aber auch das ist heutzutage praktisch Standard. Eine High-End-Grafikkarte ist ein starker Stromverbraucher, den Sie mit Bildbearbeitung nicht ansatzweise ausnutzen können.
- **Festplatte:** Moderne Festplatten sind fast immer schnell und groß genug, so dass Sie speziell für die Bildbearbeitung wenig beachten müssen. Allerdings sollten Sie immer alle Daten mindestens doppelt vorhalten, so dass Sie von Anfang an mindestens eine externe Festplatte einsetzen sollten, auf die Sie Ihre Bilddaten regelmäßig sichern. Wenn Ihre Daten wichtiger werden, geben Sie eine Sicherung außer Haus.
- **Bildschirm:** Bei der Auswahl des Bildschirms kommt es sehr auf Ihre Ansprüche an. Die Zeit der Röhrenbildschirme ist jedenfalls vorbei, und die flachen TFT-Displays haben sich komplett durchgesetzt. Die günstigsten Displays werden in TN-Technik hergestellt. Sie sind stark bildwinkelabhängig und lassen keinen besonders großen Farbraum zu. Besser sind Bildschirme, die in der sogenannten PVA- oder in IPS-Technik gebaut werden. Diese sind weniger bildwinkelabhängig und erreichen den Farbumfang des Adobe-RGB-Farbraums ganz oder zumindest zu 96%. Die Wiederholgeschwindigkeit und die Maximalhelligkeit sind unwichtig für Sie. Erstere

ist für Spiele interessant, und eine Helligkeit von über 160 cd/m² (120 cd/m² sind ein üblicher Wert) werden Sie für die Bildbearbeitung nicht benötigen. Wer mehr ausgeben kann und hohe Ansprüche hat, kann über einen hardwarekalibrierbaren Monitor nachdenken. Ein normaler, hochwertiger Monitor lässt sich aber meist gut genug kalibrieren (siehe Seite 426). Wenn Sie einen Bildschirm stark seitlich betrachten und er dann deutlich bräunlich und dunkler wirkt, verwendet er die TN-Technik und ist für die Bildbearbeitung nicht die ideale Wahl. Allerdings kann man auch mit TN-Displays arbeiten. Achten Sie auf die Gleichmäßigkeit der Ausleuchtung. Die sehen Sie am besten, wenn Sie einen neutralgrauen Bildschirmhintergrund einstellen.

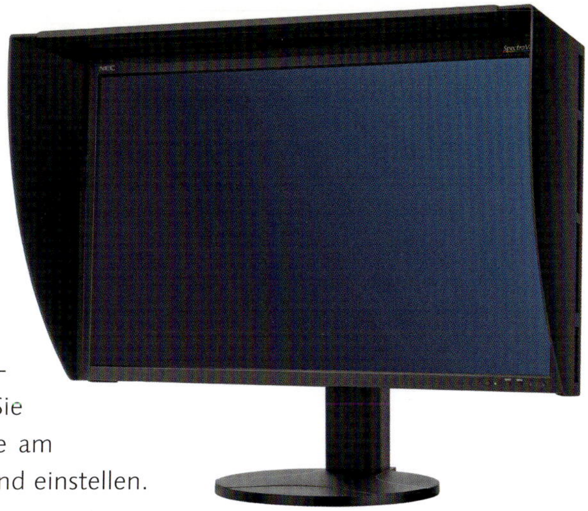

▲ **Abbildung 12.5**
Die Topklasse der Bildbearbeitungsmonitore sind im Moment hardwarekalibrierbare LCD-Bildschirme (Bild: NEC).

12.3 Software für Bildbearbeitung

Es gibt zwar recht viele unterschiedliche Softwarelösungen für die Bildbearbeitung, aber letztlich hat Adobe Photoshop doch die Rolle des unangefochtenen Spitzenreiters. Photoshop hat auch nur zwei echte Nachteile: Erstens ist es mit gut tausend Euro recht teuer (nur Studenten kommen günstiger an eine Vollversion), und zweitens ist es inzwischen so umfangreich, dass der Einarbeitungsaufwand hoch ist.

Allerdings hat Photoshop einen kleinen Bruder, der ebenfalls sehr leistungsfähig ist, aber nicht einmal ein Zehntel kostet: Photoshop Elements. Ich kenne die Software gut, und kann sie guten Gewissens weiterempfehlen. Wenn man sich ein wenig darauf einstellt, lassen sich damit hervorragende Ergebnisse erzielen.

Eine weitere recht mächtige Software ist Corel Paint Shop Pro Photo, die ebenfalls deutlich unter 100 € kostet. Das größte Projekt aus der Open Source Szene ist GIMP, das Sie komplett kostenfrei verwenden dürfen und unter *www.gimp.org* herunterladen können.

Eine etwas günstigere Alternative wäre eine Kombination aus Adobe Photoshop Lightroom und Photoshop Elements, mit der Sie sowohl für einen schnellen RAW-Workflow als auch für kompliziertere Bildmanipulationen gerüstet sind. Oder Sie kombinieren – falls Sie mit einer Canon-Kamera fotografieren – das mit Ihrer Kamera mitgelieferte Digital Photo Professional mit Gimp, geben auf diese Weise gar kein zusätzliches Geld aus und haben trotzdem mächtige Werkzeuge zur Hand.

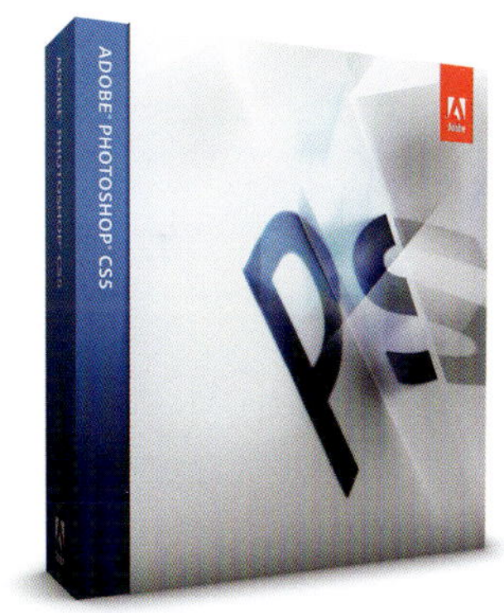

▲ **Abbildung 12.6**
Eine 30-Tage-Testversion von Photoshop CS5 Extended für den Mac und den PC finden Sie auf der Buch-DVD. Wer keine 3D-Unterstützung oder wissenschaftliche Funktionen braucht, ist mit der normalen Photoshop-CS5-Version genauso gut bedient (Bild: Adobe).

12.4 RGB als Arbeitsfarbraum

Die Digitalkamera zeichnet die Bilder mit für Rot, Grün und Blau empfindlichen Sensorelementen auf. Die resultierende Aufnahme liegt dann folgerichtig im RGB-Farbraum vor. Grundsätzlich sollten Sie auch alle weiteren Bearbeitungsschritte in diesem Farbraum vornehmen. Es gibt einige ältere Bücher oder Internetseiten, die Ihnen die Verwendung des CMYK-Farbraums (siehe Seite 401) für die grundlegende Bildbearbeitung nahelegen. Vergessen Sie das gegebenenfalls schnell wieder, denn außer abschließenden Anpassungen für den Offset-Druck sollten Sie diesen Farbraum nie verwenden. CMYK beschreibt einen Farbraum für einen bestimmten Druckprozess. Für alle anderen Druckprozesse, zum Beispiel auf anderen Papiersorten oder mit anderen Druckfarben, wären die Ergebnisse schlecht brauchbar. Außerdem verfälschen Helligkeitsanpassungen in CMYK auch die Farben.

Eine Helligkeitsanpassung verändert zwar auch in RGB die Farben, aber hier ändert sich nur die Buntheit, während sich in CMYK die Farben in nicht gewünschte Richtungen verändern können. Außerdem stellt Photoshop oder Lightroom manche Werkzeuge zur Verfügung, die intern im Lab-Farbraum arbeiten. In diesem wird die Helligkeitsinformation völlig unabhängig von der Farbinformation verwaltet, und Sie haben so keine Nebeneffekte zu befürchten. Mehr zu den Farbräumen finden Sie auf Seite 424 (Farbmanagement), hier bleibt nur festzuhalten, dass die Bildbearbeitung in RGB durchgeführt wird. Lab ist grundsätzlich auch geeignet, CMYK nicht.

Durch die Abhängigkeit von Farbe und Helligkeit ergibt sich, dass Sie am schnellsten zu guten Ergebnissen kommen,

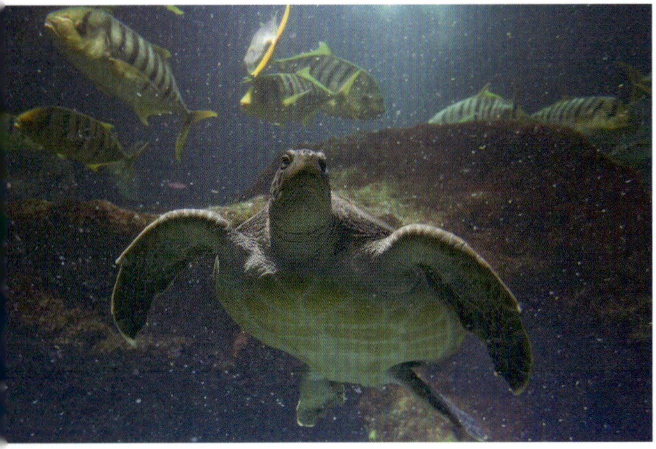

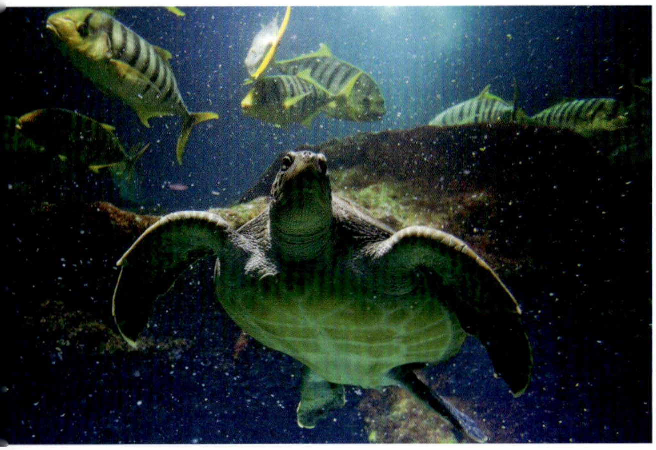

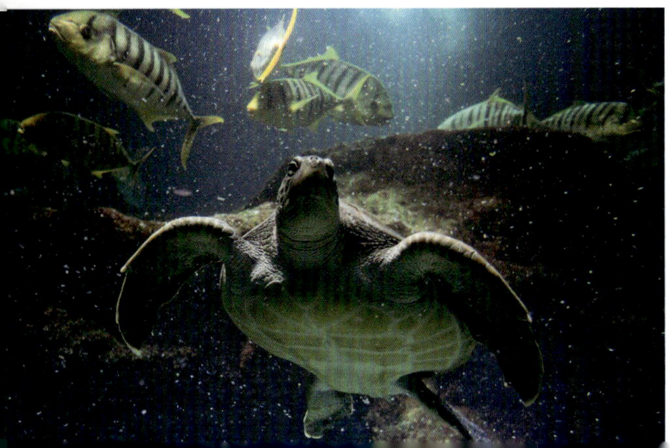

◂ **Abbildung 12.7**
Das obere Bild ist ein weich entwickeltes RAW-Foto, es kann mehr Kontrast vertragen. Auf dem Bild darunter wurde der Kontrast in RGB per Gradationskurve angehoben. Das Bild ist dadurch auch bunter geworden, was sehr häufig ein erwünschter Nebeneffekt ist. Auf dem untersten Bild wurde dieselbe Gradationskurve nur auf den Helligkeitskanal des Lab-Modus angewendet. Der Kontrast stieg im gleichen Maße, nicht jedoch die Farbsättigung.

25 mm | f4,0 | 1/800 s | ISO 5 000

wenn Sie erst die Helligkeit bearbeiten, danach die Farbe und abschließend die Schärfe. Die beste Qualität erhalten Sie, wenn Sie die grundlegenden Einstellungen so weit wie möglich im RAW-Konverter vornehmen und das Bild danach im 16-Bit-Modus in Photoshop weiterbearbeiten.

12.5 RAW-Konvertierung

Wer RAW-Dateien konvertieren möchte, dem bieten sich eine Vielzahl von Softwarelösungen an. Viele davon sind kostenfrei, von den anderen lassen sich Probeversionen herunterladen, die einige Wochen ohne Einschränkungen laufen. Ich empfehle Ihnen, mindestens drei einmal selbst auszuprobieren, um ein Gefühl dafür zu bekommen, welchen Unterschied der Einsatz eines anderen RAW-Konverters ausmachen kann. Auf jeden Fall sollten Sie sich den Konverter Ihres Kameraherstellers anschauen, anschließend Photoshop beziehungsweise Lightroom und noch einen weiteren wie etwa Capture One. Photoshop und Lightroom verwenden denselben RAW-Konverter: Adobe Camera Raw.

▼ Abbildung 12.8
Das obere Bild wurde mit den Standardeinstellungen von Adobe Camera Raw konvertiert, das untere mit den Standardeinstellungen von Digital Photo Professional, das Canon mit seinen DSLRs mitliefert. Schon die Wahl des RAW-Konverters beeinflusst also das Bildergebnis.

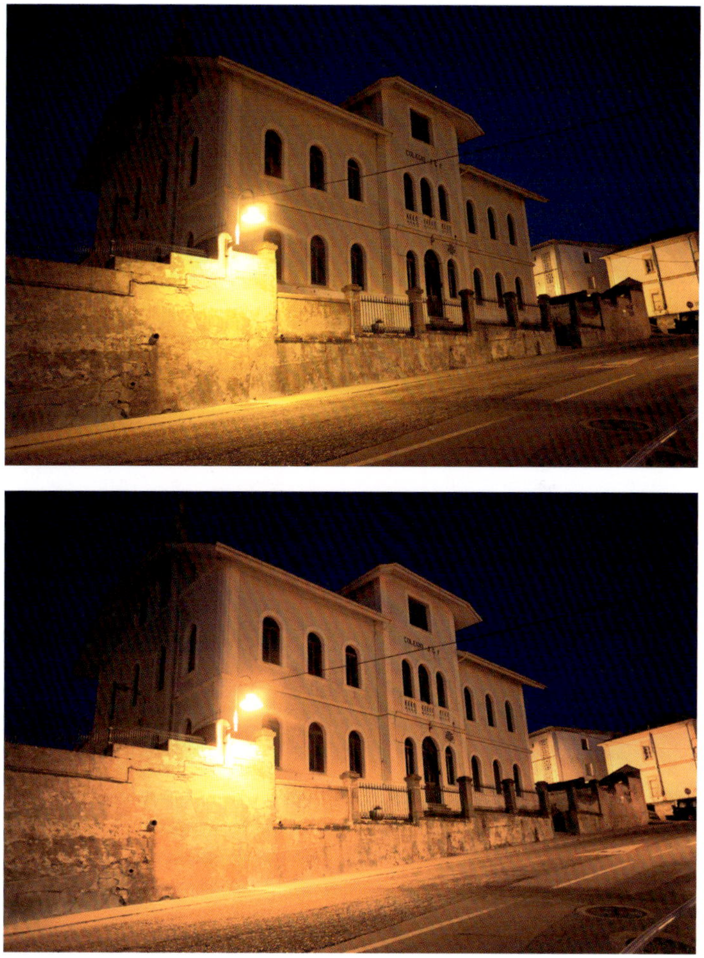

Lightroom ist eher auf eine schnelle Bearbeitung vieler Bilder ausgelegt und datenbankbasiert, übernimmt also einen großen Teil der Bildverwaltung selbst. Photoshop arbeitet zur Bilderverwaltung mit der Bridge zusammen und setzt direkt auf dem Dateisystem auf. Sie navigieren also durch die von Ihnen selbst angelegte Ordnerstruktur.

Im Folgenden werde ich die Bildbearbeitungswerkzeuge und -techniken am Beispiel von Photoshop erläutern (unter anderem auch deshalb, weil sich die helle Benutzeroberfläche besser für den Abdruck in einem Buch eignet). Lightroom bietet diese Bildbearbeitungsmöglichkeiten in etwas anderer Form und selbst Photoshop Elements ist nur um ein paar Möglichkeiten reduziert, kann aber sonst das Gleiche.

12.5.1 Kameraprofile

Wenn Sie eine RAW-Datei in Photoshop oder Lightroom öffnen, werden Sie feststellen, dass sie blasser erscheint als auf dem Kameradisplay. Das liegt erstens daran, dass das Display meist bunter und brillanter abgestimmt ist, und zweitens, dass der RAW-Konverter die Farbeinstellungen der Kamera zunächst einmal ignoriert.

Das Bild wird mit einem eher zurückhaltenden Standardprofil angezeigt, das noch viel Spielraum zur Nachbearbeitung bietet. Je nach Kameramarke haben Sie aber auch in Camera Raw Zugriff auf die Kameraprofile. Wenn Sie mit einer Canon-Kamera im Bildstil LANDSCHAFT fotografiert haben und in Camera Raw CAMERA LANDSCAPE einstellen, dann kommt die Farbabstimmung im RAW-Konverter der in Ihrer Kamera sehr nah.

Falls ein solches Kameraprofil bei Ihrer Kamera nicht verfügbar sein sollte, ist das kein Grund zum Verzweifeln, denn das Adobe-Profil lässt sich schnell anpassen, und Sie bekommen so mit wenigen Eingriffen ein Bild, das noch näher an dem Motiveindruck ist, den Sie vor Ort hatten, als es allein über das Kameraprofil möglich wäre.

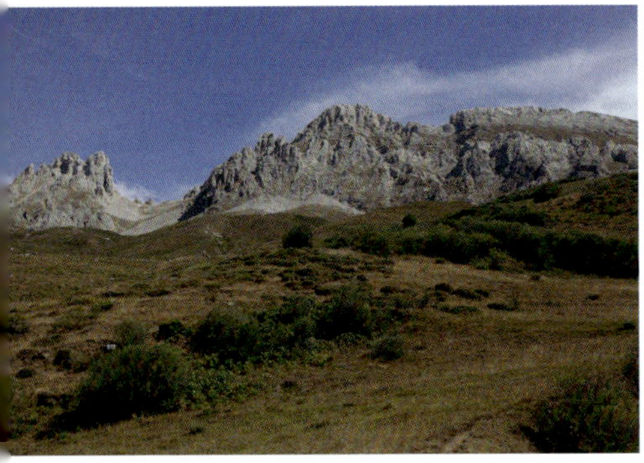

▲ **Abbildung 12.9**
Diese RAW-Aufnahme wirkt beim ersten Öffnen im RAW-Konverter noch reichlich blass und farblos.
40 mm | f9,0 | 1/1000 s | ISO 320

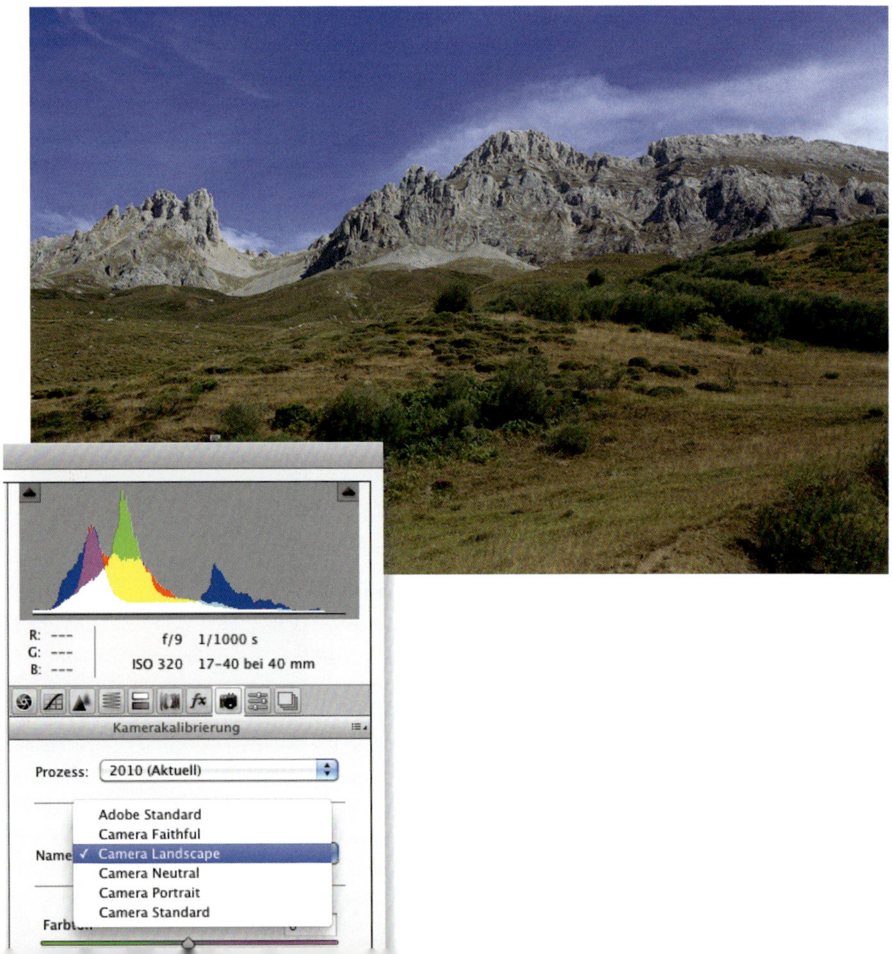

Abbildung 12.10 ▶
Mit der Einstellung CAMERA LANDSCAPE kommt der Eindruck dem auf dem Kameradisplay nach der Aufnahme schon näher, weil auch die Kamera auf den Bildstil LANDSCHAFT eingestellt war. Photoshop hat diese Information beim Öffnen der Datei aber ignoriert und sein eigenes Profil zugrundegelegt.

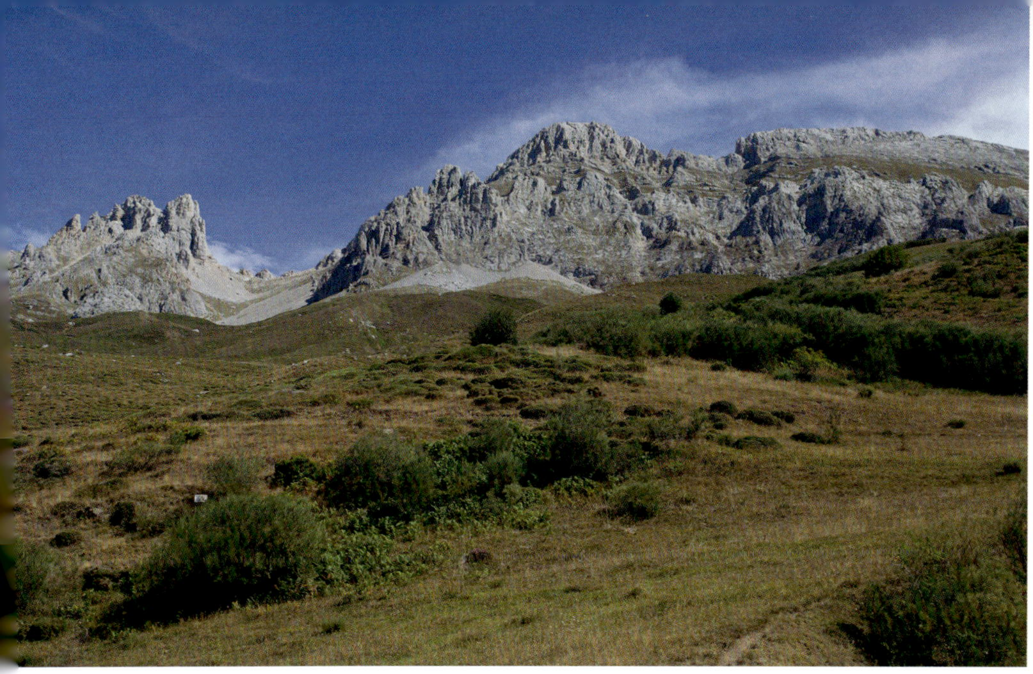

◂ **Abbildung 12.11**
Das fertig entwickelte Bild

12.5.2 Bildoptimierung

Die Justierungsmöglichkeiten für Farbe und Helligkeit in Adobe Camera Raw sind so gut, dass sie hier und da sogar die von Photoshop selbst übertreffen. Es kann sich deswegen lohnen, auch TIFF- und JPEG-Dateien mit Camera Raw zu bearbeiten. Bevor ich zu einem praktischen Beispiel komme, möchte ich im Folgenden kurz die Wirkung der einzelnen Regler erklären.

- FARBTEMPERATUR: Über diesen Regler stellen Sie ein, welche Farbtemperatur Photoshop als Beleuchtung annehmen soll, anhand derer die neutralen Töne festgelegt werden und die Farbabstimmung erfolgt. Je höher dieser Wert, desto wärmer werden die Farben im Bild, je niedriger, desto kälter.
- FARBTON: Die Farbtemperatur wirkt nur anhand der Gelb-Blau-Achse, der Regler FARBTON ist für die Justierung der Grün-Magenta-Achse. Eine Aufnahme bei Neonlicht, das leicht grün ist, muss also etwas in Richtung Magenta verschoben werden, um neutral zu wirken.
- BELICHTUNG: Ein Wert von 1 entspricht einer Belichtungskorrektur von einer Blende. Zu starke Korrekturen können leicht zu ausfressenden Lichtern oder zulaufenden Schatten führen – der Regler HELLIGKEIT arbeitet hier sanfter.
- WIEDERHERSTELLUNG: Mit diesem Regler bringen Sie Zeichnung in die Lichter, die hellen Bereiche werden sanft abgedunkelt.

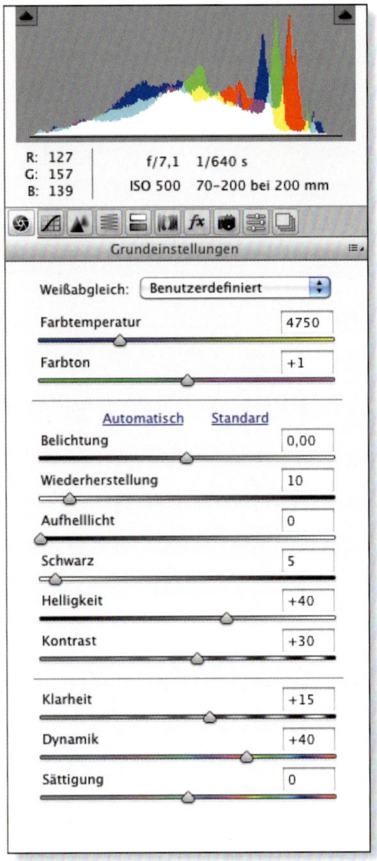

▲ **Abbildung 12.12**
Die Grundeinstellungen in Camera Raw

- Aufhelllicht: Der Regler Aufhelllicht bringt Zeichnung in die Schatten, und die dunklen Bereiche werden sanft aufgehellt.
- Schwarz: Der Regler Schwarz schneidet die Schatten ab. Wenn Sie den Wert verringern, erzielen Sie mehr Zeichnung in den Schatten, aber auch mehr Rauschen. Falls es kein echtes Schwarz im Bild gibt, können Sie den Wert erhöhen, um einen besseren Kontrast zu erhalten.
- Helligkeit: Dieser Regler verändert die Helligkeit eines Bildes umso geringer, je näher Sie bereits an den Maximalwerten von Schwarz oder Weiß sind. So werden ausfressende Lichter oder zulaufende Schatten vermieden.
- Kontrast: Der Kontrast-Regler macht das Bild insgesamt weicher oder härter.
- Klarheit: Mittels der Klarheit verändern Sie den Partialkontrast des Bildes. Das wirkt beim Erhöhen ähnlich dem Filter Unscharf maskieren (siehe Seite 551) mit großem Radius, beim Verringern wie ein flächiger Weichzeichner.
- Dynamik: Dieser Regler verändert die Sättigung eines Bildes umso geringer, je näher sie bereits an 100% ist. So können Sie die Bilder farbiger gestalten, ohne dass die Farben unnatürlich aussehen.
- Sättigung: Der Regler verändert die Farbsättigung. Zu hohe Werte lassen ein Bild rasch zu bunt wirken, und für die Schwarzweißumwandlung gibt es viel bessere Wege, als die Sättigung auf Null zu setzen (siehe Seite 453).

Schritt für Schritt: RAW-Bilder bearbeiten in Camera Raw

1 Objektivkorrektur

Öffnen Sie das Bild »Etretat.cr2« aus dem Ordner *Beispielbilder* der Buch-DVD. Klicken Sie auf den Reiter ❷, um den Dialog Objektivkorrekturen anzuzeigen. Setzen Sie das Häkchen vor Objektivkorrekturen aktivieren ❸. Dann werden eine eventuelle Verzeichnung, chromatische Aberration und Vignettierung aus dem Bild herausgerechnet. Sie werden feststellen, dass der Horizont danach immer noch schräg ist. Drücken Sie deshalb die Taste [A] für das Gerade-Ausrichten-Werkzeug ❶, und ziehen Sie mit gedrückter Maustaste eine Linie über den Horizont. Sobald Sie die Maustaste loslassen, wird ein schräg stehender Freistellungsrahmen angezeigt. Wenn Sie in diesem Rahmen doppelt klicken, bestätigen Sie die Freistellung und sehen das geradegerichtete Bild ohne Rand.

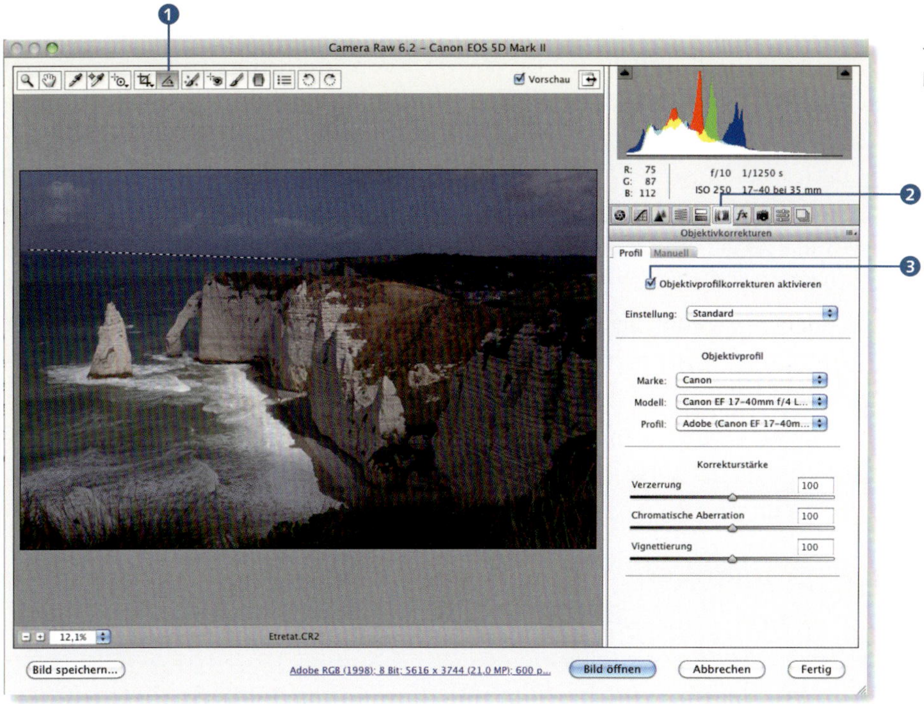

◀ **Abbildung 12.13**
Der Dialog Objektivkorrekturen

2 Helligkeit anpassen

Ziehen Sie den Regler Helligkeit auf +75, um die Unterbelichtung auszugleichen, ohne die Lichterzeichnung zu gefährden. Der Regler Belichtung kann ein Bild auch aufhellen, aber er führt eher zu ausfressenden Lichtern.

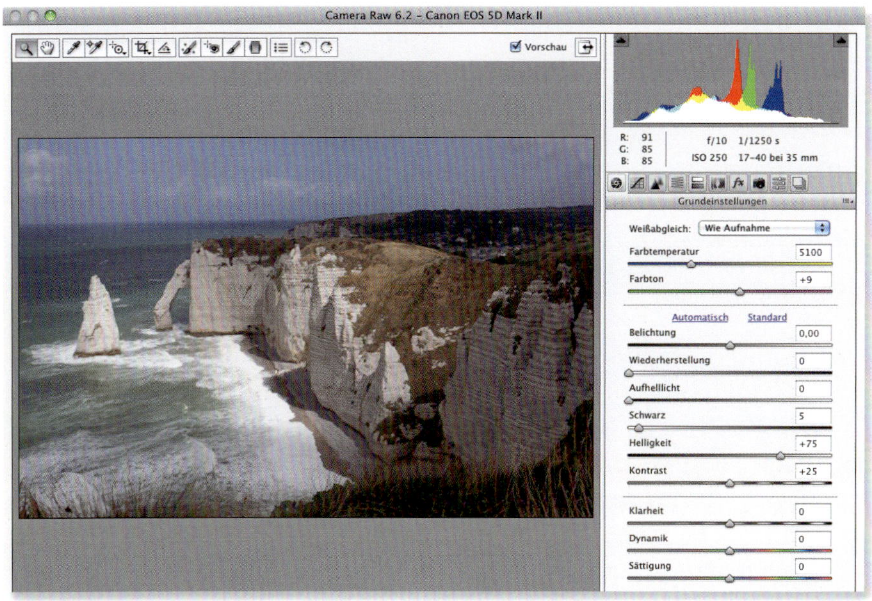

◀ **Abbildung 12.14**
Helligkeit anpassen

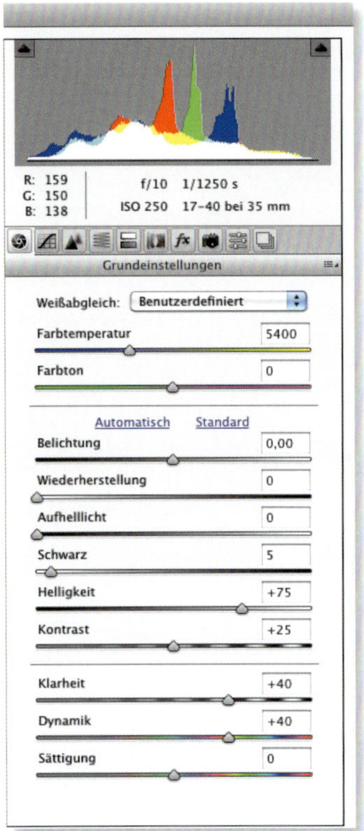

▲ **Abbildung 12.15**
Farbe und Kontrast einstellen

3 Farbe und Brillanz

Das Bild ist immer noch etwas kühl. Setzen Sie daher die Farbtemperatur auf 5 400, und beheben Sie den leichten Magentastich, indem Sie den Regler Farbton auf 0 setzen. Um das Bild dann etwas farbkräftiger erscheinen zu lassen, erhöhen Sie die Dynamik auf +40. Den Regler Klarheit setzen Sie ebenfalls auf +40. So steigt der Detailkontrast und das Bild wirkt definierter und kontrastreicher.

Klicken Sie dann auf Bild öffnen. Das Resultat entspricht dem Eindruck zum Aufnahmezeitpunkt vor Ort recht weitgehend, aber natürlich können Sie mit anderen Einstellungen ein dramatischeres Ergebnis erzielen. Die Farbabstimmung ist ab einem gewissen Punkt Geschmackssache. Öffnen Sie die RAW-Datei ruhig erneut, und konvertieren Sie sie ganz nach eigenen Vorstellungen. ■

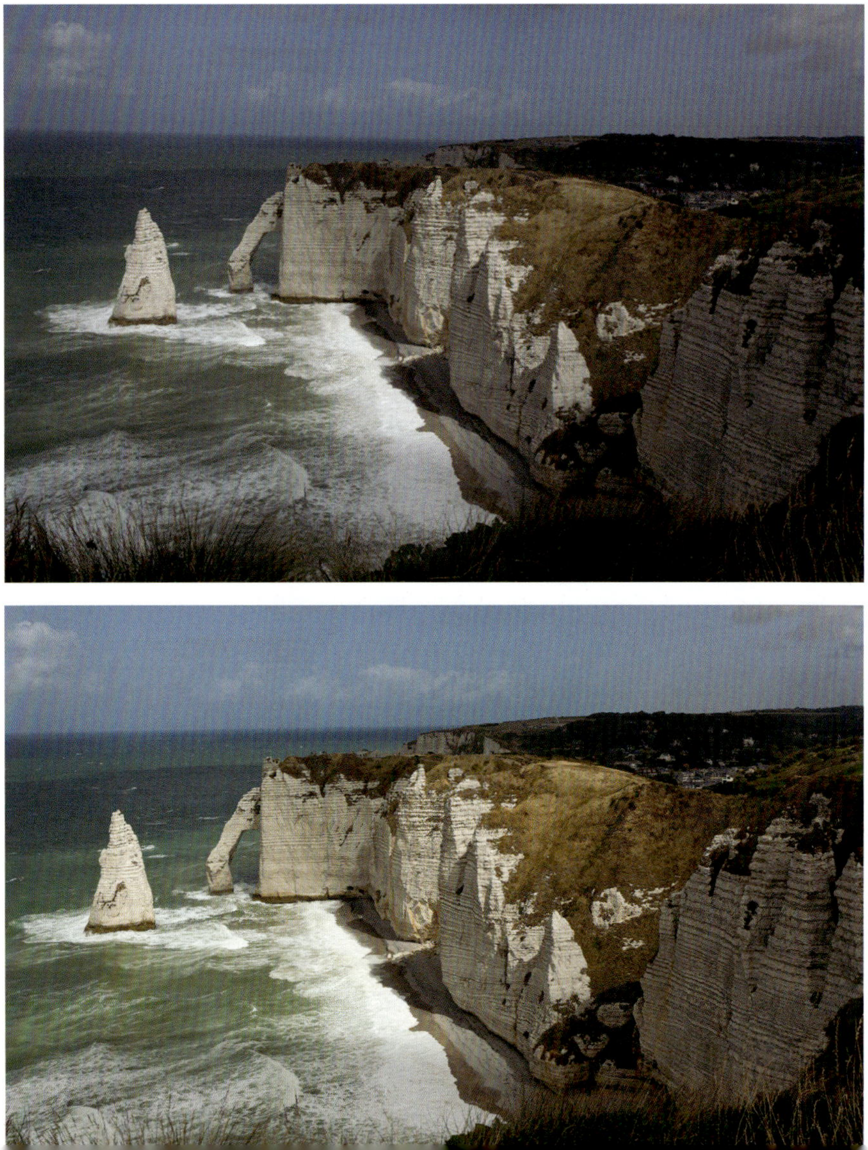

Abbildung 12.16 ►
Das Ursprungsbild wirkt grau und kühl, fast winterlich. Die Nachbearbeitung bringt den Sonnenschein und die Farben der Opalküste besser zur Geltung.
35 mm | f10 | 1/1150 s | ISO 250

12.6 Bildbearbeitung in Photoshop

Adobe Camera Raw stößt spätestens dann an seine Grenzen, wenn Sie ausgewählte Bereiche des Bildes separat behandeln möchten, denn über die Möglichkeiten eines Verlaufsfilters kommen die Werkzeuge zur selektiven Bearbeitung nicht hinaus. Aber auch bestimmte Feinabstimmungen sind in Photoshop komfortabler zu erledigen.

Selbst stark fehlbelichtete Fotos lassen sich mit den richtigen Werkzeugen in Photoshop oft noch in ein verwendbares Bild umwandeln, wenngleich Sie im RAW-Format fotografierte Bilder auch besser schon in Camera Raw korrigieren sollten. Die Anpassung der Helligkeit sollte der erste Schritt in der Bildbearbeitung sein, weil Sie erst danach die anderen Faktoren wie Schärfe oder Farbe richtig beurteilen können. Im Anschluss werde ich Ihnen die wichtigsten Photoshop-Werkzeuge anhand praktischer Übungen vorstellen.

TIPP

Sie finden die Bilder für alle Photoshop-Übungen auf der DVD ganz hinten im Buch.

12.6.1 Tonwertkorrektur

Die Tonwertkorrektur ist eines der ältesten Werkzeuge für die Helligkeitskorrektur. Sie kann nichts, was die Gradationskurve nicht auch könnte, ist durch Ihre Beschränkung auf drei Anfasser für die Tonwertspreizung und zwei für den Tonwertumfang aber viel einfacher und intuitiver zu handhaben.

▼ Abbildung 12.17
Obwohl das Bild sehr dunkel erscheint und wenig zu erkennen ist, ist genügend Bildinformation für eine Nachbearbeitung vorhanden.

100 mm | f4,0 | 1/5000 s | ISO 320 | Korrektur –2 | Makroobjektiv

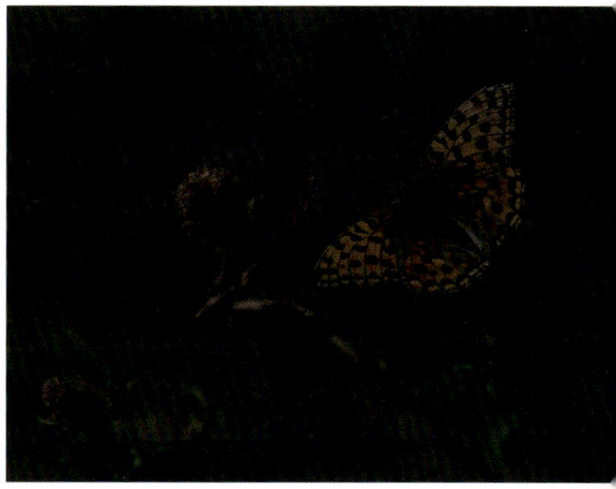

Schritt für Schritt: Tonwertkorrektur

1 Bild öffnen

Öffnen Sie das Bild »Schmetterling.tif« in Photoshop. Als ich die Aufnahme machte, hatte ich irrtümlich die automatische Belichtungsreihe aktiv, so dass dieses Bild um 2 Blenden unterbelichtet wurde. Zudem ist die Farbabstimmung etwas zu warm. Da das Bild in 16 Bit Farbtiefe pro Kanal vorliegt, haben Sie allerdings große Reserven in der Nachbearbeitung.

2 Tonwerte anpassen

Rufen Sie mit [Strg]+[L] beziehungsweise am Mac mit [cmd]+[L] die TONWERTKORREKTUR auf. Schieben Sie den weißen Anfasser ❶ unter dem Histogramm von ganz rechts nach links, bis der entsprechende Wert in der TONWERTSPREIZUNG bei 80 liegt, den mittleren ❷ Anfasser auf 0,90 und den linken ❸ auf 10. Alternativ können Sie diese Werte per Tastatur in die Felder eintragen.

Abbildung 12.18 ▶
Der Dialog Tonwertkorrektur

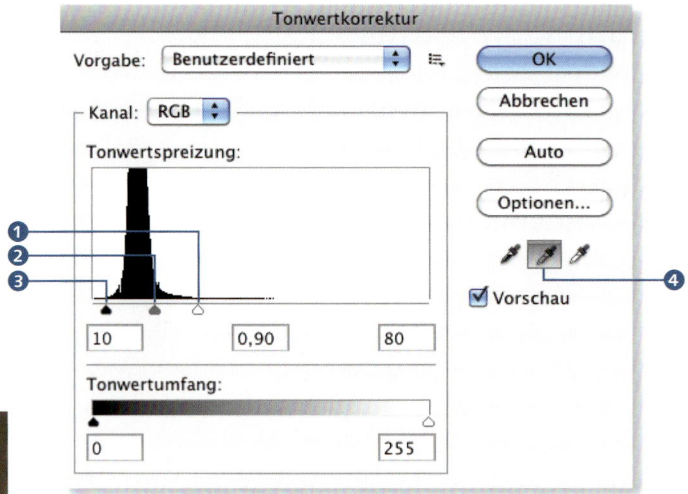

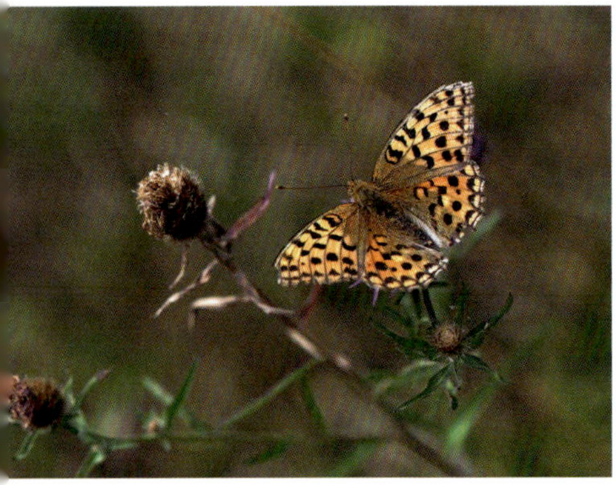

▲ Abbildung 12.19
Das fertig bearbeitete Bild

3 Neutraltöne definieren

Klicken Sie auf die mittlere graue Pipette ❹ und dann auf einen Bereich im Bild, der später farbneutral sein soll. Ich habe einen Punkt auf dem Hinterleib des Schmetterlings gewählt, aber da Sie vor dem Klick auf OK nichts am Bild ändern, können Sie beliebig oft ins Bild klicken, bis Ihnen das Ergebnis gefällt. Sie verschlechtern die Bildqualität dadurch nicht. Klicken Sie auf OK, wenn Sie mit dem Ergebnis zufrieden sind. ■

12.6.2 Gradationskurve

Die Gradationskurve erlaubt es, die Helligkeit verschiedener Tonwertbereiche unterschiedlich anzupassen. Mit ihrer Hilfe können Sie praktisch jede Helligkeitsanpassung bewerkstelligen, aber Sie können auch rasch den Bildeindruck zerstören, indem Sie zum Beispiel einen kleinen Bereich der Kurve in die Waagrechte bringen.

Schritt für Schritt: Gradationskurve

1 Schatten abdunkeln

Öffnen Sie das Bild »Duesseldorf.tif« in Photoshop. Das Bild wirkt etwas zu weich und grau für die dargestellte Abendstimmung. Rufen Sie mit `Strg`+`M` beziehungsweise `cmd`+`M` den Dialog Gradationskurven auf. Klicken Sie unweit der linken unteren Ecke ❼ in die Kurve, und ziehen Sie sie dort etwas nach unten, um die Schattenbereiche abzudunkeln.

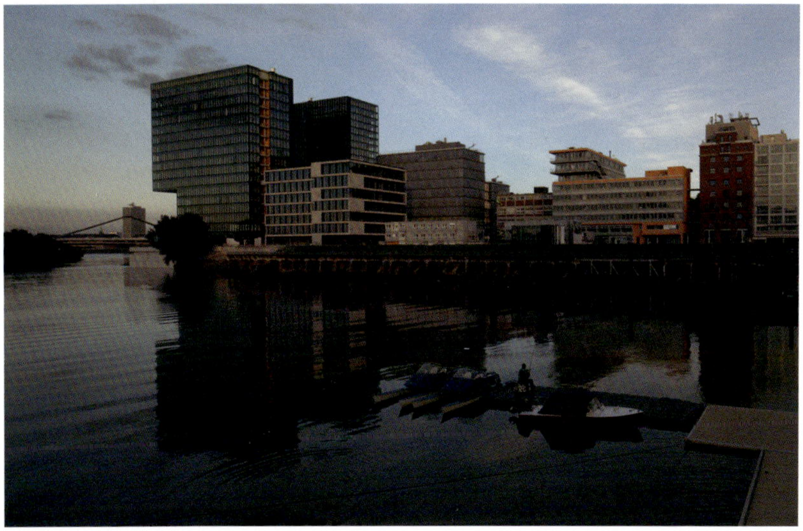

◂ **Abbildung 12.20**
Die intensive Farbstimmung bei Sonnenuntergang gibt dieses Bild nur unzureichend wieder. Der Kontrast ist ebenfalls zu schwach.

24 mm | f10 | 1/160 s | ISO 400 | Tilt-Shift-Objektiv

2 Lichter anheben

Durch den vorhergehenden Schritt wurde die gesamte Kurve abgesenkt. Klicken Sie deswegen in den oberen Bereich ❺ und ziehen Sie den Kurvenpunkt etwas über die 45°-Linie.

3 Mitteltöne aufhellen

Das Bild wirkt nun insgesamt noch etwas dunkel. Ziehen Sie die Kurve im mittleren Bereich ❻ etwas nach oben, bis die Gesamthelligkeit angenehm erscheint.

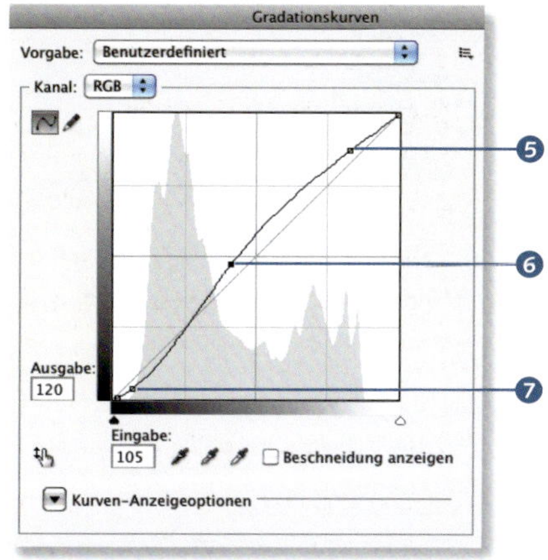

▴ **Abbildung 12.21**
Der Dialog Gradationskurven

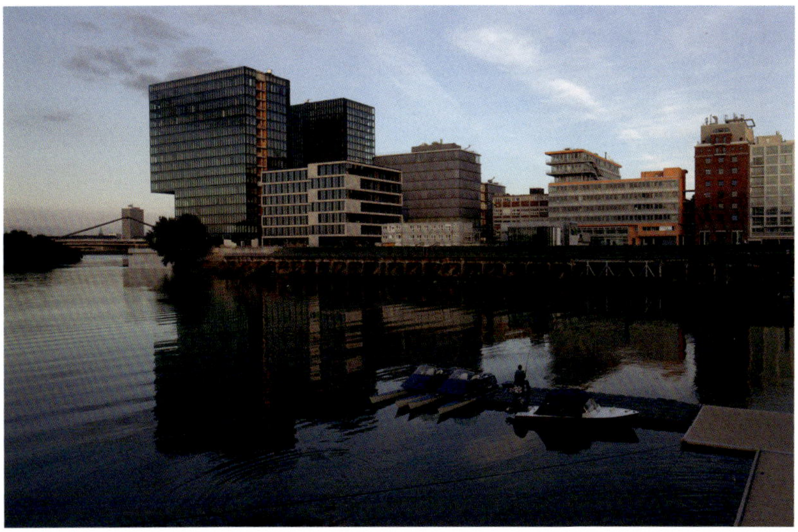

▴ **Abbildung 12.22**
Das Ergebnis der Gradationskurven-Korrektur

4 Farben verstärken

Wählen Sie Bild • Korrekturen • Dynamik aus dem Menü, und schieben Sie den Regler Dynamik auf +50. Auf diese Weise werden die Farben des Bildes deutlich satter, trotzdem ergeben sich keine übertriebenen Effekte. ■

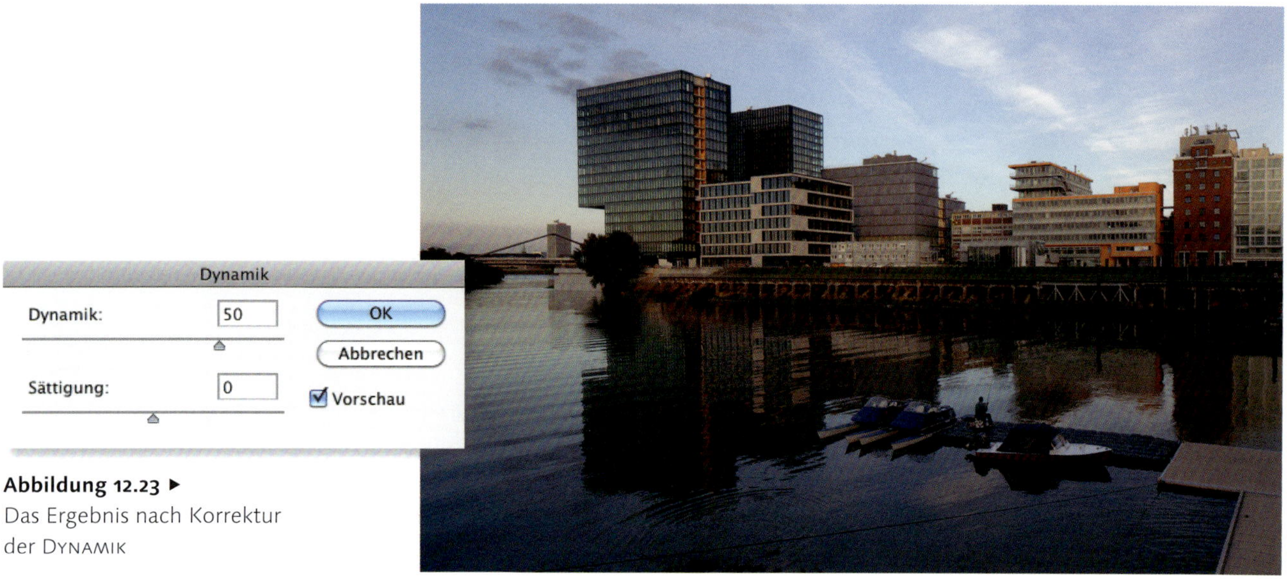

Abbildung 12.23 ▸
Das Ergebnis nach Korrektur der Dynamik

12.6.3 HDR-Tonung

Die Funktion HDR-Tonung stellt die Werkzeuge, mit denen Sie ein HDR-Bild in Kontrast und Farbe anpassen können, auch für ganz normale Einzelaufnahmen zur Verfügung. Es sind allerdings ein paar Tricks nötig, um ein Bild mit 14 Blendenstufen Kontrastumfang in die circa 10 darstellbaren Blendenstufen zu stauchen, ohne dass es viel zu weich erscheint. So muss der Kontrast lokal angehoben werden, ohne den Gesamtkontrast zu erhöhen. Diese Tricks können auch einem eher kontrastarmen Bild gut tun, und so lassen sich mit der HDR-Tonung Details sichtbar machen, die mit anderen Werkzeugen verborgen bleiben.

Öffnen Sie das Bild »Dolomiten.tif«, und wählen Sie Bild • Korrekturen • HDR-Tonung. Den Bereich Leuchtkonturen oben verändern Sie nicht, wählen aber im Bereich Farbton und Detail die folgenden Einstellungen:

- Gamma 1,4, dies erhöht den Kontrast.
- Die Belichtung lassen Sie auf 0, da Sie hier gar nichts ändern müssen.
- Detail 140 %: Dieser Regler bewirkt eine Art intelligentes Scharfzeichnen. Der lokale Kontrast wird stark erhöht, so dass kaum sichtbare Strukturen

deutlich hervorgehoben werden können. Der Wert von 140% wäre für ein normales Bild viel zu hoch, aber da dieses Motiv so kontrastarm ist, funktioniert diese starke Korrektur hier gut.

- Tiefen 80%: Mit diesem Wert hellen Sie die Schatten deutlich auf, die ansonsten schwarz geworden wären, was nicht zum Gesamtcharakter des dunstigen Bildes passen würde.
- Lichter –17%: Damit holen Sie die hellen Bereiche, die durch den erhöhten Gamma-Wert weiß geworden sind, wieder in den Bereich der Zeichnung zurück.

Klicken Sie auf OK, und speichern Sie das Bild unter neuem Namen ab. Öffnen Sie das Ursprungsbild, und vergleichen Sie die Bildbereiche. Sie werden feststellen, dass Sie zum Beispiel Bäume erkennen können, die im Original fast unsichtbar sind.

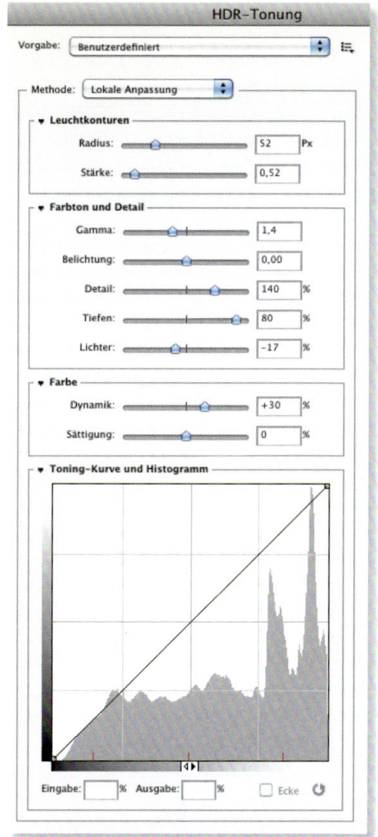

▲ **Abbildung 12.24**
Der Dialog HDR-Tonung

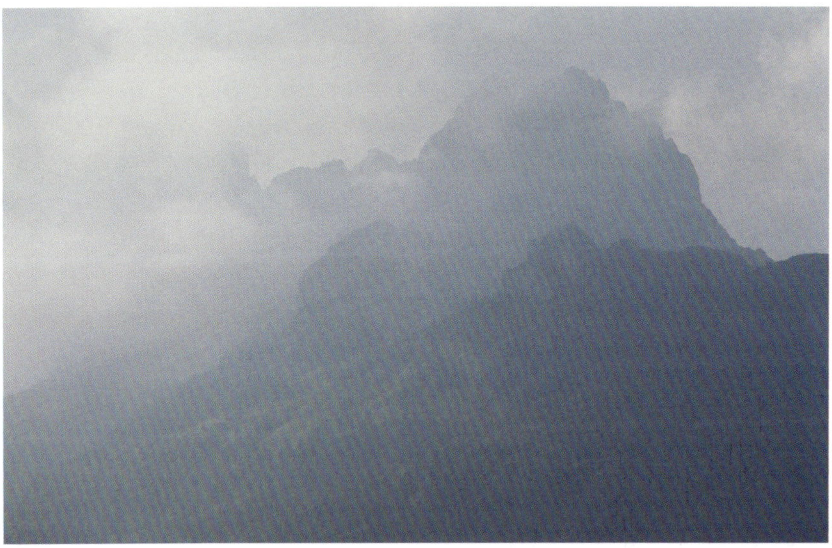

◂ **Abbildung 12.25**
Das Foto wurde durch den Regen mit einem Teleobjektiv aufgenommen. Die Einzelheiten verschwinden fast völlig im Dunst, trotzdem lassen sich in der Bildbearbeitung noch sehr viele Details sichtbar machen.
200 mm | f8,0 | 1/800 s | ISO 160

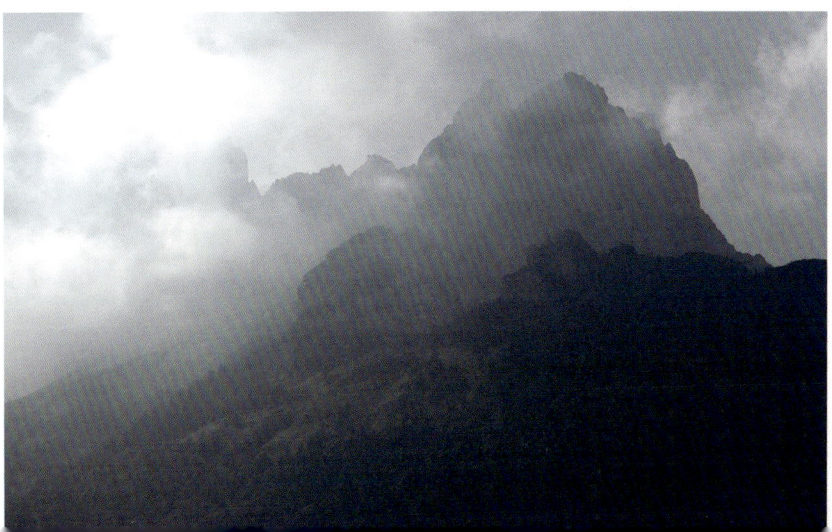

◂ **Abbildung 12.26**
Das korrigierte Bild

12.7 Farben optimieren

Die Stimmung eines Bildes hängt an seiner Farbigkeit. Häufig bleibt der Eindruck ohne eine Nachbearbeitung nur unvollkommen, sei es, dass die Kamera zum Beispiel das Violett einer Blüte nicht richtig einfangen kann, der automatische Weißabgleich die Farben zu neutral darstellt oder die Sättigung viel zu zurückhaltend eingestellt ist. Neben dem Einstellfeld DYNAMIK, das Sie schon kennengelernt haben, werde ich Ihnen im Folgenden noch drei weitere grundlegende Werkzeuge von Photoshop vorstellen.

12.7.1 Farbton/Sättigung

Öffnen Sie das Bild »Kutter.tif« in Photoshop. Das Fischerboot hat ein klares Blaucyan, das kein zweites Mal im Bild vorkommt. Deswegen eignet sich das Bild gut für eine Farbänderung, ohne dass Sie dafür erst eine Auswahl erstellen müssten.

Drücken Sie [Strg]+[U] oder [cmd]+[U], um den Dialog FARBTON/SÄTTIGUNG aufzurufen. Stellen Sie im Farbbereichswähler ❶ die CYANTÖNE ein, und klicken Sie für eine noch genauere Bestimmung der Ausgangsfarbe mit der Maus auf den entsprechenden Farbbereich des Bootes. Ziehen Sie dann den Regler FARBTON auf –25. Sie werden feststellen, dass das resultierende Blaugrün viel zu grell und unnatürlich erscheint. Um den Farbton in einen glaubwürdigen Bereich zu bringen, reduzieren Sie die SÄTTIGUNG auf –20 und die HELLIGKEIT auf –10.

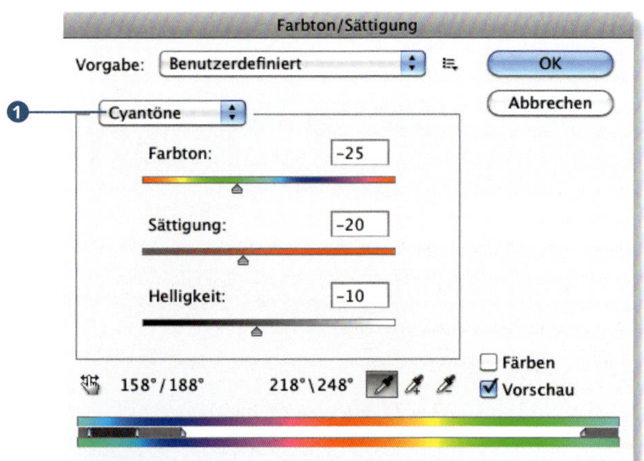

▲ **Abbildung 12.27**
Der Dialog FARBTON/SÄTTIGUNG

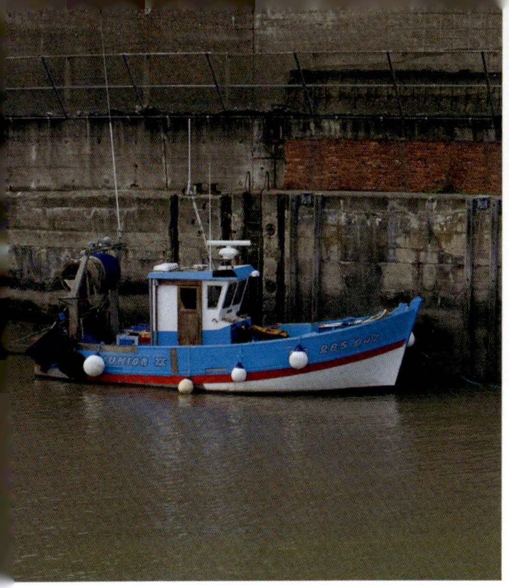

◂◂ **Abbildung 12.28**
Ein Fischkutter im Hafen von St. Nazaire

70 mm | f8,0 | 1/320 s | ISO 200

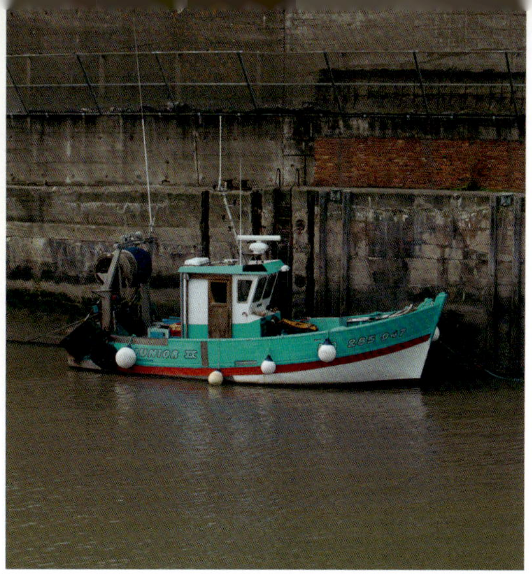

◂ **Abbildung 12.29**
Das Ergebnis der Farbänderung

In der Praxis werden Sie dieses Werkzeug eher dazu einsetzen, um Einzelfarben zu verbessern, anstatt sie zu verfremden. Gerade die selektiven Einsatzmöglichkeiten machen die Funktion Farbton/Sättigung interessant. Sie müssen allerdings aufpassen, dass das Bild durch die Veränderung nicht unnatürlich erscheint.

12.7.2 Farbbalance

Die Funktion Farbbalance beseitigt oder erzeugt Farbstiche, verstärkt oder schwächt eine Farbstimmung ab – je nachdem, wie Sie sie einsetzen. Es gibt Bilder, bei denen Sie in den Lichtern, Mitteltönen und Schatten unterschiedliche Farbstiche haben (»kippender Farbgang« genannt). Mit Hilfe der Farbbalance können Sie dies korrigieren.

Schritt für Schritt: Farbbalance

1 Mitteltöne anpassen

Wenn Sie einen Farbstich entfernen wollen, sollten Sie immer mit den Mitteltönen anfangen. Diese reagieren am stärksten auf eine Färbung, das heißt, in den Mitteltönen ist die erreichbare Farbsättigung am höchsten.
Öffnen sie das Bild »Duisburg.tif«, und rufen Sie mit Strg+B beziehungsweise cmd+B die Farbbalance auf. Durch das stark farbige Licht ist eine neutrale Farbabstimmung nicht wirklich möglich, aber es fällt doch auf, dass das Bild stark von Gelbgrün dominiert wird.

Um einen gelbgrünen Farbstich auszugleichen, müssen Sie die Farben in Richtung blaumagenta verschieben. Setzen Sie dafür den Regler Cyan-Rot

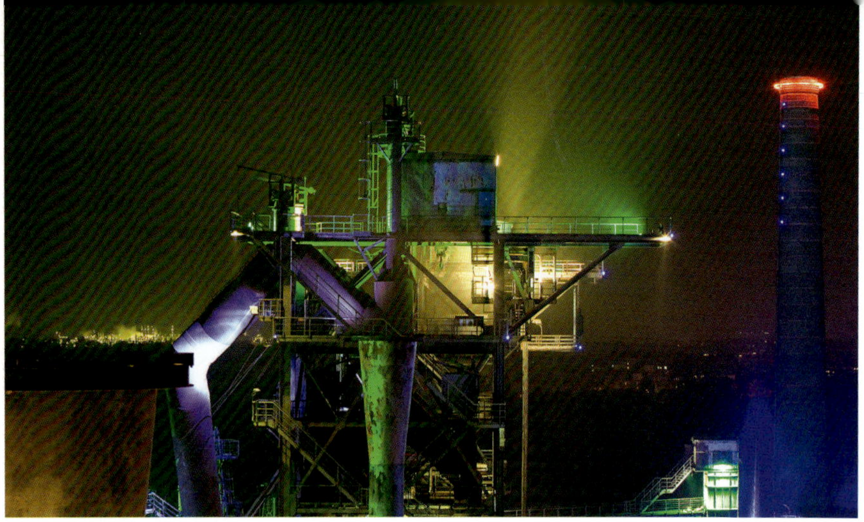

Abbildung 12.30 ▶
Die vielen farbigen Scheinwerfer ergeben einen etwas unharmonischen Grünstich. Über die Farbbalance können Sie die Farbstimmung anpassen.
85 mm | f8,0 | 15 s | ISO 250

auf –20, Magenta-Grün auf –40 und Gelb-Blau auf +30. Lassen Sie das Häkchen vor Luminanz erhalten gesetzt. So stellen Sie sicher, dass der Helligkeitskontrast besser erhalten bleibt.

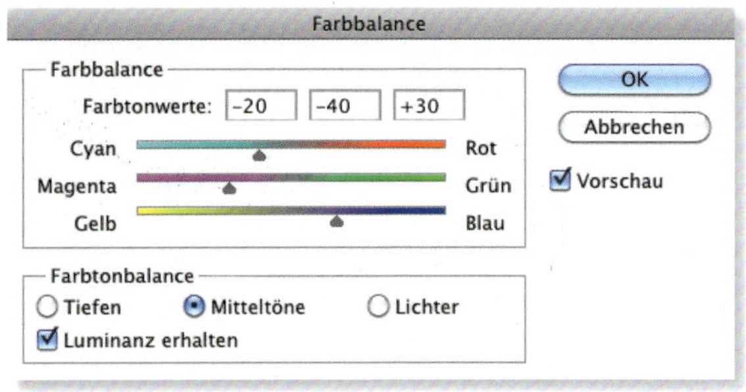

Abbildung 12.31 ▶
Farbbalance für die Mitteltöne einstellen

2 Lichter korrigieren

Klicken Sie auf Lichter, und schieben Sie den Cyan-Rot-Regler auf 10 und Gelb-Blau auf –15. So gehen die Lichter etwas ins Gelborange, und der warme Kunstlichtcharakter wird verstärkt.

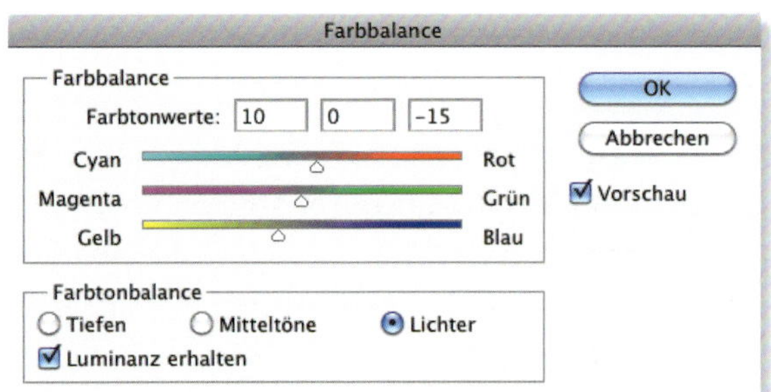

▲ **Abbildung 12.32**
Farbbalance für die Lichter einstellen

3 Schattenbereiche ändern

Klicken Sie auf TIEFEN und schieben Sie den Regler GELB-BLAU auf 20. So sind die Schatten weniger gelb und wirken tiefer und kühler. ■

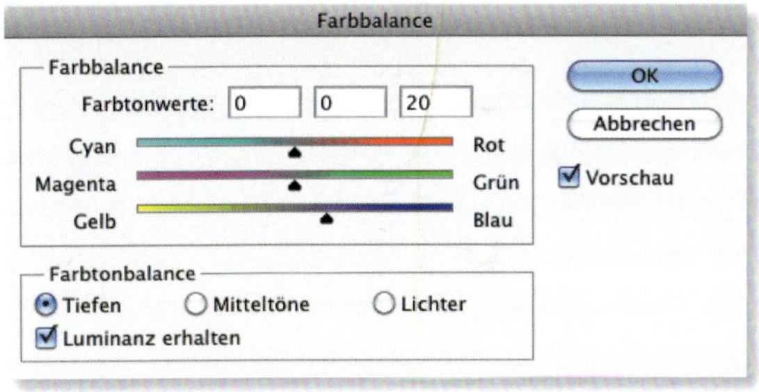

◀ **Abbildung 12.33**
FARBBALANCE für die Tiefen einstellen

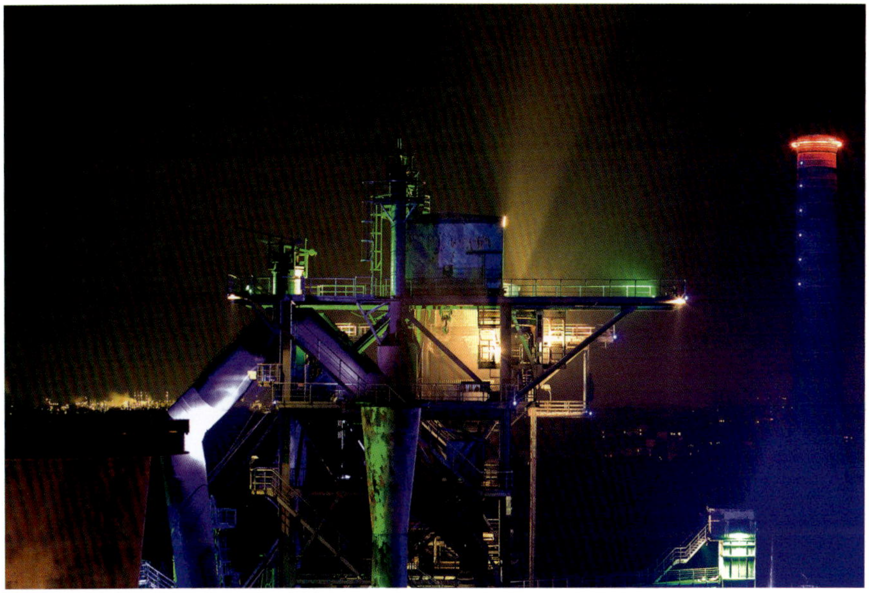

◀ **Abbildung 12.34**
Das korrigierte Ergebnisbild

TIPP

Die meisten Bilder werden etwas leuchtender und frischer, wenn Sie in der FARBBALANCE im Bereich LICHTER 5% Gelb hinzugeben. Schieben Sie den GELB-BLAU Regler dafür auf –5. Der Effekt ist bei Porträts besonders deutlich.

12.7.3 Selektive Farbkorrektur

Eine sehr feines und exaktes Korrekturwerkzeug ist die SELEKTIVE FARBKORREKTUR. Mit ihr können Sie alle Grundfarben einzeln korrigieren. Wenn Sie nur die Sättigung einer Farbe erhöhen, steigern Sie damit oft auch einen unerwünschten Farbanteil. Mit diesem Werkzeug aber können Sie jede Farbe von Nebenfarben oder Verschmutzungen befreien, aber genauso auch den einzelnen Farben einen etwas anderen Farbton zuweisen.

Die besten Ergebnisse bringt dieses Werkzeug meiner Erfahrung nach, wenn Sie die Komplementärfarbe aus der jeweiligen Farbe herausziehen und, falls diese dann zu hell wird, den Regler Schwarz in den Plusbereich verschieben.

Tabelle 12.1 ▶
Farben und ihre jeweilige Komplementär- bzw. Korrekturfarbe

Farbe	Komplementärfarbe
Rot (Gelb + Magenta)	Cyan
Gelb	Blau (Magenta + Cyan)
Grün (Cyan + Gelb)	Magenta
Cyan	Rot (Gelb + Magenta)
Blau (Magenta + Cyan)	Gelb
Magenta	Grün (Cyan + Gelb)

Die Farben können Sie noch feiner anpassen, indem Sie auch die Farbanteile unterschiedlich gewichten. Wenn zum Beispiel ein Baum im Schatten zu blass und zu kühl wirkt, ziehen Sie zuerst die Komplementärfarbe Magenta auf –20, um das Grün aufzuklaren. Danach nehmen Sie auch etwas Cyan aus dem Grün, um es weniger kühl und mehr gelblich erscheinen zu lassen. Zum Schluss erhöhen Sie die Wert für Schwarz noch ein wenig, da die Farbe sonst zu hell wirken würde. Nach diesem theoretischen Beispiel nun ein praktisches.

Öffnen sie das Bild »Cascadeurs.tif«, und rufen Sie dann Bild • Korrekturen • Selektive Farbkorrektur auf. Klicken Sie unter Vorgabe auf Rottöne und stellen Sie Cyan auf –30 und Schwarz auf +15. Klicken Sie dann auf Gelbtöne und fahren Sie mit den Werten, wie in der folgenden Tabelle gezeigt, fort:

▼ **Abbildung 12.35**
Über dem Bild liegt trotz strahlendem Sonnenschein ein Grauschleier. Die klaren Grundfarben des Motivs wirken etwas verschmutzt.
19 mm | f11 | 1/320 s | ISO 125

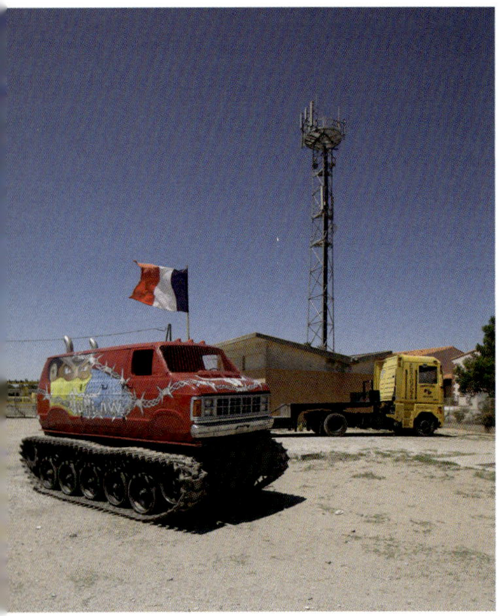

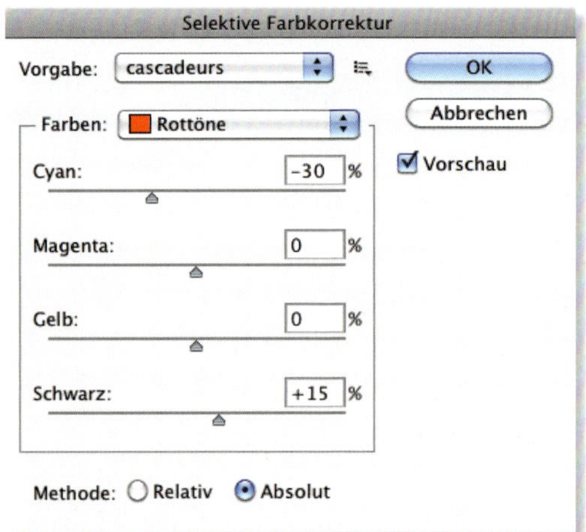

▲ **Abbildung 12.36**
Der Dialog Selektive Farbkorrektur

Farbbereich	Korrekturwerte			
	Cyan	Magenta	Gelb	Schwarz
Rottöne	–30	–	–	+15
Gelbtöne	–15	–20	–	–
Grüntöne	–	–30	–	–
Cyantöne	–	–20	–20	+10
Blautöne	–	–15	–20	+15
Magentatöne	–15	–	+15	–
Weiß	–	–2	–	–10

◂ **Tabelle 12.2**
Korrekturwerte für das Bild »Cascadeurs.tif«

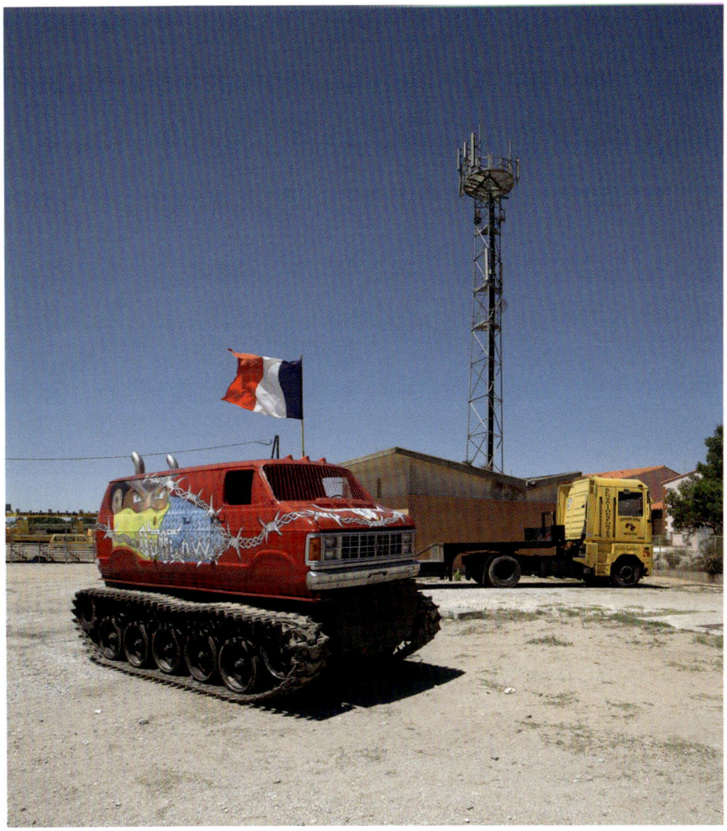

◂ **Abbildung 12.37**
Das korrigierte Ergebnisbild

Die Selektive Farbkorrektur ist eines der feinsten Werkzeuge in Photoshop überhaupt. Auf den ersten Blick erscheint sie vielleicht etwas abstrakt, aber mit etwas Gewöhnung können Sie die Farben damit genau wie gewünscht gestalten. Sie können die Einstellungsparameter abspeichern und später auch wieder über das kleine Menüsymbol ≡ laden.

12.8 Scharfzeichnen

Wenn die Kamera JPEG-Bilder aufnimmt, erhöht Sie den Schärfeeindruck der Bilder automatisch. Das können Sie zwar auch ausschalten, aber als Grundeinstellung wird scharfgezeichnet. Bei den einfachen Sucherkameras wird oft sogar überschärft, weil die meisten Nutzer dieser Kamera knackig bunte Bilder lieben.

Wenn Sie ein RAW-Bild in Photoshop konvertieren, finden Sie unter dem Bild eine Zeile ❶, in der – neben anderen Informationen – zum Beispiel Glossy Paper, Standard oder Bildschirm, niedrig steht. Diese kurze Information bezeichnet den Ausgabezweck und die Stärke der Nachschärfung. Wenn Sie auf diese Zeile klicken, öffnet sich das dazugehörige Einstellfenster mit Namen Arbeitsablauf-Optionen.

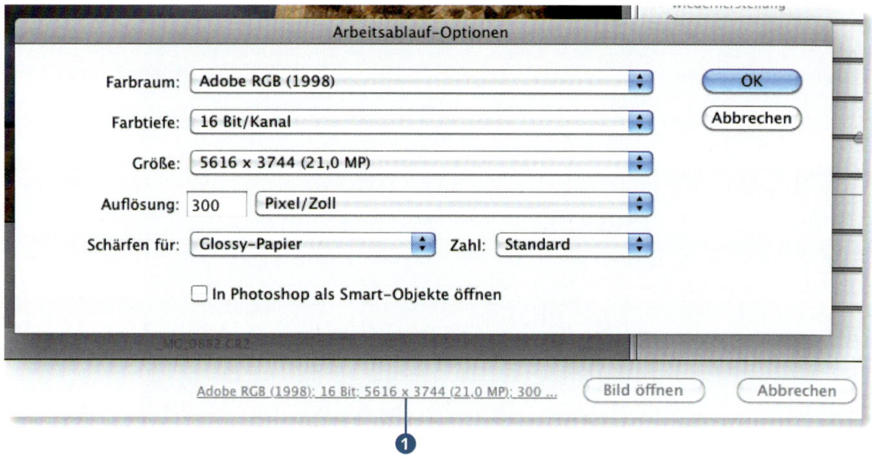

Abbildung 12.38 ▸
Die Arbeitsablauf-Optionen des Raw-Konverters

Auch hier wird also nachgeschärft, sobald Sie das Bild konvertieren. Und Sie können an den Auswahlmöglichkeiten unter Schärfen für sehen, dass je nach Ausgabezweck unterschiedliche Schärfeeinstellungen zweckmäßig sind. Diese Einstellungen sind aber nur dann passend, wenn das Bild gleich auf die richtige Größe gerechnet wird, denn ansonsten verringert sich der Schärfeeindruck beim Herunterrechnen etwas. Aber selbst dies berücksichtigt Photoshop, denn Sie können beim Skalieren der Bildgröße (unter dem Menüpfad Bild • Bildgrösse) unter Interpolationsverfahren auch Bikubisch schärfer (optimal bei Verkleinerungen) wählen. So wird der Schärfeverlust durch das Herunterrechnen im selben Vorgang durch erneutes Scharfzeichnen ausgeglichen.

Wie ist es überhaupt möglich, dass ein Computer ein Bild schärfer erscheinen lassen kann? Da Schärfe eine Kombination von Auflösung und Kontrast ist (siehe Seite 172) und die (Detail-)Auflösung kaum zu beeinflussen ist, muss der Kontrast erhöht werden. Wenn der Kontrast insgesamt erhöht wird, wirkt das Bild ein wenig schärfer, aber gleichzeitig viel härter. Man muss also den Detailkontrast lokal beeinflussen, ohne den Gesamteindruck stark zu verändern. Die einfachste und am weitesten verbreitete Lösung dafür ist die Funktion Unscharf maskieren.

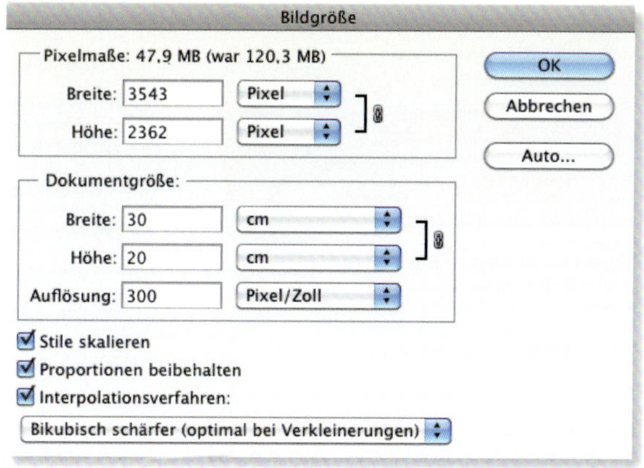

▲ **Abbildung 12.39**
Bildgrösse-Dialog in Photoshop

12.8.1 Unscharf maskieren

Der Begriff »Unscharf maskieren« mag zunächst paradox klingt, erklärt sich aber, wenn man sich die zugrundeliegende Technik näher ansieht. In der Analogfotografie fertigte man zur Nachschärfung ein leicht unscharfes Negativ an und vergrößerte dieses zusammen mit dem Original. Neben einer dunklen Fläche wurde so eine leicht unscharfe helle Kante sichtbar, die den Kantenkontrast und damit den Schärfeeindruck verstärkte.

Das Prinzip bleibt auch in der Digitalfotografie bestehen: Ein unscharfes Negativ wird mit dem Original so verrechnet, dass Helligkeitsunterschiede an den Kanten verstärkt werden. In Photoshop finden Sie diesen Filter unter Filter • Scharfzeichnungsfilter • Unscharf maskieren.

Am Bildbeispiel lässt sich nicht nur das Prinzip erkennen, auch die negativen Effekte, die bei zu großen Werten entstehen, lassen sich hieran gut studieren. Der Kontrast steigt zu sehr an und die Kanten bekommen sogenannte **Halos** – leuchtende Kanten, die das Motiv sichtbar überstrahlen.

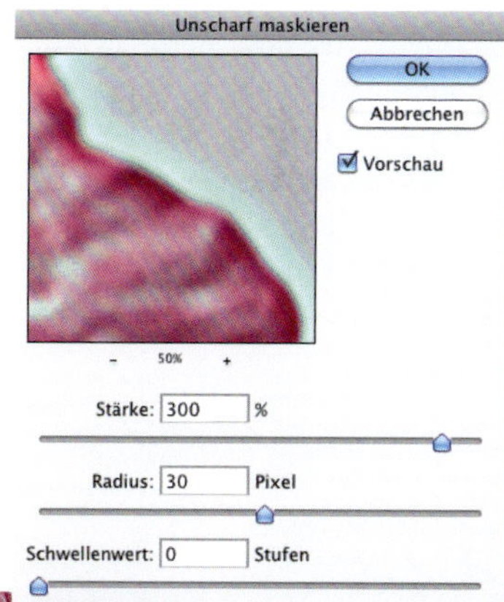

▼ **Abbildung 12.40** ▶
Dieses Foto einer Malve (links) ist durch eine leichte Fehlfokussierung leicht unscharf. Das Bild rechts ist in Photoshop absichtlich deutlich zu stark geschärft. Ein Radius von 30 und eine Stärke von 300 lassen das Prinzip des Unscharf maskierens deutlich erkennen. Die magentafarbene Blüte wird von einer hellgrünen Kante überstrahlt. Der weiße Hintergrund strahlt als dunkle Kante in die die Blüte hinein, und so hat sich der Kantenkontrast deutlich erhöht.

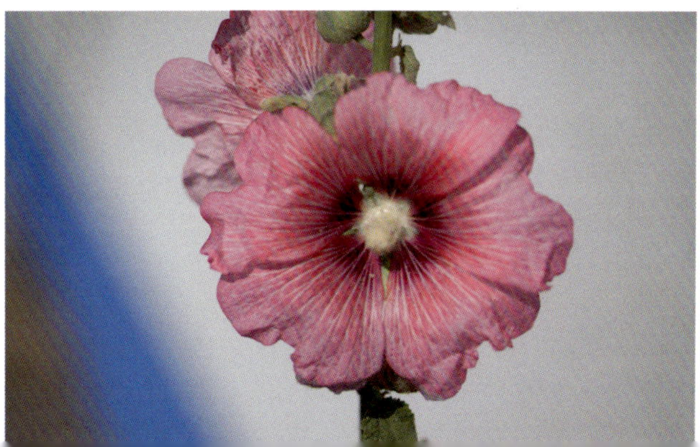

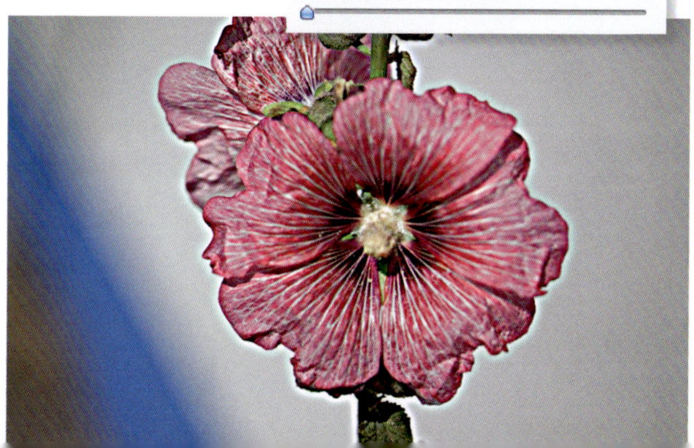

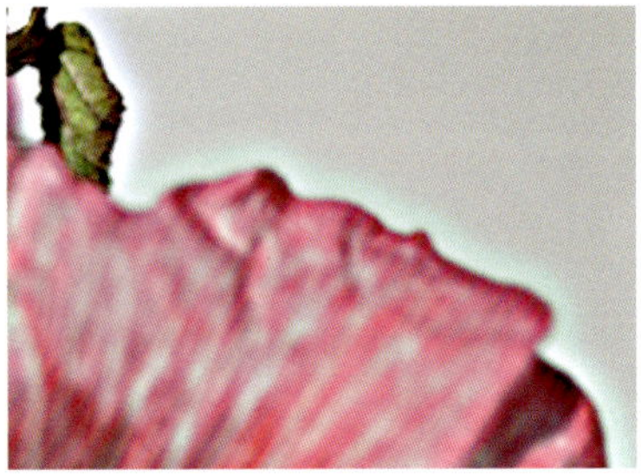

▲ **Abbildung 12.41**
Ein Ausschnitt aus dem stark geschärften Bild, hier können Sie den Effekt wie mit der Lupe betrachten.

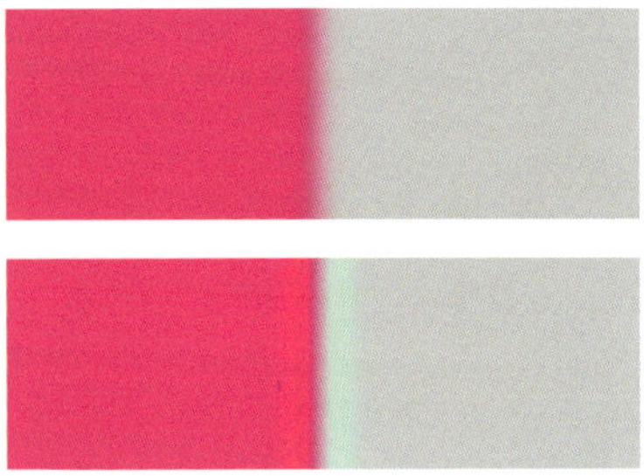

▲ **Abbildung 12.42**
In der schematischen Darstellung wird das Prinzip noch klarer. Oben ist eine unscharfe Grenze zwischen Magenta und hellgrau zu sehen. Nach dem Unscharf maskieren wird die Kante härter, weil auf der einen Seite Hellgrün, auf der anderen Seite Dunkelgrau (die jeweiligen Negative der angrenzenden Flächen) den Kantenkontrast erhöhen.

Die Herausforderung beim Unscharf maskieren ist es, Werte zu finden, die den unscharfen Eindruck beheben oder stark vermindern, aber gleichzeitig den Bildeindruck nicht zerstören und natürlich wirken.

Es gibt in Photoshop noch eine modernere Methode des Nachschärfens, die Sie unter Filter • Scharfzeichnungsfilter • Selektiver Scharfzeichner aufrufen können. Mit ihr können Sie feine Details noch besser hervorheben. Schauen Sie sich das Filter in jedem Falle an. Mir persönlich schärft es zu viele Dinge, die ich gar nicht schärfer haben möchte, und ich habe auch deswegen dem Unscharf maskieren hier den Vorrang gegeben, weil Sie diese Funktion in jeder anderen Bildbearbeitungssoftware vorfinden werden. Das soll Sie aber nicht davon abhalten, andere Vorlieben zu entwickeln. Der Selektive Scharfzeichner ist technisch weiterentwickelt als Unscharf maskieren.

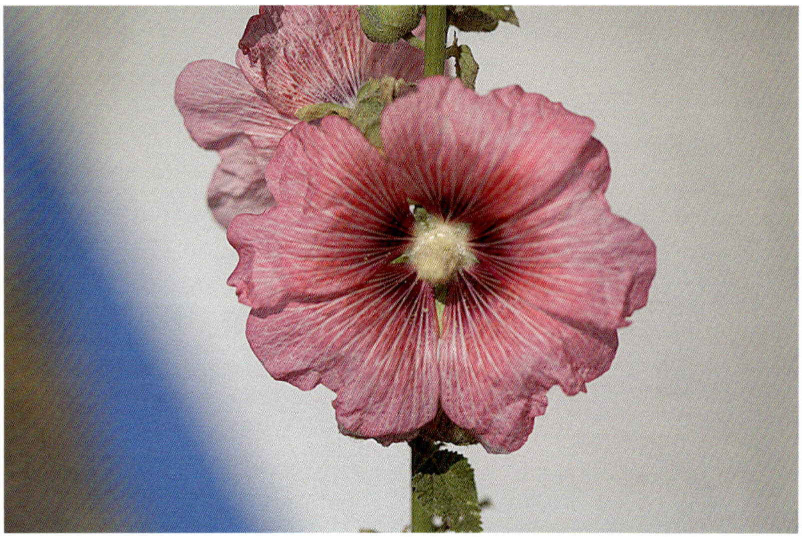

▲ **Abbildung 12.43**
Dasselbe Bild wie in Abbildung 12.40 wurde hier mit einem Radius von 1,4 Pixeln und einer Stärke von 300 geschärft. Das sind zwar recht hohe Werte, aber das Ausgangsbild ist auch ziemlich unscharf.

12.9 Perspektivkorrektur

Gerade bei Architekturaufnahmen stört es, wenn parallele Linien nicht parallel erscheinen oder ein Gebäude leicht schräg seitlich aufgenommen wurde. Photoshop stellt mit der Objektivkorrektur ein mächtiges Werkzeug zur

Verfügung, mit der Sie seit der Version CS5 auch gleich einige Objektivfehler automatisch ausgleichen können.

Wenn Sie Architekturfotografien veröffentlichen wollen, und sei es nur in einer Online-Community, dann sollte die Objektivkorrektur zu einem Standardprozess für Sie werden.

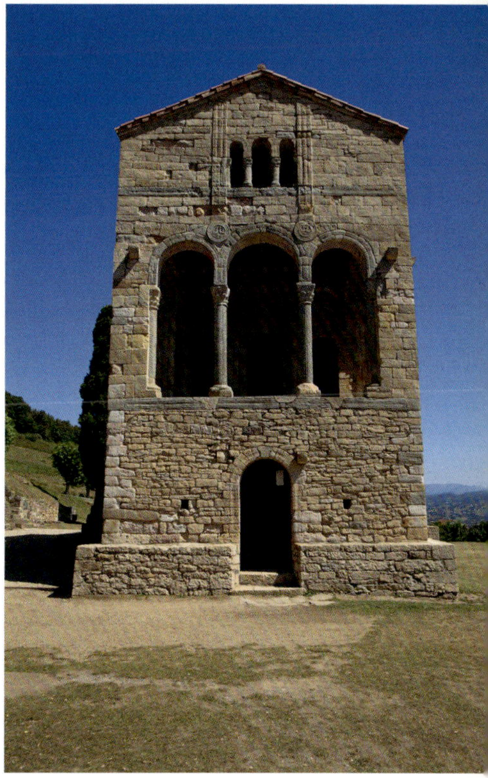

▲ **Abbildung 12.44**
Durch die stürzenden Linien scheint das Gebäude leicht nach hinten zu kippen, obendrein ist das Bild ein wenig schief.

27 mm | f9,0 | 1/400 s | ISO 200

Schritt für Schritt: Perspektivkorrektur

1 Bild öffnen

Öffnen Sie das Bild »Oviedo.tif« in Photoshop CS5. Es zeigt eine Weitwinkelaufnahme von Santa María del Naranco, einer Kirche, die Mitte des 9. Jahrhunderts als Sommerpalast des asturischen Königs erbaut wurde. Trotz ihres Alters ist sie perfekt gerade – nur das Foto ist es leider nicht.

2 Objektivkorrektur

Wählen Sie Filter • Objektivkorrektur (in älteren Photoshopversionen unter Filter • Verzerrungsfilter • Objektivkorrektur zu finden, allerdings ohne die automatische Objektivkorrektur). Setzen Sie oben rechts ❶ alle Häkchen, um die Geometrische Verzerrung, die Chromatische Aberration und die Vignettierung zu entfernen.

Wenn Sie zu Ihrem verwendeten Objektiv einmal nichts finden sollten, können Sie unter Online-Suche ❷ noch mehr Profile abrufen. Wenn Sie

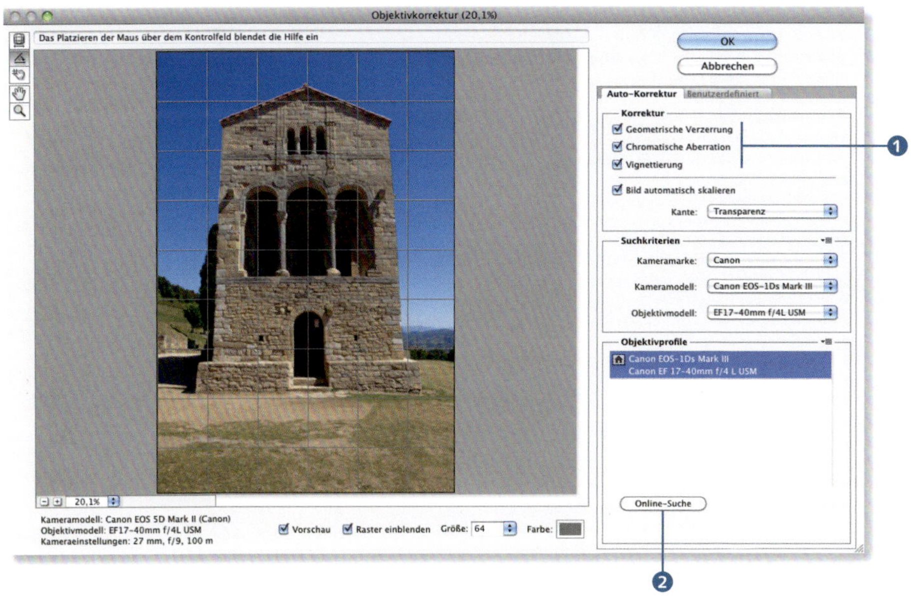

◀ **Abbildung 12.45**
Objektivfehler korrigieren

dort immer noch nichts finden sollten, dann können Sie ein solches Profil auch selbst erstellen. Suchen Sie dazu auf *http://labs.adobe.com* nach »Lens Profile Creator«, und laden Sie sich das Programm herunter. Sie benötigen einen Drucker, um ein Testchart auszugeben. Der weitere Prozess ist recht einfach und liefert sehr genaue Korrekturdaten für Ihr Objektiv.

Bedenken Sie aber, dass für unterschiedliche Blenden und Brennweiten (bei einem Zoomobjektiv) auch unterschiedliche Profile erzeugt werden müssen. Zwei Blenden (Offenblende und Blende 8) und drei Zoomstufen (Anfang, Mitte, Ende) sollten aber reichen, damit Photoshop auch den Rest gut interpolieren kann.

3 Gerade ausrichten

Drücken Sie [A], um das Gerade-ausrichten-Werkzeug ❸ auszuwählen. Ziehen Sie damit eine Linie über die Oberseite des Gebäudesockels ❹. Bei mir ergibt sich daraus ein Winkel von 0,38° ❻, um den das Bild gedreht werden muss, damit die Kirche gerade steht.

Abbildung 12.46 ▶
Gerade ausrichten mit der Objektivkorrektur

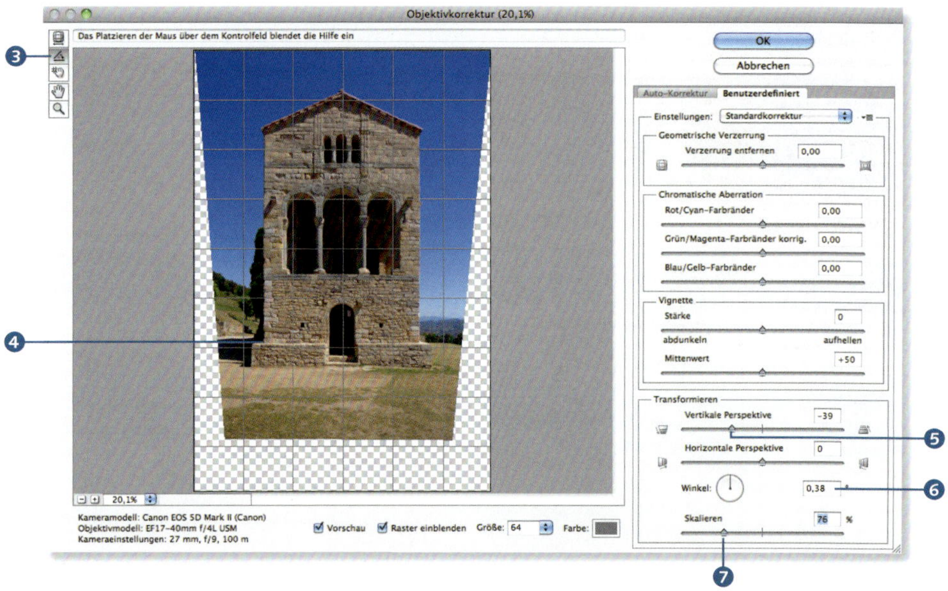

4 Stürzende Linien beseitigen

Ziehen Sie den Anfasser Vertikale Perspektive ❺ nach links, bis die Außenlinien des Gebäudes parallel zum eingeblendeten Raster erscheinen. Das ist bei einem Wert um 40 der Fall.

5 Verkleinern

Ziehen Sie den Regler SKALIEREN ❼ nach links, bis das Bild wieder komplett im Fenster erscheint. Bestätigen Sie dann mit OK.

6 Freistellen

Wählen Sie das Freistellungswerkzeug aus der Werkzeugpalette, und ziehen Sie einen Rahmen auf, der keine transparenten Bereiche enthält. Sie können dabei unten etwas vom Vordergrund mit abschneiden. Doppelklicken Sie in den Rahmen, um das Bild auszuschneiden. ■

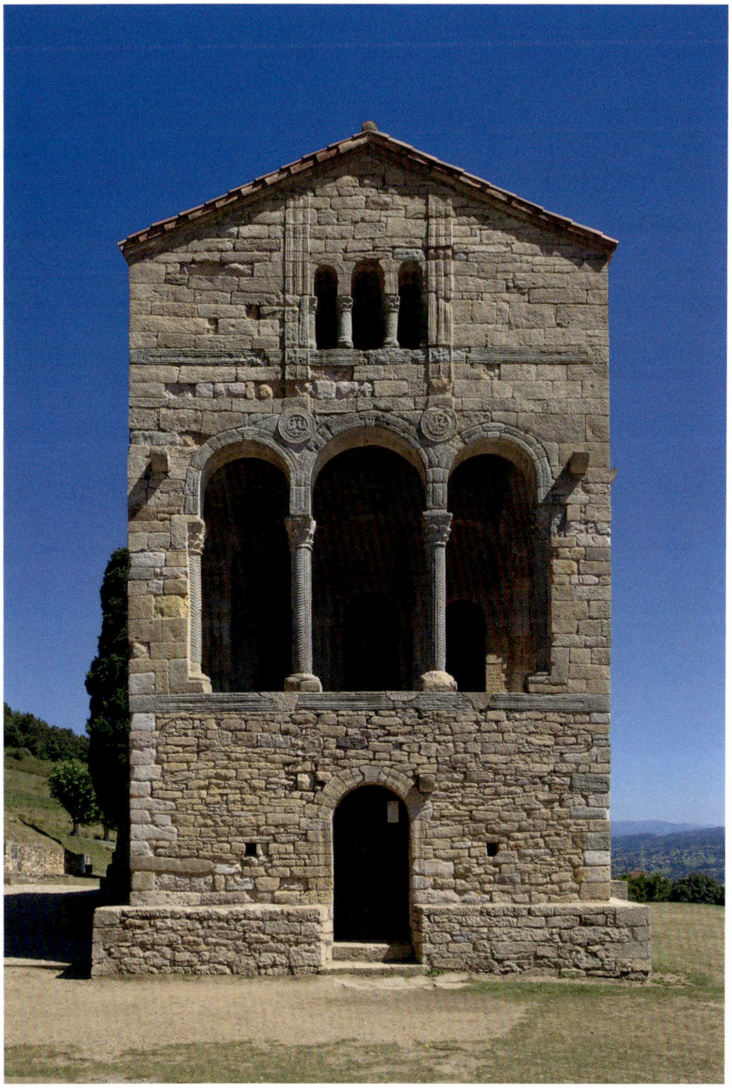

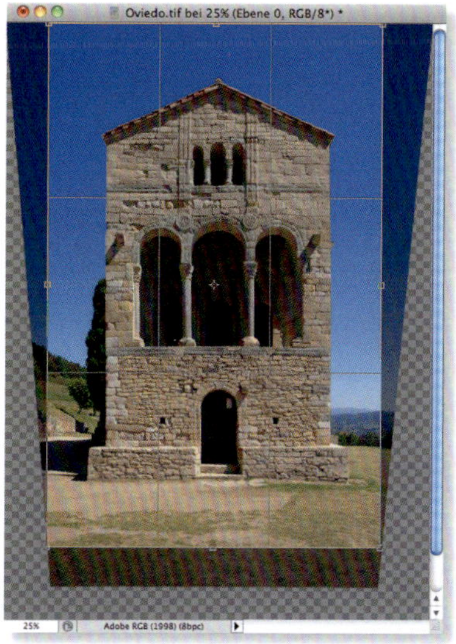

◂▴ **Abbildung 12.47**
Bild beschneiden (oben) und das Endergebnis (links)

12.10 Panorama

Die Einzelbilder für Landschaftspanoramen lassen sich normalerweise unkompliziert aus der Hand aufnehmen (siehe Seite 483) – jedenfalls dann, wenn das Motiv nicht stark in den Vordergrund ragt. Das Zusammensetzen ist ebenso einfach, wie das folgende Beispiel zeigt.

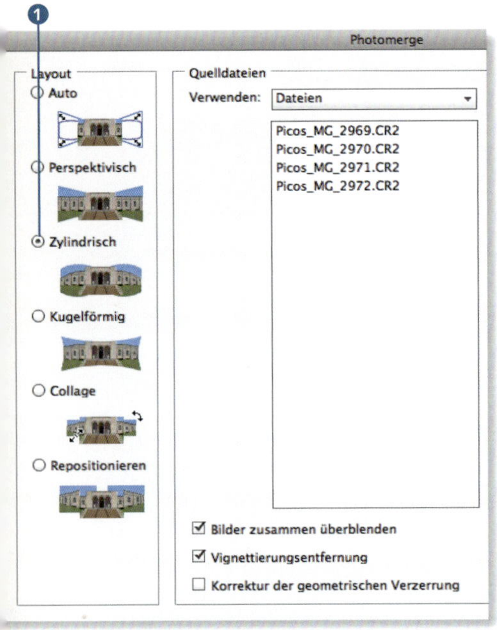

▲ **Abbildung 12.48**
Panoramalayout wählen

Schritt für Schritt: Panorama erstellen

1 Photomerge Panorama

Wählen Sie in Photoshop Datei • Automatisieren • Photomerge aus dem Menü. Klicken Sie auf Durchsuchen, und öffnen Sie die vier RAW-Dateien »Picos…«

2 Layout wählen

Wählen Sie unter Layout die Option Zylindrisch ❶. In diesem Modus arbeitet Photoshop wie eine Rotationspanoramakamera (zum Beispiel die Noblex oder die Horizon), was eine sehr natürliche Perspektive für Landschaftsaufnahmen ergibt und vermeidet, dass die Enddatei bei weiten Winkeln wegen der Perspektivkorrektur riesig wird.

3 Bildanpassung einstellen

Klicken Sie die beiden Häkchen vor Bilder zusammen überblenden und Vignettierungsentfernung an. Ersteres sorgt für weichere Übergänge, die zweite Option vermindert die Randabdunklung der Bilder. Die Option

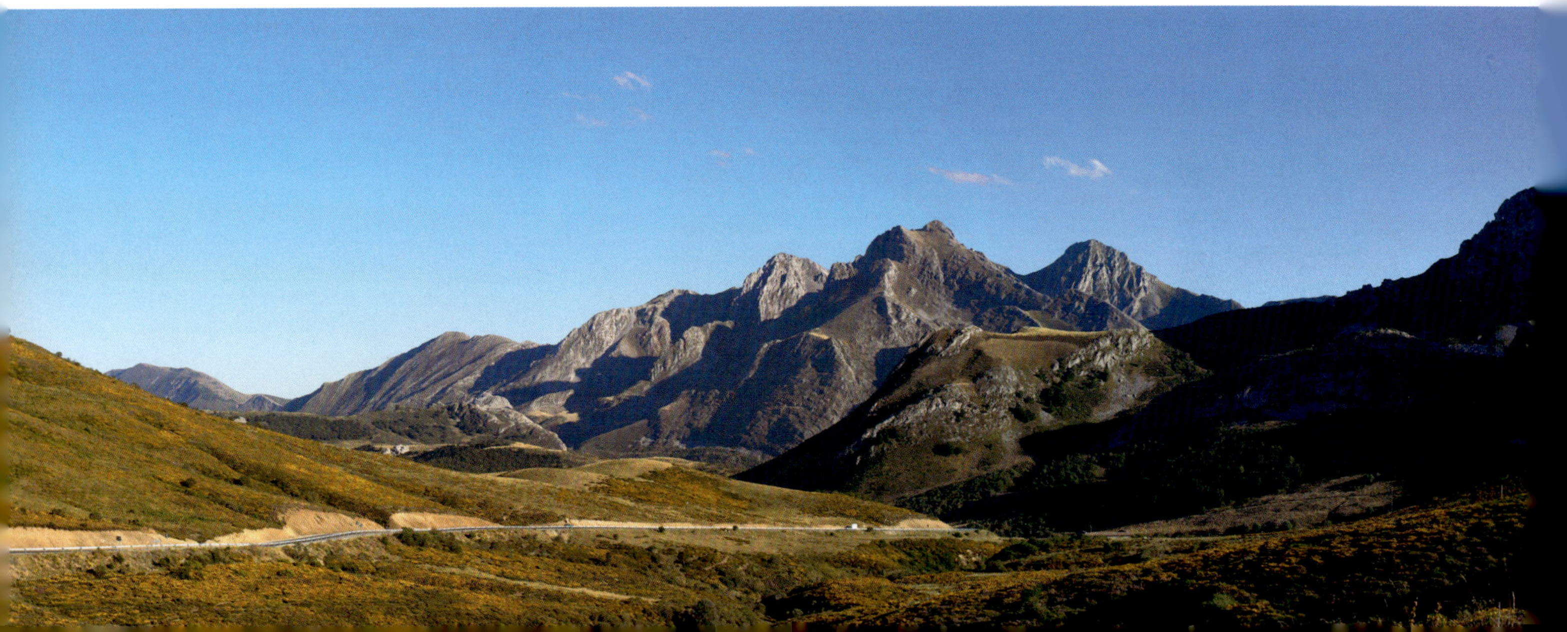

Korrektur der geometrischen Verzerrung ist hier nicht notwendig, weil das Objektiv kaum verzeichnet. Das Aktivieren dieser Option würde somit nur Zeit kosten, bei einem Fisheye oder einem stark verzeichnenden Zoomobjektiv sollten Sie sie aber verwenden.

4 Freistellen

Bestätigen Sie mit OK. Nach einer Weile erscheint das Ergebnis, das aber noch unregelmäßige Bildränder hat. Wählen Sie das Freistellungswerkzeug aus der Werkzeugpalette, und schneiden Sie das größtmögliche Rechteck aus. Wählen Sie im Menü Ebene den Eintrag Auf Hintergrundebene reduzieren, um die Dateigröße zu verkleinern, denn Photoshop legt die Einzelbilder auf eigene Ebenen, um Ihnen Korrekturen zu erleichtern, die hier allerdings nicht notwendig sind. ■

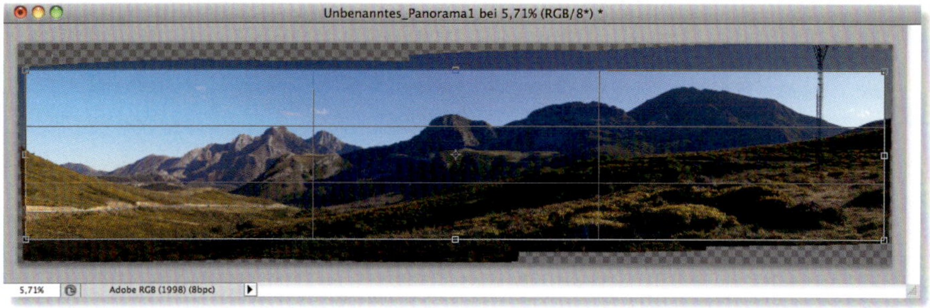

◂ **Abbildung 12.49**
Panorama zuschneiden

Es gibt eine Alternative zum Beschneiden, die im nächsten Workshop erklärt werden soll, allerdings eignet sie sich nur, wenn die Bildinformation an den Rändern nicht wahrheitsgetreu sein muss.

▾ **Abbildung 12.50**
Das fertige Panorama

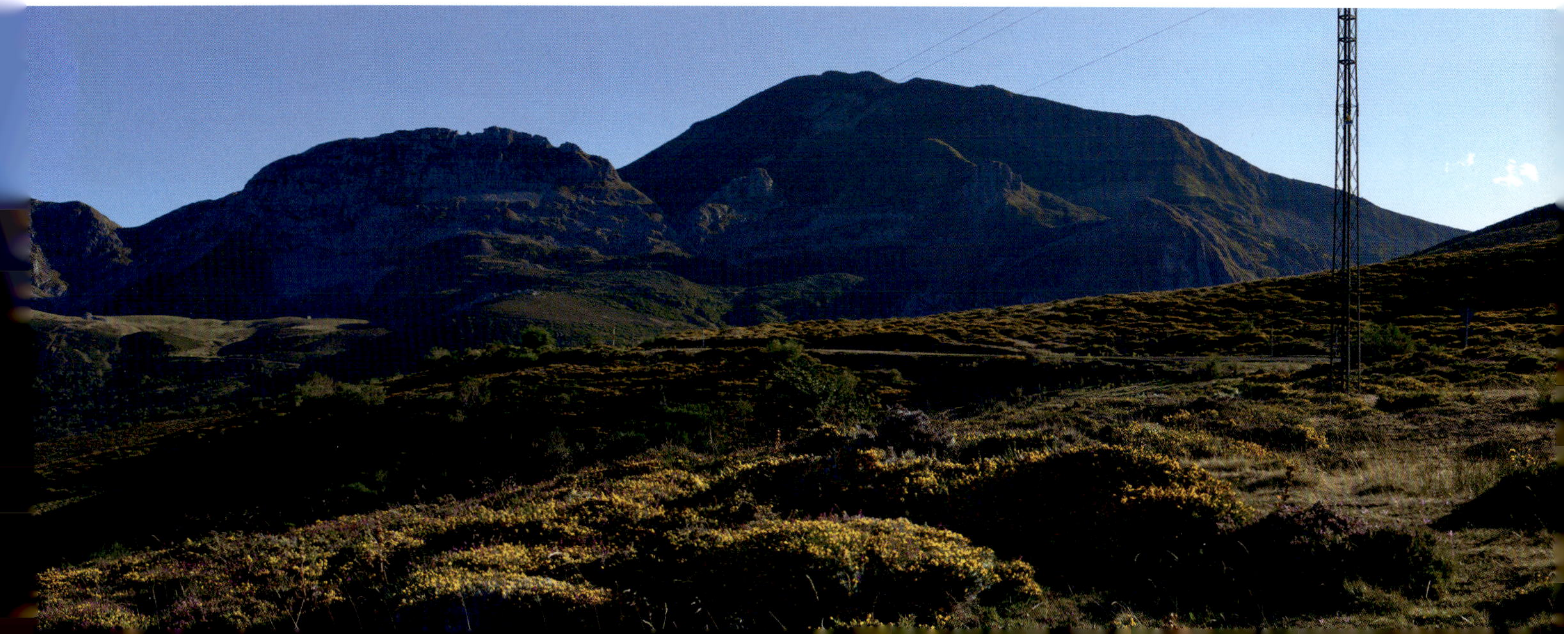

12.11 Inhaltssensitives Füllen

Reportagefotografen lesen am besten gleich im nächsten Abschnitt weiter, denn was jetzt kommt, ist Mogeln in Reinform. Photoshop CS5 hat ein neues Werkzeug erhalten, mit dem es Bildbereiche anhand umliegender Bildinformation auffüllen kann, so dass es möglichst wenig auffällt. Es ist eigentlich dafür gedacht, bestimmte Bildelemente sehr einfach wegretuschieren zu können, aber Sie können es auch verwenden, um ein Bild zu ergänzen.

Schritt für Schritt: Panorama erweitern

1 Rand auswählen

Öffnen Sie die Datei »Dune-de-Pilat.tif«. Das Bild ist ein Panorama aus vier Aufnahmen. Durch die perspektivischen Angleichungen ist der Bildrand ungleichmäßig. Man könnte das Bild auf ein Rechteck beschneiden, würde dann aber Bildbereiche verlieren. Klicken Sie auf den Zauberstab in der Werkzeugpalette, oder drücken Sie W, um ihn aufzurufen. Klicken Sie dann mit dem Werkzeug auf den weißen Rand, so dass er komplett in einer Auswahl erscheint.

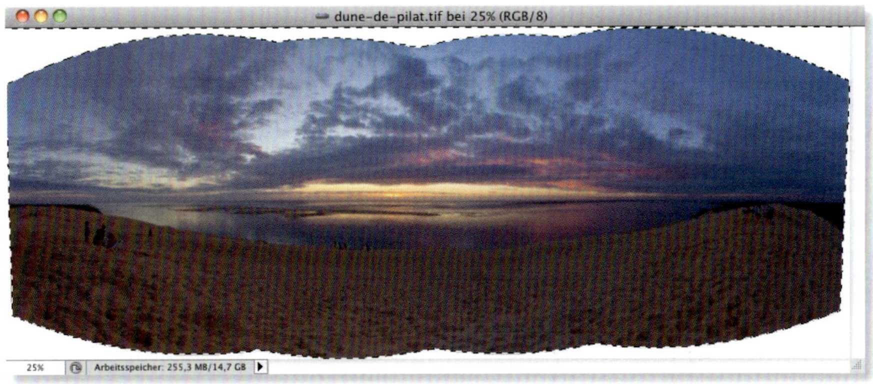

Abbildung 12.51 ▶
Weißen Rand auswählen

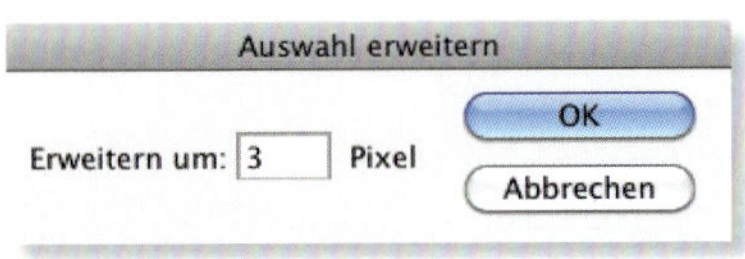

▲ **Abbildung 12.52**
Auswahl erweitern

2 Auswahl erweitern

Rufen Sie Auswahl • Auswahl verändern • Erweitern auf. Geben Sie bei Erweitern um einen Wert von 3 Pixeln an, und klicken Sie auf OK. Die Auswahl läuft dann drei Pixel weit in das Bild hinein und verhindert so, dass man später störende Kanten erkennen kann.

3 Fläche füllen

Wählen Sie BEARBEITEN • FLÄCHE FÜLLEN oder [⇧]+[F5], um das gleichnamige Menü aufzurufen. Stellen Sie unter VERWENDEN die Option INHALTSSENSITIV ein, und klicken Sie auf OK.

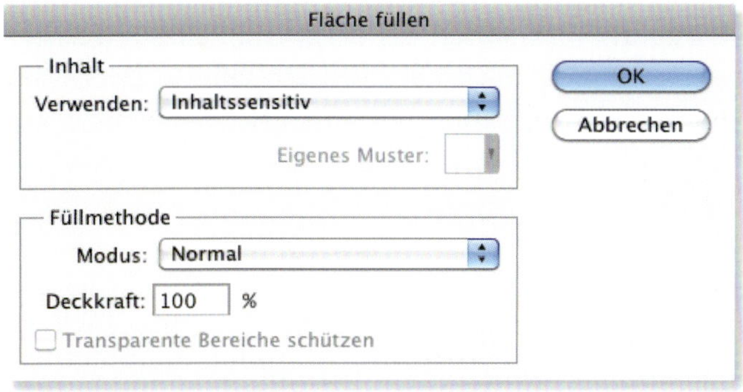

◀ **Abbildung 12.53**
Fläche inhaltssensitiv füllen

Manchmal ergeben sich in den gefüllten Bereichen unschöne Doppelungen, die verraten, dass hier ergänzt wurde. Mit dem Bereichs-Reparaturpinsel können Sie über diese Bildbereiche einfach drübermalen, bis das Ergebnis natürlich erscheint. Allerdings eignet sich nicht jede Bildinformation für das inhaltssensitive Füllen. Manchmal müssen Sie das Bild trotzdem beschneiden, um schlecht ergänzte Strukturen zu entfernen. ■

▼ **Abbildung 12.54**
Das fertige Panorama

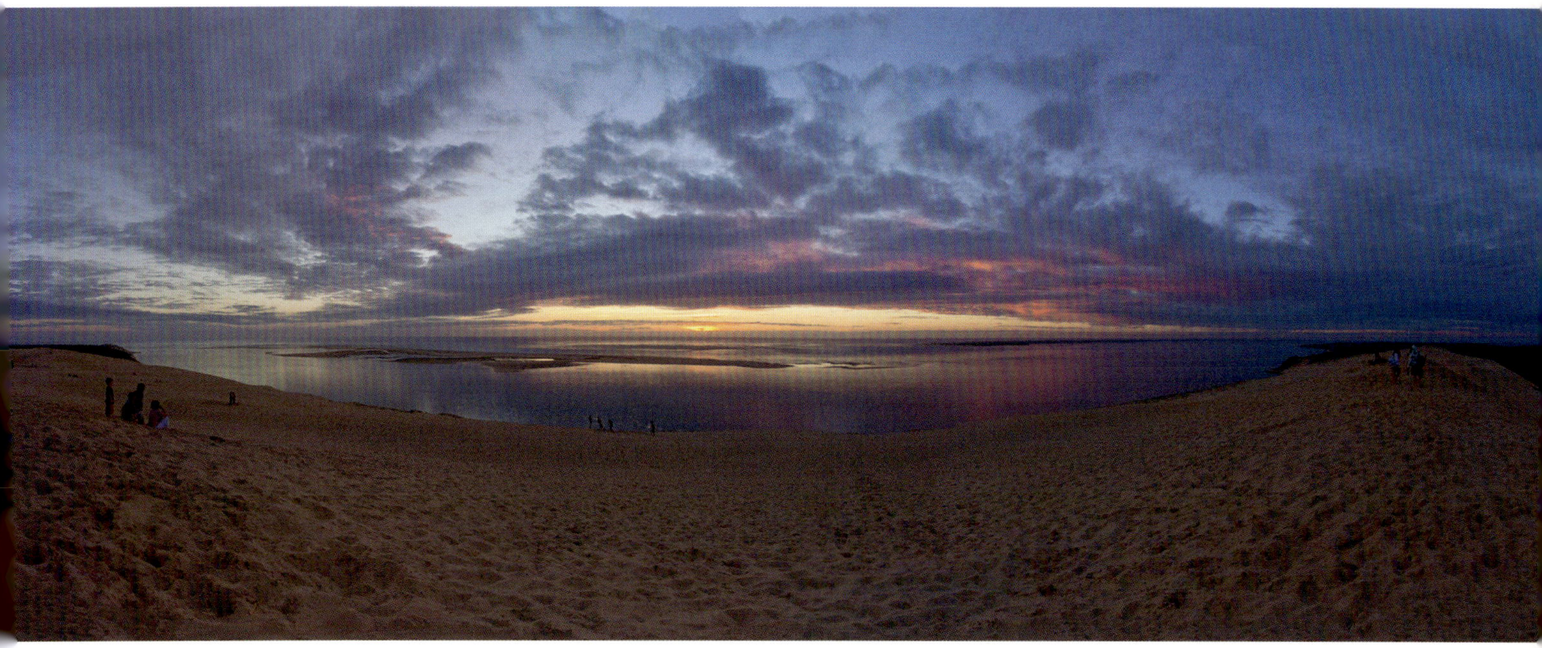

12.12 HDR

TIPP

Photoshop CS5 wertet die Einstellungen aus, die Sie in Adobe Camera Raw vorgenommen haben. Die FARBTEMPERATUR und die OBJEKTIVKORREKTUR können Sie also vorher in Camera Raw einstellen, bevor Sie die RAW-Bilder zum HDR Pro zusammenfügen. Ebenso können Sie über den Regler WIEDERHERSTELLUNG die Lichterzeichnung verbessern, falls diese trotz Belichtungsreihe noch kritisch werden kann.

HDR ist eine Methode, die Belichtungen mehrerer Bilder in einem Bild zu vereinen, um einen höheren Tonwertumfang und Tonwertreichtum zu erhalten. Die Abkürzung steht für *High Dynamic Range* (hoher Dynamikumfang). Um ein HDR-Bild zu erstellen, müssen Sie eine Belichtungsreihe von einem Motiv erstellen. Da die Bilder exakt übereinanderpassen sollen, ist dabei ein Stativ von Vorteil. Die HDR-Software kann kleine Abweichungen meist gut korrigieren, so dass es oft ausreichend ist, schnell hintereinander aus der Hand aufgenommene Serienbilder zu verwenden.

Die Belichtungswerte verändern Sie am einfachsten über eine automatische Belichtungsreihe (AEB, siehe auch Seite 273). Ich verwende meist drei Belichtungen mit –2, 0, und +2 Blenden Korrektur. Die vermutlich am häufigsten verwendeten Softwarelösungen für HDR sind Photomatix Pro und Photoshop CS5 – von beiden finden Sie eine Testversion auf der Buch-DVD. Photomatix Pro ist ebenfalls sehr gut geeignet, um HDR-Bilder zu erstellen, und deutlich günstiger als Photoshop. Im Folgenden zeige ich Ihnen auch beide mit je einem Anwendungsbeispiel, den Anfang macht Photoshop CS5.

Schritt für Schritt: HDR mit Photoshop CS5

1 Bilder öffnen

Öffnen Sie Photoshop CS5, und wählen Sie aus dem Menü DATEI • AUTOMATISIEREN • ZU HDR PRO ZUSAMMENFÜGEN. Sie können das Pulldown-Menü hinter VERWENDEN auf ORDNER stellen und dann den Ordner *Beispielbilder/Bilbao* auswählen.

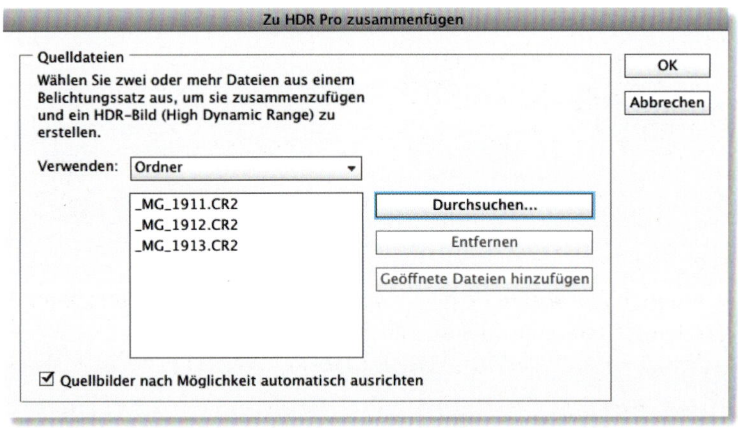

Abbildung 12.55 ▶
Ausgangsbilder für das HDR-Bild auswählen

Alternativ können Sie Dateien anwählen und dann die einzelnen Bilder auswählen, indem Sie auf das erste klicken und dann mit gedrückter [⇧]-Taste auf das letzte. Das Häkchen vor Quellbilder nach Möglichkeit automatisch ausrichten sollten Sie gesetzt lassen, da die Ursprungsaufnahmen aus der Hand aufgenommen wurden.

2 HDR Pro

Im HDR-Pro-Dialog sehen Sie unten die drei Ursprungsbilder mit +2, 0, und –2 Blenden Korrektur und oben das erste Ergebnis des Zusammenrechnens, das noch etwas weich und dunkel erscheint. Rechts sind die Einstellregler, mit denen Sie das Ergebnis beeinflussen können. Zuerst sollten Sie das Häkchen von Geisterbilder entfernen ❶ setzen, denn dann rechnet Photoshop die Bildüberlagerung heraus, die sich zum Beispiel durch Wind in Blättern und Wellen und sich bewegenden Menschen ergeben können.

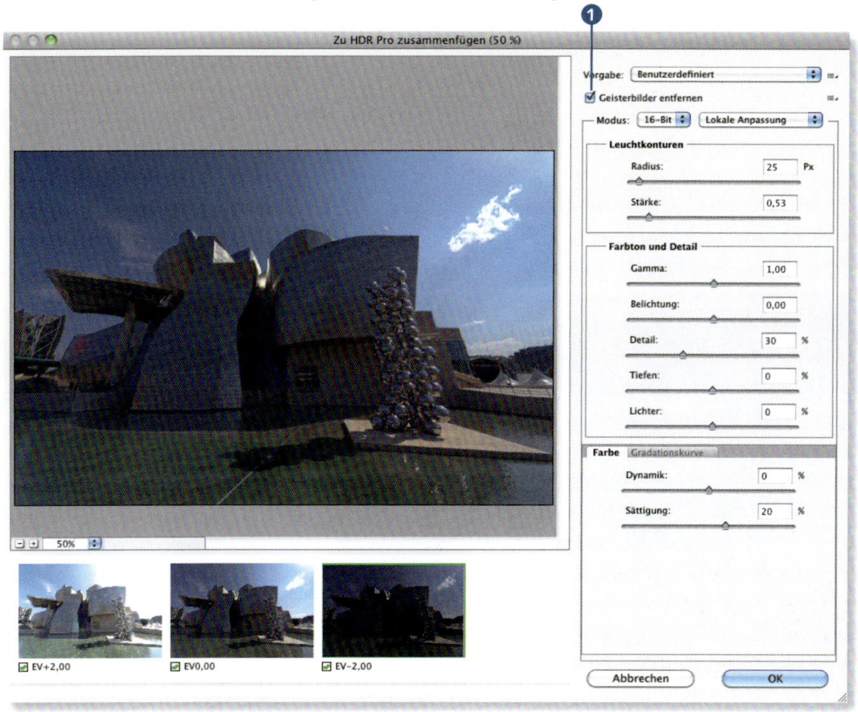

◀ **Abbildung 12.56**
Zu HDR Pro zusammenfügen

3 Belichtung steuern

Stellen Sie den Regler Gamma auf 1,6, um den Kontrast etwas zu verbessern, und ziehen Sie dann die Belichtung auf 0,75, um das Bild aufzuhellen. Dass Sie dabei Zeichnung in den Lichtern verlieren, ist nicht schlimm, das wird im nächsten Schritt korrigiert.

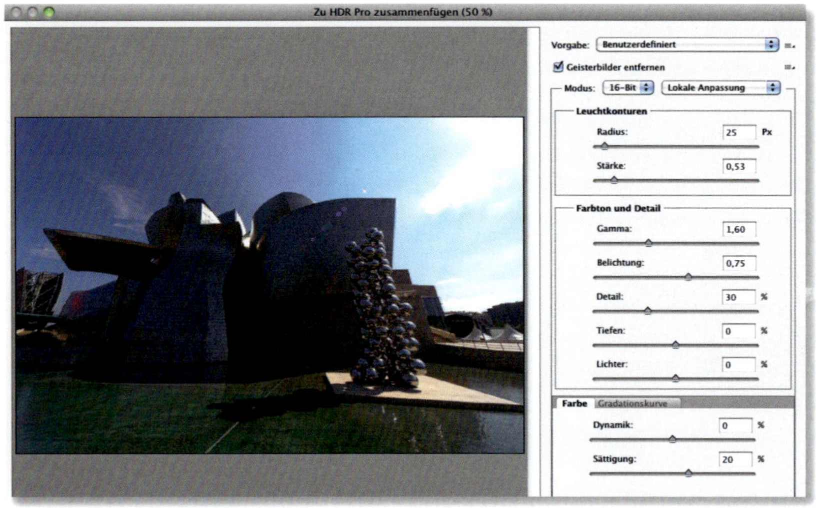

Abbildung 12.57 ▸
Bild aufhellen

4 Lichter zurückholen

Schieben Sie den Regler LICHTER auf –60 %. So bekommt der Bereich um die kleine Wolke rechts oben wieder Zeichnung.

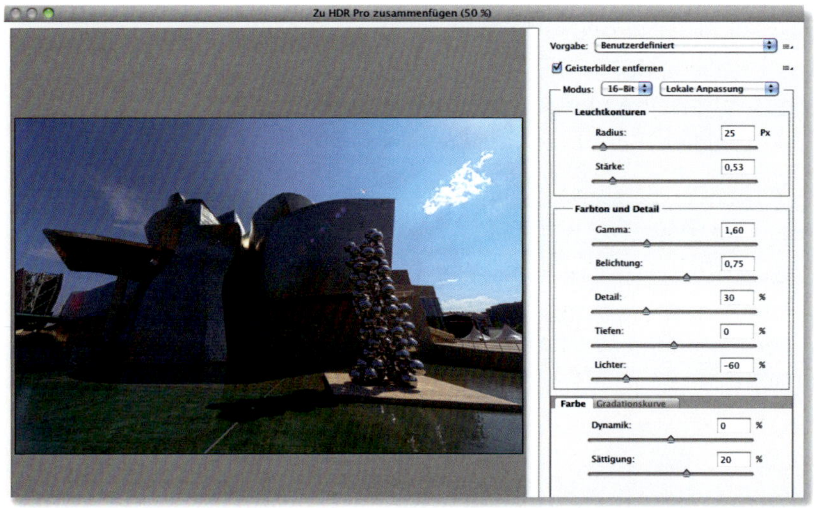

Abbildung 12.58 ▸
Belichtung anpassen

5 Tiefe und Farbe anpassen

Stellen Sie den Regler TIEFEN auf –25 %, um die Schatten abzudunkeln und dem Bild so mehr Kontrast zu geben. Ziehen Sie dann den Regler DYNAMIK auf +25 %, um die Farben etwas kräftiger erscheinen zu lassen. Klicken Sie dann unten rechts auf OK, um das Bild mit diesen Einstellungen berechnen zu lassen und, um in Photoshop weiterarbeiten zu können.

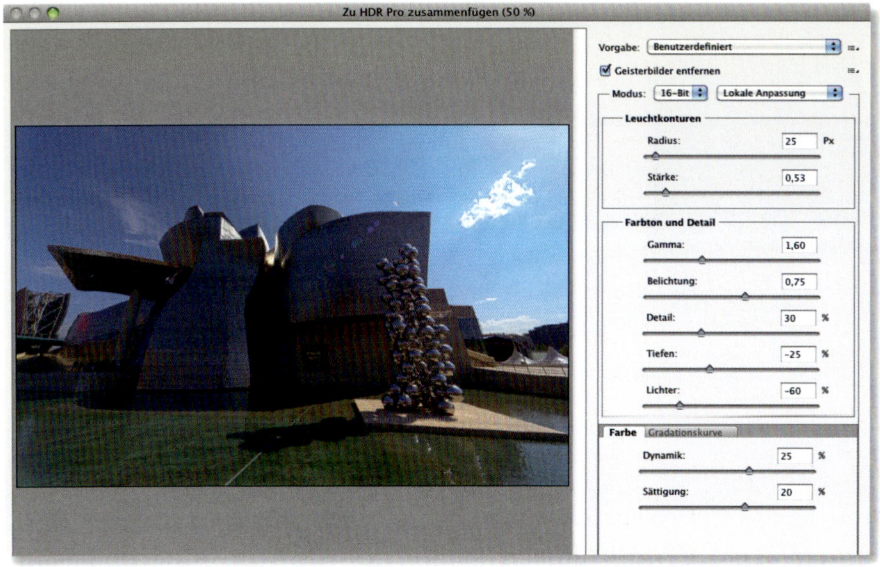

◀ **Abbildung 12.59**
Farben verstärken

6 Tonwerte verbessern

Rufen Sie Bild • Korrekturen • Tonwertkorrektur auf, oder drücken Sie [Strg]+[L] beziehungsweise [cmd]+[L] auf dem Mac. Stellen Sie den Wert für die Anpassung der Tiefen ❶ auf 15, um die Tiefen bis ins Schwarz gehen zu lassen und den Wert für die Mitteltöne ❷ auf 1,10, um das Bild wieder ein wenig aufzuhellen. Bestätigen Sie mit OK.

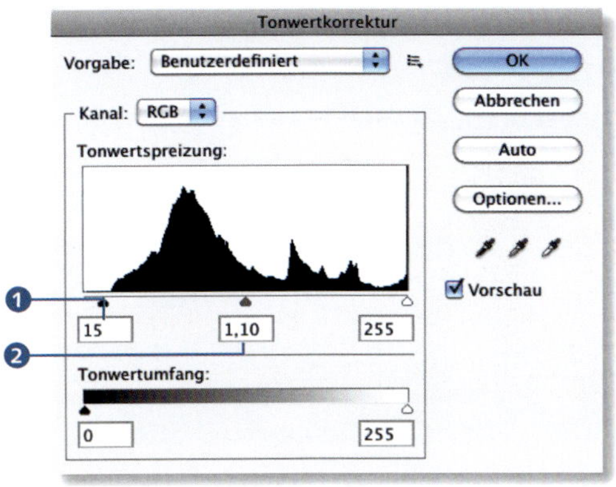

◀ **Abbildung 12.60**
Tonwerte korrigieren

7 Scharfzeichnen

Wählen Sie Filter • Scharfzeichnungsfilter • Unscharf maskieren aus dem Menü. Stellen Sie dann die Stärke auf 200%, den Radius auf 0,9, und lassen Sie den Schwellenwert auf 0. So erhöhen Sie den Schärfeeindruck deutlich.

Abbildung 12.61 ▸
Schärfen mit Unscharf maskieren

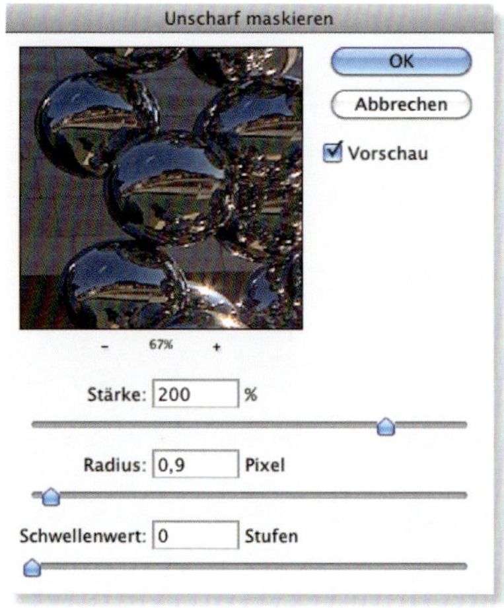

Das fertige Bild ist tonwertreich und bewältigt den Kontrastumfang gut, trotzdem kommt es dem visuellen Eindruck vor Ort recht nah, und der HDR-Effekt ist nicht übertrieben stark. Wenn man das Bild jetzt weiter verbessern wollte, käme zuerst eine Perspektivkorrektur (siehe Seite 552) in Frage, weil das Museum durch die stürzenden Linien noch etwas nach hinten zu kippen scheint. ■

▾ Abbildung 12.62
Das fertige HDR-Bild (links), rechts perspektivisch korrigiert

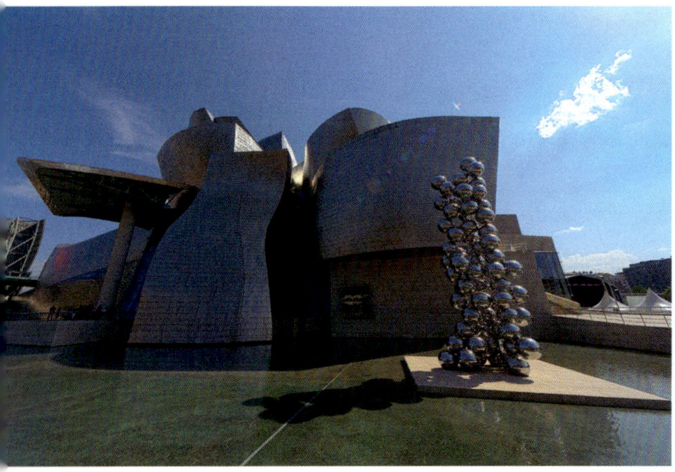

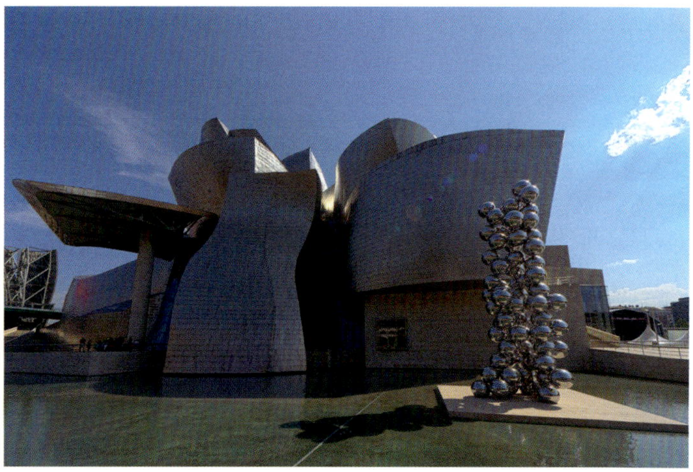

Schritt für Schritt: HDR mit Photomatix Pro

1 Bilder öffnen

Öffnen Sie Photomatix Pro, wählen Sie Datei • Öffnen aus dem Menü, und öffnen Sie die drei RAW-Bilder aus dem Ordner *Beispielbilder/Picos-de-Eu-*

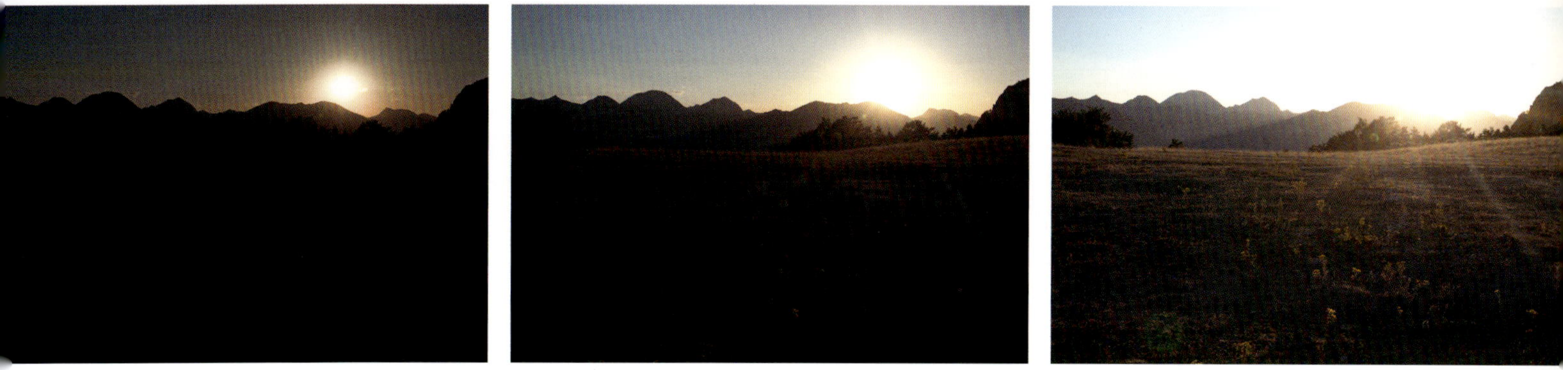

ropa. Die drei Bilder sind direkt gegen die tiefstehende Sonne im Hochland der Picos de Europa in Nordspanien aufgenommen worden. Der Kontrastumfang ist so hoch, dass entweder die Wiese oder der Himmel gut durchgezeichnet ist.

Im ersten Dialog lassen Sie die Auswahl auf EIN HDR-BILD ERZEUGEN stehen und bestätigen mit OK. In den EINSTELLUNGEN wählen Sie dann unter AUSGANGSBILDER AUSRICHTEN MIT die MERKMALSBASIERTE METHODE, die bei Freihandaufnahmen viel besser die Bilder übereinanderlegen kann als die schnellere VERSCHIEBUNGSBASIERTE. Das Häkchen vor CHROMATISCHE ABERRATIONEN KORRIGIEREN lassen Sie sicherheitshalber gesetzt, denn die dunklen Bergkanten vor dem hellen Himmel sind ein gefährliches Motiv für Farbkanten. Die HDR-Technik betont Farbsäume noch, und mit dieser Einstellung kann man sie verhindern oder zumindest stark minimieren.

Das Häkchen vor VERSUCHE, GEISTERBILDER ZU UNTERDRÜCKEN sollte bei jedem Motiv, bei dem Bewegung im Spiel ist, angeklickt bleiben – hier im Modus OBJEKTE/MENSCHEN IN BEWEGUNG mit ERKENNUNG auf HOCH. Lassen Sie bei unbewegten Motiven das Häkchen weg, weil das genau wie die Rauschminderung die Bildinformation verschlechtern kann. RAUSCHEN REDUZIEREN wird deshalb hier auch nicht ausgewählt, weil kaum Rauschen in den Bildern vorkommt. Klicken Sie dann auf HDR ERZEUGEN.

2 Tone Mapping

Die erste Vorschau ist etwas erschreckend, da die Lichter ausfressen und die Schatten großflächig zulaufen. Aber Sie schauen hier nur durch ein enges Tonwertfenster auf einen viel zu großen Kontrastumfang. Was Sie sehen, ist ein kleiner Tonwertausschnitt von drei Bildern mit 14 Bit pro Farbe, die zu einem Bild mit 32 Bit pro Farbe kombiniert wurden, so dass alle Tonwerte unverändert erhalten geblieben sind. Wenn Sie mit den Cursor über das Bild fahren, sehen Sie im Fenster des HDR-Viewers eine lokal angepasste Version

▲ **Abbildung 12.63**
Die drei Ausgangsaufnahmen für das HDR-Bild

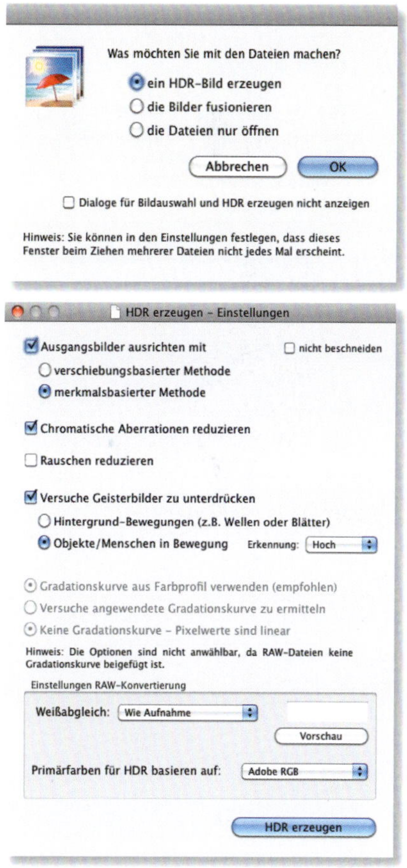

▲ **Abbildung 12.64**
HDR-Einstellungen auswählen

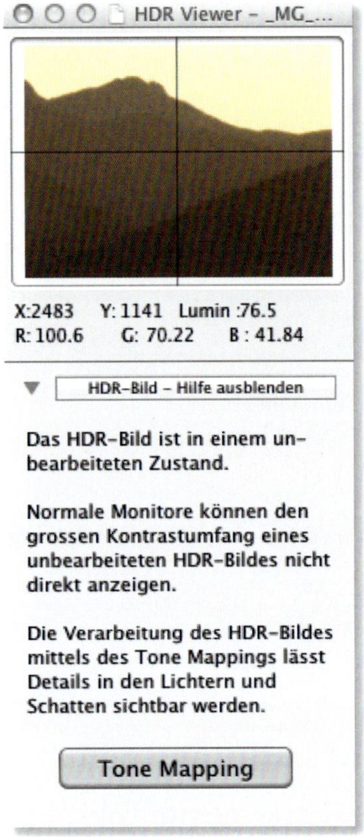

▲ **Abbildung 12.65**
Tonwertevorschau

der Tonwerte. Der nächste Schritt ist, den enormen Tonwertreichtum wieder in einem Bild darzustellen, das 16 Bit pro Farbe nutzt, und zwar so, dass die Helligkeiten und Kontraste für jeden Bildbereich gut passen. Das ist das sogenannte **Tone Mapping**, das Sie mit einem Klick auf die gleichlautende Schaltfläche starten.

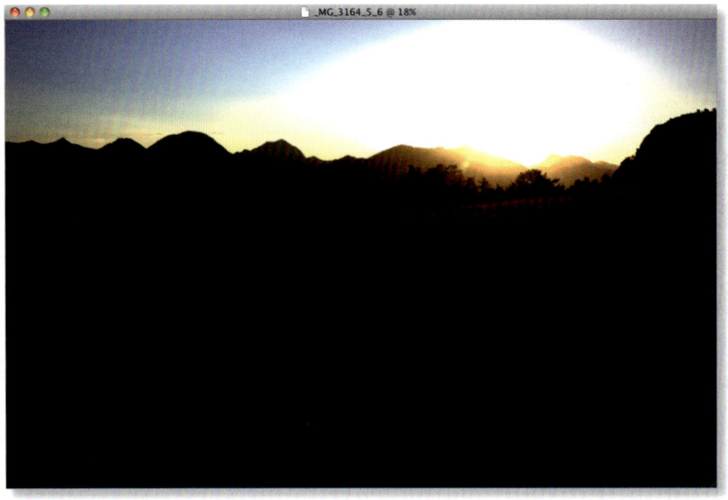

▲ **Abbildung 12.66**
Vorschaubild

3 Einstellungen anpassen

Sie finden in Photomatix Pro ein ausführliches Handbuch, das Sie über das Hilfe-Menü aufrufen können, dort werden alle Einstellungsmöglichkeiten erklärt. Deswegen will ich mich hier auf ein paar wesentliche Punkte und ein Beispiel konzentrieren. Stellen Sie zuerst ganz unten unter Vorgaben Standard ein. Dann bekommen Sie die folgende Vorschau des Tone Mappings angezeigt.

Das Bild wirkt insgesamt zu bunt, um die Sonne sieht man einen Ring, und der Himmel sieht vergraut aus. Außerdem Ist der HDR-Effekt für meinen Geschmack zu stark – die dunklen Bereiche sind zu sehr aufgehellt.

Wenn Sie eine Helligkeitsverteilung erhalten möchten, die dem Original ähnlicher ist, müssen Sie den Regler Glätten höher setzten. Ich habe hier +80 als Einstellung gewählt. Dadurch werden die Schatten dunkler, was über den Regler Helligkeit ausgeglichen wird. Dieser wurde hier auf +100 gesetzt, dafür aber der Gamma-Wert auf 1,44 gestellt, um die Schatten erneut abzudunkeln. Die Sättigung der Lichter wurde herabgesetzt, weil der Bereich um die Sonne etwas problematisch ist – hier kann ein farbiger Ring

TIPP

Aktuelle Testversionen von Photomatix Pro können Sie unter *hdrsoft.com/de* herunterladen.

entstehen. Die SÄTTIGUNG DER SCHATTEN hingegen wurde leicht erhöht, weil das Bild so dem Eindruck vor Ort näher kommt. Die Farben haben in der tief stehenden Sonne stark geleuchtet.

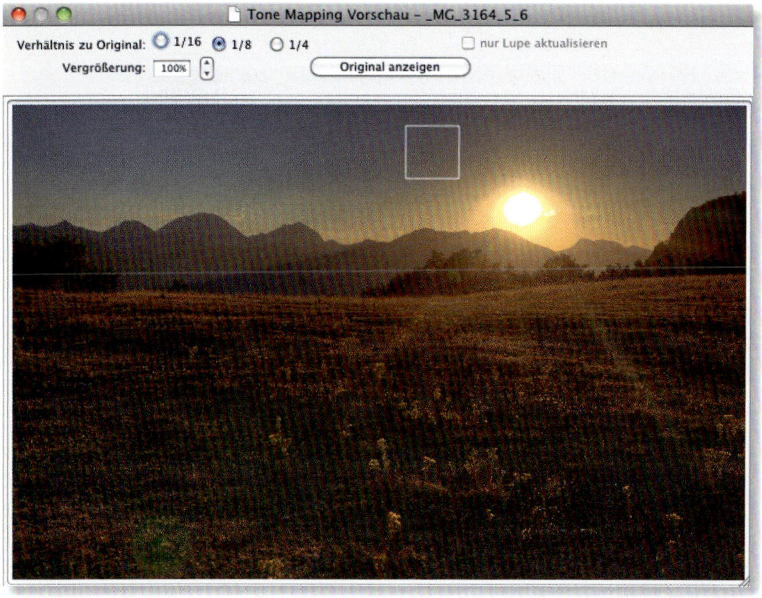

▲ **Abbildung 12.67**
Vorschau des Tone Mappings

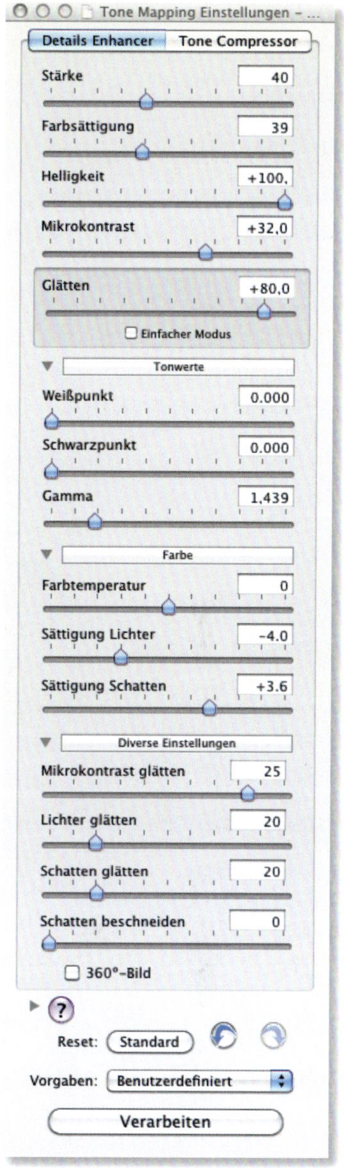

▲ **Abbildung 12.68**
Tone-Mapping-Parameter einstellen

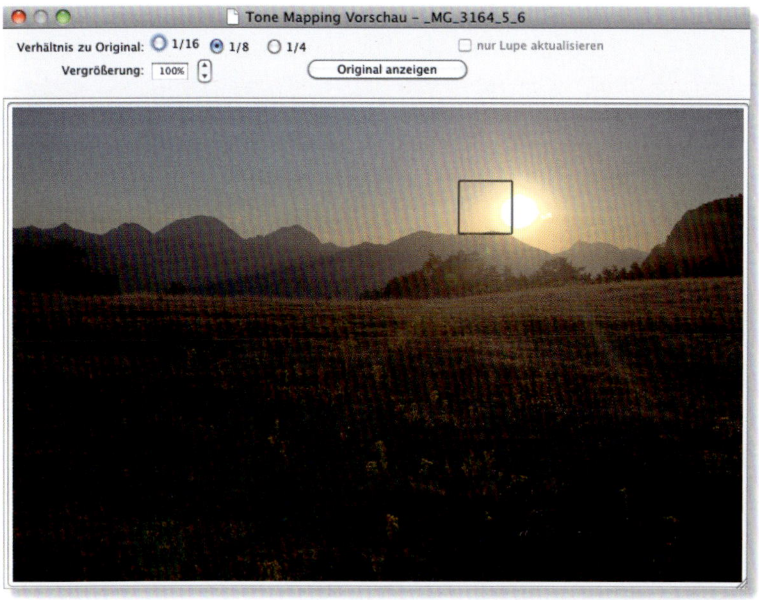

◀ **Abbildung 12.69**
Tone-Mapping-Ergebnis

4 Gradation anpassen

Der Bereich um die Sonne sieht nach dem Tone Mapping etwas unnatürlich aus, und das Bild sollte insgesamt etwas heller werden. Rufen Sie das Bild in Photoshop CS5 auf, und wählen Sie BILD • KORREKTUREN • GRADATIONSKURVEN aus dem Menü. Klicken Sie nahe der Ecke rechts oben (im Lichterbereich) in die Kurve, und ziehen Sie sie nach oben, um die hellen Bereiche um die Sonne weiter aufzuhellen. Klicken Sie dann weiter unten in die Kurve und ziehen Sie dort wieder etwas herunter, bis sich in etwa der Kurvenverlauf wie in Abbildung 12.70 ergibt.

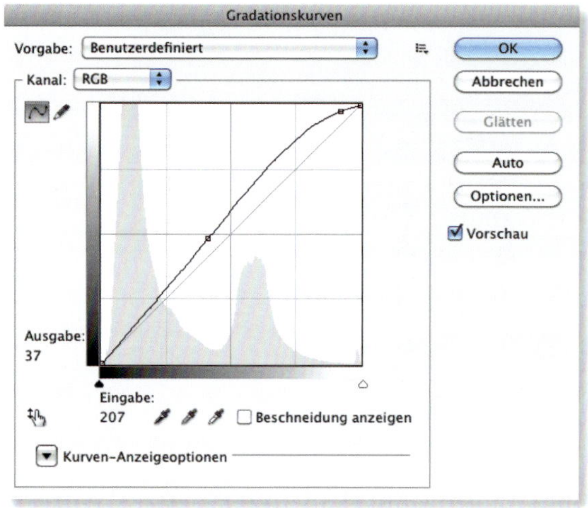

Abbildung 12.70 ▶
Gradationskurve anpassen

▲ **Abbildung 12.71**
Das Ergebnis der Gradationskorrektur

5 Farbsättigung erhöhen

Rufen Sie BILD • KORREKTUREN • DYNAMIK auf, und ziehen Sie den Regler für DYNAMIK auf +40, so verstärken Sie die Farbintensität des Bildes etwas.

Das resultierende Bild kommt dem visuellen Eindruck vor Ort recht nahe, obwohl selbst die Augen schon Probleme hatten, den Kontrastumfang zu bewältigen. ■

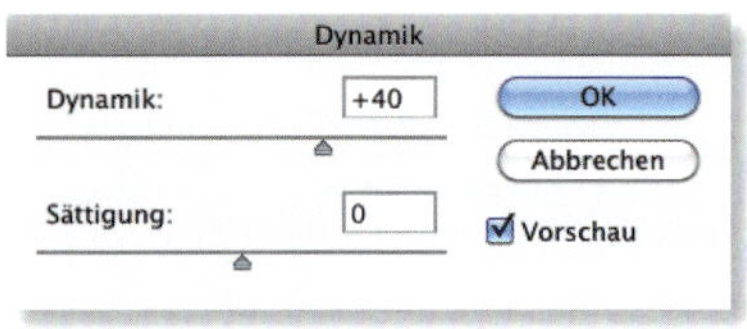

▲ **Abbildung 12.72**
Farbe intensivieren

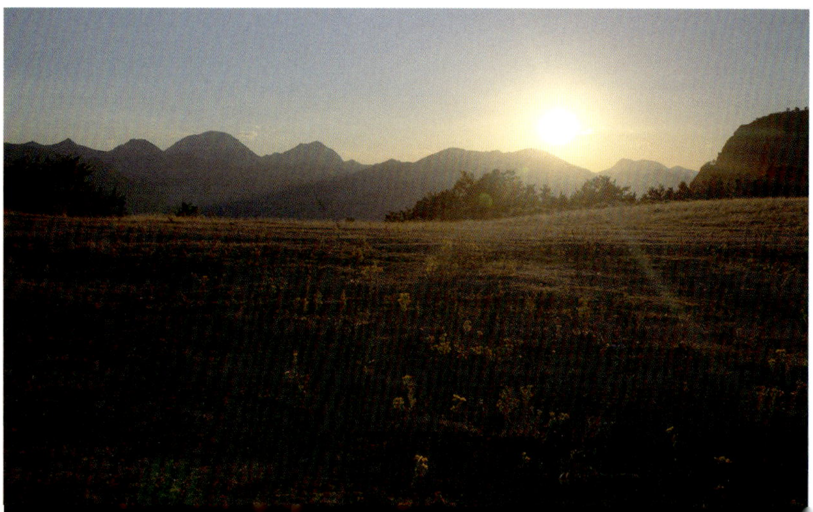

Abbildung 12.73 ▶
Das fertig bearbeitete Bild

12.13 Retuschieren

Die meisten Fotografen kommen spätestens dann mit der Retusche in Berührung, wenn Sie den Staub auf dem Sensor aus dem Bild entfernen wollen. Zum Glück bietet Photoshop Werkzeuge an, die mitdenken. Der Reparaturpinsel etwa sucht sich selbstständig Bildbereiche, die die retuschierten Stellen am besten ergänzen, und das inhaltssensitive Füllen eignet sich sogar, um große Bildbereiche zu entfernen.

Schritt für Schritt: Retuschieren

1 Bild öffnen

Öffnen Sie das Bild »Fjord.tif«. Wenn Sie sich das Bild genauer ansehen, werden Sie im Himmel und auch auf dem Wasser dunkle, unscharfe Punkte erkennen, die von einem verstaubten Sensor herrühren. Um das Retuschieren zu üben, soll im weiteren Verlauf ebenfalls das komplette Boot aus dem Bild verschwinden.

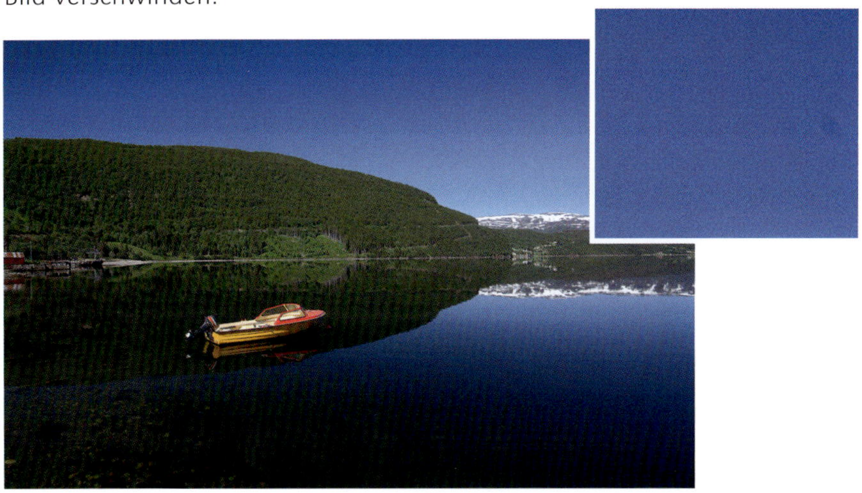

◂ **Abbildung 12.74**
Die Staubflecken werden Sie im Druck kaum erkennen, auf dem Bildschirm treten Sie allerdings deutlich zutage. Damit Sie im Nachher-Bild einen deutlichen Unterschied erkennen, soll auch das Boot spurlos verschwinden.

23 mm | f11 | 1/200 s | ISO 500 | Polfilter

2 Staub entfernen

Wählen Sie den Bereichs-Reparaturpinsel aus der Werkzeugpalette. Klicken Sie mit der rechten Maustaste ins Bild, und wählen Sie eine Werkzeugspitzengröße von circa 20 Pixeln. Falls Sie ein Grafiktablett besitzen, können Sie die Spitzengröße vom Anpressdruck des Zeichenstifts abhängig machen.

Wählen Sie unter Art den Modus Inhaltssensitiv. So erzeugt Photoshop eine möglichst ähnliche Struktur in den übermalten Bereichen. Klicken Sie

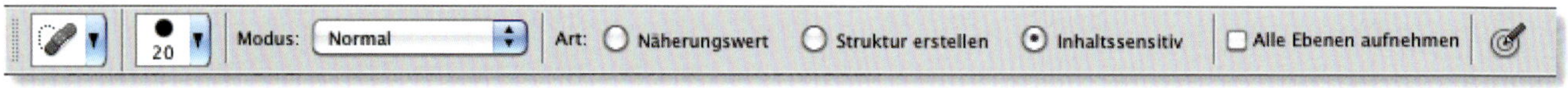

▲ **Abbildung 12.75**
Modus für die inhaltssensitive Retusche festlegen

dann mit dem Werkzeug auf die Staubflecken im Himmel, und diese werden verschwinden und durch passende Bildbereiche übermalt.

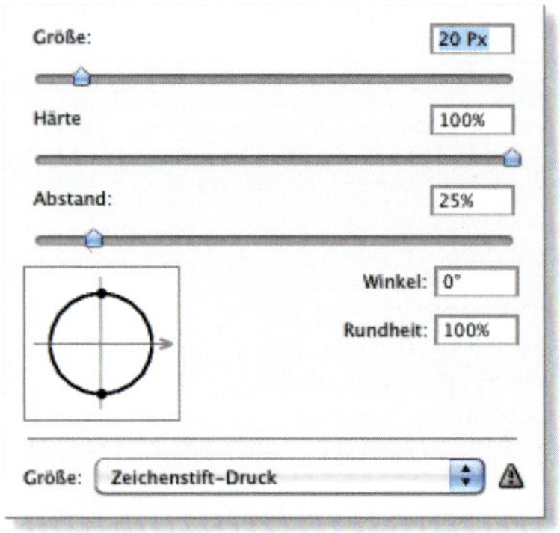

▲ **Abbildung 12.76**
Werkzeugspitze einstellen

3 Boot auswählen

Wählen Sie das Polygonlasso aus der Werkzeugpalette. Klicken Sie mit ein wenig Abstand um das Boot und seine Spiegelung. Photoshop verbindet die Punkte mit geraden Linien, und sobald Sie auf den Anfangspunkt klicken, schließt Photoshop die Auswahl, die dann ungefähr so aussehen sollte, wie in Abbildung 12.77.

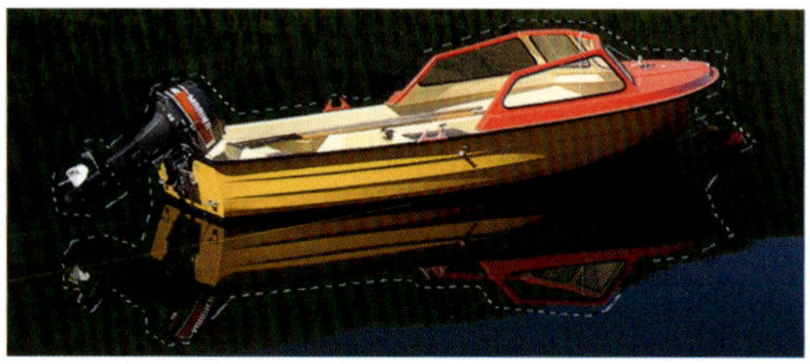

◄ **Abbildung 12.77**
Boot auswählen

4 Fläche füllen

Über Bearbeiten • Fläche füllen oder das Tastenkürzel ⇧+F5 rufen Sie das gleichnamige Menü auf. Stellen Sie unter Verwenden die Option Inhaltssensitiv ein, und klicken Sie auf OK. Das Bild wird innerhalb der Auswahl dann ungefähr so erscheinen wie in Abbildung 12.78.

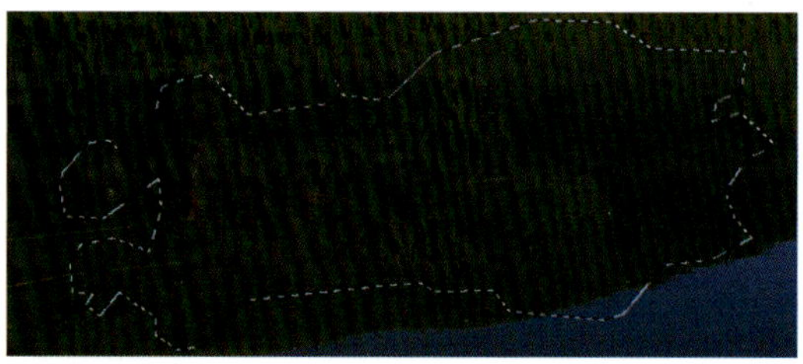

◄ **Abbildung 12.78**
Ausgewählte Fläche füllen

Am Rande
Sie sollten immer darauf achten, dass keine Schatten, Spiegelungen oder verräterische Details von wegretuschierten Elementen übrig bleiben. Zumindest visuell sollte eine Retusche stimmig sein. Mit Hilfe der Analyse der digitalen Daten ist es allerdings sehr viel einfacher, Bildmanipulationen zu erkennen. Wenn Sie das Thema interessiert, suchen Sie im Netz nach »Digitale Bildforensik«. Ich persönlich finde es sehr beruhigend, dass sich digitale Manipulationen derzeit noch nachweisen lassen – auch wenn sie gut gemacht sind.

5 Füllung ausbessern

Drücken Sie Strg+D beziehungsweise cmd+D, um die Auswahl aufzuheben. Falls kleine Bereiche nicht in die Spiegelung passen und unnatürlich gemustert erscheinen, rufen Sie erneut mit J den Bereichs-Reparaturpinsel auf, und malen Sie mit den alten Einstellungen über diese Bereiche, bis auch sie perfekt passen.

6 Leinen entfernen

Die ehemalige Anwesenheit des Bootes wird noch durch die Leinen verraten. Sie können die Leinen zwar auch gut mit dem Reparaturpinsel entfernen, hier soll aber der Kopierstempel verwendet werden. Der Kopierstempel übernimmt mit Bildinformation aus demselben oder einem zweiten Bild. Klicken Sie in der Werkzeugpalette auf den Kopierstempel, und ändern Sie in den Werkzeugoptionen den MODUS auf ABDUNKELN. Dann malt der Stempel nur dort, wo die aufgenommene Bildinformation dunkler als die zu übermalende ist.

▼ **Abbildung 12.79**
Kopierstempel-Optionen einstellen

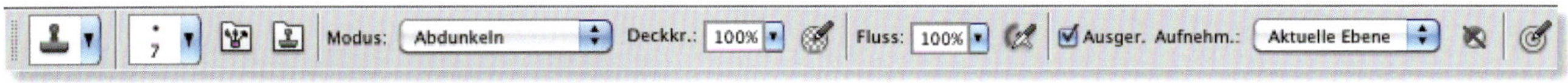

◂ **Abbildung 12.80**
Taue wegretuschieren

Das eignet sich gut, um die hellen Taue zu entfernen, den Rest aber nur wenig zu verändern. Stellen Sie eine kleine Werkzeugspitze ein (zum Beispiel 7 Pixel), und klicken Sie mit gedrückter Alt-Taste etwas neben eines der Seile. So bestimmen Sie den Ausgangspunkt des Kopierstempels. Klicken Sie dann auf das Seil. Lassen Sie die Maustaste wieder los, und bewegen Sie den Mauszeiger auf ein anderes Stück des Seils. Klicken Sie dann mit gedrückter ⇧-Taste auf das Seil, dann werden der neue und der letzte Punkt mit einer geraden Linie verbunden. Da das Seil straff gespannt ist, lässt es sich mit wenigen geraden Strichen des Kopierstempels entfernen. ■

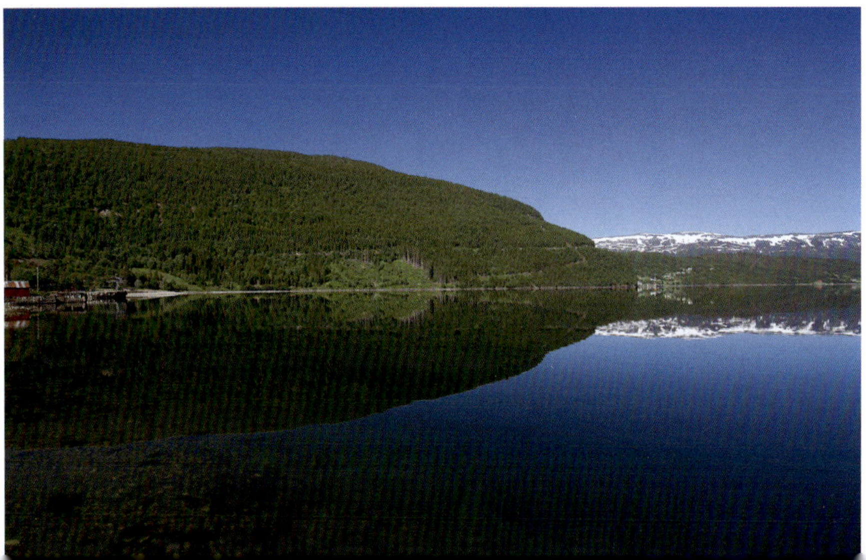

◂ **Abbildung 12.81**
Das fertig retuschierte Bild

12.14 Beispiel für einen Datenworkflow

Viele Bildbearbeitungsprogramme importieren Speicherkarten automatisch und haben also praktisch einen Datenworkflow eingebaut. Ich persönlich arbeite lieber manuell und nur mit Photoshop. Dazu gibt es sicher Alternativen, aber trotzdem möchte ich meinen Workflow kurz vorstellen.

Während des Fotografierens arbeite ich ausschließlich im RAW-Format. Ich nehme meistens zu einem Auftrag auch kein Laptop mit und keine Datensicherungslösung. Dafür habe ich über 100 GB an Speicherkarten, so dass ich auch für längere Zeit einfach durchfotografieren kann, ohne mich um Daten zu kümmern. Zur Kontrolle vor Ort komme ich mit dem Display aus. Wenn eine Speicherkarte voll ist oder ich aus anderen Gründen wechsle, stecke ich sie verkehrt herum in die Speicherkartenmappe. So sehe ich auf den ersten Blick, welche Karte voll und welche leer ist.

Am Arbeitsplatz überspiele ich alle Bilddaten eines Jobs oder eines Termin in einen Ordner mit sprechendem Namen, der in einem Oberordner mit der Jahreszahl steckt. Im Ordner *2010* gibt es dann also Unterordner wie *Ruhr-*

▼ Abbildung 12.82
Bilder in der Bridge sortieren und verschlagworten

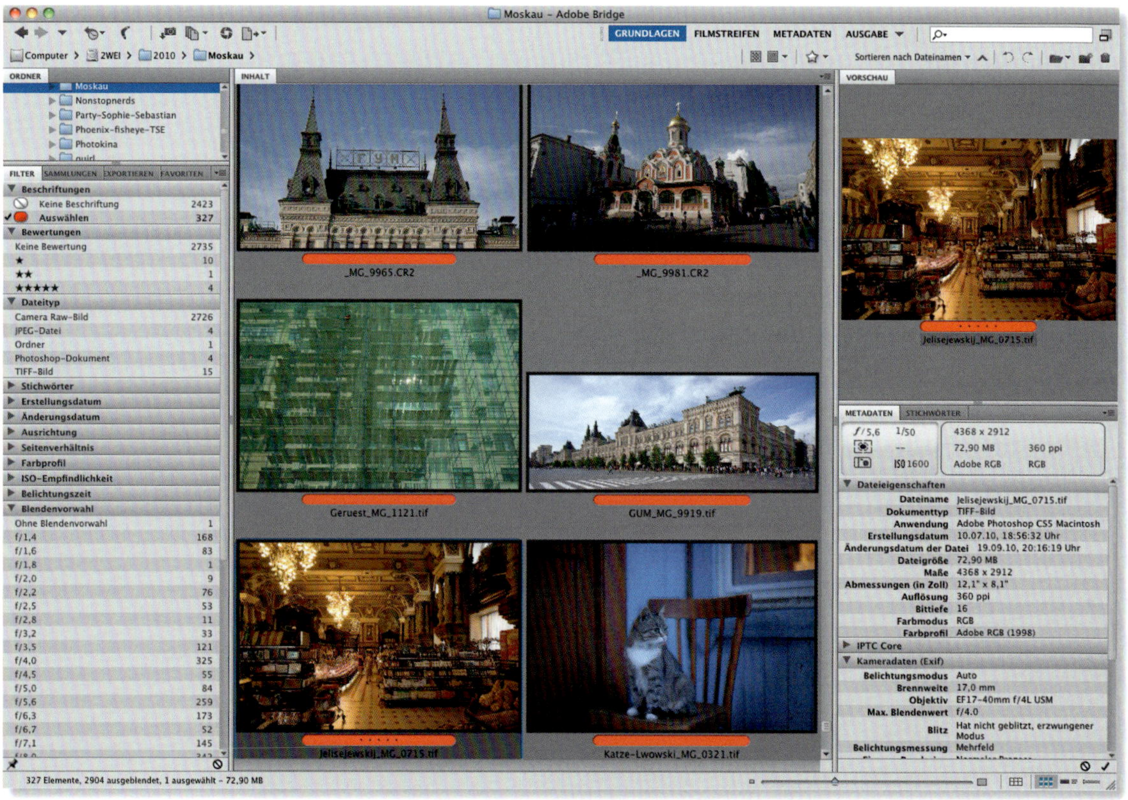

universität-Oktober-10, *Amsterdam* oder *Phönix-West-Januar-10*. So kann ich selbst bei wiederkehrenden Motiven schon anhand des Ordnernamens in der Dateisuche den richtigen auswählen. Wenn sämtliche Bilder in diesen Ordner übertragen wurden, spiele ich manchmal noch die GPX-Datei aus meinen GPS-Gerät dazu, so habe ich die Geokoordinaten an der richtigen Stelle. Danach rufe ich Adobe Bridge auf, und führe eine rudimentäre Verschlagwortung durch, so dass zum Beispiel Ortsnamen gar nicht erst in Vergessenheit geraten können. Dann vergrößere ich die Bildansicht so weit, dass ich die Bilder qualitativ begutachten kann und markiere jedes einzelne, das für eine Verwendung in Frage kommt mit Hilfe des Tastenkürzels Strg+6 oder cmd+6. Zum Schluss filtere ich die Ansicht mit Strg+Alt+6 beziehungsweise cmd+alt+6, so dass ich nur noch die rot markierten Dateien zu sehen bekomme.

Mit Strg+A oder cmd+A beim Mac markiere ich alle Bilder, klicke mit der rechten Maustaste auf eines und wähle aus dem erscheinenden Kontextmenü die Option In Camera Raw öffnen. In Camera Raw markiere ich Bildserien, die unter ähnlichen Gegebenheiten aufgenommen wurden, und

▼ Abbildung 12.83
Bilderserien in Camera Raw verarbeiten

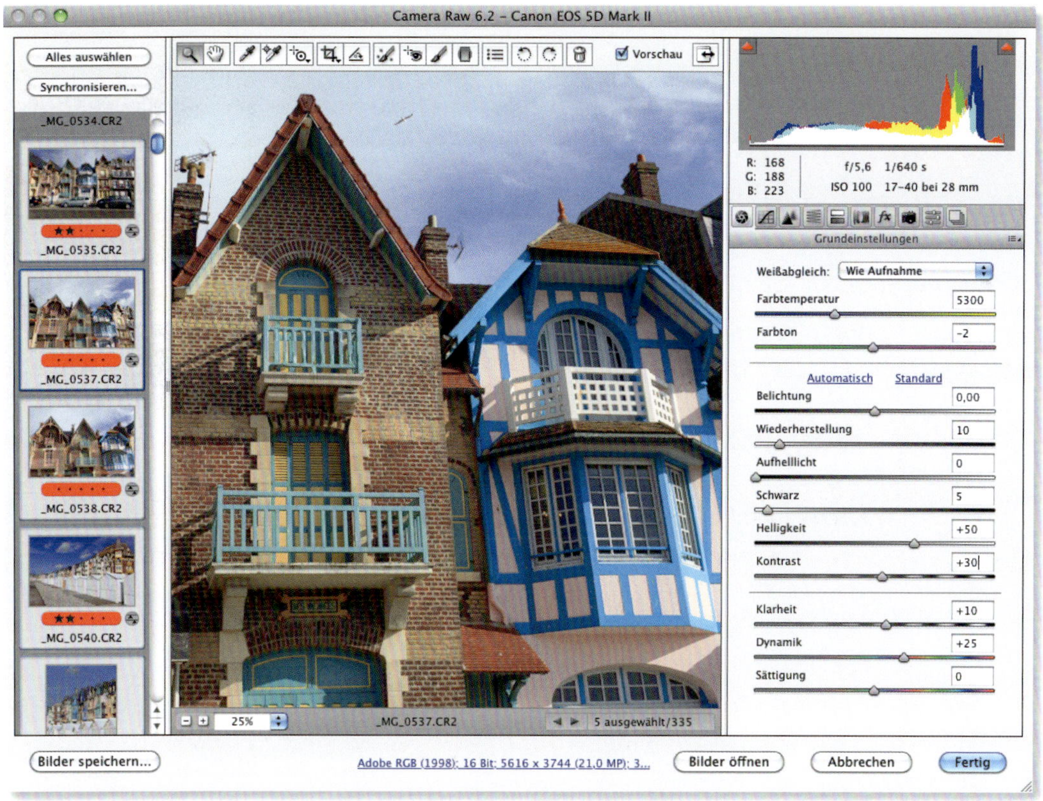

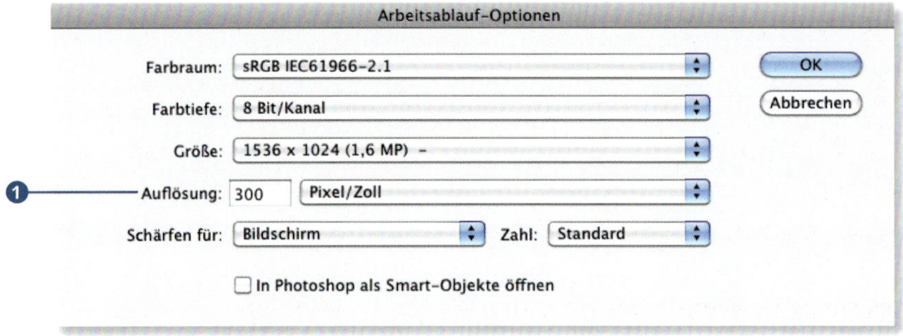

Abbildung 12.84 ▸
Es ist kein Problem, direkt aus Adobe Camera Raw flickr-taugliche Dateien erzeugen. Wem 1500 Pixel zuviel sind, der kann die Bilder über Datei • Skripten • Bildprozessor noch kleiner rechnen lassen.

korrigiere diese Bilder gemeinsam. Mit gedrückter [Strg]-Taste lassen sich Bilder nacheinander anklicken, oder Sie klicken auf das erste und dann mit gedrückter [⇧]-Taste auf das letzte, um eine ganze Reihe auf einmal zu markieren. Wenn Sie bestimmte Einstellungen auf alle Bilder anwenden wollen, zum Beispiel die automatische Objektivkorrektur, können Sie oben links auf Alles auswählen klicken. Die Tastenkürzel [Strg]+[A] oder [cmd]+[A] funktionieren hier ebenfalls.

Nachdem die Korrekturen im RAW-Konverter vorgenommen wurden, klicke ich auf Bilder speichern. Normalerweise werden die Bilder im Format TIFF/16 Bit zur Weiterbearbeitung beziehungsweise Retusche in Photoshop gespeichert. Oft aber werden die Bilder nur zur Weitergabe an Online-Dienste oder Normalbürger benötigt. Dann wird im Vorfeld die Auflösung heruntergesetzt ❶ und als Format JPG gewählt.

Wenn ich eine große Menge an Bildern für die Weiterverarbeitung in 120 MB große TIFF-Dateien umgewandelt habe, werde ich diese natürlich nicht stapelweise an den Kunden mailen können, damit er seine Bildauswahl trifft. Die Adobe Bridge unterstützt dafür komfortable PDF-Kontaktbögen, die ich im folgenden Abschnitt vorstelle.

12.15 PDF-Kontaktbögen

Wenn Sie oben in der Bridge auf Ausgabe ❷ klicken, haben Sie die Möglichkeit, eine Web-Galerie oder eine PDF-Datei zu erstellen. In diesem Fall bleibt die Voreinstellung auf PDF stehen. Unter Dokument wird DIN A4 als Grösse eingestellt, weil diese Größe fast jeder ausdrucken kann. Unter Layout wähle ich in diesem Fall 3 Spalten und 4 Zeilen, also 12 Bilder pro Seite. Da unter Dokument 300 ppi eingestellt wurde, hat die Auflösung etwas Spielraum zur Vergrößerung am Bildschirm. Unter Kopfzeile gebe ich das Thema und den

Namen des Autors (in diesem Fall meinen Namen) an. Zum Schluss klicke ich auf SPEICHERN und erhalte eine PDF-Datei, die ich per Mail versenden kann, und deren Bilder groß genug sind für eine Begutachtung. Da die Dateinamen unter den Bildern stehen, kann mir der Kunde seine Auswahl einfach per Mail mitteilen.

Große Dateien sollten Sie nicht mehr per E-Mail versenden, denn die meisten Mailserver machen heute bereits bei 10 MB pro Mail dicht. Es gibt allerdings spezielle Web-Dienste für den Versand großer Datenmengen wie zum Beispiel *www.yousendit.com*. Wenn es nicht eilt, können Sie natürlich auch eine CD oder DVD per Post versenden.

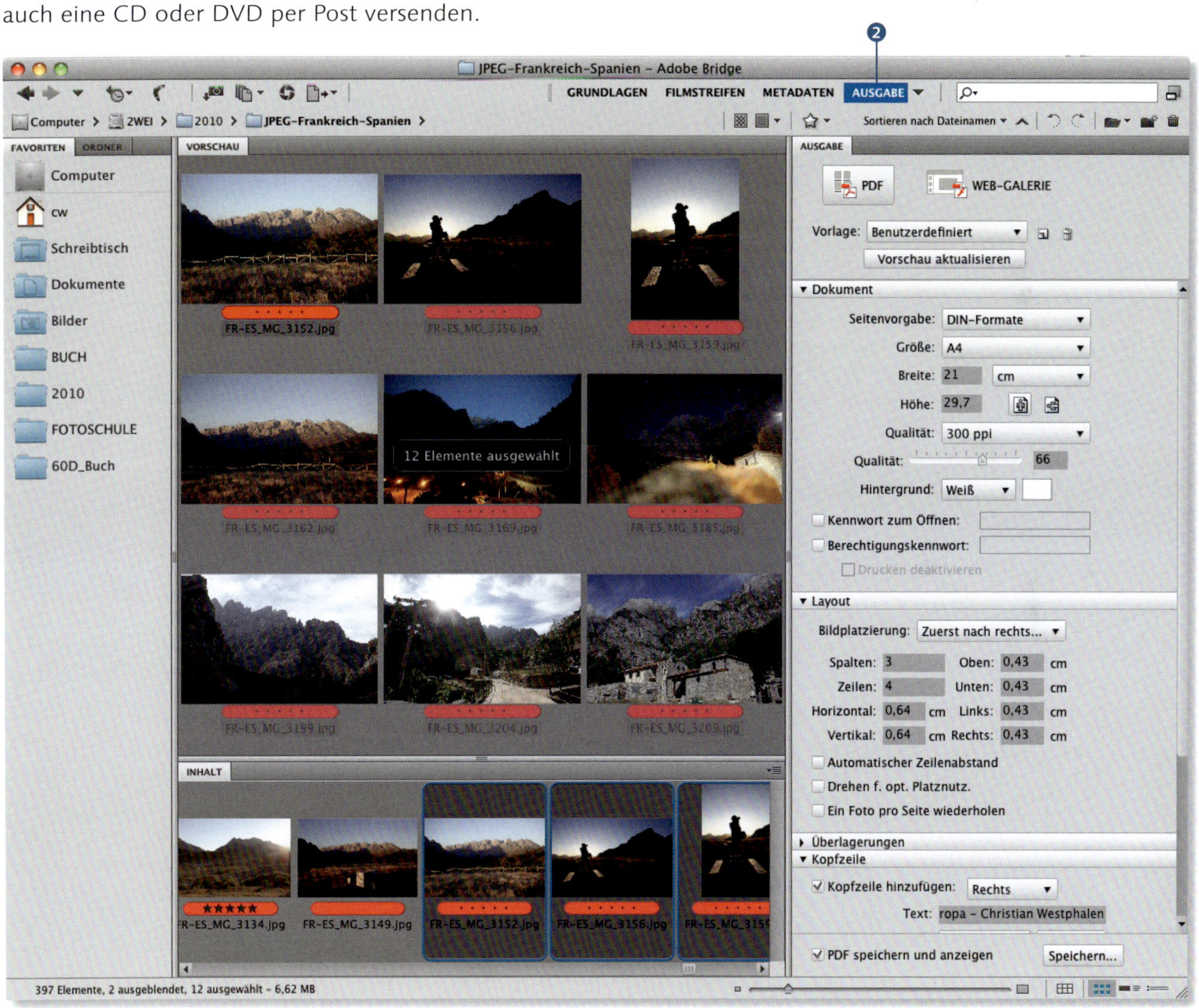

▼ Abbildung 12.85
Um eine große Anzahl Bilder für die Bildauswahl in einem Dokument zu versenden, eignet sich ein PDF-Kontaktbogen gut. Sie können ihn direkt aus der Bridge heraus erstellen.

12.16 Dateiformate

Zum Schluss dieses Kapitels möchte ich Ihnen noch kurz einen Überblick über die verfügbaren Datenformate in Photoshop geben. Wenn Sie in Photoshop ein Bild abspeichern möchten, werden Sie mit einer Vielzahl von möglichen Dateiformaten konfrontiert. Hier soll etwas Übersicht geschaffen werden:

- **Photoshop (.psd):** Es kann alles, was Photoshop auch kann und das beste Format, wenn Sie aufwendige Montagen mit Ebenen speichern möchten. Das TIFF-Format ist aber mittlerweile weitgehend ähnlich leistungsfähig.
- **Großes Dokumentenformat (.psb):** Wie der Name schon sagt, werden große Bilder mit bis zu 300 000 Pixeln Seitenlänge unterstützt, ansonsten ist es ähnlich dem .psd-Format, und Sie werden es wohl fast nie benötigen.
- **BMP (.bmp):** ein eher veraltetes Windows-Format, das höchstens für Office-Anwendungen interessant ist
- **Compuserve GIF (.gif):** Ein uraltes Format für Webgrafiken mit nur 256 darstellbaren Farben. Es ist immer noch interessant für grafische Elemente im Web. Wenn Sie Bilder fürs Internet brauchen, verwenden Sie lieber den Menüpunkt Datei • Für Web und Geräte speichern.
- **Dicom (.dcm):** Dicom ist nur im medizinischen Bereich gebräuchlich und nur in der Extended-Version von Photoshop verfügbar.
- **Photoshop EPS (.eps):** Ein Postscript-Format, das auch Vektorgrafik unterstützt. Es ist für den Fotografen meist uninteressant und wird in der Druckvorstufe verwendet, wenn zum Beispiel CMYK-Daten JPEG-kodiert abgespeichert werden sollen.
- **IFF-Format (.iff):** ein veraltetes Format, das Ihnen vielleicht noch vom Commodore Amiga bekannt ist
- **JPEG (.jpeg):** Das verbreitetste Datenformat überhaupt mit einer guten, aber verlustbehafteten Kompression. Es ist für die Weiterbearbeitung nicht sehr gut geeignet, aber gut für die Weitergabe per Mail oder im Web.
- **JPEG 2000 (.jp2):** Die technisch verbesserte Version von JPEG ist kaum verbreitet und bereits wieder am Aussterben, so dass ich von der Verwendung nur abraten kann.
- **PCX (.pcx):** ein veraltetes Format aus der PC-Welt
- **Photoshop PDF (.pdf):** PDF ist interessant, wenn Sie Bilder aus Photoshop in PDF-Layouts als eigene Seite übernehmen wollen. Die Bridge kann Bildübersichten auch mehrseitig als PDF erzeugen. Für die Fotografie an sich ist das PDF-Format aber eher uninteressant.

- **Photoshop 2.0:** Veraltet – Photoshop CS5 entspricht Photoshop 12.0.
- **Photoshop RAW (.raw):** Das RAW-Format speichert »nackte« Bildinformation, selbst die Ausdehnung in Pixeln wird nicht mitgespeichert. Es hat nichts mit Camera Raw zu tun, und Sie sollten es nicht verwenden.
- **Pixar:** ein veraltetes Format aus der 3D-Welt
- **PNG (.png):** Der Nachfolger von GIF mit sehr vielen Möglichkeiten ist interessant für das Web, aber sonst eher nicht.
- **Portable Bitmap (.pbm):** Es ist nur für reine SW-Bilder ohne Grauabstufungen geeignet. Solche sollten Sie normalerweise eher als TIFF speichern.
- **Scitex CT (.sct):** ein veraltetes Format aus dem Highend-Scanner-Bereich
- **Targa (.tga):** veraltet
- **TIFF (.tif):** Das absolute Standardformat, und es wird auf Seite 578 näher erklärt.
- **Photoshop DCS 1.0 und DCS 2.0 (.dcs):** Ähnlich dem EPS-Format, aber besonders geeignet für die Arbeit mit Volltonfarben. Wenn Sie also statt in RGB zum Beispiel in HKS 7 (Orange) und Schwarz arbeiten, können Sie ein Bild mit diesen beiden Farbkanälen an eine Layout-Software wie InDesign weitergeben. Es ist nur für Grafik-Profis interessant.

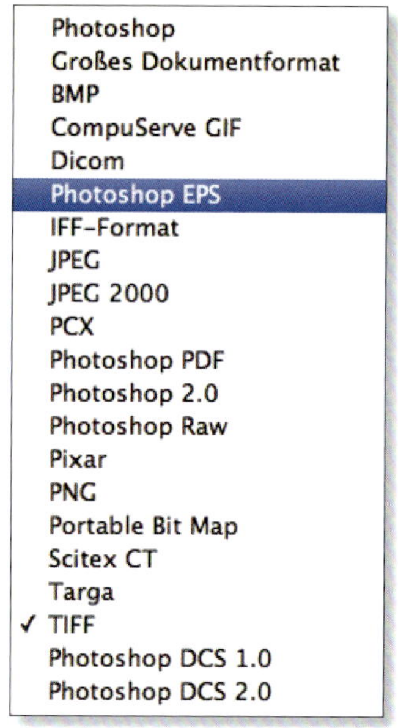

▲ **Abbildung 12.86**
Diese Dateiformate bietet Photoshop CS5 zur Auswahl, wenn Sie ein RGB-Bild abspeichern wollen.

Die meisten Fotografen werden mit JPEG, TIFF und PSD auskommen: das JPEG-Format für kleine Bilddateien für die Weitergabe per Web oder Mail, TIFF-Dateien für die Archivierung oder hochqualitative Weitergabe und Photoshop (PSD), wenn kompliziertere Arbeiten in Photoshop so gespeichert werden sollen, dass sämtliche Bearbeitungsmöglichkeiten erhalten bleiben.

Natürlich heißt das nicht, dass Sie die originalen RAW-Dateien Ihrer Kamera löschen sollen. Diese sollten Sie immer behalten, weil nur sie den vollen Umfang der Bildinformation besitzen. Aber Sie können ein Bild nach der Bearbeitung eben nicht wieder im kameraeigenen RAW-Format abspeichern.

12.16.1 JPEG

Über die Schwächen von JPEG als Aufnahmeformat beziehungsweise die Vorteile von RAW habe ich schon genug geschrieben. Trotzdem nutze ich das JPEG-Format täglich. Ob ich Bilder im Internet präsentieren will, eine Bildübersicht platzsparend in einem PDF unterbringen möchte, oder emailtaugliche Bilder versenden möchte: All das funktioniert am besten mit dem JPEG-Format.

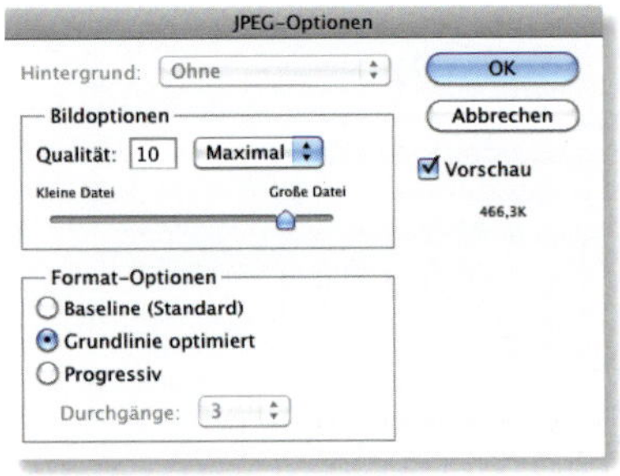

▲ **Abbildung 12.87**
Wenn Sie das Häkchen vor VORSCHAU gesetzt haben, können Sie die Auswirkungen der Kompression am Bildschirm betrachten. Darunter sehen Sie die resultierende Dateigröße.

JPEG unterstützt nur Graustufenbilder und RGB-Daten in 8 Bit pro Farbe. Sie können in Photoshop zwar auch CMYK-Bilder als JPEG abspeichern, aber das ist nicht Bestandteil des offiziellen Standards und kann zu Überraschungen in der Weiterverarbeitung führen.

Wenn Sie in Photoshop eine JPEG-Datei abspeichern, können Sie die QUALITÄT auf einer Skala von 0–12 einstellen. Werte von 8–12 sind qualitativ meistens ausreichend, die Einstellung 12 lässt die Dateien allerdings oft nur wenig kleiner als das Original werden – insbesondere bei sehr scharfen und detailreichen Bildern. Unter den FORMAT-OPTIONEN finden Sie drei Möglichkeiten:

- BASELINE (STANDARD): Das kompatibelste Ur-Format von JPEG und gut geeignet zur sicheren Weitergabe. Inzwischen gibt es aber wahrscheinlich keine Software mehr, die mit BASELINE (STANDARD) nicht umgehen könnte.
- GRUNDLINIE OPTIMIERT: Diese Option erzeugt etwas kleinere Dateien und etwas genauere Farben als bei BASELINE (STANDARD) – eine gute Wahl.
- PROGRESSIV: Die Einstellung PROGRESSIV stammt aus der Zeit langsamer Internetverbindungen. Ein JPEG erscheint zunächst ganz grob aufgelöst, dann etwas feiner und schließlich in Vollauflösung. Allerdings können Sie auch bis zu fünf Durchgänge einstellen. Für diese Einstellung gibt es heutzutage eigentlich keine Berechtigung mehr, und der mehrfache Aufbau nervt beim Betrachten, so dass Sie Sie diese Option am besten gar nicht mehr verwenden.

12.16.2 TIFF

TIFF ist eines der am weitesten verbreiteten Bildformate überhaupt. Allerdings ist es so vielseitig, dass nicht alle Programme auch alle Möglichkeiten des Formats unterstützen. Trotzdem ist es eine sehr gute Wahl, wenn Sie Bilddaten ohne Qualitätsverlust weitergeben möchten. Die meisten Bilder in diesem Buch zum Beispiel liegen als TIFF vor, denn die Druckqualität ist besser als beim JPEG-Format, und trotzdem kommt es in der Weiterverarbeitung nicht zu Problemen, weil TIFF einer der Standards in der Druckvorstufe ist. Meine fertigen Bilder archiviere ich ebenfalls als TIFF, weil dieses Format wahrscheinlich recht lange noch gut gelesen werden kann. Sie können im TIFF-Format auch die Bilddaten komprimieren, ohne die Qualität zu verringern, wie es bei JPEGs der Fall ist.

Der ältere Standard dafür ist LZW (nach den drei Architekten des Algorithmus Lempel, Ziv und Welch). In neueren Versionen unterstützt TIFF auch ZIP und sogar JPEG – letzteres ist dann natürlich nicht verlustfrei. Sie sollten aber davon Abstand nehmen, TIFFs mit 16 Bit pro Kanal komprimiert abzuspeichern. Die Dateien werden dann eher größer als kleiner und brauchen länger beim Laden und Speichern. Obendrein sinkt die Archivsicherheit, weil die Komprimierung den Datenaufbau verkompliziert. Bei 8-Bit-Bildern können Sie aber bei durchschnittlichen Bildern fast die Hälfte des Speicherplatzes sparen, wenn Sie komprimieren.

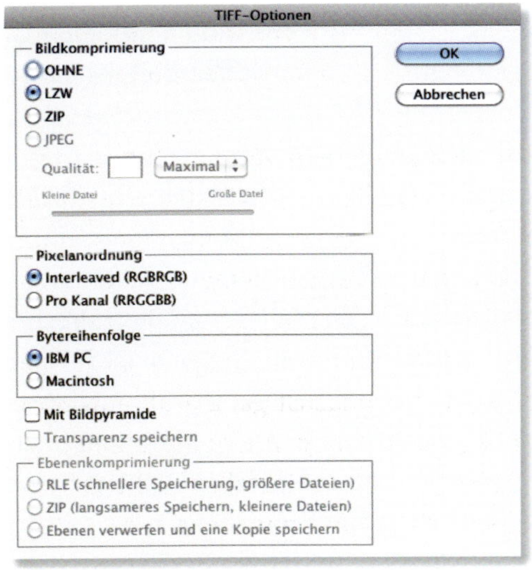

◄ **Abbildung 12.88**
Die Speicheroptionen von TIFF: Die Pixelanordnung und die Bytereihenfolge können Sie ignorieren, denn moderne TIFF-Leser kommen mit allen Möglichkeiten gut zurecht. Die LZW-Kompression wird durchgängiger unterstützt, 16-Bit-Bilder sollten Sie allerdings gar nicht komprimieren, obwohl diese Bilder es am nötigsten hätten. Aber leider bringt die Komprimierung hier nichts und kostet nur Zeit.

12.17 Fazit

Die Bildbearbeitung bietet viele Versuchungen, und natürlich dürfen Sie alles ausprobieren. Vieles bleibt aber nur Effekt, verbessert ein Bild nicht wirklich, und im Zweifel sollten Sie das Ergebnis in der Übungsschublade belassen und nicht veröffentlichen. Konzentrieren Sie sich anfangs darauf, Ihre Bilder mit den grundsätzlichen Bearbeitungswerkzeugen in Kontrast und Farbe anzupassen und kleine, störende Details wegzuretuschieren. Selbst wenn Sie am Rechner Fantasiewelten erschaffen möchten, werden Sie diese Grundlagen immer brauchen, und sei es nur, um die Elemente einer Fotomontage aneinander anzupassen. Für die meisten Fotografen wird der Computer eine Art Fotolabor sein, in dem man versucht, einen möglichst guten Abzug des »digitalen Negativs« herzustellen.

Wer interessiert die Entwicklung der elektronischen Bildbearbeitung verfolgt, weiß, dass noch einiges auf uns zukommen wird und selbst Werkzeuge wie Adobe Photoshop noch lange nicht ausgereizt sind. Viele Dinge werden noch einfacher werden, andere überhaupt erst möglich und aus manchen

Aufnahmen, die Sie heute für technisch misslungen halten, werden Sie in der Zukunft mehr herausholen können, als Sie heute vermuten. Das inhaltssensitive Füllen von Photoshop CS5 bietet einen Vorgeschmack – hier wird deutlich, wie sehr Bildbearbeitungssoftware »mitdenken« kann und wie einfach sich komplizierte Aufgaben lösen lassen.

Um in dieser Vielzahl der Möglichkeiten nicht verlorenzugehen, müssen Sie sich überlegen, was Sie mit Ihren Bildern erreichen wollen. Ich persönlich verfolge das Ziel, meinen persönlichen Eindruck des Motivs am Rechner wiederherzustellen, auch wenn dies Eingriffe in der Bildbearbeitung erfordert. Diese sollten aber möglichst nicht augenfällig werden: Photoshop ist, wenn man es nicht sieht. Aber auch ganz neue Bilder am Rechner zu montieren, ist sehr reizvoll. Es gibt viele gelungene Beispiele, allerdings auch eine Menge, die in die Kitschfalle getappt sind.

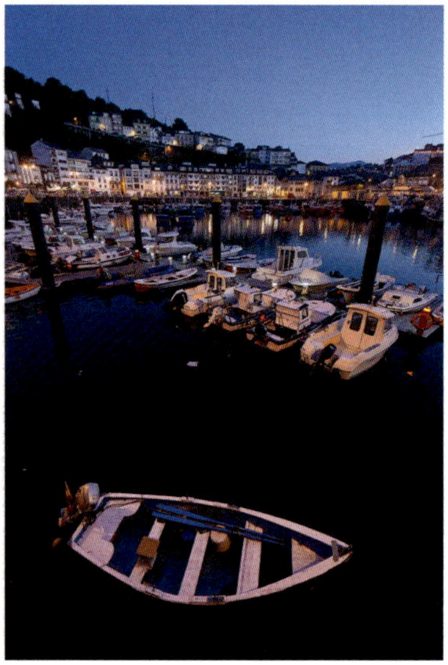

▲ **Abbildung 12.89** ▸▸
Auf den ersten Blick fällt es nicht auf, dass dieses Bild auf drei Viertel seiner ursprünglichen Höhe zusammengestaucht wurde, um ins Seitenformat zu passen. Das inhaltsbewahrende Skalieren hat hauptsächlich die Wasserfläche zwischen dem unteren Boot und dem Bootssteg darüber verkürzt.

Heute kann sich ein Student eine Digitalkamera und einen Bildbearbeitungsrechner leisten, die vor zehn Jahren nicht einmal den größten Werbeagenturen zur Verfügung standen. Die technischen Möglichkeiten sind enorm, und dennoch bin ich froh, die Fotografie zu Beginn mit sehr einfacher Technik betrieben zu haben. Ich hatte so Zeit, den Umgang mit ihr zu erlernen. Allerdings lässt es sich heute schneller lernen, weil die digitale Technik ein unmittelbares Feedback gibt. Früher sah man die Negative erst nach der Entwicklung und den Fotoabzug erst nach Minuten der Entwicklung. Heute zeigt das Display das Bild unmittelbar nach der Aufnahme und der Monitor reagiert praktisch in Echtzeit auf die Veränderungen in der Bildbearbeitung.

Es ist also einfacher geworden, gute Bilder zu machen, aber genauso schwierig geblieben, sehr gute zu machen. Um sich weiterzuentwickeln, ist es wichtig, mit dem Lernen nicht aufzuhören, aber genauso wichtig, einmal Erlerntes auch wieder loszulassen und die Dinge anders anzugehen als bislang. Die Bildbearbeitung gehört heute zur Fotografie wie früher das Labor, aber während sich früher ein Großteil der Amateure mit den Standardergebnissen aus den Laboren zufrieden gab, ist es heute viel mehr Menschen möglich, die Ausarbeitung ihrer Bilder selbst in die Hand zu nehmen. Die Hürden beim ersten Erlernen der Bildbearbeitung sind nur am Anfang hoch, und es lohnt sich, sich mit dem Thema Bildbearbeitung richtig auseinanderzusetzen, so dass es eine Einheit bilden kann mit der Fotografie.

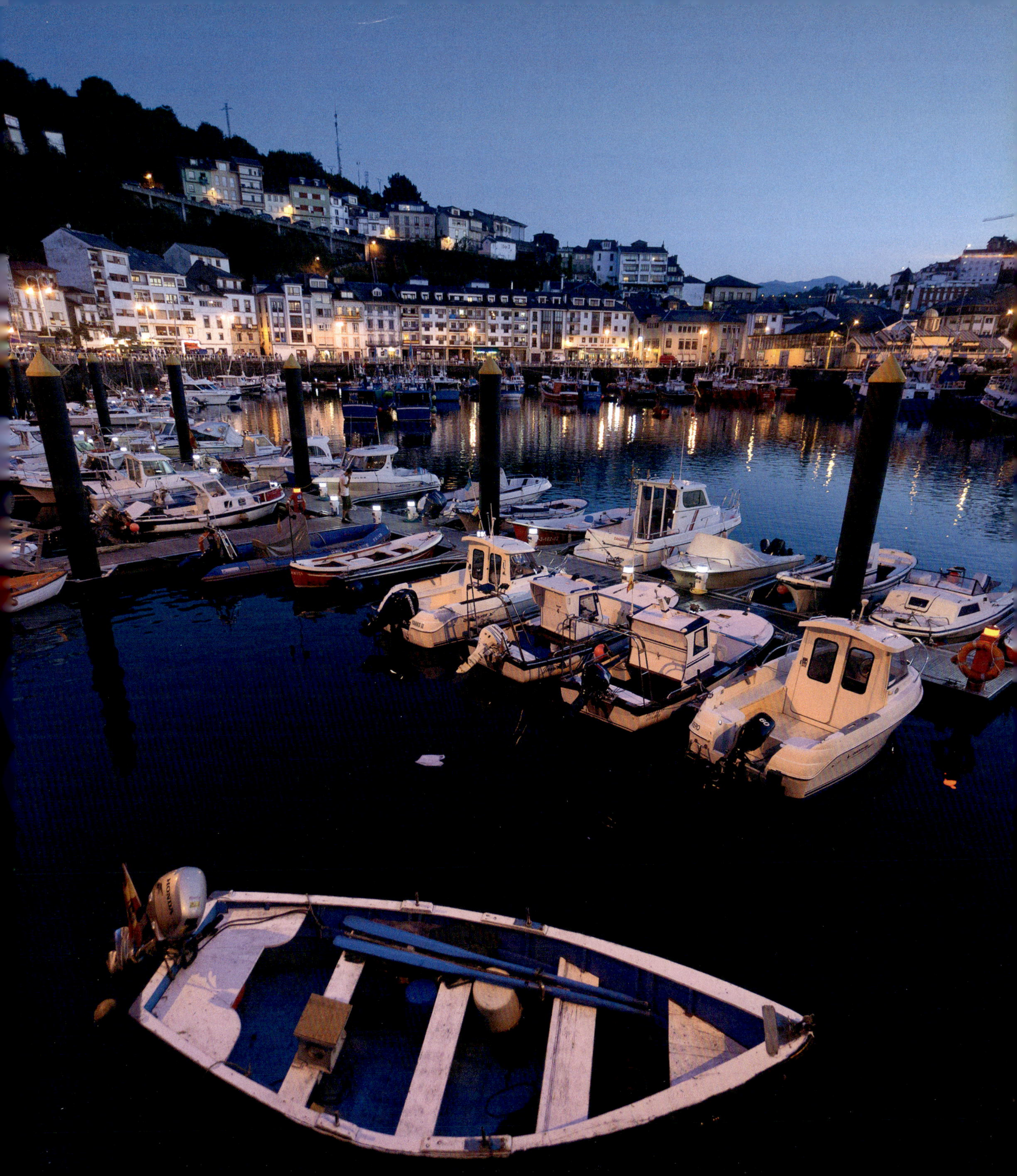

Glossar

Abbildungsfehler
Objektive haben Eigenschaften, die der perfekten Abbildung eines Motivs entgegenstehen. Diese lassen sich auch mit hohem konstruktiven Aufwand nur teilweise korrigieren. Übrig bleiben Abbildungsfehler, die zur (Rand-)Unschärfe, Verzerrung der Perspektive, Farbsäumen oder Randabdunklung führen.

Abbildungsmaßstab
Das Größenverhältnis von abgebildetem Objekt zur Abbildung. Bei einem Abbildungsmaßstab von 1:10 wird ein 8 cm hohes Objekt 8 mm groß auf dem → Sensor abgebildet.

Abblenden
Verkleinern des Objektivdurchmessers durch die Blende. Dabei vergrößert sich der Blendenwert, es gelangt weniger Licht auf den Sensor und die → Schärfentiefe steigt an.

Abblendtaste
Ein Knopf an der → DSLR, der die Blende auf den eingestellten Wert schließt. So bekommen Sie im Sucher einen groben Eindruck von der zu erwartenden → Schärfentiefe. Das Sucherbild wird dabei dunkler. An einer Canon-Kamera mit eingeschaltetem Systemblitz gibt der Blitz eine Sekunde Dauerlicht ab, so dass Sie auch die Blitzwirkung im Sucher sehen können.

AEB
Abkürzung für *Automatic Exposure Bracketing*. Die Kamera erstellt eine automatische → Belichtungsreihe

APS-C
Abkürzung für *Advanced Photo System Classic*, ein Filmformat (25,1 × 16,7 mm) aus analogen Zeiten, das ungefähr 1,5-mal kleiner ist als das Kleinbild- bzw. → Vollformat. Die meisten DSLRs besitzen Sensoren in ungefährer APS-C-Größe.

Auflagemaß
Der Abstand zwischen → Sensor und Oberseite des → Bajonetts, und somit der optisch wirksame Innenraum eines Kameragehäuses.

Auflösung
Die Fähigkeit, kleine Strukturen unterscheidbar wiederzugeben. Die Auflösung wird pro Strecke oder pro Fläche gemessen, z. B. 300 Punkte pro Zoll als Druckauflösung oder 18 Megapixel als Gesamtauflösung eines Sensors. Auch → Objektive haben eine Auflösungsgrenze, oberhalb derer auch eine höhere Sensorauflösung keine höhere Gesamtauflösung bringt.

Autofokus
Automatisches Scharfstellen der Kamera auf das Motiv. Zur Zeit haben Spiegelreflexkameras einen technisches Vorteil, da ihr Aufbau die Verwendung von Phasenvergleichssensoren erlaubt, die die Schärfe sehr schnell und exakt messen können. Kameras ohne Spiegel führen meist mit Hilfe des → Sensors eine Kontrastmessung durch, und sie fokussieren langsamer.

Backfocus/Frontfocus
Eine konstante Fehleinstellung des Autofokus. Die eingestellte Fokusentfernung liegt entweder vor dem angemessenen Punkt (Frontfocus) oder dahinter (Backfocus). Viele Kameras erlauben eine manuelle Justierung im Menü.

Bajonett
Genormter Anschluss für Wechselobjektive, die mit einem Entriegelungsknopf und einer kurzen Drehung abgenommen werden können. Über Kontakte im Bajonett werden auch digitale Daten übertragen, die z. B. den Blendenwert (→ Blende) steuern oder die Entfernung einstellen.

Belichtung
Vorgang, während dem eine lichtempfindlichen Schicht (→ Sensor) dem Licht ausgesetzt wird. Der → Verschluss begrenzt die Zeit der Belichtung, die Blende begrenzt die Intensität. Die Empfindlichkeit (→ ISO-Wert) bestimmt die notwendige Lichtmenge für ein korrekt belichtetes Bild.

Belichtungskorrektur
Anpassung der Werte der Belichtungsautomatik, um einen dunkleren oder helleren Bildeindruck zu erhalten. Die Automatik geht von einer mittleren Motivhelligkeit aus. Falls diese nicht gegeben ist oder die Messung bei kontrastreichen Motiven zu unerwünschten Ergebnissen kommt, kann die → Belichtung üblicherweise um mindestens zwei Blendenstufen nach Plus und Minus angepasst werden.

Belichtungsreihe
Mehrere Bilder werden kurz hintereinander mit veränderten Belichtungswerten aufgenommen – entweder, um eine korrekt belichtete Variante zu erhalten oder um diese Aufnahmen später zu einem → HDR-Bild zusammenfügen zu können. In der Praxis ist es meist besser, zwischen den Aufnahmen die → Belichtungszeit zu verändern statt die Blende.

Belichtungszeit
Zeitraum, während dem der → Verschluss Licht auf den → Sensor lässt.

Bilddatei
Ein Dokument, das die digitalen Bilddaten aller → Pixel und die → Metadaten (→ EXIF) zusammenfasst. Eine → DSLR kann diese Daten praktisch vollständig in eine → RAW-Datei oder in Teilen und vereinfacht in eine kleinere → JPEG-Datei schreiben.

Bildrauschen → Rauschen

Bildstabilisator
Vorrichtung, die das → Verwackeln der Kamera bei der Belichtung mechanisch ausgleicht. Entweder wird dafür ein Teil des → Objektivs beweglich ausgelegt oder der → Sensor so bewegt, dass er der Bildverschiebung hinterherläuft. Es gibt auch eine elektronische Bildstabilisierung, die versucht, die Effekte des Verwackelns aus der → Bilddatei herauszurechnen, diese ist qualitativ allerdings viel schlechter als die mechanische.

Bildwinkel
Der Winkel, innerhalb dessen das Motiv noch durch den Bildausschnitt erfasst wird. Er wird quer, hoch oder diagonal gemessen. Je kürzer die → Brennweite (Weitwinkel) ist und je größer das Sensorformat, desto größer ist der Bildwinkel. Lange → Brennweiten (Tele) ergeben engere Bildwinkel.

Bit
Kurzwort für *Binary Digit*, die kleinste Einheit in der zweiwertigen Logik. Das Binärsystem ist ein Zahlensystem mit nur den zwei Ziffern 0 und 1 statt der zehn Ziffern wie in unserem Dezimalsystem. Die Zahl 23 z. B. wird im Binärsystem als 10111 dargestellt. Um 256 Graustufen abbilden zu können, werden 8 Bit benötigt, moderne DSLRs lösen üblicherweise 14 Bit/Farbe auf, was für 2^{14}=16384 Abstufungen (pro Farbe) reicht.

Blende
Die Blende ist eine mechanische Vorrichtung, die den nutzbaren Objektivdurchmesser von außen nach innen verkleinern kann, um

so weniger Licht hindurchzulassen und eine höhere → Schärfentiefe zu erreichen, da ein engeres Strahlenbündel das Motiv über einen weiteren Tiefenbereich scharf abbilden kann.

Blitzsynchronzeit
Die kürzeste Zeit, bei der der → Verschluss den → Sensor ganz freigibt und bei der ein kurzer Lichtblitz den gesamten Sensor auf einmal belichten kann. Bei einem Schlitzverschluss werden alle kürzeren Zeiten durch die Verengung des Verschlussschlitzes erreicht, der dann während der Belichtungszeit über den Sensor läuft. Die Blitzsynchronzeit einer DSLR liegt typischerweise um 1/250 s.

Bokeh
Die ästhetische Qualität der Abbildung unscharfer Bildbereiche.

Brennweite
Wenn Lichtstrahlen parallel auf eine Linse einfallen, werden sie in einem Punkt gebündelt, der um die Brennweite vom Mittelpunkt der Linse entfernt liegt. Bei einem → Objektiv entspricht die sogenannte Hauptebene dieser Linsenmitte. Je kürzer die Brennweite, desto größer ist der erzielbare → Bildwinkel. Weitwinkelobjektive haben also eine kurze Brennweite, Teleobjektive eine lange.

Bulb (B)
Belichtungsmodus, in dem der Verschluss für Langzeitbelichtungen praktisch beliebig lange geöffnet bleiben kann. Der Verschluss bleibt solange geöffnet, wie der (Kabel-)Auslöser gedrückt bleibt.

Byte
8 → Bit

Cropfaktor
Der Faktor, um den eine → Brennweite gegenüber → Vollformat verkürzt werden muss, um den gleichen → Bildwinkel zu erreichen. → APS-C hat einen Cropfaktor von 1,5 (Nikon und andere) oder 1,6 (Canon), → Four Thirds einen Cropfaktor von 2. Ein 100-mm-Teleobjektiv an einem Vollformatsensor entspricht also einem 50-mm-Objektiv an einem Four-Thirds- und ca. 67 mm an einem APS-C-Sensor.

Digitalzoom
Die Digitalzoom-Funktion nimmt einen Bildausschnitt aus der Mitte der Aufnahme und rechnet ihn in der Kamera auf die volle Bildgröße hoch. Da dies einer normalen → Interpolation entspricht, lässt sich das genauso gut bzw. schlecht am Computer erledigen. Interessant ist der Digitalzoom höchstens für Amateure, wenn sie direkt aus der Kamera heraus Bilder bestellen wollen, die einen kleineren Bildwinkel nutzen, als den, der mit der längsten → Brennweite möglich gewesen wäre.

DSLR
Abkürzung für *Digital Single Lens Reflex*, (einäugige) digitale Spiegelreflexkamera: eine Digitalkamera, die das durch das → Objektiv fallende Bild über einen Spiegel in einen optischen → Sucher umleitet, und bei Profikameras die verbreitetste Bauform.

Dynamikumfang
Der Dynamikumfang beschreibt den Bereich zwischen dem dunkelsten und dem hellsten darstellbaren Helligkeitswert. Unterhalb dieses Bereichs ist nur noch Bildrauschen (→ Rauschen) ohne erkennbare Details vorhanden, oberhalb davon reines Weiß ohne jede → Zeichnung (bei Farbbildern kann auch eine Farbe übrig bleiben, die aber keine Details mehr zeigt). Aktuelle DSLRs haben bei → JPEG-Bildern einen Dynamikbereich von ca. 9 Blendenstufen, beim → RAW-Format ca. 12 Blendenstufen (unter optimalen Bedingungen). Wenn ein höherer Dynamikumfang zu bewältigen ist, bleibt nur die → HDR-Technik.

Empfindlichkeit
Die Fähigkeit, auch schwache Signale aufzuzeichnen. Je höher die Empfindlichkeit (→ ISO-Wert), desto weniger Licht genügt für eine korrekt belichtete Aufnahme.

EVIL
Abkürzung von *Electronic Viewfinder, Interchangeable Lens*: Eine spiegellose Systemkamera mit Wechselobjektiven, die keine optischen → Sucher mehr hat. Die Bildbeurteilung erfolgt nur über ein Display. Der Micro-Four-Thirds-Standard ist ein Beispiel für diese Bauform.

EXIF
Kurz für *Exchangeable Image File Format*, ein Standard, der die Aufnahme von Belichtungsdaten (z. B. Kameramodell, → Blende, → Belichtungszeit, → Weißabgleich) in die Bilddatei regelt.

Extender
Canons Bezeichnung für einen → Konverter.

Farbfilter
Ein optisches Element, das einen bestimmten Wellenlängenbereich des Lichts ausschließt oder abschwächt und somit nur bestimmte Farbbestandteile des Lichts hindurchlässt. In der Digitalfotografie werden Farbfilter kaum noch verwendet.

Farbmanagement
Eine Sammlung von Techniken, die eine farbrichtige Darstellung auf verschiedenen Geräten wie z. B. Monitoren und Druckern oder bei der Weitergabe von Bildern sicherstellen soll.

Farbprofil
Eine Datei, die die Farbrauminformation eines Geräts oder eines Bildes enthält und notwendig für das → Farbmanagement. Bei Dateiformaten wie → TIFF oder → JPEG lässt sie sich direkt mit in die → Bilddatei speichern.

Farbraum
Kameras, Bildschirme und andere farbfähige Geräte unterscheiden sich in den darstellbaren Farben. Die Menge der darstellbaren Farben lässt sich als dreidimensionales Gebilde, den sogenannten Farbraum darstellen. Man unterscheidet zwischen Gerätefarbräumen, die ein Gerät beschreiben, und Arbeitsfarbräumen (z. B. AdobeRGB, sRGB), die extra für die Bildbearbeitung geschaffen wurden.

Farbstich
Die Farbdarstellung erscheint von einer neutralen Darstellung hin zu einem Übergewicht einer bestimmten Farbe verschoben. Einer der Gründe für einen Farbstich ist die Wahl einer falschen → Farbtemperatur in der Kamera oder in der Bildbearbeitung.

Farbtemperatur
Ein glühender Gegenstand ändert seine Farbe mit steigender Temperatur, von rot, orange, gelb, über weiß nach blau. Die Farbtemperatur beschreibt die Lichtfarbe anhand der Temperatur (gemessen in Kelvin) eines idealen schwarzen Körpers, die dieser beim Ausstrahlen gleichfarbigen Lichts hätte.

Farbtiefe
Beschreibt die Abstufung von Helligkeitsstufen pro Grundfarbe. Moderne DSLRs zeichnen meist 14 oder 16 Bit pro Farbe auf, das sind 16384 oder 65536 Abstufungen pro roten, grünem oder blauem Farbkanal. → JPEG kann davon nur 256 verwenden, was ca. 16,7 Millionen Farbabstufungen insgesamt entspricht, die das menschliche Auge zwar noch übertreffen, aber bei der Bildbearbeitung nur wenig Reserven lassen.

Four Thirds
Ein Spiegelreflex-Kamerasystem, das für → Sensoren mit einer Diagonale von 21,63 mm – üblicherweise 17,3 x 13 mm – bestimmt ist. Die Sensoren sind damit halb so groß wie → Vollformatsensoren. Es gibt mit Micro Four Thirds eine Variante für spiegellose Kameras,

bei der nur das → Auflagenmaß kleiner ist, die Sensorgröße aber gleich bleibt.

Frontfocus → Backfocus/Frontfocus

Gigabyte (GB)
Eine Milliarde → Byte

Graufilter → ND-Filter

Großbild
Filmformate oberhalb der Rollfilmformate. Üblich sind von 9x12 cm bis 20x25 cm. Sensoren dieser Größe gibt es nur für Spezialanwendungen wie Teleskope oder Satelliten, in der Digitalfotografie sind sie noch nicht verfügbar.

HDR
Abkürzung von *High Dynamic Range* (hoher → Dynamikumfang) Einzelbilder einer → Belichtungsreihe werden zu einem einzigen Bild kombiniert, das den Dynamikumfang aller Bilder zusammen erreicht.

High-Speed-Sync
Hochgeschwindigkeitssynchronisation. Blitzmodus, in dem der Blitz viele kleine Blitze direkt hintereinander abgibt, um bei Verschlusszeiten, die kürzer sind als die → Blitzsynchronisationszeit, weiterhin Blitzlicht verwenden zu können. Die Blitzreichweite nimmt dabei ab.

Interpolation
Berechnung der Pixelfarben bei der Veränderung der Pixelmenge. Wenn z. B. ein Bild in Höhe und Breite halbiert wird, werden aus vier → Pixeln eines gemacht. Hierzu kann man den Durchschnitt der Farbwerte aller vier Pixel als Farbwert für das neue Pixel verwenden.

IPTC
Abkürzung für *International Press and Telecommunications Council*. Standard für die Verschlagwortung (Bildbeschreibung, Suchworte, Verwendungshinweise) eines Bildes in den → Metadaten einer → Bilddatei.

ISO-Wert
Maß für die Lichtempfindlichkeit des → Sensors. Eine Verdopplung des ISO-Werts versetzt die Kamera in die Lage, ein Bild mit halb so viel Licht aufzuzeichnen. So können Sie entweder die → Blende um eine volle Stufe schließen oder die → Belichtungszeit halbieren. Hohe ISO-Werte führen aber zu stärkerem → Bildrauschen.

JPEG
Abkürzung für *Joint Photographic Experts Group*. Ein Dateiformat, das es erlaubt, Bilddaten sehr platzsparend zu speichern. Das Format löscht Teile der Bildinformation, die vom menschlichen Betrachter meist ohnehin nicht wahrgenommen würden. Allerdings bietet dieses Format weniger Spielraum für die Bildbearbeitung als das → RAW-Format.

Kilobyte (kB)
Tausend → Byte, veraltet: 1 024 Byte

Konverter
Ein optisches Element, das zwischen Kamera und → Objektiv gesetzt wird, um die → Brennweite des Objektivs zu vergrößern. Ein 2-fach-Konverter verdoppelt die Brennweite und den Blendenwert der → Offenblende. Aus einem 200 mm/f2,8 wird so ein 400 mm/f5,6. Üblich ist ebenfalls der Faktor 1,4, etwas seltener der Faktor 1,7.

Leitzahl
Maß für die Leistungsfähigkeit bzw. Reichweite eines Blitzes. Die Leitzahl geteilt durch den Blendenwert ergibt die Reichweite in Metern. Die Leitzahl wird normalerweise für ISO 100 angegeben. Außerdem ändert sie sich nach der Brennweiteneinstellung des → Zoomreflektors. Je weitwinkliger die Blitzausleuchtung, desto

kleiner wird die Leitzahl des Blitzes.

Lichtstärke
Je weiter sich ein → Objektiv aufblenden lässt, desto lichtstärker ist es. Für die Lichtstärke ist also ausschließlich die → Offenblende entscheidend. Meist werden Objektive mit einem kleinsten Blendenwert von 2,8 und darunter als lichtstark bezeichnet.

Live View
Das Bild, das vom → Sensor aufgezeichnet wird, wird praktisch verzögerungsfrei auf dem Kameradisplay wiedergegeben. Da sich dieses Bild meist vergrößern lässt, eignet es sich sehr gut zum manuellen Scharfstellen.

Makroobjektiv
Ein → Objektiv, das für den Nahbereich und → Abbildungsmaßstäbe bis zu 1:2 oder 1:1 optimiert wurde. Trotzdem sind Makroobjektive auch für den Fernbereich gut geeignet.

Megabyte (MB)
Eine Million → Byte

Megapixel (MP)
Eine Million → Pixel

Metadaten
Daten, die andere Daten beschreiben. Die Metadaten einer Bilddatei beschreiben die Aufnahmeumstände eines Bildes, wie z. B. Belichtungszeit, Uhrzeit, Kameramodell, eingestellte Farbtemperatur etc. (→ EXIF). Auch die vom Fotografen selbst hinzugefügte Bildbeschreibung (→ IPTC) wird zu den Metadaten gezählt.

Mikroobjektiv
Ein Objektiv für den absoluten Nahbereich bei → Abbildungsmaßstäben über 1:1, d. h. das Bild auf dem → Sensor ist größer als das Motiv selbst. Mikroobjektive lassen sich im Fernbereich nicht verwenden. Sie haben nur einen kurzen Entfernungsbereich nahe der Frontlinse, den sie scharf abbilden können.

Mittelformat
Früher hauptsächlich die Bezeichnung für alle Filmformate, die auf 6 cm breitem Rollfilm aufgenommen wurden. Heute werden die Sensorformate, die größer als → Vollformat sind, als Mittelformat bezeichnet. Sensoren, die groß genug sind, um sie als → Großbild zu bezeichnen, sind für normale fotografische Anwendungen nicht auf dem Markt.

ND-Filter
Neutrale-Dichte-Filter, auch Graufilter genannt. Es lässt nur einen Teil des Lichts unabhängig von seiner Wellenlänge durch und vermindert damit die Belichtung. ND-Filter werden verwendet, wenn das Licht zu hell für die geplante Aufnahme ist, etwa wenn lange Belichtungszeiten bei Sonnenschein erzielt werden sollen.

Objektiv
Ein Objektiv ist eine Linsenkonstruktion (seltener auch Spiegelkonstruktion), die das Licht bündelt, so dass sich damit Abbildungen erzeugen lassen. Obwohl sich eine bestimmte → Brennweite mit einer einzelnen Linse erreichen lässt, sind mehrlinsige Konstruktionen notwendig, um die zahlreichen → Abbildungsfehler in den Griff zu bekommen.

Offenblende
Wenn die → Blende ganz geöffnet ist, begrenzt nur noch der Innendurchmesser des Objektivs das einfallende Licht. Der sich daraus ergebende Blendenwert ist die Offenblende.

Pixel
Ein Bildpunkt und Kurzform von *Picture Element*. Digitale Fotografien sind in Raster aufgeteilt, deren kleinstes Element, das Pixel, immer nur eine Farbe annehmen kann.

Rauschen
Wenn kein Licht auf einen → Sensor fällt, ergibt sich kein absolutes

Schwarz sondern zufällige Messwerte, die davon herrühren, dass die Messvorrichtung von sich aus Signale erzeugt, die aus den zufälligen Bewegungen der Elektronen stammen. Dieses sogenannte Rauschen nimmt mit höherer Temperatur zu und wird umso besser sichtbar, je höher die eingestellte Empfindlichkeit (→ ISO-Wert) ist.

RAW-Format
In diesem Format speichert die Kamera die Messwerte des → Sensors vollständig in einer → Bilddatei. So bleiben alle Möglichkeiten für die spätere Bildbearbeitung offen, nicht einmal die → Farbtemperatur muss vor der Aufnahme festgelegt werden.

RGB
Kurzbezeichnung für das Farbmodell der additiven Farbmischung, das mit den Grundfarben Rot, Grün und Blau auskommt. Das menschliche Auge und die meisten Digitalkameras nehmen Farben nach diesem Prinzip wahr. Ein Monitor mischt die Pixelfarben meistens aus roten, grünen und blauen → Subpixeln, es gibt allerdings schon Monitor-Modelle, die zusätzlich anderen Grundfarben verwenden, um einen größeren → Farbraum darstellen zu können.

Schärfentiefe
Der Bereich der Entfernung von der Kamera, innerhalb dessen die abgebildeten Objekte als scharf erscheinen. Die Schärfentiefe wird größer mit kleinerem → Abbildungsmaßstab und größeren Blendenwerten.

Sensor
Der Sensor ist das lichtempfindliche elektronische Bauteil in einer Digitalkamera, das Licht und damit das Bild aufzeichnet. Der Sensor wandelt für jedes einzelne → Pixel Licht in Strom und diesen Strom in digitale Messwerte um, die dann in einer → Bilddatei zusammengefasst werden. Der Sensor ersetzt den Film einer analogen Kamera als lichtempfindliches Medium.

Speicherkarte
Ein kompaktes Wechselmedium zu Speicherung der Bilddaten in der Kamera. Eine Speicherkarte benutzt Flash-Speicher, der mit Stromsignalen beschrieben wird, jedoch keinen Strom benötigt, um die Information gespeichert zu halten.

Stativ
Vorrichtung zur Fixierung der Kamera, damit Sie sich während der → Belichtungszeit nicht bewegt. Meistens ist ein Stativ als Dreibein ausgeführt, aber es gibt auch Einbein- oder Klemmstative.

Streulicht
Licht, das durch interne Reflexionen im → Objektiv oder in der Kamera auf den → Sensor gerät. Streulicht vermindert den Bildkontrast oder erzeugt störende Lichtflecken.

Streulichtblende
Ein Objektivvorsatz, der das → Objektiv von Licht außerhalb seines → Bildwinkels abschattet, um Streulicht zu vermindern.

Subpixel
Damit ein → Pixel eines Bildschirms alle Farben darstellen kann, ist er aus mindestens drei farbigen Subpixeln aufgebaut – je eines für Rot, Grün und Blau.

Sucher
Der Sucher dient der Bildbetrachtung während der Aufnahme. Er wird entweder optisch wie bei einer Spiegelreflexkamera oder einer Sucherkamera (z. B. Leica M9) ausgeführt, oder über einen elektronischen Bildschirm (→ Live View, → EVIL, die meisten Kompaktkameras).

Tele
Gebräuchliche Bezeichnung für → Objektive mit langer Brenn-

weite, früher auch Fernobjektive genannt.

Terabyte (TB)
Eine Billion → Byte. Eine Festplatte mit einem Terabyte kann ca. 40 000 → RAW-Dateien einer 20-Megapixel-Kamera speichern.

TTL
Abkürzung für *Through the Lens*. Eine Messmethode, die das Licht durch das → Objektiv misst, um (Blitz-)Belichtung und Schärfe festzulegen.

Verschluss
Der Verschluss befindet sich bei einer → DSLR meistens direkt vor dem → Sensor und gibt diesen nur für die Dauer der → Belichtungszeit frei. Bei Kompakt- oder Mittelformatkameras sind Zentralverschlüsse üblich, die ähnlich der → Blende funktionieren und mit im → Objektiv sitzen.

Verwackeln
Bewegung der Kamera während der → Belichtung. Um Verwackeln zu vermeiden, kann man ein → Stativ verwenden oder so kurze Belichtungszeiten einsetzen, dass die Bewegung während dieser Zeit kaum einen Effekt hat. Diese Belichtungszeiten können beim Einsatz eines → Bildstabilisators um bis zu vier Blendenstufen länger sein als ohne.

Verzeichnung
Wenn ein → Objektiv verzeichnet, bildet es gerade Linien nicht mehr gerade ab, was besonders am Bildrand deutlich sichtbar wird. Die Linien erscheinen dann nach außen gebogen (tonnenförmig), nach innen gebogen (kissenförmig) oder sogar wellenförmig.

Vignettierung
Die Abdunklung eines Bildes zum Rand hin. Sie hat viele verschiedene Ursachen. Eine der größten, die Selbstabschattung des → Objektivs, lässt sich durch → Abblenden um ca. zwei Stufen minimieren.

Vollformat
Mit dem Begriff Vollformat werden Sensorgrößen bezeichnet, die genauso groß sind wie ein Kleinbildnegativ, nämlich 24 x 36 mm. Beispielkameras sind die Leica M9, die Nikon D3-Reihe, die Canon 1Ds- und 5D-Reihe oder die Sony α900.

Weißabgleich
Mit dem Weißabgleich stimmt die Kamera ihre Farbdarstellung auf die Lichtfarbe ab, so dass → Farbstiche durch die Lichtfarbe verkleinert oder ganz ausgeglichen werden.

Zeichnung
Erkennbare Bildinformation in den Schatten oder Lichterbereichen eines Bildes.

Zoom
Ein → Objektiv mit veränderlicher → Brennweite, das somit unterschiedliche → Bildwinkel abbilden kann.

Zoomreflektor
Optische Konstruktion im Blitzgerät die den Abstrahlwinkel des Blitzes an die verwendete → Brennweite anpassen kann. So wird nur der → Bildwinkel ausgeleuchtet, der tatsächlich benötigt wird, und die Blitzreichweite steigt bei langen Brennweiten an.

Danke

Ohne die Unterstützung zahlreicher Menschen wäre dieses Buch nicht zu realisieren gewesen. Ihnen möchte ich herzlich danken!

Meinen **Models** Anja Herrmann, Annika Sophie, Denise, Elena, Esther, Evi, Ieva, Janine, Katharina, Lilith, Lisa, Miriam Witteborg, Neus, Nila, Tanja Penke, Verena und Clemens danke ich für die Abdruckgenehmigung ihrer Bilder.
Annika Sophie: *www.fotocommunity.de/pc/account/myprofile/1362592*
Ieva: *http://www.ievafeldmane.com/*
Katharina Taubitz: *www.model-kartei.de/sedcard/modell/55836*
Tanja Penke: *www.model-kartei.de/sedcard/modell/3370*
Clemens Frantzen: *www.model-kartei.de/sedcard/modell/32633*

Michael Quack (Visual Pursuit Düsseldorf, *www.visualpursuit.de*) erlaubte mir, seinen Lichtformervergleich auf der DVD an Sie weiterzugeben. Ich bin froh, dass ich diese PDF-Datei rechtzeitig vor der Fertigstellung des Buchs entdeckt habe.

Dr. Hubert Nasse war nicht nur ein äußerst kompetenter Ansprechpartner für mich, sondern gestattete mir auch, seine Artikel zum Bokeh und zu den MTF-Kurven auf der Buch-DVD zu veröffentlichen.

Friedemann Schmidt gab mir freundlicherweise die Erlaubnis, die Software GeoSetter mit auf die DVD zu packen. Das Programm unterstützt EXIF und IPTC hervorragend und versieht Bilder mit GPS-Koordinaten *(www.geosetter.de).*

Für die Unterstützung bei technischen Fragen und die Produktfotos danke ich den Kamera-, Licht und Zubehörherstellern. Die Bildgeber sind direkt neben den Bildern aufgeführt. Abobe *(www.adobe.de)* und HDRSoft *(www.hdrsoft.com/de)* danke ich für die Testversionen.

Auch einige **Fotografen** haben mich unterstützt: Helmut Faugel danke ich für das Beispielfoto eines Spiegelteleobjektivs auf Seite 139, **Luis Argerich** aus Buenos Aires für das Infrarotfoto von Seite 486.

Michael Rasche ist ein guter Freund und Kollege, seine Architekturfotos kann man unter *www.michaelrasche.com* betrachten.

Für die Modefotos geht mein Dank an **Simone Holzberg** und an **Jana Weilert** *(www.bonniestrange.blogspot.com)* für das Model Release.

Elena Minaeva *(www.minaeva.de)* danke ich für die Illustrationen zu Komposition und Licht.

Von meinen **Lehrern und Dozenten** an der FH Dortmund – **Prof. Harald Mante**, **Prof. Heiner Schmitz** und **Axel Wehrtmann** – sowie von **Michael Werner**, bei dem ich ein Jahr lang in Hamburg assistieren konnte, habe ich viel gelernt. Einiges davon ist auch in dieses Buch eingeflossen.

Das **Team von Galileo Press**: Je besser etwas funktioniert, desto weniger bekommt man davon mit. Mein Dank auch an alle, die im Hintergrund an Satz, Grafik, Korrektorat, Verlagsaufgaben und anderem gearbeitet haben.

Steffi Ehrentraut danke ich für die schnelle Hilfe und Unterstützung bei allen Fragen rund um die Herstellung und Gestaltung des Buchs.

Ich vermute, dass fast jeder, der selbst keine Bücher schreibt, die Arbeit einer Lektorin unterschätzt. **Alexandra Rauhut** war in jeder Phase des Buchs wichtig. Vielen Dank für die große Hilfe und die angenehme Zusammenarbeit.

Ich danke außerdem **allen**, die mir erst wieder einfallen, wenn dieses Buch schon gedruckt ist …

Die DVD zum Buch

Der Inhalt der DVD zum Buch ist auf drei Hauptordner mit den Namen BEISPIELBILDER, SOFTWARE und DOKUMENTE aufgeteilt. Im Folgenden ein kurzer Einblick in die einzelnen Ordner:

Ordner Beispielbilder

Sie finden auf der DVD zum Buch alle Beispielbilder aus den Workshops zur Bildbearbeitung. Sie finden dort auch eine fertige Version mit »-nachher« im Namen.

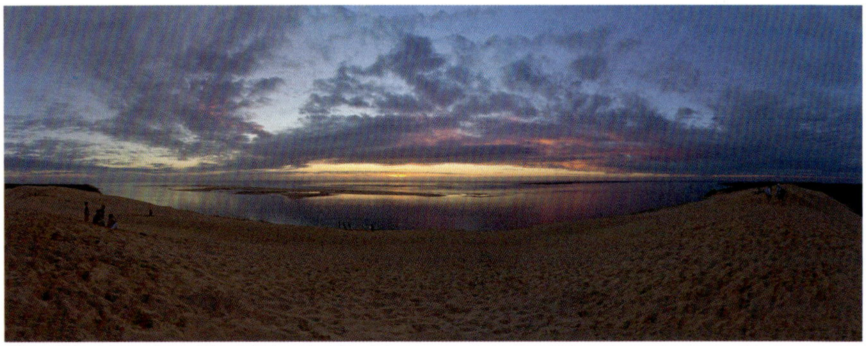

Ordner Software

In diesen Ordnern finden Sie eine nach der Installation 30 Tage lang gültige Testversion von **Photoshop CS5** für Windows und Mac. Diese Programmversion ist vollständig nutzbar, und Sie können alle Beispiele in diesem Buch damit nacharbeiten.

Um Probleme bei der Installation der Testversion von Photoshop zu vermeiden, kopieren Sie am besten den kompletten Ordner auf die Festplatte. Doppelklicken Sie dann auf die exe-Datei (bzw. die dmg-Datei beim Mac), und folgen Sie den Anweisungen auf dem Bildschirm.

Im Ordner SOFTWARE finden Sie ebenfalls Testversionen von **Photomatix Pro** und zwar eine für den Mac und zwei Versionen für Windows (für 32- und 64-Bit-Systeme). Diese sind unbegrenzt lauffähig, blenden aber kleine Wasserzeichen in die Bilder ein. Aktualisierte Versionen können Sie gegebenenfalls unter *http://hdrsoft.com/de/* herunterladen. Die Mac-Version ist eine zip-Datei, die Sie über einen Doppelklick entpacken können. Dann

ACHTUNG

Falls Sie bereits eine Testversion von Photoshop CS5 auf Ihrem Rechner installiert hatten, ist die erneute Installation einer Testversion nicht möglich.

entsteht ein Ordner, in dem Sie das lauffähige Programm und ein Plug-in für Lightroom finden. Die Windows-Versionen können Sie durch einen Doppelklick auf die exe-Datei installieren.

Außerdem finden Sie im SOFTWARE-Ordner eine Installationsversion von **GeoSetter** für Windows. Dieses Programm ist Freeware und hilft Ihnen, Ihren Bildbestand professionell zu verschlagworten und mit GPS-Koordinaten zu versehen.

TIPP

Aktuelle Hinweise auf nützliche Software und Informationen zur Fotografie werde ich unter *http://fotoschule.westbild.de* bereitstellen.

Ordner Dokumente

Dieser Ordner hält fünf E-Books im PDF-Format und zwei Testbilder bereit:

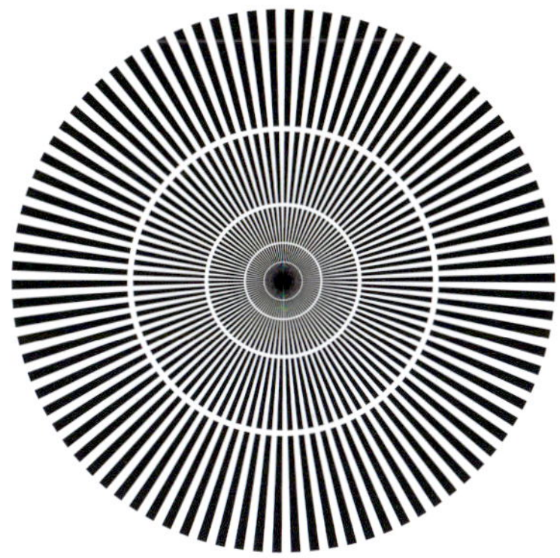

- **Lichtformervergleich**: Michael Quack hat die Wirkung verschiedener Lichtformer im Fotostudio systematisch verglichen. Das ist das Beste, was ich bislang zu dem Thema gesehen habe und, ich freue mich, dass ich die PDF-Datei auf der DVD weitergeben darf.
- Ordner **Carl_Zeiss**: Sie finden zwei PDF-Dateien zum Thema MTF-Kurven und eines zum Thema Bokeh von Dr. Hubert Nasse sowie zwei Ordner mit den Beispielbildern zu beiden Artikeln. Wer diese Themen in der Tiefe verstehen möchte, sollte unbedingt einmal hineinschauen.
- **Digipix 2 und 3:** Digipix 2 bietet im hinteren Teil eine kompakte Einführung ins Farbmanagement und Digipix 3 eine sehr viel detailliertere.
- **Fokustest.pdf** und **Siemensstern.pdf**: Dateien zum Ausdrucken für Objektivtests. Die Handhabung der Dateien wird auf den Seiten 165 und 191 im Buch näher erläutert.

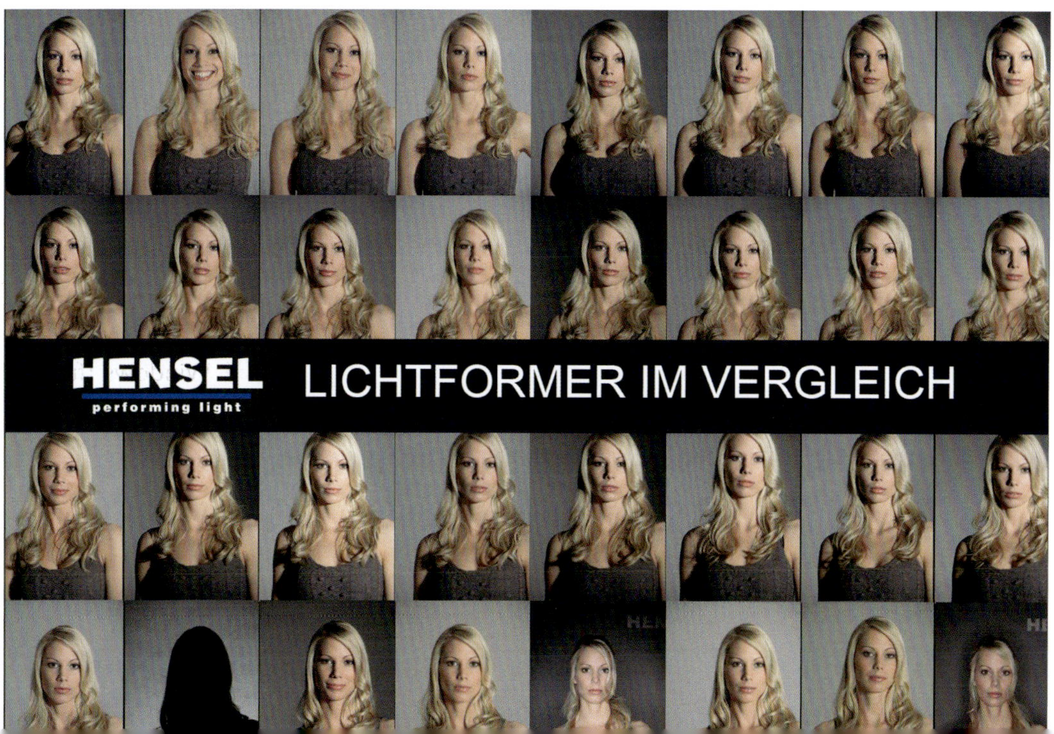

Index

C

D

E

H

I

J

K

T

Der Name Galileo Press geht auf den italienischen Mathematiker und Philosophen Galileo Galilei (1564–1642) zurück. Er gilt als Gründungsfigur der neuzeitlichen Wissenschaft und wurde berühmt als Verfechter des modernen, heliozentrischen Weltbilds. Legendär ist sein Ausspruch *Eppur si muove* (Und sie bewegt sich doch). Das Emblem von Galileo Press ist der Jupiter, umkreist von den vier Galileischen Monden. Galilei entdeckte die nach ihm benannten Monde 1610.

Lektorat Alexandra Rauhut
Korrektorat Annette Lennartz, Bonn
Herstellung Steffi Ehrentraut
Einbandgestaltung Klasse 3b, Hamburg
Satz rheinsatz, Köln
Druck Himmer AG, Augsburg
Coverfotos Oben links und Mitte: Christian Westphalen; oben rechts: Fotolia, Bild Nr. 4225303, demarco; Mitte links: Fotolia, Bild Nr. 3810906, Danielle Bonardelle; unten links: Canon; unten Mitte: Getty Images, Bild Nr. 72577231, Hola Images

Dieses Buch wurde gesetzt aus der Linotype Syntax (9,5 pt/14 pt) in Adobe InDesign CS5. Gedruckt wurde es auf mattgestrichenem Bilderdruckpapier (115 g/m²).

Gerne stehen wir Ihnen mit Rat und Tat zur Seite:
alexandra.rauhut@galileo-press.de
bei Fragen und Anmerkungen zum Inhalt des Buches

service@galileo-press.de
für versandkostenfreie Bestellungen und Reklamationen

julia.bruch@galileo-press.de
für Rezensions- und Schulungsexemplare

Bibliografische Information der Deutschen Nationalbibliothek
Die Deutsche Nationalbibliothek verzeichnet diese Publikation in der Deutschen Nationalbibliografie; detaillierte bibliografische Daten sind im Internet über *http://dnb.d-nb.de* abrufbar.

ISBN 978-3-8362-1311-0

1. Auflage 2011, 1., korrigierter Nachdruck 2011